宋會要輯稿

13

劉琳　刁忠民　舒大剛　尹波等校點

上海古籍出版社

国家出版基金项目
NATIONAL PUBLICATION FOUNDATION

宋會要輯稿　食貨六二

京諸倉

【宋會要】

1京諸倉，總二十三所。船般倉、税倉，每倉監官三，以京朝官及三班充。端拱初，詔以粳米、糯米爲一倉，小麥、小菉豆爲一倉，大豆、粟爲一倉，每歲納畢，先省一人。税倉準此。又，每倉監門一人，以司天監官充，至治平三年五月詔罷之。折中倉監官無定員，以京朝官及諸司副使、内侍充。其所由、主斗、防守兵士無定數。國初置倉，凡受四河運至京師者，謂之船般倉：永豐、通濟、萬盈、廣衍、初，通濟有四倉，真宗景德四年改第三曰萬盈，第四曰廣衍。延豐、舊曰廣利，景德中改，大中祥符二年增第二〔一〕。順成、舊曰常豐，真宗景德中改。濟遠、舊曰常盈〔二〕，景德中改。富國太平興國中以迎春苑故地爲倉。十倉，受江、淮所運，謂之東河，亦曰裏河；永濟、永富二倉，受懷、孟諸州所運，謂之西河；廣濟第一倉，受(穎)〔潁〕、壽諸州所運，謂之南河，亦曰外河；廣積、廣儲二倉，受曹、濮諸州所運，謂之北河。又有茶庫倉，或空，則兼受船般斛㪷。其受京畿之租者，謂之税倉：廣濟第二倉，受京東界諸縣；廣積第一倉、左右騏驥院倉、天駟監倉三倉，受京北界諸縣；左天廄坊倉，受京西界諸縣；舊有義倉，大中祥符元年停〔三〕。大盈、右天廄二倉，受京南界諸縣。其受商人入中，謂之折中倉，有裏河、外河二名。其後諸倉名額或更，則所受小異。今豐濟、廣濟、萬盈、廣衍、延豐第一、第二、順成〔四〕、濟遠、富國、永濟第一、第二、永富等十二倉，受江、淮運；裏、外河折中、廣濟第一、三倉，受2京西運；廣儲、廣積南、廣積第一、廣濟税倉等四倉，受京東運；天駟監、左右騏驥、牧養監倉，受人户馬料等，以應支用。

太祖建隆元年五月，命殿中侍御史王伸〔五〕、監察御史王祜〔六〕、户部郎中沈義倫、殿中丞王仁郁、太常博士夏侯澄、太子左贊善大夫陳泛、左龍武將軍韓令升、左千牛衛將軍時贊，分掌在京倉庾。先是京畿近輔租調委輸，吏緣爲姦，民多咨怨，至是始擇廷臣總之〔七〕。

〔一〕二年：原作「三年」，據《永樂大典》卷七五一一、《玉海》卷一八四、《文獻通考》卷二五改。第二：原脱，據《玉海》卷一八四、《文獻通考》卷二五補。按，「第二」謂延豐第二倉。無此二字則不知所增爲何，且不足「十倉」之數。

〔二〕盈：原作「豐」，據《文獻通考》卷二五改。

〔三〕祥符元年：原作「符元年年」，據《永樂大典》卷七五一一改。停：原作「改」，據《玉海》卷一八四、《文獻通考》卷二五改。作「改」字則文意不明。

〔四〕成：原作「城」，據上文改。

〔五〕伸：原作「仲」，據《永樂大典》卷七五一一、《玉海》卷一八四改。

〔六〕祜：原作「祐」，據《長編》卷一改。

〔七〕廷：原作「庭」，據《玉海》卷一八四改。

（二）〔三〕年七月〔一〕，追奪右衛率府率薛勳在身官〔二〕，配沂州衙前收管。坐監常盈倉不能御轄所部，用斗稍重，爲覘者所捕，下獄伏罪，太祖怒而黜之，棄倉吏於市。

乾德三年九月，帝聞在京官廩有積歲陳腐者，乃有司滯於給遣也，權點檢三司趙玭及判官並罪罰俸〔三〕。

太宗太平興國二年七月，詔免右監門衛將軍范從簡、率府率宋廷信、太子洗馬張若訥、衛尉寺丞劉光序等官，坐分掌太倉，吏重入民租，失察舉故也。先是，歲漕江、淮米四五百萬斛以給京師，選能吏分掌其出納，以中黃門副之。太宗恐吏槩量爲姦，遣期門卒變服偵邏，得永豐倉持量者張遇凡八輩，鞫之，盡得其受財爲姦狀，帝悉命斬之，杖中黃門，免掌庾吏，懲不謹。

雍熙四年八月，詔：在京水運諸倉，先是倉吏槩量爲姦，致外州民逋欠米二十六萬七千石，並除之。

端拱元年七月，命樞密直學士徐休復等案視京城水運倉〔四〕，裁其利害。休復等言：「京城内外3凡大小二十五倉，官吏四百二人，計每歲所給不下四百萬石。望自今米、麥、菽各以百萬石爲一界，每界命常參官〔五〕、供奉官、殿直各一人，專知、副知各二人，凡七人同掌之，監官月加〔請〕給，如知州、監軍之數，專、副給飱錢。諸倉凡貯米千四百六十餘萬石，可支三歲，惟小麥、菉豆過三歲即陳惡，望令有司每歲無多調，而米、麥各以百五十萬石爲一界。」又言：「東南諸州歲運秔米，守給者常須數歲乃畢，或罹暑濕，固多損敗。望每石給雀鼠耗一勝。」並從之。

二年九月〔六〕，詔開封府特許於在京折中粳米、粟、豆、大小麥：「國家之務，儲蓄爲先。自前省倉折中斛㪷，蓋以濟人利物，通商惠農。既積歲時，頗生欺弊，久從停罷，復議施行。將永便於公私，宜別行於條貫。其折中斛㪷，自今只許客旅將斛㪷依時價折中，準船般倉例，每百萬石爲一界。所有食禄之家并形勢人，并不得入中斛㪷及與人請求折納。違者許人陳告，主吏處死，本官除名貶配，仍委御史臺糾察。其所中斛㪷，不計多少〔七〕，並支與告事人充賞。主吏自能陳告，並免罪，亦依告事人例施行。其監納朝臣、使臣，不得受人囑託納中斛㪷，違者並除名貶配。候納及數目，即旋具逐色斛㪷封（檥）〔樁〕，於樞密院送納。仍以膳部員外郎范正辭、洛苑副使綦仁澤、作坊副使尹宗諤同掌其事。」先是，募民及聽商賈入粟給券，於江、淮以茶鹽償之，謂之折中。或有言其弊濫，罷之。自是4歲失國用百萬之入，故復之也。

〔一〕三年：原作「二年」，據《長編》卷三改。
〔二〕府率：原脱「率」字，據《長編》卷三補。
〔三〕「三司」下原有「使」字，據《長編》卷五刪。
〔四〕徐：原作「余」，據《文獻通考》卷二五、《宋史》卷二七六《徐休復傳》改。
〔五〕命：原作「每」，據《文獻通考》卷二五改。
〔六〕九月：《長編》卷三〇繫於冬十月癸酉。
〔七〕計：原作「許」，據《永樂大典》卷七五一一改。

淳化二年五月，置折博倉，許商旅納粟、麥，計其直，分於江、淮以官茶給之。先是，有折中倉之目，掌庾吏與縣量者爲姦，遂詔停廢。端拱二年，有司請復置，既而歲旱，中止，至是始復焉，甚有以佐國用，而商人便之。

五年四月，帝嘗語及折中倉，左右皆言折中乃公私之利。帝曰：「豐稔之歲，行之固有利焉。儻年穀稍歉，慮商人收糴斛㪷，物價翔起。物價貴則貧民愈艱食焉。」參知政事趙昌言對曰：「臣下只知折中爲便，殊不知陛下用心憂民至此，方知外人豈能測量聖慮！」

真宗咸平元年七月，詔裏、外河折中倉所由、㪷子，隨專、副一界一替。

八月，詔監倉京朝官無得以羨餘爲課。

五年二月，真宗曰：「倉廩府庫，多收出羨以爲勞績，若非常納之際重斂，即是支給之時減尅。諸道轉送官物，償其逋責，公人頗甚不易。況舊有條貫，可嚴行誡約，但以持平爲務，不得收其羨餘，敘爲勞績。」

景德二年，詔三班勿以㢟補未歷事使臣監諸倉。

三年三月，詔：「在京倉草場監門使臣，自今後逐日常須各在本處監門，不得容庇專、副、公人等輒作弊倖，亦不得妄託事故，非時拋離本處。如違，當行嚴斷。所有監門司天臺主簿、保章正等，若是須要勾集議事，即仰司天監奏取指揮，并仰提點倉場所常切覺察。如有違犯，即具名聞。」

四年十月，詔京城倉場受納芻糧勿得留滯，仍令三司、開[5]封府察之。

十一月，詔申太倉給軍食概量刻少之禁。先是，軍士所得斛裁八九㪷，頗以爲言，帝以問三司使丁謂，謂曰：「前詔條制太倉納諸州運糧無得增受，諸軍月給無得減刻，違者至死。今此減刻，誠合嚴誅。但運糧米常有耗，舟卒盜食其中，若太倉輸納稍難，則恐綱運不繼。」帝曰：「然月廩不可虧少。」故復約束之。

大中祥符二年十月，帝宣示宰臣王旦等：謝德權言：「先提舉折中倉，知紅粳米不任久積倉廩，當時遂準三司牒，只納白粳米。近日有言事者請納紅米。今所給已多，雖利於商旅，其官廩先有紅米，計其支給，積年未及新者，徒致腐敗。」仍取折中舊納紅米、白米及新者以進。帝曰：「可令三司議可否以聞。」

五年三月，詔：「在京諸倉自今每遇支散諸軍班、諸色人月糧口食，仰子細驗認，如是興販人收接買籌，支請却上好斛㪷及有搭帶出外，即收捉赴三司勘逐，坐法施行。」

六年二月，詔：「諸倉等處監門使臣及監官，當給糧、受納綱運時，不得與官員及諸色人、閑雜人同坐，如違，應犯人並當嚴斷。仍委三司（捉）〔提〕點倉場所常切覺察，兼許人陳告。」

四月，詔：「在京工役禁軍、廂軍兵士所請口食，令殿

前〔一〕、侍衛馬、步軍司指揮，依例每月一度請領，至月盡、旬假日，並與免一日工役，令兵士自去赴倉擔般。並仰三司每至支散口食之時，預先指揮合支倉分，令監官、專副等專在本倉等候兵士請領，6無令悮事。」

七月，詔：「自今每差京朝官、使臣監納秋、夏税，不得令公人等供給喫食。監官並須躬親巡覷敖門，不得於監門使臣處衷私取曆，往本家或鄰倉抄上〔二〕，稱無損動。其監門使臣亦不得顏情衷私〔三〕，將文曆與監官書押。如違，許人陳告，各以違制論。」

十月，詔：「京城諸倉所納秋賦宜令均平，不得稽滯侵擾〔四〕。仍委開封府廉察之。」

七年二月，詔：倉草場神衛剩員以三千人爲額。

六月，詔：「如聞在京諸倉場人户送納官物多有留滯，乞索錢物，宜令開封府察訪收捉以聞。」

十二月，詔：「自今百萬倉所給納斛㪷，其監官並許依久來體例分倉勾當給納。」

八年四月，詔曰：「自我京畿，達於淮、泗，倉庾相望，轉輸至多，若無增損之欺，寧有羨餘之積？俾均出納，以便公私。應裝納倉敖之處，及在京諸倉監官等，並須兩平受納〔五〕，不得侵削。所收羨剩，並不理爲勞績，但一界幹集，別無逋負，即依元敕施行。」先是，監百萬倉、國子博士夏侯晟等以收到出剩〔六〕，乞行酬奬，有司以咸平中條制，凡倉庾所收出剩不爲勞績，至是申明之。

九年四月五日，詔京朝官年六十以上，勿差監在京諸倉。時國子博士雍文載年六十五受敕，上言求免。帝曰：「京倉自受納至給畢，常六七年，若此輩一任，則老於掌庾矣。」因著式焉。

仁宗天聖二年六月，樞密院言：「近爲頻經霖雨，取到在京倉敖疎漏倒塌未修去處。今據提點倉場所言，見未修了7敖屋計六百二十七間。朝廷累降指揮，當職官吏催促修蓋，至今未見結絶，乃逐處監官不切用心。」詔當職官吏等取近限上冬修蓋畢功，如少闕兵匠，亦令樞密院速與指揮抽差。如更違慢，不即修蓋，及稍違近限，令樞密院劄送御史臺取勘。從之〔七〕。

三年三月，内園使、開州刺史王應昌言〔八〕：「在京諸倉，舊差朝官、供奉官已上歷外任者勾當，專副〔九〕、所由、㪷子等皆有畏懼，支遣諸軍班月糧皆獲好物。今來諸倉多

〔一〕殿前：原作「殿中」，按宋代兵制，禁兵有殿前司、侍衛馬、步軍司（詳見《宋史》卷一八七《兵志》一），「中」字誤，因改。
〔二〕上：原作「出」，據《永樂大典》卷七五一一改。
〔三〕衷私：原倒，據《永樂大典》卷七五一一乙。
〔四〕擾：原作「攪」，據《長編》卷八一改。
〔五〕「並」原抄作「平」，又劃去，「兩平」原作「均平」，據《永樂大典》卷七五一一補改。
〔六〕「侯」原作「候」，「等」原無，據《長編》卷八四改補。
〔七〕從之：疑衍。
〔八〕史：原闕，據《永樂大典》卷七五一一補。
〔九〕專：原作「轉」，據《永樂大典》卷七五一一改。

是京官、殿直，兼有未歷外任者，每有綱運卸納，取様之時，或即到門，或即不來，只憑專副、所由，是致綱梢偷糶官物，入水土伴和交納，在倉未經年歲，發熱晃裛黑弱㈠。切緣軍儲事大，糧綱不少，欲乞依舊選差歷外任朝官、使臣充百萬界守給勾當㈡。所有押綱使臣、省監綱梢及本界專副、所由、㪷子等，別乞重行條約誡勵。」從之。

九月，審官院言：「三司勘會『在京百萬倉，欲乞今後除合入西川、廣南遠官不差外，其合入江、浙、荆湖、福建遠者，並許差監。仍自立界受納直至守支漏底，別無欠少損惡官物，合入遠者，即與家便差遣；合入近者，即與陞陟差遣。若有少欠損惡斛斗，乞依條施行』者。本院檢會，自來監在京百萬倉京朝官得替到院，承例入近地差遣。雖前後累據監倉官員收到出剩乞行酬奬，又緣當院條貫元不曾指定名目酬奬，只依常例定差。欲乞今後監倉自立界至漏底，無少欠損惡 8 斛㪷，如是合入遠地親民差監者，與當一任親民資敘；其合入近地親民差監者，與陞陟差遣；其曾經外任差遣合入近地監當人差監者，與改親民，仍並與近地差遣。所有接續定差監殘零界分者，候支遣畢日，與近地差遣；合入遠地監當及新授京朝官，即更不定差監倉。」從之。

四年十二月，三司言：「在京粳米倉有低次斛㪷萬數甚多，有司勾到行人估價，每㪷六十文，又緣低次黑弱，恐出（糴）〔糶〕不盡。更乞下府界諸縣昨經水災之處，如有人户合銷賑貸，即具數目申省般撥應副。」仁宗曰：「糶價特與減半，若賑貸與人户，每二㪷令納麤色一㪷。」餘從之。時大雨之後，食物騰貴，及諸處置場出糶，差官俵給賑貸，遠近貧民利於減價，曉夕奔湊，遞相蹴踏，爭糴不暇。殆至春首，民不艱食，實賴此也。

六年八月，以監順成小麥倉、左侍禁高延偉受納、給遺，收到羨剩斛㪷萬數甚多，與家便監押差遣。

七年閏二月，詔：「在京監百萬倉使臣，今後須是揀曾經監押、巡檢別無贓私違犯者充，即不得差未經差使臣勾當。」

三月，詔：「訪聞在京諸倉多是大量綱運斛㪷，及支散時減剋軍糧。令下三司指揮提點倉場所并提點㪷面使臣，常切躬親提點受納，不得信憑逐倉監專、㪷子大量綱運内斛斗，亦不得取受押綱軍大將、殿侍錢物，七、八㪷布袋入倉，却稱數足。如或別差人抽拔點檢㪷面，及因事彰露，被人 9 陳告，其監專、㪷子仰勘逐情罪以聞。仍指揮提點倉場使臣，自今後每遇支糧時，仰不住來往提點，須是兩平量與請人，及不得別作情弊，帶出官物。如稍有違，其干繫人仰勘逐情罪取旨。所有在京諸倉監官，今後但得支遣官物

㈠晃：字書不見此字，疑誤。「裛」，沾濕。
㈡百萬界：原作「百物界」。按下文熙寧三年十一月條云：「在京諸倉久來立界，有百萬界與五大界兩法。」據改。

了足，並依前後條制施行。其收到出剩，更不理爲勞績。」

九年七月二十七日，詔：「京朝官未歷親民差監京倉者，自今須一界受納支給了畢，無得非時求替。其嘗經親民者，自如舊條。」時大理評事李畹監折中倉，以貪求替，因有是命。

景祐三年七月二十三日，中書言：「京百萬倉欲令三司舉京朝官監當。自今合入親民舉差者〔一〕，自立界至支遣漏底，一界了當無損欠，及三年已上，與理親民一任；五年以上，與當兩任；如及七年，與升一任差遣。其元合入遠地者，與近地；合入近地者，與先次。曾經外任差遣、合入近地監當人舉差者，自立界至支畢了當，許通計前任、今任監當年限，（共）〔其〕合改親民者，與改親民資序；若於合改親民年限外，更監當及三年以上者，與理親民一任；及五年已上者，與理兩任，仍與近地差遣。舉充監殘零界及三年以上了當者，各於元資序上理爲一任；不及三年者，元合入遠地差遣，即與近地；合入近地，與先次差遣。」從之。

寶元三年正月二十五日，詔：在京百萬倉，今後舉官須具同罪聞奏。時三司判官王求、李柬之舉官監京倉〔二〕，皆不同罪，故條10約之。

慶曆七年二月，命內侍二員提舉月給軍糧。時侍御史吳鼎臣言，諸軍班所給糧多陳腐，又㪷升不足，請以內臣提察之。

皇祐三年九月六日，教坊判官王世昌自陳年老，乞監永濟倉門。帝曰：「世昌本亦士人，以無行檢，遂充此職。且倉門是國家儲糧出納之所，豈可令此輩主之？宜與在京一廟令。」

至（元）和二年九月〔三〕，詔：「京朝官曾犯贓私罪若公坐至徒者，毋得差監在京倉、庫、場、務。」

治平元年十月五日，三司言：「乞令諸倉界以納粳米月日爲先後，支諸軍班月糧。」從之。

二年八月七日，權三司使韓絳言：「近日雨水，諸倉、場斛㪷浸濕不堪。乞相兼支給諸軍班等。」詔令三司只就逐倉委監倉官員減價出糶，仍差判官一員并提點倉場所官提舉照管。

三年八月，奪監富國倉、屯田郎中萬及一官，內殿崇班王從謹、西頭供奉官戴宏皆勒停，坐受米濕惡，壞十八萬石也。

神宗熙寧三年九月二十五日，三司詳定：「在京船般倉事、副、所由、㪷子、曹司門人等，如因倉事取受專典、㪷級，并人錢物，并應在京諸司係公之人因倉事取受糧綱及請因綱運事取受糧綱錢物，並計贓錢，不滿一百徒一年，每一

〔一〕合：原作「古」，據《永樂大典》卷七五一一改。
〔二〕柬：原作「東」，據《宋史》卷三一〇《李柬之傳》改。
〔三〕「至」下原有一「元」字，據《永樂大典》卷七五一一、《長編》卷一八一刪。

百加一等，一千流二千里，每一千加一等，罪止流三千里。所有共受分贓入己者，併計所受坐(受)罪，仍分首從。其引領過度并行用錢者，於首罪下減二等。已上決訖，徒罪皆刺配五百里外牢城，流11罪皆刺配千里外牢城。滿十千，即受贓爲首者，刺配沙門島。已上若許未受，其取與引領過度人，各減本罪一等，爲首者依上條配，內合配沙門島者配廣南牢城。仍許諸色人陳告，犯人該徒，給賞錢百千，流罪二百千，配沙門島三百千。若係公之人，給賞外更轉一資。其賞錢並先以官錢代支，一面內自收受贓及元引領過度并行用錢人家財充填，下足〔一〕，即與除破。其元引領過度及行用并受贓人，亦許陳首，依條免罪給賞。」從之。

十一月，制置三司條例司言：「都官(郎)〔員〕外郎劉昭遠等言：『竊見在京諸倉(界)久來立界，有百萬界與五大界兩法，雖各有所便，亦各不無所害。其百萬界所便者，米、麥、馬料各别立界，無雜色分占敖屋與虛增界數；其不便者，逐界斛㪷散在諸倉，官吏疲勞奔走，致給受不精。其五大界所便者，逐界倉敖附近官吏易爲管勾；其所不便者，兼納雜色，分占敖屋，并虛增起界數。今於百萬界去官吏之疲勞，而取其人糧、馬料之各異；於五大界取倉分之附近，而去其占敖增數之未便，改立新五界法并舊條約束。』」並詔三司依所定施行。

十九日，詔：「見任倉界官除朝廷擢用外，不許諸處奏舉差遣。」

二十三日，三司條例司言：「諸軍班所請月糧，先已坐倉收糴，近降指揮，並支十㪷。慮元定價小，欲自龍神衛及諸司每石等第增錢收糴。」從之。

十二月六日，詔：「支給軍糧，並依近降指揮十㪷12足數，卸納綱運亦仰兩平交量。如違，元量㪷級並行科決。每倉各置一石斛，遇盤量官物，傾於其中比較，免致高下其手。諸倉㪷子三百九十人，今並是正身祗候，逐月更不赴提舉所探差，只委下卸司依名次差撥，既免虛占人數，住滯綱運，兼支破食錢，各得均濟。如倉分輒敢虛闕斛㪷數目，多索㪷子，即委下卸司點檢，申本所勘斷干繫人等。仍告示諸軍班及諸司，如遇請糧，並須隔日令逐指揮抱曆曹司赴合支倉分，投下所請糧倉數目單子，以憑約度抽索今後斗子人數。其逐界更不差斗子隔宿往逐營告報開倉，只令合支界分預先關申殿前、馬、步軍司合支諸軍次，令逐司一面差人告報開倉請領日分。」

四年三月四日，詔罷三司奏舉諸倉監門使臣，止令三班院選未滿六十歲、無贓罪使臣充，其酬獎如奏舉例施行。

八年三月，詔：「在京倉、庫立界滿，如勾當及二十箇月，與理爲一任；若不及，即與新界專、副別立界勾當。」

九年四月二十六日，詔：「諸在京、府界倉、庫所供月、季、年帳，並於合滿後依限申省，月、季帳二十五日，半年帳

〔一〕下：疑當作「不」。

四十日，年帳五十日。如違，依《編敕》倉庫申州法。」以上《國朝會要》。《續會要》附司農寺。

高宗紹興元年七月五日，詔：「行在省倉受納綱運，令户、工部斟量較定㪷樣，繳申尚書省，責下所屬製造，降下諸路州縣。應受納、支遣起綱交量，並用省樣新㪷量。今後每遇起綱，並 13 於綱界内分明聲説係用新降㪷交量起發，仰省倉依條受納，不得作弊。如有違犯，許本綱諸色人越訴。」

十月十六日，詔：「省倉請人出備短脚錢，每石五文，止用本倉脚袋般騰交付。其請人擅入敖者，杖一百，許人告，賞錢三十貫。」

二年十月十七日，詔於倉門外置監門廨舍。

三年正月六日，行在省倉内，鎮城倉改爲行在南倉，仁和倉改爲行在北倉。鎮城倉係臨安府州倉，仁和縣倉係仁和縣地基上修蓋，各襲其稱，至是改之。

二十六日，詔：「今後諸軍三衙每遇支請，並差撥逐部將官部押人兵赴倉鈐束。」

二月二日，詔：「告獲東北倉偷盜糧斛，每石支賞錢五十貫文，先以官錢代支，後於犯人并干連人名下追理還官。仍令左藏西庫先次支錢二百貫文，於兩倉監門官處收掌，堆垛充賞。」從户部請也。

三日，詔：「行在諸倉遇打請日，令户部前一日據合支數令本倉般量出敖，於廊屋下安頓。遇天晴，於磚場上垛放支遣。」

三月二十五日，詔：「行在南、北倉監官四員並兼管幹和糴，其食錢每員日支二百文，於本場百陌錢内支。」

四年四月六日，詔南、北倉各差檢察㪷面官一員，令吏部差小使臣，依在部短使。以主管官告院、兼權司農寺丞羅長康言：「昨在京諸倉各差㪷面官一員，係吏部尚書左、右選輪月互差，闕官，乞差小使臣充，理當短使。今來行在南、北倉見準樞密院差到本院使臣兼充監門，14 兼視㪷面檢察，切慮不得專一。欲乞依舊差撥，逐季一易，仍於和糴場百陌錢内量支請給。并監官遇得替，以本倉曆尾見管米斛委官般量，候數足，方許離任。」户部勘當：「欲依本官所乞，令吏部依例差小使臣一員專一檢察。」吏部供到狀：「今來若朝廷依户部勘當事理，亦合於本部合著短使小使臣内依名次差，比依在部短使，幹辦不滿兩箇月，理爲輕格一次。如無合差短使人，即依條限三日募情願人，理名次差撥。候滿日，令司農寺徑申所屬選分差替。」從之。

七月二十七日，詔復置司農寺。倉部昨并到司農寺所行支納糧斛、草料等事務并撥到手分等，並依舊歸本寺。

八年十月四日，詔：「南、北倉各糴米，每及五萬石，監官減半年磨勘，如不及五萬石，更不紐計。」從司農少卿徐林請也。先是，紹興四年四月十九日朝旨，兩倉歲終共糴米二十萬石，監官轉官。不及全年，紐計推賞。至是改之。

十一年六月六日，詔行在三倉以「行在省倉上、中、下

界」爲名，監官〔以〕「監行在省倉上、中、下界」繫(御)〔銜〕稱呼，所有監、專理任、請給、差置并給納應干約束事件等，並依見行條法。户部據白劄子：「行在省倉各有色額高下米様不等，其逐倉前有無圖兇頑之人在彼居住，逐時收買低下米籌，行用錢物告囑監官下人及專、副，换敖支出色高白米，夾帶大量，并監官亦將白米作人情應副支與諸處所破顧募，却將低下15米入在白米攙拌，支遣大軍，深屬不便。欲乞將逐倉米分出等第高下，作上、中、下三界。」本部尋下司農寺相度去後，據本寺狀：「昨在京日，係一十七倉，分立上、中、下界，逐界各拘三四倉受納糧斛，及一百五十萬石爲界，候及數排立，以次界受納，前界止是守支。今來行在省倉係每倉差監官二員，二年成任，止在本倉受納給遣，是致混雜色額。今此倣舊日隨宜措置，將三倉分定米斛色額，專一受納支遣。一、欲乞將上色白苗米並分撥赴南倉，就用南倉監、專受納，支充上界。其米係充宰執、侍從、管軍、職事官、宗室、百官、省、臺、寺、監等禄粟支遣。一、欲將次色苗米分撥東、北倉卸納，令北倉監官二員就本倉專副專一管幹受納給遣。上件米斛充中界，更不許干預別界米斛。其次色苗米係充班直、皇城親事官、輦官、五軍等口食支遣。一、欲將糙米分東〔一〕、北倉卸納，令東倉監官二員，就本倉專副專一管幹受納給遣。上件糙米充下界，即不許干預別界米斛。其米係充五軍月糧、三衙、厢、禁軍、諸司庫務等口食、月糧支遣。一、今來若依前項事理施行，所有三倉見在逐色米斛，今差定逐界監、專互相交割，認數支遣。其已後到米綱運，從本司照檢色額行下，分定倉界受納，候支絶三倉截日見在數目，(按)〔接〕續支給。」故有是命。

十二年四月二十三日，詔省倉下界依南、北倉例，專差檢視斛面官。以司農寺丞柳16綽言：「行在東倉昨自(刼)〔創〕置以來，支納稍簡，係監門官兼管檢視㪷面。本倉近改充省倉下界，專一支納糙米，又有中界將合納苗米分撥就本倉交納，比之日前支給，委是浩瀚。」故有是命。

二十三年六月十八日，詔：「應倉、庫交卸綱運折欠，並即時具名色、數目申解所屬，見得有侵盜貿易之弊，即送大理寺推治；其過誤損失，並押下元起綱處依法施行。」先是止送排岸司監繫，故有是命。以上《中興會要》。

孝宗乾道三年六月九日，詔兩浙轉運司：「臨安府踏逐到二百萬石倉敖基(止)〔址〕，所用材植、物料，候青城畢日就用。仍令將作監將應管抽解竹木應副蓋造。」

七月二十三日，詔：「今歲候秋成〔二〕，委行在和糴場官吏於新置二百萬石倉内糴米二十萬石，所有本錢，撥省倉等處見錢、會子充。若本錢不足，以經常窠名錢内貼支。」

〔一〕據下文，「分」下疑脱「撥」字。
〔二〕候：原作「後」，據《永樂大典》卷七五一一改。

二十七日，詔艮山門外於養濟院蓋造五十萬石倉敖。

十二月十二日，户部言：「近承指揮創蓋新倉，候秋成，委行在和糴場官吏就本倉收糴米三十萬石〔一〕。除已差官趁時收糴外，令文思院依立定額名，鑄造本倉合用印記，其巡防兵級、看管，亦乞下殿前、馬、步軍司差撥。所有合差專、副、手分人數，監官、監門官糴米賞典應合行事件，並乞依省倉中界已得指揮施行。」詔依户部所申，仍以「豐儲倉」爲名。

四年三月十七日，詔：「諸倉支諸軍月糧、口食，抑勒坐倉低價糴買〔二〕，反將軍人與在外糴米人 **17** 非法斷罪，追理賞錢，深屬不便。令户部出榜曉示，自今後諸軍支月糧、口食米，並令從便，不得依前抑勒糴買。」

五年十一月七日，詔：「省倉中界改作豐儲倉〔三〕，却將東青門外豐儲倉改作省倉中界，逐倉有管米界〔四〕，以新易陳支遣。」

十八日，户部尚書曾懷言：「省倉中界已改爲豐儲倉，其舊豐儲倉却改作中界，所有專、斗等，並令仍舊認數支遣，監官依舊主管本倉職事。」從之。

六年正月十四日，户部尚書曾懷等言：「豐儲倉展套太醫局添造敖屋，已經相視可以修蓋新舊敖屋八十六座，貯米一百三十萬石，乞下兩浙漕司、臨安府疾速修蓋。」從之。先是，司農少卿莫濟言：「太醫局已罷，乞將本局屋宇撥付司農寺安頓米斛。」至是，曾懷有請，故有是命。

十二月十九日，詔：「應干倉、場、庫、務等處官，自今須管照條依時出入，如違，許所屬按治。仍令户部長、貳專一覺察，如有違戾，按治施行。」先是，上封事者言「行在倉、場、庫、務監官、公吏終日在外，多不坐局，錢穀出納，委之羣小，若不措置，切慮如向來左帑之弊」故也。以上《乾道會要》。（以上《永樂大典》卷七五一一）

義倉〔五〕

【宋會要】

18 太祖建隆四年三月，詔曰：「多事之後，義倉廢寢，歲或小歉，失於備預。宜令諸州於所屬縣各置義倉，自今官中所收二稅，每石別輸一斗貯之，以備凶歉，給與民人。」《通鑑長編》：宋太祖乾德元年，令州縣復置義倉。官所收二稅，石別輸一斗貯之，以備兇歉。

乾德三年三月，詔：「比置義倉，以備凶歲，若上言待報，則恐乖軫恤。自今人户欲借義倉粟充種、食，委本縣具

〔一〕三十：上文「七月二十三日」條作「二十」，當有一誤。
〔二〕買：原作「置」，據下文改。
〔三〕界：原脱，據下文曾懷上言補。
〔四〕有：疑當作「所」。
〔五〕按，本書食貨五三亦有「義倉」門，可互參。

灾傷人户申州〔一〕，州即處分〔二〕，計口賑貸，然後以聞。仍令及時止依元數送納。至時如別有災沴，亦當更與容限。或人户衆多，義倉賑貸不足，亦具奏聞，別發廩充給。」

四年三月，詔：「朝廷比置義倉，以恤百姓，蓋防歉歲，用賑饑民。訪聞重疊供輸，復成勞擾，俾從停廢，以便物情。其郡國義倉並罷之。先有乞限送納者，並從之。」

太宗太平興國七年二月八日，詔：「廬州管内民所逋義倉米萬七千二百四十石，特貸之。」

八年正月，宋州言：「宋城縣民自周顯德元年所給義倉斛斗，已經二十餘年，見今督納，民寔不逮，率多逃移，欲望與限，至夏秋熟日送納。」詔並除之〔三〕。

仁宗慶曆元年九月，詔天下立義倉。先是，判三司户部勾院王琪言：「自景祐以來，嘗言方今之宜，莫若自第五等户以上，於夏、秋正税外，每二石別納一斗〔四〕，隨常賦以入。若遇水旱，但正税得減，則更不輸。各州於邑擇其便地，別置倉以貯之，領於本路轉運使。今天下大率取一中郡 19 計之，夏秋正税粟、麥之類，且以十萬石爲率，則義倉於一中郡歲得五千石矣，矧天下所入之廣乎！使仍歲豐登〔五〕，則積如京坻，不可勝計矣。明道中最爲饑歉，國家欲盡貸饑民，則兵食不足，故民有流轉之患。是時兼并之家出數千石粟，即稱爲官吏。是豈國家以官爵爲輕歟，特愛民濟物，不獲已而爲之爾！與夫乘歲之豐，收羨餘之入，於天下之廣，爲無窮之利，豈不大哉！且自第一至第二等兼并之家，占田常廣，於義倉則所入常多；自第三至第四等中、下之家，占田常狹，於義倉則所入常少。及其遇水旱，行賑給，則兼并之家未必待此而濟，中、下之室寔先受其賜矣。損有餘，補不足，寔天下之利也。」事下有司會議，多異同而止。至是，琪復上前所議，而仁宗爲特行之。

《宋朝事寔》〔六〕：是時，天下頻有水旱，上常憂恤，務要賑救。三司判官王琪上言乞立義倉，上甚喜於(行)〔形〕。其奏略曰：「謹按唐法，自王公以下，墾田畝税二升。臣愚以爲舊事久廢，當酌輕法以馴致焉，如從田畝之税，其寔太重。永徽年中，別頒新格，自上户以降，計户出粟，而且不均。方今之宜，莫若自第五等以上，於夏秋正税外，每二斗別納一升，隨常賦以入。俾各於本州或於本邑，擇其便地，別立倉以貯之，爲帳籍以收之，特建使額，俾本路轉運使領之。其州縣若遇水旱，但正税減放，則義倉更不輸送，餘隨秋、夏二税送納。歲若大歉，則上請賑給之日，仰當職官吏必及貧弱。一切違犯，比附條例施行。今天下大率取一中郡計之，凡一中郡夏秋正税粟、麥之屬〔七〕，且以十萬石爲約，則義倉於一中郡歲得五千石矣，矧天下所入乎！使仍歲豐登，將閭然而積如京坻，不可勝計矣。臣竊見明道中最爲飢饉，國家欲盡貸飢民，則兵食不足，民有流轉之患。是時兼并之家出數千石粟，即稱官爲吏。豈謂爵爲輕與，特愛民濟物，不獲已而爲之爾〔八〕！與乎乘歲之豐，收羨餘之入，于天

〔一〕具：原作「且」，據本書食貨五三之一九改。

〔二〕即：原脱，據本書食貨五三之一九補。

〔三〕天頭原批：「脱三條，在副本。」按，見本書食貨五三之一九。

〔四〕二石：原作「一石」，今改，參見本書食貨五三之一九校記。

〔五〕豐：原作「豊」，據本書食貨五三之一九改。下同。

〔六〕按，今《宋朝事實》無以下文字。

〔七〕之：原作「一」，據《玉海》卷一八四改。

〔八〕爲之：原脱，據《長編》卷一三三補。

下之廣〔一〕，爲無窮之利，豈不大哉！伏望皇帝陛下以臣此議下于有司，使通知治體，博究民隱者議之。」會議者異同而止。康 20 定中，又上奏曰：「竊以義倉之建，始隋開皇年中，終文皇一朝，得免飢饉之患。唐太宗曰：『既爲百姓預作儲貯，官爲舉掌，以備凶年，非朕所須橫生賦斂，利人之事，深是可嘉。』於是自王公以下，墾田畝税二升。逮天寶中，天下義倉共六千三百八十七萬餘石。長慶、大中以來，約束既嚴，貸借不乏。至于五代之末，天下分裂，中原所有州郡無幾，加之以戰伐，因之以饑饉，征役無已，賦斂不勝，義倉不得不廢矣〔二〕。我國家削平禍亂，混一區宇，順流而治，與民休息，故此倉之制，未暇議焉。臣于天聖三年中曾陳愚見，乞復義倉，景祐中又上此議，雖蒙頒下諸路運使相度，而有司不切奉行，俗吏淺識，止于目前，安知長算遠馭，爲化基治具？今十七年，以義倉所得，豈減天寶之多乎？於國家之計，儲蓄不有所積乎？今天下倉廩上供之外，州郡所留歲計不過一年，一遇水旱之灾，自給不足，豈暇及民乎？去年江、淮之間，殍亡尤甚。自去歲逮今，二浙之民飢死流離，十過半矣。倘州郡倉廩有餘加貸，則安有此患？使知治體而爲國計者，可不痛哉！隋唐義倉之法，畝税至重，今若自第五等已上民户，據夏秋税每二斗俾納一升，所入至薄。況豐年則納，歉歲蒙給，而又送倉之日隨其正税，民無勞擾，將樂輸焉。且文皇、太宗，隋唐之賢主，創兹長策，歷代遵行，成効在前，良史具載，悠悠浮議，尚或異端，固知立大功成大利，非聖人莫能興之也。伏思皇帝陛下臨御以來，總攬萬機，憂勤庶政，有言必用，有善必從。伏望陛下察唐太宗特達之言，考前賢創制之法，出於聖斷，特立洪規。陛下儻一言遵行，寔萬世蒙福，俾國家有儲蓄之計，生民有養育之資，書之簡編，益光陛下之聖政矣。臣前陳義倉條目頗備，今再録上進，伏乞陛下以臣今狀並送中書。如可施行，請將來〔年〕夏税爲始，貴乎議利可得建成。」上從之，詔天下皆立義倉。後石介著《斥游惰文》一編，欲立社倉，與其意合。其略曰：「隋立社倉，唐立義倉，近代行之，最爲利便。社倉、義倉〔三〕，一也。今請每村立一社倉，逐户據户口數多少，仍約歲之豐耗，年年納粟若干、豆若干、菽黍若干石斗。委上等户有年德者三兩人主之〔四〕，如遇饑饉，量口數支給。如此行之，則雖有水旱蟲螟，民不乏矣。」石介之言，亦切于民間之利病，惜乎世人皆憚一時之煩，而不爲民建久遠之計，使一遇水旱凶荒之歲，皆父子流離，老幼不保，誠可嗟痛。爲國者試行琪、介之議，其〔一〕〔亦〕仁政之本歟！

二年正月，詔天下新置義倉，止令上三等户輸之。《山堂考索》：五年，罷義倉。

五年七月十六日，知（楊）〔揚〕州韓琦言：「近詔罷義倉，所有斛斗若便撥入官倉支遣，即恐未副朝廷立義倉示民 21 以信之意。所有斛㪷乞下諸處據數撥與常平倉附帳，別作一項樁管，或遇水旱災傷，即賑濟貧民。」從之。

皇祐五年七月九日，詔：「荊湖南、北路灾傷州軍所將義倉米救濟飢民，訪聞司農寺却令理納，甚非朝廷賑乏之意，宜特與除破。」

神宗熙寧二年七月五日，御史錢顗言：「陳汝羲任京東轉運使日，以羨餘貢奉爲名，官吏希望風旨，尚行暴斂。如去年勸誘糧斛入官，以備河北流民，而多不支散；齊州科配義倉，取數太多；曹、濟州諸縣又令耆長代納，民何以堪？乞下京東路，除二税外，權倚閣諸逋欠，以俟豐年。」詔廢義倉，已納者並給還之。《九朝紀事本末》：熙寧二年正月辛卯，知同州趙尚寬、知唐州高賦、知齊州王廣淵條奏置義倉事，上批：「近詔齊、唐等郡講求修復社倉，且圖經久之法。」知陳留縣蘇涓亦言：「臣所領邑最

〔一〕之：原脱，據《長編》卷一三三補。
〔二〕不得不：原作「不得而」，據《救荒活民書》卷中改。
〔三〕義倉：原脱，據文意補。
〔四〕上：原脱，據文意補。

爲近畿，謹爲天下州縣倡率，勸諭百姓置義倉，以備水旱。條上措置事：户第一等出粟二石，第二等一石，第三等五斗，第四等一斗五升，第五等一斗。麥亦如之。村有社，社有倉，倉置守者，耆爲輸納，縣爲籍記。歲豐則量其數以輸，歲凶則量其數以出。停藏久，則又爲借貸之法，使新陳相登；多寡不一，則又爲通融之法，使彼此相輔。」上曰：「陳留輔邑，耳目不遠，可且聽其施行，徐訪利害。」涓又言義倉五事，并論臣僚所言未便者十二，可行者五。詔除一事「每值飢荒，借貸與被災户種糧，未便除放，仍責以三二年限還納」，可令中書吏詳度外，餘並且依所奏施行。又詔曾公亮曰：「近王廣淵於齊州創置義倉，已勸率十萬餘石，若漸可成就，今廣淵罷去，當得人繼守其事。可特詔廣淵舉知州一人。」三年，提舉常平廣惠倉事，備見《青苗法》。四年正月壬辰，詔鬻天下廣惠倉田，爲三路及京東常平本。其當賑濟，即以廣惠、常平等倉所貯粟麥給之。十年九月癸酉，詔開封府界提點，先自豐稔畿縣立義倉之法。《舊紀》云：「初立義倉。」《新紀》云：「立義倉自畿内始。」

十年九月十六日，詔開封府界提點〔一〕，先自豐稔畿縣立義倉之法。

元豐元年二月五日，提點 22 開封府界諸縣鎮公事蔡承禧言：「義倉之法，今率之以二石而輸一斗，至爲輕矣。乞今年夏料科税之始，不煩中覆，悉皆舉行。」詔府界諸縣並依以行義倉法，仍隸提舉司。《九朝紀事本末》：元豐元年二月庚戌，提點開封府界諸縣鎮公事蔡承禧言：「竊惟陛下所以哀憐元元，發于精思惻怛之仁心，講義倉之法。今率以二石而輸一斗，臣之領邑二十二，其九已行，歲斛幾萬。請自今歲夏税爲始，不煩中覆而舉行之。」乃詔畿縣皆立義倉，事隸常平司。六月丙寅，知將作監主簿王古言〔二〕：「去歲詔講復義倉，試于畿邑，已不擾而可行。欲乞於豐稔路委提舉司勘會省税、常平、免役錢穀欠闕共不及三分處先推行。庶幾數年之間，即見成効。」詔京東、京西、淮南、河東、陜西路依開封府界諸縣行義倉法，餘依奏，仍以今年秋料爲始。十月己未，權發遣興州羅觀乞頒義倉法於川〔陜〕〔峽〕四路，從之。

十二月六日〔三〕，詔：「應鄉村民願以所納義倉糧別鈔就便納縣倉者，聽。」從知管城縣趙變請也。

十五日，詔民納税不及斗者，免納義倉。

二年二月五日，詔威、茂、黎三州罷行義倉法。初，知興州羅觀乞置義倉於川峽四路〔四〕，許之。既而成都府路提舉司言：「威、茂、黎三州夷夏雜居，税賦不多，舊不推行新法，歲計、軍儲，皆轉運司支移蜀州税米就輸及募人入中〔五〕，恐不可置義倉。」故有是詔。

十二月二十八日，詔雅州榮經縣依茂、威、黎三州免輸義倉米。蓋以所領户雜蕃夷也。

八年十月十六日，詔罷義倉。其已納數，遇歉歲以充賑貸。

哲宗元祐八年五月一日，監察御史黄慶基言：「朝廷覆育海内，無有遠邇，一視而同仁，至於救患卹灾，欲民無失所之歎者，尤加意於賑濟。故比歲淮甸旱，倉廩不足以給民，至以上 23 供綱運米賙之。前年浙西水，本路歲計不

〔一〕提點：原作「提刑司」，《長編紀事本末》卷七三録《長編》所載，此句作「詔開封府界提點」，據以刪改。
〔二〕王古：原作「王吉」，據《長編》卷二九〇改。
〔三〕天頭原批：「脱六月、十月兩條。」按，所云脱文見本書食貨五三之二〇，然其内容實已見於前條注文中，故《大典》編者刪去，非脱也。
〔四〕「知」原無，「峽」原作「陜」，據《長編》卷二九六補改。
〔五〕司：原作「使」，據《長編》卷二九六改。

足，至使江西、湖北運米以濟之，所費無慮數百萬。然而不惜重費以濟一時，不若修舉良法，以垂惠于萬世。蓋義倉者，良法也，始自隋長孫平建議。元豐間，先帝復行其法，以爲隋唐取於民太重，慮民不堪其求，於是納苗米一碩者輸義倉米五升，可謂至薄矣。夫樂歲粒米狼戾，雖多取之不爲虐，又況納苗米一碩，止輸五升，固非重歛也。蓄積稍豐，或有水旱，則所至倉廩自足以濟民矣。臣去歲道過太平州〔一〕，見飢民甚衆，而無流亡溝壑者，蓋猶有當日義倉所積之米足以賑濟故也。又聞蘇、湖之民雖蒙朝廷運米以濟之，然飢者朝不及夕，往往不得霑上之惠，而殍殕者多矣。乃知義倉誠天下之良法。今其條制具在，望自今歲復行。」詔令户部詳度。

紹聖元年閏四月十六日，侍御史虞策請復置義倉。三省言：「舊行義倉法，上户苗税率一碩出米五升〔二〕。」詔除廣南東、西路外，並復置義倉，自來歲始。放税二分已上，免輸。所貯義倉〔米〕專充賑濟，輙移用者論如法。

徽宗政和元年正月二十二日，臣僚言：「《元豐義倉令》，計所輸之税斗納五合。《大觀勑》，應豐熟計一縣九分以上，增爲一升。乞罷所增之數。」詔依元豐、紹聖法。

七月六日，户部言：「立到『諸義倉計夏秋正税穀數，無正税穀處，物帛之類折爲穀者，準此。每一㪷別納五合，同正税爲一抄，不收頭子脚剩錢』，及『民限當日交入本倉，24出剩通正税盤量都數紐計。即正税不及一斗，并本户放税二分已上及孤貧不濟者，免納』等條。」詔依。以臣僚言：「省倉遇納到正税米，不即分撥義倉，轉運司多以闕乏，隨時支遣。欲于紹聖本條内增修『過一日不發，監、專杖一百，二日加一等，罪止徒一年』，及『因而他司移用，並依已降指揮，依擅支法施行』。」詔令户部立法故也。

二年五月二十五日，提舉京西南路常平等事范域言：「《紹聖常平免役令》：『諸納義倉穀而税應支移者，隨税附旁送納，仍準數以本處省税穀對换。無税倉處，截留下等户税。』近年轉運司多將省税量度闕剩，更互支移非要便縣分。契勘逐縣每料合納義倉之數，並依無税倉例，截留下户税，使就本處送納。伏望下有司立法。」詔令户部立法。

宣和二年三月十八日〔三〕，詔：「義倉本以待水旱，頃歲諸路灾傷，有司便文自營，並不陳乞通融支用，截撥過上供年額米斛數多，致闕中都歲計。可將京畿東路、江南東西、兩浙、荆湖南北路見在義倉穀數，留三分以待本路支用外，餘並令逐路提舉常平、轉運、輂運，撥發司官同共計置起發上京，補還截過上供額米斛，免執奏。内不係沿流州縣措置移那，並限至今年十月終盡數到闕。係御筆處分，如敢執占，以稽滯御筆論。逐司官先具措置撥發次第

〔一〕州：原作「則」，據本書食貨五三之二一、《長編》卷四八四改。
〔二〕升：原作「米」，據本書食貨五三之二一改。
〔三〕十八日：本書食貨五三之二一作「十六日」。

聞奏。」

七月七日，臣僚言：「近降指揮，京畿見在義倉穀留三分以待本路支用，合起七分義倉斛[25]斗三十六萬餘石，内除沿流及中牟、鄭州合起十二萬碩兑與本路轉運司支用，并沿流尚有二萬餘碩可以兑那外，不係沿流去處，並合用車乘般載赴闕。訪聞合起州縣並科配民自備車乘、人畜起發。又義倉久積之穀，起發斗面必須大段虧少，至此却科敷取足，必致大困。伏望依近降指揮，兑與京畿運司，令充逐處係省支用，却將兩浙等路起赴本路額，據數支撥至京卸納。州縣合起義倉數，既已兑充本處係省支用，合將賦税依法支移，遞償補填。」詔依前奏疾速行下。

五年四月十三日，成都府路轉運司言：「奉詔措置糶米賑濟事。本路自淳化間民艱食，未有出糶常平〔一〕、義倉賑濟之法，遂糶省倉米六萬碩〔二〕。今價稍平，民無闕食。如遇米貴，乞將常平、義倉米減價出糶，歲稔，糴以補之。候本司歲計有餘，依舊支糴省倉米。」從之。

六月九日，詔：「自今諸州供申義倉并二税納畢帳，並立項開説逐縣，通計一州豐熟分數。」

六年正月二十六日，京畿轉運司言：「京畿七分義倉穀苗起發上京，約一十萬餘碩，往往不係沿流縣分樁管。欲依宣和二年七月七日已降指揮，並兑宣和六年分歲額，據取過斛㪷，却於淮、浙起赴京畿宣和六年分歲額内，令逐路一面如數依限間綱赴發上京。」從之。

五月七日，詔：「義倉積穀，本以備賑濟，著在元豐成憲。昨令所在存留三分，非唯見在之數不多，兼終違神考[26]立法本意。今後義倉並依《紹聖常平免役令》，唯充賑給，更不得起發赴京。」

六月十八日〔三〕，提舉京西北路常平等事李與權言：「欲今後轉運司科撥訖，限一日關報常平司〔四〕。逐州承轉運司科撥，本州分科下逐縣訖，亦限一日申提舉常平司，庶可檢察義倉斛斗。」從之。

七年五月八日，軍器少監呂源言：「信州額理秋苗一十萬八千餘碩，若每斗納義倉一升，歲合理義倉一萬八千餘碩，其義倉帳只理納到六千餘碩。自宣和元年至五年，實收義倉穀共二萬二千餘碩〔五〕。饒州去歲人户有納正税三二十碩，却只納義倉三五斗。而本路州縣，其間有只行催理正税，不曾依條同爲一鈔輸納，往往獨欠義倉。欲申嚴條法，將今來所陳行下諸路，依此檢察，免致失陷，於常平司賑給之費不爲無補。」從之。以上《續國朝會要》。

高宗紹興二年十二月七日，臣僚言：「常平租課，願納

〔一〕出：原脱，據本書食貨五三之二三補。
〔二〕六萬：本書食貨五三之二三作「五萬」。
〔三〕十八日：本書食貨五三之二三作「二十八日」。
〔四〕關：原作「闕」，據本書食貨五三之二三改。
〔五〕實：原作「失」，據本書食貨五三之二三改。

價錢者聽，此紹聖成法也。省部令監司不得折納價錢〔一〕，於是監司執省符催納本色。一旦盡催本色，剗刷積年逋欠，亦不許納價錢，則困民甚矣。願詔省部、監司遵守成法，庶幾州縣奉行，不致違戾。」詔常平租課折納價錢。

五年四月十六日，詔令江南東西、兩浙、福建諸州軍守臣各行體度本處米價，如是騰踴，仰將見管常平米斛依條出糶，候秋成日，却行收糴撥還，依舊樁管。仍令常平司拘收。

十月九日，三省言：「湖南、江西歲旱，田畝灾傷，自今秋成之際，民間已是缺食，恐至來春大饑。欲令常平司多方廣27糴，以備賑濟。」上曰：「朕聞江、湖歲歉，夙夜爲憂。常平法自漢以來行之，乃是救荒之政。祖宗專用義倉賑濟，最爲良法，比來多有失陷〔二〕，可降指揮申飭有司稽考之。」上又曰：「江西、湖南歲歉，恐來春艱食，雖已廣糴以待賑濟，可更令監司、守臣勸課種麥，庶來歲有以接濟饑民。仍更丁寧，示朕夙夜念民疾苦之意。」

同日，殿中侍御史王縉言：「近年以來，常平中罷，而義倉之法亦名存寔亡。官司借兑支遣，例皆不即撥還，其有支移折變去處，更不收納，一有水旱，飢民流移，官司何以賑給？欲望申嚴義倉之法。應州縣納到米數，並別敖樁管，不得擅有支動。其有支移折變及就便輸納去處，並通計一縣合收之數，截留下户苗米，於本縣送納。上户折變數多，願就納本色者，聽從便。庶幾有以備水旱之變，無坐視流移之患。」詔令户部限一日勘當，申尚書省。

六年三月五日，詔：「荆湖南路所起諸州縣減下吏人雇食錢，權暫裁留作本，添助趁時廣行糴米，以備賑濟。候將來出糶到價錢，依限起發赴行在送納。」從之。先是，詔令本路將前項錢變轉輕齎發赴行在，至是，本路言潭、衡、永州灾傷，見措置賑濟，故有是詔。

七年九月二十二日，明堂大禮赦：「勘會人户遇灾傷闕乏種、食，依《常平法》許結保貸借常平錢穀，限一年隨税送納。內有委寔貧乏無可輸納人户，理合矜憫，可令諸路常平司行下所屬州縣，逐28一取見紹興七年正月一日以前應未輸納錢穀，內委寔貧乏無可輸納者，仰本司審驗詣寔，開具所欠數目〔三〕，保明申尚書省，取旨蠲免。」十年九月十日明堂，十三年十一月八日、十六年十一月十日、十九年十一月十四日、二十二年十一月十八日、二十五年十一月十九日〔四〕、二十八年十一月二十三日南郊，三十一年九月二日明堂，並同此制。

九年七月二十三日，臣僚言：「國朝盛時，府界、諸路所積常平、義倉米幾千五百萬斛。天災代有，民無流離餓殍，由有備也。艱難以來，用度不足，或取以給軍須，至於州縣他費，因以侵用，比年往往銷費殆盡，甚乖祖宗憫人恤

〔一〕自「七日」至「監司不得」二十八字原脱，據本書食貨五三之二二補。
〔二〕比來：原作「此年」，據本書食貨五三之二三改。
〔三〕具：原作「其」，據本書食貨五三之二三改。
〔四〕二十五年：原作「二十三年」，據《文獻通考》卷七二改。

災之意。今日經制，議者以謂盡行經畫，以應支遣而已，至於察其豐凶以謹散斂，勸其貯納以待賑給，未之聞也。大抵有司務紓目前之責，不思久遠之計，遂指言者無事預備之言以爲迂緩。不幸一有二三千里水旱、蟲蝗之憂，言之何及？謂宜準舊制，更加修明侵移擅用格奏之令，使祖宗恤民備灾之政不寢於聖代。」詔令户部檢坐見行條法，措置申嚴行下。

十二年五月二十二日[一]，詔：「衢州米貴，細民不易，將義倉米置場出糶一萬碩，具寔價供申朝廷。并户部不得容令合干人作過，低估虧本，計會占糴，不及細民。仍令浙東常平司檢察施行。」從本州所請也。

十三年五月二十五日，户部言：「西州軍米貴，逐處義倉米見在數多，[29]欲令各處撥一萬五千碩，量減市價，委官出糶，務要惠及細民。仍委轉運、常平司勸諭兼并之家，無得邀價閉（羅）〔糴〕。」從之。

十五年五月十三日，大理寺丞周林言：「頃因臣僚建言諸道有生子不舉者，屢勤詔旨申嚴勸誘，纖悉備至。應貧乏家生男女不能養贍者，每人支錢四千，於常平或免役寬剩錢內支給。雖帝堯之嘉孺子，文王之保小民，莫過是也。竊聞之，州縣免役寬剩錢折收微細，生民至多，豈能賙給？陛下誠欲寔德及民，莫若量發義倉之粟以賑之。所在義倉隨苗輸納，不許出糶，陳陳相因，至有紅腐而莫敢移用者。歲率一路發千斛以活千人，以諸路計之，一歲所全活者不知幾何人也。此令一行，民被嘉惠[二]，仰荷君父之恩，俯篤天性之愛，將見餘風曠然丕變，人樂有子矣。」詔令户部措置，申尚書省。户部言：「乞下諸路常平司，依今來臣僚奏請事理，行下所部州縣，遇有下等貧乏人户生産男女，即時於見管常平、義倉米内每人改支米一碩。內鄉村去縣稍遠處，委本縣措置，將義倉米準備支散。務要寔惠貧弱，無令合干人作弊阻節，減尅入己。若稍有滅裂違戾去處，按治依法施行。」

八月二十六日，權户部侍郎王鈇言[三]：「江東西、湖南路今歲雨澤霑足，年豐米賤，若不趁時收糴，無以備水旱緩急之須，亦有傷農之患。欲令諸路常平司將諸色錢除留歲用外，盡行取撥，委官措置，趁時收糴，別[30]項椿管。」從之。

十八年閏八月二十八日，御史臺主簿陳夔言：「伏覩《常平令》，歲十月，州縣籍民之老疾貧乏不能自存（凡與）〔與凡〕乞丐者，廩給之，至三月而止。而州縣之吏去朝廷稍遠者，往往類不知奉行，孟冬之月，未嘗檢察老疾、乞丐之人而籍之，不過行移文書，以應格令而已。所謂日給之米，乃或移之他用，或糜於侵盜，豈不上負陛下之良法美意

[一] 二十二：本書食貨五三之二四作「二十三」。
[二] 嘉：原作「喜」，據本書食貨五三之二四改。
[三] 鈇：原作「鉄」，據本書食貨五三之二四改。

哉？欲乞睿斷，專責監司常切覺察，有敢因循，重寘典憲。」上因宣諭曰：「義倉之設，其來尚矣。所以備凶荒、水旱，救民於艱食之際，誠仁政之所先也。訪聞比年以來，州縣奉法不虔，或侵支盜用，而監司失于檢察，或賑濟無術，而僻遠窮困之民不得均被其惠，非所以稱朕矜恤元元之意。宜令户部措置。」户部言：「乞檢坐見行條法，申嚴行下諸路常平司，約束所部州縣恪意奉行，依時給散，務要寔惠貧乏、乞丐之人。仍仰本司常切覺察，如有似此違戾去處，按治依法施行。仍令諸路提刑司更切覺察施行。」從之。

二十年九月一日，上諭宰執曰：「國家設常平倉，正爲儲蓄以待水旱賑濟，宜令有司以陳易新，不得妄有侵移。若臨時措畫，假貸積穀之家，徒爲虚文，無寔効也。」

二十二年正月二十一日，大理評事莫濛言：「州縣間常賦秋苗，義倉官耗各有定數，而受納官吏往往於額外别立名色，謂之加三收耗及脚耗之類，民户受弊，至有納一二倍纔及正額者。31其多收在官之數，止資官吏侵盜欺隱。乞令有司檢坐條法行下，每遇受納，揭示民間，許令越訴。仍令監司、郡守常切覺察，如有違戾，按劾聞奏。」從之。

二十四年九月四日，監登聞鼓院曹紱言：「常平之法，肇自前古，迨及聖朝〔一〕，加惠元元，其出納之方，尤切注意。米賤則斂之於官，貴則散之於民，使農、末皆利而國用益裕，是堯、湯先具之備也。今者時和政協，歲已告豐〔二〕，視向日新陳未接之際，其價益平。然能因天之所與以利于下，寔甚盛之舉也。欲望明詔有司，俾令州縣及時廣糴，使倉廩充寔，異時用以賑貸，則下民永無乏食之患。」詔令户部措置，申尚書省。其後户部言：「乞下諸路常平司，嚴切行下所屬，遵依見行條法及已降指揮施行，毋致稍有違戾。如本司不切檢察，即仰漕、憲司按劾施行。」從之。

十月三日，三省言：「諸路州軍今歲豐熟，間有高田旱傷去處。」上曰：「令常平司措置通融糴糶，務令兼濟，毋致失所。」

二十六年二月二十五日，國子監丞徐時舉言：「竊觀祖宗立常平之法，穀賤則增價糴之，不使傷農，穀貴則減價糶之，不使傷民。本末不傷，公私爲利，誠萬世不刊之典。臣觀今日郡縣，惟常平所積，動盈億萬。然米積既久，慮多陳腐，其一路使者及守倅、法官又以擅移動者獲罪非輕，不敢變易。乞詔有司於新陳未接之前，許將常平所積陳米減價出糶。一則在市米價無緣稍增，二則在32倉之米以陳易新，三則郡縣多積，民食不匱。至於秋成，又許據見在錢數以三之一增糴新米，嚴爲約束，以絶弊倖。兹亦理財之先務也。」詔令户部措置。其後户部言：「乞下諸路提舉常平司，常切鈐束所部州縣遵依見行條法。仍椿辦本錢，候

〔一〕及：原脱，據本書食貨五三之二五補。
〔二〕豐：原作「豊」，據本書食貨五三之二五改。

將來秋成日，廣行收糴米斛，如法收樁，即不得抑勒搔擾。如有違戾去處〔一〕，本司按治，依法施行。若本司失于檢察，即仰漕、憲司按劾施行。」從之。

四月二十四日，侍御史湯鵬舉言：「祖宗常平條制，萬世之良法也。比者，前司農寺丞王炎輒妄申陳，乞將諸路州軍見管常平錢盡收糴米斛，起發赴行在；而前兼權户部侍郎鍾世明因此申陳，又令諸路每歲撥積年陳次米斛一十五萬碩起赴行在省倉等處，支遣大軍糧食。臣竊見王炎、鍾世明所申，委實耗蓄積之財用〔二〕，壞已成之良法。若謂以新易陳，則自有條令，州縣自應依法逐歲换易；若謂欲起陳腐之米支給大軍食用，則深爲不便。乞申嚴有司遵守常平條制，自今以後，不得輒有奏請。王炎、鍾世明小官，敢爾申請，沮壞祖宗之成法，乞賜黜降。」詔依奏，王炎、鍾世明各特降一官。

八月十四日，宰執進呈淮南漕司開具到本路諸州縣米價，其間最賤處，每斗不下一百二三十文。上曰：「昨聞淮南路米價極賤，朕恐太賤則傷農，故欲乘時收糴以惠民。今具到米價如是，則未須忙，候將來價減，每碩亦不下一 33 千，至時若户部無錢，朕當自支一百萬貫令收糴。」沈該等曰：「陛下愛民之心如此，可謂至矣。」

十月二十八日，尚書省言：「諸路州軍見在常平、義倉米數，竊慮日久，因而陳損。」詔令户部行下逐路常平司，將見樁管米先次支遣，却將今年收到秋苗依數撥還。候省限滿，樁管數足，申尚書省差官前去點檢盤量。

閏十月三日，尚書省言：「諸路州軍見管常平、義倉米斛，其間有不足萬碩大段數少去處。今來米價低平，合行措置收糴。」詔令諸路常平司相度，將見管米斛數少去處，用所樁糴本錢措置趁時收糴，仍開具合糴州軍及糴到數目申尚書省。

二十七年十月二十一日，户部言：「義倉米依法隨苗輸納〔三〕，令項樁管，專充賑給。州縣多不即時據數取撥收樁，或並隨苗赴州倉送納，更不撥還，外縣兼有折納價錢去處。非唯違法，委是有悮賑給〔四〕。欲令逐路常平司常切覺察，有違戾去處，按劾施行。」從之。

二十八年四月十七日，詔：「每歲春夏之交，新陳未接，諸州自合將常平米依條出糶。訪聞近來有失奉行，不唯不能接濟小民，亦因致陳腐。可令諸路常平司行下州縣，以時量減價錢出糶。其收到價錢，秋成日盡數收糴，依舊樁管。仍逐年具糶糴過數目申尚書省。」

二十二日，上諭輔臣曰：「常平、義倉米〔五〕，所以待水旱之變，緩急賑貸所不可闕，須委官點檢見在，勿令移易。」

〔一〕戾：原抄似「去」字而有缺筆，據本書食貨五三之二五改。
〔二〕實：原作「買」，據本書食貨五三之二六改。
〔三〕輸：原作「諭」，據本書食貨五三之二六改。
〔四〕委：原脱，據本書食貨五三之二六補。
〔五〕義：原缺，據本書食貨五三之二六補。

若不先事預備，臨時科取於34民，定成虛文，無補寔効。」宰臣沈該等奏曰：「今州縣間往往皆有儲積，其浙東路欲委提舉官審寔，具數以聞。」

二十四日，提舉兩浙東路常平茶鹽公事都潔言：「諸路州縣每遇官司減價糶米，其監糶官多是容縱公吏等人詭作小民姓名，過數多糴。伏望行下諸路，凡有此弊，必加以刑。其監糶官吏亦寘于法，則闕食之民悉被寔惠。」從之。

七月六日，婺州守臣言：「依准指揮，許撥義倉米二萬碩應副出糶。今將糶盡，乞於義倉米內更撥五千碩接續出糶。」從之。

九月十一日，權兩浙路計度轉運副使湯沂言：「諸路州縣每歲秋稔，穀不勝賤，暨交春夏，米必騰貴。蓋緣秋成之時，所在不曾措置糴買，兼并之家乘賤收積，以幸春夏邀求厚利。縱州縣賑糶官米，不過及城市百姓。欲望專委諸路提舉司，至歲正、二月以後減價出糶，錢依舊樁還常平庫，遇秋成日收糴。」

十四日，左正言何溥乞命有司討論故寔，度户口以制多寡之數，鬻官田以充收糴之本。於是户部言：「常平米依法賑糶，義倉唯充賑給。若擅支借移用，以違制論。蓋緣日前州郡省計不敷，妄以兑易新穀爲名，暗行侵用，常平司並不躬親點檢。兼累承指揮，諸路災傷州軍內有有常平米斛闕少去處，合撥義倉米相兼賑糶，候秋成補糴。及看詳常平司有拘收到州縣應没官、户絶等田，除紹興二十年至二十六年租課已行起發，緣常平司35多拘收到人户場務、抵當、户絶等田産，今欲下諸路常平司行下所部州縣，將紹興二十七年、二十八年所收樁管錢米，取見寔數，盡行撥入常平窠名。仍將見今出賣没官等田産所收價錢，取撥三分，相兼應副常平糴本〔一〕，仍令州縣趁時收糴。所有奏乞度户口以制多寡，亦乞下諸路常平司約束施行。」從之。

二十三日，禮部言：「江南西路州縣道觀多有朝廷撥賜田産，近來至有全無道士去處，其田産盡爲他人侵耕盜用。欲自今更不撥充學糧，令常平司拘收，别項樁管。」從之。

二十八日〔二〕，三省言：「權户部侍郎趙令詪言：『州縣義倉米遇積久陳腐，即行出糶。及水旱災傷，乞檢放及七分便許賑濟。』」宰臣沈該等奏曰：「在法，義倉米止許賑濟〔三〕，若行出糶，恐失預備。」上曰：「逐郡義倉米自有定數，若每歲量糶十之三，樁收價錢，次年依數收糴撥還，亦何至侵損數目？又如災傷檢放，一州通及七分方許賑濟，饑荒自有高下，必須及七分，則合賑濟絶少矣，饑荒之民何繇獲濟？卿等可别作措置。」沈該等奏曰：「陛下卹民之念，可謂切至，臣等當遵依聖訓，别擬進呈。」於是詔令諸路

〔一〕本：原缺，據本書食貨五三之二七補。
〔二〕天頭原批：「『八』一作『五』。」按，本書食貨五三之二七作「五」。
〔三〕止：原作「上」，據本書食貨五三之二七改。

常平司，據州縣所管義倉米，以十分爲率〔一〕，量行出糶，歲不得過三分。拘收價錢，次年糴還。仍歲具糶過數目申尚書省。

二十九年六月十九日，詔：「浙西差司農寺丞韓元龍，江東差平江府通判任盡言，日下前去遍詣州縣，同主管官【36】覆寔的確見在常平、義倉米錢物數，除程限一月，開具以聞。如州縣違慢隱蔽，並許劾奏。仍將侵支、借兑、失陷數目，報提舉常平官措置以聞。諸路並委漕臣准此。」先是，提舉浙西常平茶鹽公事呂廣問言：「常平、義倉之法，廣儲蓄以待不時之須，事久廢弛，名在寔亡。縱有見存，類多陳腐，主藏之吏不過指廪固扃〔二〕，執虚券以相授受。蓋緣法禁至重，干連猥多，間有州縣稍有便文去處，時暫受納省米入倉充填元數，假託以新易陳之法，隨手復支，常將一歲米斛抵擬兩司名色〔三〕。設有支遣，豈不悮事？欲望每路遣官一員，同提舉偏行檢察，若干係積久欠折，驗寔除豁；若干係近新借兑，責限補還；自餘寔若干，嚴切樁管。今後依條對兑，先交新米入倉，方得支撥陳米。又常平錢物，兵火以來，前後因循，全失稽考，今若一旦便付所司，州縣之間展轉干繫，總計諸路，何啻數千人？又況有逃亡貧乏無可理償，獄事繁興，徒傷和氣。」故有是命。

閏六月一日，詔秀州崇德縣丞路樗先次放罷。以司農寺丞韓元龍劾樗掌常平、義倉米斛，隱蔽違法，虚作收盤數目故也。

十二日，中書門下省言：「近已差官覆寔常平、義倉米斛、錢物，今來若便行根究，竊慮州縣妄有科借，却致搔擾。」詔：「令所差官同主管官依已降指揮，先次開具的確見在寔數申尚書省；如有借兑、欠折數目，報提舉司措置。内侵欺盜用，候事畢日，【37】類聚申取朝廷指揮。州縣輒敢科擾于民，仰提舉司覺察，按劾以聞，當議重寘典憲。」

七月十八日，司農寺丞韓元龍言：「浙西州縣出糶米錢，其見在庫無慮六十餘萬。今歲中稔，乞下常平司官措置，盡數收糴米斛，別敖收貯，不得與舊管及新納到義倉米交雜。或恐逐縣散漫，難于稽考，則併於本州收糴樁管，不得妄行科擾〔四〕，及有侵隱移兑。稍有違戾，重作施行。」從之，仍令浙西常平官措置，具接續收糴數目申尚書省〔五〕。

八月三日，祕閣修撰、兩浙路轉運副使錢端禮言：「近者支降錢本，廣行收糴，監糴之官，次第立賞。措置經畫，全在守倅，乞應諸州收糴先次數足者，許令具守倅姓名取旨。如或慢令弗虔，亦乞具不職官吏以聞。」又言：「常平米斛，前此州縣多行侵用，今來朝廷支降本錢收糴，即合如法收貯，別項樁管。欲望預行戒約，如敢移易兑借，並依違

〔一〕以：原缺，據本書食貨五三之二七補。
〔二〕吏：原作「利」，據本書食貨五三之二七改。
〔三〕色：原作「邑」，據本書食貨五三之二八改。
〔四〕行：原脱，據本書食貨五三之二八補。
〔五〕申：原作「申申」，據本書食貨五三之二八刪。

制科罪。若向去積年陳次，即仰具申朝廷聽旨，許將苗税米以新易陳，免損蛀之患。」並從之。

十一日，詔：「令淮南東、西路常平司將見管常平錢盡數取撥，委官置場，趁時收糴。如人户情願中糶稻穀〔一〕，仰本司以三分爲率收糴一分，于沿流州軍樁管，仍逐旋具糴到數申尚書省。即不得科配民户，却致搔擾。」

二十六日，中書門下省言：「州縣義倉米係合隨苗送納，往往抑令别鈔，又行收耗。」詔令户部申嚴約束，仍多出文榜曉示。如違，許民户越訴，州 38 縣委監司、漕司委户部按劾，取旨重作施行。

十二月五日，臣僚言：「欲望特降指揮，將浙西路自紹興二十三年以前應合追理少欠常平米斛錢物，委當職官驗寔除放。其二十四年以後者，分立近限追理，限滿，則選差清强官覈寔。稍有違慢，重寘典憲。」從之。

三十一年十月六日，詔：「令兩浙、江東西、湖南路常平司委官分詣所部州縣，據見管米數子細看驗，分爲上、中、下三等，各具色額及有無不堪之數，限五日開具申尚書省。」

十三日，守殿中侍御史杜莘老言：「朝廷近將兩淮、湖、廣等路常平、義倉米委官覈其寔數，令逐處樁管，應副不測使用。望特降指揮，令四川漕臣將諸州軍常平〔二〕、義倉米數，差官往諸處點檢覈寔，日下樁管。」從之。以上《中興會要》。

紹興三十二年十一月十四日，孝宗即位未改元。臣僚言：「伏覩近日于淮東、西總領司各樁苗米一百萬碩，備宣撫司移屯支用。內發浙西常平米一十三萬二千餘碩往淮東，發江東常平米三十七萬四千餘碩往淮西。竊惟常平一司，蓄以備水旱、盜賊緩急之用，今浙西一路所管雖號三十七萬二千餘碩，江東一路所管雖號九十七萬一千餘碩，然而積年陳腐及移易、借兑、耗折、侵欺之數殆居其半，一旦三分取一，兩路所積幾無餘矣。間遇水旱、盜賊之變，將何以爲備乎？望二三大臣諭户部長、貳，别行措置，應副樁積。」詔户部看詳。已而户部申：「乞于兩浙漕 39 司和糴米撥一十三萬二千餘碩赴淮東，江東、西漕司和糴米并江西上供米、建康中納米九千碩，共三十七萬四千餘碩赴淮西，充樁積米。其江東、浙西常平米更不取撥。」從之。

十二月十日，福建常平司言：「比本路糶過常平、義倉米一十一萬六千三百餘碩，收錢二十五萬餘貫，已委官置場收糴，准備賑糶。」詔：「福建見管常平、義倉米尚多，將糴到錢貫於内撥十萬貫措置收糴，其餘錢十五萬貫專充本路州軍添招五分弓手錢。」

孝宗隆興元年十二月二十五日，詔：「臨安府近緣河道淺澀，客米興販未至，深慮民庶艱食。可將本府見管常

〔一〕糶：原作「糴」，據本書食貨五三之二八改。
〔二〕川：原作「州」，據本書食貨五三之二九改。

平、義倉米減價出糶。其糶到價錢，不得妄用，候秋成日，旋行補糴。」從中書門下省請也。

二年二月二十七日，敷文閣待制、知台州趙伯圭言：「本州闕雨日久，二麥未熟，米價踴貴，細民艱食，依已降指揮，將見管常平、義倉米賑糶。竊慮貧民艱得見錢，欲特量行賑借第四等已下貧乏之户，候秋成日，依元借數隨苗償官。」詔依，自餘災傷州郡依此施行。

乾道元年三月六日，臣僚言：「比因户部申請，將會子一百萬道兑起諸路常平錢一百萬貫，却于會子上批鑿『不許支用』，是致諸路常平司取應干錢物盡數起發，無復見存。或遇歉歲，賑糶、賑濟之惠何所倚辦〔一〕？欲乞行下諸路，將户部所降會子且以三分發赴行在，改換批鑿，許充糴本，以爲異時之備。」從之。

40 四月六日，詔：「去歲兩浙被水州郡民庶艱食，累降指揮以常平、義倉米減價賑糶。所有糶到價錢，州委通判、縣委縣丞拘收封樁，不得移易借兑，候秋成日，盡數收糴補額。仍先具見樁錢數申尚書省。餘路依此。」

八月十四日，中書門下省言：「常平、義倉米舊許州縣以新易陳，緣此多有借兑支遣者。今秋成在即，乞勑諸路提舉常平司下諸州主管官，間有借兑數目，於受納秋米内依數撥還。」從之。

十一月七日，詔：「福建提舉司具到本路見在常平米九萬九千二百餘碩，義倉米二十九萬五千六百餘碩。令本司契勘〔二〕，如無陳腐，不須更行收糴。」從中書門下省請也。

二年二月二十二日，詔司農少卿陳良弼前往浙東點檢常平等倉。於是良弼言〔三〕：「被旨點檢浙東常平米。所至州縣，合行抽摘盤量，若就用當處斗級，慮難機察。乞於行在省倉見管軍斗指差一名隨逐前去。其州縣有山僻去處，若候遍歷，竊恐往復，徒有煩擾，欲專委諸州主管官日下親往點檢，具詣寔明文申。或有侵盜移易，許將當職官吏姓名按劾聞奏。」並從之。

四月二十四日，陳良弼言：「浙東七州見樁粳米二十五萬五千四百餘碩，其間已有陳次數目，若經暑濕蒸壞，折欠愈多。其見管糯米一萬一千二百餘碩〔四〕，即非賑濟、賑糶可用之物。」詔行下本路，須以新易陳，不得損壞官物，其糯米即仰變轉收糴。

二十六日，陳良弼言：41「比點檢浙東七州常平倉，其間失陷、借支、壞爛、失收米麥共二十七萬六千二百二十餘碩，并常平錢一萬四百四十餘貫。乞委提舉官遍詣所屬，剗刷係省錢米償納〔五〕。如所償未足，候受納秋苗日，

〔一〕倚：原作「依」，據本書食貨五三之二九改。
〔二〕令：原作「今」，據本書食貨五三之三〇改。
〔三〕是良弼：原作「良弼言」，據本書食貨五三之三〇改。
〔四〕「見」原作「間」，「糯」原作「粳」，據本書食貨五三之三〇改。
〔五〕償納：原作「價内」，據本書食貨五三之三〇改。

並盡數償還。」從之。

十一月十二日，臣僚言：「國家置常平、義倉，爲水旱凶荒之備。近來州縣循習借用，多存虛數。其間或未至侵支，亦不過堆積在倉，緘縢惟謹，初未嘗以新易陳，經越十數年，例皆腐敗而不可食用。乞下逐路常平司申儆州縣，常切以新易陳，無致損壞。仍差官盤量見在寔數申奏。」從之。

三年正月十六日，户部言：「諸路歲糴米一百萬碩，權行住糴。節次承降指揮，科撥和糴北場先抛降下未糴見在錢銀，并兩浙運司合樁今年歲額糴本移用錢，及諸路常平剩下糴本等錢，共二百萬貫，令行在并隆興、建康、鎮江府、衡、鼎州置場收糴米斛共一百萬碩，依舊作常平樁管。緣逐路提舉司自承受指揮後，循習住滯，不催督錢數起發，深慮因而過時，有悞收糴。本部今隨宜措置，行在收糴米五十萬碩，鎮江、建康府各收糴米二十萬碩，隆興府收糴米一十五萬碩，衡州收糴米一十萬碩，鼎州收糴米五萬碩。欲將所在糴本錢數劄下逐路提舉常平官、兩浙轉運司，日下計置盡數赴逐處糴場交納，仍各具已催起錢數申尚書省。」從之。

十二月九日，户部侍郎曾懷言：「諸路常平、義倉米見在[42]者，總三百五十七萬九千餘碩，并錢二百八十七萬一千餘貫，除兩浙東西、江東西、湖南北、廣東西、福建、成都、潼川府、利州路樁積米並已有餘外，有淮東西、京西〔一〕、夔州路雖有見管，各不過一十萬碩。乞委逐路常平官將見管錢于管下州軍依市價收糴，以所糴米通舊管均撥諸州，准備水旱支用。」從之。

二十二日，徽州言：「近緣雨水霖潦，禾稼損壞，米價踴貴，民庶闕食。乞于本州見管和糴、義倉米取撥一萬碩賑糶，將〔糶〕到價錢拘收，不得移兑。候來歲秋成日，便行收糴，務要依元撥數及依舊窠名樁管。」從之。

同日，詔：「諸路提舉官常切點檢常平、義倉，毋致侵移，及不得虛樁數目。仍於歲終具當年所納并通見在寔數聞奏。」從中書門下省請也。

四年正月二十八日，臣僚言：「去秋霖雨之久，有傷禾稼。訪聞近日七閩及江浙近地米價漸增，將來必致騰踴。欲望特詔州縣，應有借兑常平、義倉米，仰守臣日下照數填撥〔二〕，如遇艱食，平價出糶。」從之。

二月九日，權發遣隆興府沈樞言：「去歲江西諸郡類多水澇，而本府諸邑如南昌、新建、豐城〔三〕、進賢，被患尤甚，竊料歉澇之餘，民必艱食。本府常平倉米自累歲賑糶之後，所存無幾。檢照乾道二年八月户部撥降江西、淮西、湖北路常平錢二十五萬貫，於本府糴米一十五萬碩，就常

〔一〕京西：原脱「西」字，據本書食貨五三之三〇補。
〔二〕撥：原作「發」，據本書食貨五三之三一改。
〔三〕豐：原作「豊」，據本書食貨五三之三一改。

平倉樁管。近者户部申請，行下本路轉運司，起發赴鄂州。今欲於十五萬碩中量留 43 五萬碩接續賑糶，候秋成日，却行收糴起發。」從之。

四月二日，臣僚言：「近降指揮，給度牒四百道下成都府路充糴本，收糴米斛，賑濟饑民。切見成都一路惟綿、漢州、石泉軍旱傷最甚，饑民日增而未已，提刑司發漢州義倉以賑之，宣撫司助萬緡，制置司亦助數千緡，上户又義助米斛，猶有不繼之憂。然則常平、義倉之政，安可忽也！蜀中自成都、漢州之外，常平、義倉之額雖多，而借兑之數不一，甚者但存虚籍，本無儲蓄，或遇水旱阻饑，何以爲計？乞下四路提舉常平檢察樁管，不許移用。」從之。

五月十四日，詔：「諸路提舉常平官每歲春季巡歷逐州，點檢常平、義倉，以寔數申尚書省，不得仍前虚樁，有悮指準。」先是，臣僚言：「常平、義倉，行之二百餘年，民受其賜。後緣州郡歲計窘急，移用寖多，既不能還，徒存帳籍。又以專法不許移用，及有陳損，皆不以去官、赦降原免，所以前後官司懼有譴責，互相隱蔽，例不敢以寔聞，故虚樁之數，陳腐之弊，積習因循，久莫能革。去歲朝廷劄下諸路提舉官，令諸州於歲終具當年所納并通見在寔數聞奏。福建、江東近已申到，止是遍牒州縣取會供具，提舉官即不曾親自巡按。竊恐循習之弊未除，虚樁之數猶在。」故有是命。

六月七日，詔：「諸路提舉常平官督責所部州縣，候秋成日，將人户合納之數依條限拘催，盡寔收樁。仍以見管錢依時收糴，不得違戾。及依 44 已降指揮，每歲春季躬歷所部州縣，盤量見在米斛，具數聞奏。」從中書門下請也。

二十七日，江西提舉胡堅常言：「去歲部内十一州免於水患者纔三數處，自今春米價踴貴，諸郡賑糶，比市價三分之二。雖今秋得熟，急於收糴，以補所糶，恐止及元數之半，而見在米不無積久腐敗不可食之數，爾後或值水旱，何以爲備？乞將一路常平錢除合起發外，盡數收糴。」從之。

七月十二日，中書門下省言：「照對逐路常平司具到乾道三年見在數目，内饒、信、衢三州近緣賑濟支用，却與元數不同，顯是虚樁，有誤指擬。除已别作施行外，尚慮更有似此去處。」詔：「諸州知、通候今降指揮到，限五日將本州截日見管常平、義倉米錢具實數申尚書省[一]。如有虚樁不寔，當職官吏重寘典憲。提舉官循情隱庇，亦當一例黜責。」

二十四日，臣僚言：「州縣常平錢穀多有名無寔，如近日江西、福建與饒、信荒歉，饑民奪米，幾於嘯聚，蓋常平法弊，遂至于此。今雨暘適時，可望小稔，乞下諸路常平司將見在封樁錢物于九月、十月置場收糴。如糴本不足，則那撥别錢以繼之。兼湖南、江西諸郡有常平米積下不曾支遣

[一] 實：原作「申」，據本書食貨五三之三二改。

者，數目亦多，恐久陳腐[一]，亦乞令提舉官分撥往常平米欠闕去處，庶易補足。」從之。

二十九日，尚書省言：「信州常平、義倉米，元申帳狀管九萬三千餘碩，今次提舉司申有六萬八千餘碩，及至盤量，止得一萬二【45】千九百餘碩，其餘皆是虛數。提舉官李庚到任已及二年，並不檢察，是致闕米，有誤賑濟。知州趙師嚴[二]、通判李桐係乾道三年在任之人，所申帳狀隱庇虛妄。」詔李庚特降兩官放罷，趙師嚴、李桐各降兩官，今後更不得與堂除差遣。

五年二月二日，知寧國府錢端禮言：「常平米雖有以陳易新之法，而州縣涉嫌，官吏不敢移易，年月既深，陳蛀損壞，腐爲塵土。乞今後有上供去處，將見在常平米擇其不陳腐者，許兑撥本年上供[三]，却將收到新米依數樁管。內無上供州縣，聽以陳易新。則常平所貯，歲皆新米，無陳腐折欠之患。」詔：「諸路州軍將見在常平米先以本州支遣數目以新易陳，若州縣支遣數少，兑換不盡，即依今來所乞，委自守臣審寔，以堪充軍食米兑作上供起發，却將收到新米依數撥還，如法樁管。」

五月七日，刑部侍郎汪大猷言：「常平、義倉之法，國家行之，最爲詳備。其錢物不得與它司交雜，它司輙乞支移借用者，皆有禁制。自紹興三十一年成閔爲湖北京西招撫使，創行申請，軍馬經過州縣，批支券食，於義倉米內取撥，自後七八年間，義倉之積，耗散殆盡。乞自今出戍軍兵經過州縣，所批券米于上供米內支給，不許擅支義倉。如有違戾，必寘之法。」從之。

八月五日，詔：「今後知、通每遇交替，從提舉司取見管常平錢米有無陳腐、侵支、兑用，新舊官連銜結罪，保明申朝省。」先是，湖【46】北提舉謝師稷言：「常平之法，蓋爲水旱之備，歷時(寢)〔寖〕久，州縣率多侵用，名存寔亡。陛下洞察積弊，令逐路提舉官親歷所部盤量，取見寔數，責逐州知、通交管封樁[四]，不得侵支，惟許以新易陳。如日前虛申數目之弊，一旦盡革。臣竊恐見任之人既經替移，州郡循習舊弊，又擅行借兑，無以關防。」故有是命。

六年九月十三日，江東運副，兼淮西總領張松言：「今歲江東、(一)〔二〕浙間有澇旱去處，目今米價已漸騰踴，豈可不預爲備？竊見江西、湖南、湖北三路常平倉蓄積充盈，積而不散，多致損敗，不若檢校見存之數，取撥一半轉移江、浙，則常平所移，亡慮數十萬碩。米既富足，民自無饑。」詔江西常平、義倉米通起三十萬碩，湖南常平、義倉米通起一十萬碩，並令發運司措置應副水脚錢，津發赴建康府樁管。

七年六月二十四日，臣僚言：「近來常平之法寖壞，帑

[一] 久：原作「失」，據本書食貨五三之三二改。
[二] 嚴：本書食貨五三之三二作「巖」。
[三] 撥：原作「發」，據本書食貨五三之三二改。
[四] 通：原作「道」，據本書食貨五三之三三改。

庾之積，所至空虛。方粒米狼戾之際，則無本以收糴，迨野有餓莩，始爲移粟之舉，或取之鄰州，或取之别路。道路既遥，時月亦淹，救助未至，而民之骨已槁矣〔一〕。今雨暘時若，有秋可望，願詔常平使者檢覆諸州常(州)〔平〕糴本，有支移侵盗去處，各令隱括椿辦，以俟穀賤傷農之際增〔價〕收糴，以惠斯民。」從之。

二十六日，臣僚言：「近者魏王奏請寧國府回糴常平米五萬碩，應副官兵支遣，已降指揮除放。竊惟寧國一郡，常平之儲幾何，而取其五萬斛，異時境内一 **47** 有飢饉，顧何以賑之？乞委江東常平司覈寔寧國回糴之數寔計有幾，同共措置撥還。」既而户部供：「寧國府已收納義倉米二萬七千餘碩外，止欠二萬二千餘碩。」詔禮部給降度牒一百一十道，付寧國府措置出賣，補糴昨回糴過常平之數。

八年四月十七日，權户部尚書楊倓言：「義倉，在法計夏秋税每一斗别納五合，即正税不及一斗免納；應豐熟，計一縣九分以上即納一升。唯充賑給，不許他用。今諸路州縣歲收苗米六百餘萬碩，其合收義倉米斛不少，訪聞諸州將遞年所收更不椿管，往往擅行侵用。乞行下諸路提舉常平，限半月委逐州主管常平官取索五年的寔收支文帳，申部稽考。」從之。

八月十六日，提舉浙東常平公事鄭良嗣言：「浙東去年五月終，一路有管常平米斛三十四萬五千餘碩，續措置收糴到米九萬一千餘碩，緣有灾傷及借撥軍糧及支乞丐，見管只有四十一萬碩〔二〕。今欲趁秋成更糴五萬碩。除别措置外，尚少錢五萬三千二十餘貫。」詔令禮部紐計度牒給降。

九年七月二十一日，詔：「諸路提舉將所部州軍常平、義倉錢斛委官點檢見在數目，一萬碩以下盡行盤量，一萬碩已上抽摘盤量，依寔保明聞奏。」從户部尚書楊倓請也。以上《乾道會要》。

【經進總類國朝會要·義倉】

紹熙元年七月八日，臣僚言：「義倉之制，始於隋開皇。户出穀麥，貯於當社，故名社倉，遇歉賑給。國朝 **48** 因之。今州郡於入納之際，與省苗混一，雖撥隸常平，然義倉之設，本以賑濟，今乃雜置其中。乞詔有司，令各就本縣置立義倉，以縣丞主之，庶不失社倉本意。」下户部看詳。本部欲下諸路提舉常平司看詳臣僚奏陳，照應見行條法鈐束諸州縣，將見管義倉米點檢見數。後收納到義倉米，於常平倉内令擇敖屋專一盛貯，分明置立義倉米牌號，不得〔將〕常平米仍前混雜。仰提舉司常切點檢覺察。如違，從本司按治施行。從之。以上《光宗會要》。

慶元二年六月二十四日，户部言：「權兵部侍郎、兼知

〔一〕槁：原作「稿」，據本書食貨五三之三三改。
〔二〕四十一：本書食貨五三之三三作「四十二」。

臨安府謝源明奏：『乞詔諸路提舉常平官，不得將義倉米與常平混雜，令提舉官躬親覈實。若委係久年陳腐欠折之數，非因合干人偷盜作弊，具實欠保奏，悉與蠲放。』本部看詳：欲從奏陳事理，下諸路提舉司行下所部州縣，須管將義倉、常平錢米分（豁）〔割〕所隸，令項樁管，攢具帳狀，從本司逐時檢覈，毋令妄有他用，以備濟糶。其間陳腐欠折之數，併委提舉司躬親覈實。如見得別無情弊，結罪保明，申取指揮施行。」從之。

嘉泰三年五月二十一日，監察御史林行可言：「竊惟義倉之法，每輸二税一石，別取一斗，歉歲即給與民。元豐中，既詔開封府畿縣義倉隸常平司，又詔京東、京西、淮南、河東、陝西依開封府界諸縣行義倉法。立法之初，所以行之諸縣者，蓋以一縣所管二税之數，取其贏餘，積而爲凶荒之備。以本縣之49粟，賑本縣之民，此意至均也。紹興十八年，因旱，復詔户部措置，益爲詳備。今也不然，一粒以上皆歸之州倉，而不復儲之外縣，一遇州郡給散，而使其盻盻然不得霑丐，此豈立法之本意哉？乞明詔諸路提舉常平官行下所部諸縣，將每歲所納二税大數細算合輸義倉斗斛若干，除附郭縣就州倉送納外，仰諸縣別立倉敖，明置簿籍，盡數截納，委令、佐通管，歲具納到米數申常平司，州郡不得輒自拘納。縣道除賑濟支給外，常切措置以新易陳。稍有並緣侵支，仰郡守、監司嚴行按劾。」從之。

嘉定〔三〕〔二〕年三月二十八日〔一〕，臣僚言：「人户納苗，或就縣倉，或往州倉，各從其便，令典具存。蓋納苗則有義倉，有耗剩。義倉所儲，專以待水旱凶荒；耗剩則倅廳拘發，漕司支遣。近年以來，有立約束不許縣倉受納，必欲盡歸之州郡。殊不知縣倉不受納，則失義倉之利，設有水旱凶荒，何以賑之？所謂耗剩者，當據縣倉所納苗米若干，然後取耗剩若干。浙中諸邑有管苗米餘十萬石者〔二〕，豈盡於縣倉受納也？今倅廳不問見納之數，但以苗額總計耗剩，悉取於縣。乞戒敕諸郡，每歲苗米從民之便，許於縣倉輸納，俾存義倉，以待賑貸。如耗剩米只據所納苗數解發，不得額外一毫妄有紐折。」詔令户部看詳聞奏。既而户部言：「照得民間輸納苗米，自合各從其便，或就縣倉，或往州倉。不唯便於民户，其義倉所輸，亦可以50備凶荒水旱賑恤之用。兼州郡所取耗剩，亦應以收到苗米分數紐計拘催，不應秖以遞年額管苗數取於縣道，又復以高價折錢，委爲民害。乞行下諸路監司、州郡，遵從今來臣僚奏請事理，恪意奉行，毋致滅裂。如有違戾去處，監司覺察，嚴作施行。」從之。

七年三月九日，臣僚言：「福建地狹人稠，歲一不登，民便艱食，貧家得子，多棄不舉，法令有不能禁。曩時宿儒

〔一〕二年：原作「三年」。按本書食貨六八之一八亦載此條，繫於嘉定二年，不誤，因下條有本年明堂赦文可證，因改。

〔二〕餘十萬：疑當作「十餘萬」。

□議，初由鄉里創立社倉，借糴本諸司，爲米鉅萬，夏貸而冬斂之，雖中産亦得接濟，其利甚博。以社倉之息米二分，與不濟僧寺之租米歲入舉子倉，以濟貧乏生子之人，使有所仰給，遂不忍棄。此良法也，行於建、劍上四軍州。比年以來，社倉之米不貸於貧民下户，而土人倉官乃得專之，以爲謀利豐殖之具，所貸者非其親戚，即其家佃火與附近形勢、豪民之家。冬則不盡輸，其可得而斂者又爲倉官私有。凡不濟院之産，皆形勢户請佃，倉官不敢誰何。租米既不肯輸，息米又無可撥，生子之人不蒙霑，訟訴紛然。是以舉子雖有倉，刻石雖有碑，而美意盡失之矣。乞下提舉司，每歲擇一清彊官，覈實見在米數，其欠折則監倉官填還，責之保司，同共管掌。歲委令、丞收支，修復舊法，椿管儲蓄，斂貸以時。」從之。

十一年五月六日，臣僚言：「頃歲議臣有請計義倉所入之數，除負郭縣就州輸送外，餘令逐縣置敖，自行收受。非惟革州郡侵移之弊，[51]抑以省凶年轉般之勞，是可行也。曩時州倉隨苗帶納，鈔同一鈔，輸同一輸也。今正税輸之州，義倉輸之縣，則鈔爲二鈔，輸爲兩輸矣。曩時雀鼠之耗蠹，吏卒之須求，一切倚辦於正税，而義倉不預焉。今付之於縣，既無正税，獨有此色，則雀鼠之耗蠹，吏卒之須求，所不能免矣。於是議臣有請，令人户義倉仍舊隨正税從便就州作一鈔輸納，而州郡復有侵移之弊。臣聞紹興初，臺臣嘗請申嚴義倉之法，通計一縣合收之數，截留下户苗米於本縣送納。開禧初，議臣復請倣紹興之意，令本州遇收受之時，計一縣合納義倉之數相當，聽從本縣收受，其餘則仍令隨苗赴州輸納。蓋截留下户之税米，以補一縣之義倉，則輸同一輸，鈔同一鈔，雀鼠之耗蠹，吏卒之須求，一切倚辦於正税，而義倉不預焉，與輸之州無以異也。其餘上户之義倉，則隨正税而輸之州，州得以補償其截留下户之數也，則州不以爲怨。縣得此米别項儲之，以備水旱賑濟之須，使窮民不至(放)〔於〕艱食，則縣不以爲撓。一舉而三利獲，此上策也。惟是負郭之義倉，則就州輸送，自如舊制。至於屬縣之義倉，則令、丞同主之。每歲之終，令、丞合諸鄉所入之數，上之守貳；守貳合諸縣所入之數，上之提舉常平；提舉常平合一道所入之數，上之朝廷。令、丞替移，必批印紙，考其盈虧，以議其殿最。庶乎寔惠及民，不(敢)〔致〕爲州縣之所侵移，而徒爲虚[52]文也。」從之。

十四年七月十四日，臣僚言：「朝廷興置義倉，令人户各隨正苗輸納，斂之於豐年，而散之於歉歲，最爲良法。以浙西言之，一路八州軍府，歲額管納苗米一百三十餘萬，合收義倉米一十餘萬。比來無歲不稔，且以三年所儲，已計三四十萬，縱遇水旱，足可賑給。蓋緣州縣循習爲常，納米及半，或元額已登，餘則準直悉令輸錢，以致義倉之額虧少，而已納之米不肯隨即分撥，又復侵移，妄行消破，提舉司無從稽考，誠爲利害。今歲雨暘時若，當議預行措置更革。乞申飭諸路提舉司，日下取見所部州縣一歲額管苗米

數目，計其合收義倉米斛，自嘉定十四年分爲始，令人户（令）〔合〕鈔送納，州委通、簽，縣委丞、簿交受，仍入別倉安頓，亦不收頭子、脚剩錢及耗米。如州縣輒敢並緣騷擾，或依舊混殺收貯，從本司密具官吏姓名來上，重行鐫責，人吏決配。候交受畢，開具數目、樁頓去處，及編排所納米鈔，併行繳申提舉司，本司更加檢覈，總而上之，大農置籍參考。其通、簽、丞、簿，每考批書印紙，如替移到罷，亦赴提舉司將認樁義倉米令項批書。若有侵欺違戾，申取指揮，斷在必行。仍下敕令所修立成法。」從之。以上《寧宗會要》。

（以上《永樂大典》卷七五〇九）

諸州倉庫〔一〕

【宋會要】

53 太祖建隆四年七月，詔曰：「爲國之計，足食是先。屬年穀之豐登，顧倉儲之流衍，苟暴涼之失節，即損壞以爲虞。必資守土之臣，共體分憂之寄。應所在倉廩，並委長吏躬親檢校，勿令損惡。」

乾德四年四月，詔曰：「出納之吝，謂之有司。儻規致於羨餘，必深務於掊克。知光化軍張全操言：『三司令諸處倉場主吏，有羨餘粟及萬碩、芻五萬束以上者，上其名，請行賞典。』此苟非（倍）〔掊〕納民租，私減軍食，亦何以致之乎？宜追寢其事，勿復頒行。除官所定耗外，嚴加止絶〔二〕。」

雍熙二年七月，帝謂宰臣曰：「國家儲蓄，最是急務，蓋以備凶年，救人命也。昨者江南數州微有灾旱，朕聞之，急遣使往彼分路賑貸，果聞不至流亡，兼無餓殍，亦無盜賊之患。苟無積粟，何救飢民？今天下數年已來，連歲豐稔，諸道州府見管斛㪷〔三〕，慮主者弛慢，或致損敗，可嚴爲戒勵。」乃詔曰：「邦家所切，儲蓄是資。所以防水旱之爲灾，救生靈之闕食。稍有飢荒之患，便行賑貸之恩。免致流亡，式彰勤恤。濟民惠物，何以加兹！今天下雖屢豐穰，頗多貯積，官吏或失於提點，儲廩則至於損傷。不唯陷主掌之人員，兼亦誤朝廷之計度。宜行告諭，用警因循。應天下州郡、軍、監見管諸色糧，宜令逐路轉運司與逐處知州、通判及軍、監官吏并當職人吏等 54 常切提舉，倉司不得非理損惡官物。其計度支用外，積數多處，並仰設法變換，或作時價出糶，或借貸與民充食，或有水路處，即般運赴京及軍馬屯駐之處并館驛大路〔四〕。違者等第科罪，雖去官，猶論如律〔五〕。」

大中祥符三年七月，宣示王旦等：「省司近日責罰諸

〔一〕按，本書食貨五四亦有此門，内容與此互有詳略，可互參。
〔二〕天頭原批：「脱四條。」按，所云「脱」者見本書食貨五四。以下仿此。
〔三〕諸道州府：原作「諸州道府」，據本書食貨五四之一乙。
〔四〕即：原脱，據本書食貨五四之一補。
〔五〕天頭原批：「脱三條。」

州虧少課利，條法稍嚴。若爾，則率之於民日益增峻。可特降詔示，今後逐年比較場務去處，如內有界分得替，零月或有虧少，更不比較責罰。並以（租）〔祖〕額全年立定分數比較，如有虧少，許將前界出剩撥填外，更有虧少，即依編勑將多補少，就輕依條施行〔一〕。」

〔大中祥符六年〕十一月三日〔二〕，帝謂王旦等：「言事者云江、淮大稔，所在積稻、粟，倉庾不能貯。」旦等請下州郡（與）〔興〕葺廩舍。帝曰：「近聞民間粒食愈賤，可依例增價收糴，以惠農民。仍令所在州軍除上供外，常積三年儲。」馬知節言：「江、淮卑濕，囷倉必作地梁，方免縻潰。」旦言：「廩庾並委轉運司規畫創造，上供、收糴依例施行。」帝然之。

十五日，令諸州倉、場所納旁鈔，自今證驗訖，具斤數送軍資庫。每經二年一定價，鬻錢入官，不得妄有費用，違者坐之。初，景德二年勑：「逐年貯積，以備檢會。」至是，河北轉運司言：「貯積既久，多即糜壞，而檢會之際，第用帳曆，請悉出市於人。」三司總括天下之數，且請二周歲即鬻之〔三〕，故有是命。

九年七月，令保州徙監草場使臣廨舍于場外，以煙爨密邇，謹火患也。

天禧二年 [55] 三月，河東轉運使言〔四〕：「并、潞州倉元支剩五千斛，及復欠四千斛。昨準大中祥符八年六月二十八日勑：給支三年已下欠數者，償納半年已上者，咸釋之。竊以此輩仰恃明詔，別有欺弊，已移牒根究償納。臣所部州郡積粟皆三五年，此若不行，弊必滋長，望特定條制。」三司言：「至道元年五月十七日勑：『諸州受納斛㪷收到剩數，支絶日，除雀鼠耗外〔五〕，欠者償官〔六〕。』今請祥符八年以前用至道勑，八年以後用新勑。其每歲納粟，正收、雀鼠耗著於籍〔七〕。歲除雀鼠耗外〔八〕，三年已下咸令償納；已上，於剩數更免什之三；五年已上，免十之五；七年已上，免什之七。（起）〔乞〕今後受納界分少剩，並如今奏。」從之。

三年四月，左班殿直、（閣）〔閤〕門祗候任中立言：「沿邊諸處糧草，逐處雖有專監使臣，每至支散月糧及口食，管勾不逮。欲乞今後諸處只就彼令職官與使臣同監，仍以一員依在京例監支認籌。以此遞相覺察，可絶欺弊。」從之。

四年八月，兵部員外郎、知制誥呂夷簡言：「沿邊州軍寨倉、草場（坊）〔防〕護糧草，如稍疎違，監官、人吏、大理寺

〔一〕天頭原批：「脱五年、六年二條。」
〔二〕原抄有「大中祥符六年」六字，被原整理者圈去，玆據《大典》卷七五一二回補。
〔三〕且：原作「旦」，據本書食貨五四之二改。
〔四〕「使」下當有人名，據《長編》卷九三，有李放在河東轉運使任上，時間爲天禧二年四月，疑爲此人。
〔五〕雀：原作「舊」，據本書食貨五四之三改。
〔六〕償：原作「賞」，據本書食貨五四之三改。
〔七〕雀鼠：原作「省」，據上下文改補。
〔八〕雀：原作「省」，據本書食貨五四之三改。

並斷斬刑，及違制奏裁。望別定沿邊刑名。」詔法寺詳定以聞。

五年十月，淮南江浙荊湖制置發運使周寔，請於泗州轉般倉側隙地量蓋倉廒三五百間。

仁宗天聖二年九月，淮南江浙荊湖制置發運使方仲荀等言〔一〕：「真、楚、泗州轉般倉監官，今後收到出剩，不得批上曆子〔二〕，理爲勞績。江、浙州軍多裝發熱斛，乞[56]依真、楚、泗州例支裝〔三〕。沿江巡檢司、排岸司多有勾索綱運，邀難住滯，乞行止絶。并淮南、兩浙州軍和糴場監官內有糴下麤弱斛㪷，不任上供，乞勘逐理納價錢。」並從之。又言：「舒、廬等十三州軍逐年和糴斛㪷，乞只於真、楚、泗州就近收糴。」帝令三司與仲荀同共相度聞奏。

〔七年〕九月〔四〕，臣僚言：「伏覩編勑：『諸處倉場受納所收頭子錢，除一半納官外，其餘並於倉場內置櫃封鏁。凡有支破，監官與知州、通判同上文曆。其縣、鎮逐旋具支破數目申州，候納罷日磨勘，具帳申奏。并稅倉支遣斛㪷漏底，如不少欠，元收出剩亦不破雀鼠耗及無損惡官物，其支使不盡頭子錢〔五〕，不以三年內外，並將一半納官，餘一半支與專、副。若是元收出剩斛㪷支遣漏底却有少欠，及破雀鼠耗、損惡官物，其（亦不破雀鼠耗）存留頭子錢更不支與專、副，並送納入官。』天下所收頭子錢，貫萬浩瀚，其倉場納罷，只將一半納官，內一半逐州官吏皆依舊來體例支遣，但有名目破使去處，即便使用。又緣元勑，候倉場漏底不破雀鼠耗，許將一半支與專、副。其倉場漏底，實見少有不破雀鼠耗者，以此天下一半頭子錢多是逐州依例因循破用。今乞每年所收頭子官錢，除合給與鋪襯〔六〕、紙筆、（倉）〔食〕直錢外，並乞一齊收納入官，更不存留封鏁。如此，則拘轄官錢不至枉用。」詔：「諸處倉場所收頭子錢納官外，內有合行支使者，並依先降條貫明上文[57]曆支使，不得妄作名目，枉有破用。如敢故違，並當劾〔七〕罪嚴斷。」以上《國朝會要》。

〔熙寧〕十年九月四日〔八〕，詔：「諸河倉納粟，至次年支給〔九〕，一碩破耗一升，歲加一升，至八升止。」

元豐元年閏正月九日，賜度僧牒百道，付河東路轉運司買材木，應副大名府、澶州修倉。

八月十六日，詔京東路轉運司：「齊州章丘縣被水，修

〔一〕江：原脱，據本書食貨六四之二〇補。
〔二〕「曆」字原殘，「子」字原脱，據本書食貨五四之三補。
〔三〕「支裝」下原有「發」字，又被點去。《大典》卷七五一二此字闕。按「支裝」已自可通，無需補字。
〔四〕天頭原批：「脱三年、四年、七年三條。」按，所脱條目見本書食貨五四之四，本條即在該卷「七年七月」條後，因補「七年」二字。
〔五〕頭：原作「㪷」，據本書食貨五四之四改。
〔六〕合：原作「名」，據本書食貨五四之四改。
〔七〕劾：原作「初」，據本書食貨五四之四改。
〔八〕熙寧：原無。按本書食貨五四之四此條之前有熙寧七年一條，故此條不標年號，今既删去前條，故此處補「熙寧」二字。
〔九〕給：原作「納」，據本書食貨五四之四改。

縣城、倉庫，並給省錢。」

四年四月二十八日，詔：「以瀛、定、滑州擬修盛貯封樁糧斛倉屋圖〔一〕，每州作兩倉修蓋〔二〕，付專切措置河北糴便蹇周輔，差官往彼，度所宜建置處以聞。」

九月二十七日，權發遣三司度支副使公事、河北東西路體量安撫蹇周輔乞就西山採斫木植〔三〕，修蓋北京等處倉敖等。從之，仍命周輔經畫提舉。

五年九月二十一日，措置河北糴便司言：「準朝旨，於瀛、定二州修倉六所，先後給度僧牒千五百道〔四〕，其錢已盡用，乞增給。」詔給一千。

元符三年四月二十日，徽宗即位未改元。詔：「訪聞諸路災傷州軍，緣倉庫蓄積不廣，致支散諸軍月糧、口食等多以情願坐倉爲名，又支價錢低小，致食用不足，因兹逃竄、餓殍，恐（寢）〔寖〕久聚爲盜賊。自今支散月糧等，須是斟量食用豐足之外，方許將有餘情願坐倉，依見和糴價支錢，所屬官司即不得順從，承望抑脅。如有違，並科違制之罪。仍令提刑司常切覺察，及令户部立法聞奏。」

徽宗大觀元年十一月五日，陝西轉運副使薛嗣昌言：「涇原見准詔，就鎮戎軍、平夏城、通峽 58 寨〔五〕、西安州四處營建都倉草場，欲乞賜名額。」詔：「都倉可賜名，平夏城曰『裕財』，鎮戎曰『裕國』〔六〕，通峽曰『裕兵』〔七〕，西安曰『裕邊』〔八〕。」

四年十二月九日，詔曰：「近諸倉月給軍糧多有減刻，監視斗面官不切躬親檢察，仰司農寺檢具條制申飭施行。如有違犯，官員重行黜責，吏人決配千里。」

政和元年五月三十日，詔：「諸軍月糧、口食雖食用有餘，不取情願而抑令坐倉收糴者，徒二年。」以臣僚乞嚴立抑勒之罪，復坐倉之法。若果是食用之餘，情願依實直價，使以見錢給之，因亦可行，但須嚴立抑勒條法。故復立此條〔九〕。

三年閏四月三日，詔：「諸監倉門官應差出者，常留正官一員在倉，係獨員者不得差。」以尚書省言「諸州監倉、監門官差出，全無正官在倉，雖有權官，於受給不得專」故也。

四年八月十七日，京畿提點刑獄公事林箎言：「諸州縣倉屋損壞，公吏喜於作倖，漕司憚於應副。伏見省倉之法，以收息五釐樁充修補之用。欲應倉屋以本倉盤量到出剩十分樁一分，如省（房）〔倉〕收息之法，專充修倉之用，庶

〔一〕滑州：《長編》卷三二二作「澶州」。李燾注云：「八月十五日乃復滑州，此云『滑州』，字必誤，今改作『澶州』。」
〔二〕作：原無，據《長編》卷三二二補。
〔三〕輔：原作「轉」，據本書食貨五四之五改。
〔四〕道：原脱，據本書食貨五四之五補。
〔五〕峽：原作「陜」，據《宋史》卷八七《地理志》三改。下同。
〔六〕裕國：《宋史》卷一七五《食貨志》上三作「裕軍」。
〔七〕裕兵：《宋史》卷一七五《食貨志》上三作「裕民」。
〔八〕天頭原批：「脱一條。」
〔九〕天頭原批：「脱三條。」

使天下倉庾常加修飭，無復侵竊腐蠹之患。」從之。

五年四月十八日，臣僚上言：「高陽關路諸州軍倉廒内，滄州寶嘉倉白米經今十年，别無損爛，受納官周志行顯見用心。保定軍省倉白米，均糴未及二年，已多腐爛，監糴官趙升之顯見受納濕惡。」詔志行特循一資，升之特降一資。

同日，詔河間府豐[59]利、廣富倉檢計合用錢數，支撥滄州鹽倉頭子錢，令吴玠措置修葺。以臣僚言：「河間控扼衝要之地，兵屯既衆，豐利、廣富兩倉二千餘間，經三十五年，乞就近支撥滄州鹽倉頭子錢，或借支鹽息錢，充修倉支用，令變轉回易，分限撥還。」故也。

十一月十五日，陝西路轉運使席貢言：「續降《政和令》：『諸倉監官應差出者，常留正官一員在倉，係獨員者，不許差出。』其諸州軍資庫監官與監倉職事無異，欲今後並不許差出，責令專一管出納。」從之。

六年十二月十七日，詔：「封樁錢將以待非常之用，有司失於經畫，妄乞支撥。自今輒有陳乞，以違御筆論。」從户部請也。

八年二月四日，臣僚上言：「州縣倉庫受納、糴買，國用所繫。永静軍縱令攬納麤惡税斛八萬餘碩，畧行估剥[一]，虧官錢三萬緡，却於攬納户處賤糴黄米入公使庫，償以淡酒，又令納倉獻送遺利錢數百緡，復以酒持送倉官[二]。雖知州但以不知情贖金，而麤惡損折之物無緣償足。竊慮此類尚多，欲乞應總領財用、監司巡歷所至，檢察違戾者奏劾。」從之。

宣和元年十月十三日，詔：「濱州南、北兩倉五百餘間廒屋，例皆疎漏，見收貯措置糴便司斛㪷不少。仰措置糴便司於所收二分頭子錢内支撥見錢五千貫，付知、通修葺。候畢工日，令廉訪使者點檢保奏。」

七年二月十四日，詔：「諸路州軍所在軍糧窘闕，支散不時，又多麤惡，致汝州、安肅軍、雄州、廣[60]信軍、興仁府兵士作鬧。又拱州出戍雄州兵士例皆赤露，並無衣裝，只因衣糧大段闕絶。除已重作施行外，可令尚書省嚴行約束諸路漕臣，應合支軍兵衣糧，並如期給散，仍不得夾雜糠粃及用麤色折兑。如敢違戾，重行貶竄，不以去官赦原。」

四月二十七日，講議司言：「勘會收支官物，州縣官司則憑簿曆，朝廷省部、監司則憑帳狀，而帳内官物與簿曆不同，簿曆内又與倉庫見在不同，至有帳尾見在錢物一二十萬，而曆與庫内全無見在。攢造、驅磨、申奏，徒爲無用之空文。除諸州封樁錢物已降指揮委常平司官取索驅磨外，其非封樁錢物，欲令所屬監司委諸州通判，遍詣本州及管下倉、場、庫、務，將帳檢及逐處赤曆文簿取見在官物實數，於勾院置簿拘籍。」從之。

[一] 估：原作「古」，據本書食貨五四之六改。
[二] 持：原作「特」，據本書食貨五四之六改。

欽宗靖康元年十月十二日，詔：「諸路漕司據住營、駐泊廂、禁軍未支軍糧疾速應數按月支給，不得循習舊弊，及坐倉虛稱官買，量給價錢。違者，重行竄責。」以上《續國朝會要》。

高宗建炎元年五月一日，赦：「自崇寧以來，州縣倉庫受納稅賦，務加槩量，以圖出剩，東南六路爲甚。其弊本於補發綱運斛㪷額外增數。可除歲額上供數外，其每年認起補發額斛並權住罷〔一〕。」

二年二月十日，淮南西路提刑司言：「近年以來，諸州受納官與專、斗作弊，公然受納濕惡、僞濫之物。或年月深遠，不曾依條兑換，將不堪斛㪷盛貯別敖，專充軍糧，兑留好米 61 支見任官月俸。欲乞今後在倉應受納糧斛，不得分別官員、軍兵，並令一敖收支。內有大段損壞全不堪支遣，即勒元受納官備償，仍許監司出巡檢察。」從之，仍坐條行下。

十一月二十二日，赦：「應金人及盜賊經由州縣內有燒毀係官屋宇等去處，除城池、倉庫外，餘並未得興修，以寬民力。如違，以違制論。仍令監司按舉。」三年四月八日、四年二月二十三日赦並同〔二〕。

〔紹興二十六年〕八月十七日〔三〕，尚書户部郎中、總領湖廣江西京西路財賦湖北京西軍馬錢糧逢汝霖言：「州縣受納人户租稅米斛，取耗唯恐不多，前後累降約束非不嚴備，然終不能遏絶者，其説以謂贍養官吏、軍兵悉出於此。就使如其説，已犯禁綱，而近年又復輒將在倉米斛出糶，收其價直，以資妄用。此殊可駭。若軍期急闕，猶當申稟，苟爲不然，其可擅乎？乞特降處分，應州縣係省米斛不得擅糶。如委因闕乏，事須出糶，即具因依申轉運司，待報施行。仍令轉運司覈實，申户部照會。庶不至重困民力，輕耗國計。」從之。

三十年四月二十四日，臣僚言：「竊見川、廣、荆湖般運糧斛錢物至行在者〔四〕，經涉江湖，道里遥遠，既入浙河，又有守閘阻淺之患。而建康府溧陽縣東垻鄧步、溧水縣銀林、太平州之間有陸路，遠者二十五里，近者十五里，正川、廣、江、湖舟楫經從之地。若於此置轉般倉，下卸川、廣、江、湖漕運之物，及支撥四向旁近州縣不通水路物斛，及省併 62 江東轉運司蕪湖縣倉於此受納，實爲利便。又訪聞銀林、鄧步中間陸路舊曾開通，見有堰閘、溝港遺跡可考，問其所廢之因，則謂宣州境內地高，每遇水漲，則無以防遏爲害。只當量留最高處三二里間不必開通，以爲置倉之基，則於般運尤易。」詔並令本路轉運司相度施行。以上《中興會要》〔五〕。

〔一〕天頭原批：「『權住罷』下脱一條。」
〔二〕天頭原批：「『赦並同』下脱九條。」
〔三〕紹興二十六年：原無，據本書食貨五四之八補。
〔四〕湖：原作「河」，據《大典》卷七五一二、本書食貨五四之八改。
〔五〕天頭原批：「『中興會要』上脱三十一年一條。」

孝宗乾道二年七月四日，詔置隆興府轉般倉。詳見「水陸運」。

三年八月三十日，詔：「江州、荆南、襄陽府大軍倉庫，並聽逐處守臣檢察，如有違戾事件，並申總領所劾治。」先是，尚書度支郎中唐瑑言：「湖廣總領所江州、荆南、襄陽府各有大軍倉庫，其逐處監官，州府不敢何問，不能不生姦弊。」故有是命。

四年二月二十一日，前監鎮江府户部大軍倉王晞言，乞依行在省倉監官體例，任滿推賞。户部下司農寺指定，欲依紹興十八年五月二十一日已降指揮，比附行在省倉監官體例，與減二年磨勘推賞施行。從之。

三月十七日，詔：「諸倉支諸軍月糧、口食，抑勒坐倉〔一〕，低價糴買；及將軍人與在外糴米人非法斷罪，追理賞錢。並令從便，不得依前抑勒糴買。」從中書門下省請也。

四月八日，荆湖南路轉運判官邵及之言：「被旨，郢州創造轉般倉一所，合專置官吏〔二〕。欲差排岸官一員拘催交卸，監官一員給納，專知官、攢司各一名掌管收支。排岸官就差本州都監兼管，專知、攢司從本路轉運司踏逐見役人吏、衙前充。每月量行添 63 支專知官食錢一十五貫，攢司一十二貫。監官不拘大小使臣、京官、選人，或乞令踏逐所隸州縣見任官管幹，每月添支茶湯錢二十貫，排岸官十五貫。」從之。

五月七日，太府卿〔三〕、總領湖北京西軍馬錢糧鍾世明言：「襄陽等處倉庫收支錢物浩瀚，本所差遠，難以稽察。昨雖有指揮令守臣檢察，亦恐不專，竊慮暗失本所財計。乞許臣間或前去點檢，及詢訪支遣官兵請受有無減剋之弊，兼民間休戚亦得奏聞。」從之。

五年八月二十九日，詔：「應管官物倉、場、庫、務等去處，自乾道二年除放之後，如有少欠錢物，令所屬並須管依條陪還，即不得仍前妄行申請除放，令户部申嚴行下。」從中書門下省請也。

六年九月三日，新權知汀州謝知幾朝見，奏乞令諸州司法同司户管幹倉庫職事。上曰：「刑獄事重，倉庫利害稍輕，令司户專管。」

十月八日，平江府許浦鎮駐劄御前水軍諸軍統制馮湛言：「臣移屯許浦，屢嘗申請，乞就梅里鎮置立倉廩，應副支請，得旨依臣所乞。今踏逐到梅里鎮勝法寺空閑廊屋庫堂大小共三十間，可以安頓錢糧。」詔胡堅常疾速措置撥截，津運錢米前去。

八年八月七日，淮南運判向士偉言：「本路廬、和州、巢縣等處見屯戍軍旅，轉餉兵食，水路回遠，初無經久利便

〔一〕抑：原作「仰」，據《大典》卷七五一二、本書食貨五四之九改。
〔二〕專：原作「轉」，據《大典》卷七五一二、本書食貨五四之九改。
〔三〕卿：原作「鄉」，據本書食貨五四之九改。

聚糧之所。就無爲軍造轉般倉一所，約可儲三十萬斛。今相度得本司後倉屋見有二十餘間，周回空地可以添造 64 倉廒。」詔令馮忠嘉疾速修蓋。運判馮忠嘉言：「無爲軍距巢縣水路一百四十里，路稍徑直，在所不論；距和州，則下水九十里至裕溪口，合九江。水路之間，冬乾則成下水，春水生則爲上水，〔下水〕則快而易進，上水則急而難遡。又下水六十里至楊林渡〔一〕，又上水二十五里始至和州，凡上、下水一百七十五里，迂遠如此。臣獨謂聚糧最宜乘水未退運入，廬州爲上，其次則莫如和州，又其次則莫如巢縣。蓋倉合肥，運道不惟艱難，且有不通之時，至和州自可指撥下卸，何若自爲迂遠？伏望詳酌置倉去處，且仍舊貫。」詔令趙善俊、王楫同共相度合與不合修蓋。

九年正月二十四日，有旨令淮南轉運司於和州并巢縣各蓋造可以盛貯米斛一十萬碩倉廒一所，其無爲軍倉廒更不修蓋。以上《乾道會要》。

淳熙元年八月十日，吏部員外郎莫漳言：「諸州倉、庫、場、務(場務)多巧作名色增置簿曆。乞(今)〔令〕諸州於歲前兩月將倉、庫、場、務簿曆悉解赴提刑司印押，限歲前一月先次給下。令提刑司每歲終具州邑已印給赤曆簿書名件，申户部帳司照會。若州郡復踵前弊，令監司按劾。」從之。

二年二月十四日，淮南運副吳淵言：「今朝廷樁積米在淮西，除經常數外，不若就江南樁積。乞於太平州蕪湖縣采石鎮江次高仰處建倉屋百間，可樁積米伍十萬碩，就令本鎮監税官兼管。」從之。

三年五月二十六日，詔：「三總領及見有樁管處漕 65 臣督責守令，檢舉以新易陳。將來點檢如有陳腐，當職官吏重置典憲。」從中書門下省言也。

九月二十六日，度支郎中史松老言：「四川宣撫司有備邊樁積糧一百一十餘萬石，倉廒類皆鹵莽，多致腐敗。乞行下制置司、總領所盤量，除陳腐外，具實數以聞。每遇支糧，逐年新陳兑易；葺其倉庾，使之堅久，庶幾可備緩急。」詔利路運判王敦詩、知興元府李蘩委官點檢分明聞奏，或有不實，其當職官吏取旨重罰，不以去官、赦降原減。

四年正月四日，淮東總領錢良臣言〔二〕：「揚州近於古城舊基添築堡寨，於内合建倉儲米。近已造廒屋五十間，料屋二十間，乞令揚州守臣差人看管修葺，無令損漏。」從之。六年九月，又展蓋廒屋五十間，從淮東總領葉翥請也。

十一月一日，四川制置使胡元質言：「關外諸州見管樁積糧斛共一百十四萬四千石有奇，率多陳壞。今乞支給軍糧，以陳腐米增數與之。物雖不精，彼利其數之多，亦所願欲。於樁積之數雖少虧，猶愈於全棄也。」詔周嗣武同總領公共相度，將低次不堪支遣者措置變糶，却將價錢盡行

〔一〕楊：原作「揚」，據本書食貨五四之一〇改。
〔二〕領：原作「理」，據《永樂大典》卷七五一二改。

收糴，依舊樁管。

五年閏六月十一日，詔：「鎮江、建康府各置轉般倉一所。鎮江府於閘外、建康府於石頭城修築，各置文、武監官一員，總領專一提領。」

八月七日，詔(城)〔成〕都府置省倉監官一員。以帥臣言本府省倉出納甚多，自來不置監官，止差糧料院官兼監故也。

八 66 年閏三月十七日，詔：「鄂州於近處建倉，如遇綱運到岸，即令入倉，不得於諸倉安頓。」以臣僚言：「湖南每歲發米到鄂州，無一定交納之地，出卸後時，姦弊不一，間遇風濤，或至沉覆，非惟陷折官物，而部押官吏往往因此狼狽失所。」故也。

九年七月九日，詔：「諸路州軍應有朝廷米斛，專委守臣認數樁管，如致陳腐及有少欠，並令守臣抱認補填。雖已去官，亦取旨責罰，總司毋得干預。」

十年正月十一日，詔：「淮西州軍將見在米斛以新易陳，認數樁管，非奉指揮，不得擅支。」以本路監司言：「有見在米斛五萬六千八百三十餘石，已牒諸州軍樁管。」故有是命。

四月七日，詔：「建康、鎮江府轉般倉各撥隸本府，所有逐州府大軍倉樁管朝廷米，並委守臣同本倉監官認數別敖封鎖。其監官考任除所屬批書外，亦令於逐州府批書有無少欠，方得離任。」以知建康府范成大言：「近旨，諸路州軍應有朝廷米斛，專委守臣認數樁管，總司不許干預。今來本府大軍轉般倉元係屬淮西總司，今朝廷既撥付守臣樁收，其合干人若依舊隸總司，難以檢察。乞將轉般倉撥正所隸，則守臣方可任責。」故也。

十一年二月二十四日，權發遣澧州趙彌言：「本州連年旱歉，去歲尤甚。見將常平米斛賑糶，而所管不多，難以繼後，若不急行措置，將來轉致失所。臣契勘本州見有朝廷樁(積)米斛四萬餘石，若俟奏聞取旨行下，然後賑 67 糶，竊恐緩不及事。恭覩元降指揮，委守臣認數，如陳腐少欠，並守臣抱認填補〔一〕。臣除目下將上件樁管米一面開倉賑糶，拘收價錢，令項樁貯，候秋(熱)〔熟〕日，從元數收糴補填，非惟可以接濟飢民，亦免陳腐之患。」詔住糴，先具已收價并用過米斛數目申尚書省。

十二年五月十三日，黄州奏：「本州措置糴到占米二萬石，穀種五千石，小麥種一千石，在州城倉及麻城、黄陂縣倉樁管。照得上件備濟占米係土産小米，不堪久遠樁積，況今已是年深，若不變糴，恐日後轉見陳腐。兼本州自開春以來，少有米斛上市，竊慮民間闕食。除已逐急將上件占米照元價出糶，候秋成收糴樁管外〔二〕。」詔黄州日後取撥樁管米斛，須候請降指揮方得支使，其已糶占米權依

〔一〕「認填補」三字原缺，據前「九年七月九日」條補。
〔二〕此二句語氣未完，若非有脱文，則是編會要者節略欠妥。

所乞，候今秋糴還樁管。

十四年九月十七日，中書門下省言：「鎮江、建康府轉般等倉并鄂州、江陵、襄陽府見樁管米斛數目浩瀚，屢降指揮，令逐州府同總領所常切措置，以新易陳。却（元）〔緣〕自來綱運到岸，憚於般卸，往往就船支遣，是致損壓陳次。」詔令守臣將見樁管米斛逐一契勘元交卸歲月先後，并開具自淳熙十一年至十三年終已對兑過數目分明以聞。仍仰淮東、西、湖廣總領所今後遇綱到岸，須管拘（摧）〔催〕赴倉卸納，依節次指揮以新易陳，不得仍前就船支遣〔一〕。

十四年十月七日，樞密院進呈淮東總領所相度到楚州不宜赴倉積穀。上曰：68「楚州必守之地，自當積穀爲備，總領所相度事理未是，可令起倉三十間。」以上《孝宗會要》。

淳熙十六年六月十六日，中書門下省言：「秋成不遠，合照年例廣行收糴，樁管米斛。其行在諸倉并淮東、西、湖廣總領所見管倉廒，慮有疎漏。」詔司農寺及淮東、西、湖廣總領所各預行修葺，以備儲積。其合用物料，令所在州軍疾速隨宜應副，毋致闕誤。

紹熙二年二月十二日，中書門下省照會：「鎮江府轉運倉、大軍寄納倉及兩淮州軍并襄陽府等處樁積米斛，竊慮或有陳次，有誤將來支遣。乞降指揮，委自逐處帥、守并總領官逐一覈實，取目今樁積米斛，開具逐廒年分、有無陳次及借兑未還之數。」從之。

五月二十九日，臣僚言：「襄漢之地，緜亘數千里，屯兵控扼去處，衝要實繁，兵少則不敷，兵多則糧不能繼。爲今之計，莫若預積以爲之備。嘗究積粟所在〔二〕，惟郢州及應城兩處，宜廣建倉廩爲積貯之計。」詔湖廣總領所相度措置以聞。總領詹體仁言〔三〕：「本所照得郢州見屯軍馬，每歲合用米料共約支一萬七千餘石。每年常科撥綱運四萬餘石前去應副支用，又有樁管米料近一十萬石，若更積粟，恐致陳腐。兼本州城内湫溢，亦無空閑高阜。自鄂至郢，春冬之間水路可通，緩急不妨津運，似亦未須添蓋倉廒。其應城縣已準指揮令修蓋寨屋，以備分戍牧馬。臣近因往荆襄點檢倉庫，經過本縣，親行相視得向來辛巳69屯軍，一時米料多是逐急那借僧寺觀空屋盛貯，本縣舊管廒屋例皆疎漏頹廢，不堪樁收官物，遂委知縣踏逐縣西空閑地一段，可以蓋倉一百間，約盛米料一十萬石。其地却近以水次，般運順便。計料合用材植等九千六百二十餘貫，工食在外。體仁檢照淳熙十四年間，鄂州蓋造大軍倉一百間，蒙朝廷支降錢一萬五千貫起蓋了當。今相度，乞行下本所，於樁管會子内支撥一萬五千貫，付鄂州都統司收買材植等，差撥軍中工匠如法起蓋。」從之。

四年七月十七日，中書門下省言：「諸路樁管朝廷米

〔一〕船：原作「般」，據《永樂大典》卷七五一二改。
〔二〕究：原作「充」，據《永樂大典》卷七五一二改。
〔三〕詹體仁：原作「張體仁」，據《宋史》卷三九三《詹體仁傳》改。

斛，紹熙二年二月十二日已降指揮〔一〕，委逐處帥、守并總領官〔逐〕一取會數目。雖據申到，竊慮未得盡實。」詔三總領所日下取見樁米州軍元管數目，具結罪保明文狀申尚書省。將來支遣，不管少有欠折。並令各路總領及樁管去處守臣專一任責，如向後或有虧欠，並重寘典憲。

五年五月二十四日，淮西提舉張同之言：「管下諸州見管樁積米僅三十萬石，雖名水次，其間多是山澗小河，春夏雨水泛漲，方可通運，秋冬水落，則往往不通舟檝。州縣憚於造倉之費，一時苟且，多就寺觀夾截小屋，或於露天積囤，上漏下濕，豈不損腐？兼積樁已久，亦不能保其無虧。詢訪得舒州桐城縣管下樅陽鎮，下瞰大江，舊大雲倉一所已廢，而基尚存。目今本鎮官銜内常帶『監樁積倉庫』，若於此處建造倉屋百 70 餘間，將其他見樁之米凡不近大江者徙之於中，異時舒州應（糶）〔糴〕到樁積米斛，並於此倉樁頓。非特淮西緩急可以應用，若撥付淮東，亦順流而下，誠爲利便。況舒、黄州，無爲軍名曰淮郡，其實近裏，僻在一隅，且有重山（復）〔複〕湖之險，委是利於樁積，合行一體措置。」從之。又言：「兩淮自收去僞錢之後，當時官中所給收换之錢多是會子，隨即轉而之他。此後連年薄收，官與民爲市者絶少，以故民間錢物艱得。所謂改官錢於民者，不過於和（糶）〔糴〕，若豐熟年分，和糴亦不必專在於秋冬，遇有米皆可收糴，但不擾，則樂然投糴，官私皆得其利。仍將所糴之米於新倉樁頓，委實經久可行。兼照得諸州各有交子换到鐵錢，及樁管上供等鐵錢，别無起發，欲乞逐旋付守臣，責之認數，自今年秋成爲始，選擇清廉通時務官置場，招誘鄉民等不拘時節赴場出糶，兩平交量，優於市價，即不將顆粒科敷於民。每年於歲終比較所糴多寡而賞罰之。」從之。以上《光宗會要》。

慶元元年十二月九日，淮東轉運司言：「本司計料到起蓋和（糶）〔糴〕樁管朝廷米斛倉廒二百八十三間，合用竹、木、磚、瓦、釘、灰、蘆、篾物料，人工錢米，及周回牆圍、填疊地基，每間約價錢三百貫文，共用八萬四千九百貫文。乞於本路樁管交子、鐵錢内支降，應副起蓋。」詔令本司於真州見樁管鐵錢内支撥四萬二千四百貫文。

三年十月二日，度支郎中岳震言：「淳熙以來，71 臣僚奏請守臣交替，將見在錢物具數申部，報御史臺置籍稽考。孝宗皇帝首俞其請，陛下踐祚，又復申嚴，誠良法也。（令）〔今〕諸路州軍大率隱而不申者，本部無由而知。使其任滿到闕，吏部關報，責以必申，尚猶可也，若外除就差不到闕者，其不申必矣。及其申到，有指東爲西，認此作彼，本部亦無由而辨。至有合解諸色綱運占護而不解，（令）〔合〕支官兵請給積壓而不支，留裝虛數，反累後人。臣謂此法當責漕臣，今後所部郡守替移，須管覈實諸色綱運、應干請給支至日下齊足，餘外方爲實在之數，保明申部。諸

〔一〕熙：原作「興」，據上文食貨六二之六八改。

司替移，應有錢物除與幕屬同〔御〕〔銜〕申外，仍報本路互察之司保明申聞。」從之。

四年十月三日，臣僚言：「乞明詔大臣，就職事官内選曉事清彊官分詣逐路，將樁積米躬親盤量，取見的實見在數目，仍索干照，逐一驅磨，究見元樁管若干，續收糴到若干，節次借兑若干，折欠若干，見管若干，各項聲説因依，開具細帳并干照事祖，一處結罪保明，齎申朝廷。候到，委官覈實，將節次借支之數，公共參酌的合支數目，具呈取旨，明行銷豁外，有合管見在米斛，行下各處如法封樁。今後不許私自借兑顆粒。或遇以新易陳，即限在當日具申朝省，仍於狀内分明聲説，係將是何名色米一併撥還，或欲候秋成日旋行收糴，即預先撥出價錢，令項寄收，具數供申。其米不許擅自移易，亦不許積壓，致有損壞。72每至歲終，從各州軍守臣同當職官具委無借兑結罪奏聞，委自提領官常切檢察。如敢擅自借兑，不以多寡，具申朝廷，重寘典憲。」詔：「先次點檢三總領所，淮東差大理寺主簿謝儼，淮西差司農寺主簿王大過，湖廣差軍器監主簿潘子韶，内淮東、西各限半月，湖廣限十日起發，各具知稟文狀申。其州軍有朝廷樁積米處，令本路轉運司差官點檢，保明申尚書省，續行差官覈實。餘依已降指揮。」

五年四月二十四日，因右諫議大夫〔一〕、兼侍講張釜言：「行下謝儼，若已盤量到所屬州軍樁積米料内有欠折浩瀚去處，即將合干人送獄根究欺弊，仍一面具因依先申朝廷。一併劄下潘子韶、王大過照應，使奉公竭力，一體施行。庶幾州縣官吏悚然知朝廷命令之不可玩，而典憲之不可逃。繼自今樁積米之散在諸路者，皆可指準，不復貽陛下憂矣。」從之。

十三日〔二〕，軍器監丁逢言：「竊見潼川運司樁管糴本錢米，先有運判岳霖樁到糴米錢引二十萬道，糴米專備災傷支用。昨因資、普等州旱傷，用過一半以上。臣到任，交到錢引九萬六千二百餘道、見錢三千一百餘貫。臣撙節浮費，添積錢引一十餘萬道，及糴到米斛。至解任，共樁糴本錢引二十萬二千八百餘道，湊及岳霖任内數目。緣慶元二年遂寧府、資、普州夏旱免税，制置司行下運司支錢米應副州郡急闕，必有支過錢米。若後官不爲補填，緩急無73以接濟。乞特降指揮下潼川運司，常切樁管糴本錢米二十萬道元數，遇有災傷支用，隨即補填元額，不得虧少。」從之。

嘉定五年三月二十八日，知和州富嘉謀言：「竊惟兩淮，歷陽爲淮西要郡，昨來胡寇侵擾攻圍不下者，人人有死無二，而本州廂、禁軍堅守之功爲多。欲籍官田立廣惠，以給民之孤獨；開質坊收利息，以給軍人守城之有功者。二事皆不可緩。自臣到任以來，凡没官、户絶田入于官者籍

〔一〕「因」字疑衍。
〔二〕此條時間與上條失次，疑有脱誤。考《續宋編年資治通鑑》卷一二，丁逢以慶元四年七月除軍器監，五年六月罷。而此條仍題「軍器監丁逢」，則此條之「十三日」似應爲五月十三日或六月十三日。

之，今得田一千七百畝，歲收其租，以贍鰥寡貧窮孤獨之人及有死無以葬者。立廣惠倉於州倉之内，專委户曹主之，與常平、義倉兼舉而並行。蓋本州雖有常平、義倉，所得不多，一有水旱，則鰥寡無以養，貧窮無以給，未免有流（徙）〔徙〕之患，非所以惠貧民、實邊境、弭盜賊也。本州守城立功軍兵四百九十五人，昨蒙朝廷給到宣帖，各人節次陳乞幫行正請。本州具申江淮制置大使司，備申朝廷。回準指揮，（所其）〔其所〕增添請給，從本州應副。前任周馬帥以本州窘乏，具申制置大使司，乞下總領所照各人所授宣帖給正請，且放行一半。續得旨，令和州於見樁管會子内取撥五千貫應副。前任守臣又申朝廷，於樁管錢内撥到會子五千貫，展計換見錢一萬一千五百九十一貫，取會到實管守禦立功厢、禁軍四百四十五人，計二千七百六十四資，除周馬帥任内添支外，再共添錢八百二十餘貫。臣到任，首申朝 74 廷行下，於樁管錢内支撥一萬貫文。今來月支已盡，不敢再申控告。今將公庫趲積到錢三萬貫文，及將本州舊醋庫改作激勵抵當庫，在闤闠處開置，月收息錢，專助添支當來守禦立功厢、禁軍，以爲軍人無窮之利，以示激勸。專委知録主之〔一〕。又恐歲收息錢支遣不敷，今益之以没官田桑之租，與夫本州節制司舊管抵當庫所收息錢，公使庫日收房廊、白地賃錢，併行撥隸，使後之爲州者得以了一歲添支之費。二策於和州，誠爲兵、民莫大之利。除已揭牓曉示軍民，黏連拘籍没官地田桑租花利，及撥隸舊抵當庫息錢、公庫房廊白地錢窠名單子外，仍開具措置廣惠倉已拘籍到户絶租課，并拘籍支給守臣、立功厢禁軍添幫錢窠名。抵當本息，没官地田、柴山，隱漏桑租，及根括到逃亡户絶之家水陸地、柴山、桑林、石磊地租課等，申乞劄下本州置籍拘樁，專充兩項支遣，庶幾永爲邊郡無窮之利。」批送户部，限十日勘當申尚書省。既而户部言：「所申兩項，委有利便。所有元管庫本錢，自是本州州用錢，即無交收；諸司窠名官錢，亦不是常平錢本，及無合充上供經、總制錢數，及於今來檢坐條法即無違礙。」從之。

六年二月五日，都省言：「建康府轉般倉監官目今堂除文臣，其監門兼斗面官亦合一體。」得旨：建康轉般倉監門兼斗面官堂除使闕，差選人經任有舉主無過犯人。部授見任許終滿，75 已差下人依省罷法。

七年十一月四日，詔：「今後建康府、鎮江府轉般倉監門官任滿，如能搜檢無透漏官物，比倉官與減半推賞施行。」以監建康府轉般倉門史文卿申乞比附倉官推賞，故有是命。

十四年六月十六日，德音赦文：「應蘄、黄州倉、場、庫、務但干係官錢物，如實經兵火燒劫，仰淮西制置司審實，開具數目保明以聞，當議斟酌減放。内有官吏般載錢物往别處州縣收藏，或回易興販，不曾被劫而隱匿入己者，

〔一〕之：原作「人」，據《永樂大典》卷七五一二改。

並自德音到日，限一月經所在官司首納。如限滿不首及首納不盡，因事買罣，並依法施行，仍不理今來德音原免。」以上《寧宗會要》。（以上《永樂大典》卷七五一二）

宋會要輯稿　食貨六三

蠲放

【宋會要】[一]

1 光堯皇帝建炎元年五月一日，赦：「應因戰守及差使被賊殺虜者，特予免本家二年支移折變。應諸路人户見欠税租，并倚閣、展閣税賦及緣納錢物，並予除放。昨經大元帥府駐軍及一月以上去處，應辦軍馬極爲勞費，又應天府係興王之地，理宜優異，今年夏税並特放免。又訪聞自來赦書所放逋欠，轉運使及州縣迫於調度，依舊催納，至民間有『黄紙放，白紙催』之語，甚失朝廷寬恤之意。今來大恩，與常赦不同，兼務節用，可以裕民。如監司、州縣輒敢故違，巧作名色，依舊催科，仰被科人户越訴，其官吏當議重行貶竄。」

十一日，曲赦：「應(名)[民]户曾被虜賊蹂踐，耗蕩家產，仰州驗寔，予蠲免今年夏秋租及科配。」四年八月十八日、紹興元年正月一日、二年四月十九日、三年九月四日、四年七月一日德音、曲赦，並同此制。

十一月二十三日，赦：「應曾經金人或群寇蹂踐人户，見欠建炎元年夏秋税租並予除放。應欠負官物元非侵欺盗用者，及雖係侵盗而本家并干繫保人内無抵當財産者，並令本屬于赦到一月内，保明申轉運、提刑司，本司亦限一月保明聞奏，當議並與除放。如逐處不爲依限申奏，仰互經轉運、提刑司受理披訴，依法施行。其元非侵盗，見勒干繫人攤納者，失於催理或誤行支遣，見攤在干繫人名下理納者，水火損敗及綱舡遭風水抛失若被盗、勘會分明各無欺弊，見扣折請受者，寶貨場冶委是不發及不顯侵欺，係欠課利見行催理者，冒佃諸色官田、户絶田土屋業(諸并)[并諸]般啓幸隱漏税租，見理納積年税租課利等委是貧闕無可償納者，並委本屬保明申轉運、提刑司等，特與除放訖，奏。在京申所屬，依此施行。」紹興元年九月十八日、四年九月十五日、七年九月十八日、十年九月十日、十三年十一月十八日、十六年十一月十日、十九年十一月十四日、二十二年十一月十八日、二十五年十一月十九日、二十八年十一月二十三日、三十一年九月二日赦，並同此制。

二年七月十九日，詔：「州縣大水，飛蝗爲害，而最重之處，仰百姓自陳，州縣、監司次第驗寔，保明聞奏，量輕重予免税租。」

十一月二十八日，詔：「諸路合起夏發銀、絹，並更不起發。如自來用係省舊錢買發，即將合用錢數還充漕計，以寬民力。」

三年七月二十日，詔：「太平、池州及南康、饒州管下浮梁等縣，經賊燒劫，居民逃避，又以去秋災傷，米價踴貴，

[一] 此下原標「食貨二十」，此是《大典》卷一七五三五之事目及編序。

令本路轉運司體究被焚劫人户，依災傷法量分數減免。」

四年五月十八日，詔：「福州人户均認準備巡幸錢糧十萬貫石，可並特予❷蠲放。官吏尚敢拘催，重寘典憲，仍許越訴。」

二十二日，詔：「越州會稽、山陰縣人户未納建炎三年分湖田米，並予除放。」

六月一日，詔：「越州餘姚、上虞、蕭山縣見欠建炎三年分湖田米，特予蠲免。」

七月四日，右正言吳表臣言：「乞將應州縣經金人、盜賊殘破去處，其去年秋料未納殘零租米、役錢，並權與倚閣，候將來秋熟，別行催納。」從之。

紹興元年三月十七日，詔：「南劍州、建州上供銀，於合起二分數内更與蠲免二分。」

八月五日，詔：「湖州安吉縣人户紹興元年夏料税賦並以十分爲率〔一〕，分三等減免：被燒劫及被虜殺人户，與減免七分；被劫掠人户，減免五分；不被劫虜人户，減免三分。」以本縣人户經部省陳乞故也。

二十五日，詔：「昨降德音，將大觀三年額外增添數目特予三分中蠲減一分。如逐路雖係大觀二年修定格目，如大觀三年爲額認數起發，即合依昨降德音蠲減。令户部申明行下逐路轉運使照會施行。」以徽州通判李㮤言「本州大觀年增添紬絹〔二〕，乞行減免」故也。

九月九日，詔：「昭慈獻烈皇太后靈駕發引，經由水路，因堰閘去處渰浸禾稼，可差官按視分數，減放租税。」

二年正月二十一日，詔：「臨安府諸縣人户拖欠下租税等物，依去年明堂赦令合行倚閣者，並特予放免。如官吏日後復行催納者，當依沮格詔令科罪。」

二十四日，〔詔〕：「諸路建炎四年正月一日以前應未起上供等錢物、糧斛，並特予除放。其形勢及官户、州縣公人本户不經殘破之家，納到殘租積欠，仰具數以聞。」

閏四月三日，權發遣興國軍王綯言：「本軍自經燒劫，民力未復，乞權免紹興二年兩限上供錢物。」詔更與免放紹興二年夏税一料。

六月二十二日，知池州葉焕言：「本州税賦自建炎二年至今五年間，積欠無慮數百萬貫疋石，已是出違上限。乞將今年本州合起發上供年額錢、紬絹并一半折帛錢，及（淮）〔淮〕衣紬絹，並減免合起發之數一半。所有米斛，並甘依限盡數起發。」詔於曾被賊馬燒劫人户名下均減。以本州十分爲率，不得過三分，即不得稍有情弊。如違，當職官竄責，人吏決配。

二十七日，金部言：「欲將鼎州建炎四年合發上供錢物，免其紹興元年分欠下上供數，自來年爲始，分限三料帶納。」從之，以本州陳免故也。

〔一〕安吉：原作「吉安」，據《宋史》卷八八《地理志》四乙。

〔二〕「徽州」下原有「路」字，徑删，元始置徽州路。

七月三日，手詔：「比緣閩境凶濤作亂〔一〕，故遣師蕩平。重念盜賊占據之地，及焚劫剽虜之家，用肆赦音，以蠲税斂。訪聞州縣檢會條令不過三分，甚非所以稱朕曲頒霈澤、(患)〔惠〕恤一方之意。可特依今來四月十一日赦降指揮，並行放免。如有違戾去處，許民户越訴，官吏重行竄責。」

八月七日，詔：「温州年例借撥一半軍糧米一萬九千七百四石，只今認起一萬石，餘數特予蠲免。」以尚書省言本州苗税不多，借撥 3 外州，所得米比諸郡最少故也。

九月四日，知洪州李光言：「本州屬縣殘破，收買上供淮衣紬絹無所從出，乞更予蠲免一年。」從之。

十月二日，興國軍言：「紹興二年夏税并上半年上供錢物，已蒙恩免放。其下半年上供錢，寔無所從出。」詔特予蠲免。

十一月十七日，詔：「武昌軍累經焚劫，可(以)〔依〕本軍所乞，上供錢物全免一年。」

二十四日，上謂呂頤浩曰：「近臨遣五使，面諭丁寧，非往時遣使之比。有奏云，欲將州縣已蠲放賦税文簿盡行焚毁。朕欲寔惠及民，已依所奏，示民不疑也。」

同日，樞密院計議官、權監察御史、江南東西路宣諭薛徽言〔言〕：「欲望許諸路宣諭官於所至州縣，取積年欠負案籍，不以是名何色，凡在建炎元年大赦前者重行點檢，內有顯合蠲除者，悉以焚棄，絶其弊源，使不敢歸業之人有以取信。」從之。

十二月九日，臣寮言：「乞今後除税租、免役、和買依法催科以備軍期，不管缺誤，自餘非泛科配一切停罷。」本部言：「若遇災傷，難以不行除放，若寔因軍期，亦有許收量添酒錢，專令應付。或因軍期所需，多科其數，别行支用，以自盜贓論，官員竄嶺表，人吏決配。欲下諸路轉運司嚴責守令催科税賦，不管違戾。」從之。

二十五日，金部郎官呂庭問言：「荆湖南、北路建炎四年分未起上供米，已降指揮蠲免。其上供錢物，乞〔依〕例除放。」從之。

三年正月十七日，知宣州沈晦言：「乞將本州及諸路所欠紹興元年夏秋二税并和買，權行蠲免或倚閣。」詔從所乞，將上三等人户權予倚閣一半，第四等以下並倚閣，仍分限三年帶納。

二月十四日，宰執奏：「昨日奉御筆，臨安府民户税地，兵火之後多爲官司、軍營居占，而户下輸納預買絹不減。令主者考究，悉予蠲免。」呂頤浩等奏：「訪聞上户往往已免，下户不能自陳，尚有催理者，宜如詔旨蠲除。」上曰：「凡施恩惠，當先及下户。文王發政施仁，必先四者。彼豪强兼并之家，雖立法摧抑，猶能侵刻細民，不可不察也。」

〔一〕凶濤：不可通，疑當作「凶儔」，指范汝爲黨。

二十七日，户、工部言：「准都省札子，江南路宣諭劉大中奏：信州等處坑爐户欠少官錢，乞依赦蠲免。詔逐部勘當，申尚書省。契勘坑爐人户借過官本錢，以銀、銅中納乞官〔一〕。自（官）〔軍〕興以來，坑冶苗脉微細，緣鑄錢司引用元符三年九月十四日朝旨，不作欠負，依舊見行催理。本部昨緣渡江，燒毀案牘，即無上件朝旨檢照外，緣已降指揮，諸路宣諭官于所屬州縣取見積年欠負内有顯合蠲除者，悉以焚棄。欲下江淮等路點檢坑冶鑄錢處饒州司，將建炎以前年分所欠錢數依赦蠲免。」從之。

三月二十七日，詔：「臨安府仁和縣、錢塘縣地基爲官府營寨拘占者，許計家業錢蠲免絹數。」

二十八日，澧州言：「近蒙朝廷將建炎四年錢物全行放免，其紹興元年上供并大禮賞4給，自來年爲始〔二〕，分三料帶起，及二年分上供錢物，令依條起發。緣本州累經巨寇，人民歸業之初，税賦未甚就緒，乞候將來樁發。」詔依所申，並予蠲免。

四月六日，知建州向伯奮言：「本州今年合帶發紹興元年經制茶税銀，乞減免。」户部勘當，欲將本州帶發紹興元年拖欠上供銀數予放免。從之。

五月四日，河南府等州鎮撫司幹辦公事雷震言：「自金賊犯順，本鎮軍馬屯守控扼，軍中所須，並取于西京管下諸縣供納，至今首尾八年，委是疲困。乞檢會應干近降手詔寬恤民間事件，行下沿邊諸鎮，曉諭人户通知。乞使事平息日，將西京管下諸縣民户除合納税賦外，特賜蠲免諸般非泛科率五年。貴得民心，有望朝廷寬恤之意。」從之。

十六日，詔免岳州紹興二年秋料并今年夏秋兩料役錢。以知州范寅敷言本州經賊盗〔三〕，民力未復故也。

六月七日，〔詔〕：「契勘利州路興元府、洋州一帶郡縣經兵馬殘破去處，仰所屬將歸業人户應未起上供物帛錢斛並予蠲免。」

七月十八日，江南東西路宣諭劉大中言：「州縣曾經殘破人户元不曾離業者，紹興元年秋料税租、役錢減放四分，以前拖欠與倚閣。州縣引用海行法，不得過三分。乞全行倚閣。」詔興國軍不曾離業人户合納紹興二年分和買紬絹，並特予全行放免。

二十五日，詔淮南路合發上供斛斗予免三年。

九月二十日，詔德安府合發上供錢物，特更免二年以上〔四〕。以知府韓之美言：「先時分鎮，得旨蠲免上供三年。近本府撥隷湖北帥司，知府不帶鎮撫使，而五縣寇劫之後，民户税、役並無輸納，乞將上供權免。」故有是詔。

十月十四日，户部言：「漢陽軍申，本軍經殘破，乞將合發内藏庫絹八千疋權行蠲免。本部契勘，難以施行。」詔

〔一〕乞：疑當作「還」。
〔二〕年：原脱，據文意補。
〔三〕范寅敷：原作「范演敷」，據《建炎要録》卷六五改。
〔四〕以上：此二字似爲衍文。

特予免放一年。

十一月二十八日，侍御史辛炳言：「訪聞福建路昨於建炎元年收到諸州軍人户獻納錢、銀，共約計錢一十五萬六千餘貫，并出（買）〔賣〕承信郎告，共錢一萬七千餘貫，並寄樁南劍州。後來本州承諸司指揮，取撥應付招募，招殺建州軍賊葉濃，并募（搶）〔槍〕仗手等，並各支用净盡。近者户部根括上件銀、錢，行下轉運、提刑司共分認還一半，餘一半令南劍州認還，作三年六限帶納。臣切詳上件錢、銀除賣官告錢外，其餘並是當時科率人户以獻納爲名收簇到數。今支用既盡，而勒令認納，勢必再斂于民。契勘南劍州已納到今年上半年兩限錢銀訖，若兩司續各納到兩限之數，即還賣官告錢，已是增多數倍。所有紹興四年兩年上、下四限錢、銀數目浩瀚，敷斂無窮。乞特旨悉行蠲免，仍下本路諸州縣揭榜民間。如州縣却敢以催獻納錢糧爲名，追呼搔擾，並許人户赴安撫司陳告，申奏朝廷重行黜之。」從之。

四年正月二十五日，5 詔：「廣南東路轉運司依紹興三年二月十五日已降指揮，將循、梅、潮、惠四州寔曾被劫人户合納租税，疾速開具申尚書省，特蠲免。」從左朝奉郎林著之請也。

四月十七日，詔淮南路紹興四年分依格合發上供錢物，予蠲免起發一年。

六月六日，岳州言：乞免内藏庫絹。宰臣朱勝非曰：「本州屢經盜賊，殘破尤甚。」上曰：「將今年并以前者並特予除免，免使州縣作過官吏將纔歸業人户妄行催納搔擾。」臣勝非等曰：「陛下（受）〔愛〕民如此，天下幸甚。」

二十六日，知鎮江府沈與求言[一]：「契勘人户掛欠苗米一千三百餘石，除根括逃亡歸業人户合豁除一千餘石[二]，其餘盡係貧乏下户畸零殘欠，乞候秋成，于本府納到苗米内撥還。」詔並特予除放。

十月十一日，詔和州今年合起天申節大禮銀、絹特予蠲免。以本州言經賊殘破，從其請也。

五年正月十五日，内降淮南路德音：「壽春府、真、揚、楚、泗、承、泰、濠、滁州、天長、漣水軍人民[三]，各懷忠義，團結山水寨，保聚有功，理宜優加存恤，並予免放税役十年。其不係團結人户曾經賊馬蹂踐去處，予放五年。委逐州開具保明聞奏。」

二十四日，權知滁州何洋言：「本州累經殘破，招集未能就緒。乞將合起上供并應合進供之物蠲免二年。」從之。

二十九日，詔：「令逐路帥司約束所部，應曾經殘破州軍縣鎮官吏，遵依已降赦文。如尚敢巧作名目催理舊欠，非理搔擾科率，並仰按（刻）〔劾〕聞奏，官員除名勒停，人吏

〔一〕與：原作「予」，據《宋史》卷三七二《沈與求傳》改。
〔二〕千：原作「年」，據文意改。
〔三〕漣：原作「連」，據《宋史》卷八八《地理志》四改。

決配嶺外。」

閏二月二十七日，荆南歸峽州荆門公安軍鎮撫使解潛奏〔一〕：「本鎮南北備敵，事力未振，歲貢上供委寔無所從出。乞更俟三二年，民力稍寔，依格起發。」詔更予免二年。

三月二日，岳州言：「本州紹興五年上供等錢物，緣殘破後，委寔無從出〔二〕，欲望特賜蠲免。」從之。

八日，詔黄州上供斛斗予免三年。以本州言「累經殘破，人户方歸業」故也。

六月二十三日，三省言：「近因久旱，降詔除税租、和預買及應付大軍之外，應干科敷催驅等日下並罷。切慮州縣却催理人户累年積欠税租。」詔令諸路監司、帥臣嚴行覺察，如有違戾及失于案舉，並取旨重行竄責。

二十六日，詔：「應諸路監司、州縣，非奉朝廷指揮，假作軍須名色之類科須事件〔三〕，日下並罷。如有違戾，州縣仰監司按劾，監司令御史臺覺察聞奏。或隱蔽，並重寘典憲。」

七月三日，權發遣蘄州馬羽言：「本州比年兵火，被害尤甚，民未歸業，其上供錢、税租米斛，乞依黄州例免三年。」從之。

五日，都督行府言：「勘會澧州兵火不絶，農事久廢。合發上供錢物，伏望自今年蠲免三年。」從之。

十九日，諸路軍事都督行府言：「湖南一路，比緣少雨，田壠亢旱。欲將本路秋税苗米先次特予蠲免五分。若將來檢覆災傷分數更重去處，即令提刑司別 6 行開具減放。」從之。

八月二十四日，内降德音：「龍陽軍鄉（林方廓）〔村坊郭〕人户科配差役、係官屋税之類，已降指揮並免放五年。尚慮不切遵奉，仰本路帥臣嚴行覺察。如有違犯之人，重行斷配。如五年之後尚未就緒，仰保明以聞，當議勘量，更予免放。」

九月一日，尚書省言：「勘會昨因亢旱，已（詣）〔詔〕諸路除應付大軍等事外，應干科敷並罷。如漕司雜税及常平等增收頭子錢、鈔旁勘合錢、耆户長顧錢、常平一分寬剩錢及正税畸零剩税，並乞一例罷。」詔依。

四日，詔婺州合起紹興二年内藏庫素羅、花羅，并特予放免。

十月十八日，諸路軍事都督行府言：「湖南、北州縣應干所入窠名錢貫，並係取撥應付大軍支用。近潭州已行蠲免起發，〔所〕有其餘州縣欲望並行蠲免。」詔兩路印契税錢並特予蠲免。

六年三月四日，江南西路安撫制置大使、兼知洪州李綱言〔四〕：「洪州遞年合發淮衣紬絹，自建炎三年殘破後，

〔一〕州：原作「川」，按《建炎要録》卷三四改。
〔二〕「從」上疑脱一「所」字。
〔三〕類：原作「作」，據《建炎要録》卷九〇改。
〔四〕綱：原作「剛」，據《建炎要録》卷九四及《宋史》卷三五九《李綱傳》改。

用度缺乏，不曾收樁，已免至紹興三年。所有四年、五年分委是無從收簇。」詔與蠲免。

同日，詔：「令諸路轉運司契勘管下去年旱傷及四分以上州軍拖欠下紹興四年已前年分錢、帛、租稅等，並予除放。」

二十日，諸路軍事都督行府言：「契勘和州田産兵火，正當水陸之衝，比之他處，殘破至極。竊見蘄、黄州並免二年，舒州免二年。（令）〔今〕本州今夏起稅，深慮輸納未前，望特（免）展免二三年，候招集人民，開墾田土，稍成次第日起催施行。」詔更予展限一年。

二十五日，成都潼川府夔州利州路安撫制置大使、兼知成都府席益言〔一〕：「四川去秋旱傷，田畝所收，多者不過四五分，少者纔一二分。又緣官中糴買壅遏，米穀價例踴貴，無從得（寔）〔食〕。又去秋西川水潦，東川旱暵，即今粒食昂貴，斗米錢兩貫，利路近邊去處，又增一倍。即今人民飢流死者相枕藉於道，見行賑濟。緣蜀民自來不曉陳訴災傷，是致州郡、漕司不曾依條減放。間雖有檢放去處，並不以寔。望賜矜恤。」詔如委係災傷，失于檢放，予權行倚閣一半，其災傷至重去處，全行倚閣，並候將來秋成日，依已降指揮催理。

五月六日，權户部侍郎王俁等言：「諸路紹興四年已前拖欠并合補發上供米斛，並折斛錢物，乞權行（依）〔倚〕閣。候將來豐熟帶發。」從之。

八月十五日，詔：「虔州諸縣管下曾經殘破之家，委令佐扎姓名〔二〕，本州覈寔，將日前欠負特予除放。」

二十一日，知廣州連南夫言：「本州連年賊盜侵犯，須贍兵馬守禦，因此財賦缺乏。所有秋、夏二稅，乞免一二年。」詔予蠲免今年夏、秋二稅及上供錢物。

九月六日，詔：「荊湖北路管下州軍，因旱傷拖欠紹興四年分天申節銀二千五百五十兩、進奉大禮銀三千三百兩、絹二千六百疋，特予蠲免。」

十月二十八日，權發遣鄧州韓遹言：「本州自 7 收復，管下鄉村坊（廓）〔郭〕人户雖（簿）〔薄〕有耕種，並無舊（米）〔來〕稅課簿籍，係是（劫）〔創〕立。其夏稅所（論）〔輸〕稅課，比湖（比）〔北〕差重。乞許臣量行裁減，和糴、和買、拋買之類特免三年。」從之。

十二月一日，內降德音：「淮西州縣民力凋弊，除已累降指揮放免租稅外，其逐州應經今來賊馬殘破縣分，更與免放租稅二年。應緣今來軍事調發人夫，予免本户科差一次。」

七年三月三日，詔：「應駐蹕及經由州軍，見欠紹興五年以前稅賦，並予除放。官司輒敢舉催，重寘典憲。仍令提刑司常切覺察。其民間見欠官司紹興五年以前錢物，令

〔一〕潼川：原作「潼州」，據《建炎要録》卷九四改。
〔二〕扎：疑當作「抄扎」。

逐州長貳限三日條具以聞，當議蠲免。」

同日，詔太平州應實曾被火居民户，予放今年屋税。

六月十九日，三省言，建康府乞免輸建炎元年至紹興元年未起左藏庫錢帛等〔一〕。上曰：「建康兵火之後，遺民無幾，何忍更追取積年逋欠之物耶〔二〕？可並除之。」因謂輔臣曰：「朕嘗諭趙鼎〔三〕，宣和以前，宰輔非其人，費出無節，誅求無藝，四海之民困於科歛，不得安業。朕嗣位以來，思與之休息，又以邊事未靖〔四〕，軍需之資取辦于諸路者尚多。斯民之災如此，倘他日兵寢〔五〕，朕當一切蠲罷。雖租賦之常，亦除一二年。朕之此心，天地鬼神寔臨照之。」張浚等曰：「陛下聖志如此，天必助順，民之休息，固有期矣。他日更在陛下選用大臣，推行德意〔六〕。」上曰：「然事亦在朕。」臣檜曰：「陛下聖志既定，人誰敢違？」

七月二十一日，後殿進呈張浚等奏：「禱雨備至，未獲休應。」上曰：「應天須以寔，如恤刑、弛役之類，當更有寔惠可及民者〔七〕。朕曉夜思之，如積欠一事〔八〕，爲民之害甚大。比因移蹕，所過州郡下蠲除之令，聞民間極喜。可將諸路紹興五年以前税賦積欠及其他逋負議蠲之。」浚等退而條具，再取旨，即施行焉。

二十四日，都省言：「建康府近緣亢陽缺雨，其（路諸）〔諸路〕州縣理宜一等寬恤。」詔：「諸路州縣民户見欠紹興五年以前税賦並予除放，官司錢物令長貳限三日條具以聞，當議蠲免。及諸州起發綱運赴行在交納，因估剥虧官并拋失少欠，見今監理追納補發，自紹興五年以前虧官數目，並予除放。其見催理去處，取見詣寔，如委無情弊，一面先次權住催理，具狀保明聞奏，當議亦予除放。州縣因災傷逃移，并不曾離業人户布種未盡田畝，依已降指揮合免税租，訪聞州縣違戾，以拘催上供爲名，復行催納。自今降指揮到日，並免催理。如違，令提刑司覺察，按劾以聞，當重（科）〔行〕科斷。其紹興四年、五年終前項人户拖欠未納上供税苗，令提刑司取見所免催理數。如州縣委寔無從出辦，具數保明聞奏，當議特予除放。諸路民户買撲場務昨因拖欠淨課利錢物，收執當折填外，尚有欠少數目委無可納者，紹興五年正月以前數目亦予除放。諸路常平司諸色田8産人户承佃合輸租課，紹興五年以前拖欠之數，令長貳限三日條具以聞，當議免。其寬恤事務要寔惠及民，如州縣巧作名目，輒敢催理，委提刑司按劾以聞，當重寘典憲。」

二十八日，尚書省言：「已降寬恤除放諸路州縣民户

〔一〕輸：原作「放」，據《建炎要録》卷一一一、《宋史全文》卷二〇上改。
〔二〕逋：原作「通」，據《建炎要録》卷一一一改。
〔三〕諭：原作「予」，據《建炎要録》卷一一一改。
〔四〕靖：原作「盡」，據《建炎要録》卷一一一、《宋史全文》卷二〇上改。
〔五〕寢：原作「侵」，據《建炎要録》卷一一一改。
〔六〕意：原作「音」，據《建炎要録》卷一一一、《宋史全文》卷二〇上改。
〔七〕惠：原作「位」，據《建炎要録》卷一一二改。
〔八〕一：原缺，據《建炎要録》卷一一二補。

見欠紹興五年以前稅賦等，尚慮州縣奉行苟簡，將合放稅租欠負錢物不行蠲免。」詔令逐路轉運司約束管下州縣恪意遵行，務要寔惠。如州縣敢有違戾，或因緣追呼搔擾，許人户徑詣本路帥臣、監司或朝廷臺部越訴。若所陳自寔，官當取旨重行竄責，人吏決配。及令提刑司分委官遍詣州縣點檢覺察，具違戾去處當職姓名按劾聞奏。

八年三月二十二日，詔：「建康復幸，其浙西經由州縣應辦人户見欠紹興六年十二月終以前稅賦，並予除放。官司輒敢舉催，重寘典憲。仍令提刑司常切覺察。」

九年五月一日，應天府路轉運司言：「亳州譙縣諸鄉稅户陳達等一百三人〔狀〕：『伏覩赦文内一項，應新復州縣百姓，各安鄉井，並特予放免苗稅三年、差徭五年。欲乞止免差徭五年，所有放苗稅，情願便行依時送納，資助國用。』」詔降勑獎諭，依已降赦文放免。上因宣諭〔輔〕臣曰：「中原遺民久困暴斂，肆赦之初，特予蠲免三年。雖人心喜於來歸，誠意樂輸，然斯民乍出塗炭，尤當加恤。兼赦文之信，豈可復渝？宜降詔獎諭，依赦蠲免。」

二十六日，詔：「河南諸路新復州軍上供錢、帛、斛斗及土貢物色，及大禮進奉銀、絹，並放免三年。」

八月十四日，三省言：「給事中蘇符言〔一〕：已分屯吳玠軍馬，乞罷免四川對糴米脚錢等。」上曰：「四川自兵興以來，橫斂既多，民不堪命。可令胡世將、張深相度蠲減，以紓民力。」

九月六日，樓炤言：「川陝既分屯人馬，已將自軍興以來創生科賦悉行蠲免，凡八十餘萬貫石。」上曰：「四川久屯大兵，不無科須。今故地歸復，兵各分遣，得以減罷，遂可愛養民力矣。」上欣然喜見于色〔二〕。

十年閏六月十五日，詔：「順昌府民間租稅，先降赦已放三年，更予放免二年。」

十二年二月二十七日，詔令廣南東、西路安撫、轉運司取見寔經盜賊殘〔破〕去處，特予蠲免今年夏、秋二稅。應已前拖欠稅租，並權住催。

五月九日，户部言：「舒州經殘破兩縣人户，予免稅租二年。其餘諸縣經驚擾逃避人户，予免一年。」從之。

十三日，户部言：「真州今年合發一半上供有額錢物，欲依通、泰州例更予權行放免〔三〕。」從之。

二十六日，詔：「安豐軍并屬縣各係極邊，大兵往來蹂踐至極去處，紹興十二年合發進奉天申節銀五百兩，特予蠲免。」

二十七日，户部言：「廬州收諸司并經制、有額無額上供錢物，及激賞、頭子等錢，除已降指揮予免年限外，乞更予展免一年。」從之。

〔一〕符：原作「苻」，據《建炎要録》卷一三一改。
〔二〕然：原無，據《建炎要録》卷一三二補。
〔三〕權行放免：原作「權放行免」，據文意乙。

二十八日，户部言：「荆南紹興十年每年合發錢物、米斛，欲更予放9免一年，自紹興十一年爲始，計置樁管。」從之。

六月九日，隨州言，本州合發年額上供錢物乞行蠲免。詔更展免一年。

七月五日，荆湖北路安撫使司參議官丘奐言：「荆南上供米斛，欲乞且依前來例閣免三五年，候百姓歸業漸有税賦，依數送納。」詔更予放免一年。

十三年二月十七日，權發遣光州田邦直言：「本州合發諸司及上供錢物、疋帛、斛斗，并經總、無額、激賞、頭子錢，并禁軍缺額請給錢糧等，乞候户口增羨、起理税租日起發。」詔更予展免一年[一]。

七月十一日，上謂秦檜曰：「朕嘗與卿等説，候國用足日，蠲免租賦，少寬民力。前日因卿兄朝辭，亦議及此。卿兄累典郡，頗熟于民事，朕以謂若一槩除放，又恐用度不足，可將第三等以下蠲免。如浙西以駐蹕之久，民間應付不易，臨安府尤甚。可令户部契勘第三等已下一路共若干數，且放得一料，庶幾貧民下户寔受其賜。」

十七日，三省言：「户部具到浙西第五等人户丁鹽錢合納見錢一半，多有拖欠，第三等以下人户數目最衆。緣上户多是分作小户，難以一槩放免。若只蠲放丁鹽錢，則實惠正及下户。」上曰：「甚好。此錢不惟下户難出，民間所以不舉子，蓋亦因是。朝廷法禁非不嚴，終不能絶其本，乃在于此。」

十四年二月八日，上諭輔臣曰：「民間積欠有可免者，亦當量予減放，使寔惠及民。比年以來，邊事寧息，民間並無科歛，人情想見歡喜，數年之後，當漸富庶。」秦檜曰：「諸州自來申奏乞免放積欠者，多是十數年前登帶拖欠，或非正數，州郡各自陳乞，遂其私意，惠澤不均。臣等欲令户部取見諸路數目，條具奏聞，有可蠲免者，即予之免，庶使德澤周免[二]。」上曰：「甚好。朕頃年曾在山東、河北，備知民間利病。如官司尋常將人吏枷錮，令下鄉催科，奸吏以此爲名，愈更搔擾，倍有所獲，適中其計耳。」

十二日，詔：「江、浙等路紹興八年以前拖欠未起應干諸色錢物等，皆是積年登帶數目，無可催理。可並特予蠲放，仍日下銷簿落籍。」

十五日，上諭輔臣曰：「近見鄭剛中奏減免民間科須數目不少[三]，朕聞之頗喜。自是四川之民當少蘇矣。」

三月四日，三省言諸路未發上供錢、糧等[四]。上曰：「江、浙[五]、荆湖等路積年拖欠上供錢物、米斛，皆係登帶

[一] 詔：原脱，據上條文例補。
[二] 周免：似當作「周徧」。
[三] 鄭剛中：原作「陳剛中」，據《建炎要録》卷一五一改。鄭剛中時爲川陝宣撫副使。
[四] 諸：原作「路」，據《建炎要録》卷一五一改。
[五] 江浙：原作「浙江」，據《建炎要録》卷一五一乙。

虚數。可將紹興九年、十年未起諸色錢物，紹興十年以前拖欠上供米斛，並除形勢并第二等以上人户未納數外，餘並特予蠲放。州縣官吏奉行違戾，許人户越訴。」

十月二十二日，詔：「永、道、郴州、桂陽監及衡州茶陵縣民户于二税之外，尚循馬氏舊法，別有添納，可將逐州縣丁身錢、絹、米麥並予除放。」

十五年二月十五日，荆湖南路轉運判官李紹祖言：「訪聞州縣官吏往往將遞年積欠已應除放之數，別作名目，或謂之月計，或謂之解州，或[10]折見錢，或催本色，令耆保正長按月認納。至有將所失税租科撥與逐縣令佐，使之自取以充月俸。伏望戒敕監司、州縣，敢有犯違，重寘典刑。」上曰：「此事更須令吏部措置行下，庶幾無弊。」

五(年)〔月〕十一日〔一〕，四川宣撫副使鄭剛中言：「欲減成都府路對糴糧米一十二萬石，潼川府路六萬石。切慮兩路州縣却將已前積年欠負驅催，或以那兑別色斛斗支遣撥還爲名，復行搔擾，甚非寬恤之意。伏望特降處分。」從之。

七月十三日，知興化軍汪待舉言：「本軍諸色瀕海之家，以漁爲業，夏、秋二時，官司令納篙税、採浦錢〔二〕，欲乞悉行除放。」從之。

十四日，三省言：「淮南轉運司乞蠲免廬、光二州上供錢米一年〔三〕。」上曰：「人皆知取之爲取，而不知予之爲取。若未可催科處，稍與展免，候其家給人足，自然賦税易辦。」

八月十九日，三省言，知和州劉將乞展免本州夏税一年。上宣諭輔臣曰：「朕常謂言事與行事不同，若行事，便有實利及人，如此等事也。」秦檜奏曰：「儒者所陳王道，不過愛民而已。」上曰：「極是。」

閏十一月二十日，詔楚州合發上供錢、斛斗，更予展免一年。

十六年六月十日，詔安豐軍今年合發大禮銀、絹，特予蠲免。

十三日，詔滁州合發上供錢物、斛斗，並依楚州已得指揮，再展免一年。

七月二十九日，户部言：「建康府民户所欠官錢六萬餘貫，委寔貧乏，無可催理。欲下總領淮西江東軍馬錢糧所取見詣寔，即從本所相度蠲免施行。」從之。

十月十四日，知臨安府沈該言：「兩淮之地，昨緣蹂(躝)〔躪〕，荒棄田疇。近年以來，雖歸復寖衆，墾植滋廣，望詔有司更令寬展起税之限，以示安輯之意。」上曰：「財賦

〔一〕五月：原作「五年」。天頭原批：「『五年』疑『五月』。」當是，據改。

〔二〕篙：原作「尾」，據《建炎要録》卷一五四改。篙，江海中捕魚竹網。浦：原作「捕」，按「採捕」文意太泛，且「篙税」已在「採捕錢」之中，不應重複。《建炎要録》作「及浦生之草採者毋令出錢」，是「捕」當爲「浦」之誤，「採浦」亦謂採浦中之草。因改。

〔三〕上：原作「止」，據《建炎要録》卷一五四改。

須知取予之道。若知取之爲取，不知予之爲取，非久遠之利也。淮南之民若盡歸業，則其利甚廣。所請宜令户部看詳以聞。」

十七年七月八日，太府少卿趙不棄以前任總領四川錢糧職事引見進對，上謂秦檜等曰：「趙不棄必深知四川財賦，今調度給足，凡自軍興以來應干科敷，並可蠲罷。朕所以休兵講好，蓋爲蘇息民力耳。如其不然，殊失本意。」

九月八日，四川宣撫、總領兩司言：「欲准詔取索承平時常賦及軍興後權宜增益窠名數目，措置將餘在錢引總計二百八十五萬八百三道，參酌民間科敷，諸司虚額等錢，欲對行減免。」從之。

十八年四月七日，詔荆湖北路州軍合起納舊税，並予展免一年。以本路運司有請故也。

十二月二十三日，户部言：「諸路運司將災傷五分去處，第四等、第五等十四年至十六年分合納拖欠租税除形勢外，並予除放。十七年分權予倚閣，候豐熟，隨（科）〔料〕帶納。如違，當職官重行黜責。」從之。

十九年正月五日，詔：「紹興府紹興十八年分未納税租，依已降指揮權與倚閣，候將來豐熟日，隨（科）〔料〕帶納。」

五月一日，[11]尚書省言：「汀、漳、泉三州有曾經草賊作過去處，人户歸業之初，未能盡行耕種。乞據目今見耕種頃畝收納二税，其未耕種田段權行倚閣。并有倚山臨海不曾遷徙之人，已前盜賊經由，拖欠税賦，致有違慢罪犯，亦乞並予放免。」從之。

二十年五月十八日，前知汀州張昌言：「乞將本州上杭、武平縣從前殘破縣分，乞特與蠲免上供錢、糧一二年。其清流、蓮城縣殘破稍輕，乞量與減免。」詔：「汀州上杭、武平兩縣係殘破縣分，今年上供糧〔一〕、錢各與減免一半；蓮城、清流兩縣殘破稍輕，三分中各與減一半。」

二十一年正月十一日，上曰：「知廬州吴逵奏到任五事，内一事：淮南復業民户宜寬恤涵養，未可遽理租賦赴上供。可令户部措置寬展予免年限。」

三月十六日，户部言：「浙江、荆湖等路紹興十一年至十七年前項未起拖欠名色錢物等，除形勢及監司、州縣公吏、鄉司并第二等以上有力之家未納數外，其餘皆係積年登帶，無可催理窠名。今欲並行蠲放，令州軍日下銷落簿籍，委監司檢察施行。」從之。

五月十三日，權知劍州湯沂言：「本州民户有税草添收脚錢，并川路有米估脚錢，欲望並賜除放。」于是户部言：「欲下四川總領所、本路漕司看詳，措置申尚書省。」從之。

二十二年十二月二十三日，總領四川財賦軍馬錢糧所言：「四川諸路拖欠短少，紹興十七年以前年分未起折估

〔一〕糧：原作「銀」，據上文改。

糴本、水脚、馬料、激犒、軍器物料等，都計錢引一百二十九萬四千二百餘道，米九萬八千七百餘石，絹四千九百四十餘疋，大綾五千九百餘匹，欲乞盡蠲免。」從之。

二十三年五月十四日，上諭輔臣曰：「近有人上書，理會舉債之家，如還本已足〔一〕，可盡除放。已委有司看詳。若止還本，一例除放，則上户不肯放債，反爲細民之害。可令子細措置。」

七月二日，温州布衣萬春上言〔二〕：「乞將民間有利債負，還息與未還息，及本與未及本者，並與除放。」於是户部言：「坊（廓）〔郭〕鄉村貧民下户，遇有缺乏，全藉借貸以濟食用。今來若一概並予除放，深恐豪右之家日後不可生放，細民缺乏。兼諸路民間私債還利過本者，已節次放至紹興十七年，今若不斟量所欠本、利放免，又恐細民力微，苦于理索。今欲下諸路轉運司行下所部州縣，將民間所欠私債還利過本者，並予依條除放〔三〕。仍委自本司常切覺察，如有違戾去處，即仰按治施行。」從之。

五日，户部言：「欲下轉運司，將平江府、湖、秀州寔被水貧乏下户未納夏税，並權住催理，候將來秋成日，却令依舊輸納。」從之。

二十四年八月五日，權知吉州鄭作肅言：「本州未起黄河竹索物料價錢，及日後合起之數，乞賜蠲除。」從之。

十月三日，三省言：「諸路州軍今歲豐熟，間有高田旱傷去處。」上曰：「可令依條檢放，公、私【12】欠債仍住催理。其係官年歲深遠者，委户部開具，取旨除放。」

二十五年七月十一日，宰執進呈户部言：「准都省批下四川安撫制置使符行中〔四〕、四川總領湯允恭、户部員外郎鍾世明申〔五〕：『准尚書省札子：奉聖旨，息兵專以爲民。四川州縣雖屢降指揮減免錢物，以寬民力，尚恐措置未盡。可共措置，務在不妨軍食，可以裕民事，條具取旨。行中等契勘：每歲取撥錢引二項，總計五百九十餘萬道，總領所歲支外，剩錢七十三萬道，取撥茶馬司歲剩錢二十三萬四千餘道。又總領所未入帳稱提等錢二百九十餘萬道，減免民間科敷等三項，總計二百一十三萬餘道，又減放科取州縣贍軍無窠名錢七十四萬三千餘道，覈寔減放鹽酒務增額錢三萬道，添湊利州糴買米錢五十七萬餘道，并乞除放十九年至二十三年州縣拖欠折估糴本及未起激犒六分，水脚等錢，共二百九十二萬餘道。其所減數目，乞鏤板曉示。如將已減錢物却行催理，許人户越訴。監司不檢察，令制置司、總領所按劾。』本部欲並依所請施行。」上曰：「可並依所請，仍行〔下〕諸司常切遵守，不得因而科敷

〔一〕如：原作「知」，據《中興小紀》卷三五改。
〔二〕據上條及《建炎要録》卷一六五，萬春上言當在五月或更前，此條「七月二日」乃高宗據户部言下詔之日。
〔三〕依條：原倒，據《建炎要録》卷一六五乙。
〔四〕符：原作「苻」，據《建炎要録》卷一六九改。
〔五〕員：原作「負」，據《建炎要録》卷一六九改。

騷擾。」

二十六年正月二十六日，三省言：「户部供具到諸路拖欠紹興二十一年、二十二年錢物，欲行除放。」上曰：「若只倚閣，州縣寅緣爲奸，又復催理，不免于擾，須更與除放。」

二十七日，尚書省言：「逐路州軍每年認發黄河竹索錢，遞年拖欠數多，欲行蠲免。」從之。

三月十七日，刑部尚書、兼權詳定一司敕令、兼權知臨安府韓仲通言：「臨安府民間地土占充官用者，其隨地産税賦、和買等，乞行除放。」從之。

四月二十三日，淮南路計度轉運副使蔣(燦)〔璨〕言：「淮甸之民，累奉詔令放免税役，而有司不能優恤，復根括人户侵耕田土，重立罪賞，許人户陳告。兼出納租課皆不的寔，全不遵用放免税指揮，重困民户。今欲將所行侵耕出租並與免放三年六料催科。」從之。

五月十六日，詔：「楚州、盱眙軍依已降指揮並予放税十年。」以逐處民户未全歸業也。

七月十七日，詔令諸路總領所、轉運司取會管下州軍民間地土占充官司、營寨及官中房廊，其隨地産税、和買並予除免，仍開具已除放數以聞。

十九日，户部尚書、兼權知臨安府韓仲通言：「民間欠私逋負，乞依欠官物已得指揮，限紹興二十二年以前乞並行除放。」從之。

八月二十日，詔：「建康府見拖欠内庫紹興二年至十年絹一十一萬餘疋、折絹錢一百二十四萬餘貫，紹興十一年至二十年絹九萬七千四百六十疋、折絹錢一百九萬三千一百餘貫，並予蠲免。」以帥臣張燾言「累政以來，積年拖欠歲久，無所從出」也。

十月二十六日，荆湖南路轉運判官李邦獻言：「本路郴、道、永州、桂陽軍、衡州茶[13]陵縣，管催人户身丁米，自來係樁充年額上供之數。昨因羅長康奏，得旨並予除免。欲望許於本路年額上供内依數除額〔一〕。」從之。

十一月十九日，直秘閣、兩浙路轉運判官李邦獻言：「欲乞將潭州城内空閑地段及已耕成菜園、麥地，並許土著、流寓官户、百姓之家經官指占，興造舍屋。其地租、屋税并元業應干税賦、和買，並特予蠲免數年。」詔令劉琦措置施行。

二十七年正月二十四日，潼川府路轉運判官王之望乞減四川上供之半以裕民。上諭輔臣曰：「前日令四川措置裕民事，尚未見條具到，莫須見得四川每年出入之數，常賦幾何，横斂幾何，軍儲所需與無名之費多少。若去費以免横斂，何有不可？朕不惜減省以裕民〔二〕，爲諸司措置未

〔一〕除額：疑當作「除豁」。
〔二〕惜：原作「息」，據《建炎要録》卷一七六改。

見定議〔一〕，遽先如此，萬一缺乏，何以善後？之望有愛民之志，但臨事不審詳，遂率爾有請。」湯思退曰：「四川財賦如聖訓，可催蕭振等疾速條具。」上曰：「甚善。」

三月二十四日〔二〕，上嘗謂輔臣曰：「前日所以下有司看詳，正欲知向後兵食無缺，使民被寔惠。若無以善後，恐又別有更改，非所以裕民。初講究利害，想四川之民日望減免，今此指揮下，足以慰其心矣。」

三月二十四日，成都潼川府夔州利州路安撫制置使(司)、兼知成都軍府事蕭振等奏：「承准已降指揮並手詔：『四川贍軍財賦及民間利害，令蕭振、湯允恭、李潤、許尹、王之望公共相度，制置條具以聞。』臣等今同共相度，擬定到減放錢物并取撥對名色數目〔三〕，條具如後：一、總領所奏，具到宣撫司撥隸成都、興元府、利、閬、果、洋州、大安軍、河池軍須回易等場拘收使錢引五十一萬一千二百六十五道四百一十九文，金四兩三錢一字〔四〕，皆係貧乏、逃亡、事故無可追理之數，乞蠲放施行。一、(偕)〔階〕、成、西和、鳳翔等州屬縣人户，各有舊宣撫司并陝西運使自紹興五年營田每年夏、秋兩租課，經今二十餘年，官牛節次倒死，所有租課依舊催理。乞將諸州舊欠并以後年分牛租斛斗並行除放。」又奏：「欲減免民間科敷，每歲計錢引一百二十六萬三千五百六十四道，對糴米見理一十六萬九千三百石，今欲盡行除放。其上件米價不等，計錢引九十一萬八千九百五十道。內正色米四萬六千二百餘石，係應付綿、渠州、潼川府屯駐將兵，今既放〔五〕，令成都府路轉運司抱認，除兑買逐州係省税斛就用應付外，餘數亦從逐路運司糴支遣〔六〕。所有合發買兑買省司税斛及糴買價錢，依今來估錢高價從總領所支降。內成都府路每石五道四分，潼川府路每石五道半，比倣利路諸州體例，立爲定價撥還，從逐路轉運司任責措支兑糴，應付支遣。成都府路轉運司合起三路綱畸零絹估錢內，成都府〔路〕每疋理見錢引九道半，潼(州)〔川〕府路每疋理見錢引九【14】道，比市價高大，欲每匹減錢引一道，計二十八萬一千九百二十三道。所有減外見存估錢，係畸零數人户各名送納，欲立定每尺每寸錢引分數，以錢引市價納見錢筭。庶幾民間通曉，免有科之弊〔七〕。成都府路止一十五萬五百餘疋，今欲每匹理錢引八道半，每匹四丈二尺。若納見錢，即隨錢引市價折納，謂如街市錢引市價每道見錢八百五十文，其絹每尺合納見錢一百七十二文，每寸納一十七文二分之類。潼川府路一十三萬一千三百餘疋，今欲每疋理錢引八道，每疋四丈二尺，

〔一〕諸：原作「儲」，據《建炎要録》卷一七六改。
〔二〕此條文字又見於下條，當是《大典》編者從他處抄補於此，而未察其重複。
〔三〕「對」字前或後當脱一字。
〔四〕天頭原批：「『字』疑『分』。」
〔五〕「放」字前或後當脱一字。
〔六〕「糴」字前或後當脱一字。
〔七〕「科」下疑脱「擾」字。

每尺一百九十文五分。若納見錢，即隨錢引市價折納，謂如錢引市價每道見錢八百五十文，其絹每尺合納見錢一百六十二文，每寸見錢一十六文二分之類。夔州路激賞絹見理九千八十餘疋，欲依（理）〔利〕州路激賞絹體例除放，約計錢引四萬五千四百二十七道。已上三項，乞自二十七年秋料爲始減放。」詔並依，仍令學士院降詔，戒飭州縣，監司不得更巧作名目，妄有科擾于民。時上諭輔臣曰：「前日所以下有司看詳，正欲知向後兵食無缺，使民被寔惠。若無以善後，恐又別有更改，非所以裕民。初講究利害〔一〕，想四川之民日望減免，今此指揮下，足以慰其心矣。」

二十五日，詔：「已降指揮，四川路減免民間科敷對糴米數等錢物，以寬民力。尚慮監司不能宣布德音，使民通知，州縣尚敢將已減免除放之數巧作名目，妄有科敷〔二〕，致寔德不能及民。可令學士院降詔戒飭。」

八月二十三日，詔：「荆南〔三〕、襄陽府、安豐軍〔四〕、光州、隨州，自紹興十四年至二十七年合起發上供內藏庫紬絹并折絹等錢，緣户口未復，難以催發，可予蠲免。」

二十四日，知樞密院事湯鵬舉言：「昨日伏見特降指揮，蠲免襄陽府等處每年合起發內藏庫紬絹等錢，極慰沿邊遠方之民。」上謂輔臣曰：「淮上諸州户口未復，州郡缺乏，自紹興十四年至今有未納紬絹，想見民力不易。若不予除放，亦則虚（褂）〔掛〕欠數，州郡不住催督，公人緣此乞覓，民愈受弊，遂將累年積欠盡行蠲免。」臣鵬舉曰：「聖恩寬大，遠民不勝受賜。」

九月十六日，宰臣沈該等言：「昨日蒙宣諭，淮東西、京西、湖北州郡逋欠內藏庫自紹興十四年至二十七年合發納上供錢、絹等物，欲並予蠲免。仰見陛下恭（險）〔儉〕節用，施寔德于民，蠲內帑之財數百萬緡，以寬邊郡民力，天下幸甚。」先是，內中上諭宰執等曰：「昔唐（元）〔玄〕宗有云：『吾雖瘠，天下肥矣。』大哉王言！此所以致開元之治也，朕深有取焉。朕約于奉己，內帑未嘗妄費一金，邊郡所欠固多，然户口未復，供輸寔難。」遂有是詔。

九月十七日，中書門下省言〔五〕，兩浙諸州紹興二十三年至二十五年揍額錢拖欠數多。詔與減放一半〔六〕。

十一月八日，宰執言：「兩浙運司具到浙西 15 諸州檢放苗米數，如平江、常、湖、秀州所收，皆不及分。」上曰：「聞諸處糯米價極廉，想災傷亦不至甚。」湯思退等奏曰：「臣等所聞，正如聖訓。」

二十八年正月十一日，詔滁州紹興二十八年合發上供

〔一〕初：原脱，據本書食貨六三之一三及《建炎要録》卷一七六補。
〔二〕敷：原作「惠」，據文意改。
〔三〕「荆南」二字原在下文「光州」之後，據《建炎要録》卷一八二移此。荆南乃府，而非州。
〔四〕安豐軍：原作「安豐縣」，據《建炎要録》卷一七七改。
〔五〕門下省：原作「省門下」，據《建炎要録》卷一七七乙。
〔六〕半：《建炎要録》卷一七七作「年」，疑是。

錢更予展免一年。

二十一日，准戶部侍郎、兼權提領諸路鑄錢榮薿言：「廣南認發黃河紅藤錢，雖錢數不多，切慮無所從出。」詔自二十八年爲始，權免起發。

三月三日，成都府路轉運司幹辦公事馮方言：「伏見去年聖旨減放指揮內，依蕭振等所乞，續令條具未盡事理。臣輒補其未盡，仰瀆聖聰。伏覩累次裕民，有減額，有放欠，如紹興二十五年減額二百九十二萬緡有奇〔一〕，放二百九十二萬緡有奇是也。昨蕭振所奏，惟減額而已，未及放欠也。切緣蜀中州縣已前多有虛額，積年那兑，以至今日遂成漏底。方其始也，借寔補虛；及其久也，寔者爲虛。是以爲蜀之民今已優游，爲蜀之官尚復窘急。通融起錢，自及一年之額；登帶（褂）〔掛〕欠，空存衆弊之原。官民一體，理合兼恤。欲乞聖慈許令四川州縣自今年爲首，據寔理贍軍錢物，見充當年分本窠名起發。今年以前，人戶寔逋欠限催發外，餘官司虛欠，特賜蠲放。帶起舊錢，則所謂損之而益；盡焚虛券，則所謂惠而不費。譬如從根去草，一切淨治矣。」詔令戶部看詳。（令）〔戶〕部言：「欲下四川總領所，移文逐路轉運司從長相度。候逐司申到，本司指定可否，保明供申朝廷，降下本部重別參照施行。」從之。

十四日，前知（彬）〔郴〕州江灝言：「郴州承馬氏餘弊，丁輸米〔二〕，民間病之。昨嘗奏陳，即蒙蠲放，而戶部歲額未除。欲望下戶部將湖南一路上供米據數開落。」從之。

七月九日，戶部言：「四川鹽酒場務未減額以前，拖欠折估糴本、（人）水脚、雜收場店二分等錢，已係四川總領並諸路知、通審寔，即無侵欺盜用，乞行除放。」從之。

九月二十四日，上諭輔臣曰：「兩浙路被水災傷縣分，其第四等以下人，已降指揮，將積欠稅苗權行倚閣，候豐熟年分補發。尚慮細民無力可償，徒（褂）〔掛〕簿書，當議特予除放。卿等可便取見詣寔。如于戶部歲計有妨，當從內帑支降錢物，以補其數。」

二十七日，三省言：「平江府、紹興府、湖州諸縣，除放被水下戶遞年積欠，擬令戶部開具有無侵損歲計。」上曰：「不須如此，止令具數〔三〕，便于庫內支降撥還。朕平時無妄費，內庫所積，正欲備水旱爾。本是民間錢，却爲民間用，何所惜？」于是下詔：「平江府、紹興府、湖州諸縣災傷，所有已前積欠稅賦，並予除放。令逐縣限五日開具合除數目申州覆實，申轉運司，本司保明申戶部，候到，令本部具數奏請，于御前支降撥還。其人戶私債并欠坊場酒錢，並候三年外理還。如官司尚敢追索搔擾，令監司自覺察，具名聞奏，仍許越訴。」既而十一月一日，詔內16藏庫

〔一〕二百九十二萬緡有奇：此數與下放免上數全同，太過巧合，想爲書吏誤抄。《建炎要録》卷一六九作「一百六十餘萬緡」，當是。

〔二〕「丁」上疑脱「計」字。《宋史》卷三三一《韓贄傳》：「自馬氏擅國，計丁輸米。」

〔三〕止：原作「至」，據《中興小紀》卷三八改。

降錢三萬九千六百一十貫七百四十二文，付户部充紹興、平江府、湖州被水人户合放上供物帛、錢、米數目價值。

十月六日，三省言：「近者蠲放蘇、湖、常三州被水下户積欠二稅，已捐内藏庫帑錢補足大農歲計，以寬民力。昨日又有指揮，大禮金銀錢帛減半供進。恐錫賚之間，或不足用。」上曰：「大禮支費，朕先半年裁爲定額，無分毫濫予〔一〕，比前郊減一半。」

十二月二十二日，中書門下三省奏〔二〕：「紹興、平江府、湖州被水災傷田畝，雖已檢放，并趙子潚審寔添放，理宜又加優恤。」詔于已放分數各予添放一分。

二十六日，詔：「訪聞太平州今秋亦有被水災傷田畝，可將第四等以下已經賑濟人户今年以前積欠稅賦，并予除放。」

二十九年正月二十八日，有詔：「諸路沙田、蘆場已立定租課，緣去秋有風水損傷去處，其二十八年租課予減一半。」

二月二十四日，上嘗諭輔臣曰：「江西道路間聞有數人爲群剽掠。」王綸曰：「臣竊意止是艱食之人不得已而爲之，未必皆嘯聚之徒，正賴州縣安集之爾。」上曰：「朕自去冬，凡災傷去處悉令賑濟〔三〕，及蠲放積欠已及二十五年矣，比又將二十六年、二十七年者悉蠲之，不知州縣奉行如何。輕傜薄賦，自無盜賊〔四〕。」

三月十四日，詔：「已降赦文，諸路州縣民户積欠租稅等並已放免至二十五年終。州縣尚敢依前催理，官吏作弊，以資妄用，令監司覺察。違戾去處，當職官吏按劾聞奏，重行決責，人吏斷配。許人户經赴臺省越訴。」

十八日，詔廬、濠、蔣州〔五〕、安豐軍，内藏庫、天申節、大禮絹各展免三年。

二十（二）〔一〕日〔六〕，上以放免諸路積欠，諭輔臣曰：「輕傜薄賦，所以息盜。歲之水旱，所不能免，倘不務寬恤，而惟催科是聞，有司又從而加之以刑罰，豈使民不爲盜之意？故治天下當以愛民爲本。」因降詔曰：「諸路人户積年逋欠，昨降冬祀赦文已放免至二十五年終。朕念貧民下户艱于輸納，官司催理搔擾，有失惠養之意。可將二十六年、二十七年分第四等以下人户違欠夏秋歲租、和買、丁産、諸色官物並予除放。州縣官吏宜體朕意，不得依前巧作名目，暗行催理。如有違戾，許被催之家越訴，監司按劾以聞，當重寘典憲。仍多出榜文，遍行曉諭。」

〔一〕濫：原作「溢」，據《建炎要録》卷一八〇改。
〔二〕中書門下三省：「三」字疑衍。
〔三〕令：原作「合」，據《建炎要録》卷一八一改。
〔四〕賊：原作「賦」，據《建炎要録》卷一八一改。
〔五〕「蔣州」下原有「軍」字，按蔣州本光州，紹興二十八年改名，未改軍，今據下文五月九日劉剛上言删。
〔六〕二十一：原作「二十二」，據《建炎要録》卷一八一，此事繫於是年三月丙子，當二十一日，因改。下文七月二十五日湯沂上言可證。

二十一日〔一〕，詔：「諸州縣二十七年以前拖欠紙三百九十七萬五百張，係人户苗税上科折，切慮催驅搔擾，可並予蠲放。」

二十四日，左司諫何溥言：「平江、紹興府、湖州諸縣被風水，已經賑濟除放。訪聞有未賑濟之前流移者，及至歸業，而官司拘于已經賑濟之文，不予除放。聞浙西諸郡例被災傷，蘇、湖爲重，而常、潤次之，其間縣分亦各不等。今蘇、湖四等以下一切蠲免，而常、潤失于申陳，止從減放。乞將常、潤被水四等以下人户去年税物未納者特予除放，而 17 蘇、湖、紹興下户不拘已未曾經賑濟，所有公、私逋負一等蠲免。」詔户部限三日看詳。于是本部言：「欲將詔常州〔二〕、鎮江府寔被水第四等以下人户并湖州、平江府、紹興府下户未經賑濟之前已自流寓未曾除放之人，下轉運司委官究見詣寔，並依紹興二十八年九月二十七日指揮施行。」

四月一日，詔信陽軍夏、秋二税，更予展免一年。

八日，詔：「盱眙軍身役錢、厢禁軍缺額請受、經總制錢、諸司窠名、提舉司量添續糟水五分錢，各予再展免一年。」

五月四日，中書門下省言：「乞降詔旨放免諸路人户違欠夏秋税〔三〕、和買、丁産、諸色官物，訪聞有州縣復行催理。」詔令諸路監司嚴責州縣遵守施行。如監司失于覺察，當重行黜責。

九〔月〕〔日〕，知廬州、主管淮西安撫司公事劉剛言：「本州并濠、蔣州、安豐軍各合起發天申節銀五百兩，其逐州軍財賦不足，切慮至期無可起發。」詔各予展免三年。

七月十八日，漢陽軍言：「民力未蘇，所入微薄，乞蠲免今年并以後年分合椿發上供錢上增添二分錢。」詔予免一半。

二十五日，權兩浙轉運副使湯沂言：「乞詔〔諸〕路州郡，將管下應干官欠盡數條具，以赦〔文〕看詳指定合催合放事理，不得漏落，保明申諸司，監司疾速審寔，申乞除放。仍乞嚴立日限，以防慢令。」詔從之。既而户部言：「諸路未起諸色錢、米并拖欠上供米斛、鹽鈔錢，依已降赦文，止放免至紹興二十五年終，所有民户積欠税租并欠私債，如納息過本，亦已放免至二十五年終。續承今年三月二十一日手詔，係將二十六年分第四等以下人户違欠夏秋税租、和買、丁産、諸色官物〔四〕，並與除放。今欲乞〔檢〕坐赦文手詔，依今來所請事理遍牒施行，限三月回報。」〔從〕之。

八月八日，殿中侍御史汪澈言：「徽州客人陳恭等〔越〕〔赴〕臺陳訴，拘收抽解木植，解場人吏與保税人通同乞受

〔一〕二十一日：天頭原批：「『二』字疑誤。」按，當是二十二或二十三。
〔二〕「詔」字疑衍。
〔三〕乞降：疑當作「先降」，蓋云「乞降」則是尚未降旨，下句「復行催理」即無着落處。
〔四〕物：原作「色」，據上文三月二十一日條改。

錢物，遂致虧收上件木植，復均在客人名下追取。而徽州休寧、婺源、祁門、黟、歙、嚴州分水、淳安共七縣，類皆貧民，居于山谷，伏望特予蠲放。」從之。

九月十六日，詔：「兩浙、江東、西去歲水潦賑貸去處，在法合于今秋成熟之後具數還官，可特行蠲免。浙東、江東、西近日以雨澤少愆，頗生螟螣，委監司、（守郡）〔郡守〕體訪，如寔有損稻去處，量行減放今年租税。」

二十一日，廬州言：「本州諸司經總、無額上供錢物斛斗、激賞、頭子、厢禁軍鋪兵缺額、坊場等錢物增添税錢，係是極邊，民力困弊，若自來年樁辦，委是難以支吾。欲望更予寬展年限。」詔更展免一年。

十二月二十三日，蔣州言：「乞將本州合起發上供錢物斛斗、厢禁軍缺額請受、增添三五分商税錢、存留三分經總制無額錢物科役等，免展免二税年限〔一〕，收樁起發。」詔更予免一年。

三十年二月三十日，滁州言：「本州上供錢等，乞 18 依濠、楚、盱眙等州軍更賜寬展年限。」詔更予展免一年。

八月三日，詔：「臨安、於潛兩縣被水，居民漂溺，生生之具皆盡者二百六十六户，罹此横災，深可憫恤。可予各免應户應干苗税、科敷及丁身錢等，甚者與免四料，其次免三料，餘免兩（科）〔料〕。」

九月十二日，詔：「臨安、於潛兩縣被水衝注成溪去處，税物並行倚閣。」從之。從知府事余端禮之請也。

紹興三十一年三月七日，詔：「淮南、京西路户口全未復舊，内有已起二税外，其巧作名色科敷並蠲除。所有上供并諸司錢物，已降指揮展免去處，候限滿，更予展免五年。州縣官吏差輙差夫私役〔二〕，當重寘典憲。仍出牓曉諭。如更有寬恤未盡事件，仰監司、守臣條具以聞。」

四月三日，黄州言：「乞將減下人吏頭錢，候將招收户口增羡日，依應均敷起發施行。」詔依已降指揮，更予展免三年。

三十日，安豐軍言：「本軍起發紹興三十一年分大禮銀、絹各二百疋兩，内絹已蒙展免，其合發銀亦乞展免施行。」從之。

五月十二日，信陽軍言：「乞依蔣、隨州例，寬展年限起理税。」户部言：「欲下荆湖北路轉運司契勘，委寔未可起理，即予展免一年起理。」從之。

七月七日，權兩浙路轉運副使林安宅言：「平江府崑山縣民田被水，災傷人户訴本府檢放不盡，尋拖照省限外，有未納苗米一萬五千餘石，及委吳江縣主簿吳博古體究。據申，本縣以街巷之間械繫乞丐者，十數人爲（郡）〔群〕，皆是被水見監納苗米之人，弱者日被箠楚囚繫，以至飢餓無告，而强者訴上司。問其被水之年，其所從來甚久。參照

〔一〕上「免」字疑當作「更」。
〔二〕差輙：疑「差」字衍。

累年多寡之數，更合放苗米一萬二百四十六石四斗七升八合。契勘知縣湯松年貪謬不職，罔恤民事，已行對移。伏望特許除免。」詔特予除免。

二十六日，知高郵軍呂令問言：「高郵縣稅户訴霖雨連綿，衝決隄岸，乞將人户殘零積欠并今夏折帛、當限稅役、酒店官錢權行蠲免。」從之。

二十九日，淮南路轉運司言：「高郵軍係創復之初，所入財賦不多，乞將合發上供錢物、斛斗權行蠲免。」詔權免，來年起發。

八月七日，詔：「淮南東、西路、京西路州縣、湖北荆南、德安府、復州、漢陽、荆門、信陽軍民力凋瘵未復，可將已起稅州縣人户合納今年秋料稅租，並予放免一半。合納之數，仍令州縣盡時銷注簿籍。如輒敢妄作名色催理，仰監司按劾施行。」

十一月一日，臣僚言：「淮甸州縣自紹興二十一年起理二稅之外，其間逐年創行科敷，名色不一，曰上供錢，曰大禮銀錢，曰天申節銀錢，曰土貢銀錢，曰人使歲(弊)〔幣〕錢，曰亭館錢，曰雇船縻費錢，曰貼撥錢。其他苛細科擾，不可具陳，乞行蠲除。」詔令户部檢坐節次已降指揮，申嚴行下，更不得催理，仍令漕司出榜曉示。

三十二年二月十三日，臣僚言：「比年以來，所差官 19 檢視，往往不公心盡爲減放。謂如平江府長洲縣去年民户申訴傷秋苗一萬四百餘石，檢視官觀望，州縣止放四千餘石，其餘悉復元額，百姓虚抱其數，至今追催，民寔苦之。欲望付之有司，將平江府長洲縣虚復過水苗，委官覆寔，悉賜除放。」從之。

二月十五日〔一〕，知建康府上元縣李闢之言：「本縣所管金陵、鍾山、慈仁三鄉，寔鄰大江，自紹興二十八年緣風潮積雨及江岸(堋)〔崩〕落。田疇化爲水面，連年既無所收，而二稅虚(褂)〔掛〕板籍，催科稍急。欲望三鄉二稅、和買等並予除放。」詔令户部看詳。户部言：「欲下江東漕司取見三鄉人户寔被(堋)〔崩〕江無田去處，即照應前項見行條法施行。如内有雖經江(湖)〔潮〕而産見存，不礙耕種，即合(催)〔依〕舊催納稅賦，毋令因而影帶走失官物。仍開具三鄉寔被(堋)〔崩〕江及見存田産人户姓名、坐落及畝角〔二〕，立項保明供申。」從之。

四月二日，臣寮言：「鼎州向因屯駐邵宏淵人馬，缺乏錢糧，本州以和買爲名，科歛民間。繼而邵宏淵人馬以起離本州，竊慮和買因仍未除，望賜蠲免。」詔令户部看詳以聞。

三日，詔免光州紹興三十二年合起進奉天申節銀、絹一年。

〔一〕天頭原批：「『二月』或是『三月』，否則衍文。」
〔二〕畝：原脱，據文意補。角爲四分之一畝，宋人常以「畝角」表田土面積，如：「各自從實供具本户應干田産畝角數目、土風水色、坐落去處。」是也。

七日，(淮)淮南轉運、提刑司言：「淮東州軍近因賊馬蹂踐，其州軍年額上供錢物、斛斗并天申節銀、絹等，乞自今年蠲免爲始。」於是户部言：「欲將(楊)〔揚〕、真、泰、滁、楚州、高郵軍合進奉天申聖節銀與免一年。滁、楚州、盱眙軍上供錢、斛斗，已降詔旨展免五年；上供錢高郵軍、泰、真州欲免二年，揚州欲免一年；上供斛斗泰州已免一年，(楊)〔揚〕、真州、高郵軍及一分米麥，各欲與展免一年。并欲將(楊)〔揚〕、滁州、高郵軍逐色、盱眙軍無額錢各予免一年。」從之。

十八日，安豐軍言：「近因兵馬蹂踐，人民未蘇，所有常平司錢，乞寬免展年限。」詔展免一年。

十九日，(詔)淮南東路安撫司言：「逆虜侵犯真、滁、揚、泰、楚州、盱眙軍、高郵軍，所有諸州軍認樁楊麻價錢并減下人吏雇錢、上下半年外任官供給錢、常平窠名軍部代軍典錢，竊恐難以樁辦。」詔特予並免一年。

五月一日，臣寮言：「沿江州郡去年因北騎侵犯，兩淮措置守禦，遂予屬縣人户名下科差丁夫車踏戰船，理釘木塞門，撩運河，般載糧草。望降詔旨，將沿江州軍五等人户見欠紹興三十一年以前官、私債負並予倚閣，候至秋熟催索。保正、副被官司違法勒令認納租課，有未納數目，不以多少，並予除放。户長所催税物，申到逃絶欠數，並令取見詣寔，盡行豁除，不得勒令陪代送納。州縣修造工役有妨農務，並行住罷。仍委監司常切覺察，如有違戾去處，按(核)〔劾〕施行。」詔令户部看詳，申尚書省。

同日，中書門下省奏：「新除翰林學士、知制誥洪遵言：『切見平江府管下崑山縣苗米六千五百石有畸，頃緣經界，逃民隱户之田皆籍[20]以爲數。伏望特賜減免。』」詔特予減免。

三十二年壽皇聖帝已即位，未改元。六月十三日，登極赦：「官司債負，其間有積年未納之人，房賃〔一〕、租賦、和買、役錢及坊場、河渡等錢，截止紹興三十年以前，並予除放。日後不得再有違欠。官司別立名額，仍(錢)〔前〕追納者，許人户越訴，官吏並當論罪。」既而殿中侍御史張震言：「恭覩登極赦文：『官司債負積年未納之人，房賃、租賦、和買、役錢及場坊、河渡等錢，截自紹興三十年以前，並予除放。』臣竊見四川州縣自軍興之初，趙開總計，合諸路之賦而自(幹)〔斡〕旋之，有餘不足得以相乘，而民不告病。其後諸路漕司各認定歲額，而總領所特總其大計，于是有名無寔之錢遞相積壓，以至于今，民力未竭而虛額不除〔二〕。朝廷雖累遣使命，俾諸路計臣蠲減以裕民，而終未能盡去也。近年以來，督責之令既少寬矣，顧其名猶有存者，蓋州縣各據本年分所收錢物具鈔赴總領所送納，而總領所即據其以前年

〔一〕賃：原作「債」，據下文及《文獻通考》卷二七改。
〔二〕未竭：似當作「已竭」。

分所欠之數，批改鈔旁，理作舊欠〔一〕。彼州縣既竭其所有以充本年之數，安得更有額外償積欠乎？則舊欠雖足而新欠仍在也〔二〕。所以累經（舍）〔赦〕命放（債）〔舊〕積欠，而州縣並不霑被惠澤者，蓋緣新錢既已補舊，當放者不能免，而見存者不當放，寔害不去，虚名徒存故也。欲望行下四川總領所、制置司，取見州縣紹興三十年已前官司欠負，並與除放。其州縣撥納總領所鈔旁，若以改批作三十年以前所欠，並聽執用元鈔作本年分改正豁除外，有三十一年、三十二年寔欠，即令逐旋帶納。如此，則于民間一洗積欠，而總領司歲計自依遞年之數，寔無所損，不過除其名而已，此利澤之大者也。」詔令户部行下四川總領所并制置司，遵依今來赦條施行。（從之）

二十五日，詔淮東沿邊州縣所納課子蠲放二年。

七月二十二日，判建康府、專一措置兩淮張浚奏：「兩淮先經殘破，流移人户漸次歸業，所有税課已展免二年。今和州見拘催課子，乞予蠲免。」從之。

十月二十一日，詔：「諸路紹興三十年以前民間未納及拖欠諸色窠名錢物、米斛，並予除放，仰州縣日下銷落簿籍。」

十一月十九日，詔楊存中所獻酒坊賒欠錢四十餘萬貫，並予除放。

二十五日，詔：「福建路自紹興三十年以前寺觀認納償剩積欠，並予除放。」

十二月十二日，詔：「江東州軍造三等甲葉子，拋買生黄牛皮、羊皮各一萬張，以三分爲率，減免一分。」

同日，中書舍人、充江淮東西路宣撫判官、兼權知建康府陳俊卿言〔三〕：「建康府歲額合起内藏庫上供絹一十萬五百一疋，内一半本色，一半折納見錢。數内椿閣絹一萬三千八百餘匹，無從催理，本府每歲取撥猪羊息錢四萬貫揍額起發。所有今年分猪羊息錢，應付修造行宮及修添 21
府城支用，委是無可取撥，又不敢科歛于民，乞賜蠲免。」從之。

壽皇聖帝隆興元年正月七日，詔安豐軍紹興三十一年分未曾起發進奉天申節絹五百匹及大禮絹二千匹，並予蠲免。

二十六日，詔鄂州紹興三十二年并以後年分合增添二分上供錢三千九百十四貫，特予蠲免。

二月十六日，詔蘄州紹興三十一年未起下限上供錢一萬六千二百六十五貫，免行起發。

三月十三日，詔：「民間有利息債負，可截自紹興二十八年以後，如已出息過本，謂如元錢一貫已還二貫已上者，並行除放。其息未及本者，許逐月登帶入還。若轉利爲本

〔一〕理作：原倒，據《建炎要録》卷二〇〇乙。
〔二〕雖：原作「乎」，據《建炎要録》卷二〇〇改。
〔三〕康：原脱，據《宋史》卷三八三《陳俊卿傳》補。

錢，止分限交還本錢。」

二十一日，詔泰州合進奉天申聖節絹一百六十七匹，年額絹一百六十七匹，予蠲免一年。

四月二十六〔日〕，詔光化軍紹興三十一年分上供錢三百六十八貫文，特予蠲免。

五月十日，詔楚、真州并淮南轉運司進奉天申節銀，予權免一年。

十五日，詔真州認樁轉運司進奉銀、絹等價錢，減下人吏雇錢、供給錢、吏禄錢，並予蠲免一年。

六月二十五日，詔信陽軍隆興元年進奉天申節銀一百兩、絹二百疋，予蠲免一年。

二十六日，詔二廣比年科敷買賣鬻爵度牒并甲葉等，見今起發之數盡行蠲免。

八月十七日，詔：「淮南州縣曾被紹興三十一年賊馬殘破去處，昨降德音展免二年税課，并有不經賊馬縣分撮取課子，亦免納四分，並各至來年起催。尚慮民力未甦，更與展免二年。」

九月二十五日，詔湖州烏程等六縣將紹興三十一年第四等以下户見欠苗税，特予免放。

同日，詔：「災傷之田，既放苗税，所有私租，亦合依例放免。若田主依前催理，許租户越訴。」

十月十二日，詔（楊）〔揚〕州催發内藏庫隆興元年分年額坊場錢，與蠲免一年。

十二月二十四日，詔廣西合起牛羊皮、軍器物料，并廣東路未起發牛羊皮，並予蠲免。

二年正月九日，詔廣西路于榷場賣引錢内，每歲特予蠲免一十五萬貫，令本漕司應付缺乏州郡二年。

二月十六日，詔秀州去歲被水災傷人户拖欠紹興三十一年以前苗税，特予放免。

三月十七日，詔泰州上供等錢三分蠲免一分。

同日，詔（楊）〔揚〕州上供進奉諸色物錢，予免一年。

四月七日，德音：「應高、藤〔一〕、雷、容州逐州縣，近緣盜賊竊發，民力不易，可特放免今年夏、秋二税，官司不得妄行催理。如違犯，按劾以聞，仍許人户越訴。」同日，德音：「高、藤、雷、容州民間拖欠諸色窠名錢物、米斛，可接續放至隆興元年終。」

二十九日，詔滁州合起今年經總制、無額錢并隆興二年分合發進奉天申聖節銀、絹，並與免一年。

五月四日，詔無爲軍合起發隆興二年上供錢物斛斗、經總錢物及諸司窠名錢物，予免一年。

22 十七日，詔吉州八縣第四〔二〕、第五等人户未納紹興三十一年、三十二年夏秋二税，隆興元年夏料、役錢、殘零

〔一〕藤：原作「籐」，據《宋史》卷九〇《地理志》六改。下同。

〔二〕八縣：原作「入縣」，不可解，據《宋史》卷八八《地理志》四，吉州轄八縣，此處當是形近之誤，因改。

税物，特予蠲免。

六月一日，詔：「淮東、西商旅所販貨物，依立定省則例，並與減半收税。如係歸正人興販，特予全免三年。」

十五日，詔諸路歸正僧、道免丁錢，並放免。

二十九日，詔淮南西路科買朴硝并牛皮等物及應干科敷，并予蠲免。

七月二十五日，詔（楊）〔揚〕、泰、楚、滁州，盱眙、高郵軍合椿發隆興二年分内藏庫歲額坊場錢，並予蠲免一年。

二十九日，詔：「行在排岸司見監係官綱欠米舡户，欠十石以上人，日下蠲放；其三十石以上人，司農寺各責保知在，出外填納。」

九月四日，詔：「臨安府見寄禁少欠米料綱（稍）〔梢〕何元等一百六十七人，可將欠五十石以上之人令户部押下元裝發州軍補糴，欠五十石以下人並予蠲放。」

十月五日，詔（楊）〔揚〕州認椿轉運司隆興二年天申節銀、絹，予免一年。

二十八日，詔：「漢陽、荆門、信陽軍，襄陽府，安、復、隨、郢州人户應水陸般運去處，今年秋税更予放免一半，其已納者，即予理爲明年合納之數。」

十一月十五日，詔光化軍合納隆興三年分内藏庫天申節銀一百兩，折絹銀七十五兩，予免一年。

十二月四日，詔黄州隆興二年夏限上供錢，特予蠲免。

十六日，德音：「楚、滁、濠、廬、光州，盱眙、光化軍管内并（楊）〔揚〕、成、西和州，襄陽、德安府，信陽、高郵軍，人户合納税賦，除見放免年限外，并房錢、白地錢予展放二年。其日前積欠税賦，並予除放。」

同日，德音：「楚、滁、濠、廬、光州，盱眙、光化軍管内并（楊）〔揚〕、成、西和州，襄陽、德安府，信陽、高郵軍，應日前係官及常平司諸色借貸欠負錢物，一切並特予蠲放。其人户承買坊場，河渡拖欠净利、課利，亦予除放。見承買人令提舉司相度，量予蠲減，并民間私下欠負權行倚閣，並候及三年依舊。」

同日，德音：「楚、滁、廬、光州，盱眙、光化軍管内并揚〔一〕、成、西和州，襄陽、德安府，信陽、高郵軍逐州軍招填厢、禁軍缺額請給錢物内，已有指揮免起年限。竊慮未能椿辦，可更予放免二年。」

乾道元年正月一日，南郊赦：「兩浙、江東、西，湖南、北，福建路合造發上供歲額軍器物料甲葉并泛抛軍器物料，可自紹興三十二年以前拖欠未起之數並予蠲免。内湖南、北路每年合造弓射、克敵弓箭，已免至紹興二十五年終，可更予蠲免三年。」

同日，赦：「温、明、秀、贛、吉州各有（造打）〔打造〕年額糧船，并真州小料舡，積年登帶拖欠數多，若令補造，慮致搔擾。可將逐州紹興三十二年以前未造舟舡，並予放免。」

〔一〕揚：原脱，據以上二條補。

三年十一月二日南郊赦放至乾道元年，六年十一月六日南郊赦放至乾道三年，九年十一月九日南郊赦放至乾道六年。

同日，赦：「諸路州軍般發米斛，緣有折欠，將管解人并綱23梢等送所屬陪填。訪聞其間有貧乏之人，無力償納，監繫日久。可將見欠五十石以下人並予蠲放。其欠五十石以上人，除蠲免五十石外，其餘所欠數目，行在委户部，外路委總領官，取見〔指〕〔詣〕寔，先次批發押下元裝發州軍依數補糴。」既而兩浙路計度轉運副使方滋言：「竊見赦書：『諸路綱梢折欠間有貧乏之人，監繫日久，將見欠五十石以下人並予蠲放，五十石以上人蠲免五十石。』而官司往往執文以害意，必日久與貧乏始有縱釋之限，其間僥倖脱免者未必非真有力之人，而貧乏係累者返未獲全宥，甚失〔主聖〕〔聖主〕惻怛之本意。乞下諸路官司，將該遇赦恩綱梢見欠五十石以下之人，不限遠近日數，并與蠲免。其餘欠折五十石以上之人，陰〔一〕。」六年、九年赦書並同此制。

同日，赦：「應欠負官物元非侵欺盜用，及雖侵盜而本家并干繫保人内無抵當財産償納；或官司失於催理，誤行支遣，見行均認；并因水火損敗若被盜及綱船拋失，各無欺弊，見尅折侵受；或坑場因苗脉不發及不顯侵欺，係欠課利見行催理；或冒佃官田與户絶田産并欺隱税租見理積欠等，委是貧乏，無可陪填。已上並委本屬限一月保明申轉運、常平司審寔，申户部除放。」

同日，赦：「應犯罪合追贓備賞，并先以官錢代支，而犯人委是貧乏，無〔從〕催理，見行監錮干繫人名下均攤償納，及監司、州縣一時增立賞錢，日下追理未足者，並特予蠲放。」三年、六年、九年南郊赦並同此制。

同日，赦：「冒佃官田及户絶田産，限一月許令經官自陳，其欺隱過税租並予除放。」三年、六年、九年南郊赦並同此制。

同日，赦：「諸路州縣酒税欠折、坊場廢壞、綱運沉失、倉庫漏底，注在簿籍，委非侵盜，并四川民户拖欠布估、水脚錢，已放至紹興二十八年終。竊慮以後年分亦有積欠之數，官司見行追理，無所從出。可將二十九年至三十二年終拖欠之數，並予除放。」三年十一月南郊赦放至隆興二年，六年十一月六日南郊赦放至乾道三年，九年十一月九日南郊赦〔放〕至乾道六年。

同日，赦：「淮、浙鹽場亭户虧欠鹽數，已降赦文放至紹興二十九年。可將紹興三十二年已前拖欠未補數目，令提舉鹽司取見，如委寔不能補趁，並予蠲放。」三年十一月二日南郊赦放至隆興二年，六年十一月六日南郊赦放至乾道二年，九年十一月九日南郊〔赦放〕至乾道六年。

同日，赦：「州縣〔傷災〕〔災傷〕去處，第四等以下户依法合借種、食，限一年免息送納。切慮貧乏之人限滿無可輸納，可並予蠲放。」六年、九年南郊赦並同此制。

同日，赦：「民間欠負，已除放至紹興二十八年終。其二十八年至三十一年終，民間欠負私債如納息過本，可並

〔一〕天頭原批：「有脱文。」按，「陰」似爲「除」之誤，以下當是重複上述詔旨之意作「除蠲免五十石外」云云。

予除放。應民間所欠官、私房廊錢，並予除放。」三年24十一月二日南郊赦放至隆興二年，六年十一月六日南郊赦放至乾道三年，九年十一月九日南郊赦放至乾道七年。

同日，赦：「軍州起發金銀物帛綱運内色額低次之類，估剥虧官錢數，行下補發。訪聞州縣監勒干繫人等及元賣舖户均攤，貧乏之人不能償納，理宜矜恤。可將紹興三十二年以前未追數目，如委是無可填納，並予除放。」三年十一月二日南郊赦放至乾道元年，六年十一月六日南郊赦放至乾道三年，九年十一月九日南郊赦放至乾道六年。

二十三日，詔：「楚、滁、濠、廬、光州、盱眙、光化軍管内并(楊)〔揚〕、成、西和州、襄陽、壽春府、信陽府曾經殘破或經人馬侵擾去處，應合起諸色窠名官錢，並特予蠲免一年。」

二十五日，詔泰州合納二分上供錢并進奉聖節銀、絹折納價錢，蠲放一年。

二月二十四日，詔：「朕以淫雨不止，有傷蠶麥，其浙東、西路災傷去(歲)〔處〕人户合納乾道元年身丁錢、絹，臨安、紹興府、湖、(南)〔秀〕、常州并與全免一年，温、台、明、處州、鎮江府並各減放一半。」

三月九日，詔：「楚、真、滁、(楊)〔揚〕、濠、廬、光州、壽春府、盱眙、光化軍，各係人馬殘破或侵擾去處，所有合起發乾道元年進奉天申聖節内藏庫絹，並予蠲放一半。」

十一日，詔信陽軍乾道元年進奉天申聖節内藏庫絹，並免一年。

十七日，詔：「真州六合縣人户因虜人侵擾，燒劫殘破，其合納税賦特予展免二年。其人户承買坊場、河渡拖欠淨利，亦予除放。見承買人，仍令提舉司量予蠲免。」

五月二十三日，詔：「臨安府内外有全家患病貧民，令本府差官抄劄，予放房錢一月，毋致失寔作弊。」

同日，詔蠲免盱眙軍發納紹興三十二年、隆興元年、隆興二年分内藏庫坊場錢各五百貫文。

二十四日，詔：「四川州縣虚額錢，令制置司、總領所並行除放。如有用度不足，即將添造錢引數内通融取撥補用。」

六月七日，詔和州所催一半上供等錢并諸司窠名錢、内庫錢物，特免一年。

十五日，詔蠲免光化軍乾道元年合發進奉天申節銀五百兩。

二十五日，直顯謨閣、權發遣廣州林安宅言：「近者湖東兇寇奔衝本路，北江則圍英州，而韶、連、南雄管下皆遭蹂踐，西江則圍封州、德慶府，而肇慶之四會〔一〕、廣州之懷集、清遠亦被焚蕩。其有經由殘破去處，乞依廣西例予免今年夏、秋二税。所有諸州合應付轉運司供贍荆南及本路大兵錢糧，特予蠲免。」詔依。今年夏税人户已行送納，即理充來年之數，仍令尚書省給降黃榜曉諭人户通知。依前

〔一〕四會：原作「會四」，據《宋史》卷九〇《地理志》六乙。

科擾，許人户越訴。

二十九日，詔無爲軍乾道二年分上供等錢物全免一年。

七月四日，詔蠲免隨州合起諸色窠名錢一年。

十二日，詔蠲免(盧)〔廬〕州乾道元年合起發進奉天申節銀五百兩。

十四日，詔蠲免均 25 州合發(請)〔諸〕色官錢一年。

十九日，詔已降沙田、蘆場起税，所有和買並特予免納。乾道八年七月七日，臣寮言：租佃沙田、蘆場已減免一半，計一十六萬餘貫文〔一〕。

二十二日，詔：「階、成、西和、鳳州人户(會)〔合〕納租賦，予免今年夏、秋兩料。如内有已納人户，理充來年合納之數。」

同日，詔：「近因湖南盜賊竊發，其曾經殘破去處州縣，並予免今年夏税。如内有已納人户，理充來年合納之數。」

八月十二日，册皇太子赦：「應州縣僧、道見欠隆興元年、二年免丁錢，特予除放。」

十月十三日，詔真州乾道元年合發上供經、總制等錢物，特予免一年。

十一月二十六日，詔蠲免興化軍猶剩米一半。權知興化軍張允蹈言：「自建炎三年本軍秋税除一年軍儲外，猶剩米二萬四千四百五十八石七斗八合五勺，供福州軍須。其後逐年以爲定例，常以二萬五百石支發應付福州〔二〕，謂之『猶剩米』。四十年間〔三〕，民間水旱，官司不復減損。本軍苗賦有限，歲入不及歲出，遞年上司指揮，將猶剩米委本軍轉變，或撥三寨就請，無以應付。乞行蠲除。」故有是命。乾道三年八月七日，興化軍(人)〔又〕言：「前知軍張允蹈具申猶剩米因依，雖蒙蠲減一年，近年以來，減罷場務，并增壯城軍額，及歸正等人吏費數倍，若令應付一年，委是窘乏。」有旨特依所乞，並予蠲免〔四〕。

十二月十五日，宰執進呈立皇太子赦，内一項：「應爲人曾孫，如祖孫四世見在，特予免本身色役、二税、諸般科敷一年。」户部申明：「欲每户只於至五十貫文止。」上曰：「如何五十貫文止？」洪适奏曰：「爲恐放免稍多，户部慮虧損歲計，故欲立定止于五十貫爾。」上曰：「豈可失信于人？雖放免數多，亦不奈何。」

乾道二年三月十八日，户部言：「據兩淮諸州軍言乞接續展免二税。緣兩淮有沿邊及近裏州軍并殘破輕重去

〔一〕天頭原批：「乾道八年七月七日條移後七月二十四日前。」又正文「乾道」旁批「入後」二字。按，此批不妥。蓋史書記事，本有綜述之法，即將同類事件合而述之。本處即因同爲一事而帶叙乾道八年事，並非另一條，更非錯簡。

〔二〕萬：原作「百」，據《福建通志》卷三〇《張允蹈傳》改。

〔三〕間：原作「問」，據《宋史》卷一七四《食貨志》上二改。

〔四〕天頭原批：「乾道三年八月七日條移後八月二十二日前。」又正文「乾道」旁批「入後」二字。按，此批不妥，説見前校。

處，難以一概放免。一、沿邊兩經殘破州軍，欲更予展免乾道二年起理二稅，并接續放免上供諸色窠名錢物一年，自乾道三年爲始起理樁發。盱眙軍、楚、滁州、壽春府、濠、廬、光州，除上供等錢物已放免一年外，合更予展起理二稅一年。一、（楊）〔揚〕州、高郵軍、真州、無爲軍、和州，雖係近裏，一經殘破去處，其隆興二年人馬亦曾侵犯管下，及各曾屯駐兵馬，更予展免起理二稅一年，及減一半上供諸色窠名錢物。一、泰州係一經殘破近裏州縣，除經、總制等諸色錢物已經認發外，有上供錢一萬四千貫文、天申節進奉銀五百兩，去年以三分爲率，減免二分，認發一分； 其米二千六百餘石，隆興二年以三分爲率，減免一分，認發二分。亦係因隆興二年冬兵火驚擾去處，竊慮難以全令認發一半，及更予展免一年起理二稅，並自乾道三年爲始起理。」從之。

四月二十四日，詔：「浙西招募佃客開掘圍田，應[26]日前借過糧食債負，悉予除放。」

五月十三日，詔盱眙軍乾道三年并以後年分上供諸司經總制、無額等錢物，予免一年。

二十七日，詔蠲免桂陽軍乾道元年分闕官俸料錢四百貫。

六月一日，詔：「江陰軍緣累年災傷，除（放）〔秋〕稅已減放外，其夏稅並依乾道元年數目特與除放。」

二十九日，詔無爲軍乾道二年上供等錢物，特全免一年。

八月五日，詔：「江陰軍元來寄買臨安府和買紬絹，特與減一千五百匹，却令臨安府認買。」先是，建炎間，臨安府遭陳通之變，本府奏請權將年額和買紬絹於蘇、湖、常、秀四州寄買，江陰時爲縣，隸常州，分認紬絹四千餘匹。至紹興十四年，轉運司將寄買紬絹撥還臨安府認發，而江陰獨失于陳理。乾道二年八月，知江陰軍徐藏上疏言之，故有是命。

七日，詔：「襄陽府應合起諸色官錢，不以有無拘礙，蠲免一年。」

十三日，詔：「光化軍、襄陽府、信陽軍等處合納二稅，依已降德音各已展放二年，所有均、隨二州理合一體，自乾道二年科□爲始[一]，依展免二年四料[二]。如已行送納，理充將來合納之數。」

二十六日，詔：「〔近〕降指揮，兩浙、江東路州軍不（已）〔以〕官户、富民，管田一萬畝出（糴）〔糶〕米二千五百石。兩浙三十五萬四千三百餘石，已納三十萬六千七百餘石，未納四萬七千六百餘石； 江東三萬四千四百八十餘石，已納二萬三千二百三十餘石，未納一萬一千二百五十石。以上未納米并予除放。」

[一] 科□：疑當作「秋料」。
[二] 依：疑當作「予」。

十月九日，詔饒州每歲進奉金一千兩，特予減七百兩。

同日，詔將諸州軍外坊紹興三十一年至隆興元年拖欠酒錢，並予除放。

二十八日，詔兩淮殘破州縣二稅已免至乾道二年終，可更予放免一年。

三十日，詔隆興元年、隆興二年分拍户少欠未納酒錢，特予蠲放。

十一月二十二日，成都府路轉運判官樊汝霖等言：「本司照得所理人户白契税錢，係自紹興三十一年立限拘收，至今首尾已經五周年，其間官司或催或放，或理或還，以致文簿交錯，民間疑惑。其初本路一路共合理民間錢三百四十萬餘貫，今來所餘三十七萬餘貫，並係畸零殘欠，乞權住催理。」有詔：自今降指揮到日，未理殘欠並予除放。

二十六日，詔淮東鹽司將今來未起寬剩鹽本錢三十萬貫物免椿費〔一〕。

十二月二十一日，左司諫陳良祐進對，因奏：「切見御筆有『百姓既足，君孰不足』、『量入爲出，可不念哉』之語，此最爲要道。官吏與兵今取于民者已竭，而養官吏與兵之費加益而不已，國用安得不窮？願陛下取見一歲賦入之數，其取于民者已過，則從而蠲之，以寬民力；取見所養官吏與兵之數，其可省者從而省之。」上曰：「朕嘗有志于免和買及折帛等錢〔二〕，以寬民力，但如今未暇。」良祐奏：「陛下言及此，生靈之幸！舊來都無此 27 等錢，皆是軍興時科取，及講和之後，此等科目依舊不除，今取民者竭矣。若制節國用，令出入有度，稍有蓄儲，即可行陛下之志矣〔三〕。」上曰：「因卿之言，當定經制。」

二十五日，詔：「諸路州軍歲額弓甲物料，均撥付三衙、江上諸軍等錢，及軍器所從抛并歲額弓甲箭物料，乾道二年以後合納之數，令工部行下（請）〔諸〕州軍，並予權行放免。」

乾道三年正月一日，詔：「臨安府每歲認發三五分税錢一十五萬貫，緣今年本府應辦大禮，所用錢物浩瀚，除通判廳認發八萬四千貫不減外，所有本府歲發錢六萬貫予減免五萬貫。」

十八日，詔蠲免六合縣去冬遺火燒爇過倉米七百五十二石。

二月三日，臣寮言：「川秦茶、馬兩司，自紹興十九年至紹興三十二年，諸州縣侵用，失催博馬歲計，并茶場園户積欠虧額科息錢引、見錢、銀絹錦紬布等，兩司總計六十六萬四千九百餘貫，係年深月遠，官吏替移，園户委是貧乏，無可（倍）〔賠〕填。欲望將紹興三十二年以前應有欠負茶、馬司錢物，並與除放。」從之。

〔一〕物免椿費：疑當作「特免椿發」。

〔二〕于：《宋史全文》卷二四下引作「放」，當是。「放」以形近訛作「於」，又改作「于」。

〔三〕「行」下原有「于」字，據《宋史全文》卷二四下删。

十七日，詔四川宣撫司、本路諸監司，將瀘、叙州、長寧軍日後非泛科歛一切蠲免。

四月十八日，詔温州永嘉、平陽、瑞安、樂清四縣逃移死絶人丁共一萬四千七百九十五丁，每丁納絹三尺四寸，共計一千二百五十七匹二丈三尺，並行銷欠。

六月七日，宰執奏事之處，上曰：「湖、秀、越三州雨水爲害，可諭守臣，如民間訴潦，宜予減放。」魏杞奏曰：「依條自當減放，更當諭以聖懷軫懷之意〔一〕。」上曰：「〔三〕（洲）〔州〕和糴，宜與免放。」又曰：「江西今年和糴米免一百萬石，民力想少寬。」陳俊卿奏曰：「此陛下一念之及，足以致和氣，况百萬石米，民之受惠多矣！」

十二日，詔潼川府、利州、夔州路人户白契税錢共一十萬五千五百三貫五百七十四文，并行除放。

二十六日，詔臨安府新城縣每年進際税賦〔二〕，與減免一半。

七月十四日，詔桂陽軍乾道元年未起發上供錢，并乾道三年分天申節、大禮土貢，及上供錢、銀，並以三分爲率，特予減免一分。

閏七月二十三日，詔蠲免郴州、道州、桂陽軍拖欠下乾道元年五月以後月椿錢六萬七千二百四十二貫有奇。以李金賊徒殘破故也。

二十六日，詔蠲免臨安府臨安縣五鄉人户二百八十家夏、秋二税有差。以天目山洪水暴發，衝損居民故也。知臨安府周淙言：「據錢塘縣丞余禹成具到：周向等二十四家衝損屋宇，溺死人口，欲放今年夏、秋兩（科）〔料〕並來年夏料錢；于興等一百四十一家衝損屋宇，什物不存〔三〕，欲放今年夏、秋兩料；盛慶全等七十家衝損一半屋宇、什物，欲放今年夏料。以上三料並係第五等以下人。及鍾友瑞等四十五家各係上户，內有鍾友端等四户被水至重〔四〕，欲放今年夏料；施理等四十 28 一户被水次重，欲放半料。以上通計合放和買、夏税紬絹綾本色折帛一千三十四疋三丈有奇，綿一百九十二兩一錢，役錢四百二十四貫七百七十三文，丁錢六十九貫二百文，苗米三十七石有奇，茶錢一十九貫有奇。」從之〔五〕。

八月二十二日，漢陽軍言：「本軍止管漢陽、漢川兩縣，在湖北一路最爲凋瘵之處。兵火以前，每年椿發上供錢本縻費錢二千五百貫文。于紹興十三年以後，每年于所起錢上遞增二分，錢七百四十五貫六百文。至三十二年，共增椿錢一萬五千六百五十七貫六百文。昨自隆興二年

〔一〕聖懷：疑當作「聖主」或「聖上」。

〔二〕進際：不通，似當作「進納」。

〔三〕什：原作「計」，據下文改。

〔四〕鍾友端：上句作「鍾友瑞」，必有一誤。「等四户」原作「第四等户」，按第四等户則爲下户，而非上户，與上句不合。詳此文之意，被水上户共四十五家，其中鍾友端等四家被水最重，施理等四十一家次重。因改。

〔五〕天頭原批：「乾道三年八月七日條移此。」按，此批不妥，説已見前。

添差歸正官，并總領所差撥添監酒務、嶽廟揀汰使臣，每年椿請俸錢僅二萬餘貫。緣此本軍缺乏，上供錢委實無所從出。乞自乾道二年以後，蠲免遞增二分上供錢，止依目今見起錢一萬五千六百五十七貫六百文爲額。」詔令户部更予權免乾道二年、三年，仍自乾道四年爲始。

二十三日，詔光、濠、廬州、壽春府乾道三年合發上供諸色錢物，並予全免一年。其無爲軍以三分爲率，放免二分。

九月十七日，詔温州經、總制錢，乾道二年秋季至五年夏季終，以十分爲率，予減二分。

二十五日，詔和州合納二稅、上供錢并内軍錢物，特予蠲免。

二十八日，詔（楊）〔揚〕州乾道三年分上供、經總制、無額、坊場七分寬剩錢，以三分爲率，蠲免二分。

十一月二日，南郊赦：「諸路州軍縣民户有拖欠夏税畸零税賦、和買、折帛、折麥、折鹽、茶租、養士、白地錢、職田，僧道免丁等錢物，緣州縣催理失時，積年拖欠，及有災傷人户逃移，却勒令保正、（付）〔副〕陪納。仰諸路漕司委官，將州縣第五等已下民户應欠負隆興二年以前前項諸色畸零錢物，並予日下除放。如敢違戾，仰人户詣提刑司陳訴〔一〕，將違犯官吏申取朝廷指揮施行。」六年十一月六日南郊赦放至乾道三年，九年十一月九日南郊赦放至乾道六年。

同日，赦：「已降指揮，淮南州軍乾道三年合起上供、分隸等錢物，並已立定分數展免。訪聞州縣尚于民户名下仍舊科敷。所有已到官錢物，並與理將來名下合納税賦，其未納到錢物，並予除放。」六年十一月六日南郊赦放至乾道六年分，九年十一月九日南郊赦放至乾道九年分。

同日，赦：「出戍諸軍借請過錢、米，並予除放。諸路廂、禁（庫）〔軍〕依條借過口食衣糧等，照應節次已降指揮年限除放。」

同日，赦：「紹興三十一年諸路州軍拖欠諸色窠名錢物，昨來户部拘催，所以申降指揮並予除放訖。訪聞州縣却有將元數巧作名色，依舊催理。可自赦到日，依已降指揮除放。」

同日，赦：「福建路昨來寺觀贍剩錢，緣一時所立數目稍重，其間往往不能椿納，以致僧、道逃亡，虚掛欠負，無所從出，可並予蠲免。」

同日，赦：「昨指揮，兩浙、[29]江東路州軍人户有田萬畝出糶米二千五百石，未納米數已降指揮，並與除放。所有八千畝以上合出糶米一千五百石，未有該載。可令漕臣將未拘收合出糶米數，並予除放。」

二十七日，詔：「臨安府屬縣拖欠乾道元年夏秋二税、坊場課利、折帛、免丁等諸色錢三萬三千餘貫，人户少欠酒錢八千餘貫三百，并安撫司錢六千餘貫，並予除放。」

〔一〕詣：原作「指」，據文意改。

十二月八日，詔免放舒、蘄州災傷去處税賦一年。
二十七(年)〔日〕〔一〕，詔放賀州(朝)〔乾〕道元年虧欠經、總制錢一年。

四年正月十一日，詔福建上四州紹興三十二年以前積欠鹽本等錢，並行除放。

二月一日，詔：「訪聞福建路建、劍、汀、邵武四州軍科買官鹽〔二〕，搔擾民户，至于無本起綱，白行敷納，重困民力。可將本路鈔鹽一項盡行住罷〔三〕，轉運司每歲合認發鹽錢二十二萬貫，並予蠲免。却令本司于八州軍增鹽錢并將椿留五分鹽本錢通融拖認七萬貫〔四〕，充上供起發。今後州縣不得更以賣鹽鈔爲名，依前科敷搔擾。仍令監司常切覺察。如有違戾，許民户越訴，(鹽)〔監〕司按(刻)〔劾〕，重寘典憲。」

三月二十八日，宰執進呈知楚州劉舜謨乞將壯丁民社予免户下税役。上曰：「此説是可行〔五〕。」蔣芾奏曰：「淮上見免二税，因而從亦無害。」

四月十六日，詔桂陽軍臨武縣拖欠乾道三年正月至四月分上供錢六千貫，並予除放。

五月二十四日，詔滁州乾道三年未起經、總制錢二千九百餘貫，特予放免。

二十七日，詔無爲軍乾道三年未起一分經總制、無額錢特予除放。

六月八日，詔：「諸路州縣乾道元年、二年人户各有拖欠畸零夏税、和買、折帛、折麥、折鹽、茶租、養士、白地、職田、僧道免丁錢物，緣官司催理失時，遂致積年拖欠，貧民下户艱于輸納，州縣追擾，重困民力，理宜優恤。可令户部日下並予除免。」

十四日，詔：「邛、蜀州予免今年夏税一料。如已送納在官，理充來年合納之數。其場、店户額官課，予蠲免一半。」

十八日，詔：「諸路州縣酒税欠折、坊場廢壞、綱運沉失、倉庫漏底，注在簿籍，委非侵盜，并四川民户拖欠布估、水脚錢，已放至隆興二年終，切慮以後年分亦有積欠之數，官司見行追理，無所從出，今將乾道元年、二年拖欠之數特予除放。」

同日，詔臨安府諸縣乾道二年苗米、坊場課利、麴引等錢二萬一千貫有畸，並(無)予除放。

七月十六日，詔光化軍進奉内藏庫天申節銀蠲免一年。

八月一日，詔廣德軍月椿錢今後每月予減一千八百

〔一〕日：原作「年」。天頭原批：「『年』疑『日』。」按作「日」是，據改。
〔二〕邵武：「武」字原脱，據《宋史全文》卷二五上補。按邵武指邵武軍，若邵州則在湖南，「武」字不可無。
〔三〕盡：原作「行」，據《宋史全文》卷二五上改。
〔四〕五分：原作「五文」，據《宋史全文》卷二五上改。
〔五〕是：疑當作「似」。

貫。以權發遣廣德軍范述及前江東運(司)〔使〕韓元吉奏：「廣德軍所管止兩縣，江東最小處，月樁錢六千八百八十四貫三百有零，比之它郡，數目最重，乞行蠲減。」故有是命。

四日，詔江南西路合發湖廣總領所蕃商博絹五千匹，並予蠲除。

九月二十七日，[30]詔：「四川諸州拖欠紹興三十一年至隆興二年贍軍諸色窠名物錢，并退回短少估剥虧分之數，及倉庫漏底折欠等錢八項，並行除放。」

十月十三日，詔和州今年合發未起一分上供等諸色錢物，並予蠲放。

十一月二十一日，詔諸路州軍將乾道二年十二月以前應未補發米斛，並特予除放。

十二月五日，詔：「(因)〔英〕州因(牧)收捕贛賊，批請過錢二百七十貫一百文、米一百二石一斗二升，韶州米一千一百四十九石九升，料四百一十一石一斗八升，特予除放。」

十三日，詔郴州隆興二年以前拖欠未撥還弓箭手錢、米，特予蠲免。

十七日，詔：「兩浙、江東、西路乾道五年夏稅、和買、折帛錢，並權予減半輸納一年。如州縣輒敢過數取民一文以上，許人詣檢、鼓院進狀陳訴，官吏當重寘典憲。」

二十二日，詔：「諸路常平、義倉有漏底欠折一十七萬八千五百餘石，並予除放。」户部尚書曾懷准指揮，盤(糧)〔量〕到江、浙等路一百二十八州常平、義倉，除未申到外，有漏底欠折一十萬八千五百餘石〔一〕，乞令州縣補還，故有是命。

五年二月十七日，詔臨安府乾道三年見欠折帛錢三千一百五十貫文，特予蠲放。

二十一日，詔諸州隆興元年至乾道二年終拖欠未起上供諸色窠名錢物、糧斛，並予蠲放。

三月十三日，詔：「成都府路人户見理運對糴米脚錢三十五萬貫，可並予除放。却自今年爲頭，將減省糴價等錢對數補填。」

十六日，詔：「臨安府錢塘、仁和縣乾道二年折納夏稅苗米、身丁錢除納外，見欠一萬二千七百二十六貫有零，特予蠲放。」

五月二日，詔隆興府〔二〕，將奉新縣三鄉寫稅正額錢三百五十九貫、苗正米六百二十八石并沿納折科盡行蠲除，今後不得別作名色，復有科擾。

八月十五日，詔江、淮等路將拖欠紹興二十七年至乾道元年終合發內藏庫歲額錢共八十七萬五千三百一十九貫四百六十一文，並予蠲免。

〔一〕一十萬：前詔語作「一十七萬」，當有一誤。
〔二〕隆興府：原作「奉新府」，按宋無奉新府，而奉新縣屬隆興府，因改。參《宋史》卷八八《地理志》四。

十月五日，詔：「台州黃巖、臨海縣被水衝損田産屋宇、牛畜之家，乾道三年、四年、五年未納税賦特予蠲放，其私債候至來年秋成理索。」

十七日，詔池州人户未納乾道四年夏税二萬二千餘貫，並行蠲放。

六年三月二十四日，詔巖州第五等人户丁鹽絹予放免一年〔一〕。

四月三日，詔遂寧府場務虚額折估錢二萬四百九十六貫有奇，並予除放。

閏五月二十四日，詔江東轉運司，將建康府、太平州寔被水縣分第四、第五等人户今年身丁錢，並予放免一年。

十一月十八日，詔温州將乾道三年、四年民户積年畸零税賦並予蠲放，第四等以下身丁錢並予(免放)〔放免〕一年。

十二月二日，詔臨安府錢塘、仁和縣人户乾道五年夏〔二〕、秋兩料并今年夏料畸零未納殘欠錢物，特予除放。

十四31日，詔(楊)〔揚〕州將兵火以前舊額二税所收壯丁者户長一分寬剩、折納畸零等錢，特予蠲免。

三十日，詔和州第五等以下人户今年身丁欠負，特予蠲放。

七年二月十四日，册皇太子赦：「應欠官私房廊、白地賃錢，將乾道六年以前欠少未還之數〔三〕，並特予除放；及民間見欠乾道五年以前私債，其還利過本者，特予除放；并乾道六年以前應犯罪已籍没家財，所有名下未追贓錢，見今監繫家屬及干連人，並予除放。」

同日，赦：「行在贍軍諸酒務拍户賒欠酒錢，已降指揮放免至乾道二年五月終。仰將乾道二年六月一日以後至乾道五年終拍户未還欠賒酒錢，並特予蠲放。並殿前、馬、步軍司開沽兩浙犒賞酒坊，近降指揮撥歸户部提領，仰將乾道五年煑酒界以前年分拍户應欠賒酒錢，特予蠲放。并訪聞三司元差軍官將校主管酒坊因交割有少欠錢物〔四〕，勒令承認，見于請受内逐旬尅除，並特予除放。」

同日，赦：「兩浙、京西州軍拖欠内藏庫乾道五年以前坊場錢，竊慮艱于輸納，可並(免放)〔放免〕。」

同日，赦：「應監司、州郡拖欠未起上供諸色錢物糧綱草料等，已放至乾道二年終，今將乾道三年應未起之數，特予除放。」

同日，赦：「應民間舊欠茶鹽錢有元係祖來身分少欠，至孫及曾孫尚行監繫償還，寔可矜憫。可自乾道五年以前有似此之人，官司審寔，並予之除放。」

四月十一日，詔：「民間種佃官司田畝未納租課并欠

〔一〕巖州：宋無此州名，似爲「嚴州」之誤。
〔二〕仁和：原作「人和」，據《宋史》卷八八《地理志》四改。
〔三〕欠少：疑當作「少欠」。
〔四〕訪：原作「三」，據文意改。

少官司房廊〔一〕、白地賃錢，並放至乾道六年終。并民間私債還利過本，放至乾道五年終。」

五月十九日，詔盱眙軍乾（隆）〔道〕六年七月分添收頭子、（堪）〔勘〕合朱墨錢、僧道免丁等錢，特與蠲免。

七月十五日，詔寧府人户逐年身丁錢一萬四千八百餘貫文（貫）〔二〕，今後並與蠲放。

十月一日，江南東路安（掐）〔撫〕、轉運司言：「饒州、南康軍今年旱（暉）〔暵〕最甚，民間合納夏税物帛并折帛錢，起發上限一半，其下限合起一半乞行倚閣，候將來豐熟，作兩料帶納。」詔：「饒州、南康軍並依江西、湖南已得指揮施行，内第五等人户未納夏税，各與（倚）閣五分。」尋詔：「江、饒州今歲旱傷，已降（揮）〔指〕揮，將逐州第五等人户未納夏税各與〔倚閣〕五分。尚（盧）〔慮〕難於輸納，可將逐州第四、第五等人户未納今年夏税，日下權（衡）〔行〕倚閣，候來年帶納。」

十六日，詔泰州乾道三年至六年虚額錢，特與蠲免。

同日，詔京西提刑司乾道六年、七年進奉天申節銀五百兩，特與蠲免。

八年正月二十二日，知秀州丘密言：「華亭縣雲間、仙山、胥浦、白沙四鄉民田，以鹹潮爲害，官失苗米歲二萬九千二百一十石，税絹五千三百七十五匹，乞賜蠲放。」詔逐鄉被浸鄉田合納苗税，特與放免三年。

四月一日，詔蠲放湖州乾道七年以前未催茶租錢一萬五千貫有奇。

二十七日，詔兩 32 淮州軍今年二税，更予蠲免一年。

五月三日，詔湖〔州〕乾道六年秋苗上收經總制、頭子錢、勘合朱墨錢七千八百餘貫，特予除放。是月，詔：「人户丁錢每七丁共納絹一匹，比元額每歲減絹二萬四千八百二十匹。嚴州依湖州，每七丁共納絹一疋，比元額每年減絹一萬四千二百九十三疋有零。紹興府上四等每七丁納絹一疋〔三〕，第五等每十丁納絹一疋，比元額每年減絹一萬三疋二丈五尺四寸。處州上四等户以五丁共納絹一疋，第五等户以八丁共納絹一疋，比元額每年減絹九千九百一十六疋有零。其已減數，並依每年收到沙田、蘆場租錢内撥還户部。」

六月五日，詔兩淮歸正人所耕田土，州縣撮收課子，特予除放。

三十日，詔筠州、隆興府、臨江、興國軍已倚閣乾道七年夏税三年帶納之數，予放免一年〔四〕。

七月二十四日，詔：「將徽州減免不盡雜錢盡數蠲放，以寛民力。其本州認發漕司絹三千疋，折斛錢一萬五千貫，建康府絹二千五百疋，（益）〔盡〕予免放，令户部以沙田、

〔一〕欠少：疑當作「少欠」。
〔二〕「寧」字前後當脱一字。
〔三〕等：原作「年」，據下文改。
〔四〕天頭原批：「乾道八年七月七日條移此。」按，此批不妥，説已見前。

蘆場錢内撥還。」

十一月六日，詔：「諸路州縣拖欠未起上供、經總制等錢、諸色窠名錢物米斛，已放免至乾道三年終。所有以後年分亦有拖欠之數，若行一例催理，竊恐追擾。可將乾道四年、五年諸路州縣拖欠未起之數特予蠲放，日下銷落簿籍，不得再有追理。如違，許民户越訴，監司覺察按治。」

同日，詔當湖、和平、澉浦、徐公犒賞四酒庫見欠錢九千一百四十貫四百八十九文，並予蠲免。

同日，詔將乾道四年、五年諸路州縣拖欠未起上供、經總制等諸色窠名錢物、米斛，特予蠲放。

十二月五日，詔兩淮州軍乾道九年合起催二税，可更予蠲免一年。

十九日，詔：「兩淮運判胡昉具到紹興府增起苗米四萬九千餘石，及乾道五年曆尾剩錢一十六萬七千餘貫，並免行起發。」

九年閏正月十六日，詔：「大理寺已追理過罪人合追官贓錢物，自紹興十九年以後至今，追納監繫日久，無所從出，深可矜憫。可自乾道二年二月十四日以前見追内外官司錢物，並予除放。」自紹興十九年至乾道七年二月，共除放過内外贓錢二十三萬六千四百二十五文。

十八日，户部侍郎、提領户部犒賞酒庫蔡洸言：「乾道七年二月十四日赦書内一項〔一〕：『殿前、馬、步軍司昨開沽兩浙犒賞坊場〔二〕，近降指揮撥歸户部，仰將乾道五年煮酒界以前年分拍户應賠欠酒錢〔三〕，特予蠲放。』不住據拍户陳訴，酒庫不予除豁乾道五年煮酒界欠錢。」詔將乾道五年煮酒界終人户欠錢，並與蠲放。

二十二日，詔温州歲發經、總制錢，乾道八年秋季至九年夏季予減免一分。

二月十八日，詔：「筠州管下高安、上高兩縣民户乾道八年拋荒田畝秋苗，可將上户依已檢 33 閣分數減免，其下户全予除放。」

五月二日，詔：「徽州將正額外創科雜錢一萬二千一百八十餘貫並行住罷，更不科催。元認江東運司絹六千疋，并兩浙運司等處一萬六百餘疋，並免起發。其餘夏、秋正額歲賦，即照自來體例施行，不得仍前再有重疊科擾。」以江東運副程叔達言：「躬親前去徽州刷具雜錢的寔數目，同本州知州公共相度得：本州六縣額管税錢，依自來則例，係以税錢一百文紐折紬絹布并見錢等，總計一百文。通計科紬二千九百餘疋，絹二萬九千四百餘疋，布五千五百餘疋，正綿一十萬九百餘兩，折綿六萬七千餘兩，以上並止係夏税，即非秋税。共折税錢七萬二千四百四十餘貫，係是正額，理本色。除科上件本色外，尚有合納見錢四萬二千三

〔一〕七年：原作「二年」，據本卷食貨六三之三一改。
〔二〕沽：原作「估」，據本卷食貨六三之三一改。
〔三〕「煮」原作「煎」，「分」原脱，據本卷食貨六三之三一改補。

百餘貫，係是額外見錢。以上通計一十一萬四千七百餘貫。正湊上件税錢正額之數外，却别行每税錢一百文創科鹽錢六文，脚錢五文，通計一萬二千一百八十餘貫，係是額外雜錢，乞行除放。」故有是命。

三日，詔：「浙西人户見佃、承買没官田産、屋宇，日前有拖下殘零租税，並予蠲放。」

八日，詔：「江東路饒州、南康軍並係向來荒旱最重去處，所有見催人户乾道七年分殘欠苗米，可並予盡數蠲放。」

十一日，詔：「江西路江、筠州、隆興府、臨江、興國軍，並係向來荒旱最重去處，所有見催人户帶納乾道六年、七年分殘欠苗米，可並予盡數蠲放。其逐州軍營田穀麥，乾道六年以前殘欠并乾道七年寔係旱傷未納之數，即與苗米事體一同，可並予盡數蠲放。」

六月三日，詔興元府乾道四年至六年分拖欠商税、增息科利等錢引六萬二千二百四十六貫，銀六百一十八兩，絹三百九疋，並予除放。

八月二十九日，詔江東乾道六年分民户積欠未納錢物，並日下除放。

十一月九日，南郊赦：「兩浙、江東、西、湖南、北、福建路合發上供歲額軍器甲物料，自乾道五年爲始起發，後來節次累降指揮，各有減免。今年諸州軍合發物料尚有拖欠數目，竊慮艱于應辦，却致科擾。可自乾道七年終以前拖欠未起之數，並予蠲免，以後年分依數起發。」

同日，赦：「台州被火居民，未納身丁與免一年，仍將來年身丁更免一年。」

同日，南郊赦：「江東、西、浙東、西路乾道七年旱傷、被水州軍，第四等以下人户已令監司措置（賑恤），覆寔賑恤，將合納夏税物帛倚閣，分年限帶納。尚慮州郡不切盡寔檢放，隱庇數目，甚失愛民之意。可將乾道七年逐路州軍倚閣紬絹、係綿折帛錢共予蠲放[一]，更不帶納，日下銷落簿籍。如敢妄作名色追理搔擾，許人户越訴。」

同日，赦：「兩淮極邊盱眙、安豐軍[二]、光、濠州，乾道八年上供等諸色窠名，内錢已降指揮全行展免外，所有逐州軍未起乾道 34 八年一半進奉銀、上供絲綿，若行催促起發，切慮搔擾，可並予蠲免。」

同日，赦：「諸路州縣拖欠上供、經總制等諸色窠名錢、米等，已降指揮放免至乾道五年終。近兩浙路放免至六年終。其餘路分亦有拖欠之數，皆係民户積欠，經隔歲月，若行一例催理，竊慮追擾。可將諸路州縣乾道六年終已前應拖欠未起之數，特予除放，日下銷落簿籍，不得再有追催。如違，許人户越訴，監司覺察按治。」

十三日，詔蠲免紹興府今年上供苗米四萬餘石。

[一] 係：疑當作「絲」。
[二] 軍：原脱。按盱眙、安豐均爲軍，而非州，據本書通例，當有「軍」字，因補。

十二月二十七日，詔：「兩淮州軍淳熙元年合起催二〔催〕〔稅〕，更予蠲免一年。并當年合發上供諸色窠名錢物，依乾道九年極邊全行展免一年，次邊展免一半。」（以上《永樂大典》卷一七五三五）

屯田雜録〔一〕

35 何承矩《上太宗論塘泊屯田之利》〔二〕：「臣幼侍先臣關南征行〔三〕，熟知北邊道路、川原之勢。若於順安寨西開易河蒲口，引水東注至海，東西三百餘里，南北五七十里，滋其陂澤，可以築隄貯水爲屯田，以助要害，免蕃騎奔軼。俟朞歲間，塘注關南諸泊淀水〔四〕，播作稻田。其緣邊州軍地臨塘水者，止留壯城軍士，不煩發兵廣戍。收水田以實邊，設 36 險固以防塞。春夏課農，秋冬備寇。縱瞻師旅，不失耕耘，不費國用，不勞民力。如此，則虜弱我强，彼勞我逸。以强備弱，以逸待勞，制匈奴之術也。順安已西至西山道路百里以來，無水田處，亦望遣兵戍以練其精鋭，擇將領以去其冗繆。夫邊兵不患寡，患驕慢不肅而不精；邊將不患怯，患偏見自賢而無謀；邊備不患寇，患慢防而未葺。若禦得其力，制得其要，何慮乎邊塵不息，邊患不除？且有國有家，以足兵足食爲本〔五〕，水田之盛，誠可以限戎馬而省轉粟之費，實萬世之利也〔六〕。」

【宋會要】〔七〕

37 太宗淳化四年三月六日甲午〔八〕，知雄州何承矩言：「近年水潦頻降，河流泛濫，壞州城民舍，蓄聚爲陂塘，妨民種藝〔九〕，欲因水利，大興屯田以便民。」詔從之。命高陽關副總管皇甫繼明提舉，仍令河北諸郡水潦所積處，發卒墾田，州長吏按行催督。

二十四日壬子，以六宅使潘州刺史何承矩、内供奉閻承翰、殿直張從古同提點制置河北沿邊屯田事〔一〇〕，大理寺

〔一〕此題原在下文第二條之前，然「何承矩」條與今已移至下頁之一段（見後校記），審其内容亦爲屯田事，且與第二條以下同出《大典》卷四七六九，因移「屯田雜録」一題於此。

〔二〕此條乃抄自《國朝諸臣奏議》卷一〇五，原注：「端拱元年上，時爲淄州刺史、兼知滄州事。」塘：原作「唐」，據《國朝諸臣奏議》改。

〔三〕臣：上「臣」字下原衍一「臣」字，據《國朝諸臣奏議》卷一〇五删。

〔四〕淀：原作「定」，據《國朝諸臣奏議》卷一〇五改。

〔五〕以足兵：原作「以兵以」，據《國朝諸臣奏議》卷一〇五改。

〔六〕原稿此條與下文「真宗咸平二年五月」條内「耿望前知襄州」一段在同一頁，中縫標《大典》卷次爲卷四三六九。但查《永樂大典目録》，此卷爲「壇字韻、「社稷壇文」目，與屯田無涉，顯誤。實則此二段應與下文同在《大典》卷四七六九，抄者誤「七」爲「三」也。

〔七〕以下北宋部分之内容與本書食貨四「屯田雜録」門大致相同。其中食貨四所無者多是抄自《玉海》、《文獻通考》，非《會要》文。

〔八〕按，此條「甲午」、下條「壬子」當是《大典》編者據《長編》卷三四添，參下條之校記。

〔九〕民：原無，據《長編》卷三四補。

〔一〇〕事：原作「使」，據本書食貨四之一改。

丞黃懋充判官。懋，泉州人，任滄州臨津令，《實録》於三月六日甲午先載承矩上言，即命大作水田。及壬子，乃以承矩爲制置使，懋爲判官。按上得懋書，又令承矩按視，承矩復奏，然後施行。恐甲午日未有大作水田之命也。今從本志。甲午初六日，壬子二十四日〔一〕。馬端臨《文獻通考》：「按古者兵與農共此民也，故無事則驅之爲農而力稼穡，有事則調之爲兵而任征戰，雖唐府兵之法猶然。至於屯田，則驅游民，闢曠土，且耕且戍，以省饋饟，尤爲良法。自府兵之法既壞，然後兵、農判而爲二，不特農疲于養兵，而兵且耻于爲農。觀陳恕所奏及沮何承矩屯田之議者可見。然則國力如之何而不弊於餉軍也哉？」38上言〔二〕：「本鄉風土，惟種水田，沿山導泉，倍費工力。今河北州郡陂塘甚多，引水溉田，省工易就。乞興水田，三五年内，必公私大獲其利。」太宗嘉之〔三〕，以承矩曾言屯田事，因遣按視。復奏，咸如懋言，即令承矩領護之，以懋爲佐，發諸州戍兵萬八千人給其役也。

真宗咸平二年五月，京西轉運使耿望言：「襄州襄陽縣有淳河，舊作堤，截水入官渠，溉民田三千頃。宜城縣有蠻河，溉田七百頃。又有屯田三百餘頃。請以農隙調夫五百築堤堰，仍於荆湖市牛七百頭。」從之。耿望前知襄州〔四〕，與通判何臨常同規度，故有是奏也。真宗曰：「屯田之廢久矣，苟成此，足爲勸農之始。」遂令望躬按視焉。至是，可其奏。望又請大理寺丞武程總其事，程上章以爲不便〔五〕。詔移程於他郡〔六〕，别選職官領其事，俟稻田務成，有無利害，其耿望、武程别取進止〔七〕，當行賞罰。

四年九月癸酉〔八〕，五日。太子中舍張宗誨齊賢之子。獻《屯田39論》三篇，召試，賜第。

十二月，陝西轉運使劉綜言：「鎮戎軍本古原州之地，有四縣，餘址尚存。自唐至德之後，羌寇荐臻，邊防失守，吐蕃尚結贊乘隙引兵攻陷關内及隴右百餘城，原州亦廢。其後宰相元載備知要害，決欲守其地，或沮其議而罷。今來陛下斷自聖畧，復置此軍，乃元載之謀有俟於我聖朝也。然元載所議控扼之狀，尚未聞采而行之。今城壁既就，不修外援，屯聚戍兵，多費糧饋，則不如不置。臣昨閱視鎮戎軍，川原廣衍，地土饒沃，若置屯田，其利猶博。今鎮戎軍歲須芻糧約四十五萬餘石束，破茶鹽交引錢五十餘萬，況更令民遠倉輸送，其所費耗，即又倍常。見今鎮戎軍四面

〔一〕按，以上一段注文實爲《長編》卷三四淳化四年三月壬子條李燾原注，惟首句無「三月六日」四字，顯爲《大典》編者所添。由此可聯想，以上二條正文之干支亦爲《大典》編者據李燾此注添。又按，此二段注文夾於此處，殊無道理，應移在本條之末。

〔二〕自「上言」至條末，原稿另作一頁，據本書食貨四之一移至此。

〔三〕太宗：原作「真宗」，天頭原批云：「『真宗』疑『太宗』。」按《長編》繫此事於太宗淳化四年，據改。

〔四〕自此句以下一段原在上文食貨六三之三六何承矩奏之後，獨作一條。然據本書食貨四之一，此段文字實爲本條之後半截，錯簡而分，今移正。前知：原作「知前」，亦據食貨四之一乙。

〔五〕「程」下原有「矩」字，據《長編》卷四四刪。

〔六〕於：原作「放」，據本書食貨四之一改。

〔七〕止：原作「旨」，據本書食貨四之一改。

〔八〕本條用干支記日，非《會要》之文，本書食貨四之一複文無此條。今查，乃抄自《玉海》卷一七七。

已有人户耕種，欲於此處置屯田務，且取田五百頃，差下軍二千人，置牛八百頭，立屯耕種。於軍城近北至木峽口及軍城前後各置一堡寨〔一〕，約地土分種田兵士，將牛具就寨居泊，更充鎮戍，固不失且戰之理。兼彼處皆居要害，常切防備，若不分布置寨，屯兵爲援〔二〕，即鎮戎軍久必難守。望令知軍、洛苑使李繼和充屯田制置使，令繼和自擧有心力使臣四員充四寨監押，每員管轄五百人，便充屯戍。如此，久遠必大爲邊鄙之利。今安國鎮有古《制置城壕戍鎮記》一本，謹寫録上進，貴知邊陲可以耕種之也。」真宗曰：「覽古記，信可以興作。」從之。

五年六月，知雄州何承矩兼制置屯田使。先是，承矩兼屯田事，及以侍禁、[40]閤門祇候馬濟知順安軍，亦兼營田事，承矩言與濟品秩有異，所兼之名則同，故特加使額焉。

六年十月二十四日，知保州趙彬決雞距泉，自州西至滿城縣〔三〕，又分徐河水南流，以注運渠，置水陸屯田。以其事聞奏，帝乃詔保州駐泊都監王昭遜與彬同領其事，仍賜彬詔諭，令協力成其事。

[41]景德元年四月十八日，詔保州置屯田兵籍，自今轉運司擅移易者，以違制論。

十月，詔：「相州管内不堪牧馬草地一段，宜令官置牛具，選習耕農兵士置屯田莊。」

二年正月，詔定、保、雄、莫、霸等州、順安、平戎、信安等軍知州軍並兼制置本州屯田事，舊兼使者仍舊。先是，北面緣邊屯田，水陸兼種，甚獲其利，自來雄州長吏兼領使名，其諸州即别命官主領。至是戎虜通好，帝慮平寧之後，漸弛慢，故有是詔。

三月，詔：「保州所作屯田，舊有積塘水以備溉灌，頗聞隄防隳壞，致失水利。宜令官吏專切按視，勿廢前効。」先是，知州趙彬興是田，開鑿漸廣。未幾，彬移他任，帝慮因而毁廢，即遣使視，果言隄防隳壞無備，故詔戒之。

九月，夔州路轉運使薛顔言：「施、黔等州墾荒地爲屯田，今歲獲粟萬餘石。」

三年十二月十一日，知保州趙彬請於郡城東北更廣屯田，以圖來獻之。帝曰：「北虜既和〔四〕，邊封徹警，當勸農民咸使樂業，不必侵占畎畝，妨其墾殖也。」

四年八月，知雄州李允則言：「應係屯田皆在緣邊州軍，臣自來止移牒制置〔五〕，不獲躬按。其安撫都監二員常巡邊郡，望令兼屯田事，因便檢校。」從之。

大中祥符二年六月，知和州趙彬請增屯田務兵五百[42]人。從之。

〔一〕天頭原批：「『木』一作『本』。」按，作「木」是。
〔二〕兵：原作「田」，據本書食貨四之一改。
〔三〕自：原作「白」，據本書食貨四之二改。
〔四〕北虜：原作「北地」，據本書食貨四之二改。
〔五〕臣：原無，據《長編》卷六六補。

五年正月，令保安軍稻田務旬具墾殖功狀以聞。先是軍地接蕃境，屢詔修廣屯田，自高尹涖軍事，罕以聞奏，故督責之。

七月六日，河北緣邊安撫副使賈宗言：「《緣邊開塞塘泊水勢修疊堤道深淺月日定式圖》〔一〕，請（乞）付緣邊州軍收管，仍下屯田司提舉遵守。」從之。

九年三月，改定、保州、順安軍營田務爲屯田務。

天禧四年四月，内殿崇班、閤門祗候盧鑑言：「保州屯田務自來逐年耕種水陸田八十頃，臣在任三年，開展至百餘頃，歲收粳、糯稻萬八千或二萬石。本務見管兵士三百七十餘人，以河北沿邊順安、乾寧等州軍屯田務比保州，十分中止及二三分已來。其保州屯田務兵士不暫休息，尤甚辛苦。欲望下軍頭司，自今所配河北屯田務兵士，十人中將四人配保州，六人配餘處。」從之。

【宋會要】

仁宗天聖三年十一月〔二〕，右巡使、監察御史朱諫言：「近聞上封者請估賣福州屯田。此田人户耕佃四十餘年，雖有屯田之名，父子相承，以爲己田。況聞屯田租課，均税之時已均在人户私産二税上輸納。伏望量定租課，罷行估賣。」詔：「如見佃户内有單貧户承買者〔三〕，別立寬限送納價錢。」

【宋會要】

寶元二年九月十四日，臣僚上言，乞令河北都轉運司

43 同共管勾屯田司公事，亦帶「都大制置使」名目。從之。

慶曆元年十月十八日甲午〔四〕，命陝西漕司度隙地置營田務。辛丑，詔陝西都總管司經制營田，以助邊計。二年正月乙丑，假同州沙苑牧地爲營田，未幾罷。

五年七月，臣僚上言：「近定奪開却七汲口以南，劉宗言擘畫閉斷五門、幞頭港、下赤、大渦、柳林等口，並却依舊開放通沿邊吳淀水入白羊等淀，添灌向下州軍塘泊。乞下河北屯田司永爲定制，如後更有臣僚上言更改此一帶水口及諸州軍塘泊，並乞重行責降。」從之。

十二月〔五〕，詔陝西四路總管及轉運並兼營田使。

六年五月，命三司户部副使夏安期往陝西，與本路提點刑獄曹穎叔相度興置緣邊屯田〔六〕。

嘉祐四年二月十一日，三司鹽鐵判官、管勾河渠公事楊佐等言：「準宣，躬親往保州等處相度到屯田塘泊合行開決水勢，并增修堤道去處，委實利便。」及以畫圖進呈。詔：「内開牙家港十洪橋并順安軍北門外界河北岸水口子

〔一〕堤：原作「提」，據本書食貨四之二改。
〔二〕「仁宗」二字原在「宋會要」一行之前，蓋作爲小標題。今凡似此者，統一移入正文首條年號之前，或徑删去。後「營田雜録」門亦同。
〔三〕如：原無，據本書食貨一之二四補。
〔四〕此條以干支計日，非《會要》文，本書食貨四之三亦無此條，係抄自《玉海》卷一七七。
〔五〕食貨四之三亦無此條，乃抄自《玉海》卷一七七，非《會要》文。
〔六〕穎：原作「潁」，據《長編》卷一五八改。

兩節，將定州路安撫使司先差安肅軍通判王袞相度到事理并今來楊佐等所陳，再委河北提刑薛向、都水監丞孫琳計會張茂則親往相度，具合如何擘畫透泄水勢即得經久穩便同共以聞外，餘並從之。仍令逐州軍長吏據本地合修去處，那容人功物料，漸次興修訖奏。」

六年三月一日，河南屯田使曹偕言，乞權罷逐年赴闕進呈屯田司地圖。44 從之。

【宋會要】

治平三年〔一〕，河北屯田有田三百六十七頃，得穀三萬五千四百六十八石。

神宗熙寧元年六月二十二日，差西京左藏庫副使、內侍押班李若愚充河北同提點制置屯田使事。

熙寧四年二月十一日，詔雄州知州及安撫都監並帶「兼制置屯田事」〔二〕。塘堤興役，今後知州依舊不出外，其安撫都監與管勾內臣分頭提轄。

〔熙寧八年四月二〕十三日〔三〕，詔給祠部五百道，貨易錢買農具、牛畜、舟車，興治保州以東次邊陸地爲水田。從安撫副使沈披所請也。披復以爲請充屯田興工支費，又給二百道。

〔四年二月〕二十三日〔四〕，詔：「河北緣邊屯田務水陸田並令民租佃，本務兵士令逐州軍收充廂軍，監官悉減罷。」初，屯田司每歲以豐熟所入不償所費，屢以爲言，至是乃從之。

八年正月十七日，詔河北同提點制置屯田使事閻士良與復五路都鈐轄資序，令久任。朝廷重屯田之任，故久其任，以責成也。

九年三月二十三日，河北屯田司言：「詳定州薛向奏：『安肅軍界閘板口鋪以東，舊係屯田務地，並是稻田。其南則邊吳、宜子二淀，東灌百濟河身。兩淀久來瀦畜塘水爲險固，自熙寧七年夏中，其邊吳、宜子二淀積水並已乾涸，即今通行人馬，不比安肅、廣信軍西北猶有山勢關隔。舊來滹沱等九河灌注邊吳、宜子等淀，水勢漲滿，乃入石塚等 45 諸口及百濟河，迤邐入次東，灌注向下塘泊。訪聞自去年屯田司擘畫，却於邊吳淀南敗灘套水泊近接滹沱河水勢，下流入順安界趙口，通流入康淀，灌注近下塘泊。其邊吳、宜子等淀爲趙口兩邊走泄水勢〔五〕，以此致兩淀乾竭。自去年秋，滹沱河道却於敗灘套上邊淤斷河道，水勢復入

〔一〕本書食貨四之三無此條，乃抄自《文獻通考》卷七。

〔二〕知州：原作「知府」，據下文改。

〔三〕「熙寧八年四月二」七字原無。按此條事，《長編》卷二六二繫於熙寧八年四月二十三日，《宋史》卷九五《河渠志》亦作熙寧八年四月。考《長編》卷二六一，沈披以八年三月任河北緣邊安撫副使，則《長編》是也。本書食貨四之三此條雖亦脫作「十三日」，但置於下文「八年正月十七日」條之後，年分不誤。此處既有脫文，位置亦誤，茲據《長編》補七字。

〔四〕四年二月：原無。按，據本書食貨四之三，此條本在四年二月二十一日條之後，今因誤插入上條，仍補此四字。

〔五〕天頭原批：「『兩』一作『南』。」

沙河西股，却得灌注兩淀，猶有三二分積水。若將來經夏水發却，衝開敗灘套河道，却入趙口，透泄水勢，則兩淀依前乾涸，實爲非便。今欲乞將趙口、田先口依舊閉斷，令水勢盡入邊吳、宜子兩淀，常令水勢漲滿，可以準備臨時疏道使用，實爲利便。』本司即差巡觀塘水堤道李祐之詣逐處相其利害。祐之勘會：自來滹沱等河水盡下入邊吳、宜子等淀，如水勢漲滿，乃入石塚等口〔一〕，灌注向下塘泊。如水勢不至漲滿，即只由百濟河出泄。昨於熙寧六年內，爲以東塘泊乾淺，遂于保州地分尖簷帽莊開引滹沱河，由敗灘套下入趙口，灌注以東塘泊。至熙寧七年六月內，滹沱河自永寧軍界荆丘村已上淤斷河身，其水西北流入仇淀等一帶泊，入邊吳、宜子淀。祐之檢視淤澱處，開撥引水入趙口。遂於今年三月內，於東路臺村、劉家莊北有舊河一道淤斷處，開撥分引入趙口，依舊入九流等淀及邊吳、宜子淀。即今山雨水漲滿，邊吳、宜子兩淀見有水勢。欲乞如邊吳、宜子淀少，即行閉趙口、田先口。」從之。

五月十二日，46河北同提點制置屯田使事閻士良言：「竊聞保州界自景祐中楊懷敏勾當屯田司日〔二〕，厚以財利召募人，指抉西山被民填塞泉眼去處。臣常以諭保州曹偃。今偃訪得雲翼卒康進畫到地圖，仍(充)〔稱〕保塞縣小郎村劉第六地内有泉源，盈畝有餘，號叫呼泉，匿在土中。當州南約二里，有積年侯河一道〔三〕，上自本縣界，下至運糧河。及邊吳淀内，東西約及百里，每遇旱歲〔四〕，河内微有流水，或至斷絶。今欲開導此泉，令入侯河及運糧河〔五〕，四時常流，增注塘泊。及本村别有泉數十道。臣常尋訪二河上源，未得其處。今乞委保州曹偃相度，收買泉源地，量興兵役，疏導舊泉，增助邊防，誠爲永利。」送河北沿邊安撫司，本司尋委權通判保州辛公佑相度。公佑言：「親詣保塞縣大静鄉龐村，沿候河向上約三十里已來〔六〕，沿北岸有泉眼，大小不等。尋令略行開撥，各見泉水湧出，相去遠近不等，約計在一里牢地内〔七〕，計有泉三十餘處，其水通流，闊狹深淺有三五寸至一尺。其舊河堤岸闊處有五七尺至一二丈已來，其河自本州南門外西南至郎村泉源出處，共計約三十五里。若行開撥，只依舊來堤岸開出河身〔八〕，其水通流，下接運糧河，可以增注塘泊。所有侵占民田〔九〕，欲乞比視側近田土，優給其值收買，委爲利便。其叫呼泉只是古老相傳，未見其源所在，又未敢徑追地主開掘。若作河道，上下所該人户地土不少。乞下本47縣

〔一〕「石」下原衍一「石」字，據本書食貨四之四删。
〔二〕祐：原作「佑」，據本書食貨四之四改。
〔三〕侯河：本書食貨四之四作「候河」，下同。
〔四〕旱：原作「早」，據本書食貨四之四改。
〔五〕入：原作「人」，據本書食貨四之四改。
〔六〕候：原作「侯」，天頭原批：「『侯』一作『候』。」今據上文改。
〔七〕牢：疑當作「半」。
〔八〕堤：原作「垠」，據上文改。
〔九〕侵：原作「浸」，據本書食貨四之四改。

勘會詣實，指定有泉去處，亦行收買。當今已見泉眼去處，劉第六地內未見泉源處，約四里以來。若先行開撥上件三十餘泉，使河道通流，別無妨礙。本司未敢行下。」詔河北沿邊安撫司關河北屯田司及合屬去處施行。

又詔〔一〕：「熙河路有弓箭手耕種不及之田，經略、安撫司權點廂軍田之，官置牛具、農器，人給一頃，歲終參較弓箭手、廂軍所種（熟）〔孰〕爲優劣，以行賞罰。」

六月，鄭民憲言〔二〕：「逃走弓箭手并營田地土，昨多方設法召人請佃，今來認租課，乞許就近於本城寨送納，特與蠲免支移折變。」從之。

知河州鮮于師中乞以未募弓箭手地百頃爲屯田，從之。馬端臨《文獻通考》：樞密使吳充言：「實邊之策，惟屯田爲利。近聞鮮于師中建請朝廷，以計置弓箭手重於改作，故裁令試治百頃而已。然屯田之法行之於今，誠未易，惟有因今弓箭手以爲助法，公田似有可爲。且以熙河四州較之，無慮一萬五千頃。十分取一以爲公田，大約歲收畝一石，則公田所得十五萬。水旱肥瘠，三分除一，亦可得十萬。官無營屯、牛具、廩給之費，借用衆力而民不勞，大荒不收而官無損，省轉輸，平糴價。凡六便。」詔議其事。議者謂弓箭手皆新招，重以歲連不善，若使之自備功力耕佃，恐人心動搖〔三〕，宜俟稍稔推行。

元豐元年〔四〕，詔經制熙河財用司括冒耕地〔五〕，期半歲，使民得自言。

六月二十五日，荆湖北路轉運司言：「沅州屯田務自初興至今，所收未嘗敷額。若募人租種納課，不費官本，利害甚明。乞自朝廷詳酌施行，及令本州通判主管，月量給食錢。」從之，委轉運判官馬（城）〔珹〕提舉之。

八月十二日，上批：「河北屯田都監謝禹珪爲性誕率，建畫職事多無規繩。前日與禹珪不協者，今已替去，聯事之48人，了無嫌礙。宜令自今並與河北屯田司官通銜行遣，毋得獨申奏。其權發遣河北東路提點刑獄汪輔之更不得同主管。」

二年，以所收不及額，罷之〔六〕。

七月二十一日，罷沅州屯田務，募人租佃，役兵還所隸。從轉運使徐禧請也。

十二月二十二日，知定州韓絳言：「乞借安撫司封樁

〔一〕按，以下四條本書食貨四「屯田雜録」門無，而其文全同於《文獻通考》卷七，蓋亦是抄自《通考》，並非《會要》之文。且此條事，《通考》只稱在熙寧九年，未指明何月，而《長編》卷二七二則明載於熙寧九年正月丙子，而非五月。《大典》編者未查《長編》，只見《通考》云「九年」，便率爾徑加「又詔」二字，似此詔爲五月所降。由此益見此四條並非録自《會要》，而是抄自《通考》。

〔二〕鄭：原作「謝」，據《文獻通考》卷七改。

〔三〕心：原作「必」，據《文獻通考》卷七改。

〔四〕此條事《長編》卷二八七繫於此年正月乙丑，記載較詳。

〔五〕地：原作「也」，據《文獻通考》卷七改。

〔六〕天頭原批：「『以所收不及額罷之』，一本無此八字。」按，此謂本書食貨四無此條。查此條亦抄自《文獻通考》卷七。《通考》原文爲：「（熙寧）七年，章惇初築沅州，亦爲屯田務。元豐二年，以所收不及額，罷之。」是所罷者爲沅州屯田務。下條所述實即其事。《大典》編者既不顧上文，又不顧下文，只截此一句，既不知所云，又畫蛇添足。

錢五千緡，市水地爲屯田。」從之。

二十七日，詔定州路屯田司以「水利司」爲名。時保州、廣信、安肅、順安軍興水利爲屯田，詔以「屯田司」爲名〔一〕，而安撫使韓絳言，恐虜疑增塘濼，故改之。

四年六月二十九日，詔：「定州路安撫使既帶『都大制置屯田使』，其轉運使、副兼領虛名並罷，令知雄、保州並帶『屯田使』，通判並帶『屯田判官』，河北緣邊安撫副使、都監仍通管兩路。」從定州路安撫使韓絳請也。

六年二月(二)十六日〔二〕，詔：「河北屯田司相度尺寸，立塘濼水則〔三〕，季比增減以聞〔四〕。令李諒齎詔往同商議〔五〕，毋得張皇漏泄。」

八年正月二十七日，樞密院言：「河東經畧司去歲差借民牛耕種葭蘆諸寨田〔六〕，及差發防護軍馬、保甲，縻耗極邊貴價糧草錢物，仍奪農時〔七〕，令民失業。比至收成，不償所費。」詔劄與呂惠卿〔八〕，宜審較利害，無蹈前失。以河東路轉運司言：「經畧司去年三出兵耕種木瓜源等兩不耕地〔九〕，凡用將兵萬八千五百四十五，馬二千三十六，其費錢七千三百六十五緡，穀八千八十一石，糗糒四萬七千斤，草萬四千八百束。又番上保甲守禦〔一〇〕【49】凡二千六百三十七人，其費錢千三百緡，米三千二百石，役耕民千五百，顧牛千具，皆非民之願。所收禾粟蕎麥萬八千石，草十萬二千，不償所費。又預借本司錢、穀以爲子種，至今未償。增人馬防托之費，仍在年計之外。慮經略司來年再欲耕種，望早賜約束。」故也。

《兩朝國史志》〔一一〕：屯田：判司事一人，以無職事朝官充。凡屯田之政令隸三司，本司無所掌。令史二人。元豐改制，郎中、員外郎始實行本司事，以工部郎官兼掌。凡屯田、營田、職田、學田、官莊稻田、塘濼等，分案有三，曰屯田，曰職田，曰知雜。吏額：主事一人，令史一人，守當官二人，貼司一人。

《神宗正史·職官志》：屯田郎中、員外郎，參掌營、屯田，官莊〔一二〕、塘濼、學校、職分之田及其租入，凡興修、種刈、給納、檢察、賞罰之事，皆詔其長貳而行之。分案三，設吏八。《哲宗職官志》同。（以上《永樂大典》卷四七六九）

〔一〕名：原作「民」，據《長編》卷三〇一改。
〔二〕十六日：原作「二十六」日，據《長編》卷三三三删「二」字。
〔三〕立：原作「丘」，據《長編》卷三三三改。
〔四〕比：原作「北」，據《長編》卷三三三改。
〔五〕李諒：原作「李琮」，據《長編》卷三三三改。說詳本書食貨四之五校記。
〔六〕天頭原批：「『寨』一作『塞』。」
〔七〕仍奪農時：原作「似奪農民時」，據《長編》卷三五一删改。
〔八〕劄：原脱，據《長編》卷三五一補。
〔九〕瓜：原作「苽」。天頭原批：「『苽』一作『瓜』。」今據本書食貨四之五及《長編》卷三五一改。
〔一〇〕上：原脱，據《長編》卷三五一補。又天頭原批：「『守』一作『等』。」
〔一一〕天頭原批：「《兩朝志》以下應删。」按，以下二條乃《宋會要》引《國史·職官志》文，不應删，但當編於適當位置。
〔一二〕莊：原作「官」，據上文改。

【宋會要】

哲宗元祐元年〔一〕，永興軍民庶進狀言：「興平縣有地二百四十餘頃，久輸二税。熙寧五年，本縣抑令退爲牧地。」詔提刑司審定以奏，如他州縣更有以税地改牧地者，亦具以聞。提刑司乞與免納租錢，給種如故。

閏二月八日，京西北路提舉司言：「朝旨相度蔡州西平、上蔡兩縣人户佃屯田支移等事。欲止令人户畝出租課外，更不支移折50變。」詔尚書户部相度以聞。

元符三年徽宗即位未改元。三月九日，皇城使、河北措置屯田石璘奏，乞添招塘堤役兵千人〔二〕。從之。

〔元祐元年〕四月二十（五）〔六〕日〔三〕，三省言：「尚書六曹職事閑劇不等，除已減定員數，事至簡者，以屯田兼虞部。」從之。

紹聖元年八月八日，詔屯田、虞部互置郎官一員兼領。

【宋會要】

徽宗大觀二年〔四〕，陝西轉運副使孫琦言：「西寧、湟、廓三州〔五〕，良田沃野，並給族部，畧無賦税。今進築之初，宜召諸首領與族長開諭，令量立租課，責期限，並委族長，使之催諭。」詔童貫度其宜以行。

十二月十六日，詔：「瀦水爲塘，以除水患；留屯田營，以實塞下。爰自我祖宗，設官置吏，分職聯治，自爲一司，專總其事。歲月（寢）〔寖〕久，州縣習玩。訪聞比來隄鬮不修，水潦穿溢，出害民田，綿亘千里。雖有司存，上下苟簡。可令屯田司並循祖宗以來塘隄故迹〔六〕，重加修整，務令堅固。即别不得增益更改，引惹生事。本司可比本路提點刑獄〔七〕，序官提刑之上，舉官、按罪吏屬等職務，可令相度，條具來上。餘悉仍舊。」

五年〔八〕，提舉涇原弓箭手司奏：「乞案漢、（番）〔蕃〕田土，其已開熟地仍許着業外，若非朝命所給，而州軍、帥司一時私自撥予，或川原漫坡地土今仍荒閑者〔九〕，並以給招

〔一〕按，此條本書食貨四無，乃抄自《文獻通考》卷七，非《會要》文。

〔二〕堤：原作「提」，據本書食貨四之六改。

〔三〕天頭原批：「『四月』以下刪，此條須酌。」按，「元祐元年」原無，「二十六」原作「二十五」。考《長編》卷三七六載：元祐元年四月二十六日癸丑，「三省言：『尚書六曹職事閑劇不等，今欲減定員數，事至簡者以比司（按：謂相近之曹司）兼領。』」其下列各部減員數及相兼之各司，其中即有「屯田兼虞部」（按：今本「虞部」訛作「水部」）。《宋會要》將此事拆分至各部門，今見於《輯稿》職官九之四、一〇之一，一三之二二、一三之四六、食貨五三之二等，年月日俱與《長編》同。本條所記亦爲同一事，時間亦應爲元祐元年四月二十六日。《大典》抄録時脱去年號，又誤「六」爲「五」，遂誤編於此。今補正。

〔四〕按，本書食貨四無此條，乃全抄自《文獻通考》卷七。

〔五〕廓：原作「廊」，據《宋史》卷八七《地理志》三改。

〔六〕可令屯田司並循：原作「自」，據《宋大詔令集》卷一八二補改。

〔七〕點：原作「刑」，據本書食貨四之六改。

〔八〕按，本書食貨四無此條，實亦抄自《文獻通考》卷七，非《會要》之文。五年：天頭原批：「大觀無五年。」按，大觀只四年，然《通考》亦作「五年」，疑「五」爲「三」之誤。《大典》照抄《通考》，乃沿其誤。

〔九〕漫：原作「慢」，據《文獻通考》卷七改。

(闕)〔闕〕額人馬。惟其不堪耕種者，方許撥充牧地，庶可究極地利，增廣人兵。」從之。

政和元年正月二十四日，詔河北制置屯田並依元豐法，別爲一司 51 指揮勿行。

六年八月一日，臣僚言：「高陽、中山兩帥并沿邊安撫司，舊並係提舉屯田使、副，今屯田司職事各繫一都監典領，近年因其失職，或非本職得罪，相繫而去，一司職事有所妨廢。望自今屯田都監非因本職得罪，只乞就任責罰，所貴盡心。」從之。

52 高宗建炎三年四月，詔屯田郎官一員兼水部。同日，詔屯田吏人減半。

【宋會要】

孝宗隆興元年七月二十六日，詔工部、屯田郎官一員兼領。從右諫議大夫王大寶等議。

乾道元年二月二十四日，詔郭振於六合措置屯田已就緒，淮南東路屯田令郭振、王弗、周淙條具措置。王弗等言：紹興六年十二月二十九日指揮，以五十頃爲一屯，作一莊。

三月十一日，詔淮西、湖北、荆襄令沈介、張松、王炎、楊倓〔一〕、王彦、趙撙等措置。三月三日，户部言：浙西營田〔二〕、官莊共一百五十九萬餘畝。三年六月十三日〔三〕，淮西言：營田二百七頃六十五畝。

【宋會要】

淳熙十年五月八日，鄂州江陵府駐劄御前諸軍副都統制郭杲言：「本司見管屯田穀、麥共一十二萬二千餘石，倉廒在襄陽府宜城縣。初置屯田日，創造倉卒，止用茅屋，兼去府百餘里，乞般載入府城樁管。」從之。杲又言：「襄陽屯田興置二十餘年，雖微有所獲，然未能大有益於邊計，非田不良，蓋人力有所未至，且無專任責者。今邊陲無事，士卒久安，所謂屯田，正宜修舉。或謂戰士屯田，恐妨閲習，而不知分番耕作，乃所以去其驕惰。或謂耕作勞苦，恐其不樂，而不知分給穀米，人自樂從。以樂從之人，爲實邊之計，可謂兩便。本司見有荒、熟田共 53 七百五十頃，乞降錢三萬緡收買耕牛、農具，便可施工。如將來更有餘力，亦可根刷荒田，接續開墾。」從之。

六月十六日，詔建康府駐劄御前諸軍都統制郭剛曰：「朕聞屯田内有亡費之利，外有守禦之備。趙充國陳便宜十有二事，其説曉然，久欲推而行之，患無其人，闕而不講。卿宿將虎臣，通於兵事，可以倚仗。其計度閑田與夫人數、器用，凡所以施行之策，詳悉條具聞奏，副朕意焉。」既而剛奏：「淮西荒田，如昨來和州興置屯田五百餘頃，廬州管下亦有三十六圍，皆瀕江臨湖，號稱沃壤。自後廢罷，(撥)

〔一〕楊倓：原作「揚淡」，據本書食貨六三之一三七改。
〔二〕西：原脱，據本書食貨六一之二九補。
〔三〕三年：原作「二年」，據本書食貨三之一六改。

〔撥〕還逐州，召人請佃。自餘荒地皆豪彊之户冒耕包占，無由考實。望行下淮西漕臣，分委州縣檢踏荒田，仍嚴立罪賞，根括包占，開具地段、田畝數目申朝廷，降處摽撥，措置耕墾。」詔淮西帥臣延璽、運判趙師揆〔司〕〔同〕共取見係官田畝實數，開具保明聞奏〔一〕。

八月十四日，剛又條具屯田利害奏陳〔二〕：「〔一〕、合用耕牛：六人耕田二頃〔三〕，給牛三頭，以一千頃爲率，計合用牛一千五百頭。一、屯田官兵屋宇：欲〔加〕〔如〕營寨，各隨一保就近耕田處起蓋，〔屋〕〔庶〕幾團聚合千人，易爲拘轄。兼倉敖、牛屋之類，亦不可闕。今契勘，共合用三千七百三十五間，其屋欲下淮西漕司措置。一、合用農具：田一千頃，用犁一千五百具，鈀一千五百具，水車一千部，并碌碡、鋤、钁之類，乞下淮西漕司製造應副。一、合用種子：内稻每一畝用一斗五升，大麥每一畝用一斗二升，小麥每一畝用一斗一升。興置屯田事體 54 非一，若將來耕蒔，其官兵止可力耕，將官止能部轄。所是收成見數，出入倉敖，欲得委他官監視。乞從漕司選差清彊幹官一員專主其事，庶幾出納有司，於久爲便。」詔總領與剛同共條具〔四〕。

九月二十三日，淮西總領蔡戡與剛條具下項：「一、今來創開荒閑田土，全藉工力。今相度，欲每田一頃令三人分耕，每人當三十三畝有奇〔五〕。每六人爲一甲，於内差甲頭一名。十甲爲一保，計六十人，差使臣一員管押。今且以五百頃爲率，共合用一千五百二十五人〔六〕，每一千人差將官一員部轄。一、合用耕牛、農具、寨屋、種糧之屬，若令州縣應辦，必至科擾百姓。欲乞朝廷指揮，於淮西漕司〔於〕〔見〕管錢物内先撥錢十萬貫，付建康都統司拘收，據合用耕牛、農具、寨屋、物料、種子，並依郭剛已奏請之數，且減半收買製造使用。一〔七〕、今來開墾之初〔八〕，所收子利未廣〔九〕，兼起荒勞苦，合行優潤。今欲將第一年所收物斛除存留種子外，盡行給與力耕官兵；第二年除種子外，以十分爲率，官收二分；第三年除種子外，以十分爲率，官收三分；〔第〕四年所收物斛除種子外，十分爲率，官收四分，其餘給與力耕官兵。以後年分，並止以四六分收給，庶使官兵樂於勸耕，不致廢墮。一、部轄將官、使臣、白直等人，往來管〔斡〕〔幹〕，亦合量行支犒。緣官中所收不多，今相度欲於力耕官兵所得分數内斟量取撥，從都統司照等第徑自均

〔一〕「詔淮西」以下原作小字，今改爲大字。
〔二〕以上兩句原作小字，今據文意改作正文。
〔三〕二頃：原無「二」字，據下文用牛數目計算而補。
〔四〕此句原作小字，今改爲大字。
〔五〕按蔡戡《定齋集》卷三《條具屯田事宜狀》此句作：「欲每田一頃令四人分耕，每人當二十五畝。」蓋本集爲原稿，《宋會要》所載則爲奏上之定稿，故不同。
〔六〕共：原作「若」，據《歷代名臣奏議》卷二六〇改。一千五百二十五人：本集作「二千三十三人」。
〔七〕原無「一」字，據《定齋集》卷三補。
〔八〕今：原作「如將」，據《歷代名臣奏議》卷二六〇及本集删改。
〔九〕子：原脱，據《歷代名臣奏議》卷二六〇及本集補。

給。候支散畢，具數供申朝廷照會。」55 詔〔一〕：「合用耕牛、農具、寨屋、種糧之屬，令總領、都統制將淮西運司撥到錢同共計置應副，其部轄將官、使臣、白直等人，（等）〔第〕一年合用本司官員自支給，以後年分却於耕田官兵所得分數斟量取撥。餘並從之。」

閏十一月十一日，詔：「襄陽府木渠下人户見請佃已施工力開墾到熟田，盡行給付，其有包占數目，仰經官自陳，起納税役。若未施工力、見今抛荒去處，合從官中檢踏拘收，以備屯田開墾耕種。」

十一年五月八日，進呈權發遣和州錢之望奏和州諸軍屯田事。先一日，上謂王淮等曰：「錢之望奏屯田利害，言課耕無法，士卒惰者無以厲，而勤者無所勸〔二〕。卿等可詳議奏來。」既而進呈之望劄子，欲令淮西總領、漕臣同建康都，副統制逐一公共詳議以聞。

六月九日，進呈淮西總領趙汝誼言：「詳議到屯田事：一、遇圩水退，諸圩兵卒併力耕種，至立秋止。秋成穀熟，凡施工力者皆預分穀之數。」上曰：「此五月二十三日文字。」王淮等奏：「發文字時，去立秋尚一月。今去秋近，想再種不遍。」上曰：「若將來所收不多，朕不惜幾萬米分與屯田人兵，使之亦如豐年，則人更相勸。」

十九日，鄂州江陵府駐劄御前諸軍都統制、鄂州駐劄郭杲言：「昨蒙朝廷支降到錢二萬貫措置屯田。除節次收買牛具，創造寨舍，已見就緒，乞於上件錢内更留存錢一萬二千餘貫文，付牛僕收管，準備日後接續添貼收買牛具，其餘錢乞拘收赴元支降去處回納。」詔令郭杲將回納會子二萬貫於内支一萬四千一百貫付牛僕，貼充犒 56 軍，餘錢就行樁留，準備屯田支用。〔杲〕又言：「令杲措置屯田，今已就緒，並行交割付副都統制牛僕管幹。所有貼買到農具，添修創造屯田莊寨舍屋，及創行開墾布種水田六百二十一頃四十畝。内三百七十一頃九十九畝半係舊年拘籍耕種之數，後來緣裁減彊壯人歸軍，復有一半荒廢，令盡行開耕，責令逐屯接續布種。及招到客户修治坊一所、武安堰一座。」詔劄下牛僕照會，仍令郭杲依舊兼領。

七月三日，郭杲言：「木渠下荒田，實有堪耕種田一百九頃四十四畝，除已差撥官兵二百人將帶農具，收買耕牛，起蓋莊寨，委官統轄前去措置開荒，趁時布種。自餘不通水利高仰田，亦令耕犂，措置布種。所是差去屯田官兵合請錢、米，緣路途遥遠，艱於津運，令屯田官就於所管稻穀内借支應副食用，將來分收子課折還〔三〕。」詔郭杲將高仰田段更切措置開耕，毋致荒閑，餘依所乞。

十一月二十六日，宰執進呈淮西總領趙汝誼奏：「和州屯田所收物斛未曾均給，乞處分，令有司照應施行。」上

〔一〕「詔」以下至條末原作小字，今改爲大字。
〔二〕勸：原作「止」，據《宋史全文》卷二七上改。
〔三〕來：原作「未」，據《宋史全文》卷二七上改。

曰：「可令總領所、都統司將屯田力耕官兵(斛)〔斟〕量工力多寡，據今年收到物斛實數，分作三等，次第均給。」

十二年正月七日，宰執進呈鄂州江陵都、副統制郭杲、閻世雄具到新舊屯田所收物斛。上曰：「令湖廣總領所將都、副統制司新、舊屯田所收物斛，自淳熙十二年爲始，開具所收帳狀申尚書省。兼每畝比民57間耕種所收至薄，今歲要加意布種。其未耕田段，仰更切接續措置開墾。」

二十九日〔一〕，淮西總領趙汝誼等言：「和州八家圩西蓑芬散水地打量得六頃五十畝，乞撥付屯田官兵計置開耕。及下和(川)〔州〕將不堪開耕不敷元數田二十九頃七十九畝，日下別行依數踏逐係官荒閑田土，撥付總轄屯田官，補填元管之數。」從之。

二月十二日，鄂州江陵府駐劄御前諸軍都統制〔二〕、鄂州駐劄郭杲言：「奉詔措置襄陽屯田。照得其田久經曠廢，荆棘被野，又與民田錯雜，已行根括田段，摽撥界至，分爲三屯，委統制官率逢原、王鎮、趙晟各提督一屯，貼差官兵，招召佃客，收買耕牛，置造農具，添修莊寨，增築堤堰，浚治陂塘，墾闢荒田。即目已耕熟麥田二百八十餘頃，水田四百九十餘頃，委是就緒。皆率逢原等究心措置之力，乞賜激勸。」詔率逢原、王鎮、趙晟經始有勞，各特與減二年磨勘。

九月十七日，宰執進呈郭杲申襄陽府木渠下屯田二麥數。上曰：「下種不少，何所收如此之薄？可令郭杲子細開具因依聞奏。」上又曰：「所在屯田，可令總領、副都統制、漕臣、守臣，各將每歲所收二麥於六月終，稻穀於十月終，同銜開具數目帳狀聞奏。」

十四年三月二十一日，淮西總領趙汝誼、建康都統郭鈞、淮西提舉兼權運判方有開、建康副都統制閻仲言：「和州屯田諸莊，開墾過田畝皆有增數，部轄將官成忠郎、御前左軍額外58正將、部轄右中軍屯田滕琦政，下班祗應、御前左軍步軍第二將正將、部轄左後軍屯田王深，成忠郎、右軍步軍第二將主父振，特賜激勵。」詔主父振差充總轄諸軍屯田統領官，滕琦政、王深各減三年磨勘，内王深依五年法比折。

十一月二十三日，宰執進呈提舉淮南西路常平茶鹽、兼權轉運判官、兼提領措置屯田方有開具到無爲軍屯田條目。上曰：「方有開條具逐項，先後如何？」王淮等奏：「第一項要兵二千人，第二項欲就舒、蘄州錢監添造鐵〔錢〕，以充費用。」上曰：「錢且於朝廷樁管鐵錢應副，建康雷世賢軍見有額外三千人，可差。若措置成，雖數年之後方見其利，是成邊方悠久之計。」於是詔令有開措置合行事件并實用兵人條具聞奏。既而有開奏：「一、今來開屯田

〔一〕按，此條《宋史全文》卷二七上繫於淳熙十一年七月二十九日乙卯，然《宋會要輯稿》此文前後年月及次序甚分明，不應有誤，疑《宋史全文》誤（該書此類繫年錯誤不少）。

〔二〕都統制：原作「都副統」，據《宋史全文》卷二七上改。

事件，大槩多遵和州已行之例，其有條具未盡，亦乞比附和州施行。但耕兵與官司所分穀數目，前奏候將來地利成熟之後，聽從官司詳議施行。一、臣聞將帥之臣（將帥之臣），當天下有事則以戰勝攻取爲功，當天下無事則以富國彊兵爲功。今四方無虞，諸將賴聖上推恩講好，而無爭戰之苦。屯田者，諸將（間）〔閑〕暇之功名也。陛下於和州總轄兵官既加之以醲賞矣，其耕兵亦合得分穀之利，贍足贏餘矣。臣謂今日開屯，宜明詔諸將以爲無事之功名，典賞自此可得；亦令告諭軍人，以和州耕兵優裕，使知朝廷務卹軍人之意。仍俾[59]管事人往和州諸寨，觀覽兵卒樂耕之勤與分穀之利，則將士無不協力。」詔依，合用耕兵等，仰馬軍行司、建康都統司選差，先具年甲以聞。其鐵錢七萬五千二百（實）〔貫〕，令舒、蘄州於見管數内先次支降，仍委方有開專一管幹。

十五年正月十三日〔一〕，樞密院奏事，因論方有開措置屯田。上宣諭施師點等，謂：「二十餘年不用兵，一旦使之屯田，不知樂從否？」師點等奏：「軍兵久佚，初令服田，必以爲勞。才過一二年，得田上花利，安得不樂？」上曰：「如此，必須樂從，卿等更可詢訪。」師點等奏：「屯田本意，非止積穀，蓋欲諸軍布在邊鄙，緩急有以爲用。」上曰：「此乃寓兵於農之意。」

二月二十三日，馬軍副都指揮使雷世賢言：「方有開乞修築無爲軍城南及青崗山、元浦三圩，合用耕兵等申請下項：一、合用耕兵二千人，仰馬軍行司、建康都統制司選差。今來本司合差耕兵一千人，下諸軍通行選差，續具差到人姓名、年甲奏聞。一、照得指揮内乞差耕兵二千人，合用總轄官一員。今來所差耕兵係是兩司差撥，乞於本司選差諳曉農務、有心力統領官一員，專一總轄本司屯田官兵一千人，庶使易爲部轄，可以責辦屯田事。一、今來所差耕兵并部轄將官及合干人白直、諸色等，將來興工日支錢、米，乞下淮西轉運司照應和州屯田體制支破。一、所差耕兵等各家老小，候見修築圩埂畢日，本司即便經由所屬分擘各人券[60]曆，差撥人船津發前去。其合支起發盤（躔）〔纏〕等錢，今照得建康都統制司昨來津發和州屯田老小日，係於朝廷降到錢内支撥五千餘貫，給散各家并駕船、防護官兵充犒賞、盤（躔）〔纏〕。所有本司耕兵老小將來起發，其逐色人依例合支起發盤纏等錢，乞下淮西、東總領所照例等第支給。」又建康都統制郭鈞等奏：「恭稟指揮，行下諸軍選差到諳曉農務耕兵一千人，并部轄官二員、小管押二人、監莊使臣合干人等，逐一點看，並係壯健之人。照得方有開奏請項内差總轄官一員，緣今來所差耕兵係兩司官兵，本司乞於部轄將官内差一員兼充總轄本司官兵事務。正將一員崔彥，部轄遊奕前右軍屯田，兼充總轄本司官兵事務；副將一員劉秉文，部轄中左後軍屯田；小管押二

〔一〕十三：《宋史全文》卷二七下繫於十五日辛亥。

〔人〕，監莊使臣一十七人，醫人二人，醫獸二人，將司二人，將官下白直二十人。已上計一千四十七人。」又馬軍行司狀：「諸軍選差到耕兵一千人。勘會雷世賢所乞耕兵等興工錢、米，轉運司已行管認，老小盤纏等錢係在元降七萬五千二百貫内，合據所差人數照應和州屯田體例支破。其建康都統司耕兵興工等錢，亦合一體。」詔並依。其建康都統司正、副將仰通行部轄，并總轄官兵事務。其馬軍行司部轄等人，令照應體例開具奏聞。

七月十四日，詔：「無爲軍屯田耕兵二千人，開墾之初，適值雨水，可令趙汝誼每人特支犒設 61 錢五貫文。其總轄兵將等，仍與等第增給。並以會子支散，具數申尚書省。」

十六年正月二十五日，鄂州江陵府駐劄御前諸軍副都統制、江陵府駐劄閻世雄言：「奉詔增廣措置屯田。契勘屯田，耕牛最繫利害，而牛畜死損不常，若不隨宜措置，未免時復申請支降錢物，源源不已。竊見屯田每歲收成物斛，官中與耕作軍人中停分給。今相度，乞將逐年所收穀麥以十分爲率，内八分依舊分給，二分從總領所收糴，支撥價錢，付本司置曆收附，專充買牛使用。」從之。

五月四日，工部言：「淮南運判王厚之奏：『准指揮，無爲軍屯田抽回耕兵，令措置募民耕種。昨降指揮，營田秋成，委令、尉、監牧、知、通覺察外，所有今來租佃，欲依營田例，委自知縣、縣尉管幹，勸率開耕，籍定租佃之家合該夫力，每年將埂岸增加修築。遇收成輸納，即委令、尉交受，隨朝建樁積米一處樁管〔一〕。』本部照得已降指揮，營田、官莊州縣除樁出次年種子外，將初年收成課子官收四分，客户收六分，次年以後，即中半均分。今後請佃官莊，並合準此。内大麥、稻穀充馬料，小麥、雜豆等變轉價錢，赴左藏庫送納。乞下淮南漕司遵守施行。」

【宋會要】

光宗紹熙元年十二月九日，知和州劉煒措置到本州屯田 62 事：「一、見管屯田五百七頃，耕兵千五百餘人。今乞依古法，每五人授水田一頃，陸田二三畝。所有牛，合六人爲一甲，分田百二十畝，通用牛二頭。一、（併）〔耕〕兵月糧，乞徑以稻折支，每石止收三斗二升。收割畢日，每一歲合支口食稻并（稻）〔種〕子稻入官外，其餘盡令耕兵就場分受前去，具通收之數申聞諸司。如遇歉歲，隨所得多寡〔二〕。一、除耕兵授田係膏腴田外，其餘有百六十餘頃皆是次田，官作一歲縻費，以二分支犒監莊官并白直人請受，以七分自合別立畝數，却將所得子利令項樁管，以一分給統領將樁管，專待歉歲支用。如統制司無人可差，即乞募百姓耕種，分收子利，照前項施行。一、見管陸田五十餘頃，每年止是種二麥，除出種子，官收不過千四五百石。乞令見管

〔一〕建：疑當作「廷」。
〔二〕隨所得多寡：疑有脱文。

耕兵千五百人分種，每人不得過三二畝。其二麥作兩分平分，及有雜色豆斛，依此分收，椿充修葺斗門、堰閘等。一、耕兵見管千五百九十二人，内有使臣、白直等九十二人，乃是巡莊寨人數，乞減省一半歸司，其占破一半人，併令耕作。一、屯田耕兵自創置以來，不曾教閲，今後乞於十二月初至次年二月以前，委將官就莊閲習。一、每年收割，乞自來年爲始，差州縣官同監。一、耕牛有倒斃，差官開剥。如牛隻數多，許本州申諸司奏劾。有孳生牛犢，將未生時，先關本州注籍，每人給錢十貫。一、乞省併總轄屯田統領官，却令城下修城統[63]領一員兼領。」詔並依，内剩田措置召募百姓耕種，充萬弩手分耕[一]。既而煒又言：「剩田令招弩手耕種。照得屯田既罷，凡田畝、農具、耕牛、積穀、倉敖等，並付弩手，本州無甚煩費。今耕兵一切存留，唯有剩田而已。招募之初，税户給五千，客户給十千，上田許八十畝，次田許百五十，餘人人給一牛，共百五十餘頭，月糧三斛，合借稻四千餘石。已招到八十三人，見踏二石二斗至二石四斗弩力，並於城下置瓦屋四十間，又就莊所置倉敖二十間。所有屯田軍兵併省田畝，見管二百五十人，今移此一軍併歸青陽，創蓋寨屋四百餘間。除耕兵百七十餘人在閤塘外，自餘六軍有千三百餘人共二十一莊，並在陳村東西青陽一處，屯營相望四十餘里。兩項約用二萬餘緡，乞於本州交割到錢内支撥。」從之。

五年二月二日，臣僚言：「竊見和州屯田耕兵月糧自紹熙元年更革之後，不於大軍倉支請，却將諸莊每年所收稻先次椿留一歲月糧并種子外，有餘方給，不用向來四、六分之例。乞降指揮，除耕兵月糧依舊於本州大軍倉支請外，將每年所收稻穀除種子外，以十分爲率，照舊例四、六分分給。」從之。

【宋會要】

寧宗嘉定元年八月十三日，御史中丞章良能言：「竊惟今之經理兩淮，獨有屯田一事。若使行之，可以富國，可以强[64]兵，可以寬裕民力。今胡騎蹂踐，數郡之民死於鋒鏑，死於轉徙者十居七八，不耕之田處處彌望。若不乘此早加檢覈，則强有力者必將廣行包占，數月之後，無復有在官者矣。乞責監司、郡守專意檢覈，凡死亡、逃移之田，毋令妄冒承認，各令供具管下見今實有户口若干、在官之田若干，結罪保明，備申朝廷。乞令制置使司及兩淮監司、郡守立限條具以聞。」詔限一月措置條具聞奏。

三年九月二十八日，宰臣進呈京西運判王允初奏，乞將襄陽屯田專一令安撫司措置。上曰：「林琰亦論此事，云邊上諸處區畫未盡。」丞相奏曰：「已立限令兩制置司詳度。」

【宋會要】

十五年十二月十七日，臣僚言：「竊惟屯田所急，莫先

[一]「詔並依」以下原作小字，今改爲大字。

蜀道。自鄭剛中宣撫(州)〔川〕峽，首行經畫。當時營田止二千六百頃，歲入已二十三萬石，遂罷西路和糴。厥後豪將猾民私租承佃，官失常入之課。至淳熙初，田及七千四百頃，僅收九萬石。近以籍没逃亡，增至萬頃，止得十萬石。田視厥初凡七八倍，而租減於前者過半，是官受營田之名，利歸於豪猾之家。前之專閫者目擊久弊，奏行覈實，所差之官不得其人，利未入而怨多。繼專閫者知其賈怨，併以住罷。然田則官田也，與其爲姦豪私役，曷若以代更戍之勞。省餽運而足軍實，厚保障而固民[65]志，人人自衛其室家，爲利非一。比歲屢經邊擾，逃田未入籍者，其數又多，徒爲荒(菜)〔萊〕，豈不可惜？諸葛亮患糧乏，爲渭上之屯，乃克有濟，其事利害灼然。而數十年間，或作或輟者，止因主民、主財，各異其司，議論不侔，無有專任其責，是以竟不克成。必須專置營田一司，乃無牽制，朝夕得以究心經理。今關表守令自以『屯田』繫銜批書，而視爲具文，豈可無以統之？川秦茶馬，本是二司，或併或分，初無損益，若以秦司就爲營田之司，仍兼茶馬，則見存廨舍、官屬、吏胥，不費增創。乞下制、總二司公共參訂合行事件，申取指揮。先選廉幹之士，各分屯營名色，照其定籍，括其實數。務要軍民著實耕墾，不許姦豪冒占。庶官得實利，民受實惠。」從之。

十七年正月二十六日，都省言：「兩淮州軍雖各有見管營、屯田頃畝數目，其間尚有荒閑、逃絶及無力耕墾田土，未能根括周遍。節次劄下州軍多方措置，内無力耕種之家，官司用錢收買，召募耕種。重立賞格行下，務要田畝不致荒蕪。合令本路監司提督。」詔令淮東、西、湖北轉運「專一提督措置營屯田事」繫銜，仍遵照節次已行下事理，嚴加催督所部州軍，多方措置召募耕墾，將無力耕種之田，一面兑支有管官錢照價收買。務要田土浸闢，不致抛荒。仍每歲拘(権)〔催〕州軍所收稻麥，從實椿管，具入月帳，毋令侵移失陷。

三月二十八日，都省言：「節次已降指揮，令兩[66]淮、(京)〔荆〕襄根括逃絶、荒閑田土，充營、屯田。内有田業無力耕種之家，官司給錢收買，仍借給農具、牛、種，募民耕墾。令淮東、西、湖北轉運司『專一提督措置營屯田事』繫銜外，合令逐司各添置提督營屯田司準備差遣一員，專令任責措置根括收買。能於已籍數外增廣數目，並與照已立賞格一體推賞。」詔淮東、西提督措置營屯田司各置準備差遣一員，仍令逐司選辟經任有舉主、無過犯選人充。（以上《永樂大典》卷四七七〇）

營田雜録

【宋會要】〔一〕

67凡諸路，惟襄、定、唐三州有營田使或營田事，通判亦同領其事。而河北轉運使兼西路招置營田使，河東轉運使兼東路招置營田使。

太宗端拱二年二月一日壬子朔，《稽古録》：二月癸亥〔二〕。以左諫議大夫陳恕爲河北東路招置營田使，鹽鐵判官、膳部郎中魏羽爲副使；右諫議大夫樊知古爲河北西路招置營田使，鹽鐵判官、駕部員外郎索湘爲副使。欲大興營田也。

十二日，詔曰：「農爲邦本，食乃民天。遐觀載籍之攸言，此實帝王之急務。將令敦本，無出勸農。且思河朔之間，富有膏腴之地。法其井賦，令作方田。三農必致於豐穰，萬世可知於利濟。今遣陳恕、樊知古等、河東轉運使臧丙〔三〕、副使孔憲充逐路招置營田使副〔四〕，往彼興功。眷惟黎庶，各有耕桑，聞兹創置之言，諒積歡呼之意。」先是，雍熙三年岐溝關君子館敗衄之後，河朔之地農桑失業者衆，屯戍兵又〔陪〕〔倍〕于往日，故遣恕等爲方田，積粟以實邊。《恕傳》云：「詔罷營田，止葺堡壁。」　馬端臨《文獻通考》：先是，自雄州東際于海〔五〕，多積水，戎人患之，未嘗敢由此路入寇。順安軍西至北平二百里，地平廣無隔閡，每歲胡騎多由此而入。　議者以爲宜度地形高下，因水陸之便，建阡陌，浚溝洫，益樹五稼，所以實邊廩而限戎馬。雍熙後，數用兵，岐溝君子館敗衄之後，河朔之民農桑失業，多閑田，且戍兵增倍，故遣恕等經營之。恕密奏戍卒皆憚游，仰食縣官，一旦使冬被甲兵，春執耒耜，恐變生不測。乃詔止令葺營堡，營田之議遂寢。

至道二年七月，太常博士、直史館陳靖上言，願募民墾田，官給耕具、種糧，五年外輸租税。帝覽之，喜，謂宰臣曰〔六〕：「前後上書68言農田利害者多矣，或知其末而暗其本，有其説而無其用。陳靖此奏甚詣理，可舉而行之。」因召〔請〕〔靖〕對，獎諭，賜食而遣之。呂端奏曰：「望令三司詳議其可否。」從之。時皇甫選等相度宿、亳、陳、蔡、鄧、許、〔隸〕〔潁〕等七州荒田共二十餘萬頃，及靖建議興置京東、西諸州荒田，招召人户耕種，選等乃上言：「請將所相度到七州荒田付靖一處興置，臣等乞别賜差遣。」從之。

【宋會要】

69真宗咸平二年四月，轉運使耿望奏置營田務〔七〕。

〔一〕按，本書食貨二亦有「營田雜録」門，内容大致相同，而本卷時有《大典》抄自他書增入之文，爲食貨二所無。

〔二〕「壬子朔」三字及小注爲《大典》編者據《玉海》卷一七七所添，非《會要》原有。本書食貨二此條無此三字及注文，可證。

〔三〕臧：原作「藏」，據《宋史》卷二七六《臧丙傳》改。

〔四〕使副：原作「副使」，據《宋大詔令集》卷一八二乙。

〔五〕雄：原脱，據《文獻通考》卷七補。

〔六〕「宰」下原有一「相」字，據本書食貨二之一删。

〔七〕本書食貨二無此條，乃《大典》據《玉海》卷一七七添。耿望：原作「景望」，據下條及《長編》卷四四、卷一〇四改。「轉運使」指京西轉運使。

二十四日，以左正言耿望爲右司諫、直史館、京西轉運使，與副使朱台符並兼本路制置營田事〔一〕。五月乙酉〔二〕，從其請，每歲於屬州縣借人、牛。夏，又差耨田夫六百人，刈稻夫千五百人，歲入甚廣。是歲，種稻二百餘頃。汝州舊有南務，雍熙中廢〔三〕，今復置，墾六百頃。後轉運張選《實録》作巽。改其法，召人户四十一萬。五年三月三日，選奏罷之。未幾，人户請免之，務遂廢。

五年正月，順安軍兵馬都監馬濟建議，自静戎軍東擁鮑河開渠入順安、威虜二軍，置水陸營田於其側。詔可其請，差内侍副都知閻承翰往彼勾當興置，仍令冀州總管石普護其役，踰年而畢。

三月三日，京西轉運使張選言〔四〕：「廢襄州蠻河營田務，已召民請佃，量出租調，公私便之。」此務前轉運使耿望奏置，於荆湖市牛，聚兵耕作。所得稻利，不償其費；復遣部民春變，甚有勞擾。至是，選奏罷之。

六年九月十三日，莫州總管石普等言：「(淮)〔準〕詔浚静戎、順安軍界營田河道畢功。」詔奬普等，賜將士緡帛有差。

景德元年四月六日，遣閤門祇候郭盛等乘傳詣静戎、順安軍，按視河渠，與長吏等同經度以聞。先是，周懷正齎《順安静戎軍營田河道圖》進呈，帝參驗前後所奏異同，自順安軍築堰聚水至静戎軍，而静戎地勢高阜，慮勞而無功。知静戎軍王能又言：「此河之北，有古河道，自静戎至順安軍通流，歲或雨 70 水，亦通舟檝，可以經度開導。」故遣盛往視之。

二年，詔緣邊州軍有屯田處，長吏並兼制置營田屯田事，舊兼使者如故〔五〕。

【宋會要】

71 仁宗天聖四年九月，詔：「廢襄、唐二州營田務，令召無田産人户請射，充爲永業，每頃輸税五分。諸州所差耕兵、牛畜並放還本處，廨宇、營房、囷倉悉毁拆入官。其請佃之人願要者，即估價給之。」先是，二州營田皆無税荒地，襄州凡四百八頃餘八十畝，唐州百七十頃。自咸平二年轉運使耿望奏置，每歲於屬縣差借人户、牛具，至夏，又差耨耘人夫六百人，秋又差刈穫人夫千五百人，歲獲利倍多。及望解職，轉運使張選改其法，召水户四十一户分種出課。未幾，水户許免其役，遂罷之。景德二年，轉運使許逖復奏興是務〔六〕。《九朝紀事本末》：轉運使當是余獻卿。耿望事見咸平二年四月，與此差異。歐陽修爲許逖行狀，亦不載復營田務事，當考〔七〕。

〔一〕與副使：原無，據《長編》卷四四補。
〔二〕自此句以下至條末，正文、注文皆抄自《玉海》卷一七七，非《會要》之文，本書食貨二無此一段。
〔三〕廢：原作「發」，據《玉海》卷一七七改。
〔四〕張選：《長編》卷五一作「張巽」。
〔五〕舊兼：原倒，據《宋史》卷一七六《食貨志》上四乙。
〔六〕逖：原作「逷」，據下文及《長編》卷一〇四、《宋史》卷一七六改。
〔七〕按，此是李燾原注，見《長編》卷一〇四。

而所穫課利甚薄。至是，轉運使言其非便。詔屯田員外郎劉漢傑與本路轉運司及二州知州、通判同共規度。漢傑上言：「比較襄州務自興置以來至天聖三年，所得課利都計三十三萬五千九百六石九斗二升，依每年市價，紐計錢九萬二千三百六十五貫。將每年所支監官、耕兵、軍員請受及死損官牛諸色費用凡十三萬三千七百四貫十三文計，侵用官錢四萬一千三百四十二貫四十六文。唐州務自興置至天聖三年，所得課利計六萬四千九百三十一石四斗六升，依每年市價，紐計錢共二萬五千九百六十八貫五百三十四文，將每年所支本務軍員、監官請受 72 及死損官牛諸色費用計，侵官錢萬四千三百六十八貫一百一十四文。」故有是詔。

寶元二年九月，詔河北轉運使自今並兼都大制置營田屯田事。

慶曆元年十月十八日，詔陝西轉運司令空閑地置營田務，候見次第，當議酬奬。

是月，詔：「陝西用兵以來，本路所入税賦及内庫所出并留兩川上供金帛[一]，不可勝計，而猶軍儲未備。宜令逐路都總管司經置營田，以助邊計。」章如愚《山堂考索》：初，天聖中，詔流民耕廢田，又詔長吏安集流亡，及墾闢荒田計畝。慶曆中，歐陽公謂沿邊閑田，人欲請佃者聽之。司馬公請募民耕麟州田。

【宋會要】

二年正月十四日，詔以同州沙苑監放牧田爲營田。

73 慶曆五年二月，詔并代路經畧司，其岢嵐軍、火山軍禁地有閑田在邊壕十里外者，欲請佃者聽之。

十二月，詔陝西西路總管及轉運並兼營田使，轉運判官兼管營田事。

【宋會要】

74 神宗熙寧三年六月七日，知秦州李師中言：「王韶申：『欲於甘谷城等處未招到弓箭手空閑地一千五百頃，乞差官，從三五頃至一二十頃以上，逐段標立界至，委無侵犯蕃、漢地土，然後欲憑出榜，依奉朝旨召人耕種。』緣本司先准中書省劄子，王韶募人耕種，止摽撥荒閑地，不得侵擾蕃部。今韶乃欲指占極邊見招置弓箭手地，有違詔旨。臣恐自此秦州益多事，所得不補所失。蓋韶所獻議，而朝廷即依所奏，初未嘗令臣相度。欲乞再委轉運使一員重行審定。」詔遣權開封府判官王克臣、内侍省押班李若愚按實以聞[二]。

七月十一日，詔提舉秦州西路蕃部及市易司王韶，具析本所欲耕地千頃所在以聞。先是，韶召對，言邊事，以爲自成紀縣至渭源城，荒土不耕者何啻萬頃，可撥千頃治之。至是許之，故有是命。

[一] 并：原脱，據《長編》卷一三四補。
[二] 班：原作「斑」，據本書食貨二之三及《長編》卷二一二改。

十月二十二日，詔前知秦州〔一〕、尚書右司郎中、天章閣待制李師中落天章閣待制，降授度支郎中、知舒州；秦鳳路都鈐轄〔二〕、皇城使、帶御器械向寶落帶御器械，爲本路（鈐）〔鈐〕轄；祕書省著作佐郎王韶降授保平軍節度推官，依舊提舉秦州西路蕃部及市易司。初，遣王克臣、李若愚按師中及韶所論市易利害及閑田頃畝，克臣等奏與師中叶〔三〕，而朝廷疑其不然，復下沈起。起奏：「韶所説荒地，不見的實處〔四〕，雖實有之，然今未可檢踏召人耕種〔五〕，恐 75 西蕃諸族見如此興置，以爲是朝廷招安首領〔六〕，各授以官職，料錢，後令獻納土地。人情驚疑，則於招安之計大有所害。欲乞權罷墾田之議，俟招安諸蕃各已信服，人情通順，然後爲之未晚。」於是侍御史知雜事謝景温言：「近聞起體量甘谷城弓箭手地稍多，乞候邊事稍寧日根括施行。緣韶元奏自渭源城至成紀縣沿河良田不耕者萬頃，乞擇膏腴者千頃，歲取三十萬石濟邊儲。今甘谷城去渭水遠，非韶昔日所指之處，乃以此爲名，避當日欺妄之罪。昨克臣、若愚嘗奏無此閑田，竇舜卿亦稱但打量得田一頃四十三畝，與起所奏，各有異同。而起亦徇韶之情，妄以他田爲解，附下罔上。乞降韶元狀，遣推直官一人往體量，就推劾，如有矯僞，重行譴責。」御史薛昌朝亦言：「韶妄進狂謀，邀功生事。今起體量，多與克臣等不同，兼起妄指甘谷城地附會韶言，乞以（詔）〔韶〕、師中前後所上文字及克臣、起等節次體量事狀，付有司推劾，各正其罪。」時中書謂起未嘗指甘谷城地通作韶所言地之數，而師中、竇前在秦州，稽留朝旨，奏報反覆。竇與韶更相論奏，各有曲直。韶又以妄指閑田，特有是責。其後知秦州韓縝按視，乃言實有古渭寨弓箭手未請空地四千餘頃，乃復韶官如故。

五年四月十日，權發遣延州趙卨乞差通判范子儀及機宜官魏璋、左文通等根括閑地，及提舉招置弓箭手。從之。先是，卨管勾本 76 路機宜文字，上《營田議》曰：「昔趙充國興屯田以破先零，唐宰相婁師德嘗爲檢校營田使，而河西、隴右三百六十屯歲入六十餘萬石。今陝西雖有曠土，而未嘗耕墾。朝廷屯戍不可撤，而遠方有輸納之勤。願以閑田募民耕種，以紓西顧之憂。」上以其事下經畧安撫使郭逵。逵言：「今懷寧寨新得地百里，已募漢、蕃户使爲弓箭手，實無閑田以募耕者。」故至是卨復乞根括焉。

七年三月二十五日，〔知〕熙州王韶言：「乞以河州作過蕃部近城川地招漢弓箭手外〔七〕，其山坡地招蕃兵弓箭

〔一〕秦：原作「泰」，據《長編》卷二一六改。
〔二〕鈐：原作「鈴」，據本書食貨二之三及《長編》卷二一六改。下同。
〔三〕叶：原作「不叶」。按《長編》卷二一六無「不」字，《宋史》卷一七六《食貨志》上四亦云：「詔遣王克臣等按視，復奏與師中同。」則不當有「不」字，因刪。
〔四〕見：原作「是」，據《長編》卷二一六改。
〔五〕未：原作「來」，據《長編》卷二一六改。
〔六〕是：原無，據本書食貨二之三補。
〔七〕漢：原脱，據《長編》卷二五一補。

手。每寨五指揮，以二百五十人爲額。每人給地一頃，蕃官兩頃，大蕃官三頃。仍召募漢人弓箭手等充甲頭，候招及人數，補節級人員，與蕃官同勾管。自來出軍，多爲漢兵盜殺蕃兵以爲首功。今蕃兵各情願依正兵例黥面〔一〕，或手背爲弓箭手字號訖，更於左耳前刺『蕃兵』字。」詔止刺耳前字。元祐元年三月十八日，詔罷。

十一月七日，權提點秦鳳路刑獄公事鄭民憲以熙河營田圖籍來對，乃詔民憲兼都大提舉熙河營田弓箭手。令辟官屬以集事。其法給田募民〔二〕。熙河多美田，朝廷委興營田，奏辟官屬，共集其事。至是，始以其圖籍入對。

九年正月十三日，提舉熙河路營田弓箭手鄭民憲言：「本路創置弓箭手，深在羌境，以歲荐飢，未堪着業。若令自備功力、種子耕佃公田，即恐人心不能無搖動。乞候將來稍稔推行。」從之。先是，吳充言：「熙河經畧 77 雖定，然軍食一切猶仰東州，輓運則人力不給，和糴則猾民乘時要價。二者之弊，在於未有土地之〔人〕〔入〕。按漢、唐實邊之策，惟屯田爲利。近聞鮮于師中建請，朝廷以既置弓箭手，重於改作，故裁令試治百頃而已。然屯田行之於今誠未易，惟有因今弓箭手以爲助法〔三〕，公田似有可爲。且以熙河四州較之，無慮一萬五千頃，十分取一，以爲公田，大約中歲畝收一石，則公田所得十五萬，水旱肥瘠，三分除一，亦可得十萬。」詔差太常寺主簿黃君俞赴熙河路，與鄭民憲同商議推行次第，故有是奏。

十九日，熙河路經畧安撫使言：「奉詔相度本路弓箭手田土，令提舉營田司將洮西弓箭手單丁耕種不及空閑田土，即具逐州軍權差厢軍耕種，官置牛具、農器，每人一頃。令所屬堡寨使臣〔四〕、道路巡檢主管，趁時耕種，收成入官〔五〕。於每年終，將弓箭手并今來官中所種過田土比較優劣賞罰。如弓箭手可以耕種，即令依舊將名下地土耕種，仍不管空閑。看詳委實經久可行，仍乞差主管河州農田水利〔六〕、兵馬鈐轄李浩均度田土，措置聞奏。」從之。

六月十九日，權提點秦鳳等路刑獄公事、兼都大提舉熙河路營田弓箭手公事鄭民憲言：「逃走弓箭手并營田地土，昨多方設法召人請佃，今來認租課。乞許就近於本城寨送納，仍特與蠲免支移折變〔七〕。」從之。

十年二月六日，中書門下言：「熙河路相度官莊霍翔乞 78 先將熙州城下營田見出租課地一百一十頃七十一畝，可以興置官莊，及乞於見任京官、選人、使臣、諸色人，據合用員數差請勾當。今欲令且將熙州地差弓箭手分擘

〔一〕蕃兵：原作「蕃官」，據《長編》卷二五一改。
〔二〕此注乃抄自《玉海》卷一七七，非《會要》文。
〔三〕今：原作「令」，據本書食貨二之四及《文獻通考》卷七改。
〔四〕臣：原作「人」，據本書食貨二之四及《長編》卷二七二改。
〔五〕收成：原作「成收」，據《長編》卷二七二乙。
〔六〕農田：原作「農心」，據本書食貨二之五改。
〔七〕與：原作「於」，據本書食貨二之五及《長編》卷二七二改。

共治。其所差官破與當直兵士，京官、士人、選人、使臣五人，效用三人。如更有續發到土地〔一〕，依此施行。」從之。

元豐元年二月九日，都大提舉淤田司言：「京東西官私瘠地五千八百餘頃，乞依例差使臣等主管。」從之。

六月一日，京東體量安撫黄廉言：「澶州及京東、河北淤官地皆上腴〔二〕，乞募客户，依其土俗，私出牛力，官出種子分收。選曉田利官兩員，詣京東、河北，計會轉運、提舉司及逐縣令佐，相度招募客户，自今秋營種。並下司農寺詳定條約。」從之，令轉運司選官。如係牧地〔三〕，即令提點刑獄司選差。

七月一日，詔：「尚書主客郎中鄭民憲前任經畫熙河路營田等有勞〔四〕，特陞兩任。」

十月二十七日，經制熙河邊防財用司言：「四州軍依朝旨摽撥官莊田外，乞於近城更擇沃土二十頃爲營田，專差使臣等主管。」從之。

二年二月二十九日，總管熙河路邊防財用司言：「岷州床川、荔川、閭川寨，通遠軍熟羊寨營田，乞依官莊例募永濟卒二百人。其永濟卒通以千人爲額，以給十六官莊四營田工役。其請給並從本司自辦。」從之。

（六月十五日，都大提舉淤田司請以雍邱縣黄酉等十棚牧地爲官莊田。從之。）〔五〕

十二月十八日，詔開封府界牧地可耕者爲官莊，從都大提舉淤田司請也。

三年二月八日，提點永興軍等路刑獄、79駕部員外郎王孝先知邠州。孝先上：淤田、營田司自熙寧七年至十年，費錢十五萬五千四百餘緡。

六月十五日，都大提舉淤田司請以雍丘縣黄西等十棚牧地爲官莊田〔六〕。從之。

五年二月十五日，詔：「提舉熙河等路弓箭手、營田、蕃部共爲一司，隸涇原路制置司。許奏舉幹當公事官一員，准備差使臣三員，給公使錢千緡。」

六月四日，熙河經略安撫（使）〔司〕言：「蘭州内外官屬，法當撥地爲圭田。今新造之區，居民未集，耕種人、牛之具皆彊役之。乞計數給以錢鈔，而留其地以爲營田，或募弓箭手。」從之。

七月七日，提舉熙河等路弓箭手營田蕃部司康識言：「與兼提舉營田張太寧同議立法。乞應新收復地，差官以《千字文》分畫經界，選知農事廂軍耕佃，每頃一人。其部轄人員、節級及顧助人功、歲入賞罰，並用熙河官莊法。餘

〔一〕發：疑當作「撥」。

〔二〕上：原作「土」，據《長編》卷二九〇改。

〔三〕牧：原作「收」，據《長編》卷二九〇改。

〔四〕中：原作「書」，據本書食貨二之五改。

〔五〕此條原抄稿本無，爲後來整理者旁添。按此條與下文元豐三年六月十五日一條全同，實爲衍文，今刪。

〔六〕西：原作「酉」，據本書食貨二之五、《長編》卷三〇五改。

並召弓箭手，人給二頃，有馬者加五十畝。營田每五十頃爲一營，差諳農事官一員幹當，許本司不拘常制舉選人、使臣〔一〕，請給依陝西路營田司法。不滿五十頃，委付附近城寨官兼管，月給食錢三千。」從之。

六年十二月一日，提舉熙河等路弓箭手營田蕃部司言：「新復境土，堡寨漸修築畢，可興置營田。內定西城、通西寨〔二〕、龕谷寨、榆木岔堡四處營田〔三〕，見闕農作廂軍二百人，部轄人員、軍典十九人〔四〕。乞依熙河路修城、鳳翔府簡中、保寧指揮簡填闕額法，許本司於秦鳳〔五〕、涇原、熙河三路廂軍及馬 80 遞鋪卒選募，人給裝錢二千。」從之。

七年七月十日，知太原府呂惠卿言：「邊事未息，人兵未可全減，莫若廣勸公私耕種爲急。今若使邊地益墾，則邊戍可益，邊民稍蘇，無貴糴遠輸之患。麟、府、豐三州兩不耕地，可以時出兵開墾。伏詳橫山一帶兩不耕地，無不膏腴，過此即砂磧不毛。今乘羌虜未賓，出兵防拓，廣耕疾種，因其蹂踐，從而掩擊，漸移堡鋪，向外把截，則不須深入而拓地日廣，并可以招置漢、蕃弓箭手承佃，或營田軍以抵戍兵，則邊費省矣。願推之陝西路。」詔陝西諸路經略司詳酌施行。

【宋會要】

81 哲宗元祐元年十月十八日，熙河蘭會路經略司言：「乞將新復呸嘌川一帶地土〔六〕，依舊令定西城招置弓箭手耕種。」從之，仍許於從來已耕占地土內耕種，不得更有侵展，別生邊事。

元符二年十月九日，河東路經略司幹當公事陳敦復言：「本路進築堡寨，自麟、石、鄜、延，南北僅三百里，田土膏腴。若以廂軍及配軍營田一千頃，歲可入穀二十萬石。可下諸路，將犯罪合配人揀選少壯堪田作之人，配營田司耕作。」從之。

二十五日，樞密院言：「涇原路、環慶、鄜延、熙河蘭會、河東路新復城寨地土，例皆闕人耕種，諸路廂軍若召募前去，與免諸雜役使，必有應募之人。」從之。

三年九月二十七日，提舉河東路營田司言：「準樞密院劄子：本路新復城寨闕人耕種，令京西、淮、浙等路應管廂軍赴經略司分擘耕種。今來諸路廂軍不會耕種陸田，兼杭州等處廂軍尤更不耐本路田野寒凍，已有疾病。欲將京西等路并本路州軍發來耕種廂軍內委是不堪田作之人，送本路州軍充廂軍。京西等路廂軍，或乞計口給券，發遣元差州軍。」從之。

【宋會要】

〔一〕許：原作「計」，據本書食貨二之六及《長編》卷三二八改。
〔二〕「城通西」三字原脱，據《長編》卷三四一補。
〔三〕榆：原作「輸」，據《長編》卷三四一改。
〔四〕十九人：《長編》卷三四一作「十六人」。
〔五〕許：原作「計」，據本書食貨二之六及《長編》卷三四一改。
〔六〕嘌：原作「瞟」，據《長編》卷三九〇改。

82徽宗大觀三年二月二十一日，臣僚言：「自復西寧州，招置之術失講，勸制之法未興〔一〕。不取地利，惟仰轉輸，併力飛輓，增價買糴〔二〕。僅濟目下之急，潛滋久遠之弊〔三〕。内外牽制，莫不窮已。望速委帥臣、監司講求弓箭手敷足，蕃部着業之術，或誘或拘，責以耕耘。田既墾則穀自盈，募既充而兵益振矣。」詔：「熙、河、洮、岷，前後收復歲月深久，得其地而未得其利，有其民而未得其用〔四〕。地利不闢，兵籍不敷，歲仰朝廷供億，非持久之道。覽所奏陳，頗究利害之原，可令詳究本末，條畫來上。」其後政和五年，知西寧州趙隆請引宗河水灌溉本州城東至青石峽一帶川地數百頃，從之。

【宋會要】

83高宗紹興元年五月二十三日，沅州言〔五〕：「本州熙寧七年創置爲郡，自後拘籍地土，撥充屯田，作營田，其餘召人請佃，租米約有萬計。遂措畫括係官田，摽給分數，招置刀弩手，共十三指揮，計四千二百八十一人。自靖康調發，往往不還。自建炎四年至今，並無顆粒應副支遣。今將闕額刀弩手荒閑田權召承佃，濟助歲計。乞許本州揀選招填，補及二千人，教習武藝，防遏邊疆。候將來承佃，安居樂業，別具條陳。」從之。

二十六日，荊南府歸峽州荊門公安軍鎮撫使、兼知荊南府解潛言：「本鎮所管五州軍一十六縣，絶户甚多，見拘收通舊管諸色官田不可勝計，今盡荒廢可惜。見一面措置屯田，召人耕墾，分收子利。已恭依分鎮便宜，望詔旨移牒直秘閣宗綱權屯田使，樊賓權屯田副使。措置就緒日相度減罷。伏望詳酌施行。」已降指揮：許置荊南府歸峽州荊門公安(車)〔軍〕鎮撫使司措置營田官〔六〕、同措置營田官各一員，令解潛奏辟〔七〕。詔：宗綱差充荊南府歸峽州荊門公安軍鎮撫使司措置營田官，樊賓差充荊南府歸峽州荊門公安軍鎮撫使司同措置營田官，餘依。

八月二十三日，臣僚言：「應變權宜，莫如屯田之利。今師徒所聚，多緣糧餉乏絶，輒致逃亡，寖成鈔掠。然而願耕者衆，要須朝廷有以處之。唐李泌當肅宗時，關中新遭安史之亂，關東戍卒多欲遁歸，泌建屯田84之策，市耕牛，鑄農器，給田以耕，歲終則官糴其餘，戍卒乃定，邊備益修。其後德宗奉天之難，陸贄亦獻此謀，粗如泌策，依倣趙充國舊制。趁時便事，雖有不同，要其成功，均於兵食兼足。東南之地，雖非關中之比，今沿江兩岸沙田、圩田頃畝不可勝計，例多荒閑。近者張琪占據蕪湖圩田，兵食遂足；繼緣

〔一〕勸制：《宋史》卷一九〇《兵志》四作「勸利」。
〔二〕價：原作「僧」，據本書食貨二之六改。
〔三〕弊：原作「莫」，據本書食貨二之六改。
〔四〕其民：原脱「其」字，據本書食貨二之六補。
〔五〕沅：原作「沆」，據《建炎要録》卷四四改。
〔六〕「措置營田官」五字原脱，據下文補。
〔七〕令：原作「今」，據本書食貨二之七改。

迫逐，決水灌田，舊圩盡壞。曩時官得歲課數萬石，一旦失之，旁侵民田，爲害更甚。及聞趙霖於和州境内屯集耕墾，頗亦有方。屯田之利，無可疑者。臣欲望朝廷委能臣先於沿江南岸與州縣官同共相視，檢察元係官田見無佃户耕墾，委是荒閑去處，計度頃畝，條畫利害，團甲多寡之數，營屯向背之宜，參酌古今，務令簡便。朝廷更加詳酌，決可施行，然後置營田使以統之，與安撫大使參酌其事〔一〕，募兵若民以耕。權撥一年折帛錢以爲本錢，市耕牛、農器、種糧之屬，及爲歲終收糴之資。使募之人出則戰，入則耕，食足兵强，指日可冀。勘會兩浙、淮南州縣昨因兵火之後，民間荒廢田土甚多，雖合倣古屯田之制募人耕鑿，緣難以遥度措置，欲委官躬親前去相度措置，條具利害以聞。」從之。

九月二十七日，臣僚言：「嘗被旨令條畫屯田利害。臣退而考閲，自井田廢而阡陌開，至漢昭帝始元二年，詔發習戰射士詣朔方〔二〕，調故吏將屯田張掖郡，始有屯田之令。其後宣帝時，趙充國擊先零羌，乞留屯田以困羌，85條上十二便宜，果足以克羌。自後更三國、六朝，若曹操屯於許下，諸葛亮屯於渭濱，鄧艾屯於淮南，羊祜、杜預屯於荆湘，應詹屯於江西，荀羡屯於石鼈，皆有見効，其遺跡可考也。隋、唐以來，頗采舊聞行之，至今沿江諸郡尚有屯田税租之名，則江、浙亦嘗屯田矣。本朝自淳化以來，始用何承矩措置北邊屯田，開塘濼之利，以限北虜，相繼西、北二邊益廣屯田，至淮南、京西、夔路等處率常行之。天聖二年，有上封事乞賣福建路屯田，監察御史朱諫上言，以爲此田耕墾已四十餘年，雖有屯田之名，父子相承以爲己業，乞罷估賣，則知屯田嘗行之福建矣。今陛下將議興復之圖，暫駐清蹕，經營四方，欲因沿江荒閑之田募人耕屯，用爲籬落，兼實儲餉，此誠計之得也。今將古今屯田利便可施於江、浙者纂其大畧，附著于篇，號曰《屯田集議》，謹録上聞，今開列如左。臣前件條畫，蓋考之國史之所載，參之土俗之所宜，不咈於今，不悖於人。伏望聖慈時因萬機之暇，特賜省覽。儻或一介蒭蕘之見有足以備採擇，欲乞付外，參酌諸臣之議而行之。庶幾輯寧失業之民，休養更戍之卒，壯兵威，資國計，一舉而兩得之，豈曰小補！」詔令户部限兩日勘當，申尚書省。

二十八日，臣僚言：「契勘翟興軍中，比年以來，依倣屯田之法，開闢隴畝，勸督耕耘，將欲就緒。欲望督責諸鎮，各從方俗之便，速舉屯田之法，務農重穀，以86爲儲積，則糧食皆足，軍聲益張。」詔令工部與今年九月二十七日已降臣僚上言屯田利害指揮一處參酌以聞。

十月十三日，臣僚言：「屯田之利，宜先招集流散之民，使之復業。民力既豐，則可以爲用。其民力不足之處，及官田、逃田，方可募兵以耕。近見王實措置，詳於兵而畧

〔一〕酌：原作「照」，據本書食貨二之七改。
〔二〕發：原作「廢」，據《漢書》卷七《昭帝紀》改。

於民，恐有侵奪，遂失本意。望付之大臣，令實等子細商量，勿於經理之初，先失民心，以妨大計。」從之。

十五日，河南府孟汝唐州鎮撫使〔司〕措置營田官任直清言〔一〕：「伏見河南殘破，民之歸業者未衆，其所營田，全（籍）〔藉〕軍兵，如創置營田官，恐力微難以號令。欲乞特令翟興帶領營田使，庶易於措置。仍乞將措置到事先次施行，續具已施行畫一申奏。又，營田官未審於本鎮官如何序位。」詔並依，其序位依帥臣下屬官例施行。

同日，江南西路安撫大使李回言：「江州、南康、興國軍界赤地千里，無人耕種，乞依淮南、兩浙路，專委監司措置營田。」詔依，仍令帥臣同共措置。

十一月十四日，荆南府歸峽州荆門公安軍鎮撫使解潛言：「辟差公安知縣、承議郎孫倚措置營田。倚任內布種，率先辦集，於民不擾，比之一路，頃畝最多。既効忠勤，宜加褒賞。」詔孫倚可特轉兩官。《建炎以來朝野雜記》：營田者，紹興元年解潛爲荆南鎮撫使，以所管五州絶户及官田荒廢者甚多，乃以便宜辟直秘閣宗綱爲屯田使，召人使耕，分收子利，乃以聞。詔以綱爲鎮撫司營田官。87 渡江後，屯、營田始此。其後，荆州軍食多仰給於營田，省縣官之半焉。其秋，遂命河南、淮南措置屯田。九月庚申。已而河南鎮撫司營田官任直清言：「河南殘破，民歸業者尚罕，所創營田，全（籍）〔藉〕軍兵，恐力微，難以號令。請命鎮撫使翟興兼營田使。」時諸鎮尚未就緒，獨公安令孫倚營田辦集，遷官，蓋解潛爲帥故也。

二年二月七日，三省言傅崧卿乞淮南營田減租課文字，因奏：「其說可行。便使未收租課，但得人人耕種，家家積粟，即是人主之富〔二〕。緣人主與人臣不同，人臣有東家西家之異，人主以天下爲家，何有彼此？」上曰：「百姓足，君孰與不足？卿言極是。」

三月十日，淮南東路提刑、兼營田副使王實言：「被旨措置營田，勸誘人户，或召募軍兵，請射布種。今相度，先將根括到江都、天長縣未種水田一萬六千九百六十九頃、陸田一萬三千五百六十六頃，分撥諸軍，趁時耕種。」詔權許，候有人户歸業識認日，申取朝廷指揮。

四月二十四日，臣僚言：「竊見朝廷講屯田之策久矣，畧未見有所施設。願詔劉光世，軍中將校有能部卒伍就耕者，優加爵賞，歲入悉分其衆。自餘曠土，益募民開墾。每能率三五百人或千人乃至數千人，遞補以官，三歲勿賦，則所在土豪及懷歸之人，自當有應募者。事成，皆許優與遷轉。利之所在，人所樂趨，雖使之自戰自守可也。今歲閏四月，稻田或尚可種，唯早圖之。」詔劉光世措 88 置施行。

七月九日，德安府復州漢陽軍鎮撫使陳規言：「屯田、營田、人户荒田及逃（户）〔田〕、官田，被人指射及軍兵耕種者，限二年識認。已種者候收畢給之，過限者官司並不受理。」工部言：「人户自軍興後來，流移遠方，道路梗塞，竊

〔一〕任直清：原作「任清直」，據本書食貨二之八及《北山文集》卷二四《除直秘閣仍賜緋章服制》乙。

〔二〕富：原作「福」，據本書食貨二之九改。

慮於限内未能歸業，欲下本鎮，立限三年〔一〕。」從之。

二十四日，左司諫吳表臣言：「鎮撫使陳規措置屯田事件，甚有條理，委是究心。乞下本鎮，將府、縣兼行官吏措置勸諭最先宣力之人，具名來上，特與推賞。其陳規仍降勑書奬諭。」詔曰：「勑陳規：卿體國盡忠，守藩稱治。當中原之未定，念南畝之多荒，兵食弗充，農收蓋寡，乃别營、屯之制，用興稼穡之功。軍民不雜，而無爭畔之訶；官吏不增，而無加廩之費。得魯侯之重穀，同漢將之留田。東作西成，居有安生之利；緩耕急戰，人懷赴敵之心。條理不煩，施設可法。載觀績効，深用嘆嘉。故兹奬諭，想宜知悉。」

八月十二日，樞密院言：「淮南州軍見屯軍馬措置防秋，難以行營田。竊慮糧食未濟，理宜資助。」詔傅崧卿斟量逐州人兵多寡，量行應副錢糧，接濟軍用。

十一月四日，中書門下省言：「直徽猷（閤）〔閣〕、充和州無爲軍鎮撫使趙霖近措置營田等事，已降指揮與轉一官，依條止合減四年磨勘。」詔霖久在江北，委有勞効，與轉行一官。

十八日，中書門下省言，建康府江南北岸荒田甚廣。詔令孟（庚）〔庾〕、韓世忠措置，將兵馬爲屯田之計，體倣陝西弓箭手法。所89貴耕植漸廣，以省國用，以寬民力。

十二月二十八日，臣僚言：「伏覩德安府復州漢陽軍鎮撫使陳規措置屯田事頗有條理，深得古寓兵於農之意。

欲望將陳規所（由）〔申〕畫一，令淮南諸鎮撫使依倣而行之。其府、縣勸諭宣力官吏，令逐鎮保明推賞。」詔委都司檢詳官參照陳規申請畫一并前降指揮，限十日條具以聞。

同日，中書門下省言：「湖北、江西、浙西路對岸荒田尤多，理合隨所隸一就措置。」詔湖北委劉洪道、江西委李回、江東委韓世忠、浙西委劉光世措置，仍令都督府總治。

三年二月七日，左司員外郎張綱等言：「被旨委都司檢詳官參照陳規申請營田并臣僚獻議，今條具下項：一、看詳應屯田官掌營種屯田，管句會功課，其諸鎮亦兼營田使。今來陳規所陳，屯田、營田分爲二事，未合古制。欲乞應諸路安撫使、鎮撫使各兼營田使，（今）〔令〕將陳規畫一，參酌逐鎮風土所便，一面措置施行。一、陳規畫一内稱：將逃亡、户絶、官田推行屯田之法，其有屯兵墾耕不盡之田，若輕其租賦，召人耕種，可以助軍儲，資國用，招集散亡無歸之民。惟軍與民不可使並耕作，庶不致交爭。今看詳，諸鎮地多曠土，宜先務招集失業之民，輕立課租，使就耕作，其餘地分撥軍兵〔二〕，勸誘耕墾。仍相度地形險隘、遠近酌中處，置立堡寨〔三〕，遇有寇盜則保聚在寨禦捍，無事則乘時田作〔四〕。其兵與民各處一方，不得交雜，庶得相

〔一〕限：原作「用」，據本書食貨二之九改。
〔二〕撥：原作「别」，據本書食貨二之一〇改。
〔三〕寨：原作「寒」，據本書食貨二之一〇改。
〔四〕事：原作「無」，據本書食貨二之一〇改。

安，民漸歸業。90 一、陳規措置，將人户荒田令軍兵及召百姓耕種，若人户歸業，縱寇盜未熄，亦合給還。今看詳，諸鎮全在招集流移，早使歸業，所亡田産，自今即時給還〔一〕。若有已撥在兵屯田内，難使雜耕，仰歸業人户詣官司投陳，官爲照驗已有民户耕鑿多處，依數撥還，仍不得以瘠薄田充數。如是民户歸業漸衆，亦令依軍兵法，於地形險隘、遠近酌中處，置堡寨屯聚，以備盜賊。一、陳規措置，先將近城官田、荒田倣古屯田之制，令官吏、弓兵、民兵等各自耕種，漸見次序。今看詳，欲徧下諸路安撫使，各隨本處風俗所便，依倣陳規畫一事件，各務多方隨誘官吏軍民等乘時耕墾。或有流寓寄居及形勢户自來於法不許承(但)〔佃〕官田之人，亦許出租耕佃，務要田土廣闢，不致荒廢。一、陳規措置，將弓兵等留一半守禦，餘一半少增錢糧，令耕種荒田。其牛具、種子，以官錢支用，所得物斛，並以入官。如遇田事忙時，則將所留軍併就田作；若有軍事警急，則權罷田作，併充軍用。今看詳，欲下諸路安撫、鎮撫使仿依陳規事理〔二〕，更合參酌本鎮臨時事宜，勸誘軍兵耕作。如遇農忙時，一半守禦人併就田作〔三〕，時亦合增支錢糧。如至秋成，所得物斛，於内依倣鋤田客户則例，亦合分給斛斗，以充犒賞外，餘並入官。庶知激勸，樂就南畝。一、陳規措置，見出榜召人投狀，經官指射耕種閑田，内水田每畝秋納粳米一斗〔四〕，陸田每畝夏納小麥五升，91 秋納豆五升。今看詳，欲下諸路安撫、鎮撫使依倣陳規立到租課數目，更切參詳本鎮地土瘠肥，官司曾無借給牛具、種糧，及歲事豐荒、土俗所便，隨所收種斛㪷，臨時增減着中數目〔五〕，拘收租課，務要便民。一、陳規措置，人户指射官田、荒田耕種滿二年，不拖欠租税，並充己業，聽行典賣，經官印契割移。昨紹興二年七月九日已得旨，展作三年。今看詳，欲下諸路安撫使、鎮撫使遵依已得聖旨指揮，多出文榜勸誘人户施行。一、陳規措置，人户荒田及逃户官田被人指射耕種及軍兵耕種者，立限二年歸業識認，已種者候收畢給之，過限者官司並不受理。昨紹興二年七月九日已得旨展作三年。今看詳，欲下諸路安撫使、鎮撫使，遵依已得聖旨指揮，多出文榜，召人歸業。仍逐旋具已招誘到歸業人户數目供申朝廷。一、陳規措置，依所得朝廷指揮置營田司，所有屯田事務，營田司兼行；營田事務，府縣官兼行，更不別置官吏。今看詳，欲下諸路安撫使、鎮撫使依此遵稟施行。

一、臣僚上言：『考之周制，一夫授田百畝，李悝謂一夫挾五口以耕百畝，趙充國人授二十畝，蓋不計其家之食也。本朝於京西、淮南屯田則人授百畝，則太多，裁爲中制，可人授二十畝。如充國之議，一家五人同授田，亦足以得百

〔一〕今：原作「令」，據本書食貨二之一〇改。
〔二〕鎮撫：原脱，據本書食貨二之一〇補。
〔三〕半：原作「面」，據本書食貨二之一〇改。
〔四〕水：原作「外」，據本書食貨二之一〇改。
〔五〕着：疑當作「酌」。

畝。』今看詳，諸鎮荒田甚多，惟患人力不足，兼地有肥瘠不同，難以一概立定畝數。欲下諸路安撫[92]使、鎮撫使，各參酌本鎮地名高下，量度人力數，授以田畝，務要力耕，不使鹵莽。所是召人承佃荒田，亦不須限定頃畝，聽人户量力投狀請射。一、臣僚上言屯田合用耕牛。今看詳，近緣盜賊屠殺，例皆闕少，江北諸鎮殘破日久，絶無販賣牛畜。合隨宜措置，令諸鎮勸誘兵民倣傚古制，用人耕之法，每二人拽一犁。初時雖稍費力，及其成熟，工用相等。欲下諸路安撫使、鎮撫使詳酌勸諭施行。一、臣僚上言：『凡授田，五人爲一甲，別給萊田五畝，爲廬舍、稻場。』今看詳，欲下諸路安撫使、鎮撫使，照應今來臣僚上言，參酌本鎮土俗事宜措置施行。一、臣僚上言：『募民以耕，免其身役及折變，及民耕應出官租，初一年免其半，次年依本法。』今看詳，募民請佃之初，理宜寬恤，委是利便。欲下諸路安撫使、鎮撫使參酌施行。一、臣僚上言：『兵屯置屯主一員，以大使臣爲之；民屯縣令主之。以歲課多寡爲殿最。』今看詳，欲下諸路安撫使、鎮撫使開具推行月日，每至歲終，仍具所委官職位、姓名、招誘墾闢到田畝實數，供申朝廷。如招集到歸業人户數目及兵屯、民屯稍見就緒去處，乞優與陞擢，庶使有以激勸。一、欲乞諸路安撫使、鎮撫使除依陳規畫一并今來看詳事理施行外，逐處如別有利便，即仰各隨土俗所宜〔一〕，具事因以聞。」並從之。

紹興三年二月八日，詔通直郎、德安府節度推官韓之美，右修職郎、德安府司法[93]參軍胡概，秉義郎、閤門祗候、就差知德安府孝感縣事韓適，進義校尉王植，下班祗應袁式〔二〕，(詔)各與轉一官資，内選人比類施行。以陳規保明措置田事最先宣力故也。

四月四日，太尉、武成感德軍節度使、充江南東西路宣撫使韓世忠言：「契勘陝西因創建州軍城寨之後，應四至境内田土盡得係官，即無民户税業交雜其間。其田荒隙，遂招致土人充弓箭、長行，每名給地二頃，有馬者別給額外地五十畝。率空地八百頃，即招集四百人，立爲一指揮。一境之中，均是弓箭手，自相服從。今内地州縣田土皆係民户税業，雖有户絶、逃棄，往往畸零散漫，若便依倣陝西法摽給，須合零就整，輳數分撥。其田遠近不同，既不接連，難相照管。又如去城百餘里外給地，付之軍兵，使混雜莊農養種，切慮生事。今相度，欲先將建康府管下根括到近城荒田，除户絶、逃田一面措置耕種外，其有主而無力開墾者，散出文榜，限六十日許人户自陳頃畝，着實四止。如情願將地段權與官中合種，所用人户牛具、種糧並從官給。候收成日，據地段頃畝，先次依本色供納二税及除豁牛具、種糧，其餘據見在斛㪷量給地主外，盡給種田人。候至地主有力耕時，赴官自陳，即時給還元業。若限滿不自陳，即

〔一〕各：原作「合」，據本書食貨二之一一改。
〔二〕祗：原作「低」，據本書食貨二之一一改。

依逃田例直行摽撥，庶幾不致荒閑田畝，軍民兩有所濟。并契勘，人户願與官中合種地段，若伺候將來收成除豁二稅、94種糧外，據現在臨時量給，竊慮地主妄稱鄉原舊例，過數邀求。今欲於人户自陳日，即便議定，據將來實收到斛斗，除上件出豁外，以十分爲率，内二分給地主。若稱所給數少，不願官種者，即具村保姓名開排地段，送本縣置籍收係。田雖荒閑，須管依條限催理二稅，無令少欠，庶幾地主不敢僥倖，妄有希求。」都督府言：「勘會今已二月，伺候朝廷指揮，方立限許人户投狀與官中合種，深恐已過布種時日，轉致荒蕪。已將昨因兵火逃亡未曾歸業見今荒田，令世忠先次措置召人承佃耕種。其合納税租，第一年全免，第二、第三年以(下)(十)分爲率，各與免納五分，三年外依舊全納。田主歸業自種，在五年内者，聽依已布種法，見佃人收畢交割；五年外不歸業者，聽見佃人爲主。庶幾不致荒閑，失陷二稅。已行下世忠照會施行。如蒙俞允依(一)，湖北、江西、浙西未歸業逃田並乞依此施行。」户部勘當：「欲依都督府奏請事理施行。如有人户歸業，即依去年四月十八日已降指揮年限理認，即時給還；内已布種者，收畢交割。并下江南東路轉運照會。仍乞令湖北、江西路疾速措置，具利便申取朝廷指揮。」從之。

五月二十五日，新權發遣承州劉寓言：「竊見朝廷屬意營田，今乞本州自行措置牛具、種糧，將管下民間請射不盡田土開墾種蒔，所收地利，專用贍軍。並依民間請射體例，仍自紹興四年夏料爲始。若淮南95諸郡依此措置，年歲之間，便見儲偫豐積。乞付有司行下。其諸州當職官能究心措置，功効顯著者，優加激賞。」詔依奏，即不得侵占有主民户田土。

十月十日，臣寮言：「營田召募民耕，乞免徭役及科配。」詔：「人户如自己田業(二)，自合依法。其屯田、營田，並行蠲免。」《建炎以來朝野雜記》：紹興三年，韓世忠爲江東宣撫使，上命措置建康營田。世忠言：「沿江荒田雖多，大半有主(三)，難以如陝西例。請募民承佃，蠲三年租，滿五年不言，給佃人爲世業。」於是詔湖北、浙西皆如之，田租初年全蠲，次年半減。尋又免科配、徭役。自此營田專用諸民矣。

四年四月十五日，知廬州、兼淮南西路安撫使陳規言：「乞令本州措置招召効用人，各令種田，并軍兵情願者聽，不限人數。」從之。

八月五日，侍御史魏矼論淮東西屯田利害，上謂輔臣曰：「招集流離，使各安田畝，最爲今日急務。」遂舉《鴻雁》美宣王之詩，謂「中興基業，實在乎此」。胡松年對曰：「古人圖必成之功，爲必取之計，於是有屯田，若趙充國破先零、羊祜守襄陽是也。朝廷行屯田累年，除荆南解潛措置，其餘皆成虚文，無實効。」上曰：「卿論實効，極是。」松年復對曰：「漢宣之治，總核名實，信賞必罰而已矣。天下

(一) 依：此字似爲衍文。
(二) 田業：原作「業田」，據本書食貨二之一三乙。
(三) 大半：原作「太平」，據《建炎以來朝野雜記》甲集卷一六改。

事若因名以責實，無有不治者。屯田一事，尤不可欺〔一〕，一歲耕墾田畝若干，收穫幾何，便足以稽考。」上曰：「卿等可商議，條畫來上，當力行之。」

六日，後殿進呈朱勝非《條具屯田利害劄子》[96]言：「今日之兵，既令執兵，又令服田，終歲勤勞，所得如故，未有可者。」上曰：「古者三時務農，一時講武，農即兵也。兵、農之制一分，恐不可復合。勝非所陳甚善，可便施行。」孟庾等對曰：「淮南收復，今已數年，守令豈不欲招徠流離？但復業者未甚多，恐自此兵日以衆，食日以廣，不易供給。更容臣等與勝非熟議〔二〕。」上曰：「不可。既行下光世、世忠軍中，却使之以難行爲訴，復議更改，則朝廷命令自爲反覆。」庾等曰：「謹稟聖訓。」

九月二十六日，主管江州太平觀朱震言：「荆襄之間，沔漢上下，膏腴之田七百餘里〔三〕；襄陽之北，土宜麻麥，古謂之柤中〔四〕。若選用良將民所信服者，領部曲駐漢上，招集流亡，務農重穀，寇至則禦之〔五〕，寇退則耕稼，不過三年，兵食自足。觀釁而動，復陵寢，清宗廟，以濁河爲限，傳檄兩河，則中興之業定，以逸待勞之道。」詔關與都督府。

五年閏二月二十八日，諸路軍事都督行府言：「淮南東路宣撫使韓世忠言：『見措置屯田，乞收買耕牛〔六〕，趁時耕種。』今措置下項：一、浙東、福建係出産牛去處，欲令兩路收買水牛一千頭〔七〕，並依市價，委税務官一員置場和買，限三箇月數足。一、逐路買到耕牛，每一百頭作一綱起發，日行三十里，選差兵士二十人，將校、節級各一名管押，赴淮東宣撫使司交納。仍每頭用牌子標號齒口格尺，別用申狀依此開具，令宣撫司照會交割，以防換易。一、牛綱所至去處，並仰依數應[97]副草料，不得違滯。一、合干人並仰如法餵養，不管瘐損〔八〕。每綱交納了畢，如倒死不及五釐，將校、節級並與轉一資，管押人支賜銀、絹各一兩、匹；如死損過分，從杖一百科罪，仍依元買價陪償。」詔令章傑措置收買一千頭〔九〕，餘依。

三月二十八日，諸路軍事都督行府言：「光州收復之初，方奉行營田之法，合量行接濟布種。欲望朝廷依壽春府例支降江南東路空名度牒二百道，付本州收買耕牛。」從之。

同日，權發遣泰州邵彪言〔一〇〕：「淮南人户逃竄，良田

〔一〕尤：原作「猶」，據《建炎要録》卷七九改。
〔二〕熟：原作「孰」，據本書食貨二之一三改。
〔三〕百：原作「里」，據本書食貨二之一三改。
〔四〕柤中：原作「租中」，據《三國志·吳志·朱然傳》及裴注改。詳見本書食貨二之一三此條校記。
〔五〕則：原脱，據《建炎要録》卷八〇補。
〔六〕收：原作「取」，據本書食貨二之一三改。
〔七〕牛：原作「土」，據本書食貨二之一三改。
〔八〕瘐：原作「瘦」，據本書食貨二之一三改。按，瘐，病也。「瘐損」謂因病而死損，非止謂瘦也。
〔九〕章傑：原作「張傑」，據本書食貨二之一三、《建炎要録》卷八六改。
〔一〇〕泰：原作「秦」，據本書食貨二之一三改。

沃土，悉爲茂草。今欲將營田司應有人請射荒田並許即時給付，每畝依元降指揮納課子五升。田土瘠薄者量與裁減。耕種五年，仍不欠官司課子，許認爲己業。限外元主識認或照驗明白，即許自踏逐荒田，指射以爲己業。如是五年内歸業，即許佃人畫時交還，不得執占。已種者，候收成了給還；已施行者，謂耕墾熟成、起屋、種桑之類。量出工力錢還佃人。今來措置如可施行，即乞明坐指揮，鏤板榜示，庶得民間通知，着業者衆。」從之。

四月二十一日，臣寮言：「荆南鎮撫司百姓自有耕牛者，除輸納賦税外，不得抑勒耕種營田。其營田許募民間情願種者，官爲給借種糧，每一耕牛納課一十石。納課稍輕，民自應募，庶使百姓歸業，公私兩便。」詔依，劄與諸路帥司。

八月二十四日，内降德音：「應潭、郴、鼎、澧、岳、復州，荆南〔府〕、龍陽軍、循、梅、潮、惠、英、廣、韶、南雄、虔、吉、撫州、南安、臨江軍〔一〕、汀州管内，已降指[98]揮，人户附種營田，并主户下客丁官中科種，收課數多，緣此流移，未肯歸業。應人户已請官種種苗在地，比每年減半送納，自來年並免附種。并諸軍預先抑勒俵散和顧栽插人工錢，奪其工力，益見困乏。已令諸軍不許預俵顧夫錢。尚慮不切遵稟〔二〕，仰荆湖北路安撫、轉運使依所降指揮施行，毋致違戾。仍仰帥臣、監司常切遵守，戒諭諸軍不得抑勒預俵工錢。如違，仰憲司取勘聞奏。荆湖人户耕牛，已降指揮與免拘集，并已請官種種苗在地者，減半送納官課，自來年更不科種營田。仰安撫司檢察州縣，不得科敷。」

十一月二十八日，知荆南府、充荆南府歸峽州荆門軍安撫使王彦言：「被旨，荆南營田一司並罷，令安撫司措置耕種。今計置到黄、水牛一千七百餘隻，及修置應干合用農具足備。盡已踏逐摽撥定合種水陸田頃畝，並係膏腴，止緣創行開鑿，倍費工力。兼已令下手破荒冬耕，及修築堤塘，開決陂堰，以待來春依時布種。」詔令王彦更切多方措置，務要耕種日廣，補助國計。

十二月一日，詔：「臣寮陳請，乞淮南東西、川陝、荆襄等路行屯田之制，令學士院降詔曉諭諸帥。」詔曰：「勑襄陽府路帥臣：朕考觀古昔，斟酌時宜，欲豐軍食之儲，必講屯田之制。故充國經畫於金城，而兼得十二便之利；曹操始用於許下，而遂收百萬斛之饒〔三〕。先積粟以爲資，乃厲兵而爲戰。況今寇戎未靖，征戍方興。賴[99]將帥之同寅，致士卒之樂附。顧尺籍所隸之數日以增多，而經賦所入之常歲有定限。既不可剥下以取給，固莫若興田而力耕。卿等叶志合謀，悉忠體國，率勵衆士，和叶一心。勿憚朝夕之勞，共建久長之策。故兹詔示，想宜知悉。」

〔一〕臨江軍：原作「臨安軍」，據《建炎要録》卷九二改。
〔二〕遵：原作「尊」，據本書食貨二之一四改。
〔三〕斛：原作「計」，據《玉海》卷一七七改。

八〔月〕〔日〕〔一〕，詔：「吴玠於梁、洋及關外成、鳳、岷州措置官莊屯田，今已就緒，漸省饋運，以寬民力。亮茲忠勤，深可嘉尚。可令學士院降勑獎諭。」

十五日，中書門下省言：「淮南東西、川陝、荆襄等路，已降詔旨曉諭諸帥行屯田之制，其諸帥下屯田事務，未曾專委官措置。」詔淮南西路宣撫使司差李健，淮南東路宣撫使司差陳桷，江南東路宣撫使司差郄漸，川陝宣撫使司差陳遠猷，湖北襄陽府路招討使司差李若虚，荆南府路歸峽州荆門軍安撫使司差李侁，並兼提點本司屯田公事。

二十六日，諸路軍事都督行府言：江、淮等路分撥措置屯田。詔差屯田郎官樊賓量帶人吏，候都督行府出使日隨逐前去措置〔二〕。其合施行事，一面條具供申。《朝野雜記》：紹興五年十一月丁酉，王觀察彦爲荆南帥，言已措置營田八百頃，自蜀中買牛賦民，多方措置。先是，言屯田者甚衆，而行之未見其效。

紹興六年正月二十一日，尚書右僕射、都督諸路軍馬張浚言：「被旨往川陝視師，及因就沿江措置軍事〔三〕，所有屯田事務，已蒙朝廷差屯田郎官樊賓隨逐前去。緣措置之初，申審省部，竊恐留滯，欲望應屯田100事務並申行府，候就緒日，歸省部施行。」從之。

同日，上宣諭輔臣曰：「前日三大帥屬官陳桷等引對，朕諭以朝廷贍養大兵之久，國用既竭，民力已困，切須專意措置屯田，此亦自古已成之効。況軍中亦須先立家計，若有機會，方圖進取。」臣鼎等曰：「如此措置，社稷幸甚。」

同日，都督行府言：「已差屯田郎官樊賓措置屯田，緣經畫之初〔四〕，事務繁多。」詔令王弗同共措置。

二十八日，都督行府言：「江、淮州縣自兵火之後，田多荒廢。朝廷昨降指揮，令縣官兼管營田事務，蓋欲勸誘廣行耕墾。緣諸處措置不一，至今未見就緒。今改爲屯田，依民間自來體例，召莊客承佃，其合行事件，務在簡便。今條具下項：一、將州縣係官空閑田土并無主逃田，並行拘集見數。每縣以十莊爲則，每五頃爲一莊，召客户五家相保爲一甲共種。甲内推一人充甲頭，仍以甲頭姓名爲莊名。每莊官給耕牛五頭，并合用種子、農器。如未有穀，即計價支錢。每户别給菜田十畝，先次借支錢七十貫，仍令所委官分兩次支給，春耕月支五十貫，蒔田月支二十貫。分作二年兩料還納，更不出息。若收成日，願以斛㪷折還者聽〔五〕，仍比街市增二分。謂如街市一貫〔六〕，即官中折一貫二百。其客户仍免諸般差役、科配。一、應有官莊州縣，守倅、縣令並於『勸農』字下添帶『屯田』二字，縣尉專一『主管官莊』四字。仍差守分、貼司各一名，於本縣人吏内輪差，一年一替，依常平法

〔一〕日：原作「月」，據《玉海》卷一七七改。
〔二〕行府：原作「府行」，據本書食貨二之一五乙。
〔三〕置：原作「制」，據本書食貨二之一五改。
〔四〕經：原脱，據本書食貨二之一五補。
〔五〕斛：原作「斷」，據文意改。
〔六〕謂：原作「課」，據文意改。

支破請給。一、每莊蓋草屋一十五間，[101]每間破錢三貫。每一家給兩間，餘五間准備頓放斛斗。其合用農具，委州縣先次置造，仍具合用耕牛數目申行府節次支降。一、每莊摽撥定田土，從本縣依地段彩畫圖册，開具四至，以《千字文》爲號，申措置屯田官類聚，繳申行府，置籍抄録。一、收成日，將所收課子除樁出次年種子外，不論多寡厚薄，官中與客户中停均分。一、今來屯田所招客户，比之鄉原大段優潤，係取人户情願，即不得强行差抑，致有騷擾。其諸軍下不入隊使臣及不披帶、揀退軍兵，有願請佃者，並依百姓例，仍別置籍開具。一、州縣公人等如敢因事騷擾官莊客户，及乞取錢物，依法從重斷罪外，勒令罷役，仰當職官嚴行禁止。如有容縱，當議重作施行。一、逐縣種及五十頃已上，候歲終比較，以附近十縣爲率，取最多三縣，令、尉各減二年磨勘。其最少并有閑田不爲措置召人承佃者，並申取朝廷指揮，知、通計管下比較賞罰。一、收成日，於官中收到課子内以十分爲率，支三釐充縣令、尉添支職田，仍均給。一、今來招召承佃官莊，如有願就之人，仰諸有官莊縣分陳狀，以憑摽撥地分支給。其縣令、尉能廣行勸誘，致請佃之人漸多，當議推賞。一、今來措置官莊，除湖南北、襄陽府路見別行措置外，止係爲淮南、江東西路曾經殘破州縣有空閑田土去處，依今來措置行下。一、諸處土宜不同，如有未盡未便事件，仰當職官條具申行府。」[102]詔從之，劄下樊賓、王弗疾速施行，仍散榜付諸路曉示。

同日，屯田郎中樊賓等言：「被旨措置江、淮等路屯田，今乞以『諸路軍事都督行府措置屯田』爲名，欲於階銜内帶行，仍令行府劄下諸路安撫使并逐路監司，遇有承受文字，並限一日回報。如違，當職官吏乞重賜施行。若奉行滅裂，乞行取勘。」從之。

二月三日，詔：「淮南西路兼太平州宣撫使劉光世、淮南東路兼鎮江府宣撫使韓世忠、江南東路宣撫使張俊並兼營田大使，荆湖北路襄陽府路招討使岳飛、川陝宣撫副使吴玠並兼營田使。」

四日，中書門下省言，江西、湖南安撫制置大使，已降指揮並兼本路營田大使。詔令逐司於參謀、參議官内各選一員具名以聞，令兼提舉本司營田公事。

同日，中書門下省言，知鄂州、主管湖北安撫司劉子羽，荆南安撫使王彦，淮東安撫使葉焕，知廬州、主管淮西安撫司趙康直，並已兼營田使。詔：「知鎮江府、主管沿江安撫司李謨，知建康府、主管江東安撫司葉宗諤，利州路安撫使郭浩，襄陽府路安撫使張旦，金均房州安撫使柴斌，並兼營田使。」

七(月)〔日〕，措置營田樊賓等言：「若有元地主歸業，令州縣驗實，許歸業人別行指射鄰近荒閑田土，依數撥還充己業。佃户五家相保爲一莊，若未及五家，許先次相保，於本莊内據佃户撥田耕種，俟佃户數足，依已降指揮。」從之。

十六日，通判揚州、兼管內勸農屯田事劉103時言：「今將州縣係官空閑田土并無主逃田並行拘集。竊見常平司所管田産自有專法，不許他司取撥，今未審許與不許撥充官莊。」詔常平司空閑田土亦合撥充官莊。

二十四日，殿中侍御史周祕劄子言〔一〕：「兵者，民之所恃以安；民者，兵之所恃以養。故兵當處乎外，民當處乎內。今欲使民、兵並耕，則不能無侵擾之患。臣以爲宜先使民，後使兵，必無願耕之民，然後用揀退之兵。如此，則兵、民各得其所，而他日無督索之勞，此設施之序也。望令付屯田官一就施行。」詔劄與措置屯田官，并關都督行府。

二十五日，江南東路安撫使司言：「本司今於屬官內選差左朝請大夫、直顯謨（閤）〔閣〕、添差本司參議官馬觀國兼主管本司營田公事。」從之。

三月一日，江南西路安撫制置大使、兼知洪州李綱言：「乞於淮南、襄漢宣撫、招討使各置招納司，以招納京東西、河北之民，明出文榜，厚加撫循。有來歸者，撥田土，給牛具，貸種糧，使之耕鑿。許江、湖諸路於地狹人稠路分自行招誘，而軍中人兵願耕者聽〔二〕。」詔令都督行府措置。

十七日，都督行府言：「諸路宣撫、安撫大使各令帶『營田大使』，諸路安撫並帶『營田使』。緣行府措置屯田官及江、淮等路知、通、縣令見帶『屯田』二字，竊慮稱呼不一，欲並以『營田』爲名。」從之。

四月十五日，詔：「泉州簽判曹紳、福州節推龔濤各與減二年磨勘，漳州知州馬隲、通判趙不棄、興化軍判官趙不疑，104各與減一年磨勘，內選人比類施行。」以措置依限買發耕牛故也。

二十八日，都督行府言：「營田莊並已支給耕牛，借貸糧種、屋宇、農具之類，將來收成，合計五頃所得子利，官中與客户中半均分。緣今歲法行之初，佃户耕種未遍，欲將所收子利不計頃畝，止以今歲實收數除樁出次年種子外，官中與客户中半均分。謂如實收一石，官中、客户各五斗。」從之。

同日，都督行府言：「江、淮州軍并鎮江府閑田、逃田，依累降指揮，即不得强科抑勒保正、長及一概占充營田，如有均科大户耕佃官莊去處，日下改正。如違，許人户詣本路監司陳訴，具當職官吏姓名重作行遣。及有標已耕已業熟田去處，許人户陳訴，依實改正。今日已後，人户踏逐到田，令量力開耕，隨時布種。竊慮州縣奉行違戾，却成民害，今欲乞下營田州軍，將畸零田土如人户情願承佃，即依官莊法。若大段不成片段，令別項樁管。仍申嚴行下，常切遵守，許人户陳訴。」從之。

五月二十日，尚書右僕射、都督諸路軍馬張浚言：「湖南累經殘破，田多荒蕪。近本路安撫制置大使呂頤浩乞錢

〔一〕周祕：原作「周裕」，據《建炎要録》卷九八改。
〔二〕軍：原作「京」，據本書食貨二之一七改。

一十萬貫措置營田，望許行府那融應副。」從之。

六月九日，荆湖南路安撫制置大使、兼知潭州呂頤浩言：「湖南一路流移甚多，曠土不少，欲望令本路諸縣令佐同管營田職事〔一〕，踏逐抛荒田土，權暫耕種。及令本路營田官與轉運司同共相度，條具耕鑿事務敷奏，趁來年春作105種植。如將來有人户歸業，及户絶田有人識認請佃〔二〕，即時給還。」從之。

二十一日，營田官王弗候對，上望見之，因謂輔臣曰：「少間，當子細面諭王弗，令竭力久任。若一二年間營田就緒，庶幾可以少寬民力。朕知此已久，昨在會稽嘗書《趙充國傳》以賜諸將，但上下不能奉承，由是且已。若早做得數年，即今已獲其利。」臣鼎曰：「爲國根本之計，莫大於此。」上曰：「極是。」

七月六日，都省言：「營田事務，元係都督行府將帶官屬兼行措置。今來雖已就緒，或恐行府還闕〔三〕，别無官司專一主掌，理宜專置一司，以行在職事官兼領。」詔就建康府置司，以「提領營田公事」爲名。

十二日，殿中侍御史石公揆言：「訪聞營田之人，假官勢力，因緣爲弊。如奪民農具，伐民桑柘，占據蓄水之利，强耕百姓之田。民若爭理，則營田之人羣起攻之，反以爲盜。今來秋成收刈，竊恐營田之人耕耘鹵莽，欲償其費，奪民之稼以爲己功，乞下營田使司預行戒約，無使侵擾，害我良農。」詔令營田司常切覺察。

二十八日，都督行府言：「訪聞開耕荒閑田土，頗廢工力，欲望將初年收成課子且令官收四分，客户收六分，次年已後即中停均分。今後請佃官莊並依此。」從之。

八月十日，司農少卿、提領營田公事樊賓等言：「被旨條具營田〔四〕，欲乞以『提領江淮等路營田司』爲名，仍於建康府置司。官莊除已置十莊外，每縣如能添置，每十莊耕種就緒，令、尉各與減二106年磨勘。每莊十，召募第三等以上土人一名充監莊，先次借補守闕進義副尉，與免身丁，依軍中例支破券錢。候秋成日，比較所收斛斗多寡，如合推賞，申乞補正。營田所收，未至浩瀚，欲乞候收成了日，具數聞奏，乞盡行椿留，准備將來增置官莊、招客借貸使用。州縣當職官内有不職，乞從本司送所屬取勘申奏，乞行罷黜。」從之。

九月二十一日，都督行府言：「諸路州縣將寄養牛權那一半，許闕牛人户租賃，依本處鄉原例合納牛租，以十分爲率，量減二分。餘一半寄養牛具，准備節次增置官莊使用，所貴牛具、田土不致荒閑。」詔依，仍逐旋具租賃過牛并添給與官莊牛及見在牛數以聞〔五〕。

〔一〕「望」下「令」字原作「今」，據本書食貨二之一七改。
〔二〕田：原脱，據本書食貨二之一八補。
〔三〕還：原作「遠」，據本書食貨二之一八改。
〔四〕具：原作「其」，據本書食貨二之一八改。
〔五〕旋：原作「漸」，據本書食貨二之一八改。

二十三日，尚書屯田員外郎、同提領江淮等路營田公事王弗言：「本司欲乞差右迪功郎、池州貴池縣丞榮著充添差幹辦公事。」從之。

十月七日，知澧州吕延嗣言：「本州先因賊馬殘破，附郭良田往往廢業。本州舊管厢軍一十三指揮，今止有三百餘人，節次分遣營田外，委是人數稀少。乞於湖南鄰路全、道州、桂陽監無事空閑處，量撥軍兵三五百人戍本州，因令營田。」詔以五百人爲額，令本州招填。

十日，司農少卿、提領江淮等路營田公事樊賓等言：「今相度，欲乞將江南東、西路州縣并鎮江府管下縣分，除可以摽撥充官莊田土外，有不成片段閑田，委官逐縣自行根括見數，比民間體例，只立租課。上等立租二107㪷，中等一㪷八升，下等一㪷五升。開具鄉村田段，着實四至，召人耕種。其後如有欠租課，不許人劃佃，仍先理充本户家産。所貴優潤人户，不致久荒田土。其侵耕冒種之數，許見冒佃人户自首免罪，願依課承佃者聽，仍自當年送納租課。其請佃荒田人户合納租課，與免一年。」從之。

十一日，詔鍾時聘與減四年磨勘。以押漳州收買營田司牛三綱，並無失陷故也。

十二日，江南西路安撫制置大使司言：「本司欲選差朝散大夫、本司參議官、權參謀林玘兼提舉營田公事。」從之。

二十日，都督行府言：「提舉營田諸路州縣，將寄養牛租賃闕牛人户，以二年爲約。未滿五年，不得輒取。」從之。

二十二日，都督行府言：「乞令提領江淮等路營田司於見寄養牛内，就近支撥三百頭付壽春府，一百頭付濠州定遠縣。仰疾速計置，節次起發前去，委孫暉及定遠知縣借給歸業人户耕種[一]，免納租課。候收成日，與作五年還納。每牛一頭，止令納錢一百貫省。」從之。《朝野雜記》：紹興六年，張魏公以都督出行邊，乃奏改江、淮屯田爲營田。凡官田若逃田，並行拘籍，以五頃爲一莊，募民承佃。其法五家爲一保，其佃一莊，以一人爲長，每莊官給牛五具，種子、農器副之，别給十畝爲菜田。又貸本錢七十千，分二年償，勿取息。命措置官樊相伯賓、王中孚舉行之。正月丙申。尋命五大將韓、劉、張、吳、岳及江、淮、荆、襄、利路帥臣悉領營田使。李伯紀時爲108江西大帥，亦言：「今日之事，莫利屯田。然兵革災傷之餘，民力必不給，請命江、淮、湖北宣撫司招納京東、西、河北流移之人，貸種授田，勿取其入，次年乃收三之一，又次年則半收之。」詔都督行府措置。三月。吕元直時爲湖南大帥，因請錢十萬緡興屯田。五月丁亥。其秋，中孚入見，上諭令竭力久任。議者恐張相還朝，欲留措置，於是遷相伯司農少卿，提領江淮營田公事[二]，置司建康府；擢中孚屯田員外郎，以爲之副。官給牛、種，撫存流移，歲中收穀三十萬斛有奇。七月壬申，除二人。除客户當給六分，官收計十餘萬斛。然議者猶以爲奉行峻速，或抑配豪户，或强科保正，田瘠難耕，多收子利，民間類有鬻己牛以養官牛，耕己田以償官租者。此監中嶽廟李寀奏。中孚上疏爭之，且言願假歲月，勿責近效。上許之。（以上《永樂大典》卷四七七五）

[一] 孫暉：原作「李暉」。按，作「孫暉」是。據《建炎要録》卷一〇六，是時孫暉知壽春府。上文云撥牛三百頭付壽春府，故委孫暉主其事也。

[二] 領：原脱，據上文紹興六年「八月十日」條補。

109紹興七年正月十六日，提領江淮等路營田言：「如無主逃田撥充官莊，官中已行耕種，後有元地主歸業識認，如願別指射鄰近荒閑田土，依已降指揮依數撥還。如止要元地，即據官莊所占水陸頃畝，令本縣依占數別踏逐官莊，却令地主耕種，候亦作熟田，收成了日，兩相對換交割。」工部看詳：「諸路帥臣措置開耕荒田土，累年並不見就緒，後來令都督行府措置營田官莊，官給耕牛，借貸錢本，優分課子〔一〕，其佃客初年開荒所費（方）〔力〕浩大，今來已是熟田。今欲將官莊已耕種田土，除内有拘占歸業人户祖先墳塋合先次依式給還墳地外，餘並許元地主於未開墾官莊及應空閑田土内依數指射撥還。如止要元地，即依營田司所申事理施行。今後別有元地主歸業識認，亦乞依此。若歸業人户委是貧乏，許召第四等已上人户二名委保，令營田司量給借貸錢，候收成日，分作二年還納，更不收息。」從之。

二月十九日，司農少卿、提領江淮等路營田公事樊賓等言：「營田州縣耕種田土，所收斛斗最多及最少，并有閑田不爲措置召人耕種去處，候歲終，依已降指揮比較，申朝廷賞罰。」詔依，如將來歲終，耕種最少及不切用心措置去處，令提領司開具姓名以聞。

三月三日，詔：「淮南等處失業流移之人，可令營田司措置勸募營田，無得抑勒搔擾。110其餘州縣更有似此去處，依此。」

四月九日，右司諫王縉言：「江、淮州縣，地有肥磽，田有水陸，用力有多寡，收成有厚薄，若以總數均之逐鄉，或人丁少而不能耕，或去家遠而不能耕〔二〕，或瘠薄甚而不堪耕，或不曾摽撥而不可耕，而出租課，人有受其害者。又況輸納之際，專斗多端邀乞；水旱之變，官司艱於檢放。寄養之牛，來自廣西，乍遇寒凍，多有死損。其有置莊去處，人耕百畝，給牛一具，耕作既勞，尤多困斃〔三〕。慮官吏之不虔，立賞罰以勸懲之，又遣省寺官以提領之，又命樞密院計議官躬詣州縣鄉村詢究利害。欲望申勑所差官，所至詢審的確利害〔四〕，無或苟簡，無或觀望，必去其所害，成其所利。」詔劄與李宲及營田司照會。

六月五日，中書門下省言：「江、淮等路措置營田，數年之間，皆無成效。朝廷改置官莊，招召軍民耕佃，給與牛具，借貸種糧，誠爲良法。其營田司係提領江、淮等路，委是闊遠，難以周遍。今來淮甸復置監司，若不專委諸路漕帥就近督責，深慮因循，廢弛成法〔五〕。」詔：「淮東委蔣璨，淮西韓璡，江東俞俟，浙西汪思温，湖南、北、京西南路帥臣並帶『提領營田』，内有見帶『營田大使』、『營田使』，即依

〔一〕課：原作「種」，據本書食貨二之二〇改。
〔二〕去：原作「云」，據《建炎要録》卷一一〇改。
〔三〕尤：原作「猶」，據《建炎要録》卷一一〇改。
〔四〕至：原脱，據本書食貨二之二〇補。
〔五〕成：原作「戍」，據本書食貨二之二〇改。

舊。各將本路州縣應營田官莊并租佃田土州縣官勤惰，並依營田司前後已得指揮施行。仍各嚴切督責州縣當職官，疾速趁時接續措置，召客耕佃，毋致荒廢田土。候措置增廣，取旨推恩。其提領營田司限一 111 月結局。」

九月二十八日，中書門下省言：「川陝宣撫使司於興元府、洋州等處勸誘軍民營田，耕種六十莊，計田八百五十四頃。今夏二麥并秋成所收近二十萬石，補助軍儲，以省饋餉。」降詔獎諭。

十月二十五日，詔：「諸路營田官莊收到課子，除樁留次年種子外，今後且以十分爲率，官收四分，客户六分。」《建炎以來朝野雜記》：紹興七年夏，魏公猶在中書，亦覺其擾民，乃言自置營田司數年，已有成效，請罷司，以監司兼領。

八年三月八日，左宣教郎、監西京中嶽廟李寀言：「江、淮置立官莊，貸以錢、糧，給以牛、種，可謂備矣。然奉行峻速，或抑配豪户，或驅迫平民，或强科保正，或誘奪佃客。給以牛者未必付以田，付以田者或瘠鹵難耕。虚增頃畝，攘佃户合分課子以充其數。多鬻已牛以養官牛，耕已田以償官租，反害於民。蓋營田之策〔一〕，宜行軍中，乃古人已試之効。移之於民，閑田多，閑民少。以閑田付之閑民，公私俱獲其利；以閑田付之有常職之民，種種爲害。欲望申勅有司，嚴示懲戒，以閑田付之閑民，無閑民則闕而不置。」詔令諸路提領營田官嚴切約束所屬州縣，常加遵守前後約束指揮。如有違戾去處，仰具名按劾，當重寘典憲。

十九日，臣寮言：「蜀漢之師，艱於糧運，然頃年吴玠講營田于漢中，願降璽書，問以大意，謂兵不可不養，糧不可不足，今日糧運在趙開時其數幾何，在李迨時幾何，自講營田以來，積 112 穀幾何，減損餽運之數復幾何。俾制置、都轉運司同宣撫司條具以聞。仍乞以其法頒示諸軍，使爲矜式。」詔劄付吴玠，仍令馮康國同共條畫以聞。

九年七月十四日，時上諭輔臣曰：「陝西土疆既復，兵食最爲急務。首當經理營田，以爲積穀養兵之計。可令樓炤便宜措置。」

十年二月十八日，臣寮言：「天下之費，莫甚於養兵，以其大利，支所甚費〔二〕，非屯田則不可也。竊以荆州之賦，仰給於營田者，歲省縣官之半。願詔諸大將取荆州已試之効，各於軍中籍不堪擐甲者，分撥屯駐於所屬州郡有曠土可耕之處〔三〕，每五百人用一部將元係良家子通曉稼穡者爲之統率〔四〕，官給耕牛，薄取租税。假以歲月，責其成効。」詔令諸帥措置。

五月十四日，臣寮言：「淮甸、襄漢曠土彌望，倘擇膏腴，肆行開墾，獲無費之大利，實經遠之良策。欲望詔諭大臣，廣爲營田。」詔令逐路帥、漕司措置，將荒閑不係民田摽

〔一〕之：原作「上」，據本書食貨二之二〇改。
〔二〕支所：原作「所支」，據本書食貨三之一乙。
〔三〕「處」下原有一「者」字，據本書食貨三之一删。
〔四〕子：原脱，據本書食貨三之一補。

撥付逐軍〔一〕，充營田耕墾。

九月十日，明堂赦：「勘會諸路州縣營田官莊所給耕牛，若實緣患病倒死，官司勒令陪還元價，仰提領官取見詣實，除放施行。今後常切覺察，如依前違戾，按劾以聞。」

十一月二十六日，臣寮言：「諸路州縣兵火殘蹂，遺民十無七八，比年雖有復歸，視平日己田不能墾闢。又州縣迫於吏責，官莊、附種，兼而行之。一縣之内，應籍者皆赴莊耕耨，己業荒廢，多不能舉。其間因緣爲弊，以官莊、附種爲名，冒占[113]膏腴，動至數千百石，州縣不敢究治。如官莊有己田相遠不能兼治者，附種户無所撥官田，歲止虚納者，並令除放。所除數，按視上户冒占之家均配與之，則每歲所入不致虧失，而下户貧民得以少蘇。臣愚欲望令逐路選委强明監司一人，遍行郡縣應有營田去處，覈實均放。其帥臣、州縣尚敢循前隱蔽，不肯公共商榷〔二〕，力去民病者，並許按劾以聞。」詔：「人口附種田土並改正，如敢依前違戾，當議重寘憲典。」餘令本路營田官措置訖以聞。」

十二年五月十四日，江西安撫使言：「乞依指揮，選差右宣教郎、本司參議官閻彦純兼提點營田公事。」從之。

八月十七日，詔：「舒州知州張瑗特與減一年磨勘〔三〕，通判袁益之減二年磨勘。令、尉紹興十年分在任及半年以上之人〔四〕，與依本等賞格減半，内選人比類施行。黄州知州童邦直、通判章材、麻城縣令趙善汶，各展二年磨勘。」並以淮西運判、兼提領營田吴序賓言，舒、黄州營田所收物斛殿最，合該賞罰，故有是命。

九月十三日，赦：「勘會淮南等路營田，本欲招集流亡，墾闢曠土。州縣間有希賞〔五〕，頗爲欺弊，雖以招誘爲名，其實抑配民户耕種，循襲爲例。仰監司督責所部州縣悉遵成法，專集流亡，以究實利，不得科抑土著人户。如敢違戾，按劾以聞。」《宋史》〔六〕：李浩字德遠，紹興十二年擢進士第，除司農少卿。嘗因面對，陳經理兩淮之策。至是爲金使接伴還，奏曰：「臣親見兩淮可[114]耕之田盡爲廢地，心嘗痛之。條畫營田，以爲恢復根本。」上嘉納之，後諭大臣曰：「李浩營田議甚可行。」大臣莫有應者。

十三年閏四月六日，淮西運判、兼提領營田吴序賓言：「重别比較到本路州縣紹興八年營田所收物斛。」詔〔七〕：「在任及半年以上之人，與依本等賞格減半。餘並依元降指揮推賞，内選人比類施行。」

八月三日，工部言：「淮東路官莊止係鎮江府駐劄御前軍馬都統制提領，今欲令本路總領官同共提領。内官莊

〔一〕撥：原作「發」，據本書食貨三之一改。
〔二〕榷：原作「確」，據本書食貨三之一改。
〔三〕特：原作「時」，據本書食貨三之一改。
〔四〕令：原脱，據本書食貨三之一補。
〔五〕間：原作「聞」，據本書食貨三之一改。
〔六〕按，以下乃《大典》節引《宋史》卷三八八《李浩傳》，然其除司農少卿以下事均在孝宗時，補録於此殊不妥。
〔七〕詔：原作「照」，據本書食貨三之一改。

不許侵占民田，及以種營田爲名〔一〕，私役人、牛耕種己田，依律『監臨之官私役使所監臨』法施行。各立賞錢五十貫，許人告。如添置耕牛、器具，許於諸軍糞土等錢内支；不足，申明支降。」從之。

十一月八日，南郊赦：「勘會諸路州縣營田官莊所給耕牛，若實緣病患倒死〔二〕，累有約束，止令將肉臟等出賣價錢樁管，不得抑令佃户陪償。訪聞官司間有勒令陪還去處，事屬違戾，仰提領官取見詣實，除放施行。今後常切覺察，如依前違戾，按劾聞奏。」王應麟《玉海》：紹興十五年正月，四川宣撫副使鄭剛中於階、成二州開營田，抵秦州界，凡三千餘頃，歲收十八萬石，乞減成都糴三之一〔三〕。丁卯，從其請。

十五年閏十一月十二日，知池州魏良臣言：「諸軍營田，須與本州守臣同共措置〔四〕，相與協力，窮究利害。」從之。

十六年三月三十日，工部言：「今參酌立定淮東、西、江東、兩浙、湖北路每歲合比較營田賞罰：以紹興七年至十三年終所收夏秋兩料子利數内，取三年最多數，更 115 於三年最多數内取一年酌中者爲額。以本路所管縣分十分爲率，内取二分奉行有方、民無論訴抑勒搔擾去處，分爲三等。增及三分以上者爲上等，依元格減磨勘二年；增及二分以上爲中等，依元格減磨勘一年半；增及一分以上者爲下等，依格減磨勘一年。若虧及元額，最少一處者爲罰。從本路提領營田官、宣撫營田使開具保明以聞。」從之。

五月二十一日，鄂州駐劄御前諸軍都統制田師中言：「乞將紹興十三年至十五年營田收到錢斛，於内取酌中年分立爲定額。」於是户、工部言：「昨降指揮，軍中措置營田，係將本路空閑田土廣行布種。緣今來尚有閑田甚多，所收錢斛未至增廣，難以便行立額。又緣未曾立定賞罰，竊慮無以懲勸。今欲將本軍所屬營田，逐轄使臣歲收錢斛數目，令總領司以逓年所收比較，將增剩及虧損最多去處職位、姓名申取朝廷，參酌賞罰施行。」從之。

十八年八月二十五日，知郢州趙叔滂言：「願詔三省委諸路總領官及都統制，括責閑田曠土，公共措置，將合分屯軍兵，於所在州軍多給牛、種，廣令開墾。苟能自足所用，則今之所支上供糧斛盡歸朝廷矣。歲復一歲〔五〕，其利可勝。勘會紹興六年已降指揮，令諸軍下不入隊使臣、軍兵及不能披帶并揀退軍兵等，有願請佃之人，並依百姓體例，以五頃爲一莊，官給耕牛五具并種糧等，其所收物斛，以十分爲率，四分 116 給力耕之人，六分官收。」詔令户、工部立法賞罰。

十一月九日，户、工部言：「今立定，諸軍營田主管官

〔一〕營：原作「民」，據本書食貨三之一改。
〔二〕倒：原作「例」，據本書食貨三之二改。
〔三〕乞：原脱，據《建炎要録》卷一五三補。
〔四〕與：原作「於」，據本書食貨三之二改。
〔五〕復：原作「後」，據本書食貨三之二改。

各以所管已耕種熟田外，將均撥到荒田措置增種過田頃，候至收成，從總領所保明〔一〕，依格推賞。增五頃以上，減一年磨勘〔二〕；十頃已上，減一年半磨勘；二十頃已上，減二年磨勘；三十頃已上，減三年磨勘。若不爲措置增種者，並（令）〔令〕總領官、本軍都統制開具職位、姓名申朝廷，特與展二年磨勘。」從之。

十九年六月二十四日，兩浙提領營田官曹泳言：「爲根括得鎮江府未有人承佃天荒等田二十二萬三千八百一十六畝《朝野雜記》作二千二百餘頃，請悉以爲營田。三角五十二步，欲將上件經界所量出田，并後來因水旱逃户所拋下田，并作營田拘收，隨宜於轉運司支撥錢物，借種，召人耕作。所有本路應管天荒、逃絶等田未有人承佃去處，乞先自秀州、鎮江府措置作營田耕種。仍乞逐州從泳踏逐差有心力官一員，依經界措置官已得指揮，與諸縣知縣同共措置。」工部看詳：「除乞差官一員與諸縣知縣同共措置一節，緣諸路營田並係守、倅、令、尉兼行主管，難以施行外，今欲令曹泳更切契勘上件田土委是荒閑未有人承佃，即依今來所乞事理〔三〕，仰遵依前項節次累降指揮，措置招召情願佃客耕種施行。不得因而搔擾抑勒，枉費官中錢本。如見有人户承佃去處，不得却致科抑〔四〕，侵占人户見佃田土。仍具如何措置開117耕，係置立若干莊分，耕種若干田段，措置若干牛隻，召到佃户若干數目，具文狀供申。」户部言：「所有户絶坊場、抵當，合關提舉常平司同共措置耕種，依條施行。」從之。

十九年十月十四日，南郊赦：「契勘諸路營田，官給錢、糧、牛具，招募佃户耕種，不得抑勒搔擾。其所收子利，依例分給。累行約束州縣，不得減剋佃户所得子利，并侵占民田，仰諸路提領營田官常切檢察。如有違戾，並行按劾。」

二十年二月一日，工部言：「乞將諸路紹興十三年至十九年知、通、令、尉且依紹興十六年三月二十日指揮立定分數，并近申擬定法比較賞罰外，其十九年以後，欲將當年所收物斛：若元額五千石至二萬石以上，比遞年增及二分已上，與減一年磨勘；虧及二分已上，與展一年磨勘；增及四分已上，與減二年磨勘；虧及四分已上，與展二年磨勘。若元額不及五千石，增虧不及二分，並不在賞罰之例。每歲仰本路營田官具無民詞訴抑勒去處，方許保明。其已降指揮立定一分至三分賞罰，自紹興十九年以後更不施行。」從之。

七月二十三日，知廬州吴逵言：「土豪大姓、諸色人就耕淮南，開墾荒閑田地歸官莊者，歲收穀、麥兩熟，欲只理一熟。如稻田又種麥，仍只理稻。其麥，佃户得收樁留次

〔一〕所：原作「司」，據本書食貨三之二改。
〔二〕一年：原作「二年」，據本書食貨三之二改。
〔三〕今：原作「令」，據本書食貨三之三改。
〔四〕致：原作「置」，據本書食貨三之三改。

年種子外，作十分，以五分歸佃户，五分歸官。初開墾，以九分給佃户，一分歸官，三年後歲加一分，至五分止。即不得將成熟田作118開墾荒田一例施行。所有産稅〔一〕、役錢，並令倚閣。仍將開耕官田，每頃別給菜田二十畝〔二〕，所收課子不在均分入官之限。其管官莊户，於本道都比聯附保，並免差役及諸般科借。佃户穀，就近便處用省斗交量，更不收耗，及不得輒加斗面。歲終，安撫司勘當，以多寡爲優劣。」從之。《朝野雜記》：紹興二十一年〔三〕，鎮江諸軍都統制劉寶請民識認營田者，畝償開耕工本五千五百。許之。尋詔諸道倣此，由是營田漸以還民矣。

二十二年十一月十八日，南郊赦：「勘會諸路營田之法，止係許令招召情願佃客耕種。昨緣州縣違法勒令人户附種及虛認租課去處，已降指揮並行改正，尚慮守、令奉行不虔，依前抑勒，仰提領營田官常切檢察，若有違戾去處，並按劾以聞。勘會租佃營田并寄養諸色官牛，每歲兩料收納課子〔四〕，其間有災傷田、元租官牛倒死，官司勒令陪填，往往並不與除放，及老弱牛隻不堪耕使，勒令依舊虛納租課，甚爲民害。仰諸路漕司及提領營田官體究，特與除放。老弱不堪牛隻，並行拘收出賣。其堪使耕牛，亦仰相度可與不可出賣，務從民便，具利害以聞。」

二十三年三月十八日，鎮江府駐劄都統〔制〕劉寶等言：「相度到人户識認軍莊營田，欲令償納自開耕以後三年每畝用過工本錢五貫五百文足，給還元田。」從之。

十九日，知襄陽府榮薿等言：「乞廢罷均州武當營田，從百姓耕種。」從之。

九月十二日，詔諸路州軍營田遇有人户識認營田，與依劉寶軍莊例〔五〕，償工119本錢給還。先是，户部言：「建炎兵火之後，人户拋棄己業逃移，並各荒廢。自置作營田，經今年歲深遠，人户爲見營田所耕田土並各成熟，往往用情計囑州縣前來識認歸業，因生詐冒，漸壞成法。」故有是命。

十六日，詔：「淮南西路安撫司置主管機宜文字一員，營田司置幹辦公事、准備差使各二員。」從知廬州曾慥請也。

二十一日，三省言：「廬州曾慥乞與建康府都統制王權同商議營田。」上曰：「須是令熟議可行與不可行。如與之中分其利，使軍人樂然從之〔六〕，方可行也。」

二十五年八月十四日，詔：「都督府所置官莊並牛租可日下放免，今後不得起理。」

〔一〕産：原作「差」，據本書食貨三之三改。
〔二〕頃：原作「項」，據本書食貨三之三改。
〔三〕二十一年：據後文及《建炎要録》卷一六四所載，乃二十三年事，《雜記》誤。
〔四〕料：原作「科」，據本書食貨三之四改。
〔五〕莊：原作「裝」，據本書食貨三之四改。
〔六〕使：原作「便」，據《建炎要録》卷一六五改。

十一月十九日，赦文：「都督府所置官莊并牛租，近降指揮日下放免。尚慮州縣守、令別作名色，依舊抑勒人户送納，有失朝廷寬恤本意。仰諸路監司常切覺察。」

十二月十三日，户部言：「都督府昨來所置官莊，將州縣係官空閑田土拘籍，所收課子，官中與客户中半均分。近降指揮放免牛租，所有元撥田土〔一〕、莊屋〔二〕、牛具，今欲委轉運司拘集見數，依舊令佃人承佃，據元認納租課輸納。除合應副大軍馬料外，將其餘數目令所屬並行變糶價錢，起發前來左藏庫送納。」從之。

同日，户部言：「都督府所置官莊〔三〕，召客户共種，官給牛具，所收課子，官中與客户中半均分。近請降詔旨，都督府所置官莊并牛租〔四〕，可日下放免，今後不得起理，元降指揮更不施行。本部除已行下[120]諸路轉運司，契勘本路有管都督府所置官莊元撥田土，委轉運司拘籍見數，依舊令見佃人承佃，據元認租課輸納。除合應（付）〔副〕大軍馬料外，將其餘數目令所屬變糶價錢〔五〕，起發行在送納。若見佃人不願承佃，即開具田段、坐落去處、所納租課數目，別行召人承佃。其元撥莊屋、菜田、牛具，亦並權行給付見佃人，免行收租。」從之。

二十八年九月二十七日，文林郎鄧昂言：「竊見關外營田，行之有叙，若不繼此增修，將見弛廢。兼紹興十三年創始之初，祗十分收五分，所餘五分當盡舉而行之。耕種人力不給，方且欲假以辦事。欲望再行體量，於寬田處更與添人力。漢中陸田少，濕田多，種禾麻菽麥，則爲浸濕所害。因其卑濕，修爲水田種稻，則所收可無虚歲矣。耕種田，多是鹵莽。聞之老農，耕不再則苗不盛，耘不再則穗不實。苟不能革日前之弊，而望多稼之田，其可得乎？內田段多有未曾開墾，宜委官躬親體量畝數，行下諸莊，徧令開墾。如內有費牛力多處，令莊官具實以聞。今諸莊耕牛少，又純養牡牛〔六〕，當收買牝牛二分散養〔七〕，以資蕃庶。多以茅屋收頓租色，在卑濕處，乞命有司擇高燥地別行建立。」詔令王剛中同李潤措置〔八〕，申尚書省。其後，四川安撫制置使王剛中等言：「乞依紹興十五年四月二十二日已降指揮，欲自紹興三十一年爲始，每歲候夏、秋收成了畢，從兩都統開坐諸頭項所種營田頃畝、[121]土色高下、元下種子、所收斛斗數目，并主管或提振營田官職位，關報四川安撫制置司并總領所，同共參照，通行比較賞罰。」於是户部言：「欲下安撫制置司、總領所，候將來每歲夏、秋兩料收成了畢，從兩都統開坐諸頭項所種營田頃畝、收到斛斗數

〔一〕元：原脱，據下文補。
〔二〕莊：原作「産」，據本書食貨三之四改。
〔三〕所：原脱，據本書食貨三之四補。
〔四〕并：原作「并有」，據前二十五年八月十四日詔」删。
〔五〕令：原作「今」，據本書食貨三之四改。
〔六〕牡：原作「牝」，據本書食貨貨三之五改。
〔七〕牝：原作「牡」，據本書食貨三之五及《建炎要録》卷一八〇改。
〔八〕李潤：原作「李澗」，據本書食貨三之五及《建炎要録》卷一八〇改。

目，關報逐處同共參照〔一〕，將提振營田官通行比較賞罰施行，并劄下吳璘、姚仲照會。」從之。

〔二十九年〕閏六月三日〔二〕，上諭輔臣曰：「昨降指揮，諸軍揀汰使臣，官給閑田，假以牛、種、農具〔三〕，使之養老，似爲得策。有司失職，奉行弗虔，至今未見申到次第。大抵營田最是良法，自古富國强兵〔四〕，未有不先於此者，豈苟可行於古，而不可行於今者乎？卿等宜令措置，條具以聞。」湯思退曰：「向來兩淮營田非不講究利害，委官專領，而卒不能成者，豈惟有司弛慢之過，亦是一時經畫未得其要。今於召募之際，倘能稍加勸賞，不吝小費，則亦何患其不成？」

二十九年九月一日，户、工部言：「諸路諸州軍營田官莊夏、秋二料所收斛斗內，除年例科撥應副馬料外〔五〕，其餘並係變糴價錢，起赴行在送納。緣諸軍歲用數多，理合就兑撥支使。乞下提領營田官，將合出糴稻麥並起赴本路總領所交納支用。仍令總領官拘催，具樁到數目紐計合支價錢，申部照會。」從之。

二月二十七日〔六〕，知蘄州宋曉言：「兩淮營田，募民而耕之，官給其種，民輸其租，始非不善。應募者多是四方貧乏無一定之人，而有122司拘種斛之數，每遇逃移，必均責鄰里，謂之『附種』。近年以來，逋亡者衆，有司以舊數歲督其子利，致子孫、鄰里俱受其害。牛十年之後則不堪耕，今給於民者，二十有三載矣〔七〕，一牛之斃，則償於官，況連歲牛疫而不免輸租！收牛之家逋亡，而責鄰里代輸。望詔本路漕臣與守、倅務從其實，一切蠲除之。」詔令逐路帥臣、漕臣取見數目開具以聞。其後，漕司龔濤等言：「舒、蘄州一十縣多將虛數抑勒人户，給散官牛，分科種子，（今）〔令〕於自己田內種蒔，認納子利，（課）〔謂〕之『附種』。年數既深，牛已死損，而虛數不除。又縣官希賞，虛陞開墾數目，却於人户自行科納，以致積年拖欠，因而科擾。實如宋曉所奏，乞特與蠲除。」於是户部言：「今據淮南轉運、安撫司取見前項違戾，乞依所降指揮，特與蠲除。所有人户附種及虛認稻、麥數目，欲下本路并下總領所照會。」從之。

九月七日，户部言：「淮西管營田軍莊官請受，若有料曆，方合批勘，如無，自不合批勘。所有合得券食錢，自合隨官序支破券錢并食錢。今欲下總領所，將分差糧審院勘旁報江東轉運使應副，不許於大軍錢內支。其主管官、監轄使臣并蒔田軍兵，依元降指揮，於諸軍所管人內差營田。」詔令户部行下淮西總領所，將本路營田軍莊所差官

〔一〕關：原作「開」，據本書食貨三之五改。
〔二〕二十九年：原無，查閏六月在二十九年，因補。
〔三〕農具：原作「之費」，據本書食貨三之五改。
〔四〕强：原作「疆」，據本書食貨三之五改。
〔五〕應副：原作「副應」，據本書食貨三之五乙。
〔六〕此「二月」仍爲紹興二十九年之二月，説見本書食貨三之五本條校記。但編次應前移。
〔七〕二：原作「三」，據本書食貨三之五改。

等，並依淮東已得指揮差撥施行。

三十年十一月二十三日，李顯忠言，乞令諸軍屯田。上諭宰執曰：「朕思之甚詳，蓋先當根[123]刷諸將留屯州分荒閑及官賣不盡田，兼取見沿江所在頃畝，初年支給牛、種，三兩年間，且盡興地利〔一〕，使之歲入有得，則不勸而自耕矣。」湯思退奏：「當先令取會根刷，別具奏聞。」上曰：「此事在今日誠可議，但行之當有先後之序。應沿江屯駐所在，自江以南更無閑田，如淮甸近江處，若令諸軍不齎鎧仗〔二〕，往就耕種，亦自無害。但今當先取見閑田頃畝多寡之數，然後均撥，給以耕牛、糧種。每歲所收，優以分數與之，使其樂然願耕。數年之後，方可計其所入，以充軍食，斯爲盡善。」

三十一年二月二十四日，上諭輔臣曰：「食者，民之天，百姓豈可闕食？若屯田就緒，不惟可以裕民，亦復助國家之經費。朕觀漢文無歲不爲農田下詔，則屯田可後乎〔三〕？」宰臣陳康伯奏曰：「臣等見措置〔四〕，別具奏聞。」

五月七日，中書門下省言：「兩淮諸郡營田官莊佃户數少，因多荒廢，州縣遂將營田稻子分給於民，秋成，則計所給種子而收其實，謂之『附種』。歲月既久〔五〕，民業有陞降，而其數不減。」詔令淮南轉運司行下州縣，相度營田官莊，將措置成就去處依舊存留，仍不得依前抑勒附種。如違，許人户越訴。

三十二年三月四日，臣僚言：「乞於淮甸立屯田之法，以修兵備。兵備修則兵可以强，二者最今日大務。」從之。既而工部言：「欲下淮甸轉運司，淮南東西路安撫司，總領所，建康府、鎮江府御前都統，參照前後已降指揮。未盡未便事件，即仰條[124]具以聞，以憑看詳立法。」從之。

十六日，尚書兵部侍郎陳俊卿言：「被旨措置淮東堡寨屯田等事，乞以『措置淮東堡寨屯田所』爲名，仍乞下禮部關借印一面〔六〕，如有措置，令與本路監司、帥臣、守臣及州縣當職官商議；及合用壕寨知鄉道人，欲乞就逐處差撥。如有諳知淮東堡寨屯田等事等人，乞於見任官内許徑行差委，幹集事務。今來往迴所至州縣，乞免赴朝拜并出謁。如有未盡未便，續具申明。」詔並依，内陳俊卿除給券外，月給錢一百貫。其後，工部侍郎許尹淮西措置申明同此。

四月八日，上諭輔臣曰：「士大夫言屯田事甚多，然須先有定論，用諸軍乎？用民乎？若論既定，當先爲治城壘、廬舍，使老少有歸，蓄積有藏，然後可爲。」宰臣陳康伯奏曰：「今淮西歸正人願就耕者甚多，已降牛、種、本錢。

〔一〕且盡興：原作「具盡與」，據《建炎要録》卷一八七改。
〔二〕齎：原作「費」，據本書食貨三之六改。
〔三〕「可後」後原衍一「可」字，據本書食貨三之六删。
〔四〕置：原脱，據本書食貨三之六補。
〔五〕久：原脱，據本書食貨三之六補。
〔六〕印：原作「即」，據文意改。

又趙子潚所納抽解木植，亦分送淮上治屯田人廬舍矣。」上曰：「如此甚好。」

五月八日，權兵部侍郎陳俊卿言：「堡寨見別作措置，今條畫屯田利害：耕熟田户未歸業者〔一〕，限自四月十一日爲始，滿一周年，如無田主識認，許諸色人經官投狀指占承佃。印榜民間，使之通知，庶得來年趁時耕種。其荒田二三十年無人耕種，皆爲棄地，今乞更與稍加優異。若諸色人不論土著流寓，指占舊荒田耕種，與免七年租税并諸般差役、科配等事。見今歸業之民，朝廷憐其凋殘之後，少缺耕牛，已令江、浙常平司支錢買牛。不若以 125 江、浙買牛價錢發赴淮南常平司，令州縣出榜招人販賣，沿路與免商税。仍令州縣預先根刷下户缺牛之人，先次五家立爲一保〔二〕，籍定姓名，候官買到牛，依名次支給。」户、工部看詳：「欲依所乞事理施行，并下兩浙東、西路常平司并淮南東路堡寨屯田所、轉運、常平司、提領營田官照會。」從之。

紹興三十二年九月□日〔三〕，孝宗已即位，未改元。江淮東西路宣撫司言：「兩淮自經兵火，田萊多荒〔四〕，今歸正忠義之人，往往願於淮上請射田土。本司已行下兩浙帥臣、提領屯田官，將願請田耕種者，結甲置籍，據合摽撥頃畝，借貸錢、米、牛具、種糧。仍逐一體訪利便條陳，務要簡便可行，不致徒爲文具。將來就緒，所委官合行推賞。」從之。

十一月二十九日，參知政事、督視湖北京西路軍馬汪澈言：「荆、鄂兩軍屯守襄漢，糧斛浩瀚，悉泝漢江。霜降水落，舟膠不進，所遣綱舡來自江西、湖南，率經年不得還。舟人逋逃，官物耗散，而軍食又不繼。竊謂虜未退聽，調度尚煩，或和或戰，襄漢要必宿師，而餽運乃如此，可不深慮！臣今相視得襄陽古有二渠〔五〕，長渠溉田七千頃，木渠溉田三千頃，自兵火之後，悉已堙廢。今臣先築堰開渠，并合用牛具、種糧，就委湖北、京西兩運司措置。渠既成，或募民之在邊者，或取軍中之老弱者，雜耕其中。來秋穀熟，量度收租，以充軍儲，既省餽運，又可安集流亡。臣今乞以『措置京西營田司』爲名，令姚岳兼領。合用錢 126 物，臣已令湖北、京西運司通融計置，候事畢日，具數申朝廷。所有幹辦官，正不可闕〔六〕，臣約度一面選差，與理爲資任，支破請給。」從之。

【宋會要】

127 孝宗隆興元年二月二日，殿中侍御史胡沂言：「竊謂爲今之計，求守禦之利，圖經遠之謀，莫若令沿邊之郡行屯田之策。況前歲淮上逃移之民散處阡陌，未復舊業，而頻年中原歸附之衆仰食庾廩，未知所處。因其曠土，俾之

〔一〕田：原作「佃」，據本書食貨三之七改。
〔二〕保：原作「堡」，據本書食貨三之七改。
〔三〕□日：原無，據本書食貨三之八補。
〔四〕萊：原作「菜」，據本書食貨三之八改。
〔五〕得：原無，據本書食貨三之八補。
〔六〕不：原脱，據本書食貨三之八補。

就耕，豈惟可以贍其室家，抑亦足以寬吾饋餉。然而行之，亦有二説：今土膏脈動，東作方興，宜及此時，即爲措置，一也；又慮敵人乘吾農時，輒加驚擾，宜於險隘之地聚兵以守，防其侵軼，二也。去年朝廷指揮諸路收買耕牛、農具，州縣起發，錢踵於道。今耕牛、農具當已不乏，欲望亟賜行下沿邊諸路帥司疾速施行。」從之。

十三日，御史中丞辛次膺言：「去年淮南州縣例皆清野，以防虜人之侵軼，民多離徙，寄泊異鄉，失其常産，類無生意。今戎馬漸息，種藝是時，豈可使昔日膏腴，鞠爲草莽？雖公上二時之賦或貰於征求，而良民數口之家何從而養贍，安得不亟行經畫？招集流亡，官爲借給牛具、種糧，趁時耕布；或令見屯田軍伍將荒閑之地從便營田，俱免税租。實惠育元元、足食足兵之良策也。昔唐張全義爲河南尹時，東都經黄巢之亂，户不滿百，野無耕者。全義選麾下十八人諳十八縣故墟落中，植旗張榜，招懷流散，勸之耕殖，寬刑薄斂，民歸如市。時人謂：『張公見聲伎未嘗笑，獨見佳麥良蠒則笑。』由是凶年不饑，遂成富庶。至[128]昭宗時，郭禹爲荆南留後[一]，止存十有七家，禹撫集凋殘，晚年及萬户。華州刺史韓建亦招撫流散，勸課農桑，民富軍贍，時號『北韓南郭』。臣謂宜嚴責兩路守、令，以『勸農』、『營田』繫銜者，毋爲虚名，力圖實効，出入阡陌，勸相勞來，務廣墾闢。或將淮上控扼州郡改差循良武臣，俾之綏輯，且耕且戰，曠日持久，爲善後之圖。」從之。

十八日，户部員外郎、奉使兩淮馮方言[二]：「臣至楚州犒設山東忠義軍，據本軍將[三]，雖蒙按旬支給錢糧，緣各家老小累重，食用不前[四]。今與衆議，除軍身教習武藝外，其餘乞於三家或四家同共關借官錢，收買耕牛，關借子種，踏逐堪耕地土，趁時布種。今若因其所欲[五]，借給牛、種、糧食，創立規摹，它日可以逐旋增廣屯田之利。檢准紹興三十一年十二月赦書，内一項：『委江、浙常平司官於本路支撥常平錢收買耕牛、農具，交付淮南常平司，給借人户耕種，免納租課。候及三年，分限送納價錢。』（令）〔今〕淮東提舉司從去年俵散耕牛之後，尚有兩浙等路發到應副牛本錢四五千貫，乞專委本司就用見在錢，及通融本司錢及江、浙等路合發未到錢，添湊應副收買。選擇清强知縣，委付措置，於江、浙常平及義倉米内取撥借貸種糧，多方存恤。將來就緒，優與推賞。其忠義軍老小軍身非願佃之人，乞自都督行府劄下本路提舉司分撥施行。」從之。

五月十七日，臣寮言：「今日之急務，莫若且休兵營田。州郡[129]官以『營田』爲名，而無營田之寔。欲究其實，有十説焉：一曰擇官必審。昔魏武欲經畧四方，苦軍食不

[一] 留：原作「劉」，據本書食貨三之九改。
[二] 使：原作「淮」，據本書食貨三之九改。
[三] 「軍將」下疑脱「言」字。
[四] 前：原作「全」，據本書食貨三之九改。
[五] 欲：原脱，據本書食貨三之九補。

足〔一〕，置屯田〔二〕，以任峻爲典農中郎將；司馬懿謀伐吳，乃使鄧艾廣田蓄穀，是也。二曰募人必廣。趙充國留弛刑、應募及吏私從者，合萬二百八十一人；後魏文帝時，李彪請別立農官〔三〕，取州郡户十分之一充屯田人，是也。三曰穿渠必深。趙充國圖擊先零，屯田于金城，先浚溝渠〔四〕；鄧艾屯田于壽春，遂開河渠之利，是也。四曰鄉亭必修。趙充國繕鄉亭、理湟陿是也。五曰器用必備。趙充國上器用簿是也。六曰田處必利。漢昭屯田于張掖，魏武屯田於許昌，是也。七曰食用必充。趙充國屯田，萬二百八十一人，用穀月二萬七千三百六十三斛，是也。八曰耕具必足。後魏文帝大統十一年，李彪請以贓贖雜物市牛科給。唐開元二十五年，諸屯田用牛耕墾〔五〕，土軟處每一頃五十畝配一牛，强硬處一頃二十畝配一牛〔六〕，稻田每八十畝配一牛。諸營田若五十頃外更有地剩配耕牛者，所收斛斗皆准頃畝措除。是也。九曰定税必輕。東晉元帝太興中，後將軍應詹上表屯田〔七〕，一年與百姓，二年分税，三年計税賦以使之，公私兼濟；李彪上表，一夫之田，歲責六十斛，蠲其正課并征戍、雜役，是也。十曰賞罰必行。昔晉元帝督課農功，二千碩長吏以入穀多少爲殿最；北齊武成帝河清中，詔緣邊城守營田，歲終課其所入〔八〕，以論褒貶，是 130 也。凡此十者，營田之制盡矣。就其中莫難於募人，猶莫難於耕具。募人之要，臣請如李彪之策〔九〕，取州郡户十分之一〔一〇〕，又加廣焉。人户能募三十人於淮南要害處營田三年，有官人與轉兩官，無官人與免二十年差役，願補官資者聽，選人與改合入官，恩科人與免權入官；能募二十人或十人者，比例施行，仍令州郡敦遣。如此，則人樂從矣。不然，徙猾吏及貧人不能自業者於寬地，如崔寔之《政論》；或因罪徙於沿邊，如仲長統之《昌言》，斯亦可矣。其耕具，則請權住廣西馬綱三年，專令市牛。蓋廣西雷、化等州牛多且賤，臣頃在廣西，知之詳矣。」工部勘當：「昨降指揮，江、淮州縣營田官莊，將州縣係官空閑田土并無主逃田並行拘籍見數，每縣以十莊爲則，每五頃爲一莊，召客户結甲耕種，官給牛具，借貸錢本，其客户仍免諸般差役、科配。

〔一〕軍：原脱，據《歷代名臣奏議》卷四九載胡銓奏補。
〔二〕屯：原作「營」，據本書食貨三之九及《三國志》卷一六《任峻傳》改。
〔三〕農：原作「營」，據本書食貨三之九及《魏書》卷六二《李彪傳》改。
〔四〕溝：原作「漕」，據本書食貨三之九及《漢書》卷六九《趙充國傳》改。
〔五〕諸：原作「請」，據《通典》卷二改。
〔六〕「硬」原作「項」，「配」原脱，據《通典》卷二改補。
〔七〕詹：原作「簷」，據本書食貨三之九改。
〔八〕終：原脱，據本書食貨三之一〇補。
〔九〕如：原脱，據本書食貨三之一〇補。
〔一〇〕户：原脱，據《歷代名臣奏議》卷四九補。

每莊召募第三等以上土人一名充監莊〔一〕，先次借補守闕進義副尉，與免身丁，依軍中則例支破券錢。候秋成日，比較所收斛斗多寡，如合推賞，許申乞朝廷補正。及將初年收成課子除椿出次年種子外，十分爲率，官收四分，客户六分；次年以後，即均分。竊詳諸路營田，雖承指揮措置召募耕種，兼立定許補名目、推賞則例，非不詳備，緣逐路自來召到監莊之人，往往並不申到種過田土頃畝，比較所收物斛多寡，乞與補正，以致佃户視爲虚文，不肯勸誘開耕。今勘當，欲下淮南路 131 轉運司，兩浙、江東、京西提領營田官，江西、湖南、北安撫營田使，依已降指揮，將見管係官空閑田土，督責所部州縣多方召募可充監莊之人，勸誘客户廣行開墾。先次借補名目，如果能用心協力，措置耕種，候秋成日，比較所收物斛多寡，開具合推賞人姓名，保明申朝廷補正名目。」從之。

六月十八日，宰執進呈軍人蕭德訴襄陽屯田〔二〕。上曰：「此可罷。」陳康伯奏曰：「汪澈措置屯田頗就緒〔三〕，但不當役戰士。」洪遵奏曰：「止合募人願耕者。」上曰：「指揮更添入『不得抑勒』。候秋成所得，依舊與之。」

七月四日，樞密使、江淮東西路宣撫使、魏國公張浚言：「總領所諸軍營田官莊見占官兵人數稍多，每歲所得，不償所費。欲乞下有司取會，立限措置，將見管頃畝〔四〕、牛具、種糧，依官中、客户所得子利分數召人耕種，抵替官兵歸軍使喚。」詔工部行下逐路總領措置。

十月十二日，工部尚書張闡言：「制置司已將營田諸屯見耕種人丁放令逐便，仍罷營田，令工部看詳。臣聞自古兩國相持，勝負未決，必有師老財匱之患。善制勝者，欲省饋運之費，莫不以屯、營田爲急。如趙充國屯於金城，羊祜〔五〕屯於襄陽，任峻屯於許下，諸葛亮屯於渭南，皆能（籍）〔藉〕以成功。何古人行之爲得策，今日行之爲有害耶？抑嘗（又）〔反〕復思之，蓋荆襄之地，自靖康以來，屢經兵火，地廣人稀，不患無田之可耕，常患耕民之不足。居無事時，勸之使耕，積以歲月之久，132 僅能墾闢一二。況舉事之始，曾未期月，欲使盡無曠土，可乎？臣謂今日荆襄之地，屯田、營田之爲有害者，非田之不可耕也，無耕田之民也。欲耕田而無田夫，任事之人慮其功之不就〔六〕，不免課之於游民；游民不足，不免抑勒於百姓。百姓受抑，妄稱情願，舍己熟田，耕官生田。私田既荒，賦税猶在。或遠數百里追

〔一〕一名：原脱，據本書食貨三之一〇補。又句首「每莊」似當作「每十莊」，其説如下：監莊之設，始於紹興六年八月，見本書食貨六三之一〇六、《建炎要録》卷一〇三，其文字與本條多同，而均云十莊置監莊一人。即以本條文字而言，「每五頃爲一莊」，不過客戶數家，若每莊設監莊一人，且借補名目，免身丁，支破券錢，今後還可能補正名目，支破請給，豈非得不償失？故疑此誤。

〔二〕訴：原作「新」，據本書食貨三之一〇改。

〔三〕澈：原作「徹」，據本書食貨三之一〇改。

〔四〕管：原作「營」，據本書食貨三之一〇改。

〔五〕祜：原作「祐」，據本書食貨三之一〇改。

〔六〕事：原作「使」，據本書食貨三之一〇改。

集以來；或名爲雙丁，役其强壯者；占百姓之田以爲官田，奪民種之穀以爲(爲)官穀。老稚無養，一方搔然。有司知其不便，申言於朝廷罷之，誠是也。然臣竊謂自去歲舉事以至今日，置耕牛，置農器，修長、木二渠，費已十餘萬，其間豈無已墾闢之地乎？豈無廬舍、場圃尚可就以卒業乎？一旦舉而棄之，不爲勢力之家所占，則是捐十萬緡於無用之地，而荆襄之田終不可耕也。臣比見兩淮歸正之民源源不絶，動以萬計，官給之食，以半歲爲期，今已踰期矣。官既不能給，斯民無所依，老弱踣於飢餓，强者轉而之他，殊失斯民向化之心，兼亦有傷國體。臣愚以爲荆襄之田尚有可承之規摹，與其無民耕而棄之，孰若使歸正之民盡遣而使之耕，非惟可免流離困苦之患，庶使中原之民知朝廷有以處我〔一〕，不至失所，率皆襁負而至。異日墾闢既廣，田疇既成，然後取其餘者而輸之官，寔爲兩便。」詔除見有人耕種依舊外，餘令虞允文同王珏疾速措置。

二年正月二十五日，江淮都督府參贊軍事陳俊卿 133 言：「兩淮兵火之後，前後議屯田，其説紛然，卒不能有立。蓋欲募民屯，則非良守令出入阡陌，遲以數年，何以見効？事既悠悠，無肯任責者。若使軍人營田，事或易集。前此兵將官多難之，近與鎮江都統制劉寶熟論，欣然有欲爲國家出力、率先諸將之意。其説似有理：欲只用不披帶人，分數十頃項，擇見今係官荒田，標旗立寨，多買牛、犁，縱耕其中。田熟之日，官不收課，人有所得，自然樂從。數年之後，墾田必多，米穀必賤。所在有屯，則村落可無盜賊之憂；軍食既足，則饋餉可無運漕之勞。此誠永久守兩淮之上策，第須久任其人，責以成効。若取効目前，又或憚其小擾，則無時而成。此説或可行，乞下劉寶條具施行。」詔令陳俊卿、劉寶疾速同議，條具聞奏。其後，劉寶具到：「見管營田官莊四十二所，田四百七十五頃八十八畝，官兵五百五人，客户二百六十五户。臣契勘得營田軍係元不入隊人内差撥〔二〕，即無堪充披甲出戰之人。歸正人已承都督府取問，此係情願請佃。所稱軍兵費用錢、米，係是逐人身分合得請給，即不是因營田別有支破。」今看詳，欲乞將本軍見管營田頃畝且令依舊耕種。寶又言：「淮東自經兵火凋殘之後，荒田甚多，若令且耕且守，醜虜聞之，必不敢輕犯。乞於揚、楚、高郵、盱眙、天長諸處〔三〕，檢踏係官不係官應干荒田可以耕種者。於内雖有主，未曾歸業，亦許時暫種蒔，候將來事定日撥 134 還。其檢踏到頃畝，悉置簿拘籍，以憑斟酌分撥人兵前去〔四〕。欲乞於入隊官兵内揀選請受低小、元係莊農使臣五人例、三人例，及効用、長行軍兵口累重大、情願屯田者，及忠義歸正人舊曾力田耕墾之人，盡數集定數目，以備分撥種蒔。合用農具，本軍自行置

〔一〕以：原脱，據本書食貨三之一一補。
〔二〕人：原脱，據本書食貨三之一一補。
〔三〕處：原作「路」，據本書食貨三之一二改。
〔四〕撥：原作「別」，據本書食貨三之一二改。

辦外，其耕牛、種糧、蓋屋竹木，並乞官中給降。每十人爲一甲，斟量田畝多寡，共成一寨，於内差使臣一員管幹。人數稍多，即差部隊將一員監轄。每一旬差將官一員詣逐寨看視，時復差統制官點檢，及實不測前去提領。一、於種蒔之暇〔一〕，令官兵時復閲習元來執色武藝〔二〕，免至廢墮。至收成畢農隙時，却行抽迴軍前，以備防捍。委淮東提領營田官王弗同共措置。今來揚州見樁管廢罷孳生馬監錢銀共四萬三千九百六十一貫文〔三〕，欲撥付總領所拘收，專充措置營田種糧、牛具等使用。」並從之。

三月十四日，司農少卿、總領淮東軍馬錢糧，兼措置江淮等路營田王弗言：「自古屯田之制，止用軍兵，唯魏武於許下募民屯田，積穀至數百萬。然則軍、民雖異，而屯田期於積穀則一也。國家軍興以來，屢降詔旨，太上皇帝親書《趙充國傳》賜諸大帥，所以激勵諸將，然終莫有能奉承德意以塞詔命者。紹興五、六年間，置營田司，講究利害而施行之。臣嘗同領江淮等路營田公事，經營二年。初年官收四分，莊户六分，次年官與莊户各收五分。省記紹興六[135]年官中所收約七十四萬石，莊户所分一同。繼被旨結局，分隸諸路漕司權領〔四〕，遂致人情觀望，田政日削，牛死不補，客去不追，耕熟之田，認者輒與，迤邐不振，日就廢壞。今雖有存者，所得無幾，若再行招召，愈更艱難。兼游民今皆著業，往往不肯開墾荒田。欲乞先於側近軍分與主帥商議，揀次等不堪出戰及知農務之人，每軍以十分爲率，差撥一二分列屯耕作。其置莊、買牛、造農器、分課子，並依昨差提領營田司已降指揮施行外，有當時募民官莊，各乞下逐路取見已廢、見存數目，且據舊來所管莊數目、所闕客户，招召情願人户補填。所貴軍、民各有課程，假之歲月，以漸增廣。」從之。

七月二十八日，知復州張沂言：「本州景陵縣管下舊有營田官莊，自紹興六、七年間宣撫司營置，今三十年矣，名存而實亡，歲久而害深。當時耕牛，歷年既多，十無七八，歲課之租，盡成科抑。逮於裝發，人户名下復有水脚之誅。今以所給牛租一千七百斛之穀，仰視國計之大，如太山之一芒，而一郡之民歲受其弊。乞於揀汰使臣内差一二人，董率揀汰之卒而營治之，候三二年間，耕種成熟，别議增減，委是公私兩濟。」詔令措置營田官王弗相度。弗照得：「景陵縣營田經今二三十年，耕種已就緒，如有廢壞、耕牛倒死、少闕客户，自合依已降指揮補填。若將揀汰之卒耕種，竊緣揀汰軍兵皆係癃老病患，不堪征役。今相[136]度，欲乞下荆湖北路營田使行下本州，取見當來興置營田幾莊，若干頃畝，耕牛、農具、客户數目，并見所管之數。如内有委實科抑去處，即行放散，其退下田土，却别召情願人

〔一〕種：原作「衆」，據本書食貨三之一二改。
〔二〕武：原作「五」，據本書食貨三之一二改。
〔三〕銀：原作「糧」，據本書食貨三之一二改。
〔四〕路：原作「軍」，據本書食貨三之一二改。

户承佃。若官莊廢壞，耕牛少闕，自合營田司那融計置收買應副。其所闕客户，亦(抑)〔仰〕照應已降指揮，招召情願人户補填見闕之數。」從之。

十一月十五日，詔：「襄陽府營田官吏並罷，止令京西轉運司官吏兼管，更不添請給。」

【宋會要】

137乾道元年二月二十四日，詔：「兩淮合行屯田，以便軍食。昨來郭振於六合措置，已見就緒，今來已除鎮江府駐劄御前諸軍都統制，所有淮南東路屯田，理合委官。令郭振同王弗〔一〕、周淙疾速措置，其合用種糧、農具、牛畜等〔二〕，一就條具奏聞。」其後王弗等條具下項：「一、檢淮紹興六年十二月十九日指揮，措置屯田，乞以五十頃爲一屯，作一莊，差主管將領一員，監轄使臣五員，軍兵二百五十人。如次年地熟，人力有餘，願添田土，聽從其便。一、近取會到(楊)〔揚〕、楚州、高郵、盱眙軍、天長縣見管係官荒田共五萬八千餘頃，所用種本、收買耕牛、置辦農器、修蓋廬舍寨屋，差撥軍兵列屯耕作，使臣管幹監轄，雖蒙朝廷降到銀、絹，止紐計錢五萬餘貫，若下手措置收置牛畜〔三〕、蓋屋之類，大段數少。欲望廣行支降錢本應副使用。」詔令淮東總領所將寄收屯田錢五萬貫，并見樁管都督府度牒一百三十二道價錢，撥充屯田使用。

三月十一日，詔：「已降指揮，兩淮合行屯田。昨來郭振於六合措置，已見就緒，所有淮西、湖北、荆襄，令沈介、張松、王炎、楊倓、王彥、趙撙〔四〕、王宣、張師顏疾速措置。」

五月十八日，詔：「淮東、西、湖廣總領，淮南東、西、湖北、京西帥、漕臣，並兼『提領措置屯田』，兩淮、湖北、京西諸路州軍守臣，並兼『管内屯田』。」

七月五日，權發遣滁州(揚)〔楊〕由義言：「被詔措置屯田，以便軍食。138除已將鎮江府都統制郭振撥到不入隊軍兵五百人〔五〕，摽撥荒廢田一百餘頃，蓋造莊屋，收買牛具，近已分撥軍兵前去逐莊居住，趁時開耕，布種二麥外，契勘本州元管營田七十頃，緣營田與屯田不同，屯田係使軍兵耕種，營田係召募百姓耕種，逐年將收到子利依營田司元降指揮〔六〕，除種子外，官中與佃客作四、六分，官得四分，客得六分。本州近緣兩遭北軍侵犯，牛畜、農具不存，營田莊客衣食不繼，星散逃移，致所管營田多成荒廢。今來本州元管營田七十頃，目今共有耕牛二頭、佃客二十七户。臣近申朝廷，乞將今年營田二十七户名下分到係官子利盡給付本州接濟營田，未蒙回降。竊緣今來措置屯田一百餘

〔一〕令：原作「今」，據本書食貨三之一三改。
〔二〕「糧」原作「種」，「畜」原作「蓄」，據本書食貨三之一三改。
〔三〕畜：原作「蓄」，據本書食貨三之一三改。
〔四〕撙：原作「樽」，據本書食貨六三之五二及《景定建康志》卷二六改。
〔五〕郭振：原脱，據本書食貨三之一三補。
〔六〕司：原脱，據本書食貨三之一三補。

頃已見次第〔一〕，欲下淮東提領營田司覈寔，將今年營田子利盡與本州，容臣措置牛具，招集莊客，更就官莊側近踏逐良田三十頃，湊成營田一百頃，葺理耕種。」從之。

八月三日，敷文閣待制張子顏言：「朝廷見今措置兩淮營田官莊，臣於真州及盱眙軍境内有水、陸田、山地等共一萬五千二百七十七畮〔二〕，謹以陳獻。」詔價直令户部紐計，支降度牒給還。繼而張（完）〔宗〕元以真州己産二萬一千八百一十三畝，楊存中以楚州寶應縣田三萬九千六百四十畮并牛具、船屋、莊客等獻納，並從所請。

十二月三日，知襄陽府路彬言：「乞將轉運司營田一屯，見有五十餘户耕種，歲收物斛不多，乞委[139]本府宜城縣令、尉兼行管幹。其收到物斛〔三〕，依舊轉運司拘管。所有營田司元置官屬，効用并省罷。」從之。

十五日，詔：「兩淮、湖北、京西諸軍今年新開耕到屯田，與免來年夏、秋兩料應干租課，本軍不得別作名色妄行科取。」

二十二日，宰執進呈張之綱繳奏蘇碯論屯田之兵與農民雜處，民間悉不安居，多有移徙者。上曰：「令郭振、劉源將總領所支到屯田軍兵寨屋錢，各於田畮相近處如法修成營寨，不得與居民相雜。」

乾道二年正月十六日，宰執進呈周淙、龍大淵相度到郭振乞於楊子橋置屯田〔四〕，侵占民間田土，不便。上曰：「郭振如何妄有奏陳？可并畫到圖子，劄令具析。」先是，郭振言：「揚州南十五里地名楊子橋南岸一帶，乞置屯田一所，并牧馬官莊，不與民間交雜。」遂詔周淙、龍大淵同共相度。至是，周淙等相度來上〔五〕，故有是命。

二十四日，詔鄂州駐劄御前都統司副將、武經郎侯汶特降兩官勒罷，令本軍自効。以本司都統制趙（樽）〔撙〕言：「本司措置屯田，差發官兵二千人前去德安、郢、隨州摽撥荒閑田土，措置開墾。其部轄官踏白軍第二十六副將、武經郎侯汶，自到德安府，將屯田官兵並不存恤，至今年十一月終，共逃竄過七十三人；并耕牛亦不如法養餵，致倒死二百五十餘頭。又所耕田土大段數少，顯是故不用心措置。若不懲戒，深恐屯田卒難就緒。」故有是命。

二月十三日，總領淮東軍馬錢糧所奏：[140]「已降指揮，兩淮、湖北、京西路諸軍今年新開耕到屯田〔六〕，與免來年夏、秋兩料應干租課，本軍不得別作名目妄行科取。本所除已牒鎮江府提舉措置屯田郭振遵依施行外，所有淮東路諸州軍亦有鎮江府諸軍新開耕屯田〔七〕，并楊存中等獻納

〔一〕屯：原作「營」，據上文及本書食貨三之一四改。
〔二〕田山地等：原作「山田等地」，據本書食貨三之一四乙。
〔三〕斛：原作「料」，據上文及本書食貨三之一四改。
〔四〕到：原脱，據本書食貨三之一四補。
〔五〕來：原作「上」，據本書食貨三之一四改。
〔六〕路諸：原作「諸路」，據本書食貨三之一四乙。
〔七〕耕：原無，據下文及本書食貨三之一四補。

田土，即未審合與不合遵用上件指揮。」詔：「新開耕屯田自合照應已降指揮施行。其逐處獻納官莊，即非新開田，不合放免租課。」

三月六日，宰執進呈荆南駐劄御前諸軍都統制、兼提舉措置營田王宣劄子：「近得湖北運判程逖書報，陛辭之日，面奉聖訓，令本軍屯田且據目下，不得增葺，仍具已墾數目及施行事體聞奏。竊緣當時制置司備奉指揮行下日，臣曾具利害申聞，謂從軍之人率皆游手，不樂耕稼，若不誘之以利，未易即工。遂條具分收事宜：初開荒年，所收全給；次年依鄉例，主、客減半輸官，是十分止收二分半；第三年，方依主、客例分收。務要從寬，期於集事。悉蒙俯從所陳。今來屯田官兵室廬皆已就緒，耕鑿亦已安業，麥種已下千五百石〔一〕，但自冬及春，牛疫爲災。今漕臣既有建白，謹當遵稟。」洪适等曰：「荆襄屯田行之多年，已成次第，深恐因程逖宣旨，却致荒廢。」上曰：「朕意本不如此，可明以諭之。」适等奏曰：「且令王宣將見屯田官兵依時耕種。」上曰：「然。」

六月五日，詔淮東屯田令鎮江府駐劄御前都統制戚方提舉。

六日，新除淮南路轉運判官王之奇 141 朝辭奏事，上宣諭曰：「淮上屯田，已令有司將今年所收盡數給種人。卿到彼點撿，如有奉行滅裂去處，便與理會，務要實惠及人。」

二十五日，建康府駐劄御前諸軍都統制、兼提舉措置屯田劉源言：「伏覩指揮，將永豐圩開掘。見管租户數多，若一旦放散，無所歸着〔二〕，便見失所。今來本軍差軍兵在和州巢縣屯田，竊恐於内却有不諳田土之人。今相度，欲候開掘永豐圩〔三〕，將放散租户内取問情願屯田之人，撥换所差屯田軍兵歸軍。所有合用糧食，乞令總領所支借應副，委是兩利。」詔令江東轉運司先次取問租户，如有願耕屯田之人，候至十一月發遣前去，仍關報總領所支借糧食。

八月三日，詔：「武鋒軍已撥隸步軍司，可就令錢卓將帶所部人前去六合縣措置屯田，須管限一季了畢。」

十八日，詔：「錢卓罷知高郵軍，依舊武鋒軍統制，六合縣駐劄，措置屯田〔四〕。」

九月十五日，湖北轉運司言：「已降指揮，湖北、京西路帥、漕臣並兼提領措置屯田，諸州軍守臣兼管内屯田事。照得德安府、隨州、郢州三處，即目各有鄂州都統司軍馬屯戍，乞於逐處措置屯田外，其餘州軍無屯戍軍馬，難以措置屯田，竊慮難以虚帶屯田職事。」詔湖北轉運司，既止有德安府一處屯田，免行干預，其餘州軍别無屯田去處，自合免帶。

三年二月八日，武鋒軍正將、總轄楚州寶應縣屯田事

〔一〕已：原作「以」，據本書食貨三之一五改。
〔二〕無：原作「所」，據本書食貨三之一五改。
〔三〕掘：原作「握」，據本書食貨三之一五改。
〔四〕置：原作「制」，據本書食貨三之一五改。

務賈懷恩言：「本莊除隸本軍所管外，有高郵[142]軍及淮東安撫司、總領所、淮南轉運司、鎮江府都統制司並帶屯田職事，逐處不時行移取索，委是文字繁冗，供報不前。」詔竇應等縣屯田莊除隸屬步軍司并淮東總領所外，其餘官司並免管轄。

十三日，總領淮東軍馬錢糧所言：「淮東州軍措置新開耕屯田，乾道二年收到夏、秋兩料物斛，除樁留次年種子外，其餘依當年正月內御筆處分，盡給耕種軍兵了當。所有乾道三年分夏、秋兩料并已後年分收到物斛數目，即未審合赴是何去處送納。」詔將本路州軍屯田今年并已後年分所收物斛，除樁出次年種子、客户等分給外，依營田例，大麥、稻穀充馬料，令户部除豁合支降馬料數目；小麥、雜豆等本所拘收，出糶價錢，起赴行在左藏南庫送納。其淮西、荆湖北屯田，准此措置。

三月二十七日，知隨州周沖翼朝見進對，上宣諭曰：「隨州極邊，應營田、屯田，卿可躬親提檢，應所種多少，所得多少，先次奏來，要知其數。」

六月十三日，太府寺丞、總領淮西江東軍馬錢糧，兼提領措置營田葉衡言：「本所有營田五軍莊，計田二百七頃六十五畝，歲收夏料大麥四千一百石、小麥一千三百餘碩，秋料禾稻一萬八千一百餘石，充馬料。以時價估計，共可值錢三萬貫省。而所差使臣、軍人各五百八十四人掌管，歲請錢四萬七千七百餘貫，米六千五百碩，絹二千二百餘匹，綿三千四百餘兩，紐約用錢七萬五千[143]餘貫，所得不能償所費之半。兼差去使臣、軍人皆是癃老，及官職稍高之人占破身役，若依近降指揮揀汰，又緣諸州軍揀汰人數至多，竊恐諸州難以應辦。」詔都統制劉源將諸軍莊監莊使臣并軍客揀選〔一〕，委實癃老之人，依舊存留營田所看管，減半支破請給。內若有堪充披帶人數，即行拘收，歸軍教閲。所有逐人名下耕種田土，從本所召募農人耕種。

七月十四日，鎮江府駐劄御前諸軍都統制、兼提舉措置屯田戚方言：「面奉聖訓，令措置招召百姓客户，抵替淮東營田、屯田官兵歸軍教閲。契勘淮東營田并揚州、滁州屯田三項〔二〕，共占官兵一千五百一十二人〔三〕。今以去年所收物斛紐計價錢九萬一百餘貫，將官兵一年合請錢、米、衣賜共約計錢二十萬六千八百餘貫，比之收到物斛錢，大請過官中錢一十一萬六千七百餘貫。臣今於前項官兵，只乞存留主管、監轄官并曹司等一百二十二人依舊在莊部轄使喚外，有力耕軍兵一千三百九十人，委是虚占枉費，今若從臣所請，拘收歸軍，不獨省減財賦，於官中課利亦無虧損，又得逐時教閲。乞下逐處守臣，不得將前項屯田官兵巧作緣故占吝。所有營田，臣乞依舊與淮東總領所同共提

〔一〕選：原脱，據本書食貨三之一六補。
〔二〕項：原作「頃」，據本書食貨三之一六改。
〔三〕一十：原作「十十」，據本書食貨三之一六改。

領措置。」詔令戚方將少壯堪披帶人拘收歸軍，其老弱人且令依舊，免行揀汰。

十二月六日，權發遣(知)〔和〕州胡昉奏事，繳納屯田軍兵圖册劄子。上曰：「屯田子144弟，已兩次御筆行下令發歸本莊，可籍記，仍不得刺手面。」

四年六月二十四日，鄂州都統制、提舉措置屯田趙(樽)〔撙〕等言：「昨恭依指揮，差發官軍前去安、郢屯田，以便軍食。去歲夏、秋兩料收五萬餘石，其黑豆餵牛，大麥、稻穀充馬料，所有小麥、粟、穀、雜豆，糶發價錢赴左藏南庫送納。所有逐處屯戍軍馬合用糧料，係總領所逐時移運應副支遣。今來安、郢兩城修築堅固，欲乞將已後屯田所收大麥、粟、稻置倉樁頓。五年之間，可積數十萬斛，以備邊陲有警，應期支遣。」從之。

十一月八日，詔差知無爲軍徐子寅前去淮南措置官田利害，仍以「措置官田所」爲名，徐子寅每月添支特給錢七十貫，於所在批支。

五年(五)〔正〕月十七日〔一〕，徐子寅言：「今往楚州界内相視到空閑水陸官田，敦請到歸正頭目人傅昌等〔二〕，勸諭歸正人王宗等四百二名，情願結甲〔三〕，從官中借給耕牛、農具、屋宇、種糧，請田耕種。今措置條具下項：據楚州具到寶應、山陽、鹽城、淮陰四縣空閑水陸官田共計七千二百七十八頃一十四畝一角三十四步，内淮陰縣係沿淮極邊，鹽城縣係沿海，難以令歸正官於逐處種田外，所有寶應縣孝義村、艾塘村、白馬村、侯村，共有空閑水陸官田二百餘頃，係南近高郵軍界〔四〕；山陽縣大溪村，有空閑水陸官田三百餘頃，係在楚州之南。臣同傅昌等相視，其田各堪耕種。今措置，欲每名給田一頃，五家結爲一甲，145内一名爲甲頭，並就種田去處，隨其頃畝、人數多寡，置爲一莊。每種田人二名，給借耕牛一頭，犁、耙各一副，鋤、鍬、钁、鎌刀各一件。每牛三頭，用開荒銐刀一副。每一甲用踏水車一部，石轆軸二條，木勒澤一具。每一家用草屋二間，兩牛用草屋一間，每種田人一名，借種糧錢一十貫文省。趁二月初一日開墾使用。仍委知縣置籍〔五〕，每一季親詣勸諭耕種。其田給爲己業，通計滿十年日起納稅賦。仍令寶應、山陽知縣紐計元置造農具、屋宇及元買耕牛價直，并所借種糧錢，均作五年拘還。其所收錢，每年從楚州類聚，解納行在左藏南庫樁管。仍令差元勸諭頭目人進武校尉、添差淮東安撫司緝捕盜賊、不釐務傅昌，守闕進義副尉、添差常州聽候使喚、不釐務韓禮，並許帶見任差遣前來部轄；進義校尉王真，守闕進勇副尉謝彪、永免文解顧知古、借補成忠郎叢汝爲、借補承信郎徐悦、借補承信郎王榮，並充部

〔一〕正：原作「五」，據本書食貨三之一七改。
〔二〕傅昌：原作「傳唱」，據本書食貨三之一七改。
〔三〕甲：原作「申」，據本書食貨三之一七改。
〔四〕軍：原作「高」，據本書食貨三之一七改。
〔五〕仍：原作「乃」，據本書食貨三之一七改。

轄。乞下淮東安撫司，將頭目人八名各先次加借轉一官資。内願知古係永免文解，與借補進勇副尉。候耕種及二年，令楚州保明，繳納元借轉官文帖，申三省、樞密院。如係真命人，與換給轉一官資；若係借補人，乞斟酌補正。日後更有歸正願請田人，欲乞並依今來措置到事理施行。」詔令徐子寅措置。

十九日，徐子寅言：「被旨措置兩淮官田。乞先往楚州，催督守、令置造農具、屋宇，給散耕牛、[146]種糧錢，趁二月内開墾。俟措置一州畢日，即往以次諸州軍。所有諸州軍合具空閑官田數目，乞從本所先次行下，依所立日限開具申供。所有置買牛具等合用錢物，乞每料支降會子二萬貫，俟支用一料將盡，乞給降一料接續支用。如有官吏違慢去處，其人吏乞從本所杖一百斷罪〔一〕，當職官取旨，乞重賜施行。」從之。

三月二十七日，知樞密院事、四川宣撫使虞允文言：「利州路諸州營田，向緣兵火之後，田土荒閑，無人耕佃。前宣撫使鄭剛中措置差撥官軍耕種，將每歲收到租米斛㪷更相兑易，對減成都府路對糴米一十二萬石應副贍軍〔二〕。臣昨入蜀境，體訪得積年既久〔三〕，弊倖不一。軍兵與齊民雜處於村疃之間，恃强侵漁，百端搔擾。又於數百里外差科百姓保甲指教耕佃，間有二三年不得替者，民甚苦之。其租米斛㪷，歲豐則利歸莊官，水旱則保甲均認。兼所收之租不償請給之數，謂如興元府歲收租九千六百七十三碩，一年却支種田官兵請受計一萬一千四百四十五石之類。知興元府晁公武措置，以三年内所收租課取最高一年爲額，等第均敷，召人請佃，發遣官兵歸將，擇少壯者教閲，老弱者揀汰。已據興元府、鳳州召人承佃〔四〕，自去年秋料爲頭，理納所承之租。并階、利、興州已係人户租佃外，有西和、成、洋州打量到見管田畝，臣已行下總領查籥差屬官一員前去逐州，同知、通措置，[147]召人請佃，發遣軍兵歸將，放散保甲，依舊歸元來去處防托邊面。」從之。

八月十七日，詔：「鎮江都統司及武鋒軍見管三處屯田官兵，並拘收入隊教閲。其屯田并耕牛、農具等，令逐諸軍交收，日下出榜召人請佃，只認軍中所認租額。」

九月六日，知(楊)〔揚〕州莫濛言：「准指揮：『鎮江都統司及武鋒軍見管屯田官兵，並拘收入隊教閲。其屯田耕牛、農具等，令逐州軍交收，日下召人請佃，只認軍中租額。』濛照應上件屯田，今來已是開成熟田。若依所降指揮召人請佃，只認納租額。若租額稍輕，往往盡爲有力之家所佃；若或租額稍重，未必有人請佃，一年之後復爲荒田。今來淮甸民户復業者衆，皆謀生計，如揚州逐時人户交易田土，投買契書，及爭訟界至，無日無之。今乞令逐州軍將

〔一〕罪：原作「罷」，據本書食貨三之一八改。
〔二〕對減：原作「到減」，據本書食貨三之一八改。
〔三〕得：原脱，據本書食貨三之一八補。
〔四〕州：原作「洲」，據本書食貨三之一八改。

所管屯田先次估定價錢，開坐田段，出榜召人實封投狀，增價承買，給付價高之人理充己業。耕牛、農具，亦令逐州軍各行變賣。所有目今田土青苗，亦乞委縣官措置收刈變轉，同賣田價錢（令）〔令〕項樁管，以備朝廷取撥支用。」詔逐州軍將所管屯田目今已成苗稼且令官兵收刈〔一〕，候收成了日，以租額輕重比近品搭均一，依已降指揮召人請佃。

十一月十日，大理正、兼權駕部郎中、措置兩淮官田徐子寅言：「近降指揮，武鋒軍見管三處屯田官兵拘收入隊教閱，其屯田并耕牛〔二〕、農具等，令逐州軍交收〔三〕，召人請佃。今竊見所罷屯田莊[148]數內，楚州寶應縣一莊有田一百三十二頃，一莊有田五百頃。乞將二莊所管耕牛、農具、屋宇、種糧等盡數撥付官田所，勸諭歸正人耕種，仍乞就差賈懷恩、王知彰管轄。所有課子，乞依官田所例蠲免，候至十年納賦稅。」詔依，所收課子與免五年。

六年正月二十五日，建康府駐劄御前諸軍都統制郭振言：「已降指揮，令振同淮西總領所相度揀選屯田堪披帶人充入披帶，不堪披帶人且令依舊屯田，於新得子利內量度支給養贍，却召募少壯人補填軍籍〔四〕。契勘屯田官兵共約三千餘人，其每年所收物斛大段數少，若將不堪披帶官兵止於所得子利內支給養贍，委是不給。乞將屯田諸莊內除巢縣界柘皋莊依已降指揮召歸正人耕作外，其和州界屯田並行廢罷，將見占官兵拘收歸軍。」詔其田令和州召人租佃；如無人，即估價召人承買。

二月十一日，建康府駐劄御前諸軍都統制、兼知廬州郭振言：「承務郎薛康中措置廬州屯田事件，令振相度。今條具下項：一、耕田合用莊丁四千人，軍兵一千人。建康諸軍所管屯田，已依近降指揮並行廢罷，其見占官兵拘收歸軍，今來若行差撥，有礙前項指揮。且廬州見管户口、人丁，累經兵火蹂踐凋零。今欲乞召募情願人户耕蒔，或無歸貧乏之人，與免科役，官給牛具，借貸種糧，付與耕作。其所收子利，除樁出借貸種糧外，以十分爲率，官與力耕人中[149]分。一、乞先次蓋造住屋二千間，收買耕牛五百頭，並令淮西轉運司應副。候將來耕種稍成次第，一面關報本司接續蓋屋、買牛。一、稻種借糧，乞據合用數目關報淮西總領所借撥應副使用，候收成日，却行樁收。所有薛康中，乞差充提領屯田所幹辦官〔五〕。」從之。

二十八日，詔建康府都統司退下淮西屯田，專委淮南轉運判官呂企中措置召人耕種。企中條具下項：「一、今來建康府都統司退下和州管下并無爲軍柘皋鎮屯田數

〔一〕已：原作「以」，據本書食貨三之一八改。
〔二〕并耕牛：原作「耕牛并」，據上文及本書食貨三之一八乙。
〔三〕令：原作「今」，據上文改。
〔四〕軍：原脱，據本書食貨三之一九補。
〔五〕充：原作「撥」，據本書食貨三之一九改。

內〔一〕，柘皋鎮莊依已降指揮委郭振招召沿淮歸正人耕作外，有和州屯田元係五百頃，諸軍耕種，今召人耕種，欲多出文榜勸諭召募。一、屯田元是軍人開墾，官給種子等，所收花利，主、客中半分受。今召人耕種，即與向來軍人耕種不同。竊緣當來營田係是四六分，官收四分，客户六分，蓋欲優異人户。今來欲乞除種子外，依營田例四六分數，官私分受。欲乞令知縣、縣尉依營田法，階銜上各帶『主管屯田』。每遇支種子，委自知縣躬親到地頭當面支散。知、通、令、尉仍乞依營田例添支職田。一、今來屯田雖是成熟，竊緣創事之初，合行優恤，將來收成，欲合免第一年花利，次年爲頭，方行分數，官私收受。一、遇有人户前來承認耕種，乞就逐縣實封投狀請佃，畫時出給公據。一、今來屯田，不許見任官及僧寺、道觀、公吏等人詭名冒佃，許諸色人告論，如有違犯，申取朝廷指揮外，自【150】餘不拘西北流寓及兩淮居民，以至江浙等處客户，並許不以多少，量力踏逐承佃。仍令實封齎狀赴逐縣投陳〔二〕，別置簿籍，立定字號，畫時給據，付人户收執耕作。一、見椿管原係屯田牛具、犁杷、莊屋，遇有人户前來耕種，欲乞一面給散。一、所召到人户，並不得州縣差使搔擾，仍乞令逐州軍守臣常加覺察。一、給田之後，若遇水旱，委自令、尉躬親到地頭依實檢覆。一、據許子中先踏逐差到進義副尉袁亨、忠翊郎李彦忠，説諭到歸正林本等一行八十二人，各情願受田種蒔。乞依許子中申獲指揮，每種佃人一名，借種糧錢一十貫文省。一、許子中已申差李彦忠、袁亨充措置兩淮官田所聽候差使，今欲乞存留逐人措置屯田，使復仍以『措置屯田所准備差遣人』爲名〔三〕。」從之。

四月十二日，詔揚州、滁州屯田依和州已降指揮。

七年九月十一日，户部郎中、總領湖北京西軍馬錢糧、兼提領措置屯田呂游問言：「本所所收管營田、屯田內官兵闕人耕種之處，乞依元舊頃畝出榜，召百姓依元額承佃。」從之，租課令本所拘收。

八年三月九日，宰執進呈知楚州陳敏奏：「城東有古壽河四十餘里，自兵火以來，壅塞不通。欲開撅取水，灌溉田疇。先措置一莊，已成倫理，後於壽河一帶措置十莊，開闢田土。官兵力田之暇，不妨教習武藝，爲且耕且戰之計。」上曰：「與趙充國時屯田不同，漢以强治弱，兵有餘力，今日士【151】卒欲臨大敵，不可責以農事。」

七月十四日，知廬州趙善俊言：「朝廷分兵屯田，誠爲至計。然屯駐諸軍願耕者不得遣，所遣者不願耕，軍司並緣爲姦，當遣者僥倖苟免，得遣者驕惰不率，此不可一也。且以廬州合肥一縣言之，五軍七莊共一千五百餘人，正軍歲支錢一十四萬五千四百餘貫、米一萬三千九百餘石，歲

〔一〕都統：原作「統領」，據本書食貨三之一九改。和州：原作「知州」，據下文改。
〔二〕齎：原作「賫」，據本書食貨三之二〇改。
〔三〕准備：原作「備准」，據本書食貨三之二〇乙。

下稻麥種僅千石，所收才得五千石之數。若計其支遣，所收只可充兩月請給之費，又未免取辦於縣官，此不可二也〔一〕。朝廷以兵數不足，召募新民〔二〕，今乃令屯田蓄三二千習熟之兵〔三〕，驕惰於田野之間，緩急將安用之？此不可三也。臣謂罷屯田則有三利：習熟戰鬬之兵得歸行伍，從事於教閱，一利也。無張官置吏坐靡廩稍，無買牛散種以費官物，二利也。屯田之田，悉皆膏腴，牛犁、屋廬，無一不具，以歸正人使之安居，三利也。取其三利而去其三不可，在今日誠不可緩。」詔：「廬州見差建康官兵屯田並行廢罷，其田畝、牛具等，令趙善俊盡數拘收，許歸正人請佃，摽撥給付。如歸正人數少，即一面募人租種。仍委善俊將屯田官兵親行揀點，具堪入隊、不入隊及老弱病患姓名、人數申樞密院，並先次發遣歸軍。」既而善俊言：「屯田並係膏腴之地，既許人請佃，竊慮官員、秀才、公吏冒名前來承佃，不得專一應副歸正、流移等人，乞下廬州禁止。」從之。

九月三日，湖廣總領所言：「比准指揮，令相度荆、[152]鄂兩軍營、屯田利害。近據鄂、隨、郢州申，乞依舊令官兵耕種。本所照得逐州退下營田、屯田，其間往往皆是瘠薄田畝，又多與本軍見耕田土參雜，若且令營、屯田官兵相兼耕作，委是經久利便。所有荆南軍元退下屯田二百二頃五十五畝半，並係官兵累年開墾熟田，除耕種過一百二十一頃五十八畝，計用種一千一百一十五石七斗五升，一切了畢，務得歲計稻穀增羨。今來荆、鄂兩軍見退下空閑熟田，乞依荆南軍屯田，依舊令官兵耕種。」詔李安國疾速措置，差官主管，招募客户耕種，毋令荒閑田土。仍盡數拘收莊屋、農具，給付客户居住使用，將收藝到子利，照年例分隸。

同日，詔〔四〕：「淮南運判高禹將屯田官兵退下田畝并今來寬剩之數，疾速盡行招召客户耕種，毋令少有荒閑。仍令蔡洸依已降指揮，差官主管，拘收莊屋、農具，應付客户居住。收到子利，照應年例分隸施行。旬具招到客户〔五〕、耕種頃畝以聞。」先是，高禹言：「鎮江諸軍屯田，爲民之害，積年已久。專委屬官夏孝閔同高郵、江都兩縣主簿，密切遍詣諸莊，貌約頃畝肥瘠荒熟之數。除户部圖籍四百七十餘頃之外，約計寬剩尚近千頃。內除瘠薄之地三百餘頃，猶有膏腴七百餘頃。欲自今歲爲始，本司抱認上供諸司課子，并分給客户種糧，正行撥隸淮東運司。」故有是命。

九年五月七日，建康府駐劄御前諸軍都統制郭剛言：「太平州[153]營田官莊客户一百餘家，所占官兵二百四十餘人，一歲所收，除種子分給力田人外，共得稻三千餘石、麥

〔一〕二：原作「一」，據本書食貨三之二〇改。
〔二〕民：原作「名」，據本書食貨三之二〇改。
〔三〕今：原作「令」，據本書食貨三之二〇改。
〔四〕詔：原作「照」，據本書食貨三之二一改。
〔五〕户：原作「人」，據本書食貨三之二一改。

二百餘石，共準錢三千四百餘貫〔一〕。官兵歲約請給計錢二萬八千餘貫〔二〕，校之不及官中所支官兵兩月請給，委是大段虧損官課。乞將太平州營田官兵依趙善俊措置廬州屯田事理，委總領所逐一點揀彊壯人收充入隊，帶甲使喚，其老弱病患人，依揀汰人吏發遣。所有成熟田畝、牛具、屋宇等，令太平州盡行撥付見管客户耕作。如尚少闕，招召無歸之人請佃種蒔，輸納租課〔三〕。且本莊官兵積習舊弊，多有承佃之人，以其不係本司兵額，無緣根括，亦乞下總領所乘此揀點，一就取見諳實改正。内有職名人承代官資〔四〕，依已降指揮敦減一半，支破合得分數請給施行。」從之。以上《乾道會要》。

淳熙二年正月九日，詔：「逐路將人户已買營田並與消豁稻麥，依本州縣體例，照肥瘠高下起理二税，不得高價重疊科折。如有違戾，許民越訴。」從淮東總領錢良臣請也。

三年正月十八日，總領所言：「人户歸業，雖有紹興二十五年給還指揮，往往多是計囑公吏，妄稱本户子孫陳乞，官即信憑，給還官莊已耕熟營田，（以或）〔或以〕人户見佃田，以此詞訟不已。欲行下諸州，如日後有似此乞還業之人，即告示令踏逐官田，對本户真契畝數撥還，庶革前弊。」從之。

四年十一月八日，詔淮東安撫司：「將昨應募力田指使内不願開耕繳納付身人未還納[154]借支錢，并口食稻子一千七百二十四石四斗，並與除放。」

五年閏六月六日，興州駐劄御前諸軍都統制吴挺言：「自昔營田之積穀實邊，本以爲便，今階、成、西和、鳳州并長舉縣營田乃反不同，以三年計之，所得纔四萬九千餘緡，而所費乃一十七萬餘緡。乞令所屬州縣召民户請佃，却將軍兵抽還歸軍，趁赴教閲。」從之。

七年二月二十二日，詔四川有營田州軍依江、淮例，令知、通、縣令銜内帶「營田」二字。從四川總領李昌圖請也。

十年五月十三日，詔：「湖廣、京西轉運司將都統司具到頃畝，先次行下襄陽、德安府、郢州契勘，如於民田無侵犯，即依逐司條具事理施行。候將來招到佃户人數并所收課子數目，每歲開具聞奏。」以湖廣總領趙汝誼等言〔五〕：「鄂州江陵府都（都）統制岳建壽申：『襄陽、德安府、郢州根括積年荒田九十餘頃，與屯田見耕田土參接。今若許令本司從營田體例招置佃户，官給牛具、種子，與免官司差役，耕種所得租課分收入官，庶幾荒閑之地漸所得田。』奉旨：令都統司同總領所、京西、湖北轉運司措置條具聞奏。臣等今條具下項：乞從營田體例招置佃户，每頃以三人爲率，約當三百餘人。今欲將置到佃户依倣保伍法團結，有

〔一〕錢：原作「餘」，據本書食貨三之二一改。
〔二〕二：原作「三」，據本書食貨三之二一改。
〔三〕輸：原作「轉」，據本書食貨三之二一改。
〔四〕代：原作「貸」，據本書食貨三之二一改。
〔五〕總領：原無。按《實真齋法書贊》卷一三載此年趙汝誼爲湖廣總領，因補。

犯，從本屯及地分官司照條斟量輕重施行。一、官給牛具、種子，每畝種一斗，共用種九百餘石，欲於逐處屯田見椿斛斗內支撥。所有耕牛，每頃用牛二頭，共用一百八十餘 155 頭，并農具於營屯所錢內通融支撥收買。仍佃户每家官給草屋三間，內住屋二間，牛屋一間，令就本屯官兵計置起蓋。一、與免佃户本名下丁身差科，及免充本都內煙火保甲差使。一、招置到佃户，每名欲權借穀三五石以至十石應副食用，候至秋成日拘收。一、開墾之初，與免初年分收課穀一料，至次年除留官種外，將收到子課官客均分。」故有是詔。

【宋會要】

156 寧宗開禧二年五月二十二日，臣寮言：「乞下有司契勘見今荆襄、兩淮應干營田去處所管官兵，令主帥揀選彊壯勇敢之人撥歸元來軍分，衮同差出軍前驅使。其犒〔設〕之類，令總領所〔於〕見今椿管錢內支破，或截撥上供綱運支遣。其有不堪披帶者，分隸輜重；老弱殘疾者，聽仍舊營田之役。所有已揀去官兵營田闕額之數，却令總領所告示逐處總首多有佃客而無田與耕者，或出榜招募流移之民及當處民户無産業者，及有産業而尚有餘力者，聽其從便入狀，權行承佃，人限以若干畝。官給牛、種，計其所食，日各給以若干，爲庸雇之直。或只會其田若干，止納若干租課，候成熟日，照所認輸納。庶使鄉民各安所處〔一〕，而無失所之憂；官軍各效所長，而無鬱鬱之歎。」從之。

嘉定七年四月二十四日，隨州言：「近准指揮，爲京西轉運司備據元忠良申請，將各州屯田官兵撥歸營寨以閱武事，將屯田地段、牛隻、器具，照營田之法招勸客户耕種，送納官課。劄付本州一體措置。除已遵稟，牒委隨縣知縣前去根括官兵所種田畝的實數目，後據申，親詣地所，丈量到官兵見種田土計百二十四頃三十二畝一分，比屯田帳內所申數目，計根括丈量出田二頃九十二畝一分，即無隱漏，保明申乞施行。州司已將根括到屯田的實畝數撥作營田，見出榜招召客 157 户佃種，一依元忠良所陳體例施行外，所是今屯田官并見管牛隻、農具，係隸鄂州都統司，差置在本屯耕作。乞下鄂州都統司，將屯田官兵盡數抽回營寨，牛隻、農具撥付本州籍定，付佃户耕種施行。」詔依所申，仰疾速措置，具申尚書省。

八月二十六日，知澧州應純之等言：「昨準省劄，委同措置，將官買到荒田并拘收賊人鄒世良荒田開墾作營田官莊。純之等遵稟措置，今已招到莊客三百一十九丁，開墾水陸田一萬六千一百一十八畝，於澧州收買到水牛一百五十三頭，又於本州自買到黄、水牛共二十頭，並已給付莊家，見今耕作。但照得未墾田數尚多，合在秋成之後，照已成規模買牛招客，接續開墾。且以三百二十丁爲率，合用牛一百六十頭，百色支用錢二萬八貫七百。除已見今於公

〔一〕安：原作「所」，據文意改。

使等庫常賦之外撙節措辦，撥入營田庫應副支用外，所有買牛錢，本州實無所出。欲望朝廷支降錢五千八百貫文，并前項劉從善侵支過本州營運錢四百九十三貫八伯文，早賜支降。乞下京湖制置司，令澧州同共收買，庶幾秋冬之交可到本州，得以趁時開墾。」詔令江淮制置司於椿管會子内取撥五千五百貫文，應副濠州收買耕牛使用。仍令濠州日下差人前去請領，并具已買到牛隻及支用數目帳狀，保明申〔省〕，及將已借支過營運錢内銷豁。仍仰本州須管趁此秋成，疾速措置招收客户耕[158]墾，務要種徧頃畝，毋得荒廢。

十三年七月十四日，四川宣撫使安丙、總領財賦任處厚言：「臣等契勘蜀口營田成規，總所雖經焚蕩，而蜀紳所藏編類成籍，可考不誣。階、成、西和、天水、沔、鳳、梁、洋、利九郡逃移荒閑、有主無力田土，措置開墾，始於吴璘，成於鄭剛中。至紹興十五年，逐州墾田共二千六百五十餘頃，夏、秋兩料納官細色計一十四萬一千四十九石，用充所屯將兵支遣，却與民户罷免和糴，并對兑成都府路對糴三分之一，爲利可謂博矣。乾道四年以後，屯戍漸撤，將兵各歸軍教閲，營田亦發下諸州募民承佃，遂致租利走失，驕將豪民乘時占據。曁淳熙、紹〔興〕〔熙〕間，田畝雖增至七千七百餘頃，而所收細色却止〔許〕〔計〕九萬八千六百五十餘石，近年所入，又不及四五萬石，其弊不可槩舉。今豪强移徙，田土荒閑，正當拘收耕種之秋。合自總領所與宣撫司同共措置，置局討究先來金州及梁、洋等九州係官營田，取見紹興以來畝目，分委清强官吏覈實隱漏，敷定租數。纔見次第，即將抛荒無主之田，照吴璘、鄭剛中體例分撥官兵，各選部下輜重、火頭不入隊人，隨分屯地分，官給牛、種耕種。俟收割了當，除元下種子外，計畝所收之數高下分給。内有民户冒耕種已施工力之田，即聽其就佃，復以舊額輸租入官。則可以爲久駐之資，可以省餽運之費，軍、民兩利。外有逃絶田土，欲行措置，則關[159]内外兵火之後，亦多有之，今爲豪民無賴之徒冒作命繼，計會州縣給據冒認。并寺觀、户絶之田，其數亦不貲。此二者爲利亦不在營田之下。除已一面分差官吏前去措置，并下逐州軍行下應管營田縣分，討究元額及後來增減則目，見管田畝、租利，并將見荒或人户冒占逃移、户絶無主之田一面併行盡寔根括，具帳開申。乞從所請施行。」從之。

十一月二十六日，詔：「秦司準備差遣、利州府安撫司準備差遣并幹辦公事三員並行省罷，令四川宣撫司差置營田司幹辦公事一員，從本司選擇有才力通練人奏差，俸給照宣撫司幹官體例，自總領所幫勘。」以宣撫使安丙言：「修復營田，講求之初必須專置屬官，乃克有濟。乞廢三闕，以倣荆湖例置宣撫司幹辦營田公事一員〔一〕。」故有是命。

〔一〕「撫司」二字原脱，據上文補。

十五年七月十八日，臣僚言：「竊以營田之制，於今最爲急務，而非一日可成。紹興間，嘗專降江、淮營田指揮，若鄭剛中則行之關陝，若岳飛則行之荆襄，若王權、李顯忠則行之江、淮，咸有規畫，歲收萬計。今田之在州縣間者，猶屬營田案，雖歲久，或爲豪强包占，猶可覆也。方今殘虜游魂，時闖我邊，遺民慕義，方仰我食，忠義之來歸者日益衆，既難盡拒，可不思所以養之？若營田就緒，豈惟可以養兵，亦可以養流民也。臣向者備數應城，見本縣營田殆數千畝。且一縣若此，推廣而計之，一郡一路，其數必多。乞下江、淮、荆襄、[160]四蜀制守、監司，令各隨風土之所宜，事體之所便，條畫申上，朝廷立爲各路各州專行營田之法行下，修浚營屯，以爲悠久之圖，以立富强之勢，可以餉屯戍之兵，贍來歸之衆。兼照得蘄、黄二州，田素膏腴，去春兵火之餘，民丁轉徙，目今耕種未能十之二三，尤當先經理。其他曾被兵處，閑田必多，不特營田舊額也。乞下相度經理，務在詳實。」從之。

十七年正月二十六日，詔淮東西、湖北轉運「專一提督措置營屯田事」繫銜，遵照節次已行下事理，嚴督所部州軍，多方措置召募耕墾見管營、屯，并將無力耕種之田一面兑支有管官錢照價收買，務要田土浸闢，不致抛荒。仍每歲拘（榷）〔催〕州軍所收稻麥，從寔椿管，具入月帳，毋令侵移失陷。從中書門下省請也。

三月二十八日，詔：「淮東、西提督措置營屯田司各置準備差遣一員，仍令逐司選辟經任有舉主、無過犯選人充。」（以上《永樂大典》卷四七七六）

農田雜録 [一]

【宋會要】

[161]太祖建隆三年正月，賜諸州詔曰：「生民在勤，所寶惟穀，先王之明訓也。永念農桑之業，是爲衣食之源。今陽和在辰，播種資始。慮彼鄉閭之内，或多游惰之民[二]。苟春作之不勤，則歲功之何望？卿任居守土，職在頒條。宜勸諭耕耘，收功穮蓘。勉思共理，别俟陟明。」

九月，詔：「如聞百姓有伐桑棗爲薪者，其令州縣禁止之。」

乾德二年正月，詔諭諸州長吏曰：「朕以農爲政本，食乃民天。必務嗇以勸分，庶家給而人足。今土膏將起，陽氣方升，苟播種失時，則豐登何有？卿任隆分土，化洽編甿，所宜課東作之勤，副西成之望。使地無遺利，歲有餘糧。勉行敦勸之方，體我憂勤之意。」

四年閏八月，詔：「所在長吏告諭百姓，有能廣植桑

[一] 題下原批：「起太祖建隆，訖嘉泰三年。」按，此門食貨一之一五以下有複文。

[二] 惰：原作「隋」，據本書食貨一之一六改。

棗，開墾荒田者，並只納舊租，永不通檢。令佐能招復逋逃，勸課栽植，舊減一選者〔一〕，更加一階〔二〕。」

太宗太平興國七年二月，詔曰：「東畿近年以來，蝗旱相繼，流民甚衆，曠土頗多，蓋爲吏者失於撫綏，使至於是。天災所及，隱匿而不以聞；歲調既興，循常而不得免。編户遂成於轉徙，大田乃至於污萊。深用疚懷，不遑寧處。俾伸惻隱，別示招携。宜令本府設法招誘，並令復業。只計每歲所墾田畝，桑棗輸税，至五年復舊。舊所逋欠，悉從除免。限詔到百日，許令歸復；違者，桑土許他人承佃爲永業，歲輸税調，亦如復業之制〔三〕。仍於要害處粉壁，揭詔162書而示之。」

五月，詔：「開封府管内膏澤沾足，宜令民及時種藝禾黍。道路泥甚，輸租者當俟晴霽，吏無得督責。」

閏十二月，詔：「諸路州府民户或有欲勤稼穡而乏子種與土田者〔四〕，或有土田而少男丁與牛力者，許衆户推一人諳會種植者，州縣給帖，補爲農師，除二税外，並免諸雜差徭。凡穀、麥、麻、豆、桑、棗、果實、蔬菜之類，但堪濟人，可以轉教衆多者，令農師與本鄉里正、村耆相度，具述土地所宜〔五〕，及某家見有種子〔六〕，某户見有闕丁〔七〕，某人見有剩牛，然後分給曠土，召集餘夫，明立要契，舉借糧種，及時種蒔。俟收成，依契約分，無致爭訟。官司每歲較量所課種植功績，如農師有不能勤力者，代之。惰農務爲飲博者，里胥與農師謹切教誨之；不率教者，州縣依法科罰。」九年〔八〕，以其煩擾，罷之。

淳化元年九月，詔：「江、浙等路李（昱）〔煜〕、錢俶（曰）〔日〕，民多流亡，棄其地，遂爲曠土。宜令諸州籍其隴畝之數，均其租，每歲十分減其三，以爲定制，仍給復五年。召游民，勸其耕種，厚慰撫之，以稱吾務農敦本之意〔九〕。」

四年二月，詔：「嶺南諸縣令勸民種四種豆及黍、粟、大麥、蕎麥，以備水旱。官給種與之，仍免其税。内乏種者，以官倉新貯粟、麥、黍、豆貸與之。」

五年三月，以宋、亳、陳、（穎）〔潁〕州民無牛畜者自挽犁而耕，因令逐處人户團甲，每一牛，官借錢三千，令自於江、浙市之。又命直史館陳堯叟先賫踏犁數千具往宋州，委本處鑄造，以賜人户。先是，太子163中允武允成（常）〔嘗〕進踏犁，至是令搜訪，其制猶存，因命鑄造賜焉。堯叟還奏：踏犁之用，可代牛耕之功半，比钁耕之功則倍。

〔一〕舊：原作「歲」，據《宋大詔令集》卷一八二改。
〔二〕更：原無，據《宋大詔令集》卷一八二補。
〔三〕如：原作「始」，據本書食貨一之一六改。
〔四〕府：原脱，據《宋大詔令集》卷一八二補。
〔五〕具：原作「且」，據本書食貨一之一六改。
〔六〕某：原作「其」，據《宋大詔令集》卷一八二改。
〔七〕闕：原作「關」，據本書食貨一之一六改。
〔八〕九年：天頭原批：「按，太平興國無九年。」此批誤，太平興國有九年，其年十一月方改爲雍熙。
〔九〕吾：原無，據《咸淳臨安志》卷四〇補。

至道元年六月，詔曰：「近年以來，天災相繼，民多轉徙，田卒汙萊。雖招誘甚勤，而逋逃未復。宜申勸課之旨，更示蠲復之恩。應諸州管内曠土，並許民請佃，便爲永業。仍免三年租調，三年外，輸税十之三。應州縣官吏勸課居民墾田多少，並書印紙，以俟旌賞。」

十二月，詔：「勸農種藝，素有定規。如聞近來多不舉職，非所以副宰字之寄，厚衣食之源。宜令諸路州府各據本縣所管人户，分爲等第，依元定桑、棗株數依時栽種。如欲廣謀栽種者，亦聽。其無田土，及孤老、殘疾、女户無男丁力者，不在此限。如將來增添桑土，所納税課並依元額，更不增加。每春初曉示。令佐能設法勸課，得替日批曆爲課。」

三年七月，詔：「應天下荒田，許人户經官請射開耕。不計歲年〔一〕，未議科税，直候人户開耕，事力勝任起税，即於十分之内定二分，永遠爲額。」

真宗咸平二年二月，詔曰：「前許民户請佃荒田，未定税賦。如聞抛棄本業，一向請射荒田。宜令兩京、諸路牓壁曉示：應從來無田税者，方許請射係官荒土及遠年落額荒田〔二〕。候及五年，官中依前敕於十分内定税二分，永遠爲額。如見在莊田土窄，願於側近請射，及舊有莊産，後來逃移，已被別人請佃，礙敕無路歸業者，亦許請射。州縣纔有請射狀，疾速給[164]付，別置籍抄上，逐季聞奏。其官中放〔收〕〔牧〕要用土地，及係帳逃户莊園、有主荒田，不得悮有給付。長吏常切安撫，廣務耕種，隨土所宜，趁時栽種，不得輒有攪擾。長吏批上印曆，理爲勞績。如抛本業，抱税東西，改易姓名，妄求請射，此色之人，即押歸本貫勘斷。」

三年六月，著作佐郎胡則言，請課河北州縣種榆、柳，以備材用。從之。

十一月，以刑部員外郎、直史館陳靖爲京畿均田使，令自擇京朝官分下諸縣。

六年三月，大理寺丞黄宗旦上言：「〔穎〕〔潁〕州陂塘荒地凡千五百頃〔三〕，可募民耕植。」即遣宗旦馳往經度。部民應召者三百餘户，詔令未出租賦，免其徭役。又命宗旦通判〔穎〕〔潁〕州，使終其事。

景德二年正月，内出踏犁式付河北轉運，令詢於民間，如可用，則官造給之。時以河朔戎寇之後，耕具頗闕，牛多疫死，淮、楚間民用踏犁〔四〕，凡四五人力可比牛一具，故有是命。

大中祥符二年八月，詔澶州，自今民以耕牛過河者勿禁。時河朔牛疫，河南民以牛往貿易者甚衆，而澶州浮梁主吏輒邀留之，故詔諭焉。

〔一〕計：原作「許」，據本書食貨一之一七改。
〔二〕落額：《文獻通考》卷四作「落業」，似是。
〔三〕頃：原作「項」，據本書食貨一之一七改。
〔四〕用：原脱，據《長編》卷五九補。

五年五月，遣使福建取占城稻三萬斛〔一〕，分給江、淮、兩浙三路轉運使，并出種法，令擇民田之高仰者分給種之。其法曰：「南方地暖，二月中下旬至三月上旬，用好竹籠，周以稻稈，置此稻於中外〔二〕，及五斗以上，又以稻稈覆之。入池浸三日，出置宇下。伺其微熟如甲坼狀，則布於淨地。俟其萌與縠等，即用寬竹165器貯之。於耕了平細田停水深二寸許，布之。經三日，決其水。至五日，視苗長二寸許，即復引水浸之一日，乃可種蒔。如淮南地稍寒，則酌其節候下種。至八月熟。是稻即旱稻也。真宗以三路微旱，則稻悉不登，故以爲賜，仍揭榜示民。

六年六月，監察御史張廓上言：「天下曠土甚多，望依唐宇文融條約，差官檢估。」帝曰：「此事未可遽行。然人言天下税賦不均，豪富形勢者田多而税少，貧弱地薄而税重，由是富者益富，貧者益貧。」王旦曰：「田賦不等，誠如聖旨〔三〕，但須漸謀改定。或命近臣專司之，委其擇人，且自一州一縣條約之，則民不擾，其事集矣。」

七月，詔自今農器並免收税。先是，知濱州呂夷簡奏，乞免河北諸州收税農器。帝曰：「務穡勸農，古之道也，豈止河北耶？」故有是詔。

七年三月，詔：「自今典賣田宅，其鄰至内如有已將田業正典人者，只問見典人，更不會問元業主。若元業主除已典外，更有田業鄰至〔四〕，即依鄰至次第施行。」先是，京兆奏，民有訟田，以典到地爲鄰至者，法無明文，故條約。

六月，詔：「諸州典業與人而户絶没官者，並納官，檢估詣實，明立簿籍，許典限外半年以本錢收贖。如經三十年無文契，及雖有文契，難辨真僞者，不在收贖之限。」初，三司以舊無條制，請頒定式，狀下法寺，故命條約焉〔五〕。

八月，詔以諸道牛疫，民有買賣耕牛者免税。

九年八月，詔曰：「藪牧之畜〔六〕，農耕所資。盜殺之禁素嚴，阜蕃之期是望。或罹宰割，深可憫傷。自今屠耕牛及盜殺牛罪有不166至死者，並繫獄以聞，當從重杖。」時中使自洛迴，言道逢鬻牛肉者甚衆，慮不逞輩因緣屠宰，故戒之。明年，江南范應辰、杭州薛顔、越州楊侃並上言：「江浙之間，犯禁者衆，悉以上聞，即刑獄淹繫。」遂罷此詔，止如舊敕施行。

天禧元年八月，詔：「諸州賣買耕牛税錢更放一年，三司不須比較。」

十月，萊州上言：「州民願以舊麥一斗易官倉新麥爲田種。」從之，仍令京東轉運遍諭諸州，許依此制。

二年二月，梓州黄昭益、遂州滕世寧言：「川界多爭論

〔一〕「福建」下原有一「州」字，據《長編》卷七七删。
〔二〕「外」字疑衍。
〔三〕聖：原作「進」，據《長編》卷八〇改。
〔四〕自「正典人者」至「更有田業」二十八字原脱，據本書食貨一之一八補。
〔五〕「故」下原有一「不」字，據本書食貨一之一八删。
〔六〕牧：原作「收」，據本書食貨一之一八改。

追贖遠年典賣莊土，及至勘詰，皆於業主生前以錢典市，及業主户絶，本人不經官自陳，便爲己業，直至鄰里爭訟，方始承伏，出錢估買。望自今每户絶，如有曾典得物業人，並須具事白官。或隱匿詿誤，事發，即決罰訖，勿許復買。」詔法寺參議，且請「自今應以田宅典人上而業主户絶者，與限一年，許見佃人具事白官估直，召人收市。限滿不告，論如法，莊宅納官」。從之。

六月，詔：「民有訴理田地，非是相侵奪者，並依舊制，俟務開日理決。」先是，河北提點刑獄上言：「民有詣闕訴田者，詔令本州依理施行。官司被詔，雖在農務，即追理之，頗妨農業〔一〕。」故命條約。

三年七月，詔：「户絶莊田，自今纔有申報，即差官詣地，檢視其沃壤、園林、水磑，止令官司召人租佃，及明設疆界數目，附籍收係。其磽瘠田産，即聽估直出市。」時有言官司以户絶田肥沃者市於人，而以瘠土租課，故有是 167 詔。

十月，詔：「廣南自天禧元年正月一日已前，民有私鬻有分田産，券契分明，爲有分骨肉論理者，即以所鬻價直均分之，田産付見佃。」

四年四月，福建路轉運使方仲荀上言：「福州官莊千二百十五頃，自來給與人户主佃，每年只納税米。乞差官估價，令見佃人收買〔二〕，與限二年送納。」事下三司，請如所請。詔：「福州官莊更不出賣，差屯田員外郎張希顔與轉運使同共依漳、泉州例，均定租課聞奏。」八月二十二日，詔：「國家每念蒸黎，常輕賦斂，豈令遠俗，重此均輸！宜特示於推恩，俾並從於舊貫。其福建佃官莊户依舊佃蒔，更不均定租課。」天聖三年，希顔又奏：「先往福建均定官莊租課，已定租米六萬五千碩。相度福建八州皆有官莊〔三〕，七州各納租課，惟福州只依私産納税，復免差徭，顯是倖民。乞相均米數，依州價折納見錢〔四〕，銅、鐵中半。」從之。

是(日)〔月〕〔五〕，利州路轉運使李防上言〔六〕：「近覩敕命，就差提點刑獄官充勸農使，以見國家務農之道。臣三紀外任，每見州縣之民多不諳會播種。覽《四時纂要》、《齊民要術》，並是古書，備陳耕耨栽植之法。又覩先降《農田敕》，條貫甚精。蓋止約於刑禁，顯諸程式；復置常平倉，亦慮其乏絶。今請取此二書雕印，頒付諸路勸農司，委轉運、勸農使副每遇巡歷州縣，常加提舉勸農。」詔令館閣校勘雕印，賜與諸處。

是月，兩浙路勸農使言：「人户自括田均税已後，多耘

〔一〕頗：原作「顧」，據本書食貨一之一八改。
〔二〕收：原作「次」，據本書食貨一之一九改。
〔三〕有：原作「不」，據本書食貨一之一九改。
〔四〕折：原作「拆」，據本書食貨一之一九改。
〔五〕是月：原作「是日」。按，此條乃四月十六日丁酉事，見《長編》卷九五，「日」字當作「月」。詳見本書食貨一之一九本條校記。
〔六〕李防：原作「李昉」，據《長編》卷九五改。

耕官荒田，今成熟土。歲168月已久，今不即首露者，慮鄰人爭奪。望聽元佃人首罪收税，復給佃者。」從之。

五年四月，詔曰：「朕茂紹慶靈，撫寧區宇。方勵勤於稼穡〔一〕，思洽詠於倉箱。今以膏澤應時，大田興役，冀臻上瑞，實荷高穹。猶慮罄(萬)〔寓〕之間，力農之室，覩資儲之盈羨，忘播植之艱難，或縱棄捐，怠於收斂。俾行戒諭，用示軫懷。宜令州縣告諭人户，不得枉有費用，棄擲食物。違者，量罪科責。」

六月，司勳員外郎趙賀言：「川界户絶田土，昨准敕除二税外，悉定租課，召人請佃。切慮租賦稍重，望且許依舊估直貨鬻。」從之。

十月，詔：「河北民有請佃落北蕃户莊土、園林而輒典質者，止勒典質本主佃蒔。俟本主自北界至，即時給付，其元質緡錢勿復理納。」先是，景德二年勑：「落北界人莊田、園林請佃，輒有毀、鬻者，許人陳訴，依法科罪。」至是，知趙州高志寧言：「部民投牒訴者五百八十餘户〔二〕，蓋始以蝗旱不濟，因貿易其園，今方歲稔，即互有論告。若受而理之，恐成滋蔓，望賜條約。」故有是詔。

乾興元年十二月，仁宗已即位，未改元。上封者言：「自開國已來，天下承平六十餘載，然而民間無積蓄，倉廩未陳腐，稍或饑歉，立致流移。蓋差役、賦斂之未均，形勢、豪强所侵擾也。又若山海之利，歲月所增，莫不籠盡。提封萬里，商旅往來，邊食常難。物價騰湧，匹帛金銀，比舊價倍，斛食糧草，所在增貴。復有搉酤，尤爲糜潰。不立禁約，只務創添，爲害滋深，取利何極！至如川169遠，所産雖富，般運實多，收買折科，織造染練，其費不一。所有四害，今當縷陳。伏見勸課農桑，曲盡條目〔三〕，然鄉閭之弊，無由得知。朝廷惠澤雖優，豪勢侵陵罔暇，遂使單貧小户，力役靡供。仍歲豐登，稍能自給；或時水旱，流轉無從。户籍雖有增添，農民日自減少。以臣愚見，且以三千户之邑五等分算，中等已上可任差遣者約千户。官員、形勢、衙前、將吏不啻一二百户，並免差遣；州縣鄉村諸色役人又不啻一二百户。如此，則二三年内，已總遍差，纔得歸農，即復應役，直至破盡家業，方得休閑。所以人户懼見，稍有田産，典賣與形勢之家，以避徭役，因爲浮浪，或恣惰游。更有諸般惡倖，隱占門户，田土稍多，便作佃户名目。若不禁止，則天下田疇，半爲形勢所占。(復)〔伏〕請應自今見任食禄人、同居骨肉及衙前、將吏各免户役者，除見莊業外，不得更典(賣)〔買〕田土。如違，許人陳告，典(賣)〔買〕田土没官。自然減農田之弊，均差遣之勞，免致力役不禁，因循失業。其罷俸、罷任前資官元無田者，許置五頃爲限。乞差近上明幹吏檢會茶、鹽體例條制，出自宸斷，裁擇施行。」詔三司

〔一〕勵：原作「厲」，據本書食貨一之一九改。
〔二〕餘：原作「余」，據本書食貨一之一九改。
〔三〕條：原作「修」，據本書食貨一之二〇改。

委衆官限五日内定奪。三司言：「准《農田敕》：『應鄉村有莊田物力者，多苟免差徭，虚報逃移，與形勢户同情啓倖，却於名下作客，影庇差徭，全種自己田産。今與一月自首放罪，限滿不首，許人告論，依法斷遣、支賞。』又准天禧四年敕：『應以田産虚立契典，賣與170形勢、豪强户下隱庇差役者，與限百日，經官首罪，改正户名。限滿不首，許人陳告，命官、使臣除名，公人、百姓決配。』今準臣僚奏請，衆官定奪，欲應臣僚不以見任、罷任，所置莊田定三十頃爲限，衙前、將吏合免户役者，定十五頃爲限。所典買田，只得於一州之内〔一〕。典買數目〔二〕。如有祖、父遷葬，若令隨莊卜葬，必恐別無塋地選擇方所，今除前所定頃數，許更置墳地五頃爲限。如經條貫後輒敢違犯〔三〕，許人陳告，命官、使臣科違制罪，公人永不收充職役，田産給告事人。若地有崖嶺不通步量，刀耕火種之處，所定頃畝委逐路轉運使別爲條制，具詣實申奏。又按《農田敕》：『買置及析居〔四〕、歸業佃逃户未併入本户者，各共户帖供輸〔五〕。』今臣僚所請，並須割入一户下。今欲申明舊勅，令於逐縣門榜壁曉示人户，與限百日，許令陳首改正。限滿不首及今後更敢違犯，許人陳告。如公然作弊，顯是影占他人差役，所犯人嚴斷，仍據欺弊田三分給一與告事人充賞。」並從之。

（以上《永樂大典》卷四七四八）

【宋會要】

171仁宗天聖元年六月，江西勸農使朱正辭上言：「昨知饒州，據鄱陽縣佃户吴智等經縣請射崇德鄉逃户田産，今主人有狀經縣，不許請射逃田，遂送法司。大中祥符六年勅：『江南逃田如有人請射，先勘會本家舊業，不得過三分之一。』其吴智等無田抵當，更不給付。以臣愚見，若舊業田有三分方給一分，則是貧民常無田業請射，唯物力户方有抵當。欲乞特降勅命，應管逃田不問有無田業，欲並許請射。」事下法寺與三司定奪。三司言：「江南逃田，若須令有田之户以舊業三分請射一分，則無土貧民無由請佃，荒閑益多，又有田業人挑段請射。今欲應管逃田，許不問户下有無田業，並令全户除墳塋外請射，充屯田佃種，依例納夏、秋租課，永不起税。若一户無力全佃，許衆户同狀分請，一户逃移，勒同請人均輸。」並從之。

七月，殿中丞齊嵩上言：「檢會大中祥符八年勅：『户絶田並不均與近親，賣錢入官；肥沃者不賣，除二税外，召人承佃，出納租課。』變易舊條，無所稽據，深成煩擾。欲請自今後如不依《户令》均與近親，即立限許無産業及中等已下户不以肥瘠，全户請射。如須没納入官，即乞許全户不

〔一〕之：原脱，據本書食貨一之二〇補。
〔二〕買：原作「賣」，據本書食貨一之二〇改。
〔三〕後：原作「從」，據本書食貨一之二〇改。
〔四〕析：原作「拆」，據本書食貨一之二〇改。
〔五〕共：原作「出」，據《文獻通考》卷一二改。

分肥瘠，召人承佃。」又國子博士張愿上言〔一〕：「累有百姓陳狀稱，爲自來官中定年深户絶租課，積累物數已多，送納不前。蓋是元差到官務欲數多，望成【172】勞績，定租重大，累蒙校科〔二〕，攤配在鄰人户下，送納不辦，遂至逃移。官中更均攤在以次逃户鄰人名下，起惹詞訟。國家富有萬方，三司是聚斂之臣，必慮不能蠲免，乞不下三司定奪。」事下三司與法寺議定聞奏。今參詳：「應户絶户合納官田，設或兑下瘠田已遠，無人請買，荒廢，虧失税額。欲乞勘會户絶田，勒令佐打量地步、什物，估計錢數申州。州選幕職官再行覆檢，印榜示見佃户，依估納錢，買充永業，不得更將肥田請佃，兑下瘠薄。若見佃户無力收買，即問地鄰，地鄰不要，方許中等已下户全户收買。其錢限一年内送納。如一户承買不盡，許衆户共狀收買。如同情欺倖，小估虧官，許知次第人論告，並當嚴斷，仍以元買田價十分給三分賞告事人。」從之。

二年正月，開封府提點縣鎮李識言：「請下開封府，委令佐勸誘人户栽植桑、棗、榆、柳。如栽種萬數倍多，委提點司保明聞奏，各與陞差使。」從之。

三年五月，深州董希顔上言：「準景德二年正月敕：『河北没蕃户莊田、林木，本主未歸，無人佃者，委逐縣官遍往點檢實數，置籍管係，常切檢校，不得毀斫，候本主歸給付。如本主未到〔三〕，許房親請佃。如無房親，即召主户佃蒔。』其年七月，詔：『河北全家没蕃户莊田，須親房召鄰保五七人，方得請佃；如無，許主户請佃。據一物已上，縣立帳給付，州縣拘轄，不得斫伐破賣。候主歸，依數還之。』至天禧五年敕，用知趙【173】州高志寧言，據已破賣没蕃人户主田，且勒典質主佃蒔，候歸給付；已經勘斷者，更不爲理。臣詳元敕〔四〕，未和好以前没蕃之人，朝廷矜憫，慮有廢土、伐木折屋，致本主歸無所投，遂降勅不得斫伐破賣。今緣和好已久，自雍熙後至景德前能歸復者盡已歸復。至今年未歸之人，多是從初殺戮，或在北已亡，縱在蕃中，其存者亦少。其莊田舊已準敕給與房鄰佃蒔，或已有請佃户，又多尊長亡没，目下子孫相承佃蒔，已成營葺。屋宇損壞，不敢修换；桑棗枯朽，不敢剪除。見今園林，多是後來栽植。河朔之地，少近山谷，每官中科木，或制農具，若不採斫園林，即木無所出。偶然修换，或採取一株，便爲游墮之民陳告，即奪給告者，却使元佃户全家趁出。不唯惠彼姦民〔五〕，實亦有傷和氣。近又頻準轉運司差官推勘〔六〕，多是陳告此類公事。竊慮不逞之人競起訟端，編氓不遂安居，刑獄無由清簡。今請應河北人户請佃没蕃莊田者，除將莊田典

〔一〕張愿：本書食貨一之二一作「張願」。
〔二〕科：原作「料」，據本書食貨一之二一改。
〔三〕主：原作「立」，據本書食貨一之二一改。
〔四〕詳：原作「祥」，據本書食貨一之二一改。
〔五〕彼：原作「被」，據本書食貨一之二一改。
〔六〕又：原作「有」，據本書食貨一之二一改。

賣、毀伐桑棗，即依舊條，所有屋舍、家事、園林、菓木，任便脩採，更不坐罪。不許陳告，亦不給田充賞。」從之。

九月，户部郎中、知制誥夏竦上言：「諸州例多曠土，臣曾詢問鄉耆，皆稱舊日逃田許民挑段請佃，候耕鑿稍熟，牛具有力，即於疆畔接續添請。是以人户甚便，官中又得税賦。自有條貫須全户請射，後來例無大段事力之人一起請佃。今若許挑段，請領之時亦不乞減放料174次〔一〕，情願更添税賦，其餘荒田漸次接連請射。欲乞今日已前，應係田及係官荒田經三年以上者，許挑段請射，於所請田元額税加十分之二，便於次年起税〔交〕納。仍先許中等已下户請射，如有餘者，方許豪勢請佃〔二〕，即不得轉將典賣。州縣別作簿書，主簿逐年具數申奏。又恐議者以爲百姓揀却沃土，久遠抛下官中瘠田，不肯夾帶請佃。且即令逃田二三十年荒廢，肥瘠之地空長草萊，上無一粒黍稷入官，下無一粒菽麥濟民，未知空守舊章，畢有何益？利害之際，黑白甚明。又慮議者以爲民擇得美田，即棄見佃瘠土。且國家養民，惟恐不富，若令百姓盡得良田，供得賦税，衣食稍足，此合帝王愛民之心，利害相萬，較然可知。」從之。

十月，提點開封府界縣鎮張君平言：「州縣户絶没官莊田，官司雖檢估，召人承買蒔佃，其有經隔歲月，無人承當。蓋檢估之時，當職官吏準防已後詞訟，多高起估錢，以致年深倒塌荒蕪，陷失租税。望降敕選官重估實價，召人承買。自今須子細看估，不得高起估錢，虛係帳籍。」事下三司相度。三司言：「按天聖元年七月勅：『户絶田，令佐畫時打量地段，估計屋舍，動使申州，委同判、幕職再行覆檢，出榜曉示見佃户，納錢竭産收買。只依元額納税，不納租課，不得挑段請佃。或見佃户無力，即問地鄰；地鄰不要，方許中等已下户收買。價錢限一年納官。』又九月勅：『三司言：舊假欠官物，175估價納抵當産業入官〔三〕。除已摽充職田、〔收〕〔牧〕地不許收贖外，如十五年内本主或子孫親的骨肉却要元納莊，許依元估價錢收贖。如十五年外，見有人住佃者，不令收贖。今詳年限稍遠，欲乞限十年内許本主或親的子孫骨肉收贖。限滿不贖，郭下廊店物業〔四〕，外鄉村莊田、舍屋、水磑，委令佐打量估計，結罪申州，州差同判或幕職再行檢估，出榜許人收買。如小估虧官，許知次第人論告，並科違制之罪，公人決配，其元價没官。奏可。』今看詳張君平所請，已有上件敕命，今欲舉明前勅施行。」從之。

十一月，淮南制置發運使方仲荀言：「福州官莊與人户私産田一例止納二税，中田畝錢四文、米八升，下田畝錢三文七分、米七升四勺。若只依例别定租課，增起升斗，經久輸納不易，兼從初給帖明言『官中却要不得占吝』。臣欲

〔一〕放：原作「於」，據本書食貨一之二二改。
〔二〕豪：原作「毫」，據本書食貨一之二二改。
〔三〕價：原脱，據本書食貨一之二三補。
〔四〕廊：原作「廓」，據本書食貨一之二三改。

乞以本處最下田價賣與見佃户。今准詔爲知福州胡則乞放免官莊租課，令臣分析利害〔一〕。伏緣事理明白，望早施行。」詔屯田員外郎辛惟慶乘遞馬往彼，與本州出賣，不得虧損官司。

四年六月，辛惟慶還，言：「臣與本州體量閩、侯官十二縣，共管官莊一百四，熟田千三百七十五頃八十四畝，佃户二萬二千三百人，於太平興國五年准勑差朝臣均定二稅，給帖收執。內七縣田中、下相半，五縣田色低下。尋牒州估價及具單貧人數。按見耕種熟田千三百七十五頃，共估錢三十五萬貫，已176牒福州出賣，送納見錢，或金銀依價折納。其元管荒田園有後來請墾佃者五十四頃九畝，見今未有人佃，已牒福州估價，召人請佃。臣尚慮狡猾之輩別啓情倖，於名下田園揀選肥濃稅輕者請買，却退瘠地，別致虧官。已牒福州，並須全業收買，依勑限三年納錢，不收牙稅。如佃户不買，却告示鄰人；鄰人不買，即召諸色人。仍令令佐將帳簿根究數目，如日前曾將肥土輕稅田與豪富人，今止瘠地，即指揮見佃户全業收買，割過户籍。若佃户不買，即將元卸肥田一處出賣。又按佃户名亦有僧户，元條僧人不得買田，已牒州出榜告示，許本主收買〔二〕。或僧人元有官田已卸別户承佃者，敢爭執妄生詞說，即嚴加勘斷。」事下三司詳定。三司言：「若依惟慶估定價錢三十五萬餘貫，（今）〔令〕作三年送納，恐見佃户除二稅外，更納田價錢數多。欲乞特與減放分數，却添年限，許隨稅將見錢并但堪供軍金銀〔三〕、紬絹依市價折納。如願一併納足價錢，亦聽從便。仍令州縣置籍拘管，紐定逐年合拘納錢數，隨稅追催，封樁收附。候及數目，計綱上京，不得別將支破。候納錢足，給户帖與買田人，執爲永業，應副差徭。」勑三司，據估到錢，三分減一分，限三年納足。其合應副差徭，亦候三年外。監察御史朱諫上言：「福州屯田耕（田）〔佃〕歲久，雖有屯田之名，父子相承，以爲己業。伏望量定租課，罷行估賣。」詔：如見佃户內單貧户承買177者，令別立寬限。惟慶言：「所紐田錢內，單貧户欲更展限一年。」從之。

五年六月，三司言：「準陝西轉運使杜詹言：『緣邊屯田軍馬支費甚多，所入課利全然不足。伏見没納欠折〔四〕、户絕莊田不少，自來州縣形勢、鄉村有力食祿之家假名占佃，量出租課。臣體量上件鄉村莊田，人願收買耕佃，如有見佃人户，多豪倖之輩。只計轄下州軍，約得二十八萬貫已來，若將重減，却虛擡數，必是併有承買。欲望許選清幹官估計實直價例，召人承買。』已可其三司奏〔五〕。欲乞上件條貫徧下逐路，將天聖四年已前户絕莊田依陝西例估計

〔一〕析：原作「拆」，據本書食貨一之二三改。
〔二〕本：原脱，據本書食貨一之二三補。
〔三〕「許」上原有一「計」字，據本書食貨一之二三删。
〔四〕折：原作「拆」，據本書食貨一之二四改。
〔五〕已可其三司奏：「三司」二字當是衍文。

實價，召人承佃。」從之。

十一月，詔：「江、淮、兩浙、荆湖、福建、廣南州軍，舊條，私下分田客非時不得起移。如主人發遣，給與憑由，方許別住[一]。多被主人(折)〔抑〕勒，不放起移。自今後客户起移，更不取主人憑由，須每田收田畢日，商量去住，各取穩便，即不得非時衷私起移。如是主人非理欄占，許經縣論詳[二]。」

六年九月，河北轉運使楊嶠言：「真定民(社)〔杜〕簡等狀稱，近年水旱蝗災，被豪富之家將生利斛斗倚質桑土。」事下法寺，請應委實災傷倚質者，令放債主立便交撥桑土與業主佃蒔。其所取錢斛，候豐熟日交還。如拖欠不還，本錢官中催理，利息任自私斷。自今後更不得準前因舉取倚質桑土。貴抑兼并，永絶詞訟。從之。

七年三月，詔：「如聞比來饑民有在沿邊，别無親屬莊産可依，仰轉運使體量 178 救恤，不令失所。或發遣往唐、鄧、襄、汝，撥與係官田土、牛、種安泊。」仁宗曰：「比日北邊荒歉，流民過來，沿邊饑饉至甚。雖外境之人，然溥天率土，皆朕赤子也，當與多方賑濟。」

五月，龍圖閣學士、知密州蔡齊言：「三司牒：『户絶莊田錢未足合納租課者，勒令送納，直候納足價錢開破。若未有人買者，官定租課，令請射户供輸。』本州自大中祥符八年後，户絶莊〔田〕七十七户，只有六户未户絶已前出課撲佃，自後依舊納課，餘皆荒閑。準天聖四年七月五日敕，令召人請射[三]，只納二税，更不納課。未及一年，準天聖五年六月十五日敕，差官估計，召人承買；若未有承買，且令見佃人出税。後來本州估賣，有四十八户承買，尚有二十九户未有承買。三司累牒，催納價錢未足，且納租課。伏緣人户請射之初，田各荒廢，纔入佃蒔。未及一年，續許承買，催納價錢，並是賣牛破産[四]，竭力送納。未足，又更勒納租課。一年之内，催納三重，臣未敢緊行理納。兼慮諸處承買莊田錢未足，更納租課者，亦乞遍下諸處。」事下三司相度。三司言：「諸處所管户絶莊田不少，今若不候錢足便除租課，切慮承買户故爲拖滯，不納價錢。欲乞自今據未納足錢并未有人承買，一依估價召人承買，限一年内錢足。仍將估價及見納租紐作十分，如納錢一分，即除落一分租課，直候納足，方與全免。」從之。

十一月，詔：「州縣逃田經十年已上無人歸業，見今荒 179 閑者，令出榜曉示[五]，限百日令本主歸業。限滿不來，許人請射耕佃。其歸業并請射人户，並不得立定税額，及

[一] 住：原作「主」，據本書食貨一之二四改。
[二] 詳：疑當作「訴」。
[三] 令：原脱，據本書食貨一之二四補。
[四] 賣：原作「買」，據本書食貨一之二四改。
[五] 令：原作「今」，據本書食貨一之二五改。

令應副差徭〔一〕。候及五年〔二〕，於舊額税賦上特減八分，永爲定額。」其月，中書門下言：「切慮上件逃田荒閑年深〔三〕，見有人户侵耕冒佃，將來有人歸請，别致爭訟。及見有税産人爲見寬恩，抛棄己田，却求請佃逃田。欲令三司告示，如有侵耕者，與限百日陳首，更不問罪。據陳首後耕到熟田頃畝，於元税額上令納五分。如本主限内歸認，給付本户，依此納税。若輒棄己田，妄作逃移，請射逃田，許諸色人論告，科違制罪，押歸舊貫。鄉耆不切覺察，致有違犯，並從違制斷遣。」

八年八月七日，審刑院言：「河北天聖八年四月已前值災傷逐急典賣與人，其四鄰逐熟在外不曾會問者，如見執文契印税分明，其鄰人不曾著字，却有論認者，官司不得爲理，並依元契爲主。」從之。

十二月，知坊州楊及言：「民馬固狀：典得馬延順田，計錢六千，後添栽木三百，元契每根贖日理三十錢。臣詳，顯是有力百姓將此栽木戹塞貧民，占據地土。豈可元典六千，贖田之日却理錢十千！從祖作倖，邀勒貧苦永不收贖。如不止絶，恐豪滑人户轉侵孤弱，競生詞訟。自今後如元典地栽木〔四〕，年滿收贖之時，兩家商量，要即交還價直，不要取便斫伐，業主不得占吝。」

慶曆四年正月二十八日，詔：「自今在官有能興水利、課農桑、闢田疇、增 180 户口，凡有利於農者，當議量功績大小，比附優劣，與改轉或升陟差遣，或循資、家便，等第酬奬。即須設法勸課，不得却致擾民。其或陂池不修、桑棗不植、户口流亡之處，亦當檢察，别行降黜。仍令轉運使、提點刑獄常切糾舉，無自曠慢。至於省徭役，寬賦斂，使百姓樂於務農〔五〕，亦所以廣勸民之道也。仍令逐處臣僚，今後舉奏見任知州、通判、知縣、令佐者，並先言有何勸課勞績，方與依條理爲舉主施行。其提點刑獄朝臣并轉運判官，今後並帶兼本路勸農。一、興水利。謂陂塘、汙田之類及逐處隄堰、河渠可備水患者，或能創置開決，或久來廢壞堙塞復能興修，或前人已興功未成，後來接續了畢者，仰逐處勘會功績大小，所利廣狹聞奏。一、植桑棗。令文勸課栽植，自有等第數目。如地土有所不宜，則不必桑、棗，但榆、柳之類，隨地所宜，可爲民利。如官員能自相度民力，設法勸課，不須執守令文内數目，並令逐處具本官任内栽種詣實聞奏。一、增户口。部内有逃户，却能招誘復業，或有天荒田能招人開耕〔六〕，創立户貫，皆爲勞績。即不得差人追捕歸業，亦不得强抑人户開耕，以爲己功。令逐處勘會增添到户數及開耕到地土頃畝聞奏。已上勸課功績，並

〔一〕令：原作「今」，據本書食貨一之二五改。
〔二〕候：原作「後」，據本書食貨一之二五改。
〔三〕上：原作「止」，據本書食貨一之二五改。
〔四〕元：原作「無」，據本書食貨一之二五改。
〔五〕「百姓」下原衍「而」字，據本書食貨一之二五刪。
〔六〕耕：原作「種」，據本書食貨一之二五改。

於得替日出給解由，仍令本屬保明以聞外，并給與公據，自齎赴闕。」

八月，命參知政事賈昌朝領天下農田，有利害，其悉條上之。初，參知政事范仲淹[181]援唐故事，請以輔臣分總其務。雖(常)〔嘗〕降勅，然其後亦弗果行。

皇祐元年四月二十六日，右司諫錢彦遠言[一]：「農桑者，生民大事，國家急務，所以順天養財，(御)〔禦〕水旱，制蠻夷之原本也。本朝自祖宗以來，留意尤切，故諸路轉運使、提點刑獄臣僚、知州、通判皆帶『勸農』職名，授勅結銜[二]，政在督課。而近歲徒有虚文，初無勸導之實，汙萊不闢[三]，事失因循。今欲乞應天下諸州軍於長吏廳各置勸農司[四]，以知州爲長官，判官爲佐官，舉部内幕職、州縣清彊官一員兼充判官[五]，量抽吏人。先將部内諸縣今日已前見管墾田頃畝、户口數目，陂塘、山澤、桑棗、溝洫都大之數，著爲帳籍。仍開析見有多少逃移人户、賦税、荒廢田畝、古之水利後來殘毁者，委自勸農官司多方設法勸課招誘，安其生業，去其大害，興其大利。候至年終農隙，轉運司遍行比較，委是增得墾田、户口數目，或流人自占，或逃移復業，陂塘灌溉有利，桑棗廣植，溝洫開闢，增多賦税，丁口蕃息，明著板籍，不至煩擾者，保明舉奏，特與就賜章服，增其秩禄。如一任終始悉有顯効，令轉運司批上曆子，到闕，委所司磨勘，超擢任使。其判官亦特與磨勘、引見。其轉運使等每巡歷州軍，先須點檢勸農司訖，方得點檢諸事。如長吏已下因循違慢，職業無聞，人户逃移至多，墾田之數日削，並乞除授散官監當，判官亦同降黜。所貴天下本農，生民富給，爲萬世之基。望[182]詔三司檢舉舊貫，賞罰施行[六]。」

二年九月，詔三司：「唐、鄧、汝州多曠土，其令寬立税限，募人墾種之。」

至和元年三月，詔：「京西民飢，其荒田如人占耕，及七年起税二分；逃田及五年減舊税三分。因災傷逃移而復業者，免支移折變二年[七]；非因災傷者，免一年。」

二年十一月三日，詔：「荆湖、廣南路溪洞人户爭論田土，雖在務月，須理斷了當。」以上《國朝會要》。

治平四年九月二日，神宗已即位，未改元。江南東路轉運司言：「三司奏：『池州多逃産，年深，元額税重，人户不敢請射。欲乞其逃田如三十年以上，於元税額上減放四分，四十年以上減放七分。如此，候十年，其田已成次第，即依《編勅》，十分内減三分，立爲永額。其三年以下、十年以上

[一]右：原作「左」，據本書食貨一之二六及《長編》卷一六六改。
[二]結銜：原作「詰御」，據本書食貨一之二六及《長編》卷一六六改。
[三]萊：原作「莱」，據本書食貨一之二六改。
[四]廳：原作「聽」，據本書食貨一之二六改。
[五]彊：原作「疆」，據本書食貨一之二六改。
[六]賞：原作「當」，據本書食貨一之二六改。
[七]折：原作「拆」，據本書食貨一之二六改。

者，自依《編敇》。』令三司依此施行。本司看詳：本路及天下似此逃田不少，乞施行諸路，令人請佃。」詔並從之，仍候請佃及十年，並令納五分税；及二十年，即依《編勑》納七分税，永爲定額。

十一月，三司請出賣京東等路户絶、没納莊田。詔：「内有租佃户及五十年者，如自收買，與於十分價錢内減放三分〔一〕，仍限二年納足。餘依所請。」

熙寧元年六月十五日，京西提刑徐億言：「知唐州、光禄卿高賦招兩河流民及本州客户開墾荒田，招到外州軍及本州人户請過逃田〔二〕，又興修過陂堰，望加恩奬。」有詔褒諭。

十二月四日，權京西轉運使謝景温言：「本管汝州户口至少，田土多荒，龍興、魯山、梁、葉四縣最爲凋弊〔三〕。自[183]來請佃人户雖有條貫，五年内免諸般科役，而客户尚不免諸色役。既請田不過一二年，便爲舊户糾決，須至充役。雖有條制，諸縣不能遵守，民亦不以爲信，以此逃竄者多，占田者少。今欲乞置墾田務，舉官一員專領，籍四縣荒田，召人請射。其請田人，須勘會係汝州界不走移者，方得收管，更不隸諸縣版籍。逐縣既不能統攝，則無由差科。候五年滿日，據地界撥還逐縣，應副科役。其所舉官如招及千户以上，乞優與酬奬，仍許再任。其廨宇只就龍興縣安置。如此，則爲利甚博，所費者寡，人户漸可招誘，田畝足以墾闢。」詔不置務，餘依所請。

二年八月十九日，中書言：「黄河北流，今已淤斷。所有恩、冀以下州軍，黄河退背田土頃畝不少，深慮權豪之家與民爭占，及有元舊地主因水荒出外，未知歸請。」詔河北轉運司：「應今來北流閉斷後黄河退背田土，並未得容人請射，及識認指占。聽候朝廷專差朝官往彼，與本處當職官同行標定訖〔四〕，收接請狀，紐定租税〔五〕，均行給受。」

十一月十三日，制置三司條例司言〔六〕：「乞降農田利害條約付諸路，應官吏、諸色人有能知土地所宜、種植之法，及可以完復陂湖河港；或不可興復，只可召人耕佃；或元無陂塘、圩垾、隄堰、溝洫，而即今可以創修；或水利可及衆，而爲之占擅；或田土去衆用河港不遠，爲人地界所隔，可以相度均濟疏通者：但干農田水利事件，並[184]許經管勾官或所屬州縣陳述。管勾官與本路提刑或轉運商量，或委官按視，如是利便，即付州縣施行。有礙條貫及計工浩大，或事關數州，即奏取旨。其言事人，並籍姓名、事件，候施行訖〔七〕，隨功利大小酬奬；其興利至大者，當議

〔一〕放：原作「於」，據本書食貨一之二七改。
〔二〕本：原作「不」，據本書食貨一之二七改。
〔三〕葉：原作「華」，按《宋史·地理志》汝州無華縣，有葉縣，據改。
〔四〕訖：原作「乞」，據本書食貨一之二七改。
〔五〕「租税」後原衍「定租税」三字，據本書食貨一之二七删。
〔六〕制置：原作「置制」，據本書食貨一之二七乙。
〔七〕訖：原作「乞」，據本書食貨一之二七改。

量材録用。内有意在利賞人不希恩澤者，聽從其便。應逐縣各令具本管内有若干荒廢田土，仍須體問荒廢所因，約度逐段頃畝數目，指説著望去處，仍具今來合如何擘畫立法，可以糾合興修、召募墾闢，各述所見，具爲圖籍，申送本州。本州看詳，如有不盡事理，即别委官覆檢，各具利害開説，牒送管勾官。應逐縣並令具管内大川溝瀆行流所歸，有無淺塞合要濬導，及所管陂塘堰埭之類可以取水灌溉者，有無廢壞合要興修，及有無可以增廣創興之處。如有，即計度所用工料多少，合如何出辦。若係衆户，即官中作何條約與糾率〔一〕；衆户不足〔二〕，即如何擘畫假貸，助其闕乏。所有大川流水阻節去處，接連别州縣地界，即如何節次尋究施行。各述所見，具爲圖籍，申送本州。本州看詳，如有不盡事理，即别委官覆檢，各具利害，牒送主管官。應逐縣田土邊迫大川，數經水害。或地勢汙下，所積聚雨潦須合修築圩垾、堤防之類以障水患；或開導溝洫歸之大川，通泄積水。並計度闊狹、高厚、深淺，各若干工料，立定期限，令逐年官爲提舉，人户量力修築開濬，上下相接。已上亦先[185]具圖籍申送本州。本州看詳，如有不盡事，即别委官覆檢，各具利害，牒送管勾官。所有州縣攢寫都大圖籍合用書筆，或添雇人書，許於不係省頭子錢内支給。諸色公人如敢緣此起動人户，乞覓錢物〔三〕，並從違制科罪，其贓重者自從重法。應據州縣具到圖籍并所陳事狀，並委管勾官與提刑或轉運商量，差官覆檢。若事體稍大，即管勾官躬親相度。如委實便民，仍相度其知縣、縣令實有才能可使辦集，即付與施行。若一縣不能獨了，即委本州差官，或别選往彼協力了當。若計工浩大，或事關數州，即奏取旨。其有合興水利及墾廢田用工至多縣分，若知縣、縣令不能施行，即許申奏對換或别舉官，或替下官，仍别與合入差遣。若本縣事務煩劇，兼所興功利浩大，合添丞佐去處，即依今年二月中所降添員指揮别具聞奏。應有開墾廢田、興修水利、建立隄防、修貼圩垾之類，工役浩大〔四〕，民力不能給者，許受利人户於常平、廣惠倉係官錢斛内連狀借貸支用，仍依青苗錢例作兩限或三限送納。如是係官錢斛支借不足，亦許州縣勸諭物力人出錢借貸，依例出息，官爲置簿及催理。諸色人能出財力糾率衆户，創修興復農田水利，經久便民，當議隨功利多少酬奬。其出財頗多、興利至大者，即量才録用。應逐縣計度管下合開溝洫工料，及興修陂塘、圩垾、堤堰、斗門之類，事關衆户，却有人户不依元[186]限開修，及出備名下人工、物料，有違約束者，並官爲催理外，仍許量事理大小科罰錢斛。其錢斛，官爲置簿拘管，收充本鄉衆户工役支用。所有科罰等第，令管勾官與逐路提刑司以逐處衆户見行科罰條約共同參酌，奏請施

〔一〕與：原作「興」，據本書食貨一之二七改。
〔二〕户：原脱，據本書食貨一之二七補。
〔三〕物：原脱，據本書食貨一之二八補。
〔四〕役：原作「段」，據本書食貨一之二八改。

行。應知縣、縣令能用新法興修本縣農田水利，已見次第，令管勾官及提刑或轉運使、本州長吏保明聞奏，乞朝廷量功績大小與轉官〔一〕，或升任、減年磨勘、循資，或賜金帛、令再任，或選差知自來陂塘、圩垾、堤堰、溝洫、田土堙廢最多縣分，或充知州、通判，令提舉部內興修農田水利。資淺者，且令權入。其非本縣令佐，爲本路監司、管勾官差委擘畫興修，如能了當，亦量功利大小比類酬奬。」詔並從之。

三年二月，管勾秦鳳路經畧司機宜文字王韶言：「渭源城下至秦川沿河五六百里，良田不耕者何啻萬頃，但自來無錢作本，故不能致利。欲每歲常於秦州和糴場預借錢三五萬貫作本。擇田之膏腴者，量地一頃約用錢三十千，歲收不下三百石。千頃之田三萬貫，收三十萬碩，以十萬爲人、牛糧用外，歲尚完二十（一）萬碩。」詔秦鳳路經畧司借支封樁錢三萬貫，委王韶募人耕種。仍預行摽撥荒閑地土，不得侵擾蕃部。如封樁錢已係轉運司支借收糴斛斗，亦仰先次撥還。

四年六月二十四日，詔：「應已行新法縣分所根究到荒廢田土約若干頃畝，大川大港計若干道，陂塘、[187]圩垾、堤堰之類計若干所，先料開濬修築都計若干工，每令佐得替月，並令具任內擘畫召募墾闢、催督開修過若干數目，牒與替官，令取圖籍抽摘交點得實，方得保明申州，出給解由。如有僞妄增加，隱落事狀，並從違制分故失科罪，不在去官及赦原之限。其知州、通判，令提刑、轉運常切體究，量任內能與不能用心勸督，候得替日，具的實事件申奏，當議量功罪賞罰〔二〕。內有能擘畫興修功利大者，乞朝廷優與升擢。其管勾官、提刑、轉運及本州長吏等，如明見管內官吏、百姓所陳農田利害可以興除，妄有沮廢，及妄冒保明功績，朝廷差官察訪得實，並重行降黜，亦不在去官及赦原之限。」

十月，提舉京東常平倉王子淵言：「臣職事之中，在農田尤爲先務。如本路濟州有南李堰，濮州有馬陵泊等處，久爲積水所占，昨已疏治，修復良田約四千二百餘頃。昨來夏秋民間耕種，所取菽、麥約三二百萬餘碩，此乃於常歲之外所獲之物，散在公私，以備饑歲。又修導過曹、單等九州一十三處溝洫、河道，疏決畿內已來諸處逐年夏秋積潦，東入清河等處，遂入於海，無橫流之虞。欲乞下諸路提舉司，宜以農田水利爲首務。」送司農寺。寺司勘會：「近令遍牒諸路，相度檢計應係農田水利、溝洫河道、堤岸斗門之類，如係人户自備功力趁農隙日合行興修去處，依時檢計，催督興修。若合差人夫，並依元料夫工，[188]合聽朝旨差撥春夫者，具事狀以聞。仍各具將來合興修著望緊慢去處〔三〕，并的確利害事狀、圖籍申寺。纔候下手日，逐一供

〔一〕功：原作「力」，據本書食貨一之二八改。
〔二〕當：原作「常」，據文意改。
〔三〕興：原作「行」，據本書食貨一之二九改。

報赴寺。」從之。

五年，重修定《方田法》。

八年二月二十八日，中書門下言：「諸畸零不成片段田土難以召給役人者，依出賣户絶田産法召人承買。」

元豐元年四月十九日，詔：「開廢田、興水利、建立隄防、修貼圩埠之類，民力不能給役者，聽受利民户具應用之數〔一〕，貸常平等錢穀〔二〕，限二年兩料輸足，歲出息一分。」

三年五月七日，詔止蔡州客户請射田，追收已給關子。以權提點京西北路刑獄張復禮奏「根括民契外地及奪下户開田，募客户自占，境内搔擾」也。

五年十一月九日，都水使者范子淵言：「自大名抵乾寧，跨十五州，河徙地凡七千頃，乞募人耕租。」從之。

十二月二日，詔前察訪荆湖路常平等事司幹當公事段詢減磨勘三年，賞根括水陸田四千一百餘頃也。

六年九月十一日，知瓊州劉威信言：「朱崖軍土脈肥沃，欲乞委本軍除舊係黎人地不許請射外，招誘客户請係官曠土〔三〕，住家耕作，仍立賞格激勸。」從之。

八年十月二十五日，詔罷方田。

哲宗元祐三年三月一日，詔諸路經畧司講求護耕之策，勿令賊計得行，致失春事。復命鄜延路經畧使趙卨等審量賊計，按實以聞。以夏賊屯集境上，陝西、河東並邊居民往往不敢耕種〔四〕，有妨春事故也。

四年二月十三日，189 詔：「自今瀕河州縣積水占田處，在任官能爲民經畫溝畎疏導，退出良田一百頃已上者，並委所屬保明以聞，到部日，與升半年名次。每增一百頃，各遞升半年名次；及一千頃已上者，比類取旨酬賞；功利大者，仍取特旨。」從刑部侍郎范百禄請也〔五〕。

六年九月二十五日，詔：「河東路提刑司將麟、府、豐州曾經西賊劫掠耕牛人户，特許於常平錢内借錢買牛，其所借錢漸次催納。」

紹聖二年三月三日，工部言：「諸黄河棄隄退灘地土堪耕種者，召人户歸業。限滿不來，立定租税，召土居五等人户結保，通家業遞相委保承佃〔六〕，每户不得過二頃。論如盜耕退復田法〔七〕，追理欺隱税租外，其地並給告人，仍給賞。」從之。

七月二十八日，提點京西北路刑獄徐君平言：「提點官與監司舊帶『勸農』者，乞據所部分巡州縣，括其地之不墾闢，周知頃畝，縣爲圖籍，詢究其弊之所在，爲救之之術。」從之。

〔一〕數：原作「類」，據《長編》卷二八九改。
〔二〕等：原無，據《長編》卷二八九補。
〔三〕招：原作「括」，據本書食貨一之三〇改。
〔四〕敢：原作「得」，據本書食貨一之三〇改。
〔五〕百：原作「伯」，據本書食貨一之三〇改。
〔六〕遞：原作「地」，據本書食貨一之三〇改。
〔七〕據文意，「論」前當脱「違者」之類文字。

同日，知鄭州李湜言：「興修農田水利，乞送詳定重修勅令所看詳編修。」從之。

徽宗崇寧三年十一月，詔新差權發遣廣南東路轉運判官公事王覺遷一官。以墾闢農田幾及萬頃故也。

四年二月十六日，復頒《方田法》。詳見「方田」門。

大觀三年二月十二日，提舉廣南西路常平等事洪彦昇言：「廣西郡縣地廣人希，原隰沃壤，甚有可耕之處。加之蠻夷附順，疆土斥遠，倉廩儲偫，尤資經畫，以致充羨。欲乞募民給地使耕，係官若[190]私，舉行借貸，應副開墾。俟其就緒，三年而後，量起税租，漸償宿貸。彼將安土樂業，可使地無遺利，亦募民實邊之意。」從之。

四年三月二十八日，詔：「宣州、太平州圩田並近年所作，多是上等及官户借力，假人名籍請射修圍。今已成田，認納租税，多爲姦猾告訐，因而成訟。可令本路提舉司下所屬州縣，將應有假名人並許自陳，特與改正，充本户永業。其租税等，並依額送納。」

四月二十七日，詔：「自春以來，併得膏澤，方今孟夏，天氣晴和，田蠶穀麥，衆務方興。農民竭力田疇，一歲之功，併在此時。深慮州縣之吏拘以微文，按其細罪，追呼證辯，株連枝蔓，或興不急工作，或趣未償欠負，拘繫監錮，致妨一時耕作，而失終歲之功。宜遍委諸監司明加申勅，州縣官各仰省事息民，無奪其時，以稱愛民厚農之意。如違，監司、走馬舉劾以聞。」

政和元年三月七日，詔：「監司勸率守令，督責編户植桑柘，廣蠶利，以豐織紝。(基)〔其〕本任滿，比較賞罰。」

四月四日，臣僚言：「近歲諸路監司、列郡守臣，每於中夏農事方興，纔見雨澤應時，則未足言足，未種言種，便指爲禾稼豐穰，秋成可望。願立法禁，詔諸路州郡守臣各務勸農之實，不得預言豐登之欺。」從之。

五日，詔：「士大夫與民爭利，多占膏腴之地，已有令文，令監司常切檢舉。」

二十四日，臣僚言：「郡守、通判、轉運使、副、提點刑獄繫銜必帶『勸農事』，近制又并縣令亦以『管勾勸農公事』[191]爲銜〔一〕，考課之法復有農桑墾植之最。而官吏不能上體愛民之意，其所急者特在於催科賦入、簿書獄訟而已。欲責守令職事，以勸農爲先務。春則耕桑，視風土氣候之早晚以督課之。中、下之民，種食不足，則依常平放税七分之法借貸以補之。秋則視歲入之豐儉，察其播殖貸助，亦如上法。轉運使、副、提點刑獄，即巡歷所至，察守令勸農之勤怠，歲取三數人最優劣以聞，重行升黜。如此，則莫敢苟簡，以副陛下封植基本之意〔二〕。」詔可詳據所陳，精密立法，以責實効〔三〕。

〔一〕銜：原作「御」，據本書食貨一之三一改。
〔二〕本：原作「木」，據本書食貨一之三一改。
〔三〕効：原作「劾」，據本書食貨一之三一改。

五月二十二日，詔：「耕桑乃衣食之源，斫伐桑柘，未有法禁，宜立約束施行。」

二十七日，臣僚言：「天下係官田産，在常平司有出賣法，如折納、抵當、户絶之類是也；在轉運司有請佃法，天荒、逃田、省莊之類是也。自餘閑田，名類非一，往往荒廢不耕。雖間有出賣請佃之人，又爲豪右之侵冒，輸官税賦，十無一二，欺弊百出，理難齊一。其請佃人户又以經係官田，不加墾闢〔一〕。遂使民無永業，官失主户，公私利害，所繫非輕。乞命官總領，條畫以聞〔二〕。」詔范坦總領措置。

六月六日，户部侍郎范坦奏：「奉詔總領措置出賣係官田産，欲差提舉常平或提刑官專切提舉管勾出賣。凡應副河（坊）〔防〕、沿邊召募弓箭手或屯田之類，並存留。凡市易、抵當、折納、籍没，常平户絶、天荒、省莊，廢官職田，江漲沙田，棄堤退灘，瀕江河湖海自生蘆葦荻場，圩垾、湖田之類，並出賣。」從之。

192 七月二十日，臣僚言：「私荒田，法聽典賣與觀寺，多以膏腴田土指作荒廢，官司不察；而民田水旱，歲一不登，人力不繼，即至荒廢。觀寺得之，無復更入民間，爲農者受其弊。欲除官荒田許觀寺請佃外，餘並不許典賣。」從之。

九月十二日，户部言：「欲自今應命官或諸色人陳述農田水利，令本州日下開具申部，從本部置籍。如可興修，令所屬依紹聖條法，一面興修〔三〕。提舉官因巡歷所至，詢訪講究施行。所貴地無遺利。」從之。

十四日，總領措置官田所奏：「檢會熙寧二年十一月二十日朝旨，制置三司條例司奏：『出賣廣惠倉田土，其所委逐項提舉官催趣出賣。如一年内賣及三萬貫，減一年；七萬貫，減二年；十萬貫，減三年磨勘。』欲比類熙寧年指揮，所委監司官一路州縣合賣田舍價錢數目，如於一年内賣及七分，與轉一官；六分，減三年磨勘；五分，減二年磨勘。其出賣不及五分之處，亦依已降指揮，從本所奏劾。庶幾有以激勸〔四〕。」詔：「諸路係官田舍平日多爲豪右侵冒，有虧邦計。今來出賣頃畝、間椽萬數不少，所委官吏若不明勸賞，則無以激勸，使能吏悉力幹辦。可並依所奏施行。」

十月二十日，總領措置官田所言：「提舉河北西路常平王靚奏：『相州見估賣官田，内有元係白地，因人户承佃後來栽種到桑棗菓木之類地段，並合酬佃人功力，估價出賣。』看詳，欲人户見承佃合賣官田，如内有種植材木，並令
193 估官體究詣實，別作一項估價，與所賣田土一處依法召人承買。候出賣了當，將來木價錢給還元栽人户〔五〕。若

〔一〕闢：原作「聞」，據本書食貨一之三二改。
〔二〕聞：原作「闢」，據本書食貨一之三一改。
〔三〕修：原作「條」，據本書食貨一之三一改。
〔四〕庶：原作「磨」，據本書食貨一之三二改。
〔五〕來：疑當作「果」。價：原作「值」，據本書食貨一之三二改。

係見佃人承買，即止納買地價錢〔一〕。」從之。

二十二日，總領措置官田所言：「元奏請存留屯田，爲河北、陝西、河東事干邊防利害去處，不可出賣。若自餘路分，雖有屯田之名，從來止是令人户出租佃莳，顯與其他名色官田事體一般，即非事干邊防，亦合出賣。」從之。

十二月六日，手詔：「應京畿諸路按察官於所部，守臣於倚郭，縣令於境内，歲終耕斂，並須親詣田疇，勸沮勤惰，以爲力耕之倡。其土地闢、賦入登、民無流移者，爲考課之最。仍令尚書省檢校，具祖宗故事頒降。」

二年四月十七日，詔：「祖宗以來，田之在公者爲屯田，爲官莊，養民兵，居熟户，於以佽助經費，藩衛邊鄙。神考置常平之官，修水土之政，方天下之田，以正經界，庶幾乎復古矣。續而成之，以紹先烈，實在今日。迺者有司建言，係官田宅一切賣鬻，苟目前之利，廢長久之策。厚賞滋姦，民以煩擾，豪强兼并，佃户失業，東南闕於上供，瘠薄棄而不售。以義理財，豈謂是歟！昨范坦所上賣官田宅晝一〔二〕，可更不施行，總領措置官吏並罷〔三〕。已賣田宅，並給還元納價直，其田宅却拘收入官，元佃賃人户願依舊佃賃者聽。餘並遵依元豐令施行〔四〕。」

二十二日，臣僚言：「伏聞已降指揮，罷賣係官田宅。若不事爲之制，却恐重有侵漁。其間如已交業之家[194]見已布種，或已修蓋舍屋〔五〕，理當逐一措置行下。」詔：「舍屋已經改更，但課利虧祖額者，與免，仍舊修蓋。官田已作墓地安葬，保耆驗實申官，許令據合用步畝收買〔六〕，與免遷徙。」

政和六年五月二十九日，尚書省言：「新授鄧州司户曹事畢昂奏：『切見自來諸處圩岸，多是所屬尋常不切照管，到水漲之時，常有決溢，公私被害不細。縣官任滿，别無疎虞，雖許免試一次，緣賞典尚輕，及未有決溢斷罪之法，欲望重立賞罰。仍於逐縣令、佐銜内添入「專切管幹圩岸」字。其鄰圩去處，亦乞並禁樵採，以固隄防。』詔令尚書省立法。今擬立下條：管幹圩岸、圍岸官，任内修葺牢固，不致隳損堙塞者，三年任滿，承務郎以上減磨勘一年，承直郎以下占射差遣一次；二年以上移替者〔七〕，承務郎以上與家便差遣，承直郎以下陞一年名次。」從之。

八年四月五日，權淮南江浙荆湖制置發運使任諒奏：「逃田不耕，除閣税賦，情弊多端。其間有人户冒佃而不納税租者，有雖供税而冒佃不出租者，亦有逃户雖已歸業而尚不供輸者，亦有荒薄無人耕種者。高郵軍計有逃田四百

〔一〕止：原作「立」，據本書食貨一之三二改。
〔二〕范：原作「宋」，據本書食貨一之三二改。
〔三〕吏：原作「史」，據本書食貨一之三二改。
〔四〕依：原作「化」，據本書食貨一之三二改。
〔五〕已：原作「以」，據本書食貨一之三二改。
〔六〕畝收：原作「收賣」，據本書食貨一之三二改。
〔七〕者：原作「年」，據本書食貨一之三三改。

四十六頃，楚州有九百七十四頃，泰州有五百二十七頃，平江府有四百九十七頃。以六路計之，何可勝數！欲諸縣專選官一員按籍根括，限一季許首，並與免罪，收入帳簿，依舊輸納税租。限滿不首，即許人告，賞錢一百貫，以犯事家財充。其荒薄無人195耕佃者，即多方招誘逃户歸業，及依條召人請蒔，檢量頃畝，立定四至給付。仍取鄰田中等税數減半爲額，與免一料催科。所貴逃田無不耕種。」詔逃田可專委縣丞，無縣丞處，委他官。餘並從之。

宣和元年八月二十四日，農田所奏：「應浙西州縣因今來積水減退，露出田土，乞每縣選委水利司諳曉農田文武官同與知、佐分詣鄉村，檢視標記。除出人户已業外，其餘遠年逃田、天荒田、草葑茭蕩及湖濼退灘、沙塗等地，並打量步畝，立四至坐落、著望鄉村，每圍以《千字文》爲號，置簿拘籍。以田鄰見納租課比撲，量減分數，出榜限一百日，召人實封投狀，添租請佃。限滿拆封，給租多之人。每户給户帖一紙，開具所佃田色〔一〕、步畝、四至、著望、應納租課。如將來典賣，聽依係籍田法，請買印契書填交易。」從之。

二年二月二十六日，臣僚言：「太平日久，民有惰心，爲監司、守、令者，雖有勸農之名，而不考其實；爲提舉常平、縣丞者，雖有農田水利之職，而不舉其事，以未嘗覈其實而已。覈實之道，在於四證。所謂四證者，按田萊荒治之跡，較户産登降之籍，驗米穀貴賤之價，考租賦盈虧之數，以覈勸課與不勸課之實。制詔天下，縣以農時分輪令、丞行田野，有荒而不治者，罰及鄰保；郡以農時分輪守、貳行縣，有荒而不治者，罰及令、丞；監司以農時因巡歷行郡，有荒而不治者，罰及守、貳，以覈田萊荒治之實。又詔監司196每歲終，取州縣户産登降、米穀貴賤、租税盈虧之數，同具奏聞。内參酌最優劣兩處，具守、貳、令、丞，乞加賞罰。尚書省類天下奏，較最優劣兩路取旨，以爲監司賞罰，以覈三者之實。」詔中書省勘當取旨。

三年二月一日，詔：「越州鑑湖、明州廣德湖，自措置爲田，下流湮塞，有妨灌溉，致失陷常賦。又請佃人多是親舊權勢之家，廣占頃畝，公肆請求，兩州被害民户例多流徙。仰陳亨伯體究詣實，如所納租税過重，即相度減免，立爲中制。應妨下流灌溉處，並當施以予民。令條畫圖上取旨，毋得觀望滅裂。」

閏五月十三日，詔：「盜起二浙，延及江東。内被焚劫民户租佃私田，如係於掌業人處借貸種糧、牛具之類者，止合量減二分，疾速申明行下。」

十月二日，詔：「江東新置圩田，如上流興築，閉塞水源，致向下民田無以灌溉，或（雍）〔壅〕遏發泄，使鄰近者反被水患，令所屬監司按視改正。」

十二日，河北轉運副使呂頤浩言：「近奉詔，學事司應

〔一〕田：原脱，據本書食貨一之三三補。

管州縣田土及房廊，並委臣拘催租賦課利，每年共收錢斛等約二十餘萬貫碩匹。未佃田土，一路共二千一十一頃，除不住催督召人承佃外，若非逐縣令佐協力幹辦，則上件地土空閑，虧失租課。契勘濱州招安縣見今空閑八百六十五頃，東鹿縣空閑四百九十二頃。尋奏請，乞特降睿旨處分，將招安、東鹿縣令佐許臣踏逐有心力人奏差一次，內京朝官替見任人成資闕，選197人替年滿闕。」從之。

十二月二十四日，詔罷方田。

七年八月七日，前兩浙路提點刑獄胡漥奏：「二浙向緣草寇驚劫，溫、台、處、婺等州各有逃絶户拋下田土，賊平之後，皆爲有力之家請射。欲乞令百姓實封投狀請射，限一月開拆，給與租課最多之人，於公實利便。」從之。以上《續國朝會要》。

高宗建炎元年五月一日，赦：「人户置買耕牛，權免稅錢一年。」

二年三月二十六日，臣僚言：「伏讀國史，竊見太宗朝宋、亳等州耕牛闕乏，太子中允武允成獻踏犁式〔一〕，用四五人，可以耕稼。至真宗景德中，因河北耕牛不足，又降此式付轉運司頒行。緣不曾盡載制度，止云自尚方造樣，宋州冶鑄給散。今來州縣正闕耕牛，乞下諸路轉運司詢訪，講求舊制施行。」詔令諸路轉運取索以聞。

紹興元年九月十八日，赦：「民間耕牛，累年以來屢遭兵火，宰殺殆盡。應曾經殘破州縣人户典買耕牛，特與免納稅錢一年。其客旅興販經由去處，依此。」二年九月四日、四年九月十五日赦同此制。

二年三月二十二日，詔：「昨招誘淮東八郡人户佃田，並免二年稅租。將來合行催納之歲，可止據當年已種頃畝計數徵納。其後逐歲添展墾闢到田畝，亦據實數添納。庶得人户曉然，易以安業。如或州縣過數催納，並科違制之罪，仍許人户越訴。」

四月十日，秘書少監傅崧卿言：「昨承指揮，於榷貨務支降見錢五萬貫，充淮東人户借貸收買牛具。緣本路牛畜198價高，欲分遣官前去兩浙路收買〔二〕。」從之。

五月二十六日，臣僚言：「浙西水災，乞戒飭被水州縣長吏以勸農爲急，令及時車戽積水，扶植稻苗。或貧富相資，再行布種。」詔差刑部郎官張宗臣前去措置。

六月十八日，江南東路安撫大使李光言：「廣德縣見管逃田八百餘頃，方措置勸誘人户分户佃種。緣常賦比他處已爲差重，若更依建炎四年十月七日佃户法，候秋成日，除納官拘收外，止給五分，委實爲便於民〔三〕。深慮無人請佃，轉見荒閑。欲將應承佃閑田及歸業之人，將見納租稅先免本年秋料一料，自次年爲始，依請佃法別免一料催科，

〔一〕武允成：原脱「允」字，據本書食貨一之一六、食貨六三之一六三及《長編》卷三五補。
〔二〕「浙」下原有一「江」字，據本書食貨一之三五刪。
〔三〕爲便：疑當作「未便」。

只理正税，庶寬民力，有人承佃。」從之。

七月十七日，樞密院計議官薛徽言〔言〕：「被旨體問得明州廣德湖田元分三等，計管五百七十五頃九十九畝，每畝納租米三斗二升，通計一萬八千四百三十一碩六斗八升。緣開墾之初，不問肥瘠、高仰、深葑，一等出租〔一〕，其上、中二等皆權勢之家請佃，下等多是不曾耕種，所得不足輸官，往往抑勒貧民承認分種，歲久爲害。除中等租課更不增損外，内上等别無二税，和買，委是太優，今欲每畝量增八升。其下等合納租，欲令豁退所增上等田米。其餘乞委官相視，内低田即廢爲湖濼，依舊積水灌溉；其邊湖深葑可以植茭，即爲茭地，量立租錢。其間尚有堪種田畝，却立爲下等，將豁退不盡米四百六十四碩六斗四升拘收，補199足元數。乞施行。」尚書省劄送知明州陳戩〔二〕，與本路提刑司同共子細措置。戩等言：「相度到逐項事理，委是經久利便。」從之。

十二月二十一日，權發遣太平州許端夫言：「招誘人户歸業，趁時布種，收到苗米九萬四千餘碩。」詔轉運司覈實，取旨推賞。

三年二月二十八日，詔：「應有官圩田州縣，通判於銜位帶『兼提舉圩田』〔三〕，知縣帶『兼主管圩田』，每歲不得使有荒閑。委監司以舊額立定租稻碩斗，盡收以充軍儲。」

四月二十二日，工部侍郎李擢言：「今東北之民流徙者衆，東南棄田疇者多。平江有湖浸相連，塍岸久廢，近或十年，遠或二十年，未嘗有人疏導者；有地力素薄，廢爲草萊，漲潦之餘，常若沮洳，未嘗有人耕墾者，悉號逃田。委通判與縣令同往相視，召問父老，爲水所居可以疏導若干，卑薄之地可以耕墾若干。各開具某處及頃畝多寡，揭榜以招誘東北流徙之民入狀請射。縣給種本，與免三歲之租，仍别立租額以寬之。仍委監司覆按，除其舊額。」從之。

十月七日，江南東西路宣諭劉大中言：「欲將江東、西路應干閑田立三等租課，上等每畝令納米一斗五升，中等一斗，下等七升。更不須臨時增減，但令州縣開具已籍定田色，召人請佃，據佃頃畝等第出給公據。如係未經籍定田土，限當日勘給承佃，免兩料催科外，自起催日令納租課，更不别納二税。」詔下户部。本部欲下轉運司參酌所立租課，比200較夏、秋兩料税額别無虧損，即依逐等所定數目召人承佃；若於税額却有減損，即依舊來税額輸納。從之。

十一月九日，吏部員外郎劉大中言：「所乞將江南兩路應干閑田立三等租課，令民承佃，已蒙下本路轉運司參酌比較，若於税額却有減損，即依舊來税額輸納。逃絶閑田，在法自合立租召人請佃，緣江南累經兵火，田多荒閑，

〔一〕出：原作「亡」，據本書食貨一之三五改。
〔二〕州：原作「年」，據本書食貨一之三六改。
〔三〕銜：原作「御」，據本書食貨一之三六改。

有人户元因税重，或曾經典賣田産，虚抱推割未盡税苗，輸納不前，遂至抛棄田業，逃移在外。今若令依舊來税額輸納，全不減損，委是無人願佃，愈見失陷財賦。」詔：「令江南東、西路轉運司自今降指揮到日，將應未佃閑田依劉大中立定三等租課召人請佃。候滿三年，即依元税額送納。所有閑田元地主積欠税租〔一〕，即不得於佃人名下催理。其日後逃閑田土，依今年十月七日指揮，照應税額輸納。」

四年二月十三日，通判建康府吴若言：「本府管下永豐圩，舊管田九百五十餘頃。以前之事不可悉數，且以紹興二年客户熟田計之，有二百九十七頃，而去年却止有二百六十餘頃。去年合增而反減者，蓋緣此圩舊例止是令客户納穀在倉，官自糶賣變轉。自去年都督府差官，須要民户(春)〔舂〕變苗米，又勒客户甲頭等起發，故客户有逃田者，所以墾田減少。此圩四至相去皆五六十里，今止有兩員使臣監管。如得更差文臣兩員湊作四人，分爲四管，遞相鈐束，立爲比【201】較，則歲所增入自當有餘。望以此圩專付本府，依舊例措置。」都省勘會：「紹興三年七月九日已降指揮：『永豐圩田並撥隸建康府，聽一面措置，每年止以米三萬碩爲額。仍自來年爲始，認起熟田米二萬碩。內生荒田係創行開耕，與免一年，自紹興五年依額起發。』」詔永豐圩田客户納穀，官自糶賣變轉，仰依舊例施行，餘並依所乞。是歲四月三十日，詔永豐圩撥隸本路提刑司，監官從朝廷於京朝官内選差。

二十五日，權知泗州徐宗誠言：「淮南兩路兵火之後，蒙恩寬卹，如民户置耕牛，並限一年免納税錢。近來復業之民方能輟那錢物往江南收買，而限已滿，乞下諸路更與免納税錢一年。」從之。

三月六日，詔淮南租税與量展理納年限。户部言：「淮南佃田人户依紹興二年二月十五日指揮，每畝逐年出納課子五升，仍自承佃後免納二年。并歸業自佃已田之人，依紹興二年二月十七日指揮，亦與免納税租二年。今欲下本路轉運司，將人户税租更與免納一年。」從之。

六月二日，新差權發遣廬州仇悆言〔二〕：「乞支降錢專充買牛，借與歸業人户〔三〕，責限還本。庶幾接濟貧民，以廣耕殖。」詔借支錢一萬貫。

六年十二月一日，德音：「壽春府及濠州定遠縣一帶曾經賊馬蹂踐，民間種牛多被殺虜，已降指揮，令營田司廣行支撥，委自守、令借給人民耕種，免納租課，候收成日，分作五年還納價錢。竊慮州縣給散邀【202】阻，不及貧下人户，或巧作名目，別有掊斂，仰本路營田使嚴行覺察，如有違犯，按劾聞奏。」

七年正月七日，詔：「淮甸復業人户，並令守、令安輯

〔一〕欠：原作「次」，據本書食貨一之三六改。
〔二〕悆：原作「念」，據《建炎要録》卷八三改。
〔三〕業：原作「宗」，據本書食貨一之三七改。

撫養，躬勸農桑，不得輒有科敷搔擾。如違，仰帥臣并提點淮南兩路公事按劾聞奏。」

十年二月十七日，臣僚言：「淮甸諸州累經兵火，賊馬屯泊，良田爲曠土，桑柘爲薪櫄。比歲民稍歸業，漸復耕墾，惟是桑柘全未栽植，緣無賞罰，守、令視爲餘事。願詔守、令勸誘農民栽種桑柘，仍乞示賞罰以勸懲之。」詔依，仍仰本路監司每歲具最多、最少去處〔一〕，取旨賞罰。

十一年三月七日，詔：「壽春府、廬州、濠、滁、和、舒州、無爲軍曾經賊馬，民間耕牛多被殺虜，可委江、浙常平司支撥常平等錢收買耕牛，交付淮南常平司給與州縣，借給人户耕種，免納租課。候及三年外，分限還納價錢。内貧乏之户不能自存者，依常平法賑給一季。其闕乏種糧之家，亦與借貸，分寬限還納。其合用種糧，就近於江、浙常平司支撥應副，具數以聞。」

十二年九月十三日，赦：「累降指揮，禁殺耕牛。州縣或不奉行，縱令宰殺〔二〕，或擡舁到官審驗，因緣搔擾。仰今後只依舊法勸耆保驗實申官，不得追呼，致妨農務。又今歲緣牛疫，民間少闕耕牛，應人户典賣耕牛，特與免納税錢一年。客旅興販處准此。廣西、湖南、福建、江、浙起發耕牛，偶因暑月疫病致死，可令所屬勘驗，如有官司干照，見得別無欺弊者，203保明特與除放。」

十五年閏十一月十三日，司農寺主簿宋敦樸言：「州縣守令，民之師帥，雖有勸農之名，而因循曠廢。望令州縣守令，以來春耕藉之後，親出郊外，召近郊父老，勞以飲酒，諭以天子親耕勸率之誠，俾四方萬里之外，曉然知陛下之德意。仍乞申戒，每歲之春，常修舉勸農職事。如或奉承弗虔，因而搔擾，仰監司按劾，以示懲戒焉。」上宣諭曰：「農者，天下之本，守令有勸農之名而無勸農之實，徒爲文具，何益於事！可依所奏，以風四方。」

十六年八月十八日，利州觀察使、知成州王彦言：「本州自兵火之後，荒田多是召人請射耕墾。其佃户於所給頃畝之外，往往侵耕。無賴之徒經官告訴，將所侵給與告人充賞，仍追理累年冒佃之數，致使効力之人因而失所。欲望將人户侵占立限，經所屬自陳，差官審實，添租改正，仍免追理冒佃租税。如限滿不首，許人告。」從之。

十九年七月二十四日，權知漢陽軍趙達之言：「湖北荒田，令逐州軍召人租佃，貧者借種糧，許依人户復業之制寬免税役。候料次足日，取旨量行輸納。仍乞嚴禁官吏，不得擅有差役搔擾，庶安俗樂業，有勸耕之漸。」詔令户部行下本部帥臣、監司同共措置。

二十六年三月二十八日，户部言：「京西、淮南係官閑田，多係膏腴之地。蓋爲人户初年開墾費用浩大，又放免課子年限不遠，是致少人請佃。今欲轉運司行下所部州

〔一〕「去處」前原有一「以」字，據本書食貨一之三七删。
〔二〕縱：原作「從」，據本書食貨一之三七改。

縣，204多出文榜招誘，不以有無拘礙之人，並許踏逐指射請佃，不限頃畝，給先投狀之人。其租課依紹興七年十一月指揮送納。自承佃後，沿邊州縣與免租課十年，近裏次邊州縣與放免五年。仍依已降指揮，候承佃及三年，與充己業，許行典賣。及令州縣將本府官錢買牛具〔一〕、種糧應副佃人，三年之外，每年還納價直二分入官。又四川州縣地狹人稠，欲令制置司行下逐路轉運司〔二〕，多出文榜曉諭，如願往京西請佃開墾官田，即時給據津發前去。其放免租課等，並準此施行。」上曰：「如此甚善。但窮民下户乍來請佃荒田，如何便得牛具并種糧？若不從官中借貸，恐未免爲虚文，終是開墾稀少。今後並令官中假貸，可行下諸處，相度於合支錢内支破。」沈該曰：「陛下恤民，無所不用其至，臣等敢不遵依行下。」

四月十七日，秘書少監楊椿言：「乞詔湖北一路，凡字民之官，以招誘户口、開墾田疇立爲課最。歲終，州保明申監司，監司保明申省部，取其能者賞之，其不職者罰之。」上曰：「已令勸誘四川農民至湖外耕鑿，官給牛具，若賞罰自不可廢。」椿對曰：「誠如聖諭。」

二十七年五月十一日，中書門下省言：「軍中揀退人或有死亡，州軍不支請給，其妻其子遂爲窮民。已許指射荒閑田耕種，支與一年請給，令買牛、種，免租税、丁役，使爲永業。今欲淮東〔三〕、淮西、江東、江西、湖北、京西下逐州委知、通、知縣，及逐路委常平提舉205官，括責形勢户及民户、見任官占據没官、逃移等田，已未耕墾各若干頃畝，限半月開具申尚書省。遇有指射荒田請佃人，州縣日下摽撥。并合支請給，於常平錢内併支，令州縣量度資給，及農具亦仰借助。仍官爲修蓋草席屋應副居止，以便耕種。其見任差遣者，除所支一年請給外，其未滿月日，令與接續批勘。已任滿人，布種之後如闕食用，令州縣於常平米内量度借支，候收成日，分限還納。若將來耕種就緒，願增添請射者聽。若所委官及州縣措置有方，請佃數多去處，取旨陞擢。」從之。

七月十四日，中書省言：「淮東等處有揀汰軍人願請佃荒田開耕人數，各已摽撥及支破請給畢。」詔令諸路遇有請佃人，依淮東事理施行，優加存恤。

十二月三日，户部言：「揀汰離軍人許指射荒田，恐係初離軍人遽罷請給，所以存恤。其累經任人，不合一例借支。欲下諸州軍照會，將小使臣以下初離軍人指揮借支請給，修武郎以上及經任人止聽許指射，更不借支請給。其請給，今後並於係省錢米内支撥，不得借支常平錢米。」兼元降指揮止許射荒田，即不得將已耕佃熟田一例指射。」從之。

〔一〕府：原作「州」，據本書食貨一之三八改。
〔二〕置：原作「買」，據本書食貨一之三八改。
〔三〕今：原作「令」，據本書食貨一之三九改。

同日，權發遣兩浙路轉運副使趙子潚言〔一〕：「被旨措置鎮江府沙田，乞選委官檢踏打量，取見的實頃畝數目措置，各隨田地肥瘠高下輕立租課，就令見租火客耕種，專委知縣拘收椿管〔二〕。如形勢之家尚敢占吝，不即[206]交割，即具名聞奏，取旨施行。所有已前違法占種人户收過租課，合盡行追納入官。」詔依，内人户冒佃，積年收過租課特免追納，其田疾速拘收，措置施行。

二十八年正月二十二日，上謂輔臣曰〔三〕：「江、淮沙田爲人冒占，所失官課至多。然議者謂拘收入官，固有目前之利，數年之後，恐更費力。不若令見占人且行管佃，淨認租課爲便。又沿江蘆場遺利亦不少，從來官司有失檢察，宜於行在差官同逐路漕臣措置施行。」於是詔差户部郎中莫濛同逐路漕臣檢踏，申尚書省取旨。

二月二十二日，詔：「已差莫濛同三路漕臣措置沙田、蘆場，止爲形勢之家詭名冒占，其第三等以下人户即不合一例根括。如内有元無契要及侵占之數，合要逐州縣官取見着實，候收成了日，運司別行差官打量，審覆施行。」

五月十一日，詔：「打量到沙田、蘆場内，淮東路人户檢尋契要未備。可令轉運司行下通、(太)〔泰〕、真、(楊)〔揚〕州民，限半年齎契要、公據赴縣點對，開具保明申州，州申轉運司覆實，具申尚書省，當與除豁。其租税且令依舊額送納，候覆實畢，取旨立額。如限内不齎契要、公據到官，不在除豁之數。」

十八日，詔：「淮東路沙田、蘆場，已降指揮立半年限照契覆實。竊慮本路人户安業未久，可特與放免〔四〕，並令依舊。」

六月二十六日，詔：「三路沙田、蘆場盡係官地，已降指揮打量，量立租課。内淮東路人户爲恐復業未久，已行放免。朝廷[207]措置之意，本以寬民，浙西、江東民户亦宜一體優卹。其官户、形勢之家違法占田頃畝過多者，即難以一槩放免〔五〕，可將三路官户自一千畝以下，民户自二千畝以下，並特與放免，餘並依元降指揮添納租課。内淮南路自來年秋料起催。」

九月二十四日，知鼎州周擠言：「諸軍揀罷離軍使臣，許請佃官田，借支一年請受，收買耕牛、農具。又招置客户等，已是優卹，自當以時耕種。如聞多將所請錢別作他用，恐失歲計，更致狼狽。」詔依，令户部行下諸路監司、守、令勸諭約束，仍常切覺察。如日後更不耕種，即將元請佃官田拘收，并追索借過錢入官。其逃竄人立賞告捉，以所請過官錢計贓斷罪施行。

十月七日，直敷文閣、知臨安府張偁言：「江、浙之間，

〔一〕潚：原作「瀟」，據本書食貨一之三九及《宋史》卷二四七《趙子潚傳》改。
〔二〕「縣」下原衍「椿」字，據本書食貨一之三九刪。
〔三〕上：原作「王」，據本書食貨一之三九改。
〔四〕特：原作「持」，據本書食貨一之四〇改。
〔五〕放：原作「於」，據本書食貨一之四〇改。

耕植既廣，畎畝相連，高下不一，必積陂塘以備灌溉，導溝洫以防壅浸。此衆共之利〔一〕，而豪勢之家侵奪占據，奄爲己有。欲望申飭州縣，凡有似此之類，官爲檢察，有妨灌溉疏導處，悉行禁約。」從之。

二十九年十一月二十三日，領御前諸軍都統制職事、充利州西路安撫使、判興州吳璘，總領四川財賦軍馬錢糧許尹言：「階州高山不堪耕種田土增起租斛，欲乞除免，却將續拘收到係官空閑田土召人立租請佃，拘催租課入官，可以補填。」從之。

十二月二十六日，知潭州魏良臣言：「本州人户昨因兵火歸業，將本户産業供作荒田，今二十餘年，私下耕熟，不納官【208】課。今措置，令十餘家結爲一甲，從實供具已耕田畝，輸納二税，自紹興三十年爲始。所有日前隱匿熟田漏納苗税，並免追納。如所供不實，即令諸色人告首，以所告田充賞外，仍每畝支賞錢五貫文，至一百貫文止，於犯人名下追理，仍追理遞年所隱苗税。如本户實有荒田無力耕種，即曉示人户，令實封投狀承買，給與價高之人。湖北、江西等路亦合依此。」於是户部言：「田産既係人户已業，緣非冒占官産，即無條法許行出賣。若依已降指揮遞增税賦，年限已滿，自合據本户實管田畝起理税賦。乞將已耕田土，結甲從實供具，起納二税。欲令本州立限百日，許人户自首；如限滿不首或首不盡，許人陳告，依匿税法施行。」從之。

三十年二月二十七日，權知廬州、兼主管淮南西路安撫司公事劉綱言〔二〕：「被旨與逐路帥、漕同共講究兩淮、荆襄，使無曠土以聞。近日淮西運判張祁遷民於近江和州、無爲軍，修補圩岸，濬治港瀆〔三〕，起蓋屋宇，置辦牛具，分田給種，使之就耕。見招募游手之人，欲立地分相繼開墾。若行之經久，必有成效。兼淮東運副魏安行所乞募民種田，修立賞格，與張祁措置事體相類，亦與前後力田等及州縣召人請佃之法俱不相妨。欲望將魏安行等措置事理與見行召人請佃及力田等舊法通同參酌，各從民欲施行。其本路州縣鄉村日後應有歸復本業及請佃田土之人，每至【209】歲終，即行根括，便於本地分總首團甲下收附姓名。」詔依，令同張祁參酌措置，季具勸誘增廣數目申尚書省。

二十八日，户部言：「欲乞下淮南、京西、荆湖北路轉運司，除土著逃亡歸業人户自合依條等第、年限放免税賦外，其請佃官荒閑田，如有逃亡於他處别行請佃之人，令本縣籍記姓名，只許一次歸業外，餘並依再逃亡不許歸業條法施行。如限滿，依前冒濫及通同作弊，立賞許人陳告，犯人重行斷遣，仍將免過税租並行追理入官。」詔令逐路帥、漕司曉諭。

〔一〕此：原作「比」，據本書食貨一之四〇改。
〔二〕綱：原作「剛」，據本書食貨一之四〇及《建炎要録》卷一八四改。
〔三〕治：原作「浩」，據本書食貨一之四一改。

三月四日，權發遣淮南路計度轉運副使魏安行言：「被旨招誘人户開耕淮東係官閑田〔一〕。緣今來勸耕之初，荒田數目浩瀚，欲依鄉原體例，創開水陸田，每縣支撥一萬貫文。本路七州軍二十縣，欲望將本路合起發上供經、總制等錢内應副。」詔於淮東茶鹽司樁管錢内支撥一十萬應副。

十二月二十二日，上謂輔臣曰：「朕比屢諭卿等，須是先立規摹。如一夫合受田多少，以諸路括到荒閑田充佃〔二〕，耕牛若干，於何地招置中賣，下至農具、糧種、廬舍之類，當令悉有條理。規摹既定，方可行下。茲大事也，經始勿亟，庶毋後來更改之弊。不可以一夫獻言，便遽行出，要當博采物議。作事謀始，尤宜審詳。」陳康伯奏曰：「臣等當遵聖訓，候諸路申到頃畝數目，別條具奏陳。」上曰：「甚善。」

三十一年正月五日，臣僚言：「軍中揀汰使臣、軍員，最爲冗濫，州軍應 210 副請給，動以萬計，若歸吏部等待闕次，亦是人衆。今欲行下諸州，契勘本處揀汰使臣、軍員各若干人數，計請給若干，將本州賣不盡應干官田〔三〕，約計請給多寡，撥田畝付逐人爲業，許指射，養之終身，更不支破請給，亦不更注授差遣。如本人身故，許子孫接續承佃，並依人户承佃條法。」詔令兵部同共措置，條具以聞。其後户部言：「添差揀汰使臣并校副尉、下班祗應養老軍員，今欲遍下諸州軍，許指射官田。仍委守倅取見賣不盡應干没官田産，從輕估價，衮同摽撥，以一年衣糧、請給紐計價數，合得頃畝，給付爲業。若後來本人身故，給與子孫承佃。逐路專委漕臣一員催促摽撥置籍，限今年歲終須管摽撥盡絶。仍開具已摽撥過職位、姓名、田畝，關報常平司，依常平法借貸種糧、牛具。或有州軍員多田少去處，即行開具以聞。其逐州軍所撥田土，須管將鄉村比近田段品格、肥濃、瘠連〔四〕、高下，以《千字文》爲號，每一百畝作一號，鼠尾排定注籍訖，從上撥與先到州軍公參籍定之人。如合給田三十畝已上，即行拆號摽撥五十畝；如合給七十畝已上，令撥一百畝。若摽撥給田，便行住罷請給，切慮因而失所，今欲令諸路軍州且行按月支破請給，候所給田土耕種收成子利及一年住支。所借種糧，候及三年，隨料帶納。如淮南、京西、湖北等路及後來添差揀汰使臣，亦合依此。如（軍州）〔州軍〕内有率先摽（發）〔撥〕了當 211 去處，仰本路轉運司保明推賞；若一路首先摽撥，其轉運司亦當推賞。或有未便未盡事節，即從本州軍申漕司條具申請施行。今欲下兩浙、江東西、福建、廣東西、湖南北、京西、淮南東西路轉運、提刑、提舉常平司并逐路州軍，依今來措置到事理施行。」詔令中書門下後省官同臺諫詳議聞奏。給事中黃祖

〔一〕招：原作「詔」，據本書食貨一之四一改。
〔二〕充：原作「元」，據《建炎要録》卷一八七、《宋史全文》卷二三上改。
〔三〕官：原作「言」，據本書食貨一之四一改。
〔四〕連：疑當作「薄」。

舜、中書舍人虞允文、殿中侍御史杜莘老、右司諫梁仲敏議曰：「諸郡常入之賦歲有定名，諸軍揀汰之兵歲有增數。以定名之賦給增數之兵，歲月益深，財力日以屈，而兵之仰食者有時而不贍矣。若如議者所（揀）〔陳〕，紐其衣糧，請給，計其價而給之田，所贍養者不過數十人，其坐而仰衣糧者尚千餘人也，不獨事體不一，勞逸又不均。謂宜下有司，將具不盡係官田、户絶及寺觀無主田并僧道違法田盡行拘收，又將日後没官田歲行抄籍，以待兵田之數相當而後施行，可無不足不均之患。」詔令吏、兵部長貳參酌給舍、臺諫所議事理，重别措置，條具以聞。

三十二年二月二十二日，臣僚言：「乞下寬大之詔，立時月之期，俾民間見耕之田有出於元請之數者〔一〕，皆得自參酌以與之，其積年之租一切蠲免，止候其陳訴之田，定輸賦之額。非獨小民免侵奪之患，彼豪强姦肆者所侵耕之田亦不敢欺。」詔令户部看詳。其後户部言：「今看詳，湖北、荆湖南、京西運司行下所部州縣，將人户請佃包占隱匿過田212畝，依湖北已得指揮，立限一季，許行自陳，與免追理積年租税，及免斷罪。如限滿不首，許人陳告，官與檢量，將包占數給與告人充賞，仍追積年租税斷罪。所有今來湖北路人户已是限滿，切慮其間有未曾陳首之人，并下湖北路轉運司再立限一季，依已降指揮陳首施行。」從之。

孝宗隆興二年十二月十六日，德音：「楚、滁、濠、廬、光州、盱眙、光化軍管内并（楊）〔揚〕、成、西和州、襄陽、德安府、信陽、高郵軍，勘會歸業人户内有貧乏之人，闕少牛具、種糧，恐妨農務。可令監司、帥臣同常平司量度借貸，免納租課。（後）〔候〕及三年，分作兩料帶納，不得格息。」

乾道元年正月二十一日，詔：「兩淮民户並已復業，宜先勸課農桑，若不稍優其賞，竊慮無緣就緒。應縣令、丞於本縣界内種桑及三萬株，承務郎以上減磨勘二年，承直郎以下循一資〔二〕；六萬株，承務郎以上減磨勘四年，承直郎以下循兩資，並與占射。守、倅勸課部内植二十萬株以上，轉一官。種及一年，許民户租佃，五年後量立租課，不得科擾。應守、倅、令、丞賞格〔三〕，任滿，本路轉運司覈實聞奏。」既而三省言：「已降指揮，兩淮民户令監司、帥臣督責守、倅、令、丞勸課農桑〔四〕。竊慮民户恐輸納租課，未肯用心種植，有失勸農之意。」詔：「令兩淮監司、帥、守遵依已降指揮，督責守、倅、令、丞多方勸諭民户廣行種植，依已定年限免納税租。如栽種及格，即保明推賞施行。」上宣諭宰執曰〔五〕：「嘗降213指揮，令淮南栽植桑柘，並不曾奏來。」洪适等曰：「近有臣僚言，淮南州縣税桑菓木，已嘗行下約束，容檢一宗文字進呈。」上曰：「正要勸令栽桑，何得更税

〔一〕間：原作「聞」，據本書食貨一之四二改。
〔二〕一：原脱，據本書食貨一之四三補。
〔三〕丞：原作「承」，據本書食貨一之四三改。
〔四〕丞：原作「承」，據本書食貨一之四三改。
〔五〕執：原作「職」，據本書食貨一之四三改。

也？」於是樞密院差使臣二員分往兩淮安撫司，守等取索州縣已栽植過的實數目申尚書省〔一〕。其後，會到諸州已栽種過桑株數目，上曰：「亦可見得的實否？」洪适奏曰：「州縣既知陛下留意，聞皆使人於浙西買桑栽去。」上曰：「更數年後，須成次第。可劄下兩淮，更多爲栽種。」

二月十七日，忠州團練使、知濠州劉光時言：「濠州復業之民皆無牛耕，若或失時，秋亦無望。乞支撥錢五萬貫，貼借民户收買耕牛〔二〕、種子，庶幾趁時營種，不致失所。」詔令淮西總領所支錢二萬貫，專充收買耕牛。

七月十九日，臣僚言：「浙西、江東、淮東路沙田、蘆場，多係官户、形勢之家請買租佃，未立税額。今朝廷軍食用廣，每歲和糴，乞將官民請買到沙田圍埕成田，見今布種，比附平田及蘆場頃畝，並令立税。其經官請佃之數，覈實頃畝，别行立租。如不願租佃者，所屬拘收，申取朝廷指揮。」詔差高州刺史、幹辦皇城司梁俊彦與楊倓、張津同共措置。

九月三十日，措置浙西江東淮東路官田所條具：「諸州縣沙田、蘆場，有見行法起理税租，止緣官户侵耕冒佃，見占頃畝，致失常賦，及租佃人户計囑州縣從輕立租。昨雖紹興二十八年委官措置，緣督令嚴速，開具不實，所立租數不照鄉原體例 214 一等施行，詞訟不已，致有衝改。今來除已立式行下州縣，開具四至，取赤契、砧基照驗，如已經經界，立定二税，即依舊拘催。內沙田若圍埕成田〔三〕，已經成熟，即依平田立税。其官、民户有侵占寬剩頃畝，及有經官請佃之數〔四〕，並合取見詣實，照色額、肥瘠，比見立税上添立租課。仍許見占田人限一月自首〔五〕，如限滿不首，許諸色人陳告取賞，將所告之數全給告人承佃。」户部契勘：「官、民户侵占請佃添租事，合照前項已降指揮起理施行，餘依所乞。」本所又言：「人户請買田産，内有寬剩畝角及冒占田段，如違限不首，即合委官抽摘户數打量覈實。」户部契勘：「人户寬剩冒占田段不首，如無陳告，即將犯人追賞，及拘田入官。」本所又言：「州縣官吏若有不擾，率先辦集〔六〕，保明乞賜優賞。如奉行不虔，或稽滯騷擾，及容情蓋庇，具名申朝廷，人吏重行斷配。」户部契勘，欲依所乞。本所又言：「官、民户請佃沙田、蘆場，别立租。如不願租佃，即行拘收，或作官莊，或召人請佃，隨宜處置。所立租額，未審自何年分爲始。」户部契勘：「人户請佃拘收入官之田召人租佃者，其租税合於來年秋起理。」本所又言：「沙田見令起催小麥、禾、絲，沙地起催豆、麥、絲、麻，蘆場起催柴、茭、見錢。若以逐色立額，竊慮州縣折變錢、

〔一〕植：原脱，據本書食貨一之四三補。
〔二〕民户：原作「人民」，據本書食貨一之四三改。
〔三〕圍：原作「園」，據本書食貨一之四三改。
〔四〕之：原無，據本書食貨一之四三補。
〔五〕仍：原作「乃」，據本書食貨一之四三改。
〔六〕辦：原作「辨」，據本書食貨一之四四改。

米，因而爲姦，致失時賦，乞將昨來立定租數〔一〕，沙田上並起米斛，或折科馬料稻子，聽朝廷指揮。沙地並納大麥，蘆場並紐折見錢〔二〕，庶幾免折變之215弊。」（本）〔户〕部契勘：「欲依。内折科馬料稻子，人户願輸者，聽從便。」本所又言：「候措置定〔三〕，許申取朝廷指揮分管，或通委本路轉運司。」户部契勘：「見措置係浙西、江東、淮東三路沙田、蘆場，今欲淮東、浙西委趙公稱，江東委楊倓，同逐路轉運主管，内梁俊彦通行措置。」本所又言：「紹興二十八年指揮，官户一千畝，民户二千畝以下，並特免放立租；今降指揮却作官户二千畝、民户一千畝以下依等拘税。前後參照，差互不同。兼已秋成，難從今歲起理，乞與其餘沙田、蘆場立定租數目一就起催施行。」户部契勘：「今來官、民户請買請佃沙田、蘆場，並合照今降指揮，不限田畝多寡起立租税。所有起理租數，合依本部今來第四項勘當施行。」從之。

二十四日，臣僚言：「已降指揮，應占佃沙田、蘆場並立租税。乞將昨來已立租税及官户二千畝、民户千畝以下，亦等第均立税額。其已立額，候秋成，依見額拘催。餘俟覈實〔四〕，與編氓均輸。」從之。

五年七月二十八日，户部尚書曾懷等言：「浙西、江東、淮東三路有沙田、蘆場、草場等，多係有力之家占佃，包裹寬餘畝步，未曾起納租税，累經打量，各有寬剩。乞委逐路漕臣措置，將昨來人户自供出數，參照比近等則估紐價直，令占佃人承買，仍照逐等色額起理税賦。」詔户部將昨來人户自供出寬剩并包裹及占佃實數聞奏。

九月十四日，户部侍郎楊倓言：「江南東路州縣有常平、216轉運司圩田，見今人户出納租税佃種。遇有退佃，往往私做民田，擅立價例，用錢交兑。取會到建康、寧國府、太平、池州所管圩田共七十九萬餘畝，皆係耕種成熟。乞下江南東路提舉常平司選官躬詣地頭，照鄰比田則估價，召人實封投狀，增錢承買。限滿拆封，以最高錢數問見佃人，與減二分價承買；若不願，即給價高人爲業。除納税依舊外，其見納租者，並以三分爲率，與減一分，仍不作等第差役及諸般科配〔五〕。」詔圩田更不出賣，（今）〔令〕建康、寧國府、太平、池州，將每歲收到圩田租苗米並起發赴總領所大軍倉送納，充支遣大軍糧米〔六〕。其餘故也〔七〕。

六年二月一日，詔：「浙西、江東、淮東諸處沙田、蘆場二百八十餘萬畝，除人户已請佃及包占外，其餘並行估價出賣。所有已請佃及包占數目，可立定等則，增立租課。」

八日，臣僚言：「浙西、江東、淮東路諸處沙田、蘆場，

〔一〕昨：原作「時」，據本書食貨一之四四改。
〔二〕折：原作「拆」，據本書食貨一之四四改。
〔三〕「候」原作「侯」，「定」上原有「詳」字，據本書食貨一之四四改删。
〔四〕俟：原作「挨」，據本書食貨一之四四改。
〔五〕第：原脱，據本書食貨一之四四補。
〔六〕大：原作「太」，據本書食貨一之四五改。
〔七〕其餘故也：此語有誤，似當作「其餘從之」。

多係有力之家請佃，及有包占寬剩畝步。昨來措置括責，據人户自供到二百八十餘萬畝〔一〕，其間請佃或已充己業之數，雖有税課，並各多寡不一，及包占寬剩數目未曾起理租課。」詔令蔡洸同梁俊彦專一於行在置司，措置申尚書省。俊彦等言：「今來所立租税，自六年爲始，依秋料省限送納。其人户自行供到寬剩數目，亦合依本所已立租佃例輸納。其立定沙田、蘆場就租外，並與免納二税、和買、役錢之類。人户日前曾有立定所租田地，比今來等 217 第已高者，合依舊數送納；其舊額低於新立者，租税即合依新立。乞行下諸縣，照所供帳式限一月紐計逐户合納税租之數，類聚置籍供申。如尚有未實及有未到數，并有陞改、新漲復沙田地，並限一月陳首。如限滿不首，許諸色人陳告追賞，將所告田地並給告人承佃。其所納米斛，如願納稻子〔二〕，以稻子二碩折米一碩；如願折錢，以米一斗折錢三百，小麥每斗折錢一百五十。今來租税，係將田地所得花利紐立，不許於租佃人户内抑勒均輸。應有坍走田地，從實申官，依條減落租税。如有新漲復沙地、新生沙田，許人户據實畝步請佃，並與免十料；限滿，依已立租税等則紐就輸官。所有合納租税，許令就便於本州縣送納，其受納官司不得增收加耗。如將來諸司申乞除豁舊税，合取赤曆照實收數，及分撥發納去處除豁，仍先於籍内立項開説，供申本所。」並從之。

閏五月二十五日，中書門下省言：「江東諸州圩田近因雨水衝損圩岸，若候修築，動經歲月，圩上人户既無田可耕，竊慮失所。其淮西未耕墾田甚多，見行召募人户請佃，理宜措置。」詔令張松多方勸諭，如有願往淮西耕田之人，津發前去。候到，令呂企中摽撥田段，借給種糧及屋宇、牛具。

七月五日，司農少卿張津等言：「被旨專一措置浙西、江東、淮東路諸處沙田、蘆場，立定租税，今已就緒。昨來措置租税，並將乾道元年、二年人户自供 218 户式帳狀内田地畝步所收花利，立定等則分數，并舊税州縣紐計數目，共管租錢六十萬七千七十餘貫，日後無可改易。乞依催科月分省限，委官照數拘催，起發赴左藏南庫交納。」詔租錢令梁俊彦拘催一年。

七年二月四日，詔令知揚州晁公武、知廬州趙善俊行下所部州軍，子細契勘所種二麥，具實數申尚書省。於是晁公武具到真、揚、通、泰、楚、滁州、高郵、盱眙軍人户所種麥田，除先種二千五百八十七頃二十八畝外，續勸諭增種二百九十六頃五十畝有奇。趙善俊具到廬、和、濠、舒州、無爲、安豐軍乾道五年、六年所種二麥田畝數目。詔淮東路差太府寺主簿趙思、淮西差軍器監主簿張權覈實。未幾，張權覈實到淮西麥田數。虞允文奏曰：「張權言定遠、

〔一〕據：原脱，據本書食貨一之四五補。
〔二〕納：原脱，據本書食貨一之四五補。

鍾離兩縣於元數外增種過二百七十頃，則淮西所種必廣矣。」梁克家奏曰：「廬州荒田不少，今歲所收尚有四萬餘斛，他可知矣。」上曰：「然。」其後趙思又覈實到淮東二麥〔一〕，上問曰：「比晁公武數增虧如何？」允文等奏曰：「其數同。」上曰：「守、令當定殿最，以行賞罰。」允文等曰：「趙思正論此事，謂兩淮多已耕未籍之田，州縣取其已耕者號爲增種，其實未嘗勸課。不如先括見今荒田頃畝，然後責令勸耕，他日用此以詔賞罰，乃得其實。」上曰：「此説甚有理。」上又曰：「前日遣官覈實，欲定守臣殿最以行賞罰耳，恐淮人不知，將謂增立賦租。可併劄下張權、趙思，219曉諭百姓，令人人知朕此意。」

十四日，册皇太子赦：「江東圩田去年被水衝決去處，官圩已令修築外，民間私圩已降指揮以田畝十分爲率，借種一分。尚慮興工，所借分數不足，仰提舉官〔二〕、逐州守令量增分數，一面及時增修，具已增分數，限半月具實數並申尚書省。沙田、蘆場，昨降指揮，令見佃人依户式親行書押，管認頃畝花利，起立租税。竊慮官吏奉行滅裂，誤將租産一例作佃産分數立租，致興詞訴。仰實係租産之人，賫契書及經界砧基簿赴官陳理，當議覈實改正。」

十月五日，詔：「江東西、湖南北帥、漕臣日下措置，官爲借種，責守、令勸諭招誘大姓假貸農民，與依賑糶、賑濟賞格推恩。〔赴〕〔趁〕時廣行種麥。仍開具已種頃畝數目申尚書省，當議取旨殿最賞罰。」先是，宰執進呈臣僚言：「今歲江西、湖南諸州郡例皆旱傷，且去秋未遠，宜令逐路守、令因而勸種二麥。」上曰：「冬月得雨，便可種麥。不知江西、湖南入冬得雨否？」虞允文奏曰：「臣僚所言，正欲趁冬種麥，以爲來春接濟之計。」上曰：「甚好。今去秋成日月尚遠，不爾，民何以爲食？可劄下兩路帥、漕，廣行勸諭借貸種糧，令民布種。」故降是詔。

八年三月三日，權知安豐軍張士元言：「本軍責屬縣令佐勸諭人户栽種桑柘。緣一歲之内，止自十一月至二月可以栽種，乞下兩淮州軍，遇可栽種，責令佐多方勸諭，具實數供申。」從之。

七月七日，臣僚言：「淮南、江東、浙西220沿江沙田、蘆場，所立新租大爲民害。向來臣僚起請，止爲有力之家侵耕冒佃，今却將應干人户租産、已業一槩打量，所立新租數倍舊日，往往盡地利所得不足輸官，逃移紛紛，禍及鄰保，甚則州縣爲之陪納。乞將提領官田司後來所立新租參酌施行。」詔人户已業、蘆場、草地所納税租與減五釐，租佃與減一分，餘並依舊。仍將提領官田所住罷〔三〕，併歸户部掌管。

八月二日，知安豐軍高夔言：「近有歸正人陳乞摽撥

〔一〕覈：原作「劾」，據本書食貨一之四六改。
〔二〕仰：原作「抑」，據本書食貨一之四六改。
〔三〕領：原作「令」，據本書食貨一之四六改。

田土，及稱已請到田土，而無牛具耕墾，乞借支官錢。今欲將未有營生之人，每户給田五十畝，牛一頭，犂耙牛具之屬。其已請田之人無牛具者，一例給之。乞降錢、會二萬貫措置。」從之。

九月六日，中書門下言：「江西、湖南去歲旱傷，人户多無儲積，以致流移。」詔令逐路監司、守臣勸諭人户廣種二麥，以備水旱。

九年六月二十八日，詔曰：「朕惟天下之本，在乎務農，故自即位以來，罷游畋，却供獻，蠲不急之費〔一〕，省無名之賦。凡山林川澤之禁，悉弛以便民，庶幾富而教之，躋二帝、三王之盛。而志勤効淺，十有二年于兹。度地非益廣，而耕者不足於力；度民非益蕃，而貧者不足於食。間遇水旱，散財發粟，而猶以病告。豈吏之不良，政之不平，奪吾民時歟？抑從事於末者衆，而游手仰給者多歟？朕聞昔之爲詩者曰：『饁彼南畝，田畯至喜。』又曰：『星言夙駕，説于桑田。』其勸戒成就之如此。今吾詔書數下，勸 221 民種藝，而功未興，當有任其責者〔二〕。比覽舊章，守令、監司實勸農之官，歲終稽其勤惰來上而賞罰之。今諸道或城連十數，而縣又數倍，曠歲無有以一人應令者，是吏奉詔不虔而勸民不至也，將何以助朕脩耕織之政，而豐衣食之原乎！繼自今，其悉乃心，共乃服，出入阡陌，勸課農桑，視吾新書從事，以殖財阜民，則賞不汝遺。厥或怠惰自如，邦有常刑，必罰無赦。播告中外，諭朕意焉。」繼有旨，令諸路監司、郡守恪意遵行〔三〕，限次年正月終各保奏以聞〔四〕，毋致違戾。

九月十日，知紹興府錢端禮言：「浙東州縣旱傷至廣，朝廷倚閣殘零税賦，差官檢放，及借本勸諭種麥，非不嚴備。今官中欠負既已寬卹，其出債之家，比之豐年收索愈急，雖欲趁時布種二麥，往往不能安業。乞將浙東旱傷州縣下三等人户所欠私債並與倚閣〔五〕，候來春歲豐熟，依元約理還。」從之。

十二日，錢端禮言：「奉御筆，令臣督責守、令多方勸誘，廣種二麥。見今屬縣縣官躬行阡陌，分行勸誘。其間有高仰可種麥田空閑未種處，委是無力。欲以官中收糴種子量酌借貸，候至來年成熟，催理還官。其諸縣、諸鄉富貴之家，有質當過二麥種子，恐闕錢取贖，乞從本州行下州縣，並令貸借，及時布種，候二麥收成，依鄉原例交還本錢。」從之。

【續會要】

222 孝宗淳熙元年二月七日，中書門下省言：「江東西、湖南北、京西、兩浙東西路帥臣，委官覈實部内州縣所種二

〔一〕急：原作「給」，據本書食貨一之四七改。
〔二〕當：原作「賞」，據本書食貨一之四七改。
〔三〕遵：原作「尊」，據本書食貨一之四七改。
〔四〕「以」原脱，「聞」下原有「升任」二字，據本書食貨一之四七補删。
〔五〕閣：原作「閤」，據本書食貨一之四七改。

麥，務要開廣，比較當職官勤惰，即非增加税賦。切慮人户未知因依，詔令諸路印榜，速行下州縣曉諭。仍遵依已降指揮，疾速從實開具，即不得因而希賞，虚增數目。歲具增種頃畝之數，結罪保明以聞。」自後逐時檢舉亦如之。

二年三月十六日，詔：「近來雨澤霑足，浙間種蒔已見次第，可令江東、淮南漕臣開具管下州縣得雨日辰，及布種禾稼分數以聞。」淮南運判趙思言：「天長軍天長縣因修築石梁高湖塡，有浸滰過人户田土，已承指揮將營、屯田及係官田土倍數撥還。如有願認元浸滰田之人，經官自陳，照契依數給還，却將倍撥田拘收入官司；若止願種倍撥田，即拘收元滰田入官。務要兩從民便。」從之。

四年十二月九日，臣僚言：「農田之有務假，始於仲春之初，終於季秋之晦，法所明載。州縣不知守法，農夫當耕耘之時，而罹追逮之擾。此其害農一也。公事之追鄰保，州縣所不能免，然事有輕重，鄰有遠近，苟證佐明，止及近鄰足矣。今則不然，每遇鄉村一事，追呼干連多至數十人，動經旬月，吏輩不得其所欲，則未肯釋放。此其害農者二也。丁夫、工役之事，正宜先及游手，古者所謂『夫家之征』是也。今則不然，凡有科差，州下之縣〔一〕，縣下之里胥，里胥[223]之所能令者農夫而已。修橋道，造館舍，則驅農以爲之工役；達官經由〔二〕，(鑒)〔監〕司巡歷，則驅農以爲之丁夫。使之備裹糧以應州縣之命，而坐困其力。此其害農者三也。有田者不耕，而耕者無田，農夫之所以甘心焉者猶曰賦斂不及也。其如富民之無賴者不肯輸納，有司均其數於租户，胥吏喜於舍(疆)〔彊〕就弱，又從而擴肌及骨〔三〕。是則耕者雖無田，而其實亦(合)〔各〕有賦斂之擾。此其害農者四也。巡尉捕盜，胥吏催科，所至村疃，雞犬爲空，農夫坐視而不敢較〔四〕。此其害農者五也。」詔令州縣長吏常切加意，毋致有(防)〔妨〕農務。

八年五月三日，詔曰：「朕身處法宫〔五〕，心乎衣食之原。迺者得天之時，蠶麥既登，及命近甸取而視之，則岐秀而穟短，繭成而絲薄，非種植風戾之功有所未至歟〔六〕！夫《七月》，陳王業之詩也，其辭乃專在乎農桑，亦惟人事是訓是勉〔七〕，然後可以收全功。凡爾監司、守、令，其謹諭朕意，孜孜於勸課，使五畝之宅植之以桑，百畝之田勿奪其時，則吾黎民不飢不寒，而王政成矣。朕將稽奉行之勤怠，詔賞罰焉。」

十一月十八日，詔：「江、浙旱傷，州縣中下等人户田疇雖已耕犁，間闕麥種，慮恐過時，仰監司疾速行下所部州

〔一〕下之縣：原脱，據《宋史全文》卷二六上補。
〔二〕達：原作「遠」，據《宋史全文》卷二六上改。
〔三〕肌：原作「肥」，據《宋史全文》卷二六上改。
〔四〕坐：原作「從」，據《宋史全文》卷二六上改。
〔五〕宫：原作「公」，據周必大《文忠集》卷一二一改。
〔六〕風戾：原作「風仙」，據周必大《文忠集》卷一二一改。
〔七〕是訓：原脱，據周必大《文忠集》卷一二一補。

縣，多出文榜勸諭人户，趁時布種。如闕種之家，於常平麥内支給，仍具已勸諭多寡以聞。」從臣僚請也。

九年正月十九日，詔：「江、浙、兩淮州縣去歲旱傷之處，貧民下户并流移歸業之人艱得稻種，令逐224路轉運、提舉司多方措置給借，務令及時布種。候豐熟，却行拘還。仍多出文榜曉諭，具已借支數目以聞。」

四月五日，詔令兩淮帥臣、監司，將本路州軍見今二麥將熟及雨水分數詳具以聞。

五月十一日，詔：「諸路帥、漕、提舉常平司疾速行下所部州縣，多出文榜勸諭人户，趁時廣種二麥。如無麥種之家，即將常平麥日下支給。若無見管，以錢折支，毋令種布失時。先具知稟以聞。」

十五日，詔：「令江、浙、兩淮、福建、湖南北、京西路帥、漕司，今後逐年自四月一日爲始，至九月終，每半月，四川、二廣帥、漕司每一月，各將所部州軍得雨分數及麥禾次第詳具以聞。」

光宗紹熙四年八月十六日，臣僚言：「昨降指揮，括責户絶田産出賣。其瀦水之地并城壕岸、城脚、地脚、街道、河岸，及江河、山野、陂澤、湖塘、池濼之利與衆共者，及户絶田地内有墳墓者，在法並不許請佃承受。當來官司失於契勘，更不分豁，是致州縣豪（驅）〔彊〕之家貪求厚利，不顧法令，乘此賣田指揮，並緣計會州縣公吏承買。其間更有將溪河、湖泖、灘塗承買在户，築疊圍裹，成田成地，以遏衆户水勢，並是違法。又第四、第五等貧乏民户元佃田地施工日久，官賦無虧，亦爲豪（驅）〔彊〕之家乘此賣田指揮，計較逼迫剗買，誠爲可憐。乞令諸路提舉司各行下所部州軍，將（來）〔未〕準住賣没官田産指揮以前人户承買前項違法地段，限一月自陳改正，給還元納價錢。225如限滿，許人告首，所買田産拘没入官，仍依條斷罪。内有墳墓之地，如户絶無人承認，許本宗及有服親自陳，勘驗詣實，許行承佃紹業；如已出賣者，並與改正。所有第四、第五等民户元佃官田、官地爲豪（驅）〔彊〕剗買者，並依舊給元佃人爲業，仍給還元錢。仰監司常切覺察，毋致違戾。」從之。

寧宗嘉泰三年十一月十一日，南郊赦文：「諸路州縣鄉村間有豪横之人强占鄰人田産，侵擾界至田畝，其本户租税又不送納，多是催科保長爲之代輸，每有辭訴。今後如有似此去處，仰監司常切覺察，及行下所屬州縣重立賞牓，許被擾人越訴。」自後郊祀、明堂赦亦如之。（以上《永樂大典》卷四七四九）

宋會要輯稿　食貨六四

匹帛〔一〕

【宋會要】

❶凡稅租之入〔二〕：

羅八百六十匹：兩浙路夏八百六十匹。

綾一萬四千二百九十一匹：京東西路夏四千三十二匹，河北東路夏七千三百一十五匹，淮南西路夏二千八百七十一匹，夔州路夏八十三匹。

絹二百九十三萬五千五百八十六匹：府界夏四萬六千三百七十二匹；京東東路夏二十六萬三千一百九十四匹〔三〕，秋一萬九千六百四十六匹；西路夏二十萬七千五百八十九匹；京西南路夏一萬八千四百九十七匹，秋三匹；北路夏二十九萬八千二百五十九匹；西路夏二十三萬九百一十匹；淮南東路夏四萬六百四十六匹；西路夏三萬九千三十八匹；兩浙路夏六十七萬三千九匹；江南東路夏三十六萬七千一十一匹，秋一萬六千六百四十八匹；西路夏一十萬五千四百七十八匹，秋六十匹；荊湖南路夏四十五匹；北路夏一十二萬二千六十四匹，秋九千七十三匹；福建路夏二萬八千五百四十五匹；成都府路夏六萬三千七百六十匹；梓州路夏一十二萬一千三百八匹，秋九萬二千八十八匹；利州路夏六萬五千八百六十匹，秋四萬五千七百九十匹；夔州路夏一萬七千一百七十六匹，秋二千二百六十四匹。

絁四萬七千八百六十一匹：京西北路夏四十二匹；河東路夏二萬二千七百二十六匹，秋三匹；淮南東❷路夏二千一百四十九匹；西路夏二千二百四十七匹；荊湖南路夏二萬六百九十四匹。

紬四十一萬五千五百七十匹：府界夏三千八百五十一匹；京東東路夏二萬五千五百三十二匹，秋七千七百二十一匹；西路夏二萬一千五百七十四匹；京西南路夏二千五百一十四匹；北路夏三千五百三十匹；河東路夏五萬二千九百八十八匹；西路夏四萬七百五十三匹；淮南東路夏一萬五百三十七匹；西路夏八千三百一匹；兩浙路夏一十萬四千二百五十六匹；江南東路夏六萬二千六十七匹，秋二百二十一匹；西路秋二十五匹；荊湖北路夏一萬一千七百五十三匹，秋一萬二千七百五十三匹；成都府路夏一萬一千七百三匹；梓州路夏一萬四千六十匹，秋五千七百八十匹；利州路夏九千四十六匹，秋二千六百三十四匹；夔州路夏四千六百七十六匹，秋四十六匹。

〔一〕題下原批：「始乾德五年，訖乾道八年。」又本頁右下角批：「茹校。」
〔二〕按，以下數字，總數與各路之和不相合，無可校正，不再出校。
〔三〕二十：原作「二千」，天頭原批：「『二千』疑『二十』。」據改。

布四十八萬七千八百四十七匹端：京東路夏二百七十九匹，秋四萬九千五百五十八匹；京西南路夏六萬九百六十一匹端；永興軍等路秋八百端；秦鳳路秋三百五匹；河東路夏一十萬九千六百一十八端，秋四萬一千四百九十八匹端；淮南東路夏九千九百一十八匹，秋五百四匹；西路夏二千三百八十九匹，秋九匹；江南東路夏九千三百一十匹，秋五百八十六匹；西路夏二千八百八匹；荆湖南路夏七萬三3千七百七十二匹；北路夏一萬二千九百一十匹，秋二千六百七十一匹；廣南西路夏一十萬五千六百四十七匹；成都府路夏四千五百五十四匹；利州路秋二十二段。

絲綿九百一十一萬五千四百二十一兩：府界夏一十七萬六百三十三兩；京東東路夏三萬五千九十九兩；西路夏四十六萬九千三百三十二兩；京西南路夏六萬二千九百二十八兩；北路夏五十萬八千二十三兩，秋三百九十二兩；永興軍路夏一百一兩；秦鳳路夏一千二百二十六兩；河北東路夏六十一萬八千八百四兩；西路夏九十五萬五千八兩；河東路夏八十六兩；淮南東路夏六十六萬二千八百三十五兩；西路夏四十五萬二千五百九十五兩；兩浙路夏二百萬四千八百兩；江南東路一百一十九萬八千二百四十四兩〔一〕；西路夏三十四萬四千七百八十四兩；荆湖北路夏一十九萬八千一百一兩；成都府路夏八十三萬一千五百五兩；梓州路夏三十萬七千六百五十兩，秋一十二萬三千七百三十四兩；利州路夏一十五萬六千五百六兩，秋三萬八千一百六十四兩；夔州路夏九萬四千四百三十九兩。

凡山澤之利：

綾四萬四千七百七匹：鹽利五百二十二匹，榷易三千一百八十七匹，諸路雜税官鹽一匹，買撲五十九匹，酒麴買撲三千一百二十六匹，房園一匹，入中博糴買賣三萬七千八百一4十一匹。

羅五萬七千九百三十二匹：入中博糴買賣五萬七千九百三十二匹。

絹三百九十九萬八千七百一十八匹：鹽利一十二萬二百八匹；茶租一千九百一十六匹；川（陝）〔峽〕路鹽井課利十二萬二百八匹，榷易一十五萬四千八百三匹；府界買撲酒麴九匹，房園五十四匹；諸路雜税官鹽五百九十六匹，買撲八千五百四十四匹，酒麴買撲一十四萬六百二十二匹〔二〕，房園四千九百七十八匹，入中博糴買賣三百四十四萬六千七百六十匹。

紬八十萬二千九百二十七匹：鹽利三萬九千五十五匹；茶租二千一十匹；川（陝西）〔峽四〕路鹽井課利三萬九千五十五匹，榷易五萬七千二百六匹；諸路雜税官鹽一百

〔一〕據前後通例，「東路」下似脱「夏」字。
〔二〕買撲：原作「買樸」，據文意改。以下同。

五匹，買撲二千三百六十八匹，酒麴買撲五萬四千六百六十四匹，房園六十九匹，入中博糴買賣六十萬八千三百九十五匹。

布一百九萬九千六百二十六匹端：鹽利一百九十五匹；搉易一萬三百九匹端；諸路雜税官鹽五端，買撲一百三十四匹端，酒麴買撲一萬一百六十九匹端，房園一匹，市舶三百三十五匹段，入中博糴買賣一百七萬八千四百七十八匹端。

絲綿四百六萬六千五百五十四兩：鹽利七萬一千九百三十一兩；川(陝)〔峽〕路鹽井課利七萬一千九百三十一兩，搉易二十六萬九千九百一十一兩；府界買撲酒麴二百七十五兩，房園一百七十三兩；諸路[5]雜税買撲一萬一千七百五十一兩，酒麴買撲二十五萬一千二百一十四兩，房園六千五百九十八兩，入中博糴買賣三百三十八萬二千八百七十兩。

凡歲總收之數：

錦綺、鹿胎、透背九千六百一十五匹：在京二千七百九十九匹，諸路三千四百八匹，京東東路二百五十匹，秦鳳路一匹，河北西路一千二百四十六匹，兩浙路一十匹，福建路二段，廣南東路一匹，成都府路一千九十四匹段，梓州路八百四匹段。

羅一十六萬六百二十匹：在京三百一十四匹，諸路八萬二百三匹，京東東路四匹，西路七匹，永興軍路一匹，河北東路四匹，西路一十八匹，淮南東路二十二匹，西路一十二匹，兩浙路六萬五千七百三十一匹，江南東路一萬二千四百九匹，西路一匹，荆湖北路四十二匹，福建路二十八匹，廣南東路一匹，西路一匹，成都府路一千五百二十四匹，梓州路四百一十八匹。

綾十四萬七千三百八十五匹：在京一千三百四十一匹，諸路七萬二千九百九十五匹，京東東路四百四十七匹，西路五千四百六十八匹，京西南路三匹，北路二十五匹，永興軍路六十匹，秦鳳路一十四匹，河北東路二萬二千三百二十一匹，西路三十五匹，河東路三百七十九匹，淮南東路七匹，西路四千一百六匹，兩浙路一千三百六十九匹，江南東路一千四匹，西路四匹，荆湖北路五匹，南[6]路七匹，福建路四十三匹，廣南東路一十二匹，成都府路一萬六千七百九十三匹，梓州路二萬六百匹，利州路一千二百八十九匹，夔州路八十八匹。

絹五百三十八萬二千七百九匹：在京七千五百七十八匹，京西南路一十三萬七千三百九十六匹，北路一十一萬三千九百四十匹，永興軍路六十六匹，秦鳳路三千七百一十七匹，河北東路六十七萬九千四百七十匹，西路三十二萬三千八百九十九匹，河東路一百六十八匹，淮南東路七萬一千五十一匹，西路六萬五百三十七匹，兩浙路一百六十六萬七千二百八十五匹，江南東路六十萬六千三百三十四匹，西路四十二萬八千一十匹，荆湖北路三十一萬二

千九百二十三匹，南路七千九百三匹，福建路二萬八千九百一匹，廣南東路五百九十四匹，西路五百七十匹，成都府路三十三萬七千三百五十七匹，梓州路三十八萬一千三百五十三匹，利州路一十九萬九百二十三匹〔一〕，夔州路二萬八千九百三十五匹。

絁綾、縠子、隔織一十一萬一千七百一十六匹：在京一千七百四十六匹，諸路五萬四千九百九十匹，京東東路二十四匹，西路一百九十八匹，京西南路二十三匹，北路一百六十匹，永興軍路三十六匹，秦鳳路三匹，河北東路八十匹，西路一十二匹，河東路二萬二千八百二十一匹，淮南東路二千五百匹，西[7]路二千六百一十四匹，兩浙路三百七十六匹，江南東路一十匹，西路二匹，荆湖北路三匹，南路二萬三千七百五十匹，福建路七十五匹，廣南東路五十匹，西路四百三十匹，成都府路一千八百二十一匹，梓州路六十九匹，利州路三匹。

紬二百二十九萬九百六十六匹：在京三百九十匹，府界三千八百五十一匹，諸路一百一十七萬三千二百六十六匹，京東東路一十萬二千八百二匹，西路八萬七千八百七十匹，京西南路一萬七千一百八匹，北路四萬八百六十六匹，永興軍路一千一百二十三匹，秦鳳路三百七十五匹，河北東路八萬九千五十九匹，西路五萬六百二十七匹，河東路三十三匹，淮南東路二萬六百五十五匹，西路一萬八千九百三十九匹，（西）〔兩〕浙路一十七萬一千五百一十一匹，江南東路一十八萬四千八百一匹，西路七萬五千九百五十一匹，荆湖北路七萬二千五百四匹，南路二千二百六十三匹，福建路二十六匹，廣南東路四匹，西路三匹，成都府路八萬六千三百二十九匹，梓州路八萬七千五百二十六匹，利州路五萬三千一百五十二匹，夔州路九千七百四十匹。

布三百一十九萬二千七百六十五匹端段：在京二十八匹，府界九匹段，諸路一百五十九萬六千三百六十四匹，京東東路一十九萬六千二百八十三匹，西路二百四十二匹，京西南路七[8]萬八千六百八十匹，北路四百四十一匹，永興軍路一千五百一十一匹，秦鳳路六百五十三匹，河北東路一十二萬八千九百八匹，西路一十二萬四千一百二十七匹，河東路一十五萬九百九十匹端，（淮）〔淮〕南東路一萬一千二百一十四匹，西路三千八百七十匹，兩浙路三千三百七十二匹，江南東路一萬一千四匹，西路五千四十七匹，荆湖北路一萬七千二百二十三匹，南路一十萬一千九百六十二匹，福建路九百九十五匹，廣南東路四百六十二匹，西路一十七萬九千七百九十一匹，成都府路五十五萬四千七百三十九匹，梓州路一萬一千七百八十七匹，利州路五百八十五匹，夔州路二千四百七十八匹。

絲綿、茸線一千三百八十五萬二千七百九十七兩：在京四十六萬四千八百七十四兩，府界一十七萬三千一百七

〔一〕一十：原作「一千」，天頭原批：「『一千』疑『一十』。」當是，據改。

十九兩，諸路一千三百一十一萬七千六百三十七兩，京東東路二十二萬九千三百五十四兩，西路五十一萬五千六百七十七兩，京西南路一十五萬一千三百七十五兩，北路六十三萬七千三百六十六兩，永興軍路四萬一百四十八兩，秦鳳路一萬六千八百二十三兩，河北東路一百一十三萬四千六百五十三兩，西路一百三十三萬四千一百二十七兩，河東路五千七百九十九兩，淮南東路七十一萬七千二十八兩，西路四十七萬四千五百三[9]十兩，兩浙路二百九萬五千三百四十五兩，江南東路一百三十萬九千一百三十九兩，西路三十六萬八千一百九十六兩，荆湖北路二十二萬九千四百三十三兩，南路一十萬一千九百六十二兩，福建路三萬三千四百四十八兩，廣南東路二萬六千六百四十七兩，西路四百八十九兩，成都府路一百四十八萬四百八十兩，梓州路一百二十三萬四千七百二兩，利州路八十五萬四千九百一十三兩，夔州路一十萬四千一百一十三兩。

雜色匹帛五萬六千一百三十一匹：在京二萬七千八百八十九匹，府界二匹，諸路一萬四千一百二十匹，京東東路九十一匹，西路一百五十八匹，京西南路六十五匹，北路六百二匹，永興軍路三百一十一匹，秦鳳路一百六十匹，河北東路八百五十四匹，西路一百二匹，河東路三百四十四匹，淮南東路四十七匹，西路一百九匹，兩浙路一百七十八匹，江東東路二百二十八匹，西路一十八匹，荆湖北路一百六十三匹，南路八十一匹，福建路五百九十三匹，廣南東路三百二十七匹，西路一十五匹，成都府路三百一十五匹，梓州路七千九百七十二匹，利州路一千一百三匹，夔州路三百八十四匹。

凡諸路上供之數：

錦綺、鹿胎、透背一千一十匹：京東東路二百五十匹，淮南西路一匹，成都府路七百五十九匹。

羅一十萬六千四百八十一匹：河北西[10]路四匹，淮南東路二萬四千七百五十匹，西路五匹，兩浙路六萬九千六百五十七匹，江南東路一萬一百一十四匹，成都府路一千九百四十二匹。

綾四萬四千九百六匹：京東東路五十二匹，西路一萬一千四百匹，河北東路一萬六百匹，河東路三匹，淮南西路六千四百一十七匹，兩浙路二千二十九匹，江南西路三匹，成都路六千一百二十六匹，梓州路八千三百三十匹。

絹二百八十七萬六千一百五匹：府界二萬一千五百七十七匹，京東東路三十九萬八千八百四十九匹，西路二十九萬六千八百一十二匹，京西南路二萬一千七百六十五匹，北路二萬一千七百九十一匹，河北東路一萬二千匹，西路七千匹，淮南東路一十二萬一千七百六十八匹，西路八萬四千一百九十一匹，兩浙路一百五萬八千五十二匹，江南東路四十萬五千八百三十四匹，西路三十二萬七百八十七匹，荆湖北路八萬四千七百三十三匹，成都府路七千三百六十九匹，梓州路一萬三千六百七十二匹，利州路一十

五匹。

絁紗、縠子、隔織、通身六千六百一十一匹段：京東東路一十六〔匹〕，京西北路三百七十五匹，河東路一匹，淮南東路一千七百六十三匹，西路二千九百二十八匹，兩浙路一十九匹，成都府路一千四百四十二匹，梓州路六十七段。

紬四十六萬八千七百四十四匹：11京東東路七萬七千五百九十六匹，京西南路三千四百三十九匹，北路四千九百二十七匹，河北東路一百六匹，淮南東路三萬五千三百匹，西路三萬七千六百三十六匹，兩浙路一十二萬四千二百八十五匹，江南東路九萬三百三十匹，西路六萬四千八百八十七匹，荆湖北路二萬九千七十一匹，成都府路三十四匹，梓州路二千一百八十三匹。

布五十五萬五千八百二十九匹端：京東東路七萬六百九十六匹，西路七千八百三十匹，河東路一端，淮南西路一匹，江南東路七百三十匹，西路一匹，荆湖南路一十二萬三千四十匹，北路三十五萬一千六百一十九匹端，福建路二百匹，成都府路七百八匹，梓州路一千四匹。

絲綿二百三十六萬五千八百四十八兩：京東東路一十一萬九千一百一十二兩，西路二千兩，淮南東路九萬六千二百七十九兩，西路三萬五千四百二十九兩，兩浙路一百六十一萬三千三百七十九兩，西路三萬五千四百二十九兩，兩浙路一百六十一萬三千三百九十八兩，江南東路四十萬八千九百四十三兩，西路九萬一千兩，荆湖北路六百七十五兩，成都府路一十二兩。

雜色匹帛四萬八千九百五十一匹：京東東路五匹，西路二匹，河東路二匹，成都府路三萬八千七百六十七匹，梓州路二萬一百七十三匹，利州路二匹。

諸12路合發布帛總數：紬三十九萬九千八百三十六匹三丈四尺，絹二百一十萬四千七百四十四匹一尺六寸，羅二萬一千一百二十四匹，綾四萬八千二百三十三匹，平絁三千匹，布七十七萬一千匹端，紫碧綺一百八十匹，錦一千七百匹。

浙東路：上供紬八萬四千九百六十四匹，内折錢六萬七千四百六十二匹一丈二尺，折綾四千一百四十匹，本色一萬三千三百六十一匹三丈；絹四十三萬六千九匹，内折錢一十萬八千六百三十五匹三丈三尺，本色三十二萬七千三百七十三匹九尺；羅二萬一千二百二十四匹；綾五千二百三十四匹。淮衣紬八千六百一十一匹，内折錢六千八百八十九匹，折綾七百五十二匹，本色九百七十匹；絹四萬九千三百三十二匹，内折錢一萬四千八百匹，本色三萬四千五百三十二匹。福衣紬七百五十七匹，絹三千七百八十四匹。天申節絹四千五百匹。大禮絹三千五百匹。

浙西路：上供紬九萬二千八百四匹，内折錢五萬八千三十四匹，折綾一萬二千三百四匹，本色二萬二千四百三十四匹；絹三十八萬一千二百二十九匹，内折錢一十四萬三千八百五十二匹四尺二寸，本色二十三萬七千三百七十六

匹三丈七尺八寸；綾八千七百六十六匹。淮衣紬一萬六千三百二十八匹，内折錢一萬一千二百四十二匹，本色四千13二百七十八匹；絹一十三萬六千八百五匹，内折錢三萬九千四百二十一匹三丈一尺，本色九萬七千三百九十三匹三丈一尺。福衣絹一千四百四十匹。天申節絹七千匹。大禮絹三千七百匹。

江東路：上供紬九萬八千八百七十餘匹，内折錢七萬九千二十四匹，本色二萬九千八百四十八匹；絹四十萬六千三百三十餘匹，内折錢一十二萬九千六百五十八匹，本色二十八萬六千六百七十四匹。淮衣紬二萬六千五百三十餘匹，内折錢二萬一千二百二十九匹，本色五千三百六匹；絹一十三萬七千九百五十餘匹，内折〔錢〕四萬一千三百八十六匹，本色九萬六千五百六十八匹。浙衣紬六百匹，絹二萬八千匹。福衣紬一千一百九十七匹，絹四千五百六十八匹半。天申節絹三千匹。大禮絹五千五百匹。

江西路：上供紬五萬二千五百八匹，内折錢四萬二千六匹一丈六尺八寸，本色一萬五百一匹二丈五尺三寸；絹三十萬五千四百七十五匹，内折錢九萬一千六百四十二匹二丈三尺一寸，本色二十一萬三千八百三十二匹二丈五尺九寸。淮衣紬一萬三千四百一十八匹三丈四尺，内折錢一萬七百三十五匹二尺，本色二千六百八十三匹三尺；絹六萬七千二百四十五匹八尺，内折錢二萬一百七十三匹二丈三尺四寸，本色四萬七千七十一匹二丈六尺六寸。福衣14紬二千一十二匹，絹七千五百六十八匹。天申節絹四千匹。大禮進奉絹四千七百匹。

淮東路：天申節絹一千二百五十匹。大禮絹三千七百匹。

淮西路：大禮絹三千七百匹。

湖南路：上供平絁三千匹。天申節絹二百匹。大禮〔絹〕二百匹。

湖北路：上供紬三百七十七匹，絹三千九百五十九匹五丈三尺八寸，布八百匹。天申節絹九百匹。大禮進奉絹四千二百匹。

廣東路：天申節絹一千六百匹。大禮絹三千匹。已上並折銀。

廣西路：上供布一十萬匹，折錢。天申節絹三千二百五十匹。大禮絹三千二百五十匹。並折錢。

成都府路：上供羅四十五匹，布六十七萬二百匹，紫碧綺一百八十匹，生大綾七千八百六十五匹，錦一千七百段。天申節絹六千五百匹。大禮絹六千五百〔一〕〔匹〕。

潼川府路：上供綾二萬六千三百六十八匹，絹一萬一千一百七十匹。天申節絹五千三百匹。大禮絹五千三百匹。

夔州路：上供紬八百六十匹，絹二萬二千三百三十二匹。天申節絹三千五百匹。大禮絹三千五百匹。

利州路：上供絹一千五百匹。天申節絹四千五十匹。

大禮絹四千二百五十匹。

浙東路：上供紬一萬三千三百六十一匹三丈，絹三十二萬七千三百七十三匹九尺，綿六十四萬七千五百三十四兩五錢，絲二萬五千三百八十九兩，羅二萬一千一百二十四匹，綾五千二百15三十四匹。淮衣紬九百七十匹，絹三萬四千五百三十二匹。福衣紬七百五十七匹，絹三千七百八十匹，綿三萬二千二百四十一兩五錢。

浙西路：上供紬二萬二千四百三十匹，絹二十三萬七千三百七十六匹三丈七尺八寸，綿二十四萬一千五百九十六兩五錢，絲七萬五千兩，綾八千七百六十六匹。淮衣紬四千二百七十八匹，絹九萬七千三百九十三匹二丈一尺。福衣紬一千四百四十匹。

江東路：上供紬一萬九千八百五十二匹三丈七尺八寸，絹二十八萬六千六百八十一匹二丈六尺六寸，絲二萬八千二十二兩，綿六十一萬四千四百七十二兩二錢。淮衣紬五千三百八匹，絹九萬六千五百七十二匹。浙衣紬六百匹，絹二萬八千匹，綿八萬五千兩。福衣紬一千一百九十七匹，絹四千五百六十八匹半，綿一萬九千四十七兩。

江西路：上供紬一萬五百一匹二丈五尺二寸，絹二十一萬三千八百三十二匹二丈五尺九寸，絲五萬二百兩，綿八萬六千三百六十四兩。淮衣紬二千六百八十三匹三丈二尺，絹四萬七千七十一匹二丈六尺六寸。福衣紬二千一十二匹，絹二千五百六十八匹半，綿二萬九千六百七十四兩。

湖南路：上供平絁二千匹。

湖北路：上供紬三百七十七匹，絹四千八十三匹八尺四寸，絲一萬二千四百四十九兩六錢，布八百端。

16利州路：上供紬一千五百匹，絲四十兩。

成都府路：上供紫碧綺一百八十匹，生大綾七千八百六十五匹，川毛布二百匹，錦一千七百段，布六十七萬匹。

潼川府路：上供綾二萬六千三百六十八匹，絹一萬一千一百七十匹，絲二萬兩。

夔州路：上供絹二萬二千三百三十二匹〔一〕，紬八百六十匹，綿一萬四千兩。

已上十路據户部供到合發上供外，餘福建、京西、廣東、廣西、淮東、淮西六路並無合發數。

雜録

太祖乾德五年十月，命水部郎中于繼徽監視綾錦院。朝廷平蜀，得綾錦工人，乃於國門東南創置機杼院，始命繼徽監領焉。

十二月，詔曰：「布帛之用，世道攸資；行濫之禁，律文具載。而商賈末〔二〕，奸僞萌生，塗以粉藥，因而規利。

〔一〕絹：原作「紬」，據上文「夔州路」條改。
〔二〕此句當脱一字。

瀆亂典刑，無甚于兹。自今宜禁民不得輒以紕疎布帛鬻於市，及塗粉入藥。吏察捕之，重寘其罪。」

開寶四年三月，監綾錦院、右拾遺梁周翰言：「在院見管户頭，逐人料錢七百文，糧三石五斗，口食米、豆六斗；各用女工三四人，每人月糧二石，米、豆又六㪷。有一户頭并女工共請一十六石五斗者，或少者一十三石五斗者。每人只管機三四張供應事，（褫）〔褫〕絲線、染練、紡絡，又別破錢并物料。或布帛低弱，即科校匠人，户頭不管。欲乞不置户頭，令工匠自管供機，各與女工一分請受。所貴濟贍得匠人。內有貧者，恐散失物料，即上曆旋給，庶令均濟。又看驗大小【17】錦並皆顏色淺淡〔一〕，每疋中錦破深紅綫九兩三分，花八斤。昨令匠人當面入染，每疋減下花一斤，比舊顏色鮮好。逐料更有餘剩花，計至年終，極有出剩。所收出剩，乞逐季具數申奏。」從之。

太宗太平興國六年，廢湖州織綾務，（男）〔工〕二十人送京師，女工五十八人悉縱之。

七年八月，詔曰：「淫巧之蕩人心，載記申乎訓戒〔二〕；纂組之害女工，漢詔形於深諭。方今務修儉德，以敦俗化，而侈靡猶競，淳素未隆。宜頒畫一之規，以申率下之義。宜令諸處市買場及織造院，除供軍綾、羅、絁、布、紬、絹、綿外，其錦綺、鹿胎、透背、六銖、欹正、龜殼等匹段，不得更買及織造。民間有織賣者，勿禁。川、陝諸州匹帛〔三〕、絲綿、紬布之類堪備軍裝者，商人不得私市取販鬻。」

九年十月，詔曰：「布帛精粗不中數〔四〕，幅廣狹不中量，不鬻於市，斯古制也。頗聞民間所織錦綺綾羅及它匹帛，多幅狹不中程式，及紕疎輕弱，加藥塗粉，以欺誑販鬻，因而規利。宜令兩京諸州告諭民，所織匹帛須及程式。賈肆之未售者，限以百日當盡鬻之。民敢違詔復織，募告者，三分賞其一。」

淳化元年八月，詔：「川、陝諸州，官歲市絲綿、紬布、絹帛等不能充舊貫，蓋賈人（利）〔私〕市侵其利，自今嚴禁之。限詔到，賈人先所市者悉送所在官，官以市價償之。藏匿者，寘於法。」初，諸州上供絹皆常度外長數尺，及西上閤門副使張昭允、內班都知馮守規類知左〔五〕、右藏庫，裂取餘者，【18】付染所上官雜染，以備他用，每歲獲羨數甚衆。既而士卒受冬服，度之不及程，昭允等悉坐免。

至道元年二月，詔杭州置織室，歲市諸郡絲給其用。

真宗咸平元年七月，廣南西路轉運使陳堯叟言：「準詔，勸課人民栽種桑、棗。切緣嶺外惟産苧麻，望令折數，

〔一〕「小」後原衍一「小」字，天頭原批：「『小』疑誤。」當是，據删。

〔二〕載記：疑當作「戴記」，即戴氏所傳之《禮記》，其《月令》編有云：「毋或作爲淫巧以蕩上心。」與此處意合。

〔三〕陝：疑當作「峽」。陝西産匹帛極少，觀前文可知，且上文「川峽」字亦皆訛作「川陝」。下「淳化元年」條同。

〔四〕布：原作「有」，據《周禮注疏》卷一四改。

〔五〕類：疑當作「數」。

許官吏書曆爲課，仍許織布赴官場，以錢博市。每匹準錢百五十至二百，仍免其算稅。如私自貿易，不在免限。」從之。

九月，綾錦院以新織絹上進。是院舊有錦綺機四百餘，帝令停作，改織絹焉。

十月，詔：「揚州折博羅九萬二千三百餘匹〔一〕，輕弱不中度，三司失於拘檢，合行推鞫，用戒因循。但以歲月稍深，干繫者衆，慮成追擾，特示寬矜。其干繫官吏更不問罪。儻復有犯，斷訖，仍勒備償。」

二年四月，廢常州羅務。

六年正月，户部言：「乞令江南、兩浙轉運司（輸）〔諭〕轄下州軍人民，今後不得織造短狹縑帛市易，致悮公私使用。如違，乞依法科罪。」帝曰：「風俗所用已久，官司驟行改革，恐民間不知，悮有犯者。可先行曉諭，限百日內改造，如違，方得科罪。」

景德二年二月，詔諸路所市上供紬絹減三分之一。

六月，禁造行濫物帛。申舊制也。

三年五月，詔潤州造羅務人工仍舊限十二日成一匹。時有言舊限如此，王子輿制置江淮〔二〕，減勒一日〔三〕，日限既促，功課不供，比至年終，頗用笞捶。故有是詔。仍命劉承珪察京師庫務，有類此不便事條列以聞〔四〕。

大中 19 祥符三年閏二月九日，河北轉運使李士衡言：「本路歲給諸軍帛七十萬。民間罕有緡錢，常預假於豪民，出倍稱之息。及期，則輸賦之外先償逋負，以是工機之利愈薄。請令官司預給帛錢，俾及時輸送，則民利獲而官亦足用。」從之，仍令優與其直。

八年七月，詔并州置場，中買軍人所給衣絹。初，言事者稱并州軍衣歲給絹四萬餘匹，並自京輦送，如聞軍中得之，悉以貿易土絁。起今如有願中賣入官者，每匹官給錢千二百文，可省輦送之半。詔三司定（特）〔奪〕，悉以爲便，故從其請。

九月，詔三司給沿邊戍兵冬衣，不得以輕纖物帛充支。初，河北轉運司言：「（斂）〔欲〕以轄下諸州買撲酒課及次遠軍州折納紬絹充軍衣，却以天雄軍等處絹上供。」帝慮其虧軍士，故有是命。

九年八月，詔三司：「〔諸〕道州府上供物帛並須四十尺已上，其輕纖短狹者，收其直，罪之。」

天禧元年三月，三司請令益州罷供鹿胎、透背，悉以衣帛上供，以給軍衣。帝曰：「此色皆内藏所實，每郊禮，以充賞給，罷之非便。」令三司與内藏同議以聞。

〔一〕天頭原批：「『折』疑『織』。」按，「折」不誤。
〔二〕輿：原作「如」，據《長編》卷六三改。
〔三〕日：原作「月」，據《長編》卷六三改。
〔四〕列：原作「例」，據《長編》卷六三改。

乾興元年十二月〔一〕，仁宗即位未改元。三司言：「臣僚奏：『兩川遠地，所産雖富，般運實多。收買折科，豈無虧損？織造染練〔二〕，寧不費工〔三〕？押綱衙前，雖有酬奬，户下小客，最受辛勤。倶荷照臨，誠宜軫恤。欲乞益、梓兩路州軍綱運量與減放三二分，庶便民庶〔四〕。』」下三司詳定。三司言：「自來計度聖節、端午、十月一日内人春冬衣20賜，并準備取索及國信往來、南郊支用綾、羅、錦、綺、鹿胎、透背、欹正、生白大小綾、花紗、絹等，下益、梓州兩路織買出染，計綱上京。（令）〔今〕除綺三十五段全減不織外〔五〕，餘錦〔六〕、綾、羅、鹿胎、透背、欹正、生白大小綾、花紗、絹等，欲且依舊。所貴支用不至悞闕。又勘會益、梓、利、夔四路州軍每年買納紬、絹、絲、綿，除應副陝西、河東、京西州軍及本路衣賜支遣外，餘有剩數，即上京送納，元不曾（椿）〔樁〕定數目。每年自西川水路起發布帛六十六萬匹赴荆南水路〔七〕，轉般上京，并應副在京并京西州軍衣賜〔八〕，難議減省，欲且依舊。」從之。

仁宗天聖元年二月，裁造院言：「每年所造諸節衣服萬數甚多，枉費人工。欲望自今逐節除十月一日、端午、非汎傳宣造作料次依舊造成送納，其長寧、乾元兩節並料段送納支遣。」詔今年乾元節合支衣服依舊縫造送納外，餘從之。

七月二十八日，三司鹽鐵副使俞獻可言：「川界每年織造錦綺、鹿胎等，所破物料倍有損費。欲望似此不急之物，除支賜近上武臣及蕃戎并合要縁飾，只令在京量事織造，其餘權且停止。」詔三司會勘以聞。

二年四月四日，工部侍郎、知池州李虚己言：「天下州縣每年春初預先支官錢和買紬絹，頗聞煩擾，乞不更行均配。」詔今後支紬絹價錢並取人户情願，其不出産州軍，不得一例抑配。

三年七月二日，淮南江浙荆湖制置都大發運副使方仲荀言，乞斷絶諸州軍短狹、21紕疏、粉藥匹帛及新小砂錫錢。帝曰：「約束錢帛前後條目已繁，止令三司下淮南、江、浙、荆湖轉運司申明指揮。」

四年閏五月，詔：「綾錦院自今不得衷私織造異色花紋匹段及御服顔色機樣，委本院監官覺察，并許人陳首，所犯人當行嚴斷。」

（二）〔七〕月二十八日〔九〕，中書門下言：「益、梓等州每

〔一〕乾興元年：本條文字《長編》卷九六載於天禧四年十二月二十九日乙亥，較此早二年。
〔二〕練：原作「記」，據《長編》卷九六改。
〔三〕費：原作「廢」，據《長編》卷九六改。
〔四〕庶：原作「俗」，據《長編》卷九六改。
〔五〕綺：原作「錦」，據《長編》卷九六改。
〔六〕錦：原無，據《長編》卷九六補。
〔七〕荆南水路：原作「京南路」，據《長編》卷九六改補。
〔八〕應：原脱，據《長編》卷九六補。
〔九〕七月：原作「二月」，據《長編》卷一〇四改。

年織造錦、綺、鹿胎、透背段子、欹正等，累有臣僚上言科率勞擾。況錦繡纂組，尤費蠶絲，雖未能全行禁止，欲乞漸次減數織造。」帝曰：「川西至遠，非惟織造勞費，亦不易津置。令每年數内特減一半。」

五年正月二十一日，中書門下言：「西川益、梓等州每年織造錦綺、鹿胎、透背段子、欹正等，權減一半外，餘生熟黄白大小綾、花紗元未減省。累據臣僚言，乞下益、梓兩路轉運司權住織造，一併織絹，應副諸州軍及邊上支費。」帝曰：「速與行遣。」宰臣王曾等奏：「錦繡纂組，有害無益，約計每錦繡一端，可織絹數匹。如此指揮，實爲至便。」

八年十月，三司言：「江南西路轉運使苗稹言：『檢會轄下一十州軍每春冬衣賜，數内三衣布，除興國軍支遣得足外，餘洪、虔等九州年支布五萬匹，自來並從福建路州軍收買，轉般應副。覩其裨布[一]，全然粗疏，不堪裝着，軍人請到，貨賣價少。自來於福、泉、漳州、興化軍四處置場收買，每匹價錢并津般往回官錢三百四十九文，軍人出賣，得錢三百一十一文省，亦有只得百五十六文足錢去處。以此比[22]倣，實兩虧損。今欲酌中取洪州定支布價每匹三百二十文省，令洪、虔等九州依例給見錢。所是元支破買布價錢，仍乞令本司勘會，酌實貫伯，每年發送，赴當路交納，應副春冬支給布價。』省司勘會：洪、虔等九州軍分折各情願，乞依洪州例請領衣布價錢，乞令福建路轉運司將每買布價錢般運赴江南西路州軍下卸[二]，應副支給軍人布價。又緣見錢脚重，陸路難以津般，今更不行外，仍乞下福建轉運司，今後更不科買綿、絲、布，將每年合買賣錢於出産銀貨州軍收買鋌銀[三]，計綱上京送納。」從之。

十二月，三司言：「乞依每年例拋數下京東等路轉運司，預支絹紬價，及時收買。」詔準去年例施行。

明道二年十月十二日，詔已令三司將在京庫藏内珠玉、犀牙、閑雜物色物變轉貨賣外[四]，其西川織造上供綾羅、錦綺等項，議特行減省。詔曰：「朕祗膺先訓，寅奉寶圖。發一念必在於政經，舉一事必先於教本。庶惇古治，用澄化源。自惟臨御以來，性崇儉素。慕衣綈之先囑，遵抵璧之令猷。冀厚民風，期臻淳朴。去奢務本，斯爲至懷。乃者昭示攸司，悉索長物，珠璣犀象，減貿貨泉。顧彼坤維，俗善纂組。苟浮靡而呈技，慮紃組之有妨。不戒纖華，將害有益。特頒明命，與時作程。應東、西兩川織造上供綾羅、透背、花紗之類，令今後三分中特令織造一分，其餘二分織造紬絹。如民不願織造紬絹者，不得抑勒。別具壁[23]畫聞奏，及令都進奏院告報上項路分州軍，令出榜曉示。」

[一] 裨：原作「禆」。按，當作「裨」。《太平寰宇記》卷七二：「裨布衫段出新都。」《淳熙三山志》卷一七：「折科裨布一萬匹。」因改。
[二] 「每」下疑脱「年」字。
[三] 買賣錢：似當作「買價錢」。
[四] 物色物：後一「物」字疑衍。

景(佑)〔祐〕元年四月十二日，青州言，織造錦乞減放一半。從之，所減數目令在京綾錦院織造。

五月七日，中書門下言：「在京及諸道州府臣僚、士庶之家，多用錦背及遍地密花透背段等製造衣服，欲並禁止。」從之。

閏六月二十一日，三司言：「準勑禁止錦背段子等，勘會内衣庫見管諸般段子萬數不少，乞留充北朝人使到闕相兼支賜。」從之。

二十二日，梓州路轉運使張從革言：「乞申明條貫，禁絶透背段子等，所貴刑名别無疑慮。」詔應遍地密花錦背段子及織成遍地密花錦背衣服等，並依舊禁斷，其餘稀花、團窠、雜花不相連接者，更不禁止。

三年七月九日，龍圖〔閣〕待制張逸言：「昨知梓州，本州機織户數千家，因明道二年降勑，每年綾織三分，只(賣)〔買〕一分，後來消折，貧不能活。欲乞於元買數十分中許買五分。」詔兩川上供綾羅、錦背、透背、花紗之類，依明道二年十月勑命三分織造一分，餘二分今後只許織造一分綾羅、花紗，一分令織紬絹。

五年四月九日，三司言：「西川織買綾紗三分内減下一分紬絹，乞依舊織買綾紗支用。」從之。

慶曆五年六月十三日，詔益州每歲上供物帛數特減歲額三分之一，益、梓路州軍所織錦綺、鹿胎等，並減其半。

七年十一月二十八日，詔：「應預支人户紬絹價錢，令隨夏税送納。朝廷之意，本在利農。近年 24 降數多，三司每年約度，只合要紬絹，務在裁減。仍先具數中奏，下中書相度指揮。内江西一路多以鹽充折絹價，虧損小民，轉運司今後須管支見錢和買。」

皇祐二年閏十一月，出内藏庫緡錢四十萬、紬絹六十萬，下河北便糴糧草〔一〕。先是，河朔頻年水災，朝廷蠲民幾盡，至秋，禾稼將登，而鎮定復大水，並邊尤被其害〔二〕。仁宗憂軍儲不給，故特出内府錢帛以助之。

至和元年二月，三司言：「陝西、河東歲減西川所上物帛，而軍衣不足，又河北入中糧草數多，未有紬絹筭還。請貸内藏庫紬十萬、絹十萬。欲乞輸左藏庫緡錢十萬，餘計其值，以限計還。」從之。

三年十二月，詔陝西路轉運司：「本路軍裝紬、絹、錦，皆出益、梓、利州路，今邊事久寧，而戍兵減，宜寬三路所輸。若支軍衣而願(買)〔賣〕官，以中估收市之。」

嘉祐四年正月十四日，三司言，乞下内藏庫交撥錢、銀、紬、絹、綺、綾、羅、紗、縠等，準備郊禮賞給。從之。

英宗治平元年閏五月二十八日，三司言，乞下内藏庫撥借綾、羅等七萬六千四百六十匹赴左藏庫，以助支賞。從之。

〔一〕糴：原作「糶」，據《長編》卷一六九改。
〔二〕被：原作「備」，據《長編》卷一六九改。

二年十二月二十三日，三司言，乞下内藏庫撥借銀、綾、羅等一萬九千四百八十六匹赴左藏庫收管，充備支遣。從之。

四年三月，神宗即位未改元。三司言：「在京粳米約支得五年已上，欲乞於上供年額六百萬石内，將粳米五十萬石，自今發運司體量米貴處，與減下和糴數目，却令買【25】金、銀、絹、帛上京，候約支不及四年，即添三十二萬石。上件錢、帛，於摧貨務封樁，分與三路，以備軍需。候充羨，即留在京。」從之。

六月二十九日，詔在京臣寮并宗室公使錢、買馬價錢，並半折絹；諸醮道場大會，並折以絹。

神宗熙寧二年十月四日，三司言：「乞自今後除傳宣及合同取索御前使用，并太皇太后、皇太后、皇后以下春冬(折)〔拆〕洗，及支賜外國蠻人折角、入國人使到京等料，依舊出染練絹外，有應(系)〔係〕支賜臣寮之家及筵宴合用綵絹，許請人於元支庫分換支生帛折等二等絹。如内中取索綵絹，却於數中要換生帛折絹者，依此。」詔除太皇太后合供衣著并與外國者並依舊外，其供皇后宮及内人衣著，即令内東門司逐時計會合要生絹或衣著，臨時供應。餘並支合染色額生白絹。

三年二月，京東轉運司言：「準詔，訪聞本司去歲和買絹多抛數於人户上配散，每錢一千，買絹一匹。後來却令買税絹，並每匹納錢一千五百文，又於等第一例配俵粟豆錢，令件(折)〔析〕以聞。緣所散粟豆錢要濟民用，只召情願，即非配俵。」詔：「已行常平倉新法，今後更不得支俵粟豆錢。其支散内藏庫別額紬絹錢五十萬貫，候納到本錢，即撥樁充北京封樁。所收息利，於内藏庫送納。」

元豐二年八月二十六日，成都府言：「歲額上供錦，預支絲、紅花、工直與機户顧織，多苦惡欠負。昨創令軍匠八十人織，比舊費省而【26】工善，令先織細法錦。」從之。

徽宗政和四年五月十五日，詳定一司勅令所奏：「今修立下條：諸應副他路軍衣物帛，有粉藥、紕疎、輕怯、短狹者，元買納官司計所虧官，準盜論罪。輕者徒一年，元驗官司減一等。」從之。先是，淮南轉運司奏：「本路合要軍衣，係江、浙路供應，近年以來，多被逐路官庫合干人與管押人表裏作弊，將短狹、粗疎、輕薄、粉糊僞濫紬絹起發前來。乞立法禁止。」故也。

五年正月二十一日，尚書省言：「新知拱州宋康年奏：『臣前任淮南轉運副使日，(代)〔伏〕見本路每年管催夏税紬絹，並爲上供内府支用，淮南路並無尺寸現在。所有本路一歲諸軍春冬兩路衣賜〔一〕，全仰兩浙、江東西州軍。兩浙路近因起發軍衣不堪，致悮軍裝，其淮南路轉運司曾被責罰，以至江東西所發軍衣常是過期不到，有妨支散。伏望特降睿旨下淮南轉運司，如至時委是過期不到，即據

〔一〕兩路：「路」字疑誤。

已到本色紬絹那融見錢，相兼準折支散，不致有誤軍裝支用。』」詔兩浙、江東西州軍支淮南路軍衣如過期不到，依法施行外，人吏配千里。

七年七月十日，詔：「逐路諸司每歲收到絲、綿、紬、絹，若年終支用不盡，並行樁管，具數申尚書省。仍估中價，以坊場錢兑買起撥，赴大觀西庫送納。」從度支員外郎張勸請也。

宣和三年六月十日，詔：「令諸路提舉司委官取索諸司支用不盡及無支用見變轉及折支紬、絹、綾、羅、錦，依時價，以 27 上供錢兑買起發上京。如上供錢兑買不盡，即以諸司封樁錢兑買。其上供錢兑買到數，並赴左藏庫送納；用諸封樁錢兑買到數，並赴元豐庫送納。仍先具合兑買起發色額數目，限三日聞奏。其起發日限，依起封樁紬絹等已得指揮。」

六年閏三月二十二日，尚書省言：「奉御筆：『諸軍今歲春衣紬、絹、布，近(今)〔令〕取樣呈，例皆紕薄陳爛，不堪衣著，布爲尤甚，恐非諸路元上供和買之〔物〕，致使人兵赤露，軍容不振。今降給散樣付尚書省，可根究有司有無情弊因依進呈。仍自今預行措置，將來軍衣勿令更以此粗弱闕悮〔一〕。其户部官全然廢弛，失職弗虔，各與降兩官責後効。』」詔：「権貨務官各降一官；元收買合干人，送大理寺決杖一百；大觀、元豐、左藏東庫布庫官并合干人，各降一官資，無官資可降，罰銅二十斤；當撫〔二〕、洪、夔、桂、袁州、遂寧府買納官，各降一官資，知、通、令、(承)〔丞〕及當職官各罰銅二十斤。仍令逐路提刑司具諸州府合降官資人職位、姓名申尚書省。」

二十七日，(申)尚書省言：「諸路州縣應受納及和買合上供紬、絹、布等，轉運司取索看驗其合發綱樣，並仰取酌中物帛，如法封記起發，即不得揀選高下色作樣。仰巡尉、催綱及排岸司常切嚴察，管押人如敢作弊换易，即送所屬更治，申尚書省取旨。如覺察得换易數多，仰逐州保明，申取朝廷指揮，特與推賞。在京交納庫務，並須如法看驗交納。若内有 28 不堪支充衣賜者，取旨黜責，仍別行補發。遇支衣，委户部長貳、太府寺卿少前期躬詣所支庫務點檢，如堪充衣裝，方得支散。仍並前十日具狀保明聞奏。左藏庫布，每遇支遣衣賜，自來係太府寺前期進樣，多是揀選上色堪好物帛進呈，其所支衣賜往往與樣不同。今後並仰取中等物帛。代進，謂如闕河北絹，以京東絹代支之類，今後須是本等實闕，方合以次等支遣。又在京收買物帛，官司作弊，多買低次之物。今後並仰體度市價堪充衣賜使用物帛，仍每匹封樣，赴左、右司呈驗。」從之。

高宗建炎二年六月三日，户部言：「左藏庫申：『樁辦八月冬衣，緣諸路年額起發條限上限八月終，下限十月終

〔一〕以：疑當作「似」。
〔二〕當：疑當作「常」，即常州。

計綱上京送納，已過支衣日限，難以措擬支用。欲乞自來年依例下江南東、西路，各兑起絹二十萬匹、紬六萬匹，兩浙絹五十萬匹、紬八萬匹，令逐路轉運司先次那融本司諸色窠名或朝廷封樁見在，並限七月上旬到京。候輸納到，令本處依窠（各）〔名〕樁還。』」從之。

紹興元年四月二十五日，户部言：「兩浙東、西路今歲各發上供紬、絹、絲、綿，已依指揮依例一半折納價錢起發外，欲將其餘路合發絲、綿、紬、絹並半折納見錢，紬、絹每匹折二貫文省，絲每兩二百文省，綿每兩二百文省，計置輕齎金銀起發。仍令逐（前）〔州〕軍將合折數目於第五等人户全折，餘數均於第四等以上户。」從之。

三年正月三日，浙29東、福建路宣諭朱異言：「據婺州百姓成列等狀：『每歲和買平、婺羅受納，兩數太重：平羅一匹要及一十九兩，婺羅一匹二十二兩，與本州所織清水羅率增重八九兩。乞除減輸納。』臣竊以兩浙絲綿細小，與河北土産定羅不同，難以敷及上件兩數，是致多用粉藥，纔經梅潤，往往蒸壞，逐歲不免退剥，再勒人户貼納。乞止依在市清水羅斤兩輸官。」户部言：「左藏庫歲常支羅不過萬匹，其婺州紹興三年分合發年額羅二萬匹，恐不須盡數起發本色。」詔婺州紹興三年分羅並權折納價錢，令兩浙轉運使開具合折價直申尚書省。

五月二十五日，兩浙西路宣諭胡蒙言：「巡歷至臨安府、嚴州界，下等人户陳狀，各稱絲蠶成熟，難得見錢折納和買物帛。乞許令本路州縣五等人户從便送納七分本色、三分見錢。」户部尋下兩浙轉（運）司看詳得：「今年合發夏税和買物帛，依奉三月三日聖旨内『兩浙七分本色，三分折錢。其價錢先令第五等人户全行折納。如有折納不足數目，更令第四等人户折納。又不足，均於上等人户名下科折，務要寬恤下户』，欲依兩浙轉運司已得指揮。」從之。

二十八日，詔：「昨建炎三年二月二十七日已降指揮，婺州上供平羅減定，著爲永法。其户部續申明去年十二月二十八日及今年四月九日令本州將折羅和買絹起發指揮，可更不施行，以紓民力。」

四年八30月十九日，殿中侍御史張致遠言：「伏覩鎮南軍申：『乞以本州和買絹、紬合起八分本色，更將二分許人户折納價錢，每匹六貫文省。』又胡世將申：『洪州在市一絹之直，已增長八貫五百文足，自餘州軍有至十貫足以上去（處）。乞每匹折錢五貫或六貫文足，（令）〔令〕計折價錢納米，應副江北支用。』户部勘當：『乞將江西八分本色絹内，令三分依洪州所乞，折納價錢，每匹作六貫文足。如人户願納米穀，各依逐處市價聽納。』已從其請。切以江西殘破之餘，軍旅轉餉殆無虚日，鎮南軍和預買絹，自起催至六月，纔納及一分。民力不易，自可想見。每匹令納錢六千（文）省，比之舊折三司價例，已增一半，若比浙中見價，每匹計多一千五百。户部勘（減）當，更令折錢，每匹六貫文，其實八貫省耳。是於三等之中，獨取極價，欲乘民之急

而倍其歛也。物不常貴，官有定額。民得蠶織，則絹有時而易辦；錢額既定，則價無時而可減。臣側聞章聖皇帝嘗語宰輔曰：『兩浙、福建、湖、廣州軍，歲輸丁口錢四十餘萬，國家恤念遠人，非深行惠澤，無以致其康樂，當永除之。』丁謂以爲方東西巡幸，賜予億計，慮有司經費不給。章聖曰：『朝廷推恩，所貴及民，但當敦本抑末〔一〕，節用愛人，何至以經費爲辭耶？』夫丁口錢民輸甚易，且有定制，章聖不恤，經一言而除之。和買舊給本錢，每端一千，方時多艱，白取既非得已，有司請寬民力，户部乃用極價，雖致數 31 千萬緡，豈陛下所以〔增〕〔軫〕念黎元之本心耶？」詔依已降指揮折納價錢，每匹減作六貫文省，如人户願納本色者聽。

十一月一日，詔：「昨降指揮，江、浙州縣來年合納夏税和買紬、絲、羅，並行折納價錢；綿、絹以十分爲率，折納五分。其價錢分兩限，內紬、絹價錢上限至來年十二月終，下限至來年正月終；絲、綿、羅價錢上限至來年正月終，下限至三月終。其餘本色匹帛，候至本年依條限起發。其紬、絹折納錢，〔元〕降指揮明言折納錢五貫二百文省，自合送納省錢；絲、綿、羅依去年價錢折納，即無令納足錢之文；其餘五分本色綿、絹，合候本年依條限起催，即今未合催理。訪聞州縣並不遵稟元降指揮，輒將所折價却足錢令人户送納，及將來年合納五分本色綿絹一槩便行催理，顯屬騷擾。令監司禁止，覺察聞奏。」

五年閏二月二十七日，侍御史張致遠言：「訪聞江東、西昨來預借折帛價錢，民極省費，而州縣責辦倉猝，不及下户。今宜令上户代納本色，却令下户補納價錢，以寬貧乏。」詔人户合納夏税和預買物帛，仰均行輸納，却不得抑令下户遍納本色。餘路依此。

四月十九日，尚書省言：「今來諸路合納上供和買絹數，昨降指揮將五分折納價錢，以便民户。其臨安府係車駕駐驛去處，當更行優恤。」詔臨安府合發淮衣并三分上供和買納絹，除別指揮已減放二分外，將其餘數目以三分爲率，更以一分折 32 納價錢，每匹作五貫五百文足。如願輸本色者聽，餘二分依舊催納本色。

十六年六月七日，詔盱眙軍合發大禮銀絹，依下州路椿辦〔二〕。

二十年二月三日，上謂輔臣曰：「前日路彬言，廣西折布錢〔三〕，因都督府張浚每匹增及兩倍〔四〕，可令户部詳看裁減〔五〕。」其後本部言：「静江府、昭州每歲合發上供布九萬二百八十一匹，昨自紹興後來，每匹增作一貫五百文省起發。今欲依臣僚奏請，於見納價上三分中與減一分，作一

〔一〕敦：原脱，據《長編》卷七六補。
〔二〕下州路：疑當作「下州例」。
〔三〕錢：原作「袋」，據《建炎要録》卷一六一改。
〔四〕張浚：原作「張俊」，據《宋史》卷一七五《食貨志》上三改。
〔五〕詳看：似當作「看詳」。

貫文折納。」從之。

二十八年三月二十四日，宰執進呈内藏庫申：「契勘諸州軍上供内藏庫疋帛，依法每疋長二十四尺〔一〕，闊二尺五分，若有行濫及色額低次起發，自有斷罪。湖州納到小綾一百六十八疋，看驗得内一百二十八疋稀疎、怯薄、短頭不堪。婺州納到綾羅共二百七十二疋，亦如此不堪。乞明降指揮，交付原押人退還逐州换納。」上曰：「此已係民所納，若行退换，原物未必歸民户，却重科納，必致騷擾，朕深不欲如此。止令提刑司具兩州受納官簿，示懲戒足矣。」

三十年六月十八日，户部言：「臣僚乞：『人户輸納疋帛内有不應式者，止合退换。比年以來，間有州縣復生奸弊，遇受納夏税之日，差胥吏於場中别置一所，如有退换紬絹，每疋令人户納錢，名曰回税，既不正附赤曆，其錢莫可稽考。望嚴立法禁。』得旨，令户部看詳。本部勘會：在法：諸非法擅賦歛者，以違制論；過爲掊刻者，33 徒二年。監司以人户合納穀帛絲綿之類紐折增加價錢，或糴買糧草抑令遠處輸納，若巧作名目，額外誅求者，亦並以違制論。守、令奉行及監司不互察者，與同罪，並許被科抑人户越訴。合納官物不正行收支者，杖八十；收支官物不即書曆及别置私曆者，徒二年。欲下諸路轉運司行下所部州縣，遵守前項見行條法。」從之。

孝宗乾道二年二月七日，户部侍郎曾懷等言：「諸路州軍起到物帛，並係應副宫禁及百司、官兵等支遣，自合受納及格堪好物帛。今徽州發納乾道二年上供第四綱和買夏税絹，左藏庫看驗得内一萬六千四百四十七疋並各輕怯、粉藥、紕疎，不堪支遣軍衣等使用。顯是本州當來受納官吏與專揀、攬納人户通同作弊，有悮支遣。除已退回令别補發，所有原受納官吏等望重賜黜責，庶爲諸路受納官之誡。」詔令江東轉司具元受納官吏并當職官位、姓名以聞。

三年二月七日，上宣諭宰執曰：「聞兩日支軍人絹甚好，常年不得如此。」先是，户部申，有徽州解到冬衣絹皆不堪支遣，上曰：「恐支與軍兵粗惡不便。」令户部加意料理，且差中使不測掣取，以妨奸弊。至是，有司支散冬衣皆佳。蔣芾奏曰：「軍人知陛下留意如此，請得好絹，無〔不〕欣躍。」

四年十二月十七日，詔乾道五年折帛錢權與減半輸納一年。

五年三月十七日，户部尚書曾懷言：「紹興府補發到乾道四年諸 34 縣退剥絹二萬六百七疋，輕怯不應省則。本部再委太府寺官重行編揀，内稍可支遣絹一萬四千三十五疋先次交收外，有輕怯絹六千五百七十二疋合行退回。又緣正是新陳未接之際，切慮人户艱於换易，重致騷擾。

〔一〕二十四尺：似當作「四十二尺」。宋承前制，疋帛長四十二尺，寬二尺五分，此法未見有變。參《宋史》卷一七五《食貨志》上三。

今欲委官，估官價錢別行措置，貼錢收買，應付支遣。仍乞下諸州軍約束諸縣，今後合起上供物帛，須管依省樣受納起發。如依前違戾，從本部按劾聞奏。紹興府尚有未補發絹數，如發，看驗得再有退剥不堪之數，亦乞依此施行。」從之。

八月七日，詔：「已降指揮放免折帛錢，近日州郡却於合納絹數内紐折見錢，及收買低下絹帛送納，民不得實惠。可令體究，如有似此去處，重作施行。」

十二月十四日，詔將徽州休寧等五縣減下折帛錢自乾道五年以後，令各縣止納本色。以福建路轉運副使趙彦端有請也。

八年二月十二日，户部言：「昨徽州乞將本州上供絹依祖宗舊制重十一兩爲一匹輸納，本部欲依本州所申。今來徽州截日終起到乾道七年上供絹八萬一千七百六十餘匹，係四十二尺爲匹，每匹重一十一兩一分，或一十一兩半之數。」詔知州、右承事郎趙師夔特轉一官，通判、右承議〔郎〕張靖減三年磨勘。

十一月八日，詔楚州乾道七年分紬絹等並免起發。以知楚州趙磻老言兩經兵擾故也。（以上《永樂大典》卷二二二一七）〔一〕

折帛錢

【宋會要】〔二〕

35 徽宗建中靖國元年，尚書省言：「預買錢多，人户願請，比歲例增給。」詔諸路提舉司假本司剩利錢，同漕司來歲市紬絹計綱赴京。

政和元年，臣僚言：「兩浙因紹聖中王同老之請，和買并税紬絹匹帛頭子錢，又收市例錢四十〔三〕，例外約增數萬緡，以分給典吏等，多者千餘緡，少者五百緡。」於是詔罷市例錢〔四〕。

高宗建炎三年，車駕初至杭州，朱勝非爲相，兩浙運副王琮言：「本路上供和買紬絹，歲爲一百一十七萬匹，每匹折納錢兩千，計三百五十萬緡省，以助國用。」詔許之。東南折帛錢自此始。折帛和買，非古也。國初二税，輸錢、米而已，咸平三年始令州軍以税錢、物力科折帛絹，而於夏〔科〕〔料〕輸之，此夏折帛之所從始也。〔太〕〔大〕中祥符九年，内帑發下三司預市紬絹，時青、齊間絹匹直八百，紬六百，官給錢率增二百，民甚便之。自後稍行之四方。寶元後，改給鹽七分，錢三分。崇寧三年，鈔法既變，鹽不復支，三分本錢亦無。

〔一〕《大典》卷次原缺，陳智超《解開宋會要之謎》據《永樂大典目録》擬於卷二二二一七，姑從之。此卷爲「帛」字韻「事韻一」。
〔二〕本目之文雖標《宋會要》，實則節抄自《文獻通考》卷二〇。
〔三〕例：原作「倒」，據《文獻通考》卷二〇改。
〔四〕例：原作「利」，據《文獻通考》卷二〇改。

九月〔一〕，御筆：「朕累下寬恤之詔，而迫於經費〔二〕，未能悉如所懷。今聞江南和預買絹，其弊尤甚，可下江、浙減四分之一，以寬民力，仍俵見錢〔三〕。違，寘之法。」

〔紹興〕二年〔四〕，户部請諸路上供絲、帛並半折錢，如兩浙例。於是左相呂頤浩視師，右相秦檜奏，從之。江、淮、閩、廣、荆湖折帛錢自此始。時江、浙、湖北、夔路歲額36紬三十九萬匹，江南、川、廣、湖南、兩浙絹二百七十三萬匹，東川、湖南綾羅絁七萬匹，四川、廣西路布七十七萬匹，成都府錦綺千八百餘匹，皆有奇。

詔諸路憲臣覈州縣已未支還和買本錢實數來上〔五〕。初，魏矼在考功，建言：「州縣和預買絹，不給本錢，乞就折民間應納役錢，使官無受給之弊，民無請納之勞。」尋下轉運、常平司議。冬十月，兩浙轉運司言：「本路歲用和買本錢七十三萬餘緡，無可那撥。」而常平司言：「此錢既充和買，則役人無以給之。」其議遂止。按，折帛元出於和買。其始也，則官給錢以買之；其後也，則官不給錢而白取之；又其後也，則反令以每匹之價折納見錢，而謂之折帛。倒置可笑如此，則官價之不給久矣。今甫詔諸路憲臣覈州縣已未支和買本錢實數來上，豈其時上之人元未知也，或官吏肆爲欺弊，復以和買名色妄有支破耶？魏矼之説固爲理當，然役錢者應納之物也，折帛者横取之物也。官惟其乏錢，是以不免横取於民。若其可蠲，則自當明蠲横取之折帛錢，正不必以應納之役錢比折也〔六〕。

四年十一月，初令江、浙民户悉納折帛錢。

六年，兩浙轉運使李迨始取婺、秀、湖州、平江府歲計寬剩錢二十二萬八千緡有奇，依折帛錢條限起發。

十七年，詔減折帛錢，江南每匹爲六千，兩浙七千，和買六千五百。綿〔七〕，江南每兩三百，兩浙四百。自來年始。

孝宗乾道四年，宰執進呈度支郎官37劉師尹奏：「江、浙四路折帛錢，紹興初年立價折納，至十一年頓增一倍。十二年九月赦書，止令折十之一。十五年，又詔兩浙夏税紬絹匹減一貫，和預買減一貫二百；江東、西減兩貫。緣州縣不盡遵依，暗有增添，乞裁減以寬民力。」上曰：「朕未嘗妄用一毫，只爲百姓，可從之。」

冬十有二月甲辰，詔：「兩浙、江東、西路乾道五年夏税和買折帛錢，並權與減半輸納一年。如州縣過取一文以

〔一〕原稿「九月」與上文連寫，今據《文獻通考》卷二〇提行，此「九月」爲建炎三年九月，見《建炎要録》卷二八。
〔二〕迫：原作「追」，據《文獻通考》卷二〇改。
〔三〕俵：原作「表」，據《文獻通考》卷二〇改。
〔四〕紹興：原脱，《文獻通考》亦脱，今據《建炎要録》卷五四補。乃此年五月癸未事。
〔五〕原稿此句以下連上文寫，據《文獻通考》卷二〇本文提行。此詔在紹興三年七月，以下事亦在三年，見《建炎要録》卷六七、六九。
〔六〕比：原作「此」，據《文獻通考》卷二〇改。
〔七〕綿：原作「緡」，據《文獻通考》卷二〇改。

上，許人户詣檢鼓院進狀陳訴。」

汪義端言〔一〕：「若和買用畝頭均敷，則上户頓減而下户頓增。蓋下五等人户元不預和買，但每丁有丁絹，有丁綿〔二〕，有丁鹽錢。今又以畝頭均受上户和買，則是以一小民之身，些小薄瘠之産，而納數項之税賦。合將逐縣浮財物力，只照舊例均敷於四等以上爲是。」

秘書郎孫逢吉言〔三〕：「和買爲民間白著之賦，雖正月給散本錢之法尚載令甲，而人户鈔旁亦有見錢請給之文，然上下皆知其爲文具也。中興之初，絹價暴增，匹至十貫。高宗念下户重困，乃令上户輸絹，下户輸錢，於是有折帛之名，匹折六貫或七貫。和議既定，物帛稍賤，又令輸紬者以八分折錢〔四〕，輸絹者以三分折錢，餘輸本色，遂爲定制。朝廷以經費之故，未能裁損，州縣又於此外苛取，民力安得不重困哉！」

葉適應詔條奏言〔五〕：「(可)〔何〕謂和買之患〔六〕？經、總制錢之爲患也〔七〕，自州縣而後至於民，民猶怨州縣而後及於朝廷，和買則正取之民而已〔八〕。國以二税爲常賦也，豈宜使經 38 用有不足於二税之内，而復有所求哉？經用不足，則大正其名實可也。承平以前，和買之患尚少，民有以乏錢而須賣，官有以先期而便民。今也舉昔日和買之數委之於民，使與夏税並輸，民自家力錢之外，浮財營運、生生之具悉從折計。且若此者，上下皆明知其不義，獨困於無策，而莫之敢蠲耳。陛下斷然出命以號天下，曰『自今並罷和買』。和買之爲上供者〔九〕，所用紬絹惟軍衣未可裁損，其他宫禁、官吏時節支賜，格令之所應與者，一切不行可也。和買既罷，取民之名正，義聲暢於海内矣。」又曰：「何謂折帛之患？支移折變，昔者之弊，事固多矣，而今莫甚於折帛之患。始以軍興，絹價大踊，至十餘千，而朝廷又乏用，於是計臣始創爲折帛，其説曰『寬民而利公』。其後絹價(即)〔既〕平，而民之所納折帛錢乃三倍於本色。既有夏税折帛，又有和買折帛。且本以有所不足於夏税，而和買以足之，今乃使二者均折，於事何名，而取何義乎〔一〇〕？其事無名，其取無義，平居自治其國且不可，而況欲大有爲於天下乎？雖然，折帛之爲錢多矣〔一一〕，所資此以待用者廣

〔一〕汪義端言：《文獻通考》卷二〇繫於淳熙十一年後。按，原稿此下與上文連寫，不妥，兹據《通考》提行。下文孫逢吉言、葉適言仿此。

〔二〕丁綿有丁：原脱，據《文獻通考》卷二〇補。

〔三〕孫逢吉言：《文獻通考》卷二〇繫於紹熙三年後。

〔四〕錢：原作「鈔」，據《文獻通考》卷二〇改。

〔五〕此下葉適之論，《文獻通考》卷二〇繫於紹熙三年之後。

〔六〕何：原作「可」，據《文獻通考》卷二〇改。

〔七〕經總制錢之爲患：原脱。天頭原批：「文句不續處似有脱誤。」今據《水心集》卷四補。

〔八〕已：原作「民」，據《水心集》卷四改。

〔九〕和買：原脱，據《水心集》卷四補。

〔一〇〕「於事」二句：原作「於是何名而取義乎」，據《水心集》卷四改補。

〔一一〕多：原脱，據《水心集》卷四補。

矣，陛下必鈎考其凡目〔一〕，而後可以有所是正。若經、總制錢不減，和買、折帛不罷，舍目睫之近而游視於八荒，此方、召不能爲將，良、平不能爲謀者也。」

寧宗嘉泰二年，判建康府吳琚奏：「本府在城上元、江寧兩縣昨因兵火，遂將營運和買綿絹數在外三縣〔二〕，内句容除元額外，增絹二39千一十九匹，綿二萬一百六十兩。繼嘗請減於朝，而時相無田土在句容，謂秦檜〔三〕。獨不與減。今欲與盡減續增之綿，永除下邑偏重之害，本府自行承認減數。」並可。

嘉定十一年夏五月，臣僚言：「鄱陽爲邑，經界之初，税錢額管八千六百四十二貫有畸，每税錢一百文敷和買六尺四寸八分有畸。吏緣爲姦〔四〕，有增益，積至嘉定九年，遂及七尺五寸六分。又且見寸收尺，謂之合零就整，去年復頓增三寸。以最小崇德一鄉言之，嘉定九年分額管五百貫文有畸，敷和買絹九百三十餘匹；去年只管九百四十貫有畸〔五〕，乃增至九百五十五匹，可知其他〔六〕。乞明詔有司痛爲革絶。」從之。（以上《永樂大典》卷四六八五）

和買〔七〕

【宋會要】

40太宗太平興國八年四月，詔：「内外諸司庫務及内東門諸處造作，如官庫内有物，不得更下行收市。應要物委三司職官常預計度。若急須物色，官庫内無，即於出産處收市；若不〔及〕〔急〕，即從三司下雜買務收買，即不得直下行鋪。如違，許諸色人陳告，監官劾罪嚴斷。」

真宗咸平二年五月十一日，詔：「官中市物〔八〕，勒行人於雜買務納下，本務令人供應。」

二十二日，詔：「雜買務買物支價錢，委監官當面將句價紐計錢數責領。若三司乞破之時，須繳元帖并領狀申三司。」

景德三年五月九日，詔：「内東門買賣司，應内降出賣匹段，自今明上簿曆，令使臣當面差人印記，具關子送下雜買務出賣。所有金銀，即封記交付，更不得私將抵换匹帛下行出賣。所有諸宮院，亦令依此置曆抄上。又内中自來有直賣諸般物色，並令抄上簿曆拘管，依例具關子下雜買務取索供納。又内中降出見錢，令雜買務收買供應物色，

〔一〕鈎：原作「鈞」，據《水心集》卷四改。
〔二〕數：似當作「敷」。
〔三〕謂秦檜：此三字原作正文，據《文獻通考》卷二〇改作小注。
〔四〕爲：原作「紛」，據《文獻通考》卷二〇改。
〔五〕九百四十貫：按嘉定九年管五百貫文，據此句文意應少於五百貫文方是，疑「九百」爲「四百」之誤。
〔六〕他：原作「地」，據《文獻通考》卷二〇改。
〔七〕題下原批：「始太平興國，訖隆興二年。」按，此門内容與本書食貨五五「雜買務」門同。
〔八〕官中市物：本書食貨五五之一五同條作「官中禁物」，疑是。

自今便仰據數送下，依例下行收買供應，更不得令將見錢轉換不堪匹緞兑賣。又內中所買羊肉，自今並令使臣上曆，出給印押帖子，差輦官下行取買。諸宮院準此。」

十五日，詔：「內東門降出賣匹緞，令左藏庫送納，關報雜買務，依時估納錢。」

十九日，詔：「如有內東門買賣輦官、諸（邑）〔色〕人將低次匹帛換內降上好匹緞，自今令雜買務牓門曉示，須先41上門曆，方將物於監官出頭。仍椿定錢四千貫，分兩番一季結筭，依舊收蹙零脚錢。每供物賣物，限半月納錢齊足，仍各置曆拘轄。」

大中祥符二年五月十一日，上封者言：「雜買務與內東門司出納，因緣爲姦。」真宗曰：「此二司屢曾制置〔一〕，常給錢伍百萬於本司，以備支遣，不欲稽滯價直也。先帝時常以錢百萬命宋思恭檢校，凡宮中市物，令即時面給其直，用訖復增，常滿其數，仍聞思恭亦不能盡副先旨。近日宮中凡所須索，並付左藏庫，雖動須變轉，且免擾民也。」

八月〔十日〕〔二〕，詔：「洞真宮〔三〕、開寶院、韓國長公主宅、廣平公保信軍院，及應敕葬所買賣物色，並聽從便，不須下雜買務。」

是月，詔：「崇真資聖禪院於雜買務買物，慮其擾人，今後具數以聞。」

十月二十二日，詔：「內東門降出宣賜銀及成器物有鐫鑿官匠、斤兩字號者，委雜買務使臣看驗，分鏊色號，依時估取係省錢收買，送左藏庫。候及千兩，申三司煎煉。若無字號，不及色額器物、釵釧，即付行出（買）〔賣〕。」

二十三日，詔：「雜買務每有買賣〔四〕，晝時支給價錢，不得邀滯。」

五年八月，詔：「雜買務市物，並須支一色見錢。」

六年十一月，詔：「自今內降及諸宮院賣金銀器物，並送左藏庫給錢。有帶膠銲細碎物，即於雜買務出賣。」

七年十一月，詔：「內東門、順儀院、崇真資聖院、太和宮及房臥使臣取買物，許於雜買務下行收買。除官庫所有物外，各令行人等第給限供納。」

是月，42詔：「雜買務應下行買物者，價錢不得住滯邀乞，其外催受得買物關子，次日須通下行户置曆〔五〕，於監官處書押。」

天禧二年十二月，提舉庫務司言：「雜買務準內東門劄子，九月收買匹帛，內白絁每匹二千二百；十月收買皁絁，每匹二千八百；及收買果子，添減價例不定，稱府司未牒到時估。檢會大中祥符九年條例，時估於旬假日集行人

〔一〕司：原作「句」，據本書食貨五五之一六改。
〔二〕十日：原脱，據本書食貨五五之一六補。
〔三〕真：原作「直」，據《長編》卷七二改。
〔四〕每：原作「要」，據本書食貨五五之一六改。
〔五〕「買物關子」下，本書食貨五五之一七有「等物價」三字，而無「次日須」三字。

定奪。望自今令府司(侯)〔候〕入旬一日類聚，牒雜買務，仍別寫事宜，取本務官批鑿月日，齎送當司置簿抄上點檢。」從之。

是月，詔：「三司、開封府指揮府司，自今令諸行舖人户依先降條約〔一〕，於旬假日齊集，定奪次旬諸般物色見賣價，狀赴府司，候入旬一日，牒送雜買務。仍別寫一本，具言諸行户某年月日分時估，已於某年月日赴雜買務通下。取本務官吏於狀前批鑿收領月日，送提舉諸司庫務司置簿，抄上點檢。府司如有違慢，許提舉司句干繫人吏勘斷。」

仁宗皇祐四年三月二十六日，詔：「雜買務自今凡宮禁所市物，先須勘會庫務委闕者，方得下行，仍皆給實直。其非所闕者，毋得市。」初，仁宗謂輔臣曰：「國朝監唐世宮市之患，特置此務，以京朝官、内侍參主之，且防擾人。近歲非所急之物，一切收市，擾人亦甚矣。」故降是詔。

至和元年十一月，知開封府蔡襄言：「内東門市行人物，有累年未償錢者，請自今並關雜買務，以見錢市之。其降出物帛，亦估直，於左藏庫 43 給錢。」從之。

高宗紹興六年二月四日，詔：「和劑局藥材令雜買務收買，仍就令太府寺準備差使兼雜買務監門，機察錢物出入。除本身請給外，每月添支和劑局監門官日支食錢一色。」

同日，詔：「雜買務收買藥材，除舊額專、副、手分、攢司、庫子外，添置手分一名，書手一名。」

同日，詔：「雜買務收買藥材，依雜賣場例，每貫收頭子錢二十文省，市例錢五文足，應副脚剩等雜支使用，置曆收支。年終，將剩數併入息錢。所有熟藥所納錢、看掐，並依左藏西庫條法。其納到錢，除就支藥材價錢外，見在錢並行樁管。」

同日，詔：雜買務令臨安府輪差兵士一十五人，充把門、搜檢、巡防等役使。

二十三日，詔：「太府寺置牙人四名，收買和劑局藥材，每貫支牙錢五文，於客人賣藥材錢內支。如入中，依市值定價，責牙人辨驗無偽濫堪充修合狀，監官再行審驗，定價收買。如受情中賣偽濫，并例外收受錢物〔二〕，許人告，每名支賞錢五十貫，並依偽濫律斷罪。及官知情，各與同罪。不覺察，減二等。」五月十五日，朝旨：每貫於客人處更支牙錢二十文。以無人應募也。

同日，詔：「收買藥材，令臨安府市令司每旬開具藥物名件，實直價例報雜買務，申太府寺照會。」

孝宗隆興二年二月十六日，吏部狀：「都省批下本部申明：『雜買務闕，未審日後合從是何選分差注，或係堂除。』後批：『照應已降指揮，許通差文、武臣。』尚書左選勘

〔一〕約：原作「納」，據本書食貨五五之一七改。
〔二〕受：原作「買」，據本書食貨五五之一八改。

會：『今將44《紹興格》并續降指揮參照，立定差法：雜買務選注通判、知縣資序，不曾犯贓私罪、年未六十人，仍不注初磨勘改官人。』尚書右選勘會：『雜買務闕通差文、武臣，今欲差親民資序、不曾犯贓私罪、年未及六十（又）〔人〕，候尚書左選（闕）〔關〕到指揮日，出牓召官指射。如同日有官願就，即先差承務郎以上，次注大使臣。其爲任、使闕年限，並依見行格法施行。』」（以上《永樂大典》卷次缺）

上供（一）

45【宋會要】

46高宗建炎三年七月二十七日，户部侍郎葉份言：「乞每歲終，從本部將諸路所起上供錢物、斛斗數目以十分爲率，比較三兩路起發最多最少去處申乞賞罰，庶使官吏有勤惰之戒。」詔從之。

四年九月六日，户部侍郎孟庾言：「崇寧立法，諸路違欠上供錢物，官衝替而吏配千里，務要應期辦集。後大觀間户部奏請，以爲法禁太重，將官員衝替改作差替，人吏決配改作勒停，期於必行，不爲虚文。繼承指揮，却依舊法。日來朝廷不欲深罪，監司、州郡公然違戾，深慮有悮國計。伏望嚴賜督責監司、州郡當職官，將今年上供錢物須管依限起發赴行在應助支用。如有違欠，並乞依大觀間申請斷罪。」從之。

紹興元年三月十九日，尚書省言：「行在養兵之費浸廣，帑藏之積無幾，將來大禮合用賞給百萬，既不許横歛，惟指擬上供，宜預行戒飭。」詔：「監司及州縣當職官不務體國，縱令拖欠，起發違滯，或冒法截留、侵隱兑借之類，有悮大禮支遣，官追一官勒停，人吏杖脊遠配。若率先起足，取旨優異推恩，仍令户部常切催督。其置簿點檢驅催，並依已降指揮施行。」從之。

二十七日，詔：「諸路應赴行在錢物、斛斗，官司輒截留借兑支撥，並依上供條法指揮施行。」

四月十三日，户部侍郎孟庾言：「江南東、西路合起發行在額斛，係以去年秋税計置起發，已承十一月四日朝旨，將二分折起價錢外，餘八分起發本47色糧米。緣所起數多，即目道路未甚通快，深慮艱於一併般運，又民間見闕糧斛，今欲將逐路合起發米將二分依市價糶賣，將賣到錢計置金銀起發，餘六分本色依舊。」詔依，仍仰將已納在官合起發上供米斛依市價出糶，如有未納數目，即拘催本色，不得抑勒税户認納價錢，却成擾擾。

八月二十九日，詔令宣州將未起上供紬絹三萬匹並納本色。以本州言「奉勅上供紬絹一半折價，每匹三貫文，而江東時值止兩貫，下户反有倍費」故也。

（一）題下原批：「起建炎三年，訖乾道九年。」按，此門内容與本書食貨三五「上供錢」部分相同。

二年三月二十二日，户部尚書李彌大言：「今來道路並無梗阻，其諸路州軍上供錢、帛、斛㪷，自合遵依上供條限，盡數起發前來行在送納。望嚴賜指揮諸路漕臣。」詔：「兩浙東、西、江南東、西路各就委逐路剗刷折帛錢官拘催，并福建路、荆湖南、北路、廣南東、西路並仰逐路漕臣照會户部已行事理訓誡州縣，將合起發物各依條限起發。今來係充贍軍支用，務在悉心拘催〔一〕，毋令蹈習前弊。令户部不住催促施行。如尚敢違限，不爲依數起發，仰本部按劾，取旨重寘于法。」

閏四月十二日，臣僚言：「欲令福建路轉運司將本路合買發上供銀委官置場，依市價收買。如或價高，所買數少，不及（租）〔祖〕額，即乞朝廷量行蠲減。」詔劄與福建路轉運司從長相度，務要便民，限三日申尚書省。

五月十一日，户部言：「乞將處、台州上供錢物，並依江東、西不通水路已降指48揮，計置輕齎起發赴行在。」從之。

六月二十七日，金部言：「欲將鼎州建炎四年合發上供錢物免放，其紹興元年分上供之數，自來年爲始，分限三料帶納。其今年上供錢物，疾速依條限計置起發前來行在送納。」從之。

七月十四日，詔：「南康軍今歲合發上供紙，並特與放免一年。」

十月十三日，都省言：「江西吉、筠州、臨江軍上供糧斛，累年並無起發數目，今歲豐稔，秋苗理當措置。」詔：「差倉部郎官孫逸前去，同本路漕臣韓球於逐州催納，先次起發三十萬碩，各差逐州通判、兵官一員管押，赴鎮江府權行交卸。其合用舟船，如官綱不足，仰本路安撫大使司協力那融應副，仍限至十二月終起發盡絶。如有已受納到早米，亦仰疾速起發，祗備應接行在支遣。令户部常切催促。如限内依數起足，其韓球、孫逸并管押官一例推恩；若出限不足，取旨降黜。及差郎官一員、密院准備將兩員前去受納，令别項樁管，非奉朝廷指揮，不以是何去處，不得支動顆粒，并沿路不得拘截。如違，並重寘典憲。」

十一月八日，度支員外郎胡蒙言：「願詔諸路監司，凡管下租賦利入拘催趁辦未足額，不許截撥上供。其一路一州一縣物斛錢帛應合輸行在之數，敢有違欠，以慢法禁罪之。限滿，委省部剗刷以聞，嚴行懲戒。若殘破州縣之吏有能勸課耕闢田産，使租賦漸復元額，措置征商榷酤而收息至於增羨者，並49具實保奏，優與進擢，以示激勸。或監司、州縣沮抑，許詣臺省自陳。庶幾咸知國用爲急，財賦必輻輳而至，軍事雖未息，費用常裕如，無苛歛以蠹民，則邦本自固矣。」詔劄與諸路轉運司照會。

十七日，江浙荆湖廣南福建路都轉運使張公濟言：「逐路州郡依格上供之類，常是出限不足，欲乞應諸路州軍

〔一〕催：原作「權」，據本書食貨三五之三三改。

財賦出入，並許公濟取索點察。其合撥上供錢物，如限滿有欠缺不足之數，從公濟取撥本路所管轉運司移用錢，依條補足解發。如逐州上供錢未足，漕司不以移用錢補發，別作名目支使，欲許公濟按劾，具事因申取朝廷指揮。」從之。

三年正月二十九日，詔：「江東西、湖北路紹興元年、二年未起上供紙數，並特與權行倚閣。紹興三年合發數目，一半權折納價錢。」

二月二十日，户部言：「檢會去年七月二十日都省言，提點鑄錢官王㬇申請將鼓鑄年額上供錢内，每年權借留一十五萬貫充回易錢本，限次年内先次起發赴行在。本部契勘：在法，上供錢物不許官司陳請截留、借兑〔一〕、支撥。欲令本司將截留過錢數立便盡數起發。」從之。

八月四日，户部尚書黄叔敖言：「政和東南六路直達糧綱起發條限難以遵守，即今車駕駐蹕臨安，諸路歲額上供事須權宜别立季限。今乞兩浙路分兩限拘催，收樁數足，上限今年十二月終，次限次年二月終；江南東、西、荆湖南、北並分三限，第一限本年終起 50 發，第二限次年二月終，第三限五月終。如違限樁發不足，從本部具數申朝廷，乞賜施行。」從之。

四年二月二日，詔廣南東、西路轉運司當職官各降一官，吏人從杖一百科斷。以户部比較紹興三年未起上供錢物，本路拖欠最多故也。

六日，户部尚書黄叔敖等言：「今歲大禮賞給，乞兩浙等路上供和買紬絹以十分爲率，八分起發本色，二分折納價錢。」從之。

二十七日，詔蘄州紹興四年已前合起無額上供錢物並與蠲免。以本州言兵火後財計未足故也〔二〕。

同日，左朝散郎王縉言：「廣南東路每歲上供，例買銀輕齎，而近年坑場不發，銀價騰貴，及至行在支遣，類損元價十之三四。契勘榷貨務召人入納筭請鹽鈔，有指留鹽本等錢數不少。今不若令筭請廣東鹽鈔之人一併入納指留等錢，别項樁管起發，充本路上供之數。預約度一歲入納之數，下轉運司，於諸州上供錢内撥還鹽事司。」詔令户部勘當，申尚書省。

四月二十一日，臣僚言：「切見廣東上供白金，歲輸十萬兩，朝廷雖嘗令廣東相度，從便上供見緡，然而轉輸當用舟航，顧募之初匪易，護送必遣官吏，交納之際甚艱，繇是州郡莫敢任見緡之責。伏見近歲取廣東漕司鹽改爲鈔鹽，鈔法既行，而常患乏鹽，尚有三分之一留充漕計。今若將上供錢、銀舊數蠲其難辦之額，定其實納之數，撥與本路爲漕計，而於漕司一分鹽内會其 51 價直，取之以益鈔鹽，使償上供之數，則商賈自以見緡輸于行朝矣。」詔令户部勘

〔一〕兑：原作「充」，據本書食貨三五之三五改。
〔二〕足：原脱，據本書食貨三五之三六補。

當，申尚書省。

七月十三日，温州言：乞將今年未起上供紬以衣絹代發。從之。

五年正月五日，詔罷湖南轉運司上供額斛折納價錢，並催納本色。

三月十八日，前荆湖南路提刑司檢詳官文浩言〔一〕：「切見荆湖南路上供錢舊以官綱鹽頭子錢樁數起發，自推行鹽法之後，悉係客販，所謂頭子錢者無有也。當時有司慮失歲計，州縣逐急措畫，遂以麴引爲名，歲取其數，苟逃吏責。因循迄今，但以人户税役高下分俵麴引，每縣或至二三萬緡，十倍上供之數，歛多用寡，弊不勝言。乞令本路漕臣各據逐州元認上供實數，以人户見今等第均敷，勿襲科俵麴引之弊，歲終檢察以聞。所貴少戢贓墨之吏，以蘇凋瘵之民。」詔令席益體訪詣實〔二〕，具合如何施行申尚書省。

十五年十月三日，知建康府晁謙之言：「本府每歲合起上供米舊額一十五萬石。自經兵火，至紹興五年，認起一十一萬石。後緣轉運副使黄敦書暫權府事，增起二萬四千餘石，遂致兩年以來公私費力。欲乞將上件增起米數許與蠲免〔三〕。」從之。

十九年九月二十五日，户部言：「諸路（軍州）〔州軍〕歲發上供諸色錢帛，并合樁管窠名，各有樁發條限。今將侵借去處，不以去官，並從本部按劾，重賜黜責施行。」從之。

二十年六月三日，權知無爲軍高世史言：「本軍三縣人户 52 未甚歸業，其合起諸色上供委是闕乏。欲望令所屬委官檢覆見歸業并開墾田土，於見今承認舊額所起上供等錢數内量行減免。」詔令户部看詳，如合減免，申尚書省取旨。

二十三年閏十二月二十二日，户部言：「上供諸色窠名錢物，在法不得支兑移用，若輒擅侵支，各有專一斷罪條法指揮。比年以來，州軍往往冒法，輕費妄用。乞行下諸路監司常切檢察，遵依條禁。若有違戾侵借，除依法斷罪外，仍乞令後更不差注知州軍差遣。仍乞從本部取索當職官職位、姓名，供申尚書省，照會施行。若後官任内合發窠名錢物别無拖欠，能措置補還前官擅支錢物，每及一萬貫已上，與減一年磨勘，至五年止〔四〕。」從之。

二十六年八月十二日，詔滁州合起上供錢權以六分爲額起發。以本路轉運司言「本州上供已發八萬，委無所出，乞蠲免」故也。

十九日，户部言：「乞令諸路監司催督所部州縣，將上供等錢物今後並依條限拘催起發。仍從本部於次年驅磨違慢多處，開具按劾，重賜施行。」從之。

〔一〕官：原作「管」，據本書食貨三五之三七改。
〔二〕令：原作「今」，據本書食貨三五之三七改。
〔三〕免：原脱，據本書食貨三五之三七補。
〔四〕止：原作「上」，據本書食貨三五之三八改。

十一月二十三日，江南西路轉運司主管文字逢汝舟言：「望詔有司戒飭州縣〔一〕，於每歲增起二分錢物不得增敷於民，庶使民力不致重困。」於是户部言：「合起上供錢物，除湖南州軍依格起發外，欲下荆湖北路轉運司鈐束逐州軍，合將增認數目依條收樁起發，即不得增敷於民。如有違戾去處，仰本司按[53]劾施行。」從之。

二十八年五月十二日，尚書駕部郎中張宗元言：「比年以來，諸路發納米斛數少，朝廷不免將諸路糴本、湊額錢撥赴行在和糴場及三路總領司，收糴米斛，補助支遣。欲望詔有司行下諸路轉運司，自今後須管每年開具合收實數保明，諸州府守、倅、令、佐及檢踏災傷官次第結罪狀供申，要在十一月内到部，仍依省限報足。如違，從户部具申朝廷，取旨施行。若實數既見，可憑稽考，不致拖欠，則立爲成法。三年之後，樁積之數不下及五百萬石，降本、湊額外，每歲又有二百萬緡以助他用。」於是户部言：「江、浙路歲額合發上供米斛並係實數，緣紹興之初一時隨宜認發，致不及元額。在法，江、浙、荆湖路秋税十月一日起催，若有災傷，以八月經縣陳訴，至月終止，限四十日檢放。欲依所請，行下兩浙、江東、西、湖南、北路轉運司，仍先具已依稟文狀以聞。」從之。

二十九年正月二十四日，司農少卿董苹言：「伏望特降指揮，今後州縣前官拖欠上供，而後官致被取勘者，先具所欠年分、已去當職官，擇其甚者，取旨責罰，不以去官、赦降失減。」從之。

八月二十三日，户部言：「今欲令逐路漕司與州軍當職官，將今年合發上供額斛且依年例數目認樁〔二〕。仍多方措置檢察，遵依條限起發，赴所屬應辦給遣，務要盡實，毋致欺隱。如違，從本部開具違戾去處，按劾施行。」從之。

十二月四日，權户部侍郎[54]董苹言：「欲望申飭諸路州軍，將合收錢物依條分隸，不得改易名色〔三〕，應限發納。及令監司各隨窠名催督所屬起發，毋令輒換綱解，暗移上供。仍許監司互察。」從之。

三十一年八月二十六日，户部言：「今相度，欲令逐路漕司與州軍當職官，將今年合發上供額斛且依年例數目認樁施行。仍多方措置檢察，遵依條限，依數樁辦起發，赴所屬應辦給遣，務要盡實，毋致欺隱。如違，從本部開具違戾去處，按劾施行。」從之。浙東路上供錢六萬七千六百九十四貫文；浙西路上供錢一十五萬四千八百三十貫文；江東路上供錢一十八萬一千一百七十貫文；江西路上供錢一十五萬六百一十貫文；福建路上供錢三萬二千六百七十三貫八百八十九文，銀一十六萬三千二百六十一兩六錢六分八釐；淮東路上供錢七萬八千二百九十一貫文；淮

〔一〕詔：原作「詒」，據本書食貨三五之三八改。
〔二〕且：原作「具」，據本書食貨三五之三九改。
〔三〕易名：原作「名易」，據本書食貨三五之三九乙。

西路上供錢二十四萬三千一百一十九貫文；湖南路上供錢二十八萬二百一十一貫文；湖北路上供錢二十八萬一千六百貫文，銀八十一兩六錢；廣東路上供錢四萬一千四百九十八貫文，銀三萬八百二十二兩，金一十五兩；廣西路上供錢六萬四千八百七十貫文，銀六百五兩；成都府路上供錢三百八十貫文；潼川府路上供錢三萬七千五十六貫七百九十五文；利州路上供錢九千七百三十九貫三百六十55二文，銀九千九百七十八兩；夔州路上供銀三萬六千八百八十一兩四錢二分五釐二黍，金四百八十兩；京西路上供錢四千六百八十貫文。

孝宗隆興元年十二月二十七日，詔：「諸路州軍歲起上供錢物，例有拖欠，監司、郡守却以羨餘進獻，僥冒賞典。可令户部行下諸路州軍，今後上供錢物須管依限起發數足。如數目未足，輒行率歛進獻，仰本部按劾以聞。」

二年四月十二日，詔：「諸州補撥前官任内侵支、拖欠上供諸色窠名錢物，充兩淮修築城池使用。每及一萬貫，與減一年磨勘，至五年止。」於是右正言尹穡言：「竊謂諸路州軍每遇一時緊切支用，無可那移，方可將上供錢物逐急借撥，遂致前後積壓拖欠。雖要撥還，又有當年合起錢數，猶恐趁辦不及。若後官到任，自能措置收簇，别無少欠，已是不易，何由更有餘剩補發前官未起數目？況今年係大禮年分，比之常年，倍更窘闕。縱使逐郡知州意在希賞，未知作何擘畫可以應數。不唯經涉歲月，虚費文移，必致誤事，若更使逐州並緣税賦科須等，於民户巧作名目，百色增取，重有搔擾，深爲可慮。望令户部據見今諸州軍侵支、拖欠上供等錢物，約度分數，且令每年逐旋帶納。要在多寡合宜，使督責可行，須管與當年合發錢物各要起足。如準前拖欠，依先降指揮，知州不許與知州差遣，仍展一年磨勘。當職官任56滿日，於印紙上别項批書所起錢數足，方許參部。所有『補發舊欠及一萬貫文，減一年磨勘』指揮，乞更不施行。」從之。

乾道二年九月二十六日，詔：「諸路州軍、監司合起上供諸色錢物，皆有起發條限，近來循襲，公然拖欠，致有闕乏。可將諸路合起行在上供錢物，每歲上、下半年從户部比較最稽違拖欠去處，具名按劾，重行黜責。」從户部侍郎曾懷請也。

四年七月五日，詔諸路提刑司：「今後諸州知、通拘收無額錢物，候任滿日别無拖欠，上供諸色窠名錢數及經、總制錢本考内亦無虧額，方許陳乞依格推賞。仍自今降指揮爲始。」先是，浙東提刑徐藏言：「准紹興二十八年三月二十五日聖旨：『户部契勘：諸路州軍所收無額上供錢物，每歲收及五千貫已上，知、通各減磨勘一年，一萬貫減一年半，一萬五千貫已上減二年。緣州軍將别色官錢兑那湊數，作無額窠名起發，却將有額合起錢數拖欠。乞從本部驅考，若任内合起上供、折帛等錢别無虧欠，方許作見行條法推賞。』諸路方且遵承，續准隆興元年朝旨，知、通拘收無

額錢得賞格，更不候任滿便行保奏。緣此，前弊復作。」故有是詔。

十二月十四日，四川總領所、夔州路轉運司言：「夔路歲發上供等錢物，支降鹽、茶下逐州拘收，自行變賣充本，收買金銀絹帛起發，偃折人户輸納數目。其州軍如有侵移、借兑、欺隱，不行盡實偃折，乞比附擅賦 57 斂法科罪。」詔：「如有違戾，即將官吏依『非法擅賦斂』勑條〔一〕，以違制論，依律徒二年科罪。」

六年閏五月六日，户部尚書曾懷言：「諸州軍起發户部諸色官錢及上供錢物，雖各有窠名，緣州軍往往妄於名色上有分緊、慢，不爲盡數發納，或虚申綱解，致悮指擬。今欲印給綱目，遍下諸州軍，專委通判逐季開具已未起發數目；如無通判去處，即委僉判、判官。謂如春季錢物，即於四月初五日以前填寫綱目，申發户部，如稽滯不到，從本部先劾所委官。夏、秋、冬季准此。歲終，却將納足、欠多州軍，每路具三兩處申奏，以爲殿最。」從之。

七年正月二十日，詔：「自今後諸路州軍起發上供諸色窠名銅錢，並要起七分見錢，三分會子。并人户典賣田宅等交易用錢，會子，使聽從民便。」

五月五日，三省言：「檢准紹興二十五年四月十六日聖旨：『諸州軍知、通拘收無額上供錢物，每歲終及一萬貫，與減一年半磨勘；如及二萬五千貫以上，與減二年磨勘。』切見州軍所收諸色窠名數目浩瀚，如贓罰、户絶等錢物，動以千萬貫計〔二〕。其知、通歲終只以一萬五千貫以上趁及賞額，餘錢既無增賞，得以侵支妄用，是致失陷財計。欲乞自今後應諸州軍知、通及諸路安撫、轉運使、提刑、提舉并市舶官，應任内各司自能拘收起發無額錢物，内一萬貫減一年半磨勘，及二萬五千貫減二年磨勘，若增及三萬貫文以上，轉一官。如更能 58 拘催起發過數，並比類推賞。除歲額諸州軍一萬五千貫以下錢物並依舊逐季起發赴左藏西庫外，自今來諸司及諸州軍增收到無額錢物，並逐季令項起赴左藏南上庫樁管。仍專委官一員以時點檢拘催，依數起發，俟至歲終，優加旌賞。」從之。其後九年五月二十七日，臣僚言：「伏見紹興二十五年指揮：『諸州軍知、通每歲拘收無額錢及一萬貫，與減一年半磨勘，一萬五千貫以上與減二年磨勘。』此以利導之。近來往往諸州將其他錢物先次起發數足，以幸賞典。雖云諸色窠名無虧方許陳乞，然知、通替罷，未有不推賞者。至乾道七年五月五日再降指揮：『若知、通起發無額錢及三萬貫，與轉一官。』此法既行，太爲僥濫。昨來推賞不過二年，並用實歷對使。今比舊法，纔得一萬五千貫，徑轉一官。諸路知、通尤更急於受賞，人人競利，至有一年之内拘收無額錢轉一官、減二年磨勘者；若二年，則遂轉三官矣。如小郡財賦有限，於

〔一〕官：原作「管」，據本書食貨三五之四二改。
〔二〕貫：原脱，據本書食貨三五之四二補。

常賦之外更事刻剥，則事力愈窘，益見煎熬。天下州郡長貳但志在於拘錢轉官，凡在任有合行整頓綱紀之事，苟且因循，盡廢而不舉矣。」詔諸路州郡知、通今後每歲起發無額上供錢物若增及三萬貫以上，與減三年磨勘。

八年三月十三日，提舉淮南東路常平茶鹽等事、措置兩淮官田徐子寅言：「檢照乾道七年十一月四日指揮，措置行使鐵錢晝一內一項：『兩[59]淮諸州軍依准近降指揮，應起發上供等錢，並以七分見錢、三分會子解發。』今來沿淮州軍見使鐵錢并會子，則難以發納。今欲將沿淮州軍合發納錢，許令解發會子，所有自餘近裏州軍，且令依所降指揮分數解納見錢、會子。候將來普用鐵錢日，別行條具申請。」詔極邊州軍並用交、會，近裏州軍以錢〔一〕、會中半起發。

八月四日，權户部尚書楊倓言：「朝廷用度，全仰諸州軍起到錢應接支遣。今稽考得江、浙州軍截日終起發乾道八年折帛錢〔二〕，比之乾道七年一般月日，計增起多解錢七十餘萬貫。今將逐州軍所起數目比較得，内常平所起之數比遞年一般月日多起解到錢一十六萬貫，委是當職官究心職事。若不量行旌賞，無以激勸。」詔知州右朝請大夫晁子健、通判左朝散郎葛郯各特減二年磨勘。

十月七日，詔諸路轉運司：「自今場務解納本州分隸諸司上供經、總制錢朱鈔内，須管開具若干，係甚場務，甚監官在任收到錢數發納，赴是何去處送納。其餘場務依此供申。候申到監官在任增剩數目多少，仍酬賞〔三〕，從本部參照行遣。如申到日前在任推賞之人，亦依此取會。」以吏部尚書張津言：「比年以來，並緣法制，人知幸得。如州縣場務課息增羨内發納上供，並無行在朱鈔，而州郡泛濫保明推賞。」故有是命。

十一月六日，詔將乾道四年、五年諸路州縣拖欠上供未起之數特與蠲放，日下銷落簿[60]籍，不得再有追理。如違，許民户越訴，監司覺察按治。以中書門下言：「諸路州縣拖欠未起上供、經總制諸色窠名錢物、米斛，已降指揮放免至乾道三年終。所有以後年分，亦有拖欠之數，皆係民户積欠，經隔歲月，若行一例催理，竊恐追擾。」故有是命。

九年十一月九日，南郊赦：「諸路州縣拖欠未起上供、經總制等諸色窠名錢、米等，已降指揮放免至乾道五年終，近兩浙路放免至六年終。其餘路分亦有拖欠之餘，皆係民户積欠，經隔歲月，若行一例催理，切慮追擾。可將諸路州縣乾道六年終已前應拖欠未起之數特與除放，日下銷落簿籍，不得再有追擾。如違，許人户越訴，監司覺察按治。」

十二月二十三日，權户部侍郎蔡洸言：「諸路州軍起發上供并經總制等錢，各有期限賞罰。比年以來，所隸監

〔一〕錢：原作「鐵」，據本書食貨三五之四四改。
〔二〕天頭原批：「『帛』一作『納』。」按，指本書食貨三五之四四複文。
〔三〕數目多少仍：原脱，據本書食貨三五之四四補。

司不體法意，其起發如期者皆與保明被賞，而違限者未見其舉劾也，則有賞無罰，人無懲勸，國用安得以時敷足？欲望嚴飭諸路監司依限催發。守貳尚敢違戾，許臣擇其弛慢之尤甚者按劾奏聞。所隸監司不行糾察，亦乞坐罪。」從之。（以上《永樂大典》卷一七五四四）

【宋會要】〔一〕

61 雍熙四年，詔諸道州府軍監課利上供銀，今後煎作摺角鋌送納，不得更作板石子鋌。

政和三年九月十七日指揮：變轉收買金銀起發上供，內本錢依舊樁管，循環支用。從之。

建炎三年，詔：「訪聞福建、廣南自崇寧以來，歲收買上供銀數浩瀚，陪備搔擾，民力不堪。可自後歲減三分之一，以示遠方寬恤之意。」

四年正月二十九日，詔：「福建路州軍今日以前見欠左藏庫估剝銀數、虧欠官錢，特與蠲放四年。」戶部侍郎葉份言「福建路見上供銀數，係以元豐年寶瑞場所收課利立爲定額。自崇、觀以來，坑井漸降，銀價又高，應辦責之人戶，科敷及於寺院」故也。

紹興二年，德音：「福建路上供銀，昨建炎三年九月已減三分之一。紹興元年三月內，建州、南劍州於所減數內又免半分。尚慮經此兵火，民力不易，所有今年合起之數，上四州全免一年，下四州減半。」

三年，福建路轉運副使劉寀言：「本路建州、南劍州每年合發上供等銀數內，建州二萬一千六百六兩，南劍州三萬三千八十一兩。自紹興三年分依舊上供，及更令帶發紹興元年分銀數，內建州一萬三千五百五十兩，南劍州一萬八千五百五十三兩八錢三分三釐。逐州連遭兵火，民力困重。」詔與免帶發。

二十六年，宰執進呈權刑部尚書韓仲通 62 看詳到知雷州趙伯槱所奏，廣西州軍經、總制等窠名銀皆是括率百姓，隨稅均敷。欲令今後只依市價收買，不得依前均敷。上曰：「此豈可不禁？」（以上《永樂大典》卷三二八四）

無額上供〔二〕

【宋會要】

63 高宗建炎元年十一月十四日，詔：「諸路無額上供錢不合立額，可自建炎二年正月一日爲始，並依舊法。當職官拘收滅裂，致有欺隱失陷者，重加典憲。」

二年五月 64 十五日，戶部尚書呂頤浩等言：「諸路無額錢內增添酒錢，依舊法係戶部上供之數。今已承指揮，

〔一〕天頭原批：「此下八條，《大典》引《會要》作『上供銀』。松按：銀係上供之一，似無庸別作名目，疑《大典》摘此數條編入『銀』字韻耳。今第附『上供』後，不別出『上供銀』焉。」今按，此下實有七條。

〔二〕按，本書食貨三五之三〇題作「無額上供錢」，內容全同。

自建炎二年正月一日爲始，並依舊法。切慮諸路州軍止以六分椿發〔一〕，欲乞令提刑司行下逐州軍，將四分增添酒錢併入六分之數收係入帳，依限盡數椿發施行，免致有虧省計。」從之。

七月十二日，端明殿學士、提舉醴泉觀黄潛善言：「户部經費，自軍興以來用度至廣，惟仰諸路上供錢物應辦。其州郡所收無額上供錢物，依法並隸提刑司拘收，具帳供申起發。緣無額錢所收窠名不少，切慮州郡縣鎮隱漏，不肯盡數供報，提刑司不爲檢察，致拘收隱落，或供帳不實，日久轉致虧損，失陷省計〔二〕。欲望下户部檢坐諸州郡應合收無額上供錢物窠名，及供申隱漏不實、起發期限，并前後應干約束等條法，鏤板遍下諸路州郡及提刑司遵守施行。」詔依。

紹興元年四月四日，户部侍郎孟庾言：「諸路州軍所收無額錢物，昨窠名繁多，州郡得以侵欺，並令提刑司具帳催督起發，以革侵用。近緣軍興，諸路供申帳狀多不依限。繼承指揮，添酒錢五項依舊作經制錢拘收，亦係無額，名色相同，從來帳限不一，作兩色供報，州縣得以侵欺。今欲乞將諸路所收無額、經制錢物，每季只作一帳供申，並限次季孟月二十五日已前具帳，及起發數足。餘依見行條法。」從之。

二十五年四月十六日，詔：「諸路州軍知、通，65 今後拘收無額錢物及一萬貫，與減一年半磨勘；及一萬五千貫以上，與減二年磨勘。如止及五千貫，依已降指揮，與減一年。」從户部請也。

二十八年三月二十五日，户部侍郎徐林言：「今欲下諸路提刑司行下諸州軍，今後拘收無額錢物賞，候任滿日方許陳乞，從本部驅考。若任内合起上供、折帛等錢别無拖欠，即依見行條法、指揮保明推賞。」從之。

二十九年閏六月八日，臣僚言：「竊覩昨降指揮：『應州軍專委通判拘收起發無額錢，歲及五千貫以上者，知、通與減一年磨勘。』所在州軍每歲財賦所入，或有係無額窠名者，往往〔空〕〔罕〕有拘收及五千貫，其間有止拘收到一二千貫至三四千貫。爲不能及五千貫數，不該賞典，遂致州軍更不將所椿到錢物起發。今乞行下諸路，責令守、倅常切拘收。除一歲能拘收起發及五千貫以上者，依已降指揮與減一年磨勘外，若不及數而及四千貫以上者，與減三季磨勘；及三千貫以上者，與減兩季；及二千貫以上者，與減一季。如此，則隨其多寡爲之酬賞。」從之。

免行錢

【宋會要】

高宗紹興元年三月十七日，中書門下省言：「昨降指

〔一〕發：原作「撥」，據下文改。
〔二〕省：原作「少」，據本書食貨三五之三〇改。

揮，諸州郡罷納免行錢，見任官並許以實直買物。訪聞諸路見任官依舊收買物色[一]，無所不至，重用民力。」詔：「諸路州軍依已降指揮，免行錢並罷，見係人户更不作行户供應，66 見任官買賣依市價。違者計贓，以自盜論。候邊事寧息日，令户部取旨，依舊法施行。」

十一年四月八日，臣僚言：「州、軍、縣、鎮舊來行户立定時旬價直，令在任官買物，蓋使知物價低昂，以防虧損。而貪污之吏並緣爲姦，貴價令作賤價，上等令作下等，所虧之直不啻數倍，致人户陪費失所。宣和間，市户乞依熙寧舊法納免行錢，罷行户供應，民實便之，至靖康間罷納。近來州、軍、縣、鎮遇有抛買，依前下行户供應。望下有司嚴行禁止，依舊法量納免行錢。」從之。

六月十八日，户部言：「諸路州縣行、鋪户等，依近降指揮並免供應，令量納免行錢，革去科擾之弊。今訪聞州縣多將零細小鋪、貧下經紀不係合該行户之人，及村店貨賣細小之民一例敷納，其實有物力行、鋪户等，却致作弊幸免。欲乞申嚴約束監司、州縣，依近降指揮，照元畫一依公推排，立定錢數，開具供申。其零細小鋪、貧下經紀無物力之人，及村店貨賣細小，不得一例科敷搔擾。」從之。

七月七日，臣僚言：「近者復免行錢，而州縣行遣，與法意大不相當。既兼收於貧弱下户，復連及於鄉村下店。富者有賄賂以悅胥吏，故輸錢甚輕；貧者無貨財以行請囑，故輸錢反重。一出於胥吏之手，而民日益困。故有店鋪而廢業者，有携家而他徙者。」詔依奏，送合屬去處，限日下條具措置，申尚書省。其後，户部言：「欲依臣僚奏請，令諸路提刑、轉運 67 司疾速約束所部州縣，及親行按臨體究，將似此去處立便覈實改正。仍依已降指揮按劾取旨，重寘典憲。」從之。

二十二日，詔：「令諸路免行錢有推排不公去處，令諸路提刑司照應元降指揮盡公推排，及密行詢究。如州縣用情，將上户合納數目科與下户，並仰即時改正施行。若推排盡公，別無情弊，即將委的貧乏不能輸納下户保明詣實，申尚書省。」

十二年六月三日，汀州言：「武平、上杭兩縣合認免行錢，已免一年。今來居民流移，即未曾復業，乞特與蠲免。候賊馬寧息，行鋪復業均納。」詔再與展一年。

十二月六日，汀州言：「寧化縣被賊燒劫縣市，人户店業方且起造，乞權免本縣逐月免行錢，(侯)〔候〕稍有買賣，即依舊。」詔免半年。

十三年二月十七日，廣西提刑司言：「乞將雷、化、高、融、宜、廉州每月見認免行錢五分中減二分，邕、欽[二]、賀、貴州見認免行錢三分減一分。」詔並與蠲免。

十四年七月十日，詔開州所管兩縣，在夔部尤爲(避)

[一] 舊：原作「應」，據文意改。
[二] 欽：原作「歛」，據《建炎要録》卷一四八改。

〔僻〕遠，其免行錢可令減半。

十五年四月十二日，内降制：「州縣行户悉罷供應，令量納免行錢。訪聞所屬均（數）〔敷〕之際，富民認數不盡，多及下户。可令諸路提刑司更切體量數目，保明申尚書省，取旨蠲減。」

十七日，知漢陽軍韓昕言：「乞將諸路州、軍、縣、鎮所收免行錢，遵依元立定數外，多取一文已上，並依擅增歲賦法。每孟月於長吏廳集衆，登降開收，限當日畢，非時不得68追呼。庶幾斯民得以安業。」金部言：「今來奏請事理内有合開收行户，已承指揮，每季聽本行衆户同狀保明，申陳開收，即不許虧元立定數。竊慮寅緣科擾，如有前項違戾，並依非法擅賦斂條法斷罪，令提刑司常切覺察。」從之。

十七年正月十五日，〔詔〕：「諸路州軍免行錢，令户部檢會紹興二年官户與編户一等指揮，申嚴行下州縣，遵守施行。」

四月三日，詔：「諸路州軍人户見納免行錢，不拘等第，並以三分爲率，蠲免一分。」以户部言：「先詔鄉村第四等、坊郭第七等已下人户並與放免，而上等有力之人營運非一，多致幸免，下户專業者往往不被其賜。」故再降是旨。

十九年五月二十六日，前權發遣連州王大實言：「廣南路連、英、循、惠、新、恩州城市不過六七百家，非通商販之地。」詔廣南路小州月納免行錢更與審量裁減〔一〕。上諭輔臣曰：「守臣上殿，俾以民事奏陳，遂得知民間疾苦。所陳五六，得一可行，爲利亦不細。大實所奏，可令户部行下本路漕司，具合減免數目申尚書省。」

十一月十四日，南郊赦文：「州縣人户合納免行錢，因拖欠倍罰，竊慮積併數多，艱於輸納，仰州縣將今日以前倍罰錢數日下蠲放。如敢依前追理，令提刑司覺察按劾。」二十二年十一月二十二日同此制。

二十五年五月二日，户部言：「州軍敷納免行錢，至於提籃挾盝些小買賣之人亦令出納〔二〕。間有敷及鄉村去處〔三〕，所取69苛細，干涉人衆，委是搔擾。欲下諸路提刑司，將人户見納免行錢截日並行住罷。仍乞依舊令官司不得下行買物。或州縣故有違戾，許人户越訴，當職官吏乞重賜行遣。」從之。

十一月十九日，赦文：「人户免行錢已降指揮住罷，竊慮州縣却循往年體例時估，虧價買物，（及）〔反〕爲民害。雖已行約束，尚恐違戾，仰監司常切覺察，按劾施行。」二十五年十一月十九日〔四〕、二十八年十一月二十三日，並同此制。（以上《永樂大典》卷一七五四四）

〔一〕裁：原作「栽」，據《建炎要録》卷一五九改。

〔二〕籃：原作「監」，據《建炎要録》卷一六八改。些小：原作「此示」，據文意改，「盝」「些」字下二畫誤移於「小」字上也。《建炎要録》作「微小」，意同。

〔三〕村：原作「材」，據《建炎要録》卷一六八改。

〔四〕二十五年十一月十九日：本條正文已爲此日赦文，注中標出，實爲重複。

封椿〔一〕

【宋會要】

70神宗熙寧十年二月三日，詔：「中外禁軍已有定額，三司及諸路計置請受，歲有常數。其間偶有闕額未招簡人充填者〔二〕，其請受並令封椿，毋得移用，於次年春季具數申樞密院。」

元豐元年七月十三日，詔：「諸路轉運及開封府界提點司椿管闕額禁軍請受，據元額月給錢糧，委提點刑獄及府界提舉司拘收，於所在分別封椿〔三〕。」

二十四日，詔：「諸路封椿闕額禁軍請受，可令樞密承旨司注籍〔四〕。輒支用者，論如擅支封椿錢帛法〔五〕。」

二十五日，三司言：「今具熙寧十年終在京及府界椿管闕額禁軍請給數目，乞免封椿。」詔在京特依奏。

十二月四日，樞密承旨司言：「準送下三司狀：『在京禁軍闕額封椿請受內，錢、絹特免，其斛斗唯米可存留，自餘衣賜等物並屬三司應副，及小麥已無剩數，欲乞特免。』勘會府界軍士衣糧等自當依外處例封椿〔六〕，其小麥如闕，即令三司以細色糧充〔七〕。」從之。

同日，開封府界提點司乞免封椿闕額禁軍請受等，詔惟錢特免之。

二年七月二十一日，詔在京、開封府界見封椿闕額諸軍請受，可並送內藏庫別封椿。

三年六月二十四日，詔河北沿邊州軍禁軍闕額米歸羣牧司封椿。

四年六月二十有六日，詔：「應熙河路及朝廷所遣四將漢蕃軍馬錢帛、糧草，並委經制管勾官馬申、胡宗哲計度應副。如不足，以封椿闕額禁軍衣糧71並封椿錢帛充；若闕，以茶場司錢穀充。」

五年正月二十四日，詔：「開封府界、諸路封椿禁軍闕額錢，除三路外，及淮、浙、江、湖等路增剩鹽錢，江西賣廣東鹽錢，福建路賣鹽息錢，並輸措置河北糴便司〔八〕。先借支內藏庫錢三十萬緡與河北糴便司〔九〕，以福建路鹽息還。」

五月一日，詔：「內外闕額禁軍例物元減半或全不支處，並依式全支。已全支處，權增千錢，以封椿禁軍闕額

〔一〕按，此爲《永樂大典》原目，但宋代之封椿，其範圍甚廣，而此所録僅爲闕額禁軍請受之封椿。又，題下原批：「起熙寧十年，訖乾道九年。」

〔二〕簡：原抄作「簡」，改爲「揀」。按《大典》卷六五二四（此卷現存）原文作「簡」，今改從之。「簡」與「揀」通。

〔三〕分：原無，據《長編》卷二九〇補。

〔四〕司：原作「同」，據《長編》卷二九〇改。

〔五〕論：原無，據《長編》卷二九〇補。

〔六〕外：原作「別」，據《長編》卷二九五改。

〔七〕令：原作「今」，據《長編》卷二九五改。

〔八〕便：原作「使」，據《長編》卷三二二改。下同。

〔九〕與：原作「于」，據《長編》卷三二二改。

錢給。」

七年六月一日，詔：「河東路銷廢五指揮禁軍錢糧，即非一路兵額偶有闕數衣糧之比，並封樁，以給提舉保甲司起教之費。」

八月二十七日，權發遣同經制熙河蘭會路邊防財用馬申乞免熙河路封樁新復五州軍闕額禁軍請受〔一〕。詔自今更不封樁，其已封樁者，撥與經制司。

十月九日，詔：「諸路封樁闕額禁軍錢穀，並依元豐令隨市直變易，其不得減過元糴納價法除之。」

哲宗元祐元年十月十五日，河北轉運司言：「今本路封樁禁軍闕額請受，請立法止於逐路樁管。如有不可停貯物〔二〕，即令提刑司變轉見錢封樁。」從之。

二年四月二日，樞密院言：「臣僚奏乞罷内外封樁禁軍闕額。按熙寧十年二月詔旨：『内外禁軍已有定額，三司及諸路計置請受歲有常數，其間偶有闕額，未招揀人充填，所餘請受亦合樁管。』竊詳詔旨，内外禁軍係經熙寧已來節次減廢併合，各已立定實額，即與舊日虚數不同。朝廷爲諸 72 路監司吝惜財費，不務招揀，致漸耗兵數，無以督責，遂立約束，闕額請受悉行封樁。迨今十年，雖所樁到錢物甚多，未嘗輒供佗用〔三〕。今若悉罷封樁，深慮諸路監司因循觀望，不肯留心蒐補兵備，不唯有乖前日減併軍額之意，兼恐緩急闕兵，有誤大事。」詔除三路、二廣更不封樁外，在京、府界及其餘路分並依舊封樁。仍只封樁衣糧料錢，餘亦與免。

三年五月十七日，詔：「府界、諸路封樁禁軍闕額錢帛，後來創置過禁軍指揮，並先據數除出，候不及舊額之數，方依條封樁，仍著爲令。」

紹聖元年九月二十一日，京西路轉運司言：「本路財賦素窘乏，乞特免封樁廂軍闕額請受。」詔：「今後諸路廂軍、馬遞鋪闕額不及一分處，並免封樁衣糧料錢；闕額一分已上處，與免一分。」

元符三年六月十八日，樞密院言：「勘會府界、諸路封樁禁軍闕額請受并收租錢物，係專充應副陝西新置蕃落及招置河北廣威等軍兵請受等支用。契勘日近所在官司往往緣邊事支借過上件錢物，即未有撥還之期，竊慮有悮指準。」詔：「今後雖得朝旨，許支借諸司封樁錢物，其兩色錢即不得一例支借〔四〕。如違，其應干官吏並依擅支借封樁錢物法科罪。」

徽宗大觀二年六月二十一日，詔：「内外馬、步軍自今更不封樁衣糧，應干闕額依舊招填，其例物於已樁闕額錢物内支給。」

三年七月二十二日，詔：「應内外禁軍闕額請受， 73

〔一〕馬申：原作「馬甲」，據《大典》卷六五二四、《長編》卷三四八改。
〔二〕物：原無，據《長編》卷三九〇補。
〔三〕供：原作「借」，據《長編》卷三九八改。
〔四〕支借：《大典》原文作「借支」，按上下文均作「支借」，改「支借」是。

依熙寧、元豐以來舊法封樁，仍具狀申樞密院。」

政和元年七月二十四日，詔：「內外禁軍闕額封樁錢，自今應官司陳乞支借者及支遣主司，並科違制之罪。應今日以前借過未還者，並注于籍，限三年拘轄撥還。仍先具逐件錢物元借年月、事因、已未還數申樞密院。今後每季依此。」

四年八月十三日，樞密副承旨范訥言：「京畿提刑司乞免封樁禁軍闕額時服、賞給等。緣禁軍闕額請給始自熙寧十年爲頭封樁，及元豐四年六月，王得臣申請封樁勘給式，聲說應係合請衣賜、賞給錢帛、節料、衣襖之類，並依旁式收破供申。今來所乞，有礙前後條令。」詔申明行下，餘路依此。

八年五月二十七日，樞密院言：「勘會樞密院所管諸路禁軍闕額錢物，並降指揮變易輕貨上京，於左藏庫送納，令宣旨庫立法。今擬修下條：諸禁軍闕額封樁物應變易輕貨上京者，逐州具管押人職(依)〔位〕、姓名、納訖年月日、交付與左藏庫是何人收領文狀，入急遞申樞密院。」詔依修定。

宣和元年三月十三日，樞密院言：「契勘在京及諸路內外禁軍闕額封樁匹帛、錢物不少，竊慮內外官司用例起請借支，截撥使用。」詔內外官司敢有奏請借用者，以違制論，不以去官、赦降原減。雖奉特旨衝改，仰樞密院執奏。

六年三月十九日，戶部奏：「前權發遣寧州游醇劄子：諸州軍封樁禁軍闕額旁，每月並依見管禁軍於勾院通勘，并 74 春冬衣賜及坐庫等，既勘成熟旁，往往逐處公吏偷盜出上件熟旁，與外人結合揩改，便與見管禁軍一例夾帶支請。欲乞將已勘成熟旁令逐州長貳拘收毀抹，未勘者截日住罷，委是有補漕計。」從之。

高宗建炎元年十月初九日，詔：「諸路帥司及轉運司同(其)〔共〕計會一路合添兵數，及每歲所收可以供贍若干，可以令諸州各具申尚書省[一]、樞密院，及諸路帥司、轉運司，不得隱漏鹵莽。所有舊管軍兵，止據見管人數外，將合樁闕額錢亦計入今來可充招贍新軍之數。」

二年二月二十八日，詔：「靖康元年正月一日至建炎二年正月一日已前逃亡事故軍兵合支錢糧，通爲闕額數目。除陝西路依舊招填舊闕，及京畿、京西、河北、京東、河南路依今來措置專招可以制禦鐵騎振華新軍外，餘路並令以前項錢糧并已降指揮科撥窠名錢物相兼，招置新法弓手及本處闕額軍兵。」以尚書省言：「天下禁軍兵籍取會未到，欲且以靖康元年正月一日實管之數爲準，令諸路提刑司計當見額管兵籍[二]，比較建炎二年正月一日見管實數闕少若干，先次施行，一面具申樞密院、御營使司。」故有是命。

[一] 可以令：「可以」二字疑衍。
[二] 計當：疑當作「計會」。

紹興元年六月二十六日，福建路轉運使朱宗言：「本路軍政敗壞，主將兵官唯務姑息，坐費廩食。欲今後禁軍有闕，權住招填。其闕額錢、米，別庫樁管，不得他用，以備緩急支費。」詔依，候本路盜賊寧息日，依 75 舊招填。

二年六月八日，詔：「恢復丙軍兵經過州縣收支過錢糧去處〔一〕，分委監司專差屬官遍(諸)〔詣〕州縣，驅磨元收到及實支、見剩之數，收其贏餘，儲在別庫，以待不時之須，免復斂民，庶幾姦吏不得侵盜。」以臣僚言：「自童貫用事陝西已來，財用費出不復驅磨，因得侵盜蠹耗。比年軍旅荐興，州縣帑廩空乏，不免取給於民，而官吏並緣爲姦，輒爲一切科斂之政。既不知兵行實數，又不知住程期日，但憑探報，虛增兵數，寬約住程，批請日限，斂取錢米，有至數倍應用之數者。事過之後，乾没其餘，或以豐己自利，或以交結市恩，上下謾不檢察，民受其弊。」故有是命。

三年八月二十二日，詔：「近降指揮，委逐路憲司取索起發以前合樁闕額禁軍錢物。比復思之，於民未便。想所在州軍，雖有不經兵火殘破者，軍期調撥，應副科敷，力不暇給。今立近限，起發積年樁管，定見追呼禁繫，朕不忍焉。可復令諸憲司疾速行下州郡，將建炎四年以前未納錢物並行除放，銷毀簿籍。其紹興二年合樁納數，令自紹興三年爲始，分作四限，每年帶納一限。」

十二年七月十日，京西南路提刑司言：「本路諸州樁(撥)〔發〕闕額錢，緣累遭殘破，所以微薄，兼又抵近新界，相去不遠，難以責令樁辦。望詳酌，寬行展免三五年，候州縣興葺稍成次第日，依舊樁發。」户部契勘：「隨州廂、禁軍闕額錢物、斛斗，已承指揮免至紹興十一年終，合 76 自十二年收樁。其餘州軍免至紹興十一年五月分。今欲下京西南路提點刑獄司，將本路州軍廂軍、禁軍闕額請受一例免至紹興十一年終，仍並自十二年爲始收樁。」從之。

十月二十九日，知紹興府樓炤言：「昨緣奉使韓球將諸軍闕額錢數請受申請行下本府認數封樁起發，紹興十年十一月三日得旨展免一年，自來年爲始認發。上府常賦有限〔二〕，實無寬餘可以樁發。」詔更與展一年，候限滿，依數起發。

二十七年五月十四日，户部言：「秘書丞楊邦弼言〔三〕：『潭州舊屯駐大軍二千人，續減下一千人，其券食等錢係諸縣分認，每月解錢七千餘貫，號曰贍軍，並是巧作名目。如收納麴引錢、罪賞錢、約束錢、罰錯錢、賣紙錢、詞狀到事錢、諸色助軍錢之類，種種不一。乞將見科贍軍錢以十分爲率，減免三分，令本州通勘應副。』今看詳逐項科取名色，皆是違法，雖稱減免三分，若不盡除，誠恐未副朝廷寬恤之意。欲下潭州將見(令)〔今〕科取名色並罷，其見屯官兵歲

〔一〕天頭原批：「『丙』疑誤。」按，《大典》原文亦作「丙」。
〔二〕上：疑當作「本」。
〔三〕邦：原作「拜」，據《建炎要録》卷一七七改。

計止以本州係省財賦應副。如或違戾，委各路提刑、轉運司按劾。仍免樁減下一千人米糧錢。」

三十年八月二十三日，户部侍郎、兼權樞密都承旨錢端禮言：「諸路州軍闕額請給封樁，每季起綱納左藏庫，具數申樞密院注籍，每上、下半年輪都、副承旨點檢。得旨，令户部拘催。乞自今令提刑司於逐州各選職官一員，專行主管拘籍，别庫樁【77】納，月具闕額軍分人數請給則例并樁到錢物數申提刑司，從本司檢察類聚，季具一路逐州都帳供申樞密院并户部參照稽考。如所委官隱漏失實，並依無額上供法科罪。」並從之。

十二月十五日，(淮)〔淮〕東提刑司言：「泰州額管禁軍兩指揮，昨爲累經兵火，所管人數不及元額。自紹興十六年後來，每歲那撥係省錢三百八十貫，米麥共五十六碩變糶見錢，分作四季起赴行在送納，充禁軍闕額請受。承近降指揮，將禁軍闕額請給盡數收樁，每年合樁錢米、衣賜等，共折計錢一萬七千六百餘貫，委實闕乏，難以依舊管軍額樁辦。乞但令本州依遞年所樁數目按季解發，候將來户口增添、荒田遍墾，税賦稍復舊日，依數樁發。」詔從之。

三十一年五月六日，中書門下省言：「淮南、京西路州軍及湖北路信陽軍每歲合起禁軍闕額錢，緣户口全未如舊，理宜優卹。内楚、濠、蔣州、盱眙軍、安豐軍已展免至紹興三十一年終〔一〕。」詔並與放免五年。内楚、濠、蔣州、盱眙、安豐軍自紹興三十二年爲始照免。

孝宗隆興二年十二月十六日，德音赦：「楚、滁、廬、光州、盱眙、光化軍管内并(楊)〔揚〕、成、西和州、襄陽、德安府、信陽、高郵軍，勘會逐州軍招填廂、禁軍闕額請給錢物内，已有指揮免起年限，竊慮未能樁辦，可更與放免二年。」

乾道元年二月三日，詔令諸路帥、憲司行下所部州軍，今後合起發封樁廂、禁軍闕額請給等，特【78】與免行起發，其闕額須管措置招填。

七年二月十日，知臨安府韓彦古言：「本府崇節廂軍(止)〔元〕管五百人，今管一千八百三十五人，揀點得元所管五百人止有正身三百四十九人合行存留，其餘一千四百八十六人不是正身，皆係逃軍詭名之人。已開落名糧，一歲省減衣賜、糧米共計七萬二千四百貫二百五十文省。除於内截撥錢支遣添置重禄公人請俸、招刺廂軍五百人外，餘錢撥(人)〔入〕樁管，聽候朝廷指揮。」從之。

六月二十四日，户部言：「鄂州、荆南、建康諸軍已差官點閲官兵，内有冒名承代並虚請，揀汰等，將來合減下錢物，乞指揮放行。」詔各令總領所令項樁管，非奉朝廷指揮不得擅行支用，月具減下實數申三省、樞密院。

七月五日，詔知閤門事王抃、荆南都統制秦琪同共點揀荆南官兵，其減下錢米，令總領所令項樁管，不得擅行支用。

〔一〕免：原作「元」。天頭原批：「『元』疑『限』。」按，據文意當作「免」，因改。

九年八月三日，樞密院言：「諸路州軍禁軍封樁闕額請給等，依條合行起赴左藏庫，昨與免行起發，招填須管敷額。據諸處申到兵帳，逐年依舊不敷元額。」詔令諸路帥司行下所部州軍，開具免行起發後逐年招到人數曾無敷額，其闕額未招人數請給等見作如何封樁支使，逐一具申樞密院。（以上《永樂大典》卷六五二四）〔一〕

月樁錢〔二〕

【宋會要】

79 高宗紹興七年正月六日，户部員外郎霍蠡言：「竊見方今軍事所須而病民最甚者，莫如月樁錢。所謂月樁錢者，不問州郡有無，皆有定額。所樁窠名，曾不能給其額之什二三，自餘則一切出於州縣之吏臨時措畫。銖銖而積，僅能充數，一月未畢，而後月之期已迫矣。願詔諸路守臣，各條具逐州所樁之錢寔有窠名者幾何，臨時措畫者若爲而辦，上之朝廷，召諸路漕臣稟決可否而罷行之。兼勘會江西、湖南合認發岳飛軍月樁錢各有立定許取撥資次窠名，通取撥支用名色錢數，竊慮隱匿。」詔：「令江西、湖南州軍專委通判，限十日開具自紹興六年分正月爲始至十二月終，本州每月經制、上供係省不係省、諸司諸色封樁不封樁錢，各通共若干數目，於内取撥應副過岳飛軍月樁錢係是何名色、若干錢數支使外，逐色有無剩數，如何樁管，或作何支用了當，及有無所取窠名之外别措置到錢數，係作何名目，寔支充月樁若干，有無見在數目，逐一開具詣寔文狀申尚書省，及具一般狀申本路轉運司。仰本司官因巡歷所至州軍，取索文狀，與所申數目參照稽考。如有漏落或不寔不盡，並具因依聞奏，取旨施行，即不得隱庇觀望滅裂。餘路分應副樁辦大軍月樁錢州軍，依此施行。」

九月十八日，赦：「江南東西、兩浙、湖南州軍認發大軍月樁錢，從來並係漕臣均下所部州軍，取撥經制、有額上供等錢應副。訪聞漕司有不斟量州軍財賦所入多寡，一例分抛，致有不均去處，深慮因而横斂於民。仰逐路漕司更切相度所部州郡，令取窠名，斟量所入多寡，增減均敷，務要各得均平，易於樁辦。」

八年五月二十五日，上宣諭輔臣曰：「昨日士㒘對，勸朕留意恤民。朕諭之曰：『只如月樁錢之類，欲罷未可。若一旦得遂休兵，凡取於民者悉除之。』」

十二月十九日，參知政事李光言：「諸路月樁，最爲民間重害，而江東、西爲甚。元降指揮許取撥應干上供封樁、諸司并州縣等不以有無拘礙上供、經制、酒税、課利及漕司諸色錢，往往移用等錢樁辦。今江南路漕司往往將移用等錢於逐州主

〔一〕《大典》卷次，原稿版心標爲六五二三，而此卷尚存，實爲卷六五二四，據改。

〔二〕原稿「宋會要」下標目爲「食貨　月樁錢」。又其下方原批：「起紹興七年，訖乾道四年。」

管司專委通判拘收，不許取撥。乞下諸路，應月樁錢許將諸色錢樁辦，如有餘，方許漕司拘收。」貼黃稱：「諸路月樁錢，當時守臣不量民力，有承認偏重去處，重爲民害，如撫、信二州是也。乞行下諸路漕司，將逐州每歲所入均敷，不得輒有輕重，以傷民力。」當日宰執秦檜進呈，上曰：「朕累次説與宰臣，更不肯理會。若盡將上供等錢樁辦，自是不必科敷〔一〕。令三省條具。」

九年正月三日，上諭輔臣曰：「朕每有意候邊事平，力務與民休息，如月樁之類當悉蠲除。」

五(月)〔日〕〔二〕，内降新復河南州軍 80 赦：「諸路月樁錢，元降指揮許取撥應干上供封樁、諸司并州縣不以有無拘礙等錢樁辦。訪聞州縣並不遵守，重敷於民，顯屬違戾。或令逐路轉運司開具逐州見認數目的寔申朝廷〔三〕，當議據寔科撥。」

二月十三日，尚書省言：「江東、西、湖南、兩浙每月樁發大軍錢，係將朝廷并漕計等財賦應副，各有合取撥窠名。從來多緣漕司不以州軍所入多寡均抛，致有偏重，或將本司錢物支使，止以朝廷窠名錢充辦。因此收趁不足去處，科擾及民，理合別作措置。」仍連具到逐路月樁窠名。詔：「令逐路轉運司將偏重不均去處，委本司官以縣州大小、所入財賦多寡，重別斟量均定，務要輕重適當，易於樁辦。仍仰據合取撥窠名先次收樁月樁錢數足，方許應副其他窠名支使。如未足，諸司並不得占留他用，致科擾及民。敢有敷斂，仰提刑司按劾奏聞。違戾官吏，並當重行貶竄，仍許人户赴訴。」

同日，後殿進呈：「措置月樁元降指揮，諸路各有窠名，但多爲漕司占留，遂不免敷及百姓。乞將逐路州軍均定，不得偏重。」上曰：「若所撥窠名錢不足，從朝廷給降應副，不得一毫及民。朕欲養兵，全藉民力〔四〕，若百姓失業，則流爲盜賊矣。」

同日，中書門下省言：「逐路月樁錢，已降旨揮，令逐路轉運司將偏重不均去處，委本司官以州縣大小、所入財賦多寡，重別斟量，務要輕重適當。」詔更令户部取見逐色窠名錢數，如應副不足，申取朝廷指揮。

七月二十二日，上諭輔臣曰：「州郡月樁大軍錢，尚有敷斂於民以充數者。可速行裁減，各量所入樁辦。如有不足，悉從朝廷應副，毋使横取，以爲民患。」

十年十一月十八日，臣僚言：「累年以來，朝廷以江、淮宿師，調度至廣，故令逐路州軍每月將應干官錢樁辦，以給其費，初未嘗一毫横取於民。中間將元數減損，仰見陛下勤恤民隱，惟恐擾之。州縣使皆守法，無有妄用，則何患

〔一〕敷：原作「數」，據《中興小紀》卷二五改。
〔二〕天頭原批：「『五月』疑『五日』。」按，《建炎要録》卷一二五載新復河南赦於是年正月丙戌（五日），則「月」當作「日」，據改。
〔三〕或：疑當作「可」。
〔四〕全：原脱，據《建炎要録》卷一二六補。

不足？而往往不知體認，致奉行失當，苟取猥數，與市井角逐，甚者至列肆鬻賣酒茗。欲望嚴詔諸路監司，一切止絕。仍將一路財賦椿收，以取足辦。」詔令户部檢坐已降指揮申嚴行下。

十三年二月四日，户部言：「江、浙、湖南路分合起月椿錢，各有立定合取撥名色，如上供、經制、無額添酒錢，并净利錢，贍軍酒息、常平錢，及諸司封椿不封椿，係省不係省等錢，皆係朝廷窠名錢數。昨節次委官取索，開具到諸州軍所起錢名稱，前項窠名椿發委見數足。緣州郡借月椿爲名，别行科敷，却作他用，百姓不能通知。今欲再行約束，如江、浙諸州軍亦有似此去處，仍乞令逐路轉運司點檢，日下住罷。如尚以月椿爲名，擅行科敷，並許越訴，將違戾官吏乞朝廷敷奏，重加竄責。兼契勘諸路置贍軍酒庫，本爲收息，添助月椿，詢訪州縣官巧作侵81用，遂致應辦數少，亦乞逐司點檢改正。」詔逐路選委監司一員，取見的確數目以聞。

十五年四月十二日，内降制：「江、浙、湖南路月椿錢從來各有立定所取窠名，雖已節次減免，尚慮州軍艱於椿辦，科擾及民。可令户部疾速取會若干係寔有窠名、若干係旋行擘畫，不免敷及民户數目，候到，開具尚書省取旨。」

十七年八月二十六日，宰臣秦檜因論及州郡月椿錢，上宣諭曰：「卿未還朝時，朱勝非等創起月椿，朕每以爲非理，屢與宰執言，終未能大有蠲減。卿可從長措置，庶寬民力。」

二十八日，宰執言：「近降指揮，監司、郡守不得進獻羨餘，今却作修造及應副人情。」詔令諸路監司、郡守，將寬剩錢物椿管，每季具的確數申尚書省，科撥充月椿，以寬民力。不係月椿路分依此，聽候通融科撥。檜奏曰：「陛下志欲減免田租，寔盛德之事，今自蠲減月椿始。」

九月十四日，宰執言：「户部開具到諸路州郡月椿錢。江南東路：信州五萬四千餘貫，徽州五萬八千七百餘貫，宣州四萬九千七百餘貫。江南西路：吉州六千七百餘貫，撫州二萬五千四百餘貫，江州一萬一千餘貫，建昌軍二千三百餘貫，臨江軍四千六百餘貫，筠州六千九十餘貫，南安軍六千六百餘貫。」上曰：「科敷之類，富者猶不能堪，下户何所從出？可並特與減放。」檜曰：「指揮行下，百姓想皆懽欣鼓舞。」上曰：「朕備嘗艱難，深知細民闕乏，雖百錢亦不易得。或有餘財，即命椿留，以備緩急支用。」

同日，詔：「已減放諸路州軍月椿錢，尚慮州縣因緣欺隱，惠不及民，仰提刑司覺察，按劾聞奏。」

十月五日，敷文閣待制、知臨安府趙不棄言：「竊覩近降指揮，江南東、西路十州月椿錢凡減放數十萬緡，所以寬恤民計者至厚，恩惠所被，何有窮已！訪聞日前諸縣以月椿窠名錢數或不足，非理措置起發。謂如當户詞（訢）〔訴〕保正等人申繳違限，過數罰贖及公人等，寺觀認納酒醋錢之類，今來已蒙恩減放，仍令提刑司覺察。尚慮諸縣不能

深體德意，却將已前措置到錢物以不係科取爲名，依舊拘收，别行妄用。乞委逐路提刑司更切子細取見應副月樁錢外，其餘創置窠名並行禁止。如違，許人户徑赴臺省越訴。」從之。

十八年十月十八日，上宣諭宰執曰：「諸州月樁錢昨已減罷，要當盡行除放，庶蘇民力。」檜即諭户部侍郎李椿年〔一〕、宋貺以經、總制錢措置贍軍。

十九年十一月九日，尚書省言：「昨令諸路監司、郡守將寬剩錢物每季開具申尚書省〔二〕，撥充月樁，今來逐路月樁錢撥填已見次第。」詔令諸路監司、郡守今後更不開具。

二十六年閏十月十三日，户部言：「湖南諸州認發月樁錢四萬貫，自有立定許取窠名。如無枋木州縣，自不合一例催科。今欲下本路轉運司日下禁止施行，82（具譚）〔其潭〕、衡等於夏税上樁辦一半折木錢。仍開具有無指揮許行催科折納，具詣寔文狀申取朝廷指揮。」從之。

孝宗乾道三年閏七月二十三日，詔蠲免郴、道州、桂陽軍欠乾道元年五月以後月樁錢六萬七千貫有畸。以經李金賊徒殘擾故也〔三〕。

四年三月二十六日，司農少卿、總領淮東軍馬錢糧呂擢言〔四〕：「鎮江府、高郵軍、（楊）〔揚〕州六合縣等處屯駐官兵，每月合用券食錢六十餘萬貫，米五萬六千餘石，係科撥江東、浙西月樁等錢，江東、西上供、和糴等米，並是榷定之數。州郡循習故常，起發稽滯。乞量立殿最之法，宜從本所檢察按治。」從之。

八月一日，權發遣廣德軍曾述言：「本軍止管兩縣，月樁錢每月起六千八百餘貫，元額（大）〔太〕重。以江東一路言之，如寧國軍所管六縣，而月樁止九千貫；徽州所管亦六縣，而月樁止七千貫；太平州所管三縣，兼有黄池、采石兩鎮酒税，月樁止七千貫；南康軍所管三縣，而月樁止於三千六百貫。乞比附南康軍量減。」詔今後每月與減一千八百貫。（以上《永樂大典》卷次缺）〔五〕

內藏庫〔六〕

【中興會要】

〔一〕椿：原作「樁」，天頭原批：「『樁』應作『椿』。」按《建炎要録》卷一五八亦作「椿」，據改。

〔二〕申：原脱，據《建炎要録》卷一六〇補。

〔三〕李金：天頭原批：「『金』疑『全』。」按，此批誤。《宋史》卷三三《孝宗紀》一：乾道元年五月，「郴州盗李金等復作亂，遣兵討捕之」。又，八月「癸未，獲李金」。是也。李全别是一人，活動於南宋中、後期。

〔四〕呂擢：原作「呂擇」，據本書職官四一之五五、又四七之三五等改。

〔五〕《大典》卷次，首頁誤標卷六五二三，它頁全無。按《大典》卷六五二三今存，非是。據本目之首「宋會要」下原標目爲「食貨　月樁錢」，則當是出自《大典》「貨」字韻「食貨・宋」諸卷。陳智超擬爲卷一七五四五。

〔六〕原題作「內藏庫錢」。按《大典》卷一四七八五爲「庫」字韻、「庫名」目，則《大典》原題只是「內藏庫」，無「錢」字，今删。以下三條與本書食貨五一「內藏庫」諸條本爲同卷同目。

83高宗紹興四年四月十六日，詔：「户部供納内藏庫夏季見錢五萬貫，令左藏庫以金銀折納。」以闕見錢，從户部請也。

紹興九年二月十七日，詔：「行在皮剥所收到肉臟等錢，今後遵依舊法，並依内藏庫送納。其日前已赴左藏庫納訖錢數，仍限三日依數撥還。」

十四年正月二十五日，詔：「成都、潼川府路應未起并截留支用還過合納内藏庫錢帛等，並免改撥，特與除放。仍自紹興十四年爲始，依額將絹起發本色。其餘匹帛等，並計價折錢，變轉輕賫，起赴内藏庫送納。」（以上《永樂大典》卷一四七八五）

經總制錢〔一〕

【宋會要】

84高宗建炎二年十月十二日，翰林學士、知制誥、兼侍讀葉夢得言：「宣和之初，以東南用兵，嘗設經制司，取量添酒錢及增收一分税錢、頭子、賣契錢等。取之於微，而積之於衆；求之於所欲，而非强其所不欲。故酒價雖高，未有驅之使必趣飲者也；税額雖增，未有迫之使必爲商者也。其他類此。而靖康初相繼遽罷。欲望博延羣議，更加討論經制錢，除量添酒錢近已再行撥充造船外，其餘名色，有似此等可以暫濟急闕不至害民者，願參取施行之。」又户部尚書呂頤浩言：「經制財用之法，始於陳亨伯。其法措置條畫皆有倫叙，循其法可以助國，可以裕民。今邊境未寧，多事之際，養民禦敵，財用爲急。既不可闕，則此法尤不可廢。蓋經制之事，歛之於細，而積之甚多。且如增收典賣税錢，出於有力之家，則不害下户。增收添酒錢，歛之於衆，合於人情，不以爲苦。今日大計，財用爲急，而此法無害於民，賢於緩急暴歛多矣。」又知徐州沛縣事李膺言：「方今多事，朝廷之費日廣。嘗見昨來河北、京東路經制財用司所收添酒、糟酵、契税、頭子等錢，所收至微，所得至多，儻復行之，所補不細。」户部供到狀：「靖康元年節次已罷下項錢：鈔旁定帖錢、增添酒錢、增添糟錢、增收牙契税錢。鈔旁定帖錢，檢會宣和元年八月指揮，元豐以前並許州縣出賣，不得過增價直〔二〕。85後來緣州縣公人於人户邀求，故宣和七年四月二十八日指揮，諸路推行鈔旁定帖，令人户從便自寫，輸納合同印記錢，已是杜絶阻節之弊。今據逐官所陳〔三〕，於民户委無騷擾。」詔：「諸路鈔旁定帖依宣和七年四月二十八日指揮，令人户自寫輸納，依舊納合同印記錢。仍專委逐路提刑司拘收樁管，不得擅行支

〔一〕題下原批：「起建炎二年，訖嘉定十七年。」又按，本門内容淳熙以前互見本書食貨三五「經總制錢」門。本門原稿天頭整理者所批「一作」即指食貨三五。

〔二〕價：原作「值」，據本書食貨三五之一九改。

〔三〕據：原作「遽」，據本書食貨三五之一九改。

用，每季具數申尚書省。如敢支用，依擅支朝廷封樁錢物法，加二等科罪。」

三年十月二十三日，臣僚言：「經制之法，其始建議於陳亨伯。錢昂在陝西日〔一〕，公共商量，以爲可行。至宣和初，陳亨伯爲發運使〔二〕，推行於東南。宣和五年，陳亨伯爲河北轉運使，又行於京東、西、河北路。其法斂之於細，聚之則多，而實不害於民。如添酒、賣糟錢，出於人之自然，即非抑配；官吏俸錢，除頭子錢，百分取一；印契錢，出於兼并之家，無傷於下户。昨來河北、京東、西一歲之間，得錢近二百萬緡，所補不細。今若行於兩浙、江東、西、荆湖南、北、福建、二廣，一歲所入，無慮數百萬計。況邊事未寧，養兵之際，理財最急務。苟不知出此，緩急必致暴斂，謂如勸誘助國之類是也。與其暴斂於倉卒，曷若取之於細微？今除不便於民，如納免行錢、減罷曹官役人錢、鈔旁定帖錢、院虞候充獄子重禄錢、牛畜等契息錢、契白紙錢不可施行外，所有權添酒錢、量添賣糟錢、人户典賣田宅增添牙税、官員等請俸頭子錢，并樓店務增添三86分房錢，共五項，欲令東南八路州軍收充經制錢，别置簿書拘管。委逐路提刑司兼領，檢法官充屬官。提刑每月支食錢三十貫，檢法官二十貫。縣鎮並限月終起發赴州，并本州合收數，專委守臣樁管。令提刑司委屬官躬親遍詣逐州，體度市價，變轉輕賫，限逐季起赴行在送納，或召人兑便。牒到，限當日支給。如州縣稍有隱漏，擅便支使，起發違限，並依上供法科罪。提刑司失拘催，與同罪。候及一年，按其殿最而賞罰。」從之。

十一月二十日，詔：「經制錢，令尚書省每十日一次劄下逐路東南八路提刑司〔三〕，遵依已降指揮，恪意拘收。每季終，便行盡數起發赴行在送納，不得視爲文具。若稍有違慢，致有隱漏，或不依限起發，提刑司官重行竄逐〔四〕，人吏決配海島。」

紹興元年四月四日，户部侍郎孟庾言：「勘會諸路所收無額錢物〔五〕，昨爲窠名繁多，州郡得以侵隱，並令提刑司具帳催督起發〔六〕。近緣供申帳狀多不依限，繼承指揮，添酒錢五項依舊作經制錢拘收，亦係無額，名色相同，從來帳狀不一，作兩色供報，州縣得以侵欺。今欲乞將諸路所收無額經制錢物，每季只作一帳供申，並限次季孟月二十五日以前具帳及起發足〔七〕。餘並依見行條法施行。」從之。

五月二十日，兩浙路提刑司言：「今來諸州縣所管户

〔一〕錢昂：原作「錢昴」，據本書食貨三五之二〇改。
〔二〕發：原作「法」，據本書食貨三五之二〇改。
〔三〕東南八路：此四字與上「逐路」語意重複，疑當作小注。
〔四〕刑：原作「行」，據本書食貨三五之二〇改。
〔五〕收：原作「取」，據本書食貨三五之二〇、食貨六四之六四改。
〔六〕並：原作「兼」，據本書食貨三五之二〇、食貨六四之六四改。
〔七〕二：原脱，據本書食貨六四之六四補。

絶、市易、坊場，并舊法衙前等欠鹽折産屋宇〔一〕，雖屬常平司及茶鹽司所隸，既係人户佃賃，皆是係官屋業，其月納 87 并年納房賃錢，事體無異，竊恐亦合一等增收三分賃錢，充經制錢起發，資助行在贍軍支用。」從之。

七月二日，臣僚言：「七色錢先撥隸發運司充糴本，係通判專一拘收。後來將增添牙契等錢撥充經制錢，專委守臣拘收起發，充朝廷支用。竊見未撥入經制司以前，通判所管發運司上件錢物，多緣道路不通，不時起發，其發運司未嘗究治。伏望專委本路監司一員及差能吏分詣諸郡驅磨，將見在錢物盡數起發，赴行在送納。」詔依，仍專委提刑司拘收，變轉輕賫起發。從之〔二〕。

二年正月十八日，知池州劉洪道言：「契勘本州屯駐指揮諸頭項統制官張俊軍馬日用錢糧，依准節次畫降指揮，取撥江東路州軍應干諸色上供錢，經制、茶租、茶本錢，紹興元年分下限鑄到年額新錢，建炎二年分下限額錢，提刑司經制錢，並充本軍支用。」詔特與除破。

三月二十八日，户部言：「今來諸路添酒等錢五項，已承指揮，依舊作經制拘收，限次季孟月二十五日以前與無額錢物作一帳供申，及起發數足。竊緣州軍季内收到錢物若候次季起發，得以侵用。今欲乞將諸路所收經制、無額錢物，已降指揮於本季終先次起發〔三〕，赴行在送納，餘依見行條法。」從之。

三年二月十八日，兩浙東路提刑孫近言：「乞將諸州所收經制錢專委通判，只就本廳置庫拘收，逐季終盡數撥赴行在。」户部勘當：「經制錢元指揮專委守臣樁 88 管，緣守臣係掌一郡財賦，多是侵占支使，解發滅裂。欲依本官所乞施行，諸路依此。」從之。

三月二十八日，兩浙西路提刑司言：「本司所收五色經制錢内，除權添酒錢等外，所有合增收頭子錢，蓋謂當來申請，元無定額，致本路州縣所收錢數不同。雖宣和間盧宗原申添收諸般頭子錢，後來已行住罷，今來即未審合與不合拘收起發？」户部言：「欲下兩浙西路提刑司，更切檢照州縣元初陳亨伯推行之時所收數目施行。如委實不見得元收則例，即便權依宣和六年指揮則例數目行下，一體督責拘收，起發施行。餘路依此。」從之。

四年四月七日，詔：「廣南東、西、荆湖南路提刑司當職官吏，令逐路轉運司取勘，限一月具案奏聞。」以户部言「經制、無額錢全藉季申帳檢察〔四〕，而逐路供申違慢最甚」故也。

十日，澧州言：「切見鼎州已得旨，權免樁發經制、無額錢物。本州傷殘之後，事力比鼎州百不及一，其經制、無額等錢委是樁辦不敷，乞行蠲免。」從之。

〔一〕折：原作「析」，據本書食貨三五之二〇改。
〔二〕「從之」二字疑衍。
〔三〕「已」上疑脱一「依」字。
〔四〕藉：原作「籍」，據本書食貨三五之二一改。

八月二十四日，户部言：「右宣教郎高公極前任福建路提刑司檢法官，任内拘催起發過經制錢三十五萬二千四百餘貫，即無隱漏，乞行推賞。」詔高公極與減一年磨勘。

五年閏二月二十五日，參知政事孟庾言：「准勑差提領措置財用。臣除已依稟施行外，今具合行事件下項：一、乞以『總制司』爲名。一、乞令禮部下文思院鑄印一面，仍以『總制司印』爲文〔一〕，行移取 89 索文字並依三省體式。一、應本司措置事務，依例進呈得旨，並關申尚書省。」從之。

四月十六日，臣僚言：「切見朝廷講究財賦，誠爲急務。即今財用賦入之利，莫大雜税、茶、鹽，出納之間，若計每貫增頭子錢五文，所得之利，歲入不少。乞詳酌施行。」專切措置財用司言：「茶、鹽已復鈔價，其頭子錢難以增添外，所有諸路州縣出納係省錢物所收頭子錢，依節次所降指揮條法，每貫共計收錢二十三文省。内一十文省作經制起發上供，餘一十三文並充本路州縣并漕司支用。今稽考得州郡見各收納不一，今欲依所請，令諸路州縣雜税出納錢物，於每貫見收頭子錢(止)〔上〕量行增添，共作二十三文足。物以實價紐計，一體收納。其所收錢，除漕司并州軍舊來合得一十三文省外，餘數盡行併入合起經制窠名帳内，依限計置起發，補助軍須。如州縣舊例所收多處，自從多收。」從之。

二十日，尚書省言：「近經畫耆户長顧錢，并抵當庫椿四分息錢，及轉運司移用錢，與勘合朱墨等錢，并出賣係官田舍錢，及赦限内典賣田宅、牛畜等印契税錢，并進獻貼納錢，與常平司七分錢，及茶鹽司袋息錢，并人户典買物業勘合錢，並依已降指揮，令諸路州縣遇有收到錢物，各即時令項椿管。纔候及數，依限起發，赴行在送納。如更有以後節次措置到別色錢物，各依此別項椿管，以備應辦軍期支用。」詔依，仍令户部限一日 90 具節次措置到錢物指揮申總制司。今後遇承受到指揮，限日下供申本司，置籍拘管。仍將應措置到錢物，令本部每三日一次拘收。及令行在交納庫務每日具每色納到數目逐路各若干，申總制司照會。

二十八日，總制司言：「專切措置財用言：人户税賦畸零之數，依條聽納錢，并與別户合鈔納本色。官司至納畢，於簿末結計正數及合零就整每色剩納到數，畫一朱書。(令)〔今〕承批送下臣僚陳請：『州縣自有定額，緣人户有析居異財，以一户分爲四户或六七户，絹綿有零至一寸、一錢者，亦收一尺、一兩；米有零至一勺一抄者，亦收一升之類。自大宋有天下，垂二百年，民之析居者既多，而合零就整之數若此者不可勝計，往往鄉司隱没入己，或受過人户價錢，或攬過催頭錢物抱認數目，悉以合零之物充之。官司催科已及正額〔二〕，遂不復根究。所謂合零就整者盡入

〔一〕爲文：原整理者乙作「文爲」，實誤，故不取。
〔二〕司：原作「私」，據本書食貨三五之二二改。

猾胥之家，誠爲可惜！』勘會稅賦畸零剩數，雖依法於簿末結計，竊慮未至詳盡。欲依本官陳請，下諸路轉運司行下州縣，別置簿拘管，逐年委通判點檢，依條折納價錢，別項樁管，專充上供。」從之。

同日，總領司言〔一〕：「專切措置財用申：二廣、福建、江南東、西路免役一分寬剩錢，若無災傷減閣支用，並令發赴行在。及兩浙西路役人顧錢除歲用外，餘錢應副大軍支用。並已得朝旨施行外，有浙東、湖南、北路，欲依臣僚所乞事理，將理到顧役用91外剩錢發赴行在送納。」從之。

五月十四日，總制司言：「近朝廷節次措畫，收到錢物，依已降指揮，並令別項樁管，起發赴行在，應辦軍旅支用。自承上件指揮，雖已劄下所屬監司拘收起發〔二〕，緣收到數目、起發日限例皆不等，謂如有每季一次起發者，有分上下半年起發者，有收及一萬貫方始起發者，有不拘收到多少便令起發者。如此之類，既不齊一，不惟散漫難以稽考，亦慮州縣因而移易隱漏。今具下項：一、近措置經畫窠名〔三〕：轉運司移用錢，勘合朱墨錢，出賣係官田錢，人户典賣田宅、牛畜等於赦限内陳首投稅印契稅錢，進獻貼納錢，耆、户長顧錢，抵當四分息錢，人户典賣田業收納得産人勘合錢，常平司七分錢，見在金銀，紹興四年十一月二日指揮起發在數。茶鹽司袋息等錢，樁還舊欠裝運司代發斛斗錢，係州縣見欠日收酒稅錢内收樁，兩浙、江東一分，江西、湖南二分。收納頭子錢，每貫收納錢二十三文足，展計錢二十九文九分省。内一十三文依舊應付漕司并州軍支用外〔四〕，有錢一十六文九分省合拘收。官户不減半、民增三分役錢，見樁數二稅畸零剩數折納價錢，免役一分等剩錢。一、諸路州軍各委通判一員，專一拘收前項合起發并日後續有措置經畫錢物。令所委官子細檢察拘收，類聚所委通判廳交割，與本州軍收到錢物一處樁管，非奉朝旨，分文不得輒支用。一、今來拘收到錢，不以多少數目，令所委通判每季起發〔五〕，今年夏季爲始。未降今來指揮已前或有未發，季内或有已92發，並據實收數發。次季以後，將一季内收到數起發施行，庶易於稽考。仍每季遇合發日，具錢物數目申州，日下依條差官管押赴行在送納。及依下項細開，具綱解申户部照會拘收，具一般事狀申總制司〔六〕：『轉運司移用錢若干，餘色依此。已上總計名物各若干。』一、今來合發錢物内錢，如係沿流州郡，即起發見錢；不係沿流州郡，仰所委官依市價變轉輕賫、金銀起發。仍子細看驗，不管夾帶銅錫僞濫之物，及不得虛擡、小估價例，有虧官私。一、方今朝廷養兵日益增，全仰經畫錢物，相兼應副。其所委官自當體認，公共協和，拘樁起發，不容

〔一〕總領：似當作「總制」。
〔二〕拘收：原作「收拘」，據本書食貨三五之二三乙。
〔三〕畫：原作「晝」，據本書食貨三五之二三改。
〔四〕州：原作「并」，據本書食貨三五之二三改。
〔五〕令：原作「今」，據本書食貨三五之二三改。
〔六〕具：原作「其」，據本書食貨三五之二三改。

稍有欺隱。如奉行有方，不致隱漏，或廢弛苟簡，少有失陷，取旨重行賞罰。仍令所隸監司常切檢察。一、今來所拘收起發錢物，並係朝廷日近措置經畫窠名，並不侵取州郡經常支用并自來合發上供錢物。今欲申明行下，所有自來合發上供錢物、糧斛，仰所屬依條限起發施行。如或稽滯，户部按劾施行〔一〕。」從之。

同日，詔：「諸路所收總制錢專委通判一員拘收檢察，別庫樁管。其所委官廢弛苟簡，稍有欺隱失陷，並當取旨，重作責罰。仍令提刑司常切檢察。」

八月八日，江南西路提舉茶鹽常平等公事司言：「在法，應給納常平、免役、場務淨利等錢，每貫收頭子錢五文足，專充經制錢起發。今來諸色錢物每貫收頭子錢增添共二十三文足，既非横斂〔二〕，有補經費，93其常平司錢物出納，理合一體。欲乞依例收頭子錢二十三文足，除五文依舊法專充常平等支費外，其增收到錢，與經制錢作一項窠名起發。」專切措置財用言：「欲依所申事理施行。仍令户部行下諸路常平司依此施行。」從之。

六年五月十六日，詔諸路州軍每季所收經制錢，並限次季孟月内起發數足。

十月二十六日，户部侍郎王俁言：「乞令諸路提刑司將所收總制錢窠名〔三〕、錢物帳狀供申日限隱瞞不實、起發違慢斷罪，並依經制司額上供錢物條法。」從之。

十一月三日，尚書省言：「諸州及管下縣、鎮、場務所收經、總制司錢，元降指揮，縣委知、令拘收，發赴通判廳〔類〕聚，每季發赴行在，非奉朝旨，不得支用。恐監司、州郡或以應辦軍期之類爲名，擅行借兑拘截，取撥支用，欲乞依監司、郡守輒將經制司錢擅行兑借〔四〕、拘截、取撥，及知、令不即拘收起發，輒有侵支互用者，並依諸路州軍通判已得指揮斷罪條法施行。」從之。

十年十二月十五日，詔：「總制錢若比額虧欠，並依經制錢展一年磨勘。二分以上，取旨施行。」

十一年十二月十日，户部言：「乞諸路所收經、總制錢若無專降指揮指定窠名支撥，不以是何官司，並不得拘收截撥，州縣及所委官司不得應副。雖承受許取撥諸司錢指揮，其經、總制錢亦不在數内。如違，其所委通判并取撥官司、州縣輒將經〔五〕、總制錢擅行應副借兑、拘截、取撥，及不即拘收起（撥）〔發〕，輒有94侵支互用者，内所委官并當職及取撥官並先降兩官放罷，人吏徒二年，各不以去官、赦降原減。仍令提刑司檢察，將違戾去處按劾施行〔六〕。」從之。

〔一〕劾：原作「刻」，據本書食貨三五之二三改。
〔二〕非：原作「作」，據本書食貨三五之二四改。
〔三〕總制錢：原作「經制錢」，據本書食貨三五之二四改。
〔四〕輒：原作「轍」，據本書食貨三五之二四改。
〔五〕輒：原作「轍」，據本書食貨三五之二四改。
〔六〕劾：原作「刻」，據本書食貨三五之二四改。

十二年五月九日，户部言：「兩浙東路提刑司檢法官孫伯康，幹辦公事逢汝舟〔一〕、王詵，拘催過一路紹興十一年總制錢一百八十九萬九千二百一十餘貫，别無隱漏，乞行推賞。」詔依經制錢條例推賞，諸路依此施行。

十三年三月八日，浙西提刑王鈇言：「總制錢物，比之經制、無額，窠名尤多。欲將總制錢人吏依經制、無額錢已得指揮，以三年爲界，候界滿無失收錢及起發無違限，許與轉一資。」詔依，諸路州軍准此。

十九〔年〕〔日〕，户部言：「據淮西提刑司開具到紹興九年至十一年所收經制錢數目，參照得内有當時係經人馬侵犯年分，今來已是平息，欲權將最高年分爲額，自紹興十三年爲始。如提刑檢法官能悉心奉行，至歲終拘催錢數及數，乞保明推賞。内舒、和、蘄、黄、廬州、無爲軍通判拘收錢及數，各與減半年磨勘；若虧額，並展一年磨勘。光、濠州、安豐軍通判及數，各與陞一年名次；如虧及一分以上，並展一年磨勘。今權立賞罰，候將來及三年，令提刑司别行開具增立錢數，申取指揮施行。」

十六年三月二十四日，權户部侍郎李朝正言：「諸路每歲所收經、總錢，依元降指揮，委本路提刑并檢法、幹辦官點磨拘催，歲終數足，許比較推賞。本部欲將經、總制 95 錢數通衮紐計，比較遞年增虧，依立定分數殿最：增一分以上減三季磨勘，二分以上減二年磨勘，四分以上減三年磨勘，六分以上減四年磨勘。虧一分以上展二年磨勘，二分以上展三年磨勘，三分以上展四年磨勘。」從之。

五月二十八日，户部言：「諸路經、總制、無額錢物，係專委通判檢察造帳畢驅磨。今來所委官并提刑司置而不問，弊倖百出。欲令後諸州通判每季收支經、總制、無額錢物，隱落失陷不滿一分，展磨勘一年；一分以上，展磨勘二年；一分五釐以上，展磨勘三年；二分以上，展磨勘四年。仍令諸路提刑司自紹興十六年分所收錢物爲始，每歲開具點磨到逐州軍各有無隱落失陷分數，通判并提刑司官職位、姓名，合展減磨勘，申部覆實責罰。餘依已降指揮。」從之。

七月二十五日，江東提刑司言：「乞將經、總制錢自紹興十七年爲始，諸縣委縣丞，無縣丞委主簿，專拘收檢察本縣并酒稅等處應合收雜色錢物，須管盡實分樁窠名，專置庫眼樁管，依限解赴通判廳團併起發，及依時拘催供攢帳狀。若有應收而不收之類，致本司及通判點檢得失收錢物，其所委官乞依通判已得指揮責罰。每歲至歲終拘收齊足，别無隱落失陷，乞從朝廷以每歲收到錢數多寡量立賞格。」户部言：「今勘當，欲令諸路提刑司專委縣丞，如無縣丞處即委主簿，合得窠名用旁照驗，逐一驅考拘收，並於 96 本縣别用庫眼收樁。所委官專一管掌出入，依條限解發。如輒敢侵支互用，與供申帳狀漏落不實，起發違慢等事，並

〔一〕舟：原作「州」，據本書食貨三五之二四改。

依專降指揮并見行條法施行。仍令提刑司每歲至歲終取索諸縣的實收到錢物，比較前三年所收，除虧欠去處自合根究侵隱因依，依法施行外，將最增縣分一兩處開具縣丞或主簿職位、姓名保明，量度推賞。庶使責任專一，有以激勵。」從之。

十八年十月十八日，上宣諭曰：「諸州月樁錢昨已減罷，要當盡行除放，庶蘇民力。」宰臣秦檜即諭户部侍郎李椿年、宋貺，以經、總制錢措置贍軍。

十九年九月六日，詔：右朝奉大夫、直秘閣、知合州宗穎，右承議郎、通判姜邦光，右奉議郎、添差通判朱習，並放罷。以擅行借兑經制錢一萬餘貫，并拖欠原額，爲户部所劾也。

二十一年二月二十四日，太府少卿徐宗説言：「爲國之道，財用爲本。方今經費所賴之大者，經、總制錢物。舊委守臣樁管起發，歲終按其殿最賞罰。後因臣僚論列，慮守臣侵用，遂專委通判拘收，提刑司驅磨失陷，催督起發，又立定對行賞罰條格。其後無供最少之數，遂致合推賞者例不得其賞，切恐錢物愈更失陷。乞下有司别行措置，令知、通同共樁辦，通判專行拘收樁發〔一〕，以發到錢物立定賞格，知、通均受其賞。」詔令户部措置，申尚書省。

十月五日，户部言：「諸路州軍所受經、總制錢物，州委通判，縣委知、令檢察，及令提刑司 97 歲終比較虧欠賞罰。緣經、總制錢多出酒税，正係州府職事，守臣既無賞典，難以責辦。欲乞委知、通同共檢察，盡實分隸，專令通判拘收，令置庫眼樁管。仍令提刑司依已降指揮取索點檢。如有應分撥而不分撥，或侵用失收等，許行奏劾。所有知州合得酬賞，依通判格法施行。」從之。

二十六年七月十七日，左朝散大夫、權尚書禮部侍郎賀允中言：「比年以來，經、總制錢立額，以紹興二十六年以前中最高者一年十九年之數爲之。其當職官既有厚賞以誘其前，又有嚴責以驅其後，額一不登，每致横斂，民間受弊。望詔有司，經、總制錢改立歲額，以中爲制。」詔令户、刑部看詳，申尚書省。

十二月十二日，尚書倉部郎中黄祖舜言：「郡縣有經制、總制二司，合收錢初無定額，只據逐年所收之數起發上供。昨來掊克之臣輙有申請〔二〕，以十九年最多之數爲定額，自是郡縣騷然，民受其害。望申命宰執行下户部，乞自十九年之外，有稍高年分，或少損其數。」詔令户部將十九年後、二十五年前，取酌中一年立爲定額，申尚書省。

二十七年五月二十日，户部言：「奏保諸州經、總制、無額錢物酬賞，類多不實。欲下諸路提刑司，今後逐一點勘，録連朱鈔申審〔三〕。户部限五日回報，候報許，方得保

〔一〕發：原作「數」，據《建炎要録》卷一六二改。
〔二〕輙：原作「轍」，據本書食貨三五之二六改。
〔三〕連：原作「令」，據本書食貨三五之二六改。

奏。」從之。

二十八年二月五日，詔：「諸路所收經、總制、無額錢自今年爲始，須管盡實分隸，依額發納。至歲終，索旁照驗，驅磨比較，98開具州軍所趁增虧數目，合得賞罰當職官名銜供申，從本部考實，依法賞罰施行。提刑司不爲開具，或將合罰去處隱庇，即具本司當職官，申乞朝廷重行黜責。」

三月二十八日，戶部言：「諸路州縣二稅畸零剩數，乞依舊作總制窠名起發。」從之。

二十九年六月二日，荆南府通判張震言：「管下公安、石首縣[一]、建寧鎮三處税場已行減罷，兼自凋瘵以後，民力未復，（乞）除豁經制、總制錢四千六百九十六貫七百五十七文。」戶部言：「荆南比之其他路分州軍不同，若依額起發，切慮無可收趁。欲下本路提刑司取見詣實，除豁施行。」從之。

七月十五日，右正言都民望言：「乞申命有司，契勘近年併罷税場及免納過税數目，許令除豁年額經、總制錢。」從之。

三十年二月二十九日，詔：「經、總制錢，諸路一歲虧及二百餘萬緡，令提刑司檢察，將諸州公庫不許違法置店賣酒，日下改正住罷。其巧作名目，別置軍糧酒庫、防江酒庫、月椿酒庫之類，并省務寄造酒及帥司激賞酒庫應未分隸經、總制去處，並日下立額分隸，補趁虧欠元額。仍自今年爲始，須管從實拘收，限次季孟月二十五日以前差官管押離岸，不得於帳狀内存留見在却稱見行起發，故意作弊，務要歲終敷趁足額。如日後尚敢循習違戾[二]，致依前虧欠，州縣委提刑按劾。如憲司依前不行覺察，許本部按劾施行。」

五月二十一日，楚州言：「每歲合發經、總制錢二萬七千99四百餘貫。緣自兵火後，百姓凋瘵，甚於他州，酒税課入絶少，乞將紹興三十年夏季以後合發錢與免一年。」從之。

八月十四日，臣僚言：「經、總制錢，多出於酒税、頭子、牙錢分隸，歲之所入半於常賦。然建炎以來，議者不一，或欲專委守臣，或專委通判，或又欲知、通同掌。所議既異，法亦屢更。自紹興十六年因李朝正言專委通判拘收，通判既以自專，因得盡力，於是歲之所入，至一千七百二十五萬緡。無何[三]，議者妄有申請，二十一年十月始降指揮，命知、通同掌。通判既壓於長官之勢，恣其侵用，莫敢誰何。迄於九載，無歲不虧。欲望復舉行十六年專委通判指揮，仍令就本廳置庫，躬親出納，不得付之屬官。如通判不能拘督，守臣違法占恡，不容分隸，仰提刑司常切檢

[一] 首：原作「守」，據本書食貨三五之二六改。
[二] 天頭原批：「習」一作「襲」。
[三] 何：原作「可」，據本書食貨三五之二七改。

察，並許户部按劾，重寘典憲。」詔依〔一〕，内無通判去處，委簽判掌管。

十一月二十九日，户部侍郎、兼權知臨安府錢端禮言：「近承勅命指揮，備坐臣僚劄子，乞將紹興十九年以後十年内經〔二〕、總制錢取酌中一年之數立爲定額。聖慈灼見其弊，下户部看詳。緣前來已曾降指揮，止是申明行下逐路取索，久未與決。今來欲乞據本部按籍參照，依臣僚所乞，於十年内取酌中一年之數立定爲額，行下諸路提刑司，如數拘催發納，不管拖欠額數，庶幾事有定論。」貼黄稱：「又本部近將兩浙東、西路秋季經、總制錢給曆拘催，比對去年之數，增收二[100]十四萬餘貫。今來既已立定新額，欲將近便路分依兩浙路給曆拘收，庶免失陷。」詔依。於是户部開具諸（路）〔州〕、軍、府元額并遞年額，各隨諸州、軍、府數目，於内取酌中數，定爲年額有差。

十二月八日，上諭輔臣曰：「頃日臣僚論經、總制，以十九年爲額太多〔三〕，已降指揮。昨日黄應南又乞除放已前年分所欠積下錢數。卿等宜令户部具十年數内取其酌中者立爲定額，仍比十九年數合減多少，十年内通欠若干。若不與除放及減歲額，恐虚掛簿書。又慮州縣科斂取足，困弊百端。」宰臣陳康伯奏曰：「聖德寬明，灼見事源，謹領聖旨。」

（二）〔三〕十一年五月二日，詔婺州通判呂晉夫與展一年磨勘。以户部言：「稽考本州經、總制錢，虧欠五分以上。」故罰之，仍令催督起發，歲終别行比較也。

八月六日，詔：「諸路州軍未起二十六年、二十七年經、總制錢，特與除放。所有二十八年以後拖欠之數，令提刑司督責補發。」

十月四日，御史中丞〔四〕、充湖北京西宣諭使汪澈言〔五〕：「成閔一軍人馬支過經、總制錢，乞令行在至湖北官將今年一州統收之數撥下大軍經由縣分，通融支遣。所有借過人户錢，乞從縣道將折納今年以後本名諸色官物，却依舊於經、總錢内豁破。」從之。

三十二年四月七日，淮南路轉運、提刑司言：「淮東州軍近因賊馬蹂踐，其州軍經、總制錢乞免分隸起發。」於是户部言：「盱眙軍已降詔旨與免五年，泰州已免一年，[101]楚州展免二年。」從之。

十八日，安豐軍言：「近緣賊馬，未能就緒，所有每歲合樁發經、總制、無額錢，難以樁收。」詔全行展免一年。

孝宗乾道元年十月十二日，臣僚言：「諸路州縣出納

〔一〕詔：原作「照」，據本書食貨三五之二七改。
〔二〕十年：原作「十月」，據本書食貨三五之二七改。
〔三〕太：原作「大」，據《建炎要録》卷一八七改。
〔四〕「御史中丞」前，原抄稿有「試」字，整理者圈改爲「侍」，與本書食貨三五之二八同條一致。按「侍」字不通，「試」字可通，但《宋史》卷三二《高宗紀》九、卷三八四《汪澈傳》、《建炎要録》卷一九〇等及本書多處均只稱「御史中丞汪澈」，不帶「試」字。今從衆，删去「侍」字。
〔五〕澈：原作「徹」，據《建炎要録》卷一九六改。

錢物，每貫收頭子錢三十三文足。欲每貫添收錢一十文足，乞專委逐州軍知、通拘收。」詔：「每貫添收錢一十三文省，充經、總制錢，委通判拘收入帳，通舊收錢七文，共二十文。仍將今來所添錢數別作一項，每季發納左藏西庫，補助經費支遣。」

十二月十四日，户部侍郎李若川等言：「諸路州軍每年合發上供、折帛、經總制、無額等諸色錢，並係指準應副經常支用。其間多緣州軍循習，截撥支使，窠名不一，委是侵損歲計。乞下諸州軍，自乾道二年爲始，不許截撥，並仰各隨窠名收樁，依條限起發。」從之。

二年十二月五日，詔：「經、總制錢窠名繁多，若令守臣管幹，恐不專一，今依舊令知〔一〕、通同共拘催，縣委令、丞管幹。如無通判、縣丞處，委自簽判、主簿掌管。如任内所收錢限内起發，比額有增，依見行格法，知、通分撥酬賞〔二〕；若比較有虧，依已降指揮責罰。仍令提刑司檢察，如有侵隱、妄支，具姓名按劾。」先是，臣僚言：「州郡經、總制錢多不及額，蓋由專委通判、縣丞，而州縣之權實在守、令。欲在州專委守臣，在縣者責之縣令，仍令提刑司嚴行覺察。」故有是命。

三年三月十九日，浙東提點刑獄司言：「本路諸州軍所收經、總制、無額三色錢物，如收102及額，各有立定酬賞，唯無額一色錢數最少，賞典最優。近年以來，多是將經、總制錢暗行那撥，苟求優賞，其經、總制之數，却致虧欠。乞自今應知、通陳乞無額錢物酬賞，須候本年經、總制錢依額數足，方許陳理。」從之。

八年八月四日，新除度支郎朱儋上言：「經、總制錢，頃自諸州通判專一拘收，歲之所入，至一千七百二十五萬緡。繼命知、通同掌，而歲之所虧至二百三十萬緡。故曩者版曹之臣以此奏陳，專屬通判。其後，又因臣僚劄子乞委守臣，於是有知、通同拘催，分撥酬賞之制。夫州郡錢物，常患爲守者侵取經、總制分隸之數，而多收係省，以供妄費，此經、總制專任通判之意。今使知、通同掌，則通判愈不得而誰何。乞將經、總制錢仍舊委之通判，而守臣不預。」從之。既而户部尚書楊倓言：「若令通判拘催，專任賞罰，切恐守臣妄生異同，不能協力。乞照乾道二年指揮，令知、通同共任責分賞。」從之。

十一月六日，詔：「將乾道四年、五年諸路州縣拖欠未起上供經、總制等錢米，特與蠲放，日下銷落簿籍〔三〕，不得再有追理。如違，許民户越訴，監司覺察按治。」從中書門下請也。

十二日，權户部尚書楊倓等言：「諸州經、總制錢，依續降指揮，每月據所收錢數解發，限次季孟月二十五日以

〔一〕今：原闕，據本書食貨三五之二八補。
〔二〕撥：原作「授」，據下文「八年八月四日」朱儋上言改。
〔三〕籍：原作「藉」，據本書食貨三五之二九改。

前起足。今次季終，尚有拖欠去處，乞許臣等將最違慢州郡官吏按劾。其前宰執、侍從領郡，亦例行奏聞。」從之。

淳熙二年二月五日，詔[103]知秀州張元成、通判黃師中各降一官。以憲司言經、總制錢比諸州虧額爲多故也。

三年四月十二日，户部言：「乞(照)〔詔〕諸路提刑，自今保明(知)、通經、總制賞，候任滿，取見逐考所收錢別無虧少，起發依限，方許保明，從本部參考。如妄將不應合得酬賞保明，送所(收)屬根勘，取旨行遣。其虧欠去處，依格對行責罰，庶革欺誕之弊。」從之。

六月二十九日，户部尚書蔡洸言：「諸州歲發經、總制錢一千四百餘萬貫，近多虧欠。乞嚴飭諸路提刑司責州郡當職官吏，將合發經、總制錢盡實分隸，依額收樁解發。仍從本部覺察，如分隸不盡，比額虧者，具當職官姓名取旨。」從之。

七月二日，執政進呈湖、秀州積欠經、總制錢最多。上宣諭曰：「趙師夔雖已去官，可併將上取旨。」後三日，户部具到嚴州淳熙二年分上供、經總制等錢六十八萬餘貫，並無拖欠，知州魏楫；湖州三年共欠四十三萬餘貫，知州趙師夔；秀州二年共欠二十五萬七千餘貫，知州周極。詔魏楫特轉一官，與監司差遣；趙師夔、周極各降兩官。嚴州通判張杓特與轉一官〔一〕；湖州袁祖忠特降一官，万(俟)〔俟〕致中展二年磨勘；秀州通判扈師醇特降一官。

十月八日〔二〕，詔辰州合發經、總制錢，就令本州折兑，充歲計支費。以守臣尹機言〔三〕：「本州昨緣歲計不足，朝廷以岳州、荆南、常德府三處支機錢一萬二千貫充支費。緣經涉江湖，險隘湍激，恐有不測。」故有是詔。

五年三月十七日，江東提刑丁時發等言：「廣德軍通判董洋將所收經、總制錢移用。」詔董洋特降兩官放罷。

六年九月十六日，明堂赦：「諸州軍歲經、總制錢虧額甚多，其間有委是收(赴)〔趁〕不辦處，竊慮枉費行移，虛掛欠籍，兼恐州郡因而科擾於民。可令户部將州郡淳熙四年以前十年所虧錢數參照，如累經催促，全無補到者，並與消豁。」九年明堂赦，將七年以前年分蠲放。

十八日，臣僚言：「諸路州縣經、總制錢有因災傷減免及年深蠲放之數，而户部科撥下總領所，不曾豁除，總司督責如故。不唯擾民，亦誤總司指準，乞與銷豁蠲免。」詔户部有合蠲免者，不得衮同催擾。

十月九日，詔：「(以)〔已〕降指揮，自今諸路提刑司保奏到知、通考内所收經、總制、無額錢賞，委户部并司勳審

〔一〕天頭原批：「『張杓』下有脱落。」今按，本句「特與轉一官」至淳熙「六年九月十六日」條注文「年分蠲放」，原錯簡在「十年八月二十八日」條「除放自」後，據文意及年月次序乙。

〔二〕按，據《建炎雜記》甲集卷一八「湖北土兵刀弩手」條，尹機知辰州代還在淳熙三、四年間，與此合（若錯簡未移正，則此條乃上承淳熙十年，與史實不符）。

〔三〕尹機：原作「伊機」，據《建炎雜記》甲集卷一八改。

會[104]内藏庫，如無拖欠本庫上供諸色窠名錢物，方許放行。其户部既已審會分明，司勳更不須再行重叠留滯。」從吏部尚書程大昌請也〔一〕。

十二月二十三日，臣僚言：「經、總制錢，多出鹽、茶與夫税賦之所入，自紹興三十年臣僚建請，始立定額，下諸路提刑，每歲如數拘催。發納有限，趁辦有賞，違欠有罰，雖凶年饑歲，有司督趣益峻，而民始以爲病。乞將諸路經、總制錢如遇州縣災傷年分，本處知、通權免比較賞罰。其課利場務並令遵見行條法，依所放災傷分數比免。」從之。

十年八月二十八日〔二〕，詔：「户部將淳熙八年終已前經、總制錢拖欠及未起錢數並特除放。自今收趁虧額〔三〕，其[105]知、通并提刑司官屬委本部覺察，依條施行。」以户部尚書王佐言：「經、總制錢歲額一千五百萬貫，紹興三十年内取酌中一年之數立爲定額賞罰，年來寖生姦弊。或偶無收，則便於帳内豁除，而創生窠名，更不入帳分隸。遞年積壓，直待赦放，竊恐暗失經費。」故也。

十五年八月十四日，廣西安撫詹儀之言：「乞將本路諸州遞年合解行在及湖廣總領所經、總制錢以三分爲率，許用一分會子、二分金銀解發。」從之。

淳熙十六年二月四日，登極赦：「諸路州軍合發經、總制錢，紹興三十年曾降指揮酌中立額。當時户部不體德意，却用十年最多之數，是致州縣艱於趁辦。臣僚頻有論奏，兼兩浙、江東、西、湖南路月樁錢及糴降本錢亦有敷額太重去處，可令臺諫、侍從同户部長貳詳悉措畫聞奏，當議斟酌施行，庶寬民力。」既而吏部尚書顔師魯等奏：「照得近來間有州軍乞減錢數，與户部所減之數並（合）〔各〕不同，竊慮未至盡實。乞下諸路提刑、轉運司，仰取見詣實數目供申户部，以憑減豁。」於是户部措置，將江東路饒州經制錢減二千貫，總制錢減八千貫，月樁錢減一萬五千貫，降本錢減八千貫；池州經制錢減七千貫，月樁錢減六千貫；南康軍經制錢減三千貫，月樁錢減四千貫，降本錢減一千貫；信州經、總制錢各減三千貫，月樁錢減一萬貫；寧國府經制錢減五千貫，總制錢減二千貫；建康府經制錢減五千[106]貫，總制錢減四千貫；廣德軍經制錢減二千貫，月樁錢減六千貫；徽州經制錢減三千貫，月樁錢減四千貫。江南西路隆興府月樁錢減一萬五千貫，經、總制錢各減五千貫；贛州月樁錢減六千七百五十二貫，降本錢減一千貫，經、總制錢將本州虚額錢四萬餘貫盡行蠲減，及於元額内更減二萬餘貫；吉州月樁錢減一萬七千貫，經、總制錢各減六千貫；筠州月樁錢減二千貫；袁州月樁錢減二萬五

〔一〕按，參考《宋史》卷四三三《程大昌傳》及雍正《福建通志》卷六五，程大昌自吏部尚書出知泉州在淳熙七年，與此合（錯簡未移正前，此條上承淳熙三年，然其時大昌爲給事中，尚未升吏部尚書）。

〔二〕按，《宋史全文》卷二七上亦載此條，時間及文字與本條移正錯簡後之時間、文字全合，惟將王佐奏置於前，詔置於後。由此益可知錯簡之起訖。

〔三〕天頭原批：「『今收』上有脱落。」今按此前原錯簡，已予移正，並非脱落。

千貫，經、總制錢各減五百貫； 臨江軍月樁錢減六千貫，經、總制錢各減一千貫； 撫州月樁錢減七千貫，經、總制錢各減二千貫； 江州月樁錢減六千貫，經、總制錢各減五百貫； 建昌軍月樁錢減六千貫，經、總制錢各減五百貫； 興國軍月樁錢減三千貫，經、總制錢各減二千五百貫； 南安軍月樁錢減二千貫。 福建路福州經制錢減三千貫，總制錢減一萬貫； 建寧府經制錢減八千貫，總制錢減八千貫； 南劍州經制錢減八千貫，總制錢減一萬六千貫； 邵武軍經、總制錢各減三千貫； 興化軍經、總制錢各減一千貫； 泉州經、總制錢各減二千貫； 漳州經、總制錢各減一千貫。 淮東路通州經、總制錢各減二千貫； 泰州經、總制錢減二千貫； 淮西路舒州經、總制錢減四千貫； 蘄州經制錢減一千貫，總制錢二千貫； 無爲軍經制錢減四千貫； 和州經、總制錢共減四千貫。 浙西路常州經、總〔制〕錢減三千貫，月樁錢減二萬 107 貫； 湖州經、總制、月樁錢減五千貫。」並從之。

紹熙元年四月二十一日，臣僚言：「經、總制、月樁、板帳錢，初立定額，所在州縣迫於監司行移，趁辦不敷，則巧作名色，科歛於民。 如經、總制不足，即令民户於丁田米税、役錢每石每鈔有暗收補虧錢。 商旅經由場務，征税之外，則有貼納補助錢。 月樁、板帳不足，即令民户於(祠)〔詞〕狀著到或納買鹽錢，或納甲葉錢，爭訟理直則納鹽醋錢，理曲則有科罰錢。 似此之類，所在不一，惟兩浙、江西、福建、廣右爲甚。 欲乞先行下兩浙、江西、福建、廣西路轉運、提刑司，應州縣日前以經、總制、月樁、板帳爲名，巧作名目，科歛民錢以足額，如臣前所條陳者，嚴行禁止，然後次第戒約諸路，有似此類，一例住罷。 如有違戾，許人户越訴。」從之。

二年八月十九日，詔：「平江府合發經、總制錢每歲與減二萬貫，盡於常熟縣版帳錢内除豁。 令轉運司抱認五千貫，平江府抱認一萬貫，本部抱認五千貫。」先是，知平江府袁説友言：「淳熙十六年覃恩赦，減諸郡經、總制錢額，如湖州每歲已減十五萬，秀州亦減十二萬。 平江大郡，僅減三千緡，比之湖、秀所減，不及五十分之一。」户部且言：「雖降指揮，本府除豁三千貫外，若不更與蠲減，竊慮艱於趁辦。」繼而吏部侍郎沈揆復言：「常熟縣版帳錢額太重，乞與蠲免。」故有是命。

十一月二十七日南郊赦：「應諸路州軍合起經、總制錢，並已蠲減元額，以寬民力。 今 108 來尚慮州軍奉行不虔，復行別作名色，妄有催理。 如有違戾去處，仰(鹽)〔監〕司常切覺察，按劾以聞。」

嘉泰三年二月二十一日，户部侍郎王蓮奏〔一〕：「經、總制之法，起於建炎，條畫申明，參酌中制，詳於《紹興會

〔一〕蓮：原作「薳」，據本書刑法一之五九、禮五〇之一六、《至順鎮江志》卷一九改。此人本書中凡十餘見。

計》；實納、減免數目，又備於淳熙；至於專委知、通，有賞有罰，則《慶元重修格令》纖悉無遺。準《格》：『經、總制錢及額，無違限拖欠，知、通同減磨勘。』又《令》：『經、總制錢物，知、通專一拘收。如違限拖欠，並行按劾。』賞則知、通同賞，罰則知、通同罰，責任之意，初無輕重，而任責之人，自分彼此，各欲取贏，義不相濟，脱有不足，則歸過于人。臣嘗推究其致弊之源，蓋郡有大小，勢有難易。大郡帥守位貌尊嚴，通判既入簽廳，凡事不敢違異，往往將經、總制錢窠名多方拘入郡庫，不肯分撥，爲通判者亦無如之何。至於小郡，長貳事權相若，守臣稍不振立，通判反得以制其命，督促諸縣，（迨）〔殆〕無虚日。本州合得之錢，亦以根刷積欠爲名，掩爲本廳經、總制名色積聚，雖有盈羡，不肯爲州縣一毫助。取以妄用，間亦有之。利害相反，自爲消長，違限虧額，職此之由。欲望申嚴行〔下〕諸路提刑司，照元降指揮，將諸色窠名合分隸經、總制錢，令知、通同共掌管，不得以强弱相凌，遞互侵越，自爲取辦之計。歲終比較，賞罰〔一〕同。」從之。

十一月十一日，南郊赦文：「諸路經、總制虧額錢，已放至慶元四年終，尚慮自後間有收趁不敷去處，可令户部將嘉泰元年終【109】以前虧欠錢數並與蠲放。」

嘉定四年四月二十九日，臣僚言：「經、總制錢，無常入而有常額，州縣歲月之解，往往不能充額，於是有假經、總趁辦之名以爲侵漁自私之計，開告契之門，甚者（藉）〔籍〕其價錢而没入之。版曹、總所，其數常不充，徒足爲汙吏之資。今誠使版曹、總所稽考諸州五年之間其解之多者至若干，少者至若干，中者爲若干虧數[一]，然後酌取其中爲額，路以下之州，州以下之縣，使長吏躬自省閲，而不以重輕付之吏手。自是而後，月解有實數，州縣不困於空名。無害於國，而有便於州縣，以及其民，謀國之所宜亟圖也。」詔令户部看詳，討論施行。既而户部言：「諸路州軍合發經、總制錢，紹興三十年指揮，於十年内取酌中一年之數立爲定額。又準淳熙十六年赦文：『諸路州軍合發經、總制錢，紹興三十年指揮酌中立額，當時户部不體德意，却用十年最多之數，是致州縣艱於趁辦。』節次承降指揮減豁了當。今又準臣僚前項奏請事理，竊緣上件錢係隸提刑司拘催，今看詳，欲下諸路提刑司，詳今來臣僚所奏，將前後減豁指揮逐一相度保明，具申施行。」從之。

七年八月二十五日，户部言：「都省付下福建提刑司申，權發遣漳州趙汝讜到任便民五事，數内漳浦縣經、總制錢年額浩重，科擾於民，乞行蠲減。本部下提刑司議蠲減[二]。提刑司照得：『漳州浦縣經、總制錢年額二萬一千二百三十七貫【110】九十九文省，每年除正收外，有所謂虧下

[一] 此句似有脱文。
[二] 下：原無。據下文，非户部與提刑司同議，而是户部先下提刑司議，其後户部議定上奏。是則「本部」下當有「下」字，因補。

錢，常是補納不足。昨知漳州俞亨宗於每月正收外，只解五百貫，邑人爲之少舒。今知漳州趙汝讜申請，得如俞亨宗量減之數，則爲一縣生民之幸。然以嘉泰三年至嘉定五年内正收數分爲三等，比開禧三年分正收錢一萬五百三十四貫五百七十八文省，虧錢一萬七百二貫五百二十一文省，所虧爲最多，補納錢七千六百二十一貫三百二文省；嘉定二年分正收錢一萬二千五百九十貫七百六十文省，虧錢八千六百四十貫三百三十九文省，所虧爲最少，補納錢六千二百五十六貫二百七文省；嘉定三年分正收錢一萬一千六百二十三貫三百三十八文省，虧錢六千六百一十三貫七百六十一文，所虧最爲適中，補納錢六千一百九十二貫五百五十九文省。竊詳俞亨宗於每月正收外只解五百貫之説，則是一全年正收外合補解六千貫。若以嘉定三年適中年分議減，將正收錢一萬一千六百二十三貫三百三十八文省，又補納錢六千貫文合而計之，當解發一萬七千六百二十三貫三百三十八文省，實虧錢三千六百一十三貫七百六十一文省。以年額十分爲率，計虧一分七釐。既正收外無窠名可以指擬，所據知州趙汝讜申請，本司差官取索籍曆，點對得年額太重，致有虧欠，合與蠲減，庶幾民力稍寬，均（彼）〔被〕朝廷實惠。今詳議，111乞以嘉定三年分正收及補納錢參照年額，與減虧錢五千七百三十七貫四百七十文省，比爲酌中之數，乞詳酌施行。』本部據福建提刑司契勘到漳州漳浦縣經、總制錢委是額重，遞年收趁不及，徒見煩擾。昨本州累政知州皆嘗有請，乞議蠲減，未有施行。日來漳浦縣愈見敗壞，考之衆論，皆爲經、總制錢之害，以致在部之官不敢注擬。今提刑司已取索簿曆，見得事理分明，一全年合與減免五千七百餘貫。其他州郡亦毋得而援例。」從之。

十四年二月二十九日，臣僚言：「竊謂經、總制窠名，由場務課利而至於兩税頭脚等錢，以十分爲率，其三歸州家，其七隸經、總制。其後，酒榷關征多有虧額，間遇水旱，蠲租減賦所未能免，而經、總制之所入，寖不如昔矣。猶賴以助其不及者，牙契一司爾。印紙掌於倅廳，而散之諸縣，民有交易，官給紙而書其直，是亦古人書契質劑之遺意。又且限之四月，聽其投税，限滿則有罰，告者以其半予之，法非不善也。自放限之説行，正限之與放限，分隸不同。正限則以其七隸經、總制，放限則以其七歸州用，雖係守、倅通簽，然倅之權非敢與郡比，故正限少而放限多。州郡利其所得，往往放限，合納官錢，明減三之一。民樂於限外投税，則匿而不到官者多矣。此經、總制之額所以日虧。甚者，郡置一庫，名曰白契，民以匿契來（者）〔自〕首，許犯人從便投税而貸其罪。又甚者，縣112官到任，未暇理民事，而先議借契錢；訟牒在庭，乃以納契錢之有無爲重輕。如此等類，未易枚舉。縣給由子，謂之寄庫，日後設有交易，必納新錢，而向之寄留縣帑者方許參用，則是太半已成乾没矣。浙東諸縣，其弊尤甚，民何以堪之？竊見每遇大禮，

敕文行下諸郡，僅放一限。今諸郡接續展放，無月無之，公違國家成法，暗虧經、總制額錢。乞下諸路州軍，自今民間交易，既給官紙，必用官牙人立契，仍令登時申主管司附籍稽考。限滿不税，照條追究姓名。既掛官籍，白契自難隱藏。或居民去城頗遥，限内投税不及，官司量欲放限，亦須申明朝廷，以憑遵守，每歲不得過月。下至諸縣，輒以借契錢爲名，科抑民户，並仰日下禁戢。尚敢違戾，委提刑司廉察按治；提刑司容縱不職，許本臺覺察，彈劾以聞。況邊陲未寧，用度寖廣，經、總制窠名豈容失陷，以資州縣妄費耶？」從之。

十七年二月二十六日，户部言：「台州嘉定十四年分經、總制實未起發八千六百一十八貫七百四十二文，慶元府嘉定十三年分經、總制未起錢五萬一千三百八十六貫四百一十三文，十四年分未起錢五萬一千九百二十四貫七百二十四文，皆係經常指準支遣之數。本部不住牒下各州催發，於十五年内準省劄指揮，以災傷展免一年。至十六年，遂行舉催，再準省劄指揮，更與展免一年，合至十七年秋成催理。證得嘉定十三[113]年、十四年所欠錢數展免至十七年秋成催理，既以經涉歲久，必難舉催，無益於事。本部今別行那融支遣，自後不復申朝廷乞撥還外，欲將台州、慶元府未起展免錢數特賜蠲放。仍劄下浙東提刑司，鏤榜下兩郡遍貼，使民間知惠卹出於特恩，誠爲便當。」詔：「依所申，並日下除放。仍行下本州府，不得巧作名色，復行催理。及行下兩浙運司、浙東安撫、提刑、〔提〕舉司照應，遍行鏤牓，曉示民户通知，各先具知稟文狀申尚書省。」

公使錢〔一〕

神宗元豐五年三月二十三日〔二〕，詔：「司農寺於大名府公使錢内撥錢千緡與相州，及於恩、冀二州公使錢内各撥錢千五百緡與邢〔三〕、趙、磁三州，候遼使行舊路日，依舊撥補原數。」

六月五日，鄜延路經略司言：權葭蘆寨主折可適等乞給公使錢千緡。詔給〔四〕。

〔七年〕九月七日〔五〕，詔：「嗣濮王宗暉主奉祠事〔六〕，宜比宗姓使相、郡王，歲增公使錢二千貫，厨料給親王例三分之二。」

〔一〕題下原批：「起元豐五年，訖嘉定十四年。」
〔二〕天頭原批：「《官田》副本内有《公用錢》錯簡七條，可移補此上。」按，所謂「錯簡七條」即今《輯稿》食貨三五之四六所存「公用錢」七條。此七條乃是整理者從食貨五之二五「官田雜録」中挖出，即此處所謂「官田副本」是也。可參各處校記。
〔三〕「五百」下原有「萬」字，「邢」原作「刑」，據《長編》卷三二四删改。
〔四〕詔給：按《長編》卷三二七作「詔公使錢給七百千」。疑「詔給」下脱「七百緡」三字。
〔五〕七年：原脱，據本書帝系二之三八、《長編》卷三四八補。
〔六〕嗣：原作「詞」，據本書帝系二之三八、《長編》卷三四八補。

淳熙元年九月四日，詔：「曾覿已除開府儀同三司，其請給等并正賜公使錢，可照已降隨龍指揮，依格全支。」

十一月二十八日，詔：「南班士矩等六人生日支賜公使錢，與依格全支。後人不得援例。」

三年六月十日，臣僚言：「諸路漕司有一分五釐錢、二分折酒錢，於酒税錢内每貫或取二百，或五十至八十，大郡一歲不下二三萬緡，小者亦不下萬餘緡。各令114通判置曆拘收，往往撥入公帑，餽遺親舊。乞封樁，以備水旱兵革之費。」户部勘當：「欲依所請，取諸郡籍曆，參校每歲支用剩數，具申朝廷酌度，令認數收管。」從之。

九月二日，知南外宗正司趙不敵言：「乞依西外宗司公使庫歲給錢數，每次給降不理選限將仕郎綾紙二道，下泉州轉變見錢三千貫文省付本司，充三歲公使，仍自今年爲始。」從之。

四年五月二十五日，詔：「史浩已除少保、觀文殿大學士、醴泉觀使、侍讀、永國公，其歲賜公使錢，緣曾任開府儀同三司日未曾批勘，特與依開府儀同三司本格全支，自降麻日始。」

六年三月二十八日，權知大宗正事不悳言：「西、南兩外宗正司皆有公使錢物，本司日前多是三公、使相知判，今係庶官換授，未有歲賜公使等錢，合行申明。」詔不悳官見係遥郡，未應支給。令户部每歲特支錢五百貫，候轉官至應給日住支。

十月三日，詔：「容州觀察使、安定郡王子彤襲封，合給公使錢，令依子楝等已得指揮。」

紹熙三年二月五日，西外宗正司乞給降度牒充公使錢。詔下福州，於合起户部窠名錢内截撥三千貫應副本司，作紹興二年六月以後三年支遣。

嘉定十四年七月二日，詔：「皇子寧武軍節度使、祁國公歲賜公使錢特與支三千貫，仍逐月均給，令户部供納本府。」（以上《永樂大典》卷四六八二）

宋會要輯稿　食貨六五

免役　一〔一〕

【宋會要】

1 治平四年六月二十五日，詔曰：「農，天下之本也。祖宗以來，務加惠養，每勤勞勉，屢下寬恤之令，數頒蠲復之恩。然而歷年于茲，未及富盛，間因水旱，頗致流離。深惟其故，殆州郡差徭之法甚煩〔二〕，使吾民無敢力田積穀，求致厚産，以避其擾〔三〕。至有遺親背義，自謀安全者多矣。不幸逢其異政，骨肉或不相保，愁怨亡聊之聲，豈不悖人理、動天道歟！害農若此，爲弊最深。上下偷安，苟務因循，重於改作，故農者益以匱乏，而末遊者安其富逸焉。生生之路，至繆戾也，朕甚悼焉。永惟出令之謹，故訪中外群議，宜有嘉謀宏策，貢于予聞，朕將親覽，擇善而從。順天興益，誠安敢怠？命非徒下，欽哉無忽！其令中外臣庶，限詔下一月，並許條陳差役利害，實封以聞，無有所隱。」先是，三司使韓絳言：「臣歷官京西，奉使江南、河北，守藩于陝西、劍南，周訪害農之弊，無甚于差役之法。重者衙前多致破産，次則州役亦須厚費。夫田産，人恃以爲生，今竭力營爲，稍致豐足，而役已及之。欲望農人之加多，曠土之加闢，豈可得乎？向聞京東民有父子二丁將爲衙前役者，其父告其子云：『吾當求死，使汝曹免凍餒也。』遂自經死。又聞江南有嫁其祖母及老母，析居以避役者。此大逆人理，所不忍聞。又有鬻田産於官户者〔四〕，田歸不役之家，而役並增于本等户。其餘戕賊農民，未易遽數。望以臣 2 所陳，下哀痛之詔，令中外臣庶悉具差役利害以聞。委侍從、臺省官集議，考驗古制，裁定其當。使力役無偏重之害，則農民知爲生之利，有樂業之心矣。」役法之議始于此。

七月十三日，命龍圖閣直學士趙抃、天章閣待制陳薦同詳定中外臣庶所言差役利害。

十月十六日，權御史中丞滕甫、知制誥陳薦同詳定中外臣庶所言差役利害。

熙寧元年五月九日，同知諫院吳充言：「當今鄉役之

〔一〕原稿本頁右側批：「免役，又曰免役錢。」「吴校。寫定訖。」又題下原批：「起治平四年，訖乾道九年。」又天頭原批：「此卷與《大典》一萬七千五百四十九重。」按《宋會要》「免役」門之内容，即今所見者，《永樂大典》分録於三處：一是卷四六八五「錢」字韻，題爲「免役錢」，自元祐元年至乾道九年，今見《輯稿》食貨一三、食貨一四。二是卷一七五四九至一七五五一「貨」字韻「食貨」目，題爲「免役」，起治平四年，終乾道九年，今見於《輯稿》食貨六五、六六。其中元祐以後部分與食貨一三、一四同。三是卷二〇七二五、二〇七二六「役」字韻「免役」目，即本卷是也，其内容與食貨六六同。

〔二〕天頭原批：「『徭』一作『役』。」按，以下天頭原批所云「一作」，均指本書食貨六六「免役」門複文。

〔三〕避：原作「别」，據本書食貨六六之三二改。

〔四〕有：原無，據《宋史全文》卷一〇補。

中，衙前爲重。上等民户被差之日，官吏臨門籍記，凡杯杅匙筯，皆計貲産，定爲分數，以應須求，勢同漏巵，不盡不止。至有家貲已竭而逋負未除，子孫既没而鄰保猶逮。是以民間規避重役，土地不敢多耕而避户等，骨肉不敢義聚而憚人丁，甚者嫁母離親，以求兄弟異籍。風俗日壞，殊可憫傷。昨聞講求鄉役利害，許中外臣庶上言，仍差近臣詳定。逮今一年，未見有所蠲除，而東南弓手復增數倍。聞點差之際，人心甚不安，皆云西邊用兵，五路入界；待此起發，更相動摇，閭里皇皇，道路相目。良由州縣官吏不能明白曉諭，亦以朝廷命令多所改更，使民疑惑。又近年以來，上户寖少，中、下户寖多，役使頻仍，農人不得不困，地力不得不遺。養生之資有所不足，則不得已而爲工商，又不得已而爲盜賊。國家之患，常兆于此。今陛下留意劭農〔一〕，望勑中書，擇臣庶所言鄉役利害，以時施行。」詔令送中書。

十八日，知制誥錢公輔同詳[3]定差役利害。

二年二月二十七日，以知樞密院事陳升之、參知政事王安石同制置三司條例。其後，升之請併制置條例司歸中書户房，安石以爲今中書事猥積遲留，恐併制置留滯，固請俟差役、常平事畢。

三月十一日，上曰：「近閲内藏庫奏，外州有遺衙前一人專納金七錢者。」因言衙前傷農，令制置三司條例司講求利害立法。

四月二十一日，命權荆湖北路轉運判官劉彝、通判府州謝卿材、河北轉運司勾當公事王廣廉、知安遠縣侯叔獻〔二〕、著作郎程顥、知開封府倉曹參軍盧秉、許州司理參軍王汝翼、權興化軍判官監建州買納茶場曾伉八人，於諸路相度農田水利、税賦科率、徭役利害。從制置條例司請也。

六月七日，制置三司條例司言：「陛下臨御以來，深詔四方，博求農田利害。其間雖有應令，大抵皆毛舉細故，未見有能條具本末，灼然可致實効者。蓋徭役之事，所在異宜，不可通以一法，非按視省訪，則不足以知其詳。乞下諸路轉運司，令各具本路農田、徭役利害聞奏，降付本司看詳施行。」從之。

九月，制置三司條例司言：「近詔置京東等路常平、廣惠倉，欲量逐路錢物多少，選官分詣提舉。」詔差官充逐路提舉常平廣惠倉，兼管勾農田水利差役事。所遣官，詳見職官「提舉常平農田水利差役」門。

三年五月十七日，制置三司條例司言：「常平新法，宜付司農寺，乞選官主判，兼領農田、差役、水[4]利事〔三〕。」乃命太子中允、集賢校理呂惠卿同判司農寺。

八月三日，詔司農寺增置寺丞一人。以呂惠卿奏「農田、水利、差役舉，應接條目已多」故也。

〔一〕劭：原作「邵」，據本書食貨六六之三三改。
〔二〕叔：原作「淑」，據本書食貨六六之三三改。
〔三〕以上三句，「乞」、「農」、「差」三字原脱，據《長編》卷二一一補。

二十七日，詔司農寺每歲終，具天下差役更改過若干、寬減得若干民力以聞〔一〕。

十一月二十八日，詔曰：「夫天下之役，常困吾民，至使流離飢寒而不能以自存，豈朕爲民父母之意哉！吾詔書數下，欲寬其役，而事未興，是吏奉吾詔不勤，而察民未深也。今梓州路獨能興民之利而去其害，欲加之賞，朕何愛焉！其轉運使韓璹等，已降勅書獎諭，仍各賜帛二百。」以中書言：「本司奏，本路團併陸路綱運共減一百三十八綱，并減定本路諸州、軍、監遠近接送牙前，及減罷押綱隨送得替官員衙前共二百八十三人〔二〕，及省諸州、軍、監、縣差役公人共五百一人。兼點檢梓、遂州等處自來公使厨庫牙前倍費錢物，最爲侵刻，若不改更，即今後投名衙前各不願充役，乞行裁減。上體陛下愛恤百姓之意，率先諸路，講求利害公忠之實。乞特加獎諭。」故降是詔。其所減衙前及綱運〔三〕，并差官重定牙簿事，仍依奏施行。

四年四月二日，詔罷章惇相度夔州路差役。先是，遣惇乘驛，同夔州路轉運司經制渝州夷賊，惇言：「經制渝州夷賊疆土〔四〕，難遍歷諸州。欲止以渝州役事立定條約，推行於一路。」上批：「諸州役事不同，難止用一法。」故罷之。

同日，司農寺言：「開封府界諸縣民歲納役錢，其鄉村第四等以下並 5 免。如非單丁，即與第五等輪差壯丁。」從之。

五月十六日，司農寺及開封府界提舉常平司言：「有畿内百姓未知新法之意，見逐鄉大户言等第出助役錢，多願依舊充役。」詔司農寺令諸縣曉諭，如有不願納錢之人，除從來不當役年月令依條認本等役，候年月至，則赴官充役，更不令納役錢。又奏：「乞差府界提點司官分詣諸縣，同造五等簿，升降民户。如敢將四等以下户升於三等，致人披訴〔五〕，其當職官吏並從違制，不以赦降原免。」從之。

七月六日，詔御史中丞楊繪、御史劉摯分析所奏差役利害以聞。先是，繪言：「臣非不知助役之法乃陛下憫差役之不均，欲平一之，使民宅於大均之域；或有羨餘，即以待水旱之歲。然聞幹其任者，唯務斂之多而行之峻，致天下不盡曉朝廷之意，將以爲率其剩者而官取之也。兩浙提點刑獄王庭老、提舉常平倉張靚，科兩浙一路役錢至七十萬，至有一户出三百千〔六〕。民皆謂供一歲役錢之外，剩數幾半。雖司農寺未即從，然民間咸謂庭老必賞之以本路或鄰路監司，靚必賞之以館職或檢正〔七〕。此必因取數之多而謗議興也。乞裁損行下，以安民心。」又言：「東明等縣

〔一〕得：原脱，據本書食貨六六之三四補。
〔二〕綱：原作「網」，據本書食貨六六之三三改。
〔三〕綱：原作「網」，據本書食貨六六之三五改。
〔四〕疆：原作「彊」，據本書食貨六六之三五改。
〔五〕披：原作「被」，據本書食貨六六之三五改。
〔六〕至：原作「止」，據本書食貨六六之三五改。
〔七〕「賞之」原無，「檢」原作「監」，據《長編》卷二二三補改。

百姓至千百人詣開封府訴超升等第〔一〕、出助役錢事，本府不受。百姓既無所訴，遂突入王安石私第。安石諭之：『此事相府不知，當與指揮，不令升等。』仍問『汝等知縣知否』，皆云『不知』。又詣御史臺，臣以本臺無例 6 收接訴狀，諭令散去。退而訪問，乃司農寺不依諸縣元定户等，却以見管户口，量等第均定助役錢數付諸縣，各令管認，升降户等，别造簿籍，前農務而畢。臣切謂凡等第升降，蓋視人家産高下，須自下而上，乃得其實。今乃自司農寺先畫數，令本縣依數定簿，豈得民心甘服哉？京畿者，天下之根本，不可不關聖慮。措置民事，必自州及縣，豈有文移下縣，州府不知之理？此乃司農寺自知所行于理未安，故不報府，直下諸縣，欲其畏威，不敢異議。若關京尹，或致爭執，所以不顧事體如此。又今已是農月，如何于農務前畢，欲隨夏税起催乎？臣又聞中書遣孫迪、張景温體量不願出錢之民。臣恐不願出錢者欲困以重役，如此威脅，誰敢不從？」又言：「聞府界提點司以畿縣百姓入京訴等第助役事，東明縣民最多，因欲舉劾知縣賈蕃。今若東明百姓來訴則罪知縣，臣恐畿縣令、佐懲創其事，先威以嚴刑，脅以利害，俾民不敢復訴。壅塞民言，得爲便乎？況陛下已詔東明等縣不得升等，及取情願，若非百姓來訴，何憑有此詔乎？而反捃摭知縣，何也？」又言：「助役之法，朝廷之意甚善，其法亦甚均，但亦有難行之説。臣願獻其否以成其可，去其害以成其利。假如民田有多至百頃者，少至三頃者，皆爲第一等，百頃之與三頃，已三十倍矣，而役則同焉。今若均出錢以顧役，則百頃者其出錢必三十倍于三頃者矣，況 7 永無決射之訟乎〔二〕！此其利也。然難行之説亦有五：民難得錢，一也；近邊州軍姦細難防，二也；逐處田税多少不同，三也；耆長雇人則盜賊難止，四也；專典雇人則失陷官物，五也。先乞議防此五害，然後著爲定制。仍乞誡勵司農寺無欲速就以祈恩賞，提舉司無得多取于民以自爲功。」摯言：「陛下憂憫元元，謂天下役法久失其平，故慨然有意大均之也。然有司建議立法，頗未有上副旨意而下協人情者。其法曰率錢助役，官自雇人。臣謂其事不可勝言，而略陳其十害：天下户籍，均爲五等，凡户之虚實，役之重輕，類皆不同。今斂錢用等以爲率，則非一法之所能齊。若隨其田業腴瘠，因其所宜，一州一縣、一鄉一家，各自立法，則紛錯散殊，何所總統？其害一也。新法患等籍之不得其實，故令品量物力，别立等第，以定錢數。然舊籍既不可信〔三〕，則今之品量何以得其無失？其害二也。上户常少，中、下之户常多。上户之役數而重，故或以今之助錢爲幸；下户之役簡而輕，故皆以今之助錢爲不幸。優富苦貧，非法之意，其害三也。新法所以令品量

〔一〕第：原脱，據本書食貨六六之三五補。
〔二〕決：《長編》卷二二四作「影」。但《宋史》卷一七七、《文獻通考》卷一二亦作「決」。
〔三〕不可：原倒，據本書食貨六六之三四乙。

立等〔一〕，不取舊簿者，意欲多得雇錢。患上户之寡，故臨時登降，升補高等，以充足配錢之數。疲匱之人，何以堪命？近日府界，其事已驗，其害四也。歲有豐凶，而役人有定數，助不可闕，則助錢非若賦税有倚閣減放之期，其害五也。農人唯有絲絹麥粟之類，而助法皆用見錢，【8】故須隨時貨易，逼于期會，價必大賤。借使許令以物代錢，亦復有退簡壅滯及寅緣乞索之患，其害六也。兩税及科買貸責，色目已多，使常無凶災，猶病不能畢公私之費，及起庸錢，竭其所有，恐人無有悦而願爲農者，其害七也。徼幸之人，又能寅緣法意。如近日兩浙科一倍錢數，欲自以爲功，而使國家受聚斂之怨，其害八也。鄉、縣定差，循環相代，上等大役，至速者猶須十餘年而一及之，至于下役，則一二十年乃復一差。今使槩出緡錢，官自召雇，雇直輕則法或不行，重之則民不堪命，其害九也。夫役人必用鄉户，蓋有常産則自重，性愚實則罕欺。今既雇募，恐止得輕猾游浪姦僞之人，其害十也。天下差役，莫重於衙前。今司農新法，鄉户衙前更不差，其長名人並聽依舊以天下官自賣酒税坊場并州縣坊郭人户助役錢數以酬其重難。臣謂此法有若可行，然坊郭十等户自來以承應官中配買科率〔二〕，亦難使之均出助錢外，場務給衙前對折役過分數多估價不盡，虧官實數。今既官自拘收，以私價召賣，則所入固多。乞陛下以此一法詔有司講求其詳，則其他役法更革無難矣。助役之法，望一切寢議。」至是，檢正中書五房公事、同判司農寺曾布言：「臣伏見言事官屢以近日所議差役新法未便，議論紛紜，多失利害之實。竊以朝廷議更差役之法，志於便民，故雖遣使四方〔三〕，詢求利害，而畿甸之事至【9】近而易講，所遣之官論議措置，條暢明白，多可行者。及至成書，則付之司農，使與開封提點司集議；已，又牓之諸縣，凡民所未便，皆得自陳。此可謂詳且盡矣。臣觀言者之言，皆臣所未諭，豈蔽於理而未之思乎？抑其中有所徇，而其言不能無偏乎？畿内上等人户，盡罷昔日衙前之役，故今所輸錢〔四〕，其費十減四五；中等人户，舊充弓手、手力、承符、户長之類，今使上等及坊郭、寺觀、單丁、官户皆出錢以助之，其費十減六七；下等人户，盡除前日冗役而專充壯丁，且不輸一錢，故其費十減八九。言者則或以謂凌虐赤子，或以謂朝廷受聚斂之謗。今輸錢免役，使之安生樂業，終身不知有前日之患也。言者則以謂起納庸錢，則人無悦爲農者。上户所減之費少，下户所減之費多，言者則以謂上户以爲幸〔五〕，下户以爲不幸。今量其物力，使等第輸錢，逐等之中又別爲三等或五等〔六〕，其爲均平齊

〔一〕令：原脱，據《國朝諸臣奏議》卷一一六、《長編》卷二二四補。
〔二〕配買：原作「配賣」，據《長編》卷二二四改。
〔三〕雖：原作「難」，據《長編》卷二二五、本書食貨六六之三六改。
〔四〕今：原作「令」，據本書食貨六六之三六改。
〔五〕以爲：原脱「以」，據《長編》卷二二五補。
〔六〕三：原作「二」，據《長編》卷二二五改。

一，無以過此〔一〕。言者則以謂斂錢用等，則非一法所能齊；所在各自爲法，則無所總統。昔之簿書，等第不均，不足憑用，故欲分命使者，督察諸縣，使加刊正，庶品量升降皆得其平。言者則以謂舊等不可信，今之品量，何以得其無失？如此，則是天下之政無可爲之理。《編敕》三年一造簿書，所以升降等第，今之品量增減，亦未爲非。又況方曉示人户，事有未便，皆與改正，則今之增減實未施行。言者則以謂品量立等者蓋欲多斂雇錢〔二〕，升補上[10]等，以足配錢之數；至于祥符等縣以上等人户數多，減充下等，乃獨掩而不言。凡州縣之役，無不可募人之理。今投名衙前半天下，未嘗不主管倉庫、場務、綱運官物〔三〕；而承符、手力之類，舊法皆許雇人，行之久矣。惟耆長、壯丁，以今所措置最爲輕役，故但輪差鄉户〔四〕，不復募人。言者則以謂專典雇人則失陷官物，耆長雇人則盜賊難止；又以謂近邊姦細之人應募，則焚燒倉庫，或守把城門，潛爲内應。役錢之輪見錢與納斛斗，皆取民便，爲法如此，亦已周矣〔五〕。言者則以謂納見錢則絲、帛、粟、麥必賤，以物代錢則有退揀乞索之害。如此，則當如何而可？昔之徭役皆百姓所爲，雖凶荒飢饉，未嘗罷役。今役錢必欲稍有羨餘，廼所以備凶年，爲朝廷推恩蠲減之計，其餘又專以興田利，增吏禄。言者則以謂助錢非如稅賦有倚閣減放之期〔六〕。臣不知昔之衙前、弓手、承符、手力之類，亦嘗倚閣檢放否？兩浙一路，户一百四十餘萬，錢七十萬緡而已；畿内户十六萬，率錢亦十六萬緡。是兩浙所輸，蓋半於畿内，募役之餘，亦無幾矣。言者則以謂吏緣法意，兩浙欲以羨錢徼幸，司農欲以出剩爲功。賈蕃爲縣令，差役之事苟有未便於民，法許其自陳，廼不肯受，使趨京師，諠譁詞訴，其意必有謂也。蕃之不職不法，其狀甚衆，皆有司所不得不問，故置獄以究之〔七〕。言者則或以爲蕃方爲二府所選，明非不才，或以謂蕃雖有贓[11]私，乞一切不問。此皆臣所未諭也。大約御史之言，多如此類。至于助役之法，昨看詳奏請，出榜施行，皆開封府與司農寺被旨集議，此天下所知。借使法有未善，而言者深論司農，未嘗及一語開封府。開封于民事何所不預？民有所告而不受〔八〕，此乃御史之所當言，而言未嘗及也。自非内懷邪詖之情，有所向背〔九〕，則不當至此。願以臣所言宣示中外。」故有是詔。

十四日，楊繪具録前後論助役法四奏以自辨。又言：「助役之法，國家方議立千萬年永制。一人之智不足以周

〔一〕以：原脱，據本書食貨六六之三六補。
〔二〕蓋：原作「益」，據《長編》卷二二五改。
〔三〕綱：原作「網」，據本書食貨六六之三六改。
〔四〕輪：原作「輸」，據本書食貨六六之三六改。
〔五〕已：原作「以」，據本書食貨六六之三七改。
〔六〕謂：原作「爲」，又「稅」後原衍一「務」字，均據本書食貨六六之三七改删。
〔七〕置：原作「致」，據本書食貨六六之三七改。
〔八〕天頭原批：「『告』一作『陳』。」
〔九〕向：原作「拘」，據《長編》卷二二五改。

天下之利害，必集衆人之智，然後可以盡其利。今陛下專任王安石，安石專委曾布〔一〕，又愎人言。如此而欲建千萬歲之永制，安得可乎？」劉摯又言：「臣近論助役之法，其害有十，得旨批送曾布劄子條件詰難，令臣分析者。竊以助役斂錢之法，有大臣者主之于中書，有大臣之親、中書之屬官及御史知雜者議之于司農寺，有大臣選擇所謂能者爲監司、提舉官而行之于諸路，其勢上下若此，可謂易行矣。然曠日彌年，終未有定論可以爲法者，此何謂也？爲不順乎民心而已矣。是故前日采中外士民之説敷告陛下。今以司農爲是耶，則事盡于前奏，可以覆視；陛下以臣言爲非耶，貶黜而已矣。雖復使臣言之，亦不過所謂十害者。而風憲之官亦豈當與有司較是非勝負，交口相直，如市人之詬競？伏望以臣前後論助役之章與司農之言宣示中 12 外，以考是非。若臣言有取，則乞早賜寢罷助役，以安天下之心；若稍有欺罔，則乞重行竄廢，以戒妄言，以謝專權之人。」摯又言：「自青苗之議起，而天下始有聚斂之疑；青苗之議未一，而均輸之法行；均輸之法未允，而邊鄙之謀出；邊鄙之謀未息，而漳河之役作；漳河之役未平，而助役之事興。至助役之法，臣終以謂使天下百姓稅賦、貸責息利之外而無故升進户等，使槩出緡錢者，皆非國家美事，故天下謂之聚斂。大臣誤陛下，而大臣所用者又誤大臣。今既顛繆乖錯，敗亂綱紀，知天下之不容，懼宸衷之回悟，以謂雖中外之士畏避無敢言，其尚敢言者，獨御史有職爾，故又使司農熒惑天聽，作爲偏辭，令臣分析，以摧沮風憲之體，鯁梗言路。伏望陛下深察事物之勢，用安靖之治，以休息生民，罷分析之旨，以養多士敢言之氣。」詔繪落翰林學士、御史中丞，爲翰林侍讀學士，知鄭州；摯落館閣校勘、監察御史裏行，監衡州鹽倉。

十一月，頒募役法。諸户等第輸錢，免其身役，官以所輸錢，立直募人充役。輸錢輕重，各隨州縣大小、户口貧富、土俗所宜。謂以家業錢或田畝或稅錢之類。計一歲募直及應用之數，留準備錢不得過一分，立爲歲額。仍隨逐處均敷至第三或第四等，不足，聽敷至第五等，坊郭自隨逐處等第均定。即貧乏而無可輸者勿敷。其户數多寡敷錢則例，隨造簿增損，不得溢額〔二〕。

五年三 13 月十七日，詔司農寺：「免役剩錢令諸縣依常平法給散收息，添助吏人食錢，仍詳具條約以聞。」

六月八日，詔：「諸路以新法募役，民不願而輒抑勒者，官吏並以違制論，雖去官、會赦不原。」

八月二十六日，詔檢正中書刑房公事李承之充集賢校理。以承之按視淮、浙農田差役等事，能識朝廷所以命使之旨，宣布法意，致州縣易于奉承，亟得就緒，故特奬之。

十一月十八日，司農寺言：「已定京東路役法，欲秋料

〔一〕安石：原脱，據《長編》卷二二五補。
〔二〕溢：原作「益」，據本書食貨六六之三八改。

起催。若雇錢及役使重輕尚有未盡，委轉運、提點刑獄、提舉司詳具申寺。」從之。仍自熙寧七年推行。

六年二月十六日，司農寺言：「近詔天下出錢免役，而永興、秦鳳比之他路，民貧役重，恐非朝廷寬恤愛養之意。乞詔諸路提舉司併省冗役，以次蠲減，常留二分寬剩，以爲水旱閣放之備。」詔：「陝西之民數困科調，最爲貧弱，所出役錢獨多諸路，誠爲可恤，宜依所奏。」

六月十九日，京東路察訪司請自今應推行差役新法，有輒傳造言語文字，扇揺百姓，並依扇揺保甲法。從之。

七年正月十三日，詔：「兩浙察訪、轉運、提點刑獄、提舉司同相度，第五等户所出役錢至少，今若減放，以寬剩錢補充，如支用得足，即盡蠲之。其以家産税錢均出而不分等處，即比附應放貫百已下放免以聞。」

三月八日，詔：「役錢每千別納頭子五錢，其舊于役人圓融工費修官舍、作什器、夫力輦載之類，並用此錢；不足，即用情輕贖 14 銅錢。輒圓融者，以違制論，不以去官赦原。」先是，凡公家之費有敷于民間者，謂之圓融，多寡之數或出于臨時，污吏乘之以爲姦。其習弊所從來久，至是始悉禁焉。

十三日，詔：「聞鎮、定州民有拆賣屋木以納免役錢者〔一〕，令安撫、轉運、提舉司體量，具實以聞〔二〕。」其後，逐司奏：「體量得諸縣去秋旱災，以故貧下户亦有拆屋賣錢〔三〕，以給己家糧食及官中諸費者，非專爲納免役錢也。」

四月二十五日，上論及免役利害，且曰：「今之法，但當使百姓出錢輕如往日，便是良法。至如減定公使錢，猶有以爲言者，此寔除去衙前陪費深弊。且天下供奉之物所以奉一人者〔四〕，朕悉已罷，人臣亦當體朕此意，以愛惜百姓爲心。」馮京曰：「朝廷立法，本意出于愛民，然措置之間，或有未盡。陛下但當開廣聰明，盡天下之議，便者行之，有不便者不吝改作〔五〕，則天下受賜矣。」

二十九日，詔：「聞淮南路推行新法，多有背戾，役錢則下户太重，常平唯務散多，更不出榜召人情願，有用等第敷錢與民，極不便。令本路監司速體量按治以聞。」

五月二十五日，詔：「諸路公人，依沿邊弓箭手例給田募人。其招弓箭手寨户地，不用此令。凡係官、逃絶、監(收)〔牧〕等田，不許射買請佃。委本縣置簿，估所得租合直價錢〔六〕，以一年雇錢爲準，仍量加優潤，以役錢據數撥還轉運司。」

七月十九日，司農寺言：「曲陽縣尉呂和卿請：五等

〔一〕拆：原作「折」，據《長編》卷二五一改。下同。
〔二〕以：原作「已」，據本書食貨六六之三八改。
〔三〕亦：原作「並」，據本書食貨六六之三九改。
〔四〕天頭原批：「『供』一作『貢』」。
〔五〕吝：原作「另」，據本書食貨六六之三九改。
〔六〕合：原作「獲」，據本書食貨六六之三九改。

丁産簿，舊憑書手及耆、户長供通〔一〕，隱【15】漏不實，檢用無據。今《熙寧編勑》但删去舊條，不立新制，即於造簿反無文可守，尤爲未便。承前建議，唯使民自供手實，許人糾告之法最爲詳密，貧富無所隱，誠造簿書之良法也。」詔送提舉編修司農寺條例司。

十二月二十八日，詔辰、沅二州並依威、茂，聽罷免役出錢之法。從察訪蒲宗孟請也。

八年二月二十一日，詔：「比令以寬剩錢買田募役，須契勘毋妨准備災傷等用〔二〕。價高處罷買。」以兩浙路轉運使王廷老言〔三〕：「衢州西安縣買山田價高，用錢十二萬緡，乃足募一縣之役。既破放省税，又失免役牙税官錢。」而司農寺言，恐不獨兩浙所費如此，欲改法，故有是詔。

四月十二日，詔：「罷給田募人充役，已就募人聽如舊，其走死停替者勿補。」

七月五日，詔：「進納出身人〔四〕，有旨落『進納』字者，不以官户例減役錢。」從司農寺請也。

十月二十三日，詔：「聞東南推行手實簿法，公私煩擾，其速令權罷之，委司農寺再詳定以聞。」先是，以民資産出錢免役，呂和卿請立告賞，使自陳其實，謂之手實，而御史中丞鄧綰言：「凡民所以養生之具，日用而家有之。今欲盡數供析出錢，則本用供家，不專于租賃營利；欲指爲供家之物，則有時餘羨，不免須貿易與人。則家家有告訐之憂，人人有隱落之罪，無所措手足矣。夫行商坐賈，通貨殖財〔五〕，四民之一也。其有無交易，不過服食器用、粟米財畜〔六〕、絲麻布帛之類〔七〕，或春有之而夏已(拆)〔折〕【16】閱之，或秋居之而冬已散亡之，則公家簿書如何拘轄？隱落之罪安得而不犯？徒使嚚訟者趨賞報怨而公相告訐，畏怯者守死忍餓而不敢爲生，其爲法未善可知矣。」故有是詔。

九年八月二十八日，荆湖路察訪蒲宗孟言：「兩路元敷役錢太重，民間出辦不易，至每年所收，廣有寬剩。」詔荆湖路寬剩錢〔八〕，各權減二年。

十月十七日，詔：「自今寬剩役錢并買撲坊場等錢，更不給役人，歲終具羨數申司農寺。餘應係常平司物，常留一半。」

十一月二十六日，侍御史周尹言：「諸路募役錢，元指揮于數外留寬剩錢一分。聞諸州縣承望提舉司風指，廣令民間出錢。又有提舉司希求勞績，或官吏、士庶妄陳利害，

〔一〕供：原作「共」，據《長編》卷二五四改。
〔二〕妨：原作「坊」，據本書食貨六六之三九改。
〔三〕使：原作「司」，據本書食貨六六之三九改。
〔四〕進：原脱，據本書食貨六六之三九補。
〔五〕殖：原作「植」，據本書食貨六六之三九改。
〔六〕畜：原作「蓄」，據本書食貨六六之三九改。
〔七〕類：原作「數」，據本書食貨六六之三九改。
〔八〕「路」下原有「有」字，據《長編》卷二七七删。

減省役人〔一〕，除尅役錢，而民間所出一切如舊，致寬剩數漸倍矣，天下皆謂朝廷設法聚斂〔二〕。州縣以役人日減，公事日繁，雖迫以嚴刑，猶不能辦；役人以倉法太重，募錢太輕，無以自養，不願就役。上下失所，公私共患。乞令諸路州縣依先降免役條募耆長〔三〕、户長，及有不當過減役人。並限定人數〔四〕，令逐月募錢有備外，其寬剩止留一分已上，毋過二分。」三司使沈括亦言：「先兼兩浙察訪，體量本路自行役法後，鄉村及舊無役人多稱不便，累具利害，乞減下户役錢。竊詳立法之意，本欲與民均財惜力，役重者不可不助，無役者不可不使之助。以臣愚見，無若使無役者輸錢，役重者受禄，輕役自依徭法。今州縣重役，不 17 過衙前、耆户長、散從官之類。衙前即坊場、河渡錢自可足用，其餘于坊郭、官户、女户、單丁、寺觀之類。因坊場、河渡餘錢足以賦禄。出錢之户不多，則州縣易爲督斂，重輕相補〔五〕，民力自均。」詔司農寺相度以聞。

是歲，諸路上司農寺歲收免役錢。收一千四十一萬四千五百五十三貫碩匹兩：金、銀、錢、斛、匹、帛一千四十一萬四千三百五十二貫碩匹兩，絲、綿二百一兩。支金、銀、錢，斛，摞子六百四十八萬七千六百八十八兩貫碩匹；應在銀、錢、斛、匹、帛二百六十九萬三千二十貫匹碩兩；見在八百八十七萬九千二百六十七貫碩匹兩。開封府界，收十一萬二千九百五十三貫文，支七萬七千一百四十貫文，應在錢一萬七千四百九十四貫，見在錢八萬八百五十八貫文。京東東路，收五十一萬三千四百七十六貫兩〔六〕：錢五十一萬三千三百一十八貫，絲、綿一百五十九兩；支二十八萬五千五百八十一貫文，應在錢九萬二百八十七貫，見在錢、絲、綿三十九萬四千二百七十一貫兩。京東西路，收四十七萬四千六百六貫，支三十萬四百七十貫，應在錢四萬五千八百六十七貫，見在錢、斛三十六萬七千二百二十六貫碩〔七〕。京西南路，收二十八萬三千九百六十二貫，支二十萬三千三百六十貫，應在錢三萬三千一百二十貫，見在錢、銀二十三萬二千七百九十貫兩。河北東路，收五十一萬三千一 18 十四貫碩兩，支三十一萬九千七百二貫〔八〕，應在錢五萬五百一十貫，見在四十六萬二千一百八十一貫碩匹縉。河北西路，收六十二萬三千九百三貫碩〔九〕，支三十二萬九千七百七十九貫碩，應在錢九萬一千四百八十七貫，見在五十九萬四千八百七十五貫碩束。永

〔一〕減：原作「或」，據本書食貨六六之四〇改。
〔二〕謂：原作「爲」，據《長編》卷二七九改。
〔三〕條：原作「錢」，據《長編》卷二七九、本書食貨六六之四〇改。
〔四〕限：原作「依」，據本書食貨六六之四〇改。
〔五〕天頭原批：「『重輕』一作『輕重』。」
〔六〕七十六：天頭原批：「『六』一作『七』。」
〔七〕斛：原作「物」，據本書食貨六六之四〇改。二百：天頭原批：「『二』一作『六』。」
〔八〕天頭原批：「『百』一作『十』。」
〔九〕三千：天頭原批：「『三』一作『八』。」

興軍等路，收九十五萬四千一百三十二貫，支五十二萬六百三十四貫，應在九萬一千八百八十二貫，錢九萬一千八百四貫〔一〕，見在七十七萬二千八百六十一貫碩束。秦鳳等路，收四十一萬三千四百二十二貫，支二十五萬九千四百三十一貫，應在四萬八千三百五十八貫，見在錢三十六萬一千一百五十七貫。河東路，收五十二萬五千三百七十二貫碩兩，支二十九萬六千二百五貫碩片，應在一十萬二千三百五十六貫碩兩，見在五十七萬二千九百三十五貫碩匹兩束。淮南東路，收四十九萬四千八百三十貫，支三十萬六千九百五十八貫，應在一十七萬六千五十三貫碩，見在錢二十三萬二千二十六貫。淮南西路，收三十四萬八千二百貫，支二十四萬二千一百四十五貫，應在錢一十四萬一千八十六貫，見在錢二十萬三千三百三貫。兩浙路，收八十萬五千八百四十四貫〔二〕，支六十八萬九千二十貫，應在錢三十三萬一千二百二十六貫，見在錢五十四萬一千六百五十二貫。19江南東路〔三〕，收三十八萬六千八百五十六貫，支二十二萬八千三百三十八貫，應在一十八萬八千六百一十八貫，見在錢二十六萬七千六百八十二貫。江南西路，收三十九萬六百六十一貫匹，支一十九萬九千二百五十九貫，應在二十九萬六千五百九貫碩，見在五十三萬四千三百八十六貫碩匹兩片。荆湖南路，收三十九萬五千八百八十三貫，支一十八萬九千三百九十一貫，應在錢一十一萬二千二百三十貫，見在六十六萬七千八十四貫碩兩。荆湖北路，收三十一萬八千六百六十四貫，支二十五萬三千三十二貫，應在二十七萬三千二百八十九貫匹，見在二十萬七百一十七貫。福建路，收三十七萬四千三百九十八貫，支一十八萬九千一百八十六貫，應在錢九萬三千五百一十四貫，見在五十三萬六十五貫。成都府路，收六十六萬九百四十九貫，支四十三萬一千九百四十五貫，應在錢五萬二千七百三十三貫，見在錢三十六萬九千二百三十二貫。梓州路，收三十四萬六十六貫，支二十三萬一千二百四十五貫，應在三萬八千五百六十貫，見在二十四萬三千七百八十二貫匹兩碩道。利州路，收四十二萬九百七十五貫，支一十七萬三千四百二貫，應在一萬四千三十九貫，見在二十四萬六千八百九十九貫匹兩。夔州路，收二十20二萬八千九百三十六貫兩，支一十七萬七千九百一十八貫兩，應在四千一百二十八貫，見在二十萬一千九百二十五貫。廣南東路，收二十三萬三百五十四貫，支一十四萬六千八百六十一貫，應在一十五萬九千二百二十貫，見在八萬七千五百一十七貫兩。廣南西路，收二十萬六千三百九十六貫，支一十二萬四千八百六十八貫，應在一十四萬五千五百八十七貫，見在一十萬二千二百五十五貫。

〔一〕此句不可通，據前後文例，當爲衍文。
〔二〕「貫」後原衍「見在錢五十四萬」七字，據本書食貨六六之四一删。
〔三〕江：原作「河」，據本書食貨六六之四一改。

熙寧十年四月二十九日，司農寺言：「勾當公事王覺同江南西路監司、提舉司相度：興國軍永興縣民，每税錢一出役錢一，今減二分。」詔減五分。

七月九日，翰林學士、起居舍人、權三司使沈括守本官，爲集賢院學士、知宣州。先是，侍御史知雜事蔡確論括「以白劄子詣吳充陳説免役事，謂可變法，（今）〔令〕輕役依舊輪差。括爲侍從近臣，既見朝廷法令有所未便，不明上章疏，而但于執政處陰獻其説。兼括累奉使察訪，職在措置役法，是時但欲裁減下户錢數，未嘗言復差役。今非其職而遽請變法，蓋自王安石罷相，括恐大臣于法令有所改易，故潛納此説以窺伺其意，爲附結之資」，故有是命。

元豐元年正月十七日，判司農寺熊本言：「近諸路皆言甲頭催税未便〔一〕，今相度，欲令諸路依元定役法錢數雇募户長。如未有人應募，據税户多少，輪四等以上保丁催税，每都保毋得過五人。每人須催百户以上〔二〕，量所催多少支給雇錢〔三〕，共無得過元雇户長錢數〔四〕。仍依 21 舊一歲一替，願再充者聽。如有違犯，並依舊條，内甲頭減户長一等。」詔送司農寺相度以聞。

十八日，詔：「諸路命官使臣，因軍期亡歿，其子孫不該廕免者，本户役錢減放五年。」從司農寺請也。

十九日，詔諸路依舊置牙司。從司農寺請也。

二十七日，司農寺言：淮南東路提舉司乞本路並用鄉村民户物産實直錢數敷出役錢。從之。

閏正月四日，秦鳳等路提舉司乞增募州縣裁減過當役人及增雇錢。從之。

十月三日，詔：「自今年八月降朝旨後，諸路因行役法實用軍人請受，比較所代役人雇食等錢，歲終具數申司農寺撥還。」從本寺請也。

十三日，御史中丞、判司農寺蔡確言：「常平舊勑，多已衝改，免役等法，素未編定。今除合删修爲勑外，所定約束小者爲令，其名數式様之類爲式，乞以《元豐司農勑令式》爲目。」從之。

二年四月二十一日，知諫院李定言：「秀州嘉興、崇德兩縣初定役法時，以僧舍什物估直敷錢，恐非法意。請下司農寺行下本路改正，佗路有類此者，令提舉司依此施行。」從之。

七月十二日，詔：「兩浙路坊郭户役錢依鄉村例，隨産裁定免出之法。」初，詔坊郭户不及二百千、鄉村户不及三十千，並免輸役錢。續詔鄉村合隨逐縣民户家業裁定免出之法。至是，提舉司言：「鄉村下等有家業不及五十千而猶輸錢者，坊郭户二百千以下乃悉免輸錢，輕重不均。」故有是詔。

〔一〕甲：原作「田」，據本書食貨六六之四二改。
〔二〕須：原作「雖」，據本書食貨六六之四二改。
〔三〕給：原作「結」，據本書食貨六六之四二改。
〔四〕元：原作「充」，據《長編》卷二八七改。

二十八日，提舉成22都府路常平等事范子諒言：「本路役錢，釐毫以下者圓零就分，其圓零出剩錢與役錢一處收附。臣竊詳議法之初，本以民稅爲定制〔一〕，計輸役之數以爲常費〔二〕，立例出錢，則錢有限，使民信而易知。今則始爲畸零不齊，又復圓零覆折，增加不定。且取財入官，亦當明白，不宜文理委曲，徒令吏史旁緣爲姦。今相度，民户供輸，自合圓零就整，減放釐毫以下，錢數不多。庶幾文簿簡省，易爲會計。」從之。

八月十二日，詔遣司農寺都丞吳雍同兩浙路提舉官講議役法〔三〕，催促結絶。

十月十七日，詔麟、府二州鄉村户毋出役錢〔四〕。初，韓絳言：「麟、府、豐三州上番義軍已免輸役錢，而並邊土薄〔五〕，鄉村户貧乏，宜蠲之。」事下司農寺，以爲豐州初無役錢，麟、府州鄉村户歲輸一萬餘緡〔六〕，請如絳奏，而以太原、汾、澤、晉、絳寬剩役錢補之。

十二月十四日，詔蓬、閬二州免役錢以家業多少定數。以利州路提舉司言「所部役錢未均，蓬、閬二州上户家業多而稅錢少，下户家業少而稅錢多，至第一、第二等户輸錢少于第四、第五等」故也。

同日，廣南西路提舉常平等事劉誼言：「廣西一路，户口纔二十萬，蓋不過江、淮一大郡，而民出役錢至十九萬緡〔七〕，募役實用錢十四萬緡，餘四萬緡，（爲）〔謂〕之寬剩。百姓貧乏，非佗路比，上等之家不能當湖湘中下之户，而役錢之出，槩用稅錢，稅錢既少，又敷之田米，田米不足，復筭於身丁。廣西之民，身之有丁也，23既稅以錢，又筭以米，是一身已輸二稅，殆前世弊法。今既未能蠲除之，而又敷以役錢，甚可憫也。廣南東、西路監司〔八〕、提舉司吏人一月請給，上同於令録〔九〕，下倍於攝官，謂當裁損，以減雇錢，庶以寬身丁田米之所出，與夫下户役錢，甚大利也。」詔下本路提舉官齊諶相度，諶請監司、提舉司吏及通引官、客司月給錢第減二千〔一〇〕，歲可減役錢一千二百餘緡。從之。

三年四月二十四日，詔司農寺改更常平、免役、坊場等事有干大法者〔一一〕，不得輒下相度，並先奏取旨。

七月二十八日，司農寺都丞吳雍言：「乞置局，會天下役書，删除煩複，支酬庸直，比較輕重，擬成式樣，下逐路講求報應，再加删定。」從之。又言：「就差官鈎考存留耆、壯

〔一〕稅：原作「庶」，據《長編》卷二九九改。
〔二〕計：原作「既」，據本書食貨六六之四三改。
〔三〕丞：原作「承」，據本書食貨六六之四三改。
〔四〕「户」原作「路」，「毋」原作「母」，據本書食貨六六之四三改。
〔五〕薄：原作「簿」，據《長編》卷三〇〇改。
〔六〕一萬：《長編》卷三〇〇作「二千」，當是。
〔七〕「十」上原有「二」字，據本書食貨六六之四三删。
〔八〕南：原脱，據本書食貨六六之四三補。
〔九〕録：原作「禄」，據本書食貨六六之四三及《長編》卷三〇一改。
〔一〇〕「第」下原衍「一」「二」字，據《長編》卷三〇一删。
〔一一〕等：原作「第」，據本書食貨六六之四三改。

雇直，并支酬衙前錢物〔一〕，計置聚之京師，或轉移沿邊，變易金、穀。」詔提舉司限一月具數以聞〔二〕。

八月一日，司農寺都丞吳雍言：「議定淮、浙兩路役書，減冗占千三百餘人，裁省錢二十八萬四千九百餘緡，會定歲用有寬剩錢一百四萬餘緡。諸路役書多若此類。乞先自近京三兩路修定，下諸路依倣報應〔三〕。」從之，令吳雍與司農寺主判詳定。

三日，司農寺言：「免役、坊場錢，人户不願赴州而願就縣輸送，或緣官司失催納，而因驅磨帳狀，却行收歛，重爲煩擾者，皆乞除免，于干繫人理納。」從之。

閏九月十三日，詔司農寺，諸路請減役人錢毋得施行。

十二月一日，詔：「瓊州、萬安、昌化、朱崖軍，令依威、茂、黎、雅[24]州罷免役法，依舊差役。」以瓊管體量安撫朱初平等奏請也。

五年三月四日，提舉江南西路常平等事劉誼言：「由唐至于五代，暴政所興，二廣則户計一丁，出錢數百，輸米一碩。江東、西許之釀酒則納麴錢，與之食鹽則輸鹽米，供軍須即有鞋錢，入倉庫則有蔭錢，正税之外又有租錢。宋有天下，承平百年，二廣之丁米不除，江南榷酒而收麴錢，民不得鹽而入米〔四〕，比五代爲加賦矣。嘉祐中，許商通茶，乃立租錢，茶租以税爲本〔五〕，比國初又加賦矣。陛下起王安石而相之，又以安石所推引而任呂惠卿、曾布、李承之，内則議令，外則察訪，舉天下之法而新之。上下日以赴功，而一切禁言新令之不便。行之數年，天下訟之，法弊而民病，色色有之，其於役法尤甚。臣請試言其甚者。朝廷立一法，使民出錢，而害法者十。不原賦税本末輕重而出錢〔六〕，一也；不正天下之籍而出錢，二也；下户出錢，三也；庸錢太多〔七〕，又有徒費，四也；出錢太重，五也；寬剩太多，六也；法未成而立法之臣去朝廷，七也；司農不察法，倉官不究弊，八也；減役人而樁留其錢，九也；百色配買，賤價傷民，十也。凡此數弊者〔八〕，不見於上而見于民，民情壅於上聞，甚可痛也。救今日之弊，豈有難哉，陛下鑒害法者悉更之，民享大利矣〔九〕。」詔：「劉誼職在奉行法度，既有所見，自合公心陳露。輒敢張皇上書，惟舉摭一二偏僻不齊之事，意欲槩壞大法，公肆誕謾，上惑朝[25]廷，外搖衆聽，宜加顯絀，以儆在位，特勒停。」

九月二十五日，廣南西路提舉司言：「準詔，依朱初平、劉誼所乞，瓊州、昌化、萬安、朱崖四州軍不行役法，依

〔一〕并：原作「就」，據本書食貨六六之四三改。
〔二〕數以：原作「以數」，據本書食貨六六之四三乙。
〔三〕路依：原作「以路」，據本書食貨六六之四三改乙。
〔四〕入：原作「食」，據本書食貨六六之四四改。
〔五〕税：原作「歲」，據《長編》卷三二四改。
〔六〕輕：原作「經」，據本書食貨六六之四四改。
〔七〕天頭原批：「『多』一作『厚』。」
〔八〕弊：原作「敝」，據本書食貨六六之四四改。下同。
〔九〕大：原作「十」，據《長編》卷三二四改。

舊差役人。今欲以海北諸州寬剩役錢充海南州軍雇役。」從之。

七年二月二十五日，户部言：「司農寺准朝旨就置官局，會天下役書，審察修定。雖已有講議到路分，續準朝旨罷局。契勘推行役法，迨今十餘年，諸路申請增損改更事件不少，條例煩複；兼役人多寡、場務優重、傭酬之類，亦有未均。開封府界見用役書，疏略特甚。今相度，除淮東、兩浙路係吴雍先已議定施行外，其餘路分欲乞從本部參酌，刊成完書。」從之。

八年四月二十七日，門下侍郎司馬光言：「百姓出力，以供在上之役，蓋自古及今未之或改。熙寧中，執政者以爲百姓惟苦差役破産，不憚增税，乃請據家貲高下，各令出錢，雇人充役。按因差役破産者，惟鄉户衙前有之，自餘散從、承符、弓手、手力、耆户、壯丁，未聞破産者也。其鄉户衙前所以破産者，蓋由山野愚戇之人不能幹事，使之主綰官物，或因水火損敗，或爲上下侵欺，是致欠折，備償不足，有破産者。至于長名衙前，久在公庭，勾當精熟，每經重難差遣，積累分數，別得優輕場務酬獎，往往致富，何破産之有？夫差役出于民，錢亦出于民，今使民出錢雇役，何異割鼻飼口？朝三暮四，于民何所利？又曏者役人皆上等户爲之，其下等、單丁、女户及26品官、僧道，本來無役，今更使之一槩輸錢，則是賦斂愈重，非所以寬之也。故自行免役法以來，富室差得自寬，而貧者困窮日甚，殆非所以抑兼并、哀惸獨、均賦役也。又監司、守令之不仁者〔一〕，于雇役人户外多取羨餘，或一縣至數萬貫，以冀恩賞，規進取〔二〕，不顧爲民世世之患〔三〕。又國家舊制所以必差青苗户充役人者，爲其有莊田、家屬，有罪難以逃亡，故頗自重惜。今顧浮浪之人充役，常日恣爲不法，一旦事發，單身竄匿，何處州縣不可投名？又農家所有，不過穀、帛與力，自古賦役，無出三者。自行新法以來，青苗、免役錢及賦斂多責見錢。錢非私家所鑄，要須貿易。今來豐歲穀賤〔四〕，已自傷農，況迫于期限〔五〕，不得半價，盡糶所收，未能充數，家之糇糧，不暇更留。若值凶年，則又無穀可糶，人人賣田，無所可售，遂至殺牛賣肉，伐桑鬻薪，來年生計，不敢復議。此農民所以重困也。又比年以來，物價愈賤，而閭閻益困。所以然者，錢皆聚於官中〔六〕，民間乏錢，貨重物輕。臣愚以爲宜悉罷免役錢，其州縣諸色役人，並依舊制，委本縣令、佐揭簿定差，替見雇役人。其衙前先召募人投充長名，召募不足，然後差鄉村人户。每經歷重難差遣，依舊以優輕場務充酬獎。所有見在免役錢，撥充州縣常平本錢，

〔一〕令：原作「今」，據本書食貨六六之四五改。
〔二〕進取：原倒，據《長編》卷三五五乙。
〔三〕爲：原作「于」，據本書食貨六六之四五改。
〔四〕賤：原作「錢」，據《長編》卷三五五改。
〔五〕迫于：原倒，據《長編》卷三五五乙。
〔六〕官：原作「宮」，據本書食貨六六之四五改。

以户口爲率，存三年之蓄，有餘則歸轉運司。凡免役之法，縱富强應役之人，征貧弱不役之力，利于富者，不利於貧者。及今耳目相接，[27]猶可復舊，若更年深，富者安之，民不可復差矣。」

八月十六日，户部言：「詔修諸路役書。請敷出役錢除先立數外，所留寬剩不得過二分，餘行減放。其自來不及二分處，即依舊。」從之。

十月二十五日，詔耆户長、壯丁之役，皆募充，其保正、甲頭、承帖人並罷。

哲宗元祐元年正月十四日〔一〕，户部言：「准勑：『府界諸路耆長、户長、壯丁之役，並募。以保正代耆長，催税甲頭代户長，承帖人代壯丁，並罷。』看詳所募耆、户長，若用錢數雇募，即慮所支數少，應募不行。兼第四等以下舊不出役錢，只輸充壯丁。竊慮諸路提舉司、州縣爲見今降朝旨並創行雇募，却於人户上更敷役錢。今相度，欲乞應府界諸路自來有輪差及輪募役人去處〔二〕，並乞依元役法。如有合增損事件，亦依役法增損，條具施行。」從之。

二月一日，中書舍人蘇軾言：「竊見先帝初行役法，取寬剩錢不得過二分，以備災傷。而有司奉行過當，通計天下，乃十四五。然行之幾十六七年，常積而不用，至三千餘萬貫碩。先帝聖意固自有在〔三〕，而愚民無知，因謂朝廷因免役爲名，實欲重歛。斯言流聞，不可以示天下後世。臣謂此錢本出民力〔四〕，理當還爲民用，此先帝聖意所欲行者。今日所當追探其意，還于役法中散之，以塞愚民無知之詞，以興長世無窮之利。臣伏見熙寧中嘗行給田募役法，其法以係官田如退灘、户絶、没納之類，及用寬剩錢買民田以[28]募役人，大略如邊郡弓箭手。臣知密州，親行其法，先募弓手，民甚便之，曾未半年，此法復罷。左右大臣意在速成，且利寬剩錢以爲他用，故更相駁難，遂不果行。臣謂此法行之有五利：朝廷若依舊行免役法，則每募一名，省得一名雇錢，因積所省，益買益募，要之數年，雇錢無幾，則役錢可以大減。若行差役法，則每一名省得一名色役，色役既減，農民自寬。其利一也。應募之民，正與弓箭手無異，舉家衣食，出于官田，平時重犯法，緩急不逃亡，其利二也。今者穀賤傷農，民賣田常苦不售。若官與買〔五〕，則田、穀皆重，農可小舒，其利三也。錢積于官，常苦幣重〔六〕，若散以買田，則貨幣稍均，其利四也。此法既行，民享其利，追悟先帝所以取寬剩錢者，凡以爲我用耳，

〔一〕天頭原批：「哲宗元祐元年以下至卷末，與《大典》卷一萬七千五百五十重。」
〔二〕應：原作「行」，據本書食貨六六之四六改。
〔三〕自有：原作「有自」，據本書食貨一三之二、食貨六六之四六及《長編》卷三七四乙。
〔四〕謂：原作「爲」，據《長編》卷三七四改。
〔五〕買：原作「賣」，據本書食貨六六之四六改。
〔六〕幣：原作「弊」，據本書食貨一三之三、《長編》卷三七四及《東坡全集》卷五二改。

疑謗消釋，恩德顯白，其利五也。獨有二弊〔一〕：貪吏狡胥與民爲姦，以瘠薄田中官，雇一浮浪人暫出應役，一年半歲即棄而走，此一弊也。愚民寡慮，見利忘患，聞官中買田募役，即爭以田中官，以身充役。業不離主〔二〕，既初無所失而驟得官錢，必爭爲之。充役之後，永無休歇，患及子孫。此二弊也。但當設法以防二弊，而先帝之法決不可廢。今日既欲盡罷寬剩錢，將來無繼，而繫官田地數目不多。見在寬剩錢雖有三千萬貫碩，而兵興已來，借支幾半〔三〕。臣今擘畫，欲於内帑錢帛中支還兵興以來所借錢斛，復全三千萬貫碩，止于河北、河東、陝西被邊三路行給田募 29 役法。使五七年間役減太半，農民富庶，以備緩急，此無窮之利也。今弓箭手有甲馬者給田二頃半，此以驅命償官，且猶可募，則其餘色役，召募不難。臣謂良田二頃可募一弓手，一頃可募一散從官，則三千萬貫碩可以足用。」後有詔送役法所。

六日，三省、樞密院同進呈門下侍郎司馬光奏〔四〕：「竊見免役之法，其害有五：舊日差役之時，上户雖差充役次有所陪備，然年滿之後，却得休息數年，營治家産，以備後役。今則年年出錢〔五〕，無有休息，或有所出錢數多于往日充役陪備之錢者。此其害一也。舊日差役之時〔六〕，下户元不充役，今來一例出免役錢，驅迫貧民剥膚竭髓〔七〕。家産既盡，流移無歸，弱者轉死溝壑，强者聚爲盗賊。此其害二也。舊日差役之時，所差皆土著良民，各有宗族、田産，使之作公人管幹諸事，各自愛惜；使之主守官物，少敢侵盗。所以然者，事發逃亡，有宗族、田産以累其心故也。今召募四方浮浪之人使之充役，無宗族、田産之累，作公人則恣爲姦僞，曲法受贓，主守官物則侵欺盗用。一旦事發〔八〕，則挈家亡去〔九〕，變易姓名〔一〇〕，别往州縣投名。官中無由追捕，官物亦無處理索。此其害三也。自古農民所有，不過穀、帛與力，凡所以供公賦役，無出三者，皆取諸其身而無窮盡。今朝廷立法曰：我不用汝力，輸我錢，我自雇人。殊不知農民出錢，難于出力。何則？錢非民間所鑄，皆出於官。上農之家所多有者，不過莊 30 田、穀帛、牛具、桑柘而已，無積錢數百貫者。自古豐歲穀賤，已自傷農，官中更以免役及諸色錢督之，則穀愈賤矣。平時一斗直百錢者不過直四五十〔一一〕，更急則三二十。豐年猶可以糴

〔一〕二：原作「一」，據本書食貨一三之二、食貨六六之四六改。
〔二〕主：原作「王」，據本書食貨六六之四六改。
〔三〕半：原作「年」，據《東坡全集》卷五二改。
〔四〕同：原作「司」，據《長編》卷三六五改。
〔五〕年年：原脱一「年」字，據《長編》卷三六五補。
〔六〕時：原作「事」，據本書食貨六六之四七改。
〔七〕天頭原批：「『揭』一作『椎』。」按，文中有「竭」而無「揭」，批者筆誤。
〔八〕旦：原作「且」，據本書食貨六六之四七改。
〔九〕去：原作「失」，據《傳家集》卷四九改。
〔一〇〕易：原無，據《傳家集》卷四九補。
〔一一〕百：原脱，據《長編》卷三六五補。

穀送納官錢，若遇凶年，則穀帛亦無〔一〕，不免賣莊田、牛具、桑柘，以錢納官。既家家各賣，如何得售？惟有拆屋伐桑以賣薪，殺牛以賣肉。今歲如此，來歲何以爲生？是官立法，以殄盡民之生計。此其害四也。提舉常平倉司惟務多斂役錢，廣積寬剩，以爲功効，希求進用。今朝廷雖有指揮，令役錢、寬剩錢不得過二分，竊慮聚斂之臣猶依傍役錢作名目，隱藏寬剩，使幽遠之人不被聖澤。此其害五也。以陛下近詔臣民各上封事，言民間疾苦，所降出者約數千章，無有不言免役錢之害者，足知其爲天下之公患無疑也。以臣愚見，爲今之計，莫若直降勅命，應天下免役錢一切並罷。其諸色役人並依熙寧元年以前舊法人數，委本縣令、佐親自揭五等丁產簿定差。仍令刑部檢會熙寧元年見行差役條貫，雕印頒下諸州。所差之人，若正身自願充役者，即令充役；不願充役者，從便選雇有行止人自代，其雇錢多少，私下商量。若所雇人逃亡，即勒正身别雇。若將帶却官物，勒正身陪填。如此，則諸色公人盡得有根（坻）〔柢〕行止之人，少敢作過，官中百事，無不修舉。其見雇役人，候差到役人，放令逐便。數內惟衙前一役最號重難，曏日差役之時，有因重 31 難破家產者。朝廷爲此始計作助役法。自後條貫優假衙前，諸公使庫、設厨酒庫、茶酒司，並差將校幹當；諸上京綱運〔二〕，召得替官員或差使臣、殿侍、軍大將管押；其粗色及畸零之物，差將校或節級管押。衙前苦無差遣〔三〕，不聞更有破產之人。若今日差充衙前，料民間陪備亦少于曏日〔四〕，不至有破家產者。若猶以衙前户力難以獨任，即乞依舊法于官户、僧寺、道觀、單丁、女户有屋產、每月掠錢及十五貫、莊田中年所收及百碩以上者，並令隨貧富分等第出助役錢；不及此數者，與免。其餘產業，並約此爲準。所有助役錢，令逐州樁管，據所有多少數目，約本州衙前重難分數，每分合給幾錢，遇衙前合當重難差遣，即行支給。尚慮天下役人利害逐處各有不同，欲乞於今來勅內更指揮行下開封府界及諸路轉運司，牓下州縣，委逐處官看詳。若依今來指揮别無妨礙，可以施行，即便依此施行；若有妨礙，致施行未得，即仰限勅到五日內〔五〕，具利害擘畫申本州。仰本州類聚諸縣所申，擇其可取者，限勅書到一月內，具利害擘畫申轉運司。轉運司類聚諸州所申，擇其可取者，限勅書到一季內，具利害畫一奏聞朝廷。候奏到，委執政官再加看詳，各隨宜修改，别作一路一州一縣勅施行，務要所在役法曲盡其宜。」從之。初議役法，蔡確言：「此大事也，當與樞密院共之。」故三省、樞密院同進呈。

二十二日，門下侍郎司馬光言：「免役錢已悉廢罷，復

〔一〕則：原作「貝」，據本書食貨一三之四、食貨六六之四七改。
〔二〕綱：原作「網」，據本書食貨一三之五、食貨六六之四八改。
〔三〕苦：原作「若」，據《長編》卷三六五改。
〔四〕料：原作「科」，據《長編》卷三六五改。
〔五〕五日内：原作「日」，據《傳家集》卷四九補。

祖宗差32役舊法，乃天下之幸。臣聞令出惟行，弗惟反。彼免役錢雖于下户困苦，而上户優便，行之已近二十年，人情習熟，一旦變更，不能不懷異同。又復行差役之初，州縣不能不小有煩擾。又提舉官專以多歛役錢爲功，惟恐役錢之罷，若見朝廷于今日所下勑微有變動，必更相告曰：『朝廷之勑果尚未定，宜且觀望。』必競言免役錢不可罷。朝廷萬一聽之，則良法復壞矣。伏望朝廷執之堅如金石，雖有小小利害未備，俟諸路轉運司奏到，徐爲改更，亦未爲晚。當此之際，願朝廷勿以人言輕壞利民良法。」

二十八日，置詳定役法所。詔：「門下侍郎司馬光近建明役法，大意已善。緣關涉事衆，尚慮其間未得盡備，及繼有執政論奏，臣僚上言役法利害，若不精加考究，何以成萬世良法？宜差資政殿大學士兼侍讀韓維、吏部尚書呂大防、工部尚書孫永、給事中兼侍讀范純仁專切詳定以聞〔一〕。仍將逐項文字抄付韓維等。」先是，知樞密院章惇言：「近奉旨與三省同進呈司馬光乞罷免役、行差役事劄子，其間甚多疎略，今條陳如左。一、今月初三日劄子内稱：『舊日差役之時，上户雖差充役次有所陪備，然年滿之後，却得休息，今所出錢數多于往日充役陪備之錢，其害一也。』又劄子内却稱：『彼免役錢雖于下户困苦，而上户優便，行之已近二十年，人情習熟，一旦變更，不能不懷異同。』臣看詳，司馬光旬日之間兩入劄子〔二〕，而所言上户利害正相反〔三〕，未審因何違戾乃爾。臣觀司馬光忠直至誠，豈至如此反覆，必是講求未得審實，率爾而言。以此推之，措置變法之方必恐未能盡善。一稱：『舊日差役之時，所差皆土著良民，各有宗族、田産。使之作公人及管勾諸事，各自愛惜，少敢大段作過；使之主守官物，少敢侵盜。所以然者，事發逃亡，有宗族、田産以累其心故也。今召募四方浮浪之人，使之充役，無宗族、田産之累，作公人則恣爲姦僞，曲法受贓，主守官物則侵欺盜用。一旦事發，則挈家亡去，變姓名往别州縣投名，官司無從追捕，官物亦無處理索。』臣看詳，司馬光前項所言亦有所因，蓋比來降出臣庶所上封章内，往往泛爲此説。但是言者設疑之一端，未必事實。且召募役人之法，自有家業保識，若是主持官物者，便是長名衙前，比舊惟不買撲坊場，至於支酬重難與月給工食錢，亦自不當薄，豈有無宗族、田産浮浪之人得投充此役？臣自當行免役新法以來，三經典郡，每每詢問募役次第，但聞縣下所召承帖人多是浮浪，每遇追呼勾當，多行騷擾。若朝廷欲知事實，但令逐路監司指定一州，差役時即自熙寧元年已前，免役法行後即自元豐元年已後，各具三年内主持官物衙前，有若干人犯侵盜，各是何姓名，得何刑罪，便可立見有無。至如州縣曹司，舊法差役之人時亦召

〔一〕「侍」下原有一「講」字，據《長編》卷三六七删。
〔二〕入劄子：原作「以便民」，據《長編》卷三六七改。
〔三〕自「而所言」至下文「雇人代寫」四百八十餘字原缺（其所缺處原是一大段衍文，已爲原整理者剪去），今據《長編》卷三六七補。

人户投名應役，直是無人可召，方行定差。其所差人往往不會行遣，惟是雇人代寫33文書，34所差之人但占名著字，事有失錯，身當決罰而已，民間中、下人户甚以爲苦。設自免役法行，或勒向來受雇行遣人充手分，支與雇錢。若此等人曲法受贓，即與舊日何異？一稱：『提舉常平倉司惟務多斂役錢，廣積寬剩，以爲功効，希求進用。今朝廷雖有指揮，令役錢寬剩不得過二分〔一〕，切慮聚斂之臣依傍役錢別作名目〔二〕，隱藏寬剩，使幽遠之人不被聖澤。』臣看詳，所言亦未中事理。大抵常人之情，謀己私利者多，而向公愛民者少。若朝廷以積錢多爲賞勸，則必以聚斂邀功。今朝廷既不許取寬剩，及掊刻者必行黜罰，則提舉官若非病狂，豈肯力求黜罰？況役錢若有寬剩，未委作何名目可以隱藏〔三〕？以此驗之，言已疏闊〔四〕。一稱：『臣民封事言民間疾苦，所降出者約數千章，無有不言免役之害，足知其爲天下之公患無疑。』臣看詳，臣民封事降出者，言免役不便者固多，然其間言免役之法爲便者亦自不少。蓋非人人皆言免役爲害，事理分明。然臣愚所見，凡言便者多上三等人户，言不便者多下等人户。大抵封事所言利害，各是偏辭，未可全憑以定虛實當否，惟須詳究事實，方可興利除害。一稱：『莫若直降勑命，應天下免役悉罷。其諸色役人並依熙寧元年以前舊法人數，委本縣令、佐親自揭五等丁産簿定差〔五〕。仍令刑部檢按熙寧元年見行差役條貫，雕印頒下諸州。』臣看詳，此一節尤爲疏畧，全然不可施35行。且如熙寧元年役人數目尤多，後來累經裁減，三分去一，今來豈可悉依舊數定差？又令刑部檢會熙寧元年見行差役條貫，雕印頒下諸州。且舊日每修編勑，比至雕印頒行之時，其間衝改已將及半。蓋以事目歲月改更，理須續降後勑。今日天下政事，比熙寧元年以前，改更不可勝數。事既與舊不同，豈可悉檢用熙寧元年以前見行條貫？竊詳司馬光之意，必謂止是差役一事，今既差役依舊，則當時條貫便可施行。乃不知雖是差役一事，而官司上下關連，事目極多，條貫動相干涉，豈可單用差役一門？顯見施行未得。一稱：『曏日差役之時，有因重難破家産者，朝廷爲此始議作助役法。然自後條貫優假衙前〔六〕，應公使庫、設厨酒庫、茶酒司，並差將校幹當，又上京綱運召得替官員或差使臣〔七〕、殿侍、軍大將管押，其粗色及畸零之物差將校或節級管押，衙前苦無差遣〔八〕。』臣看詳此一節〔九〕，自行免役法後來，凡所差將校幹當厨庫等處，各有

〔一〕令：原作「今」，據本書食貨一三之八、食貨六五之三〇、六六之四九改。
〔二〕錢：原作「爲」，據本書食貨六五之三〇及《長編》卷三六七改。
〔三〕委：原作「與」，據本書食貨一三之八、食貨六六之四九改。
〔四〕闊：原作「潤」，據本書食貨一三之八、食貨六六之四九改。
〔五〕簿：原作「薄」，據《長編》卷三六七改。
〔六〕衙：原脱，據上文及《長編》卷三六七補。
〔七〕綱：原作「網」，據本書食貨一三之九、食貨六六之五〇改。下同。
〔八〕苦：原作「若」，據《長編》卷三六七改。
〔九〕此：原作「比」，據本書食貨一三之九、食貨六六之五〇改。

月給食錢；其召募官員、使臣，并差使臣、將校、節級管幹綱運官物，並各有路費等錢，皆是支破役錢。今既差役，則無錢可支，何由更可差將校管幹，及召募官員管押？一稱：『若以衙前户力難以獨任，即乞依舊于官户、僧寺、道觀，單丁、女户有屋業，每月掠錢及十五貫、莊田中年所收斛斗及百碩以上者，並令隨貧富等第出助役錢〔一〕。不及此數者，與放免。其餘産業，並約此爲准。』臣看詳，自免役法行〔二〕，【36】官户、寺觀、單丁、女户各已有等第出納役錢之法。今若既出助役錢，自可依舊，何須一切並行改變？且如月掠房錢十五貫，已是下等之家，若令出助役錢，顯見不易；又更令莊田中年所收百斛以上亦納助役錢，即尤爲刻剥。凡内地中年百碩斛㪷，粗細兩色相兼，共不直一十千錢；若是不當水路州軍，不過直十四五千而已。雖是河北沿邊，不過可直三十來千；陝西、河東沿邊州郡〔三〕，四五十千。免役法中，皆是不出役錢之人。似此等第官户、寺觀送納，固已非宜，況女户、單丁，尤是孤弱，若令出納，豈不更爲深害！一稱：『慮天下役人利害，逐處各有不同，欲乞今來勑内更行指揮，下開封府界及諸路轉運司，謄下諸州縣，委逐縣官看詳〔四〕。若依今來指揮别無妨礙，即便施行；若有妨礙，致施行未得，限勑書到五日内，具利害擘畫申州。本州類聚諸縣所申，擇其可取者，限勑書到一月内，具利害擘畫申轉運司。轉運司聚諸州所申，擇其可取者，限勑書到一季内，具利害擘畫奏聞。』又續有劄子，内稱：『伏望朝廷執之堅如金石，雖有小小利害未備，俟諸路轉運司奏到，徐爲改更，亦未爲晚。』臣看詳，今日更張政事，所繫生民利害，免役、差役之法最大，極須詳審，不可輕易。況役法利害所基，先自縣道，理須寬以期限，令諸縣詳議利害，曲盡逐處所宜，則法可久行，民間受賜。今來止限五日，諸縣何由擘畫利害？詳光【37】之意，務欲速行以便民，不知如此草草更張，反更爲害。諸路州軍見此指揮，必妄意朝廷惟在速了，不欲令人更有議論，故立此限，迫促施行。望風希合，以速爲能，豈更有擘畫？上項兩節，乃是空文。且諸縣既迫以五日之限〔五〕，苟且施行猶恐不暇，何由更具利害申陳？諸縣既不申陳，諸州憑何擘畫？諸州既無擘畫，轉運司欲具利害，將何所憑？又況人懷觀望，誰肯措辭？如此，則生民受弊，未有已時。光雖有憂國愛民之心，而其講變法之術措置無方，施行無緒。可惜朝廷更法美意，又將偏廢于此時，有識之人，無不喟嘆。伏乞更加審議。臣所看詳，且據司馬光劄子内抵捂事節而已，至

〔一〕隨：原作「在」，據本書食貨一三之一〇、食貨六五之三一、食貨六六之五〇改。
〔二〕「法行」下原衍「法行」二字，據本書食貨一三之一〇、食貨六六之五〇删。
〔三〕「陝」上原衍一「除」字，「東」原作「邊」，據《長編》卷三六七删改。
〔四〕委逐縣：原脱，據《長編》卷三六七補。
〔五〕日：原作「月」，據上文及本書食貨一三之一一、食貨六六之五一改。

于見行役法，今日自合修改〔一〕。但差役、免役各有利害，要在有講求措置之方，使之盡善。臣再詳，光所論事，亦多過當，唯是稱『下户元不充役，今來一例納錢』，又『錢非民間所鑄，皆出于官。上農之家所富有者〔二〕，不過莊田、穀帛、牛具、桑柘而已。穀賤已自傷農，官中更以免役及諸色錢督之，則穀愈賤〔三〕』，此二事最爲論免役納錢利害要切之言。然初朝廷自議行免役之時，本爲差役，民受困苦，大則破家，小則毀身，所以議改新法。但爲當時所遣使者不能體先帝愛民之志，成就法意之良，惟欲因事以爲己功，或務苟且速就，或務多取役錢，妄意百端，徼倖求進。法行之後，差役之舊害雖已盡去，而免役之新害隨而復生。民間徒見輸納之勞，而不知38朝廷愛民利物之意。今日正是更張修飾之時，理當詳審。況逐路逐州逐縣之間，利害不同，並須隨宜擘畫。如臣愚見，謂不若先具此意申敕轉運〔四〕、提舉司、諸州縣，各令盡心講求，豫具利害擘畫次第，以俟朝廷遣使就逐處措置。此命既以先下，人人莫不用心，然後朝廷選公正强明、曉練政事官四員充使，逐官各更選辟曉練政事兩員隨行管勾。且令分使京東、京西路，每路兩員使者，四員隨行管勾官，與轉運或提舉官親詣逐州縣，體問民間利害，是何等人户願出役錢，是何等人户不願出役錢；是何等色役可差，是何等色役可雇；是何等人户雖不願出錢〔五〕，而可以使之出錢；是何重難優輕可增可減。緣人户貧富、役次多寡與重難優輕窠名〔六〕，州州縣縣不同，理須隨宜措置。既見得利害子細，然後條具措置事節，逐旋聞奏，降敕施行。如此，不過半年之間，可以了此兩路。然後更遣此已經措置官員分往四路，逐員各更令辟一員未經措置〔七〕、曉達政事官同行，不過半年之間，又可措置四路。然後依前分遣，徧往諸路。如此，則遠不過一年半之間，天下役法措置悉已周遍。法既曲盡其宜，生民永蒙惠澤，上則成先帝之美意，下則興無窮之大利。與今日草草變革，一切苟欲速行之弊，其爲利害，相遠萬萬。願留省覽。」至是，尚書左丞呂公著言：「勘會司馬光近建明役法文字，大意已善，其間不無疏畧未39備處。若博採衆論，更加公心，申明行下，向去必成良法。今章惇所上文字，雖其言或有可取，然大率出于不平之氣，專欲求勝，不顧朝廷命令大體。早來都堂三省、樞密院會議，章惇、安燾大段不通商量。況役法元不屬密院，若如此論議不一，必是難得平允。望宸衷詳酌，或選差近臣三數人專切詳定奏

〔一〕日：原作「臣」，據《長編》卷三六七改。
〔二〕天頭原批：「『富』一作『多』。」
〔三〕賤：原作「錢」，據本書食貨一三之一二、食貨六五之三〇及六六之五一改。
〔四〕申：原作「中」，據本書食貨一三之一二、食貨六六之五一改。
〔五〕雖：原作「是」，據《長編》卷三六七改。
〔六〕「寡」原作「募」，「窠」原作「實」，據《長編》卷三六七改。
〔七〕辟：原作「兼」，據《長編》卷三六七改。

聞。」遂具韓維、李常〔一〕、范純仁、孫覺、孫永、呂大防、王覿名，乞自禁中指揮，選三數人降出。又言：「自來政事，朝廷有大議論，亦多選差兩制或兩省定奪。近劉摯、王巖叟、蘇轍有所論奏，恐涉嫌疑，惟宸衷裁擇。」於是詔維等專切詳定〔二〕。

元祐元年二月二十八日，右正言王覿言：「伏覩今月七日勑行差役法。勑内止是備録門下侍郎司馬光劄子，不曾經有司立成畫一條目。若内有小節未安，須當接續行下，庶幾良法早定，不爲浮議所揺。看詳『諸色役人並依熙寧元年以前舊法人數，委本縣令佐親自揭五等丁産簿定差』此一節〔三〕，緣諸色役人自熙寧元年後來逐旋裁減，今來乞降指揮，依見今役人立額定差。并衙前一役，熙寧元年以前舊法許人投名，今既頒行熙寧元年以前差役條貫，即合存留投名之人。乞降指揮，應投名衙前只用近年規繩，以出賣坊場錢支酬重難分數，并給請受。或内有不願依舊投名之人，重別召募不行，方得鄉差。其官户、僧道、寺觀、單丁、女户免役錢，即留助鄉差之人〔四〕。」詔劄與詳定役 40 法所。

同日，右司諫蘇轍言：「伏見二月九日三省、樞密院劄子節文：『應天下免役錢一切並罷，其諸色役人並依熙寧元年以前舊法人數定差。』大綱既得允當，其間節目頗有疎畧。差役未易一一具言〔五〕，全在有司節次修飾。今來開封府官吏更不相度申請，于數日之間，一依舊法人數差撥了絶。如壇子之類，近年以剩員充者，一例差撥役人監勒。開、祥兩縣，迅若兵火，顯是故欲擾民，以害成法。乞下所司取問，火急催督，是何情寔，特賜行遣，以戒天下挾邪壞法之人。」詔劄送詳定役法所。

是月，司馬光言：「臣伏見御批指揮，以臣近建明差役法〔六〕，慮其間未得盡備，差韓維、呂大防、孫永、范純仁專切詳定聞奏。臣切以免役錢之病民，自曏日臣僚、民庶上封事及日近劉摯等奏陳，言之甚詳，非獨出臣一人之私意也。陛下幸用臣言，悉罷免役錢，依舊差役。詔下之日，中外歡呼，往來之人聞道路農民迭相慶賀云：『今後這回快活也！』然則此令之下，深合人心，明白灼然，無可疑者。其間條目未備，不能委曲盡善，固須有之。臣所以乞下諸路州縣官吏，令看詳，若有妨礙〔七〕，施行未得，即具利害擘畫，以次上聞，誠以畎畝幽隱，南北異宜，自非在彼親民小官，無以知其詳悉，故令各具所見，指陳利害。所以盡下

〔一〕李：原作「季」，據《長編》卷三六七改。
〔二〕維：原作「惟」，據上文及本書食貨一三之一三、食貨六六之五二改。
〔三〕産：原作「差」，據本書食貨一三之一三、食貨六六之五二改。
〔四〕留：原作「當」，據本書食貨一三之一四、食貨六六之五二及《長編》卷三六七改。
〔五〕一一：原作「一二」，據《長編》卷三六七改。
〔六〕明：原作「民」，據本書食貨一三之一四、食貨六五之三八、食貨六六之五二改。
〔七〕有：原脱，據《長編》卷三六七補。

情，求民瘼，非謂勑書一下，禁人不得復議也。俟其奏到，徐議添改，何後之有？要在早罷役錢，復差役，爲大利而已。41如建大厦，棟宇已立，雖户牖未備，可以徐圖。今陛下令韓維等再行詳定，考究利害，補全漏略，成就良法，固無所妨。但勑下已踰半月，州縣差役約已及中半，方行遣紛紜，臣愚竊恐聞此指揮，謂朝廷前日之勑改更未定，或歛錢，或差役，尚未可知，官吏惶惑，不知所從，衆庶失望，怨嗟益甚。必有本因新法得進之臣乘此間隙，爭言免役錢不可罷；因聚歛獲功之吏稱舊條未改，督責免役錢愈急。是民出湯火，濯清泉，復入湯火也。伏望朝廷特賜申勑州縣，言今來止爲其間條目未補，令維等詳定。所有差役，仰州縣依前勑一面施行，候定到事節，續降下次。免致于差役中半紛紜之際，令出反汗，人情大摇。」從之。

閏二月四日，勑：「已差官詳定役法，令諸路且依二月初六日指揮定差。仍令州縣及轉運、提舉司各遞與限兩月，體訪役法民間的確利害。縣具可施行事申州；州爲看詳，保明申轉運、提舉司；轉運、提舉司看詳，保明聞奏。仍令逐州縣出榜，許舊來係納免役錢、今來合差役人户，各具利害，寔封自陳。」于是劉摯言：「免役錢爲天下害也久矣，陛下一旦罷去，復用祖宗差法，中外罔不欣快〔一〕。命令之出，要在必行，豈可却云『且行』，則天下奉承者豈不疑惑？懷私之人豈不觀望？又令舊納錢者、今被差者皆具論列，緣四海百姓向來無不納錢，則是竭天下之人使之寔封議法，達于朝廷者計須山積，則考閱42何時可遍？而所謂差役之法，何年可見其成也？建此論者，蓋欲爲遷延之謀，動摇之術，不意朝廷從而行之。今已選官建局，但宜趣具畫一，宣布行下。大法既先定，如州縣奉行委有未便，方聽依限申請，然後隨事修之，何用此紛紛，以遂沮害之計，召天下之疑哉！」王巖叟言：「前勑爲已見民間免役之害，故復差法，而今勑方云限兩月體訪利害〔二〕。前勑不以委提舉司，而今勑又令提舉司看詳保明。朝廷豈不知提舉官多是護持弊法之人，人人利于且爲監司〔三〕，惟恐便行廢罷，見此指揮，必生觀望，以爲免役可存，妄有陳述。姦人得以藉口，誑惑聖聰，動摇善政。伏望特賜收還近勑，候詳定成法日，別取旨施行，庶命令無反覆之嫌，中外無二三之惑。」尋詔：「今議論未見成法，若許諸色人申陳，恐徒爲煩擾。候有成法，録下諸路，立限許寔封申陳，逐旋看詳更改。」

十日，詔詳定役法所有合經由三省文字，與免勘當，及不依常制日限催促施行。

十五日，詳定役法所言：「司馬光奏請天下免役錢並罷，其諸色役人並依熙寧元年以前舊法人數，令、佐揭簿定

〔一〕罔：原作「岡」，據本書食貨一三之一六、食貨六六之五三改。
〔二〕今：原作「令」，據本書食貨一三之一六、食貨六六之五三改。
〔三〕人人：原脱一「人」字，據《長編》卷三六八補。

差。今看詳，欲乞下諸路，除衙前一役先用坊場、河渡錢依見今合用人雇募；不足，方許揭簿定差。其餘役人除合召募外，並行定差。其差衙前有妨礙或別有利害，許依閏二月四日指揮施行。」從之。

同日，右司諫蘇轍言：「臣近奏罷免役錢、行差役事，大綱已得允當，其間小[43]節疎畧差悮，乞令諸處審議，候的確可行，然後行下。近日已蒙聖旨差韓維等四人置局看詳。臣謂疎畧差悮，其事有五：其一，衙前之害，自熙寧以前，破敗人家，甚如兵火，天下同苦之久矣。先帝知之，故創立免役法，勾收坊場，官自出賣，以免役錢雇投名人，以坊場錢爲重難酬獎，及以召募官員、軍員押綱。自是天下不復知有衙前之患。而近歲所以民日病困，天下共苦免役法者，乃是莊農之家歲出役錢不易，及出賣坊場，許人添價爭劃，致送納不前之弊也。向使先帝只行官自出賣坊場一事，自可了却衙前色役有餘，其餘役人且依舊法〔一〕，則天下之利較然無疑。獨有一弊，所雇衙前或是浮浪，不如鄉差稅户可以委信。然行之十餘年，浮浪之害無大敗闕，不足以易鄉差衙前搔擾之患。今來略計天下坊場錢一歲所得，共四百二十餘萬貫，若立定酌中價例〔二〕，不許添價劃買，亦不過三分減一，尚有役錢二百八十餘萬貫〔三〕，而衙前支費及召募非泛綱運〔四〕，一歲共不過一百五十餘萬貫。雖諸路多少不齊，或足或否，而折長補短，移用可足。由此言之〔五〕，將坊場錢了衙前一役，灼然有餘，何用更差鄉户？今年二月六日所降指揮，但云諸公使庫〔六〕、設厨酒庫、茶酒司並差將校幹當，諸綱運並召得替官員或差使臣、軍員、將校管押，衙前苦無差遣，不聞有破産之人，以此欲差鄉户。至於坊場，元無明文處置，不知官自出[44]賣，爲復却依舊法酬獎衙前？若官自出賣，即如川蜀、京東、淮、浙等路，舊來坊場優厚，人人願爲長名。元不差鄉户去處，今來却須創差，民情必是大段驚擾。若依舊法，用坊場酬獎衙前，即未知合召募官員〔七〕、軍員、將校等押綱用何錢支遣？若無錢支遣，即諸般重難還是鄉户衙前管認，爲害不小。其二，坊郭人户，熙寧以前常有科配之勞，自新法以來，始與鄉户並出役錢，而免科配。其法甚便，但所出役錢太重，未爲經久之法。今若全不令出，即比農民反爲僥倖〔八〕；若依熙寧以前科配，則取之無藝，人未必安。今來二月六日指揮，並不言及坊郭一項〔九〕。欲乞指揮，并官

〔一〕依：原作「以」，據本書食貨一三之一七、食貨六六之五四改。
〔二〕中：原作「十」，據《長編》卷三六九改。
〔三〕二百：原脱，據《長編》卷三六九補。
〔四〕泛：原作「乏」，據本書食貨一三之一八、食貨六六之五四改。
〔五〕由：原作「田」，據本書食貨一三之一八、食貨六六之五四改。
〔六〕「庫」下原衍「設庫」二字，據本書食貨六五之三一、六六之四八、《長編》卷三六九删。
〔七〕知：原脱，據《長編》卷三六九補。
〔八〕「即」下原有一「出」字，據《長編》卷三六九删。
〔九〕郭：原作「場」，據《長編》卷三六九改。

戶、寺觀、單丁、女戶，並據見今所出役錢裁減酌中數目，與前項賣坊場錢除支雇衙前及召募非泛綱運外，常切樁留，准備下項支遣。所有月掠房錢十五千及歲收斛斗百碩以上出錢指揮，恐難施行。其三，新法以來減定諸色役人，皆是的確合用數目，行之十餘年，並無闕事，即熙寧以前舊法人數顯是冗長，虛煩民力。今來二月六日指揮，却令依舊人數定差，未爲允當，欲乞只依見今役人數目差撥。若是先元差鄉戶充役〔一〕，後來却用[45]剩員抵替，如場子、壇子之類，其剩員差費，請受合還運司者，即乞于前項坊郭等錢內支還。其四，熙寧以前，散從、弓手、手力等役人常苦接送之勞，遠者至四五千里，極爲疲弊。自新法以來，官吏皆請雇錢，役人既以爲便，官吏亦不闕事。今民力凋殘，比之熙寧以前，尤當憫恤，若不免接送，必有逃竄流離之憂。欲乞依新法，官吏並請雇錢，仍于前項坊場、坊郭等錢內支。其五，州縣胥吏，並募情願充役，不請雇錢。如不情願，即量支雇錢，仍罷重法，亦以前項坊場、坊郭等錢支。如支用不足，即差鄉戶。仍許指射舊人，官爲差雇代役〔二〕。其鄉戶所出雇錢，不得過官雇數目。」詔送看詳[46]役法所。

十六日，詳定役法所言：「乞先次行下諸路，除衙前一役先用坊場、河渡錢物依見今合用人雇募，不足，方許揭簿定差。本所再詳『雇募』二字，竊慮諸路承用疑惑，却將謂依舊用錢雇募充役，欲乞改『雇』字爲『招』字〔三〕。」從之。

十九日，詔給事中、兼侍講傅堯俞詳定役法。

二十四日，右司諫蘇轍言：「出限拖欠役錢。今來朝廷已行差役法，即免役錢別無支用。雖使差役未了間時暫留舊雇人執役，自有從來寬剩役錢支遣。其拖欠役錢，乞與一切放免。」從之。

三月三日，詳定役法所言：「乞下諸路，除衙前外，諸色役人只依見用人數定差。今來夏料役錢住罷，更不起催。官戶、僧道、寺觀、單丁、女戶出錢助役指揮勿行。」從之。

同日，詳定役法所言：「檢會今年二月六日朝旨內一項〔四〕『諸色役人，其間雖有等第不及而願充近上役次者，乞聽從便』，及『舊人願住者准此』一項，乞下諸路，衙前依已得指揮外，其餘役人亦乞並依即目見用人數定差。如委實人數太少，使用不足，或別有妨礙，即依閏二月四日指揮施行。一、官戶、僧寺、道觀、單丁、女戶出助役錢，竊慮州縣有不曉元降朝旨『如有妨礙，即未得施行』之意，却便作無妨礙行下〔五〕。今乞下諸路更不施行，別聽指揮。一、已准朝旨，免役錢一切並罷。其將來夏料役錢，自合更不起納。」從之。

〔一〕天頭原批：「『是先』一作『自前』。」
〔二〕爲：原作「吏」，據《長編》卷三六九改。
〔三〕雇字：原作「雇募」，據本書食貨一三之一九、食貨六六之五五改。
〔四〕檢：原作「今」，據本書食貨一三之二〇、食貨六六之五五改。
〔五〕妨：原作「坊」，據本書食貨一三之二〇、食貨六六之五五改。

四日，詳定役法所言：「諸色役人已行舊日差法，竊慮新、舊法未定之際，州縣 47 輒有諸般圓那陪備，非理勾追役使。若不嚴行禁止，必恐別致搔擾。欲應元豐編勑及見行散勑內約束『不得非理差衙前及諸色役人，并令陪備』等條貫〔一〕，並乞依舊行使。內耆、壯即乞依保正長法施行。」從之。

十六日，詳定役法所言：「坊場、河渡錢元用支酬衙前重難，添酒等錢准備場務陪費。如此之類，名件不一。除依條合支外，欲並樁留，以備召募衙前、支酬重難及應緣役事之用。」從之。

十七日，詳定役法所言：「諸路見行出賣坊場、河渡等并應合支酬招募衙前使用錢物，未有所隸。」詔令提點刑獄司主之。是年閏二月八日，罷諸路提舉常平官，故以隸提刑。

十八日，詳定役法所言：「准內降臣寮上言：『諸郡縣官員有自來雇募到承符、散從官、手力之類在逐廳，今例合差鄉户抵替，減放逐官。有以鄉户生疏，雇人慣熟，不容鄉户正身自充，須令雇募〔二〕，其被雇人邀勒鄉户剩要工錢者，乞下詳定役法所立法約束。』本（州）〔所〕勘會：欲下府界提點司、諸路轉運司常切覺察，郡縣官員如敢抑令本廳新差役人出錢，指名雇覓自來使令之人充代祇應者，並行勘劾，具情由申奏，特降朝旨，重行黜責。如役人委寔情願雇人者聽，雇直不得過元募役錢之數。」從之。

四月六日，中書舍人蘇軾詳定役法。

同日，王巖叟言：「臣伏見蘇軾建議，乞盡發天下所積常平寬剩錢斛三千萬貫碩，買田募役，自陳五利二弊。臣竊考 48 五利皆難信之辭，二弊乃必然之理〔三〕，然未足以盡也。臣與士大夫深究其説，又得十弊，爲陛下列之。無知之民苟於得地，初或應募佃地〔四〕，三五歲間，或以罪停，或以疾廢，或老且死，其家無强丁以代役，則當奪其田而別募。此乃是中路而陷其一家于溝壑，此一弊也。富民召客爲佃户，每歲未收穫間，借貸賙給，無所不至；一失撫存，明年必去而之佗。今一兩頃之空地，佃户挺身應募，室廬之備，耕稼之資，芻糧之費，百無一有，于何仰給？誰其主當？此二弊也。近郭之田，人情所惜，非甚不得已不易也。今郡縣官吏迫于行法，或倍益官錢，曲爲誘勸，或公持事勢，直肆抑令。愚民之情，一生于貪利，一出于畏威，不復遠思，容肯割賣。洎官錢入門，隨手耗散，遂使兄弟啓交爭之患，父子有相怨之家。舊章既隳，美俗亦壞，此三弊也。良農治田，不盡地力，故所獲有常，所利無盡。今應募之人，知官田終非己業，耕耘種植，定不致功，務劫地力，以

〔一〕「散勑」原作「散束」，「令」原作「今」，據本書食貨一三之二〇、食貨六六之五五改。
〔二〕募：原作「召」，據本書食貨一三之二一、食貨六六之五六改。
〔三〕然之理：原脱，據《長編》卷三九七補。
〔四〕初：原脱，據《長編》卷三九七補。

苟所收。所收浸薄〔一〕，其去益輕。此法果行，數年之後，不獨變民田爲官田，將見壞好土爲瘠土。此四弊也。前日以錢雇役，患在市井之小人，今日以田募役，又止得鄉村之浮浪，均之不可爲郡縣，此五弊也。弓箭手雖充應募，寔不離家事，有事則暫時應用，無事則終歲在田。雖成輪次上番，自亦不妨農事，非如其餘色役，長在公門。猶聞未足者難招，已招者時去，引之爲比，不切事情。此六弊[49]也。第三等以上人户皆能自足，必不肯佃官田，願充永役〔二〕。今既立法，須第二等以上人户許充弓手，第三等以上許充散從官以下色役〔三〕，乃是以給田募役之名，行揭簿定差之寔。既云百姓樂於應募，何故第四等以下即須要第一等、第二等户委保〔四〕，一有逃亡，便勒保人承佃充役？乃是知其不可，曲爲之防，既不能措下户于安業，又不能躋上户于樂生。此七弊也。民間典賣莊土，多是出于婚姻、喪葬之急，往往哀求錢主，探先借錢，後方印契，略遭梗礙，猶必陳辭。今賣之入官，官司艱阻，事節必多，設法雖嚴，終難杜絶。或已申官欲賣，令、佐未暇親行相驗；或已定價買到，未有投名人情願承佃，未敢支錢，折留多日者。百姓欲罷則不能，欲訴則無路。此八弊也。應募之人，若盡納貧民，則水旱凶飢何以禁其流徙？若皆收上户，則支移折變却當併在何人？此九弊也。朝廷患不理去官、赦降原減之法爲太重，方詔有司更定，而又立此條。蓋議者自度其難，而專欲以力制事，以法驅人。若緣久遠召募不行，官吏並科違制，又不以赦降去官原減，則凡歷三路郡縣之吏無全人矣。此十弊也。蓋有大可惜者三焉：祖宗成法之中，天下共以爲利而不可改者，莫大於差役。陛下復之，而行方幾日，今率然獻議，而欲變之，此大可惜者一也。自陛下與百姓休息，人人之心以父母戴陛下矣，何苦而欲擾之？此大可惜者二[50]也。內帑之所藏，常平之所積，積之甚難，國家宜留以備倉卒，紓百姓之急。今平居無事而欲傾竭之，不知何以待非常？此大可惜者三也。乞下臣章，與軾之議參考而擇之。」上官均亦陳不可行五説，軾議尋格。

十九日，詔：「諸路州衙前依朝旨，一月限滿，已差鄉户後，如續有人情願投充者，亦許逐旋收係，替放差到鄉户衙前歸農。仍以家力最低小之人先次替放。其鄉户衙前若內有雖未年滿，投充長名衙前者，亦聽。」從詳定所請也。

二十八日，詔殿中侍御史呂陶往成都府路，與轉運司議定役法。先是，陶屢奏疏論差役利害及坊場、坊郭等事，因陶謁告取家〔五〕，故有是命。陶言：「天下郡縣所定板籍，隨其風俗，或以税錢貫伯，或以地之頃畝，或以家之積財，或以田之受種，立爲五等。就其五等而言，頗有不均。

〔一〕薄：原作「簿」，據《長編》卷三九七改。
〔二〕永：原作「水」，據《長編》卷三九七改。
〔三〕以下：原作「以上」，據《長編》卷三九七改。
〔四〕二：原作「三」，據《長編》卷三九七改。
〔五〕家：原作「容」，據《長編》卷三七六改。

蓋有以稅錢一貫、或占田一頃〔一〕、或積財一千貫、或受種一十碩爲第一等；而稅錢至于十貫〔二〕，占田至于十頃〔三〕，積財至于萬貫，受種至于百碩，亦爲第一等。今若于第一等中差耆長，則稅錢一貫與十貫者並須二年一替，是貧者常迫急，富者常僥倖。況郡縣官吏難盡得人，若不預設防禁〔四〕，則民間雖無今日納錢之勞，必有昔時偏頗倍費之害。」

五月八日，户部侍郎趙瞻詳定役法。

十一日，詔：「諸州縣曹司舊人願在役，及有人投募，或鄉差之人自可充役外，其願雇人自代者聽。」從詳定所請也。

十六（六）51日〔五〕，文彥博言：「復舊差役法，議臣之中少有熟親民政者，故議論不同。刺史、縣令最爲親民之官，且專委守，令差定役人，編成籍，條列自來體例條貫上轉運司。如各得允當，即具申奏，仍稍寬期限，使盡利害。其詳定役法所〔六〕，止據逐路申請看詳定奪。」詔付詳定役法所。

二十三日，詳定役法所言：「新敕罷天下免役錢。緣《元豐令》修弓手營房給免役剩錢，和雇遞馬及雇夫，并每年終與轉運司分認。三十貫以下修造，及舊係役人陪備脚乘之類，更有諸州造帳人請受，并巡檢司、馬遞鋪、曹司代役人應用紙筆，並係支免役錢。今請支見在免役積剩錢，候役書成，別行詳定。」從之。其免役積剩錢應副不足處，依嘉祐以前敕條，條不載者奏。

二十五日，中書舍人蘇軾言：「近奏爲論招差衙前利害，所見偏執，乞罷詳定役法。尋奉聖旨，依所乞。今來給事中胡宗愈却封還上件聖旨。臣議既不同，決難隨衆簽書，乞依前降指揮。」于是御史中丞劉摯言：「詳定役法自置局以來，日久未就，而議法之官頗已屢易。蘇軾願且令依舊詳定，仍乞催促成就，以時宣布。」其後元祐二年正月十五日，軾上疏：「去年二月六日敕下，始行光言，復差役法。時臣弟轍爲諫官，乞將見在寬剩役錢雇募役人，以一年爲期，令中外詳議，然後立法。又言：『衙前一役，可即用舊人，仍一依舊數支月給重難錢，以坊場、河渡錢支給。』皆不蒙52施行。又蒙差臣詳定役法，臣因得伸弟轍前議〔七〕。先與本局官吏孫永、傅堯俞之流論難反復，次於西府及政事堂中與執政商議，皆不見從。遂上疏極言衙前可雇不可差，先帝此法可守不可變之意，因乞罷詳定役法。當此之時，臺諫相視，皆無一決其是非者。今弓手不許雇人，天下之所同患，朝廷變法許雇，天下皆以爲便，而臺諫

〔一〕占：原作「令」，據《長編》卷三七六改。
〔二〕「貫」下原有「者」字，據《長編》卷三七六刪。
〔三〕占：原作「古」，據《長編》卷三七六改。
〔四〕預：原作「類」，據本書食貨六六之五七及《長編》卷三七六改。
〔五〕「六」下原衍一「六」字，據本書食貨一三之三四、食貨六六之五七刪。
〔六〕「役」下原衍一「錢」字，據《長編》卷三七八刪。
〔七〕伸：原作「仲」，據《長編》卷三九四改。

猶累疏力爭。由此觀之，是其意專欲變熙寧之法，不復校量利害，參用所長也。」

六月十三日，中書舍人蘇軾言：「乞應坊場、河渡、免役、量添酒等錢，並用支酬衙前、召募綱運、官吏接送雇人，及應緣衙前役人諸般支使。如本州不足，即申本路，于別州移用；如本路不足，即申户部，于別路移用。其有餘去處，不得爲見有餘，額外支破；其不足去處，亦不得爲見不足，將合招募人却行差撥。」從之。

十四日，中書舍人蘇軾言：「逐處色役，各隨本處土俗，事宜輕重不同，難以限定等第，一槩立法。若衙前招募得足，即須將以次重役於第一等户内差撥。請諸處色役，委本路監司與逐處官吏同相度[一]，立定本處色役輕重高下次第，以最重役從上差撥。」從之。

二十七日，司馬光言：「先曾上言，乞直降勅命，應天下免役錢一切並罷，其諸色役人並依熙寧元年以前舊法人數，委令、佐揭簿定差。蒙朝廷一一如臣所請。無何，續有『雇募不足，方行定差』指揮，人始疑惑。既而屢有更張，號令不一，53又轉運使各以己見，欲令本路共爲一法，不令州縣各從其宜。或已差役人却放，或已放雇人却收，或依舊用役錢雇人，或不用錢招人充役。朝夕不定，上下紛紜，往往與二月六日勅意相違。竊緣臣初起請，及朝廷所降勅節文，明言『委逐縣官看詳，若有妨礙，致不可行，令具利害申州，州申轉運司，轉運司奏聞，隨宜修改，作一路一州一縣勅施行，務要曲盡其宜』，豈是當日所言，一字不可移易？但患轉運司、州縣不肯奏陳耳。請申明前奏，遍頒下諸路州縣。臣所請，雖云『依熙寧元年舊法人數定差』，若舊法有于今日不可行者，行即妨礙，合申乞改更。人數或太多，或太少，惟本州本縣知應用之數，合酌中立額，申乞依數定差，朝廷難爲遥度。臣所請，雖云『若所差人不願充役，任便選雇有行止人自代。其雇錢多少，私下商量』，若所雇之人邀勒被差之人，廣求雇直，官司亦當裁定，不得過自來官中雇錢之數。其州縣官員，即不得指占所雇之人乞覓。臣所請，雖云『見雇役人候差到役人，各放令逐便』，若所雇之人自有田産，情願充役者，亦自可依舊存留。又曹司一役，新差之人多不諳熟書筭行遣，及案下文字未曾交割，合留新雇人，給與雇錢，令與新差之人同共行遣[二]，限半年内交割畢，纔放逐便。臣所請，雖云『今日衙前陪備少于向日，不至破家，若猶以爲户力難任，請于官户、僧道、單丁、女户屋業於月掠錢及54十五緡、土田于歲收穀及百碩以上者，並等第出助役錢。不及此數者，與放免』，臣意以爲十口之家，歲收百碩，足供口食，月掠十五緡，足供日用。二者相須，此外有餘者，始令出助役錢，非謂止收百碩即令

[一] 同相：原作「相同」，據本書食貨一三之二六、食貨六六之五八及《長編》卷三七九乙。
[二] 令：原作「今」，據本書食貨六六之五九改。

助役也。若猶患太少，及所掠課利難知實數，請應第三等以上令出助役錢，第四等以下放免。若本州坊場、河渡等錢自可支酬衙前重難分數得足，則官户等更不須出助役錢。從來諸州招募人投充長名衙前，若招募不足，方始差到鄉户衙前，此自是舊法，今來别無更改〔一〕。惟是舊日將坊場、河渡折酬長名衙前重難〔二〕，令自出賣。今官中出賣坊場、河渡收錢，依分數折酬長名衙前重難，只此與舊法有異。若鄉户差足，續有投名者，即先從貧下放鄉户歸農；即鄉户願投名，亦聽。臣所請：『委逐州看詳，具利害申州，本州類聚，擇其可取者申轉運司，轉運司類聚諸州所申〔三〕，擇其可取者奏聞朝廷。』且知諸路民間利害之詳，轉運司不如州，州不如縣。慮逐縣逐州有經畫得事理切當，而爲本州及轉運司抑遏删去，不以上聞，致勑下之日，仍舊妨礙不行〔四〕。請詔逐縣直申轉運司，本州直申奏，使下情無壅，曲盡事宜〔五〕。仍請詔詳定役法所，止得以諸路州縣申到利害，詳其可否，立爲定法。其不當職之人，爲高奇之論，不切事情者，勿用。亦不可以一路一州一縣利害作海行條貫。詳定役法所奏請行下指揮〔六〕，若55有妨礙難行之事，亦乞如臣所請，委逐路州縣看詳，具利害申上，隨宜别修改。臣所言若有可取，乞遍頒下諸州縣。除此外，並依二月六日所降勑命施行。」從之。

七月二十七日，詳定役法所言：「臣僚奏：今朝廷既已復行差役，應係自前約束官吏侵擾役人條貫〔七〕，欲乞使刑部録出，雕印頒下，令一切如舊，出榜州縣，使人知之。應監司所部有犯，不能覺察者，重其坐。」詔令刑部契勘，除已經衝改不行外〔八〕，餘依。

八月九日，中書舍人蘇軾言：「諸路多稱，高强户同是第一等，而家業錢數與本等人户大段相遠，若止應第一等色役，顯屬僥倖，有虧其餘人户。乞下詳定役法所相度，申尚書省，應高强户隨逐處第一等家業錢數如及一倍外，即計其家業，每及一倍，即展所應役一年。除元役年限外，展及五年爲止。投募衙前，即依展年法，將展年應本等合入諸般色役。假如本處以家業及二千貫爲第一等，其高强户及四千貫以上，計其家業又及四千貫，即展役一年。通計家業及二萬四千貫，即展五年，以上更不展。如投募衙前，亦自四千貫以上計其家業，不及四千貫，方應諸般色役一年，仍以五年爲止。其休役年限，依本等體例。」

九月十七日，詔：「諸路坊郭第五等已上及單丁、女户、官户、寺觀第三等已上，舊納免役錢並與減放五分，餘

〔一〕今：原作「令」，據本書食貨一三之二八、食貨六六之五九改。
〔二〕「折」上原衍一「所」字，據《長編》卷三八一删。
〔三〕聚：原作「叙」，據本書食貨一三之二八、食貨六六之五九改。
〔四〕妨：原作「坊」，據本書食貨一三之二八、食貨六六之五九改。
〔五〕盡：原作「當」，據《長編》卷三八一改。
〔六〕行下：原倒，據本書食貨六六之六〇乙。
〔七〕係：原作「以」，據本書食貨一三之二八、食貨六六之六〇改。
〔八〕經：原作「令」，據本書食貨一三之二八、食貨六六之六〇改。

並全放。仍自元祐二年爲始。其收到錢，如逐處坊場、河渡錢支酬衙前重56難及綱運公人接送食錢不足，方許以上項錢貼支。餘並封樁，以備緩急支用。」

十月三日，吏部侍郎傅堯俞罷詳定役法〔一〕。從所請也。

六日，臣僚言：「朝廷立差役之法，許私自雇人，州縣行之，已有次序。近朝旨，弓手一役却令正身祗應，恐公私未便。」詔：「應弓手正身不願充役者，許雇。令府界提點司、逐路轉運司相度施行。」

十二月六日，左諫議大夫鮮于侁言：「開封府界保甲授班行人不少。官户既多，縣道差役頗難，聞祥符縣內一鄉止有一户可差使。伏以武舉試策及弓馬入等，方得近下班行。今來保甲人事藝入等，纔授恩，便與公卿大夫一等爲官户免役，頗有僥倖。臣欲乞保甲授班行人依進納官例，候改轉陞朝官〔二〕，方免户下色役，庶令縣道差役得行。其三路保甲，亦乞依此。」從之。

二十四日，詔：「諸路元豐七年以前坊場免役剩錢，除三路全留外，諸路許留一半。餘召人入便，隨宜置場和買可輕變物貨，即不得豫俵及分配與人户。其物貨逐旋計綱起發，於元豐庫送納。內成都、梓州、利州三路於鳳翔府寄納封樁。」

二十五日，詔：「舊出免役錢三百緡以上人户，並依單丁等户例輸納，與免充色役。」從詳定役法所言也〔三〕。

元祐二年二月十二日，監察御史上官均言：「請先詔諭諸路，俟役書行半年遣使按省，庶幾官吏先事警飭。」從之。

六月二十四日，右司諫賈易言：「朝廷改復差役，推行之初，57未究利害，故郡縣之吏措置多不如理。今雖設爲條目，隨其風俗所便〔四〕，付諸路奉行〔五〕，又令詢究未盡善者以聞，而數月之久，蔑有言者。蓋監司、守令苟且因循，期于不違法令而已。且用民之力貴輕，取民之財貴寡。竊聞州縣有户少役多者；有單丁、女户、官户、寺觀出錢助役，比于寔役之人所費乃多數倍者〔六〕；亦有出錢至少，纔百分之一者。乞擇郎官練達吏事者出按諸路，授以條目，體問民庶。如寔有妨公害民之事，州縣聞知而不申監司，監司受申陳而不加察〔七〕，亦不達于朝廷，具事劾奏。」詔下諸路監司，限指揮到一月內條析以聞。

〔一〕堯俞：原闕，據本書食貨一三之二九、食貨六六之六〇補。又，「法」下原有一「所」字，據《長編》卷三八九刪。

〔二〕陞：原作「陛」，據本書食貨六六之六〇改。

〔三〕法：原作「所」，據本書食貨一三之三〇改。

〔四〕所：原闕，據本書食貨一三之三一、食貨六六之六一補。

〔五〕付：原作「赴」，據本書食貨一三之三一、食貨六六之六一、《長編》卷四〇二改。

〔六〕比：原作「此」，據《長編》卷四〇二改。

〔七〕監司：原脱，據《長編》卷四〇二補。

十二月二十二日，詔：「郡縣役多〔一〕，民户不及三番處，以單丁、女户等助役錢募役；尚不及兩番，則申户部。」

三年二月二十二日，詔：「衙前差鄉户處，速募人抵替。如見役人願不妨户役投充者，聽。」

四月二日，詔諸路郡縣各具差役法利害條析以聞。

五月四日，詔：「府界諸路舊納免役錢百貫以上户，依單丁等户法輸納助役錢。」

六月一日，詔：「鄉户衙前役滿未有人替者，依募法支雇食錢。如願投雇者，聽，仍免本户身役。不願投募者，速召人替。」

九月四日，户部言：「瀘州江安縣夷税户，自來不曾差役。自第三等以上〔二〕，願依舊輸役錢，仍從漢户單丁法減半。第四等以下並免。」從之。

四年三月，右正言劉安世言御史中丞李常七事，其一：「陛下即政之初，知免役出錢爲民之患，故復[58]用祖宗差役之制。常在户部，不能講究補完，而協助邪説，請復雇募。及爲中丞，猶聞奏乞施行。懷姦徇私，大害聖政。」先是，常奏：「臣伏見今日政令之最大而施設未安、致人情不和者，役法是也。夫耕農之人，身常在野〔三〕，而不見官府、入城市，天下之情所同願也。熙寧中，講知差法之弊，天下州鎮凡因色役害民之事，例皆裁減，就其不可減者，悉使召雇。民隨力出錢，無事于公家之役，遂得以身常在野，不見官府、入城市，孰便于是耶？奉令之臣，務于羸積，遂有輸錢不逮之嘆。陛下即位之初，一切罷之，復行差法。方詔旨初下，愚民未知被差之爲害，蓋嘗讙呼而相慶矣。行之既久，始覺其患有加于嚮日。何也？蓋差法之廢，十有餘年，版籍愈更不明，宜重役者輒輕，宜輕役者反重。鄉寬户多者僅有休息之期，鄉狹户窄者頻年在役〔四〕。上等極力之人，昔輸錢有歲百貫至三百貫者，今止差爲弓手，歲雇弓力一名以代身役，不過用錢三四十貫。中、下人户，舊出錢不過三貫二貫，而雇承符、散從、手力之類不下三十貫。以是校之，勞逸苦樂相倍蓰矣。然則今所改法，徒能使上等人户優便安閑，而第三、第四等困苦日甚。昔者臣待罪户部，既而典司邦憲，屢以此干冒聖聰，尚欲令富者輸錢，貧者出力。今也博訪輿言，詳究民瘼，在上者既無寬剩之求，則下户皆願輸錢矣。而又四方風俗或不同，利害或不一，當差而願雇者有[59]之。今示以一偏之意而爲法，使四海騰沸，細民窮困，陛下致天怒于上，民怨于下〔五〕，豈國家社稷計耶？伏望特詔一二詳練民事臣僚〔六〕，使與議臣

〔一〕多：原脱，據《長編》卷四〇七補。
〔二〕三等：原作「二等」，據《長編》卷四一四改。
〔三〕常在：原作「在常」，據本書食貨一三之三一、食貨六六之六一乙。
〔四〕「狹」原作「秩」，「窄」原作「穿」，據本書食貨一三之三一、《長編》卷四二四改。
〔五〕天頭原批：「『民』一作『人』。」
〔六〕臣：原作「官」，據《長編》卷四二四改。

就差、雇二法取便百姓者修完之〔一〕，無牽新書，無執舊説，民以爲善，斯善矣。」

五年五月八日，詔：「差役法内有未備事，令中書舍人王巖叟、樞密院都承旨韓川〔二〕，與右諫議大夫、點檢户部文字劉安世同看詳，具利害以聞。」先是，安世言：「臣伏見朝廷欲變役法，今將四年，選官置局，講求利害，天下之議，悉使折衷。謂嘉祐差役之制已便矣〔三〕，然當時嘗見其害者〔四〕，今則損而去之。元豐約束之制，民以爲利者，今則取而益之。至于風俗之殊尚，南北之異宜，本諸人情，裁以國論，隨方條例，罔不具備。而姦邪之人，内懷顧望，造播横議，必欲沮毁，遂至一二小臣敢執偏見，妄進邪説，欲罷差役，依舊雇募，天下人情，莫不疑惑。此最當今之大患也。議者謂：不役其身，止令輸錢，則公私兩便，而可以久行。臣請有以折之。國家錢貨，經費所資，設官鼓鑄，歲有定額，民或盗爲，罪至論死。今棄其易出之力，而責其難致之錢，又使上户止納數千，下户自來無役者例使加賦，損九分之貧民，益一分之上户。以一家一歲觀之，則輸錢若省而易給；以終身累世計之，則所出不貲而難供。今聚斂之臣惟欲 60 誅剥生靈，而不爲天下長久之慮，詎可信哉！議者又謂：人户輪不及三番處〔五〕，恐役太重。臣亦有以折之。治平之前，天下户口一千二百七十餘萬，而舊法役人五十三萬六千餘人。元豐之後，户口一千八百三十五萬九千有奇，較之治平，已增五百六十餘萬，而新定役人，止放四十二萬九千餘人〔六〕，比之舊法，却減十萬七千之額。以爲輪差不足，亦已過矣〔七〕。臣竊謂知法之未良，改之不可不速；知法之已善，守之不可不固。願陛下特奮乾剛〔八〕，力主差役，深詔執政，固守初議，毋使輕狷浮言，妄有變易。庶幾祖宗之成法，不爲奸人之所奪，天下幸甚！」

九月二十四日，户部言：「河北、河東、陝西鄉差衙前，據投名人所得支給等錢，並減半給。投名衙前，除依條本户差耆長不免外，其餘色役並免。」從之。（以上《永樂大典》卷二〇七二五）

免役 二〔九〕

【宋會要】 61 元祐六年七月十二日，三省言：「諸州衙前，舊行募

〔一〕「雇」原作「役」，「完」原作「行」，據《長編》卷四二四改。
〔二〕承：原作「丞」，據本書食貨一三之三三、食貨六六之六二改。
〔三〕差：原作「善」，據《長編》卷四四二改。
〔四〕嘗：原作「悉」，據《盡言集》卷一一、《宋名臣奏議》卷一一九改。
〔五〕輪：原作「輸」，據《長編》卷四四二改。
〔六〕放：原作「該」，據本書食貨一三之三四、食貨六六之六二、《長編》卷四四二改。
〔七〕已：原作「以」，據《長編》卷四四二改。
〔八〕願：原作「顧」，據本書食貨六六之六二改。
〔九〕天頭原批：「此卷與《大典》一萬七千五百五十重。」又本頁右下角批：「吳校。」

法日，除依優重支酬外〔一〕，未有差使者並月給食錢。昨降指揮〔二〕，已將舊日所除支雇食錢，量添入重難分數。今來招募到衙前，日支錢數慮致闕乏。」詔：「令户部下逐路轉運、提刑司，隨州縣土俗，於所用支酬額錢內，參酌立定優重分數，及月給食錢，不得過舊募法所支數。」户部請：「諸州衙規內，十分闕一分已上招募未足處，以元祐元年罷募法日所用優重支酬雇食錢都計錢數爲額；闕一分以下，及招募數足處，以新定優重支酬等都計錢數爲額。如合有增損，俱聽本州具利害〔三〕，申監司考察，保明申部。」從之。

同日，三省言：「諸路投名衙前，並依三路已得朝旨，除依條本户合差耆長不免外，其餘色役並免。」詔：「應諸路投名衙前，與免本户第二等已下色役。鄉差人户，並令以投名人代。願投充長名者聽。」

八月十四日，尚書省言：「州役令鄉差者，若本等及次一等户空閑不及四年者，以助役錢雇募有行止不曾犯徒刑人充。其助役錢約度雇本州色役不足，即先於户狹役煩處雇募。各依本役年限，候滿日〔四〕，本縣按籍取有空閑年及人户對行差罷。其人户空閑自及四年已上處，不在此限。若不因造簿編定及人户糾決，輒有升降差募者，委監司按劾。諸州每年據所納助役錢，除留一分準備外〔五〕，應雇募支用有闕剩，委提刑司通一路有無移用。」從之。

十八日，户部言：「應輸助役錢人户典賣田，限五十頃止，限外田依免役舊法全輸役錢。未降敕前已過限者非。降敕後典賣田土者，即通舊過限田土，亦依免役舊法全輸〔六〕。荒田并墳地若恩賜者，不在此限。」從之。

二十三日，户部言：「按《元祐差役敕》：『單丁、無丁或女户，如人丁添進，合供力役者，若經輸錢二年以上，與免差役一次。』緣其間有户窄役頻處，今欲依本條下添入注文：『户窄空閑 62 不及二年處，即免一年。』」從之。

十一月十七日，户部言：「諸州見役投名衙前，所歷重難合得支酬見錢，願積留在官，指買場務，除見買撲人接續再買外，餘並許依額錢承買〔七〕。其場務召人添錢者〔八〕，如與百姓價等，亦先給衙前。若已歷重難，錢額但及七分，亦許指買，所少額錢分四季納。」從之。

七年二月十二日，詔：「今後府界諸縣手力，本等合差户空閑不及三年者，以助役錢募人充應，依本役年限，候滿日，有空閑及三年人户〔九〕，即行差罷。」

九月六日，三省言：「諸路差役，第三等以上户空閑四

〔一〕酬：原作「配」，據《長編》卷四六一改。
〔二〕降：原作「除」，據《長編》卷四六一改。
〔三〕俱：本書食貨一三之三五、食貨六六之六三作「並」。
〔四〕候：原脱，據《長編》卷四六四補。
〔五〕準備外：原脱，據《長編》卷四六四補。
〔六〕「降敕後」至「全輸」：原脱，據《長編》卷四六四補。
〔七〕承：原作「並」，據本書食貨一三之三六、食貨六六之六三改。
〔八〕人：原作「入」，據本書食貨一三之三六、食貨六六之六三改。
〔九〕年：原作「等」，據《長編》卷四七〇改。

年，第四等以下户空閑六年，不及逐等年限〔一〕，即雇募。狹鄉縣役人並許雇州縣人役〔二〕，寬鄉縣役人並輪差。重役人合替放，願應募者聽。募役人須有税産，不得募有蔭、聽贖人。衙前如人户願以官田充募者聽，及請依今來立定新式，供本縣輕重役次等。」並從之。

八年正月二十二日，詔：「近降役法，今後收到官田，(併)〔并〕見佃人逃亡，更不别召人户租佃。及見佃官田人户如違欠課利，於法合召人户劃佃者，並拘收入官，留充雇募衙前。收到官田，未有人投募，且召人租佃；有人充役，即行給付。」

同日，尚書省言：「去年九月六日詔：應今後役人，須有税産，不得募蔭、贖并曾犯徒及工藝人。並召保，仍不得過舊雇募錢數。」從之。

三月二十七日，尚書省言：「勘會諸路常平、廣惠、坊場錢物文帳，並係年終具帳供申，有妨照使。令户部指揮諸路提刑司，每年依上、下半年，依條式具帳供申。其元豐八年後至元祐三年，即依元豐八年後來未行役法以前免役錢物帳，每季具帳供申。」從之。

七月二十七日，福建路轉運司言：「勘會諸州縣分耆長、壯丁役輕去處，於條既許再充，即未有所止年限。其役之人多是僥倖，不 63 願替罷，致久在本村〔三〕，多端搔擾。今欲乞比附户長役輕勑條，不許再充。」從之。

九月八日，户部言：「檢準元祐七年十一月十四日南郊赦書：『今後民間遭父母喪，見役及當差者第三等以下户，並與免差役。第二等以上户，令户部相度，量納役錢。並服除日依舊。』今相度，欲依單丁户，見納助役錢五分内依等第納三分。」從之。

十二月二十八日，尚書省言：「勘會諸縣鄉村有依法合差第五等人户色役，其本等内物力微薄者，竊慮難以充應。今欲自來差役至第五等人户，據簿内第五等户，將一半人户免差。偏一户者〔四〕，許從多免。如自來輪差第五等户不及一半，或差不到第五等户處，自合依舊。」從之。

紹聖元年四月四日，三省言：「役法尚未就緒，欲令户部長貳同詳定，以郎官郭茂恂、陳祐之爲檢詳官。」上曰：「止用元豐舊法而減去寬剩錢，百姓何有不便耶？」范純仁曰：「四方各不同，須因民立法，乃可久也。」上曰：「令户部議之。」

十八日，殿中侍御史井亮采言：「陛下脩復先帝役法，宜令郡縣一依元祐未改以前法令，則可以速慰天下之望。至於立定寬剩錢分數，或免下户出錢，此在朝廷一言，自可就降詔旨，不必取索看詳。」詔送看詳役法所。

二十六日，中書省言：「勘會推行差役迄今十年，民間

〔一〕等：原作「第」，據《長編》卷四七七改。
〔二〕後「人」字原脱，據《長編》卷四七七補。
〔三〕本村：本書食貨一三之三七作「本州」，當是。
〔四〕偏：原作「編」，據本書食貨一三之三七、食貨六六之六四改。

苦於差擾，議者紛紜，前後改移不一，終未成一定之法。」詔：「府界諸路復免役法，並依元豐八年見行條約施行，仍自指揮到日爲始。一、鄉差役人，且令祗應，候雇到人，逐旋放罷。其合支役錢，許於坊場、河渡錢内借支；如不足，即借支封樁錢，並候納到役錢撥還。一、今來合納免役之人，自紹聖 64 元年七月一日爲始，其上半年合納役錢與免。一、曾充差役之家，空閑及二年，即起納役錢。今來見役替放年月不滿者，比類施行。一、耆、户長、壯丁並雇人，不得以保正、保長、保丁等代充。其餘役人似此之類合改正者，並依此施行。一、寬剩錢不得過一分。如輒過數及别以名目斂納，並以違制論，委所屬常切覺察。一、今來寬剩錢既不得過一分，其合減錢數，並先自第五等人户，從于物力最低者次第蠲減。一、諸路各置提舉官一員，隨提刑司所在置廨宇，其餘並依舊制。應合行事件，并逐處有利害不同，未盡未便事，理合改更增損舊法，畫一開坐，與轉運、提刑司官具的確事狀連書以聞。」

同日，詔：「諸路復免役法，並依元豐八年見行條目，指揮到日爲始。」

閏四月一日，左司諫翟思言：「熙寧中立免役之法，所以惠利天下非一。然當時行法之臣，有抵捂參錯，不能上應法意者。元祐初，大小之臣奮私智，執偏見，附益改革，或免或差，或官雇或私代，法始大弊，民遂告病。陛下察知其然，申飭官司取其成書，參詳去取，以加意元元。議者謂，所斂之錢取足雇直，止餘二分，以備水旱逋負，斯爲盡矣。然郡縣所役人數，大槩不相遠，而户口、物力衆寡貧富，其相倍蓰，何啻數十。請責常平官通計一路雇直外，餘二分斂於民間，有餘不足，得以通融移用，則輕重等矣。仍請逐縣各具物力上於常平官，總一路爲五等，每等以五爲差，列爲二十五等遞減。如上一等每一貫物力出十錢，則上二等出九錢。如此，則末等不病其多而難出。」詔送户部。

十三日，權發遣荆湖南路提點刑獄安惇言〔一〕：「差役之法，行之九年，終未就緒。如復熙寧舊法，許民得均 65 納役錢，募役人便。」詔送户部看詳役法所。

二十四日，户部看詳役法所言：「請以量添酒錢剩數依舊撥入役錢，充推法司吏食料錢等用。如無或不足，即於抵當息錢内貼支。」從之。

五月十三日，中書省言：「（謂）〔請〕納役錢人户並自來年夏料輸官，所有紹聖元年下半年並與放免。曾經差役之家，更不限有無空閑年月，其合納役錢亦自來年夏料爲始。諸縣五等簿書〔二〕，不得旋行改造年限；應造者，自依編勅施行，逐旋正〔三〕。應今指揮到日以前，如已用前勑，有雇

〔一〕路：原脱，據本書食貨一四之三、食貨六六之六五補。
〔二〕簿：原作「薄」，據本書食貨一四之三、食貨六六之六五改。
〔三〕「旋」下疑脱「改」字。

募到役人，已替放鄉差人歸農，即用坊場等錢支借應副。如（難）〔雖〕以籍定姓名〔一〕，未曾替放，且令鄉差人仍舊在役，候年滿，逐旋替放。至來年五月一日，並一例替〔放〕。」從之。

十六日，户部看詳役法所言：「諸路有舊行免役，於人户内輪差壯丁不納役錢處，仍舊。」從之。

十九日，監察御史周秩言：「近降朝旨，耆、户長、壯丁並雇人，不得以保正等充代。竊以元豐間雇人充承帖人，實兼耆、户長、壯丁之役，而保正、長等管本鄉公事，非若耆、户長、壯丁之勞也。行之數年，民極便之。今欲沮兩役取餘之譏，則莫若令保正、長得如官户減免役錢，而雇承帖人充役，保正、長管本保事，如元豐舊制爲便。」詔諸路提舉常平司與轉運、提刑司具利害以聞。

六月七日，户部看詳役法所言：「乞將役錢合支閏月及役人差出食錢，官員接送等雇人錢，撥還代役衣糧請受錢，即以三年實支，取酌中一年數，與役人雇食等錢通爲歲額均敷外，其餘寬剩不得過一分。」從之。

九日，又言：「熙寧、元豐間，設提舉官，以總一路之法，州有管勾官，縣有（納給）〔給納〕官。今復66免役法，既置提舉及管勾官，乞依《元豐令》，給納分逐縣常留簿、丞一員。」從之。

二十七日，又言：「成都府路提舉司乞將未行差役以前收到寬剩免役錢支充役人雇錢。本所看詳：元祐九年後來收到助役錢，係充雇人使用。今來人户未納到役錢間〔二〕，自合支用。若助役錢應副不足，其免役錢亦合支用。」從之。

七月三日，又言：「乞應幕職、監當官接送舊係差全請雇錢公人，今來合支雇錢，依《元豐令》立定人數支破。其《元祐勑》添人數，並差厢軍。」詔罷減《元祐勑》添人數，餘從之。

十六日，詔：「令諸路轉運、提點刑獄、提舉常平司官各務協力（奏）〔奉〕行免役新法，不得各守己見，使州縣無所稟從。或果有利害，所見不同，即各具畫一條奏。候役法成書，轉運、提刑司更不干預。」從右正言張商英言也。

八月六日，户部看詳役法所言：「乞下諸路提舉司，將逐處自降改法指揮到日雇役文簿點檢，如有將鄉差之人抑令充役，并改易名字就募之人，並依先降朝旨，如已年滿，逐旋替放。」從之。

七日，又言：「諸路申乞造簿，緣近降朝旨，五等簿不得旋行改造。蓋慮紛然推排，别致搔擾。按《元祐令》，人户物力貧乏，所輸免役錢雖未造簿，許糾決升降。今但推行舊條，因其糾訴〔三〕，畧行升降，則已與造簿無異。」從之。

〔一〕籍：原作「藉」，據本書食貨一四之三改。
〔二〕「役」下原衍一「前」字，據本書食貨一四之四、食貨六六之六六删。
〔三〕訴：原作「訢」，據本書食貨一四之五改。

八日，又言：「乞下府界、諸路監司約束州縣官吏，據現役人名數，逐色立定合支雇食錢。如(此)〔比〕舊法果合增損，即明具利害於法内聞奏。」從之。

十七日，左司諫翟思言：「看詳役法所申請天下郡縣敷出免役錢，不許重造簿均定，止用元豐舊簿，如有不均，(人)〔許〕糾決，免致搔擾。又所出錢各隨州縣，不得通一路，其舊曾通用者，仍以均定。見皆有未安。」詔[67]送看詳役法所。

十八日，詔：「府界、諸路坊郭、鄉村簿書年限未滿應改者，如所排等第粗可憑用，即依今月七日所降朝旨施行。如全然不可憑用，於今來敷錢妨礙，即許不候年限，申(舉)提舉司相度改造。」

二十三日，户部看詳役法所言：「申明諸路，減寬剩役錢。」從之。

二十六日，三省言：「見今比較鹽事、看詳役法、措置財利之類，名目不一，雖各已置局行遣，緣官屬多是兼領，於職事未能專一。今已置重脩編勑所，除官長可以兼領外，只於刪定官内量添員數，令專一看詳中外利害文字，並從朝廷選差。」從之，仍不拘資序，節次選補，不得過六員。

九月六日，户部看詳役法所言：「乞下諸路，並依元豐條，以保正、長代耆長，甲頭代户長，承帖人代壯丁。」從之。

十三日，以左朝奉郎陸元長、右朝奉郎程端、左宣德郎李深、劍南西川節度推官張行並充編勑所看詳利害文字，專詳役法。

十五日，户部看詳役法所言：「應諸路舊立出等高彊無比極力户，合出免役錢一百貫以上者，每及一百貫，減三分。」從之。

同日，左朝請郎黄慶基言：「乞立法，應蠲減役錢，並自三百以下。如寬剩更有羡餘，則減至五百以下。」詔送户部看詳役法所。

二十八日，詔：「人户以財産妄作名目隱寄，或假借户名，或詐稱官户之類避免等第科配者，各以違制論。内官員仍奏裁，減免役錢者，杖一百以上；未經免及衷私託人典買未轉易歸本名者，各減三等。並許人告，以所言財産之半充賞。」從户部看詳役法所請也。

十月十八日，户部看詳役法所言：「《元豐令》節文：『諸宗室在(京)〔宗〕正屬籍及太皇太后[一]、皇后緦麻以上親，並免色役。』所有皇太妃緦麻以上親，亦合並免色役。」從之。

十一月十[68]四日，監察御史黄慶基言：「訪聞諸路提舉官申請役法利害，其間不曉法意、不通民事，措置顛錯、建明疎謬，難以施行者，可籍其件數[二]，論列於朝。其尤無狀者，早賜罷黜。」從之。

[一] 籍：原作「藉」，據本書食貨一四之六、食貨六六之六七改。
[二] 籍：原作「藉」，據本書食貨六六之六七改。

二十五日，户部尚書蔡京言：「體訪得京東、西路提舉常平司下諸州相度役法，不遵元豐條例，輒用元祐差法。乞下本司官分析以聞。」

十二月三日，户部尚書蔡京等言：「看詳役法文字張行歷任已成七考，若有改官舉主二人，合磨勘改官。緣在京別無舉選人改官，望依張大方例，以臣等爲舉主，與磨勘改官，依舊在任。」從之。

二十三日，詔：「奉慈觀有本命殿，特有免役錢，諸處不得爲例。」

二年正月二十六日，殿中侍御史郭知章言：「今朝廷推行免役法，訪聞諸路提舉官未能熟究利害，曲意觀望，或知寬民而不知害法。臣愚以爲役法宜一以元豐初勑爲準。」詔送詳定重脩勑令所。

二月六日，詔：「諸路役人並依元豐七年以前人額，雇直仍依已降指揮，寬剩錢不得過一分。如州縣興廢、官員添省，并別有因依，與當日顯然不同，自合隨宜脩立。即將來推行有礙，及合行增損事，即提舉司具合措置條目申户部[一]。」

三月二十四日，三省言：「諸州具到役法事節，依元豐七年以前已允當者，欲依所定行下。」從之。

五月二十九日，户部尚書蔡京言：「常平、免役等事，乞並依元豐條制，止令提舉司專領，其轉運、提刑司勿與。」從之。

十二月七日，户部侍郎孫覽言：「諸路役法，事體或不同，理合增損。第五等户若分上、下，令貧(弱)乏單弱者不出錢，其上五等皆量出，則天下無不役之民。乞下提舉司更切相度，條陳利害。如州縣、提刑、提點、轉運司與提舉司所見不同，並許直申户部右曹。」從之，仍候逐處具到利害，同詳定役69法官看詳。

三年五月五日，左正言孫諤言：「竊惟免役者，一代之大法。在官之數，元豐多，元祐省，雖省，未嘗廢事也，則多不若省。散役人之直，元豐重，元祐輕，雖輕，未嘗廢役也，則重不若輕。大綱立矣，隨時不能無損益者，衆目也[二]。數省而直輕，則民之出泉者易矣。出泉之法，四方不同，有計錢之多寡而輸之者，其弊在于常平官所試重輕之不均；有計田之厚薄而輸之者，其弊在於元差官所定美惡之不平。若使輕重均，美惡平，而後行焉，則民之出泉者易，而法可久也。今役法優下户，使弗輸，所取併歸上户，意則美矣，而法未善也。假一縣有萬户焉，爲三分而率之，則民占四等、五等者常居其二，專賦一分之民，則其力不足。況今畿甸之民，並隨五等等第量出。今若使諸路郡縣如畿甸之民，並隨五等等第量出，則民之出泉者易，而法可久也。雜職惟嘉州犍爲一縣，投名書手惟池州貴池一縣支錢，是法

[一] 條：原作「脩」，據本書食貨一四之七、食貨六六之六七改。
[二] 目：原作「日」，據《太平治蹟統類》卷二一、《長編紀事本末》卷一〇〇改。

有不齊者。立額有多，散錢有重，是法有不均者。錢乖輕重之賦，田失美惡之實，是法有不平者矣。然先帝免役之法固多難矣，經熙寧、元豐之異論〔一〕，復遭元祐之變法者，以其不能無弊也。今上下因循，宿弊不革，願陛下博採群言，無以元豐、元祐爲間，要以便元元至於無不均不平之患而止，裁爲成書，貽之後世，則先帝之烈昭然如日月之光明矣。」於是翰林學士蔡京言：「看詳諤以爲元豐多，元祐省，元豐重，元祐輕，多不若省，重不若輕，則是諤以爲元豐之法不若元祐明矣。而文其姦言，以爲隨時損益者，妄也。苟以爲隨時損益，則元豐之法未必是，而元祐之法未必非矣。諤於陛下追紹之日，敢爲此言，臣切駭之。先帝謂天下土俗不同，不可槩以一法，故重輕美惡，各隨其宜。恐其率之不均也，故或以家業物70力，或以田畝，或以税錢，隨等敷出。恐其久而不平也，故三年、五年一造産業簿，以定高下之實，可謂均平矣。而諤於平日敢以爲不均不平，其意安在？役錢有令五等俱出者，有自四等以上出者，有自三等以上出者。蓋所用錢多而户口偶少，則敷必至五等。府界自熙寧、元豐，只三等以上出役錢，自先帝行法之初，已不曾令五等敷出。諤奏不以實，其意安在？雜職、書手，有支錢，有不支者，亦各隨其土俗而已。且免役法自去年五月復行，至今將一年，天下吏習而民安之，而諤以爲宿弊不革者，謂熙寧、元豐之時也。以先帝有爲之時爲宿弊之法，則元祐之變法爲革弊，而陛下今日亦不當紹而復之也。諤之意，蓋欲因此以疑朝廷繼述之志耳。元豐雇法也，元祐差法也，雇與差不可並行。元祐固嘗兼雇，已紛然無紀矣〔二〕，而諤欲無間，是欲伸元祐之姦，惑天下之聽，則昨日積斥元祐亂政之人，亦當無間矣。」詔孫諤罷左正言，差知廣德軍。

六月八日，詳定重脩勅令所言：「常平等法，在熙寧、元豐間各爲一書。今請勅令格式並依元豐體例脩外，别立常平、免役、農田水利、保甲等門，成書同海行勅令格式頒行。」降詔自爲一書，以《常平免役勅令》爲名。

八月七日，詳定重脩勅令所言：「見充衙前，違法請常平錢物者，並依吏人法。」從之。

九月十八日，詔翰林學士承旨、兼詳定役法蔡京依舊詳定重脩勅令。其後，十二月三日，京言：「臣僚論江西役法等事，奉旨令詳定重脩勅令所具析聞奏〔三〕。一言：『元祐初司馬光秉政，蔡京知開封府，光唱京和，首變先帝之法，只祥符一縣，數日之間，差撥役人一千一百餘人，皆蔡京首爲順從。』臣昨知開封府，於元祐元年二月内降到司馬光差役法，令州縣揭簿定差，仍稱如無妨礙，即便施行。其開封府雖轄諸縣，自來只管句京城内公71事，至於人户差

〔一〕異：原作「與」，據本書食貨一四之九、食貨六六之六八改。
〔二〕紀：原作「絶」，據《宋史》卷一七八《食貨志》上六改。
〔三〕析：原作「折」，據本書食貨一四之一〇、食貨六六之六九改。

役簿書之類，皆諸縣一面施行。其開、祥兩縣在輦轂之下，既見法内有即便施行之文，所以承行，不敢少緩。臣若能應和司馬光，則不應一月之間，一請遂罷。又言：『蔡京壞先帝之法，如江西吏人除重法案外，元無雇錢，近來一例創行支給，以百姓之脂膏，填群吏之溝壑。』檢會江西紹聖三年敷出總數減放四萬四千，臣若創行增添吏禄，當須於敷出總數内增過元豐額數。今來比元豐有四萬餘貫放免，顯見臣僚妄誕。先帝仁政，而臣僚以爲『取脂膏填溝壑』，不意敢爲是言也！」先是，侍御史董敦逸有言，詔送詳定重脩勅令所具析聞奏〔一〕。至是京奏，迺復詔敦逸分析〔二〕。敦逸言：「據蔡京所陳，奉旨令臣分析〔三〕。狀内稱：『蘇轍亦言，朝廷明使州縣相度有無妨礙，而開封府官吏更不相度申請。』蘇轍兄弟自是毀壞良法之人，尚謂開封府監勒開、祥兩縣，迅若兵火，仍乞取問。」詔令敦逸分析〔四〕，於甚處得蘇轍元文字以聞。敦逸言：「元祐更變役法，其建言是司馬光，推行之始是開封府。時京知府事，惟章惇獨有論列，其餘皆是附光所言。聞蘇轍見京施行太速，有『迅若兵火』之語。臣是時言者凡數狀，並付韓維，故士大夫多能道其畧。臣日近爲京又壞先帝之法，故以所得形於章疏。」詔令董敦逸分析所得來處，諳實以聞，不得輒隱。

四年閏二月一日，三省言：「詳定重脩勅令所言，前提舉廣南東路常平等事蕭世京任内，申請堅用元祐差役法，毋畀雇錢。」詔世京送吏部，依常調人例。

十二月二十二日，詔衙前般運物並依元豐條制，删去元祐增入之文。從荆湖北路轉運司請也。

元符二年三月十八日，管句剩員所蕭世京爲吏部員外郎〔五〕，宣德郎、權提[72]舉秦鳳等路常平張行爲户部員外郎。世京在元祐中，嘗上書言先朝青苗、免役法便民，可以久行。疏奏，留中不報。至是，上出其疏，擢之。行元祐中奏疏言：「神宗議納役錢，蓋嘗謂之助役矣。以爲若止於助，則未能盡免，將使後世役亦差，錢亦納，於是更爲免役，其慮深矣。今乃廢免而復差，上違先帝燕翼之謀，下拂元元安業之願，豈曰述事乎？」又言：「差役，下户一年所費，有用數年役錢者，有用數十年役錢者。其等漸降，其害愈深〔六〕，殆非聖人裒多益寡、天道張弛之義。」前已擢使一路，至是又遷。

（二）〔三〕年八月二十一日〔七〕，徽宗已即位，未改元。詔三省：「編勅、役法既已成書，脩書官吏並罷。見脩一司勅令歸刑部，役法歸户部，各委郎官兼領之。」

〔一〕析：原作「折」，據本書食貨一四之一一、食貨六六之六九改。
〔二〕析：原作「折」，據本書食貨一四之一一、食貨六六之六九改。
〔三〕析：原作「折」，據本書食貨一四之一一改。
〔四〕析：原作「折」，據本書食貨一四之一一改。
〔五〕所：原脱，據《長編》卷五〇七補。
〔六〕深：原脱，據《長編》卷四〇八補。
〔七〕三年：原作「二年」，據下注文及本書食貨一四之一二改。

十月二十三日，臣僚言：「自廣東路被旨赴闕，經由江東、淮南、京西等路州縣，所見官吏並言役法尚有未便，其所用條例各不同。望令諸路州縣各具本處的確利害，申提舉司類聚以聞。然後委户部看詳，隨宜脩法，務以便民。其提舉官如敢力護前失，抑遏所屬不以實聞者，即令州縣徑自申陳。仍乞各立近限，庶幾民間早獲受賜。」又臣僚言：「欲乞下諸路提舉司，令州縣限兩月，各具本處委合脩完增損事件，詳具利害，陳述今合如何增損，申提舉司逐旋詳度以聞。即不得將已允當事件妄意更改。」從之。

徽宗建中靖國元年二月二十三日，户部言：「奉詔，役法未便，乞下諸路提舉司，令州縣限兩月，各具本處委合脩完增損。今已逾一季，並未奏到。欲下府界、諸路提舉司督責州縣官吏，切在（疚）〔究〕心，疾速詳具利害以聞。如更弛慢苟簡，從本部條具申奏，特行罷黜。」從之。

八月十一日，臣僚言：「免役法既久，民甚便安，假有利害細故，只本州縣提舉官自可相度，或申部施行。自委官看73詳已來，中外民情不無疑惑。況已經隔月日，未見成書。欲望明詔有司責限結絶，以安天下之心。」詔限今年終看詳了畢。如限滿未了，即令户部結絶。

崇寧元年八月二日，中書省言：「臣僚奏：户部右曹更改諸路役法，增損元豐舊制五百九項不當。勘會永興軍路乞行差役州縣，申請官已降（指）〔旨〕責罰，湖南、江西提舉司乞減一路人吏雇直，見取會别作施行外，如江西州軍止以物賤減削人吏雇直，顯未允當。至如役人罷給雇錢去處，亦害法意，理合依舊。」詔户部並依《紹聖常平免役勅令格式》，及元降《紹聖簽貼役法》施行。其元符三年正月後來衝改《紹聖常平免役勅令格式》〔一〕，并衝改《簽貼》續降指揮〔二〕，並不施行。

二年十月二日，臣僚言：「神宗皇帝稽古制法，以常平、免役所繫尤重。紹聖纂承，推原美意，以謂常平之息歲取二分，則五年有一倍之數；免役剩錢歲取一分，則十年有一年之備。閲歲愈久，其積愈多，遂立一倍、三料取旨蠲減之法。則凡取於民者有限，而止於爲民而已，非利其入也。而集賢殿脩撰、知鄧州呂仲甫前爲户部侍郎，（謟）〔諂〕事姦黨，助爲紛更，輒率其屬以狀申都省，言乞删去上條。伏望明示黜責。」詔仲甫落職，知海州。

三年二月二日，臣僚言：「免役之法，始於熙寧，成於紹聖，神考之稽古創制，哲宗之遵業揚功，著爲萬世不刊之典，詎可輕改？元符末，官吏觀望，以私意變亂舊條。户部侍郎王古首先建言〔三〕，乞委本部郎中及舉官兩員同共看詳，删脩役法之未盡未便者。遂以朝奉郎李深、中大夫陸元長，同都官程筠等刊脩，凡改更諸路役法，增損元豐舊

〔一〕勅：原作「勒」，據本書食貨一四之一三改。
〔二〕衝：原作「充」，據本書食貨一四之一三改。
〔三〕古：原作「吉」，據《宋史》卷三二〇《王古傳》改。下同。

制五百九項。如減手力、鄉書手雇錢，重立院虞候〔一〕、散從官家業，添衙前重難，增斗子人數之類，毛舉事目，恣爲更改，意在 74 沮毁成法。至若常平庫子、搯子不支雇錢，則是公然聽其取乞，尤害法意。朝廷照其姦弊，故户部侍郎吕仲甫止緣改寬剩錢一條，特蒙黜責。後雖力自辨明，亦由南京下遷徐州，脩撰降爲直閣。若户部尚書虞策等，無所畏憚，輒更先帝舊制，衝改役法五百九項之多，豈宜寬貸？況崇寧元年八月三日聖旨：『所有元符三年正月後來衝改《紹聖常平免役勅令格式》，并衝改《簽貼役法》續降指揮，並不施行。』以見前日刊脩之官阿附、沮壞，罪狀明甚。王古、李深今已謫居遠州，編入姦籍〔二〕，其虞策、吕益柔偃然安處從班，中外未免疑惑。伏望嚴行降黜，以允公論。」詔朝散大夫王古謫授衢州別駕，温州安置；樞密直學士、新差知成都府虞策降爲龍圖閣直學士；中書舍人吕益柔提舉杭州洞霄宫；直祕閣、新知應天府周純特落職，管句舒州靈仙觀；新知淮南路轉運副使周彦質管句建州冲祐觀；知隨州程筠監兖州東嶽廟；差權知淮陽軍陸元長監西京中嶽廟。

大觀四年五月十四日，臣僚言：「元豐令，惟崇奉聖祖及祖宗神御、陵寢寺觀不輸役錢。近者臣僚多因功德墳寺，奏乞特免諸般差役，都省更不取旨，狀後直批放免。由是援例奏乞，不可勝數。或有旋置地土，願捨入寺，亦乞免納。甚者至守墳人雖係上、中户，並乞放免。所免錢均敷於下户，最害法之大者。欲今後臣僚奏請墳寺，不許特免役錢，仍不得以守墳人奏乞放免。其崇寧寺觀合納役錢，亦乞改正施行。」詔令禮部劾刷，關户部改正。

六月十四日，詔：「常平、免役歲終造帳之法，分門立項，叢脞汗漫，倦於詳閲。令脩成旁通格法，可令逐路提舉常平司每歲終，將實管見在依此體式編類，限次年春首附遞，(徑)〔經〕入内内侍省投進。仍自大觀五年(者)〔春〕爲始。」政和元年八月二十五日，詔展限 75 次年季月纂類投進。

十二月十四日，户部言：「常平之法，取於民者還以與民；免役之法，取於民者還以治民。此先王理財治民之義也。常平取息二分，免役多敷一分，蓋以爲災傷減閣之備。二分之息，取之五年，則有一倍；一分之剩，積之十年，則餘一年；更加五年、十年，則有兩倍、兩年之數。若無災傷支用，積而在官。此所謂與民者也。故紹聖立法，常平息及一倍，免役寬剩及三料，則保明具數，取旨蠲免，以明朝廷取於民者非以爲利也。欲降睿旨下諸路提舉常平司，勘會自降上條至今，如有積及一倍、三料之數，即次第保明聞奏。」詔候豐衍有餘日取旨。

十六日，户部尚書許幾等言：「臣僚奏：『應州縣免役

〔一〕候：原作「侯」，據本書食貨一四之一四、食貨六六之七一改。
〔二〕籍：原作「藉」，據本書食貨一四之二四、食貨六六之七一改。

錢累經造簿，增減失實，乞委提舉常平司選官分詣所部〔一〕，以田税多寡均敷役錢，不以等第。假如有田百畝，合納役錢一貫文，即五十畝五百文。准此爲率，則上户不偏重，下户不倖免。』看詳州縣户衆而役少，則敷錢止於第三等。或户少而役多，則均及第四等、五等。今若計田畝，不論家業、税錢，及不以等第，一概均出，則失輸錢代役之意。」從之。

政和元年十月二十一日，臣僚言：「鞏州元豐年中，歲敷役錢止四百貫，今敷至二萬九千餘貫文，存留准備一分外，猶餘六分以上。不知自何日頓失法意如此。慮更有似此之處，望詔有司申明舊制，以寬民力。」從之。

五年十一月三日，户部侍郎、兼詳定一司勅令陳彦文言，乞明著刑典，應常平、免役成法，不許輒議改更。詔：「常平、免役自熙寧以來，講究奉行，纖悉具備，自今應有輒議改更者，以大不恭論。餘並依動摇學校法施行。」

宣和二年九月十日，詔：「諸路召募役人，具有元豐成法，行之歲久，大觀中始罷舊吏人。宿弊未之能革，而老姦巨猾匿身州縣，舞文教訟，擾害良民者益甚前日。政和中，始不許上三等人户投充弓手，緣此所募盡係浮[76]浪，並緣作過，無所顧藉，致盗賊公行，紊亂先帝成憲〔二〕，四方如此。可自今州縣召募役人，並依元豐法。所有大觀元年九月二十八日、政和六年六月四日指揮，更不施行。內州縣舊吏犯流、徒罪及四色贓罪等於元豐法不應叙者，不在收募之數。弓手候（條）召募到人，方得替罷。」

高宗建炎二年五月二十七日，臣僚言：「官户役錢，舊法比民户減半。今來招置弓手〔三〕，以禦暴防患，官户所賴尤重。欲令官户役錢更不減，而民户比舊役錢量增三分，專椿管以助養給。」從之。

九月二十二日，臣僚言：「民事之重，莫過力役。今以保正、副當免役之民，而使之代耆長充役，無怪其輒至破産也。當免役法初行，朝廷深慮民勞，不勝其役，亦嘗以事訪於諸路，而用事之臣陰懷私意，不欲以差法參免法。一時新進承望風旨，不問民情如何，而槩謂保正、副情願代耆長執役。望詔諸路監司，參差、免之法，專以便民。」詔令諸路轉運、提刑司同共相度的確利害，申尚書省。

三年七月十三日，詔：「諸路免役錢於元額外（重）〔量〕增三分，官户更不減半。令户部限二日勘當，申尚書省。其隨鈔納錢可罷。」

四年八月二十一日，廣南西路轉運、提刑司言：「今乞罷催税户長，依熙豐法，以村疃三十户，每料輪差甲頭一名催納租税、免役等錢物，委是經久利便。」詔依，其兩浙、江南東西、荆湖南、福建、廣南東路州軍並依此。

〔一〕舉：原脱，據本書食貨一四之一六、食貨六六之七二補。
〔二〕天頭原批：「『紊亂』一作『廢紊』。」
〔三〕置：原作「致」，據本書食貨一四之一七、食貨六六之七三改。

紹興元年正月一日，德音：「東南州縣，比緣差保正、副代户長催税，力不勝役，抑以代納，多致破産。已降指揮罷催税户長，依熙豐法，以鄉村三十户差甲頭一名催納，以紓民力。訪聞諸處尚未奉行，致人户未獲安息。仰逐路州縣遵依已降指揮，疾速施行。如敢違戾，許人户越訴，提刑司覺察以聞，當議重置典憲。」

五月二十三日，朝散郎吕安中言：「契勘催納二税，依法每料逐都雇募[77]户長或大保長二名，係是官給雇錢。自建炎四年秋料爲頭催税，每三十家一甲，責差甲頭催納。其雇募户、保長更不復用，所有雇錢只在縣樁管。此錢既非率斂，又不干預省計，乞督責諸縣每年別項起發，以助經費。」詔依，令諸路提刑司依經制錢條例拘收起發。

九月十二日，臣僚言：「朝廷罷催税户長，依熙豐法改差甲頭，蓋謂遞年大保長催科填備，率至破産，遂改革前制。曾不知甲頭受害，又十倍於保長。且大保長皆選差物力高彊、人丁衆多者，其催科，則人丁既壯，可以遍走四遠〔一〕；物力既彊，雖有逃亡、死絶户，易於償補。今置甲頭，則不問物力、丁口，雖至窮下之家，但有二丁，則以一丁催科。既力所不辦，又無以償補，類皆賣鬻子女，狼狽於道。此不便一也。大保長催科，每一都不過四家，兼以保正、副事皆循熟，猶至破産。今甲頭，每一都一料無慮三十家，破産者又甚衆。此不便二也。田家夏耘秋收，人各自力不給，則多方召募，鮮有應者。今甲頭當農忙，一人出外催科，一人負擔齎糧，叫呼趨走，縱能應辦官司，亦失一歲之計。以一都計之，則廢農業者六十人；自一縣一州一路以往，則數十萬家不得服田力穡矣，此豈良法哉？此不便三也。又保長多有慣熟官司人，鄉村亦頗畏之，然猶有日至其門而不肯輸納者。今甲頭皆耕夫，豈能與形勢之家、姦猾之户立敵，而能曲折自伸於官私哉〔二〕？方呼追之急，破産填備，勢所必然。此不便四也。自來輪差保長，雖縣令公平，亦須指決論訟，數日方定；不然，則群胥之恣爲高下，惟覷賕賂之多寡。此最民所憤怨者。今差甲頭，每料一替，其指決論訟之繁，受賕納賂之弊，必又甚於前日。臣恐槩東南之民，自此無寧歲。此不便五也。欲乞罷止，且令大保長同保正、副依舊催科。如朝廷念其[78]填備破産，則當審擇縣令，謹户帳之推割，嚴簿籍之銷注〔三〕，申戒逃田〔四〕、户絶之令，又安有保正、長破産之患哉？不知出此，而但務改法，適足爲贓吏之資耳！」

十月五日，户部言：「奉詔勘當臣僚所言改差甲頭不便五事。竊緣甲頭催科，係於主户十户以上至三十户（輪〔輪〕一名充應，即是不以高下貧富，一等輪差。其大保長，係於小保長内取物力高彊者選充，既兼户長，管催税租等

〔一〕遍：原作「編」，據本書食貨一四之一八、食貨六六之七三改。
〔二〕官：原闕，據本書食貨一四之一九、食貨六六之七四補。
〔三〕籍：原作「藉」，據本書食貨一四之一九、食貨六六之七四改。
〔四〕逃田：原作「逃亡」，據本書食貨一四之一九、食貨六六之七四改。

錢物，即係有力之家，可以倚仗。欲乞依臣僚所乞事理施行。」詔依。

（七）〔十〕月二十五日〔一〕，詔：「應諸幕職官〔二〕、諸縣令丞簿尉合破接送，并在任般家雇人錢，並權罷。」

二年六月二十二日，詔州縣官雇錢與般家人俱依舊。從臣僚之請也。

三年二月二十六日，提舉淮南東路茶鹽公事郭揖奏〔三〕：「差役之法，比年以來吏緣爲姦，並不依法。五家相比者爲一小保，却以五上户爲一小保。於法，數内選一名充小保長，其餘四上户盡挾在保丁内。若大保長闕，合於小保長内選差；保正、副闕，合於大保長内選差〔四〕。其上户挾在保丁内者，皆不著差役，却致差及下户。故當保正、副一次，輒至破産。不惟差役不均，然保伍之法亦自紊亂矣。今欲乞於《免役令》文内『選保』二字下刪去『長』字〔五〕。若如此選差，則上户不能挾隱，不須更別立法，自然無弊〔六〕。」詔令户部限五日看詳，申尚書省〔七〕。其後户部言：「臣僚所言，止謂關防人户避免充催税大保長，多是計會係干人將有心力之家於小保下排充保丁，致選差不到。今欲乞今後令州縣先於五小保内，依法選有心力、財産最高人充保長，兼本保小保長祗應。其大保長年限、替期，輪流選差，並依見行條法施行。餘依臣僚所乞。如此，州縣奉行，不致隱挾上户却充保丁之弊。」批送户部：「竊慮州縣差役有不同去處，行下諸路提刑司相度保明，申尚書省。」續已於 79 「保」字下刪去「長」字，見五年四月指揮。

六月十二日，户部言：「保正不願就雇兼代耆長，即不合令承行文書外，其願充耆長者，並合主管凡保正内舊來耆長事。内驅正、副執事於官，及公家之求無不責辦，即合依非耆保事而輒差委及勾集赴衙條法斷罪。今欲下諸路常平司移文州縣，分明出榜曉諭，仍常切遵守施行。如稍有違戾去處，即仰按劾施行。」從之。

九月十七日，中書舍人孫近言：「州縣役法，經始於熙寧，續成於紹聖，歷歲滋久，逮今不勝其弊。鄉村之民，貧者破竭貲産，當頻併之役，富者轉移名籍〔八〕，爲幸免之計，則以募役之法取於逐甲，而不通於一都之弊也。母子不相保，而必至於出嫁，兄弟不相容，而必至於析生，則以募役之法雜取人丁多寡，而不專用物力高下之弊也。欲下諸路提舉常平司，各令講求見行役法之有害於民者，條具來上，然後革去其弊，以成變通之利，則天下均被其幸。」從之。

四年正月二十四日，御史臺檢法官李元瀹言：「大保

〔一〕十月：原作「七月」，據本書食貨一四之二〇、食貨六六之七四改。
〔二〕幕：原作「募」，據本書食貨一四之二〇改。
〔三〕郭揖：文獻中又作「郭楫」。
〔四〕「大保」下原衍「正」字，據本書食貨一四之二〇、食貨六六之七四刪。
〔五〕「於」原作「以」，「令」原作「公」，據本書食貨六六之七四改。
〔六〕「然」下原衍一「然」字，據本書食貨一四之二〇、食貨六六之七四刪。
〔七〕申：原脱，據本書食貨一四之二〇、食貨六六之七四補。
〔八〕籍：原作「藉」，據本書食貨一四之二一改。

長代户長催納税租事，凡户絶、逃亡，未曾開落，若詭名户無人承認，及頑慢不時納者，以官司督迫箠楚之故，率爲填納，故多至於壞産破家。欲乞見充保正、長人將替，縣令前一月按産業簿依甲乙次第選差。」詔户部看詳。本部言：「所陳皆有條法，欲申嚴行下諸路州縣，委監司常切鈐束。違戾者，仰案舉。」從之。

同日，上宣諭：「元瀹所80論曰行〔一〕。」且曰：「役法推行，寖失本意，致富者益富，貧者益貧，民力重困，此宜講究。」至是，上又諭臣勝非等曰：「元瀹所論，乃是民事。祖宗法固不可改，然民事急務也。孟子所謂『民事不可緩』。其令州縣相度，條畫利害以聞。」

七月七日，殿中侍御史魏矼言：「應博糴授官校尉欲與免本身丁役，許用蔭。承節郎、承信郎、迪功郎欲理爲官户。有田五頃者〔二〕，與免役差科一次；若五頃以上，令用家人充役。至如轉易、回授、行使及理選限并免試注官等，並依元得指揮，待之亦不爲不優矣。如此，庶幾徭役均平，貧民不致重害。」從之。

三十日，户部言：「節次承降指揮，將見行役法等與嘉祐條法窒礙未盡事件，及保正副差、免利害，令諸路常平官條具聞奏。除湖北路未據相度條具外，節次承據兩浙、江南、廣南東、西并福建，荆湖南路八路常平司奏到，内六路乞依紹聖條法。并保正副差、免利害，亦據江西等四路乞依見行條法施行。今相度，欲乞將役法及保正副代耆長並依見行諸州縣已定役法，及紹聖免役條法施行。仍乞下諸路常平司照會。」從之。

九月十五日，明堂赦：「諸縣選差保正副，在法，以物力高下、人丁多寡、歇役久近參酌定差，務要均當。比年以來，鄉司案吏于造簿攢丁、差大小保長之際，預行作弊，致爭訟不已，使已役之人久不承替，破蕩家産，深可矜恤。仰常平司常切覺察差役不均之弊。如有違犯，重行按劾。仍限半月，條具利害申尚書省。勘會福建路保正副、大小保長，唯管緝捕逃亡軍人及私販禁物、鬬訟、橋路等事，其承受縣司追呼公事及催納二税等物，並係耆、户長、壯丁承行。今兩浙、江南等路諸縣並不雇募耆、壯、户長，却差保正副、大小保長幹辦，又有責令在縣祗候差使者。緣此保正副、大小保長費用不貲，每當一次，往往破蕩家業，遂詭名挾户，規免差使，深可矜恤。仰逐路漕臣、憲臣同共相度，可與不可並依福建路見行事理，或量增役錢，以充雇募耆、壯、户長之費。仍自今不得更令保正副、大小保長在縣祗候，承受差使。如違，仰逐司按劾以聞，當議重行典憲。」

五年正月六日，趙鼎奏：「祖宗差役，本是良法，所差既是等第人户，必自愛惜，豈有擾民？王安石但見差衙前事州縣奉行失當，盡變祖宗舊法，民始不勝其擾。」上曰：

〔一〕曰行：似當作「可行」。
〔二〕頃：原作「項」，據本書食貨一四之二二、食貨六六之七五改。

「安石行法，大抵[81]學商鞅耳。鞅之法流入于刻，而其身不免于禍。自安石變法，天下紛然，但免役之法行之既久，不可驟變耳。」

十八日，臣僚言：「州縣保正副未嘗肯請雇錢，並典吏雇錢亦不曾給，乞行拘收。」户部看詳：「州縣典吏雇錢若不支給，切恐無以責其廉謹，難以施行外，其鄉村耆、户長依法係保正、長輪差，所請雇錢，往往不行支給，委是合行拘收。乞下諸路常平司，將紹興五年分州縣所支雇錢依經制錢條例，分季起發赴行在送納。如敢有隱匿侵用，並依擅支上供錢物法。」從之。

閏二月二十日，詔：「三聖廟見占地基與全免合納役錢，餘依紹興三年九月三十日已降指揮施行。」以婺州蘭溪縣劉天民言：「昨父置到産地，後蒙踏逐修蓋三聖廟，所有役錢乞行蠲免。」故有是詔。

三月十日，户部尚書章誼言：「官户役錢更不減半，而民户量增三分，專充贍養新置弓手支用〔一〕。續准指揮住罷，更不增敷。其未罷以前，州縣有敷納在官之數，見行樁管，别無支用。今欲乞福建、二廣就委章傑，兩浙東路委霍蠡，西路委吕用中，江東委徐康，江西路委范伯倫，湖南、北委逐路常平司，將管下州縣據見樁前項役錢根刷見數，專委諸州通判盡數起發，赴行在送納。不通水路去處，變轉輕齎。仍具根刷到數目申户部拘催。」從之。

同日，臣僚言：「乞下有司，專用物力及通(輸)〔輪〕一鄉差募保正、長。凡官吏因役事受財者，重爲典刑，以示懲誡。」詔于《紹聖常平免役令》「五保爲一大保」字下添「通」字，「選保」字下删去「長」字。仍今後許差物力高單丁，每都不得過一人。寡婦有男爲僧道成丁者同。即應充而居他鄉别縣或城郭，及僧道，並許募人充役，官司不得追正身。餘依見行條[82]法，仍先次施行。

十一月二十八日，廣東轉運、常平司言：「近據知平江府長洲縣丞吕希常陳請：『大保長催科，一保之内豈能親至？逮其過限，催促不前，則枷錮箠栲，監繫破産。乞改用甲頭，以形勢户催形勢户〔二〕，平户催平户。』已承朝旨，户長與甲頭催科税租，其風俗利害各有不同去處，令諸路相度以聞。今欲依所請，改用甲頭，專責縣令、佐將形勢户、平户隨税高下，各分作三等編排，籍定姓名，每三十户爲一甲，依此攢造成簿。然後按籍，周而復始輪差，委是久遠利便。」從之。

十二月八日，知静江府胡舜陟言：「熙寧間，王安石當國，變祖宗畫一之制，創立新法，而保甲居其一。至元祐間，司馬光秉政，一切罷去，民獲蘇息，盜亦銷弭。及章惇、蔡京述安石之弊，行于東南。一鄉之中〔三〕，以二百五十家

〔一〕贍：原作「瞻」，據本書食貨一四之二四改。
〔二〕催：原作「傕」，據本書食貨一四之二四、食貨六六之七六改。
〔三〕一：原脱，據《建炎要録》卷九六補。

爲保，差五十小保長，十大保長，一保副，一保正，號爲一都。凡州縣徭役、公家科敷、縣官使令、監司迎送，皆責辦于都保之中，故民當正、副，必破其家。大小保長，日被追呼，廢其農業。今民遭差役者〔一〕，如驅之就死地。切原法意，不過欲便於捕盜爾。曷若祖宗時於人户第一、第二等差耆長，第四、第五等差壯丁，一鄉差役，不過二人而已。今保甲於一鄉之中，有二十保正、副，有數百人大小保長，不若耆長、壯丁之法爲寬。其所差耆長，無軍勢、形要、官莊、寄住之限，但品官之家，則以不該蔭贖人及管莊田人代充。其餘家長祇應老疾者，以次家人充。今之差役，品官之家及老幼疾病者免焉，不若耆長、壯丁之法爲均。乞詔討論耆長、壯丁之法而行之，罷去保甲，以救疲瘵之民。」詔令户部勘當以聞。其後，户部言：「今臣寮所乞，自合遵守見行條法并已降指揮。83緣保五之法，係村疃聯爲保，分次第選物力高强人户充保正、長祇應。在法，非本耆保事不得差委幹辦，及赴衙集祇應。乞申飭諸路常平司鈐束州縣，遵依已降勑條施行。如有違戾去處，即按舉，依法施行。」從之。

六年正月一日，都督行府言：「相度欲將曾經賊馬殘破，見今人户未歸業縣分，據見存户口權宜併都，減置保正長，委是可行利便。」從之。

七年二月二十九日，知常州鄭作肅言：「差役之法，不及單丁。比年以來，欲免繇役者巧僞滋出，或親在而析居，或子生而不舉，惟恐其丁之多也。比者既差單丁，則此弊盡革，然尚拘以每都不得過一人之數。一都之内當執役者，都、副保正凡二人，大保長凡十人，小保長凡五十人，若盡差單丁，不得過一人，則巧計欲單丁者尚衆〔二〕，前弊寖未之革。切謂許差單丁不必限以人數，望命有司詳議。」又知常州無錫縣李德鄰言：「昨降指揮，單丁雖許雇人充役，每都不過一名。切緣一都係十大保，若止差一名，餘九保内縱有單丁物力高彊者，不敢更差，不免於物力下户選差充役，力不能支，遂致破家失業。乞（詳）〔許〕一都内通差單丁、女户不能過五人，俾得均濟。」詔令户部限五日看詳，條具申尚書省。其後，户部言：「今來臣僚請單丁之法乞不限人數，乃乞每都不得過五人。不唯單丁、女户差役頻併，慮恐州縣因而搔擾單寡之家，難以施行外，内人户析居，有子不舉，及避役田土悉歸兼併之家，皆係違法，州縣自當依條革絶姦弊，監司亦當按舉施行。欲乞下諸路常平司，遵依見行條法及三降指揮，常切鈐束所部州縣如法奉行，無違戾。」從之。

閏十月十四日，户部言：「在法，品官之家或女户、單丁、老幼、疾84病及歸明人子孫，各免身丁。昨降指揮，許差有物力高單丁，寡婦有男爲僧道成丁者同，並許募人充

〔一〕遭：原作「曹」，據《建炎要録》卷九六改。
〔二〕計：原作「取」，據本書食貨一四之二六、食貨六六之七七改。

役。今來不住據人户陳訴非鰥寡孤獨人作單丁人户，至詞訟不絶。契勘品官許免身丁，而家有三丁，兩人有官，其一丁無官；又如人户家有四丁，一丁進士得解，一丁應免解，一丁進納得官，一丁白身。似此之類，非孑身一丁，即難以作單丁之户，合申明行下。及人户家有三丁，一丁進納得官，一丁進士得解，一丁爲僧，内進納未至陞朝，三丁並免身丁，别無丁名充役。既成三丁，即是丁行數多，秪合免身丁，其充役合募人，不得追正身。」從之。

八年五月二十六日，江南轉運司言：「相度物力高有老病合給侍丁，比類寡婦有男爲僧道成丁，募人充役。」户部看詳：「單丁、女户合免丁役，已降指揮，許差物力高單丁。寡婦有男爲僧道成丁，並許募人充役。今來侍丁之家，即(此)〔比〕單丁、寡婦。委係丁行數多，合行比附，令募人充役，不得追正身。下諸路常平司照會施行。」從之。

九月二十六日，臣僚言：「檢會紹興八年四月六日都省批狀，紹興府申明官户免色役指揮内，户部看詳稱：『官户唯繫宗室親等未至陞朝，保甲授官等因軍功捕盗未至陞朝，非軍功捕盗未至大夫，雖是品官，止合免丁，不合作官户。若家有三丁，兩丁有官，一丁無官，難作單丁，合募人充役。若品官家有三丁，兩丁有官，一丁無官有廕，依法色役聽免。如未改官户内一丁白身無廕，及進納未至陞朝官，合募人充役。』勘會上件指揮内『若品官』三字，係謂上文該説逐色未至陞朝或未至大夫，應改爲『官户之家』，85 依户部看詳，合募人充役。除此名色外，其餘合爲官户之家，色役聽免。」從之。

九年正月五日，内降新定河南州軍赦：「應州縣保長催税，官司常以比較爲名，勾集赴縣科禁，人吏因而乞取錢物，有致破産者。今後並仰依條三限科較外，更不得逐月或逐旬勾集比較。仍仰本路監司常切覺察。」

十二年九月十三日，赦：「勘會諸路紹興八年、九年、十年分人户未納免役錢，近降指揮，立限半年，令逐州主管官刷見欠數，催納數足。竊慮民户窘乏，未能一併出辦，理宜寬恤。仰逐路常平司自限滿日，更與展限二年。」

十月四日，户部看詳：「鄉村户數鄉皆有物力，合併歸煙爨處外，其坊郭及别縣户有物力在數鄉，並令各隨縣分，併歸一鄉物力最高處，理爲等第差遣，仍各許募人充役。如有隱落物力人户，合依條於陞排後六十日内陳訴。如臨時糾論，官司不得受理，違者並科杖一百。如當行人吏鄉司同。以物力高彊人户匿在小保，及故有隱落差互，意在邀求先差不應充役人户，致惹詞訴者，並從徒二年科罪勒停，永不得叙理。縣令、丞故縱及不覺察，仍委提舉司常切覺察按治。」從之。

十三年十月二十四日，廣南西路提刑兼提舉常平司言：「依准朝旨，相度到本路催科利害，除瓊州不行役法及高、廉州乞用甲頭外，其餘柳、象等州，自紹興六年以後各隨都分編排三十户爲一甲，夏秋二税輪差甲頭二名催科。

自高至下，依次而差，至今已經七年，每甲共差過一十四户，今已輪至下户。如一甲内不下三五户係逃移，壹半係貧乏。設若輪差甲頭盡是上户之家壯丁、佃客，委是催科不行；若再差上户，即又不免詞訴。今來若復用户長，寔爲利便。」從之。

十五年七月十八日，給事[86]中李若谷言：「紹聖常平免役條令係祖宗成法，纖悉具備。比年以來，緣州縣差募之際不體照法意，致上户百端規避，却令中、下户差役頻併。後因增添通選之法，以一都保内物力高者通行定差。户數既寬，有力者不能幸免，雖單丁户物力最高人及寡婦有男爲僧道成丁者亦預差選，已爲公當。秖緣紹興十二年十月十四日一時指揮，因致選差不均。今欲將上件指揮内歇役年限并『物力倍者再差』一節删去，更不施行，餘令諸路遵依見行成法。」從之。

十月二日，右迪功郎、守大理評事環周言：「乞今後保正、副本都身役外，不得令日書卯曆，使當役者不被非理追呼，則人自樂充，訟訴希簡，且無破産之患。」詔依，户部檢坐見行條法申嚴行下，仰監司覺察按劾。

十六年七月二十一日，淮南西路提舉常平司言：「和州烏江縣一十五都内，有人户稀少，差役不行。權併作十都，候户口繁盛日依舊。」從之。

十一月十日，南郊赦：「州縣鄉村差役，依法合以物力高下定差。訪聞近年選差之際，當職官不切究心，鄉司與役案人吏通同作弊，故意越等，先差不合着役之人，致令糾論，乘時乞覓，百端搔擾，方始改差寔合着役之人，深爲民患。自今差役，仰當職官躬親比較，依公定差，不得違戾，委常平司嚴切覺察。若因糾論，見得定差有弊，一例重行責罰。」

十九年八月十二日，宗正寺丞、兼權尚書司封員外郎王葆言：「國家役法，應女户、單丁與夫得解舉人、太學生並免丁役。頃緣議者歷陳丁役之弊，遂有募人充役指揮。進納雜流之人〔一〕，物力高彊，雖係單丁，自應雇募。且女户而無子孫，或有子[87]孫而年幼弱，使當力役之事，則公私所費，必倍於豪彊。寡婦有男爲僧道成丁者，並許募人充役，正恐姦民旋行規避爾。今州縣舞文，以虐無告，則或指遠適之緇黄爲某氏之子孫，不以存亡爲别也，因使寡婦守志者不免於執役困悴之患，有至於迫而改行者。得解舉人，名已登於天府，是有可貴之資也，今乃同籍于役人，則非所以貴之矣。太學生身已隸于上庠，是有可肄之道也，今乃心累于執役，則非所以肄之矣。欲望特詔有司重加看定，仍乞申嚴約束，明示州縣，使姦吏猾胥不得挾疑似以惑衆〔二〕，庶幾孤寡得所，而士加愛重。」上曰：「單丁、女户，

〔一〕進：原作「送」，據《建炎要録》卷一六〇改。
〔二〕挾：原作「狹」，據本書食貨六六之八〇改。

舊法免役，後來以許免者多〔一〕，有司遂有雇募之請。」詔令户部看詳的確利害以聞〔二〕。户部言：「州縣女户别無兒男，依條免充役外，其單丁并寡婦有男爲僧道成丁者，及僧道并進納未至陞朝逐色人户，如係物力高，依已降指揮募人充役，官司不得追正身。今來臣僚奏請，得解舉人并見係太學生如係寔得解，及曾經省試之人單孑一身，别無兼丁，欲乞與免充役。若因特旨及應恩賞免解，即合依已降指揮募人充役，官司不得追正身。」從之。

九月二十三日，權知饒州陳璹言〔三〕：「欲望特詔有司，許凡當役保正、副、長，除情願自應役之人聽其從便外，並許雇人代役，官司不得追呼正身〔四〕。」

十一月十四日，南郊赦：「昨緣州縣差役不均，已降指揮，令當職官躬親比較，依公定差，委常平司覺察。若因糾論，見得定差有弊，一例重行責罰，非不嚴切。訪聞近來差役依舊並不着寔定差，致互有糾論。公吏利於誅求，枝蔓追擾，踰年不定，使已滿之人不得依期交替。仰諸路州縣今88後須管依寔定差，毋令不當，引惹詞訴。仍令常平司常切檢察。如有違戾去處，將當職官吏按劾以聞。勘會諸縣鄉村合差都、副保正，多是公吏受囑，止差都保正，不差保副，或差保副，却不差保正，使被差之人獨力充役，敗壞家計。仰諸路州軍約束諸縣，今後並依條選差，不得違戾。」二十二年十一月十六日、二十五年十一月十九日南郊，並同此制。

二十年四月十二日，户部言：「在法，進納或保甲，并以妻之家陣亡遺表恩澤授官，并祗應有勞、進頌可採，及(時)〔特〕旨與非泛補官，因軍功捕盗而轉至陞朝，非軍功捕盗轉至大夫，方合理爲官户。如一方有弟兄三人，父亡，各以析居，數中一人應得前項名色補官，轉至陞朝或大夫，理爲官户，蠲免色役。父該贈官，雖至陞朝或大夫，其餘子孫止合承蔭，即與元補官人不合一例改作官户。」從之。

二十六年正月十日，權知復州章燾言：「湖北、京西州縣有户口稀少去處，其都分名額悉無改併，每遇都、副保正闕，官司依舊隨都選差，則是頻併。欲乞今後每一都人户若不及五大保處，即合併接鄰近都分人户，通行選差都保正一人。催税户長亦乞通行雇募。如橋梁有損壞去處，却令依條隨本耆地分人户修治施行。候人户各及一都之數日〔五〕，仍舊選差。」從之。

六月一日，御史中丞湯鵬舉言：「比年陳請役法，可謂備矣。獨有近歲申明，欲以批朱、白脚輪差，遂至下等人户被害。謂如十保内上等家業錢一萬貫，中等家業錢伍千貫，各以充役，謂之批朱。至有下等家業錢一百貫以上，末等家業錢五十貫以上，未曾充役，謂之白脚。欲乞將批朱

〔一〕許：原作「計」，據《建炎要録》卷一六〇改。
〔二〕「詔令」以下至本條末，原錯簡在下條之末，據《建炎要録》卷一六〇移正。
〔三〕天頭原批：「『璹』一作『疇』。」按《建炎要録》卷一六〇亦作「璹」。
〔四〕《建炎要録》卷一六〇此下有「詔户部看詳申省」七字，疑此脱。
〔五〕候：原作「侯」，據本書食貨一四之三二改。

者 89 歇役止於六年，便與白脚比並物力、人丁再差。」從之。

八月二十六日，御史中丞湯鵬舉言：「令有司將用宰執給使減年補授之人轉至陞朝〔一〕，方理爲官户。」從之。

十一月六日，權尚書禮部侍郎辛次膺言：「欲望特詔有司，如有官户多立户名，編民冒作官户，及祖父母、父母在而私立別户者，令州縣覺察，或併或改，仍與立日限陳首。如人告論，當科違制之罪，没入其産。」户部言：「欲下諸路轉運司檢坐條法，曉諭民户，限一月經官自陳，改併歸户，與免罪，仍免追應輸之物。如限滿不首，許人陳告，將犯人依法斷罪追賞，并合輸之物入官。仍仰州縣常切覺察，尚有違戾，按劾施行。」從之。

二十八年六月一日，權吏部尚書王師心言〔二〕：「被旨，令六部長貳將差役舊法并前後臣僚申請指揮公共看詳，或已見不同，各許條具，申尚書省審度，取旨施行。契勘《紹聖常平》、《紹興重修常平役法》并《紹興重修常平免役申明》、《續降指揮》已是詳備。昨緣臣僚節次申請指揮不一，州縣公吏得以舞文作弊，致差役不均。今看詳，合將前項指揮共三十八件：《紹聖常平》、《紹興重修常平免役法(令)〔令〕》計一十五條，《紹興重修常平免役申明》、《續降指揮》計二十三件，欲行下諸路常平司照會，仍鏤版徧下所部州縣，遵守施行。其與上件法意相妨指揮四件：紹興二十六年六月一日勑『臣寮上言，欲將批朱者歇役止于六年，便與白脚比並物力、人丁再差』指揮，紹興二十六年十二月九日都省批下江東常平司申『相度到知宣州樓炤陳請，欲將上户斟酌定差，下户止輪差充大保長』指揮，紹興二十七年五月二十 90 一日勑『人户未分衆户已充保正、副，後來析户，其户頭若再當充役，自合依近降指揮歇役，其餘本家衆户物力高，即係白脚，自合選差』指揮，紹興二十七年十二月四日都省批下『處州遂昌縣丞黄楷陳請〔三〕，欲籍定物力倍於衆户大段遼絶，應役兩次當其他役户一次』指揮，欲並刪去，更不施行。兼契勘州縣差募保正、副，依法係以十大保爲一都保，二百五十家内通選材勇物力最高二人充應。緣州縣鄉村内上户稀少，地理窄狹，并有不及一都人户去處，致差役頻併。今看詳，欲下諸路常平司行下所部州縣，委當職官將都保比近地里窄狹、人煙稀少，并不及十大保去處，併爲一都差選，仍不得將隔都及三都併爲一保。如内有都分人煙繁盛、山川隔遠，更不須撥併。其併過都分，從本司保明供申。如有人户陳訴均撥不當，及人吏作弊去處，仰常平司按劾，申取朝廷指揮施行。」從之。

七日，尚書户部員外郎王時等言：「欲望誡飭郡縣，凡保正、副之所掌，除依條合管事務外，不得泛有科擾追呼。

〔一〕之：原作「乏」，據本書食貨一四之三三、食貨六六之八一改。
〔二〕言：原脱，據《建炎要録》卷一七九補。
〔三〕楷：原作「揩」，據本書食貨六六之八一改。

或不遵依，許民户越訴，仍仰按察官糾劾以聞，重寘典憲。」從之。

十一月二十三日，南郊赦：「州縣差役，自有條法指揮，往往當職官更不躬親檢照簿籍户口〔一〕、物力高下，是致輪差不均，有力者夤緣幸免，下户復致頻併，互有糾論。更不究實，枝蔓追呼，淹延不決，公吏恣行誅求，誠可憐憫。仰諸路州縣今後須管依實定差，毋令不當，引惹詞訟。仍令常平司常切檢察，如有違戾去處，將當職官吏按劾以聞。」餘同二十五年之制。三十一年九月二日明堂赦並同此制。

二十九年七月五日，國子正張恢言：「欲乞推詳祖宗舊法，每都 91 令户長專受催科外，置耆長、壯丁，專管爭訟鬭毆。追呼公事，別募人充。惟煙火、盜賊事之大者，則屬之保正，他事不得追呼。以至脩官宇、給厨傳、收買土物之類，嚴行戒戢。有違戾者，置於法。」詔令有司看詳。其後，户部言：「在法，保正、副係於都保内通選有行止材勇、物力最高者二人充應，管幹開收人丁，覺察盜賊者。若願就雇兼代耆長，即管幹鄉村盜賊、鬭毆、煙火、橋道公事。大保長願兼户長催納税租，若不願而輒差雇者，徒二年。非本耆保而輒差委幹當者，杖一百。官司於役人有所圓融及科買配賣者，以違制論，不以去官、赦降原減。即令陪備夫力者，徒二年。欲乞下諸路常平司遍(條)〔牒〕所部州縣，常切遵守施行，如有違戾，即依法按治。」從之。

三十年五月十八日，臣僚言：「州縣保正、副間有雇募代役，多是公吏別立私名受募，每有文移，承受之後即收匿，追呼催索，有踰數限而不報。其徒遞相壅蔽，但見公府事多而令慢，不知其弊由此。乞明立罪賞，許人告首，重寘之法。其所募之人，例與同罪。」詔送刑部立法。刑部言：「今後應募人充役者，輒〔募〕放停軍人及罷役、見役公人代役，及代之者，各杖二百科罪。仍許人告，賞錢五十貫。」從之。

九月二十五日，上諭輔臣曰：「近閲獻言者多論差役之弊，其言有益于民。朕思之，恐富者以賄賂脱免，而貧者充役必至破家。雖祖宗之法不可輕改，卿等更宜少加增損，使便於民、經久可行者奏來。」湯思退奏曰：「乞令户部檢照役法，商量有益於民者，將上取旨。」上曰：「甚善。」

十一月四日，臣僚言：「賦税之輸，各有户名，户之不輸，孰任其咎？郡邑乃有以三十户爲一甲，創爲甲頭，而責其成效者；有一甲之内或有貧乏，輸納未前，92 盡令甲頭代輸者；有無名之須，民户不從，悉取辦於甲頭者。甲頭之名，一概于籍，遷延莫得而脱。廣南之俗，例以此爲苦。欲望明詔廣南州縣，應有催科合納税賦，各令本户人自輸納，勿復廣置甲頭，以勤騷動。」詔令有司看詳。

三十一年正月二十三日，權發遣江南東路轉運副使魏安行言：「保長催税，無不破産逃亡，又欲雇募者、户長。

〔一〕簿籍：原作「部藉」，據本書食貨一四之三四、食貨六六之八二改。

此等本無税産行止顧〔籍〕〔藉〕，爲害不可言。今與屬縣民官詳究相度，以比鄰相近三十户爲一甲，給帖，從甲内税高者爲頭催理。本户足者，本縣畫時給憑由執照出甲，不與三十户上流下接催理之數。行之幾月，已漸見效。切恐其他州郡所行不同，乞下諸州，令悉依此施行。」于是户部言：「欲乞下江東路轉運、常平司，權依所陳施行。仍下其餘諸路從長相度，如經久可行，不致騷擾，兼別無利害，即仰保明申請施行。」從之。

二十七日，臣僚言：「比年以來，江、浙之間差役之爲民害，不願有田者，其説有二。保伍之法，蓋倣成周比閭族黨之遺意，不過使之幾察煙火、盜賊，以保守鄉井而已。法弊滋久，既使之督税賦矣，又使之承受文判；既使之治道路矣，又使之供雇船脚；既使之飾傳舍矣，又使之應辦食用。役使既同于走卒，費耗又竭其家貲。民不堪命，而官吏晏然爲之。此爲害一也。一都之内，膏腴沃壤半屬權勢，近年雖有限田差役之文，縣道安得而役之？中、下之産，役次頻併。且如甲有物力一千貫，乙有物力七百貫，則甲替而差乙；丙有物力一百貫〔一〕，則丙替而差丁。無可選者，又於得替人輪差，則是丁以一百貫而比甲一千貫。役次均矣，每遇輪差，公行賄賂，姦吏肆巧，旋爲陞降，萬一獲免，已被重困。此其93爲害二也。乞申嚴法意，禁戢州縣勿加雜役，勿縱科擾。仍乞令每都以田産物力十分爲率，及三分者，充大保長；及七分者，充正、副一次；及十分者，役次倍之。充保長不通充正、副，充正、副者不先充保長。庶幾中、下之産有歇役之期，而充役之家無破産之患。」詔令户部看詳。

二月二十七日，臣僚言：「近因宣州一鄉上户絶少，下户極多，守臣奏請，本欲不候歇役六年，即再差上户。有司看詳，誤將歇役六年指揮便行衝改，遂致上户却稱朝廷改法，是以鼠尾流水差役，必欲差遍白脚，始肯再充。當差之際，紛紜爭訟，下户畏避，多致流徙。蓋上户税錢有與下户相去百十倍者，必俟差遍下户，則富家經隔數十年方再執役。欲望將歇役指揮依舊施行。」詔令户部看詳，申尚書省。其後户部言：「契勘在法，差募保正、長，係于一都保内通選物力最高人充應，並給帖，二年替。無可選者，於得替人内輪差。諸産業簿三年一造，〔方〕〔坊〕郭十等，鄉村五等。已承王師心申請，緣法意相妨，已行删去上件指揮。欲乞下諸路常平司遵守施行。」從之。

九月二十四日，知忠州張德遠言：「川峽四路別勑、申明、續降已經衝改釐革條件甚多。謂如免役法自熙寧改創，行垂百年，具有成憲。今忠州諸縣近年以來，于選差逐都保正，却妄引未行免役之前皇祐川峽四路鄉差里正、户長、耆長、散從、承符官、解子并手力、弓手勑條，次第輪流，

〔一〕據前後句式、文意，此句「丙」似當作「丁」，且其前脱「丙有物力××貫」一句。

差至第三等末人户充保正，却將紹聖、紹興免役令通都保内選差物力最高之人見行條令更不遵用，致保正之役多及下户。都保内家業物力有及一萬貫者，歇役或致二十年不差，却差至第三等家業三百貫文人[94]户。貧富相遠，力役何由均平？而朝廷見行免役條令，幾至盡廢。欲望特賜詳酌下四路，各委詳明監司一員，取索抄録川峽四路編勑，及一路一司一州一縣別制繳申朝廷，降付詳定一司勑令所，重行修立新書從事〔一〕。」給舍黄祖舜等今看詳：「差保正自合遵用紹聖、紹興見行役法，不應引用皇祐舊條。欲乞令户部檢坐見行條法，下川峽四路遵用施行。」從之。

三十二年正月十六日，臣僚言：「江上踏車之人，其間最爲可念。當時采石之戰，戰士持劍戟用命于上，而民丁運動舟船于下。戰士之賞固推行矣，而同舟効死者略無以及之。願諭郡邑，與免科役二三年。」於是户部言：「踏車人夫並係于五等人户及保丁内差雇，其間上户往往募人，或以佃客使。當時並係親臨矢石，不應却無寔惠。欲下建康府逐一開具的寔姓名，保明供申。」續據建康府申，開具到共六千三百四十六人。詔將今來人數特與免科役一年。

五月二日，臣僚言：「望令兩淮常平官及守臣公共相度，將去冬曾經侵擾州縣見在户比照多寡，每都量留保正一名，大、小保長共三兩名，管幹煙火等事外，其餘不盡差。候將來起稅日取旨，却依見在條法施行。」從之。以上《中興會要》。

紹興三十二年八月二十三日，孝宗即位未改元。詔：「已降指揮，去年江上踏車人夫特與免科役一年外，所有般運糧草往屯駐州軍，或在路因病身死之人，理合一體。令本路轉運司將般運糧草并在路因病身故人夫覈寔保明，依踏車人夫與免科役一年。」

孝宗隆興二年六月一日，詔：「諸充保正、副，依條只合管煙火、盜賊外，並不得泛有科擾差使。如違，許令越訴，知縣重行黜責外，守、倅各坐失覺察之罪。」以福建[95]路轉運司言：「建寧府、福、泉〔州〕諸縣差役保正、副，依法止管煙火、盜賊。近來州縣違戾，保内事無巨細，一一責辦〔二〕。至于承受文引，催納稅役，抱佃寬剩，修葺鋪驛，拋置軍器，科賣食鹽〔三〕，追擾陪備，無所不至。一經執役，家業隨破。」故有是命。

八月十九日，知岳州錢建言：「州縣差保正，乞行下提舉常平官，將一路逐縣事體參酌。謂如一都上户稍多，則差至物力若干貫而止。若一都内罕得上户，則以中爲率，差至物力若干貫而止。此外無可選，則于得替人内輪差。」户部契勘：「欲下諸路提舉司鈐束所部州縣，遵依見行條法，無令違戾。」從之。

〔一〕「修」下原衍一「修」字，據本書食貨一四之三九、食貨六六之八四删。
〔二〕一一：原作「一如」，據《文獻通考》卷一三改。
〔三〕賣：原作「買」，據《文獻通考》卷一三改。

乾道元年正月一日，南郊赦書：「州縣輒行差雇人夫應副過往，累降指揮約束，已是嚴切。尚慮州縣依前循習舊弊，違戾差擾，及抑令出備雇錢，仰監司常切覺察，按劾以聞，重寘典憲。」三年十一月二日南郊赦同此制。

同日，赦書：「州縣差役，自有條法指揮，往往當職官吏不躬親檢照簿籍户口、物力高下，致輪差不均，有力者僥緣幸免，下户復致頻併，互有糾論。更不究寔，枝蔓追呼，淹延不決，公吏恣行誅求，誠可憐憫。仰諸路州縣今後須管依寔定差，毋令不當，引惹詞訴。仍令常平司常切檢察，如有違戾去處，將當職官吏按劾以聞。」

八月五日，臣僚言：「州縣被差執役者，率中、下之户。中、下之家，産業既微，物力又薄，故凡一爲保正、副，鮮不破家壞産。昔之所管者，不過煙火、盜賊而已，今乃至于承文引、督租賦焉。昔之所勞者，不過橋梁、道路而已，今乃至于備修造、供役使焉。方其始參也，饋諸吏，則謂之參役錢；及其既滿也，又謝諸吏，則謂之辭役錢。知縣迎送，僦夫脚，則 96 謂之地理錢。節朔參賀上榜子，則謂之節料錢。官員下鄉，則謂之過都錢。月認醋額，則謂之醋息錢。如此之類，不可悉數。復有所謂承差人〔二〕，專一承受差使；又有所謂傳帖人，各在諸廳白直。每月雇錢多者至十餘千，少不下數千。若承差人，則以之代其正身，出錢雇募，尚或可也；而傳帖人，則寔不曾承傳文帖，亦令僦雇而占破。伏望嚴敕有司檢照參酌，立定條法，申嚴州縣。今後如有尚敢令保正、副出備上件名色錢物，官員坐以贓私，公吏重行決配。至於承差人、傳帖等人，如充役之家不願親身祗應，止許僱承差人一名〔三〕，餘所謂傳帖之類並住罷。」從之。

三年三月十八日，直祕閣陳良祐言：「今役法之行，其説多端，而未嘗有一定之論。是以吏以舞文愚弄村民，富者多避免，而下户常見充役。乞令逐路提舉常平司行下州軍，限一季條具經久可行利害申尚書省。」從之。

四月三日，刑部修下條：「諸進納授官人，特旨與理爲官户者，依元得旨；若已身亡，子孫並同編户。」從之。因軍功捕盜而轉至陞朝、非軍功捕盜而轉至大夫者，自依本法。

六月四日，户部侍郎李若川、曾懷言：「官户比之編民，免差役，其所納役錢又復減半，委是太優。欲令官户與編民一等輸納，更不減半。以歲所入約百餘萬緡，專責諸路提舉常平司委逐州主管官別收，依經、總制錢條限解發。」從之。

八月七日，滁州來安縣税户楊廣等言：「昨奉詔召募萬弩効用，去年蒙朝廷念兩淮累經戎馬蹂踐，特與廣等給據歸耕。未得兩月，不期本縣便與不當弩手之家，一例差

〔二〕謂：原作「爲」，據本書食貨六五之八五、《宋史全文》卷二五下改。
〔三〕僱：原脱，據《宋史全文》卷二五下補。

充保正、長。乞行蠲免。」詔蠲免差役二年。

二十四日，臣僚言泛色補[97]文學與特奏名文學人差役事，户部勘會：「欲下諸路監司行下所部州縣，將特奏名出身之人，若未入正官，如遇授破格差遣〔一〕，即遵依紹興二十九年五月之制。如已落『權』、合注正官人，方始理爲官户。」從之。

九月十九日，四川制置使、兼知成都府汪應辰言〔二〕：「近日臣僚有請，欲罷催税户長，改差甲頭。此但見户長之害，而思有以救之，不知所以害民者，在人不在法也。臣竊以户長之法無可更易，望降明旨，令州縣並依見條施行，勿復他議。」詔令户部下諸路准此。

十月十九日，臣僚言：「臣所歷州縣，見民之所以不安者，莫大於執役。非役法之不善，亦由議法者時有更改，而執役者困于科擾，所以不能自安也。請言科擾之畧：有弓兵月巡之擾，有透漏禁物之責，有捕獲出限之罰，有將迎(檐)〔擔〕擎之差，有催科填代之費，有應副按檢之用，有承判追呼之勞。凡此之類，皆執役之所深懼。若蒙朝廷專行約束，使州縣無復如從前科擾，寔天下(甚幸)〔幸甚〕。」詔監司常切覺察。

三年十二月十三日，提舉浙西常平茶鹽公事劉敏士言：「欲將寡婦召到接脚夫，或以老户本身無丁，將女招到贅壻，如物力高彊，即許比附寡婦有男爲僧道成丁，選募充役。其召到接脚夫、贅壻，若本身自有田産物力，亦許别項開具，權行併計〔三〕，選差充役。若接脚夫、贅壻本身有官蔭合爲官户之人，即照應限田格法，豁除本身合得頃數，令與妻家物力併計選差，募人充。」從之。

五年二月十五日，右從事郎李大正言：「紹興府諸縣自舊以來，將小民百工技藝、師巫、漁獵、短趁雜作瑣細估紐家業〔四〕，以應科敷官物，差募充役。官户全無，上户絶少。下户小民被此科歛，官司不卹，監繫拘留，至鬻[98]妻賣子不足以償納者。乞截自四等以下至五等民户，除存留質庫、房廊、停塌、店鋪、租牛、賃船等六色外，其餘瑣細名目，一切除去。其應科敷輸納爲民害者，盡行除去。」詔諸路轉運司，將州縣有似此瑣細害民，因推排陞降日悉與蠲除，毋致違戾。

五月八日，刑部侍郎汪大猷言：「國家立保正之法，緣法中許願兼耆長者聽，故數十年來，承役之初，縣道必抑使兼充，不容避免。蓋以保正必一鄉之豪，官吏百須可以仰給，故樂於並緣，以爲己利。凡有差募，互相論糾，官不加察，吏與爲市。或請以家貲之多寡，分次之久近；或(謂)〔請〕以不拘官、民户、寺觀，例行均差；或(謂)〔請〕以一縣一鄉衮同名次差充，以救移徙之苦；或請令應役之家自雇

〔一〕遇：原作「偶」，據本書食貨六六之八六改。
〔二〕成：原作「城」，據本書食貨一四之四二、食貨六六之八六改。
〔三〕計：原作「討」，據下文改。
〔四〕估：原作「佑」，據本書食貨六六之八六改。

耆長，專承引狀，以革誅取之害；或請止以上户歇役久近、物力高下分數比折差募，以優中、下之家。乞令諸路常平司各具逐路見今如何奉行，并以臣所陳數端，令逐司相度孰爲便民，或別有所見，可以施行者，各限一月，條具來上。仍許户部檢舉催促，有違必罰。俟到〔一〕，令本部盡取臣僚前後陳獻，參以見行條法，立爲定制。」從之。

九月十六日，詔：「應福建路州縣催科之人，悉仍其舊。如近來創置甲頭與保正、副、長追税之擾，一切罷之。」以臣僚言：「兩税催科用户長或耆長之類，此通法也。在江、浙之間，則以賦入浩繁，耆、户長不足以督辦，乃權一時之宜而責之保正、副、長。自二三年來，福建諸州縣亦倣江、浙之例而行之〔二〕，而不知福建地狹民貧，賦入不及于江、浙也。乞行禁止。」故有是命。

六年二月二十一日，詔曰：「朕深惟治不加進，夙夜興懷，思有以正其本者。今欲均役法，嚴限田，抑游手，務農桑。凡是數者，卿等二三大臣深思熟計〔三〕，爲朕任 99 此而力行之。其交修一心，毋輕懷去留，以負委寄，此朕所望也。」

（二月一）〔三十〕日〔四〕，資政殿學士、知荆南府、充荆湖北路安撫使劉珙言〔五〕：「諸郡起籍民兵，但以丁多差户，初不問家産多寡，家産寡者往往棄産而遁。欲乞明示優恤，應充義勇，除依條合差保正、長外，並免非泛科役〔六〕，有身丁錢處與免身丁錢。其第四等户，除非泛科敷外，更與免差保正及大小保長。五等人户，除免應干科差外，更與量免三分或二分徭役。庶幾貧下之人，均受優恤之惠。其總首若係管轄之人，兼一縣不滿千人者，乞與免保正、長差役。」從之。

五月二十五日，臣僚言：「保正之役，爲良民之害。今之議者，多方立法以救其弊，先後違舛，有司無所適從。願行耆長之法，募民之有産者爲之。其職止于煙火、盜賊，應征斂之事，不得以責之。然後罷去保正之役，則有産之家庶幾休息。」于是臺諫、户部長貳看詳言：「檢會元豐八年十月指揮，耆、户長、壯丁之役，皆募充，其保正、甲頭、承帖人並罷。欲下兩浙路權依此給雇直，募耆、户長、壯丁。」從之。

九月二十一日，中書門下言：「役法之害，下三等尤甚。其有田之家，盡歸兼并，小民不能著業，以致州縣差科不行。雖申嚴限田之法，而所立官品有崇卑，所限田畮有多寡，品寬田多，往往互假其名以寄産。不若一切勿拘限

〔一〕到：原作「制」，據《宋史全文》卷二五上改。
〔二〕江浙：原作「浙江」，據下文及本書食貨六六之八七乙。
〔三〕熟：原作「孰」，據本書食貨一四之四四、食貨六六之八七改。
〔四〕三十日：原作「二月一日」，據《文獻通考》卷一五六，劉珙上言在二月辛亥，是月壬午朔，辛亥爲三十日，據改。
〔五〕劉珙：原作「劉拱」，據《文獻通考》卷一五六改。
〔六〕「並」下原衍「不」字，據本書食貨一四之四五、食貨六六之八七删。

法，只選物力高彊官户與民户通差，則役户頓增，下户必無偏差之害。欲寔惠及民，莫出于此。今措置，自今並以官户與民户一概通選物力第二等以上輪差，二年一替，官户許雇人代役。且以十年爲限。如經久可行，别議立爲永法。」詔依，令兩浙路先次遵行。

十月七日，臣僚言：「頃歲有漕臣務在催科急辦，不用役法，罷100去税長，行下州縣，每三十户差一甲頭，逐時催税。縣道並緣爲姦，一名出頭，即告示出錢數千，謂之甲頭錢，往往一縣歲不下五七千緡，以至萬餘緡。或云應副鎮寨，或云解發本州，至今猶有行者。如一縣所管萬户，則秋、夏兩税合差甲頭六百餘人，此事豈不爲擾？乞下諸提舉司並行住罷，仍常切覺察。」詔户部檢坐乾道二年九月已獲旨行下〔一〕，如有違戾，重作施行。

七年正月二十九日，臣僚言：「訪聞處州松陽縣有一兩都憚充役破産之苦，議欲相約，各出田穀以助役户，風義可嘉。望下本州，許從民便，依舊循義役規約行使。官民願預者，聽增入。仍乞令知州胡沂將六縣已結義役詳細規約繕寫成册繳進。」從之。

八年十一月二十六日，户部尚書楊倓等言：「今將給舍同本部長貳詳到臣僚陳請役法，參酌如後：一、在法，催税分定比近保分催納，其寄産户令見任處大保長催。續降紹興十二年敕旨，却令寄産户充大保長。既非本處相近，煙火、盜賊無緣機察，亦難以責辦催科。今欲依舊法差募。一、差役舊法，係以物力通選，續承紹興十五年八月敕旨，許差物力高單丁，每都不得過二人。其應充保正、副或催税户長，止得一名，不得雙差。本爲優恤單丁之家，行之既久，姦僞百出，富豪者多以單丁而免役，貧弱者或以丁衆而屢充。今欲不拘丁數，只依舊法通選物力高者充役，庶得均平。一、小保長舊無替法，今欲限二年一替，更不給帖。一、在法，鄉村盜賊、鬭毆、煙火、橋道公事，並耆長幹當。今欲有耆長處依舊例，無耆長處保正同。一、人户買撲酒坊，如本户别無田産物力，欲令以坊本物101力就本坊充役；有田産物力，即以少併就一多處充應。一、代役人許募本縣土着有行止之人，不得募放停軍人及曾役公人。違者許告，將犯人雇錢坐贓論。仍不許受兩家雇募。曾經代役或罷去，輒告論他事者，依罷役公人法。」從之。

九年三月二十五日，淮南運判馮忠嘉言：「本路州縣輒以採斫竹木、般運鐵炭及以和雇爲名，差夫般(檐)〔擔〕行李，致妨農作。欲望行下，遇應辦軍期般運糧草、增築堤岸，方聽差夫。仍申監司及申朝廷，候得旨，方許差撥。若州縣差夫私自役使，乞申嚴法禁。」從之。

七月四日，詔：「諸轉運司行下所部州縣，將女户如寔係寡居及寡居而有丁者，自依條令施行。其大姓猾民避免賦役，號爲女户無丁，詭名立户者，即自三等已上及至第四

〔一〕詔：原作「照」，據本書食貨一四之四六、食貨六六之八八改。

等、第五等，並與編户一等均敷。仍令州縣多立文牓曉諭，限兩月陳首，與免罪改正。如違，許告，斷罪、告賞並依見行條法。」以臣僚言：「大率一縣之内，係女户者其寔無幾，而大姓猾民避免賦役，與人吏、鄉司通同作弊，將一家之産析爲詭名女户五七十户，凡有科配，悉行蠲免。乞立法革其弊。」故有是命。

十二月九日，詳定一司勑令所修立下條：「諸村疃，五家相比爲一小保，選保内有心力者一人爲保長；五保爲一大保，通選保内物力高者一人爲大保長；十大保爲一都保，通選都保内有行止材勇〔一〕、物力最高者二人爲都、副保正。餘及三保者，亦置大保長一人；及五大保者，置都保正一人；若不及，即小保附大保，大保附都保。其紹興五年四月十六日勑：『單丁及寡婦有男爲僧道成丁及僧道，並許募人充役，官102司不得追正身。』乃是優恤單寡之家，故令募人充役，合依舊存留，以備照用。」從之。先是，臣僚言：「常平免役差大小保長、都副保正之法，後來選差不便，紹興五年四月十六日勑旨，於『大保』字下添『通』字，『選保』字下删去『長』字。及紹興九年四月四日勑旨，於『都保』字下添『通』字，『選』字下改『大』字爲『都』字，『保』字下删去『長』字，自此差役極便。紹興十七年六月二十三日申明止作存留，故州縣奉行抵捂。今乞删修成法。」故有是命。以上《乾道會要》。（以上《永樂大典》卷二〇七二六）

〔一〕材：原作「財」，據本書食貨一四之四八、食貨六六之八八改。

宋會要輯稿　食貨六六

身丁錢〔一〕

【宋會要】

1 高宗建炎三年十一月三日，德音：「訪聞兩浙人户歲出丁鹽錢，每丁納錢二百二十七文〔二〕，後來並令折納絹一丈〔三〕、綿一兩，已是太重。近年以來，户口減耗，丁鹽錢額未嘗蠲除，至有一丁認三丁之賦。加以近歲綿、絹價高，比之納錢，暗增數倍。民户重困，無甚于此。自今第五等以下人户一半依舊折納外，餘一半只納見錢。」

紹興三年四月九日，權發遣嚴州顔爲言：乞許曾得文解及該免文解人並免身丁。詔令户部立法。今脩立下條：「諸未入官人：校尉、京府諸州助教免二丁，二人以上免一丁，一名者不免。得解及應免解人：助教廣南攝官，流外品官，三省守當官、守闕守當官私名以上，私名，謂已未入額編排定人數。樞密院貼房、守闕貼房、散祗候以上，職醫，助教攝參軍之類，并侍丁本身，並免丁役。」從之。

六年八月三日，樞密院檢詳諸房文字王迪言：「願詔有司講求諸路丁錢、丁米之數，隨田税帶納。勘會湖南路丁米已降指揮，除二分見于人户田畝上均敷外，餘一分令本路轉運使相度，具數申尚書省。兩浙路丁鹽錢係催納見錢，并許將土產紬、絹依時價折納。」詔令户部行下諸路轉運司，具本路有無丁錢、丁米及如何催理，具狀申尚書省。

十五年正月二十七日，臣僚言：「州縣坊郭、鄉村人户，既有身丁，即充應諸般差使，雖官户、形勢之家亦各敷

2 納免役錢。唯有僧、道例免丁役，別無輸納，坐享安閑，顯屬僥倖。乞令僧、道隨等級高下出免丁錢，庶得與官、民户事體均一。」户部言：「今措置到下項：甲乙住持律院并十方教院、講院僧：散衆，每名納錢五貫文省；紫衣二字師號，納錢六貫文省；只紫衣、無師號同。紫衣四字師號，每名納錢八貫文省；紫衣六字師號，每名納錢九貫文省；知事，每名納錢八貫文省；住持、僧職法師，每名納錢一十五貫文省。十方禪院僧：散衆，每名納錢二貫文省；紫衣二字師號，每名納錢三貫文省；只紫衣、無師號同。紫衣四字師號，每名納錢四貫文省〔四〕；紫衣六字師號，每名納錢六貫文省；知事，每名納錢五貫文省；住持長老，每名納錢一十貫文省。宮觀道士：散衆，每名納錢二貫文省；紫衣二字師號，每名納錢三貫文省；只紫衣、無師號同。紫衣四字師

〔一〕題下原批：「起建炎三年，訖開禧三年。」按，本門之文互見本書食貨一二之八「身丁」目。

〔二〕「每丁」下原衍「錢」字，據朱熹《晦庵集》卷一八删。

〔三〕丈：原作「天」，據《晦庵集》卷一八改。

〔四〕天頭原批：「『四』一作『五』。」按，此門以下天頭原批所云「一作」，皆指食貨一二「身丁」目複文。

號，每名納錢四貫文省；紫衣六字師號，每名納錢五貫文省；知事，每名納錢五貫文省；知觀法師號，每名納錢八貫文省。道正、副等同。」詔依。

二月十二日，臣僚言：「乞太學生免丁役，令勅令所立法。」今脩立下條：「諸未入官人：校尉，京府、諸州助教，得解及應免解人，并見係太學生，並免丁役。」從之。

二十四年八月十二日，户部言：「契勘近承指揮，紫衣師號依舊給降書填。今相度，欲將今來請新法紫衣師號僧、道合納免丁錢數内，甲乙住持律院、十方教院、講院，並與依十方禪寺僧體例立定錢數，輸納施行。❸其十方禪寺并宮觀道士，並依散衆錢數上與減三分之一輸納。庶幾事體稍優，樂于請買。」從之。

二十五年八月十一日，詔：「人户身丁、免丁錢可特放一年，以御前錢依數還户部。」

十一月十九日，赦：「人户身丁、僧道免丁錢，近降指揮放一年。已行約束，將已納在官錢物理作來年合納之數。尚慮州縣巧以名色復行催理，仰諸路監司覺察，如有違戾去處，按劾以聞。」

二十六年七月三日，詔：「昨降指揮，放免諸州軍身丁錢一年，不住據諸處申請，乞將身丁綿、絹一槩蠲放。契勘元降指揮雖止爲丁錢，緣事屬一體，理宜優恤。可令户部將身丁綿、絹並與蠲放一年。所放丁絹約計二十四萬餘匹，于內庫支降本色絹并買絹錢各一半，應副歲計支遣。如有人户已送納過數目，即與來年折除。如州縣承今降指揮蠲放後輒敢擅行催納，許人户徑赴臺省申訴。仍專委監司覺察，臺諫彈劾以聞，當重寘典憲。仍令户部鏤版，遍下所屬遵守施行。」

同日，三省言：「准詔蠲放民間一年丁絹之數，計二十四萬匹。内十二萬匹令與户部官商量措置收買，合用錢于内藏庫支還；餘十二萬匹令內庫支給本色，以惠細民。」沈該等曰：「昨降指揮，止爲免丁錢。今陛下欲并與丁絹及綿全行蠲放，聖恩寬大，百姓蒙被實德。今歲絲蠶登熟，民間絹易得，置場收買，便可足數。」上曰：「不惟寬民力，且不失信于民。」該曰：「陛下加❹惠百姓，捐内府之藏以助民力，堯舜博施，仁不是過也。」上又曰：「近得一雨，甚可喜。」該等奏曰：「只如今日蠲放民間丁絹，便可召和氣，致甘澤。」

十一日，有詔：「近令内庫支降絹并買絹錢[一]，補填已放人户身丁綿、絹，及人户已有納過數目，即與來年折除。尚慮州縣將今來人户已納之數巧作名色，却填別項積欠，致失優恤之意。令諸路監司給榜下所屬州縣，仍各多出文榜曉諭，務令人户通知。如有違戾，依已降指揮，許人户越訴。專委監司覺察，臺諫彈劾以聞，當重寘典憲。」

十二日，詔：「諸州專令知、通取索逐縣丁簿稽考歲

[一] 近：原作「令」，據本書食貨一二之一一改。

數，依年格收附銷落。如輒敢將未成丁之人先次拘催，及老丁不爲即時銷落，許經本州申訴，依條根治施行。如不爲施行，即時經監司、臺省陳訴。仍令監司常切覺察，臺諫彈劾以聞，當重寘于法。」

二十八年正月二十八日，直秘閣、荆湖北路轉運判官羅孝芬言〔一〕：「荆湖北州縣昨經殘破，亡失版籍，乃有以丁增税者，根括人户，籍其丁口，使一丁受種七斗，以爲税額。有元係一斗之税，而家有三丁，則增爲二石一斗之税，不問其田之多少也。又請佃人户止有常平田，而無己業，常平之租不可增數，而丁多于常平之田，則虚責其民田之入〔二〕。欲望行下本路，許人自陳，令監司、帥臣選清强官吏覈實改正。」户部言：「欲下湖北轉運司，同本路提刑司、常平、安撫司取見詣實因依，公共從長 5 相度可否利便，保明施行。」從之。

十(二)〔一〕月二十三日〔三〕，赦：「應開河人夫，雖已支雇錢，緣科差多日，有妨營運，可令本府取見鄉分、姓名的確人數，與免今年身丁錢一半。如已送納，與理作來年合納之數。」

三十年七月十九日，兩浙轉運司言：「湖州武康縣每四丁絹一疋，自來並納本色，不曾折錢。烏程、歸安、吳興、安吉、德清縣每三丁納絹一疋，自來聽從民便，或納本色，或納見錢。州縣舊例，一户三丁納本色絹，二丁折納見錢。又逐縣丁産簿籍不明，並不逐時銷注陞降，將(來)〔未〕經拘籍丁名之人行下追催，號爲腹撑丁，又名貌丁。既不收係省額，止以充州縣支用。又將合催丁名預出由子，付人户收執送納。有力上户及攬納之人，多是攙先送納本色，貧民下户並須催納見錢，折納倍費，虧損下户。」詔：「令兩浙轉運司措置改正，出榜約束曉諭。如有違戾，許人户越訴。仍令户部行下其餘州縣，或有似此去處，亦仰依此改正。」

三十一年正月十四日，尚書左司郎中、兼權中書門下省檢正諸房公事呂廣問言：「昨任兩浙運副日，被旨措置改正湖州丁絹不均等事。今照得，朝廷未行鈔鹽以前，歲計丁口，官散蠶鹽，丁給鹽一斗，納錢一百六十六文，謂之丁鹽錢。自行鈔鹽之後，官不給鹽，依舊錢每丁增至三百六十文，謂之身丁錢。至大觀中，湖州申明，令三丁折絹一疋。當時絹賤，未有陪費，其後絹價增長，陪 6 費漸多。宣和中，唯武康知縣姓朱人將本縣保甲依法編排，見得丁數增添，遂申朝廷，將所增丁口均入絹數，趲成四丁納絹一疋。其餘五縣，後來丁口雖增，不曾均趲，至今三丁猶當一絹。蓋緣逐縣例將寬剩人丁不行注籍，暗收丁錢，以資他用。籍既不明，無以稽考，所增錢數不盡歸官，凡公吏、保正長皆得侵隱，而又丁籍歲終既不開收年額，所催止憑舊

〔一〕芬：原作「芳」。天頭原批：「『芳』一作『芬』。」按《建炎要録》卷一七九作「芬」，因改。
〔二〕入：原作「人」，據《建炎要録》卷一七九改。
〔三〕十一月：原作「十二月」，據《宋史》卷三一《高宗紀》八改。

籍，遂致老病死亡更不除減。民間既苦絹價陪費，而又虛抱合消之數，由是民力日困。本司相度，若令逐縣差人巡門根刷，徒有搔擾，遂措置申明印給甲狀〔一〕，從本州每縣差官一員，責付逐鄉保長俵散。每三十户結爲一甲，自書本户的實丁口，結罪遞相委保。所有以前隱落，更不坐罪，唯今來狀内隱落不實，許人陳告，斷罪追賞。其甲狀付所委官拘類，取見逐縣增添丁口，攢入舊額，依倣武康體例增丁減絹，以寬民力。除行下本州縣併散給印榜，鄉村曉諭，及于所給印榜、甲狀前朱印申說：今來正緣人户送納身丁錢、絹太重，措置括責，要見所增丁數，攢入舊額，均減丁絹，即非要添丁額以增絹數。使人户通知，不致疑惑。今諸縣推排稍已就緒，且舉長興一縣論之：元管丁五萬一千有零，今排出八萬三千，比舊約增十分之四。舊額理絹一萬七千，每丁納絹一丈三尺，合折錢二貫三百有零。今據排出人丁均減外，每丁止納絹八尺有零，合折錢一 7 貫四百，委是民力稍寬。訪聞昨來作弊欺隱丁口之人，今既改正，奸計不行，却乃扇摇人户，稱是官司排出丁口比舊增益〔二〕，謂要增添上供歲額，非是欲于逐一名下遞相均減。仍聞逐縣事體不同，亦有排出人丁所增數目不多去處，妄説官司欲以增數最多縣分與諸縣衮同，通一州絹額均攤。以此民間不免疑惑。兼慮有僥望希求之人，不知朝廷措置本意卹民，却將增出人丁陳獻利便，妄乞别項拘催，以爲額外羨餘之數。如此，則一州民力愈困，必致逃移。照得湖州申到歲額身丁紬絹八萬一十六匹二丈七尺三寸四分，遞年别無增減。欲望明降指揮，上件身丁紬絹止依舊額催理。所有今來排出丁口，逐縣各將元額均敷，不得輒增舊額。先次行下户部、運司、湖州照會約束，仍有妄獻利便擾民之人，亦乞重作施行。」

三十二年四月十八日，安豐軍言：「近緣金賊侵犯，未成倫緒〔三〕，僧道免丁錢難以辦集。」詔權與展免一年。

五月二十一日，權發遣湖州陳之茂言：「兩浙丁錢，自皇祐中許人户將土産紬絹依時價折納，謂之丁絹。烏程諸縣，每四丁納絹一匹，長興縣每五丁納絹一疋。今之措置，蓋有二説：一、欲將歲額爲定數，却以續增之丁均入歲額，不必拘以四丁、五丁爲一絹。如此，則丁口既增，丁錢亦減，朝廷不失常額，民亦易于輸納。一、欲將絹錢每疋作五貫紐計折納。向若只納本色，緣 8 百姓僻居郊野，艱于湊成端匹，付之攬户，多取價直。是納丁之家雖使納本色，其實與折錢無異。況畸零合鈔，少者四户，多者八户或一二十户，無緣人人得鈔，鄉司作弊，重疊追呼。」于是户部言：「今欲下兩浙轉運司行下本州，將人户所納丁絹如願本色者，即依已降指揮與别户合鈔，湊成端疋送納，各給憑由。

〔一〕甲：原作「申」，據下文及本書食貨一二之一三改。
〔二〕天頭原批：「『益』一作『溢』。」
〔三〕天頭原批：「『緒』一作『序』。」

若願納錢，即聽從便。其所乞折納絹價，如別無虧損官私，即依所乞施行。今後增減丁數，即不得損益元額。」從之。

孝宗隆興二年四月二十六日〔一〕，知常州宜興縣姜詔言：「本縣無税産人户，每丁納丁身鹽錢二百文足。第四、第五等人户有墓地者，謂之墓户，經界之時均紐正税外〔二〕，又令帶納丁鹽絹，作折帛錢輸納。本州管下晉陵、武進、無錫三縣，皆于衆户田産上均納，獨是本縣紐在下户帶丁收納，致人户不得已將父祖墳墓遺棄逃亡，或典賣與人，在上耕種，使枯骨暴露，情實可憫。欲乞依三縣一例均納。」從之。

乾道元年二月二十二日，詔：「朕以淫雨不止，有傷蠶麥，自二十五日避正殿，減常膳。其浙東、西路災傷人户合納乾道元年身丁錢、絹，臨安府、紹興府、湖、常州並與全免一年，温、台、明、處州、鎮江府並各減放一半。將減下之數，于内庫紐支銀、絹，撥還户部。」

三月十六日，三省言：「竊慮州縣奉行不虔，依舊催理，有失寬恤之意。」詔令逐州府遵依已降指揮，如有違戾，許人户越訴，當職官 9 吏重寘典憲。

四月四日，詔：「僧道年六十以上并篤廢殘疾之人，並比附民丁放納丁錢，自乾道元年爲始。仍令州縣出榜曉諭。」

二年四月七日，臣僚言：「民户歲各有丁身錢，州縣按籍拘催，雖一夫不可幸免。至逃亡死絶，自當開落。去歲二浙水潦，疾疫相仍，因而死亡，其數頗多。聖恩寬恤，已免當年丁錢。竊聞今歲州縣起催，乃以虚名追實錢，或老耄幼弱爲之代輸，或耆保鄰里爲之償納。百姓飢餓之餘，自納身丁已似不堪，而況更爲他人輸納？矧所得甚微，而爲細民之害不輕。欲乞行下諸州覆實開落，仍令監司按察。」從之。

五月九日，臣僚言：「兩浙路去年百姓以疾疫死亡、以飢餓流移者至多，州縣丁籍自應虧減。竊聞州縣按籍而催，尚仍故目，官吏急于逃責，將年未及之人籍爲成丁，或密計所虧之額，多取之于見存之人，或抑令保正長合力償備。欲望特降指揮下兩浙州縣，覆實流移死亡丁數〔三〕，保明申上，權行倚閣。候將來流移歸業，中小成丁，仍令漸次增補。不過數年，自當復舊。」從之。

六年正月十四日，户部尚書曾懷等言：「自放行度牒，給賣過一十二萬餘道，已剃度披戴僧道數目不少。今稽考得州縣遞年所納免丁錢，比未放行度牒以前年分止增三五萬貫，顯是州縣作弊，公然侵隱。或作僧道雲遊爲名不納，或當來妄供申年甲入老，規避免納之數，是致暗失財計。望行下諸路 10 提刑司，委官檢察括責，從實拘收，盡數入

〔一〕二年：《宋史》卷一七四《食貨志》上二作「元年」。
〔二〕經：原作「徑」，據本書食貨一二之一五改。
〔三〕天頭原批：「『覆』一作『覈』。」

總制帳，每季起發，毋令依前作弊欺隱。仍開具括責到錢數，類聚一路總數，保明供申户部驅磨。」從之。

三月二十四日，嚴州言：乞先將本州第五等户無産之人丁鹽絹數蠲減。户部契勘：「嚴州民户從來輸納丁鹽絹，係積舊年例合納之數〔一〕，難以遽行減免。緣本州昨來知州柳楹任内發到餘剩錢六萬三千貫〔二〕，已起赴左藏南庫送納了當。今欲下嚴州，將第五等無産税人户四萬一百九十六丁合納丁鹽絹與放免一年，計減放絹一萬二千八百六十二匹二丈八尺八寸。每匹作六貫文省，紐計價錢七萬七千一百七十三貫七百二十八文〔三〕，令左藏南庫却將嚴州起發到前項餘剩錢六萬三千貫撥還左藏西庫。其餘不足錢一萬四千一百七十三貫七百二十八文，本部自行管認。」從之。

同日，新差權知惠州葛延年上殿奏事，乞放廣東身丁米〔四〕。上曰：「分明是科敷。」延年奏：「此米其來已久，止緣縣官欲以丁口增衍爲科最，故逃亡者不爲開落，勒令催科甲頭代納，人甚苦之。」上曰：「合與他豁除。」

閏五月二十四日，詔：「江東路被水去處比餘路最多，可令江東轉運司將建康府、太平州實被水縣分第四、第五等人户今年身丁錢並與放免一年，不得巧作名色，依舊科取。如有違戾，令監司覺察按劾，重作施行，許人户越訴。」

十一月十八日，浙東提舉常平 11 蘇嶠言：「乞將温州旱傷第四等以下合納身丁絹與蠲放一年〔五〕，爲錢一萬六千餘貫。」從之。

七年二月八日，詔：「温州人户合納身丁絹隨夏料送納，已承乾道六年十一月十八日指揮，將第四、第五等人户與放免一年外，竊慮所降指揮之前已有人户送納在官，仰並特與理作乾道七年合納之數。」十二月三十日〔六〕，户部契勘：「浙東温州、浙西湖州今歲荒歉最甚，温州已降指揮，將旱傷去處第四等、五等人户今年身丁錢並與放免一年，其湖州亦當一體施行。乞將湖州五等以下細民今年丁税或尚有欠負〔七〕，特與蠲免，不得依前巧作名色追理。」從之。

七年二月十四日，册皇太子赦：「應民間有曾祖父母存而身已成丁者，其丁錢、身役並免一年。訪聞二廣民户輸納丁錢去處，近來官司纔年十二三便行科納，謂之掛丁錢，多致逃亡。仰本路監司常切嚴行覺察約束。」九年十一

〔一〕積：原作「給」，據本書食貨一二之一七改。
〔二〕柳楹：原作「劉楹」，據本書食貨一二之一七、雍正《浙江通志》卷一一五改。按此人又見於《周文忠公集》卷六二、《渭南文集》卷四三等。
〔三〕一百：原作「二百」，據本書食貨一二之一七並經計算改。
〔四〕天頭原批：「『東』一作『南』。」
〔五〕絹：原作「將」，據下條改。
〔六〕自此句以下原另作一條，今接排。參見本書食貨一二之一八校記。
〔七〕「年」下原衍一「年」字，據本書食貨一二之一八删。

月九日〔一〕，南效赦：「廣南東、西兩路民間有曾祖父母存而身未成丁之人，訪聞州縣便行科納，謂之掛丁錢，遂致丁口逃亡。已令監司約束所隸州縣，尚慮不遵成憲，甚失朝廷愛民之意。仰逐路帥臣更加覺察，或有違戾，互行按治以聞，當議重作施行。」

七月十五日，直寶文閣、知建寧府趙彦端言：「生子孫而殺之者，法禁非不嚴備，間有違者，蓋民貧累衆，無力贍給，年方至丁，復有輸納身丁之患。臣自到任，首行曉諭貧【12】乏之家，生子許經府驗實，支錢米給濟。尚慮細民貧困，未能不至犯法，乞將本府七縣人户身丁錢自今後並與蠲免。」從之。

八月十四日，宰執進呈兩浙諸州丁鹽絹數，上曰：「范成大謂處州丁錢太重，遂有不舉子之風。」虞允文奏曰：「誠有之，但諸州縣丁絹尺寸多少各不等，欲擇其重者蠲之。」上曰：「有一家而數丁者，須當量與減免。卿等更議定以聞。」于是詔：「兩浙州軍人户身丁鹽錢折納紬絹數内，紹興府、湖、處州比之他州最重，敷納不均。訪聞民户避免，至于生子不舉，有傷風化。可令提舉常平官限一月取見逐州所管户口丁數、等第，每丁歲納若干，有無科折，覈寔保明，攢具成册，繳申尚書省請旨。」

十月一日，司農少卿、總領淮東軍馬錢糧蔡洸言：「鎮江共管三邑，而輸丁各異，有所謂税户，有所謂客户。税户者，有常産之人也，客户則無産而僑寓者也。税户、客户惟丹徒並輸丁，而丹陽、金壇二邑有税則無丁，其輸丁者客户而已。每丁所輸，或二尺或四尺，固已不同，而官司受納，則以匹計，故攬納者得以邀其利，倍取其直，然後湊匹賤買以輸之。衆户併而爲一鈔，有鈔則可持以爲驗，而無鈔未免有重疊追輸之擾，豈不重困民力？乞令税、客户一體輸納，少紓客户之力〔二〕，而三邑不得自爲同異，則民樂輸矣。仍乞見輸丁絹依和買之直計尺折納，而人給一鈔。既免重疊追擾，且攬户不得以邀【13】其利，則民不困矣。況一歲不過一千七百三十二疋一丈八尺，若以其絹合赴内帑交納之物于法有礙，即乞令鎮江府折納，買絹起發。于官無損，而三萬六千九百餘丁均被寔惠。」從之。

八年五月，知湖州單夔言：「本州六縣管二十六萬八千九十九丁〔三〕，計絹六萬五千二百九十六疋有零，又續編排出隱漏一萬四千八百九十二丁。元額每三丁或四丁以上納絹一疋，視他州爲重。」詔每七丁共納絹一疋，比元額每歲計減絹二萬四千八百二十四，令提領左藏南庫所每年于納到沙田、蘆場租錢内撥還户部。未幾，續承指揮下項：「嚴州管一十二萬三千一百二十四丁〔四〕，每歲納紬絹

〔一〕原稿自此句以下另作一條，誤，今接排。詳見本書食貨一二之一九同條校記。
〔二〕紓：原作「輸」，據本書食貨一二之二〇改。
〔三〕九十：天頭原批：「『九』一作『六』。」
〔四〕一十二：原作「二十三」，據本書食貨一二之二〇並經計算改。

三萬九千三百九十九匹有零，係每丁納絹一丈二尺八寸。紹興府管三十三萬三千五百二十一丁，每歲納紬絹四萬三千一十五疋有零，綿七萬七千四百二十餘兩，錢四萬七千七百五十貫有零。上四等係約四丁納絹一疋，五等係約八丁納絹一匹。處州管一十九萬一千三百八丁，每歲納絹錢二十萬三千六百餘貫，係四丁以上共納絹一匹，委是稍重。」詔嚴州依湖州，每七丁共納絹一匹，每年共減二萬四千二百九十三匹有零，計錢四萬七千一百七十貫足有零。紹興府上四等每七丁共納絹一疋，第五等每十丁共納絹一疋，每年共減絹一萬三匹二丈五尺四寸，計錢五萬二千一十八貫七百足有零。處 14 州上四等户每五丁共納絹一匹，五等户每八丁共納絹一匹，每年共減絹九千九百一十匹有零，計錢三萬四千六百八十貫文足有零。以上減下錢數，並令每年收到沙田、蘆場租錢内撥還户部。

九年五月十一日，中書門下言：「節次已降指揮，湖、嚴、處州、紹興府歲輸丁絹各已均減。如願共納成匹絹帛，尚慮止是一户得鈔，餘户無以執照，乞令逐州府每户各給憑由，以革再行追擾輸納之弊。仍自乾道八年爲始。若人户已有納過數目，亦與出給憑由，理充乾道九年合納之數，不得重疊科取。如違，官吏重作施行，許人户越訴。仍多出文榜，曉諭人户通知。」從之。

十一月九日，南郊赦：「台州城内被火居民，仰本州取會，保明詣寔，將今年未納身丁與免一年，仍將來年身丁更與蠲免一年。」先是，宰執進呈台州旱傷并遺火事，上曰：「台州今歲旱傷，繼之以火，小民不易，州郡亦闕乏。除已給降錢、米應副賑濟支遣外，其被火民户身丁錢可與免納一年。」曾懷等奏曰：「州郡細民皆蒙聖恩軫念如此，乞于郊赦内行下。」故有是詔。（以上《永樂大典》卷四六八七）

【宋朝會要】

15 淳熙元年二月十九日〔一〕，詔：「湖州管下民户身丁錢、絹多是揍成端疋，例皆付之攬户，要以重價。可從民便折納見錢，令州縣自行買絹，解發上供。」從知烏程縣余端禮請也。

二年十二月十七日，慶壽赦：「應人户有祖父母、父母年八十以上，與免户下一名身丁錢物。」十三年赦同。

三年十(二)〔一〕月十二日〔二〕，南郊赦：「廣南東、西路民間有曾祖父母存而身(末)〔未〕成丁之人，訪聞州縣便行科納，謂之掛丁錢，遠方實被其害。雖已令監司約束，尚慮不遵成憲，有失朝廷愛民之意，仰逐路帥臣便加覺察，或有違戾，互行按治以聞。」六年、九年明堂赦，十二年南郊赦同。

八年十二月九日，詔：「逐路旱傷州：淛東紹興府、婺州、衢州，淛西臨安府、嚴州、湖州長興、安吉兩縣，常州、鎮

〔一〕句首原有「身丁」二字，此是《大典》卷七八七九「丁」字韻原有標目，今删。
〔二〕十一月：原作「十二月」。按，據《宋史》卷三四《孝宗紀》二，此年南郊在十一月十二日癸丑，據改。

江府、江陰軍，江東建康府、饒州、徽、信州、南康軍、廣德軍，江西興國軍，湖北江陵府、鄂州、漢陽軍、復州、德安府，淮東八州，淮西八州軍，淳熙九年分應民户合納身丁錢物，並特免一年。州縣輒敢催取，許人户陳訴。」

九年九月十三日，明堂赦：「諸路人户輸納身丁錢，自有條格并年甲籍照據。訪聞州縣將（來）年老之人不即除落，其未及成丁人勒令鄉司、保長括責認納。令提刑司常切覺察，及許人户越訴。」十二年南郊赦，十五年明堂赦，紹熙二年十一月、五年九月並同。

十一年五月十九日，右正言蔣繼周言：「訪聞 16 温、處流民丁籍尚存，諸縣催租，無人供納。或其家丁壯既去，老弱獨留，監繫輸填，急如星火，有及其宗族、姻親、鄰里。不然，則令保正、保長均陪。因而多糾未成丁人，名爲充代，追擾不能安居。去者無復可歸，留者行且繼去，誠非細事。大抵人户身丁所納錢帛，吏操其權，縣制其贏，增減出没，漫不可考。縱有銷落，率常有餘。乞令温、處州守臣將屬縣流移人户覈實，除落丁籍，不得存留，抑勒陪填。如有違戾，令監司覺察以聞。」從之。

十二年四月三日，刑部尚書、兼吏部尚書、兼侍讀蕭燧言：「廣西去朝廷爲最遠，其民視諸路爲最貧，而小民之無税産者，貧尤甚焉。竊見在法，民年二十一爲丁，六十爲老。官司按籍計年，將進丁或入老疾應收、免課役者，皆縣令親觀顔狀〔一〕，注籍，知、通取索丁簿〔二〕，稽考歲數，收附、銷落，法意非不善也。奈何廣西並海諸郡以身丁錢爲巧取之資，有收附而無銷落。一家之中，其子若孫年長而成丁者，使之輸納可也，而父、祖之老疾者不免焉。又況輸納之際，邀求無藝，錢則倍收剩利，米則多量加耗〔三〕，一户計丁若干，每丁必使之分析〔四〕。一户之内，有抄紙錢、息本錢、縻費錢、公庫錢，大抵公庫所入居多，此何理耶？是以其民苦之，百計避免，或改作女户，或徙居異鄉〔五〕，或捨農而爲工匠，或泛海而逐商販，曾不得安其業，固聖主之所不忍聞也。乞令廣西帥臣、監司措置行下，從收附、銷落之 17 制，革違法過取之害，多散文榜曉諭。如或仍前科擾，即令按劾，重寘典憲，以厲其餘，庶幾窮民得安其業。其他諸路州軍有似此者，乞令本路監司依倣施行。」從之。

十三年正月一日，慶壽赦：「應諸路州縣有身丁錢去處，其第五等人户并無産而有丁者，並與減免淳熙十三年分身丁錢物之半。」

十月七日，詔户部將漳、泉州、興化軍減免身丁錢、米，照應已支降撥還錢數各與理豁，仍劄下福建路轉運司并逐

〔一〕觀：原作「貌」，據《宋史全文》卷二七下改。
〔二〕知通：原作「通知」，據《宋史全文》卷二七下乙。
〔三〕米：原作「來」，據《宋史全文》卷二七下改。
〔四〕每丁：原作「每户」，據《宋史全文》卷二七下改。按《宋史全文》云「每丁必使之析爲一鈔」，文意較明。
〔五〕徙：原作「涉」，據《宋史全文》卷二七下改。

州照會。

十四年八月二十六日，知鎮江府張杓言：「在任日，嘗具奏聞，以鎮江府秋後栽插方畢，偶白露前無雨，高田遂至旱(稿)〔槁〕。竊惟地瘠民貧，臣雖以十三年以前夏秋税租本府合得州用錢數盡行倚閣〔一〕，而猶有丁錢一事，計口而科，各縣不等。雖每名不過數百，皆是貧民下户，銖積寸累，方能輸納。去歲以慶典恩赦，蠲放下五等户一半之數，通不過六千九百三十餘貫，人情便覺寬舒。況今漸次已有送納。止是旱鄉人户委無可輸，州縣期限逼迫，未免騷擾。乞將鎮江府下第五等人户未納丁錢特與蠲免，庶使小民得免流移。」從之。以上《孝宗會要》。

淳熙十六年閏五月十九日，詔：「諸路州縣僧道年六十以上合納丁錢，特與放免一年。或已納在官，與理充將來之數。如敢却行催理，許越訴，監司覺察以聞。」

紹熙元年正月十七日，詔：「臨安府屬縣民户身丁錢可自紹熙元年更與蠲放三年，仍給降[18]黄榜曉諭。」

二年十一月二十七日，南郊赦：「舊法，僧道年六十以上及篤廢殘疾者，本身丁錢聽免。續降指揮，僧道七十以上及篤廢殘疾，本身並特放免。近來給降度牒，披剃稍多，自合將所收免丁錢盡數起發。訪聞州郡將合入老僧道不行依法放免，仍舊照額復行拘催，以致被害，深可憐憫。可令州軍照逐歲僧道丁籍實數拘催。仍令提刑司常切覺察，毋致違戾。」

同日，赦：「僧道免丁等錢物，可自今赦到日，仰諸路漕司委官將淳熙十六年終以前並與日下除放。」

四年正月二十三日，詔：「臨安府屬縣民户身丁錢可自紹熙四年更與蠲放三年，仍給降黄榜曉諭。」

五年正月一日，慶壽赦：「應人户有祖父母、父母年八十以上，與免户下一名身丁錢物。」以上《光宗會要》。

紹熙五年九月十四日，赦文：「舊法，僧道年六十以上及篤廢殘疾者，本身丁錢聽免。續降指揮，僧道七十以上及篤廢殘疾，本身丁錢並特放免。近來給降度牒，披剃稍多，自合將所收免丁錢盡數起發〔二〕。訪聞州郡將合入老僧道不行依法放免，仍舊照額復行拘催，以致被害，深可憐憫。可令州軍照逐歲僧、道丁籍實數拘催，仍令提刑司常切覺察，毋致違戾。」自後，郊祀、明堂赦亦如之。

同日，赦文：「廣南東、西路民間有曾祖父母存，或祖父母年已六十而身未成丁之人，訪聞州縣便行科納，謂之掛丁錢。已令監司約束。或有違戾，委帥臣互察以聞。」自後，郊祀、明堂[19]赦亦如之。

十月二十四日，都省勘會：「已降聖旨：訪聞兩浙路州軍縣多有水旱去處，民户合納身丁及鹽錢，來年並與放一年。其今年有未納者，並與倚閣。」

〔一〕「州」字疑誤。
〔二〕起發：原作「發起」，據上文紹熙「二年十一月二十七日南郊赦」文乙。

慶元二年二月二十一日，詔：「臨安府屬縣民户身丁錢可自慶元二年更與蠲放三年，仍給降黄榜曉諭。」

嘉泰元年十二月十四日，詔臨安府屬縣人户身丁錢可自嘉泰二年更放三年。

四年八月二十三日，詔：「紹興府係欑宫所在，理宜優恤。本府人户所納身丁錢、絹、綿、鹽，可自嘉泰五年永與除放。」

十月二十一日，三省言：「已降指揮，紹興府人户合納身丁錢、絹、綿、鹽，並自嘉泰五年永與蠲免。緣上件錢物並係分隸之數，照得户部昨來供奉慈福宫、壽慈宫錢物除金銀外，歲減錢一百一十餘萬貫，至今不曾椿發。」詔紹興府每歲合減身丁錢、絹、綿、鹽之數，並令户部於減下俸錢内抱認發還。

開禧元年十二月二十一日，詔：「朕惟方今大計，在寬民力。睠兹二浙，實拱行都，尤當優恤，以厚根本。況承平歲久，生齒日繁，程其賦租之餘，重以身丁之斂，吏弗加省，民輸益艱。中夜以思，靡遑安處。非不知國用所係，儲積宜豐，顧寧損於縣官，以少紓於民力。爰敷曠澤，庸示至懷。其兩浙路身丁錢、絹，可自開禧二年並與除放。」

二年正月一日，詔：「兩浙州軍嘉泰元年至開禧元年終未起身丁錢、絹、紬、綿内，實係人户拖欠之數，並與蠲免。如州軍仍前催理，20 許人户越訴，官吏重作施行。」

三年十一月二十八日，册皇太子赦文：「訪聞二廣人户輸納丁錢，纔年十二三便行科納，謂之掛丁錢，多致逃亡。仰本路監司、帥臣照累赦常切嚴行覺察約束，(母)〔毋〕致違戾。」以上《寧宗會要》。(以上《永樂大典》卷七八七九)

役法 [一]

【宋會要】

21 淳熙元年三月五日，臣僚言：「諸路州縣一都之内，保正凡二，而保長凡八。保正物力頗高，役之二歲，尚可枝梧。至于保長，類多下户，無十金之儲，限以二年，困窮特(立)甚。欲乞保正止仍舊法，保長限以一年，使深恩實惠，下及細民。」從之。

十月三日，浙西提舉葉模言差役之弊，乞明詔有司嚴立條法。於是敕令所擬修下條：「諸選定合充保正長而(選)〔逃〕役妄訟，以致役滿人過期不替，或權募人充過月日者，並勒當役妄訟人於正役年限外增展拖延月日。謂如合役二年，若因妄訟拖延一季，即正役二年一季之類。若當行人吏或鄉司受情增減物力，定差不當，即勒雇人代充，權替役滿人，候差定正役人日交替。其罪各依本法。」從之。

六年三月二日，臣僚言：「乞詔户部將隆興元年至今應干役法奏請續降(衙)〔銜〕改指揮盡行檢舉，更加審訂。」

[一] 題下原批：「起淳熙，訖嘉定。」

詔户部看詳。本部乞下諸路提舉司，依本官奏陳事理開具（銜）〔衝〕改條法指揮，並見行條法、續（絳）〔降〕指揮，行下所部州縣遍出榜文，分明曉諭民户通知，常切遵守。從之。

四月二十七日，詔：「自今大保長不許催科，止受憑由給付人户，令依限輸納。如有頑户欠多，即差保正追納。」以臣僚言：「差役之弊，人但知保正受害，不知大保長催科者受害尤重。蓋其數多於保正，而力弱於大姓。」故有是詔。

六月五日，詔：「常州近籍没都吏陳持家財，盡行出賣，其錢分給沿河三縣四十五都保正、長買田，添助義役，其田仍以縣分均撥。日後拘没到似此田産，及其他諸州縣，並不許援例。」從知州李結請也。

九月十六日，明堂赦：「在法，大保長願兼户長者，輪催納税租，一税一替。即因展限而欠數者，後料人催及，輒勾追催税人赴官比磨者，各有條法斷罪。今訪聞諸縣縱容案吏、鄉司受上户計囑，抑勒貧乏之家充催税保長，不照應省限，多出文引，偏行點追。每承一引，必巧作名目，乞（不）覔誅求，有至破家失業。自今如有違戾處，仰監司按（刻）〔劾〕，常切覺察，許被擾保長越訴，將當職官吏重實典憲。」以後逐郊赦同。

十月十三日，臣僚言：「竊見紹興十二年指揮稱：『鄉村户數鄉皆有物力，合併歸煙爨處外，其坊郭及别縣户有物力在數鄉，並令各隨縣分併歸一鄉村物力最高處，理爲等第選差，（計）〔許〕募人充役。』至乾道八年，臣僚一時申請：『坊郭之人去鄉村遠，既不係本處相比保伍，煙火盜賊何緣機察？亦難以責辦催科。』朝廷遂變此令，使兼并之家得以避役，而中、下户有被其害者。乞將上項差役事止用紹興十二年指揮，則豪富之家可以少戢，而貧弱之户可以自伸。」詔敕令所開具舊法。已而開具來上，詔依紹興十二年十月四日指揮，節次續降指揮 22 並不施行。

七年七月十四日，臣僚言：「自來女户、幼丁並得免役，近因頒降役法，有司抵牾申明，遂致不免。兼隆興二年老、幼、疾病之人止免身丁，不許免役。竊緣老、幼、疾病在法不合爲丁，無可免者。望詔有司，應老、疾户許雇人充役，其女、幼户依舊蠲免。」詔勅令所檢會條法釋説。既而本所言：「女户無人成丁者並不應差役外，如有孤幼，財産官爲檢校，即顯幼丁自不成户。止緣淳熙六年六月十六日臣僚言申請之時〔一〕，誤於『老疾之人不許免役』文内多添一『幼』字，當時批狀行下，因此州縣疑惑，是致臣僚奏請，乞將女、幼户蠲免差役。乞自今更不得引用上件批（獻）〔狀〕，並遵前後條法指揮。」從之。

九年二月九日，知瓊州韓璧言：「熙寧間改差役，獨海外四州仍舊不改。蓋改法之時，朝廷以四州之地與黎獠雜居，是以姑行差役，不欲輕變。然其弊甚於免役，昨守臣屢有陳乞，欲依海内州郡行免役法。朝廷重於改更，因循至今，其弊愈甚。富豪之家賄賂公行，以計規免，中、下之户

〔一〕「言」字疑衍。

頻年被擾，不得休息。至于掌管官物衙前、庫子，尤爲重難，深村愚民不諳書筭，於收支出入之際，爲專典所欺，以致失陷攤陪，逃移破家，死於非命，不知其幾。乞罷海外差役，依海北免役事體施行。」朝廷下其章，令廣西監司差官詢究四州之民願與不願免役，皆以爲便。從之。

十年十月四日，臣僚言：「處州進士經御史臺晝一十項，陳論本州義役擾民。臣因根究本末，義役之説，起於乾道五年五月，知處州范成大奏陳處州松陽縣有一兩都自相要約，各出田穀以助役户，永爲義産，總計爲田三千三百餘畝，乞行下諸路州軍，專〔委〕縣官依此勸誘。至七年正月，成大爲中書舍人，再述前請，朝廷從之。淳熙三年，陳孺知處州任滿奏事，言其不便，乞依見行條法，照物力資次依公差募。至八年，處州布衣上書，乞行義役，詔令季翔限十日看詳以聞〔一〕。翔奏欲每田百畝出田二畝，官、民、僧、道並爲一等。是年六月，本州進士經御史臺投狀，訴義役不便，已令户部行下本州照會。臣竊謂國家役法自祖宗以來，前後講論詳矣。自范成大倡爲義役之説，而處州六邑之民擾擾于義役者十有六年。朝廷令守臣季翔看詳，蓋欲其詳酌可否。曾不能參照案牘，博詢民言，辨范成大、陳孺所奏虚實，有請于朝而罷之，乃從而附會其説，斷以己見，官、民、僧、道一等出田，他日貧富置之不問，人以爲重擾。舉處州之人初不曰『義』，推行之于兩浙，兩浙固已被其擾，使推行之於天下，豈不重擾哉？乞將處州、兩浙有見行助役去處，聽從民便，令官司不得干預。州縣遵依見行條法，照應物力資次依公差募。仍乞將季翔罷黜。」從之。

十一年正月十六日，進呈監察御史謝諤奏：「伏見去
23 歲臣僚論處州守臣不合專主義役之弊，蓋欲差役、義役並行。訪聞江東、西諸路願爲義役者不少，胥吏伺隙，思敗其謀，致人户赴臺陳訴。臣乞應有義役當從民便，其不義役者，乃行差役。」上曰：「前日蔣繼周言處州守臣專行義役之弊，今諤欲義役、差役各從民便，法意補得始圓。」於是詔依，仍照應淳熙十年十月四日已降指揮施行。

七月十二日，臣僚言：「去歲九月，陛下可臣僚之奏，將坊郭人户産業歲久不曾推排去處，(今)〔令〕於農隙推排。爲見兩浙人户蕃盛，差科費力，爭訟者多，所以論及推排之法，其言止欲將坊郭推排。蓋坊郭之與鄉村亦又不同，是其意非不善也。臣觀四方州郡，自去年九月行此之後，至今諸州申到，如建康府、太平州、廣德軍、江陵府、常德府、永州皆旱傷；如楚州、滁州、揚州、真州皆申候起税日；如盱眙軍申爲極邊，累經兵火；如沅州申係是極邊，從來不曾推排；如郴州申累經賊徒殘破，未可推排。自餘或申展限之類，亦頗有之。凡此諸州，皆是未可施行，所申皆其實情，則勉彊行之，必有弊矣。又如江東、西，風俗不同，從祖

〔一〕季翔：《宋史全文》卷二七上、雍正《浙江通志》卷一一五作「李翔」，然《建炎雜記》甲集卷七亦作「季翔」，未知孰是。

宗時立法，元不用鄉村物力推排，專以田地畝頭計税，凡差科只用畝頭爲額。其事甚簡，其數易知，若有典憲，其税隨畝頭出入，已久相安，不俟推排而後定也。所以鄉村無推排，亦有累年不必推排者，是兩路之風俗不在於推排也。今却聞一概施行，而所在長吏多不究法意，唯憑胥吏差保正、副根括，凡田間小民粗有米粟、耕耨之器，纖微細(鏁)〔璅〕，務在無遺，指爲等第，憑此抄籍，其供認〔一〕。凡此之擾非一。乞下諸路提舉司，照應去年九月指揮，如有元係推排地分，兼有差科不行去處，自合遵從施行。其別有未便，未可推排，或元無推排之額，如〔江〕東、西、湖南三路之類，亦須詳審，未得(據)〔遽〕行。其乘此擾民爲害，妄增賦額，並仰審究奏(刻)〔劾〕。其受害者亦許越訴。」詔令諸路監司各約束所部州縣，照應見行條法施行，不得因其科擾，引(慝)〔惹〕詞訴。或遇水旱分去處，權〔住〕推排。

十二年九月七日〔二〕，臣僚言：「乞令諸路提舉司行下所部州縣，將坊郭人户産業歲久不行推排去處，於今冬農隙日，却遵依條法推排。仍飭本司今後照應年分檢舉，嚴切施行，毋得違戾。」詔監司將州軍申到已推排去處〔三〕，逐旋申尚書省。

八月十五日，御筆：「朕惟差役之法，爲日蓋久，近年以來，又創限田之令，可謂備矣。然州縣奉行之不公，豪貴兼并之太甚，隱寄挾户，弊端益滋。一鄉之中，上户之著役者無幾，貧民下户畏避棄鬻，至不敢蓄頃畝之産，甚亡謂也。宵旰之思，莫若不計官、民户，一例只以等第輪差〔四〕。如此，則不惟貧富均一，且税籍之弊不革而自除〔五〕，一舉兩得，何待而不爲乎〔六〕？可令户部、給舍、臺諫詳議以聞。」

24 十一月二十二日，南郊赦：「在法，(太)〔大〕保長願兼户長者，輪催納税租，一税一替。即因展限而欠數者，後科人催〔七〕，及輒勾追催税人赴官比磨者，各有條法斷罪。訪聞諸縣縱容案吏、鄉司受上户計囑，抑勒貧乏之家充催税保長，更不照應省限，多出文引，徧行點追，到限比磨。每承一引，必巧作名目，乞覓錢物，仍將逃亡倚閣税賦抑令陪備，或至破家失業。仰監司常切覺察，如有違戾去處，按劾以聞，將當職官吏重寘典憲。仍許被擾保長越訴。」十五年明堂赦同。

十三年二月十二日，敷文閣待制、提舉佑神觀、兼侍

〔一〕「其」字前疑脱「迫」、「逼」之類字。
〔二〕十二年九月：據上十一年「七月十二日」條臣僚奏：「去歲九月，陛下可臣僚之奏，將坊郭人户産業歲久不曾推排去處，令於農隙推排。」正與本條内容合。則本條應在「十年九月」，「十二年」當冠於下條。蓋原文本在前頁，因抄者誤將「十年」寫作「十二年」，《大典》編者遂誤移於此。
〔三〕州：原作「軍」。天頭原批：「『軍』疑『州』。」當是，因改。
〔四〕輪：原作「輸」，據《宋史全文》卷二七下改。
〔五〕税：《山堂肆考》卷八七作「脱」。
〔六〕待：《山堂肆考》卷八七作「憚」。
〔七〕科：前文淳熙六年「九月十六日」條作「料」，疑是。「後料」謂下一屆。

講，兼同修國史洪邁言：「乞詔有司行下諸州，各令所部縣令於保長一界當替之日，即索其所承甲帖，勒鄉司當廳開具。如已納而掛籍者，即時開銷。頑户實不肯納者，官爲付保正追治。逃絶無輸者，從實除豁。」從之。

五月七日，臣僚言：「乞詔有司公共集議，將非泛補官及七色補官人非曾在朝實任侍從職事，雖寄禄官品秩甚高，亦不在限田免役之數。其奏薦弟姪子孫及弟姪子孫之所奏薦，推而廣之，但其源自七色補官而來者，苟非自擢科第或顯立功名，並仍舊同非泛補授人差役。庶幾役户頓增，可以少寬民力，簪裳稍衆，不至賢愚混淆，而陛下官、民户通差之詔亦不至徒爲虚文，誠非小補〔一〕。」以上《孝宗會要》。

紹熙元年二月二十九日，臣僚言：「近見朝廷從兩浙漕臣之請，所至揭榜，限以兩季，令官、民户歸併詭名挾户。限滿不自首者，許鄉司等告首。將及限滿，尚未聞有自首歸併者。臣竊謂欲革此弊，莫若命郡守各於僚屬擇能通練清强者，每邑一員，再展期限，專一措置，嚴行督責，務在必行。其所委之官，措置有方，許令守臣保明，量與推賞。」詔潘景珪措置聞奏。既而景珪言：「每縣欲置木櫃二口，封鏁印押於縣門。一口(令)〔令〕展限内許詭名置産人實封狀擡櫃自首，十日一次知縣躬親開櫃，即與免罪，追鄉司歸併入户内。一口(令)〔令〕展限外許諸色人并見役公吏、鄉司及保正、副、保長、户長、承帖催税家人具實封狀，告首詭名挾户之家擡櫃内，十日一次知縣躬親開櫃拆封，呼及鄉司，究證得實，將告中田産依條給告人，犯人從條斷罪。所告人内有公吏、鄉司等向斷罷已經叙理充役，若被告人出名或結託親知，經官陳訴冒役，官司並不得受理。若首産之後，别有被罷冒役之人，方許受理。仍令轉運、提刑、提舉、安撫司照會。所置木櫃，仍造牌二面，其一書『召人自陳詭名挾户』，其一書『召人告首詭(户)〔名〕挾户』。詭名挾户之家，除人力、佃客、幹當掠米人不許告首外，田鄰并受寄人亦許令擡櫃首。如點檢得實，與免罪，將告中田産亦給與告人。如被他人陳告，田鄰并受寄人知情，依條科斷。告首狀擡櫃日，知縣躬親拆封。25若有自首狀，雖已被他人擡櫃告首，知縣點檢得實，亦理爲自首，與免罪歸併。一、官户除登科、軍功蔭補外，餘依非泛補授，不得豁除限田指揮。官户於户下書名，若係執政、侍從、兩省、臺諫、卿(諫)〔監〕、郎官，注云『見任某官』，亡殁者即云『曾任某官』。官户既已取見職位、姓名，若已亡殁，即將格内合得田産，據子孫人數均筭。官户合得限田，子孫雖多，須是服闋之後已曾分析，方合據户均筭。鄉司、諸色人能首併人户詭名置産，依今來指揮，照條推賞給産。如逐縣故有阻抑，許直經轉運司陳理。官户依格合破限田，其家田産不及格數，受寄民户田畝入户揍充，並許受寄官户令幹人等首。知縣

〔一〕此下疑脱「從之」二字。《宋史》卷三五《孝宗紀》三即載有此日從臣僚言所降之詔。

究證得實，將告中田産盡行給賞。如他人陳告，亦當坐罪。詭名挾户之家，於今展限内不自陳首，又無人告論，即從逐縣知縣索諸鄉户長、催税承帖家人脚頭簿點檢所催税去處，便可照應詭名。詭名置産，依淳熙十六年七月二十八日指揮，先限一季，又展一季，限滿更展一季，係是三次立限。限内不首，更不展日。若被人陳首，即從今降指揮施行。不曾首併田産税色之人，逐縣出榜告示，今後不許作代納銷鈔。典賣田産之人，知典賣主係是詭名，許行陳首，根究(指)〔詣〕實，將元典賣田産給還原主。」從之。

六月十四日，户部尚書葉翥言：「乞將紹興和買元額十四萬四千有奇先蠲減四萬餘，以十萬匹爲額。既定，然後行均敷之法，自上四等至下五等户，各照田産多寡，本以經界等則，物力高下，一例均科。其均科委侍從詳議聞奏。」詔專委知紹興府洪邁同提舉鄭湜措置，限兩月開具以聞。既而邁等榜示官、民户，立限一月，將詭名挾户、隱寄田産從實開具，各令實封，經本府及逐縣投櫃首併。不以數目多寡，年歲遠近，並不追理所虧官物，仍免罪賞。候限滿開拆。或人户恃頑不首，鄉司隱庇，即點追最多者送獄根勘。和買局，鄉司節次供具到人户隱寄物力錢七十萬五千四百七十七貫六百四十四文，計四萬八千三百五十五户，元係下五等并白脚，今關併入第四等。應(料)〔科〕和買者三十六萬四千六百五十四貫五百九十二文，計詭户一萬一千九百四十五户，元係下五等，今關併係五等。不應科者一十萬六千六百六十三貫六百一十六文，計詭户一萬一千一百八十一户，元係上四等，今關併不增添。和買者二十三萬四千一百五十九貫四百三十六文，計詭户二萬五千二百二十九户。人户自首併一十五萬八千一百七十貫四百七十一文。「照得會稽、山陰、蕭山、諸暨、上虞共五縣，自淳熙十二年創科及真五等户後來，帥臣陳乞，自十四年權住催。此外，又有坍江、逃絶虚掛簿書。今蠲減四萬四千二百八十餘匹，先與五縣除豁[26]外，尚餘二萬四千二百餘匹，却將八縣合實額均作二分四釐有奇帶減。然餘姚、新昌、嵊縣向來不曾創科五等，無前件除豁之數，所減比於五縣爲不侔，故又微損諸暨、山陰最多者補之。減多者止於三分八釐，減少者及二分二釐。驗一郡之民情，校逐縣之事力，咸謂輕重適得其平。諸縣人户物力，有元管絶少而新併過倍，有元係白脚而新併千百貫者，多合陞起等第。中産之家所不能堪。今下逐縣，以舊籍爲限，至紹興二年以後始用新籍差役。今造八縣和買新簿各兩面，一留府，一付縣，各于户下先坐等第并元管物力，次開今併錢數及詭户姓名、田産、畝步，通計物力若干，浮財若干。每户留(控)〔空〕紙，如有典賣，並委本縣丞於户下分明收除簽押，以防姦弊。見條撮綱目奏册投進。候及三年，仰本府選官，同逐縣令、佐依推排法再行陞降推排。和買與田産相隨，亦如今法逐次推排。如有走失，(今)〔令〕併物力總額，

官吏乞加重坐，不以去官、赦降原減。亭户田産自來免科，乞照今數籍定爲額，自後有增置，並同編户法。」從之。

十月十一日，臣僚言：「在法，差保正許募人代役者，自有定制，如官户、寡婦之類是也。今富有之家應身充役者，往往亦募人代役，應募者無所顧〔籍〕〔藉〕，纔得文引追逮，乘勢欺詐錢物，一有不從，□縛隨至，必厭所欲而後已。乞自今代役人有犯，其違法募之者不覺察，當於案後貼説，坐以『五保内有犯，知而不糾』之罪。」從之。

二年八月十七日，太常少卿張叔椿言：「差役之法，以物力高下定爲流水通差立法，固所以示均一之政也。夫有鄉則有都，有都則有保。一都二年用保正、副二人，一都十保，一保夏秋二税用保長二人，二年之間，爲税長者四十人。保正、副之數少，則上、中户爲之而有餘；保長之數多，則中、下户爲之而不足。州縣之間，始以保正、副之歇役者俾充保長，不理役次，固有朝解保長之役，而暮受保正之帖者，而上、中户俱受其困矣。夫保正，所管煙火盜賊也，今也乃俾之領帖狀；保長，所以催納税租，今之逃亡死絶者悉俾之填納。〔不〕〔一〕充保長，破産以填失陷，極力以應追呼，固有役未終滿而産已不存者，此尤爲可念者也。臣竊謂寬鄉、狹鄉，人所管物力，莫若均以十分爲率，以上五分充保正、副，以下四分充保長，至末等一分之貧乏者免之。謂如物力三千貫至五百貫，皆以爲保正、副，自四百貫至二百貫，皆以爲保長。其物力過〔陪〕〔倍〕者，自依批朱歇役法。至寬鄉不及百貫，狹鄉不及五十貫，與免役。等而上之，殺而下之，或多或少，率皆準此。其或都内保長户不及數，即以上、中户歇役者充。仍兩充保長與理一次保正、副，庶幾三等户不至重 27 併受役，而貧下户不至有因役破産之禍。乞下删修局，以見行役法參照詳定，使法令均一，胥吏無所容其姦。」詔令勑令局參照〔修〕〔條〕法指揮，開具申尚書省。

十一月二十七日，南郊赦：「在法，大保長願兼户長者，輪催納税租，一税一替。欠數者，後科人催。兼催科自有省限，輒勾追催税人赴官比磨者，各有斷罪條法。訪聞州縣人吏、鄉司受囑〔一〕，抑勒下户充催税保長，不照條限點追比磨，將逃亡、倚閣税賦抑令陪備，輸納官物，以至破家蕩産，深可憐憫。仰監司常切覺察，如有違戾去處，按劾以聞。如監司失於舉覺，亦重寘典憲。許被擾人户越訴。訪聞州縣以權勢親戚過往干託，輒于鄉村差借人夫，顯屬違法。仰監司常切覺察，按劾以聞。」以上《光宗會要》。

紹熙五年九月十四日，明堂赦文：「州縣役錢，逐年均敷，皆有定數。訪聞諸路提舉常平司却以餘剩爲名，抑令縣道添認，作餘剩錢解發公庫，以資妄用。縣道無所從出，不免科配於民，委是違法，合行禁約。如有違戾，許監司互察，仍令人户越訴。」自後郊祀、明堂赦亦如之。

〔一〕囑：原作「屬」，據上文淳熙十二年「十一月二十二日南郊赦」文改。

又，赦文：「在法，大保長願兼户長者，輪催納税租，一税一替。欠數者，後科人催。兼催科自有省限，輒勾追催税人赴官比磨，將逃亡、倚閣税賦抑令陪備，輸納官物，以至破家蕩産，深可憐憫。仰監司常切覺察，如有違戾去處，按劾以聞。如監司失於舉覺，亦重寘典憲，許被擾人户越訴。」自後郊祀、明堂赦亦如之。

閏(七)[十]月七日[一]，中書門下省檢正諸房公事徐誼言：「差役舊法，以流水輪差，自上而下，使鉅萬物力之家與千百小户均受一役。淳熙十四年十一月二十三日臣僚奏，乞將物力税錢高下相去半倍，許歇役十年理爲白脚；一倍，歇役八年理爲白脚；二倍，歇役六年理爲白脚；三倍，歇役四年理爲白脚，至[三]倍止。寛都差徧上三等户，許於得替人内輪差。其窄都不及歇役年限去處，即從遞年體例選差。但於倍法之外，又添寛都差徧三等、窄都從遞年體例，遂致牴牾。乞下户部看詳，只用上文相去半倍歇役十年理爲白脚，一倍八年，二倍六年，三倍四年。倍數雖多，至四年止。寛都、窄都皆用此令，惟窄都物力低小之家，令州縣加意存恤，應有科敷抛買之類，合與蠲免。如此，則户大者力可負任，户小者悉得優輕。乞遍下諸路，一體施行。」户部看詳：「所陳委爲可行，先次行下兩浙路，行下所屬州縣，照應遵從施行。」從之。

【宋會要】慶元三年十一月五日，南郊赦文：「保正、副依條止掌煙火盜賊橋道等事，訪聞官司動用，一切取辦。如修葺材料、差顧夫力，至於勸令催科，並是違法。仰今後州縣遵守條法，不得泛有科擾。如違，許充役之家越訴，仍仰監 28 司按劾奏聞。」自後郊祀、明堂赦亦如之。

又，赦文：「諸路州縣不依條限推排人户物力，是致家業並無陞降。其間有産去税存之家，官司止據舊數催理官物，雖有逃亡，猶掛欠籍。可令知、通、令、佐究實除放。仍令提舉常平司常切督責州縣，照應條限從實推排，毋致違戾。」自後郊祀、明堂赦亦如之。

五年二月二十一日，右諫議大夫、兼侍講張釜言[二]：「方今州縣病民之事，莫甚於差役。蓋民之役於官者二：總一都盜賊煙火之事而任其責者，曰保正；催一都人户夏秋之税而輸於官者，曰户長。使官司止照條令所當爲者嚴加督責，則被役之人亦將何辭？惟其督責之嚴有出于條令之外，故民不堪其擾，而爭訟始紛然矣。且保正專以盜賊、鬬毆、煙火、橋道爲職，法也；今一役于官，則百色取(辨)[辦]。縣官修創廳宇，則責以土木磚瓦工匠之費；巡尉下鄉，則責以人從酒食排辦之費；賓客經過，則責以轎馬夫脚之費；甚至土産時新之物，苟有一毫可以供溪壑之

[一] 十：原作「七」，按紹熙五年閏十月，因改。
[二] 張釜：原作「張奎」，按南宋諫議一官僅置一人，而《兩朝綱目備要》卷五、《宋史全文》卷二九上等均記作「張釜」，因改。

欲者，無不獵取。户長專以催納税租爲職，亦法也；今一都人户之税租皆欲取辦。有所謂逃户之産、絶户之産、詭名挾户之産，或户眼雖存而實無住著，或形勢占據而不肯輸官，縣道於此類不復分別，一例給帖，責以拘催。爲户長者率是五等貧乏小民，賣産陪償；賣産不足，則有逃徙而去爾。乞明詔户部，備坐條令及今來所陳，遍牒諸路提舉常平司，令大字鏤牓，發下所屬州縣，嚴行禁戢。内保正止許照條專一幹當本都賊盜、鬭毆、煙火、橋道公事，不許非泛科配物色。户長止許照條專一拘催都内土著租税，不許抑勒代納逃絶官物。如敢違戾，許被擾役人直經本路監司及臺部越訴，將守、令按劾，重寘于罰，人吏斷勒，永不收叙。」從之。

三月四日，户部言：「役之久近，理爲白脚者，歇役也。今姑以一家論之，設兄弟分析，去歲未分，方以合户充役，今歲既分，又復以析生白脚各户充役。今乞將分煙析生之家，如分後各户物力在二等以上，作析生白脚充役；若分後各户物力止在三等以下，則許將未分前充過役次於各名下批朱，理爲役脚，與部内得替人比並物力高下、歇役久近，通行選差等。」敕令所欲從户部議定事理施行，仍從本所修入《役法撮要》。從之。先是，臣僚言析生白脚差役之害，乞下户部參酌，故有是命。

【宋會要】

（嘉泰□）〔慶元六〕年九月十八日[一]，明堂赦文：「在法，大保長一年替，保正、小保長並二年替。若陳訴元差不當，所屬限一月與奪。訪聞縣道往往不照條法定差，及致陳訴，又不照條限與奪，及將合滿替人羈留在縣比較。界内官物至 29 有積欠，亦責令催理，不能脱免，以致破蕩家業，深可憐憫。仰自今後須管知、佐聚廳照應條法，從公定差。若或陳訴不當，亦仰照限與奪。如遇合滿替日，不得羈留在縣比較，及催理官物。仍仰提舉司常切覺察，如違，許人户越訴。」自後郊祀、明堂赦文亦如之。

嘉泰四年十一月二十八日，臣僚言：「差役論煙爨去處以爲出入之鄉都，法也。今豪强之人利於寬鄉大姓之多而（徒）〔徙〕焉，家有數十餘千之税，而役有十數餘年之次。富者安佚，貧者頻併，一役而竭，再役而窶，至於流亡而莫之（雇）〔顧〕也。户長之專掌催科，一税一更替，亦法也。今爲一年之户長，則有二年之煙火，承領催科之帖，日爲比較之程，縲以箠楚，加以誅剥，絶户不除，逃亡責代。甚至棄鬻妻子，方且監錮而不釋也。乞令户部申嚴行下諸路州縣，應民間差役並遵用見行成法，以税錢物力高下、煙爨鄉都去處稽其版籍，輪流定差。其有詭名挾户及不在所居煙爨鄉保出役，規避巧免，重困下户者，許人陳告，官司與之

[一] 慶元六：原作「嘉泰□」，然嘉泰年間無明堂祀典，又宋代祀明堂在九月十八日者僅兩次，即紹興元年與慶元六年，今參考本條前後繫年，改作慶元六年。

重法施行。其户長專司催科，一税一替，或州縣抑令代納逃亡、管幹煙火、違法科擾之類，並許民間越訴，將違戾官吏重行罪罰。」從之。

開禧元年七月二十七日，臣僚言：「竊見保(五)〔伍〕之法，州縣之吏往往視爲具文，並無圖籍可以稽考。蓋一都當有一都之籍，一鄉當有一鄉之籍，一縣當有一縣之籍，一州當有一州之籍，一路當有一路之籍。所謂團籍者，起于保甲，以五家結爲一小甲，三十小甲結爲一大甲。每甲須當開具甲内某人係上户，見係第幾等户，曾不應役，人丁若干；某人係下户，作何營運或租種是何人田畝，人丁若干；某人係客户，元係何處人氏，移來本鄉幾年，租種是何人田地，人丁若干；某人係官户，是何官品，曾不係析户，一一籍之於册。大甲内選衆所推伏、稍有家力者充甲首。如甲内有孝行著聞、節誼可尚者，則申明有司，議陳乞旌賞。有不孝不弟、好勇鬬狠、重爲民害及過犯逃軍之屬，則甲首與衆聞之有司，論罪狀如法。或有一時交爭鬬毆者，則同甲之人互相勸解。甲首之家許置防盜之具，如遇歉歲，僻遠去處置立巡鋪，大甲首從公輪差甲内人户巡警。圖籍既明，保甲既定，則民不犯禁，田宅安妥。乞下諸路提舉司檢照見行條法，參以臣之所陳，則田里之民皆有古人相友相助之意；一士一民，朝廷皆可以按籍稽考。其於民政，莫切於此。」詔依，令諸路提刑、提舉司措置，條具申尚書省。

二年十一月六日，臣僚言：「訪聞州縣間多以物力高强、家勢在上或有官資者差爲彈壓官、隅官，殊失朝廷差置之本意。乞申嚴諸路州縣，所差彈壓官、隅官並令公選鄉閭稍有知識、諳悉田里、人心素服者爲之，勿以物力高下爲去取。庶 30 幾相安於無事之時，而緩急之際有所依恃。」從之。

三年九月十四日，臣僚言：「今後諸縣差大、小保，必令本縣典押及鄉書手於差帳同結罪保明。編排既定，令、丞同共點差。其合執役之人，即時給與差帖，截日承受管幹。如有不實不公，却許照條限越訴，許行改正。本縣典押並照『差役不當』本條與鄉司並行斷勒，永不收叙。本州主管官類聚所改差過大、小保名件，逐季申常平司。常平司歲申户部及御史臺，户部歲終以被論改正至多去處，具令、丞姓名申朝廷取旨，重行責罰。其被委送官司，即仰照見行條法，並限一月與奪。稽遲者，常平司依本條按治。如前件官司奉行違戾，並許御史臺覺察。」從之。

嘉定二年七月十二日，起居郎、兼國史院編修官、兼實録院檢討官、兼太子右諭德曾從龍言：「勸分一説，實旱備之先務〔一〕。今不必盡責以賑濟，但能隨其力之所及，或出粟賑糶以平糴價，或假貸蠲息以賙貧民〔二〕，廣而及一鄉，

〔一〕旱：原作「早」，據下文改。
〔二〕貸：原作「貨」，據下文改。

狹而及一都，縣爲之核實保明，以申于州，州申于常平司，量其多寡而與之免役。多者免一次，少者一年或半年。夫民之憚役，甚于寇盜。今既與之免役，彼將欣然樂從而無難色。乞下旱歉州郡，今後富民上户有能賑糶、貸者，並申常平司，與之斟酌免役。庶幾人皆樂從，誠旱備之一助也。」從之。詳見「賑貸」門。

【宋會要】

嘉定五年正月二十二日，臣僚言：「竊見淳熙十六年兩浙漕臣耿秉建議，充役人物力比未役白脚人如增及一倍，歇役十年理爲白脚，再充；如增及二倍，歇役八年；增及三倍，歇役六年。户部看詳：『合從建議施行。今著令甲，永爲成式。』自是兩浙州縣役户不以輕重疎數爲病。至於其他路人户，爭役到官，尚未免紛擾。夫均是郡縣也，均是物力也，均是色役也，豈有可行于兩浙而不可行之諸路乎？乞以兩浙倍役之法通行諸路，永遠著令，庶使州縣差役無有紊擾，而力役既均，下户亦無坐困之弊。」從之。

五月三日，臣僚言：「臣竊惟差役之法，合隨都分大小，先具鼠尾差帳，物力之高下，歇役之久近，人丁之長幼，從公點差。乞下諸路州軍約束縣官，凡遇差役，各仰子細契勘。遇本臺送下主管司狀，必速與定差，隨即報臺。如見得鄉司委有情弊，即追上斷勒，永不與收叙。乞降旨施行。」從之。

二十七日，殿中侍御史徐宏言：「本朝自祖宗以來，計民産高下而俾執役於公，未嘗於田賦之外而有免役之輸。自王安石以免役代差役，取財於民，雇役於官，民安田里，無奔走徒役之勞，雖使計産輸錢，民(尤)〔猶〕不憾也。今以民貲之高者俾充里正，彼多産之家，其輸錢於官者亦多。既已征其財矣，而又俾執二[31]年之役，是復重勞其力也。乞參酌祖宗常平免役之本意，行下州縣，姑於役人從役之年，蠲其免役之輸；役滿，輸錢仍故。」從之。

十一月二十日，南郊赦文：「諸縣所差保長催科，率是四等、五等下户。往往鄉村多有豪右官户倚勢不輸，每遇科校，鞭笞責撻，至有緣此鬻産陪納破家，深可憐憫。今仰州縣自今官户税物，官司自行就坊郭管攬門户幹人名下催理，不許一例具入保長甲帖内抑令催納，使之陪備。如違，許保長經監司越訴。」自後郊祀、明堂赦一如之。

十四年二月十二日，臣僚言：「國朝差役，有保正，有户長。保正指掌煙火，奉行文引，而收捕兇暴盜賊之虞；户長夏則催税，秋則催苗，而併催二科役錢之苦。所以任民之力，不爲不重矣。今州縣官吏於斯二者不惟不加優恤，又且乘時刻剥。官宇營繕，則有竹木瓦石之敷；軍期緊急，則有皮角炭鐵之敷；與夫器用之造作，遊宴之供辦，悉科配於保正。至於檢驗體究之事，過都等錢，名色不一。此保正之所以重困也。坍江之田，租税不豁，逃絶之家，户籍如故，悉令户長填納。至有見存之户恃頑拖欠，莫敢誰何，爲户長者迫於期限，又不免與之代輸。雖或經官陳訴，

而乃視爲私債，不與追理。勢單力窮，必至破蕩。此户長之所以重困也。乞下州縣，令保正專任煙火、文引之責，諸色科歛，並行禁絶。其於檢驗體究等事，即不許乞取。户長惟任拘催二税、役錢之責，其有恃頑拖欠之户，即與嚴行追斷，仍勒還代輸之錢。庶使充役之家不至重困破家。如有州縣官吏有不遵奉，因仍宿弊，容臣次第糾舉，重加黜責。」從之。（以上《永樂大典》卷二〇七二三）

免役[一]

【宋會要】32治平四年六月二十五日，詔曰：「農，天下之本也。祖宗以來，務加惠養，每勤勞勉，屢下寬恤之令，數頒蠲復之恩。然而歷年于兹，未極富盛，間因水旱，頗致流離。深惟其故，殆州郡差役之法甚煩[二]，使吾民無敢力田積穀[三]，求致厚産，以避其擾。至有遺親背義，自謀安全者多矣。不幸逢其異政，骨肉或不相保，愁怨亡聊之聲，豈不悖人理，動天道歟！害農若此，爲弊最深。上下偷安，苟務因循，重於改作，故農者益以匱乏，而末遊者安其富逸焉。生生之路，至繆戾也，朕甚悼焉。永惟出令之謹，故訪中外群議，宜有嘉謀宏策，貢于予聞，朕將親覽，擇善而從。順天興益，誠安敢怠？命非徒下，欽哉無忽！其令中外臣庶，限詔下一月，並許條陳差役利害，寔封以聞，無有所隱。」先是，三司使韓絳言：「臣歷官京西，奉使江南、河北，守藩於陝西、劍南，周訪害農之弊[四]，無甚於差役之法。重者衙前多致破産，次則州役亦須厚費。夫田産，人恃以爲生，今竭力營爲，稍致豐足，而役已及之[五]。欲望農人之加多，曠土之加闢，豈可得乎？向聞京東民有父子二丁將爲衙前役者，其父告其子云：『吾當求死，使汝曹免凍餒也。』遂自經死。又聞江南有嫁其祖母及老母，析居以避役者。此大逆人理，所不忍聞。又有鬻田産於官户者[六]，田歸不役之家，而役併增於本等户。其餘戕賊農民，未易遽數。望以臣所陳，下哀痛之詔，令中外臣庶悉具差役利害以聞[七]。委侍從、臺省官集議，考驗古制，裁定其當。使力役無偏重之害，則農民知爲生之利，有樂業之心矣。」役法之議始于此。

七月十三日，命龍圖閣直學士趙抃、天章閣待制陳薦同詳定中外臣庶所言差役利害。

十月十六日，權御史中丞滕甫、知制誥陳薦同詳定中

[一] 題上原批：「此卷與《大典》卷二萬七百二十五重。」按，指本書食貨六五「免役」門。又，題下原批：「起治平四年，訖乾道九年。」

[二] 天頭原批：「『(投)(役)』一作『徭』。」

[三] 力：原作「立」，據本書食貨六五之一改。

[四] 訪：原作「昉」，據本書食貨六五之一改。

[五] 已：原作「以」，據本書食貨六五之一改。

[六] 有：原無，據《宋全文》卷一〇補。

[七] 具：原闕，據本書食貨六五之二補。

外臣庶所言差役利害。

熙寧元年五月九日，同知諫院吳充言：「當今鄉役之中，衙前爲重。上等民户被差之日，官吏臨門籍記〔一〕，凡杯杅匙筯〔二〕，皆計貲產，定爲分數，以應須求，勢同漏巵，不盡不止。至有家貲已竭而逋負未除，子孫既歿而鄰保猶逮。是以民間規避重役，土地不敢多耕而避户等，骨肉不敢義聚而憚人丁，甚者嫁母離親，以求兄弟異籍。風俗日壞，殊可憫傷。昨聞講求鄉役利害，許中外臣庶上言，仍差近臣詳[33]定。逮今一年，未見有所蠲除，而東南弓手復增數倍。聞點差之際，人心甚不安，皆云西邊用兵，五路入界，待此起發，更相動摇，閭里皇皇，道路相目。良由州縣官吏不能明白曉諭，亦以朝廷命令多所改更，使民疑惑〔三〕。又近年以來，上户寖少，中、下户寖多，役使頻仍，農人不得不困，地力不得不遺。養生之資有所不足，則不得已而爲工商，又不得已而爲盜賊。國家之患，常兆於此。今陛下留意劭農，望勑中書，擇臣庶所言鄉役利害，以時施行。」詔令送中書。

十八日，知制誥錢公輔同詳定差役利害。

二年二月二十七日，以知樞密院事陳升之、參知政事王安石同制置三司條例。其後，升之請併制置條例司歸中書户房，安石以爲今中書事猥積遲留，恐併制置流滯，固請俟差役、常平事畢。

三月十一日，上曰：「近閱内藏庫奏，外州有遺衙前一人專納金七錢者。」因言衙前傷農，令制置三司條例司講求利害立法。

四月二十一日，命權荆湖北路轉運判官劉彝、通判府州謝卿材、河北轉運司勾當公事王廣廉、知安遠縣侯叔獻、著作郎程顥、知開封府倉曹參軍盧秉、許州司理參軍王汝翼、權興化軍判官監建州買納茶場曾伉八人，於諸路相度農田水利、税賦科率、徭役利害。從制置條例司請也。

六月七日，制置三司條例司言：「陛下臨御以來，深詔四方，博求農田利害。其間雖有應令，大抵皆毛舉細故，未見有能條具本末，灼然可致實効者。蓋徭役之事所在異宜，不可通以一法。非按視省訪，則不足以知其詳。乞下諸路轉運司，令各具本路農田、徭役利害聞奏，降付本司，看詳施行。」從之。

九月，制置三司條例司言：「近詔置京東等路常平廣惠倉，欲量逐路錢物多少，選官分詣提舉。」詔差官充逐路提舉常平廣惠倉，兼管勾農田水利差役事。所遣官，詳見職官「提舉常平農田水利差役」門。

三年五月十七日，制置三司條例司言：「常平新法，宜

〔一〕籍：原作「藉」，據本書食貨六五之二改。
〔二〕筯：原作「筋」，據本書食貨六五之二改。
〔三〕惑：原作「感」，據本書食貨六五之二改。

付司農寺，乞選官主判〔一〕，兼領農田、差役〔二〕、水利事。」乃命太子中允、集賢校理呂惠卿同判司農寺。

八月三日，詔司農寺增置寺丞一人。以呂惠卿奏「農田、水利、差役舉，應接條目已多」故也。

二十七日，詔司農寺每歲終，具天下差役更改過若干、寬減得若干民力以聞。

十一月二十八日，詔曰：「夫天下之役，常困吾民，至使流離飢寒而不能以自存，豈朕爲民父母之意哉！吾詔書數下，欲寬其役，而事未興，是吏奉吾詔不勤，而察民未深也。今梓州路獨能興民之利而去其害，欲加之賞，朕何愛焉！其轉運使韓璹等，已降勑書奬諭，仍各賜帛二百。」以中書言：「本司奏，本路團併陸路綱運共減一百三十八綱，并減定本路諸州、軍、監遠近接送牙前，及減罷押綱隨送得替官員、衙前共二百八十三人〔三〕，及省諸州、軍、監、縣差役公人共五百一人。兼點檢梓、遂州等處自來公使厨庫牙前，陪費錢物，最爲侵刻，若不改更，即今後投名衙前各不願充役，乞行裁減。上體陛下愛恤百姓之意，率先諸路，講求利害公忠之實。乞特加奬諭。」故降是詔。其所減衙前及綱運，并差官重定牙簿事，仍依奏施行。

四年四月二日，詔罷章惇相度夔州路差役。先是，遣惇乘驛同夔州路轉運使經制渝州夷賊，惇言：「經制渝州夷賊疆土，難遍歷諸州。欲止以渝州役事立定條約，推行於一路。」上批：「諸州役事不同，難止用一法。」故罷之。

同日，司農寺言：「開封府界諸縣民歲納役錢，其鄉村第四等已下並免。如非單丁，即與第五等輪差壯丁。」從之。

五月十六日，司農寺及開封府界提舉常平司言：「有畿內百姓未知新法之意，見逐鄉大户言等第出助役錢，多願依舊充役。」詔司農寺令諸縣曉諭，如有不願納錢之人，除從來不當役年月令依條認本等役，候年月至，則赴官充役，更不令納役錢。又奏：「乞差府界提點司官分詣諸縣，同造五等簿，升降民户。如敢將四等已下户升於三等，致人披訴，其當職官吏並從違制，不以赦降原免。」從之。

七月六日，詔御史中丞楊繪、御史劉摯分析所奏差役利害以聞。先是，繪言：「臣非不知助役之法乃陛下憫差役之不均，欲平一之，使民宅於大均之域；或有羨餘，即以待水旱之歲。然聞幹其任者，唯務歛之多而行之峻，致天下不盡曉朝廷之意，將以爲率其剩者而官取之也。兩浙提點刑獄王庭老、提舉常平倉張靚，科兩浙一路役錢至七十萬，至有一户出三百千。民皆謂供一歲役錢之外，剩數幾半。雖司農寺未即從，然民間咸謂庭老必賞之以本路或鄰路監司，靚必賞之以館職或檢正〔四〕。此必因取數之多而

〔一〕乞：原脱，據《長編》卷二二一補。
〔二〕農田差役：原作「四役」，據《長編》卷二二一改。
〔三〕原稿本卷頁三四、三五互爲錯簡，今移正，即以頁三五接頁三三之末。
〔四〕賞之：原無，據《長編》卷二二三補。

而謗議興也。乞裁損行下，以安民心。」又言：「東明等縣百姓至千百人詣開封府訴超升等第，出助役錢事，本府不受。百姓既無所訴，遂突入王安石私第。安石諭云：『此事相府不知，當與指揮，不令升等。』仍問『汝等知縣知否』，皆云『不知』。又詣御史臺，臣以本臺無例收接訴狀，諭令散去。退而訪問，乃司農寺不依諸縣元定户等，却以見管户口，量等第均定助役錢數付諸縣，各令管認，升降户等，别造簿籍，前農務而畢。臣切謂凡等第升降，蓋視人家産高下，須自下而上，乃得其實。今乃自司農寺先畫數，令本縣依數定簿，豈得民心甘服哉？京畿者，天下之根本，不可不關聖慮。措置民事，必自州及縣，豈有文移下縣，州府不知之理？此乃司農寺自知所行於理未安，故不報府，直下諸縣，欲其畏威，不敢異議。若關京尹，或致爭執，所以不顧事體如此。又今已是農月，如何於農務前畢，欲隨夏税起催乎？臣又聞 34 中書遣孫迪、張景温體量不願出錢之民。臣恐不願出錢者欲困以重役，如此威脅，誰敢不從？」又言：「聞府界提點司以畿縣百姓入京訴等第助役事，東明縣民最多，因欲舉劾知縣賈蕃。今若東明百姓來訴則罪知縣，臣恐畿縣令、佐懲創其事，先威以嚴刑，脅以利害，俾民不敢復訴。壅塞民言，得爲便乎？況陛下已詔東明等縣不得升等，及取情願，若非百姓來訴，何憑有此詔乎？而反捃摭知縣，何也？」又言：「助役之法，朝廷之意甚善，其法亦甚均，但亦有難行之説。臣願獻其否以成其可，去其害以成其利。假如民田有多至百頃者，少至三頃者，皆爲第一等。百頃之與三頃，已三十倍矣，而役則同焉。今若均出錢以雇役，則百頃者其出錢必三十倍於三頃者矣，況永無決射之訟乎〔一〕！此其利也。然難行之説亦有五：民難得錢，一也；近邊州軍姦細難防，二也；逐處田税多少不同，三也；耆長雇人則盜賊難止，四也；專典雇人則失陷官物，五也。先乞議防此五害，然後著爲定制。仍乞誡勵司農寺，無欲速就以祈恩賞，提舉司無得多取於民以自爲功。」摯言：「陛下憂憫元元，謂天下役法久失其平，故慨然有意大均之也。然有司建議立法，頗未有上副旨意而下協人情者。其法曰率錢助役，官自雇人。臣謂其事不可勝言，而畧陳其十害：天下户籍，均爲五等，凡户之虚實，役之重輕，類皆不同。今斂錢用等以爲率，則非一法之所能齊。若隨其田業腴瘠，因其所宜，一州一縣、一鄉一家，各自立法，則紛錯散殊，何所總統？其害一也。新法患等籍之不得其寔，故令品量物力〔二〕，别立等第，以定錢數。然舊籍既不可信，則今之品量何以得其無失〔三〕？其害二也。上户常少，中、下之户常多。上户之役數而重，故或以今之助錢爲幸。下户之役簡而輕，故皆以今之助錢爲

〔一〕決：《長編》卷二二四作「影」。但《宋史》卷一七七、《文獻通考》卷一二亦作「決」。
〔二〕令：原作「今」，據本書食貨六五之七改。
〔三〕今：原作「令」，據本書食貨六五之七改。

不幸。優富苦貧，非法之意，其害三也。新法所以令品量立等〔一〕，不取舊簿者，意欲多得雇錢。患上户之寡，故臨時登降，升補高等，以充足配錢之數。疲匱之人，何以堪命？近日府界，其事已驗，其害四也。歲有豐凶，而役人有定數，助不可闕，則助錢非若賦税有倚閣減放之期，其害五也。農人唯有絲絹麥粟之類，而助法皆用見錢，故須隨時貨易，逼於期會，價必大賤。借使許令以物代錢，亦復有退簡壅滯及寅緣乞索之患，其害六也。兩税及科買貸責，色目已多，使常無兇災，猶病不能畢公私之費，及起庸錢，竭其所有，恐人無有悦而願爲農者，其害七也。儌幸之人，又能寅緣法意。如近日兩浙科一倍錢數，欲自以爲功，而使國家受聚斂之怨，其害八也。鄉、縣定差，循環相代，上等大役，至速者猶須十餘年而一及之，至於下役，則一二十年乃復一差。今使槩出緡錢，官自召雇，雇直輕則法或不行，重【36】之則民不堪命，其害九也。夫役人必用鄉户，蓋有常産則自重，性愚實則罕欺。今既雇募，恐止得輕猾游浪姦僞之人，其害十也。天下差役，莫重於衙前，今司農新法，鄉户衙前更不差，其長名人並聽依舊以天下官自賣酒税坊場并州縣坊郭人户助役錢數以酬其重難。臣謂此法有若可行，然坊郭十等户自來以承應官中配買科率〔二〕，亦難使之均出助錢外〔三〕，場務給衙前對折役過分數多估價不盡，虧官實數。今既官自拘收，以私價召賣，則所入固多。乞陛下以此一法詔有司講求其詳，則其他役法更革無難矣〔四〕。助役之法，望一切寢議。」至是，檢正中書五房公事、同判司農寺曾布言：「臣伏見言事官屢以近日所議差役新法未便，論議紛紜，多失利害之實。竊以朝廷議更差役之法，志於便民，故雖遣使四方，詢求利害，而畿甸之事至近而易講，所遣之官論議措置，條暢明白，多可行者。及至成書，則付之司農〔五〕，使與開封提點司集議；已，又牓之諸縣，凡民所未便，皆得自陳。此可謂詳且盡矣。臣觀言者之言，皆臣所未諭，豈蔽於理而未之思乎？抑其中有所徇，而其言不能無偏乎？畿内上等人户，盡罷昔日衙前之役，故今所輸錢，其費十減四五；中等人户，舊充弓手、手力、承符、户長之類，今使上等及坊郭、寺觀、單丁、官户皆出錢以助之，其費十減六七；下等人户，盡除前日冗役而專充壯丁〔六〕，且不輸一錢〔七〕，故其費十減八九。言者則或以謂凌虐赤子，或以謂朝廷受聚斂之謗。今輸錢免役，使之安生樂業，終身不知有前日之患也，言者則以謂起納庸錢〔八〕，則人無悦爲農者。上户所減之費少，下户所減之

〔一〕令：原脱，據《國朝諸臣奏議》卷一一六補。
〔二〕買：原作「賣」，據《長編》卷二二四改。
〔三〕難：原作「雖」，據本書食貨六五之八改。
〔四〕役：原作「設」，據本書食貨六五之八改。
〔五〕則：原作「而」，據本書食貨六五之九改。
〔六〕冗：原作「免」，據本書食貨六五之九改。
〔七〕且：原作「而」，據本書食貨六五之九改。
〔八〕謂：原作「爲」，據本書食貨六五之九改。

費多，言者則以謂上户以爲幸〔一〕，下户以爲不幸。今量其物力，使等第輸錢，逐等之中，又別爲三等或五等〔二〕，其爲均平齊一，無以過此。言者則以謂歛錢用等，則非一法所能齊；所在各自爲法，則無所總統。昔之簿書，等第不均，不足憑用，故欲分命使者，督察諸縣，使加刊正，庶品量升降皆得其平。言者則以謂舊等不可信，今之品量，何以得其無失？如此，則是天下之政無可爲之理。《編勑》三年一造簿書，所以升降等第，今之品量增減，亦未爲非。又況方曉示人户，事有未便，皆與改正，則今之增減實未施行。言者則以謂品量立等者蓋欲多歛雇錢〔三〕，升補上等，以足配錢之數；至於祥符等縣以上等人户數多，減充下等，乃獨掩而不言。凡州縣之役，無不可募人之理。今投名衙前半天下，未嘗不主管倉庫、場務、綱運官物；而承符、手力之類，舊法皆許雇人，行之久矣。惟耆長、壯丁以今所措置最爲輕役，故但輪差鄉户，不復募人。言者則以謂專典雇人則失陷官物，耆長雇人則盜賊難止；又以謂近邊姦細之人應募，則焚燒倉庫，或守把城門，潛爲内應。役錢之輸見錢與納斛斗，皆取民便，爲法如此，亦 37 已周矣。言者則以謂納見錢則絲、帛、粟、麥必賤，以物代錢則有退揀乞索之害。如此，則當如何而可？昔之傜役皆百姓所爲，雖凶荒飢饉，未嘗罷役。今役錢必欲稍有羡餘，迺所以備凶年，爲朝廷推恩蠲減之計，其餘又專以興田利，增吏禄。言者則以謂助錢非如税賦有倚閣減放之期。臣不知昔之衙前、弓手、承符、手力之類，亦嘗倚閣減放否？兩浙一路，户一百四十餘萬，錢七十萬緡而已；畿内户十六萬，率錢亦十六萬緡。是兩浙所輸，蓋半於畿内，募役之餘，亦無幾矣。言者則以謂吏緣法意，兩浙欲以羡錢徼幸，司農欲以出剩爲功。賈藩爲縣令，差役之事苟有未便於民，法許其自陳，迺不肯受，使趨京師，諠譁詞訴，其意必有謂也〔四〕。藩之不職不法，其狀甚衆，皆有司所不得不問，故置獄以究之。言者則或以謂藩方爲二府所選〔五〕，明非不才；或以謂藩雖有贓私〔六〕，乞一切不問。此皆臣所未諭也。大約御史之言，多如此類。至於助役之法，昨看詳奏請，出榜施行，皆開封府與司農寺被旨集議，此天下所知。借使法有未善，而言者深論司農，未嘗以一語及開封府。開封於民事何所不預？民有所陳而不受〔七〕，此迺御史之所當言，而言未嘗及也。自非内懷邪詖之情，有所向背〔八〕，則不當至此。願以臣所言宣示中外。」故有是詔。

十四日，楊繪具録前後論助役法四奏以自辨。又言：

〔一〕以爲：原脱「以」，據《長編》卷二二五補。
〔二〕三：原作「二」，據《長編》卷二二五改。
〔三〕蓋：原作「益」，據《長編》卷二二五改。
〔四〕謂：原作「請」，據本書食貨六五之一〇改。
〔五〕藩：原作「蕃」，據本書食貨六五之一〇改。
〔六〕藩：原作「蕃」，據本書食貨六五之一〇改。
〔七〕天頭原批：「『陳』一作『告』。」
〔八〕向：原作「拘」，據《長編》卷二二五改。

「助役之法，國家方議立千萬年永制。一人之智不足以周天下之利害，必集衆人之智，然後可以盡其利。今陛下專任王安石，安石專委曾布〔一〕，又愎人言。如此而欲建千萬歲之永制，安可得乎？」劉摯又言：「臣近論助役之法，其害有十，得旨批送曾布劄子條件詰難，令臣分析者。竊以助役斂錢之法，有大臣者主之於中書，有大臣之親中書之屬官及御史知雜者議之於司農寺，有大臣選擇所謂能者爲監司、提舉官而行之於諸路，其勢上下若此，可謂易行矣。然曠日彌年，終未有定論可以爲法者，此何謂也？爲不順乎民心而已矣。是故前日采中外士民之説敷告陛下。今以司農爲是邪，則事盡於前奏，可以覆視；陛下以臣言爲非耶，貶黜而已矣。雖復使臣言之，亦不過所謂十害者。而風憲之官，亦豈當與有司較是非勝負，交口相直，如市人之詬競？伏望以臣前後論助役之章與司農之言宣示中外，以考是非。若臣言有取，則乞早賜寢罷助役，以安天下之心〔二〕；若稍有欺罔，則乞重行竄廢，以戒妄言，以謝專權之人。」摯又言：「自青苗之議起，而天下始有聚斂之疑；青苗之議未一，而均輸之法行；均輸之法未允，而邊鄙之謀出；邊鄙之謀未息，而漳河之役作；漳河之役未平，而助役之事興。至助役之法，臣終以謂使天下百姓稅賦、貸責息利之外而無故升進戶等，使槩出緡 38 錢者，皆非國家美事，故天下謂之聚斂。大臣誤陛下，而大臣所用者又誤大臣。今既顛繆乖錯，敗亂綱紀，知天下之不容，懼宸衷之回悟，以謂雖中外之士畏避無敢言，其尚敢言者，獨御史有職爾，故又使司農熒惑天聽，作爲偏辭，令臣分析，以摧沮風憲之體，鯁梗言路。伏望陛下深察事物之勢，用安靖之治，以休息生民，罷分析之旨，以養多士敢言之氣。」詔繪落翰林學士、御史中丞，爲翰林侍讀學士，知鄭州；摯落館閣校勘、監察御史裏行，監衡州鹽倉。

十一月，頒募役法。諸戶等第輸錢，免其身役，官以所輸錢，立直募人充役。輸錢輕重，各隨州縣大小、戶口貧富、土俗所宜。謂以家業錢或田畝或稅錢之類。計一歲募直及應用之數，留準備錢不得過一分，立爲歲額。仍隨逐處均敷至第三或第四等，不足，聽敷至第五等，坊郭自隨逐處等第均定。即貧乏而無可輸者勿敷。其戶數多寡敷錢則例，隨造簿增損，不得溢額。

五年三月十七日，詔司農寺：「免役剩錢令諸縣依常平法給散收息，添助吏人食錢，仍詳具條約以聞。」

六月八日，詔：「諸路以新法募役，民不願而輒抑勒者，官吏並以違制論，雖去官、會赦不原。」

八月二十六日，詔檢正中書刑房公事李承之充集賢校理。以承之按視淮、浙農田差役等事，能識朝廷所以命使之旨，宣布法意，致州縣易於奉承，亟得就緒，故特奬之。

〔一〕安石：原脱，據《長編》卷二二五補。
〔二〕安：原脱，據本書食貨六五之一二補。

十一月十八日，司農寺言：「已定京東路役法，欲秋料起催。若雇錢及役使重輕尚有未盡，委轉運、提點刑獄、提舉司詳具申寺。」從之。仍自熙寧七年推行。

六年二月十六日，司農寺言：「近詔天下出錢免役，而永興、秦鳳比之他路，民貧役重，恐非朝廷寬卹愛養之意。乞詔諸路提舉司併省冗役，以次蠲減，常留二分寬剩，以爲水旱閣放之備〔一〕。」詔：「陝西之民數困科調，最爲貧弱，所出役錢獨多諸路，誠爲可卹，宜依所奏。」

六月十九日，京東路察訪司請自今應推行差役新法，有輒傳造言語文字，扇搖百姓，並依扇搖保甲法。從之。

七年正月十三日，詔：「兩浙察訪、轉運、提點刑獄、提舉司同相度，第五等户所出役錢至少，今若減放，以寬剩錢補充，如支用得足，即盡蠲之。其以家産税錢均出而不分等處，即比附應放貫百已下放免以聞。」

三月八日，詔：「役錢每千別納頭子五錢。其舊於役人圓融工費修官舍、作什器、夫力輦載之類，並用此錢；不足，即用情輕贖銅錢。輒圓融者，以違制論，不以去官赦原。」先是，凡公家之費有敷于民間者，謂之圓融，多寡之數或出于臨時，污吏乘之以爲姦。其習弊所從來久，至是始悉禁焉。

十三日，詔：「聞鎮、定州民有拆賣屋木以納免役錢者，令安撫、轉運、提舉司體量，具實以聞。」其後，逐司奏：「體量得諸縣去秋旱[39]災，以故貧下户亦有拆屋賣錢，以給己家糧食及官中諸費者，非專爲納免役錢也。」

四月二十五日，上論及免役利害，且曰：「今之法，但當使百姓出錢輕如往日，便是良法。至如減定公使錢，猶有以爲言者，此實除去衙前陪費深弊。且天下貢奉之物所以奉一人者〔二〕，朕悉已罷，人臣亦當體朕此意，以愛惜百姓爲心。」馮京曰：「朝廷立法，本意出於愛民，然措置之間，或有未盡。陛下但當開廣聰明，盡天下之議，便者行之，有不便者不吝改作，則天下受賜矣。」

二十九日，詔：「聞淮南路推行新法，多有背戾，役錢則下户太重，常平唯務散多，更不出榜召人情願，有用等第敷錢與民，極不便。令本路監司速體量按治以聞。」

五月二十五日，詔：「諸路公人，依沿邊弓箭手例給田募人。其招弓箭手寨户地，不用此令。凡係官、逃絶、監（收）〔牧〕等田，不許射買請佃。委本縣置簿，估所得租合直價錢，以一年雇錢爲準，仍量加優潤，以役錢據數撥還轉運司。」

七月十九日，司農寺言：「曲陽縣尉呂和卿請：五等丁産簿，舊憑書手及耆、户長供通，隱漏不實，檢用無據。今《熙寧編勑》但删去舊條，不立新制，即於造簿反無文可守，尤爲未便。承前建議，唯使民自供手寔，許人糾告之法

〔一〕旱：原作「早」，據本書食貨六五之一三改。
〔二〕天頭原批：「『貢』一作『供』。」

最爲詳密，貧富無所隱，誠造簿書之良法也。」詔送提舉編修司農寺條例司。

十二月二十八日，詔辰、沅二州並依威、茂，聽罷免役出錢之法。從察訪蒲宗孟請也。

八年二月二十一日，詔：「比令以寬剩錢買田募役，須契勘毋妨準備災傷等用。價高處罷買。」以兩浙路轉運使王廷老言：「衢州西安縣買山田價高，用錢十二萬緡，乃足募一縣之役〔一〕。既破放省税，又失免役牙税官錢。」而司農寺言，恐不獨兩浙所費如此，欲改法，故有是詔。

四月十二日，詔：「罷給田募人充役，已就募人聽如舊，其走死停替者勿補。」

七月五日，詔：「進納出身人，有旨落『進納』字者，不以官户例減役錢。」從司農寺請也。

十月二十三日，詔：「聞東南推行手實簿法，公私煩擾，其速令權罷之，委司農寺再詳定以聞。」先是，以民資産出錢免役，呂和卿請立告賞，使自陳其實，謂之手實。而御史中丞鄧綰言〔二〕：「凡民所以養生之具，日用而家有之。今欲盡數供析出錢，則本用供家，不專於租賃營利；欲指爲供家之物，則有時餘羨，不免須貿易與人。則家家有告訐之憂，人人有隱落之罪，無所措手足矣。夫行商坐賈，通貨殖財，四民之一也。其有無交易，不過服食器用、粟米財畜、絲麻布帛之類。或春有之而夏已折閲之，或秋居之而冬已散亡之，則公家簿書如何拘轄？隱落之罪安得而不犯？徒使嚚訟者趨賞報怨而公相告訐，畏怯者守死忍餓而不敢爲生，其爲法未善可知矣。」故有是詔。

九年八月二十八日，荆 40 湖路察訪蒲宗孟言：「兩路元敷役錢太重，民間出辦不易，至每年所收，廣有寬剩。」詔荆湖路寬剩錢〔三〕，各權減二年。

十月十七日，詔：「自今寬剩役錢并買撲坊場等錢，更不給役人，歲終具羨數申司農寺。餘應係常平司物，常留一半。」

十一月二十六日，侍御史周尹言：「諸路募役錢，元指揮於數外留寬剩錢一分。聞諸州縣承望提舉司風指，廣令民間出錢。又有提舉司希求勞績，或官吏、士庶妄陳利害，減省役人，除尅役錢，而民間所出一切如舊，致寬剩數漸倍多，天下皆謂朝廷設法聚斂。州縣以役人日減，公事日繁，雖迫以嚴刑，猶不能辦；役人以倉法太重，募錢太輕，無以自養，不願就役。上下失所，公私共患。乞令諸路州縣依先降免役條募耆長〔四〕、户長，及有不當過減役人。並限定人數，令逐月募錢有備外，其寬剩止留一分已上，毋過二分。」三司使沈括亦言：「先兼兩浙察訪，體量本路自行役法後，鄉村及舊無役人多稱不便，累具利害，乞減下户役

〔一〕足：原作「是」，據《長編》卷二六〇改。
〔二〕丞：原作「亟」，據本書食貨六五之一五改。
〔三〕「路」下原有「有」字，據《長編》卷二七七删。
〔四〕天頭原批：「『條』一作『錢』。」

錢。竊詳立法之意，本欲與民均財惜力，役重者不可不助，無役者不可不使之助。以臣愚見，無若使無役者輸錢，役重者受祿，輕役自依徭法。今州縣重役，不過衙前、耆户長、散從官之類。衙前即坊場、河渡錢自可足用，其餘於坊郭、官户、女户、單丁、寺觀之類。因坊場、河渡餘錢足以賦祿，出錢之户不多，則州縣易爲督斂，輕重相補〔一〕，民力自均。」詔司農寺相度以聞。

是歲，諸路上司農寺歲收免役錢。收一千四十一萬四千五百五十三貫碩匹兩：金、銀、錢、斛、匹、帛一千四十一萬四千三百五十二貫碩匹兩，絲、綿二百一兩。支金、銀、錢、斛、楪子六百四十八萬七千六百八十八兩貫碩匹；應在銀、錢、斛、匹、帛二百六十九萬三千二十貫匹碩兩；見在八百八十七萬九千二百六十七貫碩匹兩。開封府界，收十一萬二千九百五十三貫文，支七萬七千一百四十貫文，應在錢一萬七千四百九十四貫，見在錢八萬八百五十八貫文。京東東路，收五十一萬三千四百七十七貫兩：錢五十一萬三千三百一十八貫，絲、綿一百五十九兩；支二十八萬五千五百八十一貫文，應在錢九萬二百八十七貫，見在錢、絲、綿三十九萬四千二百七十一貫兩。京東西路，收四十七萬四千六百六貫，支三十萬四百七十貫，應在錢四萬五千八百六十七貫，見在錢、斛三十六萬七千六百二十六貫碩〔二〕。京西南路，收二十八萬三千九百六十二貫，支二十萬三千三百六十貫，應在錢三萬三千一百二十貫，見在錢、銀二十三萬二千七百九十貫兩。河北東路〔三〕，收五十一萬三千一十四貫碩兩，支三十一萬九千七十二貫〔四〕，應在錢五萬五百一十貫，見在四十六萬二千【41】一百八十一貫碩匹緡。河北西路，收六十二萬八千九百三貫碩〔五〕，支三十二萬九千七百七十九貫碩，應在錢九萬一千四百八十七貫，見在五十九萬四千八百七十五貫碩束。永興軍等路，收九十五萬四千一百三十二貫，支五十二萬六百三十四貫，應在九萬一千八百八十二貫，錢九萬一千八百四貫〔六〕，見在七十七萬二千八百六十一貫碩束。秦鳳等路，收四十一萬三千四百二十二貫，支二十五萬九千四百三十一貫，應在四萬八千三百五十八貫，見在錢三十六萬一千一百五十七貫。河東路，收五十二萬五千三百七十二貫碩兩，支二十九萬六千二百五貫碩片，應在一十萬二千三百五十六貫碩兩，見在五十七萬二千九百三十五貫碩匹兩束。淮南東路，收四十九萬四千八百三十貫，支三十萬六千九百五十八貫，應在一十七萬六千五十三貫碩，見在錢二十三萬二千二十六貫。淮南西路，收三十四萬八千二百

〔一〕天頭原批：「『輕重』一作『重輕』。」
〔二〕六百：天頭原批：「『六』一作『二』。」
〔三〕路：原作「北」，據本書食貨六五之一七改。
〔四〕七十：天頭原批：「『十』一作『百』。」
〔五〕天頭原批：「『八』一作『三』。」
〔六〕此句不可通，據前後文例，當爲衍文。

貫，支二十四萬二千一百四十五貫，應在錢一十四萬一千八十六貫，見在錢二十萬三千三百三貫。兩浙路，收八十萬五千八百四十四貫，支六十八萬九千二十貫，應在錢三十三萬一千二百二十六貫，見在錢五十四萬二千六百五十二貫。江南東路，收三十八萬六千八百五十六貫，支二十二萬八千三百三十八貫，應在一十八萬八千六百一十八貫，見在錢二十六萬七千六百八十二貫。江南西路，收三十九萬六百六十一貫匹，支一十九萬九千二百五十九貫，應在二十九萬六千五百九貫碩，見在五十三萬四千三百八十六貫碩匹兩片。荆湖南路，收三十九萬五千八百八十三貫，支一十八萬九千三百九十一貫，應在錢一十一萬二千二百三十貫，見在六十六萬七千八十四貫碩兩。荆湖北路，收三十一萬八千六百六十四貫，支二十五萬三千三十二貫，應在二十七萬三千二百八十九貫匹，見在二十萬七百一十七貫。福建路，收三十七萬四千三百九十八貫，支一十八萬九千一百八十六貫，應在錢九萬三千五百一十四貫，見在五十三萬六十五貫。成都府路，收六十六萬九百四十九貫〔一〕，支四十三萬一千九百四十五貫，應在錢五萬二千七百三十三貫，見在錢三十六萬九千二百三十二貫。梓州路，收三十四萬六十六貫，支二十三萬一千二百四十五貫，應在三萬八千五百六十貫，見在二十四萬三千七百八十二貫匹兩碩道。利州路，收四十二萬九百七十五貫，支一十七萬三千四百二貫，應在一萬四千三十九貫，見在二十四萬六千八百九十九貫匹兩。夔州路，收二十二萬八千九百三十六貫兩，支一十42七萬七千九百一十八貫兩，應在四千一百二十八貫，見在二十萬一千九百二十五貫兩。廣南東路，收二十三萬三百五十四貫，支一十四萬六千八百六十一貫，應在一十五萬九千二百二十貫，見在八萬七千五百一十七貫兩。廣南西路，收二十萬六千三百九十六貫，支一十二萬四千八百六十八貫，應在一十四萬五千五百八十七貫，見在一十萬二千二百五十五貫。

熙寧十年四月二十九日，司農寺言：「勾當公事王覺同江南西路監司、提舉司相度：興國軍永興縣民，每税錢一，出役錢一，今減二分。」詔減五分。

七月九日，翰林學士、起居舍人、權三司使沈括守本官，爲集賢院學士、知宣州。先是，侍御史知雜事蔡確論括「以白劄子詣吳充陳説免役事，謂可變法，令輕役依舊輪差。括爲侍從近臣，既見朝廷法令有所未便，不明上章疏，而但於執政處陰獻其説。兼括累奉使察訪，職在措置役法，是時但欲裁減下户錢數，未嘗言復差役。今非其職而遽請變法，蓋自王安石罷相，括恐大臣於法(今)〔令〕有所改易，故潛納此説以窺伺其意，爲附結之資」，故有是命。

元豐元年正月十七日，判司農寺熊本言：「近諸路皆言甲頭催税未便，今相度，欲令諸路依元定役法錢數雇募

〔一〕六萬：原「六」字漫漶，據本書食貨六五之一九補。

户長。如未有人應募，據税户多少，輪四等以上保丁催税，每都保毋得過五人。每人須催百户以上，量所催多少支給雇錢，共無得過元雇户長錢數〔一〕。仍依舊一税一替，願再充者聽。如有違犯，並依舊條，内甲頭減户長一等。」詔送司農寺相度以聞。

十八日，詔：「諸路命官使臣，因軍期亡殁，其子孫不該廕免者，本户役錢減放五年。」從司農寺請也。

十九日，詔諸路依舊置牙司。從司農寺請也。

二十七日，司農寺言：淮南東路提舉司乞本路並用鄉村民户物産實直錢數敷出役錢。從之。

閏正月四日，秦鳳等路提舉司乞增募州縣裁減過當役人及增雇錢。從之。

十月三日，詔：「自今年八月降朝旨後，諸路因行役法實用軍人請受，比較所代役人雇食等錢，歲終具數申司農寺撥還。」從本寺請也。

十三日，御史中丞、判司農寺蔡確言：「常平舊勑，多已衝改，免役等法，素未編定。今除合删修爲勑外，所定約束小者爲令，其名數式樣之類爲式，乞以《元豐司農勑令式》爲目。」從之。

二年四月二十一日，知諫院李定言：「秀州嘉興、崇德兩縣初定役法時，以僧舍什物估直敷錢，恐非法意。請下司農寺行下本路改正。他路有類此者，令提舉司依此施行。」從之。

七月十二日，詔兩浙路坊郭户役錢依鄉村例，隨産裁定免出之法。初，詔坊郭户不及二百千、鄉村户不及五十千，並免輸役錢。43 續詔鄉村合隨逐縣民户家業裁定免出之法。至是，提舉司言：「鄉村下等有家業不及五十千而猶輸錢者，坊郭户二百千以下乃悉免輸錢，輕重不均。」故有是詔。

二十八日，提舉成都府路常平等事范子諒言：「本路役錢，釐毫以下者圓零就分，其圓零出剩錢與役錢一處收附。臣竊詳議法之初，本以民税爲定制〔二〕，計輸役之數以爲常費，立例出錢，則錢有限，使民信而易知。則今始爲畸零不齊，又復圓零覆折，增加不定。且取財入官，亦當明白，不宜文理委曲，徒令吏史旁緣爲姦。今相度，民户供輸，自合圓零就整，減放釐毫以下，錢數不多，庶幾文簿簡省，易爲會計。」從之。

八月十二日，詔遣司農寺都丞吴雍同兩浙路提舉官講議役法，催促結絶。

十月十七日，詔麟、府二州鄉村户毋出役錢。初，韓絳言：「麟、府、豐三州上番義軍已免輸役錢〔三〕，而並邊土薄，鄉村户貧乏，宜蠲之。」事下司農寺，以爲豐州初無役

〔一〕元：原作「充」，據《長編》卷二八七改。
〔二〕天頭原批：「『税』一作『庶』。」
〔三〕豐：原作「豊」，據《長編》卷三〇〇改。

錢，麟、府州鄉村户歲輸一萬餘緡〔一〕，請如絳奏，而以太原、汾、澤、晉、絳寬剩役錢補之。

十二月十四日，詔蓬、閬二州免役錢以家業多少定數。以利州路提舉司言「所部役錢未均，蓬、閬二州上户家業多而税錢少，下户家業少而税錢多，至第一、第二等户輸錢少於第四、第五等」故也。

同日，廣南西路提舉常平等事劉誼言：「廣西一路，户口纔二十萬，蓋不過江、淮一大郡，而民出役錢至十九萬緡，募役實用錢十四萬緡，餘四萬緡，謂之寬剩。百姓貧乏，非他路比，上等之家不能當湖湘中下之户，而役錢之出，槩用税錢，税錢既少，又敷之田米，田米不足，復算於身丁。廣西之民，身之有丁也，既税以錢，又算以米，是一身已輸二税，殆前世弊法。今既未能蠲除之，而又敷以役錢，甚可憫也。廣南東、西路監司、提舉司吏人一月請給，上同於令録〔二〕，下倍於攝官，謂當裁損，以減雇錢，庶以寬身丁田米之所出，與夫下户役錢，甚大利也。」詔下本路提舉官齊諶相度。諶請監司、提舉司吏及通引官、客司月給錢第減二千〔三〕，歲可減役錢一千二百餘緡。從之。

三年四月二十四日，詔司農寺改更常平、免役、坊場等事有干大法者，不得輒下相度，並先奏取旨。

七月二十八日，司農寺都丞吳雍言：「乞置局，會天下役書，删除煩複，支酬庸直，比較輕重，擬成式様，下逐路講求報應，再加删定。」從之。又言：「就差官鈎考存留耆、壯雇直，并支酬衙前錢物，計置聚之京師，或轉移沿邊，變易金、穀。」詔提舉司限一月具數以聞。

八月一日，司農寺都丞吳雍言：「議定淮、浙兩路役書，減冗占千三百餘人，裁省錢二十八萬四千九百餘緡，會定歲用有寬剩錢一百四萬餘緡。諸路役書多若此類。乞先自近京三兩路修定，下諸路依倣報應。」從之，令吳雍與司[44]農寺主判詳定。

三日，司農寺言：「免役、坊場錢，人户不願赴州而願就縣輸送，或緣官司失催納，而因驅磨帳狀，却行收斂，重爲煩擾者，皆乞除免，於干繫人理納。」從之。

閏九月十三日，詔司農寺，諸路請減役人錢毋得施行。

十二月一日，詔瓊州、萬安、昌化、朱崖軍令依威、茂、黎、雅州罷免役法，依舊差役。以瓊管體量安撫朱初平等奏請也。

五年三月四日，提舉江南西路常平等事劉誼言：「由唐至於五代，暴政所興，二廣則户計一丁，出錢數百，輸米一碩。江東、西許之釀酒則納麴錢，與之食鹽則輸鹽米，供軍須即有鞋錢，入倉庫則有蔂錢，正税之外又有租錢。宋有天下，承平百年，二廣之丁米不除，江南榷酒而收麴錢，

〔一〕一萬：《長編》卷三〇〇作「二千」，當是。
〔二〕天頭原批：「『録』一作『禄』」。
〔三〕「第」下原衍「二」字，據《長編》卷三〇一删。

民不得鹽而入米，比五代爲加賦矣。嘉祐中，許商通茶，乃立租錢。茶租以税爲本，比國初又加賦矣。陛下起王安石而相之，又以安石所推引而任呂惠卿、曾布、李承之，内則議令，外則察訪，舉天下之法而新之。上下日以赴功，而一切禁言新令之不便。行之數年，天下訟之，法弊而民病，色色有之，其於役法尤甚。臣請試言其甚者。朝廷立一法，使民出錢，而害法者十。不原賦税本末輕重而出錢，一也；不正天下之籍而出錢，二也；下户出錢，三也；庸錢太厚[一]，又有徒費，四也；出錢太重，五也；寬剩太多，六也；法未成而立法之臣去朝廷，七也；司農不察法，倉官不救弊，八也；減役人而樁留其錢，九也；百色配買，賤價傷民，十也。凡此數弊者，不見於上，而見於民，民情壅於上聞，甚可痛也。救今日之弊，豈有難哉，陛下鑒害法者悉更之，民享大利矣[二]。」詔：「劉誼職在奉行法度，既有所見，自合公心陳露。輒敢張皇上書，惟舉摭一二偏僻不齊之事，意欲槩壞大法，公肆誕謾，上惑朝廷，外摇衆聽，宜加顯絀，以儆在位，特勒停。」

九月二十五日，廣南西路提舉司言：「準詔，依朱初平、劉誼所乞，瓊州、昌化、萬安、朱崖四州軍不行役法，依舊差役人。今欲以海北諸州寬剩役錢充海南州軍雇役。」從之。

七年二月二十五日，户部言：「司農寺准朝旨就置官局，會天下役書，審察修定。雖已有講議到路分，續準朝旨罷局。契勘推行役法，迨今十餘年，諸路申請增損改更事件不少，條例煩複；兼役人多寡，場務優重，傭酬之類，亦有未均。開封府界見用役書，疎畧特甚。今相度，除淮東、兩浙路係吴雍先已議定施行外，其餘分路欲乞從本部參酌，刊成完書。」從之。

八年四月二十七日，門下侍郎司馬光言：「百姓出力，以供在上之役，蓋自古及今未之或改。熙寧中，執政者以爲百姓惟苦差役破産，不憚增税，乃請據家貲高下，各令出錢，雇人充役。按因差役破産者，惟鄉户衙前有之。自餘散從、承符、弓手、手力、耆户、壯丁，未聞破産者【45】也。其鄉户衙前所以破産者，蓋由山野愚戇之人不能幹事，使之主綰官物，或因水火損敗，或爲上下侵欺，是致欠折，備償不足，有破産者。至於長名衙前，久在公庭，勾當精熟，每經重難差遣[三]，積累分數，別得優輕場務酬獎，往往致富，何破産之有？夫差役出於民，錢亦出於民。今使民出錢雇役，何異割鼻飼口？朝三暮四，於民何所利？又鄉者役人皆上等户爲之，其下等單丁、女户及品官、僧道，本來無役，今更使之一槩輸錢，則是賦斂愈重，非所以寬之也。故自行免役法以來，富室差得自寬，而貧者困窮日甚，殆非

[一]天頭原批：「『厚』一作『多』。」
[二]大：原作「十」，據《長編》卷三二四改。
[三]經：原作「輕」，據本書食貨六五之二五改。

所以抑兼并、哀惸獨、均賦役也。又監司、守令之不仁者，於雇役人户外多取羡餘，或一縣至數萬貫，以冀恩賞，規進取，不顧爲民世世之患。又國家舊制所以必差青苗户充役人者，爲其有莊田、家屬，有罪難以逃亡，故頗自重惜。今雇浮浪之人充役，常日恣爲不法，一旦事發，單身竄匿，何處州縣不可投名？又農家所有，不過穀、帛與力，自古賦役，無出三者。自行新法以來，青苗、免役錢及賦斂多責見錢〔一〕。錢非私家所鑄，要須貿易。今來豐歲穀賤，已自傷農，況迫於期限，不得半價，盡糶所收，未能充數，家之糇糧，不暇更留。若值凶年，則又無穀可糶，人人賣田，無所可售，遂至殺牛賣肉，伐桑鬻薪，來年生計，不敢復議。此農民所以重困也。又比年以來，物價愈賤，而閭閻益困。所以然者，錢皆聚於官中，民間乏錢，貨重物輕。臣愚以爲宜悉罷免役錢，其州縣諸色役人，並依舊制，委本縣令、佐揭簿定差，替見雇役人。其衙前先召募人投充長名，召募不足，然後差鄉村人户。每經歷重難差遣，依舊以優輕場務充酬獎。所有見在免役錢，撥充州縣常平本錢，以户口爲率，存三年之蓄，有餘則歸轉運司。凡免役之法，縱富彊應役之人，征貧弱不役之力〔二〕，利於富者，不利於貧者。及今耳目相接，猶可復舊，若更年深，富者安之，民不可復差役矣。」

八月十六日，户部言：「詔修諸路役書。請敷出役錢除先立數外，所留寬剩不得過二分，餘行減放。其自來不及二分處，即依舊。」從之。

十月二十五日，詔耆户長、壯丁之役，皆募充，其保正、甲頭、承帖人並罷。（以上《永樂大典》卷一七五四九）

【宋會要】〔三〕

46 哲宗元祐元年正月十四日，户部言：「準勑：『府界諸路耆長、户長、壯丁之役，並募。以保正代耆長，催稅甲頭代户長，承帖人代壯丁，並罷。』看詳所募耆、户長，若用錢數雇募，即慮所支數少，應募不行。兼第四等以下舊不出役錢，只輪充壯丁。竊慮諸路提舉司、州縣爲見今降朝旨並創行雇募，却於人户上更敷役錢。今相度，欲乞應府界諸路自來有輪差及輪募役人去處，並乞依元役法。如有合增損事件，亦依役法增損，條具施行。」從之。

二月一日，中書舍人蘇軾言：「竊見先帝初行役法，取寬剩錢不得過二分，以備災傷。而有司奉行過當，通計天下，乃十四五。然行之幾十六七年，常積而不用，至三千餘萬貫碩。先帝聖意固自有在，而愚民無知，因謂朝廷以免役爲名，實欲重斂。斯言流聞，不可以示天下後世。臣謂此錢本出民力，理當還爲民用，此先帝聖意所欲行者。今

〔一〕及：原作「又」，據本書食貨六五之二六改。
〔二〕力：原作「加」，據本書食貨六五之二六改。
〔三〕天頭原批：「此卷與《大典》二萬七百二十五重。」

日所當追探其意，還於役法中散之，以塞愚民無知之詞，以興長世無窮之利。臣伏見熙寧中嘗行給田募役法，其法以係官田如退灘、户絶、没納之類，及用寬剩錢買民田以募役人，大略如邊郡弓箭手。臣知密州，親行其法，先募弓手，民甚便之。曾未半年，此法復罷。左右大臣意在速成，且利寬剩錢以爲他用，故更相駁難，遂不果行。臣謂此法行之有五利：朝廷若依舊行免役法，則每募一名，省得一名雇錢。因積所省，益買益募，要之數年，雇錢無幾，則役錢可以大減。若行差役法，則每一名省得一名色役；色役既減，農民自寬。其利一也。應募之民，正與弓箭手無異，舉家衣食，出於官田，平時重犯法，緩急不逃亡，其利二也。今者穀賤傷農，民賣田常苦不售。若官與買，則田、穀皆重，農可小舒，其利三也。錢積於官，常苦幣重〔一〕。若散以買田，則貨幣稍均，其利四也。此法既行，民享其利，追悟先帝所以取寬剩錢者，凡以爲我用耳，疑謗消釋，恩德顯白，其利五也。獨有二弊：貪吏狡胥與民爲姦，以瘠薄田中官，雇一浮浪人暫出應役，一年半歲即棄而走，此一弊也。愚民寡慮，見利忘患，聞官中買田募役，即急以田中官，以身充役。業不離主，既初無所失，而驟得官錢，必爭爲之。充役之後，永無休歇，患及子孫，此二弊也。但當設法以防二弊，而先帝之法決不可廢。今日既欲盡罷寬剩錢，將來無繼，而繫官田地數目不多。見在寬剩錢雖有三千萬貫碩，而兵興已來，借支幾半〔二〕。臣今擘畫，欲於內帑錢帛中支還兵興以來所借錢斛，復全三千萬貫碩，止於河北、河東、陝西被邊三路行給田募役法。使五七年間役減太半，農民富庶，以備緩急，此無窮之利也。今弓箭手有甲馬者給田二頃半，此以驅命47償官，且猶可募，則其餘色役，召募不難。臣謂良田二頃可募一弓手，一頃可募一散從官，則三千萬貫碩可以足用。」後有詔送役法所。

六日，三省、樞密院同進呈門下侍郎司馬光奏〔三〕：「竊見免役之法，其害有五：舊日差役之時，上户雖差充役次有所陪備，然年滿之後，却得休息數年，營治家産，以備後役。今則年年出錢〔四〕，無有休息，或有所出錢數多於往日充役陪備之錢者。此其害一也。舊日差役之時，下户元不充役。今來一例出免役錢，驅迫貧民，剥膚椎髓〔五〕。家産既盡，流移無歸，弱者轉死溝壑，强者聚爲盜賊。此其害二也。舊日差役之時，所差皆土著良民，各有宗族、田産。使之作公人，管幹諸事，各自愛惜；使之主守官物，少敢侵盜。所以然者，事發逃亡，有宗族、田産以累其心故也。今召募四方浮浪之人使之充役，無宗族、田産之累，作公人則恣爲姦僞，曲法受贓，主守官物則侵欺盜用。一旦事發，則

〔一〕幣：原作「獘」，據《長編》卷三七四改。
〔二〕半：原作「年」，據《長編》卷三七四改。
〔三〕同：原作「司」，據《長編》卷三六五改。
〔四〕年年：原脱一「年」字，據《長編》卷三六五補。
〔五〕天頭原批：「『椎』一作『竭』。」

挈家亡去〔一〕，變易姓名〔二〕，别往州縣投名。官中無由追捕，官物亦無處理索。此其害三也。自古農民所有，不過穀、帛與力，凡所以供公賦役，無出三者，皆取諸其身而無窮盡。今朝廷立法，曰我不用汝力，輸我錢，我自雇人。殊不知農民出錢，難於出力。何則？錢非民間所鑄，皆出於官。上農之家所多有者，不過莊田、穀帛、牛具、桑柘而已，無積錢數百貫者。自古豐歲穀賤，已自傷農，官中更以免役及諸色錢督之，則穀愈賤矣。平時一斗直百錢者不過直四五十〔三〕，更急則三二十，豐年猶可以糶穀送納官錢，若遇凶年，則穀、帛亦無，不免賣莊田、牛具、桑柘，以錢納官。既家家各賣，如何得售？惟有拆屋伐桑以賣薪〔四〕，殺牛以賣肉。今歲如此，來歲何以爲生？是官立法，以殄盡民之生計。此其害四也。提舉常平倉司惟務多斂役錢，廣積寬剩，以爲功効，希求進用。今朝廷雖有指揮，令役錢、寬剩錢不得過二分，竊慮聚斂之臣猶依傍役錢作名目，隱藏寬剩，使幽遠之人不被聖澤。此其害五也。陛下近詔臣民各上封事，言民間疾苦，所降出者約數千章，無有不言免役錢之害者，足知其爲天下之公患無疑也。以臣愚見，爲今之計，莫若直降勑命，應天下免役錢一切並罷。其諸色役人並依熙寧元年以前舊法人數，委本縣令、佐親自揭五等丁產簿定差。仍令刑部檢會熙寧元年見行差役條貫，雕印頒下諸州。所差之人，若正身自願充役者，即令充役；不願充役者，從便選雇有行止人自代，其雇錢多少，私下商量。若所雇人逃亡，即勒正身别雇。若將帶却官物，勒正身陪填。如此，則諸色公人盡得有根柢行止之人，少敢作過，官中百事，無不修舉。其見雇役人，候差到役人，放令逐便。數内惟衙前一役最號重難，曏日差役之時，有因重難破家產者。朝廷爲此 48 始計作助役法。自後條貫優假衙前，諸公使庫、設厨酒庫、茶酒司，並差將校幹當，諸上京綱運，召得替官員或差使臣、殿侍、軍大將管押，其麤色及畸零之物，差將校或節級管押，衙前苦無差遣〔五〕，不聞更有破產之人。若今日差充衙前，料民間陪備亦少於曏日〔六〕，不至有破家產者。若猶以衙前户力難以獨任，即乞依舊法於官户、僧寺、道觀、單丁、女户有屋產，每月掠錢及十五貫、莊田中年所收及百碩以上者，並令隨貧富分等第出助役錢；不及此數者，與免。其餘產業，並約此爲準。所有助役錢，令逐州樁管，據所有多少數目，約本州衙前重難分數，每分合給幾錢。遇衙前合當重難差遣，即行支給。尚慮天下役人利害逐處各有不同，欲乞於今來勑内更指揮行下開封府界及諸路轉運司，謄下州縣，委逐處官看詳。

〔一〕去：原作「失」，據《傳家集》卷四九改。
〔二〕易：原作「百」，據《長編》卷三六五改。
〔三〕百：原脱，據《長編》卷三六五補。
〔四〕賣：原作「買」，據本書食貨一三之四、六五之三〇改。
〔五〕苦：原作「若」，據《長編》卷三六五改。
〔六〕料：原作「科」，據《長編》卷三六五改。

若依今來指揮別無妨礙，可以施行，即便依此施行；若有妨礙，致施行未得，即仰限勑到五日内〔一〕，具利害擘畫申本州。仰本州類聚諸縣所申，擇其可取者，限勑書到一月内具利害擘畫，申轉運司。轉運司類聚諸州所申，擇其可取者，限勑書到一季内，具利害畫一奏聞。朝廷候奏到，委執政官再加看詳，各隨宜修改，別作一路一州一縣勑施行，務要所在役法曲盡其宜。」從之。初議役法，蔡確言：「此大事也，當與樞密院共之。」故三省、樞密院同進呈。

二十二日，門下侍郎司馬光言：「免役錢已悉廢罷，復祖宗差役舊法，乃天下之幸。臣聞令出惟行，弗惟反。彼免役錢雖於下户困苦，而上户優便，行之已近二十年，人情習熟，一旦變更，不能不懷異同。又復行差役之初，州縣不能不小有煩擾。又提舉官專以多斂役錢爲功，惟恐役錢之罷。若見朝廷於今日所下勑微有變動，必更相告曰：『朝廷之勑果尚未定，宜且觀望。』必競言免役錢不可罷。朝廷萬一聽之，則良法復壞矣。伏望朝廷執之堅如金石，雖有小小利害未備，俟諸路轉運司奏到，徐爲改更，亦未爲晚。當此之際，願朝廷勿以人言輕壞利民良法。」

二十八日，置詳定役法所。詔：「門下侍郎司馬光近建明役法，大意已善。緣關涉事衆，尚慮其間未得盡備，及繼有執政論奏，臣僚上言役法利害，若不精加考究，何以成萬世良法？宜差資政殿大學士兼侍讀韓維、吏部尚書呂大防、工部尚書孫永、給事中兼侍讀范純仁專切詳定以聞〔二〕，仍將逐項文字抄付韓維等。」先是，知樞密院章惇言：「近奉旨與三省同進呈司馬光乞罷免役、行差役事劄子，其間甚多疎畧，今條陳如左。一、今月初三日劄子内稱：『舊日差役之時，上户雖差充役次有所陪備，然年滿之後，却得休息，今所出錢數多於往日充役陪備之錢，其害一也。』又劄子内却稱：『彼免役錢雖於下户困苦，而上49户優便，行之已近二十年，人情習熟，一旦變更，不能不懷異同。』臣看詳，司馬光旬日之間，兩入劄子〔三〕，而所言上户利害正相反，未審因何違戾乃爾。臣觀司馬光忠直至誠，豈至如此反覆，必是講求未得審實，率爾而言。以此推之，措置變法之方必恐未能盡善。一稱：『舊日差役之時，所差皆土著良民，各有宗族、田産。使之作公人及管勾諸事，各自愛惜，少敢大段作過；使之主守官物，少敢侵盜。所以然者，事發逃亡，有宗族、田産以累其心故也。今召募四方浮浪之人，使之充役，無宗族、田産之累，作公人則恣爲姦僞，曲法受贓，主守官物則侵欺盜用。一旦事發，則挈家亡去，變姓名往別州縣投名，官司無從追捕，官物亦無處理索。』臣看詳，司馬光前項所言亦有所因，蓋比來降出臣庶

〔一〕五日内：原作「日」，據《傳家集》卷四九補。

〔二〕「侍」下原有一「講」字，據《長編》卷三六七删。

〔三〕自此句「入劄子」至「顧人代寫」四百八十餘字原脱，而代之以「以便民」至「而不知朝廷」一段文字。此段文字又見於下文，字數與所脱之文大體相等。今據《長編》卷三六七删去此段複文，而補入所脱之文。

所上封章内，往往泛爲此説。但是言者設疑之一端，未必事實。且召募役人之法，自有家業保識，若是主持官物者，便是長名衙前，比舊惟不買撲坊場，至於支酬重難與月給工食錢，亦自不當薄，豈有無宗族、田産浮浪之人得投充此役？臣自當行免役新法以來，三經典郡，每每詢問募役次第，但聞縣下所召承帖人多是浮浪，每遇追呼勾當，多行騷擾。若朝廷欲知事實，但令逐路監司指定一州，差役時即自熙寧元年已前，免役法行後即自元豐元年已後，各具三年内主持官物衙前，有若干人犯侵盜，各是何姓名，得何刑罪，便可立見有無。至如州縣曹司，舊法差役之人時亦召人户投名應役，直是無人可召，方行定差。其所差人往往不會行遣，惟是雇人代寫文書，所差之人，但占名著字，事有失錯，身當決罰而已，民間中、下人户甚以爲苦。自免役法行，或勒向來受雇行遣人充手分，支與雇錢。設若此等人曲法受贓，即與舊日何異？一稱：『提舉常平倉司惟務多斂役錢，廣積寬剩，以爲功効，希求進用。今朝廷雖有指揮，令役錢寬剩不得過二分，竊慮聚斂之臣依傍役錢別作名目(一)，隱藏寬剩，使幽遠之人不被聖澤。』臣看詳，所言亦未中事理。大抵常人之情，謀己私利者多，而向公愛民者少。若朝廷以積錢多爲賞勸，則必以聚斂邀功。今朝廷既不許取寬剩，及掊刻者必行黜罰，則提舉官若非病狂，豈肯力求黜罰？況役錢若有寬剩，未委作何名目可以隱藏？以此驗之，言已疎闊。一稱：『臣民封事言民間疾苦，所降出者約數千章，無有不言免役之害，足知其爲天下之公患無疑。』臣看詳，臣民封事降出者，言免役不便者固多，然其間言免役之法爲便者亦自不少。蓋非人人皆言免役爲害，事理分明。然臣愚所見，凡言便者多上三等人户，言不便者多下等人户。大抵封事所言利害，各是偏辭，未可全憑以定虚實當否，惟須詳究事實，方可興利除害。一稱：『莫若直降勑命，應天下免役悉罷。其諸色【50】役人，並依熙寧元年以前舊法人數，委本縣令、佐親自揭五等丁産簿定差。仍令刑部檢按熙寧元年見行差役條貫，雕印頒下諸州。』臣看詳，此一節尤爲疎略，全然不可施行。且如熙寧元年役人數目尤多，後來累經裁減，三分去一，今來豈可悉依舊數定差？又令刑部檢會熙寧元年見行差役條貫，雕印頒下諸州。且舊日每修編勑，比至雕印頒行之時，其間衝改已將及半。蓋以事目歲月改更，理須續降後勑。今日天下政事，比熙寧元年以前，改更不可勝數。事既與舊不同，豈可悉檢用熙寧元年以前見行條貫？竊詳司馬光之意，必謂止是差役一事，今既差役依舊，則當時條貫便可施行。不知雖是差役一事，而官司上下關連，事目極多，條貫動相干涉，豈可單用差役一門？顯見施行未得。一稱：『曏日差役之時，有因重難破家産者，朝廷爲此始議作

(一) 錢：原作「爲」，據本書食貨六五之三〇及《長編》卷三六七改。

助役法。然自後條貫優假衙前〔一〕，應公使庫、設厨酒庫、茶酒司並差將校幹當，又上京綱運召得替官員或差使臣、殿侍、軍大將管押，其麤色及畸零之物差將校或節級管押，衙前苦無差遣〔二〕。』臣看詳此一節，自行免役法後來，凡所差將校幹當厨庫等處，各有月給食錢；其召募官員、使臣，并差使臣、將校、節級管幹綱運官物，並各有路費等錢，皆是支破役錢。今既差役，則無錢可支，何由更可差將校管幹，及召募官員管押？一稱：『若以衙前户力難以獨任，即乞依舊於官户、僧寺、道觀、單丁、女户有屋業，每月掠錢及十五貫、莊田中年所收斛斗及百碩以上者，並令隨貧富等第出助役錢。不及此數者，與放免。其餘產業，並約此爲準。』臣看詳，自免役法行，官户、寺觀、單丁、女户各已有等第出納役錢之法。今若既出助役錢，自可依舊，何須一切並行改變？且如月掠房錢十五貫，已是下等之家，若令出助役錢，顯見不易；又更令凡莊田中年所收百斛以上亦納助役錢，即尤爲刻剥。凡内地中年百碩斛斗，麤細兩色相兼，共不直一十千錢；若是不當水路州軍，不過直十四五千而已。雖是河北沿邊，不過可直三十來千；陝西、河東沿邊州郡〔三〕，四五十千。免役法中，皆是不出役錢之人。似此等第官户、寺觀送納，固已非宜，況女户、單丁，尤是孤弱，若令出納，豈不更爲深害！一稱：『慮天下役人利害，逐處各有不同，欲乞今來勑内更行指揮，下開封府界及諸路轉運司，牒下諸州縣，委逐縣官看詳〔四〕。若依今來指揮别無妨礙，即便施行；若有妨礙，致施行未得，即限勑書到五日内，具利害擘畫申州。本州類聚諸縣所申，擇其可取者，限勑書到一月内，具利害擘畫，申轉運司。轉運司聚諸州所申，擇其可取者，限勑書到一季内，具利害擘畫奏聞。』又續有劄子，内稱：『伏望朝廷執之堅如金石，雖有小小利害未備，俟諸路轉運 51 司奏到，徐爲改更，亦未爲晚。』臣看詳，今日更張政事，所繫生民利害，免役、差役之法最大，極須詳審，不可輕易。況役法利害所基，先自縣道，理須寬以期限，令諸縣詳議利害，曲盡逐處所宜，則法可久行，民間受賜。今來止限五日，諸縣何由擘畫利害？詳光之意，務欲速行以便民，不知如此草草更張，反更爲害。諸路州軍見此指揮，必妄意朝廷惟在速了，不欲令人更有議論，故立此限，迫促施行。望風希合，以速爲能，豈更有擘畫？上項兩節，乃是空文。且諸縣既迫以五日之限，苟且施行猶恐不暇，何由更具利害申陳〔五〕？諸縣既不申陳，諸州憑何擘畫？諸州既無擘畫，轉運司欲具利害，將何所憑？又況人懷觀望，誰肯措辭？如此，則生民受弊，未有已時。光雖有憂國愛民之心，而其講變法之術

〔一〕衙：原脱，據上文及《長編》卷三六七補。
〔二〕苦：原作「若」，據《長編》卷三六七改。
〔三〕「陝」上原有一「除」字，據《長編》卷三六七删。
〔四〕委逐縣：原脱，據《長編》卷三六七補。
〔五〕具：原作「其」，據本書食貨一三之一一、六五之三七改。

措置無方，施行無緒。可惜朝廷更法美意〔一〕，又將偏廢於此時。有識之人，無不喟嘆。伏乞更加審議。臣所看詳，且據司馬光劄子内抵捂事節而已。至於見行役法，今日自合修改〔二〕。但緣差役、免役各有利害，要在有講求措置之方，使之盡善。臣再詳光所論事，亦多過當，唯是稱『下户元不充役，今來一例納錢』，又『錢非民間所鑄，皆出于官。上農之家所多有者，不過莊田、穀帛、牛具、桑柘而已。穀賤已自傷農，官中更以免役及諸色錢督之，則穀愈賤』，此二事最爲論免役納錢利害要切之言。然初朝廷自議行免役之時，本爲差役，民受困苦，大則破家，小則毁身，所以議改新法。但爲當時所遣使者不能體先帝愛民之志，成就法意之良，惟欲因事以爲己功，或務苟且速就，或務多取役錢，妄意百端，徼倖求進。法行之後，差役之舊害雖已盡去，而免役之新害隨而復生。民間徒見輸納之勞，而不知朝廷愛民利物之意。今日正是更張修飾之時，理當詳審。況逐路逐州逐縣之間，利害不同，並須隨宜擘畫。如臣愚見，謂不若先具此意申勑轉運、提舉司、諸州縣，各令盡心講求，豫具利害擘畫次第，以俟朝廷遣使就逐處措置。此命既以先下，人人莫不用心，然後朝廷選公正彊明、曉練政事官四員充使，逐官各更選辟曉練政事兩員隨行管勾。且令分使京東、京西路，每路兩員使者，四員隨行管勾官，與轉運或提舉官親詣逐州縣，體問民間利害，是何等人户願出役錢，是何等人户不願出役錢，是何等色役可差，是何等色役可雇；是何等人户雖不願出錢〔三〕，而可以使之出錢；是何重難優輕可增可減。緣人户貧富、役次多寡與重難優輕窠名〔四〕，州州縣縣不同，理須隨宜措置。既見得利害子細，然後條具措置事節，逐旋聞奏，降勑施行。如此，不過半年之間，可以了此兩路。然後更遣此已經措置官員分往四路，逐員各更令辟一員未經措置〔五〕、曉達政事官同行，不過半年之間，又可措置四路。52 然後依前分遣，遍往諸路。如此，則遠不過一年半之間，天下役法措置，悉已周遍。法既曲盡其宜，生民永蒙惠澤，上則成先帝之美意，下則興無窮之大利。與今日草草變革，一切苟欲速行之弊，其爲利害，相遠萬萬。願留省覽。」至是，尚書左丞呂公著言：「勘會司馬光近建明役法文字，大意已善，其間不無疎略未備處。若博採衆論，更加公心，申明行下，向去必成良法。今章惇所上文字，雖其言或有可取，然大率出於不平之氣，專欲求勝，不顧朝廷命令大體。早來都堂三省、樞密院會議，章惇、安燾大段不通商量。況役法元不屬密院，若如此論議不一，必是難得平允。望宸衷詳酌，或選差近臣

〔一〕「惜」原作「措」，「更」原作「吏」，「美」原作「盡」，據本書食貨一三之一一、六五之三七改。
〔二〕日：原作「臣」，據《長編》卷三六七改。
〔三〕雖：原作「是」，據《長編》卷三六七改。
〔四〕「寡」原作「募」，「窠」原作「實」，據《長編》卷三六七改。
〔五〕辟：原作「兼」，據《長編》卷三六七改。

三數人，專切詳定聞奏。」遂具韓維、李常〔一〕、范純仁、孫覺、孫永、呂大防、王覿名，乞自禁中指揮，選三數人降出。又言：「自來政事，朝廷有大議論，亦多選差兩制或兩省定奪。近劉摯、王巖叟、蘇轍有所論奏，恐涉嫌疑，惟宸衷裁擇。」於是詔維等專切詳定。

元祐元年二月二十八日，右正言王覿言：「伏覩今月七日勑，行差役法。勑内止是備録門下侍郎司馬光劄子，不曾經有司立成畫一條目。若内有小節未安，須當接續行下，庶幾良法早定，不爲浮議所摇。看詳『諸色役人並依熙寧元年以前舊法人數，委本縣令、佐親自揭五等丁産簿定差』此一節，緣諸色役人自熙寧元年後來逐旋裁減，今來乞降指揮，依見今役人立額定差。并衙前一役，熙寧元年以前舊法許人投名。今既頒行熙寧元年以前差役條貫，即合存留投名之人。乞降指揮，應投名衙前只用近年規繩，以出賣坊場錢支酬重難分數，并給請受。或内有不願依舊投名之人，重别召募不行，方得鄉差。其官户、僧道、寺觀、單丁、女户免役錢，即留助鄉差之人。」詔劄與詳定役法所。

同日，右司諫蘇轍言：「伏見二月九日三省、樞密院劄子節文：『應天下免役錢一切並罷，其諸色役人並依熙寧元年以前舊法人數定差。』大綱既得允當，其間節目頗有疎略。差役未易一(二)〔一〕具言，全在有司節次修飾。今來開封府官吏更不相度申請，於數日之間，一依舊法人數差撥了絶。如壇子之類，近年以剩員充者，一例差撥役人監勒。開、祥兩縣，迅若兵火，顯是故欲擾民，以害成法。乞下所司取問，火急催督〔二〕，是何情實，特賜行遣，以戒天下挾邪壞法之人〔三〕。」詔劄送詳定役法所。

是月，司馬光言：「臣伏見御批指揮，以臣近建明差役法，慮其間未得盡備，差韓維、呂大防、孫永、范純仁專切詳定聞奏。臣竊以免役錢之病民，自歸日臣僚、民庶上封事及日近劉摯等奏陳，言之甚詳，非獨出臣一人之私意也。陛下幸用臣言，悉罷免役錢，依舊差役。詔下之日，中外歡呼，往來之人聞道路農民迭相慶賀云：『今後這 53 回快活也〔四〕！』然則此令之下，深合人心，明白灼然，無可疑者。其間條目未備，不能委曲盡善，固須有之。臣所以乞下諸路州縣官吏，令看詳，若有妨礙〔五〕，施行未得，即具利害擘畫，以次上聞，誠以畎畝幽隱，南北異宜，自非在彼親民小官，無以知其詳悉，故令各具所見，指陳利害。所以盡下情，求民瘼，非謂勑書一下，禁人不得復議也。俟其奏到，徐議添改，何後之有？要在早罷役錢，復差役，爲大利而已。如建大厦，棟宇已立，雖户牖未備，可以徐圖。今陛下

〔一〕李：原作「季」，據《長編》卷三六七改。
〔二〕火：原作「大」，據《長編》卷三六七改。
〔三〕天：原作「夫」，據本書食貨一三之一四、六五之四〇改。
〔四〕快活：原作「恬快」，據本書食貨一三之一五、六五之四〇、《長編》卷三六七改。
〔五〕有：原脱，據《長編》卷三六七補。

令韓維等再行詳定，考究利害，補全漏略，成就良法，固無所妨。但勑下已踰半月，州縣差役約已及中半，方行遣紛紜，臣愚竊恐聞此指揮，謂朝廷前日之勑改更未定，或斂錢，或差役，尚未可知，官吏惶惑，不知所從，衆庶失望，怨嗟益甚。必有本因新法得進之臣乘此間隙，爭言免役錢不可罷；因聚歛獲功之吏稱舊條未改，督責免役錢愈急〔一〕。是民出湯火，濯清泉，復入湯火也。伏望朝廷特賜申勑州縣，言今來止爲其間條目未備，令維等詳定。所有差役，仰州縣依前勑一面施行，候定到事節，續降下次。免致於差役中半紛紜之際，令出反汗，人情大搖。」從之。

閏二月四日，勑：「已差官詳定役法，令諸路且依二月初六日指揮定差。仍令州縣及轉運、提舉司各遞與限兩月，體訪役法民間的確利害。縣具可施行事申州；州爲看詳，保明申轉運、提舉司；轉運、提舉司看詳，保明聞奏。仍令逐州縣出榜，許舊來係納免役錢，今來合差役人户，各具利害，實封自陳。」於是劉摯言：「免役錢爲天下害也久矣，陛下一旦罷去，復用祖宗差法，中外罔不欣快。命令之出，要在必行，豈可却云『且行』，則天下奉承者豈不疑惑？懷私之人豈不觀望？又令舊納錢者今被差者皆具論列，緣四海百姓向來無不納錢，則是竭天下之人使之實封議法，達于朝廷者計須山積，則考閱何時可遍？而所謂差役之法，何年可見其成也？建此論者，蓋欲爲遷延之謀，動搖之術，不意朝廷從而行之。今已選官建局，但宜趣具畫一，宣布行下。大法既先定，如州縣奉行委有未便，方聽依限申請，然後隨事修之，何用此紛紛，以遂沮害之計，召天下之疑哉？」王巖叟言：「前勑爲已見民間免役之害，故復差法，而今勑方云限兩月體訪利害。前勑不以委提舉司，而今勑又令提舉司看詳保明。朝廷豈不知提舉官多是護持弊法之人，人人利於且爲監司〔二〕，惟恐便行廢罷，見此指揮，必生觀望，以爲免役可存，妄有陳述。姦人得以藉口，誑惑聖聽，動搖善政。伏望特賜收還近勑〔三〕，候詳定成法日，别取旨施行。庶命令無反覆之嫌，中外無二三之惑。」尋詔：「今議論未見成法，若許諸色人申陳，恐徒爲煩擾。候有成法，録下諸路，立限許實封申陳，逐 54 旋看詳更改。」

十日，詔詳定役法所有合經由三省文字，與免勘當，及不依常制日限催促施行。

十五日，詳定役法所言：「司馬光奏請天下免役錢並罷，其諸色役人並依熙寧元年以前舊法人數，令、佐揭簿定差。今看詳〔四〕，欲乞下諸路，除衙前一役先用坊場、河渡錢依見今合用人雇募，不足，方許揭簿定差。其餘役人除合召募外，並行定差。其差衙前，有妨礙或别有利害，許依

〔一〕愈：原作「俞」，據《長編》卷三六七改。
〔二〕人人：原脱一「人」字，據《長編》卷三六八補。
〔三〕特：原作「持」，據本書食貨六五之四二改。
〔四〕今：原作「令」，據本書食貨一三之一七、六五之四二改。

閏二月四日指揮施行。」從之。

同日，右司諫蘇轍言：「臣近奏罷免役錢行差役事，大綱已得允當，其間小節疎略差誤，乞令諸處審議，候的確可行，然後行下。近日已蒙聖旨，差韓維等四人置局看詳。臣謂疏略差誤，其事有五：其一，衙前之害，自熙寧以前，破敗人家，甚如兵火，天下同苦之久矣。先帝知之，故創立免役法，勾收坊場，官自出賣，以免役錢雇投名人，以坊場錢爲重難酬獎，及以召募官員、軍員押綱。自是天下不復知有衙前之患。而近歲所以民日貧困，天下共苦免役法者，乃是莊農之家歲出役錢不易，及出賣坊場，許人添價爭刬，致送納不前之弊也。向使先帝只行官自出賣坊場一事，自可了却衙前色役有餘，其餘役人且依舊法，則天下之利較然無疑。獨有一弊，所雇衙前或是浮浪，不如鄉差稅户可以委信。然行之十餘年，浮浪之害無大敗闕，不足以易鄉差衙前搔擾之患。今來略計天下坊場錢一歲所得，共四百二十餘萬貫。若立定酌中價例〔一〕，不許添價刬買，亦不過三分減一，尚有役錢二百八十餘萬貫〔二〕。而衙前支費及召募非泛綱運，一歲共不過一百五十餘萬貫。雖諸路多少不齊，或足或否，而折長補短，移用可足。由此言之，將坊場錢了衙前一役，灼然有餘，何用更差鄉户？今年二月六日所降指揮，但云諸公使庫〔三〕、設厨酒庫、茶酒司並差將校幹當，諸綱運並召得替官員或差使臣、軍員、將校管押，衙前苦無差遣，不聞有破産之人，以此欲差鄉户。至於坊場，元無明文處置，不知官自出賣，爲復却依舊法酬獎衙前？若官自出賣，即如川蜀、京東、淮、浙等路，舊來坊場優厚，人人願爲長名，元不差鄉户去處，今來却須創差，民情必是大段驚擾。若依舊法，用坊場酬獎衙前，即未知合召募官員〔四〕、軍員、將校等押綱用何錢支遣？若無錢支遣，即諸般重難還是鄉户衙前管認，爲害不小。其二，坊郭人户，熙寧以前常有科配之勞，自新法以來，始與鄉户並出役錢而免科配。其法甚便，但所出役錢太重，未爲經久之法。今若全不令出，即比農民反爲僥倖〔五〕；若依熙寧以前科配，則取之無藝，人未必安。今來二月六日指揮，並不言及坊郭一項〔六〕。欲乞指揮，并官户、寺觀、單丁、女户，並據見今所出役錢裁減酌中數目，與前項賣坊場錢，除支雇[55]衙前及召募非泛綱運外，常切樁留，準備下項支遣。所有月掠房錢十五千及歲收斛斗百碩以上出錢指揮，恐難施行。其三，新法以來，減定諸色役人，皆是的確合用數目，行之十餘年，並無闕事，即熙寧以前舊法人數顯是冗

〔一〕中：原作「十」，據《長編》卷三六九改。
〔二〕二百：原脱，據《長編》卷三六九補。
〔三〕「庫」下原衍「設庫」二字，據本書食貨六五之三一、六六之四八、《長編》卷三六九删改。
〔四〕知：原脱，據《長編》卷三六九補。
〔五〕「即」下原衍一「出」字，據《長編》卷三六九删。
〔六〕郭：原作「場」，據《長編》卷三六九改。

長，虛煩民力。今來二月六日指揮，却令依舊人數定差，未爲允當。欲乞只依見今役人數目差撥。若自前元差鄉户充役〔一〕，後來却用剩員抵替，如場子、壇子之類，其剩員差費，請受合還運司者，即乞於前項坊郭等錢內支還。其四，熙寧以前散從、弓手、手力等役人常苦接送之勞，遠者至四五千里，極爲疲弊。自新法以來，官吏皆請雇錢，役人既以爲便，官吏亦不闕事。今民力凋殘，比之熙寧以前，尤當憫恤，若不免接送，必有逃竄流離之憂。欲乞依新法，官吏並請雇錢，仍於前項坊場、坊郭等錢內支。其五，州縣胥吏，並募情願充役，不請雇錢。如不情願，即量支雇錢，仍罷重法，亦以前項坊場、坊郭等錢支。如支用不足，即差鄉户。仍許指射舊人，官爲差雇代役〔二〕。其鄉户所出雇錢，不得過官雇數目。」詔送看詳役法所。

十六日，詳定役法所言：「乞先次行下諸路，除衙前一役先用坊場〔三〕、河渡錢物依見今合用人雇募，不足，方許揭簿定差。本所再詳『雇募』二字，竊慮諸路承用疑惑，却將謂依舊用錢雇募充役，欲乞改『雇』字爲『招』字。」從之。

十九日，詔給事中、兼侍講傅堯俞詳定役法。

二十四日，右司諫蘇轍言：「出限拖欠役錢。今來朝廷已行差役法，即免役錢別無支用。雖使差役未了間時暫留舊雇人執役，自有從來寬剩役錢支遣。其拖欠役錢，乞與一切放免。」從之。

三月三日，詳定役法所言：「乞下諸路，除衙前外，諸色役人只依見用人數定差。今來夏料役錢住罷，更不起催。官户、僧道、寺觀、單丁、女户出錢助役指揮勿行。」從之。

同日，詳定役法所言：「檢會今年二月六日朝旨內一項，『諸色役人，其間雖有等第不及而願充近上役次者，乞聽從便』，及『舊人願住者准此』一項，乞下諸路，衙前依已得指揮外，其餘役人亦乞並依即目見用人數定差。如委實人數太少，使用不足，或別有妨礙，即依閏二月四日指揮施行。一、官户、僧寺、道觀、單丁、女户出助役錢，竊慮州縣有不曉元降朝旨『如有妨礙，即未得施行』之意，却便作無妨礙行下。今乞下諸路更不施行，別聽指揮。一、已準朝旨，免役錢一切並罷。其將來夏料役錢，自合更不起納。」從之。

四日，詳定役法所言：「諸色役人已行舊日差法，竊慮新、舊法未定之際，州縣輒有諸般圓那陪備〔四〕，非理勾追役使。若不嚴行禁止，必恐別致搔擾。欲應元豐編勑及見行散勑內約束『不得非理差衙前及諸色役人，并令陪備』等條貫，並乞依舊行使。內耆、壯即乞依保正長法施 56 行。」從之。

〔一〕天頭原批：「『自前』一作『是先』。」
〔二〕爲：原作「吏」，據《長編》卷三六九改。
〔三〕場：原作「郭」，據本書食貨一三之一九、六五之四六改。
〔四〕輒：原作「轍」，據本書食貨六五之四七改。

十六日，詳定役法所言：「坊場、河渡錢元用支酬衙前重難，添酒等錢準備場務陪費，如此之類，名件不一。除依條合支外，欲並樁留，以備召募衙前、支酬重難及應緣役事之用。」從之。

十七日，詳定役法所言：「諸路見行出賣坊場、河渡等并應合支酬招募衙前使用錢物，未有所隸。」詔令提點刑獄司主之。是年閏二月八日，罷諸路提舉常平官，故以隸提刑。

十八日，詳定役法所言：「準内降臣僚上言：『諸郡縣官員有自來雇募到承符、散從官、手力之類在逐廳，今例合差鄉户抵替，減放逐官。有以鄉户生疎，雇人慣熟，不容鄉户正身自充，須令雇募〔一〕，其被雇人邀勒鄉户剩要工錢者，乞下詳定役法所立法約束。』本（州）〔所〕勘會：欲下府界提點司、諸路轉運司常切覺察，郡縣官員如敢抑令本廳新差役人出錢，指名雇覓自來使令之人充代祗應者，並行勘劾，具情由申奏，特降朝旨，重行黜責。如役人委實情願雇人者聽。雇直不得過元募役錢之數。」從之。

四月六日，中書舍人蘇軾詳定役法。

同日，王巖叟言〔二〕：「臣伏見蘇軾建議，乞盡發天下所積常平寬剩錢斛三千萬貫碩，買田募役，自陳五利二弊。臣竊考五利皆難信之辭，二弊乃必然之理〔三〕，然未足以盡也。臣與士大夫深究其説，又得十弊，爲陛下列之。無知之民，苟於得地，或應募佃地，三五歲間，或以罪停，或以疾廢，或老且死，其家無彊丁以代役〔四〕，則當奪其田而别募。此乃是中路而陷其一家於溝壑，此一弊也。富民召客爲佃户，每歲未收穫間，借貸賙給，無所不至；一失撫存，明年必去而之他。今一兩頃之空地〔五〕，佃户挺身應募，室廬之備，耕稼之資，芻糧之費，百無一有，於何仰給？誰其主當？此二弊也。近郭之田，人情所惜，非甚不得已不易也。今郡縣官吏迫於行法，或倍益官錢，曲爲誘勸，或公持事勢，直肆抑令。愚民之情，一生於貪利，一出於畏威，不復遠思，容肯割賣。洎官錢入門，隨手耗散，遂使兄弟啓交爭之患，父子有相怨之家。舊章既隳，美俗亦壞，此三弊也。良農治田，不盡地力，故所獲有常，所利無盡。今應募之人，知官田終非己業，耕耘種植，定不致功，務刼地力，以苟所收，所收浸薄，其去益輕。此法果行，數年之後，不獨變民田爲官田，將見壞好土爲瘠土。此四弊也。前日以錢雇役，患在市井之小人，今日以田募役，又止得鄉村之浮浪，均之不可爲郡縣，此五弊也。弓箭手雖充應募，寔不離家事，有事則暫時應用，無事則終歲在田。雖成輪次上番，自亦不妨農事，非如其餘色役，長在公門。猶聞未足者難

〔一〕天頭原批：「『募』一作『召』。」
〔二〕巖：原作「嚴」，據本書食貨六五之四七改。
〔三〕然之理：原脱，據《長編》卷三九七補。
〔四〕彊：原作「疆」，據本書食貨一三之二一、六五之四八改。
〔五〕頃：原作「項」，據本書食貨六五之四八改。

招，已招者時去，引之爲比，不切事情。此六弊也。第三等以上人户皆能自足，必不肯佃官田，願充（水）〔永〕役。今既立法，須第二等以上人户許充弓手，第三等以上許充散從57官以下色役〔一〕，乃是以給田募役之名，行揭簿定差之實。既云百姓樂於應募，何故第四等以下即須要第一等、第二等户委保〔二〕，一有逃亡，便勒保人承佃充役？乃是知其不可，曲爲之防，既不能措下户於安業，又不能躋上户於樂生。此七弊也。民間典賣莊土，多是出於婚姻、喪葬之急，往往哀求錢主，探先借錢，後方印契。略遭梗礙，猶必陳辭。今賣之入官，官司艱阻，事節必多，設法雖嚴，終難杜絶。或已申官欲賣，令、佐未暇親行相驗；或已定價買到，未有投名人情願承佃，未敢支錢，折留多日者。百姓欲罷則不能，欲訴則無路。此八弊也。應募之人，若盡納貧民，則水旱凶饑何以禁其流徙？若皆收上户，則支移折變却當併在何人？此九弊也。朝廷患不理去官、赦降原減之法爲太重，方詔有司更定，而又立此條。蓋議者自度其難，而專欲以力制事，以法驅人。若緣久遠召募不行，官吏並科違制，又不以赦、降去官原減，則凡歷三路郡縣之吏無全人矣。此十弊也。蓋有大可惜者三焉：祖宗成法之中，天下共以爲利而不可改者，莫大於差役。陛下復之，而行方幾日，今率然獻議，而欲變之，此大可惜者一也。自陛下與百姓休息，人人之心以父母戴陛下矣，何苦而欲擾之？此大可惜者二也。内帑之所藏，常平之所積，積之甚難，國家宜留以備倉卒，紓百姓之急。今平居無事而欲傾竭之，不知何以待非常？此大可惜者三也。乞下臣章，與軾之議參考而擇之。」上官均亦陳不可行五説，軾議尋格。

十九日，詔：「諸路州衙前依朝旨，一月限滿，已差鄉户後，如續有人情願投充者〔三〕，亦許逐旋收係，替放差到鄉户衙前歸農。仍以家力最低小之人先次替放。其鄉户衙前若内有雖未年滿投充長名衙前者，亦聽。」從詳定所請也。

二十八日，詔殿中侍御史呂陶往成都府路，與轉運司議定役法。先是，陶屢奏疏論差役利害及坊場、坊郭等事，因陶謁告取家〔四〕，故有是命。陶言：「天下郡縣所定板籍，隨其風俗，或以税錢貫伯，或以地之頃畝〔五〕，或以家之積財，或以田之受種，立爲五等。就其五等而言，頗有不均。蓋有以税錢一貫、或占田一頃〔六〕、或積財一千貫、或受種一十碩爲第一等；而税錢至於十貫〔七〕，占田至於十頃〔八〕，積財至

〔一〕以下：原作「以上」，據《長編》卷三九七改。
〔二〕第二：原作「第三」，據《長編》卷三九七改。
〔三〕投：原作「役」，據本書食貨一三之二三、六五之五〇改。
〔四〕謁：原作「竭」，據本書食貨六五之五〇改。家：原作「容」，據《長編》卷三七六改。
〔五〕頃：原作「傾」，據本書食貨一三之二四、六五之五〇改。
〔六〕占：原作「令」，據《長編》卷三七六改。
〔七〕「貫」下原有「者」字，據《長編》卷三七六删。
〔八〕占：原作「古」，據《長編》卷三七六改。

於萬貫，受種至於百碩，亦爲第一等。今若於第一等中差耆長，則税錢一貫與十貫者並須二年一替，是貧者常迫急，富者常僥倖。況郡縣官吏難盡得人，若不預設防禁，則民間雖無今日納錢之勞，必有昔時偏頗倍費之害。」

五月八日，户部侍郎趙瞻詳定役法。

十一日，詔：「諸州縣曹司舊人願在役，及有人投募，或鄉差之人自可充役外，其願雇人自代者聽。」從詳定所請也。

十六日，文彦博言：「復舊差役法，議臣之中少有熟親民政者，故議論不同。刺史、縣令最爲親58民之官，且專委守、令差定役人，編成籍，條列自來體例條貫上轉運司。如各得允當，即具申奏，仍稍寬期限，使盡利害。其詳定役法所[一]，止據逐路申請看詳定奪。」詔付詳定役法所。

二十三日，詳定役法所言：「新勑罷天下免役錢。緣《元豐令》修弓手營房給免役剩錢，和雇遞馬及雇夫，并每年終與轉運司分認。三十貫以下修造，及舊係役人陪備脚乘之類，更有諸州造帳人請受，并巡檢司、馬遞鋪、曹司代役人應用紙筆，並係支免役錢。今請支見在免役積剩錢，候役書成，别行詳定。」從之。其免役積剩錢應副不足處，依嘉祐以前勑條，條不載者奏。

二十五日，中書舍人蘇軾言：「近奏爲論招差衙前利害，所見偏執，乞罷詳定役法。尋奉聖旨，依所乞。今來給事中胡宗愈却封還上件聖旨。臣議既不同，決難隨衆簽書，乞依前降指揮。」於是御史中丞劉摯言：「詳定役法自置局以來，日久未就，而議法之官頗已屢易。蘇軾願且令依舊詳定，仍乞催促成就，以時宣布。」其後元祐二年正月十五日，軾上疏：「去年二月六日勑下，始行光言，復差役法。時臣弟轍爲諫官[二]，乞將見在寬剩役錢雇募役人，以一年爲期，令中外詳議，然後立法。又言：『衙前一役，可即用舊人，仍一依舊數支月給重難錢，以坊場、河渡錢支給。』皆不蒙施行。又蒙差臣詳定役法，臣因得伸弟轍前議[三]。先與本局官吏孫永、傅堯俞之流論難反復，次於西府及政事堂中與執政商議，皆不見從。遂上疏極言衙前可雇不可差，先帝此法可守不可變之意，因乞罷詳定役法。當此之時，臺諫相視，皆無一決其是非者。今弓手不許雇人，天下之所同患，朝廷變法許雇，天下皆以爲便，而臺諫猶累疏力爭。由此觀之，是其意專欲變熙寧之法，不復校量利害，參用所長也。」

六月十三日，中書舍人蘇軾言：「乞應坊場、河渡、免役，量添酒等錢，並用支酬衙前、召募綱運、官吏接送雇人，及應緣衙前役人諸般支使。如本州不足，即申本路，於别州移用；如本路不足，即申户部，於别路移用。其有餘去

[一]「役」下原衍一「錢」字，據《長編》卷三七八删。
[二]弟：原作「第」，據本書食貨一三之二五、六五之五一改。
[三]伸：原作「仲」，據《長編》卷三九四改。

處，不得爲見有餘，額外支破；其不足去處，亦不得爲見不足，將合招募人却行差撥。」從之。

十四日，中書舍人蘇軾言：「逐處色役，各隨本處土俗事宜，輕重不同，難以限定等第，一槩立法。若衙前招募得足〔一〕，即須將以次重役於第一等户内差撥。請諸處色役，委本路監司與逐處官吏同相度，立定本處色役輕重高下次第，以最重役從上差撥。」從之。

二十七日，司馬光言：「先曾上言，乞直降勅命，應天下免役錢一切並罷。其諸色役人並依熙寧元年以前舊法人數，委令、佐揭簿定差。蒙朝廷一一如臣所請。無何〔二〕，續有『雇募不足，方行定差』指揮，人始疑惑。既而屢有更張，號令不一，又轉運59使各以己見，欲令本路共爲一法，不令州縣各從其宜。或已差役人却放，或已放雇人却收，或依舊用役錢雇人，或不用錢招人充役。朝夕不定，上下紛紜，往往與二月六日勅意相違。竊緣臣初起請，及朝廷所降勅節文，明言『委逐縣官看詳，若有妨礙，致不可行，令具利害申州。州申轉運司，轉運司奏聞，隨宜修改，作一路一州一縣勅施行，務要曲盡其宜』，豈是當日所言，一字不可移易？但患轉運司〔三〕、州縣不肯奏陳耳。請申明前奏，遍頒下諸路州縣。臣所請，雖云『依熙寧元年舊法人數定差』，若舊法有於今日不可行者，行即妨礙，合申乞改更。人數或太多，或太少，惟本州本縣知應用之數，合酌中立額，申乞依數定差，朝廷難爲遥度。臣所請，雖云『若所差人不願充役，任便選雇有行止人自代。其雇錢多少，私下商量』，若所雇人之邀勒被差之人，廣求雇直，官司亦當裁定，不得過自來官中雇錢之數。其州縣官員即不得指占所雇之人乞覓。臣所請，雖云『見雇役人，候差到役人，各放令逐便』，若所雇之人自有田産，情願充役者，亦自可依舊存留。又曹司一役，新差之人多不諳熟書筭行遣，及案下文字未曾交割，合留新雇人，給與雇錢，令與新差之人同共行遣，限半年内交割畢，纔放逐便。臣所請，雖云『今日衙前陪備少於曩日，不至破家，若猶以爲户力難任，請於官户、僧道、單丁、女户屋業於月掠錢及十五緡、土田於歲收穀及百碩以上者，並等第出助役錢。不及此數者，與放免』，臣意以爲十口之家，歲收百碩，足供口食，月掠十五緡，足供日用。二者相須，此外有餘者，始令出助役錢，非謂止收百碩即令助役也。若猶患太少，及所掠課利難知實數，請應第三等以上令出助役錢，第四等以下放免。若本州坊場、河渡等錢自可支酬衙前重難分數得足，則官户等更不須出助役錢。從來諸州招募人投充長名衙前，若招募不足，方始差到鄉户衙前，此自是舊法，今來別無改更。惟

〔一〕得：原作「不」，據本書食貨一三之二六、六五之五二及《長編》卷三七九改。
〔二〕何：原作「河」，據本書食貨一三之二六、六五之五二改。
〔三〕患：原作「悉」。天頭原批：「『悉』，原本作『患』。」今據本書食貨一三之二六、六五之五三改。

是舊日將坊場、河渡折酬長名衙前重難〔一〕，令自出賣，今官中出賣坊場、河渡收錢，依分數折酬長名衙前重難，只此與舊法有異。若鄉户差足，續有投名者，即先從貧下放鄉户歸農；即鄉户願投名，亦聽。臣所請：『委逐縣看詳，具利害申州。本州類聚，擇其可取者申轉運司。轉運司類聚諸州所申，擇其可取者奏聞朝廷。』且知諸路民間利害之詳，轉運司不如州，州不如縣。慮逐縣逐州有經畫得事理切當，而爲本州及轉運司抑遏删去，不以上聞，致勑下之日，仍舊妨礙不行，請詔逐縣直申轉運司，本州直申奏，使下情無壅，曲盡事宜〔二〕。仍請詔詳定役法所，止得以諸路州縣申到利害，詳其可否，立爲定法。其不當職之人，爲高奇之論，不切事情者，勿60用。亦不可以一路一州一縣利害作海行條貫。詳定役法所奏請行下指揮，若有妨礙難行之事，亦乞如臣所請，委逐路州縣看詳，具利害申上，隨宜別修改。臣所言若有可取，乞遍頒下諸州縣。除此外，並依二月六日所降勑命施行。」從之。

七月二十七日，詳定役法所言：「臣僚奏：今朝廷既已復行差役，應係自前約束官吏侵擾役人條貫，欲乞使刑部録出，雕印頒下，令一切如舊，出榜州縣，使民知之。應監司所部有犯，不能覺察者，重其坐。」詔令刑部契勘，除已經衝改不行外，餘依。

八月九日，中書舍人蘇軾言：「諸路多稱，高强户同是第一等，而家業錢數與本等人户大段相遠，若止應第一等色役，顯屬僥倖，有虧其餘人户。乞下詳定役法所相度，申尚書省，應高强户隨逐處第一等家業錢數如及一倍外，即計其家業，每及一倍，即展所應役一年。除元役年限外，展及五年爲止。投募衙前，即依展年法，將展年應本等合入諸般色役。假如本處以家業及二千貫爲第一等，其高彊户及四千貫以上〔三〕，計其家業又及四千貫，即展役一年。通計家業及二萬四千貫，即展五年，以上更不展。如投募衙前，亦自四千貫以上計其家業，不及四千貫，方應諸般色役一年，仍以五年爲止。其休役年限，依本等體例。」

九月十七日，詔：「諸路坊郭第五等已上及單丁、女户、官户、寺觀第三等以上，舊納免役錢並與減放五分，餘並全放。仍自元祐二年爲始。其收到錢，如逐處坊場、河渡錢支酬衙前重難及綱運公人接送食錢不足，方許以上項錢貼支。餘並封樁，以備緩急支用。」

十月三日，吏部侍郎傅堯俞罷詳定役法〔四〕。從所請也。

六日，臣僚言：「朝廷立差役之法，許私自雇人，州縣行之，已有次序。近朝旨，弓手一役却令正身祇應，恐公私未便。」詔：「應弓手正身不願充役者，許雇。令府界提點

〔一〕「折」上原衍一「所」字，據《長編》卷三八一删。
〔二〕盡：原作「當」，據《長編》卷三八一改。
〔三〕彊：原作「疆」，據本書食貨一三之二九、六五之五五改。
〔四〕「法」下原有「所」字，據《長編》卷三八九删。

司、逐路轉運司相度施行。」

十二月六日，左諫議大夫鮮于侁言：「開封府界保甲授班行人不少。官户既多，縣道差役頗難，聞祥符縣内一鄉止有一户可差使。伏以武舉試策及弓馬入等，方得近下班行。今來保甲人事藝入等，纔授恩，便與公卿大夫一等爲官户免役，頗有僥倖。臣欲乞保甲授班行人依進納官例，候改轉陞朝官〔一〕，方免户下色役，庶令縣道差役得行。其三路保甲，亦乞依此。」從之。

二十四日，詔：「諸路元豐七年以前坊場免役剩錢，除三路全留外，諸路許留一半。餘召人入便，隨宜置場和買可輕變物貨，即不得豫俵及分配與人户。其物貨逐旋計綱起發，於元豐庫送納。内成都、梓州、利州三路〔二〕，於鳳翔府寄納封樁。」

二十五日，詔：「舊出免役錢三百緡以上人户，並依單丁等户例輸納，與免充色役。」從詳定役法所言也〔三〕。

元祐二年 61 二月十二日，監察御史上官均言：「請先詔諭諸路，俟役書行半年遣使按省，庶幾官吏先事警飭。」從之。

六月二十四日，右司諫賈易言：「朝廷改復差役，推行之初，未究利害，故郡縣之吏措置多不如理。今雖設爲條目〔四〕，隨其風俗所便，付諸路奉行，又令詢究未盡善者以聞，而數月之久，蔑有言者。蓋監司、守令苟且因循，期於不違法令而已。且用民之力貴輕，取民之財貴寡。竊聞州縣有户少役多者；有單丁、女户、官户、寺觀出錢助役，比於實役之人所費乃多數倍者〔五〕；亦有出錢至少，纔百分之一者。乞擇郎官練達吏事者出按諸路，授以條目，體問民庶。如寔有妨公害民之事，州縣聞知而不申監司，監司受申陳而不加察〔六〕，亦不達於朝廷，具事劾奏。」詔下諸路監司，限指揮到一月内條析以聞。

十二月二十二日，詔：「郡縣役多〔七〕，民户不及三番處，以單丁、女户等助役錢募役；尚不及兩番，則申户部。」

三年二月二十二日，詔：「衙前差鄉户處，速募人抵替。如見役人願不妨户役投充者，聽。」

四月二日，詔諸路郡縣各具差役法利害條析以聞。

五月四日，詔：「府界諸路舊納免役錢百貫以上户，依單丁等户法輸納助役錢。」

六月一日，詔：「鄉户衙前役滿未有人替者，依募法支雇食錢。如願投雇者聽，仍免本户身役。不願投募者，速召人替。」

〔一〕候：原作「侯」，據本書食貨一三之三〇、六五之五六改。
〔二〕三：原作「二」，據本書食貨一三之三〇、六五之五六改。
〔三〕法：原作「所」，據本書食貨一三之三〇改。
〔四〕目：原作「日」，據本書食貨六五之五七改。
〔五〕比：原作「此」，據《長編》卷四〇二改。
〔六〕監司：原脱，據《長編》卷四〇二補。
〔七〕多：原脱，據《長編》卷四〇七補。

九月四日，户部言：「瀘州江安縣夷税户，自來不曾差役。自第三等以上〔一〕，願依舊輸役錢，仍從漢户單丁法減半。第四等以下並免。」從之。

四年三月，右正言劉安世言御史中丞李常七事，其一：「陛下即政之初，知免役出錢爲民之患，故復用祖宗差役之制。常在户部，不能講究補完，而協助邪説，請復雇募。及爲中丞，猶聞奏乞施行。懷姦徇私，大害聖政。」先是，常奏：「臣伏見今日政令之最大而設施未安、致人情不和者，役法是也。夫耕農之人，身常在野，而不見官府、入城市，天下之情所同願也。熙寧中，講知差法之弊〔二〕，天下州鎮凡因色役害民之事，例皆裁減，就其不可減者，悉使召雇。民隨力出錢，無事於公家之役，遂得以身常在野，不見官府，入城市，孰便於是耶？奉令之臣，務於羸積，遂有輸錢不逮之歎。陛下即位之初，一切罷之，復行差法。方詔旨初下，愚民未知被差之爲害，蓋嘗驩呼而相慶矣。行之既久，始覺其患有加於嚮日。何也？蓋差法之廢，十有餘年，版籍愈更不明，宜重役者輒輕，宜輕役者反重。鄉寬户多者僅有休息之期，鄉狹户窄者頻年在役〔三〕。上等極力之人，昔輸錢有歲百貫至三百貫者，今止差爲弓手，歲雇弓力一名以代身役，不過用錢三四十貫。中、下人户，舊出錢不過三貫二貫，而雇承符、散從、手力之類，不下三十貫。以是校之，勞逸苦樂相倍蓰矣。然則今所改法，徒能使上等62人户優便安閑，而第三、第四等困苦日甚。昔者臣待罪户部，既而典司邦憲，屢以此干冒聖聰，尚欲令富者輸錢，貧者出力。今也博訪輿言，詳究民瘼，在上者既無寬剩之求，則下户皆願輸錢矣。而又四方風俗或不同，利害或不一，當差而願雇者有之。今示以一偏之意而爲法，使四海騰沸，細民窮困，陛下致天怒於上，人怨於下〔四〕，豈國家社稷計耶？伏望特詔一二詳練民事臣僚，使與議臣就差、雇二法取便百姓者修完之〔五〕，無牽新書，無執舊説，民以爲善，斯善矣。」

五年五月八日，詔：「差役法内有未備事，令中書舍人王巖叟、樞密院都承旨韓川，與右諫議大夫、點檢户部文字劉安世同看詳，具利害以聞。」先是，安世言：「臣伏見朝廷欲變役法，今將四年，選官置局，講求利害，天下之議，悉使折衷。謂嘉祐差役之制已便矣〔六〕，然當時嘗見其害者〔七〕，今則損而去之。元豐約束之制，民以爲利者，今則取而益之。至於風俗之殊尚，南北之異宜，本諸人情，裁以國論，隨方條列，罔不具備。而姦邪之人，内懷顧望，造播横議，

〔一〕三等：原作「二等」，據《長編》卷四一四改。
〔二〕弊：原作「敝」，據本書食貨六五之五八改。
〔三〕「狹」原作「秩」，「窄」原作「穿」，據本書食貨一三之三二、《長編》卷四二四改。
〔四〕天頭原批：「『人』一作『民』。」
〔五〕「雇」原作「役」，「完」原作「行」，據《長編》卷四二四改。
〔六〕差：原作「善」，據《長編》卷四二一改。
〔七〕嘗：原作「悉」，據《盡言集》卷一一改。

必欲沮毁，遂致一二小臣敢執偏見，妄進邪説，欲罷差役，依舊雇募，天下人情，莫不疑惑。此最當今之大患也。議者謂：不役其身，止令輸錢，則公私兩便，而可以久行。臣請有以折之。國家泉貨，經費所資，設官鼓鑄，歲有定額。民或盜爲，罪至論死。今棄其易出之力，而責其難致之錢，又使上户止納數千，下户自來無役者例使加賦，損九分之貧民，益一分之上户。以一家一歲觀之，則輸錢若省而易給；以終身累世計之，則所出不貲而難供。今聚歛之臣，惟欲誅剥生靈，而不爲天下長久之慮，詎可信哉！議者又謂：人户輪不及三番處〔一〕，恐役太重。臣亦有以折之。治平之前，天下户口一千二百七十餘萬，而舊法役人五十三萬六千餘人；元豐之後，户口一千八百三十五萬九千有奇，較之治平，已增五百六十餘萬，而新定役人，止放四十二萬九千餘人，比之舊法，却減十萬七千之額。以爲輪差不足，亦已過矣〔二〕。臣竊謂知法之未良，改之不可不速；知法之已善，守之不可不固。願陛下特奮乾剛〔三〕，力主差役，深詔執政，固守初議，毋使輕徇浮言，妄有變易。庶幾祖宗之成法，不爲姦人之所奪，天下幸甚！」

九月二十四日，户部言：「河北、河東、陝西鄉差衙前，據投名人所得支給等錢，並減半給。投名衙前，除依條本户差耆長不免外，其餘色役並免。」從之。

元祐六年七月十二日〔四〕，三省言：「諸州衙前，舊行募法日，除依優重支酬外〔五〕，未有差使者並月給食錢。昨降指揮〔六〕，已將舊日所支雇食錢，量添入重難分數。今來招募到衙前，日支錢數慮致闕乏。」詔：「令户部下逐路轉運、提刑司，隨州縣土俗，於所用支酬額錢内，參酌立定優重分數，及月給【63】食錢，不得過舊募法所支數。」户部請：「諸州衙規内，十分闕一分已上招募未足處，以元祐元年罷募法日所用優重支酬雇食錢都計錢數爲額；闕一分以下，及招募數足處，以新定優重支酬等都計錢數爲額。如合有增損，並聽本州具利害，申監司考察，保明申部。」從之。

同日，三省言：「諸路投名衙前，並依三路已得朝旨，除依條本户合差耆長不免外，其餘色役並免。」詔：「應諸路投名衙前，與免本户第二等已下色役。鄉差人户，並令以投名人代。願投充長名者聽。」

八月十四日，尚書省言：「州役令鄉差者，若本等及次一等户空閑不及四年者，以助役錢雇募有行止不曾犯徒刑人充。其助役錢約度雇本州色役不足，即先於户狹役煩處雇募。各依本役年限，候滿日〔七〕，本縣案籍取有空閑年及

〔一〕户輪：原作「亡輪」，據《長編》卷四四二改。
〔二〕已：原作「以」，據《長編》卷四四二改。
〔三〕剛：原作「綱」，據本書食貨六五之六〇改。
〔四〕天頭原批：「元祐六年以下，與《大典》卷二萬七百二十六重。」
〔五〕酬：原作「配」，據《長編》卷四六一改。
〔六〕降：原作「除」，據《長編》卷四六一改。
〔七〕候：原脱，據《長編》卷四六四補。

人户對行差罷。其人户空閑自及四年已上處，不在此限。若不因造簿編定及人户糾決，輒有陞降差募者，委監司按劾。諸州每年據所納助役錢，除留一分準備外〔一〕，應雇募支用有闕剩，委提刑司通一路有無移用。」從之。

十八日，户部言：「應輸助役錢人户典賣田，限五十頃止，限外田依免役舊法全輸役錢。未降敕前已過限者非。降敕後典賣田土者，即通舊過限田土，亦依免役舊法全輸〔二〕。荒田并墝地若恩賜者，不在此限。」從之。

二十三日，户部言：「按《元祐差役勅》：『單丁、無丁或女户，如人丁添進，合供力役者，若經輸錢二年以上，與免差役一次。』緣其間有户窄役頻處，今欲依本條下添入注文：『户窄空閑不及二年處，即免一年。』」並從之。

十一月十七日，户部言：「諸州見役投名衙前，所歷重難合得支酬見錢，願積留在官，指買場務，除見買撲人接續再買外，餘並許依額錢承買。其場務召人添錢者，如與百姓價等，亦先給衙前。若已歷重難，錢額但及七分，亦許指買，所少額錢分四季納。」從之。

七年二月十二日，詔：「今後府界諸縣手力，本等合差户空閑不及三年者，以助役錢募人充應。依本役年限，候滿日，有空閑及三年人户〔三〕，即行差罷。」

九月六日，三省言：「諸路差役，第三等以上户空閑四年，第四等以下户空閑六年。不及逐等年限〔四〕，即雇募。狹鄉縣役人並許雇州縣人役〔五〕，寬鄉縣役人並輪差。重役人合替放，願應募者聽。募役人須有税産，不得募有蔭聽贖人。衙前如人户願以官田充募者聽，及請依今來立定新式，供本縣輕重役次等。」並從之。

八年正月二十二日，詔：「近降役法，今後收到官田，併見佃人逃亡，更不別召人户租佃。及見佃官田人户如違欠課利，於法合召人户剗佃者，並拘收入官，留充雇募衙前。收到官田，未有人投募，且召人租佃；有人充役，即行給付。」

同日，尚書省言：「去年九月六日詔：應今後役人須有税産，不得募蔭、贖并曾犯徒及工藝人。並召保，仍不得過舊雇募錢數。」64從之。

三月二十七日，尚書省言：「勘會諸路常平廣惠坊場錢物文帳，並係年終具帳供申，有妨照使。令户部指揮諸路提刑司，每年依上、下半年，依條式具帳供申。其元豐八年後至元祐三年，即依元豐八年後來未行役法已前免役錢物帳，每季具帳供申。」從之。

七月二十七日，福建路轉運司言：「勘會諸州縣分耆長、壯丁役輕去處，於條既許再充，即未有所止年限。其役

〔一〕準備外：原脱，據《長編》卷四六四補。
〔二〕「降敕後」至「全輸」：原脱，據《長編》卷四六四補。
〔三〕年：原作「等」，據《長編》卷四七〇改。
〔四〕等：原作「第」，據《長編》卷四七七改。
〔五〕後「人」字原脱，據《長編》卷四七七補。

之人多是僥倖，不願替罷，致久在本村〔一〕，多端搔擾。今欲乞比附户長役輕勑條，不許再充。」從之。

九月八日，户部言：「檢准元祐七年十一月十四日南郊赦書：『今後民間遭父母喪，見役及當差者第三等以下户，並與免差役。第二等以上户，令户部相度，量納役錢。並服除日依舊。』今相度，欲依單丁户，見納助役錢五分内依等第納三分。」從之。

十二月二十八日，尚書省言：「勘會諸縣鄉村有依法合差第五等人户色役，其本等内物力微薄者，竊慮難以充應。今欲自來差役至第五等人户，據簿内第五等户，將一半人户免差。偏一户者，許從多免。如自來輪差第五等户不及一半，或差不到第五等户處，自合依舊。」從之。

紹聖元年四月四日，三省言：「役法尚未就緒，欲令户部長貳同詳定，以郎官郭茂恂、陳祐之爲檢詳官。」上曰：「止用元豐舊法而減去寬剩錢，百姓何有不便邪？」范純仁曰：「四方各不同，須因民立法，乃可久也。」上曰：「令户部議之。」

十八日，殿中侍御史井亮采言：「陛下修復先帝役法，宜令郡縣一依元祐未改以前法令，則可以速慰天下之望。至於立定寬剩錢分數，或免下户出錢，此在朝廷一言，自可就降詔旨，不必取索看詳。」詔送看詳役法所。

二十六日，中書省言：「勘會推行差役迄今十年，民間苦於差擾，議者紛紜，前後改移不一，終未成一定之法。」詔：「府界諸路復免役法，並依元豐八年見行條約施行，仍自指揮到日爲始。一、鄉差役人，且令祗應，候雇到人，逐旋放罷。其合支役錢，許於坊場、河渡錢内借支；如不足，即借支封樁錢，並候納到役錢撥還。一、今來合納免役之人，自紹聖元年七月一日爲始，其上半年合納役錢與免。一、曾充差役之家，空閑及二年，即起納役錢。今來見役替放年月不滿者，比類施行。一、耆、户長〔二〕、壯丁並雇人，不得以保正、保長、保丁等充代。其餘役人似此之類合改正者，並依此施行。一、寬剩錢不得過一分。如輒過數及別以名目敷納，並以違制論，委所屬常切覺察。一、今來寬剩錢既不得過一分，其合減錢數，並先自第五等人户，從于物力最低者次第蠲減。一、諸路各置提舉官一員，隨提刑司所在置廨宇，其餘並依舊制。應合行事件，并逐處有利害不同，未盡未便事，理合改更增損舊法，畫一開坐，與轉運、65提刑司官具的確事狀連書以聞。」

同日，詔：「諸路復免役法，並依元豐八年見行條目，指揮到日爲始。」

閏四月一日，左司諫翟思言：「熙寧中立免役之法，所以惠利天下非一。然當時行法之臣，有抵捂參錯，不能上應法意者。元祐初，小大之臣奮私智，執偏見，附益改革，

〔一〕本村：本書食貨一三之三七作「本州」，當是。
〔二〕耆户長：原作一「著」字，據本書食貨一四之二、六五之六四改。

或免或差，或官雇或私代，法始大弊，民遂告病。陛下察知其然，申飭官司取其成書，參詳去取，以加意元元。議者謂，所斂之錢取足雇直，止餘二分，以備水旱逋負，斯爲盡矣。然郡縣所役人數，大槩不相遠，而户口、物力衆寡貧富，其相倍蓰，何啻數十。請責常平官通計一路雇直外，餘二分斂於民間，有餘不足，得以通融移用，則輕重等矣。仍請逐縣各具物力上於常平官，總一路爲五等，每等以五爲差，列爲二十五等遞減。如上一等每一貫物力出十錢，則上二等出九錢。如此，則末等不病其多而難出。」詔送户部。

十三日，權發遣荆湖南路提點刑獄安惇言：「差役之法，行之九年，終未就緒。如復熙寧舊法，許民得均納役錢，募役人便。」詔送户部看詳役法所。

二十四日，户部看詳役法所言：「請以量添酒錢剩數依舊撥入役錢，充推法司吏食料錢等用。如無或不足，即於抵當息錢内貼支。」從之。

五月十三日，中書省言：「（謂）〔請〕納役錢人户並自來年夏料輸官，所有紹聖元年下半年並與放免。曾經差役之家，更不限有無空閑年月，其合納役錢亦自來年夏料爲始。諸縣五等簿書，不得旋行改造年限。應造者，自依編勑施行，逐旋正〔一〕。應今指揮到日以前，如已用前勑，有雇募到役人，已替放鄉差人歸農，即用坊場等錢支借應副〔二〕。如（難）〔雖〕以籍定姓名，未曾替放，且令鄉差人仍舊在役，候年滿，逐旋替放。至來年五月一日，並一例替〔放〕。」從之。

十六日，户部看詳役法所言：「諸路有舊行免役，於人户内輪差壯丁，不納役錢處，仍舊。」從之。

十九日，監察御史周秩言：「近降朝旨，耆、户長、壯丁並雇人，不得以保正等充代。竊以元豐間雇人充承帖人，寔兼耆、户長、壯丁之役，而保正、長等管本鄉公事，非若耆、户長、壯丁之勞也。行之數年，民極便之。今欲沮兩役取餘之譏，則莫若令保正、長得如官户減免役錢，而雇承帖人充役，保正、長管本保事，如元豐舊制爲便。」詔諸路提舉常平司與轉運、提刑司具利害以聞。

六月七日，户部看詳役法所言：「乞將役錢合支閏月及役人差出食錢，官員接送等雇人錢，撥還代役衣糧請受錢，即以三年寔支，取酌中一年數，與役人雇食等錢通爲歲額均敷外，其餘寬剩不得過一分。」從之。

九日，又言：「熙寧、元豐間，設提舉官，以總一路之法，州有管勾官，縣有（納給）〔給納〕官。今復免役法，既置提舉及管勾官，乞依《元豐令》，給納分逐縣常留簿、丞一 66 員。」從之。

二十七日，又言：「成都府路提舉司乞將未行差役已

〔一〕「旋」下疑脱「改」字。
〔二〕副：原作「用」，據本書食貨一四之三、六五之六五改。

前收到寬剩免役錢支充役人雇錢。本所看詳：元祐九年後來收到助役錢，係充雇人使用。今來人户未納到役錢間，自合支用。若助役錢應副不足，其免役錢亦合支用。」從之。

七月三日，又言：「乞應幕職、監當官接送舊係差全請雇錢公人，今來合支雇錢，依《元豐令》立定人數支破。其《元祐勅》添人數，並差厢軍。」詔罷減《元祐勅》添人數，餘從之。

十六日，詔令諸路轉運、提點刑獄、提舉常平司官各務協力（奏）〔奉〕行免役新法，不得各守己見，使州縣無所稟從。或果有利害，所見不同，即各具畫一條奏。候役法成書，轉運、提刑司更不干預。從右正言張商英言也。

八月六日，户部看詳役法所言：「乞下諸路提舉司，將逐處自降改法指揮到日雇役文簿點檢，如有將鄉差之人抑令充役，并改易名字就募之人，並依先降朝旨，如已年滿，逐旋替放。」從之。

七日，又言：「諸處申乞造簿。緣近降朝旨，五等簿不得旋行改造。蓋慮紛然推排，別致搔擾。按《元祐令》，人户物力貧乏，所輸免役錢雖未造簿，許糾決升降。今但推行舊條，因其糾（訢）〔訴〕，畧行升降，則已與造簿無異。」從之。

八日，又言：「乞下府界、諸路監司約束州縣官吏，據見役人名數，逐色立定合支雇食錢。如（此）〔比〕舊法果合增損，即明具利害，於法内聞奏。」從之。

十七日，左司諫翟思言：「看詳役法所申請天下郡縣敷出免役錢，不許重造簿均定，止用元豐舊簿。如有不均，（人）〔許〕糾決，免致搔擾。又所出錢各隨州縣，不得通一路，其舊曾通用者[一]，仍以均定。見皆有未安。」詔送看詳役法所。

十八日，詔：「府界、諸路坊郭、鄉村簿書年限未滿應改者，如所排等第粗可憑用，即依今月七日所降朝旨施行。如全然不可憑用，於今來敷錢妨礙，即許不候年限，申（舉）提舉司相度改造。」

二十三日，户部看詳役法所言：「申明諸路，減寬剩役錢。」從之。

二十六日，三省言：「見今比較鹽事、看詳役法、措置財利之類，名目不一，雖各已置局行遣，緣官屬多是兼領，於職事未能專一。今已置重修編勅所，除官長可以兼領外，只於删定官内量添員數，令專一看詳中外利害文字，並從朝廷選差。」從之，仍不拘資序，節次選補，不得過六員。

九月六日，户部看詳役法所言：「乞下諸路，並依元豐條，以保正、長代耆長，甲頭代户長，承帖人代壯丁。」從之。

十三日，以左朝奉郎陸元長、右朝奉郎程端、左宣德郎李深、劍南西川節度推官張行並充編勅所看詳利害文字，

[一]「其舊」以下原抄作小字，據文意改爲正文。

專詳役法。

十五日，户部看詳役法所言：「應諸路舊立出等高彊無比極力户，合出免役錢一百貫已上者，每及一百貫，減三分。」從之。

同日，左朝請郎黄慶基言：「乞立法，應蠲減役錢，並自三百 67 已下。如寬剩更有羨餘，則減至五百已下。」詔送户部看詳役法所。

二十八日，詔：「人户以財産妄作名目隱寄，或假借户名，或詐稱官户之類避免等第科配者，各以違制論。內官員仍奏裁；減免役錢者，杖一百以上；未經免及衷私託人典賣未轉易歸本名者，各減三等。並許人告，以所言財産之半充賞。」從户部看詳役法所請也。

十月十八日，户部看詳役法所言：「《元豐令》節文：『諸宗室在（京）〔宗〕正屬籍及太皇太后、皇后緦麻已上親，並免色役。』所有皇太妃緦麻以上親，亦合並免色役。」從之。

十一月十四日，監察御史黄慶基言：「訪聞諸路提舉官申請役法利害，其間不曉法意，不通民事，措置顛錯，建明疎謬，難以施行者，可籍其件數，論列于朝。其尤無狀者，早賜罷黜。」從之。

二十五日，户部尚書蔡京言：「體訪得京東西路提舉常平司下諸州相度役法，不遵元豐條例，輙用元祐差法。乞下本司官分析以聞。」

十二月三日，户部尚書蔡京等言：「看詳役法文字張行歷任已成七考，若有改官舉主二人，合磨勘改官。緣在京别無舉選人改官，望依張大方例，以臣等爲舉主，與磨勘改官，依舊在任。」從之。

二十三日，詔：「奉慈觀有本命殿，特有免役錢，諸處不得爲例。」

二年正月二十六日，殿中侍御史郭知章言〔一〕：「今朝廷推行免役法，訪聞諸路提舉官未能熟究利害，曲意觀望，或知寬民而不知害法。臣愚以謂役法宜一以元豐初勑爲準。」詔送詳定重修勑令所。

二月六日，詔：「諸路役人並依元豐七年以前人額，雇直仍依已降指揮，寬剩錢不得過一分。如州縣興廢、官員添省，并别有因依，與當日顯然不同，自合隨宜修立。即將來推行有礙，及合行增損事，即提舉司具合措置條目申户部。」

三月二十四日，三省言：「諸州具到役法事節，依元豐七年以前已允當者，欲依所定行下。」從之。

五月二十九日，户部尚書蔡京言：「常平、免役等事，乞並依元豐條制，止令提舉司專領。其轉運、提刑司勿與。」從之。

十二月七日，户部侍郎孫覽言：「諸路役法，事體或不

〔一〕侍：原作「待」，據本書食貨一四之七、六五之六八改。

同，理合增損。第五等户若分上、下，令貧乏單弱者不出錢，其上五等皆量出，則天下無不役之民。乞下提舉司更切相度，條陳利害。如州縣提刑、提點、轉運司與提舉司所見不同，並許直申户部右曹。」從之，仍候逐處具到利害，同詳定役法官看詳。

三年五月五日，左正言孫諤言：「竊惟免役者，一代之大法。在官之數，元豐多，元祐省。雖省，未嘗廢事也，則多不若省。散役人之直，元豐重，元祐輕。雖輕，未嘗廢役也，則重不若輕。大綱立矣，隨時不能無損益者，衆目也〔一〕。數省而直輕，則民之出泉者易矣。出泉之法，四方不同。有計錢之多寡而輸之者，其弊在於常平官所試重輕之不【68】均；有計田之厚薄而輸之者〔二〕，其弊在於元差官所定美惡之不平。若使輕重均，美惡平，而後行焉，則民之出泉者易，而法可久也。今役法優下户，使弗輸，所取併歸上户，意則美矣，而法未善也。假一縣有萬户焉，爲三分而率之，則民占四等、五等者常居其二。專賦一分之民，則其力不足。況今畿甸之民，並隨五等等第量出。今若使諸路郡縣如畿甸之民，並隨五等等第量出，則民之出泉者易，而法可久也。雜職惟嘉州犍爲一縣〔三〕，投名書手惟池州貴池一縣支錢，是法有不齊者。立額有多，散錢有重，是法有不均者。錢乖輕重之賦〔四〕，田失美惡之實，是法有不平者矣。然先帝免役之法固多難矣，經熙寧、元豐之異論，復遭元祐之變法者，以其不能無弊也。今上下因循，宿弊不革，願陛下博採羣言，無以元豐、元祐爲間，要以便元元至於無不均不平之患而止，裁爲成書，貽之後世，則先帝之烈昭然如日月之光明矣。」於是翰林學士蔡京言：「看詳諤以爲元豐多，元祐省，元豐重，元祐輕，多不若省，重不若輕，則是諤以謂元豐之法不若元祐明矣。而文其姦言，以爲隨時損益者〔五〕，妄也。苟以爲隨時損益，則元豐之法未必是，而元祐之法未必非矣。諤於陛下追紹之日，敢爲此言，臣切駭之。先帝謂天下土俗不同，不可槩以一法，故重輕美惡，各隨其宜。恐其率之不均也，故或以家業物力，或以田畝，或以税錢，隨等敷出。恐其久而不平也，故三年、五年一造産業簿，以定高下之實，可謂均平矣。而諤於平日敢以爲不均不平，其意安在？役錢有令五等俱出者，有自四等已上出者，有自三等以上出者。蓋所用錢多而户口偶少，則敷必至五等。府界自熙寧至元豐，只三等以上出役錢。自先帝行法之初，已不曾令五等敷出。諤奏不以實，其意安在？雜職、書手，有支錢，有不支者，亦各隨其土俗而已。且免役法自去年五月復行，至今將一年，天下吏習而民安之，而諤以爲宿弊不革者，謂熙寧、元豐之時也。以先帝有

〔一〕目：原作「日」，據《太平治蹟統類》卷二一、《長編紀事本末》卷一〇〇改。
〔二〕薄：原作「簿」，據本書食貨一四之八、六五之六九改。
〔三〕職：原作「賦」，據下文及本書食貨一四之八、六五之六九改。
〔四〕乖：原作「乘」，據本書食貨六五之六九改。
〔五〕損益：原作「益損」，據下文及本書食貨六五之六九乙。

爲之時爲宿弊之法，則元祐之變法爲革弊，而陛下今日亦不當紹而復之也〔一〕。謂之意，蓋欲因此以疑朝廷繼述之志耳。元豐雇法也，元祐差法也，雇與差不可並行。元祐固嘗兼雇，已紛然無（絶）〔紀〕矣，而謂欲無間，是欲伸元祐之姦，惑天下之聽，則昨日積斥元祐亂政之人，亦當無間矣。」詔孫謂罷左正言〔二〕，差知廣德軍。

六月八日，詳定重修敕令所言：「常平等法，在熙寧、元豐間各爲一書。今請敕令格式並依元豐體例修外，別立常平、免役、農田水利、保甲等門，成書同海行敕令格式頒行。」降詔自爲一書，以《常平免役敕令》爲名。

八月七日，詳定重修敕令所言：「見充衙前，違法請常平錢物者，並依吏人法。」從之。

九月十八日，詔翰69林學士承旨兼詳定役法蔡京依舊詳定重修敕令。其後，十二月三日京言：「臣僚論江西役法等事，奉旨令詳定重修敕令所具析聞奏。」一言：「元祐初司馬光秉政，蔡京知開封府，光唱京和，首變先帝之法。只祥符一縣，數日之間，差撥役人一千一百餘人，皆蔡京首爲順從。」臣昨知開封府，於元祐元年二月内降到司馬光差役法，令州縣揭簿定差。仍稱如無妨礙，即便施行。其開封府雖轄諸縣，自來只管勾京城内公事。至於人户差役簿書之類，皆諸縣一面施行。其開、祥兩縣在輦轂之下，既見法内有即便施行之文，所以承行，不敢少緩。臣若能應和司馬光，則不應一月之間一請遂罷。又言：『蔡京壞先帝之法，如江西吏人除重法案外，元無雇錢。近來一例創行支給，以百姓之脂膏，填群吏之溝壑。』檢會江西紹聖三年敷出總數減放四萬四千，臣若創行增添吏禄，當須於敷出總數内增過元豐額數。今來比元豐有四萬餘貫放免，顯見臣僚妄誕。先帝仁政，而臣僚以爲『取脂膏填溝壑』，不意敢爲是言也！」先是，侍御史董敦逸有言，詔送詳定重修敕令所具析聞奏。至是京奏，迺復詔敦逸分析。敦逸言：「據蔡京所陳，奉旨令臣分析。狀内稱：『蘇轍亦言，朝廷明使州縣相度有無妨礙，而開封府官吏更不相度申請。』蘇轍兄弟自是毁壞良法之人，尚謂開封府監勒開、祥兩縣，迅若兵火，仍乞取問。」詔令敦逸分析〔三〕，於甚處得蘇轍元文字以聞〔四〕。敦逸言：「元祐更變役法，其建言是司馬光，推行之始是開封。時京知府事，惟章惇獨有論列，其餘皆是附光者。却聞蘇轍見京施行太速〔五〕，有『迅若兵火』之語。臣是時言者凡數狀，並付韓維，故士大夫多能道其略。臣日近爲京又壞先帝之法，故以所得形於章疏。」詔令董敦逸分析所得來處，詣實以聞，不得輒隱。

四年閏二月一日，三省言：「詳定重修敕令所言：前

〔一〕日：原作「目」，據本書食貨一四之九、六五之七〇改。
〔二〕正：原作「上」，據本書食貨六五之七〇改。
〔三〕析：原作「折」，據本書食貨一四之一一改。
〔四〕轍：原作「輒」，據本書食貨六五之七一改。下同。
〔五〕天頭原批：「『者却』一作『所言』。」

提舉廣南東路常平等事蕭世京任内，申請堅用元祐差役法，毋畀雇錢。」詔世京送吏部，依常調人例。

十二月二十二日，詔衙前般運物並依元豐條制，删去元祐增入之文。從荆湖北路轉運司請也。

元符二年三月十八日，管句剩員所蕭世京爲吏部員外郎〔一〕，宣德郎、權提舉秦鳳等路常平張行爲户部員外郎。世京在元祐中，嘗上書言先朝青苗、免役法便民，可以久行。疏奏，留中不報。至是，上出其疏，擢之。行元祐中奏疏言：「神宗議納役錢，蓋嘗謂之助役矣。以爲若止於助，則未能盡免，將使後世役亦差，錢亦納，於是更爲免役，其慮深矣。今乃廢免而復差，上違先帝燕翼之謀，下拂元元安業之願，豈曰述事乎？」又言：「差役，下户一年所費，有用數年役錢者，有用數十年役錢者。其等漸降，其害愈深〔二〕，殆非聖人裒多益寡、天道張弛之義。」前 70 已擢使一路，至是又遷。

〔二〕〔三〕年八月二十一日〔三〕，徽宗已即位，未改元。詔三省：「編勅役法既已成書，修書官吏並罷。見修一司敕令歸刑部，役法歸户部，各委郎官兼領之。」

十月二十三日，臣僚言：「自廣東路被旨赴闕，經由江東、淮南、京西等路州縣，所見官吏並言役法尚有未便，其所用條例各不同。望令諸路州縣各具本處的確利害，申提舉司類聚以聞。然後委户部看詳，隨宜修法，務以便民。其提舉官如敢力護前失，抑遏所屬不以實聞者，即令州縣徑自申陳。仍乞各立近限，庶幾民間早獲受賜。」又臣僚言：「欲乞下諸路提舉司，令州縣限兩月，各具本處委合修完增損事件，詳具利害，陳述今合如何增損，申提舉司，逐旋詳度以聞。即不得將已允當事件妄意更改。」從之。

徽宗建中靖國元年二月二十三日，户部言：「奉詔，役法未便，乞下諸路提舉司，令州縣限兩月，各具本處委合修完增損。今已逾一季，並未奏到。欲下府界、諸路提舉司督責州縣官吏，切在(疚)〔究〕心，疾速詳具利害以聞。如更弛慢苟簡，從本部條具申奏，特行罷黜。」從之。

八月十一日，臣僚言：「免役法既久，民甚便安。假有利害細故，只本州縣提舉官自可相度，或申部施行。自委官看詳已來，中外民情不無疑惑。況已經隔月日，未見成書。欲望明詔有司責限結絶，以安天下之心。」詔限今年終看詳了畢。如限滿未了，即令户部結絶。

崇寧元年八月二日，中書省言：「臣僚奏：户部右曹更改諸路役法，增損元豐舊制五百九項不當。勘會永興軍路乞行差役州縣，申請官已降(指)〔旨〕責罰，湖南、江西提舉司乞減一路人吏雇直，見取會別作施行外，如江西州軍止以物賤減削人吏雇直，顯未允當。至如役人罷給雇錢去

〔一〕所：原脱，據《長編》卷五〇七補。
〔二〕深：原脱，據《長編》卷四〇八補。
〔三〕三年：原作「二年」，據下注文及本書食貨一四之一二改。

處，亦害法意，理合依舊。」詔户部並依《紹聖常平免役勅令格式》，及元降《紹聖簽貼役法》施行。其元符三年正月後來衝改《紹聖常平免役勅令格式》，并衝改《簽貼》續降指揮，並不施行。

二年十月二日，臣僚言：「神宗皇帝稽古制法，以常平、免役所繫尤重。紹聖纂承，推原美意，以謂常平之息歲取二分，則五年有一倍之數；免役剩錢歲取一分，則十年有一年之備。閱歲愈久，其積愈多，遂立一倍、三料取旨蠲減之法。則凡取於民者有限，而止於爲民而已，非利其入也。而集賢殿修撰、知鄧州呂仲甫前爲户部侍郎，(謟)〔諂〕事姦黨，助爲紛更，輒率其屬以狀申都省，言乞删去上條。伏望明示黜責。」詔仲甫落職，知海州。

三年二月二日，臣僚言：「免役之法，始於熙寧，成於紹聖。神考之稽古創制，哲宗之遵業揚功，著爲萬世不刊之典，詎可輕改？元符末，官吏觀望，欲以私意變亂舊條。户部侍郎王古首先建言〔一〕，乞委本部郎中及舉官兩員同共看詳，删修役法之未 71 盡未便者。遂以朝奉郎李深、中大夫陸元長，同都官程筠等刊修，凡改更諸路役法，增損元豐舊制五百九項。如減手力、鄉書手雇錢，重立院虞候、散從官家業，添衙前重難，增斗子人數之類，毛舉事目，恣爲更改，意在沮毀成法。至若常平庫子、掐子不支雇錢，則是公然聽其取乞，尤害法意。朝廷照其姦弊，故户部侍郎呂仲甫止緣改寬剩錢一條，特蒙黜責。後雖力自辨明，亦由南京下遷徐州，修撰降爲直(閤)〔閣〕。若户部尚書虞策等，無所畏憚，輒更先帝舊制，衝改役法五百九項之多，豈宜寬貸？況崇寧元年八月三日聖旨：『所有元符三年正月後來衝改《紹聖常平免役勅令格式》，并衝改《簽貼役法》續降指揮，並不施行。』以見前日刊修之官阿附沮壞罪狀明甚。王古、李深今已謫居遠州，編入姦籍，其虞策、呂益柔偃然安處從班，中外未免疑惑。伏望嚴行降黜，以允公論。」詔朝散大夫王古責授衢州别駕，温州安置；樞密直學士、新差知成都府虞策降爲龍圖閣直學士；中書舍人〔呂〕益柔提舉杭州洞霄宫；直秘閣、新知應天府周純特落職，管句舒州靈仙觀；新知淮南路轉運副使周彦質管句建州冲佑觀；知隨州程筠監兖州東嶽廟；差權知淮陽軍陸元長監西京中嶽廟。

大觀四年五月十四日，臣僚言：「元豐令，惟崇奉聖祖及祖宗神御、陵寢寺觀不輸役錢。近者臣僚多因功德墳寺，奏乞特免諸般差役，都省更不取旨，狀後直批放免。由是援例奏乞，不可勝數。或有旋置地土，願捨入寺，亦乞免納。甚者至守墳人雖係上、中户，並乞放免。所免錢均敷於下户，最害法之大者。欲令後臣僚奏請墳寺，不許特免役錢，仍不得以守墳人奏乞放免。其崇寧寺觀合納役錢，亦乞改正施行。」詔令禮部劄刷，關户部改正。

〔一〕古：原作「吉」，據《宋史》卷三二〇《王古傳》改。下同。

六月十四日，詔：「常平、免役歲終造帳之法，分門立項，叢脞汗漫，倦於詳閱。令修成旁通格法，可令逐路提舉常平司每歲終，將實管見在依此體式編類，限次年春首附遞，(徑)〔經〕入内内侍省投進。仍自大觀五年(者)〔春〕爲始。」政和元年八月二十五日，詔展限次年季月纂類投進。

十二月十四日，户部言：「常平之法，取於民者還以與民；免役之法，取於民者還以治民。此先王理財治民之義也。常平取息二分，免役多敷一分，蓋以爲災傷減閣之備。二分之息，取之五年，則有一倍；一分之剩，積之十年，則餘一年；更加五年、十年，則有兩倍、兩年之數。若無災傷支用，積而在官。此所謂與民者也。故紹聖立法，常平息及一倍，免役寬剩及三料，則保明具數，取旨蠲免，以明朝廷取於民者非以爲利也。欲降睿旨下諸路提舉常平司，勘會自降上條至今，如有積及一倍、三料之數，即次第保明聞奏。」詔候豐衍有餘日取旨。

十六72日，户部尚書許幾等言：「臣僚奏：『應州縣免役錢累經造簿，增減失實，乞委提舉常平司選官分詣所部，以田税多寡均敷役錢，不以等第。假如有田百畝，合納役錢一貫文，即五十畝五百文。准此爲率，則上户不偏重，下户不倖免。』看詳州縣户衆而役少，則敷錢止於第三等。或户少而役多，則均及第四等、五等。今若計田畝，不論家業、税錢，及不以等第，一槩均出，則失輸錢代役之意。」從之。

政和元年十月二十一日，臣僚言：「鞏州元豐年中，歲敷役錢止四百貫，今敷至二萬九千餘貫文，存留準備一分外，猶餘六分已上。不知自何日頓失法意如此。慮更有似此之處，望詔有司申明舊制，以寬民力。」從之。

五年十一月三日，户部侍郎兼詳定一司勑令陳彦文言，乞明著刑典，應常平、免役成法，不許輒議改更。詔：「常平、免役自熙寧以來，講究奉行，纖悉具備。自今應有輒議改更者，以大不恭論。餘並依動揺學校法施行。」

宣和二年九月十日，詔：「諸路召募役人，具有元豐成法，行之歲久，大觀中始罷舊吏人。宿弊未之能革，而老姦巨猾匿身州縣，舞文教訟，擾害良民者，益甚前日。政和中，始不許上三等人户投充弓手，緣此所募盡係浮浪，並緣作過，無所顧(籍)〔藉〕，致賊盜公行，廢紊先帝成憲〔一〕，四方如此。可自今州縣召募役人，並依元豐法。所有大觀元年九月二十八日、政和六年六月四日指揮，更不施行。内州縣舊吏犯流徒罪及四色贓罪等，於元豐法不應叙者，不在收募之數。弓手候(條)召募到人，方得替罷。」(以上《永樂大典》卷一七五五〇)

【宋會要】〔二〕

〔一〕天頭原批：「『廢紊』一作『紊亂』。」
〔二〕天頭原批：「此卷與《大典》卷二萬七百二十六卷重。」

73 高宗建炎二年五月二十七日，臣寮言：「官户役錢，舊法比民户減半。今來招置弓手，以禦暴防患，官户所賴尤重〔一〕。欲令官户役錢更不減，而民户比舊役錢量增三分，專椿管以助養給。」從之。

九月二十二日，臣寮言：「民事之重，莫過力役。今以保正、副當免役之民，而使之代耆長充役，無怪其輒至破産也。當免役法初行，朝廷深慮民勞，不勝其役，亦嘗以事訪於諸路，而用事之臣陰懷私意，不欲以差法參免法。一時新進承望風旨，不問民情如何，而槩謂保正、副情願代耆長執役。望詔諸路監司參差、免之法，專以便民。」詔令諸路轉運、提刑司同共相度的確利害，申尚書省。

三年七月十三日，詔：「諸路免役錢於元額外(重)〔量〕增三分，官户更不減半。令户部限三日勘當，申尚書省。其隨鈔納錢可罷。」

四年八月二十一日，廣南西路轉運、提刑司言：「今乞罷催税户長，依熙豐法，以村疃三十户，每料輪差甲頭一名催納租税、免役等錢物，委是經久利便。」詔依，其兩浙、江南東、西、荆湖南、福建、廣南東路州軍並依此。

紹興元年正月一日，德音：「東南州縣，比緣差保正、副代户長催税，力不勝役，抑以代納，多致破産。已降指揮罷催税户長〔二〕，依熙豐法，以鄉村三十户差甲頭一名催納，以紓民力。訪聞諸處尚未奉行，致人户未獲安息〔三〕。仰逐路州縣遵依已降指揮，疾速施行。如敢違戾，許人户越訴，提刑司覺察以聞，當議重寘典憲。」

五月二十三日，朝散郎吕安中言：「契勘催納二税，依法每料逐都顧募户長或大保長二名，係是官給顧錢。自建炎四年秋料爲頭催税，每三十家一甲，責差甲頭催納。其顧募户、保長更不復用，所有顧錢只在縣椿管。此錢既非率斂，又不干預省計，乞督責諸縣每年別項起發，以助經費。」詔依，令諸路提刑司依經制錢條例拘收起發。

九月十二日，臣寮言：「朝廷罷催税户長，依熙豐法改差甲頭，蓋謂遞年大保長催科填備，率至破産，遂改革前制。曾不知甲頭受害，又十倍於保長〔四〕。且大保長皆選差物力高彊、人丁衆多者，其催科，則人丁既壯，可以徧走四遠，物力既彊〔五〕，雖有逃亡死絶户，易於償補。今置甲頭，則不問物力、丁口，雖至窮下之家，但有二丁，則以一丁催科。既力所不辦，又無以償補，類皆賣鬻子女，狼狽於道。此不便一也。大保長催科，每一都不過四家，兼以保正、副事皆循熟，猶至破産。今甲頭每一都一料無慮三十家，破産者又甚衆。此不便二也。田家夏耘秋收，人各自

〔一〕尤：原作「猶」，據本書食貨六五之七六改。
〔二〕長：原作「依」，據本書食貨一四之一八、六五之七六改。
〔三〕「未」下原衍一「未」字，據本書食貨一四之一八、六五之七六删。
〔四〕倍：原作「培」，據本書食貨一四之一八、六五之七七改。
〔五〕彊：原作「疆」，據本書食貨六五之七七改。

力不給〔一〕，則多方召顧，鮮有應者。今甲頭當農忙，一人出外催科，一人負擔齎糧，叫呼趨走，縱能應辦官司，亦失一歲之計。以一都計之，則廢農業者六十人；自一縣一74州一路以往，則數十萬家不得服田力穡矣，此豈良法哉？此不便三也。又保長多有慣熟官司人，鄉村亦頗畏之，然猶有日至其門而不肯輸納者〔二〕。今甲頭皆耕夫，豈能與形勢之家、姦猾之户立敵，而能曲折自伸於官私哉？方呼追之急，破産填備，勢所必然。此不便四也。自來輪差保長，雖縣令公平，亦須指決論訟，數日方定；不然，則群胥之恣爲高下，惟觀賕賂之多寡。此最民所憤怨者。今差甲頭，每料一替，其指決論訟之繁，受賕納賂之弊，必又甚於前日。臣恐槩東南之民，自此無寧歲。此不便五也。欲乞罷止，且令大保長同保正、副依舊催科。如朝廷念其填備破産，則當審擇縣令，謹户帳之推割，嚴簿籍之銷注，申戒逃田〔三〕、户絶之令，又安有保正、長破産之患哉？不知出此，而但務改法，適足爲贓吏之資耳！」

十月五日，户部言：「奉詔勘當臣寮所言改差甲頭不便五事。竊緣甲頭催科〔四〕，係於主户十户以上至三十户（輪）〔輪〕一名充應，即是不以高下貧富，一等輪差。其大保長，係於小保長内取物力高彊者選充，既兼户長，管催税租等錢物，即係有力之家，可以倚仗。欲乞依臣寮所乞事理施行。」詔依。

十月二十五日，詔：「應諸幕職官〔五〕、諸縣令丞簿尉合破接送，并在任般家顧人錢，並權罷。」

二年六月二十二日，詔州縣官顧錢與般家人俱依舊。從臣寮之請也。

三年二月二十六日，提舉淮南東路茶鹽公事郭揖奏：「差役之法，比年以來吏緣爲姦〔六〕，並不依法五家相比者爲一小保，却以五上户爲一小保。於法，數内選一名充小保長，其餘四上户盡挾在保丁内。若大保長缺，合於小保長内選差。保正、副闕，合於大保長内選差。其上户挾在保丁内者，皆不著差役，却致差及下户，故當保正、副一次，輒至破産。不惟差役不均，然保伍之法亦自紊亂矣。今欲乞於《免役令》文内『選保』二字下删去『長』字。若如此選差，則上户不能挾隱，不須更別立法，自然無弊。」詔令户部限五日看詳，申尚書省。其後户部言：「臣寮所言，止謂關防人户避免充催税大保長，多是計會係干人將有心力之家於小保下排充保丁，致選差不到。今欲乞今後令州縣先於五小保内，依法選有心力財産最高人充保長，兼本保小長祗應。其大保長年限、替期，輪流選差，並依見行條法施行

〔一〕力：原作「立」，據本書食貨六五之七七改。
〔二〕輸：原作「輪」，據本書食貨一四之一九、六五之七七改。
〔三〕逃田：原作「無田」，據本書食貨一四之一九改。
〔四〕科：原作「料」，據本書食貨一四之一九、六五之七八改。
〔五〕幕：原作「募」，據本書食貨一四之二〇改。
〔六〕緣：原作「掾」，據本書食貨一四之二〇、六五之七八改。

行。餘依臣寮所乞。如此，州縣奉行，不致隱挾上户却充保丁之弊。」批送户部：「切慮州縣差役有不同去處，行下諸路提刑司相度保明，申尚書省。」續已於「保」字下刪去「長」字，見五年四月指揮。

六月十二日，户部言：「保正不願就顧兼代耆長，即不合令承行文書外，其願充耆長者，並合主管凡保正内舊來耆長事。内驅正、副執事於官，及公家之求無不責辦，即合依非耆保事而輙差委及勾集赴衙條法斷 75 罪。今欲下諸路常平司移文州縣，分明出榜曉諭，仍常切遵守施行。如稍有違戾去處，即仰按劾施行。」從之。

九月十七日，中書舍人孫近言：「州縣役法，經始於熙寧，續成於紹聖，歷歲滋久，逮今不勝其弊。鄉村之民，貧者破竭貲産，當頻併之役，富者轉移名籍〔一〕，爲幸免之計，則以募役之法取於逐甲，而不通於一都之弊也。母子不相保，而必至於出嫁，兄弟不相容，而必至於析生，則以募役之法雜取人丁多寡，而不專用物力高下之弊也。欲下諸路提舉常平司，各令講求見行役法之有害於民者，條具來上，然後革去其弊，以成變通之利，則天下均被其幸。」從之。

四年正月二十四日，御史臺檢法官李元瀹言：「大保長代户長催納税租事，凡户絶、逃亡，未曾開落，若詭名户無人承認，及頑慢不時納者，以官司督迫箠楚之故，率爲填納，故多至於壞産破家。欲乞見充保正、長人將替，縣令前一月按産業簿依甲乙次第選差。」詔户部看詳。本部言：「所陳皆有條法。欲申嚴行下諸路州縣，委監司常切鈐束。違戾者，仰按舉。」從之。

同日，上宣諭：「元瀹所論曰行〔二〕。」且曰：「役法推行，寖失本意，致富者益富，貧者益貧，民力重困，此宜講究。」至是，上又諭臣勝非等曰：「元瀹所論，乃是民事。祖宗法固不可改，然民事急務也，孟子所謂『民事不可緩』。其令州縣相度，條畫利害以聞。」

七月七日，殿中侍御史魏矼言：「應博糴授官校尉欲與免本身丁役，許用蔭。承節郎、承信郎、迪功郎欲理爲官户。有田五頃者，與免差科一次；若五頃以上，令用家人充役。至如轉易、回授，行使及理選限，并免試注官等，並依元得指揮，待之亦不爲不優矣。如此，庶幾徭役均平，貧民不致重害。」從之。

三十日，户部言：「節次承降指揮，將見行役法等與嘉祐條法窒礙未盡事件，及保正副差、免利害，令諸路常平官條具聞奏。除湖北路未據相度條具外，節次承據兩浙、江南、廣南東、西并福建、荆湖南路八路常平司奏到，内六路乞依紹聖條法，并保正副差、免利害，亦據江西等四路乞依見行條法施行。今相度，欲乞將役法及保正副代耆長並依見行諸路州縣已定役法，及紹聖免役條法施行。仍乞下諸

〔一〕籍：原作「藉」，據本書食貨一四之二一改。
〔二〕曰行：似當作「可行」。

路常平司照會。」從之。

九月十五日，明堂赦：「諸縣選差保正副，在法，以物力高下、人丁多寡、歇役久近參酌定差，務要均當。比年以來，鄉司、案吏於造簿攢丁，差大小保長之際，預行作弊，致爭訟不已，使已役之人久不承替，破蕩家産，深可矜恤。仰常平司常切覺察差役不均之弊。如有違犯，重行按劾。仍限半月，條具利害，申尚書省。勘會福建路保正副、大小保長，唯管緝捕逃亡軍人及私販禁物，鬬訟，橋路等事，其承受縣司追呼公事及催納二税等物，並係耆、户長，壯丁承行。今兩76浙、江南等路諸縣並不顧募耆、壯、户長，却差保正副、大小保長幹辦。又有責令在縣祇候差使者。緣此保正副、大小保長費用不貲，每當一次，往往破蕩家業，遂詭名挾户，規免差使，深可矜恤。仰逐路漕臣、憲臣同共相度，可與不可並依福建路見行事理，或量增役錢，以充顧募耆、壯、户長之費。仍自今不得更令保正副、大小保長在縣祇候，承受差使。如違，仰逐司按劾以聞，當議重行典憲。」

五年正月六日，趙鼎奏：「祖宗差役，本是良法，所差既是等第人户，必自愛惜，豈有擾民？王安石但見差衙前一事州縣奉行失當，盡變祖宗舊法，民始不勝其擾。」上曰：「安石行法，大抵學商鞅耳。鞅之法流入於刻，而其身不免於禍〔一〕。自安石變法，天下紛然。但免役之法行之既久，不可驟變耳。」

十八日，臣寮言：「州縣保正、副未嘗肯請顧錢，并典吏顧錢亦不曾給，乞行拘收。」户部看詳：「州縣典吏顧錢若不支給，切恐無以責其廉謹，難以施行外，其鄉村耆、户長依法係保正、長輪差，所請顧錢，往往不行支給，委是合行拘收。乞下諸路常平司，將紹興五年分州縣所支顧錢依經制錢條例，分季起發，赴行在送納。如敢有隱匿侵用，並依擅支上供錢物法。」從之。

閏二月二十日，詔：「三聖廟見占地基與全免合納役錢，餘依紹興三年九月三十日已降指揮施行。」以婺州蘭溪縣尉劉天民言：「昨父置到産地，後蒙踏逐，修蓋三聖廟，所有役錢乞行蠲免。」故有是詔。

三月十日，户部尚書章誼言：「官户役錢更不減半，而民户量增三分，專充贍養新置弓手支用〔二〕。續準指揮住罷，更不增敷。其未罷以前，州縣有敷納在官之數，見行樁管，别無支用。今欲乞福建、二廣就委章傑，兩浙東路委霍蠡，西路委吕用中，江東委徐康，江西路委范伯倫，湖南、北委逐路常平司，將管下州縣據見樁前項役錢根刷見數，專委諸州通判盡數起發，赴行在送納。不通水路去處，變轉輕齎。仍具根刷到數目申户部拘催。」從之。

同日，臣寮言：「乞下有司，專用物力及通（輪）〔輪〕一鄉差募保正、長。凡官吏因役事受財者，重爲典刑，以示懲

〔一〕於：原作「與」，據本書食貨一四之二三、六五之八一改。
〔二〕贍：原作「瞻」，據本書食貨一四之二四改。

戒。」詔於《紹聖常平免役令》「五保爲一大保」字下添「通字」,「選保」字下删去「長」字。仍今後許差物力高單丁〔一〕,每都不得過一人。寡婦有男爲僧道成丁者同。即應充而居他鄉别縣或城郭,及僧道,並許募人充役,官司不得追正身。餘依見行條法,仍先次施行。

十一月二十八日,廣東轉運、常平司言:「近據知平江府長洲縣丞呂希常陳請:『大保長催科,一保之内豈能親至?逮其過限,催促不前,則枷錮箠拷,監繫破産。乞改用甲頭,以形勢户催形勢户,平户催平户。』已承朝旨,户長與甲頭催科税租,其風俗利害各有不同去處,令諸路相度以聞。今欲依所請,改用甲77頭,專責縣令、佐將形勢户、平户隨税高下,各分作三等編排,(藉)〔籍〕定姓名,每三十户爲一甲,依次攢造成簿。然後按籍,周而復始輪差,委是久遠利便。」從之。

十二月八日,知静江府胡舜陟言〔二〕:「熙寧間,王安石當國,變祖宗畫一之制,創立新法,而保甲居其一。至元祐間,司馬光秉政,一切罷去,民獲蘇息,盗亦銷弭。及章惇、蔡京述安石之弊,行於東南。一鄉之中〔三〕,以二百五十家爲保,差五十小保長,十大保長,一保副,一保正,號爲一都。凡州縣徭役、公家科敷、縣官使令、監司迎送,皆責辦於都保之中〔四〕。故民當正、副,必破其家,大小保長,日被追呼,廢其農業。今民遭差役者〔五〕,如驅之就死地。切原法意,不過欲便於捕盗爾。曷若祖宗時於人户第一、第二等差耆長,第四、第五等差壯丁,一鄉差役,不過二人而已。今保甲於一鄉之中,有二十保正、副,有數百人大小保長,不若耆長、壯丁之法爲寬。其所差耆長,無軍勢、形要、官莊、寄住之限,但品官之家,則以不該蔭贖人及管莊田人代充,其餘家長祗應老疾者,以次家人充。今之差役,品官之家及老幼疾病者免焉,不若耆長、壯丁之法爲均。乞詔討論耆長、壯丁之法而行之,罷去保甲,以救疲瘵之民。」詔令户部勘當以聞。其後,户部言:「今臣寮所乞,自合遵守見行條法并已降指揮。緣保五之法,係村疃聯爲保,分次第選物力高强人户充保正、長祗應。在法,非本耆保事不得差委幹辦,及赴衙集祗應。乞申飭諸路常平司鈐束州縣,遵依已降勑條施行。如有違戾去處,即按舉,依法施行。」從之。

六年正月一日,都督行府言:「相度欲將曾經賊馬殘破、見今人户未歸業縣分,據見存户口權宜併都,減置保正長,委是可行利便。」從之。

七年二月二十九日,知常州鄭作肅言:「差役之法,不及單丁。比年以來,欲免徭役者巧僞滋出,或親在而析居,

〔一〕今:原作「令」,據本書食貨一四之二四、六五之八一改。
〔二〕静:原作「靖」,據本書食貨一四之二五、六五之八二改。
〔三〕一:原脱,據《建炎要録》卷九六補。
〔四〕辦:原作「辨」,據《建炎要録》卷九六改。
〔五〕遭:原作「曹」,據《建炎要録》卷九六改。

或子生而不舉，唯恐其丁之多也。比者既差單丁，則此弊盡革，然尚拘以每都不得過一人之數。一都之内當執役者，都、副保正凡二人，大保長凡十人，小保長凡五十人。若盡差單丁，不得過一人，則巧計欲單丁者尚衆，前弊實未之革。切謂許差單丁不必限以人數，望命有司詳議。」又知常州無錫縣李德鄰言：「昨降指揮，單丁雖許顧人充役，每都不過一名。切緣一都係十大保，若止差一名，餘九保内縱有單丁物力高强者，不敢更差，不免於物力下户選差充役，力不能支，遂致破家失業。乞(詳)〔許〕一都内通差單丁、女户不能過五人，俾得均濟。」詔令户部限五日看詳，條具申尚書省。其後，户部言：「今來臣寮請單丁之法乞不限人數，乃乞每都不得過五人。不唯單丁、女户差役頻併，慮恐州縣因而搔擾單寡之家，難以施行外，内人户析居，有子不舉，及避役田土悉歸兼併 78 之家，皆係違法。州縣自當依條革絶姦弊，監司亦當按舉施行。欲乞下諸路常平司，遵依見行條法及三降指揮，常切鈐束所部州縣如法奉行，無違戾。」從之。

閏十月十四日，户部言：「在法，品官之家或女户、單丁、老幼、疾病及歸明人子孫，各免身丁。昨降指揮，許差有物力單丁，寡婦有男爲僧道成丁者同，並許募人充役。今來不住據人户陳訴非鰥寡孤獨人作單丁人户，致詞訟不絶。契勘品官許免身丁，而家有三丁，兩人有官，其一丁無官；又如人户家有四丁，一丁進士得解，一丁應免解，一丁進納得官，一丁白身。似此之類，非(子)〔孑〕身一丁，即難以作單丁之户，合申明行下。及人户家有三丁，一丁進納得官，一丁進士得解，一丁爲僧，内進納未至陞朝，三丁並免身丁，别無丁名充役。既成三丁，即是丁行數多，秖合免身丁，其充役合募人，不得追正身。」從之。

八年五月二十六日，江南轉運司言：「相度物力高有老病合給侍丁，比類寡婦有男爲僧道成丁，募人充役。」户部看詳：「單丁、女户合免丁役，已降指揮，許差物力高單丁。寡婦有男爲僧道成丁，並許募人充役。今來侍丁之家，即(此)〔比〕單丁、寡婦。委係丁行數多，合行比附，令募人充役，不得追正身。下諸路常平司照會施行。」從之。

九月二十六日，臣寮言：「檢會紹興八年四月六日都省批狀，紹興府申明官户免色役指揮内，户部看詳稱：『官户唯繫宗室親等未至陞朝，保甲授官等因軍功捕盜未至陞朝，非軍功捕盜未至大夫，雖是品官，止合免丁，不合作官户。若家有三丁，兩丁有官，一丁無官，難作單丁〔一〕，合募人充役。若品官家有三丁，兩丁有官，一丁無官有蔭，依法色役聽免。如未改官户内一丁白身無蔭，及進納未至陞朝官，合募人充役。』勘會上件指揮内『若品官』三字，係謂上文該説逐色未至陞朝或未至大夫，應改爲『官户之家』，依户部看詳，合募人充役。除此名色外，其餘合爲官户之家，

〔一〕作：原作「非」，據本書食貨一四之二八、六五之八四改。

色役聽免。」從之。

九年正月五日，内降新定河南州軍赦[一]：「應州縣保長催税，官司常以比較爲名，勾集赴縣科禁，人吏因而乞取錢物，有致破産者。今後並仰依條三限科較外，更不得逐月或逐旬勾集比較。仍仰本路監司常切覺察。」

十二年九月十三日，赦：「勘會諸路紹興八年、九年、十年分人户未納免役錢，近降指揮，立限半年，令逐州主管官刷見欠數催納數足。切慮民户窘乏，未能一併出辦，理宜寬恤。仰逐路常平司自限滿日，更與展限二年。」

十月四日，户部看詳：「鄉村户數鄉皆有物力，合併歸煙爨處外，其坊郭及别縣户有物力在數鄉，並令各隨縣分，併歸一鄉物力最高處，理爲等第差遣，仍各許募人充役。如有隱落物力人户，合依條於陞排後六十日内陳訴。如臨時糾論，官司不[79]得受理，違者並科杖一百。如當行人吏鄉司同。以物力高强人户匿在小保，及故有隱落差互，意在邀求先差不應充役人户，致惹詞訴者，並從徒二年科罪勒停，永不得叙理。縣令、丞故縱及不覺察，仍委提舉司常切覺察按治。」從之。

十三年十月二十四日，廣南西路提刑兼提舉常平司言：「依准朝旨，相度到本路催科利害。除瓊州不行役法及高、廉州乞用甲頭外，其餘柳、象等州，自紹興六年以後各隨都分編排三十户爲一甲，夏秋二税輪差甲頭二名催科，自高至下，依次而差，至今已經七年，每甲共差過一十四户，今已輪至下户。如一甲内不下三五户係逃移，一半係貧乏。設若輪差甲頭盡是上户之家壯丁、佃客，委是催科不行；若再差上户，即又不免詞訴。今來若復用户長，實爲利便。」從之。

十五年七月十八日，給事中李若谷言：「紹聖、常平免役條令係祖宗成法，纖悉具備。比年以來，緣州縣差募之際不體照法意，致上户百端規避，却令中、下户差役頻併。後因增添通選之法，以一都保内物力高者通行定差。户數既寬，有力者不能幸免，雖單丁户物力最高人及寡婦有男爲僧道成丁者亦預差選，已爲公當。秖緣紹興十二年十月十四日一時指揮，因致選差不均。今欲將上件指揮内歇役年限併『物力倍者再差』一節删去，更不施行，餘令諸路遵依見行成法。」從之。

十月二日，右迪功郎、守大理評事環周言：「乞今後保正、副本都身役外，不得令日書卯曆，使當役者不被非理追呼，則人自樂充，訟訴稀簡，且無破産之患。」詔依，户部檢坐見行條法申嚴行下，仰監司覺察按劾。

十六年七月二十一日，淮南西路提舉常平司言：「和州烏江縣一十五都内，有人户稀少，差役不行。權併作十都，候户口繁盛日依舊。」從之。

十一月十日，南郊赦：「州縣鄉村差役，依法合以物力

[一] 定：原作「濟」，據本書食貨六五之八五改。

高下定差。訪聞近年選差之際，當職官不切究心，鄉司與役案人吏通同作弊，故意越等，先差不合差役之人，致令糾論，乘時乞覓，百端搔擾，方始改差實合着役之人，深爲民患。自今差役，仰當職官躬親比較，依公定差，不得違戾。委常平司嚴切覺察。若因糾論，見得定差有弊，一例重行責罰〔一〕。」

十九年八月十二日，宗正寺丞〔二〕、兼權尚書司封員外郎王葆言：「國家役法，應女户、單丁與夫得解舉人、太學生並免丁役。頃緣議者歷陳丁役之弊，遂有募人充役指揮。進納雜流之人〔三〕，物力高强，雖係單丁，自應顧募。且女户而無子孫，或有子孫而年幼弱，使當力役之事，則公私所費，必倍於豪强。寡婦有男爲僧道成丁者，並許募人充役，正恐姦民旋行規避爾。今州縣舞文，以虐無告，則或指遠適之緇黄爲某氏之子孫，不以存亡爲别也，因使寡婦守志者【80】不免於執役困悴之患，有致於迫而改行者。得解舉人，名已登於天府，是有可貴之資也，今乃同籍於役人〔四〕，則非所以貴之矣。太學生身已隸於上庠，是有可肄之道也，今乃心累於執役，則非所以肄之矣。欲望特詔有司重加看定，仍乞申嚴約束，明示州縣，使姦吏猾胥不得挾疑似以惑衆，庶幾孤寡得所，而士加愛重。」上曰：「單丁、女户，舊法免役，後來以（計）〔許〕免者多，有司遂有顧募之請。」詔令户部看詳的確利害以聞〔五〕。户部言：「州縣女户別無兒男，依條免充役外，其單丁并寡婦有男爲僧道成丁者，及僧道并進納未至陞朝逐色人户，如係物力高，依已降指揮募人充役，官司不得追正身。今來臣寮奏請，得解舉人并見係太學生如係實得解，及曾經省試之人，單丁一身，别無兼丁，欲乞與免充役。若因特旨及應恩賞免解，即合依已降指揮募人充役，官司不得追正身。」從之。

九月二十三日，權知饒州陳璹言〔六〕：「欲望特詔有司，許凡當役保正、副、長，除情願自應役之人聽其從便外，並許顧人代役，官司不得追呼正身。」

十一月十四日，南郊赦：「昨緣州縣差役不均，已降指揮，令當職官躬親比較，依公定差，委常平司覺察。若因糾論，見得定差有弊，一例重行責罰，非不嚴切。訪聞近來差役依舊並不着實定差，致互有糾論。公吏利於誅求，枝蔓追擾，踰年不定，使已滿之人不得依期交替。仰諸路州縣今後須管依實定差，毋令不當，引惹詞訴。仍令常平司常切檢察。如有違戾去處，將當職官吏按劾以聞。勘會諸縣鄉村合差都、副保正，多是公吏受囑，止差都保正，不差保

〔一〕罰：原作「罷」，據本書食貨一四之三〇、六五之八六改。
〔二〕宗：原作「中」，據本書食貨一四之三〇、六五之八六改。
〔三〕進：原作「送」，據《建炎要録》卷一六〇改。
〔四〕籍：原作「藉」，據《建炎要録》卷一六〇改。
〔五〕「詔令」至條末，原錯簡在下條之末，據《建炎要録》卷一六〇移正。
〔六〕陳璹：原作「陳疇」，據本書食貨一四之三一、食貨六五之八七、《建炎要録》卷一六〇改。

副，或差保正，却不差保副，使被差之人獨力充役，敗壞家計。仰諸路州軍約束諸縣，今後並依條選差，不得違戾。」二十二年十一月十六日、二十五年十一月十九日南郊，並同此制。

二十年四月十二日，户部言：「在法，進納或保甲，并以妻之家陣亡遺表恩澤授官，并秖應有勞、進頌可採，及(時)〔特〕旨與非泛補官，因軍功捕盜而轉至陞朝，非軍功捕盜轉至大夫，方合理爲官户。如一方有兄弟三人，父亡，各以析居，數中一人應得前項名色補官，轉至陞朝或大夫，理爲官户，蠲免色役。父該贈官〔一〕，雖至陞朝或大夫，其餘子孫止合承蔭，即與元補官人不合一例改作官户。」從之。

二十六年正月十日，權知復州章燾言〔二〕：「湖北、京西州縣有户口稀少去處，其都分名額悉無改併，每遇都、副保正闕，官司依舊隨都選差，則是頻併。欲乞今後每一都人户若不及五大保處，即合併接鄰近都分人户，通行選差都保正一人。催税户長亦乞通行顧募。如橋梁有損壞去處，却令依條隨本耆地分人户修治施行。候人户各及一都之數日，仍舊選差。」從之。

六月一日，御史中丞湯 81 鵬舉言：「比年陳請役法，可謂備矣。獨有近歲申明，欲以批朱、白脚輪差，遂致下等人户被害。謂如十保内上等家業錢一萬貫，中等家業錢五千貫，各以充役，謂之批朱。至有下等家業錢一百貫以上，末等家業錢五十貫以上，未曾充役，謂之白脚。欲乞將批朱者歇役止於六年，便與白脚比並物力、人丁再差。」從之。

八月二十六日，御史中丞湯鵬舉言：「令有司將用宰執給使減年補授之人轉至陞朝，方理爲官户。」從之。

十一月六日，權尚書禮部侍郎辛次膺言：「欲望特詔有司，如有官户多立户名，編民冒作官户，及祖父母、父母在而私立别户者，令州縣覺察，或併或改。仍與立日限陳首。如人告論，當科違制之罪，没入其産。」户部言：「欲下諸路轉運司檢坐條法，曉諭民户，限一月經官自陳，改併歸户，與免罪，仍免追應輸之物。如限滿不首，許人陳告，將犯人依法斷罪追賞，并合輸之物入官。仍仰州縣常切覺察，尚有違戾，按劾施行。」從之。

二十八年六月一日，權吏部尚書王師心言〔三〕：「被旨，令六部長貳將差役舊法并前後臣寮申請指揮公共看詳。或已見不同，各許條具，申尚書省審度，取旨施行。契勘《紹聖常平》、《紹興重修常平役法》，并《紹興重修常平免役申明》、《續降指揮》，已是詳備。昨緣臣寮節次申請，指揮不一，州縣公吏得以舞文作弊，致差役不均。今看詳，合將前項指揮共三十八件：《紹聖常平》、《紹興重修常平免役法(今)〔令〕》計一十五條，《紹興重修常平免役申明》、《續降指揮》計二十三件，欲行下諸路常平司照會，仍鏤板徧下

〔一〕贈：原作「增」，據本書食貨一四之三二、六五之八八改。
〔二〕復：原作「福」，據本書食貨一四之三一、六五之八八改。
〔三〕言：原脱，據《建炎要録》卷一七九補。

所部州縣，遵守施行。其與上件法意相妨指揮四件：紹興二十六年六月一日勑『臣寮上言，欲將批朱者歇役止於六年，便與白脚比並物力人丁再差』指揮，紹興二十六年十二月九日都省批下江東常平司申『相度到知宣州樓炤陳請〔一〕，欲將上户斟酌定差，下户止輪差充大保長』指揮，紹興二十七年五月二十一日勑『人户未分衆户已充保正副，後來析户，其户頭若再當充役，自合依近降指揮歇役。其餘本家衆户物力高，即係白脚，自合選差』指揮，紹興二十七年十二月四日都省批下『處州遂昌縣丞黄楷陳請，欲籍定物力倍於衆户大段遼絶，應役兩次當其他役户一次』指揮，欲並删去，更不施行。兼契勘州縣差募保正、副，依法係以十大保爲一都保，二百五十家内通選材勇物力最高二人充應。緣州縣鄉村内上户稀少，地里窄狹，并有不及一都人户去處，致差役頻併。今看詳：欲下諸路常平司行下所部州縣，委當職官將都保比近地里窄狹、人煙稀少，并不及十大保去處，併爲一都差選，仍不得將隔都及三都併爲一保。如内有都分人煙繁盛、山川隔遠，更不須撥併。其併過都分，從82本司保明供申。如有人户陳訴均撥不當，及人吏作弊去處，仰常平司按劾，申取朝廷指揮施行。」從之。

七日，尚書户部員外郎王時等言：「欲望誠飭郡縣，凡保正、副之所掌，除依條合管事務外，不得泛有科擾追呼。或不遵依，許民户越訴，仍仰按察官糾劾以聞，重寘典憲。」從之。

十一月二十三日，南郊赦：「州縣差役，自有條法指揮，往往當職官更不躬親檢照簿籍户口、物力高下，是致輪差不均，有力者夤緣幸免，下户復致頻併，互有糾論。更不究實，枝蔓追呼，淹延不決，公吏恣行誅求，誠可憐憫。仰諸路州縣今後須管依實定差，毋令不當，引惹詞訟。仍令常平司常切檢察，如有違戾去處，將當職官吏按劾以聞。」餘同二十五年之制。三十一年九月二日明堂赦並同此制。

二十九年七月五日，國子正張恢言：「欲乞推詳祖宗舊法，每都令户長專受催科外，置耆長、壯丁，專管爭訟鬭毆。追呼公事，别募人充。唯煙火、盜賊事之大者，則屬之保正，他事不得追呼。以至修官宇、給厨傳、收買土物之類，嚴行戒戢。有違戾者，寘於法。」詔令有司看詳。其後，户部言：「在法，保正、副係於都保内通選有行止材勇、物力最高者二人充應，管幹開收人丁，覺察盜賊者。若願就顧兼代耆長，即管幹鄉村盜賊、鬭毆、煙火、橋道公事。大保長願兼户長催納税租，若不願而輒差顧者，徒二年。非本耆保而輒差委幹當者，杖一百。官司於役人有所圓融及科買配賣者，以違制論，不以去官、赦降原減。即令陪備夫力者〔二〕，徒二年。欲乞下諸路常平司遍（條）〔牒〕所部州

〔一〕樓：原作「婁」，據本書食貨一四之三四、六五之八九改。
〔二〕陪：原作「倍」，據本書食貨六五之九一改。

縣，常切遵守施行，如有違戾，即依法按治。」從之。

三十年五月十八日，臣寮言：「州縣保正、副間有顧募代役，多是公吏別立私名受募，每有文移，承受之後即收匿，追呼催索，有踰數限而不報〔一〕。其徒遞相蓮蔽，但見公府事多而令慢，不知其弊繇此。乞明立罪賞，許人告首，重寘之法。其所募之人，例與同罪。」詔送刑部立法。刑部言：「今後應募人充役者，輙〔募〕放停軍人及罷役、見役公人代役，及代之者，各杖一百科罪。仍許人告，賞錢五十貫。」從之。

九月二十五日，上諭輔臣曰：「近閱獻言者多論差役之弊，其言有益於民。朕思之，恐富者以賄賂脱免，而貧者充役，必至破家。雖祖宗之法不可輕改，卿等更宜少加增損，使便於民，經久可行者奏來。」湯思退奏曰：「乞令户部檢照役法〔二〕，商量有益於民者〔三〕，將上取旨。」上曰：「甚善。」

十一月四日，臣寮言：「賦税之輸，各有户名，户之不輸〔四〕，孰任其咎？郡邑乃有以三十户爲一甲，創爲甲頭，而責其成效者；有一甲之内或有貧乏，輸納未前，盡令甲頭代輸者；有無名之須，民户不從，悉取辦於甲頭者。甲頭之名，一槩於籍，遷延莫得而脱。廣南之俗，例以此爲苦。欲望明詔廣南州 83 縣，應有催科合納税賦，各令本户人自輸納，勿復廣置甲頭，以勤擾動。」詔令有司看詳。

三十一年二月二十三日，權發遣江南東路轉運副使魏安行言：「保長催税，無不破産逃亡，又欲顧募耆、户長。此等本無税産行止顧（籍）〔藉〕，爲害不可言。今與屬縣民官詳究相度，以比鄰相近三〔十〕户爲一甲，給帖，從甲内税高者爲頭催理。本户足者，本縣畫時給憑由執照出甲，不與三十户上流下接催理之數。行之幾月，已漸見效。切恐其他州郡所行不同，乞下諸州，令悉依此施行。」於是户部言：「欲乞下江東路轉運、常平司，權依所陳施行。仍下其餘諸路從長相度，如經久可行，不致搔擾，兼別無利害，即仰保明申請施行。」從之。

二十七日，臣寮言：「比年以來，江、浙之間差役之爲民害，不願有田者，其説有二：保伍之法，蓋倣成周比閭族黨之遺意，不過使之譏察煙火、盜賊，以保守鄉井而已。法弊滋久，既使之督税賦矣，又使之承受文判；既使之治道路矣，又使之供顧船脚；既使之（飾）〔飭〕傳舍矣，又使之應辦食用。役使既同於走卒，費耗又竭其家貲。民不堪命，而官吏晏然爲之。此爲害一也。一都之内，膏腴沃壤半屬權勢。近年雖有限田差役之文，縣道安得而役之？中、下之産，役次頻併。且如甲有物力一千貫，乙有物力七百貫，

〔一〕踰：原作「餘」，據本書食貨一四之三五、六五之九一改。
〔二〕令：原作「今」，據本書食貨一四之三六、六五之九一改。
〔三〕者：原脱，據本書食貨六五之九一補。
〔四〕「户」下原有「名」字，據本書食貨六五之九一刪。

則甲替而差乙；丙有物力一百貫〔一〕，則丙替而差丁。無可選者，又於得替人輪差，則是丁以一百貫而比甲一千貫。役次均矣，每遇輪差，公行賄賂，姦吏肆巧，旋爲陞降，萬一獲免，已被重困。此其爲害二也。乞申嚴法意，禁戢州縣勿加雜役，勿縱科擾。仍乞令每都以田産物力十分爲率，及三分者，充大保長；及七分者，充正、副一次；及十分者，役次倍之。充保長不通充正、副，充正、副者不先充保長。庶幾中、下之産有歇役之期，而充役之家無破産之患。」詔令户部看詳。

二月二十七日，臣寮言：「近因宣州一鄉上户絶少，下户極多，守臣奏請，本欲不候歇役六年即再差上户。有司看詳，誤將歇役六年指揮便行衝改，遂致上户却稱朝廷改法，是以鼠尾流水差役，必欲差遍白脚，始肯再充。當差之際，紛紜爭訟，下户畏避，多致流徙。蓋上户稅錢有與下户相去百十倍者，必俟差遍下户，則富家經隔數十年方再執役。欲望將歇役指揮依舊施行。」詔令户部看詳，申尚書省。其後户部言：「契勘在法〔二〕，差募保正、長，係於一都保内通選物力最高人充應，並給帖，二年替。無可選者，於得替人内輪差。諸産業簿三年一造，(方)〔坊〕郭十等，鄉村五等。已承王師心申請〔三〕，緣法意相妨，已行删去上件指揮。欲乞下諸路常平司遵守施行。」從之。

九月〔二〕十四日〔四〕，知忠州張德遠言：「川峽四路別勑〔五〕、申明、續降已經衝改釐革條件甚多〔六〕。謂如免役法自熙寧改創，[84]行垂百年，具有成憲。今忠州諸縣近年以來，於選差逐都保正，却妄引未行免役之前皇祐川峽四路鄉差里正〔七〕、户長、耆長、散從、承符官、解子并手力、弓手勑條，次第輪流，差至第三等末人户充保正，却將紹聖、紹興免役令通都保内選差物力最高之人見行條令更不遵用，致保正之役多及下户。都保内家業物力有及一萬貫者，歇役或至二十年不差，却差至第三等家業三百貫文人户。貧富相遠，力役何由均平？而朝廷見行免役條令〔八〕，幾至盡廢。欲望特賜詳酌，下四路，各委詳明監司一員，取索鈔録川峽四路編勑〔九〕及一路一司一州一縣別制繳申朝廷，降付詳定一司勑令所，重行修立新書從事。」給舍黄祖舜等今看詳：「差保正自合遵用紹聖、紹興見行役法，不應引用皇祐舊條。欲乞令户部檢坐見行條法，下川峽四路遵用施

〔一〕據前後句式、文意，此句「丙」似當作「丁」，且其前脱「丙有物力××貫」一句。
〔二〕勘：原脱，據本書食貨一四之三八、六五之九三補。
〔三〕師：原作「思」，據本書食貨一四之三八、六五之九三改。
〔四〕二：原脱，據本書食貨一四之三八、六五之九三及《建炎要録》卷一九二補。
〔五〕峽：原作「陝」，據本書食貨一四之三八、六五之九三改。
〔六〕已：原作「以」，據本書食貨一四之三八、六五之九三改。
〔七〕峽：原作「陝」，據本書食貨一四之三八、六五之九三改。
〔八〕免：原作「每」，據本書食貨六五之九四改。
〔九〕峽：原作「陝」，據本書食貨六五之九四改。

行〔一〕。」從之。

三十二年正月十六日，臣寮言：「江上踏車之人，其間最爲可念。當時采石之戰，戰士持劍戟用命於上，而民丁運動舟船於下。戰士之賞固推行矣，而同舟効死者畧無以及之。願諭郡邑，與免科役二三年。」於是户部言：「踏車人夫並係於五等人户及保丁内差顧，其間上户往往募人，或以佃客使。當時並係親臨矢石，不應却無實惠。欲下建康府逐一開具的實姓名，保明供申。」續據建康府申：開具到共六千三百四十六人。詔將今來人數特與免科役一年。

五月二日，臣寮言：「望令兩淮常平官及守臣公共相度，將去冬曾經侵擾州縣見在户比照多寡，每都量留保正一名，大、小保長共三兩名，管幹煙火等事外，其餘不盡差。候將來起税日取旨，却依見在條法施行。」從之。以上《中興會要》。

紹興三十二年八月二十三日，孝宗即位未改元。詔：「已降指揮，去年江上踏車人夫特與免科役一年外，所有搬運糧草往屯駐州軍，或在路因病身死之人，理合一體。令本路轉運司將般運糧草并在路因病身故人夫覈實保明，依踏車人夫與免科役一年。」

孝宗隆興二年六月一日，詔：「諸充保正、副，依條只合管煙火、盜賊外，並不得泛有科擾差使。如違，許令越訴。知縣重行黜責外，守、倅各坐失覺察之罪。」以福建路轉運司言：「建寧府、福、泉〔州〕諸縣差役保正、副，依法止管煙火、盜賊。近來州縣違戾，保内事無巨細，一一責辦〔二〕。至於承受文引，催納税役，抱佃寬剩，修葺鋪驛，抛置軍器，科賣食鹽，追擾陪備，無所不至。一經執役，家業隨破。」故有是命。

八月十九日，知岳州錢建言：「州縣差保正，乞行下提舉常平官，將一路逐縣事體參酌。謂如一都上户稍多，則差至物力若干貫而止。若一都内罕得上户，則以中爲率，差至物力若干貫而止。此外無 85 可選，則於得替人内輪差。」户部契勘：「欲下諸路提舉司鈐束所部州縣，遵依見行條法，無令違戾。」從之。

乾道元年正月一日，南郊赦書：「州縣輒行差顧人夫應副過往，累降指揮約束，已是嚴切。尚慮州縣依前循習舊弊，違戾差擾，及抑令出備顧錢，仰監司常切覺察，按劾以聞，重寘典憲。」三年十一月二日南郊赦同此制。

同日，赦書：「州縣差役，自有條法指揮。往往當職官吏不躬親檢照簿籍户口、物力高下，致輪差不均，有力者奄緣幸免，下户復致頻併，互有糾論。更不究實，枝蔓追呼，淹延不決，公吏恣行誅求，誠可憐憫。仰諸路州縣今後須管依實定差，毋令不當，引惹詞訴。仍令常切檢察，如有違戾去處，將當職官吏按劾以聞。」

〔一〕峽：原作「陝」，據本書食貨一四之三九、六五之九四改。
〔二〕一一：原作「一如」，據《文獻通考》卷一三改。

八月五日，臣寮言：「州縣被差執役者，率中、下之户。中、下之家，産業既微，物力又薄，故凡一爲保正、副，鮮不破家壞産。昔之所管者，不過煙火、盜賊而已，今乃至於承文引、督租賦焉。昔之所勞者，不過橋梁、道路而已，今乃至於備修造、供役使焉。方其始參也，饋諸吏，則謂之參役錢；及其既滿也，又謝諸吏，則謂之辭役錢。知縣迎送，僦夫脚，則謂之地理錢。節朔參賀上榜子，則謂之節料錢。官員下鄉，則謂之過都錢。月認醋額，則謂之醋息錢。如此之類，不可悉數。復有所謂承差人，專一承受差使；又有所謂傳帖人，各在諸廳白直。每月顧錢多者至十餘千，少不下數千。若承差人，則以之代其正身，出錢顧募，尚或可也；而傳帖人〔一〕，則實不曾承傳文帖，亦令僦顧而占破。伏望嚴敕有司檢照參酌，立定條法，申嚴州縣。今後如有尚敢令保正、副出備上件名色錢物，官員坐以贓私，公吏重行決配。至於承差人、傳帖等人，如充役之家不願親身祗應，止許僱承差人一名〔二〕，餘所謂傳帖之類並住罷。」從之。

三年三月十八日，直秘閣陳良祐言：「今役法之行，其説多端，而未嘗有一定之論。是以吏以舞文，愚弄村民，富者多避免，而下户常見充役。乞令逐路提舉常平司行下州軍，限一季條具經久可行利害申尚書省。」從之。

四月三日，刑部修下條：「諸進納授官人，特旨與理爲官户者，依元得旨；若已身亡，子孫並同編户。」從之。因軍功捕盜而轉至陞朝、非軍功捕盜而轉至大夫者，自依本法。

六月四日，户部侍郎李若川、曾懷言：「官户比之編民，免差役，其所納役錢又復減半，委是太優。欲令官户與編民一等輸納〔三〕，更不減半。以歲所入約百餘萬緡，專責諸路提舉常平司委逐州主管官別收，依經、總制錢條限解發。」從之。

八月七日，滁州來安縣税户楊廣等言：「昨奉詔召募萬弩効用，去年蒙朝廷念兩淮累經戎馬蹂踐，特與廣等給據歸耕。未得兩月，不期本縣便與不當弩手之家，一例差充保正、長。乞行蠲免。」86 詔蠲免差役二年。

二十四日，臣寮言泛色補文學與特奏名文學人差役事，户部勘會：「欲下諸路監司行下所部州縣，將特奏名出身之人，若未入正官，如遇授破格差遣，即遵依紹興二十九年五月之制。如已落『權』、合注正官人，方始理爲官户。」從之。

九月十九日，四川制置使、兼知成都府汪應辰言：「近日臣寮有請，欲罷催税户長，改差甲頭。此但見户長之害，而思有以救之，不知所以害民者，在人不在法也。臣切以

〔一〕帖：原作「貼」，據本書食貨一四之四一、六五之九六改。下同。
〔二〕僱：原脱，據《宋史全文》卷二五下補。
〔三〕「與」原作「於」，「輸」原作「輒」，據本書食貨一四之四二、六五之九六改。

户長之法無可更易，望降明旨，令州縣並依見條施行〔一〕，勿復它議。」詔令户部下諸路准此。

十月十九日，臣寮言：「臣所歷州縣，見民之所以不安者，莫大於執役。非役法之不善，亦由議法者時有更改，而執役者困於科擾，所以不能自安也。請言科擾之略：有弓兵月巡之擾，有透漏禁物之責，有捕獲出限之罰，有將迎擔擎之差，有催科填代之費，有應副按檢之用，有承判追呼之勞。凡此之類，皆執役之所深懼。若蒙朝廷專行約束，使州縣無復如從前科擾，實天下幸甚。」詔監司常切覺察。

三年十二月十三日，提舉浙西常平茶鹽公事劉敏士言：「欲將寡婦召到接脚夫，或以老户本身無丁，將女招到贅壻，如物力高强，即許比附寡婦有男爲僧道成丁，選募充役。其召到接脚夫、贅壻，若本身自有田産物力，亦許别項開具〔二〕，權行併計〔三〕，選差充役。若接脚夫、贅壻本身有官蔭合爲官户之人，即照應限田格法，豁除本身合得頃數，令與妻家物力併計選差〔四〕，募人充。」從之。

五年二月十五日，右從事郎李大正言：「紹興府諸縣自舊以來，將小民百工技藝、師巫、漁獵、短趁雜作瑣細估紐家業，以應科敷官物，差募充役。官户全無，上户絶少。下户小民被此科歛，官司不恤，監繫拘留，至鬻妻賣子，不足以償納者。乞截自四等以下至五等民户，除存留質庫、房廊、停塌、店鋪、租牛、賃船等六色外，其餘瑣細名目〔五〕，一切除去。其應科敷輸納爲民害者，盡行除去。」詔諸路轉運司，將州縣有似此瑣細害民，因推排陞降日悉與蠲除，毋致違戾。

五月八日，刑部侍郎汪大猷言：「國家立保正之法，緣法中許願兼耆長者聽，故數十年來，承役之初，縣道必抑使兼充，不容避免。蓋以保正必一鄉之豪，官吏百須可以仰給，故樂於並緣，以爲己利。凡有差募，互相論糾，官不加察，吏與爲市。或請以家貲之多寡，分次之久近；或(謂)〔請〕以不拘官、民户、寺觀例行均差；或(謂)〔請〕以一縣一鄉衮同名次差充，以捄移徙之苦；或請令應役之家自顧耆長，專承引狀，以革誅取之害；或請止以上户歇役久近、物力高下分數比折差募，以優中、下之家。乞令諸路常平司各具逐路見今如何奉行，并以臣所陳數端，令逐司相度孰爲便民，或别有所見可以施行者，87各限一月條具來上。仍許户部檢舉催促，有違必罰。俟到〔六〕，令本部盡取臣寮前後陳獻，參以見行條法，立爲定制。」從之。

九月十六日，詔：「應福建路州縣催科之人，悉仍其舊。如近來創置甲頭與保正、副、長追税之擾，一切罷之。」

〔一〕「見」下原有「行」字，據本書食貨一二之四二刪。
〔二〕具：原作「其」，據本書食貨一四之四三、六五之九七改。
〔三〕計：原作「討」，據下文改。
〔四〕令：原作「今」，據本書食貨一四之四三、六五之九七改。
〔五〕名：原作「民」，據本書食貨一四之四三、六五之九八改。
〔六〕到：原作「制」，據《宋史全文》卷二五上改。

以臣寮言：「兩税催科用户長或耆長之類，此通法也。在江、浙間，則以賦入浩繁，耆户長不足以督辦，乃權一時之宜而責之保正、副、長。自二三年來，福建諸州縣亦倣江、浙之例而行之，而不知福建地狹民貧，賦入不及於江、浙也。乞行禁止。」故有是命。

六年二月二十一日，詔曰：「朕深惟治不加進，夙夜興懷，思有以正其本者。今欲均役法，嚴限田，抑游手，務農桑。凡是數者，卿等二三大臣深思熟計，爲朕任此而力行之。其交修一心，毋輕懷去留，以負委寄，此朕所望也。」

（二月一）〔三十〕日〔一〕，資政殿學士、知荆南府、充荆湖北路安撫使劉珙言〔二〕：「諸郡起籍民兵，但以丁多差户，初不問家産多寡，家産寡者往往棄産而遁。欲乞明示優恤：應充義勇，除依條合差保正、長外，並免非泛科役，有身丁錢處與免身丁錢。其第四等户，除非泛科敷外，更與免差保正及大小保長。五等人户，除免應干科差外，更與量免三分或二分徭役。庶幾貧下之人，均受優恤之惠。其總首若係管轄之人，兼一縣不滿千人者，乞與免保正、長差役。」從之。

五月二十五日，臣寮言：「保正之役，爲良民之害。今之議者，多方立法以救其弊，先後違舛，有司無所適從。願行耆長之法，募民之有産者爲之。其職止於煙火、盜賊，應征歛之事，不得以責之。然後罷去保正之役，則有産之家庶幾休息。」於是臺諫、户部長貳看詳言〔三〕：「檢會元豐八年十月指揮，耆、户長、壯丁之役，皆募充，其保正、甲頭、承帖人並罷。欲下兩浙路權依此給顧直，募耆、户長、壯丁。」從之。

九月二十一日，中書門下言：「役法之害，下三等尤甚。有田之家，盡歸兼并，小民不能著業，以致州縣差科不行。雖申嚴限田之法，而所立官品有崇卑，所限田畮有多寡，品寬田多，往往互假其名以寄産。不若一切勿拘限法，只選物力高彊官户與民户通差〔四〕，則役户頓增，下户必無偏差之害。欲實惠及民，莫出於此。今措置，自今並以官户與民户一槩通選物力第二等以上輪差，二年一替。官户許顧人代役。且以十年爲限，如經久可行，別議立爲永法。」詔依，令兩浙路先次遵行。

十月七日，臣寮言：「頃歲有漕臣務在催科急辦，不用役法，罷去税長，行下州縣，每三十户差一甲頭，逐時催税。縣道並緣爲姦，一名出頭，即告示出錢數千，謂之甲頭錢，往往一縣歲不下五七千緡，以至萬餘緡。或云應副鎮寨，或云解發本州，至今猶有行者。如一縣所管萬户，則秋、夏兩税合差甲頭六百餘人，此事豈不爲88擾？乞下諸路提

〔一〕三十日：原作「二月一日」，據《文獻通考》卷一五六，劉珙上言在二月辛亥，是月壬午朔，辛亥爲三十日，據改。
〔二〕珙：原作「拱」，據《文獻通考》卷一五六改。
〔三〕長：原作「掌」，據本書食貨一四之四五、六五之九九改。
〔四〕彊：原作「疆」，據本書食貨六五之九九改。

舉司並行住罷，仍常切覺察。」詔户部檢坐乾道二年九月已獲旨行下，如有違戾，重作施行。

七年正月二十九日，臣寮言：「訪聞處州松陽縣有一兩都憚充役破産之苦，議欲相約，各出田穀以助役户，風義可嘉。望下本州，許從民便，依舊循義役規約行使。官民願預者，聽增入。仍乞令知州胡沂將六縣已結義役詳細規約繕寫成册繳進。」從之。

八年十一月二十六日，户部尚書楊倓等言：「今將給舍同本部長貳詳到臣寮陳請役法參酌如後：一、在法，催税分定比近保分催納，其寄産户令見任處大保長催。續降紹興十二年勑旨，却令寄産户充大保長〔一〕。既非本處相近，煙火、盜賊無緣機察，亦難以責辦催科。今欲依舊法差募。一、差役舊法，係以物力通選。續承紹興十五年八月勑旨，許差物力高單丁，每都不得過二人。其應充保正、副或催税户長，止得一名，不得雙差。本爲優恤單丁之家，行之既久，姦僞百出，富豪者多以單丁而免役，貧弱者或以丁衆而屢充。今欲不拘丁數，只依舊法，通選物力高者充役，庶得均平。一、小保長舊無替法〔二〕，今欲限二年一替，更不給帖。一、在法，鄉村盜賊、鬬毆、煙火、橋道公事，並耆長幹當。今欲有耆長處依舊例，無耆長處保正同。一、人户買撲酒坊，如本户別無田産物力〔三〕，欲令以坊本物力就本坊充役〔四〕；有田産物力，即以少併就一多處充應。一、代役人許募本縣土(着)〔著〕有行止之人，不得募放停軍人及曾役公人。違者許告，將犯人顧錢坐贓論。仍不許受兩家顧募。曾經代役或罷去，輒告論他事者，依罷役公人法〔五〕。」從之。

九年三月二十五日，淮南運判馮忠嘉言：「本路州縣輒以採斫竹木、般運鐵炭及以和顧爲名，差夫般擔行李，至妨農作。欲望行下，遇應辦軍期般運糧草、增築堤岸，方聽差夫。仍申監司及申朝廷，候得旨，方許差撥。若州縣差夫私自役使，乞申嚴法禁。」從之。

七月四日，詔：「諸路轉運司行下所部州縣，將女户如實係寡居及寡居而有丁者，自依條令施行。其大姓猾民避免賦役，號爲女户無丁，詭名立户者，即自三等以上及至第四等、第五等，並與編户一等均敷。仍令州縣多立文榜曉諭，限兩月陳首，與免罪改正。如違，許告，斷罪、告賞許依見行條法。」以臣寮言：「大率一縣之内，係女户者其實無幾，而大姓猾民避免賦役，與人吏、鄉司通同作弊，將一家之産析爲詭名女户五七十户，凡有科配，悉行蠲免。乞立法革其弊。」故有是命。

十二月九日，詳定一司勑令所修立下條：「諸村疃，五

〔一〕令：原作「今」，據本書食貨一四之四六、六五之一〇〇改。
〔二〕長：原作「者」，據本書食貨一四之四六、六五之一〇〇改。
〔三〕力：原脱，據本書食貨一四之四七、六五之一〇〇補。
〔四〕本坊：原作「本户」，據本書食貨六五之一〇一改。
〔五〕罷：原脱，據本書食貨一四之四七、六五之一〇一補。

家相比爲一小保，選保内有心力者一人爲保長；五保爲一大保，通選保内物力高者一人爲大保長；十大保爲一都保，通選都保内有行止材勇、物力最高者二人爲都、副保正。餘89及三保者，亦置大保長一人；及五大保者，置都保正一人〔一〕；若不及，即小保附大保，大保附都保。其紹興五年四月十六日勅：『單丁及寡婦有男爲僧道成丁及僧道，並許募人充役，官司不得追正身。』乃是優恤單寡之家，故令募人充役，合依舊存留，以備照用。」從之。先是，臣寮言：「常平免役差大小保長、都副保正之法，後來選差不便，紹興五年四月十六日勅旨，於『大保』字下添『通』字，『選保』字下删去『長』字。及紹興九年四月四日勅旨，於『都保』字下添『通』字，『選』字下改『大』字爲『都』字，『保』字下删去『長』字，自此差役極便〔二〕。紹興十七年六月二十三日申明止作存留，故州縣奉行抵捂〔三〕。今乞删修成法。」故有是命。以上《乾道會要》。（以上《永樂大典》卷一七五五一）

〔一〕保：原作「正」，據本書食貨一四之四八、六五之一〇一改。
〔二〕此：原脱，據本書食貨一四之四八、六五之一〇二補。
〔三〕奉行：原作「行抵」，據本書食貨一四之四八、六五之一〇二改。

宋會要輯稿　食貨六七

置市

【宋會要】

1 太祖乾德三年四月十三日，詔開封府令京城夜市至三鼓已來不得禁止。

五年十二月二日，詔曰：「錢刀所以通貿易〔一〕，布帛所以備財用〔二〕，時之急務，不可闕焉。故幣之輕姦，國家所禁；物之枉濫〔三〕，律令甚明。近聞都市之中，賈人作僞，或刮銅取鉛，盜鑄公行；或塗粉入藥，詐欺規利。是致貨泉日弊，偷薄萌生。禁而止之，抑惟舊典。自今京城及諸道州府市肆，並不得行用新小鉛鑞等錢〔四〕，兼不得以疎惡絹帛入粉藥。違者，重寘其罪。」

真宗天禧二年八月二十一日，閤門祗候張明言：「臣知邕州，本州配率竹木，修蓋官市、廊店。自今以倉司頭子錢修蓋，更不配民。」帝曰：「前已累詔，不令興土木之功，及占街衢。今尚如此科率，何也？此乃有司曠職，可令申明前制，嚴行斷絶。」

仁宗慶曆五年九月十六日，詔：「河北、河東、陝西沿邊州軍，有以堪造軍器物鬻於化外者，以私相交易律坐之，仍編管近裏州軍。」

皇祐五年〔閏〕七月一日〔五〕，置邕州城外沙頭和市場。

至〔和〕〔道〕三年七月十八日〔六〕，上封者言：「嶺南村墟聚落間，日會集裨販，謂之虚市。請降條約，令於城邑交易，冀增市筭。」帝曰：「徒擾民爾，可仍其舊。」

嘉祐八年正月二十六日，宰臣韓琦言：「秦州永寧寨，元以鈔市券馬之處〔七〕，昨修古渭寨，絶在永寧之西，而蕃、漢 **2** 多互市其間，因置買馬場〔八〕。凡歲用緡錢十餘萬，苟蕩然流入虜中，寔耗國用。請復置場於永寧，而罷古渭城買馬。」從之。

開禧元年三月二日，廣東提刑陳映言：「廣南有摧鋒軍，專以防盜。軍中有回易，所以養軍。比年以來，於海洋僻遠去處，或稱巡鹽，或稱捕盜，客舟往來，寔受回易軍兵之擾。乞〔木〕〔下〕本路經略、提刑司，今後摧鋒軍除捕盜外，不許諸司別作名色差撥下海。所有本軍回易，止許就

〔一〕刀：原作「乃」，據《宋大詔令集》卷一九八改。
〔二〕用：原作「帛」，據《宋大詔令集》卷一九八改。
〔三〕枉：原作「行」，據《宋大詔令集》卷一九八改。
〔四〕鉛：原作「錢」，據《宋大詔令集》卷一九八改。
〔五〕閏：原脱，據《長編》卷一七五補。
〔六〕至道：原作「至和」。按，《九朝編年備要》卷五載此條於至道三年七月（時真宗已即位，未改元），據改。此目之文甚零碎，當是《永樂大典》輯録《宋會要》編成，並非原編。蓋輯録時誤抄「至道」作「至和」，遂誤編於此。
〔七〕鈔：原作「抄」，據《長編》卷一九八改。
〔八〕買：原無，據《長編》卷一九八補。

屯駐營寨去處開置鋪席，典質販賣，庶幾不爲商賈之害。」從之。

嘉定十四年九月十日，明堂赦文：「朝廷行下諸路州軍收買軍需之物，並係支降合撥窠名錢給還。切慮諸路州不即支還價錢，妄行科擾，仰州縣常切遵守，毋致違戾。如違，仰監司按劾以聞。」

同日，赦文：「户部每年行下逐州，委官收買大軍支遣綿絹，係先截撥綱運上供諸色窠名錢，照市價收買，仍免除頭子錢，已是詳盡。尚慮州郡將已截綱運官錢占吝在州，抑勒民户牙儈先次買發，止支些小價錢，妄以未曾截撥爲名，遷延歲月，更不盡數支給。自今赦下日，如有似此未支錢數，仰人户徑經户部陳訴。將未支數目行下本處，日下一併支還。仍將當職官吏按治施行。」

同日，赦文：「諸路監司并二廣州郡合發進奉聖節及大禮銀絹，在法合以係省錢收買。今聞諸處科抑民間買納，委是違戾，仰諸路監〔一〕。」（以上《永樂大典》卷一三四七六）

〔一〕後批：「此稿不全，容再查補，即抄好，以免遺失。」

宋會要輯稿　食貨六八

受納〔一〕

【宋會要】❶高宗紹興三年正月二十三日，江東、西路宣諭劉大中言：「信州并諸縣從來受納人户秋苗粳米等，於正耗外別收名色非一，據合納正數不啻一倍以上。乞申嚴法禁，行下諸路州縣，不得更似日前大收加耗。」詔令户部檢坐條例，申嚴行下，不得加耗太重。

四年六月十七日，詔：「諸路專委提刑司檢察州縣受納夏税、和買預買紬絹。如有故促期限及阻節乞取諸般搔擾，並按劾聞奏，當議重寘典憲，其合干人先次送獄禁勘〔二〕。」

九月十五日，明堂赦：「比年以來，郡守（進）〔惟〕務侵漁，多選委貪吏受納，至有輸一碩而加耗至三四㪷者，刻取其贏，以資公帑，民被其害，無不怨嗟。仰帥臣、監司常切覺察，如敢循習故態，並按劾以聞，當議重寘典憲。仍許人户越訴。」

五年八月二十日，臣僚言：「民間送納兩税斛㪷，多緣推割不❷明，催科無術，支移太遠，折變價高，攬納射利，公吏求貨，雜以濕惡，高下斗面，盜印虛鈔，失陷羡餘。如此十事，州郡漫不省察〔三〕。欲望申嚴受納差官條令，委漕臣前期取索，將逐州縣合差官各委知、通加意遴選，連銜保舉，依舉官法結罪同狀。兼受納倉封送官鈔率經累日，縣官失於朱銷，再行舉催，搔擾民户。更乞州縣受納之際，督責主簿就受納倉即時銷簿。又有因緣詐僞，以團印樣製相似，輒用舊鈔朱銷新簿，暗失税數，爲患滋甚。若將逐年團印樣製旋行增減大小〔四〕，間以篆隸爲文〔五〕，庶可區別新舊，檢察欺隱。其州縣受納絹帛差官等，亦望依此施行。」詔令户部勘當，申尚書省。其後户部言：「所陳推割等十事禁約外，今欲下諸路轉運司，令行下所部州郡常切遵守，仍將受納二税官依法州選幕職外，縣差丞、簿施行。及夏税入納月分，即依所乞，就受納倉銷簿。其團印樣製，並依法更改彫造，不得與以前年分相似。如主簿有事故，即委縣丞就倉銷押。務在革去虛印失陷，以舊鈔銷新簿之弊也。」從之。

九月三日，詔：「受納苗米所收水脚、市例、縻費等錢，每碩不過二百文省。如不及二百文處，依舊數收納。其自來不曾收納去處，即不得創行增納。」

〔一〕此門與食貨九「受納」門互見。
〔二〕天頭原批：「『勘』一作『止』。」按，所稱「一作」指食貨九複文。下同。
〔三〕天頭原批：「『郡』一作『縣』。」
〔四〕天頭原批：「『旋』一作『施』。」
〔五〕隸：原作「穎」，據本書食貨九之二改。

六年九月十八日，右司諫王縉言：「近覩指揮，許江、浙人户預以米斛折納來年紬絹，每疋二碩，取其情願，誠爲公私之利。竊見諸路州縣受納秋苗，例有加3耗，欲望特降睿旨，應折納米斛並免收耗。」於是户部言：「浙西州軍紹興六年分夏税紬絹折納米斛，已承指揮，令抵㪷交量。所有自來合收加耗并頭子、縻費等錢，並不得收納。如違，並計贓坐罪。」詔依已降指揮施行。

十月二十六日，右司諫王縉論受納之弊：「朝廷雖屢降約束，而州縣視以爲常，人户輸納，益受其弊。且如受納多處，漕臣差官，其次則本州選委，而倉庫專㪷等願差某官，則預先賄賂州縣、監司主行之吏，差帖既下，私相慶賀，開場之後，百端作弊。或晚入早出，或隨例迎送，或幹當別事，或非理退換，使人户般擔出入，守候費用，甘心重收加耗。或多收樣米，分給人從，或照管親知，惟納封鈔。或與攬納之人通同作過，欲令人户高價貼陪。或收耗既多，陰計其數，印打虛鈔，至般米在倉，經旬不納，而追催鞭箠，略不加察。或已納而不給鈔，或給鈔而不銷簿。積弊至此，不可不懲。」詔令户部檢坐受納及銷鈔等見行法令并前後約束申嚴行下。仍委諸路常平、茶鹽、提刑、轉運官分定州縣，躬親體究有無前項違犯情弊、搔擾事件去處，保明申尚書省。如縱容隱庇，體訪得知，保明官司并違戾州縣並令取旨，重行貶竄。

十一月九日，詔秀州當職官先次各降一官，人吏從重斷勒罷。以兩浙轉運副使朱繹體究得秀州海鹽縣受納米斛，據攬人送納，每碩於人户處討米一碩六㪷五升或4一碩七㪷故也。

七年九月二十二日，明堂赦：「州縣受納作弊，昨降指揮令諸路監司分定州縣體究，並不恪意奉行。外臺耳目，慢令若此，何所賴焉！仰檢坐前後條例行下州縣，嚴加約束，常切遵承。尚敢蹈習違戾，即按劾聞奏，犯人重行典憲，必罰無赦。」

十年九月十日，明堂赦：「州縣百姓輸納税租，監官多是晚入早出，不即受納給鈔，及縱容合干人百端非理退難，遂致憑藉攬納之人重有陪費[一]。雖已有前後約束，仰監司嚴加檢察，如尚或蹈襲違戾，並仰按劾奏聞。」紹興十三年十一月八日南郊赦亦同。

十七年二月四日，上諭輔臣曰：「昨日有人言，州縣折納税絹每疋有至十千者，恐傷民力，可令户部措置。」

二十年二月一日，將作監丞李巖老言：「州縣理納税賦，必依常限及時催科，令佐毋得分鄉，自至村落。」詔令户部檢坐見行條法，申嚴行下。

五月二日，前權知臨江軍彭合言：「本軍清江縣五鄉，其四鄉秋苗每一碩加耗米七㪷[二]，於造簿之際已行聲載，

[一] 陪：原作「倍」，據本書食貨九之四改。
[二] 其：原作「與」，據文意改。觀下文「獨一鄉」可知。

至人户赴官送納，遂成久例。獨一鄉係新淦縣撥隸〔一〕，則無此耗。欲望悉與蠲免，仍於造簿之際不得更載前件耗數。或已係經界均税，即不得將舊來係簿加耗於正苗内均敷。」上曰：「彭合所論，可令户部照應本軍别縣體例蠲免。合昨任縣官，監司固曾列薦，今可與監司、知州差遣。」

六月二日，右正言章夏言〔二〕：「夏秋人户所納二税，或在州，5或就縣，各從其便，及時入官，不致拖欠。今訪聞州郡利於出剩，及合干專、庫等人利於縻費，遂致須管就州送納。至貧民下户，有般擔之費，往來之勞，伺候陰晴〔三〕，動輒數日。甚者，或本州差官下縣，專置一局受納，切取出剩，歸公使庫。兼所差官挾勢凌逼，縣道違法批券，百端搔擾。乞應人户輸納二税，不拘州縣，許從其便。或有出剩之數，並附赤曆，不許擅撥歸公使庫。如有違戾，嚴正典刑。」從之。

八月二十三日，上諭輔臣曰：「近日宣州太平縣布衣史敦仁上書，言州縣輸納多增水脚錢等事，宜令户部看詳。此亦民間之害，不可不禁止也。」繼而户部看詳：「欲下轉運司并本州遵依已降指揮，每石隨苗收納一百文省，不得輒於數外更有增科搔擾。若守臣、監司失於覺察，委御史臺彈劾，仍令憲司取索增添因依，申尚書省取旨施行。」上曰：「此蓋州縣官吏並緣爲奸，不恤百姓。朕今日所以休兵講好者，正以爲民耳。若州縣不知恤民，殊失朕本意。」

二十一年閏四月二十二日，知桂陽監趙不易言：「湖南人户納苗，往往州縣高量斛面，一石正苗有至三石，少至一倍。(故)〔欲〕令户部措置，從本路轉運司造一樣斛斗降下，不得擅行置造，倍收耗數。」從之。

二十四年二月二十六日，右迪功郎、守大理評事鞏衍言〔四〕：「切見州縣受納米斛，必有土居及寄居官員、秀才并上司公人封鈔請求，每石坐收錢數百，或至6一貫以上，一歲之間，所得有至千餘緡者。受納官爲之減退升合，不擇濕惡，却於其餘人户下多增斗面，以償其數，往往貧乏下户困於輸納。虧公害私，莫此爲甚！乞下所屬檢會法令，申嚴禁止。仍委逐州守臣刊板，揭於受納場廳事之上，使朝夕觀之，思所以副聖主愛民務本之意。」從之。

四月十八日，大理寺主簿郭淑言：「伏覩條令，受納物帛之類不許輒有污損。比三州縣受納官不得其人〔五〕，間有徇私之吏，凡攬子等賫到，更不問紕疎長短，一切受之。若人户親納，則吹毛求疵，稍不及格，即以柹油墨煤連用退印塗漬。縱有及格者，又復勒倍納税錢，方與交收。其錢量收附曆，以塞人言。望令有司嚴行戒飭，俾無違戾，仍委諸路提刑司常切覺察。」上察其事重爲民害，乃詔户部申嚴

〔一〕淦：原作「滏」，據本書食貨九之五改。
〔二〕章夏：原作「章复」，據本書食貨九之五改。
〔三〕候：原作「侯」，據本書食貨九之五改。
〔四〕「言」下原有「奏」字，據《建炎要録》卷一六六删。
〔五〕比三：疑當作「比來」。

行下，仰監司覺察按劾。如失覺察，令御史臺彈奏，仍許人户越訴。

二十五年十二月二十四日，左奉議郎、知大宗正丞王珪言：「今之急務，莫先於富國裕民，於庶事爲有事之備。古者三年耕必餘一年之蓄，九年耕必餘三年之蓄，雖有饑饉，民無菜色。今四境無虞，干戈不用，而小有水旱，一方之人多致流離死徙〔一〕，不能自存。且以目前利害言之，蠹民之財，莫甚於輸納二税之弊。大率較之，逐年秋租加耗之入或過於正數。官收一歲之租，而人輸兩倍之賦。中下之家，卒歲之計僅足以給，而輸官之物半已縻費，所以催 7 科常不及分，而民間欠負無時可了。雖無水旱之變，而逃租棄産，漂寓他鄉者，往往而是也。朝廷雖申嚴約束，而州縣公肆歛取，無所畏憚者，唯其有説可以藉口〔二〕，矧又循習之久，不以爲怪也。且如官中既有正耗，而州縣又别立加合，以軍儲吏廪爲名，凡有所須，盡出於此。黠胥污吏，因得爲姦，取之無藝。官收一歲之租，人輸兩倍之賦，甚可憫也。臣愚以謂，莫若度州縣所用有不可闕者，多寡之數，立爲定例，使上下通知，此外不得分毫有所須索，必重寘典憲。不唯少寬民力，亦使官租易辦，公私之利，無以踰此。行下有司，略爲措置，務見實効，無事虚文。」詔令户部檢坐見行條法，申嚴行下，委監司約束所部州縣，不得過收加耗，仍於受納處大書板榜曉諭。

二十六年二月十二日，權刑部尚書韓仲通看詳到知鬱林州趙不易言便民五事〔三〕，内一事：雷、化等州民間納苗，多令折銀，擾民爲害。送部看詳，欲令並納本色。上曰：「百姓足，君孰與不足？百姓之財，乃國家〔之〕外府，安可盡取？但藏之於民，緩急亦可以資國用。」

七月十四日，詔：「人户輸納夏秋，今正當開場受納擁併之時。訪聞州縣受納官縱令公吏非理退換〔四〕，乞覓邀阻，及用油墨退却損汙，或封寄在場，更不給還，重疊拘催，搔擾非一。令户部日下申嚴約束，如有似此違戾去處，仰監司按劾，申尚書省重作施行。」

八月四日，上宣諭輔臣曰：「訪聞臨安府受 8 納税絹，多是乞覓阻節。近有一百姓送納本户絹一疋，被退回，詢之，云官中不經攬納人不肯收接。朕令人以錢五貫五百文買到，却是堪好衣絹。已令韓仲通根治。近在輦轂，尚乃敢爾，外方輸納，想見受弊。」沈該等曰：「陛下勤恤民隱，灼見弊原如此，天下幸甚！」

二十二日，户部言：「臣僚請損四川折估物帛價錢〔五〕。緣財賦係總領所取撥應副贍軍，在遠難以遥度。今欲下本所相度，量行裁減，具數申户部以聞。」從之。

〔一〕徙：原作「徒」，據《建炎要録》卷一七〇改。
〔二〕其有：原作「有其」，據本書食貨九之七乙。
〔三〕知：原脱，據本書食貨九之七補。
〔四〕退：原作「追」，據本書食貨九之八改。
〔五〕川：原作「州」，據本書食貨九之八改。

二十八日，右正言凌哲言：「諸路州縣起催秋苗有期。自來受納，姦弊百出，最爲民患。受納官物，全藉監官約己奉公，鈐束吏姦。然場務專、斗等每以厚賂預囑監司、州郡主行之吏，乞差某官。既遂其請，酌酒相慶。凡監官供家百須，皆取辦之。上下相蒙，恣爲姦弊。百姓受害，無所赴訴。乞嚴飭監司、郡守，應差受納官，須躬自體訪，選委清强有風力之人，使之究心措置約束。又攬納之弊，自來罪賞約束至爲嚴切，終不少革者，蓋緣遠村細民户産微薄，輸納零細，須憑攬人湊數送納〔一〕，因得爲弊。乞嚴戒受納官，每遇人户般米入倉，並須躬親看驗，依公交量。其合收耗米，並依衆例，不得容情增減，及停留作弊。仍乞委自守貳不時稽察，苟有違戾，重作施行。」從之。

二十七年六月十五日，江南東路轉運判官葉義問言：「江東、西州縣受納人户苗米水脚等錢，每石收二百文省，委是酌中。宣州頃因知 9 州秦梓申奏畫旨，每石納錢一百文省，往往受納之際，暗加斗面，或别立名目，科歛於民。欲望行下宣州，每石納錢二百文省。」從之。

九月四日，左司諫凌哲言：「諸路州軍受納秋苗，去年朝廷頒降斛様，本以革斗量輕重之弊，而諸州每月交量，令兩夫持杴夾立，抄米入斛，時復按摇，務令堅實，較其多取之數，又過倍於用斗之時。人户反賂倉斗，願依舊用斗量。至於乞取情弊，略不悛革。伏望嚴戒諸路州軍長吏，自今受納官，上自幕職以至管下縣鎮，有剛介自守、曉事戢吏之人〔二〕，通行選差，使之遵守前後所降條禁，以杜塞關節。仍乞委各路提刑專一體訪，如有違戾去處，依條按劾，必罰無貸。」從之。

三十年九月八日，上諭輔臣曰：「夏税秋苗，若郡守不得其人，受納官多取賸量，則民必歸之攬户。又鄉司、部吏因緣生奸，一斛至加五斗，人户安得不受弊？卿等可於夏税秋苗時，令依省限催理。仍督責受納官歲歲如此，常行戒飭，庶令實惠下及百姓。」宰臣湯思退奏曰：「臣等當恭奉聖訓。」

十一月三日，守侍御史汪澈言：「江西歲以筠、袁二州民户苗米令赴臨江軍輸納，以江道淺狹而裝綱非便，緣此官吏恣爲侵漁，色目甚多，其數浩瀚。知軍坐享公庫之豐，而筠、袁之民嗟怨盈於道路。今欲乞令江西漕司與二州守臣相度，或只就本州受納。若必欲寄敷，即令各州自差官吏、專、斗受納，無使臨江之 10 人干預。」從之。

紹興三十二年，孝宗即位未改元。八月二十三日，詔：「州縣受納秋苗，官吏並緣多收加耗，規圖出溢，却將溢數肆爲奸欺，虚印文鈔〔三〕，給與人户。民間相傳，謂之白鈔。方時艱虞，用度未足，欲減常賦而未能，豈忍使貪贓之徒爲民

〔一〕湊：原作「揍」，據本書食貨九之九改。
〔二〕吏：原作「受」，據本書食貨九之九改。
〔三〕鈔：原作「錢」，據《文獻通考》卷五改。

蠹！今後似此違犯之人，許諸色人不以有無干己越訴。如根治得寔，命官流竄，人吏決配，永不放還，仍籍家貲。」

孝宗乾道元年正月一日，南郊赦：「應夏、秋二稅催科，自有省限，州縣官吏多不遵奉條法，受納之際，多端作弊，倍加斗面，非理追換，縱容專、斗、揀子計會乞取，方行了納，或先期預借，重重催理，不與除豁。既已納足，阻節銷鈔之類，甚爲民害。仰守、令嚴切覺察，如有違戾，仰監司按劾申奏，重行黜責。仍許人户越訴〔一〕。」三年、六年、九年南郊赦並同。

五年正月二十八日，詔：「今後受納折帛銀，照依左藏庫價與民户折納，不得輒有減降。令逐路轉運司約束，不得違戾。」先是，遞年民户輸銀於官者，每兩折直三千二百，而輸之左藏庫，却折三千三百，每兩暗贏人户百錢，臣僚言之，故有是命。

十月十八日，臣僚言：「臣恭覩陛下臨御之初，約束州縣受納苗米多收加耗，法禁甚嚴。而近年以來，所收增多。且以近甸論之，秀州歲受苗米三十餘萬石，每石舊例止收耗一斗四五升，而二年以來，一石增納至五六斗，計每歲溢取十五萬碩。逮朝廷抛降和糴，却以 11 出剩之數虚作糴到，所得價錢，盡資妄用。乞申戒州縣杜絶弊倖，庶寬民力。」從之。

七年六月二十七日，詳定一司勑令所修立到條法：「諸受納苗米官，容縱公吏巧作名色乞取者，比犯人減一等罪，徒二年。仍許人户經監司越訴。州縣長吏不覺察，與同罪。」以臣僚言，人户率用米二石有餘、一千文足以上，方能了納正米一石，乞行禁止，故有是詔。（以上《永樂大典》卷一七五四四）

【宋會要】

12 淳熙二年三月八日，詔：「自今〔諸〕倉并諸路州縣等處給納米料，並用省斛交量。」

三年四月六日，詔：「諸路州縣受納人户苗米，往往過數多收斗面，重困民力，令諸路監司覺察以聞。」六年九月二十七日，詔户部遍牒諸路州軍，仍許人户越訴。九年九月、十一年九月，並如之。

八月六日，中書門下省言：「諸路州郡受納苗米，利於出剩，不問屬邑遠近，盡令搬米赴州，是致下户往回費用，留滯月日。乞令諸漕司行下所屬州縣，自今人户苗米赴州或縣倉，並聽從便輸納。如違，許被抑人户越訴。」從之。

五年十二月二十六日，詔：「諸路州縣受納苗米并和糴米，許令民户自行槩〔二〕，仍不得取優潤米。」

八年五月二十八日，臣僚言：「諸路州軍將人户所納稅絹，不得過行揀擇。如有紕疏用藥合退去者，不許用印油墨，容其變賣，别换好絹輸官。各於受納處出榜曉諭。」從之。

〔一〕人：原作「入」，據本書食貨九之一〇改。
〔二〕「槩」下疑脱一「量」字。

六月二十七日，中書門下省言：「兩浙轉運司體訪得處州受納大量斛面〔一〕，比元數出剩二萬三千餘斛。」上曰：「方禁戢加耗，豈可不治乎！」守臣李士龍降一官放罷，受納官趙汝楫追兩資勒停。

十一年六月一日，臣僚言：「諸州軍受納夏稅，官吏作弊，多方邀阻，間有將堪好絹帛彊行打退，却置場用低價收買。中産下户既因供輸買納到場，又被抑退，官中收買，不得元錢，愈見困窮，上下蹙迫。其13官中既已買下退絹，多畸零折納高價，不恤民病，利其（羸）〔贏〕餘，乞嚴行禁戢。如今後州軍置場低價收買退絹，許令人户越訴。仍令監司、御史臺覺察，違戾官吏，一例科罪。」從之。

十二年六月一日，詔：「兩淮運司各嚴行約束所部軍州，將每年納民間課子不得多收。如敢違戾，按劾以聞。」

七月二十四日，詔：「徽州將受納人户絹帛，並依法夏稅重十二兩、和買重十一兩。餘照淳熙六年七月二十三日已降指揮施行。」以臣僚言：「徽州自五季陶雅創爲重賦，較之旁郡敻殊，且以素來拙於機織，所産絹類皆輕紕脆弱。國朝勤恤民隱，嘗專下詔旨，徽州夏稅和買絹每（每）及七兩重者，即許受納。仁恩德澤，千里荷戴。自乾道間，議臣有請，謂徽州民盡力蠶桑，所織絹帛不異他郡，乞令夏稅、和買並依見行兩數輸納。斯民一時創行機織，其力重困，旋有徹于聽聞者。當時廷臣僉謂宜減兩數，以示寬卹。陛下出自睿斷，且以與其減兩重不若蠲匹數之爲悠久不變，乃詔夏稅、和買每十二匹與減二匹。由是實惠及下，斯民欣然。方蠲減之初，臣適試郡事，見所受納官奉行之過，至有齎二三百匹赴場，而所售不及其半者。臣遂自每日與州官同共受納，雖兩數少不及，而非紕疎餬藥者，隨即受輸給鈔，繼又以公劄白之户部長貳，故每歲發綱運，並無退剥。臣既滿秩，慮後政不能循守，嘗因奏對，具陳底藴，仰蒙14矜從，行下本州遵守，如有違戾，令監司按劾以聞。行之累年，千里蒙被大賜。臣近得州官書，具言本州近降絹樣下六縣，更不分和買、夏稅之重輕，並欲以十二兩爲則。又云去年納官有邀難，和買反重於稅絹者，民甚苦之。是臣前日之奏陳，今而少驗矣。且夏稅十二兩，和買（上）十一兩，法也，通夫天下一也。而乃不分輕重，例加抑配，行之賦稅偏重之地，民之不聊其生何疑哉！欲令本州受納夏稅、和買輕重一依條例，仍遵守淳熙六年已降聖旨，毋得違戾。庶幾此邦生齒歡戴陛下衣被之恩，永永無窮。」故有是命。

淳熙十六年二月四日，登極赦：「人户輸納秋苗，其起綱脚耗舊有定數。訪聞州縣於正數之外加量斛面，增收點合，名色至多，重爲民害。可令諸路轉運司嚴切禁止。如有違戾，許人户越訴，仍委諸司互察。」

同日，赦：「人户輸納紬絹、斛斗之屬，既名納官，法不收稅。訪聞州縣場務過有邀求，紬絹則先收納絹稅錢，斛

〔一〕處：原缺，據《宋史全文》卷二七上補。

斗先收力勝錢，循習成例，重爲民害。仰轉運司嚴行禁戢，仍許人户越訴。」

八月十一日，臣僚言：「今秋成在即，乞令州縣受納不得用私增斛斗，郡守不得以遞年之增數而爲實數，受納官不得輒帶人從入倉。如違，並許人户越訴。」從之。

紹熙二年三月二十二日，詔：「潼川府郪縣、涪城、中江、永泰、鹽亭五縣支移赴隆慶府三倉送納米〔一〕，可改理估錢送納，每石連耗并頭子、勘合錢共15納錢引八道。每歲令隆慶府差官一員前去潼川府受納，及令潼川府諸縣須管照省限送納了足。如違，仰隆慶府具本司所欠縣分官吏以聞。」以四川制置使京鏜、總領楊輔言：「潼川管下郪縣等五邑支移赴隆慶府送納，謂之遠倉米，秪充本府廂、禁軍、鋪兵支用。隆慶去潼川，近者二百里，遠者五百里，皆負擔而去，往往攬户每石邀價，至有錢引十二三道者，以致人户重困。乞改理估錢送納。」故有是命。

十一月二十七日，南郊赦：「催科自有省限，州縣往往不遵條法，先期預借，重疊催納，以致多出文引，非理追擾〔二〕，或勒令保長代納〔三〕。於受納之際，容令合干等人多端阻節作弊，倍加斗面，非理退換。洎至納足，不即給鈔。仰監司嚴加覺察，如有違戾，按劾聞奏，仍許輸納民户赴監司陳訴。」

紹熙五年七月七日，登極赦文：「人户輸納秋苗，其起綱脚耗舊有定數。訪聞州縣於正數之外加量斛面，增收點合，名色至多，重爲民害。可令諸路轉運司嚴切禁止。如有違戾，並許人户越訴，仍委諸司互察。」自後郊祀、明堂赦亦如之。

九月十四日，明堂赦文：「已降登極赦，人户輸納紬絹斛斗之屬，既名納官，法不收稅。訪聞州縣場務過有邀求，紬絹則先收納絹稅錢，斛斗則先收力勝錢，循習成例，重爲民害。仰轉運司嚴行禁戢，仍許人户越訴。尚慮州縣奉行滅裂，可自赦到日，委諸路監司嚴切體訪，如有違戾去16處，按劾聞奏。」自後郊祀、明堂赦亦如之。

同日，赦：「催科自有省限，州縣往往不遵條法，先期預借，重疊催納，以致多出文引，非理追擾，或勒令保長代納。於受納之際，容令合干等人多端阻節作弊，倍加斗面，非理退換。洎至納足，不即給鈔。仰監司嚴切覺察，如有違戾，按劾奏聞，仍許輸納民户赴監司陳訴。」自後郊祀、明堂赦亦如之。

慶元二年九月二日臣僚言：「乞行下諸路轉運司，每歲夏秋稅苗受納之初，將州縣合科雜色麻、麥、粟、豆、紬、布、木炭之類，逐季估定時價，許民送納。不得循襲舊例，高價折錢，重困百姓。」從之。

六年閏二月二十三日，臣僚言：「伏覩《慶元令》，受納

〔一〕「永泰」原作「安泰」，「鹽亭」原作「監亭」，據《宋史》卷八九《地理志》五改。
〔二〕追擾：原闕，據下九月十四日條後「同日」條補。
〔三〕或：原闕，據下九月十四日條後「同日」條補。

二稅官，轉運委知、通，前期於本州縣官内公共選差訖，申本司檢察。近因臣僚一時申請指揮，令諸路轉運司選差。蓋以近年以來，受納官吏通同作弊，慮其州縣差官之不公，遂以其權歸之監司，亦革弊之一説也。但一路官僚之浩繁，監司廉察之餘，固當得其大槩，又豈能一一徧識？孰若本州知、通相去之近，日夕與之欵接，或得之議論，或試之職事，其賢其庸，其貪其廉，察之熟而知之詳矣。轉運既不及徧識其爲人，是致差官之際，急於充員，其貪、廉、賢、庸，未免混淆。而所差之官，往往憑恃上司之委用，或敢妄作，州縣亦以上司之故，不欲誰何，厚取添給，恣行姦欺，爲害非細。且受納二税如絹帛之紕疎，米麥之濕惡，自是州郡[17]之利害，使守貳留意，必不肯付之貪庸之人，自貽其咎。乞遵守慶元(着)〔著〕令，仍舊委知、通公共選差，令轉運檢察，實爲上下之便。」從之。後遇赦，申嚴行下。

又赦文〔一〕：「州縣催科，每科申轉運司差官受納。運司去州軍隔遠，所差未能一一皆當，或其間所差官有憚下倉庫者，與合干人通同計較，遇人户親身自納，則多端阻節，直(俟)〔候〕攬子兜足，上户官物一切辦集，旬日之間，受納一次，催税保長枉遭訊責。自今仰轉運司委知、通，前期於本州縣官内公共選差清廉官躬親受納，不得容令遲緩邀阻。」自後郊祀、明堂赦亦如之。

嘉泰四年二月十一日，臣僚言：「二税有絹，名曰上供。上而宮庭、百官，下而庶府、諸軍，衣賜皆於是乎取。比年以來，所輸之絹往往紕薄，其弊在於受納官不加之意，胥吏與攬子互爲弊倖。計囑既至，其絹雖下，與之輸入；若計囑不至，其絹雖善，則多方沮抑。民户既苦其沮抑，攬子然後得以制其權。攬子以重價取諸民户，而以半賂胥吏。胥吏所得既多，於民户之自納，則宜乎與攬子相爲姦利。乞嚴敕州縣受納之官，重戢胥吏、攬子，聽從民户自輸，惟在照應色額，(忽)〔勿〕誤支遣。仍於每匹必印受納官名銜及本州印記，以爲考證。俟其上之左帑，本部輪委郎官一員前去同提轄從公稽檢。如其紕薄，復有前弊，即具申朝廷，將受納官吏重寘於罰。如無名銜及印記，即從本部將典吏重加斷勒。」[18]從之。

開禧元年十二月六日，臣僚言：「乞令諸路提舉司將(廩)〔各處〕義米别立義倉厫屋。在州受納者，則州置義倉；在縣受納者，則縣置義倉。候各(廩)〔處〕受納了足日，具申本路提舉司，須管躬親巡歷檢點。在遠則分頭選差清彊官照數核實樁管。每遇州縣官交替，則令照元數審實責認，方許受代。庶可以爲公私經久之利。若下户畸零，須照遞年指揮，已蠲放者，不得重行催理。如攬納人抱認在己不納者，計贓定罪。如州縣尚有違戾，許人户越訴。監司奉行不虔，委御史臺覺察，一例重行鐫黜，胥吏決配遠

〔一〕按，據《宋史》卷三七《寧宗紀》一：慶元六年九月「辛未（十八日），合祭天地於明堂，大赦」。此處所稱赦文當指此。

外。」從之。

嘉定二年三月二十八日，臣僚言：「州縣人户納苗，或就縣倉，或往州倉，各從其便，令典具存。蓋納苗則有義倉，有耗剩。義倉所儲，專以待水旱兇荒，耗剩則倅廳拘發，漕司支遣。近年以來，不許縣倉受納，必欲盡隸州郡。殊不知縣倉不受納，則失義倉之利。所謂耗剩者，當據縣倉所納苗米若干，然後取耗剩若干。今倅廳不問見納之數，但以苗額總數，耗剩悉取於縣，高價折錢，抑勒認納。縣道無所從出，不免科敷吏輩。至於歲歉蠲租，倚閣正米，已不存矣，而耗剩之額催逮如故，緣此財賦不辦，愈見宰邑之爲難。乞戒敕諸郡，每歲苗米從民之便，許於縣倉輸納，俾存義倉，以待賑貸。如耗剩米，只據所納苗數解發，不得額外一毫妄有紐折。或有違戾，仰逐路監司究治。」從之。

二年九月二十五[19]日，臣僚言：「乞戒敕州郡，當每歲受納差官，必須選擇廉介之吏。爲受納官者，或以盤量出剩，受其饋遺，並計贓論。若於正耗米之外過有誅求，許民間徑經臺省越訴，其官吏重寘典憲。」從之。

又赦文〔一〕：「訪聞諸路州縣人户已納税租，其本縣又行出給標子，重疊追取。人户爲見錢數不多，又復送納，其所出標子又須用錢申繳，顯屬騷擾。如有似此去處，仰逐州守臣常切覺察，重作施行，許被擾人户越訴。」自後郊祀、明堂赦亦如之。

又赦文：「勘會人户夏税、和買紬絹內，紬合納本色二分，折帛錢八分，絹合納本色七分，折帛三分。訪聞州縣却侵本色分數，多敷折帛價錢；又有折納銀兩，及將人户有合納會子分數，抑令並納見錢，重困民力。委轉運司常切覺察，多（切）〔出〕文榜曉示。如有違戾，即行按劾，仍許人户越訴。」自後郊祀、明堂赦亦如之。

（五）〔六〕年閏九月二十二日〔二〕，臣僚言：「竊見嘉定之初，福州守臣以長溪縣去州絶遠，陸限峻嶺，海涉驚濤，民户輸苗，跋（陟）〔涉〕艱阻，請以本縣歲管苗額悉令民户就縣折納價錢，縣以民户折納之錢解于州，州以縣解之錢糴米補數以供用。於公無虧，於私爲便。害民之吏，舞文之胥，畫策興利，以媚州郡，導之於十一縣人户斛面取贏〔三〕，以補一縣折納之數。米不必糴，錢不必出，而自足以辦常平之支遣。每遇開場，交量之吏倍於斛面增高，司納之官多於鈔面加點。所謂點者，[20]蓋以點一筆爲加一升之數，有點及八九筆者。州郡利於取贏，敢於欺罔侵漁百姓，以至於此極！乞令本路轉運司嚴行約束，照元降指揮，盡以縣解錢糴米補數，不得違法高量人户苗斛，及用筆點鈔，暗收加外。如有違戾，許人户越經臺部詞訴，其當職官吏重

〔一〕按，據《宋史》卷三九《寧宗紀》三：嘉定二年九月「辛丑（十一日），合祭天地於明堂，大赦」。以下二條赦文指此，但置於九月二十五日條之後，又不著月日，疑有脱漏舛誤。

〔二〕六年：原作「五年」，但閏九月在六年，因改。

〔三〕斛：原作「解」，據下文改。

行責罰。」從之。

二十三日，臣僚言：「竊見州縣受納苗米，所用之斛，雖係文思院製造發下，訪聞輒於斛緣鐵葉之上增加板木，復以鐵葉蔽之，分毫之間，其數遼絶。間有州縣續置之斛，不依元降則樣，所取之數尤爲不恕。此其弊一也。斛面之外，又有加耗，歲復一歲，有增無減。其所取加耗，自合筭計數目〔一〕，並量以斛，今令項別用斗量，極其盈溢，幾於倍蓰。此其弊二也。受納之職，合選清彊之吏，而州郡類擇刻剥者爲之，至於先期經營差委者，其意安在？被差之後，百端苛取，以出剩之數先餌州郡，然後利其贏餘，公然打印虛鈔，通同胥吏、攬户規利入己。此其弊三也。頭脚錢之外，創爲名色，乞覓錢數。加耗之外，又以呈樣、修厫等爲名，掠取米斛，置之廳事之前。受納既畢，輒與合干人均受，略無愧色。此其弊四也。州縣催科，急如星火，而人户齎米到倉，不與交量，至於暴露累日，非有關節，即行打退，往來搬運，使之重有銷折。此其弊五也。自餘瑣細，不容悉數。乞備臣此章行下諸路轉運司，令州縣將文思院元降米斛除去鐵葉。如州縣續置之斛，[21]州委通判，縣委丞、簿，將文思院斛逐一較量，結罪保明，次第供申。所取加耗，不得過數，仍令筭計數目，並以斛量，不許用斗面。脚錢之外，不得分文多取。如呈樣、修厫等名色，一切住罷。人户齎米到倉，即時交量，不得故爲留滯。仍鏤板曉示，如有違戾，許人户經轉運司或徑赴臺部越訴。體訪得實，將守、令及受納官吏一例按劾施行。」從之。

七年三月二十九日，臣僚言：「竊惟錢出於官，而責之民輸，粟、帛出於民，而官或無取，則農之餘粟，女之餘布，將何所用？平地無銅山，私家無錢爐，錢又何從而得哉？今民之輸官，與其所以自養者，悉以錢爲重。折帛以錢，茶鹽以錢，芻豆以錢。向時給之錢而和買物帛者，今錢不復給，而反責其錢。是猶可也，酒醋之賣於官者，非錢不售，百物之征於官者，非錢不行。坊場河渡之買撲，門關務庫之商税，無一不以錢得之，所謂穀粟、布帛，自衣食之外，惟二税本色之輸官者可用耳。孝宗皇帝淳熙中，念農夫蠶婦終歲勤動，價錢不足以償其勞，乃詔諸路監司嚴飭所部，應民間嘗輸本色者，毋以重價强之折錢，若有故違，按劾以聞，且刻石以賜郡守。當時斗粟尺絹，悉從民輸，惠至博也。今州郡之中，紬絹、米麥，利其贏餘，率多折錢。所輸本色，槩量已多，故折之錢，其價愈重。粟帛壅滯，轉變不行，錢無所得，民益重困。其爲蠹害，可勝言哉！今錢日益少，用日益多，措辦之艱，[22]人但知爲目前之害。臣恐州郡轉相倣傚，習以爲常，穀帛無用，人(費)〔廢〕耕織，富者藏鏹而楮券益輕，貧者無聊而盜賊滋熾，禍患之起，悉由於此，豈不大可慮哉！願體孝宗淳熙之詔，戒飭州縣，凡合納紬絹、米麥本色，如人户願折納價錢者，不許過重，及不

〔一〕計：原脱，據下文補。

許科抑。令户部行下諸路監司，遍牒州郡，常切遵守。庶幾資於錢者輕，而資於粟帛者重。」從之。

五月二十七日，福建轉運司言：「本路八州軍府合發上供綱運，已遵照省劄指揮，自嘉定六年五月爲始，用全會起解，至今年四月終，滿一年。今據興化軍、南劍州、建寧府申，今年五月以後，合作如何解發？緣其他州軍與興化軍等州事同一體，所有諸州軍五月以後合發上供錢銀，未委合與不合起解全會，唯復起解銀、會中半。乞指揮速賜行下，以憑遵守施行。」申聞事，詔：「令福建路監司、州縣，應干入納官物，並遵依錢、會中半指揮，仍自今年五月爲始，建限一年〔一〕，將元買銀兩、一半見錢，充换民旅官會，揍成全會起發。即不得占吝見錢在官，以充他用，或頓改應副豪勢之家。務要錢、會流通，會價不致減落。如有違戾，定照節次已降指揮施行。并劄下户部照會施行。」

八年四月十九日，臣僚言：「近來州縣每遇受納、和買，産絹人户納到本色，百方邀阻，例行揀退，將合納之絹一例折錢，高擡價直，以入于官。而官司用此價錢又却低立價數，科抑行人於民〔23〕間收買，以充上供。其所買既已輕薄，致被左藏庫等處揀退，則復以配之於民，使换佳者，不問是其元納與否，或乃直令貼錢，謂之估剥。此何理也！乞嚴降指揮，明加責勵。今後州縣收納産絹、和買，須是不成端匹、民間情願折納，即許照條從便折錢，亦不得高擡價貫。若是合納正數，並只令納本色。如有違戾，將不點檢覺察得知守令及受納官，並當重行鐫賓。」從之。

十年十月二十九日，臣僚言：「竊見朝廷比年留意積貯，外臺郡守陳乞爵牒，降充糴本，無時無之。臣伏思之，有一郡之租，自足以供一郡之用，其所以廪廪不繼者，何也？折估之令行，而所入不能如其數也。向也或行於省限已滿之後，今則起催未一兩月則折之矣；向也惟及於第五等户，今則上户亦折之矣。乞下諸路州郡，將人户合納今年糙米、白米，只許輸納本色，不得折估價錢。如支官兵俸給，其餘春夏間聽依時價出糶，接續細民食用，收錢以充本郡經費。如受納之時，其間民户願納價錢者，聽從其便，仍不得抑勒及高折價直。如有違戾，許人户越訴，臺諫、監司按劾以聞，仍專委轉運司提督覺察。」從之。

十二年八月三日，都省勘會：「人户合納今年苗米，竊慮州縣有增收多量之弊，理合預先禁約。」詔：「令户部日下遍牒諸路州軍，各嚴行約束當職官吏，將受納苗米不得過數增收及多量斗面。如有違戾，許人户越訴。」

二十〔24〕八日，臣僚言：「伏(都)〔覩〕朝廷申飭諸路漕司，戒約州縣受納秋苗增收斛面之弊，仰見(請)〔清〕朝軫念黎元，愛養基本，德至渥也。命令之頒，大率視爲故常，未見有及於民者。且多爲名色，增衍任情，一斛之輸，費幾三斛，一倍之收，加至再倍，民則何以堪之！折納價錢，法之

〔一〕建：疑誤或衍。

所禁；畸零舊欠與夫深山窮谷，搬運孔艱，則或從權，以爲民便。今所至受納，贏餘既多，會計支供稍可及數，則亟立高價，悉使折錢。富者其力有餘，得以及時輸送本色，貧者艱於措畫，不無稽緩，所納多抑以錢。至有窮居遐僻，登陟險峻，負擔而趨，米至城邑，而折納之令已行，則不免於低價而售，其費滋多，故貧下之民受弊尤甚。乃若一二年來，浙東之郡又有不止於爲民之害者，開場未幾，隨即折變，既高其直，以病乎民，復以低價入廣收糴。給散軍糧，知利其(羸)〔贏〕，而糠粃惡雜，一不之問，軍士怨忿，尤有疾視之心。任牧馭之責者，其忍爲是哉！乞下臣此章，嚴賜戒飭。受輸之際，或過數增收及高立苗價，彊民納錢與夫貴折賤糴以爲軍民之害者，許令臺諫彈奏，重賜施行。」從之。

十三年八月四日，臣僚言：「邇者朝廷行下，凡民户合納之絹，限以一半本色、一半折錢。每匹則折以四貫純會，酌量輕重，允得其平，秤提會子之術，且隱然行於其中。是雖權時施宜，而公私皆以爲便矣。訪聞在外州郡，乃有勒令外縣民户，所折之錢併其所輸之絹，並[25]要到州送納。往往謂一半所折之錢縣道未必不以侵支互用，於是命民併輸于州，以防縣道或然之弊也。蓋所在惟附郭之縣與郡相依，故民户税賦多有就郡輸納，以其便也。至若外縣之抵郡城，或百里，或二百里，又其甚者或三四百里。使其舊例輸送于州，民固安之而不辭，苟一旦彊民赴州輸納，跋涉閱月，寧不失民之便？況尋常薄産之家，本户有合納些少丈尺者，若使就州送納，其於合輸之外又有道費之苦，或州郡胥吏乘勢邀阻，非泛需索，則其不便也滋甚，豈不重田里愁嘆之聲乎！乞下州縣，只從舊例，元在州送納者聽其在州，元在縣送納者仍只在縣，不許將舊在縣者創令就州輸納。庶幾不至彊民，而官賦亦易以辦。若於户部行下折納定數之外，或有違戾，引(慝)〔惹〕民詞，抑又不可不加懲戢也。」從之。

十四年八月二十九日，臣僚言：「竊見州縣輸納二税，其患有三，而秋苗之弊尤甚焉。何謂三患？夫米穀之到倉，先須呈樣，巡堆，而後簸揚入納，此久例也。近年以來，無問美惡，輒留宿倉，或半月、一月，而受輸官不至，吏輩並緣誅求，猶爲可也。在倉既久，雀鼠之侵耗，斗脚之竊取，風雨之飄浮，及至交量，移折不少。管幹、攬納之人乘此作弊，而官、民户皆受實害。此苗米宿倉，其患一也。官賦已納，給印朱鈔付人户收執，設或重催，憑此照銷。今乃已納之鈔排積如山，監官憚於用印，遷延日[26]月。省限既滿，勢須點追，既無朱鈔可憑，雖有交領，何用？幹、攬因官鈔之未印，多有匿主家税賦入己，辭以取鈔未得，萬一避罪逃亡，主家又從而陪納。此不即印鈔，其患二也。幸而鈔已給還人户，而在官之鈔復不勾銷刷欠，只據簿書。既未批鑿，吏輩便可爲姦，雷例追呼，愚民何所赴愬？縱使得直，費已不貲。此不即銷鈔，其患三也。三患不去，重疊催科，而官復重困之，誠爲可憫。乞下臣此章，戒飭州縣，今後受

納秋苗，在倉或(遇)〔過〕一宿，已納未給朱鈔，及縣鈔久不勾銷，却致點追納足之户，監官、主簿並行責罰。」從之。

九月十日，明堂赦文：「州縣役錢逐年均敷，皆有定數。訪聞諸路提舉常平司却以餘剩爲名，抑令縣道添認作餘剩錢解發公庫，以資妄用。縣道無所從出，不免科配於民。委是違法，合行禁約。如有違戾，許監司互察，仍令人户越訴。」

十一月十六日，臣僚言：「夏帛秋苗，所在起催，各有省限。至於免收本色而使之折錢，乃是大數已敷，而尺寸升合之微細，民無所從出，附匹零粒，懶於舂負，量立時價，容其(所)折納。今乃不然，曾未開場，官吏容心，如綿絹則指準某(虜)〔處〕麤惡之物以充解發支請，而合納者即預期折錢；如米麥則指準各倉多取之斗面，以足歲計正數，而合納者亦預期折錢。且有力之家各納本色，而無窮之户率被此苦。户有大小，税有定數，據數以輸，歸安田里，然納足之後，反有[27]剗催，有刷欠，有推收，其姦百出，使難稽考。其剗催者，官物已納，不即與鈔，則設以無鈔追繫。舊例，未暇給鈔，尚有倉庫交收由子，用木記爲照，今不復用，但出元批收筆跡亦不行使。曰刷欠者，已納數月之後，復出文引，開某户欠帛幾尺幾寸，欠米幾升幾合，遍令鄉村。脱有齎鈔以出，則送案點筭，或數日不呈，而鄉民聯夕被監，計其費用，已倍於虚刷之數。曰推收者，甲既出産，乙已得之，乙既明收，割税歸己，而官復征于甲。曁其對理，則謬言税籍未銷，籍廳未關。凡此横取，不歸公上，悉爲貪黷之吏所有。如前數弊，盛行於江之東、西，湖南亦然。他處雖未必盡然，亦可以槩見矣。乞將及今秋苗受納之初，下臣此章，委諸路漕於所部州郡巡歷，受詞追究，不許復送本州。俟根究得實，具名奏劾，重作施行，庶幾州縣宿弊可以深懲痛責。」從之。（以上《永樂大典》卷二二六六九）

賑貸 一〔一〕

【宋會要】

[28]太祖建隆元年正月，命使往諸州賑貸。

二年三月，以金、商、延州鼠食田苗，民饑，遣使賑之。

十一月，詔以濠、楚民乏食，令長吏開倉賑貸〔二〕。

三年正月，以揚、舒、滁、和、廬、壽、光、黄、濠、泗、楚、海、通、泰等十四州民乏食，令逐路長吏開倉賑給之〔三〕。

三月，賜沂州民種糧。

六月，詔宿州發廩賑飢民。

〔一〕題前原批：「始太祖建隆元年，訖寧宗嘉定十年。」本門之文，自建隆至乾道部分與本書食貨五七、五八「賑貸」門同。

〔二〕吏：原作「史」，據本書食貨五七之一、《補編》頁四九七、五八三及《長編》卷二改。

〔三〕吏：原作「史」，據本書食貨五七之一、《補編》頁四九七、五八三改。

十二月㈠，蒲、晉、磁、隰、相、衛六州饑，詔所在發廩賑之。

四年二月，命使臣往澶、滑、魏、衛、晉、絳、蒲、孟等州發廩賑飢民。

乾德二年二月，陝州言民饑，遣給事中劉載往賑之。

四月，詔延州貸粟五千石，濟麟州飢民。又靈武言饑殍者甚衆，命以涇州官廩穀三萬石賑之。

四年三月，淮南諸郡言：江南飢民數千人來歸。詔所在長吏發廩賑之㈡。

六年正月，詔陝州集津鎮、絳州垣曲縣、懷州武陟縣民饑，發廩以賑之。

開寶四年二月，詔諸道賑貸，借人户義倉斛斗。

是月，平劉鋹，詔：「廣南管内州縣應鄉村不接濟人户闕少糧食者，委本州官吏取逐縣委實户數，於省倉内量行賑貸，候豐稔日，令只納元數。」

六年二月，曹州言民饑，詔運太倉米二萬石往賑之。

七年正月，詔通事舍人杜繼儒赴（楊）〔揚〕、楚等州開倉賑貸。

六月，詔河中府發廩粟三萬石賑飢民。

太宗太平興國二年四月，詔延州以倉粟二萬斛貸與貧民。歲饑乏食故也。

六月，知秦州張炳言：「部民艱食，臣已矯詔開倉救急，願以抵罪。」29 詔釋之。

八年三月，同州言歲饑，發倉粟四萬石賑之。

雍熙二年四月，以江南數州去秋微旱，民頗艱食，遣監察御史安國祥、太常丞馮拯、榮見素、左贊善大夫馬得一、王茂之、張茂才、樊素、著作佐郎宋鎬、張維嵩、張濤，分往虔、吉、洪、撫、饒、信等州，與長吏度人户闕食者賑貸㈢。仍將廩穀減價出糶。并訪察州縣官吏爲政善惡、民間利病以聞。

三年八月，劍州言穀貴，詔遣使以官粟賑飢民，仍分命使者督捕盜賊㈣。

五年正月，成都府言：「部内比歲不稔，穀價翔貴，請發公廩賑糶，以濟貧民。」從之。

端拱二年八月，乾寧軍言民饑，詔以官粟二萬石賑之。

淳化元年二月九日，京東轉運使何士宗言：「登州歲饑，文登、牟平兩縣民四百一十九人餓死。」詔遣使發倉粟賑貸，死者官爲藏瘞，以錢五百千分給之。其逐州官吏不早具奏，仍劾罪以聞。

二十六日，河北轉運使樊知古言深、冀州民饑，詔遣殿直成庭玉馳傳發倉粟貸之，人五斗。

㈠ 按，以下二條，本書食貨五七之一引作《宋史·太祖紀》之文，注於「六月」條下。《大典》於此處改作正文大字，然非《宋會要》文。

㈡ 吏：原作「史」，據本書食貨五七之一、《補編》頁四九七改。

㈢ 吏：原作「史」，據本書食貨五七之一、《補編》頁四九七、五八三改。

㈣ 捕：原作「補」，據《補編》頁四九七、五八三改。

是月，登州再言文登縣民二千六百六十二人饑死，詔悉令賑卹。

七月，河南府言洛陽等八縣民饑，詔發倉粟賑之，人五斗。又以京師米貴，遣使臣開倉減價分糶，以賑飢民。

二年正月，詔：「永興、鳳翔、同、華、陝等州歲旱，民多流亡，宜令長吏設法招攜〔一〕。有復業者，以官倉粟貸之，人五斗，仍給復二年。」

四月，詔：「嶺南管内諸州官倉粟，先是每歲糶之，斗爲錢四五，無所直。自今勿復糶，以防水 30 旱饑饉，賑貸與民。」

三年二月，汝州言歲饑，詔以官倉米貸之，人三斗。

四年二月，懷州言：去年穀不登，民無藁秸以食牛，牛多死。詔本州官草留三年準備外，餘悉貸之。

十二月，詔：「民被水潦之患，饑饉者衆，令開倉減價糶，貧窮乞丐者，爲淖糜以賜之。」

五年正月十六日，命直史館陳堯叟、趙況、曾會、王綸等并内臣四人，往宋、亳、陳、(穎)〔潁〕等州出粟，以貸飢民。每州五千石及萬石〔二〕，仍更不理納。

二十一日，詔：「諸道州府被水潦處，富民能出粟以貸飢民者，以名聞，當酬以爵秩。」

至道元年二月六日，遣將作監丞棻宗範馳往漳、泉州、興化軍賑貸貧民。以去年旱，艱食故也。

十七日，亳州、房州、光化軍言歲饑，民乏食，詔遣使者分往，發倉粟貸之，人五斗。

三月，詔以官倉豆數十萬石貸京畿及内郡民爲種。有司言，請量留以供國馬，帝曰：「甘雨霑洽，土膏初起，民無種不能盡地利，但竭廩以給之，至秋，有百倍之獲。國馬食以芻藁可矣。」

真宗咸平元年九月，詔兩浙路留諸州運米以濟飢民。

十月，詔兩浙轉運使察管内七州乏食處，賑貸訖以聞。

二年正月，江南兩浙制置鹽茶王子輿言：「兩浙諸州經旱，民户未至饑殍，賑貸斛斗亦皆有備。」帝覽奏，因詔郡縣長吏常切體量〔三〕，如稍有飢民，晝時支與口食，無令失所。

三月，遣度支郎中裴莊、内殿崇班閤門祇候史睿、祕書丞李防、供奉官閤門祇候杜睿，分往河南、兩浙諸州，發 31 倉廩賑貸飢民。

閏三月，筠州請發廩賑貸，從之。

四月，兩浙轉運司言：「先撥常、潤州廩米五萬石賑貧民，尚未足，請更給五萬石。」從之。

七月，度支判官陳堯叟廣南使還，言西路諸州旱，命國子博士彭文寶往權轉運司事，賑飢民。

〔一〕吏：原作「史」，據本書食貨五七之二、《補編》頁四九七、五八三改。

〔二〕每：原作「并」，據本書食貨五七之三、《補編》頁五八三、八〇九改。

〔三〕郡：原作「群」，據本書食貨五七之三、《補編》頁五八四、八〇九改。

十月，以兩浙、荆湖旱，命庫部員外郎成肅、比部員外郎劉照、太常博士李通微、閤門祗候李成象往體量賑恤。

十一月，兩浙轉運司請出常、潤州廩米十萬石賑糶，從之。

四年閏十二月，命左司諫知制誥梁顥、供備庫副使潘惟吉往河北東路，禮部郎中知制誥薛映、西京左藏庫使李漢贇往河北路，發倉廩賑飢民。帝召宰臣，以河北諸州物價示之，其中陳豆、紅粟斗不下百錢。又出麻滓、蓬實，曰：「民已食此矣，速當拯濟。」故命顥等焉。

五年二月，遣中使詣雄、霸、瀛、莫、深、滄州、乾寧軍〔一〕，爲粥以賑飢民。

六年二月，遣朝臣、使臣分往京東、西、淮南水災州軍，賑卹貧民，疎理刑獄。

景德元年二月，陳、蔡、沂、密等州言民饑，命太常丞梁象、祕書丞李適乘傳發粟以賑之。

九月，鄂州言民饑，詔開倉減價出糶救之。

二年正月六日，詔河北轉運使〔二〕、副使分詣管内諸州軍，按視飢民賑給之，口一斛，户五斛爲限。帝以戎寇之後，居民失業，慮其饑饉流離，故有是命。

八日，令蘄、黄州賑恤飢民。

十七日，令淮南諸州以上供軍儲賑飢民。

二十六日，命常參官二人分往荆湖北路、淮南諸州，出官粟，作糜粥，32 以養飢民。仍令擇幕職、使臣强幹者專司其事，長吏常按視之，每十日具所賑糜粥之數以聞〔三〕。自是，全活者甚衆。

二十九日，河北轉運使盧琰言〔四〕：天雄軍見管米麨萬九千五百餘斤，澶州肆萬二千二百餘斤。詔給兩處飢民。

二月二日，京西轉運司言：襄、許、陳、蔡等州民饑，請減價糶倉粟賑救。從之。

十日，命太常丞艾仲孺乘傳詣澶州，以陳粟四萬石分賑飢民。

三月，大名府饑，命轉運司發廩賑救。

四月八日，命鄂州發惠民倉粟賑飢民。

十六日，以京師穀貴，出倉粟減價出糶，以惠貧民。

二十八日，潭州言茶園乏食，請賑以官米，從之。

十一月，詔於京城出倉粟減價出糶。以汴流阻淺，運舟不至，穀價騰貴故也。

三年正月六日，遣著作佐郎劉昱往開封府諸縣，與令、佐等於近便出廩米賑救災傷之民，家給兩碩，仍貸與種糧。

十四日，又遣太常博士王汝勵、殿中丞李道、太子中允嚴登、耿説、著作佐郎張士遜、陳從易等，馳傳分往尉氏、陳

〔一〕乾寧軍：原作「乾德軍」，據《長編》卷五一改。
〔二〕使：原作「司」，據《長編》卷五九改。
〔三〕賑：原作「賦」，據《長編》卷五九改。
〔四〕使：原作「司」，據本書食貨五七之四、《補編》頁五八四改。

留、襄邑、雍丘、太康、咸平等縣，發廩賑貧民，及貸種糧。

十七日，令京西轉運司出倉粟米賑貧民〔一〕，仍命著作佐郎周儀馳傳詣汝州賑貸。

十八日，詔京西轉運司體量轄下州軍，民有不能自給者〔二〕，時分遣職官徑往逐處，出廩粟賑貸。

二十五日，遣殿中丞王穆、太子中允朱友直、太子洗馬盧昭華，分往封丘、酸棗、長垣等縣發廩貸貧民，仍給種糧。

二十六日，詔京東轉運司：「應齊、淄、33青、濰、登、萊等州人户有闕食者，依近降敕命，於封樁倉分支遣賑貸，不得差民轉般。如近西州軍，即委三司自京津置往彼支遣。屯田郎中楊覃馳往河北，與轉運使體量澶、濱、棣〔三〕、德、博等州民，如有闕食處，即出廩粟賑貸。」

三月，詔：「開封府、京東、西、淮南、河北州軍縣人户闕食處，已行賑貸。其客户宜令依主户例量口數賑貸，孤老及病疾不能自存者，本府及諸路轉運使、副并差去臣僚，同共體量，出省倉米救濟。仍便告示，更不收理。」

四月，侍御史知雜王濟言：「伏覩國初嘗置義倉，以備賑濟。今義倉已廢，每州郡小有水旱，朝廷即詔出太倉粟借貸農民，及稔歲，復多蠲放。慮有損軍食，今後如有賑貸，望本縣置簿，以時理納，庶獲兼濟。」從之。

四年六月，詔河北轉運司：「如聞雄州、安肅、廣信軍人頗艱食，宜以（食）〔倉〕米萬斛減價出糴以濟之。」

大中祥符元年正月，陝西轉運黃觀言慶州麥粟踴貴，詔出官米萬斛減價糴之〔四〕。

四月，府州言民饑，命賑之。

六月，環、慶民饑，發廩粟賤糴以濟之。

二年二月，詔賑同、華等州民，去歲逋税悉蠲之。

四月，詔陝西州軍民闕糧糗者，發廩賑之。

五月，詔西京出廩粟賤糶，以惠貧民。

六月五日，令韶州出廩粟賑糶，以濟貧民。

十二日，令慈州出廩粟賑部民。

十一月，知鄧州、右司諫、直史館張知白言：「陝西流民相續入境，有欲還本貫而無路糧者。臣諭勸豪民出粟數千斛，計口給半月之34糧，凡就路者，總二千三百家，萬二百餘口。其支貸有餘者，悉給貧老之人，仍葬其死人。」詔獎之。

三年三月，詔戎、瀘州民艱食者賑之，仍給復一年。

八月，詔淮南諸州發廩米賑貸及賤糶，以濟貧民。

四年四月四日，以登、萊州艱食，令江淮轉運司顧客船轉粟賑之。

十六日，同、華州饑，民有鬻子者，遣太常博士舒賁馳驛存撫賑濟之。

〔一〕賑：原作「賦」，據本書食貨五七之四、《補編》頁五八四改。
〔二〕給：原作「結」，據本書食貨五七之四、《補編》頁五八四改。
〔三〕棣：原空，據《長編》卷六二補。
〔四〕米：原作「來」，據本書食貨五七之四、《補編》頁五八四改。

五月，京兆府旱，詔賑之。

六月，劍、利、閬、集、壁、巴等州饑，詔賑之。

十二月十一日，江淮發運使邵曄言：淮南路准詔賑貸及減價出糶，計廩米三十萬石。

十六日，京城穀貴，詔發惠民倉粟，賤糶以濟之。

五年正月，詔河陽出廩米萬斛，減直給糶，以惠貧民。

二月，詔：「京西諸州軍昨以穀貴，雖已減價出糶，尚慮民有闕食者，宜令轉運司諭轄下州軍，委實有飢民之處，多方勸誘蓄積之家除留支用外，將餘剩斛斗分散救濟，仍差公幹官量口數監散。內有願減半價出糶者，亦聽，並將等第酬獎，無令減尅邀難及接便煩擾。」

五月，詔江淮南發運司留上供米二百萬斛，以備賑糶。

十月十日，詔：「如聞建安軍等處自秋霖雨，頗妨農事，宜委轉運、發運使體量賑卹。」

十二月六日，令三司出炭四十萬秤，減市價之半以濟貧民。時連日大雪苦寒，京城鬻炭者每秤錢二百，故有是命。仍遣使臣十六人分置場，以內供奉官二人提總之。自是小民奔湊，至有踐死者，乃命都巡檢張旻遣軍校領徒巡護，35賜死者家緡錢，無親族者官爲埋瘞。仍令三司常貯炭五七十萬秤，如常平倉之制，遇價貴則賤出之。

二十二日，泗州饑，官給米十萬石以賑之。

六年四月十九日，詔：「如聞淮南諸州罷糜粥之賜，尚慮貧民未濟，可令依舊，俟其足食乃止。」

七（月）〔年〕二月〔一〕，泰州、淮陽軍言民饑，詔發官粟賑之。

三月，儀州言民饑，詔發官粟賑之。

十月，淮南饑，詔本路轉運、發運使發廩賑卹。

八年二月，令淮南路發廩粟爲糜粥，以濟飢民。

八月，詔京兆府、河中府、陝、同、華、虢州以麥種借之貧民。

九年二月十六日，詔陝西州軍減價糶粟，以賑貧乏。令本路都轉運使李迪提舉。

二十二日，上封者言：「延州蕃部闕食，正當農時，望發鄜州廩米貸借。」從之。

六月，令廣州出廩米萬石，選官出糶〔二〕，以濟居民。穀貴故也。

八月，令江淮發運司歲留上供斛斗五十萬石，以備賑濟。

九月，詔：「如聞廣南東、西路物價稍貴，宜令轉運司、提點刑獄官分路撫卹，發官廩減價賑糶。」

十二月，詔：「江南、淮南諸州軍穀價稍貴，人民闕食，其無常平倉處，令本路轉運司以省倉斛斗除留準備外，接續出糶。即不得糶與興販及形勢之家。違者，重寘之法。」

〔一〕七年：原作「七月」，據本書食貨五七之五、《長編》卷八二改。
〔二〕選：原作「還」，據《補編》頁五八五改。

天禧元年三月八日，衛州民飢，命發倉廩粟萬石貸之。

十八日，兩浙提點刑獄鍾離瑾言：「衢、潤二州闕食，官設糜粥，民競赴之，有妨農事。請下轉運司量賑米二萬石，家不得過一斗。」從之。

二十五日，詔：「諸州官吏如能勸 36 誘蓄積之民以廩粟賑卹饑乏，許書曆爲課。」

四月四日，詔：「河北大名府、磁、相、澶州、通利軍，兩浙越、睦、處州，去秋災傷，民多闕食，令轉運司運米賑濟之。」

十一日，以趙州民饑，出廩粟萬石賑之。

二十八日，江淮兩浙制置發運使李溥言：「江、淮去歲乏食，有富民出私廩十六萬石糶施飢民。」

五月二十四日，殿中侍御史張廓言：「奉詔京東安撫。民有儲蓄糧斛者，欲勸誘舉放，以濟貧民，俟秋成，依鄉例償之；如有欠負，官爲理償。」從之。

八月六日，知并州周起言：「河北民逐熟至州境者，州民施飯一月。」詔獎起，仍令召出米人宴犒之。起又請發廩粟萬石減價出糶，以濟飢民。從之。

二十五日，詔：「河北州軍今年夏麥不豐(一)，民乏種糧者，官貸之。」

九月十五日，詔：「京東、西、陝西、河北災傷州軍，民闕麥種者，發官廩貸之。」

十六日，詔：「河東流民有復業者，發廩粟賑之。」

十二月，遣使臣置場，減價鬻官炭十萬秤。以寒故也。

二年正月八日，詔江、淮運米十萬斛付京東，及令河北轉運使出廩賑糶。以兩路粟貴故也。

二十二日，青州請以官廩粟豆二千斛設粥，米萬斛減價出糶，以惠貧民。從之。

二十五日，詔：「諸路災傷州軍并設粥、賤糶，以惠貧民。」

二月，京西轉運司言：「管内貧民甚多，無以賑濟，望發絳州粟十萬斛赴白波出糶。」從之。

三月，知虢州查道言：「春雨滋洽，麥苗尤盛(二)，民間多乏種糧。州倉麥除留贍用外，餘四千石望以賑貸。」從之。

37 十月，同、耀州飢民多流亡，詔轉運司賑之。

四年正月，令利州路轉運司賑貸貧民。

二月一日，以淮南、江、浙穀貴民飢，命都官員外郎韓億、閤門祇候王君訥乘傳安撫，發常平倉粟，減直出糶以賑之。民有以糧儲濟衆者，第加恩奬。其乏食持仗盜糧者，並減等論罪。

是月，詔曹、濮、鄆、單、徐州、淮陽軍賑貸民。以河決爲害故也。

(一)「今」原作「令」，「豐」原作「豊」，據本書食貨五七之六、《補編》頁五八五改。

(二)盛：原作「甚」，據本書食貨五七之六、《補編》頁五八五改。

三月一日，令淄州以粟貸州民飼牛。

七日，令府州賑貸（藩）〔蕃〕部。以去歲旱故也。

五月，令永興、鳳翔減價糶糧，以濟階、成、秦、鳳州流民。

六月，太常少卿、直史館陳靖言：「朝廷每遇水旱不稔之歲，望遣使安撫，設法招誘富民納粟，以助賑貸。」從之。

乾（熙）〔興〕元年二月八日〔一〕，蘇、湖、秀州雨壞民田〔二〕，穀貴民飢，命出倉粟賑貸之。

十一日，徐州民飢，詔發廩粟賑貸。

仁宗天聖三年三月，京西轉運使張意言：「襄、（穎）〔潁〕、許、汝等州經水，損惡斛㪷八萬餘石，不堪支遣，請分給闕食之民。」從之。

四年十二月，詔：「諸處州軍經春有斛斗價高處，慮人户失所，宜令京東、京西、河北、淮南轉運司選官，將本處常平倉斛斗減價出糶。或無常平倉處，即以省倉斛斗除留準備外，出糶以濟貧民。」

六年三月，成德軍言：元氏縣民飢，請支借斛斗。從之。

五月，河北路體量安撫王沿言：「保州、永定軍百姓艱食，已令逐處發倉廩各萬石減價出糶。自邢、趙〔州〕、真定府等處，各令支借種糧與歸業人户，并與倚（閤）〔閣〕今年夏秋税賦，及令38逐處倍加安卹。」從之。

〔熙寧〕七年五月六日〔三〕，中書門下言：「户房申〔四〕：『訪聞災傷路分募人工役〔五〕，多不預先將合用人數告示，以致飢民聚集，却無合興工役。欲乞下司農寺〔六〕，令逐路有合興工役，並依所計工數曉示，逐旋入役〔七〕，免致飢民過有聚集，以致失所。』」

九年二月五日，河北西路提刑司言：「邢、懷州連年災傷，若令應副十分春夫，必難勝任。欲乞特賜免放一半。」從之。

十月十二日，中書門下言：「廣東經畧、轉運使等言：潮州海陽、潮陽兩縣人户被海潮漲〔八〕，推流屋舍、田苗，死失人口。乞令本路提刑司躬親前去，依條存恤。」從之。

治平四年神宗即位未改元。六月十八日，詔：「在京永泰、景陽、通天、安肅四門，此月十七日給河北流民米，止六月終。仍曉諭以河北近得雨，令歸本貫。其不願歸，勿彊之。仍曉令河北轉運司，應災傷州軍縣分，依此曉告，倍加安存。」臣僚上言，河北訛傳京師散流民米，恐未流移者因兹

〔一〕興：原作「熙」，據本書食貨五七之六、《補編》頁五八五改。
〔二〕壞：原作「懷」，據本書食貨五七之六、《補編》頁五八五改。
〔三〕熙寧：原無。按以下三條均爲熙寧事，而非天聖，詳見本書食貨五七之七此條校記。因補。
〔四〕申：原脱，據本書食貨五七之七補。
〔五〕訪：原脱，據本書食貨五七之七補。
〔六〕欲乞：原作「並依所」，據本書食貨五九之一改。
〔七〕旋：原作「旅」，據本書食貨五七之七、五九之一、《補編》頁五八六改。
〔八〕「潮陽兩縣人户被海」八字原脱，據本書食貨五九之一補。

誘引，皆來入京，故約束之。

神宗熙寧元年七月，詔：「恩、冀州河決水災，令省倉賜粟。」詳見「恤災」門。

二年四月，降空名祠部五百道付兩浙轉運司，令分賜本路曾經水災及民田薄收州軍，相度災傷輕重，均其多寡，召人納米或錢，以備賑濟。

七月十八日，詔：「水災州軍，令本路轉運判官、提點刑獄分往被災處照恤。貧民闕食者，支廣惠倉斛斗賑濟；如不足，量支省倉物。仍於人户便近處減常平物價就糶。若貧人無錢，相度賒糶，令至秋送納。其非税39户，即與遠立日限納價錢，並委就近施行訖奏。」

三年五月八日，詔：「雄州以兩屬人户如遇災傷，即特貸糧，接續俵散，分作料次送納。」

六月，詔：「在京諸倉米斛之數已豐〔一〕，訪聞日近民間粳米價直稍貴，所有淮南上供新米，仰酌中估定錢數，遣官分詣市置場出糶，以平物價。」

四年二月十三日，詔：「河北轉運、提刑司體量貝、冀徹邊少雨雪州軍乏食飢歉人户，多方賑貸存恤。其見欠殘零税賦，並權與倚閣（閣）〔閣〕。」

三月十六日，詔判永興軍郭逵，如本路州軍有飢荒處，並以官廪賑濟。詳見「恤災」門。

十八日，詔：「緣邊熟户及弓箭手見欠貸糧未經除放，其見今闕食者，安撫司更量與賑貸。」

六年六月七日，中書門下言：「檢正刑房公事沈括狀：『乞今後災傷年分，如大段飢歉更合賑救者，並須預具合修農田水利工役人夫數目〔二〕，及召募每夫工直申奏，當議特賜常平倉斛錢，召募闕食人户，從下項約束興修。如是災傷本處不依勑條賑濟，並委司農寺點檢察舉。』」從之。

八年十二月二日，詔：「河東歲歉，移屯戍兵馬五千歸營，以其餘糧賑濟飢民，仍具次第以聞。」

九年十二月十三日，詔淮（西）〔南〕東西、兩浙路：「應勸誘人户所出賑濟斛斗，免欠未納數目〔三〕，特與免放。其熙寧八年已後勸諭已納斛斗人户，候向去合行勸誘，即擬數却與免放。」

十年二月二十五日，詔：「應經賊殺戮之家餘存人口，委是孤貧不能自活者，所在州軍勘會詣寔，特日給40口食米：十五歲已上一升半〔四〕，已下一升，五歲已下半升，至二十歲止。仍令相度每五日一支。」

元豐元年正月十二日，賜廣濟河輦運司上供米十萬石〔五〕，付徐州、淮陽軍，糶與水災飢民。

閏正月十三日，詔河北路以常平米賑濟飢民。

〔一〕豐：原作「豊」，據本書食貨五七之七、《補編》頁八一〇改。
〔二〕工：原作「二」，據本書食貨五七之八、《補編》頁五八六改。
〔三〕免：疑當作「拖」。
〔四〕半：原脱，據《長編》卷二八〇補。
〔五〕十：原作「一」，據本書食貨五七之八、《長編》卷二八七改。

三十日，詔：「河北被水户如過河逐熟，即於白馬縣河橋差官賑之。」

四月七日，詔以瀛州陳次米依災傷及七分例，貸第四等以下户，不得抑配，免出息。

八月二十八日，詔：「濱、棣、滄三州第四等以下被水災民，令十户以上立保，貸請常平糧。四口以上户借一石五斗，五口以上户借兩石〔一〕，免出息。物稅百錢以下權免一季。」

二十九日，詔：「青、濟、淄三州被水流民，所在州縣募少壯興役。其老幼疾病無依者，自十一月朔依乞丐人例給口食。候歸本土及能自營，或漸至春暖，停給。」

二年正月二十三日，上批：「聞階、成州去秋災傷，艱食之民，流者未止，官司初不經畫賑濟。可下司農并本路提舉司疾速施行。」

二月十二日〔二〕，詔：「聞齊、兖、鄆州穀價貴甚，斗直幾二百，艱食，流轉之民頗多。司農寺其諭州縣，以所積常平倉穀通比元入斗價不及十錢，即分場廣糶。濱、棣〔三〕、滄州亦然。」

同日，三司言：「濟、淄等州穀貴，春夏之交，慮更艱食，請輟廣濟河所漕穀二十萬石減價糶。」從之。

二十六日，知滄州張問言：「民飢，至相食。今州倉大豆四萬九千餘石，可支五年，漸有陳腐，乞留二年外，斥其餘以賜飢民，可活良 41 民三萬口。」上批：「可下提舉常平事李孝純速相度施行。」

四月十二日，詔河北東路提舉常平倉司，所散濱、棣、滄州飢民食，至五月止。

三年七月十三日，入内東頭供奉官、瀘州勾當公事韓永式言：「利州路雨水，溪江泛漲，漂流民田，物價增長，民未安居。乞下本路轉運并提舉司賑濟。」詔提舉司依條施行〔四〕。

九月初二日，權知都水監丞公事蘇液言：「河北、京東兩路緣河決被患人户，蒙朝廷賑濟放稅，乞以其事付史館。」從之。詳見「恤災」門。

四年二月二十九日，詔：「聞階、成、鳳、岷州人户闕食流移，令逐路第四等以下人户支借常平糧斛，每户不得過兩石〔五〕，仍免出息。」詳見「恤災」門。

五年六月十一日，詔：「宜州主管谿洞安化三州連歲荐飢，已差官廣爲賑濟。朝廷之意非欲取其地〔六〕，但欲各免飢殍侵略之災。」

六年六月二十七日，詔：「甚災傷處，第四等以下户闕

〔一〕石：原作「口」，據本書食貨五七之八、《補編》頁五八六、八一〇改。
〔二〕十二日：本書食貨五七之八作「十三日」。
〔三〕棣：原闕，據本書食貨五七之八、《長編》卷二九六補。
〔四〕施：原作「旋」，據本書食貨五七之八、《補編》頁五八六、八一一改。
〔五〕石：原作「口」，據本書食貨五七之九、《補編》頁五八六、八一一改。
〔六〕地：原作「他」，據《長編》卷三二七改。

乏糧種，雖非給散月，許結保借請。雖有欠闕，亦聽支給[一]，限一月[二]，免納息。」

七年四月二十五日，河東路提舉常平司言：「去年災傷，民户闕食，義倉穀不多，乞於常平封樁糧支三五萬石賑濟。」從之。

六月一日，詔五路提舉保甲司：「已撥常平糧準備賑濟，令相度保甲户遇災傷不及五分當如何等第賑濟，條具以聞。」後提舉河東路保甲王崇拯言：「賑濟災傷，保丁四等以下，本户災傷及五分以上，即依常平司七分以上法。」從之，河北、陝西、開封府界準此。

七月九日，詔尚書户部員外郎張詢、幹當 42 御藥院劉惟簡，賑濟西京、大名府被水災軍民。詳見「恤災」門。

二十一日，詔：「河北、河東路被水保甲，令州縣考實賑濟。小保長、保丁一石，大保長二石，都、副保正三石。提舉保甲官分詣諸縣照管，具賑濟人數以聞。」

八月十四日，詔：「洺州水災，許借鄰近州縣常平倉米、麥、小豆共五萬石。」

哲宗元祐元年二月一日，詔：「大名府自經水災，民田尚多渰浸，人户艱食。向雖賑濟，尚慮官吏拘文，使被災之民未蒙恩澤，宜委大名府路安撫使韓絳詢訪賑濟。」

四日，詔淮南東、西路提舉常平司體量飢歉，以義倉及常平斛斗依條賑濟訖聞奏[三]。

三月二十六日，詔：「府界并諸路提點刑獄司體訪州縣災傷，即不限放税分數及有無披訴，以義倉及常平米斛速行賑濟，無致流移。」

同日，夔州路提舉常平官傅傳正言：「州軍去年災傷，放税分數不多，亦有全不申訴者。臣見民間困急，不敢坐視，已依災傷及七分以上賑濟。所有專輒之罪，謹自劾以聞。」詔特放罪，仍候到闕日優與差遣。

四月初二日，左司諫王巖叟言：「訪聞淮南旱甚，物價踴貴，本路監司殊不留意。」詔發運司截留上供米一十萬石[四]，比市價量減，出糶與闕食人户，每户不得過三石。其糶到錢起發上京。

四日，詔：「開封府諸路災傷，逐縣令、佐專切體量，人户委有闕食，速具事實申州及監司。仍許一面將本縣義倉、常平穀斛賑貸，據等第逐户計口給曆，大者日二升，小者日一 43 升。各從民便，五日或十日至半月[五]，齎曆詣縣請印給遣。若本縣米穀數少，先從下户給，有餘則并及上户。候夏秋成熟日，據所貸過數隨税納。闕食之民，貧乏不能自存，或老幼疾病不任力役者，依乞丐法給米豆。其

[一] 支：原脱，據《長編》卷三三五補。

[二] 限一月：《長編》卷三三五作「限一年輸納」，當是。

[三] 聞：原作「開」，據本書食貨五七之九、《補編》頁五八七、八一一改。

[四] 米：原作「來」，據本書食貨五七之九、《補編》頁五八七、八一一、《長編》卷三七四改。

[五] 「十」原作「一」，「月」原作「日」，據《補編》頁五八七、《長編》卷三七四改。

賑濟糴穀，並據鄉村闕食應糴之數給曆，許五日或十日一糴，無令抑遏。此外若令、佐别有良法，使民不乏食而免流移者，申州及監司相度施行，半月一具賑濟次第聞奏。仍體量令、佐有能用心存恤闕食人户，雖係災傷並不流移者，保明聞奏，當議優與酬奬。其全不用心賑濟，致户口多有流移者，取勘聞奏，特行停替。」從三省請也。

同日，詔江淮發運司體量災傷州縣闕食處，仍令宿、亳州分析不申奏災傷次第，及具見今斛斗價例〔一〕，各疾置以聞。時宿、亳災傷尤甚，監司並無奏報，右諫議大夫孫覺言：「淮、浙災傷，米穀踴貴，慮盜賊因緣而起，乞差官體量，廣行賑濟。遍下諸路轉運、提刑司，災傷各以實言，不實者坐之。災傷雖小，而言涉過當者不問。如此，則諸路不敢不言。朝廷隨災傷之大小，賑濟而防虞之，則四海之内無倉卒之憂矣。」

二十六日，殿中侍御史林旦言：「都城比來米麥價長，若翔踴不已，恐細民蒙害。望下户部，依條通計米麥元價，令司農寺止以逐倉官吏每月更代管勾，置四場出糶，以濟闕乏。」從之，仍〔令〕户部差官置場。

五月十六日，尚書省言：「元豐六年，江淮等路發運司奏，44兑置在京封樁闕額禁軍糧米五十萬石，價錢限半年上京送納。今淮南災傷，賑濟慮有闕乏。」詔令淮南轉運司相度，本路如闕斛㪷，仰依元豐六年例。

六月二十六日，詔河北路監司分詣諸州，以義倉、常平穀賑濟被水闕食人户。

十一月二十八日，權發遣淮南路轉運副使趙偁言：「楚、海等州水災最甚，乞發運司於常、潤州收糴稻種十萬石，以備楚、海等州來春布種，以糴以貸。」從之。

同日，户部言：「左司諫王巖叟言：『賑濟人户，必待災傷放税七分以上方許貸借，而第四等以下方免出息，殊非朝廷本意。乞如舊法，不限災傷分數，並容借貸，不拘等第〔二〕，均令免息。』看詳：《元豐令》『限定災傷放税分數支借種子』條合依舊外，應州縣災傷人户闕乏種食，許結保借貸常平穀。」從之。

十二月十八日，侍御史王巖叟言：「伏覩十一月二十九日勑：『户部看詳，《元豐令》限定災傷放税分數支借種子條合依舊存留外〔三〕。』緣臣元奏本以賑濟舊法災傷無分數之限，人户無等第之差，皆得借貸，均令免息，新條必待災傷放税七分以上，而第四等以下方許借貸免息，殊非朝廷本意，故乞均令借貸，以濟其艱。今户部復將支借種子條依舊存留。切以災傷人户既闕糧食，則種子亦闕，豈可種子獨立限隔？臣欲乞通爲一法，於所修『糧食』字下添入『并種子』三字，庶使被災之民廣霑惠澤。」從之。

〔一〕「具」原作「其」，「今」原作「令」，據本書食貨五七之一〇、《補編》頁五八七、八一二改。
〔二〕拘：原作「均」，據《長編》卷三九二改。
〔三〕税：原作「歲」，據本書食貨五七之一〇、《補編》頁五八七、八一二改。

二年二月四日，詔左司諫朱光庭[45]乘傳詣河北路，與監司一員偏視災荒賑濟。有未盡事，並得從宜；事體稍重即奏稟。官吏奉法不虔，即按劾以聞。是歲十一月二十六日，監察御史趙挺之、方蒙言：「去年北邊州郡被水災，光庭奉使體訪賑濟，不問民户三等，一槩支貸。蓋一出使，而河北措置之財遂空，乞行黜降，以允輿論。」詔光庭具析以聞。

十一月六日，詔運淮南、二浙穀四十萬斛賑濟京東路。

三年正月十二日，詔發京西南路闕額禁軍糧穀五十餘萬斛，減市價出糶，至夏麥熟日止。以雪寒〔一〕，物價翔踴也。

二月六日，詔以常平錢、穀給在京乞丐人，至季春止。

同日，詔：「開封府界自冬至春陰雪，民間有願借糧種者，令提刑司量度户等給貸訖〔二〕，具數以聞。」

二十八日，詔陝西路轉運判官孫路賑濟鎮戎軍被傷及劫虜民户。

十二月十六日，知永興軍韓縝言：「本路比歲災傷闕食，請於法所給米豆更不限數。」從之。

五年二月七日，詔：「災傷處令、佐賑救人户不致流移所推酬奬：災傷五分已上，與第五等；七分已上，與第四等。」以户部言「於《熙寧勑》係第五等，於《元祐勑》係第四等，分數未盡立法之意」故也。

六年七月二十二日，侍御史賈易言：「浙西災荒，朝廷選差轉運使岑象求、判官楊瓌寶賜米百萬斛，錢二十餘萬緡，俾之拯救，州縣自亦依條賑濟。欲乞明詔本路具災荒分數、賑貸次第以聞。」

八月二十八日，監察御史虞策言：「兩浙災傷州[46]縣糴米，多爲販夫與公吏相結冒糴，次及彊壯之人，其飢羸者轉受困餓，或被蹂躪死傷。乞下本路監司覺察。」詔〔三〕：「轉運、提刑、提舉司分布諸處賑糶〔四〕，務要實惠飢民。內興販及彊壯者，不得一例糶散。如官吏措置乖方，及公人用情，並令依法。」

八年四月十一（月）〔日〕〔五〕，兩浙路轉運、提刑司申：「檢會浙西州縣累經災傷〔六〕，蒙朝廷相繼發米赴本路賑濟。除接續賑糶過外，其逐州有見管淮南、江西等路發到賑糶不盡米四十餘萬石，別無支用，欲趁此蠶月鄉民闕食之際，各許令人户赴官請借。每一斗，候至向去秋成，納新米八升還官，仍限四年均隨本户苗税帶納。」詔：其米許兑充軍糧外，餘數仰置場減價出糶。

十二月十四日，以京師流民，詔特出錢、米各十萬付開

〔一〕以：原闕，據本書食貨五七之一一、《補編》頁五八七、八一二補。
〔二〕户等：原作「户第等第」，據《長編》卷四〇八刪。
〔三〕詔：原脱，據《長編》卷四六四補。
〔四〕「司」字原在「提刑」下，據後食貨六八之四八紹聖「二年二月十一日」條乙。
〔五〕日：原作「月」，據本書食貨五七之一一、《補編》頁五八八、八一二改。
〔六〕災：原闕，據本書食貨五七之一一、《補編》頁五八八、八一二補。

封府，計口支給〔一〕。

紹聖元年二月十四日，三省言：「北京、澶、滑州民被災最重，艱食者多，及軍食闕，未見監司奏請。」詔呂希純、井亮采因按閱河北所至，體訪所當施行，疾速具奏。

三月二十二日，三省言：「準詔賑恤流民，令還本業。昨已降旨揮，應流民支與口食，遣還本土，所在官司闢官屋權令宿止，疾病者醫治，仍不限戶口，米豆石斗賑濟。令戶部旨揮災傷路分監司，嚴加督責州縣推行，務要民受實惠。如更有合行賑恤事，令速施行。」上曰：「聞京東、河北之民乏食流移，未歸本土，宜加意安恤，給糧種，差官就諭，使還農桑業。」范純仁等對曰：「今已給常平米〔二〕，[47]又許旨所養牛質取官緡錢，免租稅，貸與穀麥種矣。」上曰：「更思其未至者行之。」

九月六日，詔遣監察御史劉拯乘傳按河北東、西路水災州軍，賑濟闕食人戶。應合行事，令條具以聞。

二十九日，詔：「府界、京東、京西、河北路應流民所過州縣，令當職官存恤誘諭，遣還本土。內隨行別無資蓄者，仍計口給曆，經州縣排日給食。至本處如合賑濟，依災傷放稅五分法。內老幼疾病未能自還及不願還者，計口給。」

十月十七日，詔：「京西南、北路提舉司官躬按州縣，督視賑濟，無令流殍。旬具所存活數申尚書省。」

二十一日，詔：「河北東、西路被災經放稅戶雖不及五分，所欠借貸錢斛并抵當牛錢等倚閣，候豐熟日，分十料輸。其非被災放稅戶所欠錢斛視此，仍除結保均陪之令〔三〕。流民在他路者，官吏以至意諭曉使歸業，給券使所過續食〔四〕；不願者，所在廩給之。」

二十三日，詔：「滑州委官於浮橋北岸諭南來流民，以朝廷寬逋移粟賑卹曲折使歸業。」

同日，詔：「近者大河東（提）〔堤〕防未及增繕，以故瀕河被害者衆，南來者多留京師，流離暴露。隆冬日迫，陷於死亡，坐視不恤，其謂朝廷何？既詔有司悉意賑贍，其令開封府即京城門外行視寺院、官舍以居之，至春諭使復業。」

二十五日，詔：「河北路監司令州縣官諭富民有積粟者毋閉糴〔五〕，官爲酌立中價，毋得過。犯者坐之。」

同日，詔賑濟司：「河北重兵所宿，費不貲，其審閱老弱疲癃不[48]能自存者，厚廩食之。毋專以多散蓄積爲功，而實惠不及於民，乃遣使本意。仍具措畫方畧申尚書省。」

二十六日，詔給空名假承務郎敕十、太廟齋郎補牒十、州助教不理選限敕三十、度牒五百，付河北東、西路提舉

〔一〕計：原作「許」，據本書食貨五七之一一、《補編》頁五八八、八一三改。
〔二〕米：原闕，據本書食貨五七之一一、《補編》頁八一三補。
〔三〕結：原作「給」，據本書食貨五七之一二、《補編》頁五八八、八一三改。
〔四〕給：原作「結」，據本書食貨五七之一二、《補編》頁八一三改。
〔五〕毋：原作「母」，據《補編》頁五八八改。糴：原作「糶」，據本書食貨五七之一二、《補編》頁八一三改。

司，召人入錢，粟充賑濟。

二十八日，宰臣章惇言：「軍食不可闕，請通約他司米、豆足支一年，悉斥其餘以廩飢民。即米、豆闕，散常平錢之在官者，民得錢，亦可以市糟酵、糠籺。」上惻然曰：「飢火所迫，麻籸亦以爲食，何暇擇？其爲朕亟行散錢之令。」

十一月十九日，詔：「河北路州縣當職官賑濟有方〔一〕，能撫存飢民，才能顯著者，具事狀以聞。府界、京東、京西等路有河北流民所聚州縣，仰逐路監司准此。」

二十一日，詔：「河北路災傷州軍賑濟，並四月終住給口食外，有非老幼疾病之人，候至三月終，併支與四月分合給糧食，發遣歸業。」

二十三日，權發遣河北路轉運副使張景先言：「恩、冀〔二〕、瀛、莫、雄州、順安、廣信軍，約定合用糴〔三〕、貸糧斛共五十三萬石。緣本路斛斗不多，慮有闕乏。」詔逐州除準備軍糧及賑濟外，方許出糶，仍不得一例借貸。

十二月六日，詔京東、西、河東路提舉司，將放稅不及五分者，審驗災傷稍重，闕食不能自存，或老幼疾病之人，並權依五分法賑濟。

二年二月十一日，詔：「河北、京東路賑濟災傷，各令轉運、提刑、提舉司依先分定州縣巡歷，如官吏奉行不盡，或措置乖方，以名聞。仍令逐路安[49]撫司常切覺察。」

十四日，詔內藏庫支錢十萬貫、絹十萬疋，分賜河北東、西兩路提舉司，準備賑濟。從御史董敦逸請也。

四年九月一日，左司諫郭知章言：「兩浙歲旱，淮南又不常全稔，乞下本路監司按視，早備賑貸。」詔兩浙路轉運、常平司應荒政並舉行，及預那移廩粟。

元符三年三月二十六日，徽宗已即位，未改元。戶部言：「河北被災諸郡，近據東路提舉常平司申，撥賜到措置斛斗四十五萬石，若賑給至四月終，委有餘剩數目，即許接續出糶。其西路下提舉常平司，將來罷賑濟後民食尚艱〔四〕，即令依條減價出糶常平斛斗〔五〕，並候二麥收成日住罷。其行商興販斛斗往災傷去處糶賣，乞依已得朝旨，與免商稅，至五月終。」從之。

五月二十七日，詔知太原府范純粹專切體量賑恤河東流亡饑殍之人。河北、陝西帥臣準此。

十二月六日，詔以大雪，令有（常）〔司〕損價出糶倉米，以惠細民〔六〕。

徽宗崇寧三年正月二十四日，戶部言：「新兩浙路提點刑獄公事周誼奏：『常、潤兩州去秋蝗旱，春夏之際糧食

〔一〕河：原作「何」，據本書食貨五七之一二、《補編》頁五八八、八一三改。
〔二〕冀：原作「輩」，據本書食貨五七之一二、《補編》頁五八八、八一三改。
〔三〕用：原作「行」，據本書食貨五七之一二、《補編》頁五八八、八一三改。
〔四〕食：原作「倉」，據《補編》頁八一四改。
〔五〕依：原作「掖」，據本書食貨五七之一三改。
〔六〕細：原作「納」，據《補編》頁五八九、八一四改。

尤闕，欲乞量展賑濟月分至四月末〔一〕。』看詳：欲下兩浙轉運、提刑、提舉司體度，如委有災傷人户闕食，至三月終未可住罷。」從之。

十月十四日，詔：「兩浙杭、越、温、婺州秋苗不收，人户失於披訴，並量與檢放。其孤貧不濟人户，仰提舉司廣行賑濟。如物價增長，即速以常平米平價出糶。」詳見「恤災」門。

五年正月二十五日，詔兩浙路提舉50司賑濟水災乏食者。

大觀二年八月十九日，工部言：「邢州奏：鉅鹿下埽大河水注鉅鹿縣，本縣官私房屋等盡被渰浸。」詔：「見在人户依放税七分法賑濟，如有孤遺及小兒，並送側近居養院收養。內有人户盡被漂失屋宇或財物，仍許依七分法借貸，不管却致失所。仍具賑濟、居養、存恤次第事狀聞奏。」詳見「恤災」門。

九月二十九日，水部員外郎陳長孺言：「奉詔體量邢州鉅鹿縣，被患甚重，欲旨揮本路監司下所屬，疾速將本縣被水第三等人户亦依第四等敕條賑貸。」從之。

十月七日，詔：「秦鳳路流民盡赴熙河路州軍。本路備邊，糴買爲重，深慮流移民户積日浸久，耗蠹並邊糧食。可下常平司悉心措置賑濟存撫，早令復業。仍具流移户口確實數目及賑濟措置次第以聞。」

三年八月十七日，詔：「常、潤州米價踴貴，可量發常平斛斗賑濟人民。」

九月六日，詔：「東南路比聞例有災傷，斛斗踴貴。仍下諸路監司，仰依實檢放秋苗分數，仍依條賑濟。」

四年三月二十六日，詔：「潤州、饒州災傷至甚，賑濟米、豆並展至四月終。」

四月二日，詔：「荆湖北路去歲災歉，推行賑濟，本路倉廩物斛所蓄不多，不接支用。可相度給降空名度牒二十道，借、奉職、假將仕郎告勑各七道，量度數目多寡，并逐色所直錢數目，付本路監司，與席貢同共分擘付逐州軍。曉諭民間，依陝西、河北人户入粟事體入中物斛，如米、豆、大小麥。計所入數合支價51直〔二〕，以前項物充折，别項拘收應副。奉職六千貫，借職四千五百貫，假將仕郎二千二百貫，度牒二百貫。」

四日，詔：「東南六路災傷，倉廩物斛不接支用。江南西路給降奉職、借職、假將仕郎告各七道，度牒二十道；江南東路、淮南、兩浙、湖南路各給降奉職告三道、借職告四道，將仕郎補牒三道、度牒二十道。並依湖北路已得指揮施行。」

政和三年三月二十三日，詔：「潤州丹陽、丹徒兩縣災傷，放税及七分以上，常平賑貸在法至三月終罷。緣今歲

〔一〕末：原作「未」，據《補編》頁五八九改。
〔二〕合：原作「各」，據本書食貨五七之一三、《補編》頁五八九、八一五改。

有閏，田事必晚，可展至四月終〔一〕。應有類此災傷州縣，亦依此施行，可疾速行〔下〕。」

五年三月二十五日，梓州計度轉運使趙遹言：「瀘州管下夷人結集作過，緣邊一方户口數千，糧斛、財産盡被劫掠，不惟夏麥收成不得，秋穀又失種蒔，悉皆失業。除已行下抄劄，逐急以係省錢糧支借存撫外，欲望朝廷詳酌，特降指揮，下本路提舉常平司措置，優加賑濟施行。」從之。

六年三月十日，詔：「浙西常、湖、秀州、平江府等處，自去歲水災，秋成尚遠，其貧闕不濟人户，仰本路提舉常平司通融那移一路應管常平、義倉，與朝廷封樁米斛〔二〕，權依乞丐人法，不限户口、石數，特加賑給。」四月八日，詔添入湖州，並以七分災傷條例。

七月六日，知杭州徐鑄言：「奉詔賑給錢塘、仁和、鹽官、餘杭、富陽縣去歲水災貧闕人户。自四月十五日接續賑給，止六月十五日，尚未有米穀相繼上市，已一面行 52 下，展至六月終。」從之。

八月十八日，兩浙提舉常平司言：「奉詔，常、秀、湖州、平江府等處水災，權依乞丐人法賑給。今據逐州管下共二十五縣〔三〕，賑濟總四十三萬餘口，乞至收成日住給。」從之。

十月十九日，詔平江府管下屬縣有水災去處，令依十分法賑濟。

八年七月十六日，詔：「高陽關路去歲賑濟，全活百餘萬人，河間府、滄州爲多。安撫使吴玠特降詔獎諭，官吏推恩有差。」

八月二十五日，詔：「江、淮、荆、浙被水州軍漲水已退，殘潦餘浸占田無藝，民不得耕，比屋摧圮，無以奠居。可令郡守、令佐悉心賑救〔四〕，提舉司於上供或封樁斛斗内，量人户多寡截充賑濟，即不得爭占。候將來豐熟，於常平司撥還。上等四十萬石，中等三十萬石，下等二十萬石。」

九月二十七日，詔：「江、淮、荆、浙以被水人户多寡，分上、中、下三等，許截上供斛斗賑濟。可依已降處分〔五〕，作三等截留四十萬〔石〕。如違，以大不恭論。」其後，宣和元年正月七日，臣僚言：「兩浙廉訪所申：『據轉運司申，截撥到本路米一十二萬七百石，其餘分下平江府、湖、秀州收糴應副。又於鎮江府截住常州米綱樁充賑濟。』而轉運司稱係來年額斛之數，令起發渡江。恐致生靈不得均受朝廷惠養。」詔：「昨降御筆，截上供米賑濟飢民，非不丁寧，而姦吏公然違慢，不行截撥，更於闕食之地收糴以充賑給，是乃重困飢民，乖方若此。仰提刑司并廉訪使者驗實，人

〔一〕月：原作「年」，據本書食貨五七之一四、《補編》頁五八九、八一五改。
〔二〕封：原作「分」，據本書食貨五七之一四、《補編》頁五八九、八一五改。
〔三〕今：原作「本」，據本書食貨五七之一四改。
〔四〕令：原脱，據《補編》頁五八九、八一六補。
〔五〕分：原作「亦」，據本書食貨五七之一四改。

吏依法決訖配千里，53轉運司官追三官勒停。」其後，轉運司奏：「已支撥賑濟米四十萬石，足備無闕。」詔副使蔣彝以應奉宣力，特免勒停追官，改作降官，依舊在職。

十月八日，詔：「諸路民被水患，深淺不同，州縣賑給，不可一槩限滿住罷。仰監司、州縣悉心體究，如被水尤甚，民力未能自營，不得便住賑給。務在存活人命，亦不可濫冒惠姦。」

重和元年十二月十九日，詔：「淮南被水，楚州山陽、鹽城二縣下户飢殍，三萬二千餘人無業可歸。縣官悉令散放，遂攜老扶幼，號訴監司。而常平官告諭，爲乞米未下，各令歸業，轉於溝壑者已不少。指揮到日，於已截斛斗支撥賑救；不足，於鄰州、鄰路發義倉兑撥支遣[一]。其郡守、知縣、常平官先次勒停，受訴監司降兩官，並令提刑司取勘，限十日奏。」

宣和元年二月十八日，尚書右丞范致虚言：「奉詔：楚州山陽、鹽城二縣被水，令截撥斛斗賑救。不足，於鄰州、鄰路發義倉兑撥支遣。竊以災傷路分廣遠，自江、淮、荆湖、兩川，各被水患，物價騰踴。方春正多飢殍，彊壯者流爲盜賊。類多丐乞，以市斛斗，或采在田蔬茹之類。甚者無從得食，老稚轉徙，甚可哀痛。按義倉法，唯充賑給，不得他用，比歲數豐，未嘗支遣，諸路義倉之粟甚多。欲望睿旨，應去歲災傷州縣，並量從核實災傷人數及外來流民，並給義倉物斛賑濟。數係災傷官司[二]，以前不曾檢行，特與放罪。若今來指揮到，依前庇隱，令廉訪使者按54劾以聞。若常平及本州通用諸縣義倉物斛計度俵散不足，並許依楚州兩縣所得前件指揮，於鄰州、鄰路發義倉兑撥支遣。」詔：「京西路（穎）〔潁〕、汝、陳、蔡等州，見今民已流移飢殍，監司、州郡並不申奏，運司庇隱，不放租稅，致不得依災傷賑濟，遂使斯民轉於溝壑。吏爲姦罔，不奉法令，以致如此，爲之惻傷。可令新京西漕臣李祐放謝辭，星夜乘騎前去體量。常平官孫延壽先次勒停[三]，餘監司并守臣一一並具名奏。應一路義倉，可並特通融支撥賑濟施行。應災傷流移地分，並令依法放免租稅，疾速行下。」

五月二十九日，詔：「淮、浙去歲被水，田業多荒。今雨暘順適，耕種是時，民無力施工。可令兩路提舉常平官散倉廩廣行借貸，毋或失時。施行訖，具奏。」從兩浙轉運司請也。

二年六月四日，詔：「開封府賑濟乞丐二萬二千餘人，當職官吏推恩有差。」

十月九日，詔：「淮南災傷，飢民流離，常平官其躬至所部，竭力賑濟。」

十二月二十五日，詔：「睦州及管下應避賊人，令所在

[一] 撥：原作「换」，據下條改。
[二] 傷：原作「復」，據本書食貨五九之一六、《補編》頁五九〇改。
[三] 勒：原作「勤」，據本書食貨五七之一五、五九之一六、《補編》頁五九〇改。

官司依條賑濟。」詳見「恤災」門。

三年正月十四日，詔：「宣、歙、杭、睦州民居，緣兇賊劫畧逃避，既無所得食，遂致失所。慮其間少壯之人或聚爲盜，老弱幼小不能自存，轉于溝壑，深可矜惻。仰江南、兩浙路漕臣、憲司、提舉常平及所在處郡守倅、當職官等多方撫諭，優加存卹。如有闕食之人，官爲賑濟，務在安集，毋令失所。仍各具知稟狀以聞。」

二十六日，詔：「兩浙、江東路避[55]賊士族、百姓流離，無以自給，及無居止，宵旰惻然。令州縣措置賑給，借與官舍，勸誘歸業。」

八月十二日，詔：「徽州已降指揮，依七分法借貸，被賊燒劫州縣人户，依災傷流移法賑濟。其兩路復業人户，若闕少牛具、種糧等，仰提舉司審度，量行借貸訖奏。」

四年十二月十三日，詔：「德州有京東路西來流民不少，本州知、通張邦榮〔一〕、王景温等見行賑濟，於在城并安德、平原縣三處措置宿泊，計六百三十一户。除已該給券還鄉外，尚有五百餘户各得均濟。仰本路提點刑獄司究實聞奏，取旨量推恩。其餘路分遇有流移人户，不即依條存恤者，並仰監司、廉訪使者按劾以聞。」

五年正月四日，臣僚言：「聞蜀父老謂本朝名臣治蜀非一，獨張詠德政居多，如賑糶米事，著在皇祐甲令，（常）〔嘗〕刻石遵守〔二〕，至今行且百年。其法，一斗止糶小鐵錢三百五十文〔三〕，人日二升。團甲給曆，赴場請糴，歲計六萬石。始二月一日，至七月終。貧民闕食之際，悉被朝廷實惠。比年漕臣不職，米直漸增，或陳腐不堪，雜以糠粃，不獨損六萬之數，且幾察不嚴。乞賜施行。」詔漕臣檢會皇祐條例，措置以聞。

十月二十八日，詔：「大河暴漲，由恩州清河縣王余渡東向泛溢〔四〕，衝蕩大名府宗城縣〔五〕。本縣被水人户，令本州提舉常平官親詣流移所在〔六〕，遍行賑濟。」

六年五月十三日，前知平陽軍府事商守拙言：「契勘諸路州縣給散乞丐人米，依條立期，五日一[56]給，不以所居遠近，皆集一處給散。欲乞遇風雪，權令就近支散，庶不失所。」從之。

八月十八日，收復燕雲赦：「應貧乏及飢民，並以係官錢米賑濟，無令少有失所。」

十月二十七日，詔：「浙西諸郡夏秋水災，穀貴艱食，民户流移。已降指揮，於所在依條賑濟。訪聞常平司見管米斛數少，可於本路實有見在米或見起上供米内，截撥五七萬石付提舉常平官，躬親往常、秀、平江等處隨宜分擘，

〔一〕邦：原作「拜」，據本書食貨五七之一六、五九之一九、《補編》頁五九〇改。
〔二〕刻：原作「劾」，據本書食貨五七之一六、五九之一九、《補編》頁五九〇改。
〔三〕「小」下原有一「錢」字，據本書食貨五九之二〇刪。
〔四〕清河：原作「河清」，據《宋史》卷八六《地理志》二乙。
〔五〕宗：原作「采」，據《宋史》卷八六《地理志》二改。
〔六〕親：原作「請」，據本書食貨五七之一六、五九之一九、《補編》頁五九〇改。

應副賑給，務令實惠均及飢民。」

十一月十七日詔：「河北、京東夏秋水災，民户流移，繼踵於道〔一〕。可令應所過州軍隨宜接濟。若常平、義倉不足，即發封樁應干斛斗賑給，令實惠及人。」

高宗紹興元年五月十四日，詔：「諸路見今米價踴貴，細民闕食，令州軍將常平倉見在米量度出糶。仍廣行勸誘富家，將願糶米穀具數置曆出糶〔二〕。州委通判，縣委令、佐。如糶及三千石以上之人，與守闕進義副尉；六千石以上，與進武副尉；九千石以上，與下班祗應；一萬二千石以上，與進義校尉〔三〕；一萬五千石以上，與進武校尉；二萬石以上，取旨優異推恩。如已有官蔭，不願補授名目，當比類施行，並令州軍保奏。通判、令佐勸誘人户出糶數多，令本路監司保奏，等第推恩。務要實惠及民，即不得虛樁數目，陳乞推恩。仍令監司覺察，如違，按劾取旨，重作責罰。」

二年八月十一日，詔：「福建路亢旱，米價翔貴。令本路提刑司將泉、福州寄卸廣南米，取撥三57萬石賑糶，仍斟量逐州軍豐歉次第分撥。」

三年六月十二日，荆湖南路宣諭薛徽言〔言〕〔四〕：「已據郴州縣勸誘上户借貸種本，月終考曆〔五〕，以多寡爲殿最。其上三名與免公罪杖一次，稍多者又與免科役一次，優異者保明申本司。又就全、永間通那省米，應付借貸〔六〕。應第四等以下户計人爲一甲〔七〕，於本州給據，自齎赴撥米州軍請領。」於是户部言：「人户災傷，在法以常平錢、穀應付，不足，方許勸誘有力之家出辦糶、貸。兼已劄刷湖南有米州軍支撥二萬石付本路提刑司，專充賑濟支用。今乞下提刑兼提舉常平司遵已降指揮施行，毋致人民流移失所。」從之。

五年四月十四日，中書門下省言，勘會民間米斛踴貴〔八〕。詔令户部借支神武中軍糧食一月，令盡數出糶。

九月七日，殿中侍御史王縉言：「應民旅般販米斛往旱傷州縣出糶，依日前指揮，許就官司判狀執據，與免經由場務力勝，亦賑救之一也。」從之。

十二月七日，江南西路轉運司言：「筠、袁、洪、吉、江、撫州、臨江、興國軍及臨江軍新喻縣災傷，乞支降本路苗米五七萬石，委提舉司以州縣災傷分數取撥，比市價減十分之三出糶〔九〕。及令州縣勸喻有力之家，入納粳米每一千

〔一〕繼：原作「係」，據本書食貨五七之一六改。
〔二〕願：原作「原」，據本書食貨五七之一六、五九之二二、《補編》頁五九一改。
〔三〕與：原脱，據本書食貨五七之一六、五九之二二、《補編》頁五九一補。
〔四〕薛：原作「薜」，據本書食貨五七之一七、五九之二三、《補編》頁五九一改。
〔五〕終：原作「給」，據本書食貨五七之一七、五九之二三改。
〔六〕貸：原作「代」，據本書食貨五七之一七、五九之二三、《補編》頁五九一改。
〔七〕計：似當作「十」。
〔八〕會：原脱，據本書食貨五七之一七、五九之二四、《補編》頁五九一補。
〔九〕出：原脱，據《建炎要録》卷九六補。

石〔一〕，或稻穀每二千石，如係曾得文解人，三代中有文官無刑責，補迪功郎，餘人補承信郎，依獻納人例理選限陞陟。從本州保奏，給降付身，便作官户，免身丁、差役，免審量，令本路帥司舉辟合入差58遣。其入納到米，即減價賑糶。并令州縣出給公據，勸諭商賈收糴斛斗〔二〕，從便出糶，與免力勝税錢。每米百石，許附帶貨物約百貫。詢訪停塌斛斗之人，勸諭量取利息，責認石斗數目出糶接濟。及飢民合給米豆，雖放税不及七分縣分，亦許賑給〔三〕。委提舉司審度，若常平穀不足，聽取撥入納到米謂今來因災傷勸誘到者。支給，候將來有納到義倉斛斗，却行撥還。州縣當職官賑濟有方者，委提舉司保明，提刑司覈實以聞，優與旌賞。」詔：「已令收糴米斛六萬石準備賑濟，令乞支苗米，難議施行。内勸諭人納稻穀，依入納米補官，便作官户一節，見别作施行外，餘並依。仍委知、通勸諭有力之人出糶斛斗接濟，不得搔擾。」

六年正月十三日，詔：「令湖南轉運司於已科撥去年上供米内存留三萬石，從本路帥司量度災傷輕重，分撥付州縣，專充賑濟使用。」

二十六日，上宣諭輔臣曰：「歲飢，民多流殍，朕心惻然。官爲發廪以賑給之，則民受實惠；苟爲不然，雖詔令數下，恐徒爲文具耳。宜申飭有司多方措置米斛。」

二月一日，詔：「令江西轉運司於去年上供米内支撥一萬石付本路帥司，勘量災傷輕重，與常平米相兼均俵，賑濟支用。」

七日，右諫議大夫趙霈言：「去秋旱傷，連接東南，今春飢饉，特異常歲。湖南爲最，江西次之，浙東、福建又次之。伏覩累降指揮賑濟，固備盡矣。然今日賑救有二，一則發廪粟減價以濟之，二則誘民户賑糶以給之〔四〕。諸路固嘗許借常平、義倉米，又常令州縣賑糶。艱難之際，兵食方闕，州縣往往逐急移用，無可賑給，唯勸誘賑糶尤爲實惠。然自來官中賑濟，多止在城郭，而不及鄉村。願以上户所認米數，紐計城郭、鄉村人户多寡，分擘米數，縣差丞、簿，於在城及逐鄉要鬧處監視出糶，計口給曆照支，或支五日，或并支十日。其交籌收錢，並令人户親自掌管，官司不得干預。既無所擾，人亦願從。乞申嚴戒諭，如當職官不親詣鄉村監糶米斛〔五〕，與故縱人吏科擾，令監司按劾，及許人户赴訴，其官吏重行竄斥。」從之。

三月七日，成都潼川府夔州利州路安撫制置大使、兼知成都府席益言：「東、西兩川，去秋荒歉，及成都府路田事不登，物價騰踴。欲令四川都轉運司，不以是何名色米，

〔一〕入：原作「人」，據《建炎要録》卷九六改。
〔二〕糴：原作「糶」，據本書食貨五九之二五、《建炎要録》卷九六改。
〔三〕賑：原作「販」，據《建炎要録》卷九六改。
〔四〕誘：原作「諉」，據本書食貨五七之一八、五九之二六、《補編》頁五九一及《建炎要録》卷九八改。
〔五〕糶：原作「糴」，據本書食貨五七之一八、五九之二六改。

權行截撥，專充賑濟，或減價出糶，以平米價。」詔令趙開除應副軍糧外，將其餘應干米斛寬剩撥付四川安撫制置大使司，量度逐路災傷去處，均行賑糶。

二十九日，殿中侍御史周祕言：「去歲旱傷〔一〕，小民艱食，命所在勸誘積粟之家置曆出糶，過三千石者，等第推恩。而州縣奉承不恪，勸導無方，乃謂富民頑悍，說諭不從，遂降指揮，許令一面酌情斷遣。州縣官吏不問民之有無，而專以刑威逼使承認，善良之民被其害矣。欲望再降指揮，專委諸[59]路提舉官徧詣所部，戒約守〔二〕、令多方勸誘，務令民户樂從，無因今來酌情斷遣指揮，輒有分毫搔擾。」詔依，令諸路提舉常平官躬親遍詣所部州縣巡按覺察，如有違戾去處，按劾聞奏。其提舉官失覺察，令御史臺糾劾。

四月十二日，江南西路安撫制置大使、兼知洪州李綱言：「已遵睿訓勸誘，出榜置曆，差官分詣諸州，委知、通、縣官召上户積米之家，許留若干食用，其餘依市價量減，盡數出糶。其流民，官中賑給。竊恐秋成尚遠，難以接濟，已一面勸誘上户納錢米入官，以助賑濟。乞許給官告、度牒之類，折還價直。」從之。

二十三日，詔：「筠州高安、上高兩縣當職官各先次特降一官放罷，令本路提刑司取勘，具案聞奏。」以提舉常平司言：「賑濟乖方，至有盜賊竊發，殍亡暴露，田畝荒萊，飢民失所。」故有是命。

五月一日，荆湖南路安撫制置大使、兼知潭州呂頤浩言：「被旨，令廣西提刑韓璜收糴米三萬石，般發前來賑濟。已節次催促，至今並無顆粒到來。望將上件米斛委韓璜催督，水運至湖南，却委本路運使分撥州軍交卸，以濟飢民。」詔令劉鵬、向伯奮疾速般發。

二十六日，詔知婺州周綱除直龍圖閣，知撫州劉子翼除直祕閣，並特令再任。以中書言並治郡有方，賑濟宣力，故有是詔。

八月二十九日，詔韶州李紹祖特與減二年磨勘。以廣西提舉常平韓璜言起發湖南賑糶米有勞故也。

十二月十四日，尚書省言：「江東、西、湖南路去歲旱傷，近據申奏，賑濟飢民萬數不少。其逐路帥司及常平官措置有方，甚稱委寄。」除江東帥臣葉宗諤已別作施行外，詔帥臣呂頤浩、李綱，提舉趙不已、吳序賓，令學士院降詔奬諭。

同日，尚書省言：「去秋江、湖旱傷，人民闕食，朝廷支撥米斛，及委帥臣、監司并州縣守令賑給。竊慮其間奉行滅裂，却致死損流移數多，合行比較優劣。」詔令逐路帥臣、監司，於本路旱傷州縣各比較三兩處，保明取旨賞罰。

十五日，詔：「四川去歲旱荒之後，繼以疾疫，流亡甚

〔一〕歲：原作「土」，據本書食貨五七之一八、五九之二七、《補編》頁五九一改。
〔二〕守：原作「所」，據本書食貨五七之一八、五九之二七、《補編》頁五九一改。

衆，深用惻然。其郡守、縣令有能賙給困窮，撫存凋瘵，善狀最著者，令席益體訪詣實〔一〕，保明來上，當議獎擢，以爲能吏之勸。或廢慢詔令，坐視不恤，按劾聞奏，亦當重寘典憲。」

七年十月八日，詔潼川府守臣景興宗陞一職，廣安軍守臣李瞻、果州守臣王隲〔二〕、前吏部郎官馮檝、漢州守臣王梅各轉一官，知成都府席益命學士院降詔獎諭。仍令四川安撫大使司開具其餘合轉官人職位、姓名以聞。以四川安撫制置使席益言諸州賑貸有方，活飢民甚衆，内馮檝出米四百石以助賑濟，故有是命。

九年十一月六日，臣僚言：「曩者旱暵爲災，官嘗發廩勸糶，而州縣奉行，姦計百出。有民户初非情願，均令認數，以應期限，而平時儲積之家得以幸免者；有所在初無收成，60 勸令轉糶以賑城郭，而本鄉流離不暇顧恤者〔三〕。願詔執事選擇廉謹彊明之吏，推行德意，務使實惠及民，盡革前弊。」詔令户部約束。

十年三月十九日，臣僚言：「諸處糶米賑濟，只及城郭之内，而遠村小民不霑實惠。向陳正同通判婺州，賑濟極有條理，雖窮谷深山之民，無不普霑實惠，而州縣之吏亦不至勞。乞令陳正同條具賑濟事件，付户部看詳，遍下諸路依此施行。」從之。

十二年三月二日，詔：「紹興府旱傷秋苗，令於義倉米内支撥一萬石，置場出糶。」

十三年三月十八日，詔：「令淮東總領呂希常於大軍米内支三千石，量度分撥，於鎮江府委官管押前去米價踴貴去處，減價出糶。仍令淮西總領吳彦璋契勘本路如合出糶，依此施行。」

十四年六月十五日，上宣諭輔臣曰：「福建、浙東被水災去處，已令寬恤賑濟。尚恐州縣滅裂，可令逐路監司各躬親前去〔四〕，悉力奉行，務要實惠及民，不得徒爲文具。」

十五年七月三日，知泉州吳序賓言：「汀、虔盜賊聚集，泉南七縣罹其荼毒〔五〕，且致飢餓。雖軍儲不足，而義倉積粟見存七萬石，欲開倉賑貸。内殘破四縣，乞比附災傷七分之法，各借種子三千石，自第四等以下户，委縣官隨便借貸。」詔每縣於義倉米内支撥二千石應副借貸。

十八年十一月二十三日，上諭輔臣曰：「紹興府災傷，闕食人户以義倉米賑濟，無使失所。如別有災傷去處，亦令户部多方措置。」

十二月十二日，上宣諭輔臣曰：「近令提舉常平官躬親詣災傷去處賑濟，竊恐所轄州縣闊遠，點檢遲滯，可更令分委屬官悉力賑濟。將來春耕合用種糧，須令預先措置，

〔一〕訪：原脱，據本書食貨五七之一九、五九之二九、《補編》頁五九二補。
〔二〕隲：原作「隙」，據本書食貨五七之一九、五九之二九、《補編》頁五九二改。
〔三〕暇：原作「假」，據本書食貨五七之一九、五九之三〇、《補編》頁五九二改。
〔四〕可：原作「詔」，據本書食貨五九之三一改。
〔五〕荼：原作「茶」，據本書食貨五七之一九、五九之三一、《補編》頁五九二改。

臨期借給，使之耕種及時，則贍養、供輸，公私兩濟。」

十九年二月四日，上諭輔臣曰〔一〕：「春雨膏潤，於農事極利。農事種糧爲急，若種糧不足，則秋成無望。昨已降指揮，災傷去處令提舉常平司借給，可更丁寧户部應副。」

十九日，詔：「逐路災傷去處，可令縣官措置，齎發米斛就鄉村賑給。逐州委通判點檢〔二〕，逐路委提舉常平官按察〔三〕，仍令御史臺覺察彈劾。」

二十八日，詔：「近有紹興府等處飢民在此求乞，日有飢死者，可令臨安府日下給米賑濟。」

三月二日，上諭輔臣曰：「近日紹興飢民多有過臨安者，深可憐憫，蓋是保正、副抄劄漏落，是致流移。可令臨安府多方措置賑濟，户部應副米斛。其諸路州縣災傷去處，宜申飭監司、守臣依已降指揮貸給種糧，庶幾秋成可望。」

四月六日，上諭輔臣曰：「兩浙等路災傷去處，可令提舉常平官親詣所部借貸種糧，務要實及飢貧民户，毋令州縣及當行人侵剋，徒爲文具。」

九月十三日，詔兩浙東路提舉常平秦昌時除直祕閣、兩浙東路提點刑獄公事。以安撫司言：「紹興府、明、婺州水旱災傷，昌時悉力賑濟，乞賜褒擢。」故有是詔。

二十四年五月十[61]七日，尚書省言：「衢州闕食人户，令本路常平官賑濟外，竊慮未到之前，人户闕食，有妨歸業。」詔令本州日下賑濟，仍曉諭各令歸業。

六月一日，上諭輔臣曰：「官司賑濟，止及近郭游手之人。其鄉村遠處，宜令提舉官及州縣常平官躬親措置，務使實惠及於貧下。」

二十七年十月二十九日，詔：「令四川制置司、總領所并逐路轉運、常平司，各具管下州縣有無旱傷聞奏。如有實被旱傷去處，仰支撥常平錢米賑濟。或支用不足，即於存留舊宣撫司樁積錢米内量度取撥。」

二十八年八月十六日，上諭輔臣曰：「浙東、西瀕江海去處，田苗爲風水所損，平江府最甚，紹興次之。已將常平米賑濟，尚慮貧弱下户去秋成尚遠，無錢可糴，深軫朕懷。卿等可令發義倉米賑濟。」宰臣沈該等奏曰：「在法，災傷及七分以上，合行賑濟。當遵稟聖訓，就委趙子潚、都絜依次施行。」詔：「紹興、平江府被風水損傷，可令趙子潚、都絜體訪委是災傷去處，將第四等以下闕食人户量行賑濟，候晚禾成日住罷。仍具逐處賑濟人户及支撥過米數申尚書省。」

九月二十九日，詔：「在法，水旱檢放苗税及七分以上賑濟。緣田土高下不等，若通及七分方行賑濟，竊慮飢荒

〔一〕上：原脱，據本書食貨五七之二〇、五九之三二補。
〔二〕州：原作「路」，據本書食貨五七之二〇、五九之三二、《補編》頁五九二改。
〔三〕路：原作「州」，據本書食貨五七之二〇、五九之三二、《補編》頁五九二改。

人户無以自給。可自令後災傷州縣檢放及五分處，即令申常平司，取撥義倉米量行賑濟。」

二十九年二月二十五日，詔：「令逐處守臣於見管常平、義倉米内取撥二分，減市價二分賑糶，内臨安府於行在樁積米内借撥。」

四月二十六日，詔：「紹興府山陰縣檢放、賑濟不均去處，令淛東常平官再驗合放實數申。其第四等以下不曾經賑濟者〔一〕，令遵節次已降指揮賑濟施行。」

閏六月四日，提舉兩淛路市舶曾愔言：「去秋州縣有被水災傷去處，細民艱食，多方賑濟，及將常平米減價出糶，飢民賴以全活。而其間奉行不至者，其弊有三：賑濟官司止憑耆保、公吏抄劄第四等以下逐家人口，給曆排日支散。公吏非賄賂不行，或虛增人口，或鐫減實數，致姦僞者得以冒請，飢寒者不霑實惠，其弊一也。賑糶常平米斛，比市價低小，既糴者不分等第，不限口數，則公吏、倉斗人家等多立虛名盜糴，遂使官儲易於匱乏，其弊二也。賑濟户口數多，常平樁管數少〔二〕，州縣若不預申常平司於旁近州縣通融那撥，米盡旋行申請，則中間斷絶，飢民反更失所，其弊三也。欲望行下有司嚴立法禁，力革其弊。公吏抄劄不實，與夫州縣申請失時者，並寘嚴科。委提舉官往來部内賑濟去處體訪，如有違戾，按劾以聞。」從之。

三十一年正月二十六日，詔：「令逐州府差官抄劄實貧乏之家，於見樁管常平錢米内依臨安府例賑濟。分委有心力官俵散，務在實惠，不得減剋。仍具支過錢米數目以聞。」

八月三日，都省言：「淮西州軍先因欠[62]債逃避出没之人，理合賑給。」令淮西提舉常平官日下於附近州軍取撥常平、義倉米三千石，前去濠州賑給，仍令龔濤、劉光時照會，常切存恤，毋致失所。

三十二年二月三日，詔：「兩淮歸業民户（難）〔艱〕於食用，令本路常平司賑濟。如闕米，於淛西、江東常平米内各取撥一萬石，應副支散。」

五月二十七日，特進、觀文殿大學士、判建康軍府事張浚言：「體訪得東北今歲米價踴貴，欲乞朝廷多撥米斛〔三〕、錢物，赴淮南賑濟支用。」詔令淛西、江東常平司各更於近便州軍支撥常平米一萬石。

孝宗隆興元年二月十八日，尚書户部員外郎、奉使兩淮馮方言：「據高郵軍百姓狀：『自前年金賊犯順，燒毁屋宇，農具、稻斛無餘，歸業之始，無以耕種。』欲乞就附近支撥常平及義倉米，委本路提舉司令高郵軍措置借貸〔四〕，拘認催索，趁此農時，早得布種，以寬秋冬艱食之憂。其餘兩淮州縣經賊馬侵犯去處，亦令依此體例施行。」從之。

〔一〕曾：原脱，據本書食貨五七之二一、五九之三五、《補編》頁五九三補。
〔二〕樁：原作「該」，據本書食貨五七之二一、五九之三五、《補編》頁五九三改。
〔三〕欲：原無，據本書食貨五七之二一、五九之三七、《補編》頁五九三補。
〔四〕委：原脱，據本書食貨五八之一、五九之三八、《補編》頁五九三補。

三月二十九日，詔曰：「霖雨爲沴，雖側身修行，尚恐誠意未孚。可令諸路監司、守令，應遇災傷去處，常切賑恤困窮，糾察刑禁，仍各條具聞奏。」

六月十八日，詔：「兩浙、江東下田傷水，衝損廬舍，理宜寬恤。令逐路常平司行下州縣，將被水人户疾速依條借貸，以備布種。將來見得損傷，即從實檢放。其衝損廬舍之家〔一〕，多方存恤賑濟，措置安泊，無令失所。」

七月十九日，權知盱眙軍周淙言：「泗州、盱眙軍去歲虜人驚移，不曾耕種。近淮北流移之民稍多，米價頓長，極邊之地販運不通。已將本軍米斛比市價減半置場出糶，每日糶及五十石。但去秋成稍遠，而本軍米斛已盡，乞支撥三千石廣行賑濟。」從之。

九月二十四日，詔：「紹興府飢民，以義倉米依紹興十八年例賑濟之。」從知府事吴芾請也。

十月二十一日，知紹興府吴芾言：「本府今年災傷異常，豪右之家閉糴待價。欲招誘出糶最多之人，從本府保明，申取朝廷詳酌推恩。」從之。

二十七日，兵部尚書、兼湖北京西路制置使虞允文言〔二〕：「京西一路今歲旱蝗，乞下本路常平司，候開春日〔三〕，將所管常平、義倉米廣行賑濟。」從之。

二年三月十日，詔：「徽州旱蝗爲災，可將常平、義倉米出糶賑濟。如本路州軍亦有似此去處，依此施行。」

二十七日，德音：「高、藤、雷、容州應曾被焚劫逃避人户，仰守、令多方招誘歸業。內闕食不能自存之人，依災傷法賑恤；即雖歸業而無力耕種者，令提刑司以牛具、種糧借貸之。」

七月二十四日，臣僚言：「建康、鎮江、平江府、常、秀等州，今年秋淫雨不止，大水爲災，目今米價見已翔踴。乞命提舉司依條賑濟農民，不可使至流徙。仍行下諸州，勸諭居停米穀之家平價出糶。」從之。

八月二十三日，詔：「臨安府米價增貴，細民艱食，令常平出米二萬石賑糶。」

二十八日，詔：「訪聞淮東有[63]被水去處，人户遷徙，可令錢端禮於本路見管米斛內支撥一萬石，措置賑濟。如不足，於淮東總領所大軍米內取支。」

九月四日，知鎮江府方滋言：「丹徒、丹陽、金壇三縣，今秋雨傷稼穡〔四〕，已委官詣金壇縣取撥義倉米二千石，丹陽縣一千石，各依乞丐法賑濟。尚慮管下少有客販米斛，及乘時射利，高擡價直，民户艱於收糴，遂措置就委官於金壇縣添撥米一千二百石〔五〕，丹陽縣添撥米八百石，丹徒縣撥米五百石，並各減價，每升作二十五文省，置場賑糶，每

〔一〕衝：原作「充」，據本書食貨五八之二、五九之三八、《補編》頁五九三改。
〔二〕京：原作「荆」，據本書食貨五九之三九改。
〔三〕候：原作「後」，據本書食貨五八之二、五九之三九改。
〔四〕今：原作「金」，據本書食貨五八之二、五九之四〇、《補編》頁五九三改。
〔五〕一：原作「二」，據本書食貨五八之二、五九之四〇、《補編》頁五九四改。

人日糴不得過二升。竊慮豪右之家閉糴待價〔一〕，除已勸諭賑糶外，乞依紹興九年七月二十九日指揮，將出糶米穀人依立定格目推賞〔二〕。仍乞立定有官人糶米比類遷轉賞格行下。其或他州之人有能般販前來賑糶，及得數目，亦與一例保明推恩。」從之。其後方滋又言：「今歲江東、二浙皆是災傷去處，獨湖南、廣南、江西稍熟，相去既遠，客販亦難，勢當有以誘之。欲乞朝廷多出文榜，疾速行下湖、廣諸路州軍，告諭客人，如般販米斛至災傷州縣出糶，仰具數目，經所屬陳乞，並依賞格即與推恩。州縣出糶官米，往往只在近郭，勸諭民間出糶者亦多搬入城市，以至村落山谷之民無處告糴。乞敦請士人及寄居之忠實可委者，四散監糶，庶被惠者廣。州縣閉糴，朝廷舊有約束，今聞州縣不務均濟，往往禁人般販。乞委監司嚴行覺察，將閉糴之官按劾施行。」從之。

十九日，詔：「今秋霖雨害稼，細民艱食，出内庫銀四十萬兩付户部變轉，收糴米斛賑濟。」

二十一日，中書門下省言：「今歲浙西、江東州軍内有水傷去處，損害禾稼，竊慮民户流移闕食。乞下江西常平司，於見管常平、義倉米内取撥二十萬碩賑濟。」從之。

閏十一月十九日，臣僚言：「淮南流移百姓見在江、浙州軍，無慮十數萬衆，雖欲賑濟，緣官司米斛有限〔三〕。近降指揮，有田一萬畝，出糶米三千碩。其餘萬畝以下，却有不曾經水災、收蓄米斛之家，糶價倍於常年。今相度，欲委逐州見不曾經水災處，占田一萬畝以下、八千畝以上，立定出糶米一千五百碩。如此，可以廣有出糶之數，應接急闕支遣。」從之。

二十五日，上封事者言：「虜騎犯邊，兩淮之民皆過江南。緣鎮江潮閘不開，老小舟船艤泊江岸者數千隻，近日大雪，皆有暴露絶食之患，欲乞廣行賑濟。」詔專委浙西、江東提舉照應見行條法，通融取撥一路常平米斛，躬親賑濟。臣寮又言：「近嘗具奏，乞賑給兩淮流移之民，伏蒙施行。竊覩近日有司措置，於多田之家廣加和糴，今諸處各有糴到米斛。欲望於浙西、江東、西諸郡和糴到米内取撥二三十萬石，令逐路轉運司日下措置般運，分往兩淮經殘破州縣鄉村，委逐處守、令遍行賑濟，招誘流民歸業。其貧困之人不能 64 自存者〔四〕，日計口數給糧。」詔依。

十二月十三日，詔：「兩浙路州軍内有災傷民户闕食去處，專委本州守倅，以常平米措置減價賑糶。」

乾道元年正月十九日，詔：「已降指揮，逐路州軍災傷

〔一〕糴：原作「糶」，據本書食貨五八之二、五九之四〇、《補編》頁五九四改。

〔二〕目：原作「日」，據本書食貨五八之二、五九之四〇、《補編》頁五九四改。

〔三〕「斛」下原衍一「例」字，據本書食貨五八之三、五九之四〇、《補編》頁五九四刪。

〔四〕困：原脱，據本書食貨五八之三補。

去處，措置賑濟。訪聞州縣止是抄劄城內闕食之人〔一〕，其鄉村貧民多不霑惠。令逐路轉運司行下逐州，委官遍詣鄉村賑糶，并勸糶民間米斛，不得因而搔擾。」從中書門下請也。

二十一日，詔：「紹興諸縣米價騰踴，飢民闕食，沿湖之民多有死損，理宜賑恤。可專委徐嘉、喻樗多方措置賑糶，務要實惠及民。仍委提刑司體究逐縣死損過人數以聞。」從中書門下請也。

同日，詔：「浙西州軍被水災去處，已令賑濟。訪聞湖、秀州流移之人甚衆，竊慮州縣奉行不虔，可令曾愭躬親前去，多方措置賑濟，毋令失所。將州縣官吏措置有方保明聞奏，其弛慢去處，具名按劾。」從中書門下請也。

二月三日，詔：「兩浙〔二〕、江東州軍緣去歲間有水傷去處，至今春米價翔踴，細民流移，甚可矜恤。仰守、令多方措置賑濟，於本州應管錢米內取撥應副。仍籍定數目，隨管內寺觀大小均定人數賑濟，柴錢責付主守掌管支用，務令實惠均及流民，毋致殍餓。如奉行滅裂，仰提刑司按劾，重寘典憲。賑濟有方，具名聞奏，當議旌賞。」

六日，中書門下省言：「兩浙東、西路緣水傷，細民艱食，累降指揮令諸州賑濟，及勸上户糶米，并造粥給食，非不詳盡。竊慮州縣奉行滅裂，未見實惠及民。」詔浙西委吏部郎官魯訔、浙東委司封郎官唐閱，躬親遍詣諸路州縣檢察，如有違戾去處，具當職官姓名申尚書省。其措置有方，亦仰保明聞奏。

八日，詔：「高郵軍、壽春府流移之民，令淮東總領所將太平州蕪湖縣起到江西常平米內取撥一千碩，應副高郵軍；於滁州金人遺棄下米內取撥二千碩，應副壽春府賑濟。」從江淮都督軍馬楊存中之請故也。

九日，詔：「臨安府諸縣賑濟，竊慮奉行不虔，差監察御史程叔達日下躬親前去檢察。如有違戾去處，具當職官姓名申尚書省；其措置有方，亦保明聞奏。」

十一日，中書門下省言：「臨安府內外飢民頗多，竊慮有賑濟未盡者。」詔委姜詵、韓彥古同臨安府專一措置賑濟，毋致失所，仍約束所差官吏不得作弊滅裂。

三月十三日，詔：嚴、衢、婺、處州荒歉，發常平米以賑之。從殿中侍御史章服請也。

四月十三日，尚書度支員外郎曾愭言：「今歲浙西災傷，諸縣勸諭大姓出米，賑濟者即是給與，賑糶者姑損其直，賑貸者責認其償〔三〕。欲乞將逐縣勸諭到賑濟米，謂如三千石者，知縣與減一年磨勘，計其多寡以爲之等差。賑貸三百碩〔四〕，比賑濟一百碩。州郡於諸縣數外自措置到

〔一〕「聞」原作「問」，「是」原作「有」，據本書食貨五八之三、五九之四一、《補編》頁五九四改。
〔二〕浙：原作「淮」，據本書食貨五八之三、五九之四一、《補編》頁五九四改。
〔三〕償：原作「傷」，據本書食貨五八之四、五九之四二、《補編》頁五九四改。
〔四〕貸：原作「濟」，據本書食貨五八之四、五九之四二改。

賑濟、賑糶數，及委令佐分鄉勸諭者，守臣與令佐賞亦如之。大小麥減米數之半以計其數。」詔65令有司第賞格行下，浙西提舉常平保奏施行。

五月二十四日，詔：「廣、英、連、韶州、肇慶、德慶府，以峒民殘破，令廣東提舉常平司依條賑濟。」從廣東提刑石敦義請也。

同日，詔光州屢經兵火，令淮西總領所撥會子一萬貫、江西轉運司支米五百碩賑濟之。

六月十八日，知宣州王佐言：「本州自五月七日至二十六日，雨如傾注，山發洪，被水之人闕食者衆。欲將見管常平糴米錢八萬餘貫循環作本，差官收糴米斛賑濟。」從之。

二年二月三日，兩浙路轉運判官姜詵言：「浙西州縣災傷，民户闕食。乞下諭州軍府官守臣疾速措畫，其闕食民户量行賑濟，勸諭田主、豪右之家借貸種糧。」詔令浙西提舉常平官相度措置。

九月七日，詔浙東提舉常平宋藻前去温州，將常平、義倉米賑濟被水闕食人户。如本州米不足，通融取撥。權發遣温州劉孝韙言：「本州八月十七日風潮傷害禾稼，漂溺人命。所有義倉米五萬餘碩，先蒙奉使司農少卿陳良弼盤量在倉，不得支借。若候申稟，深恐後時，逐急一面賑給外，有不候指揮先次開發之罪，乞施行。」得旨放罪。

十一日，詔：「温州水災，差度支郎中唐瑑〔一〕，同提舉常平宋藻、守臣劉孝韙遍詣被水去處，覈實賑濟。」

三年八月二十五日，詔：「諸路州縣約束人户，應今年生放借貸米穀，只備本色交還，取利不過五分，不得作米錢算息。」以臣寮言：「臨安府諸縣及浙西州軍，舊來冬春之間，民户闕食，多詣富家借貸，每借一斗，限至秋成交還，加數升或至一倍。自近年歲歉艱食，富有之家放米人立約，每米一斗，計錢五百。細民但救目前，不惜倍稱之息，及至秋收，一斗不過百二三十，則率用米四斗方糶得錢五百，以償去年斗米之債。農民終歲勤動，止望有秋，舊逋宿欠，索者盈門，豈不重困？夫民之貧富有均，要是交相養之道。非貧民出力，則無以致富室之饒；非富民假貸，則無以濟貧民之急。豈可借貸米斛，却要責令還錢？」故有是命。

十二月二十六日，左朝散郎孫觀國言：「四川州郡亢旱，内綿、劍州尤甚，乞遣金字牌行下制、總諸司多方賑濟。」上曰：「此去麥熟尚遠，想見飢民狼狽，當依所奏。」

四年四月十一日，司農少卿唐瑑言：「福建、江東路自今春米價稍高，民間闕食。郡縣雖已賑糶，止是行之坊郭，其鄉村遠地不能周遍。」詔：「逐路提舉常平官疾速措置津發見樁米斛，分委州縣清强官廣行賑糶，或勸諭積穀之家接續出糶，不得因而抑勒搔擾。諸路依此。」

六月四日，詔：「建寧府、衢州、袁州、建昌軍米價翔

〔一〕瑑：原作「琢」，據本書食貨五八之五、五九之四三、《補編》頁五九五改。

踴，人民闕食，並出常平米賑濟之。」

二十六日，詔：「襄陽府水旱民飢，令本府寄樁大軍米内支降二萬石賑濟之。」

十二月二十六日，雷州言：「八月一日海潮暴漲，渰浸東南鄉民，闕食者衆。」詔令禮部給降度牒十66道〔一〕，付廣西提刑司變賣，措置賑濟。

五年三月六日，提舉江東常平公事翟紱言：「竊見饒州諸縣去年被水災傷，合行賑糶。乞將常平舊管米一千六百五十二碩九斗六升五合，并收到乾道四年分義倉米五千二百一十五碩二斗九升五合，委官賑糶外，其池州建德縣與饒州接連，飢荒尤甚，更乞將常平米内支撥七百一十九碩六斗二升，并拘到乾道四年義倉米内支撥二百二十二碩一斗七升〔二〕，將約度被水第四等、第五等以下大小人口，量行賑濟。」從之。

九日，知鎮江府陳天麟言：「本司昨奉指揮，將歸正人顧政等二百一十八户，大小計一千一百一十口，并續括責到高琮等五十一户，計二百三十六口，許令於常平、義倉米内取撥賑濟。至乾道五年五月終合行住支，竊慮狼狽失所；兼本府又不住有一般歸正人楊貴等四十三户陳乞賑濟，欲將逐項歸正人更與展支一年，庶幾小民始終得霑恩惠。」從之。

四月十四日，詔：「饒、信州連歲旱澇，細民艱食，可出常平、義倉米以賑之。」

同日，權發遣江南東路計度轉運副使趙彦端等言：「臣等近恭奉御筆處分，以饒、信二郡常有水患〔三〕，令臣等協力應辦儲蓄賑濟。臣等措置，將信州合起赴建康府大軍米一萬五千石截留樁管，及將合起赴鎮江府米二萬碩内，將一萬碩就便樁管，將一萬碩往饒州準備支使。今據饒州知府黄玠劄子稱〔四〕：『雖蒙提刑司撥到義倉米六千八百餘碩，不了一月賑糶之數〔五〕。乞備申朝廷，於樁留米内支撥二萬碩添助賑糶。』臣等照得饒州合發上供米斛除樁留外，尚有合起赴行在米一萬一千九百六十碩，臣等除已一面逐急行下饒州，於内先次取撥一萬碩量度市直減價賑糶外，候信州起到米一萬石，却行拘收，理充合起之數。兼慮信州亦有似此闕食去處，臣等已行下信州取撥米五千碩，依此減價賑糶去訖。所有饒州前後樁留米四萬碩，欲乞早降指揮，許再撥一萬碩，更令接續賑糶。」從之。

五月十日，提舉江南東路常平茶鹽公事翟紱言：「臣近因巡歷到饒、信州，面諭逐州知、通，委請諸縣令、佐勸諭

〔一〕「十」下原衍「一十」字，據本書食貨五八之五、五九之四四、《補編》頁五九五刪。
〔二〕二十二：原作「二十」，據本書食貨五八之五、五九之四四、《補編》頁五九五補。
〔三〕常：原作「嘗」，據《補編》頁五九五改。
〔四〕據：原脱，據本書食貨五八之六、五九之四四、《補編》頁五九五補。
〔五〕「一」下原衍「一」字，據本書食貨五八之六、五九之四五、《補編》頁五九五刪。

上户，將積蓄米穀減價出糶，接濟細民食用。今饒州并諸縣申到，依應勸諭得上户願糶米穀共計一十九萬六千六百碩六斗五升，并轉運司支撥到上供米一萬碩，付饒州賑糶。緣逐項米數委可接濟細民食用，所有臣先來奏乞更支米一萬碩〔一〕，欲乞住撥，候所糶米穀盡絶，如民間尚闕米穀，即別具奏乞支撥施行。」

十月（十）四日〔二〕，詔台州出常平、義倉米賑濟被水之民。

六日，權發遣兩浙路轉運副使劉敏士言：「温、台二州近因風水飄損屋宇、禾稼，雖將義倉米賑濟，緣被水丁口至多，竊慮來年秋成尚遠，將何以繼？臣今措置，欲令各 67 州勸募上户，官借其貲，往浙西諸州豐熟去處般販米糧，中價出糶。至來年秋間，却輸納錢本還官。庶幾般販既多，米稍停蓄，其價自平。今來温州已募上户，借與錢本，見行措置，唯是台州財賦窘迫，無以爲計。臣欲支錢五七萬貫給與台州，令勸募上户般販米斛，以濟飢民。」詔：「令兩浙轉運司差撥人船，於近便州軍户部樁管米及常平、義倉米内取撥三萬碩，前去台州，委官於被水去處減價出糶。其糶到錢，令本司拘收，撥還元取米去處。」

十七日，新權發遣福建路轉運副使趙彦端言：「竊見饒、信之間，地瀕湖、江，連有水患。欲望每歲於饒、信兩州上供米内各截留數萬碩。若次年不曾出糶，或有出糶未盡之數，即行起發，却以當年新米代充，稍倣常平以新易陳之意。」詔今後每歲逐州各截留三萬碩，準備出糶。

二十八日，知揚州、主管淮東安撫司公事莫濛言：「契勘本路楚州、盱眙軍沿淮鄉村間有旱傷，訪聞得鄉民漸至艱食。揚州總領所樁積米内見有一萬餘碩，乞令楚州、盱眙軍般取前去賑糶。所有價錢，赴總領所輸納，却令徑自糴米〔三〕，依舊樁積。不唯接濟飢民，又得以陳易新，委是兩便。」從之。

十一月十五日，詔：「今歲淮東州軍間有旱傷去處，竊慮冬春之交米價增長，民間或致闕食，可將淮東見管常平米三萬六千六百餘碩，令淮東常平司相度委官置場，量行減價賑糶。糶到價錢，令項樁管，候將來秋成日，却行收糴補還。」

十二月二十四日，成都府潼川府夔州利州路安撫制置使〔四〕、兼知成都軍府晁公武言：「成都府自天聖間，知府韓億於本府南倉創永利敖，每歲出糶，以六萬碩爲準，以拯貧民。自二月一日糶賣，至八月終止。又有拘收到户絶官田、廣惠倉米，歲給養病貧民。崇寧五年準詔旨：『成都糶

〔一〕「更」下原有「乞」字，據文意删。
〔二〕「四」上原衍一「十」字，據本書食貨五八之六、五九之四五、《補編》頁五九五删。
〔三〕却：原作「徑」，據本書食貨五八之七、五九之四五、《補編》頁五九六改。
〔四〕潼川府：原作「潼川縣」，據本書食貨五八之七、五九之四六、《補編》頁五九六改。

賣貧民米如有闕數，許轉運司樁錢對糴〔一〕，常平司應副，仍不得妨常平司支用。』大觀二年〔二〕，知府席旦奏請：『成都府每歲糴米六萬碩，近來轉運司以無米，應副三分之一，不足以賑惠貧弱。乞下四川，每年如米價稍貴，委逐州長吏體量，將義倉米依常平法減價出糶。』至宣和五年，又準詔旨：『成都府今後如遇米價踊貴，依席旦已得指揮，將義倉米減價出糶，收樁價錢，歲稔却行收糴。』自此之後，間遇荒歉，緣義倉所收數少，賑惠不足。臣自到任後來，節次措置，糴買到米四萬二千九百六十餘碩〔三〕，通本府遞年積到常平、義倉米二萬九百八十餘石，差官抄劄府城内外貧民，給牌曆，置場減價糶賣，以濟飢民。本府雖有所收義倉米斛，一年止有八千餘石。見根刷本府公使等庫并制置司激賞庫錢物三十餘萬貫，差官往瀘、叙、嘉、眉等州乘時收糴米斛，約可得六萬餘石，津運前來府倉別敖收貯，復韓億永利敖所樁 68 歲（羅）〔糴〕之數，仍以廣惠倉爲名。每斗減價作三百五十文，專充賑糶，不許他用。拘收本錢，循環添貼。日後本府諸庫儹積到錢物，糴買以備久遠賑濟，仰副朝廷勤恤民隱之意。」詔依，其糴到錢，日後專充賑糶本，不得他用。」晁公武令學士院降詔奬諭。

六年閏五月十一日，詔：淛西州軍大水，令呂正己前去措置賑濟。既而臣僚言：「已差呂正己措置淛西被水居民。乞就委漕臣於本路取見州縣被水實數，官爲貸其種穀，再種晚稻。將來秋成〔四〕，絶長補短，猶得中熟。諸路如有似此去處，亦乞依此施行。」從之。

六月十二日，權江南東路轉運副使張松言：「寧國府、建康府、太平州、廣德軍圩田均被渰没〔五〕，委實災傷。逐州差官賑濟被水人户，一依太平州例，每月支散錢米。所有第四等人户，依條不該賑濟，乞將常平米減價出糶。」從之。

十八日，提舉福建常平茶事鄭伯熊言：「福建路八州軍府縣，自入夏以來闕少雨澤。其上四州軍府雖時得甘雨，猶未霑足，早禾多有傷損；下四州軍亢旱尤甚，晚種有不得入土者。乞將所在米價依條支撥常平米斛賑濟。」從之。

八月二十四日，詔淮南路轉運司於廬州樁積米内取撥三千碩，應副濠州賑糶。

九月十四日，詔於建康府樁管米内取撥一十萬碩，限一月津發赴廬、和州樁管，準備賑糶。

十月二十一日，詔淮東總領所於揚州樁管米内，撥一萬碩應副楚州賑糶，五千碩應副盱眙軍賑糶。

〔一〕糴：原作「羅」，據本書食貨五八之七、五九之四六、《補編》頁五九六改。
〔二〕大：原作「太」，據本書食貨五八之七、五九之四六、《補編》頁五九六改。
〔三〕買：原作「賣」，據本書食貨五九之四六、《補編》頁五九六改。
〔四〕「成」下原衍一「成」字，據本書食貨五八之七、五九之四六、《補編》頁五九六刪。
〔五〕圩：原作「均」，據本書食貨五八之七、五九之四六、《補編》頁五九六改。

十二月二日，詔江東轉運司將江西路合起赴建康府米三十萬碩内，取撥十萬碩赴太平州，五萬碩赴池州樁管，準備賑糶。

九日，詔湖州將樁積和糴米五萬碩賑糶水災之民。

同日，詔淮東總領所於揚州見管米内取撥一萬碩，分淮東州軍賑糶。

二十六日，詔：「和州旱澇，禾麥損傷，可借撥米一萬碩賑糶飢民。」

乾道七年正月八日，詔兩浙路轉運判官胡堅常同淛西路提舉常平司措置賑糶，務施實惠。

十三日，江東轉運副使沈度言：「廣德軍災傷尤重，欲望支降米二萬碩，水運至本軍，委自守、倅拘收賑糶。」詔令沈度取撥二萬碩，措置津運赴廣德軍，委本軍守、倅賑糶。

二十二日，利州觀察使、知襄陽府韓彦直言：「去歲秋苗不登，乞於本府寄樁大軍米内支降三萬碩賑濟。」從之。

二十九日，詔：「淛西常平司於平江府常平、義倉米内借撥五萬碩，應副湖州賑糶，接濟飢民。」從知州向（均）〔汮〕之請也。

二月六日，詔：「招信縣荒歉，已支米二千石賑濟，更於揚州樁管米内撥三千碩賑糶。」

八日，權知高郵軍劉彦言：「本軍高郵、興化縣人户旱澇，又有黑鼠傷稼。乞於本軍大軍倉内取撥米一萬碩，每斗作價錢一百五十文省出糶。遇豐熟日，却從收糴。」從之。

同日，廬州言：「本州旱傷，據合肥等縣人户陳乞借貸，及有歸正人乞賑69濟。近蒙支撥常平米五萬碩付廬州、和州準備賑糶〔一〕，於内已撥一萬碩賑糶與和州闕食人户。今欲更撥一萬碩，借貸與前項飢民及歸正人，候將來成熟日撥還。」從之。

四月十五日，光州觀察使、高郵軍駐劄御前武鋒軍都統制，兼知楚州陳敏言：「本州去年因黑鼠傷稼，兼秋間水旱，農民飢饉，蒙下通州撥五千碩，又下總領所支米一萬碩。以通州水路遥遠，止就揚州般到米一萬碩賑糶。本州户口既繁，食用日廣，賑糶官米今已不多，欲望再撥米一萬碩付本州賑糶。」詔令本路常平司，將通州未撥米五千碩疾速科撥應副。

七月六日，詔：「江西州軍間有闕雨去處，合行措置收糴米斛，準備賑糶。可令龔茂良拘收單夔已刷到發運司奏計錢，并江州有發運司貿易等官會子，共湊二十萬貫，於江、淛豐熟去處收糴米斛一十萬碩，均撥赴最不熟州軍樁管，申三省、樞密院。」

同日，詔：「江西路今歲間有旱傷州縣，責在守、令究心賑恤。可令本路帥臣將旱傷州縣守、令精加審量，如内有老謬不能究心職事之人，先次選擇清强能吏前去對易，

〔一〕準：原作「淮」，據本書食貨五八之八、五九之四七、《補編》頁五九六改。

措置賑濟存恤施行。開具已對易官職位、姓名，及見作如何賑恤事件聞奏。」八月一日，詔湖南旱傷州縣亦合依此施行。

十三日，詔：「昨發運司於潭、衡、全、道、邵州、桂陽軍和糴米斛，未曾支撥。可令湖南轉運司將糴到米撥赴災傷州軍樁管，賑濟、賑糶。」

八月一日，詔：「江州今歲旱傷，見今已有流民，守臣坐視，不據實申奏。專委漕臣一員日下起發前去江州，同守臣將見管常平、義倉米斛四萬四千餘碩措置賑糶。如不足，即仰收糴客米。或尚闕少，仰於本州見樁管朝廷米內逐急借兑賑糶。仍具已如何措置及賑糶過數目，并委官起發月日以聞。」從中書門下請也。

同日，詔：「饒州旱傷，除已存留米一萬碩賑糶外，可於本州米內更存二萬碩，日下措置賑濟。」

同日，中書門下省言：「湖南、江西間有旱傷州軍，切慮米價踴貴〔一〕，細民艱食。富室上户如有賑濟飢民之人，許從州縣審究詣實，保明申朝廷，依今來立定格目給降付身，補受名目。無官人：一千五百碩，補進義校尉；願補不理選限將仕郎者聽。二千碩，補進武校尉；如係進士，與免文解一次；不係進士，候到部，與免短使一次。四千碩，補承信郎；如係進士，與補上州文學。五千碩，補承節郎。如係進士，補迪功郎。文臣：一千石，減二年磨勘；如係選人，循一資。二千碩，減三年磨勘，如係選人，循兩資。仍各與占射差遣一次；三千碩，轉一官，如係選人，循兩資。仍各與占射差遣一次；五千石以上，取旨優與推恩。武臣：一千碩，減二年磨勘〔二〕，陞一年名次；二千石，減三年磨勘，占射差遣一次；三千石，轉一官，占射差遣一次；五千碩以上，取旨優與推恩。其旱傷

70 州縣勸諭積粟之家出米賑濟，係敦尚義風，即與進納事體不同。」詔依，其賑糶之家，依此減半推賞。如有不實，官吏重作施行。尋詔江南東路、荆湖北路依此制。

八日，兩浙路轉運判官胡堅常言：「昨蒙朝廷委以賑糶，平江府常熟知縣趙善括勸誘上户，米數倍於諸邑；崑山知縣聞人大雅委之吏輩，寅緣爲姦。欲望朝廷將此二人量賜懲勸。」詔趙善括特轉一官，聞人大雅特降一官。

十六日，權發遣隆興府龔茂良言〔三〕：「以本路旱荒，御膳進素，而臣忝一路兵民之寄，合賜罷斥。」詔：「龔茂良爲一路帥臣，當兹旱暵，而乃引咎自歸，欲求閑退，非朕責任帥守之意也。可劄與龔茂良，宜講救荒之政，散利薄征，以至攘除盜賊，勉修乃職，安輯一路之民。所請不允。」

二十〔三〕〔二〕日〔四〕，資政殿學士、知建康府洪遵言：

〔一〕貴：原脱，據本書食貨五八之九、五九之四八、《補編》頁五九七補。
〔二〕二：原作「三」，據本書食貨五八之九、五九之四八、《補編》頁五九七改。
〔三〕權：原作「勸」，據本書食貨五八之九、五九之四八、《補編》頁五九七改。
〔四〕二十二：原作「二十三」，據本書食貨五八之九、五九之四九、《補編》頁五九七改。

「饒州、南康軍今歲旱災非常〔一〕，旱種不入土，晚禾枯槁，兩郡飢民聚而爲盜〔二〕。乞檢照江西、湖南已行賑濟體例，憑遵施行。」從之。尋詔本路提舉常平司更於附近州軍取撥常平、義倉米五萬碩付饒州，五萬碩付南康軍，應副賑糶。

二十五日，權發遣隆興府龔茂良言：「本路州軍被災輕重不等：贛州、南安、建昌旱禾小損，晚稻無傷；次則吉、撫、袁州，時有雨澤，所損亦有分數；惟是隆興〔府〕〔三〕、江、筠州、興國、臨江軍荒旱尤甚，早禾皆死〔四〕，晚稻不曾栽插，自來未嘗似此飢歉。已分委官前去，同守、令講究利害。相度欲將江、浙糴到米就近徑赴建康或鎮江總領交納，却就截本處上供米賑濟〔五〕，理充所糴之數。大姓巨商勢必閉糴，本（州）〔府〕已立下價直，每碩止一貫五百四十文足，比之市價，折錢七百六十文足。以一名若認糴二萬碩，共折錢一萬五千二百餘貫足。若不優異推賞，恐無人願就。今進納迪功郎係八千貫文省〔六〕，比之以二萬碩米中（糴）〔糶〕入官，折閱之數，不啻過倍。欲乞補充迪功郎，有官人許轉一官資，及見係理選限將仕郎，並許參部注受合入家便差遣〔七〕。」從之。

九月七日，詔：「江南西路諸司申到江州旱傷最甚，除已降指揮許截留并令諸司科撥米外，可令劉孝韙日下躬親前去江州，將本路常平米接續賑糶。」

十一日，詔：「訪聞湖南今歲亢旱，民頗流離。令禮部給降度牒一百道，左藏南庫支降會子一十萬貫，付湖南提舉胡仰之收糴米斛〔八〕，措置賑糶。」

二十二日，敷文閣待制〔九〕、提舉江州太平興國宮張運言：「居閑躬耕，儲粟二千餘石，適逢今歲旱歉〔一〇〕，敢助賑濟。」詔令學士院降詔獎諭。

二十五日，白劄子：「江東、西、湖南州軍今歲旱傷，欲乞依紹興九年指揮，將本路檢放、展閣之事則責之轉運司，遇軍糧闕乏處，以省計通融應副〔一一〕。糶給、借貸則責之常平司，覺察妄濫則責之提刑司，體量措置則責之安撫司。」詔依，仍令逐司各務遵守，三省歲終考察職事修廢 71 以聞，送敕令所立法。本所看詳：「災傷去處，全在賑濟，若不分隸，責之帥臣、監司，竊慮奉行違戾；諸司設有違戾，若不互相

〔一〕常：原作「當」，據本書食貨五八之九、五九之四九、《補編》頁五九七改。
〔二〕盜：原作「益」，據本書食貨五八之九、五九之四九、《補編》頁五九七改。
〔三〕隆：原作「龍」，據本書食貨五八之一〇、五九之四九、《補編》頁五九七改。
〔四〕早：原作「旱」，據本書食貨五九之四九、《補編》頁五九七改。
〔五〕「濟」下原衍一「米」字，據本書食貨五八之一〇、五九之四九、《補編》頁五九七刪。
〔六〕今：原作「令」，據本書食貨五八之一〇、五九之四九、《補編》頁五九七改。
〔七〕入：原作「八」，據本書食貨五八之一〇、五九之四九改。
〔八〕米：原作「大」，據本書食貨五八之一〇、五九之四九、《補編》頁五九七改。
〔九〕待：原作「侍」，據本書食貨五八之一〇、五九之四九、《補編》頁五九七改。
〔一〇〕今：原作「合」，據本書食貨五八之一〇、五九之四九、《補編》頁五九七改。
〔一一〕融：原作「支」，據本書食貨五八之一〇、五九之四九改。

按舉，亦無以覺察。今參詳，許逐司互相按舉，及將已行事件申尚書省，以憑考察。仍立爲三省通用及《職制令》。」從之。是日，宰執進呈江東、西、湖南旱傷依紹興九年諸司分認賑恤事，上曰：「他路或遇災歉，並當依此〔一〕。然轉運司止言檢放一事，猶恐未盡，他日賑濟之類，必不肯任責。」虞允文奏曰：「轉運司管一路財賦，謂之省計，凡州郡有餘不足，通融相補，正其責也。」上曰：「然今降指揮止以『檢放』爲文〔二〕，他日以此藉口逃責，何所不可？」允文奏曰：「乞立法，遇諸郡有災傷處，以省計通融應副。」上曰：「如此，則盡善矣。」故令立法。

十月七日，詔：「江州旱傷，節次已降指揮，取撥本州常平、義倉米四萬四千餘碩，及兑截上供米六千五百餘碩，勸諭上户認糴米二萬八千六百餘碩，截留贛州米一萬碩，及支糴本錢四萬餘貫收糴米斛〔三〕，并令漕臣取撥本路常平米一十萬碩，吉、筠等州見起建康米八萬餘碩，未起朝廷樁管米九萬七千餘碩，及江州元管收糴米，均撥付本州賑糶。并立賞格，勸諭上户出米賑濟、賑糶。倚閣夏税，檢放秋苗，地主、佃户資助賑給。并將禁軍、土軍、弓手免起發，存留防賊。可令帥、漕、提舉官多出文榜。候歲終比較殿最，如官吏奉行滅裂，委御史臺覺察，按劾以聞。」

同日，詔：「饒州旱傷，已降指揮取撥本州常平、義倉米八萬餘碩，及於附近州縣常平、義倉米内取撥五萬，并截留本州見起樁管上供米三萬碩，及獻助米二千碩付本州，并勸諭上户賑糶、賑濟。又倚閣夏税，檢放秋税，及地主、佃户資助賑給。并將禁軍、土軍、弓手並免起發，存留防賊。可令江東帥、漕、提舉官多出文榜，督責守、令多方措置存恤。歲終比較殿最，如官吏奉行滅裂，委御史臺覺察，彈劾以聞。」

十日，權發遣隆興府龔茂良言：「竊詳所立賞格，除出米納官不請價錢即合推賞，所有賑糶，係減半推賞，然不可一槩。若依市價以收厚利，商賈之流販賤賣貴，較其石數，則盡合補授。如此，賞典皆可濫及，飢民不蒙其利。在法，官爲立中價，不得過爲虧損。今欲將賑糶之家並令官司差人監視給曆，記糶過之數〔四〕，究實保明，申朝廷依格補轉。其客販米數或兑便上供米前來中糶入官，如願依立定價例賑糶推賞之人，並一體施行。兼上户若在豐熟處，即合指闕食州縣接濟，合隨本處時價減三分之一，官司給據照證，般載往災傷地分賑糶，即行理賞。」從之。

十二日，知饒州王秬言：「昨蒙朝廷支撥本州樁管米三萬碩，緣軍糧不繼，已兑那支遣。乞別借錢、會糴米，來歲稍稔，却當拘納。」詔令左藏南下庫支會子五萬貫，餘依。

〔一〕並：原作「兼」，據本書食貨五八之一〇、五九之四九、《補編》頁五九八改。
〔二〕止：原作「上」，據本書食貨五八之一〇、五九之四九、《補編》頁五九八改。
〔三〕收糴：原作「收糶」，據本書食貨五八之一〇、五九之五〇、《補編》頁五九八改。
〔四〕記：原作「紀」，據本書食貨五八之一一、五九之五〇、《補編》頁五九八改。

二十三日，直祕閣、權發72遣徽州趙師夔言：「本州管下旱傷，有婺源縣遊汀、來蘇兩鄉尤甚。臣措置到錢一萬五千貫，欲於本州及諸縣常平、義倉内依例定價回糴米五千石，就便給散賑濟。乞令提舉官樁管上件錢，俟開春收糴，補還元數。」從之。

十一月十二日，知建康府洪遵言〔一〕：「太平州蕪湖知縣呂昭問以和糴米爲名〔二〕，禁止米斛不得下河。饒州旱傷，前來收糴米七百五十餘碩，本縣抄劄，不令交還。」詔呂昭問降一官放罷。

十九日，湖南轉運副使吳龜年、司馬倬等言：「本路旱傷，唯潭最甚。昨來黃鈞趲剩米四萬碩，乞充賑糶使用。」詔糶到價錢，循環作本，收糴米斛賑糶。

二十二日，權發遣隆興府龔茂良言：「乞差新知興國軍、右朝請郎陳寅往來被旱州縣，同共措置檢察。乞量差兵級，破本官驛券，行移作本司措置賑濟官。」從之。

八年二月八日，權發遣隆興府龔茂良言：「本路去歲荒旱異常，如隆興府、江、筠州、臨江、興國軍五郡，各係災傷及七八分以上。雖已依條將老幼疾病之人先行賑給，緣人口幾及百萬，委是賑給不周。乞將已得旨取撥到米一十萬碩，并更勸諭上户賑濟給散，庶幾稍宣德意。」詔將續撥義倉米五萬碩令龔茂良充賑給使用，餘常平米五萬碩依舊循環賑糶。

三月十五日，敷文閣待制知潭州陳彌作〔三〕、直徽猷閣荆湖南路計度轉運副使司馬倬言：「潭州安化縣上户進武校尉龔德新〔四〕，平時兼并，遂至巨富，以進納補官。比至旱傷闕食，獨擁厚資，畧不體認國家賑恤之意。」詔龔德新追進武校尉一官勒停，送五百里外州軍編管〔五〕。

四月一日，權發遣隆興府龔茂良言：「本路旱荒，細民闕食，若不廣行賑給，無由可救。竊覩張暈昨緣獻米賑濟，除閤職，又添差本貫兵官，富民歆慕。欲乞明降指揮，出米賑給者，除依格補官外，特與添差本路合入差遣一次，仍依離軍人例減半支給。蓋富民本非急祿，止欲以此爲榮，夸其閭里，如依所乞，必翕然聽從，速得米斛，濟此目前，非小補也。」從之。

十五日，湖北常平司言：「鄂州有紹興十一年至建炎年間歸正人，委是年深，各已樂業，今來却欲同三十一年以後歸正人請錢米。深慮諸州災傷，難以支給。」詔令紹興三十年終以前人免支，自三十一年以後歸正人，照應赦文賑濟。

〔一〕洪：原作「供」，據本書食貨五八之一一、五九之五〇、《補編》頁五九八改。
〔二〕太平州：原作「太州府」，據本書食貨五八之一一、五九之五〇、《補編》頁五九八改。
〔三〕「待」原作「侍」，「彌」原作「瀰」，據本書食貨五九之五一、《補編》頁五九八改。
〔四〕新：原作「興」，據本書食貨五八之一二、五九之五一、《補編》頁五九八改。
〔五〕管：原作「官」，據本書食貨五八之一二、五九之五一改。

八月七日，詔：「四川自入夏以來，陰雨過多，沿流州縣多被其患，如嘉、眉、邛、蜀等州最甚。令四川宣撫司審實被水去處〔一〕，措置賑恤。」從知成都府張震請也〔二〕。

八月，權發遣隆興府龔茂良言：「本司勸諭上户出米賑濟、賑糶，緣所立賞格比尋常鬻爵計之，其直不啻過倍，又有運載之費〔三〕，欲更少加優異。紹興三十二年閏二月十九日指揮：『進納迪功、承信郎，並理爲官户。內迪功郎與免試，先次注授差遣，依奏蔭人例；承信郎、進武、73進義校尉，并與免試弓馬及短使〔四〕，先次注授差遣。』今來勸諭賑濟告敕，元降指揮係敦尚義風，即與進納不同，見得事理尤重〔五〕。雖各係理選限及先與添差本路合入差遣，緣許理官户一節，及將來到部免試、先次注授、依奏蔭人例等事，未嘗立法。」吏、户部看詳：「欲將承信郎比附承節郎，上州文學比附迪功郎〔六〕，依條遇赦注授簿、尉差遣〔七〕。餘並依紹興三十二年閏二月十九日已得指揮，仍比擬獻納已降指揮，理爲官户。」從之。

十月十五日，詔陳寅特轉一官，徐大觀、向士俊、翁蒙之各減三年磨勘，李宗質、王日休、江溥、向澹、戴達先、王澥、胡振、蒲堯仁、汪賡各減二年磨勘，謝諤、劉清之、薛斐、董述、黄旻、趙不比、王杞、鄭著、趙永年、趙公迥各減一年磨勘〔八〕。以賑濟有勞，從江西安撫龔茂良之奏也。

十一月六日，詔應材與轉一官，羅全畧、王阮、陳符、陳確、吕行己、孫逢辰各與減三年磨勘。以賑濟有勞，從湖南安撫使陳彌作、提舉湖南常平胡仰之奏也。

同日，詔道州營道縣主簿卨大和糴到賑濟米四萬碩〔九〕，與減二年磨勘。從湖南提舉常平胡仰之請也。

九年閏正月十七日，詔：「雪寒，細民艱食。令臨安府將貧乏不能自存之家，令左藏南庫支會子六千貫，豐儲倉撥米三千碩，付臨安府，分委有心力官，日下巡門俵散賑濟。每口支錢二百文、米一斗，務在實惠，不得減尅。」（以上《永樂大典》卷一五〇〇二）〔一〇〕

賑貸二

【宋會要】

74淳熙元年二月二十一日，詔：「台、處州去秋大旱，

〔一〕宣：原作「安」，據本書食貨五八之一二、五九之五一、《補編》頁五九八改。

〔二〕張震：原作「王震」，據本書食貨五八之一二、五九之五一、《宋史》卷三四《孝宗紀》二改。

〔三〕載：原闕，據本書食貨五八之一二、五九之五一、《補編》頁五九八補。

〔四〕與：原脱，據本書食貨五八之一二、五九之五一、《補編》頁五九八補。

〔五〕重：原作「甚」，據本書食貨五八之一二、五九之五一、《補編》頁五九九改。

〔六〕功：原作「公」，據本書食貨五八之一二、五九之五一、《補編》頁五九九改。

〔七〕赦：原脱，據本書食貨五八之一二、五九之五一、《補編》頁五九九補。

〔八〕勘：原脱，據本書食貨五九之五二、《補編》頁五九九補。

〔九〕詔：原脱，據本書食貨五八之一二、五九之五二、《補編》頁五九九補。

〔一〇〕《大典》卷次原缺，陳智超《解開宋會要之謎》擬於卷一五〇〇二，當是，因下卷爲卷一五〇〇三。

仰於逐州樁管常平(宋)〔米〕內，令守貳約合用實數申常平司，速行取撥賑濟。衢、婺之間似此去處，比類施行。」從淛東安撫錢端禮請也。

四月七日，詔：「訪聞關外四州去歲秋旱災傷，米價踴貴，竊慮民間闕食，致有流移。可令户部郎官、四川總領趙公亮同本路提舉常平官，日下津運常平、義倉米并附近樁積米前去賑糶。」

二年六月十九日，詔：「湖南、江西將實被茶寇殘擾及逃移人户疾速招撫復業，仍支常平米賑濟。」

九月七日，詔：「淮南今歲間有水旱，民户艱食，流移失業。可令淮南運判趙思日下取撥常平、義倉米賑糶。」

閏九月二日，詔：「諸路常平司每歲於秋成日，視所部郡縣豐歉，其合賑糶、賑給處，仰約度所用及見管米斛，或闕少合如何措置移運，仍須於九月初旬條具聞奏。」以中書門下省言諸路監司言災傷故也。

二十八日，詔：「淮東總領錢良臣體訪淮東旱傷次第分數，於朝廷見樁管米斛內量行取撥，減價出糶：(楊)〔揚〕州米一萬五千碩就本州支，真州一萬碩於(楊)〔揚〕州般運，滁州一萬石就便於建康府樁管米內取撥，高郵軍五千二百石就本軍支，楚州五千石於高郵軍般運，盱眙軍四千八百石就本軍支。」從良臣請也。

十月九日，詔：「建康府 75 災傷，可於樁管朝廷米內借米五萬石，令守臣劉珙措置賑濟。」

二十五日，淮南漕臣言：「今歲和州旱傷尤甚，乞將屯田莊所管稻穀比市價減糶，及濠州樁積米四千五千餘石取撥賑糶〔一〕。」從之。

十二月三日，詔：「寧國府、廣德軍、太平軍旱傷至重，所放苗税統縣皆不及七分，若不行賑濟，竊恐實被災傷及七分以上(貪)〔貧〕民下户向後闕食，流移失所。委提舉常平官督責守、令，將逐鄉村災傷至重人户從實括責，依條賑濟。寧國府、廣德軍、池州并諸縣分各有常平、義倉并樁管米，申提舉常平司支撥。」

三年正月十三日，詔：「淮東旱傷，已節次支降米斛賑糶。其賑貸等事，令常平官依條以時奉行，務要實惠及民。」

二十一日，淮東總領錢良臣言：「去歲淮東旱傷州軍，今來中、下之家無種可種。本所見有馬料稻子一萬二千七百餘石，欲行借撥，應副作種，至秋拘收樁管。」從之。

七月五日，詔：「去歲江東荒歉，安撫使劉珙賑濟有方，米價不至翔踴，居民並無流移，可令學士院降詔奬諭。」

九月十六日，詔：「湖北州軍間有旱傷處，於常平司疾速措置賑濟，毋致人户失業。」

十月一日，詔：「金、洋州、興元府間有旱傷〔二〕，竊慮

〔一〕五千：疑當作「五百」。
〔二〕興元：原作「興化」，據《宋史》卷八九《地理志》五改。

民户艱食。可令四川總領李蘩分差官屬前去〔一〕，將樁積米粟減價出糶。其糶到價錢，候豐熟日補糴，依舊樁管。」

三日，詔：「湖北州軍間有旱傷處，已令常平司疾速依條賑濟，其京西州縣可依湖北已措置事理 76 施行。」

四年九月二十一日，詔：「湖廣總領所就於襄陽府見樁管朝廷米内，取撥次等米一萬五千石應副本府，充賑給歸正貧民支用。」從知襄陽府張子顔請也。

五年十一月二十三日，詔：「高郵軍、楚州於高郵軍樁管米内各支一萬石，泰州於本州支一萬五千石，通州、楚州並於鎮江府賑糶米内各支一萬五千石，並充賑貸。」以淮東提舉司言：「通、泰、楚州、高郵軍已熟之米爲田鼠所傷，乞於逐處樁管米内支給賑濟。」故有是命。

六年四月二十七日，詔：「衢州遭水，米價踴貴，可於義倉米内撥米五千石出糶賑濟。」

十二月二十四日，詔：「和州近緣雨雪，凍餒者多，可於本州樁積米内支借一萬石賑貸。」從守臣請也。

七年二月十七日，詔：「湖南安撫辛棄疾於前守臣王佐所獻樁積米内支五萬石，應副邵州二萬石、永州三萬石賑糶。」以棄疾言溪流不通，舟運艱澀故也。

八月十三日，詔：「近緣河港淺澀，行在米價稍增。可令司農寺行下諸倉，於朝廷樁管米内共分撥一十萬石，專委臨安府守臣措置，多差官屬，分頭置場，低價出糶，務要〔實〕惠細民，不許上户及米鋪户計囑糴買。」

二十一日，詔：「今歲旱傷，令户部於諸倉撥米十萬石，低價令臨安府置場一十五處委官出糶。訪聞所委官多至巳時出糶，午時閉場，致所糶不廣。令自今須至申時住糶，不得阻節，及不得將糠粃和雜作弊。如違，重寘典憲。」八年十二 77 月十七日同〔二〕。

九月十三日，詔：「今歲江東州軍亢旱，令本路提舉常平司將所部州軍應管常平、義倉錢米通融寬數，支撥賑糶。廣德軍、南康軍將去年未起米一萬石添助。」以三州旱猶甚故也。

同日，詔：「鎮江府以常平米賑濟外，更於樁管米内取撥三萬石貼助賑濟。」以守臣曾逮言本州旱甚故也〔三〕。

十七日，詔淮西轉運司差官檢踏本州軍實有旱傷處，依條賑濟。從知舒州李異請也。

同日，江西漕司言：「本路旱傷，細民闕食，本司舊有上供米一十四萬石，見在諸州樁管，乞令逐州知、通認數賑糶。」從之。

二十一日，江東安撫使陳俊卿、運判王師愈言：「本路九郡除太平州外，餘皆（阜）〔旱〕傷，乞行賑糶。」

〔一〕蘩：原作「繁」，據《宋史》卷三九八《李蘩傳》改。

〔二〕此注原作正文大字，原稿地脚注云：「此句有誤。」按，此爲注文，改爲小字即甚明，非誤。

〔三〕曾：原作「會」。按，據《宋史全文》卷二六下，此時知鎮江府爲曾逮，「會」乃「曾」之誤，因改。

同日，詔：「饒州旱傷處，令本路提舉將常平、義倉錢米通融寬數支撥外，其淳熙六年樁留米盡行賑糶。」從守臣徐濆請也。

二十三日，秀州守臣言：「本州旱歉，見措置賑濟，用米甚多。本州并諸縣共有(常義平倉)〔常平、義倉〕米十五萬餘石，恐未足用，乞於本州舊樁管和糴米内支撥一十萬石應副賑糶〔一〕。」詔借五萬石。

二十八日，詔：「台州今歲旱傷，細民闕食，於平江府見管淳熙四年和糴米内借撥二萬石，專作賑糶。」以本府請也。

十月二日，詔：「和州旱傷，令無爲軍於見樁管陳次米内支撥二萬石，付本州借貸闕食人户，候來歲得熟，却行拘納新米樁管。」從守臣張詔請也。

十九日，詔：「興國軍旱傷差重，已令借撥總領所米五千石，恐未能均濟，可更於江州大軍倉取撥一萬石賑糶。」

十一月四日，詔紹興府將今年合納湖田米五萬石在州賑糶。從本府請也。

十二月十五日，詔：「江西轉運司斟酌江州旱傷輕重，將許借(發)〔撥〕、準納、和糴、樁管米分撥前去應副賑糶。」

八年正月十六日，詔：「淛西州軍去秋旱傷處，五分以上量行賑濟，五分以下量行賑糶。」從提舉常平趙伯渙請也。

二十二日，詔：「無爲軍將樁管米内有陳腐不堪支遣二萬二千餘石撥付本軍，盡行賑給。」從守臣朱宋卿請也。

四月十三日，知廣德軍耿秉言：「去歲旱傷，賴朝廷賑救，今去秋成之日猶遠，欲於鎮江府樁管陳次米内支二萬石出糶。」從之。

六月十一日，知紹興府張子顔言：「今歲諸縣民田渰没太半，復須賑濟。所有見管義倉米斛數少，乞依去年例，將諸縣湖田米就府送納，應副賑糶。」從之。

八月二日，臣僚言：「在法，災傷及七分，則賑濟、貸給。竊見州郡檢放，自來統以一縣災傷紐筭分數。然一縣之中，各鄉土壤高下不齊，此熟彼凶，有至相絶，謂如一鄉災傷及十分，若使統計一縣不及七分，則遂不被惠。乞自今紐筭災傷分數各以逐鄉爲率，凡及七分以上，並令依條施行。」從之。

十五日，江西轉運司言：「本路旱傷，乞將諸州軍樁管、準納等米一十四萬餘石，令知、通認數減價賑糶。」從之。

十八日，詔：「兩淮州縣今歲間有不熟處，深慮民間闕食。可令漕臣於逐路樁管米内各取撥二萬石，以補救荒。仍多方賑恤，務令安業。」

九月十九日，臣僚言：「賑濟、賑糶，其弊甚多，若州縣無術，舉而付之吏胥，吏胥責之里正，則侵尅詐欺，無所不

〔一〕自此句「應副」至淳熙八年「十一月十九日」條之「遂命秘書」，共八百九十餘字，原錯簡在淳熙九年「九月十七日」條「二分賑」之後，致多處文意不通，年代錯亂。今據時間、文意移正。

有，幸而及民者鮮矣。望詔監司，凡發官廩付之土著、寄居及上户、士人，逐鄉分團抄劄飢民户口，各就傍近請米給糶，務令實惠及民。」從之。

二十四日，淮南運判趙彦逾言：「和州、無爲軍渡口有江、浙等處流移人頗多，已行下所指州縣，(路)〔踏〕逐寺觀及空閑屋宇安存，量給口食賑濟外，緣本路今歲亦係旱傷去處，方賑救不暇，竊慮冬深，流民益衆，州縣不能贍給。乞督責逐州守臣務加安集，毋令流徙。」詔令臨安府、寧國府、徽、嚴、婺州守臣各行下諸縣，將闕食人户多方賑濟，不管更有流徙。仍令趙彦逾委所部守、令加意存恤，毋致失所。

十一月十九日，宰臣王淮等奏，外路流民頗多。上曰：「可差館職已下官一兩人往按視賑濟。」遂命秘書省著作郎、兼權吏部郎官袁樞往淮南，將作主簿王謙往兩浙、江東，躬親按視點檢，有措置事件，開具以聞。

二十七日，詔豐儲倉撥米三萬石付臨安府屬縣，二萬石付嚴州及諸縣賑濟。

二十八日，知臨安府王佐言：「奉詔措置賑濟城外飢民，已於諸處寺院差官監視煮糜粥，給散養濟，更乞撥省倉米三千石。」從之。

十二月，詔：「左藏南庫支會 78 子二十萬貫，浙東路常平、義倉錢内支一十萬貫，付浙東提舉朱熹措置循環糴米，充一路賑濟。」

十七日，詔：「行在米價稍增，可於諸倉椿管米内共取撥七萬石，專委臨安府守臣差官置場賑糶。」

九年正月十一日，詔：「鎮江府於見椿管會子内取撥三萬貫，付淮南運判趙彦逾貼助賑濟。」

同日，詔：「浙西州軍去歲旱傷處，可於鎮江府見椿管陳次米内支撥二萬石，付提舉司通融賑濟、賑糶。」從提舉張(均)〔杓〕請也。

二十一日，詔：「嚴州撥米三萬石專充賑糶，可改作賑濟，仍更撥米三萬石招集流移，作借貸計辦種子。」從知州楊布請也。

同日，詔徽州將見管義倉錢四萬八千餘貫借充循環糴〔本〕。從守臣呂大麟請也。

二十六日，詔江州守臣於本州見椿管米内借撥一萬石，專充賑糶。

二十七日，詔京西常平司於見管常平米内借撥五千石，於本路通融賑糶。

二月十二日，詔荆門軍於見椿管米内支一千八百石，借撥三千石，(按)〔接〕續賑糶。

十三日，詔復州將見管湖廣總領所糴到椿管米内支撥一千石，補助本州賑濟飢民。從守臣請也。

同日，臣僚言：「朝廷給米於州郡，或賑濟以周急，或賑糶以減價，皆以爲民也。頗聞州郡或截以爲軍糧，或留以(瞻)〔贍〕州用，或出納不謹，乾没於吏輩之手，至於及民

者無幾。乞令各路提舉司覺察體訪。」從之。

三月一日，詔四川制置司分撥米斛，於恭、涪、忠、萬州賑濟。從制置陳峴請也。

九[79]日，詔：「郢州旱傷，可於屯田穀内借撥八千石賑糶。」

十一日，詔德安府於樁管米内借撥三千石付江陵府，二千石付信陽軍，並充賑濟。

十三日，知鎮江府錢良臣言乞於本府轉般倉米内支米一萬石，接續賑濟。從之。

二十一日，詔降空名度牒二十道付合州，專糴米以備賑給。從守臣何正仲請也。

二十五日，詔平江府於樁管米内支四千石應副常州賑濟。從提舉張(均)〔杓〕請也。

七月六日，知隆興府留正言：「本路州軍旱傷(之)〔至〕甚，諸郡常平、義倉米約有三十萬餘石，及漕司樁管米十萬餘石，通共四十萬有餘石，乞立價預行賑糶。」從之。

十三日，降空名度牒三百道，及於南庫支會子一十五萬貫，令浙東提舉朱熹量度州郡旱傷輕重均撥，專糴米賑濟，毋得他用。

九月十七日，詔：「昌、合、普、資四州旱荒，可於四川總領新樁管錢引内支十萬貫，隨宜給散，令守臣多方措置收糴米麥菽粟之屬，二分賑[81]濟〔一〕，八分賑糶。從瀘南安撫趙雄請也。

十年二月八日，詔：「四川總領所支錢引一萬道、米五千石付潼川運副張竑，專用賑濟。」以竑言旱傷故也。

二十二日，知潭州李椿言：「去年本州諸縣緣闕雨旱傷，乞下本路提舉常平司措置倉米二萬石下本州，從已降指揮賑濟。」從之。

三月十二日，右諫議大夫張大經言：「乞令兩浙、江東、西漕司戒飭旱傷州軍縣分措置賑恤，毋令流徙。」從之。

六月四日，詔：「臨安府富陽縣及嚴、婺州遭水處，可於常平錢米内給借種糧。」

九月十五日，詔江西提舉司於鄰[82]州支米二萬石付興國軍，充賑濟、賑糶。從安撫程叔達請也。

十二月十五日，詔：「建康府於見樁管、糴還米内支撥一萬九千石，委本路帥、漕、提舉司通融應副本州賑濟，務要實惠及民。」從帥臣、漕司請也。

十一年正月十一日，浙西提舉劉穎、權知鎮江府耿秉言：「被旨同共措置鎮江府丹徒、丹陽縣賑糶事。臣等今措置，於提舉司取撥義倉米三千七百二十六石六斗，令本府照先來散給次第，接續更行賑濟兩月，庶可接新，不致人户闕食。欲那撥官錢收糴新米，依市價出糶，一則可以抑定米價，二則中、下之家皆可收糴。詢訪鄉民，皆稱利便。

〔一〕「二分賑」下，原誤入近九百字的錯簡，已據時間、文意移併。參前淳熙七年九月「二十三日」條校記。

提舉司(令)〔另〕撥錢一萬貫文付鎮江府，同本府那移錢，委官於比近豐熟處糴米四萬石，從本府分給兩縣，只依原價出糶。若其米出糶通快，拘收價錢循環作本收(糶)〔糴〕，將來委是可以接濟鄉民食用。」從之。

二十一日，知江陵府、荆湖北路宣撫使、沂國公趙雄言：「荆門軍(運)〔連〕遭災傷，細民闕食，本軍闕米支遣官兵俸糧。照得十年五月八日指揮，令荆門軍將糴還淳熙九年分借撥賑糶米二千石認數樁管，非奉朝廷指揮，不得擅行支使。」(認)〔詔〕令荆門軍將前項見樁管米二千石借充賑糶并俸糧支遣，候來年秋成日，依舊撥還。

二十三日，湖廣總領蔡戡言：「知襄陽府王卿月申，本府今春播種，中、下人户並無種糧。臣已逐急權借穀四萬石應副。其借貸過穀，並乞令知、通 83 認數置籍，候今年秋成日，拘收新穀入府城樁管。」從之。

二十七日，知襄陽府王卿月言：「本府今歲旱傷，米價騰貴，民間闕食，乞於本府見管樁積米內更賜支撥米六七千石，以充賑糶、賑濟。」詔令王卿月更於本府見樁管米內借撥五千石，專充賑糶支用。仰將逐項糶到價錢，並行樁管，却於秋成糴還。

二月十四日，詔：「金州洵陽、上津兩縣闕食民户，令利州路提刑勾曜行下所委官，同金州知、通等措置存恤，務要實惠及民，毋致流移失所。」

六月二十二日，詔：「諸路轉運司行下所部州軍，自今年爲始，得逐色稻種，並每歲約度措置糴買樁管，準備人户欠闕支借。」

十月十六日，中書門下省言：「廣東諸郡，聞有因夏旱早米薄收，米價翔踴去處。」詔本路漕臣、提舉官，各將所部内似此郡縣鄉村措置賑糶，毋致闕食。

十二年正月二十四日，福建安撫使趙汝愚言：「福、泉等州旱甚重，詢問得廣東潮、梅、循州，江西贛州、建昌軍，去歲亦甚旱，米價甚貴。汀、漳數縣正與三路相連，其地皆深山窮谷，平時固多盜賊，實爲可憂。乞下三路轉運、提舉司蠲寬逐郡財賦，仍多方般運米斛，責委守、令措置賑給。如措置乖方，致有盜賊竊發，守、令乞先次取旨責罰。其有奉行如法，能使一方之民不至失所，許令逐司公共保奏，特與推賞。」詔：「檢坐已降指揮，劄下趙汝愚照會施行。如逐路守、令奉行不虔，仰本路安撫、轉運、提舉 84 司公共覺察，按劾以聞。」

二月四日，權發遣興元府張悳言：「本路金、洋州、興元府去年闕雨，竊慮今春合行賑濟。一、金州已將常平司銀二萬兩、糴米錢五千六百餘道，制置司錢二千二百道收糴斛斗，通常平、義倉見在并總領所發到樁積斛斗三萬二千餘石，可足用外，尚餘錢六千七百三十餘道，銀二十二兩有零。一、洋州見在常平斛斗不多，已移文利州路常平司，將金州餘在錢銀補洋州之不足，又於本司那撥錢引一千五百道送洋州收糴，準備賑濟。興元府自今物價甚平，亦無

流徙之人，見行措置錢米，準備賑濟。」詔依，仍行下逐州府，各將賑濟斛斗務要實惠及民，不致闕食。

十三年十二月二十二日，詔：「右司員外郎京鏜同臨安府通判應藏密依已降指揮，於封樁庫豐儲倉支撥錢米，將城内外貧乏老疾之人措置計口賑濟。候韓彦質歸府，一就同共給散。」既而知臨安府韓彦質等言：「奉旨賑濟細民，令京鏜同應藏密(侯)〔候〕韓彦質歸府，一就同共給散。今措置：欲以二十萬人爲率，將所委官當日抄劄到貧乏老疾之家人口，每名先支錢四百文、米二斗，計錢八萬貫、米四萬石。候抄劄盡絶，將散不盡錢米再行均給。」從之。

十四年正月二十一日，詔：「訪聞金、洋及關外四州緣去秋雨水頻併，今歲艱食。可令四川總領所於逐州樁積米内各借一萬石，共六萬石，撥隸利州路提刑(簾)〔兼〕提舉 85 張縯，躬親前去措置貸、濟。如將來有支使不盡之數，即逐一具奏，却發還總領所，依元窠名樁管。其已用數目，候豐熟日，仰提舉司以常平錢糴買補填。務要實惠及民，毋致流徙。」

二十二日，兵部侍郎、兼知臨安府韓彦質言：「恭奉聖旨支降錢一十萬貫、米五萬石，令臣同京鏜等措置賑濟實係貧乏老病之人。已具奏聞，每口支錢四百文、米二斗，分委府官及差人吏遍於城内外巡門抄劄，及别委官俵散。唯是城外南、北兩廂地分極闊遠，貧乏之家甚多，今欲於本府有管錢米内支撥，接續俵散賑濟。」從之。

七月十七日，浙西提舉羅點言：「本路惟秀州旱勢最甚，海鹽、崇德漸有流徙，已下本州措置安集。照得已起和糴米數内第十綱正耗米二萬一千石，已差官押發前去。緣河港乾淺，舟船不前，在彼擺泊，至今二十來日尚未起發，綱(稍)〔梢〕逐日侵耗，必致折閲。除已拘回上件第十綱米前來平江府和糴場樁管，乞賜行下，併與截留，準備將來充賑恤支用。」詔依，於内取撥二萬石委官同秀州措置賑恤，務實及貧民，毋致流徙。

十九日，臣僚言：「今歲兩浙路間有旱傷州縣，深恐貧乏下民或致闕食，乞令户部檢坐賞格，許官、民户赴官輸米，以備賑濟。仍專委知、通認數令項樁管，却申朝廷差官同共盤量，如無欠少，保奏推賞，更不經由諸司及户部、司農寺之類，免致迂枉費用。其人户賑糶，委(艱)〔難〕稽考，乞令 86 州縣徑自措置，聽從民便，不在推賞之限。」詔令户部條具申尚書省。本部條具如後：「一、乞下兩浙路諸州軍，仰從今來奏請施行，并本部行下，仍約束不得於路外循例泛濫。一、數内官、民户輸米在官，乞申朝廷差官同共盤量，如無欠少，保奏推賞，更不經由諸司等處。竊詳上件米斛準備應副緩急賑濟支用，務要實數在官。今乞下本處，遇有官、民户納到米斛，徑申朝廷差官同共盤量，如無少欠，保奏推賞。一、本部條具：如遇官、民户納到米斛數目，委自知、通認數令項樁管，須管别置敖眼，分明排立字號盛貯，以備賑濟支用，不得擅自妄行支借移易，務要實惠

及民。仍每季具見樁管無侵移數目申尚書省。如遇災傷去處，若官司賑濟不敷，仰本軍將已納在官米斛先次取撥[一]，賑濟闕食民户，具取撥數目報提舉司委官檢察，庶幾不致闕悞。如遇賑濟有合約束事件，並乞依前項節次已降指揮。」從之。

同日，淛東提舉田渭言：「紹興、婺、台、處四州爲旱特甚，明、衢旱損抑又次焉，訴旱之人千百爲群，常平、義倉所存無幾，儻不爲備，則來年春夏必有流離乞丐、棄死溝壑之患。乞檢會近年淛東常平提舉官朱熹所乞賑濟錢米數目，斟酌給賜。」詔令常平司依條糶、濟，將來少闕，(計)〔許〕申取指揮，於州軍見樁管米内支撥。

二十五日，詔支豐儲倉樁管米二萬石付淛東提舉司，同紹興府措置，於鄉村賑濟、賑糶，87 務要周及貧民，毋致失所。以紹興府旱，從本路提舉田渭請也。

八月二十五日，臣僚言：「竊惟荒年饑歲，發倉廩以賑貧民，雖不可緩，然有賑濟、賑糶。鰥寡孤獨而不能自存者，予之可也，非鰥寡孤獨而可以存，豈能人人而予之哉？故賑糶者，救荒之中制也。曩者見知湖州向(均)〔洵〕論賑糶之法，當先計其一縣幾鄉，一鄉幾村，一村幾里，於各鄉村酌道理遠近之中，而因其地之有僧寺、有道觀、有店鋪而爲賑糶之所。大率不出數里而爲一所，限其界至，擇各處僧道與富民之忠實可倚仗者，每處三二人，而主其事。凡數里之内，所謂貧不能自食之人，使主事者括其數，而州爲計數支給米，立價直，就委之賑糶，人日食米二升，小兒一升。各給印曆一道，就令支請狀批鑿。每次總計米若干，度可爲旬日之用，逐旋將(以)〔已〕糶錢還官，復給米若干，周流不已。往來舟(軍)〔車〕與收支錢米並不入胥吏、保正之手，使各任其責，而多予其舟車顧人工食之費。官爲各書其本處貧不能自食者姓名若干人，牓於其所，而使其人於此而取食焉。又分委本處鄉官與見在官者往來機察，嚴其賞罰。所謂寺觀與夫富民、店鋪既任其責，而視其不能自食者，皆其鄰里與平日之所素習者也，故抄括之際〔不敢〕有所隱，而不患乎不盡，授給之際不敢有所利，而不患乎不及。儻抄括有不盡，授給有不及，其必與主事終身爲仇，故利害相關，88 不敢不盡心，而人得以受賜。其與付之胥吏、保正之手，乍出乍入，騷擾乾没者，萬萬不侔，深山窮谷之民自然無有不被實惠者。此前人之所已行矣，其法或可爲今日之用。乞劄下兩淛、江東、西、淮西、湖北帥、漕及常平提舉官，行下各處所部州縣，倣此斟酌施行。」詔劄下諸路帥、漕司，各行下所部州縣，專委守、令恪意奉行，如敢違戾，覺察按劾。

十一月十八日，臨安府言：「監登聞鼓院張潡等申，措置本府賑錢塘等九縣旱傷，比較今年輕重，支撥米斛賑給

[一] 本軍：按本條非專言某軍，似當作「本州軍」。

飢民。緣今年諸縣置場，(遂)〔逐〕旋起糴官米，難以〔一〕，令鰥寡孤獨、貧病不能自存之人反未得被朝廷賑救之賜。」詔令豐儲西倉先次撥米一萬石付臨安府〔二〕，專充旱傷縣分賑濟。

十二月十七日，兩浙轉運副使趙不流等言：「承省劄，據本路州軍奏請荒政事件，詔令臣等審度聞奏。數内一項，嚴州乞撥錢六萬貫文發下本州，充六縣接續賑濟等事。照得嚴州今歲旱傷最重，提舉司近撥米一萬石，湊本州所管常平、義倉米共一萬五千石，準備糴、濟。續據本州申：『從來體例，止是將錢責付上户自備舟船，於豐熟去處運米出糶，循環作本。今來若令泝流般運，水脚費重。止乞撥米五千石，其餘却乞撥錢。』提舉司已撥錢二萬貫，及就平江府撥米五千石，通本州所管共一萬五百石。今來所乞量行支借，發下本州守臣，責令交管，措置運米接濟出糶。候將來荒89政結局日，令本州盡數拘納，發還元(措)〔借〕去處。」詔令封樁庫借撥樁管會子二萬貫，餘依。

十五年正月二十九日，詔建康府將所糴樁管米取撥二萬石賑濟貧民。以本府諸縣旱傷，從守臣錢良臣請也。

六月十九日，知臨安府韓彦質言：「昨承指揮，於豐儲倉借撥米一十一萬石，應副錢塘等九縣賑糶、賑給飢民。彦質遂與宗正寺主簿張澂、監文思院上界游九言面議，斟量旱傷輕重去處，均撥米斛付諸縣官賑糶、賑給。今來諸縣申到昨賑給月日，保明自去秋至目下即無流移之人，並已結局。」詔韓彦質令學士院降詔獎諭，張澂、游九言各轉一官。

十六年三月六日，詔：「昨令濠州支樁管米五千石，賑糶本府去年被水土(着)〔著〕及歸正主、客户。尚慮逐色人闕錢收糴，可特改作賑濟。」

六月十一日，詔：「臨安府城内外細民理宜存恤，可令封樁庫支見錢二十三萬貫，委守臣將貧乏老疾之人措置賑給，大人每名一貫，小兒伍伯。仍委官巡門俵散。」先有旨支二十萬貫，於是張杓等言：「在城九廂，城南、城北兩廂共抄劄到二十六萬八千餘口，及養濟兩院并逐處病坊雖在耆界，亦宜賑給，計用二十三萬貫文。除已降數外，尚欠三萬貫，乞行湊數給散。」從之。

同日，廣東運判管鑑言：「廣南小官流落狼狽，亡殁官員之家，飢寒無依，廣州根刷已百餘口，其他州縣率皆有之。淳熙十四年九月二日指揮，拘没官田90産估賣。廣州拘到没官田，本司依價收買，拘收租課，專一樁管，充前項賑給。并於廣州城内創建廣安宅一所，約可住五十餘家，應亡殁官員，許令從便前來居止。在外計口日給，願還鄉亦量給其歸。尚慮來者不絕，大可憐憫。照得廣州尚有淳熙十四年九月二日以前拘到户絶没官田産，無人承買，

〔一〕「以」下當有脱文。
〔二〕西：原作「而」，據《夢粱録》卷九《諸倉》改。

每年紐計租米七百六十三石一斗四升一合，租錢九百四十四貫七百七十八文，係在承準截日出賣指揮之前，見係人户租佃，合助常平賑濟之用。乞許將二件撥付本司，添揍所買官田租課，永充前件支用，庶幾落南仕族存殁被惠。」從之。

十一月十八日，詔：「四川總領所於階、成、西和、鳳州樁積陳次物斛内各借一萬石，撥隸利州路運司，準備將來貸、濟闕食人户。」以利州運判兼提舉宋運請也。

十二月八日，辛執進呈知温州湯碩言：「蟲傷田稼，乞令本州措置賑給。」上曰：「今歲雖所至豐稔，然四方之廣，豈能一一皆同？既有損傷去處，便當隨宜賑恤。」於是詔浙東提舉司，將温州災傷縣分闕食人户更加存恤，毋致失所流移。

紹熙元年七月七日，權利州路提刑朱致知言：「階、成、西和、鳳州最係極邊，連年災傷賑濟，其所管常平錢、斛，自今年賑濟之後，已是支遣盡絶。乞預行措置收糴斛斗，專一準備緩急貸、濟支用。」詔四川總領所更切契勘，如將來委有欠少，即於逐州見樁積陳次物斛内更加斟 91 量借撥，毋致闕悞。

十月二日，詔四川總領所將階、成、西和、鳳州借貸過斛斗均作二年理還。

十四日，夔路提舉常平楊虞仲言：「本路亢旱，細民闕食，乞於鄰路有備去處共借撥三四萬石。」詔四川制置司、總領所公共詳所奏事理，於鄰近有米去處措置借撥，以備賑濟支用，毋致闕食。如見得合行賑濟，仰虞仲將今來所借米斛一面措置賑濟施行。二年正月，四川總領所於閬州糴買場内支撥三萬石應副賑濟。

二年二月六日，詔：「近日雪寒，細民不易，可令豐儲倉支米五萬石，令户部同臨安府守臣措置，將城内外委係貧乏老疾之人計口賑濟，務要實惠及民。具已賑濟人數聞奏。」

三月二十二日，詔：「蘄州於見樁管米數内取撥一萬石，措置接濟、賑糴，務在實惠及民。其糴到價錢，拘收令項樁管，不得移易别用。（侯令）〔候令〕歲秋成日，依元數收糴，仍舊認數樁管。」以蘄州去歲旱傷，從守臣請也。

五月二十一日，四川制置司言：「夔路重慶府等州去（處）〔歲〕旱傷，目今青黄未接，民户乏食。遂將本司已運過米，并岳霖糴到米，忠、涪等州、本司賑濟米，通總（令）〔領〕所米計五萬一千六百餘石，并令（遂）〔逐〕州充賑濟支用。」從之。

十一月二十七日，南郊赦：「西北歸正、歸朝民庶，不忘祖宗德澤遠來，内有老弱孤貧無依倚不能自存之人，仰州縣覈實保明，申常平司取見詣實，特與賑濟一年。」

十二月二十四日，知（楊）〔揚〕州錢之望言：「本路 92 旱傷，民户已自乏食，賑糴誠不可緩。乞就淮東諸州軍見管朝廷樁積米内先次借撥一十萬石。」又言：「訪聞見用鐵

錢内有破缺，并私錢艱於行使。」詔淮東帥、漕司量度闕糴去處，〔所〕〔將〕附近州縣椿管米内取撥一十萬石專充賑糴。以之望言：「破缺私錢，艱於行使，乞念疲民，將賑糴米每升並作二十文足，不問官錢、私錢，袞同交受。伏準十二月十日詔，支撥鎮江府陳次米十五萬石，令淮東轉運提舉司日下般取，每石計破缺錢及私錢一貫四百文足收換。」又乞：「已降指揮，分撥鎮江府椿管陳次米一十五萬石付本路轉運、提舉司，收換破缺及私錢，每升十四文足。乞自朝廷明降指揮，令轉運、提舉司措置分撥本路八郡。應別州縣城邑居民，每日計糴，仍逐户給憑由，許將私錢及破缺計口糴米，以防多糴不均之弊。既可以換私錢，又可以寓賑恤，實爲不費之惠。」從之。又十二月十七日詔：令淮東安撫前去鎮江府，更取撥陳次米一萬石出糶施行。

二十八日，四川制置司言：「本司訪聞簡、資、普、榮州，富順監今年旱傷，簡州尤甚，今將税米與第五等人户盡行放免，上、中等人户減半催理。兼本司再同轉運、常平共撥錢引，於豐熟去處乘時收糴，準備將來賑糴。又資、榮、普州及富順監亦合預行措置，今輟那分撥赴逐州收糴。」詔依已行事理，仍仰制置司行下逐路轉運、常平司，通一路錢米，多方措置賑93恤，毋致民户流移失所。

三年正月四日，詔：「淮南運判趙師羿於真州軍糧等倉陳次米内支撥五萬石，改充賑濟，却令淮東安撫、轉運司於本路椿管米内支五萬石，專充賑糴。」先是，師羿言：「本路今歲災傷，雖蒙朝廷撥降米一十萬石賑糴，緣尚有半年不敷，乞更支撥一十萬石賑糴、賑濟。」故有是命。

二月十九日，詔：「淮東提舉張濤於本路州軍椿管馬料稻内斟量取撥二萬石，借貸人户作種，候秋成日拘還數足，依舊椿管。」

四月十三日，四川制置使京鏜言：「去秋成都、潼川兩路資、榮、普、叙、簡、隆、富順等七處歉歲艱食，已措置賑濟。資、榮二州旱荒尤甚，乞將二州租賦盡免，仍照去年奏乞度牒四百道，〔旱〕〔早〕賜頒降，及賣糴米〔一〕，以爲四路日後水旱之備。」詔禮部給度牒一百道前去四川制置司交割，仰本司均撥付旱傷州軍變轉錢，專充糴米賑濟。仍先次措置，許令人户納米請買，出給公據，候度牒到日，即行給付。仍令總領所於近便有管米内〔納〕〔那〕融應副。

七月二十九日，詔：「江東提刑、提舉司行下廣德軍、寧國府、徽州、池州，將被水之家更切賑濟，優與存恤。」從本路兩司所請也。

十一月三日，知襄陽府張杓言：「本府係居極邊，殊無儲蓄，入秋江漲，居民陸種盡被水傷。本府逐歲所仰，皆自江陵、荆門、復州等處般販前來，遂至在市無米。今常出糶已盡〔二〕，深慮邊民乏食。」詔許於見管粳、粟米内借撥八千

〔一〕「賣」前疑脱一「變」字。
〔二〕「常」下疑脱「平」字。

石充[94]賑糶，二千石充賑濟。

四年二月二十九日，知江陵府章森言：「本府江、漢二水暴漲非時，下田悉被淹侵。常平不過一萬三千餘石，趙雄任内糴到樁管米見在計一十五萬餘石，許令新陳兑易〔一〕，散米賑濟，所當舉行。」詔江陵府於樁管米内取撥七萬石，將四萬石充賑濟之用，三萬石賑糶。其糶到價錢，候秋成日一併糴還，依舊樁管。

三月二十五日，詔廬州樁管稻内借支五萬石應副本州闕食人户。以守臣高夔請也。

六月十九日，詔：「四川制置司，總領所各行下逐路旱傷州軍，多方賑恤，毋令失所。如旱荒州軍有未催税賦及公私債負，與權行倚閣，候豐熟日帶還，務要實惠及民。如有流移，其當職官吏重作施行。」

八月十二日，詔：「逐路安撫、轉運、提舉司，如實有旱傷州縣，許勸諭官、民户有米之家赴官輸米，以備賑濟。委知、通交量，認數樁管，相度荒歉輕重，申取朝廷指揮，方許支撥。其出米及格人，仰〔遂〕〔逐〕司保奏，依立定格目推賞施行，不得科抑。」從都省檢會也。

十九日，御筆：「諸道郡縣類有水旱去處，理宜拯恤，三省條畫以聞。仍行下監司、守臣，令疾速各具賑捄之方，務使實惠及民，毋徒爲文具。朕將考其殿最，以示勸懲。」

二十四日，詔：「禮部各給降度牒一百道，下江東、淛東提舉司，每道價錢作八百貫，令兩司措置出賣。人户願輸米，依市價入中，請買度牒者聽。其賣到價錢，循還作專一糴米，斟量州[95]縣旱傷輕重，分撥糶、濟。」從兩路提舉陳士楚、李謙請也。

同日，詔：「禮部給降度牒一百道，下淮西提舉司，仍於舒州樁管米内支撥二萬石，斟量州縣旱傷輕重，分撥糶、濟。」從提舉張同之請也。

二十八日，知信州石畫問言：「今年本州大旱，田損七分，委是狼狽。乞於鄰郡上供米内截撥四萬石，以助軍糧。仍乞從朝廷支借會子五萬貫，以備月支及裨助荒政。」詔封樁庫借撥樁管會子二萬貫，豐熟逐旋補還。

十月十五日，詔：「廣德軍將元管湖、秀州賑糶米一萬一千四百九十七石，賑糶、接濟廣德、建平兩縣飢民。其糶到價錢，提舉司督令别項樁管，候豐熟日，仍舊收糴補還。」從江東提舉陳士楚言也。

十二月十三日，詔：「江西轉運司於淳熙十三年漕臣王回和糴米内取撥七萬石，賑糶本路被〔災〕傷飢民。」從本路漕司請也。

十八日，知江陵府王藺言：「本府去年災傷，蒙朝廷撥米四萬石，内將一萬石賑濟，三萬石賑糶。乞將所撥米，從去年例，於内撥一萬石，專充賑濟。」從之。

二十四日，詔：「淮西轉運司見樁管鐵錢、交子内共支

〔一〕「許」上疑脱「乞」字。

撥三萬貫，專充賑濟使用。仍下江東、西、兩浙路監司及諸州軍，各遵守前項已降指揮，不管違戾。」從淮西提舉張同之之言也。

五年二月十一日，詔：「於建康府、太平州樁管米内各取撥四萬石，斟量逐州旱傷輕重分撥，專委守臣措置賑糶。」從江東提舉陳士楚請也。

十四日，詔：「禮部給降度牒[96]三十道付江州，每道價錢作八百貫，措置出賣，收糴米斛，專充賑濟支用。候秋成日，計賣過度牒價錢，起赴封樁庫送納。」從守臣沈祖德請也。

二十五日，詔信州於上供米内截撥一萬石，專充賑濟使用。

五年七月七日，登極赦文：「辰、邵州傜人昨因饑荒，輒入省地作過，已據湖南、北諸司見行招捕。竊慮省地居民逃避，未盡歸業，并人户因官司調發般運錢糧、守把關隘，或致耕種失時，荒廢田土，雖已賑恤，尚慮未能週遍。可令逐路監司委州縣更加審實，厚加賑恤。」

九月二十八日，三省言：「已降指揮，災傷州縣第三等以下帶産户將來無力耕種者，仰州縣覈實，許結甲互保，將常平米量行賑貸，約來年秋熟納還，不得收息。今來種麥是時，竊恐小民無力耕種，州縣不能體認矜恤之意，是致借貸失時。」詔令兩浙、兩淮路提舉司照應已降指揮，應災傷去處，將常平錢措置收糴麥種，并給降米斛，疾速賑貸施行，毋致有失布種。

十月十二日，中書門下省言：「兩浙州縣米價踴貴，小民艱糴。其巨室富家積米至多，方且乘時射利，閉糴邀價，甚非體國恤民之意。乞下帥臣、監司更切多方曉諭，令巨室富家約度歲計食用之外，交相勸勉，將所餘米斛趁價出糶。或就在城自占地分置場，或自占某縣，或自占某鄉，或占幾都幾保，置立場鋪，隨時量減價直，接濟細民。官爲機察數目大槩，但能使所占之地百[97]姓安業，無流離餓殍，候及食新之日，許帥臣、監司、守臣保明申奏，次第推賞。其出米最多、濟民最衆，特與優加旌擢，風示天下。如豪右之家産業豐厚，委有藏積，不遵勸諭，故行閉糴者，並令覈實奏聞，嚴行責罰，仍度其歲計之餘，監勒出糴。其州縣不恤鄰境，遏糴自便者，亦仰監司、帥臣按劾以聞，重寘典憲。」從之。

閏十月十三日，淮西提舉張同之言：「本路連遭荒歉，民貧已甚，今年被害尤酷。近來雨水連綿，得熟禾稼又多傷損，若不優加存恤，必致飢寒所迫。乞將闕食之家，分三等抄劄糶、濟。於本路樁管上供鐵錢或交子換到鐵錢内科撥五六萬緡，斟量州縣旱傷輕重均撥，責付守臣，曉示不熟地分有税産之家，結甲赴官，借支施行。如借錢納米、鈐束官吏、關防詭名等弊，臣當纖悉措置，無容乖戾。」詔權撥錢五萬貫，餘依。

二十一日，臣僚言：「兩浙、兩淮災傷州軍，各已節次

給降米斛、錢、會、交子、官告、度牒，分撥下州縣措置賑糶、賑濟，及貼助支遣。尚慮州縣奉行不虔，稽緩鹵莽，以致虛壞官物，小民不霑實惠。乞下州縣，將所給降及轉變到錢、米內元許貼助本州支遣之數，用以接續官兵按月糧給，不得輒作其他費用。所是糶、濟之數，將日前諸縣申到分數爲準，合以十分爲率，八九分賑糶，一二分賑濟。其賑糶之米，以目今價直量行減價，不得大段虧折元錢。仍以所糶到錢，逐旋差人於得熟地分98收（糶）〔糴〕米斛，或招接客販前來再糶，不得稍有乏絶。如官米大段陳次，亦（抑）〔仰〕將在市價斟量裁減，取令斂散可繼，不得以小惠沽譽，却致殍死去處，即行按劾。仍速委官權管，毋令失所，以稱朝廷優恤之意。」從之。

慶元元年正月十五日，權工部侍郎、兼知臨安府徐誼言：「今歲淮、浙水旱，流離之民漸集市廛，其勢不可不養。殘篤廢疾，癃老孤幼無所依倚而不能自存者，皆當次第料理。願陛下以聖意推而行之。」詔令臨安府於見賑糶米內取撥二千石，以備賑濟。

二十六日，詔：「臨安府陰雨，細民不易，令臨安府將見賑糶人户特與賑濟五日。」以守臣徐誼言：「臨安諸縣自昌化得熟之外，其餘八邑俱被水災。目今雖蒙降米斛減價賑糶，飢民無錢收糴，至有糟糠不充、憔悴骨立、瀕於死者甚衆。畿邑之內，均爲陛下赤子，當此荒歉，其惠愛理宜均一。乞將管下八邑見今賑糶者，與府界之民一體賑濟五日，庶得人户俱被上恩，有以見陛下加惠京邑、一視同仁之意。」從之。

二月三日，詔令內藏庫支錢一萬貫，豐儲倉更支米三千石，付臨安守臣徐誼，措置給貧病之民，務要實惠均濟。

十一日，臣僚言：「朝廷荒政有三：一曰賑糶，二曰賑貸，三曰賑濟。雖均爲救荒，而其法各不同，市井宜賑糶，鄉村宜賑99貸，貧乏不能自存者宜賑濟。若漫而行之，必有所不可行，官司徒費而惠不及民。竊覩歉歲穀價翔踴，多緣市井牙儈與停積之家觀望遏糴，增價以困吾民，而賑糶亦不官米〔二〕。若能勸諭拘集牙儈、鋪户米，官爲置場，差人管幹，隨市價出糶；或有客販及鄉村步擔米，則官出錢在場循環收糴，一從民便糶米，更不給曆。遇市上大段闕少，然後出官米，亦以市價量減三二文糶之，使市上常有米，米價自平。官米既從市價，所減不多，姦民無所牟利，而詭名給曆之弊自無。此賑糶之法也。賑貸，自來官司常患民間不能償而失陷，每都各請忠信有物力材幹上户二名，先令機察都內闕食主户，勸諭鄰里有蓄積之家接濟，秋熟，依鄉例出息倍還。若不能偏，即令結甲具狀赴官借貸，仍令所請管幹上户保明，縣照簿稅量其產業多寡與之。若

〔二〕「不」下疑脱「限」字。

客户，則令主户與借，自行給散，至秋熟，則令甲頭催納所借。既是有産業人，又有上户保明，甲頭催理，安得失陷？縱有貧者不能盡納，計亦不多。此賑貸之法也。賑濟，則户口頗衆，不惟不能徧及，尋常官吏多與上户爲姦弊，虚作支破入己，而貧民下户初不及，縱欲稽察，而人户已流移，亦無可詢究。今鄉村既行賑貸，上户有米，無緣更來官司借貸；村落下户既有借貸，自不須賑濟。所合賑濟者，鰥寡孤獨不能自存之人。抄劄既有定數，則紐計合用米，分作料次發下[100]所請管幹上户處，令積聚寺觀給曆，五日一給散，分明批曆。都分雖多，所給必同日，以防(雨)〔兩〕處打請。如此，則賑濟用米不多，官吏亦無緣作弊而虚破官米。此賑濟之法也。是三者，其用意最爲詳密周備，簡便易行。但前此官司習而不察，每至歉歲，不過賑糶、賑濟，姦弊百出。既不能禁，且徒費官米，而惠不及民。或高價以招米，減價以平糶，或爲粥以餔飢餓，或興造以賑貧乏，皆非計之得。」詔令逐路帥臣、監司隨宜措置。

四月二十六日，詔：「内藏庫支錢二萬貫，付臨安府給散貧病之家醫藥棺斂錢。竊恐止據所降錢給散，不能徧及，可更切相度，如或支散不敷，速具聞奏，更當接續支降，務在均濟。」六月十日，又詔：「疾疫未及，更於内藏庫支撥錢一萬貫接續支散。」

二年十二月二十五日，諫議大夫、兼侍講劉德秀言：「往者浙東水旱，朝廷頒降賑濟錢、米若度牒，共爲緡數十萬。適監司有好名者，悉以予輕儇浮僞之人，使之分頭賑濟，往往虚作名色支給，其實掩爲己有。間有支給，則又姦弊百端。或盡(已)〔以〕與私家之僕佃，而不及他人；或任喜市恩，則雖中人自給之家，亦使之源源得請；或肆怨仇，則雖飢窮瀕死無告之人，不霑一錢一米之惠。虚負朝廷，無補事實，説者至今寃之。臣恐今者復蹈前(輒)〔轍〕，乞下浙東常平司并被水諸郡守臣，其所差賑濟鄉官，擇老成確實，居官有廉明之稱，在鄉有公平之譽者，然[101]後分委。毋使輕儇浮誕之徒攘臂其間，必欲干與，以濟己私。如郡守有違，許監司按劾；如監司黨庇，許御史臺糾舉，併與坐罪。如此，庶幾朝廷不致虚費，飢民得霑實惠。」從之。

四年正月十一日，權利州路提刑兼提舉霍箎言：「本路闕雨，間有旱傷不等去處，已措置發運錢斛，條畫(糴)〔糶〕給、借貸、準備賑救外，今來蓬、閬兩州旱傷良重，飢民數多，本司已遵從常平條令，通融一路錢物，移那別州常平斛斗五千石，并支銀五千五百兩，及用常平錢銀措置收糴、兑買米斛共四千二百餘石，準備貸、濟。尚恐未能敷及，其諸州所管錢斛各是不多，萬一水旱荐饑，必致闕誤。乞下禮部給降度牒二百道，付本司出賣，拘收價錢，分送逐州收糴米斛樁管，準備不測賑濟支用。如將來歲或豐稔，別無支遣，即與逐州令項樁管，別聽指揮施行。」詔令禮部給降度牒三十道付本司，仍具糴到米數申尚書省。

五年五月十七日，詔：「臨安府守臣支給常平錢、米，

日下差官抄劄城内外實係貧乏老病及在旅店病患闕食之人，量行賑濟。」

六年八月十九日，詔：「令鎮江府於轉般倉樁管陳次米内借撥七萬石，内三萬石專充賑濟，四萬石充賑糶。其糶到錢，即便措置循環糶糴，不得有虧元數。（侯）〔候〕糶、濟畢日，申取朝廷指揮。」以本府言，管屬三縣土薄民貧，歲無積穀，故降是詔。

同日，詔：「令建康府於賑糶樁管米内借撥十萬石〔一〕，專充[102]賑糶。其糶到錢，即便措置循環糶糴，不得有虧元數。候賑糶畢日，申取朝廷指揮。」以本府言，諸縣旱傷最甚，故降是詔。

十月十五日，淮東提舉高子溶言：「所部揚、楚等處旱傷，本路運司有收糴到朝廷樁積米在諸州軍樁頓，乞借撥二十萬石，應副本司分撥賑（糴）〔糶〕等。」詔於内借撥十五萬石應副賑糶使用，將糶到價錢令項樁管，候來歲秋成，依數收糴補還，不得有虧元數。又詔，於内將五萬石改充賑濟。

嘉泰四年三月二十五日，詔：「令江西轉運司於逐處樁管米内取撥撫州一萬石、臨江軍一萬石、隆興府二千石、袁州一千石，同提舉司委官多方措置，以七分賑糶，三分賑濟，務要實惠及民，毋令流移失所。仍具已賑糶、賑濟并糶價錢數目申尚書省。」以江西提舉司申，本路去歲多有旱傷去處，常平米斛不足接濟故也。

二十七日，知撫州陳耆壽言〔二〕：「本州土瘠民貧，秋苗之數不多，去〔歲〕旱歉，抄劄到三萬九千户計一十八萬五千六百九十口。有産業無經營人，賑貸；無産業有經營人，賑糶；無産業無經營及鰥寡孤獨之人，賑濟。賑貸之米則取諸常平司，賑糶之米則勸諭上户。惟是賑濟，非勸諭之所及，常平米數又少，乞於本州今歲合發淮西總領所米綱内截撥一萬石應副賑濟。庶幾貧下細民不爲餓殍，亦免流（徒）〔徙〕。」詔於本州今歲合發淮西總領所米内截撥七千石賑濟使用。

開禧元年十一月[103]十七日，户部言：「江西提舉司申：『權發遣臨江軍許開奏：次檄三縣令、佐，將所差措置賑濟等人，每縣量其多寡，公共推排，凡宣力而無過者，與理當大小役色一次。本司照得臨江軍屬邑清江、新淦、新喻三縣管下，每都税錢高者多不過十數户，小者但三四户而已。今來所差監視賑濟，皆都内税高豪富之人，今若許其免役，未免秪是中産下户專一承役，於事體亦恐未便。今相度，欲從本州銓量，將監視委有心力之人，其間是士人未曾請舉，即給學職文帖，税户補充攝助教；各人得此，可以贖公罪杖。至於官户及請舉士人之家，如遇臨役之際，許免役兩月。』」從之。

〔一〕「賑糶」二字疑衍。
〔二〕陳耆壽：原作「陳著壽」，據衛涇《後樂集》卷二、雍正《江西通志》卷四六改。

二年正月十一日，詔：「雪寒，細民不易。可於豐儲倉支米五萬石，令臨安府守臣措置，將城内外委係貧乏老疾之人計口賑濟，務要實惠及民。具已賑濟人數聞奏。仍令尚書省給降黄牓曉諭。」

十一月二十五日，樞密院言：「兩淮北來人，已分撥州軍贍養外，當此寒月，理宜存恤。」詔：「令鎮江、平江、建康府、江陰、廣德軍、嘉興府、湖、常、衢、婺、信、饒州守臣，各仰體認朝廷優卹遠來之意，常切躬親撫存，仍措置穩便去處安泊，無令失所。如見得實係貧病不能自存之人，即仰除見給錢米外，於常平窠名内更與量行賑給。務要實惠，毋爲文具。」

三年五月二十三日，江東提刑司言：「去歲南康軍都昌縣十分全旱，據都昌縣申，本縣土瘠民貧，連歲饑104饉，民不聊生，非廣行賑濟，決無生全之理。乞將建昌縣義倉米五千石聽本軍縣隨宜賑濟，以救一縣垂死之命。」從之。

嘉定元年十二月八日，臣僚言：「都城近日糴價增長，細民艱食，嗸嗸然，皆謂目今米斗一千，未聞施惠之令。乞令臨（江）〔安〕府守臣以禮勸諭豪富蓄米之家，稍損時價，廣行賑糶。宰執而下，顧募傔人米數多者，亦時暫裁損，以備糴、濟。諸郡有閉糴去處，從朝廷更加約束，嚴作懲治，庶幾客米日至。方此隆冬，若不早賜矜恤，都民飢寒所迫，非獨鬻妻賣子，猶爲續食，深慮疫癘，因之死亡，乞賜施行。」從之。

十八日，詔：「令封樁庫支降會子二千貫，豐儲倉撥米二千石，專充賑給流民支用。」以臨安府言：「見存淮、淛州軍流民共五百六十户，計二千八十一人，在府城内外客店及分撥寺院安泊。自十二月二十一日以後，每大人日支錢一十文、米一升。申乞量賜支撥錢、米，應副本府急闕給散。」故有是詔。

二年二月三日，右武大夫、忠州團練使裴良傑〔言〕：「竊見（來）〔米〕直翔踴，民方艱食，輒以米五千石少助朝廷賑濟，乞劄下拘收。」詔令將所獻米赴豐儲倉交納。

四月四日，臨安府言：「江、淛流民八百五十户，計三千六百七十六人，津發回歸本貫復業；所有淮民，更與賑給錢、米兩月。津發江、淛流民，合用錢九百九十一貫三百七十五文、米九十九石一斗；賑給淮民兩月，用錢二千三百三十二貫九百八十105文、米一千七百九十六石四斗。乞劄下（豐）〔封〕樁庫、豐儲倉照數支降。」從之。

八日，監行在登聞檢院陳孔碩等言：「承降指揮，置（拘）〔局〕修合湯藥，給散病民。其間請藥之人，類皆細民，一染疫氣，即便廢業，例皆乏食。其間亦有得藥病愈之後，因出求趁，再以勞復病患，委是可憫。已具申朝廷，蒙給降會子二千貫、米一千石，除已措置支散外，所存不多，又有增添患民，必是支散不敷。乞照元申盡數給散錢、米，下局接續支散。」詔令封樁庫更支降會子三千貫，豐儲倉取撥米二千石，接續支散，毋得漏落泛濫。

七月十二日，起居郎、兼國史院編修官、實録院檢討官、兼太子右諭德曾從龍言：「勸分一説，實旱備之先務。夫所謂勸者，非可以勢力脅，非可以空言諭，要必有術以誘之而後可。出粟賑濟，賞有常典，多有者至命以官，固足以示勸矣，然應格霑賞者無一二。偏方小郡，號爲上户者不過常産耳，今不必盡責以賑濟，但能隨其力之所及，或出粟賑糶以平糴價，或假貸蠲息以賙貧民。廣而及一鄉〔一〕，狹而及一都，縣爲之核實保明，以申于州，州申于常平司，量其多寡而與之免役。多者免一次，少者一年或半年。夫民之憚役，甚於寇盜。今既與之免役，彼將欣然樂從而無難色，此誘之之術也。乞行下旱歉州軍，今後富民上户有能賑糶、賑貸者，並令常平司與之斟酌免役，庶幾官不失信而人皆樂從，誠旱備之助也。」106從之。

十二月十四日，臣僚言：「都城内外一向米價騰踴，錢幣不通，閭閻細民饘粥不給，爲日已久。今又值大雪，無從得食，(嬴)〔羸〕露形體，行乞於市。凍餒號呼，僅存喘息，纍纍不絶；閉門絶食，枕(籍)〔藉〕而死，不可勝數。甚者路傍亦多倒斃，棄子於道，莫有顧者。乞將府城内外已抄劄見賑糶人户，特與改作賑濟半月。其街市乞丐，令臨安府支給錢、米，責付暖堂；日收房宿錢之類，官爲量行出備，毋復更於乞丐名下迫取。其貧民死亡無棺(襯)〔櫬〕者，則從本廂申府，給棺(襯)〔櫬〕錢埋葬。至於遺棄嬰孩，則月支錢、米，委付收生婦人權與收養，逐旋尋主，申官分付。如此，則目前凍餓之民均被陛下仁心，感召和氣，而豐稔之祥可以必致矣。」從之。

七年十月一日，詔：「雨水連綿，細民不易。可令封樁庫支撥官會子七萬貫，令臨安府守臣措置，將城内外委係貧乏老疾之人計口賑給，務要實惠及民。具已賑給過人數聞奏。」

八年七月十九日，臣僚言：「朝廷有賑荒之名，而小民無拯濟之實者，崇大體而忽小節之過也。謹條其三弊，爲陛下陳之。一(日)〔曰〕差委之弊。蓋官之與民，勢常扞格；民之於吏，每懷畏忌。朝廷以賑恤之政責之郡縣，郡縣以賑恤之事付之吏胥，此曹貪欲無厭，每藉此以規利，豈能公心以爲民？加之州縣之官，視部民不啻秦越之肥瘠，且以爲浼己，又何暇計其實哉？二曰括責之弊。夫户之貧富，口之多寡，雖有(藉)〔籍〕107而不足憑，故欲行賑恤，必先括其户口以爲據。此數一定，牢不可改，至所當謹也。然廂耆、保正習爲吏胥巧取之弊，每遇抄劄，肆爲欺罔。賂遺所至，則資身之有策者可以爲無業，丁口之稀少者可以爲衆多。如其不然，則啼饑號寒者反置而不録，老弱猥衆者僅指其二三。不均不平，莫甚於此。三曰給散之弊。夫邑有小大，地有遠近，惟委託得人，措置有術，則可使人霑其惠。近時任事者有贏餘之利，無措置之術。故先至者可

〔一〕及：原作「又」，據本書食貨六六之三〇改。下句同。

得，而後時者不復支；地近者可得，而窮僻者不及至；彊壯者可得，而羸弱者徒手而歸。或雜以糠粃，而精者則入於胥吏之家；或減其升合，而餘者則歸於里正之手。計其散於民者無幾，而化爲烏有者多矣。乞行下諸路州縣，應合賑糶、賑濟去處，並仰痛革三弊，務令實惠徧及。如有奉行鹵莽者，令御史臺、監司覺察以聞。」從之。

十月二十五日，湖南提舉司言：「本司昨緣本路州縣自今年三月以來，陰雨連綿，細民艱於求趁。尋委官抄劄在城内外委的貧乏不易闕食細民，各支給常平米斛賑濟。及下諸州軍縣，審度城市鄉村有無闕米、價直增長，細民艱食去處，即約度支撥常平、義倉米斛，委官措置，接續賑糶。抄劄被水人户，計口大人日支一升，小兒減半，支給常平米斛賑濟。及委官置場，照市直與減價錢賑糶，拘收價錢，候秋成糴填元數。」詔令湖南提舉司更切多方賑恤，108毋致失所。

十一月三日，廣東提舉司言：「本司體訪西、北江州郡澇水，泛浸居民屋宇。竊慮闕食，尋行下逐州府被水泛浸去處，如有闕食，即照條於所管義倉米内支給賑濟，開具數目供申，不得泛濫支破。今來據英德府、封州、德慶府、韶州各狀申聞事。」詔令廣東提舉司更切優加存恤，毋致失所。(侯)〔候〕賑恤了畢，具已賑恤過錢、米數目申。

十二年十二月九日，都省言：「歲晚嚴寒，細民不易，合(儀)〔議〕優恤。」詔：「令豐儲倉(所於)〔於所〕樁管米内支撥二萬石赴臨安府，日下分頭差官，疾速抄劄的實貧乏人户，即遍置場賑濟五日。務要實惠及民，毋得遲延，容令吏胥作弊。候賑濟畢日，開具帳狀供申。」

十三年四月二日，詔：「令封樁庫於見樁管會子内支撥一千五百二十貫，及下豐儲倉所支撥米七百三十石，付臨安府，兑支過見安養并收養、津發兩淮民等使用。」以本府言：「自嘉定十二年三月三日，有兩淮流民節次到府，逐差總轄使臣審實到鄉貫户口，分撥寺院存着，各以人丁大小日支撥米食用。并津遣元係嚴、婺等州及本府屬縣人事欲歸本貫之人，及給養兩淮未願回歸之饑民，與津遣歸本貫復業之人。其合用錢、米，乞(發)〔撥〕下本府應副給散津發。」故有是命。

十二月十五日，詔：「令封樁庫支降官會六千三百四十五貫文，充賑恤拆除蓬䈎屋〔一〕、見在浮鋪經紀賣買人。内橋道上下每鋪支錢十貫，沿河牆下每109鋪支錢五貫。其錢仰臨安府日下請領，差(請)〔清〕彊官逐一躬親沿鋪唤集俵散，毋令吏卒減剋乞覓，務要實惠及民。仍具所差官職位、姓名及已散給文狀申尚書省。」先是，本府準省劄，將城内外居民應搭蓋蓬䈎及橋道上下蓬屋、浮鋪日下拆除，仍將已除拆浮鋪屋賣買等人開具申尚書省，支給錢本優恤。既而本府分委官吏逐一告諭去拆，條具來上，故有是命。

〔一〕䈎：原作「箁」，據文意改。下同。䈎，竹製覆蓋物。

十六年正月九日，臣僚言：「江、浙水災，苗腐盈疇，麥種不入。無可糴之米，則當平價而與之糴；無可糴之錢，則當發粟以賑其饑。苟惟撥糴未多，分場未廣，不可無措置之方；民未復業，給費易窮，不可無拯贍之術。乞申命攸司，增撥米斛，廣置糶場，隨民所便。城郭則分隸坊隅，不令冗遏；鄉村則參處遥近，均利往來。所給賑濟之米，或一旬半月，計其日數，先與併支，免至奔走道途，重爲勞弊。專委本路庾臣恪意奉行，憲、漕、帥臣協心究畫，逐郡選差官屬分往監臨稽違，並須劾 110 奏〔一〕，庶幾人霑實惠，愁歎不萌，可以易災沴而爲休祥。」從之。

十八日〔二〕，詔：「令淮東制置司日下於楚州椿管朝廷米内支撥一萬石，仰本司疾速差撥人船，逐旋運發前去海州，措置賑濟山東闕食人民。務要均給，具已取撥運發日時并賑濟過的實人數，申樞密院。」從淮東制置司請也。

二月九日，詔：「令楚州於椿管米内支撥一萬石付京東河北路鎮撫節制大使司，措置賑濟山西闕食人民。務（實）〔要〕均給。具已差官職位、姓名并賑濟過的實人數申尚書省。」從京東 111 河北鎮撫節制（制）大使司之請也。（以上《永樂大典》卷一五〇〇三）

恤災〔三〕

112 神宗熙寧元年正月九日，詔：「諸州軍每年春首，令諸縣告示村耆，偏行檢視，應有暴露骸骨無主收認者，並賜官錢埋瘞，仍給酒饌酹祭。」

七月，詔：「恩、冀州河決水災〔四〕，令選官分詣，若有渰死人口，量大小賜錢。其居處未安，令官地搭蓋，或宫觀廟宇宿泊〔五〕。内有渰浸活業貧下人户，令省部賜粟。」

四年三月十六日，詔判永興軍郭逵：「如本路州縣有飢荒處，並以官廩賑濟，仍體訪田税。其逃亡人户，亦仰設法招誘還業以聞。」

六年十月二十八日，詔：「熙河一路自用兵以來，誅斬萬計，遺骸暴野。可差勾當御藥院李舜舉往彼多方究尋，如法收瘞。仍於河、岷二州特設祭酹，作水陸齋會。」

七（月）〔年〕五月六日〔六〕，中書門下言：「户房申，訪聞災傷路分募人工役，多不預先將合用夫數告示〔七〕，以致飢民聚集，却無合興工役。欲乞下司農寺，令逐路有合興工役，並依所計工數曉示，逐旋入役，免致飢民過有聚集，以致失所。」從之。

〔一〕原稿「並須劾」下因錯簡誤插入「流移」至「收養遺」凡四百三十餘字，今已移至本書食貨五八之一四「十七日」條「棄業」下、「棄小兒」上，詳見彼處校記。

〔二〕按，錯簡未移正以前，此「十八日」承上似爲淳熙四年七月十八日，移正之後爲嘉定十六年正月十八日，與《兩朝綱目備要》卷一六所載吻合。

〔三〕原闕標題，僅批有：「起熙寧，訖乾道。」今據本書食貨五九之一補標題。

〔四〕水：原脱，據本書食貨五七之七、六八之三八補。

〔五〕或：原作「其」，據《補編》頁八一〇改。

〔六〕年：原作「月」，據本書食貨五九之一改。

〔七〕預：原作「願」，據本書食貨五七之七、六八之三八改。

九年二月五日，河北西路提刑司言：「邢、懷州連年災傷，若令應副十分春夫〔一〕，必難勝任，欲乞特賜免放一半〔二〕。」從之。

十月十二日，中書門下言：「廣東經畧、轉運使等言，潮州海陽、潮陽兩縣人户被海潮漲〔三〕，推蕩居舍、田苗，死失人口。乞令本路提刑司躬親前去，依條存恤。」從之。

元豐元年正月二十三日，詔河北路權停折納。爲經水災，糧草貴也。

七月二十七日，詔113河北轉運判官高鏄往濱、棣州地界風雨損城及害稼處照管〔四〕。仍令京東轉運使司案齊州章丘縣官吏〔五〕，如不預備救護〔六〕，致人被災傷，即劾罪以聞。

八月十六日，詔京東路轉運司：「齊州章丘縣被水第四等以下户欠今夏殘税權倚閣，常平苗役錢令提刑司展料次。」

二十八日，詔：「濱、棣〔七〕、滄三州被水災，令民貸請常平糧，零販竹、木、魚、果、炭、箔等物，税百錢以下聽權免一季。」

十月十四日，詔：「昨岳州平江縣民户爲詹遇等焚廬舍，令孫頎牒所屬，隨區數第給錢。」

二年二月十一日，詔：「聞濱、棣〔八〕、滄州昨因災傷，至今民尚乏食，其令提舉官李孝純存恤。有合行事，行訖以聞〔九〕，事體稍重者奏聽旨；察知縣〔一〇〕、縣令，不職者權對移。」

三月一日，詔：「兩浙路災重，民負户絶田産價錢者，展半年輸官。」

三年八月十七日，開封府言：「畿縣夏旱，甚者十分，其次不減七分，已節次檢放。今秋農有望，而民力未充，其殘欠租税乞賜倚閣。」從之。

九月二日，權知都水監丞公事蘇液言：「河北、京東兩路緣河決，被患人户蒙朝廷優恤〔一一〕，賑濟放税。河平，計錢穀等共七十二萬七千二百七貫碩有畸，而《靈津廟碑》失載其實，乞以其事付史館。」從之。

四年二月二十九日，詔：「聞階、成、鳳、岷州人户闕食流移，令逐州第四等以下人户借支常平糧斛〔一二〕，每户不得

〔一〕夫：原作「天」，據本書食貨五七之七、六八之三八改。
〔二〕賜：原作「免」，據本書食貨五七之七、六八之三八改。
〔三〕潮陽：原脱，據本書食貨五九之一補。
〔四〕棣：原脱，據《長編》卷二九〇補。
〔五〕仍、案：原脱，據《長編》卷二九〇補。
〔六〕預備救護：原作「救護預備」，據《長編》卷二九〇乙。
〔七〕棣：原闕，據《長編》卷二九一補。
〔八〕棣：原闕，據《長編》卷二九六補。
〔九〕行：原作「件」，據《長編》卷二九六改。
〔一〇〕縣：原脱，據《長編》卷二九六補。
〔一一〕優：原作「憂」，據《長編》卷三〇八改。
〔一二〕州：原作「路」，據《長編》卷三一一改。

過兩碩，仍免出息。如有去年未納秋税并諸般欠負等〔一〕，並權倚閣。其有往諸處逐熟帶興販物〔二〕，税錢一百以下，并經過河渡合納官私渡錢處，並令驗認免放。」

八月二日，詔蠲河北東路災傷州軍今年夏料役錢。

五年九月十四日，詔：「聞開封府界漫水，所至縣百姓有聚在高阜，不通往來，致絶糧食者，委劉仲熊乘馹遍詣有水縣規畫船栰，運致民户，安集於無水處，齎載薪糧就給。三日一具所濟人數上尚書省。」

七年六月二十六日，知蔡州黄好謙言：所部水災特甚，乞放税。詔尚書户部速施行。

七月七日，知河南府韓絳言：「伊、洛暴漲，衝注城中軍營。欲望應被水災厢、禁軍，等第與特支錢，及先脩軍營。其水北軍民被害，續奏請。」詔：「經水災民户，令體量賑恤。被水厢、禁軍〔三〕，以差賜般移錢；死者，依漂溺民户法給錢。」

九日，詔尚書户部員外郎張詢、幹當御藥院劉惟簡賑濟西京被水災軍民，并催督救護官物、城壁等〔四〕。其合行事如有違礙，從宜施行。

同日，河北路轉運司言：「河水圍遶大名府城，乞多差兵夫、船栰救護。」詔遣金部員外郎井亮采、幹當御藥院梁從政往賑濟，如西京指揮。

九月十(二)〔一〕日〔五〕，詔：「西京被水漂溺之家，及秋苗災五分户，並免來年夏税支移折變。」從户部員外郎張詢請也。

十三日，河北西路提點刑獄呂温卿言：「霖雨爲災，已行賑濟。欲乞坊郭户没溺財産比舊退落七分以上，積欠及秋料役錢並展限至來年夏料。其漂蕩家業者，不候造簿年月，先減免役錢，以寬剩錢補助。」114 尚書户部言：「減放役錢，欲據家業、物力之數，於簿内改正。其減役錢，候造簿日均敷。餘欲依温卿所乞。」從之。

十月二十二日，詔：「涇原路火死者，男丁給絹七匹，小兒五匹。」以本路經畧司言西賊犯境，燒柴草積，民多火死者，故有是命。

哲宗元祐三年正月二十八日，御史中丞胡宗愈、侍御史王覿進對〔六〕，太皇太后曰：「久陰不解，雪寒甚，民不易。」對曰：「陛下斥賣芻炭，所以惠都民甚好，唯河北、京東災傷，猶須多方賑濟。」上曰〔七〕：「已一一有指揮。」宗愈、覿曰：「聞二聖焦勞，上元禁中不曾用樂。」曰：「既不御樓，亦未嘗燕會。」

〔一〕秋：原作「諸」，據《長編》卷三一一改。
〔二〕往：原作「住」，據本書食貨五九之三改。
〔三〕禁：原脱，據《長編》卷三四七補。
〔四〕壁：原作「璧」，據本書食貨五九之三改。
〔五〕十一日：原作「十二日」，本書食貨五九之三作「十三日」，今統據《長編》卷三四八改。
〔六〕王：原脱，據本書食貨五九之四補。
〔七〕上曰：原作「日」，據《長編》卷四〇八補改。「上」指哲宗。

二月十二日，詔給廣惠倉錢三萬緡，及闕額役兵錢糧、衣賜，募民應役以恤之。

（十）〔七〕月二十四日〔一〕，詔：「災傷放税及六分以下，其帶納欠負即隨放税外分數催納；七分以上，並行倚（閣）〔閣〕。」

四年六月十八日，資政殿學士、知陳州胡宗愈言：「本州霖雨相繼，河流泛漲，今年夏税請遞展限一月〔二〕。」從之。

五年四月二日，詔府界、諸路監司：「應雨澤未足處人户合催理係官欠負權住理納，候豐熟日依舊。」以三省言「自春以來，時雨未足，民間諸欠負未能償」故也。

六年九月七日，户部言：「河東路助軍糧草支移不過三百里，若非時急闕，亦聽相度展那，仍不得過二百里。本户災傷五分以上，仍免折變。」從之。

同日，樞密院言：「夏人犯麟、府州，雖已遁去，今據陝西沿邊奏報，見各於並邊嘯聚，恐復寇别路。」詔〔三〕：「麟、府州界人常爲西賊殺虜〔四〕、燒蕩屋舍者，令經略司，人以老幼〔五〕、屋以多寡，等第給賜錢、絹。或焚毁糧斛、蹂踐田苗，亦隨宜賑濟。」

八年四月二十六日，詔：「近日在京軍民疾患，難得醫藥，可措置於太醫局選差醫人，就班直、軍營、坊巷分認地分診治。開封府差官提舉合藥〔六〕，并日支食錢，於御前寄收封樁錢内等第支破，候疾患稀少即罷。」

紹聖元年十月二十六日，上諭輔臣曰：「河内流民寓寺觀及官廨者尚多，雖已給券開諭，令還本土就賑濟，然宜申敕有司聽便，願南去者，毋彊使北〔七〕。」

十一月十一日，左司諫張商英言：「知定州顧臨與走馬承受賈温之謝晴北嶽，摘路傍禾穗、豆角觀驗，多不實。知曲陽縣郭長卿以災告，請早求所以爲備者。聞深州武彊縣民二千餘户訴災〔八〕，臨輒却其牒。」詔河北東路提舉常平燕若古究實以聞。

十二月十一日，監察御史常安民言：「河朔流民，多因郡縣承望轉運使張景先風旨，遇訴災傷，曲有阻抑，使民無告。」詔河北西路提舉司體量詣寔以聞。知深州吳安行坐不受民訴災傷，特衝替。

二年三月四日，詔：「河北東、西路并京東路淄、齊、鄆、濮、濟州災傷人户催去年秋料殘零税租，並行倚閣〔九〕。」

四月五日，涇原路經略安撫司言：「本路被災人户，已

〔一〕七月：原作「十月」，據《長編》卷四一二改。
〔二〕請：原脱，據《長編》卷四二九補。
〔三〕「夏人」以下至「詔」字，原脱，據《長編》卷四六六補。
〔四〕府：原脱，據本書食貨五九之四補。
〔五〕幼：原作「弱」，據本書食貨五九之四、《長編》卷四六六改。
〔六〕差：原作「郡」，據《長編》卷四八三改。
〔七〕彊：原作「僵」，據本書食貨五九之五改。
〔八〕「彊」原作「疆」，「訴」原作「許」，據本書食貨五九之五改。
〔九〕閣：原作「閤」，據本書食貨五九之五改。下條同。

令逐州軍倚閣租税逋欠。」從之，仍原擅行之罪。

三年四月十一日，詔權倚閣陝西路[115]今年諸逋負。以轉運司言本路災荒故也。

四年五月九日，左司諫郭知章言：「聞諸路守臣常於秋夏之間以雨足歲豐爲奏，後災歉，遂不敢以聞。伏望特降睿旨，下諸路州軍嚴行約束，雖已奏豐稔，而或繼有非時水旱者，並具災傷上聞。」從之。

元符元年十月二十三日，詔：「河北、京東路州縣遭河漲，渰溺人户田廬，多致失所，令工部員外郎梁鑄體量應合賑卹及河勢利害以聞。」

三年三月二十三日，徽宗已即位，未改元。詔以疾疫，令太醫局差醫生分詣閭巷醫治。

四月二十五日，臣寮言：「伏聞去歲以來，廣南災癘，江西、湖南年穀不登，秦蜀苦飢，河北被水。陛下雖振發倉廩，蠲除租賦，所以頒恤甚厚，尚慮被災州縣役軍民之力，興土木之功。望降睿旨，災傷路分除倉廩庫獄及官廨寔有損壞以時繕修外，餘不（及）〔急〕之役權罷。」從之。

八月四日，詔：「諸路應歲賜藥錢處，遇民疾時，州縣委官監視醫人遍詣閭巷，隨其脈給藥。」

十二月三日，臣寮言：「河北濱、〔棣〕等數州昨經河決，連亘千里爲之一空，人民孳畜没溺死者不可勝計。今年所在豐稔，而此數州之民失業，是以至今米㪷不下三四百錢，飢凍而死者相枕藉，甚可哀也。乞朝廷選郎官乘傳，同本路監司、守令體量拯救。」從之。

徽宗建中靖國元年八月二十一日，臣寮言：「府界近京各有被旱、蝗去處，及江、淮、兩浙、福建路亦有旱災去處。其監司〔一〕、郡守或不以聞，或雖聞而不敢盡以實告，州縣承望轉運司意旨，不肯依法受接人户訴狀。望指揮諸路轉運使司，應今後實有被災傷人户，並專責守、令依法受訴，提舉司依條檢察施行。」從之。

崇寧元年四月二十八日，兩浙轉運司言：「本路累歲災傷，昨權住閑慢修造。至今將欲限滿，欲乞更展一年權住。」從之。

七月二十一日，詔開封府賑恤壓溺人，不得鹵莽。先是，雨水壞民廬，有死者，故申命之。

二年七月九日，詔：「府界、諸路監司前去親詣蝗蟲生發去處，監督當職官多差人夫，部押併手打撲。本司及當職官並仰專在地分，候打撲盡静，方得歸任。人户多方收打蝗蟲赴官，即時依條支給米穀。如官司阻節，許人户經監司陳訴。」

十月十四日，詔：「兩浙杭、越、温、婺等州秋苗不收，人户失於披訴，官司憚於閣放〔二〕，又將積年欠負一例併行

〔一〕司：原作「守」，據本書食貨五九之六改。
〔二〕閣：原作「閤」，據本書食貨五九之七改。下同。

催納〔一〕，致人户漸至逃移，賊盜滋多，物價增長，細民不易。其官司並不申奏，顯是提舉、轉運司施設不職，令本路提刑司體量聞奏。其積年租欠，如是下户災傷，不以分數，並令倚閣；非災傷户，分作五料催科。人户失於披訴，委是秋苗不熟，並量與檢放。其孤貧不濟户，仰提舉司廣行賑濟。如物價增長，即速以常平米平價出糶。」

十二月十四日，詔：「户部差官剗刷合出賣及無用故紙，具116數關送開封府造紙襖，遇大寒，置曆給散在京并府界無衣赤露之人。每年依此，即不得將中用文字一例剗刷。」

五年四月十六日，詔蠲兩浙水災人户租税。

大觀二年三月三十日，詔：「西京城内外日近庶民疾疫稍多，慮闕醫藥，有失治療。宜下有司，依近例疾速修合應病湯藥，差使臣管押醫人，自三月末旬後，於京城内外遍到里巷看診給散，要拯救疾苦〔二〕，仍速施行。」又詔令大觀庫支錢一萬赴開封府，令就差散藥使臣并逐厢地分使臣，每日量數支給。應死亡貧乏不能葬者，人給錢兩貫，小兒一貫。

八月十九日，工部言：「邢州奏：鉅鹿下埽大河水注鉅鹿縣，本縣官、私房屋等盡被渰浸。」詔：「應今來被水漂溺身死人户，並官爲埋葬，每人支錢五貫文，買衣衾、版木，擇高阜去處安葬，不得致有遺骸。其見在人户，即依放税七分法賑濟施行。如有孤遺及小兒，並送側近居養院收養，候有人認識及長立十五歲，聽從便。内有人户盡被漂失屋宇或財物，仍許依七分法借貸，不管却致失所。仍具埋葬、賑濟、居養、存恤次第事狀聞奏。」

三年六月二十八日，詔：「冀州宗齊鎮被水身死人户，並官爲埋葬〔三〕，人支錢五千，擇高阜安葬，不得致有遺骸。其見在人户，却依放税七分法賑濟。孤遺及小兒，並送側近居養院收養，候有人識認及長立十五歲，聽逐便。内人户盡被漂失屋宇或財物，仍許依七分法借貸。仍具已埋葬、賑濟、居養、存卹次第以聞。仍仰本路提刑司各那官前去點檢賑恤，務要均濟。」

九月六日，詔：「東南路比聞例有災傷，斛㪷踴貴，可下諸路監司，仰依實檢放秋苗分數，仍依條推行賑濟。」

十一月十二日，詔：「東南諸路應今歲旱災地分，人户放税及五分以上者，本户税租、苗役，條限滿日，特與展限一季；支移者，仰轉運司相度那融就近；折變者，量與寬減施行。」

十二月十六日，詔：「秦、鳳、階、成州災傷人户税賦已權行倚閣〔四〕，候至豐歲催理，疾速施行。」

四年正月十八日，詔：「聞福建去年夏秋少雨，禾稻薄

〔一〕納：原作「約」，據本書食貨五九之七改。
〔二〕「要」前疑脱一「務」字。
〔三〕官爲：原倒，據本書食貨五九之八乙。
〔四〕閣：原作「閤」，據本書食貨五九之八改。

熟，兼見行賑濟，兩浙並不通放米船過海，深慮向去民食妨闕。可指揮兩路，放令福建販米海船從便販糴，以補不足，不得仍前阻節。」

政和（五）〔二〕年正月二十三日[一]，詔[二]：户部上諸縣災傷應被訴受狀而過時不收接若抑遏徒二年，州及監司不覺察各減三等法。從之。

五月十二日，詔：「二麥將成，秋稼繼作，深慮州縣不恤民情，妄有科差。如見均占役使者，即時放散。如有稽違，帥臣、監司按察。」

三年正月二十日，尚書省言：「檢會近降赦恩，訪聞開德府清豐縣去年六月七日曾被旱傷人户，其間有不知條限，致被訴不及。可令所屬勘會詣寔，特與依檢放災傷人户減免均糴指揮施行。」從之。

十一月二十日，詔：117「時雪苦寒，道路阻滯，常平倉米、麥以衮合價錢二等出糶，硬石炭每秤減價十錢。」

十二月六日，詔：「以諸路時雪稍多，道路艱阻，貧寒細民於法不合居養之人，如委實貧乏不能自存，亦合權行存恤救濟。令諸路提舉常平司更切多方存恤居養，仍許不限人數支給米豆，及仰逐司以常平米粟量行減價二分出糶。」

四年四月六日，詔：「饒州、南康軍知、通並先次（充）〔衝〕替，令歙州疾速取勘，并本路提舉官令江東提刑司取勘，並具案聞奏。」以江東久旱艱食，並不陳請措置，至是提舉司分析以聞，故有是命。

六年二月十七日，福建路提舉常平黃静言：「建州浦城知縣饒興歲遇民飢[三]，能勸誘民户賑糴，乞加賞典。」詔遷一官。

七月十九日，淮南路轉運司言：「淮河水泛漲，濠、壽、楚、泗河道與鄰近民田爲一潦浸，州城緣此斛斗不入，細民不易。淮東、西州軍見樁管提舉司斛斗三十六萬餘石，欲依元價出糶，救濟被水細民。」從之。

九月二日，詔：「在都日近遺火，被燒人户見賃官地屋，與放賃直兩季。」

十一月三日，詔：「兩浙州軍秋水害田，物價翔踴。別州鄰路粒米豐賤[四]，輒禁米斛出界者，以違御筆論。」

七年七月六日，詔：「熙河、環慶、涇原地震旬日，壞城壁樓櫓，官私廬舍，民覆溺死傷者衆，宜速修治城壁，朝廷給其費，仍遣使撫恤軍民。」

十二月十六日，詔：「河北西路提舉常平官不奏本路災傷，特降兩官衝替，令本路提刑司具合降官姓名申尚書省。今後不即時聞奏，重寘于法。仍令刑部遍下諸路州軍

[一] 二年：原作「五年」，據《補編》頁八一五改。
[二] 此「詔」字疑衍。
[三] 「浦」原作「蒲」，「興」原作「歲」，據本書食貨五九之九改。
[四] 「別」原作「以」，「豐」原作「豊」，據本書食貨五九之一〇改。

并監司。」時臣寮上言：「河北自祁、趙州以南，至邢州〔一〕、磁，相上下，夏雨頻併，各有災傷。」詔令本路監司具析。至是提舉常平官以聞，故有是命。

八年正月二十四日〔二〕，詔：「河朔去歲災傷，方行賑恤，而修城買木〔三〕、運糧飛輓之役，頗勞民力。其令當職官審度緩急，可罷（罷）之；或不可罷者，條具以聞。」

五月二十一日，提舉京東路常平等事王子獻言：「濟南府、密、沂、濰、徐、兖州、河北數州皆水，官司檢放不及七分，外州流民稍稍入境，移文逐處依法賑恤。蓋其貸者二十萬四百餘户，給者十萬八千六百餘户，糶者二十九萬五百餘石。實緣檢視災傷，觀望顧畏，不實不盡。伏願詔州縣今後驗流民來歷，寔有莊帳，每縣及百户以上，即申省部，下所屬，依法書元檢放官吏之罪。」從之。

六月八日，詔：「兩浙路自今夏霖雨連綿，渰没田不少，平江尤甚。已差趙霖依舊兩浙提舉常平，如有合行奏稟事件，附入内内侍省遞以聞。仍一面多方措置護救民田。渰浸過田苗人户，及支借過圍田錢米等，並仰括責招諭，保明聞奏，不管稍有流移失所。」其後趙霖奏：「本路有未起今年常平米十一萬餘石〔四〕，伏乞許與截留，應副急切賑濟。并轉運司見有合發 118 末限上供米數，欲乞依知平江府應安道已得指揮，權於浙西州縣先次權發二十萬逐急相兼應副。候向去豐熟年分〔五〕，接續收糴撥還。」詔依。如違，以大不恭論。八月四日，又詔：「平江府第四等以下人户合納二税，并借過圍田常平錢物，權行倚閣〔六〕。」

七月二十九日，詔：「東南諸路山水暴漲，至壞州城，人被漂溺，不能奠居。可差廉訪使者六員分行諸路，檢舉常平災傷七分法推行。法所不載，隨宜賑救訖奏。仍許借諸司斛斗賑給，或勸誘上户借貸。仍多作船栰濟度，及權以官物搭蓋屋宇，廣令安泊。其被溺之人，並官給棺殮。監司、郡守各協力賑恤，無令失所。有不盡心及一行官吏因而搔動，乞取，並以違御筆論。」

同日，鎮江府言：「自六月以來，霖雨連綿，渰没民田，米價踴貴，唯（簿）〔藉〕商旅興販斛斗接濟。欲乞降旨，應豐熟去處輒有禁止商販米穀及違法收納力勝諸般阻節〔七〕，並乞依政和六年十一月三日所降指揮。」從之。

八月二十五日，詔：「江、淮、荆、浙被水州軍漲水已退，殘潦餘浸占田無藝，民不得耕；比屋摧圮，無以奠居。可令郡守、令佐悉心賑救。監司雖非本職，並許通行管幹，分定州縣前去巡按，具已救濟事件、人數奏。監司、郡守，

〔一〕邢：原作「刑」，據本書食貨五九之一〇改。
〔二〕天頭原批：「政和無八年，疑是重和元年。」按，此説誤，政和八年十一月一日始改當年爲重和元年，《會要》乃據實際年號記年。
〔三〕木：原作「米」，據本書食貨五九之一〇改。
〔四〕十一萬餘：原作「一千餘萬」，據《補編》頁八一六改。
〔五〕「候」原作「侯」，「豐」原作「豊」，據本書食貨五九之一一改。
〔六〕閣：原作「閤」，據本書食貨五九之一一改。
〔七〕「豐」原作「分」，「勝」原作「升」，據本書食貨五九之一一改。

自今應水旱、盜賊，敢有隱敝不奏或不盡言，並以違御筆論。應興販竹木、塼瓦、蘆葦往被水處，沿路不得收稅抽解，及攔買阻滯。仍行賑濟。」

九月七日，詔：「東南被水州縣民田雖有赴訴之限，然阡陌漫没，州縣定驗失寔，則貧民下户臨時無告。仰逐路監司行下所轄州縣，當職官須管於收成之前躬親按視，毋得失實。」又詔：「曾經潦浸人户納官私房錢，截自遷出日，並特與免納，候復業日依舊。」

十月二十日〔一〕，江南東西路廉訪使者徐衡言：「南康軍并管下建昌縣，及江州并管下德安、瑞昌縣，興國軍，坊郭舍屋被水潦浸、漫没屋脊人户各已般移。除係自己屋業外，其間賃官私舍屋居住人户〔二〕，尚依舊管認元賃房廊地基等錢〔三〕，欲下諸州軍豁除被潦月日〔四〕，特與放免〔五〕。」從之。仍詔餘依此，計其寔日，即不得虛僞，通不得過一季。

宣和元年正月二十七日，永興軍路安撫使董正封言：「鄠縣災傷，放稅不及分，秋雨損田苗，人户缺食。勘會見今修葺永興軍城壁，欲望支降度牒四百道，乘此和顧人夫，不惟城壁計日可了，兼可以存養缺食人民。」詔特支二百道。

二月十六日，詔：「豐城縣主簿倪仲寬先次放罷，令憲司取勘以聞，俟案到，將上取旨。」以江南西路轉運副使林篪奏仲寬管洪州南昌縣惠門場，非理決撻缺食人魏剩也。

四月二日，京西路轉運判官李祐言：「尚書右丞范致虛奏：『京西災傷，州縣並不依災傷檢放，勒民户依舊納稅，致民力愈困，罪在州縣。欲望並給義倉物斛賑濟。』奉詔令臣119星夜前去體量詣實，常平官孫延壽先次勒停，餘監司並守臣一一並具名奏〔六〕。一路義倉，可並特通融支撥賑濟。應災傷流移地分，並令依法放免租稅。體量得逐州人户因去秋霖雨薄收，人民闕食，汝州諸縣艱於賑濟，致有流移飢殍。唐、鄧州縣已依法檢放稅租外〔七〕，賑濟管下諸縣飢殍流民共三萬八千餘人。均、房州諸縣放稅不盡，致自冬及春以來，往往聚爲盜賊。」詔房州知〔八〕、通、逐縣知縣並衝替，汝州知、通各降一官，唐、鄧州知、通各轉一官。

六月二十七日，開封少尹虞燮言：「去歲諸路水災，今夏二麥大稔，秋田倍收。一歲之熟，未足以盡補瘡痍，尚慮監司、州縣例行催科累年之欠，乞行約束。」從之。

〔一〕十月：《補編》頁八一六作「十一月」。按作十月是，十一月起已改爲重和元年。
〔二〕屋：原脱，據本書食貨五九之一二補。
〔三〕「賃」原作「認」，「廊」原作「廓」，據本書食貨五九之一二改。
〔四〕被：原作「彼」，據本書食貨五九之一二改。
〔五〕特：本書食貨五九之一二作「將」。
〔六〕臣一一：原作「二二」，據本書食貨五九之一七改補。
〔七〕「依」原脱，「檢」下原衍「校」字，據本書食貨五九之一七補刪。
〔八〕「詔」下原有「以」字，據本書食貨五九之一七刪。

十月十九日，詔：「兩浙連年災傷，今歲方始豐熟，應積欠不得一併催理，並限三年帶納。」

十二月十六日，監察御史周武仲言：「淮甸旱暵，蒙付以使事。賑濟莫急於錢米，而州縣往往無之，望依淮南許依鄰近發義倉兑撥支遣，并京西路汝、（穎）〔潁〕等州災傷放免租税指揮，豪民大姓有願出積粟者，乞籍其名，酬以官爵，其次與免差科一次。所在係官山林塘濼，有可推以利民者，乞暫絶其禁，聽飢民採食其利。商旅般運，應鄰近路分及沿江州軍載斛米舟車，並乞與免沿路力勝錢，堰閘、關津不得稽留。」從之，仍許通一路義倉兑撥支給。其流移地分如合放免租税，並合依條。内豪民出粟，不得抑勒。

二年八月二十日，知壽春府侯益言：「臣昨緣去歲秋田旱災，曾具奏乞依政和七年正月二十六日指揮，許客人於豐熟去處興販米斛，前來災傷去處出糶，與免沿路力（升）〔勝〕税錢。後來本府夏麥收成，其上件指揮已行住罷。今歲秋田復又旱損，欲乞依宣和元年十二月十六日指揮行下。」從之。

十二月二十五日，詔：「睦州及管下應避賊者，令所在官司多方存恤，借與官屋、僧舍居住。内有不能自存之人，依條賑濟，疾速施行。」

六年七月九日，詔：「兩浙州縣人户積欠常平及圍田錢米，元降指揮展限三年起催，今已限滿。訪聞本路春夏水潦害民田，民至流徙，已令將賑糶官米拯濟艱食。所有積欠及圍田錢米，特更展限一年，候豐熟日依條催理。」

八月十九日，詔：「兩浙路州縣違法閉糴，邀阻客人，米價翔踴。仰提刑、廉訪體究水災去處，令常平司賑濟。州縣閉糴邀阻，速令禁止。」

十一月十九日，南郊制：「應河北、京東、河東路民户曾被劫掠或焚燒廬舍，委州縣多方安集，早令著業，與免諸般差科二年。」

同日，南郊制：「訪聞外路夏秋之間，陰雨積水，占壓民田，或河防潰決，衝注鄉村。縣官坐視，並不措置。如措置有方，實有勞效者，保明以聞，當議特加旌勸。」

欽宗靖康元年六月十四日，知磁州趙將之言：「种師中兵潰，有被傷之人疲曳 [120] 道路甚多，臣已隨宜措置出榜招收，權置一醫藥院收管醫治。如臣一州所醫，已二百餘人，切慮别路州郡尚多有之。乞下諸州，將重傷者每人支絹一疋、錢一貫，輕傷人半支，並以係省錢物充，仍委守臣當官給付。依已降指揮，將（詔）〔招〕到潰散人並發上邊應援太原外，有被傷未堪驅使人，並且令逐州醫治，候平愈日，逐旋結隊發遣。」從之[一]。以上《續宋朝會要》。

高宗建炎元年五月一日，赦：「應遭金人殺戮，暴露遺骸無人認者，許所在寺院埋瘞。每及一百人，令所屬勘驗，

〔一〕天頭原批：「『從之』下有《宋朝大事記》一條。」按，見本書食貨五九之二一。

給降度牒一道。」四年八月十八日德音、紹興元年正月一日德音、九月十五日赦、二年六月十二日赦、九月四日赦、四年九月十五日赦、九年五月五日赦、十一年三月五日德音同此制，但或以百人度僧一人，或二百人度僧一人，或致祭黃籙水陸，或比折紫衣師號。

九月十六日，詔曰：「訪聞陝西至京及諸路有亡歿戰士遺骸，不曾收瘞，加以連歲兵革，暴露轉戰，使士卒流離道路，朕甚憫之。仰三省行下諸路措置掩瘞，疾速施行。」

三年六月十二日，都省言：「渡江之民，溢于道路，其飢餓者無飲食，疾病者無醫藥。」詔令淮南、江、浙轉運司量給錢米賑給，其病患者差官醫治，務要實惠及民，不管少致失所。

四年二月二十三日，詔：「應士庶家屬有被驅虜脱歸之人，令所在存恤，量給錢米，於寺院安泊，審問親屬所在，差人津發前去。」

四月二十八日，上諭輔臣曰：「朕聞明州遭寇焚爇，不餘片瓦，井邑丘墟，使民骨肉離散，囊橐罄竭。朕力不能救，心甚憫之。可將已椿管米七千餘石，令守臣均給城下人户廬舍被焚者，少助窘乏。」

十月十八日，詔：「諸處流移百姓，所在孤苦無依者，並仰越州安泊賑濟，務在全活[一]。其有不幸死損者，收斂瘞藏，並如近降指揮施行[二]。」

紹興元年五月二十五日，權發遣南康軍甄采言：「本軍經賊馬之後，遺骸不啻萬人。近降德音，每收瘞過一百人，給度牒一道。緣今來數多，乞每三百人降度牒一道，共乞降度牒二十道。其過多數目，亦只勸諭童行併力收瘞。」從之。

六月七日，尚書省言：「切聞平江以北流屍兩岸，遺骸頗多，乞下逐州差官一員，立限收拾埋瘞。」詔：「平江府須管日近掩瘞盡絶，令每及二百人，給度牒一道。本路提刑司檢察，或尚有暴露去處，按劾聞奏。」

十月二十三日，詔：「越州城内遺火，延燒民舍屋不少，致貧民無處居止，仰三省行下本州，分委官躬親子細抄劄。應寔曾被災延燒下户，每十人作一保，結罪保明單甲、姓名申尚書省，以憑支錢賑給。應官私地基，許元賃人搭蓋，依舊居住。其合納房錢并地基錢，並與放兩月。」十一月六日，知紹興府陳汝錫言：「尋分委四兵官抄劄人户姓名，四廂共二百三十121餘户。」詔令户部每户支錢二貫文，仰陳汝錫勾集赴都堂給散。

二年四月七日，試祕書少監傅崧卿言[三]：「淮東昨經賊寇，死傷者多，城郭原野遺骸狼藉。今來逐州守臣皆能遵奉詔旨，悉力收瘞，望加獎諭。」詔令學士院降詔獎諭。

[一] 全：原作「令」，據本書食貨五九之二三改。
[二] 天頭原批：「脱《咸淳毗陵志》一條。」按，見本書食貨五九之二二。
[三] 崧：原作「松」，據《嘉泰會稽志》卷一五《傅崧卿傳》改。

閏四月二十日，福建路安撫使司言：「檢准赦文：『召募寺觀童行埋瘞遺骸，每及二百人，給度牒一道。』緣本路地薄民貧，願爲僧道者頗多，深慮州縣官吏並緣爲姦，巧裝人數，遂致冗濫。本司已下逐州縣各委官一員專一點檢，以《千字文》爲號，候埋瘞寔及二百人，令所委官開具字號申縣，縣申州，州差官審寔保明申本司，本司別差官覆寔訖，保明申尚書省，計數乞給度牒。欲望特降指揮，如所委官及州縣保明不寔，其所給度牒計贓以自盜論，庶幾上副朝廷澤及漏泉之意。餘路依此。」從之。

八月九日，詔：「臨安府被火百姓，許於法慧寺及三天竺寺等處權安泊。應客店亦許安下，免出房錢。其四向買販木植、蘆箔、竹筏，並不得抽分收稅。官私房錢不以貫伯，並放五日。內孤貧不能自存之人，令户部省倉支米二千石付臨安府賑濟，仍開具賑濟過人數以聞。」

三年七月十一日，詔：「訪聞真、(楊)〔揚〕、楚、泗、承州道路尚多遺骸暴露，令禮部給降逐州空名度牒各一十道付逐州，專委通判召募童行，如法埋瘞。仍仰往來按視，每及二百人，即驗實申州，書填度牒一道給付。」

二十二日，詔：「昨緣兵馬，聞山谷溝渠暴骨尚多，令禮部給降兩浙西路空名度牒十道，委臨安府召募僧行收瘞，不得有暴露。」以久闕雨澤，故有是命。

九月五日，宰臣朱勝非等言：「近訪聞泉州水溢，隳城郭，蟄廬舍，已行下本州詰問〔一〕，且令詣實申尚書省。」上曰：「國朝以來，四方有水旱災異，無敢不上聞者，故修省蠲貸之令隨之。近日蘇、湖地震，泉州大水，輒不以聞，何也？」詔：「諸路如有水旱等事，令監司、郡守即時具奏。如敢隱默，當寘典憲。」

十一日，宰臣朱勝非等言：「九日夜，朝天門外居民遺火，延燒頗廣。」上惻然曰：「細民焚其室廬，生聚何從得食？必有甚失所者。可令户部支降米五百石，令臨安府差官，就行賑濟孤貧不能自存者，無或追呼，更致煩擾。」

二十三日，泉州言：「本州縣被水之家缺乏糧食不能自存之人，欲州委知通，縣委令佐，先次取撥見管常平、義倉米斛，躬親前去賑濟。及被水渰死，其無主屍骸，欲令本處量支官錢，如法埋瘞，無致暴露。今來深慮前項已科定錢米應副不足，欲令禮部給降福建路空名度牒二百道，專充應副前項支使。」詔依，仍令本路漕司躬親前去點檢被水州縣，奉行寬卹賑濟等事件以聞。如州縣奉行不虔，仰提刑司按劾聞奏，當議重寘典憲。

四年正月二十二日，詔：「臨安府見開撩運河，[122]如內有遺骸，令守臣募僧行埋瘞。每及二百副，令禮部給降度牒一道，願計價換給紫衣師號者聽。」

九月十五日，明堂赦：「應遺金人及賊寇殺虜遺棄下幼小，但十五歲以下聽行收養，即從其姓。」六年十二月一日德

〔一〕問：原作「聞」，據本書食貨五九之二四改。

音、七年九月二十二日明堂同此制。

十二月二十七日，上諭輔臣曰：「劉光世、張俊兩軍渡江擊賊，屢獲勝捷，然有死於鋒鏑之下，朕所傷惻。向者韓世忠承州之戰，亦有死事將士，既加褒贈，復令收其遺骸於僧寺隙地瘞之，歲度量童行守冢〔一〕，而厚恤其家。今可依此施行。」臣鼎曰：「聖恩及於存歿如此，將士聞之，孰不用命！」

五年正月十五日，內降淮南路德音：「應州縣官吏軍民因戰鬬傷中之人，仰逐軍并所在州縣多方存恤醫治，務要早獲痊安〔二〕。其死事之家應得恩數，仰所屬疾速取會，保明施行。」

同日，淮南路德音：「勘會諸軍過江掩殺賊馬，內有陣亡官兵，已降指揮令本軍存恤家屬，無令失所。及差人收拾遺骸，前來鎮江、建康府等處支破官錢，踏逐寺院比近空地，選差童行如法埋瘞，以時祭祀，每歲特與度僧一名。尚慮奉行滅裂，不致如法，仰鎮江、建康府守臣常切委官點檢。」

七月五日，都督行府言：「勘會水寨比因闕食，餓殍頗多，及貧民死亡并抗拒戰歿之人，並皆暴露屍骸。欲委本路地分知縣召募道僧童行並行收拾，如法埋瘞。每及二百人，與支度牒一道，願改換紫衣、師號者亦聽。仍令沿湖諸縣各以官錢致祭。」從之。

十月二十六日，三省言：「劉豫使沂、海等州簽軍攻犯漣水軍，韓世忠遣兵迎擊〔三〕，殪之，所脱無幾。」上曰：「中原赤子爲劉豫逼脅，冒犯兵威，死於鋒鏑，誠可憫也。可令世忠收拾遺骸埋瘞，設水陸齋追薦。」

十二月九日，詔：「雪寒，細民闕食，可令臨安府分委官措置，依賑濟人例支米三日。」後又展三日。

六年七月十八日，尚書省言：「廣西欽、廉、邕州緣去歲大水，即令米價踴貴，細民艱食〔四〕。欲令本路常平官體訪，如委是詣實，即立便前去，及分委官屬各躬親遍詣逐州，取撥常平米斛賑濟。如逐州所管數少，即於鄰近州縣那撥應副。仍具各支撥過米斛數目及措置存恤事件以聞。」從之。

十二月五日，詔：「臨安府遺火，竊慮民户暴露不易，令行宮留守司依舊例於户部取撥米二千石，專委本府守臣差官，據被燒民户，計口日給米二升十日。內見扈從官吏、諸色人被燒之家，亦仰留守司量度支給錢米存恤。」

二十三日，樞密院言：「叛臣劉麟、劉猊等驅擁中原軍民前來侵犯淮西作過，雖已勦殺破蕩，緣淮北之民皆朝廷赤子，念其無辜死於鋒鏑。」詔令建康府差茅山道士二十七

〔一〕度量：疑當作「量度」。
〔二〕痊：原作「瘞」，據文意與字形改。後文食貨六八之一三一「二十八日」條「瘞失」，《補編》頁三〇九作「痊失」，與此同例。
〔三〕世：原作「曲」，據下文改。
〔四〕艱：原作「難」，據本書食貨五九之二八改。

人修設黄籙醮三晝夜追薦，仍委江東安撫司官應辦〔一〕。

七年二月十二日，尚書省言：「鎮江府、太123平州居民遺火，細民無不暴露艱食，令李謨、張匯於常平、義倉米内各支撥二千石，分委兵官抄劄被火百姓貧乏之家，每家計口支米二升十(月)〔日〕〔二〕，仍責委兵官躬親監散。如被火民人見欠公私債負，權住催理兩月。搭蓋官私白地，其見納賃錢，不以貫伯多寡〔三〕，並放兩月。」從之。

十三日，詔：「太平州居民遺火，有走避不及致被焚死，令呂祉委太平州差人將見暴露遺尸疾速埋瘞，及優恤其家。内見任官仰保明申尚書省。作黄籙道場三晝夜追薦。」

七月二十四日，詔：「建康府内外居民病患者，令翰林院差官四員分詣看診。其合用藥，令户部藥局應副，仍置曆除破。如有死亡，委實貧乏，令本府量度給錢助葬，仍具已支數申尚書省除破。」九年六月十七日臨安府給散同此制。

九年正月五日，内降新復河南州軍赦：「應河南新復州縣百姓，各安鄉井。内鰥寡孤獨不能自存之人，令州縣多方存恤，毋令失所。」

十年閏六月十五日〔四〕，詔順昌府官吏、軍民等：「狂虜犯境〔五〕，王師扼衝。惟爾吏民，協濟軍事，保扞城壘，驅遏寇攘。眷乃忠勤〔六〕，宜加撫惠。管下諸縣及鄉村人户曾被賊馬焚劫財産屋業者，並依災傷法賑濟。應本府縣有民間利害，守臣條具以聞。詔書到日，明告吏民，各令知委。」

十一年三月七日，内降壽春府、廬、濠、滁、和、舒州、無爲軍德音：「應(令)〔今〕來大軍臨陣勦殺番兵，遺骸暴露原野。朕爲人父母，子育兆民，豈分南北？深念此地生靈好生惡死，情本無異，但緣主酋不道，劫以威刑，驅擁前來，使冒鋒鏑，置之死地，深可憫傷。仰州縣差官分頭檢視掩瘞，毋致暴露。」

十三年八月十三日，詔：「太平州居民遺火，令總領所於本州諸色米内取撥一千石，檢視被火之家，計口俵散。係官屋宇並白地賃錢，並放兩月。」

十四年正月十三日，詔：「今月十二日被火居民，令臨安府於係官米内依例賑濟，具支過數申尚書省。」

五月十八日，上曰：「聞婺州溪水暴漲。渰溺去處，可令官吏多方賑濟，毋令失所。」

十六年六月二十一日，尚書省言：「方此盛暑，慮有疾病之人。昨在京日，差醫官診視，給散夏藥。」詔令翰林院

〔一〕安：原作「按」，據本書食貨五九之二九改。
〔二〕米：原作「食」，據本書食貨五九之二九改。
〔三〕不：原脱，據本書食貨五九之三〇補。
〔四〕天頭原批：「『五』一作『三』。」按，作「五」是，參見本書食貨五九之三〇校記。
〔五〕狂：原作「在」，據本書食貨五九之三〇改。
〔六〕眷：原作「春」，據本書食貨五九之三〇改。

差醫官四員，徧詣臨安府城内外看診〔一〕，合用藥令户部行下和劑局應副〔二〕，候秋涼日住罷。

二十年六月十六日，尚書省言：「行在及諸路州軍每歲合藥，依法選官監視修合，許軍民請服；縣、鎮、寨量應用數給付。切慮州軍不切奉行。」詔令户部檢坐條法，申嚴行下諸路州軍遵守奉行，務行實惠，毋致滅裂。

二十六年六月二十一日，三省言：「初伏，差醫官給散夏藥。」上宣諭曰：「比聞民間春夏中多是熱疾，如服熱藥及消風散之類，往往害人，唯小柴胡湯爲宜。令醫官揭榜通衢，令人預知。頗聞服此得効〔三〕，所活者甚衆。」沈該等曰：「陛下 124 留神醫藥〔四〕，其恤民疾苦可謂至矣！」

二十八年八月二十七日，詔：「令吴璘同蘇欽、許大英，將被水州軍人户取撥常平司、義倉米賑濟，多方措置存恤，無令失所。仍令依條檢放，開具取撥過米數及已措置施行次第申尚書省。」

九月八日，浙西常平司言：「平江府已於在城覺報寺等八處并吴、長兩縣尉司置場賑糶，共三萬七千石。今來本府米價漸平，已行住糶。」詔令平江府湊足元撥五萬石數，均下諸縣，仍行賑糶。

十一月二十三日，南郊赦：「勘會在法，病人無緦麻以上親同居者，厢耆報所屬，官爲醫治。訪聞比來客旅寄居店舍、寺觀，遇有患病，避免看視聞官，逐趕出外；及道路暴病之人，店户不爲安泊，風雨暴露，往往致斃，深可矜憫。可令州縣委官内外檢察，依條醫治，仍加存恤，及出榜鄉村曉諭，月具有無違戾去處以聞。」

二十九年四月十五日，詔：「鎮江府被火缺食之家，取撥常平、義倉米量行賑濟。」

九月四日，詔：「福州七月間水災，仰帥臣、監司將合行賑濟人，疾速支常平錢米賑濟，其税租依條檢放。仍具析不即申奏因依聞奏。」

十月九日，詔福建路提點刑獄樊光遠降一官，轉運判官趙不溢放罷。以福州水災，光遠權州事，不即躬親括責闕食人户賑濟，故鐫一官；不溢以不曾承受本州申到，故釋其罪，有是詔。

三十年五月十八日，御史中丞兼侍講朱倬、殿中侍御史汪澈言：「臨安府於潛、臨安兩縣山水暴至，居民屋廬漂蕩甚衆。望令臨安府速下兩縣，委令、佐躬親看驗。如有未收瘞者，官給錢收瘞之，及隨被害之大小條具賑恤。」詔令轉司支撥係官錢米，就委令、佐躬親賑濟，無令失所。其未收瘞人口，給官錢如法埋瘞，不得滅裂。

八月十一日，直秘閣、權發遣兩浙路計度轉運副使呂

〔一〕診：原作「視」，據本書食貨五九之三一、職官三六之一〇四改。
〔二〕用：原脱，據本書職官三六之一〇四補。
〔三〕効：原作「劾」，據本書食貨五九之三三改。
〔四〕「陛下」上原有「此」字，據本書食貨五九之三三删。

廣問言：「被旨契勘湖州安吉縣向被災最甚民户實數具奏〔一〕。今抄劄到缺食合賑濟第五等主户共一百八十户〔二〕，望許依臨安府已得指揮，將被災人户等第與免本户應干苗稅、科敷及丁身、役錢等。最甚者免四料，其次免三料，餘免兩料。及第五等曾經賑濟之人，尚慮第五等以上雖不曾賑濟，或有田桑、屋宇被水衝損，亦合隨等第輕重減放稅賦。」從之。

三十一年正月二十二日，詔：「雪寒，細民艱食。令臨安府并屬縣取撥常平米，依市價減半，分委官四散置場，廣糶十日。」

二十四日，詔：「聞臨安府内外有貧乏不能自存之家，可令抄劄具數，限日下申尚書省。」

二十五日，臨安府言，已抄劄到貧乏之家。詔令本府分委有心力官日下巡門俵散賑濟，每名支錢二百文、米一升。

二十六日，上謂輔臣曰：「百姓雖已賑濟，尚恐貧乏之家不能自存者，更令特支柴炭。今並於内藏庫支撥給與，務令實惠及物。然輔125郡當此雪寒，細民不易，可令常平官依條賑濟。」

八月二十四日，詔：「夔州路安撫、轉運、常平司將本路被水之人户多方存恤賑濟〔三〕。漂流居民舍屋，量行等第支給官錢；其渰損田畝合納稅租，依條檢放；溺死之人，官爲埋瘞。務要實惠，不得滅裂〔四〕。仍各具知稟施行文狀申尚書省。」

三十二年二月二十八日，詔：「建康、鎮江府、太平、江、池州屯戍軍兵，〔近〕來多有疾疫之人。令逐路轉運司支破係省錢物，委逐州守臣修合要用藥餌，差撥職醫分頭拯救〔五〕。務在實惠，不得滅裂。荆襄、四川準此。」以上《中興會要》。

孝宗隆興元年三月二十八日，詔：「霖雨爲沴，雖側身修行，尚恐誠意未孚。可令諸路監司、守令應有災傷去處，常切賑恤困窮，糾察刑禁，仍各具聞奏。」

八月十七日，詔曰：「比日飛蝗益多，又聞諸路州縣風水爲災，螟螣害稼。咎證罔測，朕甚懼焉！朕自今月十八日避正殿，減常膳，側身修行，以祈消弭。重惟政事之闕，致奸和氣，二三大臣其盡忠省過，輔朕不逮。監司、郡守各務身率，戢貪禁暴，平察冤獄，以安民庶。所在災傷，悉行具奏，依條賑卹、檢放。如有隱匿不以聞者〔六〕，重寘典憲。師徒未息，科調繁興，江、淮、襄、蜀，尤極勞擾，疆埸之吏，宜加安輯，蠲省苛斂，以稱德意。」

〔一〕湖：原作「胡」，據本書食貨五九之三六改。
〔二〕第：原作「等」，據本書食貨五九之三六改。
〔三〕方：原作「有」，據本書食貨五九之三七改。
〔四〕滅：原作「減」，據本書食貨五九之三七改。
〔五〕職：原作「識」，據本書食貨五九之三七改。
〔六〕隱：原作「陋」，據本書食貨五九之三九改。

九月十一日，詔：「訪聞浙東、西州軍間有螟螣、風水傷稼去處，可令守臣疾速條具應合賑恤、蠲放事件聞奏，不得隱匿泛濫。」

十二月二十四日，宰臣進呈：「昨來宿州之戰，城中投降之民，主將不察，一例屠殺。欲於泗州建置道場三日，以示惻怛之意。」上曰：「南、北陣亡人，並與追薦。」湯思退等奏曰：「陛下兼愛南、北軍民，聖德如此，天下幸甚！」

二年三月二十一日，宰臣湯思退等奏：「廣西遭寇，首尾數年，乞降德音寬恤。」上曰：「税租放得多少？不要文具，務行實惠。」

二十七日，德音：「高、藤〔一〕、雷、容州應因戰鬭陣亡，及良民無辜被害，遺骸暴露，寔可矜憫。仰逐州縣德音到，限三日召募僧行埋瘞。如及二百副，本州覈實保明申尚書省，給降度牒一道。」

六月二十四日，詔：「浙東近因連雨大水，及兩淮亦有被水去處，理宜措置優恤。令逐路帥、漕司同共措置，委官往被水州縣賑濟。合用錢米，許於常平司見樁管錢米內取撥。若有溺死之人，與量給棺殮之具。內無居止人，亦仰踏逐空閑官舍及寺觀權行安泊。其應干合檢放寬恤事件及用常平錢米，並開具申尚書省。」

二十九日，上諭宰臣湯思退等曰：「今歲江東、浙西水灾，卿等思所以救灾防患之術。」思退等奏：「臣等燮調無功，致有此灾，未敢便乞罷黜。」上曰：「朕當思所以應天之實，卿等更宜輔朕不逮。」

十二月十六日，德音：「楚、滁、濠、廬、光州、盱眙、光化軍管內，并（楊）〔揚〕、成、西和州、襄陽、德安、信陽、高郵軍曾經殘破州縣，戰陣 126 去處，見有遺骸，令帥、漕司召人埋瘞或焚化。每（乞）〔及〕二百副，童行支度牒一道，僧道賜紫衣師號，餘人比類支給度牒價錢，專一差官監視，覈實書填。」

二十六日，詔：「兩淮經虜人蹂踐，流移之民飢寒暴露，漸有疾疫。令和劑局疾速品搭修合合用藥四萬帖，赴淮東、西總領所交割，樞密院差使臣一員管押前去。仰逐處委官遍詣兩淮州縣鄉村，就差醫人同共給散。」

乾道元年正月一日，南郊赦：「州縣其間有被水人户，理合優恤，令本路帥臣、監司多方存恤賑濟。其渰浸田畝，照近降指揮檢放。如有因此灾傷死亡之人，官爲收殮。無爲虛文，不得滅裂。」三年、六年南郊赦並同此制。

三月三日，尚書司勳員外郎、浙東檢察賑濟唐閱言〔二〕：「民間頗有遺棄小兒，足食之家願將收養，（正）〔止〕緣於法遺棄小兒止許收養三歲以下，緣此三歲以上者人皆不敢〔三〕。乞朝廷指揮，權於今年許令自十歲以下聽人家收養，將來

〔一〕藤：原作「滕」，據本書食貨五九之三九改。

〔二〕唐閱：原作「唐閲」，據本書食貨五九之四二、《嘉泰會稽志》卷一五《唐閲傳》改。

〔三〕三：原作「二」，據本書食貨五九之四二改。

不許識認。」從之。

八日，權發遣臨安府薛良朋言〔一〕：「得旨，收拾街市爲患不能行步貧民，用粥藥醫治。如有死亡，每名給錢三貫文，收買棺木埋瘞。本府今選募到有心力行者王祖禧、邵惠親專一管幹津送，乞給降度牒二道，與王祖禧、邵惠親披剃。」從之。

四月二十二日，詔：「兩浙州軍去歲水澇，流移闕食人頗衆，朝廷措置賑糶，存濟甚多。比因疫氣傳染，間有死亡，深可憫憐。可令行在翰林院差醫人八員，遍詣臨安府城内外，每日巡門體問看診，隨證用藥，其藥令户部於和劑局應副。在外州軍，亦仰依法，州委駐泊醫官，縣鎮選差善醫之人，多方救治，藥錢於逐州歲賜合藥錢内，縣鎮於雜收錢内支給。務要實惠及民。并仰接續給散夏（樂）〔藥〕，候秋涼日住罷〔二〕。」從中書門下省請也。

五月六日，詔：「兩浙路諸州縣飢民多有疾疫，理宜矜恤。除下逐州守臣措置醫治外，如有死亡遺棄在路之人，亦仰委官同巡尉檢察，支給官錢埋瘞，不得令狼藉道路。」

二年五月二十五日，詔：「江西以至浙右今歲雨潦，頗害農事。宜令諸路監司、守令察今秋有田米不熟之處，預先講求救災恤荒之政。如將來有水旱去處，却致無備，必寘于罰。如預備有方，當議推賞〔三〕。」

十月一日，詔：「温州近被大風駕潮，渰死户口，推倒屋舍，失壞官物，其災異常，合行寬恤。可令度支郎中唐瑑同提舉常平宋藻、知州劉孝韙共議，參酌措置，條具聞奏。仍令内藏庫支降錢二萬貫付温州，專充修築塘埭、斗門使用，疾速如法修整，不得滅裂。」繼而唐瑑言：「切見温州四縣並皆邊海，今來人户田畝盡被海水衝蕩，鹹鹵浸入土脉，未可耕種，及缺牛具，不能徧耕，難令虚認苗税。乞委守臣來春差官究實，保明申奏，及與減放當年苗税。庶幾水災之後，農民咸被聖恩，早得復127舊。」從之。

〔三〕年八月五日〔四〕，知紹興府洪适言：「上虞縣近有水災，飄流居民。」上曰：「近所在或有山發洪處，可令常平司常切撫存，賑濟被水之家。」

四年六月四日，宰執奏事之次，上宣諭曰：「昨日汪涓對曰：去秋江西被水，數州之民至有無藁秸餵牛者〔五〕。朕都不知。」陳俊卿奏曰：「去秋沈樞亦申來，言水災，陛下所以預令理會和糴。」上曰：「卿等更別措置。今後水旱，須令實申來。」蔣芾奏曰：「州縣所以不敢申，恐朝廷或不樂聞。聞今陛下詢訪民間疾苦，焦勞形於玉色，誰敢隱匿？」上曰：「朕正欲聞之，庶幾朝廷處置賑濟。」繼而詔：「諸路轉運司行下所管州軍，今後水旱，須管依實具申尚書

〔一〕遣：原脱，據本書食貨六八之一四七、一四八補。
〔二〕候：原作「侯」，據本書食貨五九之四二改。
〔三〕當：原作「賞」，據本書食貨五九之四三改。
〔四〕三：原脱，據本書食貨五九之四三補。
〔五〕牛：原脱，據本書食貨五九之四四補。

省，仍令轉運司具狀保明申奏。或州軍隱蔽不申，監司自合一面體訪聞奏。如或不盡不實，朝廷訪聞，並當重寘典憲。」

五年四月十五日，詔：「應福建路有貧乏之家生子者，許經所屬具陳，委自長官驗實，每生一子，給常平米一石、錢一貫，助其養育。餘路州軍依此施行。」以臣寮言：「福建路乃有不舉子之風，蓋緣貧乏，無以贍給。國家禁止之法不爲不嚴，而小民抵冒，尚未知革者，誠由未有以惠之故也。」故有是命。

六年十月十一日，臣寮言：「今春湖、秀低田與夫太平、宣州圩田多壞，方此秋成，米價已高，而來春之憂未艾。欲望行下守臣，令與縣令各隨其州縣〔一〕，參酌所宜而預爲之計。其有奉詔不虔，視户口流移稍多者，内則從臺諫，外則從發運、監司，按劾以聞。」詔令逐州守臣限半月申尚書省。

七年二月十四日，册皇太子赦：「災傷州軍，切慮或有遺棄小兒。有人收養者，官爲置籍抄上，日給常平米二升。」

九年五月十二日，詔：「久雨爲灾，水患必廣。可令逐路漕臣行下州縣，寔被水貧乏人户，多方措置存恤，依條賑給。内浸損秋苗去處，優借種本。或勸諭上户應副借貸，接續栽種，無致失業。」

九月十日，詔：「今年浙東州縣旱傷至廣，朝廷除已行下軫恤，倚閣殘零税賦、差官檢放外，尚應形勢之家驅迫償債，不能安業。可將浙東旱傷州縣下三等人户所欠私債並與倚閣住索〔二〕，候來歲收成豐熟，即仰依約理還。」以上《乾道會要》。（以上《永樂大典》卷一七五四三）

恩惠〔三〕

居養院　安濟坊　漏澤園

【宋會要】

128 神宗熙寧二年閏十一月二十五日，詔：「京城内外值此寒雪，應老疾孤幼無依乞丐者，令開封府並拘收，分擘於四福田院住泊〔四〕，於見今額定人數外收養。仍令推判官、四廂使臣依福田院條貫看驗，每日特與依額内人例支給與錢養活，無令失所。至立春後天氣稍暖日，申中書省住支。所有合用錢，於左藏庫見管福田院錢内支撥。」

〔一〕令與：原作「今與」，據本書食貨五九之四七改。

〔二〕閣：原作「閤」，據本書食貨五九之五二改。

〔三〕題前原有標題《恤災·食貨》及批注：「始熙寧，訖乾道。」天頭又批：「案大觀二年八月十九日條下注有『詳見恤災門』，則此卷不當名『恤災』。」又按別本有『恩惠』一門，考其辭則賑貸也，似當移以名此卷。」今按題作「恤災」確與内容不符，姑仍用「恩惠」一題。原批所稱「別本」，指本書食貨六〇「恩惠」門。

〔四〕住：原作「注」，據本書食貨六〇之三改。

九年十二月十(五)〔三〕日〔一〕，知太原府韓絳言：「在法，諸老疾自十一月一日州給米、豆，至次年三月終止。河東地寒，與諸路不同，欲乞本路州縣於九月以後抄劄，自十月一日起支，至次年二月終止。如米、豆有餘，即至三月終。」從之。

元豐二年三月二日，詔：「開封府界僧寺旅寄棺柩，貧不能葬，歲久暴露。其令逐縣度官不毛地三五頃，聽人安葬。無主者，官爲瘞之。民願得錢者，官出錢貸之，每喪毋過二千，勿收息。」又詔提舉常平等事陳向主其事，以向建言故也。後向言：「在京四禪院均定地分〔二〕，收葬遺骸，天禧中有敕書給左藏庫錢，後因臣僚奏請裁減，事遂不行。今乞以户絶動用錢給瘞埋之費。」六月，向又乞選募僧守護，量立恩例，並從之。葬及三千以上，度僧一人〔三〕；三年與紫衣，有紫衣與師號〔四〕，更令主管三年〔五〕；願再住者准此。

哲宗元祐二年十二月十六日，詔：「畿縣貧乏不能自存【129】及老幼疾病乞丐之人，應給米、豆，勿拘以令〔六〕。」

元符元年九月二日，詔：「開封府依舊敕，每歲冬月巡視京城凍餒者。吏部差待闕小使臣同職員畫地分賑贍畢，付福田院，據實數申户部。」從監察御史蔡蹈言也。

十月八日，詔：「鰥寡孤獨貧乏不能自存者，州知通、縣令佐驗實，官爲養之；疾病者仍給醫藥。監司所至，檢察閱視。應居養者，以户絶屋居；無户絶者，以官屋居之。及以户絶財産給其費，不限月分，依乞丐法給米、豆；若不足者，以常平息錢充。已居養而能自存者，罷。」從詳定一司敕令所所請也。

徽宗崇寧元年八月二十日，詔置安濟坊。先是，權知開封府吴居厚奏：「乞諸路置將理院，兵馬司差撥剩員三人、節級一名，一季一替，管勾本處應干事件，並委兵馬司官提轄管勾，監司巡按點檢。所建將理院，宜以病人輕重而異室處之，以防漸染。又作厨舍，以爲湯藥飲食人宿舍，及病人分輕重異室。逐處可修居屋一十間以來，令轉運司計置修蓋。」於是有旨仍依，賜名。

九月六日，詔：「鰥寡孤獨應居養者，以户絶財産給其費，不限月，依乞丐法給米、豆；如不足，即支常平息錢。遺棄小兒，仍顧人乳養。」

十一月十日，河北都轉運司言：「乞縣置安濟坊，令、佐提轄。」從之。

二年四月六日，户部言：「懷州申：『諸路安濟坊應干

〔一〕天頭原批：「『九年』一作『元豐元年』。」按本書食貨六〇之三作「元豐元年」，誤，見彼處校記。十三日：原作「十五日」，據《長編》卷二七九改。
〔二〕四：原作「西」，據《長編》卷二九七改。
〔三〕度：原作「虔」，據本書食貨六〇之三改。
〔四〕有紫衣與：原脱，據《長編》卷二九七補。
〔五〕管：原作「官」，據本書食貨六〇之三改。
〔六〕以：原作「此」，據《長編》卷四〇七改。

所須，並依鰥寡乞丐條例，一切支用［130］常平錢斛。』看詳，欲應干安濟坊所費錢物，依元符令，並以户絶財産給其費；若不足，即以常平息錢充。仍隸提舉司管勾。」從之。

五月二十六日，兩浙轉運司言：「蘇軾知杭州日，城中有病坊一所，名『安樂』，以僧主之。三年醫愈千人，與紫衣。乞自今管勾病坊僧三年滿所醫之數，賜紫衣及祠部牒各一道〔一〕。」從之，仍改爲安濟坊。

三年二月三日，中書言：「州縣有貧無以葬或客死暴露者，甚可傷惻。昨元豐中，神宗皇帝嘗詔府界以官地收葬枯骨。今欲推廣先志，擇高曠不毛之地，置漏澤園。凡寺觀寄留櫬櫝之無主者，若暴露遺骸，悉瘞其中。縣置籍，監司巡歷檢察。」從之。

四日，中書省言：「諸以漏澤園葬瘞，縣及園各置圖籍，令廳置櫃封鎖。令、佐替移〔二〕，以圖籍交授；監司巡歷，取圖籍點檢。應葬者，人給地八尺，方甎二口，以元寄所在及月日、姓名若其子孫、父母、兄弟、今葬字號、年月日，悉鐫（訖）〔記〕甎上；立封記〔三〕，識如上法。無棺柩者，官給。已葬而子孫親屬識認〔四〕，今乞改葬者，官爲開葬，驗籍給付。軍民貧乏，親屬願葬漏澤園者，聽指占葬地，給地九尺。無故若放牧悉不得入。仍於中量置屋，以爲祭奠之所，聽親屬享祭追薦。並著爲令。」從之。

四年十月六日，詔：「京師根本之地，王化所先，鰥寡孤獨與貧而無告者，每患居養之法施於四海而未及京師，殆失自近及遠之意。今京師雖有福田院，所養之數未廣，隆寒盛［131］暑，窮而無告，及疾病者或失其所，朕甚憫焉。可令開封府依外州法居養鰥寡孤獨，及置安濟坊，以稱朕意。」

十二月十九日，興元府言：「切惟朝廷置居養院惠養鰥寡孤獨，及置安濟坊醫理病人，召有行業僧管勾外，有見管簿曆，自來止是令廂典抄轉收支，難責以出納之事。今欲乞差軍典一名，除身分月糧外，與比附諸司書手、文字軍典，每月添支米醬菜錢一貫文，有犯，依重禄法。並於常平錢米支給。所有紙筆之用，量行支破。其外縣，差本縣手分一名兼管抄轉收支，一年一替。如蒙施行，乞下有司頒降諸路常平倉司施行。」從之。

二十八日，詔：「自京師至外路皆行居養法，及置安濟坊。猶慮雖非鰥寡孤獨，而癃老疾廢，委是貧乏，實不能自存，緣拘文，遂不與居養，朕甚憫焉。可立條，委當職官審察詣實，許與居養。速著文行下。其安濟坊醫者，人給手曆，以書所治療痊失〔五〕，歲終攷會人數，以爲殿最，仍立定賞罰條格。或他司奉行不謹，致德澤不能下究，外路委提

〔一〕祠：原作「祀」，據《補編》頁三〇九改。
〔二〕替：原作「贊」，據本書食貨六〇之四、《補編》頁一六〇改。
〔三〕封：原作「峰」，據《補編》頁一六〇改。
〔四〕已：原作「以」，據本書食貨六〇之四改。
〔五〕痊：原作「瘞」，據《補編》頁三〇九改。

舉常平司、京畿委提點刑獄司常切檢察。外路仍兼許他司分巡，皆得受訴〔一〕，都城內仍許御史臺糾劾。」

五年八月十一日，詔：「諸漏澤園、安濟坊，州縣輒限人數，責保正、長以無病及已葬人充者，杖一百，仍先次施行。」

二十一日，尚書省言：「新差江南西路轉運判官祖理奏：『竊見漏澤園，州縣奉行尚或滅裂，埋瘞不深，遂致暴露，未副陛132下所以愛民之意。望詢訪州縣〔二〕，凡漏澤園收瘞遺骸，並深三尺。或不及三尺而致暴露者，宜令監司覺察，按劾以聞。』」從之。

九月二日，詔曰：「居養院、安濟坊、漏澤園，以惠天下窮民。比嘗申飭，聞稍就緒，尚慮州縣怠於奉行，失於檢察，仁澤未究。仰提舉常平司倍加提按〔三〕，毋致文具滅裂。城、寨、鎮、市户及千以上，有知、監者，許依諸縣條例增置，務使惠及無告，以稱朕意。」

十月九日，淮東提舉司言：「安濟坊、漏澤園並已蒙朝廷賜名。其居養鰥寡孤獨等，亦乞特賜名稱，以昭惠澤。」户部契勘：「已降都省批狀，京西北路提舉司申請以『居養院』稱呼。」詔依所申，以「居養院」爲名。諸路准此。

大觀元年三月十八日，詔：「居養鰥寡孤獨之人，其老者並年五十以上許行收養，諸路依此。」先是，崇寧三年十一月二十六日南郊赦內一項云〔四〕：「已詔天下置安濟坊、漏澤園，訪聞州縣但爲文具，未盡如法。並仰監司因巡按檢舉，委曲檢校，每季具已較正數及施行逐件事理次第聞奏。」至是，河東路提點刑獄點檢到事件，故有是詔。

八月二十七日，真定府言：「居養院、安濟坊兩處所管出納官物，并日逐抄轉簿曆及供報文字，委是繁多，若共差軍典一名，顯見兩處勾當不前〔五〕。伏望各差軍典一名，并添支錢米等並乞依已得指揮。」從之，諸路依此。

閏十月，詔：「在京遇冬寒，有乞丐人無衣赤露，往往倒於街衢。其居養院止居鰥133寡孤獨不能自存之人，應遇冬寒雨雪〔六〕，有無衣服赤露人，並收入居養院，並依居養院法。」

二年四月五日，知荊南府席震等言：「枝江縣居養人咸通一百一歲，已下縣依條就賜絹、米、酒訖。契勘居養人年八十已上，依條許支新色白米及柴錢；九十以上，每日更增給醬菜錢二十文，夏月支布衣，冬月衲衣、絮被。況如咸通，年踰百歲，若只循前項八、九十之例，竊慮未稱朝廷惠民之政。欲將居養人咸通每日添給肉食錢并見增給醬菜，通爲錢三十文省，冬月給綿絹衣被，夏單絹衫袴裝着。

〔一〕訴：原作「許」，據本書食貨六〇之四、《補編》頁三〇九改。
〔二〕詢：原作「詔」，據本書食貨六〇之五改。
〔三〕倍：原作「每」，據本書食貨六〇之五、《補編》頁三〇九改。
〔四〕項：原作「頂」，據本書食貨六〇之五、《補編》頁一六一、三〇九改。
〔五〕前：原作「均」，據本書食貨六〇之五、《補編》頁三〇九改。
〔六〕雨：原作「兩」，據本書食貨六〇之五改。

仍乞諸路有百歲以上之人，亦依此施行。」從之。

八月十九日，工部言：「邢州鉅鹿縣水，本縣官私房等盡被渰浸。」詔：「見在人户，如法賑濟。如有孤遺及小兒，並側近居養院收養。」詳見「恤災」門。

三年四月二日，手詔：「居養、安濟、漏澤，爲仁政先，欲鰥寡孤獨養生送死各不失所而已。聞諸縣奉行太過，甚者至於設供張，備酒饌，不無苛擾。其立法禁止，無令過有姑息。」

十二月十六日，三省言：「户部奏：『詔居養、安濟日來官司奉法太過，致州縣受弊，可申明禁止，務在適中。看詳自降元符法，節次官司起請增添，若依舊遵用，慮諸路奉法不一。欲依元符令并崇寧五年秋頒條施行。』」詔改昨頒條注文内「癃老」作「廢、篤疾」，并依所奏並罷。

四年八月二十五日，詔：「鰥寡孤獨，古之窮民，生者養之，病者藥之，死者葬之，惠亦厚矣。[134]比年有司觀望，殊失本指，至或置蚊帳，給肉食，設祭醮〔一〕，加贈典。日用既廣，糜費無藝。少且壯者遊惰無圖，廩食自若，官弗之察，弊孰甚焉！應州縣以前所置居養院、安濟坊、漏澤園許存留外，仰並遵守元符令，餘更不施行。開封府創置坊院悉罷，見在人併歸四福田院，依舊法施行。遇歲歉、大寒，州縣申監司，在京申開封府，并聞奏聽旨。内遺棄小兒委實須乳者，所在保明，聽依崇寧元年法雇乳。」

政和元年正月二十九日，詔：「居養鰥寡孤獨等人，昨降指揮並遵守元符令，自合逐年依條施行，不須聞奏聽旨外，如遇歉歲或大寒，合別加優卹，若須候聞奏得旨施行，竊恐後時，仰提舉司審度施行訖奏。諸路依此。」

十二月二十四日〔二〕，詔：「居養、安濟，仁政之大者。方冬初寒，宜務收卹。諸州郡或弛廢，當職官停替，開具供申，并令開封府依此檢察。」

九月二十二日，詔：「今歲節令差早，即今天氣稍寒，令開封府自今便巡覷〔三〕，收養寒凍倒卧并無衣赤露乞丐人。」

十一月十九日，尚書省言：「居養院、安濟坊、漏澤園，比來提舉常平司官全不復省察，民之無告，坐視不救，甚失朝廷惠養之意。」詔：「自今居養院、安濟、漏澤園事，轉運、提刑、鹽香司並許按舉，在京委御史臺彈奏。」

四年二月一日，兩浙轉運司言：「鎮江府在城并丹徒縣居養院、安濟坊，並不置造布絮衲被給散孤老孱弱之人，未副惠養之意。兼用布絮被[135]支費錢數不多，即非過有濫支錢物。欲應居養院、安濟坊，寒月許置布絮被給散蓋卧。」詔依所乞許置，諸路依此。

二日，臣僚言：「訪聞諸路民之實老而正當居養，實病

〔一〕給肉食設祭醮：原作「給酒肉食祭醮」，據《補編》頁三〇九改。
〔二〕此條當移「十一月」條後。
〔三〕便：原無，據本書食貨六〇之六補。

而真欲安濟者，往往以親戚識認爲名，虛立案牘，隨時遣逐，使法當收卹者復被其害。官吏相蒙，無以檢察。欲令今後州縣居養、安濟人遇有親戚識認處，委不干礙官一員驗實。若詐冒及保明不實，與同罪，仍不以赦降、去官原免。」從之。

四月十八日，新知(穎)〔潁〕昌府崔直躬言：「朝廷以居養、安濟惠濟鰥寡孤獨，欲冬月遇寒雪異常，許權不限數，支訖聞奏。」從之。

五年二月十七日，詔：「居養院見居養民，合止此月二十日住罷，可更展限十日。」

六年正月五日，知福州趙靖言：「鰥寡孤獨居養、安濟之法，自崇寧以來，每歲全活者無慮億萬。乞詔有司歲終總諸路全活之數，宣付史館。」從之。

十月十八日，開封府尹王革言：「本府令，每歲冬月，吏部差小使臣於都城裏外救寒凍倒卧，并拘收無衣赤露乞丐人送居養院收養。會到吏部所差當短使人即無酬奬，惟已經短使再差或借差及三月以上減一年半，兩月以上減一年，一月以上減半年磨勘。止是短使專法，本府別無立定酬賞。欲今後應救濟無遺闕，除省部依短使酬賞外，管勾四月以上，特減二年磨勘；不及四月者，以管勾過月日，比附省部短使，依減年酬賞。」從之。

七年七月136四日，成都府路提舉常平司言：「准敕，成都府路提舉常平司所請居養院孤貧小兒内有可教導之人，欲乞入小學聽讀。本司遵奉施行外，所有逐人衣服襴鞹，欲乞於本司常平頭子錢内支給置造，仍乞與免入齋之用。」詔依，餘路依此。

八月十六日，提舉淮南東路常平等事鄒子崇言：「凡居養院遺棄小兒，許宮觀、寺院養爲童行，庶得所歸。」從之。

八年七月十二日，詔：「諸州縣、鎮、寨及鄉村道路，遇寒月，過往軍民有寒凍僵仆之人，地分合干人即時扶舁，送近便居養院，量給錢米救濟。不願入院者，津遣出界。違而不送者，委令、佐及本地分當職官覺察，監司巡歷所至點檢。」

宣和元年五月九日，詔：「居養、安濟等法，歲久寖隳，吏滋不虔。可令諸路監司、廉訪使者分行所部，有不虔者劾之，重寘於法。」

二年六月十九日，詔：「居養、安濟、漏澤之法，本以施惠窮困，有司不明先帝之法，奉行失當。如給衣被器用，專雇乳母及女使之類，皆資給過厚，常平所入殆不能支。天下窮民飽食暖衣，猶有餘峙，而使軍旅之士廩食不繼，或致逋逃四方，非所以爲政之道。可參考元豐惠養乞丐舊法，裁立中制。應居養人，日給秔米或粟米一升、錢十文省，十一月至正月，加柴炭錢五文省，小兒並減半。安濟坊錢米依居養法，醫藥如舊制。漏澤園除葬埋依見行條法外，餘三處應資給若齋醮等事悉罷。吏人、公人等員額137及請

給，酬賞，並令户部右曹裁定以聞。」

七月三日，詔：「在京乞丐人，大觀元年閏十月依居養法指揮更不施行。」

十四日，户部言：「奉詔：『居養、安濟、漏澤之法，可參考元豐惠養乞丐舊法，裁立中制。應資給若齋醮等事悉罷〔一〕。吏人、公人等員額及請給、酬賞，並令户部右曹裁定以聞。』本部今裁定：外路（軍州）〔州軍〕，崇寧四年十二月赦，居養、安濟坊差軍典一名，續承大觀元年八月赦，各差軍典一名。今欲依舊居養院、安濟坊共置一名，每月給錢一貫文充紙劄之費。」詔依，舊酬賞並不施行。

十月十七日，京畿提舉常平司言：「大觀元年三月赦，居養鰥寡孤獨之人，其老者並年五十以上許行收養。近奉詔參考元豐惠養乞丐舊法，裁立到應居養人日給錢米數目，見遵依施行。緣元豐、政和令，諸男女年六十爲老，即未審且依大觀元年指揮，爲或合依元豐、政和法令。」詔依元豐、政和條令，降指揮日爲始，日前人特免改正。

七年四月十一日，尚書省言：「冬寒，倒卧人更不收養。乞丐人倒卧街衢，輦轂之下，十目所視，人所嗟惻。聖明在上，深所仁憫，立居養以救其困，所費至微，而惠澤至深，合行修復。」從之。以上《續宋會要》。

高宗建炎元年六月十三日，赦：「京師物價未平，致鰥寡孤獨不能自存之人艱食。除開封府依法居養外，令留守司檢察，如法居養。如錢物不足，具合用數申留守司 138 支降。」

四年十月三日，詔曰：「諸處流移老弱到行在者，日夕飢餓，可專委官具數量支米、錢賑濟。死亡者，委諸寺僧行收瘞，計數給賜度牒。務使實惠加於存歿，以稱朕意。」

紹興元年十二月十四日，通判紹興府朱璞言：「紹興府街市乞丐稍多，被旨，令依去年例日下賑濟。今乞委都監抄劄五厢界應管無依倚流移病患之人，發入養濟院，仍差本府醫官二員看治，童行二名煎煮湯藥，照管粥食。將病患人拘籍，累及一千人已上，至來年三月一日死不及二分，給度牒一道；及五百人已上，死不及二分，支錢五十貫；二百人已上，死不及二分，支錢二十貫。並令童行分給。所有醫官醫治過病患人痊瘉分數，比類支給。若滿一千人死不及一分，特與推恩。如有死亡之人，欲依去年例，委會稽、山陰縣尉各於城外踏逐空閑官地埋葬，仍委逐官點檢，無令暴露。其養濟院及外處方到未曾入院病患死亡之人，去年召到僧宗華收斂，雇人擡舁出城掩瘞。令縣尉監視，置曆拘籍，每及百人，次第保明，申朝廷給降度牒。」詔：每掩瘞及二百人，與給度牒一道，餘依所乞。

二年正月二十四日，都省言：「昨駐蹕紹興府，每遇冬寒，例行賑救。今移蹕臨安府，春初偶雨雪頻併，并街市不無寒餓之人，竊慮枉有死損。」詔臨安府委兩通判并都監分

〔一〕齋：原作「齊」，據本書食貨六〇之七、《補編》頁三一〇改。

頭措置，應干事件並依紹興府已得指揮施行。

三月二十六日，中書[139]門下省言：「臨安府賑養乞丐人，三月一日已行放散，各無所歸。」詔臨安府更賑養一月，候麥熟取旨罷〔一〕。

閏四月三日，臨安府言：「被旨，乞丐人更賑養一月，合至四月二十九日滿。」詔更展一月。

三年正月二十六日，詔：「令臨安府兩通判體認朝廷惠養之意，行下諸廂地分都監，將街市凍餒乞丐之人盡行依法收養。仍仰兩通判常切躬親照管，毋致少有死損。如稍有減裂，所委官取旨，重作施行。仍日具收養人數以聞。」

四年二月十九日，尚書省言：「養濟乞丐，自來係遇冬寒收養，至春暖放散，即無立定放散月日。」詔令本府約度日限以聞。本府乞，欲支散至二月終住支，從之。

十月二十八日，臨安府言：「昨來已蒙朝廷依紹興府已得指揮，於户部支降錢米，令本府置院，賑養乞丐之人。續蒙朝廷依常平乞丐法，每人日支米一升，小兒減半。今來合依例賑給。」詔依年例養濟，仍日具人數以聞。

六年十一月二日，詔令臨安府，自今月十一日爲始〔二〕，依年例養濟施行。其後每歲降詔〔三〕，並同此制。

二十二日，詔：「天氣寒凜，令平江府子細抄劄乞丐，依臨安府已降指揮賑濟。」

七年閏十月十九日，詔：「天氣寒凜，貧民乞丐，令建康〔府〕疾速踏逐舍屋，於户部支撥錢米，依臨安府例支散。候就緒日〔四〕，申取朝廷指揮，爲始收養。」

十三年九月十五日，上曰：「諸處有癃老廢疾之人，可依臨安府例，令官司養濟。此窮民之無告者，王政所先也。」

[140]十月十四日，臣僚言：「欲望行下臨安府錢塘、仁和縣，踏逐近城寺院充安濟坊。遇有無依倚病人，令本坊量支錢米養濟。輪差醫人一名專切看治，所有湯藥，太醫熟藥局關請〔五〕。或有死亡，送舊漏澤園埋殯。」於是户部言：「今欲乞行下臨安府并諸路常平司，仰常切檢察所部州縣，遵依見行條令，將城内外老病貧乏不能自存及乞丐之人，依條養濟。每有病人，給藥醫治。如奉行滅裂違戾，即仰按治，依條施行。」從之。

十一月八日，南郊赦：「老病貧乏不能自存及乞丐之人，依法籍定姓名，自十一月一日起支米、豆養濟，至次年二月終〔六〕。病者給藥醫治。訪聞州縣視爲文具，不曾留意，監司亦不檢察，致多失所，甚非惠養寬恤之意。仰提舉

〔一〕候：原作「侯」，據本書食貨六〇之八改。
〔二〕日：原作「月」，據本書食貨六〇之八改。
〔三〕其後：原闕，據本書食貨六〇之八補。
〔四〕候：原作「侯」，據本書食貨六〇之九改。
〔五〕太：原作「大」，據本書食貨六〇之九改。
〔六〕二月：原作「三月」，據《咸淳臨安志》卷八八改。

司及州縣當職官遵依條法指揮，多方存恤養濟。其有病患，亦仰如法醫治，不得滅裂。」十九年十一月十四日、二十二年十一月十八日〔一〕、二十五年十一月十八日、二十八年十一月二十三日南郊赦，三十一年九月二日明堂赦，同此制。

十四年十二月三日，尚書户部員外郎邊知白言：「伏覩陛下惠恤窮民，院有養濟、給藥，惟恐失所，歲所存活，不可數計。獨死者未有所處，往往散瘞道側，實爲可憫。居養、漏澤，蓋先朝之仁政也，後來漏澤園地多爲豪猾請佃，不惟已死者銜發掘之悲，而後死者失掩埋之所。欲乞首自臨安府及諸郡，凡漏澤舊園，悉使收還，以葬死而[141]無歸者。發政施仁之方，掩骸埋胔爲大，實中興之要務也。」上曰：「此乃仁政所先，可令臨安府先次措置申尚書省，行下諸路州軍，一體施行。」

十二日，宰執、百寮賀雪，上因宣諭曰：「天下窮民，宜加養濟。孟子所謂文王發政施仁，必先斯四者。尚慮州縣奉行滅裂，可再降指揮行下。」於是令諸路常平官嚴切約束州縣如法奉行，其所用米斛，並仰於常平諸色米内前期取撥樁備，依時給散，務要實及貧民，毋令少有失所。仍令逐路監司同共覺察。

十三日，臨安府言：「被旨措置漏澤舊園，葬無歸者。本府欲下錢塘、仁和縣，拘收官私見占佃元舊漏澤園，四至丈尺，爲藩牆限隔。每處選募僧人二名主管，收拾埋瘞及二百人，覈實申朝廷，支降紫衣一道。逐處月支常平錢五貫、米一石，贍給僧人〔二〕。委逐縣令、佐檢察，不得因緣科率搔擾。」上曰：「可令諸路州軍倣臨安府已行事理〔三〕，一體措置施行，仍令常平司檢察。」

十五年六月二十三日，潭州言：「崇寧間推行漏澤園，埋瘞無主死人，所降條格：棺木、絮紙、酒；仵作行下工食錢；破磚鐫記死人姓名、鄉貫，以《千字文》爲號；遇有識認，許令給還；每年三元、春冬醮祭。緣逐件條格燒毀不存，乞明降指揮施行。」於是户部言：「今欲下諸路州縣，如委係無主，即於常平司錢内量行支給，仍每人不得過三貫文省。如法埋瘞，無令合干人作弊科擾。并令本司常切不住檢察，如[142]違，亦仰按治施行。」從之。

閏十一月六日，户部言：「京西常平司開具：諸州軍府已拘收措置修蓋到漏澤園地段，及召募僧人，每月支破常平錢米看管。内有隨州、信陽軍並無常平錢米支給。」於是户部言：「今乞下京西常平司，如委有見缺常平錢米去處，於係省錢米内支撥應副施行。」從之。

十六年十一月五日，上宣諭輔臣曰：「居養、安濟、漏澤，先帝之仁政。居養、安濟已行之矣，惟漏澤未曾措置，宜令條具添入。」

〔一〕年：原作「日」，據本書食貨六〇之九改。
〔二〕贍：原作「瞻」，據本書食貨六〇之九、《補編》頁一六二改。
〔三〕倣：原作「微」，據本書食貨六〇之九、《補編》頁一六二改。

十日，南郊赦：「貧乏乞丐，已約束如法養濟。其死而無歸者，舊法置漏澤園藏瘞，已降指揮令諸州依倣臨安府措置。訪聞尚有未就緒去處，可令諸路常平司疾速檢舉，措置施行，無致暴露。」餘同十三年之制。

十二月十四日，給事中段拂言〔一〕：「仰惟國朝愛育元元者，垂意甚備。以居養名院，而窮者有所歸；以安濟名坊，而病者有所療；以漏澤名園，而死者有所葬。行之累年，存歿受賜。望申飭有司講明居養、安濟、漏澤之政，酌中措置，令可久行，務使實惠，均被遠邇。」詔令户部看詳，措置申尚書省。

十七年二月二十六日，臣寮言：「伏望申飭有司講明漏澤園之政，酌中措畫，令可久行，務使實惠均被。」詔令户部看詳措置。其後户部言：「令措置，欲乞行下諸路常平司，鈐束覺察州縣，常切遵依見行條法指揮施行，庶使死者得以葬埋，以稱朝廷寬恤之意。如稍有奉行滅裂、違戾去處，即仰按 143 治，依法施行。」

十八年八月十九日，臣寮言：「郡縣立漏澤園以惠天下，死亡者各得其所。州縣奉行滅裂，所屬監司全不按舉。欲望舉行之，俾死亡無人殯斂者，有園以葬埋之。」詔令户部看詳。其後户部言：「所置漏澤園，承降指揮，依倣臨安府措置事理，令常平司常切檢察。今乞下諸路常平司檢照見行條法指揮，下所屬州縣遵守施行。若有違戾去處，按治依法施行。」從之。

十九年十一月二十八日，權發遣秀州郭堿言：「民之飢貧不能自存者，每歲仲冬例加賑濟，可謂愛民如子，視民如傷矣。是宜州縣守令遵承聖訓，以廣實惠。然往往有元非飢貧，巧爲計囑，得以與籍，而困窮無告却或棄遺。望申嚴守令究心檢察，庶幾惠及鰥寡，且無虛費。」詔令户部檢坐見行條法申嚴行下。

二十一年七月十七日〔二〕，宰執言：「自十一月一日爲始，臨安府支養乞丐人錢米。」上曰：「此事所濟極大。當苦寒之時，貧不能自存之人，官給錢米養濟，遂可存活。」

二十二年十一月十八日，南郊赦：「已降指揮，州縣舊有漏澤園去處，復行措置，收瘞暴露骸骨。緣其間地段多是爲人占佃，縣道狗情，不行措置，仰監司、州郡常切點檢。」

二十三年十月二十二日，上諭輔臣曰：「外路養濟，恐奉行滅裂，須令實給錢米，以施實惠。」乃詔户部檢坐見行條法，申嚴行下。

二十四年十月十二日，三省言：「年例，令臨安府自十一月一日 144 支給錢米，養濟乞丐。」上曰：「此一事活人甚多，可降旨行下。」

二十六年閏十月二十七日，詔：「臨安府養濟乞丐，當

〔一〕拂：原作「佛」，據本書食貨六〇之一〇、《補編》頁一六二、三一〇改。

〔二〕七月：天頭原批：「『七』一作『十』。」按，本書食貨六〇之一〇作「十月」，當是。

此雪寒，委榮薿常加檢察，依時支散錢米，毋令減剋及冒名承請，務在實及貧民。仍具知稟聞奏。」

十一月五日，試尚書户部侍郎、兼詳定一司敕令王俁言：「臨安府每歲收養飢凍貧乏、老弱殘疾不能自存乞丐之人，凡用錢、米近十餘萬，不爲不多矣，可謂仁政之所先也。倘官吏失於措畫，則宜收而棄，以壯爲弱，或減剋支散，或虚立人數，如此之類，其弊多端，不可不察。雖已不住行下臨安府約束，尚慮習爲常事，虚費邦財，有害仁政。望嚴詔守臣，俾戒飭當職官吏，務在廣行收養，無致遺棄，躬親監臨，盡數支散。如有違戾，按劾以聞。其外路州縣，亦乞特降指揮施行。」詔令户部檢坐見行條法申嚴行下。

二十七年九月二十九日，提舉兩浙西路常平茶鹽公事朱倬言：「比見郡縣之間，自冬徂春，所給乞丐錢米，例皆付之胥吏，遂使狡獪者數口之家皆預支請，而貧窶無以自存者反見棄遺〔一〕。乞令每歲抄劄，委州縣長吏，令在郡邑者責之社甲首、副，在村落者責之保正、副、長，結罪保明，使無遺濫。」從之。

十月十八日，上諭輔臣曰：「近日理會支乞丐人錢米事，所用錢米數目不少。聞官司不留意，多被胥吏輩冒名支請，其實乞丐人未必皆得。又諸路州郡支常平米賑濟，往往止及城下，其145外縣、鄉村亦皆不及，甚非發政施仁之道。可與措置，革去姦弊，務要實惠及民。」宰臣湯思退等奏曰：「恭稟聖訓，當令户部措置施行。」

二十一日，户部言：「乞行下諸路州縣，委自守令躬親措置，責委坊正、耆保抄劄貧乏乞丐姓名〔二〕，盡數收養，不管漏落。仍立賞出榜，許諸色人陳告詭名冒請及減剋作弊之人〔三〕，斷罪、追賞施行。令常平司常切覺察。」從之。

同日，權户部侍郎林覺言：「乞措置臨安府兩縣并在城兵官〔四〕、公吏及甲頭，如抄劄貧民姓名不實，及自行詭名冒請錢米，許諸色人告，每一名賞錢一十貫，至三百貫止。犯人令臨安府根勘，依條計贓斷罪、追賞。若有不係貧乏乞丐之人，追賞、斷罪施行。」從之。

二十九年正月二十一日，大理評事賈選言：「秋冬之交，委官籍定乞丐姓名，計所賑之米撥付監官，三日一給。其間疾病不能如期而至者，官吏隱藏入己。欲望行下郡邑，支散之際，或有疾病而不能來請者〔五〕，令監司責付團甲就給，不得減剋，守令覺察，不得違失。」從之。

二月十三日，詔：「臨安府養濟乞丐，合至二月終住罷。今天氣尚寒，與展半月。」後又展半月。

三十年二月十二日，中書門下省言：「朝廷支降錢米，令臨安府養濟乞丐，至二月終住罷。」詔：天氣尚寒，與展

〔一〕反：原作「及」，據本書食貨六〇之一一改。
〔二〕耆：原作「者」，據本書食貨六〇之一一、《建炎要録》卷一七八改。
〔三〕許：原脱，據本書食貨六〇之一一補。
〔四〕臨安府：原脱，據《建炎要録》卷一七八補。
〔五〕能：原作「自」，據本書食貨六〇之一一改。

半月。

九月二十三日，浙西常平提舉楊倓言：「乞將臨安府錢塘、仁和兩處每歲養濟貧乏不能自存之人，令逐縣知縣、兵官抄劄，開具姓名，結[146]罪申府，差官驗實，各用紙封臂、用印，給牌置曆，每五日一次當官支給。如有冒濫不實，立賞錢一百貫文〔一〕，許人陳告，將犯人斷罪，其元抄劄官吏並行黜責。」又兩浙轉運司言：「浙東、西州縣乞丐，既各處依條收養，及自能經營〔二〕、無疾病墮慵之人並不合入。今來養濟四院所有本府街市西北流寓合收養之人，欲依楊倓申明，立賞出榜約束，委兩縣丞再行審驗，當官俵散。每一十人爲一甲，遞相委保。如甲内有冒名支請，許諸色人陳告。如所委官故意阻節，許直經本府陳告〔三〕。合干人因承行乞取錢物〔四〕，及冒名支請錢米之人，並依重禄法，當職官亦具名申奏黜責。」從之。

三十一年九月七日，知漢州王葆言：「川蜀地狹民稠，貧窶者衆，衣食不給，遂致乞丐。在法，每歲於十月初，差官檢察内外老疾貧乏不能自存、乞丐之人非慵墮者，籍其姓名，自十一月一日起支，每人日支米或豆一升，七歲以下減半，每五日一次併給，至次年三月終止。緣州縣自軍興以來，常平田土多已出賣，止是義倉米一色，其上件米惟充災傷以備賑給，平時難以擅行支散〔五〕。今養濟指揮，既無常平錢米，何以給散？欲乞如闕常平米、豆去處〔六〕，許於見管義倉米内通融應副，日後如有收到常平司田地收樁米斛，逐旋撥還。」從之。

養濟院

孝宗隆興元年十月十四日，詔：「天氣尚寒，其[147]街市飢凍乞丐之人，合行措置養濟。可令臨安府自十一月一日爲始。其合用錢、米并約束事件，並依節次指揮〔七〕。」每歲飢凍乞丐之人，令臨安府措置養濟，率以十月十五日抄劄，十一月一日爲始俵散錢、米，至次年二月住支。大人日支米一升、錢一十文足，小兒減半。以二月天氣尚寒，後降指揮又展半月，逐年遂爲常例。

二年閏十一月十六日，詔：「臨安府内外百姓不能自存之人，每至冬月，各計口數、大小，日支錢、米養濟。訪聞尚有士人或因赴調困居旅邸〔八〕，或因轉徙流離道路，裹糧罄竭，饘粥不給，情實可憫。令臨安府專委官，於城内外如有似此之人，更切覈實，量度支給係官錢、米，以禮賙恤。」

十二月十二日，權發遣臨安府薛良朋言：「本府奉詔

〔一〕文：原作「又」，據本書食貨六〇之一一改。
〔二〕能：原作「罷」，據本書食貨六〇之一二改。
〔三〕告：原作「狀」，據本書食貨六〇之一二改。
〔四〕干：原作「千」，據本書食貨六〇之一二改。
〔五〕擅：原作「檀」，據本書食貨六〇之一二改。
〔六〕闕：原作「關」，據本書食貨六〇之一二改。
〔七〕揮：原闕，據本書食貨六〇之一二補。
〔八〕困：原作「因」，據本書食貨六〇之一二改。

取撥常平米，委兩通判賑給飢貧之人。今措置：分委漕職官同厢官，於在城并城南北厢巡門抄劄實係飢貧別無經營之家及流移人，開具姓名，支米半月，大人每口一斗五升，小兒減半。委兩通判踏逐城南北厢寬闊寺院置場，照關子支給。常平米見管不多，照得昨來於省倉下界糴場封樁米内借撥二萬石〔一〕，除撥到一千二百石外，有一萬八千八百石未曾取撥。欲望行下省倉照會，據本府今來賑給米數逐旋應副，候散訖，具帳銷破。」詔依，令户部每料支二千石，俵散盡絶，接續支給。

二十二日，權發遣臨安府薛良朋言：「被旨，日來雪寒，臨148安府近城多有飢貧之人，令取撥常平米賑給〔二〕。已委兩通判於城南、城北置場支給外，今據通判常禋、胡堅常申，日來多有鄉村及毗近州縣飢貧人户聞知本府賑給米斛，乘勢前來陳乞支請。若或一槩支給，切慮人衆，所支米斛至多；若不賑給，又恐有失朝廷寬恤之意。今措置，欲將日後鄉村及毗近州縣到來飢貧之人，分委錢塘、仁和縣尉躬親驗實，如委實貧乏〔三〕，給牌押赴養濟院，每大人日支米一升、錢一十文足〔四〕，小兒減半。」從之。

乾道元年正月一日，南郊赦：「在法，病人無緦麻以上親同居者，厢耆報所屬，官爲醫治。訪聞比來客旅寄居店舍、寺觀，遇有病患，避免看視，趕逐出外；及道路暴病之人，店户不爲安泊，風雨暴露，往往致斃，深可憫憐。可令州縣委官内外檢察，依條醫治，仍加存恤。及出榜鄉村曉諭，月具有無違戾去處以聞。」乾道三年十一月二日、十六年十一月六日南郊赦，並同此制。

十九日，詔：「已降指揮，州軍災傷去處，委官措置賑濟。（詔）〔訪〕聞臨安府城内多有乞丐之人，顯見抄劄未盡。令臨安府分差通判，日下措置，將城内乞丐盡行抄劄，依已降指揮賑濟，不管漏落。仍具已賑濟過人數申尚書省。」從中書門下請也。

二十二日，權發遣臨安府薛良朋言：「本府見依已降指揮，支破錢米，收養乞丐。近緣浙西州軍水傷，尚有飢貧人户多在本府城内外求乞，切慮缺食。本府欲支撥149常平、義倉米斛，委官於近城寺院一十二處煮粥，給散養濟。」詔依，令臨安府恪意奉行。尋詔紹興、平江、鎮江府、台、秀、常、湖州照應臨安府已行事理，取撥常平米，疾速養濟施行。

二月八日，臨安府言：「收養乞丐所支錢米内，提舉司支撥到八千石外，目今養濟乞丐委是缺乏至多。今約度，乞更支撥七千石應副。」詔將義倉米内取撥五千石，應副支散施行。

十一日，知紹興府趙令詪言：「本府見行賑濟，雖先就

〔一〕糴：原作「糶」，據本書食貨六〇之一三改。
〔二〕令：原作「今」，據本書食貨六〇之一三改。
〔三〕實：原脱，據本書食貨六〇之一三補。
〔四〕十：原作「千」，據本書食貨六〇之一三改。

在城置場煮粥，給散養濟，緣城外鄉村闊遠，切慮飢流人奔趁不及。今措置，更於城南大禹寺、城西道士莊添置兩場，隨所大小，均定人數，並約定時辰，煮粥給散，以革重疊之弊。仍備辦藁薦存養，從便宿泊，及將柴錢責令主首掌管支給。或恐内有病患之人，官給藥餌，專差職醫調治。及分委通判、職官、簿、尉，日逐往諸場提督點檢。」詔：如人數稍多，更令添場，依此賑濟。

二十六日，監察御史程叔達言：「臣聞凡人平居無事，飢飽一失其節，且猶疾病隨至。況於久飢之民，相比而集於城郭，春深候暖，其不生疾疫者幾希。故自古飢荒之餘，必繼之以疫癘。熙寧中，浙西荒旱，取民於城而饘粥之〔一〕，死者至五十餘萬。比嘗奏乞，更於郊野設粥賑散。今飢民聚於城外，而就粥者不下數萬人，頗聞漸有病者，有斃者。臣略問之，城内給棺殮者已至七十餘人，切慮駸駸不已。日者常詔有司擇空閑屋宇[150]以安養之，又命醫挾劑以療治之，可謂德意周至矣。然臣切以爲衆之所聚，疾勢易成，轉相漸染，難以復治。謂宜亟敕府縣親行科擇，多出文榜，凡有家可歸、有鄉可依者，許其自陳，給以糧米，使之各復歸業。仍官給文引，俾就歸業之處請粥或米，以存恤之。至於無所依歸之人，乃令就病坊安養。」從之。

二十七日，詔：「常州無錫縣見有士民率米煮粥，俵散被水飢民。切慮米斛不繼，令本州就便於本縣和糴到萬畝田米内支撥一千石〔二〕，仍委縣官一員，同共監視煮粥〔三〕，接續養濟，無令失所。」從中書門下請也。

二十九日，詔：「臨安府見行賑濟飢民，訪聞其間多有疾病之人，切慮缺藥服餌，令醫官局於見賑濟去處，每處各差醫官二員，將病患之人診視醫治。其合用藥〔四〕，於和劑局取撥。仍日具醫過人并用過藥數，申尚書省。」從中書門下請也。

三月十四日，權發遣臨安府薛良朋言：「今來已是春深，正當農務，兼蠶麥將成，諸處流移飢民利於目前賑濟設粥，以致將來荒廢農業，無所指望。今措置，諸處（糴）〔糶〕米、設粥，欲自四月十五日住罷，仍預期出榜告諭。其壯健人，欲別給帖付與各人，仰州縣不得拘催官私欠負，并仰田主各支種糧，務令安居，不致離散。其有疾病、羸弱未能行履之人，欲別踏逐寺院，散粥煎藥，以待痊安，方可發遣回歸鄉貫。」從之。

十五日，殿中侍御史章服言：「近嘗具劄子，面奏賑糶利[151]害，乞下臨安府知、通講究措置條具。未蒙施行間，今臨安府已得指揮，欲於四月内並皆住罷。據臣管見，糴米者，大半是街市雜人，而流移人僅居其半。至如食粥者，皆流移飢民、疾病、乞丐之輩也。朝廷既已賑糶，又令散粥，

〔一〕取：疑當作「聚」。
〔二〕令：原作「今」，據本書食貨六〇之一四改。
〔三〕共：原脱，據本書食貨六〇之一四補。
〔四〕其：原作「甚」，據本書食貨六〇之一四改。

今忽同時俱罷〔一〕，事出(大)〔太〕遽，似有未安。乞於未罷之前，減作每人一升，出糶旬日，然後揭榜，指日罷之。蓋革之以漸，人情所安〔二〕，不致惶惑。至如散粥，欲乞且展一月，罷日，仍量給粥米發遣，庶幾有以藉手，不生怨望，不至諠譁〔三〕。」從之，內設粥給散飢民，令本府展至四月終。

四月二十二日，詔：「臨安府城內外見今養濟飢民，已降指揮展至四月終。訪聞其間多有疾病殘廢等人，深慮難以一槩便行住罷。令姜詵、薛良朋、韓彥古同本府通判、漕司屬官各一員，徧詣散粥。及病坊去處，公共措置，躬親揀點，將委實疾病殘廢、癃老羸弱、鰥寡孤獨不能自存見在病坊之人，更展限半月，給散粥藥養濟。」繼而兩浙路轉運判官姜詵言：「賑濟飢民，除揀選壯健願還鄉及有經紀之人，各已給米使之自便外，有其餘飢病之人，已申朝廷每日人支米一升，各令自造粥飯，給曆，五日一次支請。今尚有五千二百七十四人，見行養濟。緣目今新米成熟，街市米價減落，今來請米之人易於求趁，不致飢餓，乞降指揮至七月終住罷支散。」從之。

十月十一日，詔：「諸路州縣老疾貧乏、乞丐之人，在法以常平米斛養濟。今來[152]天氣(尚)〔向〕寒，養濟月日不遠，切慮奉行滅裂，未副朝廷惠民之意。令戶部檢坐條法指揮，申嚴行下，須管依時支錢米，如法養濟，務行實惠。」從中書門下請也。

十二月二日，詔：「浙西常平司於本司新糴到米內取撥二千石，應副賑濟歸正不能自存之人，大人每日支米一升，小兒五合；內有實殘廢患病不能經營之人，每日更各添支鹽菜錢二十文，即不得妄有支用。」

二年八月十五日，詔：「令鎮江府、建康府守臣括責到貧乏歸正人，大人每日支米一升，小兒五合；內有實殘廢病患不能經營之人，每日各更添支鹽菜錢二十文省。指揮到日，於常平錢內支破〔四〕，至乾道三年五月終。仍踏逐空閑官屋，應副居住。或間數不足，即將見賃屋人日納房錢減半。」

十二月四日，浙東提舉常平司言：「州縣鎮寨每歲給散老疾貧乏不能自存及乞丐之人豆、米，係將來常平司見管沒官田產收到租課內給散。緣自出賣諸司官產，皆已賣過，即於常平司別無所入。欲將州縣所管常平司義倉米權行散給。」戶部看詳：「義倉穀，在法唯充賑給，不得他用，有礙上條。照得本司近申到諸州縣通共糴到常平米一十四萬三千餘石，乞下本司，仰據諸州縣今冬收養乞丐的實合用米數，於前項糴到常平米內通融取撥應副。」從之。(以上《永樂大典》卷一七五四四)

〔一〕罷：原脱，據本書食貨六〇之一四補。
〔二〕人情所安：原脱，據本書食貨六〇之一四補。
〔三〕至諠譁：原作「譁諠」，據本書食貨六〇之一四補乙。
〔四〕錢：原脱，據本書食貨六〇之一五補。

宋會要輯稿　食貨六九

宋量〔一〕

【宋會要】

1 太祖建隆元年八月，松按：《玉海》作丙戌十九日。有司請造新量、衡，以放天下。從之。松按：《玉海》乾德元年七月戊午放于潭、澧等州。

開寶四年七月，松按：《玉海》作丙申。廣南轉運使王明奏：「廣南諸州舊使大斛受納斛斗，以官斛較量，每石多八(十)〔升〕。」詔：「已平遠俗〔二〕，方示寬恩。既混一於車書，宜均同于度量。自今所納税物，並用官㪷，每石只納一石二升。內以二升與倉書充爵鼠耗。」

太宗太平興國二年七月十一日，松按：《玉海》作庚午。詔：「權、衡之設，厥有常制。出納之吝，謂之有司。儻求羨餘，必恣掊克。苟視成而不戒，豈爲天下守財之道焉？應左藏庫及諸庫所受諸州上供均輸金銀、絲帛及他物〔三〕，監臨官當謹視秤者，無得欺而多取，俾上計吏受其弊。自今敢有欺度量而取餘羨〔四〕，其秤者及守藏吏皆斬，監臨官亦重致其罪。」先是，諸州吏護送官物于京師，藏吏卒垂鈞爲奸，故外州吏多負官物，至於破産不能償。太宗知其事，故下詔禁之。

淳化三年三月癸卯〔五〕，詔曰：「《書》云：『協時、月，正日，同律、度、量、衡。』所以建國經而立民極也。國家底慎財賦，較量耗登。既府庫之充盈，須權衡之平允。如聞秬黍之制，或差毫釐，垂鈞爲奸〔六〕，害及黎獻。宜令詳定秤法，著爲通規。」既而監內藏庫、崇儀使劉蒙正、劉承珪言：「太府寺舊銅式自一錢至一十斤〔七〕，凡五十一，輕重無準。外府歲受黃金，必自毫釐計之，式自錢始，則傷於重。」遂尋究本末，別製法物。至景德中，2 承珪重加參定，而權衡之制益爲精備。其法蓋取《漢志》子穀秬黍爲則，廣十黍以爲寸，從其大樂之尺，秬黍，黑黍也；樂尺，自黃鐘之管而生也。謂以秬黍中者爲分寸，輕重之制也。就成二術，二術，謂以尺、黍而求氂、絫。因度尺而求氂，度者，丈、尺之總名。謂因樂尺之源起於黍而成于寸，析寸爲分〔八〕，析分爲氂，析氂爲毫，析毫爲絲，析絲爲忽。則十忽爲絲，十絲爲毫，十毫爲氂，十氂爲分，十分爲寸，十寸爲尺，十尺爲丈。自

〔一〕題下原批：「起太祖建隆元年，訖高宗紹興二十九年。」
〔二〕已：原脱，據本書食貨七〇之三補。
〔三〕天頭原批：「『帛』一作『綿』。」按，見本書食貨四一之二七。
〔四〕自：原作「是」，據本書食貨四一之二七改。
〔五〕癸卯：本書食貨四一之二七同。按，此二字乃《大典》據《玉海》卷八引《實録》添，詳見本書食貨四一之二七校記。
〔六〕天頭原批：「『垂』：松按《玉海》引《實録》作『捶』。」
〔七〕天頭原批：「『二十斤』，《玉海》作『十五斤』。」
〔八〕析：原作「折」，據《宋史》卷六八《律曆志》一改。

積黍而取絫。從積黍而取絫，則十黍爲絫〔一〕，十絫爲銖，二十四銖爲兩，錘皆以銅爲之〔二〕。以釐、絫造一錢半及一兩等二秤，各懸三毫，以星準之。等一錢半者，以取一秤之法。其衡合樂尺一尺二寸，重一錢，錘重六分，盤重五分。初毫星準半錢，至稍總一錢半，（折）〔析〕成十五分，分列十釐；第一毫等半錢，當五十釐，若一十五斤秤等五斤也。中毫至稍一錢，（折）〔析〕成十分，〔分〕列十釐；末毫至稍半錢，（折）〔析〕成五分，〔分〕列十釐。等一兩者，亦爲一秤之則。其衡合樂尺一尺四寸，重一錢半，錘重六錢，盤重四錢。初毫至稍，布二十四銖，銖下別出一星，星等五絫；每銖之下，復出一星，等五絫，則四十八星等二百四十絫，計二千四百絫爲十兩〔三〕。中毫至稍五錢，布十二銖，銖列五星，星等二絫；布十二銖爲五錢之數，則一銖等十絫，都等一百二十絫爲半兩。末毫至稍六銖〔四〕，銖列十星，星等一絫。每星等一絫，都等六十絫，爲二錢半。以御書真、草、行三體 3 淳化錢較定，實重二銖四絫爲一錢者，以二千四百得十有五斤，爲一秤之則。其法，初以積黍爲準，然後以分而推忽，爲定數之端。故自忽、絲、毫、釐、黍、絫、銖，各定一錢之則。謂皆定一錢之則，然後制取等秤也。忽萬爲分，以一萬忽爲一分〔之〕則，以十萬忽定爲一錢之則。忽者，吐絲爲忽；分者，始微而著，言可分別也。絲則千，一千絲爲一分，〔以〕一萬絲定爲一錢之則。毫則伯，一百毫爲一分，以千毫定爲一錢之則。毫者，毫毛也，自忽、絲、毫三者皆斷驥尾爲之。釐則十，一十釐爲一分，以一百釐定爲一錢之則。釐者，犛牛尾毛也，曳赤金成絲以爲之。轉以十倍倍之，則爲一錢。轉以十倍，謂自一萬忽至十萬忽之類定爲則也。黍以二千四百枚爲兩，一龠容千二百黍爲十二銖，則以二千四百黍定爲一兩之則。兩者，兩龠爲兩也。絫以二百四十，謂二百四十絫定爲一兩之則。銖以二十四，轉相因成，十絫爲銖，則以二百四十絫定成二十四銖，爲一兩之則。銖者，言殊異也。遂成其秤。秤合黍數，則一錢半者，計三百六十黍之重。列爲五分，則每分計二十四黍。又每分（折）〔析〕爲一十釐，則每釐計二黍十分黍之四。以十釐分二十四黍，則每釐先得二黍。餘四黍都分成四十分，則一釐又得四分，是每釐得二黍十分黍之四。每四毫一絲六忽有差爲一黍，則釐、黍之數極矣。一兩者，合二十四銖爲二千四百黍之重。每百黍 4 爲銖〔五〕，十黍爲絫，二銖四絫爲錢，二絫四黍爲分。一絫二黍重五釐，六黍重二釐五毫，三黍重一釐二毫五絲，則黍、絫之數成矣。其則，用銅而鏤文，以識其輕重。新法既成，詔以新式留禁中，取太府舊秤四十、舊式六十，以新式較之，乃見舊式所謂一斤而輕者有十，謂五斤而重者有一。式既若是，權衡可知矣。又比用大秤如百斤者〔六〕，皆垂鈎於架，植鐶於衡，鐶或偃仆，手或

〔一〕十黍爲絫：原脱，據《文獻通考》卷一三三《樂六》、《宋史》卷六八《律曆志》一補。
〔二〕錘皆以：原作「絫銖皆」，據《宋史》卷六八《律曆志》一改。
〔三〕十兩：原作「一兩」，據《宋史》卷六八《律曆志》一改。
〔四〕至：原脱，據《宋史》卷六八《律曆志》一補。
〔五〕「每」下原衍一「分」字，據《文獻通考》卷一三三、《宋史》卷六八《律曆志》一删。
〔六〕者：原無，據《文獻通考》卷一三三、《宋史》卷六八《律曆志》一補。

抑按，則輕重之際，殊爲遼絶。至是，更鑄新式，悉由黍、絫而齊其斤、石，不可得而增損也。又令每用大秤，必懸以絲繩〔一〕。既置其物，則却立以視，不可得而抑按。復鑄銅式，以御書淳化三體錢二千四百，暨新式三十有二〔二〕、銅牌二十授于太府。又置新式於内府、外府，復頒於四方，凡十有一副〔三〕。詔三司使重校定，以御書淳化三體錢二千四百，磨令與開元通寶錢輕重等，付有司。先是，守藏吏受天下歲輸金幣，而太府權衡舊式失準，得因之爲奸，故諸道主者坐逋負而破産者甚衆。又守藏更代，有校計爭訟，動必數載。至是，新制既定，奸弊無所措，中外以爲便。

真宗景德二年八月，詔劉承珪所定權衡法附《編勅》，而不須下。

四年五月，劉承珪言：「先監内藏庫日，受納諸道州、府、軍、監上供金銀，凡係秤盤，例皆少剩，蓋由定秤差異，是致有害公私。嘗以聞奏，尋令較量秤則。自端拱元年起首，至淳化三年功畢，遂詔別鑄法物，付太府寺頒行。其重定秤法，皆 5 上稟睿謨，兼參以古法，顯有依據，永息弊欺。切慮言之無文，行之不遠，今請知制誥趙安仁撰成序一首，繕寫以聞，乞降付所司，以備檢閲。」從之。

大中祥符二年五月，三司請下太府寺造一斤及五斤秤，便市肆使用。從之。

六年四月，劉承珪言：「先奉詔旨，以天下權衡之法不一，令詳定及刊石爲記。請令所司檢會諸道有銅碢法物州郡，并在京庫務，各賜石記一本。」從之。

神宗熙寧四年十二月十一日〔四〕，詔以太府寺所管㪷秤歸文思院。

哲宗紹聖四年十一月十六日，户部言：「輙增損衡量若私造賣者，各杖一百，徇于市三日。許人告，每人賞錢有差。令轉運司所在置局製造，送所在商税務鬻賣。」

徽宗大觀四年二月九日，議禮局劄子：「臣等伏覩陛下度律均鍾，更造雅樂，施之天下，爲萬世法。至於禮器，尚仍舊制，未聞有所改作。禮樂，有國之大本，而其末起於度數。度數得則權量正，法度一而民不疑。今禮樂異制，不相取法，非所以一民也。臣等欲乞明詔有司，取新定樂律之度審校禮器，有不合者，悉行改正，以副制作之意。」詔：「律、度、量、衡，先王之制不相襲，而歷代亦不同。今以身爲度，起律作樂，則於禮制，宜依所奏。」

四月十一日，翰林學士張閣等奏：「更制新尺既已用，而未施之四方。欲乞將指尺頒降天下。其應干長短、闊狹之數，並依舊。其有不同者，以今尺計定，即于公私，別無增損。」詔令工部 6 依樣先造一千條，取旨頒降。少府監奏：「上件樂尺一千(尺)〔條〕，内一百條烏木花星，餘一百

〔一〕必懸：原作「爲顯」，據《宋史》卷六八《律曆志》一改。
〔二〕二：原作「三」，據《文獻通考》卷一三三、《宋史》卷六八《律曆志》一改。
〔三〕「凡」下原有「有」字，據《宋史》卷六八《律曆志》一删。
〔四〕天頭原批：「後九頁景祐二年一條，移神宗熙寧前。」

條紫荆木〔一〕，并依様製造。未審如何頒降，各若干，付是何去處。」詔：「烏木花星尺一百條進納，餘尺頒賜在京侍從官以上，及有司庫務、外路諸司及有庫監各一條。仍令所屬依様製造行用。如無紫荆木，以别木代之。」

二十四日，朝奉郎、試給事中蔡嶷奏：「臣聞虞舜五載一巡狩，則必同律、度、量、衡；成王制禮作樂，頒度、量而天下大服。然則度、量、權衡之致謹者，聖人所以行四方之政也。恭惟陛下與神爲謀，以身爲度，因帝指之尺，以起鍾律之制，奏之郊廟，八音克諧，而天地之和應矣。臣尚願頒指尺於天下，以同五度、五量、五權之法。區區之愚，於今日所用度之長短〔二〕、量之多寡〔三〕、權之輕重，非將有所增損也，特因仍其舊，悉使考協于新尺之度數，而定爲永法，備成一代之典，昭示無窮。乞詔有司討論施行。」詔依，令議禮局討論，申尚書省。

政和元年五月六日，尚書省言：「已造樂尺，頒賜在京侍從官以上及官司庫務、外路諸司、州府軍監。欲令諸路轉運司依様製造，降付管下諸州，（遂）〔逐〕州製造，分給屬縣。自今年七月一日爲始，舊尺並毁棄。」從之。

二年八月十九日，工部尚書、兼詳定重修勅令、權開封尹李孝偁等奏：「契勘度、量、權衡，出於一體。舊條以積粲爲數，修立成文。今來大晟樂尺係以帝指爲數，昨已奉聖旨頒行天下，7 其量、權衡雖據大晟府稱皆出於度，緣至今未曾頒用。本所欲擬舊條修立，即度、數〔四〕、權衡不出于一；欲依樂尺修立，又緣既未頒行，未敢立法。欲乞詳酌，先將量、權衡之式頒之天下，仍降付本所，以憑遵依，修立成條。」詔量、權衡以大晟府尺爲度，餘依奏。

九月十三日，工部尚書、兼詳定重修勅令〔五〕、權開封尹李孝偁奏：「看詳度、量、權衡，出於一體，内度雖已得旨頒大晟新尺行用，緣依政和元年四月十二日勅，應干長短廣狹之數並無增損，其諸條内尺寸，止合依上條用大晟新尺紐定。謂如帛長四十二尺、闊二尺五分爲疋，以新尺計長四十二尺七寸五分、闊二尺一寸三分五釐之五爲疋，即是一尺四分一釐三分釐之二爲一尺。又如天武等杖五尺八寸〔六〕，以新尺計六尺四分一釐三分釐之二之類〔七〕。如得允當，欲作申明隨勅行下，即不銷逐條展計外，有度、量、權衡，今候頒到新式，續具修定。」從之。

三年十月二十一日，提舉荆湖北路常平張動奏：「竊見諸路皆於會府作院製造等、秤，給付州縣出賣，往往輕重不等。欲望責在諸路漕臣常切檢察，須管依法式製造，無令有輕重之異。」奉聖旨，令尚書省措置。「勘會民間所用

〔一〕一百條：似當作「九百條」。
〔二〕於：原作「以」，據《政和五禮新儀》卷首改。
〔三〕「量」上原有「知」字，據《政和五禮新儀》卷首删。
〔四〕數：疑當作「量」。
〔五〕「重修」下原有「權衡」二字，據上條删。
〔六〕寸：原作「分」，據《文獻通考》卷一三三改。
〔七〕六尺：原作「一尺」，據《文獻通考》卷一三三改。

斗、升、秤、等、尺，依條係諸路轉運司於所在州置務製造〔一〕，送諸路出賣，除留功料之直外，以五分上供，餘給本司。并近降朝旨，依尺製造新尺，頒降諸路，依樣造新尺出賣，其舊尺更 8 不行用。及斗、秤、升、等子，亦有朝旨令文思院依新尺樣製，并依見行法式製造在京并府界諸縣合出賣之數，所有外路只降樣前去，仍令多數製造出賣。訪聞所屬並不遵依條令及所承朝旨廣行製造出賣，其餘官司往往未曾依新樣製換易，及民間見用㪷、升、秤、尺、等子多是私造私用，與舊官造法物混雜行使，無以分別。并自頒降新法樣製後來，未聞有出賣之數。不唯于度、量、權衡樣製不一，兼於合收出賣價錢暗有虧失。欲令文思院、諸路轉運司各自今來指揮到日，立便約度，依元降朝旨合造斗、升、秤、等、尺數目，限一季廣行製造。除官司應用之數自合給換外，依條分送所屬出賣，應副民間使用。應舊有斗、升、秤、尺、等，並限半年盡數首納，不得隱留。如出限，許人告首，除犯人依條斷罪外，每名支賞錢二十貫。仍先具措置施行次第申尚書省。」詔並依。

四年九月二十六日，文思院下界奏：「契勘本院見奉行聖旨指揮，別置㪷秤一作。除已申請到乞收造㪷秤、行人和雇製造等畫一遵依施行外，今續條具到下項：一、契勘新法㪷，秤見依朝旨，限一季廣行製造，降樣付諸路轉運司及商税院製造出賣〔二〕，今來即未有行使期限。欲乞在京及外路並自政和五年正月一日奉行。一、契勘鐵鍋法物，並合改造，頒降在京官司及天下州軍。今來萬數浩大，即難以齊寫造、較定應副。今欲乞先次料造法物一百副，除在 9 京緊切給納庫務逐急製造交付外，其餘官司及諸路州軍並許令將見在舊法物赴院送納，請換兑支新法物行使。所有今來先造一百副合用銅數，于本院劄帳，管取般銅，並無見在，委是見闕，乞下户部計置應副。一、契勘新造㪷、秤，朝旨降樣付諸路轉運司製造出賣，所有造到㪷、秤，合用團條火印，亦合降給。今欲寫造火印三百副，逐旋頒降付諸路轉運司。」從之。

五年二月三日，少府監言：「文思院下界造新降權衡、度、量，今承朝旨權住製造。竊慮合且依舊樣製造，送商税院出賣，候降到許造新樣，即行住罷。又奉詔限一月製造皇太子出閤合用秤，及賜食院合造㪷、秤。續承降到大晟新法㪷、秤，製造頒降間，承尚書省劄子，權衡、度、量權住製造，即無却行製造太府寺㪷、秤之文，是致造作前項緊急生活應副未得。乞下院且依太府法製造。」詔並權依舊製造，餘依。

宣和七年十二月十三日，尚書省言：「左司員外郎閻孝悦奏：『臣聞嘉量之制，具在方册，而愚民無知，趨利冒禁，奸弊百出，自爲高下，至于割移規模，增加裝具。害法

〔一〕係：原作「後」，據本書食貨四一之三二改。
〔二〕製造：原脱，據下文補。

蠹民，莫此爲甚。欲望聖慈明詔上方[一]，鑄銅爲式，頒之天下，以正私僞。庶使童子適市，莫之敢欺，以比隆二帝三王之盛，豈不韙歟！』尚書省措置，參酌擬修下條：諸增減斗、升、秤、尺、等，若私造私用及販賣者，各杖一百。增減私造，仍五百里編管；私用及販賣，並令衆三日以上。許人[10]告。巡察人知而不糾，杖八十。告獲斗、升、秤、等、尺私用及販賣，錢二十貫；增減若私造，錢五十貫。」從之。

高宗紹興元年四〔月〕十三日[二]，詔工部官一員，將省倉見使升、斗，令文思院重別較定訖，降樣下諸州官司行使。

二年二月七日，詔：「榷貨務取省倉見用官斗，依樣製造一百隻赴户部，頒降諸路，不得別置私量行使。」先是，省倉斗斛增大於諸路，而州郡槩量差小於省倉，出納之際，例各折閲，綱官等有負欠繫獄、破家竭産之苦。至是，倉部員外郎成大亨有請，故降是詔。

十月二十九日，詔：「户部支錢五百貫，令文思院依臨安府秤斗務造成省樣升、斗、秤、尺、等子，依條出賣，其錢循還作本。仍先次製造樣制法則，頒降諸路漕司，依式製造，分給州縣貨易行使。其民間見行使私置升、斗、秤、尺、等子，候官中出賣日並行禁止。如或違犯，並依條施行。」

四年三月二十五日，兩浙運判孫逸言：「乞下文思院，於見出賣斛内那撥工料製造斗樣一百五十隻，給降付兩浙轉運司，分給州縣行使，仍將不堪斗從本司毁棄。」從之。

七年三月十九日，詔：「文思院依省樣製造五斗斛，頒降諸路轉運司并行在倉場各一隻。其本路州軍，令轉運司〔依〕樣製造，降下所轄州、軍、縣、鎮及應給納官司行使。」以倉場交納之弊，從臣僚請也。

十六年十一月十日，詔兩浙轉運司：「昨緣措置經界，令逐州軍出賣升、斗、秤、尺。今多是州縣科抑，或令人[11]户白納，顯屬搔擾。如有見今白納數目，仰日下蠲放。其未賣數如非情願，並不得依前科抑。如違，許人越（訢）〔訴〕。」

二十二年二月二十七日，右承議郎、利州西路安撫使司主管書寫機宜文字吴援言：「商賈細民私置秤、斗，州縣雖有著令，然私相轉用[三]，習以爲常。至有百里之間，輕重多寡不同。望下有司申嚴法令，置造，刊鑄字號，量立價錢，許人請買。非官給者，重行責罰。」從之。

二十五年四月四日，詔：「令文思院製造一石斛，較定，明用火印，工部頒降諸路轉運司，依省降樣製造、用印，付所轄府、州、軍、監、縣、鎮受納行使。如有違戾，按劾施行。」從知蘄州高世史請也。

紹興三十二年七月二十三日，孝宗即位未改元。〔詔〕户部

[一] 詔：原作「昭」，據本書食貨四一之三四改。上方：疑當作「尚方」。
[二] 月：原脱，據《玉海》卷八補。
[三] 天頭原批：「『轉』一作『傳』。」按，見本書食貨四一之三五。

檢坐紹興二十九年十一月二十四日已降下指揮，造百合㪷行下，不得用鄉原體例，仍曉諭州縣。先是，秀州嘉興縣民沈彦章等進狀：「伏覩紹興二十九年十一月二十四日已降指揮：『諸州縣應干租㪷，止於百合，如過百合以上，並赴所屬毁棄。佃户租契，並仰仍舊，不得擅自增加租課。』又蒙委臨安府置局做造百合㪷，官雕印記出賣，并給與買斗人户。今檢坐紹興格式，或有私造升㪷增減者，賞錢五十貫，杖一百斷罪。上件指揮於民間實爲良法。今來有産之家與糴米牙人，妄稱已降官㪷止係臨安府使用。竊詳元降指揮用百合官㪷，緣爲豪民私造大斗交量租米，侵害小民，所以臣僚上言，[12]備知紹興府會稽縣陸之望陳請百合租㪷事理，再行敷奏製造，衡改户部勘當因依，不許用鄉原私弊僞造大㪷交量租課。自後亦不曾有指揮令用省㪷折還。今來農田人户被豪家輒用省㪷準折租米，被害非輕，致有流移失所。伏望特降睿旨，禁止省㪷多折交量，人户并糴糴米牙人遵依施行。」故有是詔。

九月二十八日，户部言：「臣僚劄子：『契勘民間田租各有鄉原等則不同，有以八十合、九十合爲㪷者，有以百五十合至百九十合爲㪷者，蓋地有肥瘠之異，故租之多寡、賦之輕重、價之低昂係焉，此經久不可易者也。昨因陸之望挾偏見之私，乞以百合㪷從官給賣，凡佃户納租，每畝不得過一石，每㪷不得過百合，雖多至百九十合，亦盡行鐫減。户部及州縣亦知其不可行，尋即報罷。近有司用前指揮，再行陳乞，户部復檢舉行下。殊不知民間買田之初，必計租定價。若用百九十合爲㪷者，其價必倍，官雖重税，業主自皆樂輸。㪷器雖大，佃户亦安受而不辭。今一旦無故損去其半，而二税、物力、和買、役錢之類如初，若中人之産量入以爲出者，是卒歲之計奪其半矣。今乞行下州縣，各隨鄉原元立規例，每㪷以百合爲之等則，如元約以百九十合爲㪷，即每畝作一石九㪷，元約以八十合爲㪷，即每畝作八㪷之類。將陸之望所乞更不施行，及改正户部鏤板行下指揮，實經[13]久可行之例。』下部看詳。本部欲依今來所乞，各隨鄉原元立文約租數，及久來鄉原所用㪷器數目交量，更不增減。如租户不伏，許令退佃。所有陸之望申請并今年七月二十三日用百合㪷交量指揮，更不施行。其官司已賣百合㪷，更不行使。令户部日下鏤板行下，自今降指揮日爲始，仍於鄉村曉諭。」詔從之。（以上《永樂大典》卷五二一三）[一]

【玉海】[二]

[一] 原稿版心未標《大典》卷次，而正文後批云：「《宋會要》。《大典》卷五千二百一十三，又八千六百三十三。」按，卷八六三三所録者見於本書食貨四一「量衡」目，而此處所録者乃出於卷五二一三，兩處文字不盡同。

[二] 原稿以「景祐權量律度式」爲題，《玉海》注於其下。然《玉海》原文此只是第一條之題，今删。以下乃《玉海》卷八節引《會要》。

14《會要》〔一〕：景祐二年五月二十五日，李照上《造成今古權量律度式》：「凡新尺、律、籥、合、升、斗、秤，共七物。尺準太府寺尺，以起分寸。爲方籥，廣九分，長一寸，高七分，積六百三十分。其黄鍾律管，横實七分，高實九十分，亦計六百三十分。樂合方寸四分，高一寸；樂升廣二寸八分，長三寸，高二寸七分；樂斗廣六寸，長七寸，高五寸四分。總計三百六十方籥，以應乾坤二策之數。樂秤以一合水之重爲一兩，一升水之重爲一斤，一斗水之重爲一秤。又造《漢書》升、合二枚，《周禮》升、豆二枚。臣以新律、籥、合、升、斗比校周、漢舊制，今欲以塗金熟銅鑄造新定律、籥、合、升、斗，及別以木造周、漢升、合、豆、升四等，以備聖覽。」從之。照以太府尺寸爲本，作量法木式四等，而所容受不合累黍之數。又以太府尺寸作周、漢量法木式各二等〔二〕，欲通己説，亦不能合。且《漢志》云「合籥爲合」，謂二十四銖。而照誤云「十籥」，識者譏之。錢希白《南部新書》亦誤。先是〔三〕，二月，照請依神瞽律法鑄編鐘一虡，使度、量、權衡協和。四月丁巳，詔製玉律，請取秬黍葭莩。照累黍尺成律，鑄鍾審之，其聲猶高。更用太府布帛尺爲法，下太常四律。又自爲律管之法，以九十黍之量爲二千四百二十星，爲十二管定法。又鑄銅爲籥、合、升、斗四物，率三百三十黍爲黄鍾之容，合三倍於15籥，升十三倍於合，斗十倍於升。既改造定法，又鑄之，容受差大，更增六籥爲合，十合爲升，十升爲斗，銘曰「樂斗」。及潞州上秬黍，擇大黍縱絫之，以考長短。尺成，與太府尺合，法愈堅定。

政和二年八月〔四〕，詔量、權衡以大晟樂尺爲度。

三年十月，令文思院下界造新權衡、度、量。

紹興元年四月十三日，詔工部以省倉升、斗令文思院校定，牓其式于諸州。

二年二月七日，命榷務製百隻頒諸路，禁用私量。

十月二十九日，命文思院造升、斗、秤、尺鬻之。（以上《永樂大典》卷五二一三）

版籍〔五〕

【宋會要】

16太祖建隆四年十月，詔曰：「蕭何入關，先收圖籍；沈約爲吏，手寫簿書。此官人所以周知其衆寡也。如聞向來州縣催科，都無帳曆。自今諸州委本州判官、録事參軍點檢逐縣，如官元無版籍，及百姓無户帖、户抄處，便仰置

〔一〕天頭原批：「此條移上卷大中祥符六年後、神宗熙寧四年前。」按，此條詳見本書樂一之六。
〔二〕等：原作「寸」，據《玉海》卷八改。
〔三〕天頭原批：「松按，此條見王應麟《玉海》、《大典》引，今附録以備參考。後倣此。」今按，「先是」以下乃王應麟之叙述。
〔四〕天頭原批：「政和以下數條本書已詳，删之。」按，此數條均見本門上文。
〔五〕題下方原批：「起太祖建隆四年，訖寧宗嘉定十四年。」

造，即不得煩擾人户。令、佐得替日交割批曆，參選日銓曹點檢。」

太宗至道元年六月，詔：「天下新舊逃户檢覆、招攜及歸業承佃户税物文帳，宜令三司自今後畫時點檢，定奪合收、合開、合閣税數聞奏。若覆檢鹵莽，當行勘逐。仍令三司將覆檢文帳上曆管係，於判使廳置庫架閣，准備取索照證。如有散失，其本部使、副、判官必重行朝典，干係人吏決停。」

真宗景德二年五月，三司度支判官黄世長請令三司每歲較天下税帳耗登以聞。從之。

八(年)〔月〕〔一〕，詔：「諸州縣案帳〔二〕、抄旁等，委當職官吏上曆收鏁，無得貨鬻、棄毁。仍令轉運使察舉，犯者，官員重寘其罪，吏人決杖、配隸。」時衛州判官王象坐鬻案籍文鈔，除名爲民〔三〕，配隸唐州，因著條約。

天禧二年六月，三司言：「定奪三部合減省諸州府帳目奏狀，一年計八萬八千九百一十九道，約省三十四萬五千二百餘紙。其諸路州府，望令轉運使定數申三司，三司覆定以聞。」下詔曰：「計帳之繁，動盈几案，公家之利，無益關防，徒事勾稽，空縻紙【17】札。比令近侍，同令删除，或匪切須，並從簡併。咨爾在位，宜守親稽，勿務滋章，致於煩擾。其令三司、諸路並依新減數目，不得擅有增益。」先是，上封者言：「諸州帳籍，繁而非用，紙筆所費，或至掊歛。望省其數。」是歲，又詔：「諸州自今造帳，營房半年一申，揀停軍人一年一申，職員、馬遞鋪馬帳並一季一申〔四〕。」三司使李士衡因言，逐年約減省帳目二分以上，在省手分亦合減省。遂詔三部官司議以聞〔五〕。

四年二月，京東轉運副使范雍言：「諸州帳籍應在不少，望自今委轉運司於逐州選官一員專管帳目磨勘。如及一百萬數，一年内八分已上，並升差遣；不滿百萬，一年了者，批曆爲勞績。」從之。

仁宗天聖元年十一月，上封者言：「天下每遇閏年，寫造寔行版籍，甚有搔擾。況每歲各有空行版簿拘管催促，不至失陷税賦。乞賜停罷。」乃下詔曰：「國家稽禹畫以開疆，盡天臨而覆物，崇建至治，阜康生民。必務簡於科條，用益清於政化。乃眷郡縣，悉掌簿書，既鈐鍵於賦輿，亦關防於生齒。坦有明制，存諸有司。其或設之空文，害於有益，上靡資於理本，下徒啓於倖門。或牧守愛民，奏述暫從於停廢；或官司循例，因緣寧免於滋彰。將杜規求，宜削煩擾。應諸州縣凡遇閏年所供寔行版簿，今後更不寫造供申〔六〕，只將催科空行版簿逐年磨勘，入勾點檢，上曆架閣，

〔一〕月：原作「年」，據《長編》卷六一改。
〔二〕案：原作「按」，據《長編》卷六一改。
〔三〕民：原作「吏」，據《長編》卷六一改。
〔四〕鋪：原作「鎮」，據《長編》卷九二改。
〔五〕「議」上疑脱一「詳」字。
〔六〕造：原脱，據本書食貨一一之一二補。

不得散失。」

三年七月，京西路勸農使言：「點檢夏秋税簿，多[18]頭尾不全，亦無典押、書手姓名，甚有揩改去處，深慮欺隱，失陷税賦。近兖、鄆、齊、濰、濮州磨勘出失陷税賦四萬三千九百八十四貫疋石。看詳欺隱税數，蓋是造簿之時，不將逓年版簿對讀，割移典賣，又不取關帖證對，本州亦不點檢，致作弊倖，走移税賦，改作麄色。亦有貧民額外移税在户下，縦有披訴，只憑逓年簿書，無由雪理。今乞候每年寫造夏秋税簿之時，置木條印一，雕年分、典押、書手姓名，令佐押字。候寫畢，勒典押將版簿及歸逃簿、典賣析居割移税簿逐一勘同〔一〕，即令佐親寫押字，用印記訖，當面毁棄木印。其版簿，以青布或油紙（儭）〔襯〕背，津般上州請印。本州干繫官吏更切勘會，委判句官點檢，每十户一計處，親書勘同，押字訖，封付本縣勾銷，仍於令佐廳置櫃收鏁。如違，依法施行。書手雖經（敷）〔赦〕，仍勒充州縣重役。令、佐不親勘讀，以至失陷税賦，雖去官不原。」事下三司。三司檢會：「《農田敕》：『應逐縣夏秋税版簿，並先桩本縣元額管納户口、税物都數，次開説見納、見逃數及逐村甲名、税數。官典勘對，送本州請印訖，更令本州官勘對，朱鑿勘同官典姓名，書字結罪，勒勾院點勘。如無差僞，使州印訖，付本縣收掌勾銷。』今請依所乞，造置簿印施行。」從之。

景祐元年正月十三日，中書門下言：「《編勅節文》：諸州縣造五等丁産簿并丁口帳，勒村耆大户就門抄上人丁。慮灾傷州縣搔擾人民。」詔：「京東、京[19]西、河北、河東、淮南、陜府西、江南東、荆湖北路應係災傷州軍縣分，並權住攢造丁産文簿，候豐稔，依舊施行。」

神宗熙寧二年十一月十三日，詔：「今後農田利害，據州縣具到圖簿并所陳事狀〔二〕，並委管勾官與提刑、轉運議差官覆按。」

四年五月十六日，司農寺言：「乞差府界提點司委官分詣諸縣，同造五等簿，升降人户。如敢將四等已下户不及得自來中等已上物力升在三等，致人户披訴〔三〕，其當職官吏並從違制，不用赦降。」從之。

八年正月八日，察訪荆南路常平等事蒲宗孟言：「近制，民以手實上其家之物産，而官爲注籍，以正百年無用不明之版圖，而均齊其力役，此天下之良法也。然縣災傷五分已上則不與焉，且留以俟豐歲〔四〕。以臣觀之，使民自供手寔，無所擾也，何待於豐穰哉！願詔有司，不以豐凶弛張其法。」從之。呂惠卿爲手寔法，奉使者至析秋毫，天下病之，而宗孟有此奏。既而詔司農寺罷手寔法。

元豐元年九月十三日，中書言：「應諸縣造鄉村坊郭

〔一〕析：原作「折」，據本書食貨一一之一二改。
〔二〕天頭原批：「『簿』一作『籍』。」按，見本書食貨一一之一三。以下凡原批所云「一作」，均指本書食貨一一複文，不再注明。
〔三〕披：原作「被」，據《長編》卷二二三改。
〔四〕豐：原作「豊」，據《長編》卷二五九改。

丁產等第簿〔一〕，並録副本送州印縫，於州院架閣。」從之。

十(二)月二十一日〔二〕，詔：「應造簿路分，秋料災傷税額放及七分以上處〔三〕，權免造，並候次年。」

十二月九日，兩浙路提舉司言：「浙西民户富有物力，自浙以東，多以田產營生，往年造簿，山縣常以税錢，餘處即以物力推排，不必齊以一法〔四〕。今欲通以田[20]土、物力、税錢、苗米之類，各令挨排，隨便敷納役錢。所貴民力所出，輕重均平〔五〕。」從之。

二年四月二十一日，知諫院李定言：「秀州嘉興、崇德兩縣初定役法時，以僧舍什物估直敷錢，恐非法意。」下司農寺，請下本路改正。他路有類此者，令提舉司依此施行。從之。

哲宗元符元年二月二日，新權提舉廣南西路常平等事盧君佐言：「京東、河北有山林陂澤，盜賊結集，乞置籍以記浮民〔六〕。」詔户部立法以聞。

徽宗宣和二年四月二十一日，江浙淮南等路宣撫使童貫奏：「奉詔措置東南兇賊。切詳平賊之後，民事最爲急務。勘會經賊燒劫州縣，圖書散失，理當重造户口版籍，以定將來税役。」從之。

六年閏三月十六日，新差提舉河東路常平等事林積仁言：「熙豐良法，莫大於常平、免役，而常平、免役之政令以户籍爲本。户有五等，縣置簿以籍之，凡均敷數、顧錢、科差、徭役及非泛拋降，合行均買者，皆以簿爲據。然詭名挾户，減落價貫，在法許告，有追賞、斷罪刑名。欲下諸路常平司，以指揮到日，遍行曉諭，限一季許冒犯人陳首，特與改正，仍免斷罪、追賞。限滿不首，重寘以法。若因人告發，而州縣根治滅裂者，提舉官按劾以聞。」從之。

光堯皇帝紹興元年二月二十八日〔七〕，臣僚言：「州縣經兵火處，版籍殘缺，姦吏並緣爲私，所存無幾，不可鉤考，使户口未寔，賦役不均，財用莫知所從出。今乞嚴勑諸路監司，應經兵[21]火州縣，自來所有丁產、錢穀簿書，皆依法置造。如委無舊本，許以帳狀及寔可照驗事迹類聚攢成；又無，即從諸司用干證文字與州縣見存案牘互相點勘，以成新書。監司以逐州名數開具申尚書本部，立爲定制。所有期限，乞從朝廷處分。」户部契勘：「見行下諸路轉運司取索供申外，如内有曾經兵火去處，欲依本官所乞，用干照文字互相照勘成書。」詔依，仍限半年。

二年三月二十三日，詔曰：「朕於民事，未嘗敢緩，而守令、監司弗之察也。訪聞造簿之弊〔八〕，姦贓狼籍，民被

〔一〕郭：原作「廓」，據本書食貨一一之一四改。
〔二〕「月」上原衍一「二」字，據本書食貨一一之一四、《長編》卷二九三删。
〔三〕秋料災傷：原作「秋科及夏」，據《長編》卷二九三改。
〔四〕天頭原批：「『以』一作『之以』。」
〔五〕天頭原批：「『平』一作『一』。」
〔六〕民：原作「名」，據《長編》卷四九四改。
〔七〕光堯皇帝：天頭原批：「一作『高宗皇帝』。」
〔八〕弊：原作「歲」，據《群書考索》後集卷五三改。

其苦，而又輪差甲頭、保長之後，公然有備償之説，大無謂也。可自今後，應逃亡、死絶、詭名、挾佃、産去税存之户，不待造簿，畫時依法倚閣，檢察推割。庶使斯民猶堪給養，而不被無藝之横斂也。如違，令佐、公吏並竄配海島。有臟者，依去年十二月十四日指揮。知通、監司隱庇而不舉發者〔一〕，同罪。應昨來造簿不公及今後不爲畫時依法施行者，並許民户越訴。令户部立法，取旨施行〔二〕。」

閏四月三日，右朝奉郎姚沆言：「欲乞朝廷行下諸路轉運司，相度曾被燒劫去處失契書業人，許經所屬州縣陳狀，本縣行下本保鄰人依寔供證，即出户帖付之，以爲永遠照驗。如本保鄰人作情弊故意邀阻，不爲依寔勘會，及本縣人吏不即時給户帖，並許人越訴，其合干人重寘典憲。」

八月二十二日〔三〕，詔：「今後應逃亡、死絶、詭名田産，令户部立法。」今修立[22]下條：「諸逃亡、死絶及詭名、挾佃并産去税存之户，不待造簿，畫時倚閣，檢察推割。」從之。

四年四月十六日，户部言：「依條，每年取會諸路轉運司供攢户口陞降管額文帳。今據淮南轉運司申：『緣本路州縣纔方招誘，漸有歸業人户，未敢便行抄劄户口。切慮驚擾，復有逃移。』本部相度，欲自紹興五年爲頭。」從之。

五年五月八日，諸路軍事都督行府言：「諸路收支見在錢物，今後分上下半年，縣具數申州，州類聚，同本州之數申漕司。如係常平、茶鹽司并提刑司錢物，即依此申所隸置籍。本司總一路之數，作旁通册開具聞奏，付之户部，考察登虧。仍詔守、倅，今後歲終及替罷，並開具管下諸縣并一州收支、見在數目申尚書省。其初到任，即具截日見在申户部，户部亦行置籍。」從之。

十月十日，尚書省言：「勘會諸路户口并合輸夏税、秋税賦帳狀，雖有立定供申條限，近來州縣違廢法令，不即供申。今要見諸路祖額，并即今每州并每縣五等人户各若干、逐等人户各夏、秋二料合納税賦各若干〔四〕。」詔令户部立定體式，限一月取會諸路州縣作旁通册開具申。

十二月二十三日，詔户部：「令州縣遵依已降指揮，止以見在簿籍内所管數目出給。今來全在州縣官用心措置，務要簡便，於民不擾，早得給付。如敢乘此差人下鄉根括，勾呼搔擾，並當重行停降。因而容縱公吏乞取，除公吏以枉法論坐罪外，[23]官比公吏減一等。仍仰提刑司常切覺察，及許人户詣本司越訴。」以都省言，州縣尚勒令人户開具，追呼搔擾，故有是詔。

六年十二月十八日，臣寮言：「州縣推排人户，於造簿之時，宜得其寔。若産去税存者，根究受産之家，據數攤理。以契内價貫爲物力者，取見出産之家苗税都數，參酌

〔一〕發：原作「法」，據本書食貨一一之一五改。
〔二〕天頭原批：「『施行』一作『行下』。」
〔三〕八月：本書食貨六一之六四、六九之四九作「六月」。
〔四〕料：原作「科」，據本書食貨一一之一七改。

均定，則不得而欺矣。版籍既明，賦役均當，若貧若富，各得其所。欲望申勅諸路州縣官吏，應遇人户訴理苗税、物力，並依公參酌，推受過割。」（招）〔詔〕：「産去税存，已有條令，仰户部申嚴行下。餘令諸路轉運司限十日一就相度，申尚書省。」

七年五月七日，比部員外郎薛徽言（言）：「欲望明飭有司，稽考州縣丁帳，覈正文籍，死亡生長，以時書落。歲終，縣以丁之數上州，州以縣之數上漕，漕以州之數上之户部，户部合天下之數上之朝廷。殘破之處，計登耗而爲之賞罰。其重困之由，願講明之；其傷殘之法，願申嚴之。」從之。

十二年七月十八日，户部言：「州縣人户産業簿，依法三年一造。坊郭十等，鄉村五等，以農隙時當官供通，自相推排，對舊簿批注陞降。今欲乞行下諸路州縣，依平江府等處已降指揮。西北流寓之人，候合當造簿年分，推排施行。」從之。

十三年九月一日，詔：「州縣租税簿籍，令轉運司降樣行下，並真謹書寫。如細小草書，從杖一百科罪勒停，永不得收叙。其簿限一日改正。當職官吏失點檢，杖八十。如有欺弊，自依本 24 法施行。」從轉運使李椿年之請也。

十六年六月十日，權知郴州黄武言人户典賣推税，詔令户部立法。户部今修下條：「諸典賣田宅應推收税租，鄉書手於人户契書、户帖及税租簿内，並親書推收税租數目并鄉書手姓名。税租簿以朱書，令、佐書押。又，諸典賣田宅應推收税租，鄉書手不於人户契書、户帖及税租簿内親書推收税租數目、姓名，書押令佐者，杖一百，許人告。又，諸色人告獲典賣田宅應推收税租，鄉書手不於人户契書、户帖及税租簿内親書推收税租數目、姓名、書押令佐者，賞錢一十貫。」從之。

十八年四月三十日，臣寮言：「比年以來，遷徙之民懷土歸業者衆。淮甸間如通、泰等州，號爲就緒，州縣欲便於科差，推排物力。其間歸業未滿三年者，與免推排一次。」從之。

二十年九月八日，臣寮言：「四川諸縣推排等第，除坊郭營運依舊例外，其鄉村人户家業數内若有營運，合依見行條法推排陞降。如典賣田産價值，欲乞改正，只用本色。所管税色物斛，依見今州縣衮折則例併紐税錢〔一〕。若於本處或有未便，乞令開具的確利害以聞。」從之。

二十一年二月四日，詔臨安府見推排等第〔二〕，依在京例與免。

二十二年二月七日，右宣義郎、大理評事王彦洪言：「切見甲令所載，三年一造簿書，於農隙之時，令人户自相推排。蓋欲別貧富，陞降等第，務從均平，此萬世之良法

〔一〕紐：原作「細」，據《建炎要録》卷一六一改。
〔二〕推：原脱，據《建炎要録》卷一六二補。

也。近來間有縣25令將欲任滿，輒促期限，或遷延以待後政，致有下户物産已去而等第猶存。欲望申嚴法禁，於農隙推排之時，不得妄有展、促期限，以杜貪墨、慵懦之弊。如或違戾，令監司、郡守按劾以聞。」從之。

五月八日，前知池州陳湯求言：「乞今後州縣不得將牛、船、水車應干農具增爲家力，其賣買交易，許免收税。如官司輒敢巧作名目，暗排家力及抑納税錢者，許人户越訴。專委提舉常平司糾察，官吏重寘以法。」從之。

二十四年三月二十五日，大理評事劉敏求言：「乞令有司申嚴法禁，俾諸州依條限印給税租簿，仍鈐束人吏乞取之弊。如有違戾，重寘于法。」上因宣諭：「法令固在，如官吏奉行不虔，雖申明行下，終亦無益。爲知州者，須更歷民事，通曉利病者爲之。」因命監司以時檢察，有不如令，按劾以聞。

二十六年二月二十二日，新差權發遣全州楊揆劄子言：「在法，人户家産物業，每三歲一推排，陞降等第。如有未當，許人户陳訴改正，然後立爲定籍，置櫃收藏於長官廳。凡有差科，令佐躬親按籍均定。比年以來，州縣弛慢，盡付胥吏之手。每遇差科，公然賄賂，良民受弊，依前産去税存，故使貧乏下户多有逃移。欲望明飭有司，申嚴行下諸路監司、守臣，凡差科，並須令、佐躬親均定，不得令公吏干預，惟許檢閲鈔寫。如有違戾，仰監司按劾以聞。」從之。

三十年六月十四日，詔：「諸州縣歲終攢造丁帳，三年推排26物力，除附陞降，並令按實銷注。州委官〔一〕，縣委主簿，專掌其事，監司、太守常切檢點。如有脱落，許人户越訴，當行官吏以違制論。」從户部之請也。

三十二年正月二十五日，臣寮言：「望詔有司立法，自今知縣、縣丞滿罷之日，批書條限内曾無排造文簿，及縣丞推受物力有無未了名件，庶幾版圖得寔，可以據籍定差。」於是給舍金安節等看詳：「昨降指揮，任滿批書，並依祖宗舊例。」詔依。

五月三日，四川總領王之望言：「契勘人户將田宅遺囑與人，及婦人隨嫁物産與夫家管係，在法，田宅止與出母、嫁母方合免税〔二〕，若與其餘人，並合投税。今四川人户遺囑、嫁資，其間有正行立契，或有止立要約與女之類，亦合投税。緣得遺囑及嫁資田産之人依條估價投契，委可杜絶日後爭端。若不估價立契，雖可幸免一時税錢，而適所以啓親族兄弟日後訴訟。」户部言：「人户今後遺囑與緦麻以上親，至絶日，合改立户。及田宅與女折充嫁資，並估價赴官投契納税。其嫁資田産於契内分明聲説，候人户賫到税錢，即日印契置曆，當官給付契書。如合干人吏因緣搔擾，許人户經官陳訴。若出限不即經官税契，許人户告，將犯人依匿税法施行。」從之。

〔一〕「官」上疑脱一字。
〔二〕天頭原批：「『與出母嫁』一作『于出母生』。」

紹興三十二年，壽皇聖帝已即位，未改元。八月二十三日，中書門下言：「州縣三年一次推排坊郭、鄉村物力，多係坊正、保正副私受人户錢物，升排不公。守、令信憑人吏，27藏匿等第文榜，洎至人户知得，並已限滿，無緣陳理，貧弱受害。今仰州縣推排出院日，分明出榜。如尚敢循習，委監司覺察奏聞，當議重寘于法，庶使良民有所申訴。」從之。

壽皇聖帝乾道二年正月十八日，詔：「孫大雅奏漢制上計之法，朕以爲可行於今，令侍從、臺諫參考古制進呈。」先是，知秀州孫大雅置本州《拘催上供錢格目》來上，且言：「漢制，歲盡郡國詣京師奏事。至中興，則歲終遣吏上計。於正月旦，天子幸德陽殿臨軒受賀，而屬郡計吏皆覲，以詔殿最。今也不然，未嘗有甘泉上計之制，而臣始爲之奏。且臣所撰《州縣拘催上供錢格目》者，蓋法漢之大司農『郡國四時上月旦見錢穀簿，其逋未畢〔一〕，各具別之』之意以爲書也。敢昧死以獻，惟陛下裁擇。」於是監察御史張敦寔、劉貢言：「切謂一縣必有一縣之計，一郡必有一郡之計，天下必有天下之計。天下之計，總郡縣而歲考焉。三代遠矣，方册可得而知者，自禹別九州，成賦中邦，因南巡狩而至大越，登茅山而會諸侯，號其山曰會稽，後立會稽郡。《漢書》注云：『以其會諸侯之計於此也。』逮至《周官》所載，最爲詳悉。天官冢宰之屬，理財居其半，掌財用而言『歲終則會』者凡十。又〔太〕〔大〕府之職，『歲終，則以貨賄之入出會之』〔二〕；小宰之職，『歲終，則令群吏致事』。鄭氏注云：『若今之上計也。』漢承秦後，蕭何收其圖籍，知張蒼善算，於是令以列侯居相府，領主郡國上計28者。此則漢初之制，專命一人以掌天下所上之計也。至武帝元光五年〔三〕，詔吏民有明當世之務、習先聖之術者，縣次續食，令與計偕。注云：『計者，上計簿使也，郡國每歲遣詣京師上之。』元封五年三月，朝諸侯王、列侯，受郡國計。太初元年十二月，又受計于甘泉。天漢三年，又受計于太山之明堂。太始四年三月，又受計于太山之明堂。是則終武帝之世，五十餘年之間，一受計于帝都，三受計于方嶽，或以三月，或以十二月之不同也。至宣帝黄龍元年正月，下詔曰：『方今天下少事，而民多貧，盜賊不止，其咎在上計簿文具而已，務爲欺謾，以避其課。令御史察計簿，疑非實者，按之，使真僞無相亂。』是則在宣帝之時，郡國所上計簿已不能無弊矣。光武中興，歲終遣吏上計，遂爲定制〔四〕。正月旦天子幸德陽殿臨軒受賀，而屬郡計吏皆在列。置大司農專掌之，其逋未畢，各具別之。今孫大雅所陳者是也。然西漢言郡國上計，東漢言屬郡計吏，則遠方者在東漢未必偕至矣。漢之大司農，則今之户部也。切見户部掌天下之

〔一〕「未」下原衍一「未」字，據下文、本書食貨一一之二一及《續漢書·百官志》删。
〔二〕以：原脱，據十三經注疏本《周禮》卷六補。
〔三〕元光：原作「建元」，據《漢書》卷六《武帝紀》改。
〔四〕遂爲定制：原作「遂定制論」，據《文獻通考》卷二四改。

財計，有上限、中限、末限之格法，有日催、旬催、五日一催之期會。每於歲終，獨以常平收支、户口、租税造册以進呈，而於州郡諸色窠目尚畧焉，是於三代歲終則會與兩漢歲終上計之法爲未備也。然而去古愈遠，文籍愈煩，在西漢已不免文具之弊，況今日能盡革其僞乎？在東漢止於屬郡之内，況今日川、廣之遠，能使其如期畢至乎？以臣 29 等愚見，莫若歲終令户部盡取天下州郡一歲之計已足未足、虧少虧多之數，並皆造册，正月内進呈。兼採漢制，丞相選差一人考覈户部所上計，而明州郡之殿最。則三代、兩漢之制皆兼該，而無不舉之處矣。」詔令户部措置。其後，户部言：「諸路州軍歲起上供諸色窠名錢帛糧斛，各有立定起發條限、年額數目。本部每年預行檢舉，行下諸路監司及州軍當職官，排日催促，依限撥納。其歲終，具常平收支并税租課利旁通，係取前一年數、户口本年數，造册以進呈，内不到路分，次年附進。今來張敦寔等奏陳，歲終令户部盡取天下州郡一歲之計已足未足、虧少虧多之數造册，正月進呈。緣諸州軍地里遠近不同，竊慮不能於次年正月盡實申到。若候取會齊足攢造〔一〕，亦恐後時。今措置，欲立式遍下諸處州軍，知、通、當職官各以本州每歲應干合撥上供窠名錢帛糧斛數目置籍，照條限鈎考撥納，歲終逐一開具造册，須管於次年正月了畢，詣闕投進。候到，降付户部參考，將拖欠州軍〔二〕，具當職官吏按劾，取旨黜責施行〔三〕。」上曰：「如此措置，甚善〔四〕。」從之。

二月三日，詔：「淮東近因措置沙田、蘆場，拘留人户供攢户式，有妨春農，並仰日下放散。如有未圓備去處，候秋收畢日施行。内形勢上户，即仰措置取會，不得追擾耕作之人。」

十一月二十六日，權户部侍郎曾懷言：「户部掌催諸路財賦，名色不一，自來緣無版籍，30 無憑稽考，往往多致失陷。積弊之久，習爲故常。被旨攢具到版籍，一物一件，皆有照據。乞自今每歲諸郡具所起發錢料名，總計寔數作一項，限次年正月終申發，委逐路所隸監司覆寔，限一月上之。户部具殿最以聞，取旨賞罰。庶有司各知任責，財賦不致失陷，國用得以不乏。」從之。

六年十月十一日，户部侍郎、江浙京湖淮廣福建等路都大發運使史正志言〔五〕：「臣恭惟本朝自聖祖及神宗相繼嗣統〔六〕，爰考元和之制，踵爲會計之書，萬機之暇，未嘗不視之爲先務。歲月易久，姦弊易生，故不得不時爲會計，以捄其弊。是以景德之録，慶曆之録，皇祐之録〔七〕，以致

〔一〕候：原作「侯」，據本書食貨一一之二三改。
〔二〕州：原作「諸」，據《文獻通考》卷二四改。
〔三〕「取」上原有「伏」字，「行」下原有「之」字，據《文獻通考》卷二四删。
〔四〕甚：原脱，據本書食貨一一之二四補。
〔五〕湖：原作「朝」，據周必大《文忠集》卷一〇五改。
〔六〕天頭原批：「『神宗』一作『仁宗』。」按，作「神宗」是。
〔七〕祐：原作「佑」，據本書食貨一一之二四改。

元豐《中書備對》，分令諸房揭貼，搜羅詳密，纖悉備具，朝廷每有施行，不復待報於外，按圖閱籍，如指諸掌。竊思惟祖宗之時，所謂會計之書修纂如是之易者，蓋緣郡國帳狀如期來上，無有隱匿稽遲，故得以討論措畫。又嘗考之條令，一州之帳狀，司法主之〔一〕，一路之帳狀，漕屬主之，率諸路帳狀上之户部。既已有帳司矣，又以別本關之，比部專以纂輯爲之，違一月者有禁，踰一時者有罰。渡江以來，天下多事，簿書期會，日爲紛擾，而帳狀之計，漫不加省。近年以來，比部省併曹帳司，裁減吏額，拘催帳狀〔二〕，不復來上，故易於竄易，易於移兑，而乾没之患滋生。臣謂救之之術，莫若謹帳狀之上，續會計之書。是書一成，如鏡之照，如權之稱，尚何所逃哉〔三〕！」從之。

二十七 31 日，宗正少卿、兼權户部侍郎王佐等言：「得旨編類版籍文字。稽考得增税錢一項，係依紹興五年五月十二日旨揮，令諸路轉運司量度州縣收税緊慢，增添税額五分或三分，別曆收。今將帳案照得除臨安府并太平州每季有收過外，其餘去處並無所收，顯見侵欺失陷。欲令諸路漕司自今年冬季爲始，盡寔拘收，以十分爲率，三分與本州贍給官兵，其七分赴左藏庫送納。仍限一月，先次取見本路州軍合增添五分及三分數目作册供申，户部置籍拘考之。」詔户部行下諸路漕臣，開具州縣收税緊慢去處，參酌申取朝廷指揮。

淳熙五年二月四日，臣僚言丁税二弊：「二丁之税，人輸絹七尺，此唐租庸調之所自出也。二十歲以上則輸，六十則止，殘疾者以病丁而免〔四〕，二十以下者以幼丁而免，此祖宗之法也。比年鄉司爲姦，託以三年一推排方始除附，乃使久年係籍與疾病之丁無時銷落，新添之丁隱而不籍，皆私糾而竊取之。致令實納之人無幾，而官司所入大有侵弊，兼有十數年不曾推排處。此除附之弊也。若其輸納，則六丁之税方揍成絹一匹，官司紐於久例，利其重價及頭子、勘合、市例、縻費之屬，必欲單名獨鈔，其已納者又不即與銷簿〔五〕，重疊追呼。此輸納之弊也。今欲縣委縣丞，如均税事體，置丁税一司。遇歲終，許庶民之家長或次丁立罪賞，自陳其家寔管丁若干，老病、少壯悉開列于狀。32 將舊簿參照，年實及六十與病廢者悉除之，壯而及令者重行收附。如隱年不自陳者，許人告首。每歲入務限前，以籍寔丁名數關報本縣催理。仍鈔録人名，下逐都置粉壁，大字書寫，曉示通知，每歲一易。納足，即與銷簿給鈔。官吏違滯者，坐以罪。仍許錢、絹從便送納，與免諸色縻費。」從之。

〔一〕主：原作「注」，據本書食貨一二之二五改。
〔二〕催：原作「摧」，據本書食貨一二之二五改。
〔三〕天頭原批：「『所』一作『從』。」
〔四〕病丁：原作「疾丁」，據《宋史全文》卷二六下改。
〔五〕其：原作「甚」，據《宋史全文》卷二六下改。又天頭原批：「疑有脱字。」按，此處乃錯一字，并無脱文。

八月十一日，臣僚言：「臨安府舊有都界，有鄉村界，自白龜池以南爲都界，白龜池以北爲鄉界。前降指揮放免推排之時，有司止將都界影占除放。如此，關門外便作鄉村，不係免數。蓋向來北關門外人煙稀少，以爲鄉村則可，(令)〔今〕駐蹕已久，村可乎〔一〕。況東起艮山門至江，下及六和塔、赤山、西溪、錢塘門，皆蒙放免，則三隅受賜，一隅獨不霑大惠。今欲將錢塘門、餘杭門、艮山門以北，與依三隅例，並免推排科敷等事。仍依京司例，以九里三十步爲界。」詔兩浙轉運司、臨安府同共相度，更不推排。

八年閏三月十七日，知江陰軍王師古言：「經界版籍圖帳，歷時寖久，令宰不職，姦胥豪民惡其害己，陰壞其籍。間有稍存處，類不藏于公家，而散在私室，出入增損，率多詐僞。乞下諸路漕司，專委知縣、主簿根刷經界元在圖帳簿籍，拘收入官，整緝齊備，置厨封鎖于廳事之右。其散失者，將逐年版簿參對，間有疑誤，則證以官本砧基；官本有闕，則以民户所存者參定，一依經界格式置造簿籍。自今凡有分析及出産、受産之家，以此 33 爲祖，即時逐項批鑿，庶幾欺弊可革。」從之。

紹熙元年十二月七日，詔：「江東轉運司行下徽州，委知、通將婺源、黟縣人户合用砧基簿並一體催督置造，毋容違戾。」先是，臣僚奏：「徽州六縣，除祁門署有存在〔二〕，五縣並不置立，所以産税參錯陷失。若不及今修整，向後姦弊愈生，貧弱受害。欲望備坐見行條法行下遵承，及此農隙之時，立限了畢。」故有是命。

慶元元年二月七日，臣僚言：「財賦源流，所繫在圖籍。倘圖籍之不明，則財用之不足，此必然之理也。伏自經界之久，打量圖帳一皆散慢，遞年税籍又復走弄，所以州縣日益匱乏，莫知所措，雖欲稽考，猝難搜索。乞申嚴行下，應經界以來打量圖帳，與夫逐年鄉司税籍，並行拘置官府，以候檢核。民間或有隱匿，併與鄉司同坐侵移之罪，不以赦降原減。」從之。

嘉定三年四月十九日，臣僚言：「比年以來，州縣之間荐歲旱蝗，疾疫間作，陛下焦心勞思，惻怛之誠，靡有餘力。然而流離餓莩尚多有之，官有徒費之名，無寔惠之效。無他，版籍不素明故也。乞申儆州縣，使其一新編籍，一洗宿弊，以提舉、轉運兩司總其成而稽攷之。非唯可以爲捄荒之根柢，亦足以使朝廷之上，知户口之虚寔强弱。」從之。

十四年九月十日，明堂赦文：「諸路州縣不依條限推排人户物力，是致家業並無陞降。其間有産去税存之家，官司止據舊數催理官物，雖有逃亡，猶掛欠籍。34 可令知、通、令、佐究寔除放，仍令提舉司常切督責州縣照應條限，從寔推排，毋致違戾。」（以上《永樂大典》卷二〇三五九）

〔一〕天頭原批：「疑有脱落。」按，似當作「尚以爲鄉村，可乎」。
〔二〕祁：原作「祈」，據《宋史》卷八八《地理志》四改。

逃移 〔一〕

【宋會要】

35太祖乾德元年閏十二月，命樞密學士薛居正往西京招撫逃移。

開寶六年正月，詔：「州縣流民委逐處起遣，却歸本貫，仍給緣路口糧。」

九月，詔：「諸州今年四月已前逃移人户，特許歸業，只據見佃桑土輸税，限五年内36却納元額。四月已後逃移者，永不得歸業，田土許人請射。」

太宗太平興國（元）〔七〕年二月〔二〕，詔：「開封府近年蝗旱，流民甚衆，委本府設法招誘，並令復業。只計每歲所墾田畝、桑棗輸税，至五年復舊。舊所逋欠〔三〕，悉從除免。違者，其桑土許他人承佃〔四〕，承佃人歲輸租調，亦如復業之制。民願歸業而官司邀滯者，許人陳告，犯者決配。」

淳化元年八月，詔：「江、淮、兩浙民請射逃户田土者，許五年滿日只納七分租税。」

二年正月，詔：「陝、華、同、永興、鳳翔管内逃户，念彼農民，值兹旱歲，迫于饑饉，遂至流移。諒有失于耕桑，固莫充于衣食。達于予聽，深用軫懷。宜示優恩，俾歸舊業。以年寬限其税賦，以口數貸其種糧，使復鄉閭，再修田畝。」

四年二月，詔：「開封府逃移人户，令本縣招攜歸業，倍加安撫。其坐家破逃、挾〔名〕冒佃者，限一百日陳首，只自今年夏秋依舊額起納税賦。過限不首，本縣令佐并本村大户、地鄰、户長、典押並當科責。」先是，太子中允竇玭建議請檢括（幾）〔畿〕内諸縣逃田，即命玭領其事。至是，以煩擾罷之。

三月二十三日，詔：「前令淮南、江南兩浙民請射逃田，許五年滿日止納七分。如聞不體優恩，益生姦弊，將臨輸納，復即逃移。勵此頑（囂）〔嚚〕，宜行條約。自前逃移户，限半年歸業，免當年二税；今後逃户，亦限半年，免一料科納。限外不歸，許人請射，除墳（瑩）〔塋〕外，充爲永業。其新舊逃户却來歸業，并曾經一度免税後依前37拋税逃走者，永不在歸業之限。若在勑前歸業，并請射人户經一年已上者，便納元額；未及一年者，只放一料驅科，便納元額。諸道並準此。」

十一月，詔：「應開封府管内百姓等，霖霪作沴，水潦荐臻，多稼既被于天災，盡室不安于地著，遂至轉徙，其將疇依？先是，今年三月辛亥詔書：『應流民限半年復業。限滿不復，即許鄉里承佃，充爲永業。』又念民之常性，安土重遷，離去舊國，蓋非獲已。自今年十一月已前因水潦流

〔一〕題下原批：「起太祖乾德元年，訖寧宗開禧三年。」
〔二〕七年：原作「元年」，據《長編》卷二三、《宋大詔令集》卷一八五改。
〔三〕逋：原作「遺」，據《宋大詔令集》卷一八五改。
〔四〕其：原作「以所」，據《宋大詔令集》卷一八五改。

移人户，任其歸業。如至明年夏不歸業者，即以辛亥詔書從事。」

十二月，詔：「逃户屋宇、桑棗，官爲檢校，即招誘復業，當議與免來年夏税。」

至道元年六月，開封府言：「管内十四縣，今年二月已前新逃人户計一萬二百八十五户〔一〕，乞差官與令、佐檢校。」（及）〔乃〕遣殿中丞王用和等十四人分行檢勘〔二〕。仍（照）〔詔〕：「今年四月已前申逃并典賣逃户田土割税不盡，及挾佃詭名、妄破租税，侵耕冒佃側近佃田妄作逃户，并見在户將名下税物移在逃户脚下夾帶開破者，並限一月，許經差去官陳首，仍舊耕佃輸税。并許本村耆保、親鄰、里正、户長、書手陳首，典押、令佐覺察。如有欺（敝）〔蔽〕者，許令差去官處申舉。違限不首及不覺舉，許人陳告，犯人田産、牛具給告人充賞外，本犯人并本村耆保、親鄰、里正、户長、書手、干繫典押等，並當決配，令、佐除名，永不録用。其妄破税物，並于犯人并耆保、親鄰、里正、户長、書手及干繫[38]官典處均攤填納。」

真宗咸平二年八月，詔：「諸道州府檢覆逃户物産，委寔別無情弊，不得更將逃户名下税物均攤，令見在人户送納。」

景德三年正月，詔：「緣邊長吏招攜逃民〔三〕，如有復業者，特免三年税租、差徭。」

大中祥符四年八月二十日，詔：「如聞滁、和等州頗有流民，宜令轉運使倍加安撫。」

天禧四年六月，殿中丞楊日嚴言：「民有倚典膏腴〔四〕、拋下瘠薄之地抱税逃移者，自今若來歸業，請令先承認舊逃（簿）〔薄〕田，方得收贖前來待典土田。如已有人請射本户逃田，即元倚典田土亦不以多少，止許請射人收贖，併歸一户，永爲永業。如請射人不及收贖，即勒見佃人蒔，其本主更不得收贖。」從之。

仁宗天聖四年九月，詔：「逃户經十年已上歸業者，未得立定税額。候及三年，于舊税額上特減五分，永爲定式。」先是，二年十一月十三日赦書，應請射逃户十年已上田土者，特立此條以優之，而逃亡復業者（及）〔反〕不預其例。至是，上封者請比附而條約之矣。

六年四月十二日，遣使安撫河北，因降敕牓曉諭逃民，與放今年夏秋税租及借貸糧種，令各歸農業；權免諸般差科，鄉縣不得追擾。

二十五日，命使臣于都門裏置場，給散河東州軍流民，人支米二斗，旬日約支數十萬石而止。

〔一〕一萬：原脱，據《文獻通考》卷四補。若十四縣僅逃二百餘户，不應如此大張旗鼓。

〔二〕王用和：原作「王仲和」，據本書食貨一之二、食貨六一之七一、《文獻通考》卷四改。

〔三〕民：原作「名」，據《長編》卷六二改。

〔四〕腴：原作「雨」。天頭原批：「『雨』疑『腴』。」按作「腴」是，因改。

七年十一月十六日，詔：「天下逃户田土經十年已上，見今荒閑者，限一百日許令歸業。限滿不來，許人請射。其歸業39并請射人户，並未得立定税額，及(應令)〔令應〕副差徭。(侯)〔候〕及五年，于舊額税賦上特減八分，只收二分，永爲定額〔一〕。」

二十三日，詔：「前令逃田經十年已上，許本主歸業，及諸色人(諸)請佃，(米)〔未〕得立定税額。慮其間有侵耕冒佃年深者，將來别致爭訟，及見有税産人户故抛自己田産，却來請佃逃田，以圖僥倖，須議特行條約：自今侵耕冒佃者，候勑到，限五日陳首，據陳首後來耕到熟田頃畝，于元税額上止納五分。如本主限内歸認，給付本户，依此分數納税。若有輒抛自己田産，妄作逃移請射逃田者，許人論告，科違制之罪，押歸舊貫供輸，所請逃田給告人。請射逃田者，並具析户下有無田土税數〔二〕，于請射簿内名下注鑿。鄉縣耆保不切覺察，並從制違失科罪。」

八年二月，荆湖北路轉運使張保雍言：「荆南府監利縣民有請射淳化五年逃田者，本縣以其田大中祥符八年嘗有民請佃，後來未滿十年，不該天聖二年赦文減放税額。(令)〔今〕詳其田自淳化五年至今，三十餘年荒閑，顯是業輕税重，無人承佃。中間雖曾有人請射，未嘗耕墾輸税，裁四箇月，復即逃去。若無條約，慮啓弊源。欲令應請射遠年逃田，如中間雖曾有人請佃便却逃走者，須經起納税賦一年或二年已上，方許理後來逃走日月。若未及一年復逃者，止理原逃年月。」從之。

明道二年三月十四日，知安州劉楚言：「本州旱歉三年，流亡者八千八40百餘户。檢詳(紹)〔天〕聖編勑，應因災傷逃户，限半年許令歸業，免一料催科。又明道元年十一月甲戌赦書〔三〕：『京東、江、淮南災傷州軍流移人户，各令歸業，免夏、秋兩料税賦。』今流亡之人已出勑限〔四〕，慮富室(疆)〔彊〕户肆爲兼并，貧弱者歸業無期，必恐州縣户口減耗〔五〕，欲望申限半年，優免徭賦。」詔：「災傷之地，悉如楚奏，特展半年，許流人歸業，免兩料差徭、賦税。」

寶元二年八月十七日，河東(郡)〔路〕轉運司言：「陝西及晉、絳州人值旱，分房往河北，已令州軍應係有河去處，不收渡錢，店舍寓止不取宿直。」詔流民經過諸處，公私渡錢，隨身將帶盤纏見錢合收税者，並與放免，許寓止宮觀、寺廟。

慶曆四年六月二十三日，詔：「因西事科配及揀鄉兵逃移未復業者，其令所在招集之。」

五年三月，德音：「因災傷逃移，限一年令歸業，與免

〔一〕「額」下原有「矣」字，據本書食貨六三之一七九删。
〔二〕析：原作「拆」。天頭原批：「『拆』疑『析』。」是，據改。
〔三〕明道元年十一月甲戌赦書：《長編》卷一一二作「丁卯赦書」，李燾注云「疑誤」。
〔四〕「今」原作「令」，「限」原作「命」，據《長編》卷一一二改。
〔五〕減：原作「咸」，據《長編》卷一一二改。

三料催科及支移(拆)〔折〕變。不因災傷逃移，限半年，與免一料支移折變。」

皇祐元年正月，詔：「河北水災，流亡甚衆，其存者又無種食。方春東作，宜令三司支錢二十萬貫下轉運司市穀種，分給中等已下户。其令、佐能招輯流亡及勸課耕種，候秋成日，皆考寔以聞。」

六月，詔：「河朔流民之復業者，其蠲租賦二年。」

五年六月，詔：「河南、北比年災傷，流民未復，州縣長吏有能招輯勞徠者，安撫、轉運司條具能否以聞。」

閏七月，詔：「廣南經蠻寇所踐而逃民未復者，限一年復業，仍免兩料催科〔一〕，及蠲其差役三41年。」

至和二年四月二十八日，詔：「訪聞饑民流移，有男女或遺棄道路。令開封府、京東、京西、淮東、京畿轉運司，應有流民雇賣男女，許諸色人及臣寮之家收買；或遺棄道路者，亦聽收養。」

八月，詔：「河北沿邊久雨爲患，而瀕河之民致有流移者，其令所在振之。」

嘉祐六年七月，詔：「辰州省地民先逃入溪洞，今復歸者，與蠲丁税三年。」

神宗熙寧元年八月二日，詔：「令京東西路轉運司轄下州縣，應河北遭水流民到彼，並仰于寺廟空閑處安泊。如内有老幼疾病的然不能管主者，即官計口給米，大小有差。候至深秋，告諭各令歸業種作，貧者更給路糧。」

十二月，詔知青州歐陽修設法撫養河北流民。

六年十一月十五日，德音〔二〕：「應災傷闕食之民，除依條施行外，仍令所在安撫、提舉常平倉司擘畫，優加振救，無致流移失所。」

十年四月二十四日，中書門下省言：「户房看詳〔三〕：諸色人户請逃田舍隨田畝賦税出役錢者，候起税日敷納。其承受官田者準此，乞頒下。」從之。

元豐二年三月十七日，河北沿邊安撫司言：「雄州兩輸户避北界差夫及科柱木修涿州城〔四〕，各攜家屬來近本州并關城居止。」上批：「兩輸户避役逃移，不免失所，其給口食振卹。候北界科役少息〔五〕，諭令復業。」

六年六月二十日，提點河東路刑獄黄廉言：「嵐、石等流移至岢嵐軍民户，準詔發遣還鄉。訪聞流民昨爲久雨，全損秋田，故42暫來就賤，鋤一夏苗麥，乞限一月畢田事。如允其請，火山軍亦乞依此。」從之，仍令廉諭兩軍安集之。

哲宗元祐七年四月十七日，尚書省言：「災傷處逃移人户，或鄰人亦逃移，或官司未暇檢覆，至歸業，即官司以

〔一〕仍：原作「乃」，據《長編》卷一七五改。
〔二〕「德音」上原有「詔」字，按《長編》卷二四八，此乃十四日冬至奉安中太一神像德音，非一般詔，據删「詔」字。
〔三〕天頭原批：「『房』疑『部』。」按，此批誤，中書門下分房，尚書省方有部。
〔四〕柱：《長編》卷二九七作「柾」。柾木未詳。
〔五〕科：原作「移」，據《長編》卷二九七改。

不經申報檢覆，不與放税，遂使優卹之法澤不下究。」望許依歸業放税條。」從之。

徽宗政和元年八月二十四日，臣寮言：「州縣之民遇水旱則流移，官司不能諭以流離難復之患，勸以居業賑濟之利，至使毀屋棄業，轉徙四方，甚可惜也。乞應災傷處，官司能勸諭賑濟，不至流移，與流移數多者，行賞罰。」從之。

八年閏九月十一日，詔：「江、淮、（京）〔荆〕、浙、廣南、福建路被水，官吏失于循撫，民多流移，在法當招誘復業。官吏坐視不恤，使民轉徙重困。可令監司督責，勸諭還業。計一州縣隨户口數，具流移與復業人，比較多寡，各具數以聞。其最多、最少官吏，並當量行賞罰。候到，仰三省將上取旨。」

宣和二年三月十七日，詔：「淮南流民失業，無力可歸，州縣官其誘諭遣還，仍給在路糧食，毋令失所。」

三年二月五日，詔：「大兵分進兩路討賊，兇黨已遁走，人户漸次歸業，宜優加安集，以示至懷。應兩浙、江東路被賊燒劫州縣人户，自復業日，户下已前見欠諸般租賦及公私債負〔一〕，一切並與除放；自復業以後，户下應干税賦特與除放三年。仍不得少有抑配搔擾邀妨，有營緝違犯官吏，並當重加竄責。仰兩路監司、州 43 縣當職官躬親推行，多方招誘，造諭速令歸業〔二〕，務使一方早獲安堵，以稱宵旰南顧之意。應有合行措置事件，令所屬監司疾速條畫以聞。」

二十八日，詔：「應因方量及根括地土致人户逃移，其地土並聽元佃人歸業，已前拖欠税租等並與除放。内京畿、京西、京東、河北路依減半税租輸納。」

同日，詔：「逃移人户舊欠，不得令新佃人承認。催理積欠，展限三年。和、預買物帛，並仰預俵價錢，非泛抛科和買物色並行住罷。」

三月二十三日，詔：「兩浙、江東被賊州縣，漸已收復，逃移及被劫未復業人户地土屋業，官爲權行拘籍。如及一年未歸業，即依逃田法權行召人租佃承賃。」

五年十一月十九日，詔：「京西路累年災傷，民力匱乏，州縣失于措置，頗多逃移。今歲雖熟，若將積欠拌行催理〔三〕，顯見未易出辦。可將宣和三年已前拖欠税租並與權行倚閣。應逃移未歸業人户，仰轉運、常平司官督責守令多方措置招誘歸業，仍將歸業人户未歸以前見欠租税及係官諸般欠負並特與免除。」

十二月三日，手詔：「河朔兩路，根本之地。頃因河北、燕山通爲一路，有司庶事取足河北，不復更恤百姓，科賦併下，調發頻數。兩路人户不得安業，賊盗竊發其間，所

〔一〕户：原脱，據本書食貨七〇之一七九補。
〔二〕天頭原批：「『造』疑『勸』或『告』字之譌。」
〔三〕拌：疑當作「併」。

至擾動，北顧爲之惻然。昨緣盜賊驚劫及避科差逃移之人，見今遷移在州軍縣鎮或往別州縣居住者，今來邊事就緒，賊盜衰息，仰州縣長吏多方招誘 44 歸業。復業之後，不得少有搔擾。」

六年八月十八日，以收復燕雲，大赦天下。應逃移人户，委州縣長吏招誘歸業，多方存恤。

十二月四日，詔：「訪聞環慶、邠寧、涇原路民户流移懷德軍、西安州界，令提舉常平官親詣存撫賑濟，勸誘歸業。」

二十日，詔：「河北、河東兩路流移尚多，盜賊未殄，屢降詔旨，尚慮澤不下究。宜令兩路文臣提點刑獄各兼本路撫諭，徧行阡陌，宣布實惠，俾人人咸知前日詔書出朕親（扎）〔札〕[一]。其已流移之民棄下田產，量行借貸，召人耕墾。應人户未輸租糴，並與倚閣。凡户口之登耗，民情之利病，官吏之廉汙勤惰，悉覈寔具奏。守、令奉法循理，勞來不怠，有顯效者，亦以名聞。」

（十）〔七〕年正月八日，詔：「河北、京東路盜賊及流移人户，已降處分出榜告諭，並使復業。可令逐路轉運司行下州軍，將曾流移及爲盜賊民户地土、莊產、林木、舍屋等，官爲檢校，責付保長、正、近鄰看管，不得輒有採伐，以待歸業，即時給付。如已拘在官或已召人請佃出賣，並行改正。如違及敢占據者，並以違制論。」

二月二十八日，詔：「京東等路流民與寇盜漸已出首復業，緣隨身有道路費用之物，不許搜檢收稅。如違，以違御筆論。敢行邀阻乞取者，配三千里。」

五月三日，詔：「浙西去歲水災，民户艱食，豪右之家往往將離業人户已種麥田恃（疆）〔彊〕占據，仍以積年宿負倍息重疊準折，州縣受情，理索甚於官債，故豐年不免 45 於流徙，深可憫惻。應官户、百姓積〔欠〕債負，並至秋成後理索。如敢私侵占人户田苗，依條科罪，庶幾漸使歸業。」

九日，德音：「京東、河北路州縣應因逃移逐食或歸業之人，經過所在去處不爲賑恤，却行邀攔，抑勒投軍，並許家人越訴，勘會詣寔，特爲放停。應兩路曾被燒劫及流移復業人户修葺屋舍合用竹木瓦石之類，其合抽收商稅，並與免納。」

十一月十九日，南郊赦文：「諸路有逃移人户未能歸業之家，官司將棄下田土並作逃田拘收，殊非還定安集之義。應逃移人户，仰所在官司說諭，各令歸業[二]。其棄下田土如契赤分明，或雖無契赤而官司并鄰至有文字可以照據，委非僞冒者，並令給還。諸州縣逐月具已發歸業及已給還田土人户申轉運司，類聚申尚書省。」

光堯皇帝建炎元年五月一日，赦：「應逃户田見令地

[一] 咸：原作「或」。天頭原批：「『或』疑『咸』。」是，據改。
[二] 「歸業」下原有「田土」二字，按，後文食貨六九之五〇紹興二年「九月四日」條赦文内容與此同，此句作「各令歸業」，據刪。

鄰及地分掌管人等攤認租税，許令自陳，特與放免。其田依條召人承佃，候歸業日給還。應因金人所至州縣劫掠逃避人户，仰監司、守令多方招誘歸業。內闕食不能自存之人〔一〕，依災傷七分法賑給，與免今年夏秋税。雖（業歸）〔歸業〕而無力耕種者，仰提舉常平司審量等第，借貸錢糧，收買牛具之類。候將來收成日，分三年逐料帶納。」

二年正月二日，詔曰：「河東、河北郡縣，自太原、真定失守之後，皆因攻圍，官吏軍民誓以死守。訪聞失職之吏、失次之軍、失業之民度河東南者〔二〕，流離失所，46未有所歸，朕甚哀之。其令河北、京西、陝西帥臣、監司悉心措置，於沿河州縣分布，除官員發赴行在外，公吏人補元職次充役，數多無闕額者，奏取指揮。軍人倣舊軍分高下，補逐處闕額，便（支行）〔行支〕衣、糧。已足者，權於額外收，以十分爲率，不得過一分，餘數發填鄰路州軍闕額。百姓以附近官田及未復業田計丁給授，牛具、種子以常平錢借給，並須驗寔，幾察姦僞。先令權於寺觀及係官閑屋內居止，公吏、軍人限十日分撥，百姓限一月給授了畢。間以常平司錢糧計數量給口食；如不足，具數（開）〔聞〕奏。各體至意，毋爲文具。措置就緒，厚加旌擢。」

四月五日，詔：「逃田税役輒勒鄰保代輸，許人户越（訢）〔訴〕，令提刑司覺察。今日以前逃田無人承佃，應召人請射者，特依遠年無案籍逃田法免催科。」

五月十一日，曲赦：「河北、陝西、京東路應被虜人户抛下田産等，仰村保、鄰人常切照管，不得斫伐窠木，發掘墳墓。其田土并屋舍，仍許親鄰、諸色人佃，才候歸業，畫時交付。內田土已耕種成稼苗者，本縣量給牛、糧、種子及功力，依鄉原體例，或以四六或以三七均分，仍令所在州縣勸諭早令還鄉。其棄下田産、宅〔舍〕等，所屬官司驗寔，限三日給還，月具已津遣歸業人户數申轉運司檢察。仍以勸諭歸鄉人最多三兩處以聞，當議量加酬賞。」

十二月二十三日，赦：「應昨因逃移逐熟或歸業之人，經過州縣不爲賑恤，却行邀攔抑47勒役軍者，並許越訴；勘會詔寔，特與放停。勘會昨緣軍人及盜賊，人户抛棄田業流移，雖已歸業，尚慮無力能盡行耕種，仰令佐躬親體度，據見布種田土頃畝理納租賦。其見荒閑未曾耕種田土，不得一例理納。務要寔惠及民，無容冒濫。應州縣曾經金人或盜賊燒劫去處，人户逃避，遺下老弱、婦人及小兒貧乏不能自養者，仰所在官司抄劄，依災傷七分賑給施行。仍多方招誘逃避人户，早令歸業。」

三年二月十四日，內降詔曰：「朕倉卒南渡，致士大夫棄其家屬〔三〕，禁衛五軍老小不時渡濟〔四〕，頗聞尚有未達行在者。雖累次委劉光世、王淵多以絹帛堆垛江口，賞募舟

〔一〕闕：原作「闔」。天頭原批：「『闔』疑『闕』。」是，據改。
〔二〕天頭原批：「『度河東南』疑『渡河來南』。」當是。
〔三〕棄：原作「并」，據《三朝北盟會編》卷一一二改。
〔四〕渡：原作「救」，據《三朝北盟會編》卷一一二改。

人，日夜濟渡，猶恐既渡之後，徒步顛仆道路。仰康允之日下撥在岸空糧舡五十隻〔一〕，綱梢先支一月請受〔二〕，選差使臣二員給券管押，明立旗號，前去常、潤以來裝載南來之人，早令至行在。朕以此未敢獨享宮室之安，仰有司于殿後權設御閣，朕當自處其中，以俟衣冠、兵衛〔三〕、士庶老小咸達行在，方御寢殿。仰三省日下出黄榜曉示。」

四年七月四日，兩浙轉運司言：「管下州縣有被賊驅虜未歸之人，見今田業爲佃户妄行識認，隱匿税役。今措置下項：一、欲委諸縣令佐曉諭佃户，各于八月一日以前具元佃某人户下地土四至、頃數，令自陳，官爲出給由子，(勤)〔勒〕認納苗。如佃户不見得田産之家逐年合納税役，即以自來鄉原體例每畝 48 爲率。一、佃户租種，每畝認還業户租米，除認納全米外，將其餘合還業户課利以三分爲率，一分給與佃户，一分送納入官，别曆樁管，應副上供，及一分官中權與收樁，候人歸業，連元業田産給還。如過三年，田户不歸，即依户絶法。其見今户下諸色非泛科率，並與蠲免，并先有積欠税物，亦不許于租佃户名下催理。」從之。

八月十八日，饒、信州德音：「應曾被焚劫逃避人户，仰令佐多方招誘歸業。内闕食不能自存之人，依災傷放税七分法賑給。即雖歸業而無力耕種者，令提刑司量行借貸，收買牛具之類，候將來豐熟日，分二年逐料帶納。人户置買耕牛，權免税錢一年。」紹興四年七月一日，虔州曲赦同此。

十月七日，詔：「見今業主未歸，并田户死亡無人耕佃者，委令佐多方招誘，招人承佃。除依舊認納常賦外，其餘合還業户課利，(言)〔緣〕今來係創行布種，與舊佃人户不同，欲以十分爲率，五分給與佃户，二分半納官，二分半官中權行拘收，(後)〔候〕業主歸，即給還，仍自來年夏料爲始。非泛科率、差徭，與免一年。如過三年佃主不歸，即依户絶法。其分鎮去處，下鎮撫使一面措置召人耕種。」

十二月二十三日，都省言：「諸處流移老弱到行在，無所得食，已詔支降錢米，令越州(謄郡)〔騰那〕官屋收養單獨病患之人，日給米一升、錢一十五文。緣雨雪連綿，柴薪踴貴，慮養贍不足。」詔每人日添破米五合、錢一十五文，内七 49 歲以下減半給。

紹興元年三月二十八日，詔：「常州、平江府近有淮南、京東、西等路避寇渡江流移失業之民，可專委逐州知、通措置賑恤，仍依老疾貧乏不能自存人條法給散。及慮艱得柴薪，每人特更給錢二十文，七歲以下減半，以本州常平錢、穀支撥。深慮數目不足，平江府降度牒二百道、常州一百道，變轉應副。」

二年四月十八日，中書門下省言：「諸路州縣人户因

〔一〕在：原作「其」，據《三朝北盟會編》卷一三二改。
〔二〕受：原作「授」，據《三朝北盟會編》卷一三二改。
〔三〕衛：原作「補」，據《三朝北盟會編》卷一三二改。

兵火逃亡者，田業三年外許請射。墓田非〔一〕。在十年内者，雖已請射，並許地主理認歸業。佃人已施工力者，償其費。即已布種者，收畢交割。未請射歸業，而佃客人權佃者，聽免一料催科，而歸業者聽免兩料催科。一年外，免三料；每加一年，各更免一料，至四料止。其已前積欠税租等，並與除放，仍免三年非泛科配。即已歸業而又逃亡者，止理後逃月日爲年限。已撥充職田〔二〕，十年内聽理認歸業，官司占吝不還者，許越訴〔三〕。」從之。

十九日，權發遣池州王進言：「盗賊寧息，六縣流離農民皆願歸業。緣例多貧乏，已委縣官多方曉諭，將來布種日，官爲借貸種糧、牛具，候收熟，拘元價歸還。其合用錢物，乞給降。」詔禮部給江南東路空名度牒一百道，付王進變轉應付，不得别將他用。多方招誘，早令歸業。

六月二十二日〔四〕，詔：「今後應逃亡、死絶、詭名田産，令户部立法。」今修立列下條：「諸逃亡、死絶及詭名、挾佃并産去税存之户，不待造簿，畫時 50 倚閣，檢察推割。」從之。

二十五日，詔：「令兩浙、江、淮諸州縣守令，將東北流寓之人多方存撫照管。如無屋舍居止，即于寺院或空閑官舍内安泊，不管少有失所。及令逐路監司常切檢察，毋致違戾。」

九月四日，赦：「訪聞諸路官司拘收人户逃田，殊非還定安集之意。應逃移人户，仰所在招諭，各令歸業。其棄下田産，雖無契照，而官司并鄰主可以照據，委非僞冒者，日下給還。若已歸業，其舊欠税役並行除放。如敢因緣作弊，但爲文具，惠不及民者，並按劾聞奏。」

十一月二十七日，知臨安府宋輝言：「訪聞有山東、海州等處流民，欲委官抄劄，依常平乞丐法，每人日支米一升，小兒減半。」從之。

三年正月五日，知岳州范寅敷言：「本州農民自來兼作商旅，太（平）〔半〕在外，欲出榜招召，務令疾速歸業。如貪戀作商不肯回歸，其田權許人請射，候回日，理令限給還。若舊係官田，合出納租課或合出賣，見今荒閑者，乞更不召人出租承買，許人户任便請佃。」于是户部言：「商人田産，身雖在外，家有承管，見今輸送二税，難許人請射。如因作客拋棄田産，即依所乞施行。」從之。

二十六日，臣寮言：「近詔歸業人民免催科者，至四料止。若田畝未盡墾闢，恐未可一槩催全税。乞詔郡縣據所墾田畝多寡，爲催科之數，科敷亦視所納租爲率。其歸業者，縣具每月歸業人户申州，州每季申轉運司，轉運司每歲申户部，户部置 51 籍以稽考之。」仍命有司以人户歸業墾

〔一〕墓：原作「暮」。天頭原批：「『暮』疑『募』。」按，此批誤，當作「墓」。
〔二〕已：原無，據後文食貨六九之五二紹興三年「九月八日」條補。
〔三〕許：原作「言」，據文意補。
〔四〕六月：本書食貨六一之六四與此同，而食貨一一之一六、食貨六九之二二作「八月」。

田多寡，嚴立守、令課最之法。」從之。

二月二十四日，臣寮言：「乞檢會去年三月手詔『招攜淮南人户歸業，並免二年租稅。將來合行催納之税，據已種頃畝計數起納。其後墾闢到田畝，亦據數添納』指揮外，更展一二年起催，庶使人户樂于聽從。及乞將建康府永豐圩禾稻更充借貸今年淮南歸業人户糧種〔一〕，并取撥淮東鹽事司支費剩錢應副收買牛具等。」詔劄與孟庾，將永豐〔圬〕〔圩〕禾稻應副韓世忠草糧。如有剩數，令分俵淮東州軍守臣，更行充借貸歸業人户糧種。

四月二十五日，工部侍郎李擢言：「平江陷虜之民，業田多有舊佃户主人，見用漕司申請，除歲納常賦外，餘爲三分，一以給佃户，一以輸官充上供，一以拘籍在官。俟其歸業，其佃田給還；二年不歸，即依户絶法。自建炎四年迨今已三年，然陷虜之民豈不願歸，顧力未能脱，欲望更展限二三年以俟之。」詔〔今〕〔令〕各部檢坐已降指揮行下。

五月二十八日，權發遣岳州范寅敷言：「乞應逃亡人户，自降紹興二年下半年以前復業者〔二〕，與免四料；紹興三年上半年以前復業者，免三料；下半年以前復業者〔三〕，免兩料；紹興四年以前復業，〔各〕〔免〕一料。」從之。

六月五日，江南東路轉運司言：「本路管下州縣如有歸業人户被州縣沮抑，不即給還産業之人，欲經監司陳訴。若未有監司到彼，許寔封狀詞，專委逐州通 52 判接〔授〕〔受〕，不得開〔訴〕〔拆〕，每十日一次類狀，專差人齎申就近監司根治施行。」從之。

九月八日，户部言：「人户因兵火逃亡，拋棄田産，依已降指揮二年外許人請射。在十年内，雖已請射，並許地主理認歸業，及免料次催科。已撥充職田，十年内亦聽理認歸業，官司占田不還，許越訴。乞委守、令備坐上件指揮，鏤板遍出榜文，曉諭民間通知。如有父母被殺虜而孤幼兒女存，或被驅虜竄回，及全家被虜而有親屬方歸之人，親屬謂〔同〕〔可〕分而未經分割，依條合得財産之人。赴守、令廳陳訴。逐官回問子細〔由〕來，取索干照契書等，如無文照，限當日勾勒保正、長，廂耆、鄰佐照證得實，即時給付。如或孤幼貧乏不能赴訴，亦聽就近于保正、長，廂耆告説，本處即時申縣，依此施行。內有孤幼之人，即依條法檢校，給所須，候年及立，便給付。監司常切檢察，如有人户僞冒，妄認指占他人産業以爲己物，并盜耕種、貿易、典賣，及合干人勘驗不寔，並仰監司送所屬根勘，依條施行。人户被州縣沮抑，無力前詣監司陳訴，及監司未巡歷到彼，許寔封狀詞〔越〕〔赴〕通判廳陳訴。本官接受，不得開拆，每十日一次類

〔一〕永豐圩：原作「永豐坊圬」。按，坊、圬二字均爲「圩」字之訛。永豐圩爲建康府著名圩田。《建炎要録》卷五一：紹興二年二月，詔以「永豐圩禾稻」給營田民。《宋史》卷三一《高宗紀》八：紹興二十三年八月，「賜秦檜建康府永豐圩田」。等等，皆是也，因改。
〔二〕降：疑衍。
〔三〕者：原闕，據上下文補。

聚，專差人齎申就近監司。縣委丞依此齎申通判，通判申監司承受，即時根治。監司每遇出巡，隨行出榜曉諭，如有人户陳訴州縣沮抑，不得即給付，及奉行不虔，隱匿曉示，並仰按治施行。」詔並依，若州縣、監司官吏稍有沮抑，並從杖一百科罪，仍許[53]被沮抑人户越訴。先是，臣寮言：「近降指揮，將被虜之家田産委州縣拘籍税賦，而苛酷之吏不考事寔，其間有父母被殺虜而孤幼兒女見存者，有中道得脱者，有雖全家被虜而親屬偶出方歸者，並不勘驗，一概籍没，人情皇皇。乞下郡縣，務令覈寔，勿使冤抑。每監司行部，隨行出榜，人户陳訴，如委是親人，官吏故爲沮抑，重寘于法。」詔依奏，仍令諸路轉運司措置，而逐路措置各不同，故令户部參酌以聞，而有是詔。

四年正月十七日，權發遣建康府呂祕言：「乞自紹興四年以後，應人户因兵火逃移拋荒田土，如召人户請佃，開耕已就功力，未及二年，雖元主復業，且令先佃人耕作，候及三年，方得交還。餘並依見行條法。」户部契勘：「其田如委是荒閑及三年以上，其佃人種止及一料，所施工力至多，除收地利外，即從官司相度，更令地主償其所費三分之一，給與元佃人。欲下諸路轉運司照會施行。」從之。

二月三日，詔禮部給降兩浙路空名度牒一百道，付泰州收買耕牛，分借人户輪流墾闢。以本州流移人户漸有復業，前知州張榮任内雖蒙朝廷支降錢收買牛畜給借，而田多牛少，耕使不足故也。

十二月二十九日，詔：「淮南流寓士民，應有官人如材力可以任事，州縣有窠闕，許令權攝。或無窠闕，京朝官、大小使臣除支體分料錢外，月給食錢五貫文；選人支體分料錢。權攝官依此。支兩月[54]止。進士願入所在學者聽，依例給食。軍人寄營收養，依舊支破請(授)〔受〕。吏人指定州縣收寄，有可使令者，權收使；無可使令，月給錢三貫文。百姓令所在州軍量給，内老弱不能自存及婦人無依倚者，依孤貧法。」

五年五月二十七日，臣僚上言：「郡縣應人户歸業者，候催科日，據所墾田畝多寡之數合給租賦。凡有科敷，亦視所納租賦爲率。其歸業者，仍免本户差役一年。縣具每月歸業人户申州，州每季申轉運司，轉運司每歲申户部，置籍以稽考之。仍命有司以人户歸業墾田多寡，嚴立守、令課最之法。」從之。

七月十五日，諸路軍事都督行府言：「勘會潭、鼎、岳、澧州、荆南府、公安軍昨緣水寨作過，沿湖居民拋棄田土甚多。今來漸已歸業，令逐州軍將拋棄田土，如元地主歸業，委自令、丞子細照檢見收執契狀、户鈔或鄉書手造到文簿之類，可以見得分明，給還依舊耕種。其元地若已被人請佃開耕了當，即依鄰近見田地段内許對數指射，摽撥分明，出給户帖文據，與免三年六料催科。元無産業，願指射空閑田土耕種之人，依已降指揮摽撥施行。」從之。

二十二日，上諭(轉)〔輔〕臣曰：「淮北之民襁負而至，

朕爲民父母，豈可使民失所？可賦田予之，更加優恤，以廣招徠之路〔一〕。」趙鼎曰：「前後降指揮，多方存恤，已是詳備，然恐咋歸之人或無居止，當行下提點司量給官錢賑助之。」沈與求曰：「立國不當爲朝夕計。今使55就耕之民盡蠲租賦〔二〕，更賑助之，則五年以後，兩淮荒土往往耕闢已多，縱便恢復，亦爲朝廷無窮之利。」上曰：「極是。」

二十三日，權通判岳州王嘉言言：「湖北兵火之後，全在官吏招集流移。州縣闕乏，不能寬恤，復業者反有遷徙，未復業者不敢回歸。乞將州縣最親民官初到任日，據見存户口、二稅批上印紙，候任滿日，再行批鑿罷任。若任内增加者，書爲課最，别有遷擢；或復減少，書爲課殿，亦寘典憲。仍乞下湖北轉運司照會。諸路殘破去處，亦乞依此。」從之。

六年正月七日，臣寮言：「江東諸路逃亡田土無人佃作者，並勘會詣寔，開閤合納苗税，出榜召人承佃。如無人願佃，舊額苗税重者，相驗裁減施行。」從之。

二十六日，詔：「令江東、西、湖南、北、福建、浙東提舉常平官體認前後詔令，各仰躬親不住往來于旱傷州縣，遵依前後指揮，一一檢察賑濟存恤。如有流移人户，亦仰措置踏逐寺院及係官屋宇，多方安存，依條支破錢、米養濟。仍仰帥臣嚴察督責所委屬官，并逐州通判、職官、諸縣令佐，各仰依此極力推行，無致少有流移死損。仍日具見今如何措置〔三〕、并賑濟過飢民人數，及有無死損結罪保明狀，入急遞聞奏。仍遍于災傷去處鄉村大字出牓曉諭。」

三月二十八日，詔：「江南西路洪、吉等八州軍將災傷本户放税五分以上。(等)〔第〕四等以下逃移人户合納今年夏、秋二税，以十分爲率，每料各與倚56閣二分，候來年隨本料送納。即不得將不係逃移人户一例倚閣。餘路依此。」

六月四日，提點淮南兩路公事張成憲言：「淮南州縣累經兵火，後來歸業之人往往權蓋草舍，旋營生業，佃認些小閑田墾種，未有家業及營運錢物。若一例推排，恐州縣過有搔擾，欲權免二三年。」詔權免三年，湖北路依此。

十月二日，樞密院言：「諸路州軍多有西北流寓人民，切慮闕食，因而失所。」詔：「令諸路帥臣行下諸州軍，委自守貳，將西北流移無歸人民情願充軍、堪披帶少壯人，疾速措置招填闕額禁軍。」

七年九月二十三日，明堂大禮赦：「京西、淮南、湖北路逃移人民復業耕作，其典賣耕牛，與免納税錢一年。」

八年八月二十日，蘄州言：「本州并管屬縣、鎮民户，因兵火毁失田土屋業契書外，其民户招認城市己業住舍、房廊、屋基，别無該載指揮。欲望朝廷詳酌，特降指揮，應

〔一〕路：原作「至」，據《中興小紀》卷一九改。
〔二〕租：原作「祖」，據《建炎要録》卷九一改。
〔三〕日：疑爲「月」之誤，蓋每日具文狀、入急遞，似乎爲不可能之事，亦太破費。

民户理認(生)〔住〕屋、房(廓)〔廊〕、地基，雖無契帳照驗，而比鄰有契帳指招認人地界，或已被人請射，狀内聲説元係指佃招(誘)〔認〕人屋基，如此但有憑據可以照驗，及勘會干證分明者，許從官司給據，合理認爲業。若元是己業，曾經典賣，後來爲見得業人已死，或將他人住舍、房廊、屋地妄行計議，指爲己業，詐冒理認，致他人告(諭)〔論〕，或因事罥罣出官，推究情寔，乞重立罪賞禁約。」(特詔)〔詔特〕依。如妄認，計贓論罪，輕者杖一百，許人告，賞錢一百貫。諸路更有似此 57 處，依此。

九年六月八日，宗正少卿、西京淮北宣諭方庭實言：「契勘合昨(申)〔中〕原士民犇迸南州〔一〕，自靖康至今，十有四年，已是出違十年之限；又有流徙在僻遠去處，卒未能歸業。望詔有司，自降赦以後别立年限。如出限，即許見佃田業、見蓋屋舍住人永爲己業，庶幾中原流徙與見在人户各不失所。」詔令户部看詳措置，申尚書省。其後，户部措置下項：「一、今來人户歸業，識認田産、屋業房廊等，難以理作逃亡月日，若不别立年限，使歸宗之人不能識認己業。今措置，欲自新復降赦日爲始，限五年許行理認。如限滿無人識認，令見佃人依佃官田法依舊承佃。今來識認田産，見係人户承佃已施工力者，償其費；已布種者，候將來收刈了日交割。其田産自抛荒之後至今尚無人承佃，目今荒閑者，仰所屬即時驗實給還。一、勘會昨自兵火之後，中原士民流寓東南，往往皆有祖先墳塋，或被官司拘籍，或被他人冒占，即與耕種田土事體不同。仰所屬勘驗詣實，便行給還。一、人户識認田産，仰所屬子細驗契書干照。若因兵火之後委無契書，但有一件可照勘驗明白，亦許識認。謂如有鄰人契書或納税人田産，及指四至户口，并鄰佐、耆保供證詣實之類，皆爲一件可照。一、人户抛下住屋、房廊屋業，若見今被人户拘占，或權行拘收在官，仰所屬子細驗契書干照。如因兵火之後委無契書照驗，而比鄰 58 有契帳係指認人抛地界，或已被人請射，狀内聲説元指佃認招人屋基，如此但有憑據可以照驗勘會，干照分明，許從官司給據，令理認爲業。如已曾經界，約量所費，還納價錢。若係曾經典賣與人，後來爲見得業人已死，將它人屋地等妄行識認，指爲己業，并前項識認，並依已降指揮告賞，斷罪施行。其人户識認得業，若便行起遣見住人，切慮却致失所，欲且令見住人仰所屬量行歸業，依舊出納價錢。如得業人要實歸業，别無所居，自要居住，亦仰所屬量其歸業口數，給充自住，餘且合見住人和僦乞施行〔二〕。一、今來新復州縣，難以遥度彼處人情利害，除今來措置外〔三〕，别有未盡未便，欲令所屬監司、帥臣委州縣官各具利害，從長相度，措置條具申請施行。」從之。

〔一〕合：疑衍。
〔二〕此句疑有訛誤。
〔三〕今：原闕，據殘筆及文意補。

十五年八月十八日，權發遣興國軍宋時言：「本軍自經兵火，除絶户外，目今來歸業人七千餘户。所有拋棄田(户)〔土〕，依條十年出賣。今欲於十年之限更乞寬展。」詔令給事中、户部侍郎看詳。李若谷等今看詳：「欲令州縣遇有出限歸業人户，即契勘元拋下田土委是無人耕佃，歸業人既有可照，盡行給付。若見有人承佃或官賣了當，並於係官可耕田内比較給還。諸路依此。」從之。

九月二十五日，權發遣無爲軍葛祐之言：「本軍流徙之民漸復歸業，尚以難得種糧、牛具，有妨耕墾。欲乞於係省錢穀内許令長貳同共措置借貸，立限拘收 59 入官，仍免收息、租債，以寬民力。」從之。

十六年正月二十六日，權户部侍郎王鈇言：「西和州昨因兵火流移歸業人户，合依節次指揮，令於係省錢穀内量度借貸種糧及收買耕牛，不得租債搔擾。」從之。

八月十八日，利州觀察使、知成州王彦言：「契勘本州逃移之民漸復歸業，而保正、長等往往便行供進保甲，遂使已歸者不能安跡，未歸者不敢復歸。欲望將歸業人户下保甲，候起催税賦日許令進下。」從之。

十一月十日，南郊赦：「勘會淮南歸業人户，依已降指揮聽免兩料催科〔一〕，一年外免三料，每加一年，各更免一料，至四料止。優恤已厚，尚恐歸業人户未能畢力耕種，却致供輸不前，可更與展免一年兩料催科。」十九年赦同此制。

又：「已降指揮，將實開墾田畝敷納二税，未耕田土以十分爲率，每年增納一分。尚慮人户開墾未廣，虚認税額，可將增納税數權罷，止據實墾田畝輸納。并夏、秋二税、上供錢物斛斗雖節次展免，除已起發去處外，其未能起發州縣及將有限滿去處，可並與展免至紹興十七年終納。歸業識認田産，訪聞多是州縣官吏、形勢之家妄行拘占，或營利公帑，悋於給還。仰本路監司嚴責州縣，照應已降指揮施行，仍將合給還田産疾速給還，不得違戾。如違，並仰按劾。」

三十年八月十四日，權户部侍郎趙子潚言：「欲望(名)〔明〕詔監司、郡守，崇尚儉約，撙節浮費，招徠撫綏，漸復常業。其或因 60 仍故習，裒刻不悛，並令臺諫奏劾。庶使斯民願耕於野，而重去其鄉。」詔依，仍令户部歲具諸州逃閣最多及最少去處以聞，取旨賞罰之。上曰：「招集流移，全在守臣勞徠還定之。若催科不以時，非理敷率，以致流亡，自當罪縣令。」臣思退奏曰：「漢法，户口增者有賞，而逃亡流移多者必罰之。」上曰：「然。」

(二)〔三〕十一年十一月八日〔二〕，户部侍郎、兼御營隨軍都轉運使劉岑言：「契勘淮南流移百姓，老小扶攜，飢餓乞丐於道，無所依倚。欲望特賜行下沿路州縣，計口給米二升，於常平米内應副。仰將官舍及空閑寺院、廊屋使之

〔一〕兩料：原作「兩科」，據前食貨六九之四九紹興「二年四月十八日」條改。下文三料、一料、四料同。

〔二〕三：原作「二」，按《宋史》卷三一《高宗紀》一，劉岑兼御營隨軍都轉運使在紹興三十一年十月二十三日壬戌，據改。

棲泊。或欲往佗州依倚親戚者，如法計程給米，津遣前去。候至春暖，（言）〔官〕借糧種，授以近地逃田，使之耕墾，以養其生。」從之。

（二十三）〔三十二〕年二月一日〔一〕，臣寮言：「乞下諸路揭榜，斷自紹興二十八年以後，凡州縣所賣逃產，如元業人及其子孫願以元估官價就贖者，仰即日寄庫（內）〔納〕錢，出據還產。如只係承佃者，並行給還。其牛、種之類係買戶續置者〔二〕，則還其主。如或怙强恃勢，尚復非理執占〔三〕，州縣徇情，遷延不爲理取，許經由朝廷越訴，仍專委提舉常平官覺察奏劾。」詔令戶部看詳。其後戶部言：「勘會在法：『因災傷逃田限一年，不因災傷者限半年，避賦役者百日，許歸業。不因災傷再逃者，不在歸業之限。不經檢閣税租及供輸錢物而見有人承佃供輸者，限六十日許歸業。限滿者，許人指射；無人請射者，亦（廳）[61]聽歸業。諸田歸業及諸佃若買而權佃人已施功力者，償其費，即已布種者，收畢交割。』今看詳：欲下兩浙、江東、西，荆南、北，福建路轉運司，從本司取見著實，遵依前項見行條法施行。如有已出賣之數，即依今來臣寮所請，令元業人備元估價錢收贖爲業。」從之。

紹興三十（一）〔二〕年六月十三日〔四〕，孝宗即位未改元。登極赦：「兩浙、京西路昨緣金人侵犯，民戶逃移，今漸歸業。已降指揮，（於）〔與〕免稅賦及免起州軍上供等錢物，以寬民力。至於調發（馬軍）〔軍馬〕，並係專委官措置津發錢糧，深慮州縣巧作名色，亂行科配，及非（禮）〔理〕差役，逐路監司常切覺察。」

孝宗皇帝隆興元年正月三十日，詔：「應民戶拋下田產、屋宇，責令佐抄劄籍記，如有回歸者，即依舊主業；已請佃者，即時推還。出二十年委無歸認之人，依戶絕法。」

四月二十二日，詔：「楚州并漣水軍接海州界，多淮北及山東莊農將帶老幼或牛具，散在沿淮住坐，無生計，竊慮失所。委是兩淮帥臣行下所部州軍〔五〕，責令知縣、縣令措置招誘。若招及三百戶耕種就緒，生理不闕，知縣、令除到任任滿賞外，與轉過一官，知、通減半。若過數，並與累賞。如招不及三百戶，即紐計推賞。或有虛數，當議重責。仍令本路帥、漕司同共覈實，保明來上。」從都督江淮軍（馬）張浚請也。

九月二十七日，詔：「百姓貧乏下戶，或因賦稅、或因飢饉逃亡，其拋下田土，官司即時抄劄拘籍，不復歸業，遂至失所。令州縣申嚴赦[62]文五年之限，應逃亡人戶有願歸業者，即給還。如州縣違戾，監司按（聞劾）〔劾聞〕奏。」

〔一〕三十二：原作「二十三」，據《盤洲文集》卷四一《乞許逃業子孫贖產劄子》改。

〔二〕「買」原作「主」，「續」原作「贖」，據《盤洲文集》卷四一改。

〔三〕執：原脱，據《盤洲文集》卷四一補。

〔四〕二：原作「一」，據《建炎要録》卷二〇〇、《宋史》卷三三《孝宗紀》一改。

〔五〕是：疑衍。

二年十二月四日，詔：「比者敵人侵我淮甸，數州之民不無驚擾。今既議和，敵必退舍，而流移未還，邑屋未復，田業尚荒，衣食或闕。其令兩淮漕臣督責諸郡守、長貳專切撫綏，招來流民，葺治居室，勉其耕作，振其乏絶。或調用不給，令江、浙漕司那融應副。」

八日，詔：「兩淮州軍多方措置招集流民歸業，仍禁戢濟渡去處，不得邀阻，毋致失所。」

十六日，德音：「楚、滁、濠、廬、光州、盱眙、光化軍管內，并(楊)〔揚〕、成、西和、襄陽、德安府、信陽、高郵軍人户復業無力之家，許於寺院或空閑無主屋宇安泊，仍將官司白地，出榜令指射蓋造居住。應棄下幼小，但十五歲以下聽行收養，即從其姓。」

乾道元年七月二十二日，詔：「階、成、西和、鳳州歸業民户，不能自存，理當矜恤。合納租賦，與免今年夏、秋兩料；如有已納者，理充來年之數。」

五年四月二十五日，詔：「去年灾傷州郡民户逃亡去處，已責監(使)〔司〕、守令多方存恤，依條申所屬除放外，令常平司加意存恤賑濟。其除放逃亡人户租税，即不得勒户長填納。令轉運司覺察，如違，重寘典憲。」

六年五月六日，户部尚書曾懷等言：「切考諸州郡常賦各有定額，自建炎初遭兵火處，有流民産税權行倚閣，今既經三四十年，決無不復業之民。縱元業主流亡，必別有人户請佃。(縣州)〔州縣〕例以逃閣爲名，暗失財賦，歲 63 動以數千萬計，深爲可惜。欲乞令諸路州縣限兩月逐項開具逃亡産業坐落村鄉，并晦步四至，見今的實有無人户管業，知、通、令、丞、簿、尉具結罪保明文狀申省部，不時委官前去審實。如果是逃亡，即與倚閣；或有人租佃，並以不實之罪罪之。能自行首舉者，從日下起理税賦。」從之。

七年九月十二日，宰執等進呈知隆興府龔茂良奏：「近責守令賑濟，恐有徒爲文具之人。欲先差官覆實户口，將來比較，以定殿最。」上曰：「此説甚善，恐猶有未盡者。」虞允文奏曰：「旱傷州縣已有逃移人户，若以今覆實爲定，來歲間有復業者，必難稽考。欲令併籍已逃、見在之數也。」上曰：「極是。諸路旱傷去處，並令依此施行。」

十月一日，詔：「趙善俊同向士偉將諸處流移民户見在淮西之人，體倣淮東路措置官莊，並日下摽撥荒田，借助種糧、牛具，居住耕種。如闕錢、米，申朝廷支撥。其被虜走回人，州軍不得邀阻，仍移文取問鄉貫，親戚詣實，即津發前去。若別無親戚識認，即依流民人户措置官莊事理施行，仍常加存恤。」

十一月四日，宰執進呈戴之邵等乞措置江、淮流移人。虞允文奏曰：「昨已委淮西帥、漕矣。」上曰：「儻乘此時撫存流亡，開墾田土，不惟活得飢民，且可以實淮甸。」允文奏曰：「欲差朝臣一員前去措置之。」上曰：「若專遣官尤

好。」遂詔薛季宣往淮西〔一〕，同趙善俊等措置。

二十三日，詔：「江東、西、湖南路今歲旱傷，州64縣間多有人户逃移。可委逐路漕臣督責守、令，根刷的確逃移户口，并户下合納全料夏税數目，子細從實開具，限十日結罪保明聞奏。」

十二月八日，知廬州趙善俊言：「本司近準指揮，措置招集流移居民，先次招到五百七十七户。內朱進等一百七十户願耕田土，遂分撥官田四十九頃八十一畝八分，每畝於常平錢、米內借支牛、種錢一貫文、米一斗，令居住耕種外，有王成等四百七户皆是人力微薄，不願耕佃之人，本州自行措置錢、米、蘆席賑給，已是安業。有接續招到，依此存恤外，有諸州軍未見申到招集數目，切慮逐處無常賦可以充那應副。乞令於見管常平錢米內充撥借貸，候將來拘收撥還。」詔令薛季宣將淮西諸州軍招集到流移民户，與趙善俊、向士偉同共取撥常平錢米，依今來劄子內所乞事理施行。

八年六月十日，詔：「大理正、兼權吏部郎中馬大同前去池州，審實饒、江州等處逃移人户，踏逐係官田土摽撥耕種，務在存恤。(其)〔具〕到人户逃田計一千七百二十四頃四十五畝。訪聞人户有於前項田內冒占耕種，並不赴官請佃，限六十日內具狀投陳。如限滿，即依條施行外，有實逃棄頃畝，日下措置募人請佃。」（以上《永樂大典》卷一七五三一）

【宋會要】

65淳熙七年十一月五日，臣僚言：「江州、興國軍今歲苦旱，流移之民多過兩淮，乞行下江西轉運、提舉司，并江州、興國軍多方賑救，無致流徙。其已過淮南者，令本路轉運、提舉司并光州、安豐軍措置，毋致逋逃。」從之。

八年二月八日，詔：「江西漕司行下旱傷州縣守、令，約束上户存卹地客，毋令失所逃移。」從漕臣錢佃請也〔二〕。

八月二日，臣僚言：「今歲江、浙州縣水旱相繼，細民往往流徙江北諸郡。乞令監司、守臣多方賑濟，許於諸寺院及空閑廨宇安存。如願種本處官田，即令借給口食，撥田耕種。」詔江東帥、漕司疾速措置施行，於建康府椿管米內(攴)〔支〕撥二萬石，付淮南運判趙彦逾專充賑濟流移人支用，務施實惠，勿令失所。

十一月二十九日，臣僚言：「連歲旱荒，細民流徙不絕，乞下所在州縣抄劄流移人口，通行賑濟。所有第四、第五等户殘欠苗税、丁錢，且與住催。其流移人户拖欠官物，本縣分明除豁，不得令保正、長代納。如違，許人越訴。」從之。

十二月一日，詔：「淮、浙、江東郡縣間有洊饑去處，屢

〔一〕季：原作「貴」，據《宋史》卷四三四《薛季宣傳》改。參下「十二月八日」條。
〔二〕佃：原脱，據《朱文公文集》卷七九《江西運司養濟院記》、《姑蘇志》卷五〇《錢佃傳》補。

飭帥守、監司多方賑卹，發廩蠲租，殆無虚月。乃聞官吏奉行之際，不切究心，致流徙尚多。今委秘書省著作郎兼權吏部郎官袁樞〔一〕、將作監主簿王謙躬親按視。仍仰帥臣、監司督責守、令修舉荒政，以待來歲之豐。如或違戾，具名奏劾，并令御史臺覺察。」

四日，詔：「江、[66]淛、兩淮帥、漕、提舉司各行下所部州縣，將流移到人户多方賑濟。來春如願歸業耕種，即量支錢米，給據津遣。」

九年正月六日，知建康府范成大言：「近降指揮，流移之人如願歸業耕種，即量支錢米，給據津遣。今欲移文兩淮安撫、（司漕）〔漕司〕，行下所屬約束沿江渡口，遇有江、淛流移歸業之人，其人口、行李、牛畜等，並與免收渡錢，無致邀阻。其江、淛津渡，亦乞一例免收。」從之。

二月十五日，臣僚言：「乞下諸路監司、郡守，令所部縣令勸諭上户，遇有流移之民未復業者，收爲佃户，借與種糧，秋成之時，量收其息。其旱傷州縣，佃户貧乏不能布種者，亦令佃主依此。庶幾者還鄉〔二〕，居者安業，貧富相資，不違農時。」從之。

十年十一月初八日，詔：「淛東、西提舉司各行下所部，如有闕食人户，仰依條支給常平、義倉錢米，措置存卹，毋致失所及有流移。」

閏十一月十二日，臣僚言：「淳熙八年淮南運司移牒，令建康府、池、太平州約束沿流渡口，不得放令流移人。臣以爲未便。蓋流移之民已離舊業，彼其問津，必有所借，借非親故，亦有依附。一旦阻障，使之進退不能，彷徨無計。乞詔諸路監司、州縣，應有流移人，止合措置存恤，不得於沿路渡口預行阻障。」從之。

十一年六月二十七日，户部言：「夔州路轉運司（奉）〔奏〕：『檢準皇祐四年敕：夔州路諸州官莊客户逃移者，並却勒歸舊處，他處不得居停。又敕：施、黔州諸縣主户壯丁、寨[67]將子弟等旁下客户逃移入外界〔三〕，委縣司畫時差人，計會所屬州縣追回，令著舊業，同助祇應把托邊界。本司今措置，乞遵照本路及施、黔州見行專法，行下夔、施、黔、忠、萬、歸、（浹）〔峽〕、澧等州詳此，如今後人户陳訴偷般地客，即仰照應上項專法施行。如今來措置已前逃移客户移徙他鄉三年以下者，並令同骨肉一併追歸舊主，出牓逐州，限兩月歸業，般移之家不得輒以欠負妄行拘占。移及三年以上，各是安生，不願歸還，即聽從便。如今後被般移之家，仍不拘三年限，官司並與追還。其或違戾强般佃客之人，從畧人條法比類斷罪。』」從之。

十二年十二月十七日，臣僚言：「諸路州縣應有逃亡移籍，爲鄉司者無有不知隱占去處。若只勒令鄉司抱認，

〔一〕袁：原作「表」，據《南宋館閣續録》卷八、《宋史》卷三八九《袁樞傳》改。
〔二〕「幾」下疑脱「逃」字。
〔三〕等：下文「開禧元年六月二十五日」條引「皇祐敕」無此字，疑是。

自無虧欠，乞賜施行。」户部看詳：「乞令諸路轉運司行下所部州縣，從今來臣僚奏陳，照應見行條法，將逃亡稅賦畫時倚閣、推割。如有隱占去處，勒令鄉司抱認，並不許抑勒保長陪填。」從之。

紹熙二年正月九日，湖廣總領所言：「權發遣信陽軍關良臣申：『淮西諸縣有旱傷去處，小民不能存濟，傳聞本軍薄熟及有荒田，相率而來〔一〕。涉冬雪寒，饑死道路，遂勸諭稅户，令招集流民以爲佃客，假借種糧、屋宇，使之安存。誠慮來者未止，本軍財計素自窘迫，兼無常平儲蓄可以賑恤。』本所今照得信陽軍係是極邊，除已借支一千貫給付本軍，及催本路諸司更爲 68 疾速施行。」詔湖北安撫、轉運、提刑、提舉司詳所申事理，疾速措置安集，毋致流徙。

四年六月一日，三省言：「諸路州郡有被水去處，竊恐州縣不能存恤，致有流移。」詔：「江、浙、兩淮、荆湖等路安撫、轉運、提舉司，將被水去處，須管同守臣多方措置賑恤，毋令失所。如將來人户或有流移，定將當職官吏重行責罰。」

嘉泰三年十一月十一日，南郊赦文：「官員職田，在法以官荒及五年以上逃田撥充。訪聞州縣不問年限，輒行拘占，致人户無業可歸，間有災傷，却令依舊數輸納租課。並仰日下依條改正、除放。」自後，郊祀、明堂赦亦如之。

開禧元年六月二十五日，夔州路運判范蓀言：「本路施、黔等州界分荒遠，綿亘山谷，地曠人稀，其占田多者須人耕墾，富豪之家爭地客，誘説客户或帶領徒衆舉室般徙。乞將皇祐官莊客户逃移之法稍加校定，諸凡爲客户者，許役其身，而毋得及其家屬婦女皆充役作。凡典賣田宅，聽其從條離業，不許就租以充客户；雖非就租，亦無得以業人充役使。凡借錢物者，止憑文約交還，不許抑勒以爲地客。凡爲客户身故，而其妻願改嫁者，聽其自便。凡客户之女，聽其自行聘嫁。庶使深山窮谷之民得安生理，不至爲彊有力者之所侵欺，實一道生靈之幸。」刑部看詳：「皇祐敕：『夔州路諸州官莊客户逃移者，並勒歸舊處。』又敕：『施、黔州諸縣主户壯丁、寨將子弟、旁下客户逃移入外界，委縣 69 司畫時會所屬州縣追回，令着舊業，同助把托邊界。』皇祐舊法欲禁其逃移，後來淳熙間兩次指揮，應客户移徙，立與遣還，或違戾，彊般之家比附略人法；般誘客丁只還本身，而拘其父母、妻男者，比附和誘他人部曲法；如以請佃賣田詐立户者，比附詭名挾户法；匿其財物者，比附欺詐財物法。則是衝改皇祐之法，別爲比附之説，致有輕重不同。今看詳皇祐舊條輕重適當，是以行之可以經久，焉可以畧人之法比附而痛繩之！且略人之法，最爲嚴重，蓋畧人爲奴婢者絞，爲部曲者流三千里，爲妻妾及子孫者徒三年。使其果犯畧人之罪，則以畧人正條治之可也，何以比附爲哉！既曰比附，則非畧人明矣。夫法意明

〔一〕率：原作「卒」。天頭原批：「『卒』疑『率』。」是，據改。

白，務令遵守，加以比附，滋致紊煩。欲令後應理訴官莊客户，並用皇祐舊法定斷。所有淳熙續降比附斷罪指揮，乞不施行。仍行下本路，作一路專法嚴切遵守。」從之。

三年正月十四日，沿江制置使司言：「虜賊已退，兩淮流民各欲復業，乞給盤纏。歸業者，乞支撥椿積錢五萬貫，付本司斟酌支俵。」詔令建康府於修城庫見樁會（于）〔子〕內取撥。

十一月二十八日，立皇太子赦文：「兩淮、荊襄、湖北州縣内有曾經虜人侵擾去處，居民流移渡江，除已見行賑恤外，仰所在州縣恪意奉行，毋令失所。」（以上《永樂大典》卷五五七八）

户口

【宋會要】㈠

70 太祖開寶九年，天下主、客户三百九萬五百四。

太宗至道三年，天下主、客户四百一十三萬二千五百七十六。

真宗天禧五年，天下主、客户八百六十七萬七千六百七十七，口一千九百九十三萬三百二十。

仁宗天聖七年，天下主、客户一千一十六萬二千六百八十九，口二千六百五萬四千二百三十八。

慶曆二年，天下主、客户一千三十萬七千六百四十，口二千二百九十二萬六千一百一。

八年，天下主、客户一千七十二萬三千六百九十五，口二千一百八十三萬六十四㈡。

嘉祐三年，天下主、客户一千八十二萬五千五百八十，口二千二百四十四萬三千七百九十一㈢。

八年，天下主、客户一千二百四十六萬二千三百一十一㈣，口二千六百四十二萬一千六百五十一。

英宗治平三年，天下主、客户一千二百九十一萬九千二百二十一㈤，口二千九百九萬二千一百八十五。以上《國朝會要》。

神宗熙寧二年，天下主、客户一千四百四十一萬四千四十三，口二千三百六萬八千二百三十。

五年，天下主、客户一千五百九萬一千五百六十，口二千一百八十六萬七千八百五十二。

八年，天下主、客户一千五百六十八萬四千五百二十九，口二千三百八十萬七千一百六十五。

㈠此下原批「食貨十六」，又下原批：「户口總數起開寶九年，訖淳熙十六年。雜録起開寶，訖乾道七年。」按，「食貨十六」爲《大典》卷一七五三一原有標目。此門内容又見於本書食貨一一之二七以下（但互有詳略），原稿天頭原批所謂「一作」即指此。

㈡六十：天頭原批：「『千』一作『十』。」按，原稿是「十」，非「千」。

㈢三千：天頭原批：「『三』一作『二』。」

㈣十一：天頭原批：「『一』一作『七』。」

㈤九千：天頭原批：「『九』一作『七』。」

十年，天下主、客户一千四百二十四萬五千二百七十，口三千八百萬七千二百一十一〔一〕。

元豐元年，天下主、客户一千六百四十萬二千六百三十一，口二千四百三十二萬六千一百二十三。

三年，天下主、客户一千六百七十三萬五百四，口二千三百八十三萬七百八十一。

六年，天下主、客户一千七百二十一萬一千七百一十三，口二千四百九十六萬九千三百。

哲宗元祐元年，天下主、客户一千七百九十五萬七千九十二〔二〕，口四千七萬二千六百六。

三年，天下主、客户一千八百二十八萬九千三百七十五，口三千二百一十六萬三千一十二。

六年，天下主、客户一千八百六十五萬五千九十三，口四千一百四十九萬二千三百一十一。

紹聖元年，天下主、客户一千九百一十二萬九百二十一，口四千二百五十六萬六千二百四十三。

四年，天下主、客户一千九百四十三萬五千五百七十，口四千三百四十一萬一千六十六〔三〕。

元符二年，天下主、客户一千九百七十一萬五千五百五十五〔四〕。

三年，天下所陞户二十四萬五千二百五十七，口五十五萬四十二。

徽宗崇寧元年，天下主、客共陞户三十萬三千四百九十五，口四十萬九千一百六十三。

二年，天下陞户二十五萬九千七百五十71八，口六十五萬七千六百九十一。

大觀二年，天下所陞户（增）一十二萬四千一百七十三，口一十九萬二千四十六。

三年，天下所陞户二十三萬四千二十〔五〕，口五十六萬八百九十三。以上《續國朝會要》。

高宗皇帝紹興二十九年〔六〕，天下主、客户一千一百九萬一千八百八十五，口一千六百八十四萬二千四百一。

三十年，天下主、客户一千一百三十七萬五千七百三十三〔七〕，口一千九百二十二萬九千八。

三十一年，天下主、客户一千一百三十六萬四千三百七十七，口二千四百二十萬二千三百一。

三十二年，天下主、客户一千一百一十三萬九千八百五十四，口二千三百一十一萬二千三百二十七。以上《中興會要》。

〔一〕八百：天頭原批：「『百』一作『十』。」
〔二〕户：原闕，據本書食貨一一之二七補。
〔三〕六十：天頭原批：「『十』一作『百』。」
〔四〕天頭原批：「『九百七』一作『七百九』。」
〔五〕四千二十：天頭原批：「『十』一作『百』。」
〔六〕天頭原批：「『高宗』一作『光堯』。」
〔七〕三十七：天頭原批：「『三』一作『五』。」

紹興三十二年，孝宗皇帝已即位〔一〕，未改元。諸路主、客户一千一百五十八萬四千三百三十四，口二千四百九十三萬一千四百六十五。兩浙路：户二百二十四萬三千五百四十八，口四百三十二萬七千三百二十二。福建路：户一百三十九萬五百六十六，口二百八十萬八千八百五十一。京西路：户四萬二千七百七，口七萬二千九百五十六。荆湖北路：户二十五萬四千一百一，口四十四萬五千八百四十四。廣南西路：户四十八萬八千六百五十五，口一百三十四萬一千五百七十二。利州路：户三十七萬一千九十七，口七十六萬九千八百五十三。江南東路：户九十六萬六千四百二十八，口一百七十二萬四千一百三十七。江南西路：户一百八十九萬一千三百九十一，口三百二十二萬一千五百三十八。荆湖南路：户九十六萬八千九百三十一，口二百一十三萬六千七百六十七。成都府路：户一百九萬七千七百八十七，口三百一十五萬五千三十九。潼川府路：户八十萬五千三百六十四，口二百六十三萬六千四百七十六。夔州路：户三十八萬六千九百七十八，口一百一十三萬四千三百九十八。淮南東路：户一十一萬八百九十七，口二十七萬八千九百五十四。廣南東路：户五十一萬三千七百一十一，口七十八萬四千七十四。淮南西路：舒、蘄、黄三州，户五萬二千一百七十四，口八萬二千六百八十一。廬、濠、光、和州、無爲軍、壽春府緣經紹興三十一年侵犯，燒毁案牘，免供帳，止得三州之數〔二〕。

孝宗皇帝隆興元年〔三〕，諸路主、客户一千一百三十一萬一千三百八十六，口二千二百四十九萬六千六百八十六。兩浙路：户二百一十八萬九千九百八十一，口二百七十六萬五千五百三十五。江南東路：户九十六萬五千三十五，口一百五萬七千六百九。江南西路：户一百九十萬二百九十，口三百二十八萬二千二百七十三。淮南東路：户一十一萬一千五百四十八，口二十 72 六萬九千三百一十八。淮南西路：户九萬六千一百六十五，口二十四萬四千六百一十一。荆湖南路：户九十七萬五千八百九十八，口二百一十三萬五千一十二。荆湖北路：户二十七萬六十三，口五十萬三百七十四。廣南東路：户一十八萬一千七百六，口二十六萬七千三百九十一。廣南西路：户四十九萬七百六十二，口一百三十一萬七千二百二。福建路：户一百四十萬七千二百七十六，口二百八十六萬七千一百十四。潼川府路：户八十一萬一千九百三十，口二百六十八十八。京西路：户四萬五千六百七十六，口八萬一百三五萬五百一十六。利州路：户二十六萬九千五百七十一〔四〕，口七十六萬一千五百五。成都府路：户一百一十一萬二千九百四，口三百一十六萬九百六十一。夔州路：

〔一〕天頭原批：「『孝宗皇』一作『壽皇聖』。」
〔二〕此注原作正文大字，據文意改作小字。
〔三〕天頭原批：「『孝宗』一作『壽』。」按，當云「孝宗皇」一作「壽皇聖」。
〔四〕二十六：據上下文各年本路户數，疑當作「三十六」。

户三十九萬二千五百八十一，口一百一十三萬七千四百七。

二年，諸路主、客户一千一百二十四萬三千九百七十七，口二千二百九十九萬八千八百五十四。兩浙路：户二百一十九萬一千四百七十八，口二百七十七萬二千八十八。荆湖南路：户九十七萬九千四百六十四，口二百一十七萬五千一百八十七。荆湖北路：户二十六萬八千七百六十八，口四十八萬三千七百五十。江南東路：户九十五萬五千四百六十四，口一百七十五萬一千五百一十三。廣南西路：户四十八萬八千七十三，口一百二十九萬五千六百六十五。京西路：户四萬二千二百五十二，口六萬九千四百五十八。成都府路：户一百三萬六千八百二十八，口二百九十三萬三百二十八。利州路：户三十七萬二千二百五十七，口七十七萬六千二百六十四。夔州路：户三十九萬七百六十六，口一百一十三萬六百四十六。江南西路：户一百九十萬四千六百(百)五十，口三百二十九萬一千五百九。淮南東路：户一十一萬一千七百五十九，口二十七萬二百一十四。淮南西路：户九萬六千六百五十四，口二十五萬四千三百四十四。廣南東路：户一十八萬二千九十二，口二十六萬八千四百三十。福建路：户一百四十一萬一千五百四十三，口二百八十七萬八千九百四十二。潼川府路：户八十一萬一千九百三十，口二百六十五萬五百一十六。

乾道元年，諸路主、客户一千一百七十萬五千六百六十二，口二千五百一十七萬九千一百七十七。兩浙路：户二百十三萬一千七百六十三，口四百三萬四千八百一十七。江南東路：户九十四萬七千四百一十二，口一百八十六萬一千八百五十一。江南西路：户一百八十六萬二千，口三百七十一萬一千一百一十四。73福建路：户一百四十二萬四千八百五十四，口二百九十萬六千四百六(千)〔十〕。荆湖南路：户九十三萬九千六百二十九，口二百一十一萬七千五百六十七。荆湖北路：户二十六萬八千二百六十八[一]，口四十六萬九千四百三十九。淮南西路：户一十萬六千六百三十八，口二十萬三千四百六十八。京西路：户四萬六千五十二，口八萬八百九十八。廣南西路：户四十八萬八千一百四十九，口一百三十三萬六千九十八。潼川府路：户七十五萬九千九百三十七，口二百二十五萬二千六百二十。夔州路：户三十七萬九千九百五十一，口一百一十萬五千五百九十三。廣南東路：户五十三萬七千五百二十四，口七十九萬九千八百一十一。淮南東路：户一十萬四千四百六十八，口二十八萬一千九百八十九。成都府路：户一百一十三萬五千三百五十五，口三百二十五萬四千九百七十一。利州路：户三十七萬三

[一] 二十六：原作「二百六」，據上文乾道元年及下文乾道三至九年本路户數改。

千六百五十二，口七十六萬二千四百二十三。

二年，諸路主、客戶一千二百三十三萬五千四百五十，口二千五百三十七萬八千六百四十八。兩浙路：戶二百一十八萬九千八百七十九，口二百七十六萬五千五百二。江南東路：戶九十六萬五千八百七，口一百七十八萬二千八百一十六。潼川府路：戶七十七萬三千九十一，口二百二十七萬七千一百五。利(川)〔州〕路：戶三十八萬二千二，口七十九萬四千八百三十一。夔州路：戶三十九萬三千一百一十九，口一百一十四萬六百二十一。京西路：戶四萬六千一百一十三，口八萬一千一百二十二。荆湖南路：戶九十七萬八千四百二十四，口二百一十四萬四千五百四十四。荆湖北路：戶二十七萬八千三百八十四〔一〕，口二百一十四萬四千五百四十四。廣南東路：戶五十三萬九千六百三十七，口八十萬四千九十七。廣南西路：戶四十九萬四百九十三，口一百二十九萬六千九百十三。淮南東路：戶九萬七千二百一十五，口二十四萬九千二十九。成都府路：戶一百四萬九千六百八十七，口二百九十萬二千一百三。福建路：戶一百四十二萬四千二百九十六，口二百九十一萬六千七百九十二。江南西路：戶一百九十一萬九千一百三十六，口三百八十六萬六千三百五十七。淮南西路：戶一十萬八千一百六十七，口二十一萬一千九百二。

三年，諸路主、客戶一千一百八十萬三百六十六，口二千六百八萬六千一百四十六。兩浙路：戶二百二十九萬五千八百六十三〔二〕，口四百五十一萬九千七百一十八。江南東路：戶九十六萬八千七十八，口一百七十九萬八千二百八。江74南西路：戶一百九十二萬二千三百五，口三百八十一萬一千八百八十四。荆湖南路：戶九十八萬一千九百二十三，口二百一十五萬四千八百六十一。荆湖北路：戶二十七萬六千三，口五十萬五千九百四十八。淮南東路：戶一十萬一千五百四十八，口二十六萬九千三百一十八。淮南西路：戶五萬二千四百一十五，口八萬二千三百四十九。京西路：戶四萬六千五百七千八，口八萬二千一百六十七。廣南東路：戶五十三萬九千六百三十七，口八十萬四千九十七。廣南西路：戶四十九萬九百五十四，口一百三十一萬二千九百六十二。福建路：戶一百四十二萬四千二百九十六，口二百九十一萬六千七百九十二。成都府路：戶一百一十一萬一百八十九，口三百二十一萬六千七百二十一。潼川府路：戶八十一萬七千四百三十八，口一百六十六萬四千六百七十九。利州路：戶三十八萬二千，口七十九萬四千八百三十一。夔州路：戶三十九萬三千一百一十九，口一百一十四萬六百一十一。

〔一〕二十七：原作「九十七」，據上文乾道元年、下文乾道三至九年本路戶數改。

〔二〕「二百」前原有「二千」二字，據上下文乾道各年本路戶數删。

四年，諸路主、客户一千一百六十八萬三千五百一十一，口二千五百三十九萬五千五百二。兩浙路：户二百一十五萬三千四百三十五，口四百一十九萬七千七百一十五。湖南路：户一百一萬五千三十二，口二百二十萬四千五百九十二。湖北路：户二十六萬七千，口四十九萬八千九百三。廣南東路：户五十三萬五千八百八十三，口一百三十二萬四千七百三十四。廣南西路：户四十九萬九千四百四，口一百二十九萬八千四百七十四。成都府路：户一百一十一萬八千二百五十九，口二百三十二萬六千七百二十二。潼川府路：户八十一萬九千三百一十六，口二百六十六萬九千六百五十二。利州路：户三十八萬四千九，口八十三萬三千六百四十九。夔州路：户三十八萬二千一百一十五，口一百一十五萬二千六百六十八。京西路：户四萬六千五十二，口八萬八百九十七。福建路：户一百四十二萬四千二百九十六，口二百九十一萬六千七百九十二。淮南東路：户一十一萬一千七百五十七，口二十七萬二百七。淮南西路：户一十萬六千六百三十八，口二十萬三千四百六十八江南東路：户九十六萬八千三百一十五，口一百七十九萬五千九百一十五。江南西路：户一百八十六萬二千，口三百七十一萬一千一百一十四。

五年，諸路主、客户一千一百六十三萬三千二百三十三，口二千四百七十七萬二千八百三十三。兩浙路：户二百一十五萬八千六百五十三，口四百二十一萬六千八百一十六。荆湖南路：户九十[75]六萬二千六百一十六〔一〕，口二百一十八萬七百二十四。成都府路：户九十七萬六千三百五十八，口三百一萬四千六百三十八。夔州路：户三十九萬五〔十〕〔千〕一十一，口一百一十七萬三千六百二十八。江南東路：户九十三萬一千八百三十，口一百八十四萬七千六百六十四。江南西路：户一百八十四萬二千七百五十二，口三百八十二萬四千三百二十二。廣南東路：户五十四萬四千八百八十四，口八十五萬八千一百七十二。廣南西路：户五十一萬七百二十九，口一百三十三萬八千四百九。淮南東路：户一十萬二千一百一十九〔二〕，口二十七萬一千八百二十二。淮南西路：户一十二萬六千二百七十四，口三十三萬六千四百百九〔三〕。荆湖北路：户二十六萬七千二百三十八，口五十萬七千四百八十五。福建路：户一百四十萬九千六百四十七，口二百八十五萬五千七百八十七。潼川府路：户九十二萬九百九十三，口一百四十四萬五千七百三十六。京西路：户四萬六千七百八十六，口八萬二千六百三十二。利州路：户三十八萬一千八百四十三，口八十一萬八千五百九十一。

六年，諸路主、客户一千一百八十四萬七千三百八十

〔一〕九十六：原作「九千六」，據上下文乾道各年本路户數改。
〔二〕一十萬：原作「一萬」，據上下文乾道各年本路户數補。
〔三〕百九：「百」字當有誤。

五，口二千五百九十七萬一千八百七十。兩浙路：户二百二十九萬七千二百七，口四百五十二萬八千八十九。淮南東路：户一十萬九百五十三，口二十六萬三千一百七十五。淮南西路：户一十二萬五千三百三十八，口三十一萬一千三百九十九。荆湖南路：户九十九萬七千二百七十九，口二百一十九萬五百六十六。荆湖北路：户二十七萬五千六百九十，口五十一萬八千八十三。江南西路：户一百九十二萬七千五百八十四，口三百七十七萬四千八百一十七。成都府路：户一百一十萬八千四百七十八，口三百四萬七千四百八十四。潼川府路：户七十八萬三千八十五，口二百二十九萬五千七百六十一。夔州路：户三十七萬九千六百三十五，口一百一十五萬一千三百九十八。江南東路：户九十三萬四千八百一十，口一百八十五萬四千六百五十九。京西路：户四萬七千六百七，口八萬三千二百九十一。廣南東路：户五十四萬五千一百四十四〔二〕，口八十五萬九千一十三。利州路：户三十八萬八十二，口八十一萬三百八十。廣南西路：户四十九萬七千三百二十一，口一百三十二萬二千六百一十一。福建路：户一百四十四萬七千八百一十二，口二百九十六萬一千一百四十四。

七年，諸路主、客户一千一百八十五萬二千五百八十，口二千五百四十二萬八千二百五十五。兩浙路：户二 76 百二十九萬七千四百八十五，口四百五十二萬五千九百三十。江南東路：户九十七萬六千三百五十六，口一百八十一萬一千六十四。荆湖南路：户九十九萬七千八百二十九，口二百一十八萬八千六百二十八。荆湖北路：户二十七萬五千九百五十八，口五十一萬九千七百三十二。成都府路：户一百一十一萬九百七十三，口三百六萬一千二百四十八。潼川府路：户七十八萬六千四百六十九，口二百三十萬二千八百七十。夔州路：户三十八萬二千九百九十三，口一百一十四萬七千七百一十二。京西路：户四萬七千六百四十二，口八萬三千九百七十一。淮南西路：户一十二萬六千二百六十九，口三十一萬五千六百一十九。淮南東路：户一十萬七十五，口二十六萬一千六百三十八。江南西路：户一百九十一萬八千一十三，口三百三十三萬五千五百六十七。廣南東路：户五十四萬六千七百一十六，口八十六萬三百九十。廣南西路：户四十九萬八千一百三十九，口一百三十二萬八千一百六十三。福建路：户一百三十九萬九千一百八十四，口二百八十六萬四千一百九十九。

八年，諸路主、客户一千一百七十三萬六百九十九，口二千五百九十五萬五千三百五十九。兩浙路：户二百一十八萬六千四百三十二，口四百二十三萬一千六百一十

〔二〕五十四：原作「五千四」，據上下文乾道各年本路户數改。

九〔一〕。夔州路：户三十七萬一千二百七十三，口一百一十二萬八千三百三十四。利州路：户三十八萬三千八百四十七，口七十九萬七千二十二。江南西路：户一百九十一萬四千八百八十八，口三百八十七萬九千二十。荆湖北路：户二十六萬五千七百九十三，口四十九萬七千九百七。京西路：户四萬七千六百四十二，口八萬四千六百七十一。淮南西路：户一十二萬五千九百四十八，口三十二萬六千三百六。成都府路：户一百三萬三千一百一十八，口二百九十萬一千一百四。淮南東路：户一十萬二千八百二十，口二十八萬一千五百二十七。江南東路：户九十六萬七千七百三十，口一百七十九萬四千二百五十四。廣南東路：户五十五萬六千九百一十三，口九十一萬一千四百四十一。廣南西路：户五十萬五千八百八十三，口一百三十三萬四千七百三十四。荆湖南路：户一百一萬八百七十二，口二百二十四萬八千一百九十六。福建路：户一百四十一萬八千八百一十二，口二百八十四萬四千一百七十五。潼川府路：户八十二萬八千七百二十九，口二百六十九萬五千四十九。

九年，諸路主、客户一千一百八十四萬九千三百二十八，口二千六百七十二[77]萬七百二十四。兩浙路：户二百二十九萬五千八百六十三，口四百五十一萬九千七百一十八。江南東路：户九十三萬六十六，口一百八十四萬九千五百二十一。江南西路：户一百八十六萬二(十)〔千〕六百一十四，口三百九十一萬四千八百八十六。荆湖南路：户一百萬五千一百三十四，口二百二十萬四千五百九十二。荆湖北路：户二十六萬七千，口四十九萬八千九百三。淮南東路：户一十萬四千四百六十八，口二十八萬一千九百八十九。淮南西路：户十二萬六千八百一十一，口三十三萬二千三百一十一。京西路：户四萬七千八百二十九，口八萬五千三百六十九。潼川府路：户八十三萬七百八十九，口二百七十萬四百六。利州路：户三十七萬三千六百五十二，口七十六萬二千五百二十二。成都府路：户一百一十三萬五千三百五十五，口二百二十五萬四千九百七十一。夔州路：户三十八萬二千一百一十五，口一百一十五萬二千六百六十八。福建路：户一百四十二萬四千二百九十六，口二百七十一萬六千七百九十二。廣南東路：户五十二萬六千九百一十三，口九十一萬一千四十二。廣南西路：户五十萬五千八百八十三，口一百三十三萬四千七百三十四。以上《乾道會要》〔二〕。

〔一〕四百：原作「四千」，據上下文乾道各年本路口數改。
〔二〕後批：「脱淳熙元年至十六年户口總數。」按，所云脱者見本書食貨一一之二九至三〇。

雜録

壽皇聖帝乾道二年三月〔一〕，左司員外郎張瀍上井田制度、户籍沿革數：「太祖建隆元年十月，吏部格式司言：『準周廣順三年敕：天下縣除赤縣、次赤、畿、次畿外，其餘三千〔口〕户已上爲望，二千户已上爲緊，千户已上爲上〔二〕，五百户已上爲中，不滿五百户爲中下。據今年諸道申送到闕解木夾帳點檢紹興元年降敕命〔三〕，户口不等，及淮南十五州只依《十道圖》地望收附，秦、鳳、階、成、瀛、莫、雄、霸州未曾陞降。欲據諸州見管主户重升降，取四千户已上爲望，三千户已上爲緊，二千户已上爲上，千户已上爲中，不滿千户爲中下〔四〕。自今三年一度，諸道見管户口升降。』從之。凡望縣五十〔五〕，户二十八萬一千六百七十〔六〕；緊縣六十七，户二十二萬八千六百九十三〔七〕；上縣八十九，户二十一萬八千二百八十；中縣一百一十五，户一十七萬九千三十〔八〕；中下縣一百一十，户五萬九千七百七十。總九十六萬七千三百五十三户，此國初版籍之數也。其後平荆南〔九〕，得州三，縣十七，户十四萬二千三百〔一〇〕；平湖南，得州十五，監一，縣六十六，户九萬七千三百八十八；平兩川，得州四十六，縣二百四十，户五十三萬四千二十九；克嶺南，得州六十，縣二百十四，户十七萬二百六十三；克江南，得州十九，軍三，縣一百八〔一一〕，户六十五萬五千六十五；陳洪進獻漳、泉二州，得縣十二，户十二萬二十一；錢俶獻78(西)〔兩〕浙，得州十三，縣八十七，户三十二萬九百三十三；平河東，得州十，軍一，縣四十一，户三萬五千二百二十。」

太祖開寶四年七月，詔曰：「朕臨御已來，憂恤百姓，所通抄人數目，尋常別無差徭，只以春初修河，蓋是與民防患。而聞豪要之家多有欺罔，併差貧闕，豈得均平？特開首舉之門，明示賞罰之典。應河南、大名府、宋、亳、宿、(穎)〔潁〕、青、徐、兖〔一二〕、鄆、曹、濮、單、蔡、陳、許、汝、鄧、濟、

〔一〕天頭原批：「此條自『壽皇聖帝』至『二百二十』止，移本卷第四頁五月九日前。」按，張瀍所上此文雖在乾道二年，但其中總述宋初户口之數，故《會要》取置本目之首。此批不明此意，以爲時序錯亂，欲移於他處，不可從。

〔二〕爲上：原脱，據《文獻通考》卷一〇補。

〔三〕紹興元年：疑當作「元」，「元降敕命」即指周廣順三年敕。

〔四〕中下：原作「中上」，據《長編》卷一改。

〔五〕十：原作「千」，據《長編》卷一改。

〔六〕「户」原作「口」，「七十」原脱「十」字，據《長編》卷一改補。

〔七〕二萬八：原作「七萬一」，據《長編》卷一改。

〔八〕三十：原脱「十」字，據《長編》卷一補。

〔九〕荆：原作「京」，據《文獻通考》卷一一、《宋史》卷八五《地理志》一改。

〔一〇〕十四：原作「四十」，據《長編》卷四、《文獻通考》卷一一、《宋史》卷八五《地理志》一乙。

〔一一〕「八」下原衍一「十」字，據《長編》卷一六、《文獻通考》卷三一五、《宋史》卷八五《地理志》一删。

〔一二〕兖：原作「充」，據本書食貨一二之一改。

衛、淄、濰、濱、棣〔一〕、滄、德、貝、冀、澶、滑、懷、孟、磁〔二〕、相、邢、洺、鎮、博、瀛、莫、深、（楊）〔揚〕、泰、楚、泗州、高郵軍所抄丁口，宜令逐州判官互相往彼，與逐縣令佐子細通檢，不計主户、牛客、小客，盡底通抄。差遣之時，所貴共分力役。敢有隱漏，令佐除名，典吏決配。募告者，以犯人家財賞之，仍免三年差役。」

太宗淳化四年三月，詔：「户口、税賦帳籍，皆不整舉，吏胥私隱税賦，坐家破逃，冒佃侵耕，（鬼）〔詭〕名挾户。賦税則重輕不等，差役則勞逸不均。所申户口、逃移皆不件析，田畝、税數無由檢括。斯蓋官吏因循，致其積弊。今特釋前罪，咸許上言。詔到，知州、通判、幕職〔三〕、州縣官各具規畫何以得均平賦税，招葺流亡，惠恤孤貧，止絶姦倖，及鄉縣積弊、民間未便合行條貫事〔四〕，令知州、通判共爲一狀，縣令、簿、尉共爲一狀，限一月内附驛以聞。如有異見，亦許別上封章。（須並）〔並須〕畫一指陳，直書寔事。已差中書舍人看詳可否，如事理優長，當議旌賞。若公然鹵莽，今後不得任親民官。」

至道元年六月，詔復造天下郡國户口版籍〔五〕。自唐末四方兵起，版籍亡失，故户口、税賦莫得周知，至是始命復造焉。

真宗咸平五年四月，詔三司取天下户口數置籍較定以聞。

景德四年七月，權三司使丁謂言：「户部景德三年新收户三十三萬二千九百九十八，流移者四千一百五十，總舊寔管七百四十一萬七千五百七十户，一千六百二十八萬二百五十四口〔六〕，比咸平六年計增五十五萬三千四百一十户〔七〕，二百萬二千二百一十四口。賦入總六千三百七十三萬一千二百二十九貫石匹斤〔八〕，數比咸平六年計增三百四十六萬五千二百九〔九〕。竊以版圖之設〔一〇〕，生齒畢登，所以一租庸，辨衆寡。前朝丁黄之數，悉載縑緗，五代已來，舊章多廢，國家幅員萬里〔一一〕，阜成兆民，惟國史之闕書，由有司之曠職。今以景德三年民賦、户口之籍較咸平六年，具上史館。欲望特降詔旨，令自今以咸平六年户口、賦入爲額，歲較其數以聞。庶使國典有憑，方來可仰。」從之。

九月，詔：「諸路所供升降户口，自今招到及創居户委

〔一〕棣：原脱，據《文獻通考》卷一一補。
〔二〕磁：原作「滋」，據本書食貨一二之一改。
〔三〕幕：原作「募」，據本書食貨一二之一改。
〔四〕未便合行：原作「未合便行」，據文意乙。此謂不便於民當行條貫者。
〔五〕造：原脱，據《歷代制度詳説》卷三、《文獻通考》卷一一補。
〔六〕一千：原脱「一」字，據《長編》卷六六補。
〔七〕五十五：原作「五十三」。天頭原批：「『三』一作『五』。」按，當作「五」，參本書食貨一二之一校記。
〔八〕六：原脱，據《長編》卷六六補。
〔九〕「九」下原有「十」字，據《長編》卷六六、《群書考索》後集卷三刪。
〔一〇〕設：原作「役」，據《玉海》卷一八五改。
〔一一〕「國」上原有「兆」字，據《玉海》卷一八五刪。

的開落得帳上荒税，合該升降，即撥入主户供申。內分煙析生不增税賦，及新收不納税浮居客户，並不得虛計在內，方得結罪保明，申奏陞降。」

大中祥符二年六月，頒幕職州縣官 79 招攜户口旌賞條制。

四年正月四日，詔：「諸州縣自今招來户口，及創居入中開墾荒田者，許依格式申入户籍，無得以客户增數。」舊制，縣吏能招增户口者〔一〕，縣即升等〔二〕，仍加其俸緡〔三〕，至有析客户者，雖登于籍，而賦税無所增入，故條約之。

天禧三年十二月，命都官員外郎苗稹與知河南府薛田同均定本府坊郭居民等〔四〕，從户部尚書馮拯之請也。

四年十二月，詔諸升降户口，每年正月具新收人户所增税賦句磨訖，結罪申三司。

神宗熙寧六年十月十二日，時上論及天下户口之數，王安石等奏曰：「户口之盛，無如今日。本朝太平百年，生民未嘗見兵革。昨章惇定湖南保甲，究見户口之衆，數倍前日，蓋天下舉皆類此。」上曰：「累聖以來，咸以愛民爲心，既未嘗有征役，又無離宫别館繕營之事，生齒蕃息，蓋不足怪。」

哲宗元祐六年八月二十八日，三省言：「諸路户口財用，雖户部每年考會總數，即未有比較進呈之法〔五〕，復不知民力登耗，財用足否。今立定式，令諸州每年供具，以次年正月申轉運司，本司以二月上户部。本部候到，於半月內以次上尚書省，三省類聚進呈。違者，杖一百。」從之。

徽宗大觀三年正月二十一日，户部侍郎吳擇仁言：「地官之職，掌户口版籍，寔賦税力役之所自出，民事之先務也。今承平日久，生齒繁庶，而天下所上，因仍舊籍，畧加增損，具文而已，户口登耗，無由盡知。乞自今歲具增減寔帳，每路委監司一員類聚，上户部置籍銷注。」從之。

政和三年四月二十五日，詳定九域圖志蔡攸〔六〕、何志同言：「伏見本所取會到天下户口數，類多不寔，且以河北二州言之。德州主、客户五萬二千五百九十九，而口纔六萬九千三百八十五；霸州主、客户二萬二千四百七十七，而口纔三萬四千七百一十六。通二州之數，率三户四口，則户版刓隱，不待校而知。乞詔有司申嚴法令，仍選委逐路監司別作審覈，務在得寔，保明供報。」詔令逐路提刑審括寔數聞奏。

八月九日，淮南路轉運副使徐閎中言：「《九域志》在元豐間，主、客户共一千六百餘萬，大觀初已二千九百一萬。乞詔諸路，應奏户口，歲終再令提刑、提舉常平司參

〔一〕者：原作「一」，據《長編》卷七五改。
〔二〕升：原作「申」，據《長編》卷七五改。
〔三〕仍：原作「乃」，據《長編》卷七五改。
〔四〕薛：原作「薜」，據本書食貨一二之二改。
〔五〕比：原作「此」，據本書食貨一二之三改。
〔六〕圖：原作「國」，據《宋史全文》卷一四改。

攷，同保奏。」從之。

六年七月二十日，户部言：「淮南轉運司申：『《政和格》知、通、令、佐任内增收漏户一千至二萬户賞格，一縣户口，多者止及三萬，脱漏難及千户，少得應賞之人，繇此不盡心推括。』看詳令、佐任内增收漏户八百户，升半年名次；一千五百户，免試；三千户，減磨勘一年；七千户，減磨勘二年；一萬二千户，減磨勘三年。知、通隨所管縣通理，比令、佐加倍。」從之。

高宗皇帝紹興三年十月〔十〕六日〔一〕，尚書禮部員外郎舒清國言：「諸路殘破州縣，乞以户口增否，别立守令考課之法，分爲上、中、下三等，[80] 每等又分爲三，置籍比較。縣令課績，知、通考之；知州課績，監司考之；考功會其籍而較其優劣。凡賞格，用見行條法賞格之最優者。其再考在上等之上者，除依格推賞外，任滿日，知州優加擢用，縣令與升擢差遣。下等取旨責罰。」從之。

五年六月二十八日，荆湖北路轉運司、提刑司言：「權鄂州江夏縣呂大周任内招復户口增及九分，乞依格推賞。」詔改合入官，餘路依此。

七月二十三日，吏部言：「權通判岳州王嘉言申：『兵火之後，全在官吏招集流移。乞將州縣最親民官初到任日，據見存户口、二税批上印紙。候任滿日，再據户口、二税批鑿罷任〔二〕。若任内招誘户口、二税增加者，書爲課最，别有遷擢。若任内不能招誘户口、二税，或復有減少者，書爲課殿，亦寘憲典。』」從之。

八月十六日，都督行府言：「湖北、淮南自兵火之後，百姓流亡，田多曠土，令、佐招誘增虧，已有立定殿最賞罰。欲今後守、令到任一年，雖該到任酬賞，若不曾招誘人民歸業，雖有而不及分數，若不在保明推恩之限〔三〕，仰監司常切遵守。」從之。

六年十二月二十一日，提點淮南西路公事張成憲言：「契勘淮南守、令賞典重叠，遂啓僥冒之弊。欲望將守、令歲增户口并墾田土及知縣任滿墾田酬奬併入任滿賞格，乞量與增重，庶革冒賞。」詔淮南守、令開墾田土、增招户口，即從一重推恩。

七年五月七日，比部員外郎薛徽言〔言〕：「欲望明飭有司，稽考州縣丁帳，覈正文籍，死亡生長，以時書落。歲終，縣以丁之數上州，州以縣之數上漕，漕以郡之數上之户部〔四〕，户部合天下之數上之朝廷。殘破之處，計登耗而爲之賞罰。其重困之由，願講明之；其傷殘之法，願申嚴之。」從之。

十一月十六日，進呈李誼論户口劄子，乞詢求所以惠

〔一〕天頭原批：「『高宗』一作『光堯』。」十六日：原脱「十」字，據《建炎要録》卷六九補。
〔二〕鑿：原作「鑒」，據本書食貨一二之二五改。
〔三〕若：疑當作「並」。
〔四〕郡之數：原作「部之數」，據《群書會元截江綱》卷二六改。

民而去其害民者。上謂曰：「此亦今日先務，大要欲户口滋息，須寬民力，須免得科敷。如向來造成官綱，遂免人户出水脚錢。如此，庶幾寬惠及民。必不得已，有所科率，亦須明降指揮，使上下曉然，知其多寡之數，吏不得並緣爲姦矣。若乃避科率之名目，朝廷下諸路監司，監司下諸州，州下諸縣，一切趣辦〔一〕，遂致過數掊斂，無從檢察，民愈被害，不可不慮也。」

十三年九月十六日，太府寺丞張子儀言：「親民之官，莫若守、令。户口登耗之責，守、令之先務也。乞於新復舊州縣精選守、令，以户口復業、登耗，重爲陞黜之典。仍委監司覆寔，以嚴課最。」詔令淮東、京西路監司歲終取州縣所增户口以聞〔二〕。

二十六年三月十六日，權發遣光州曾惇言：「淮南邊郡雖無甚興造，至如修葺宫宇，補治城壁，其他種種雜作，猶時被驅役。街市小民，一日失業，則一日不食。比數年以來，尚倖豐稔，顧戀米麥稍賤，不肯它之。若歲小不登，復困科役，則皆提攜而去 81 矣。如此，則户口日益凋疎。伏望嚴立法禁，應沿邊州縣不得差科百姓工役。若尚敢循習，令監司、帥臣按劾。」從光州曾惇之請也〔三〕。

壽皇聖帝乾道二年五月九日，臣僚言：「兩浙路去年百姓以疾疫死亡、以饑餓流移者至多，州縣丁籍自應虧減。今年開收，所宜從寔。切聞州縣至今往往未曾申聞銷豁，按籍而催〔四〕，尚仍故目。誠慮將來以年未及之人籍爲成丁，或密計所虧之額，多取之於見存之人，或（仰）〔抑〕令保正、長合力償備。乞下兩浙州縣覆寔流移、死亡丁數，保明申上，權行倚閣。候流移歸業，中、小成丁，漸次增補。」從之。

十月十八日，户部言：「準令：『每歲具册進呈天下户口、税租、課利數目，秋季以聞；如未到，展限至冬季。若不足，先具已到路分進呈。』本部自去年十二月内預行檢舉催促，除兩浙、淮南、成都府、夔州、利州路申到户口，兩浙、淮南東、西路申到税租，兩浙、夔州、淮西路申到課利帳狀外，其餘路分並未申到，見行督責。委於秋季攢造進呈未得，乞展限至冬季，具已到路分攢造進呈。」從之。

七年九月十六日，知隆興府龔茂良言：「已降指揮，本路帥臣、監司將旱傷州縣令精加審量。竊謂朝廷既下審量之令以謹其始，宜有殿最之法以覈其終，然後爲官吏者不敢徒事文具。乞取將來户口登耗，以爲守、令殿最而升黜之。又諸縣户口各有版簿，欲併老幼丁壯，無問男女，根括記籍，帥臣、監司總其寔數。明諭州縣，自今以始，至于來歲賑濟畢事之日，按籍比較户口登耗。若某縣措置有方，

〔一〕辦：原作「便」，本書食貨一二之六作「辨」，俱誤，據文意當作「辦」。
〔二〕「東」、「京」二字原脱，據《中興小紀》卷三一、《建炎要録》卷一五〇補。
〔三〕此句顯與本條首句重復，當改作「從之」。又，天頭原批：「本卷首壽皇聖帝一條移寫此。」按，此批不可從，說見食貨一九之七七校記。
〔四〕催：原作「摧」，據本書食貨一二之六改。

户口仍舊，即審寔保奏，優加遷擢。若某縣所行乖戾，户口減少，則按劾以聞，重行黜責。推而廣之，以稽一郡之登耗，議守臣之賞罰，則殿最分明，官吏聳動。自此立爲成法，舉而措之天下，亦可以爲異時荒政之備。」詔依，仍將已流移人與見在户口通行置籍，務令得寔，將來比較殿最。其餘旱傷去處依此，仍先次開具已流移人并見在户口申三省、樞密院。以上《乾道會要》。（以上《永樂大典》卷一七五三一）

宋會要輯稿　食貨七〇

賦税雜録〔一〕

【宋會要】1 凡租税有穀，有帛，有金鐵，有物産，爲四類。穀之品有七：曰粟，曰稻，曰麥，曰黍，曰穄，曰菽，曰雜子。粟之品七：曰粟，曰小粟，粱穀，䵚□、床粟〔二〕、秫米、黄米。稻之品四：曰秔米、糯米、水穀〔三〕、旱稻〔四〕。麥之品七：曰小麥、大麥、青稞麥〔五〕、䵃麥〔六〕、青麥、白麥、蕎麥〔七〕。黍之品三：曰黍、蜀黍、稻黍。穄之品三：曰穄、秫穄、穈穄〔八〕。菽之品十五〔九〕：曰豌豆、大豆、小豆、緑豆、紅豆〔一〇〕、白豆、赤豆、褐豆、茭豆、黄豆、胡豆、落豆、元豆、巢豆、雜豆。雜子之品九：曰芝麻子、床子、稗子、黄麻子〔一一〕、蘇子、苜蓿子、菜子、荏子、草子。帛之品十：曰羅，曰綾，曰絹，曰紗，曰絁〔一二〕，曰紬，曰雜折，曰絲線〔一三〕，曰綿，曰布葛。金鐵之品四：曰金，曰銀，曰鐵〔一四〕、鑞，曰銅、鐵錢〔一五〕。物産之品六：曰六畜〔一六〕，曰齒、革、翎毛，曰茶、鹽，曰竹、木、麻〔一七〕、草、芻茭〔一八〕，曰果、藥〔一九〕、油、紙、薪、炭、漆、蠟，曰雜物〔二〇〕。六畜之品三：曰馬、羊、猪。齒革翎毛之品六：曰象牙〔二一〕、麂皮、牛皮、狨皮、鵝翎、雜翎。竹之品四：曰䈽竹、箭簳竹、箬葉〔二二〕、蘆蕟。木之品三：曰

〔一〕題前原批「食貨十七」，此爲《大典》卷一七五三二標目。又題下原批：「起太祖建隆四年，訖寧宗嘉定十一年。」
〔二〕《文獻通考》卷四「䵚」下無空格，「床」作「床」（牀）。
〔三〕水：原脱，據《文獻通考》卷四補。
〔四〕旱：原作「早」，據《文獻通考》卷四改。
〔五〕青稞麥：原作「粿麥」，據《文獻通考》卷四改。
〔六〕麥：原脱，據《文獻通考》卷四補。
〔七〕蕎麥：原脱，據《文獻通考》卷四補。
〔八〕穈穄：原作「穈黍」，據《文獻通考》卷四改。
〔九〕十五：《文獻通考》作「十六」，有青豆、蓽豆而無茭豆。
〔一〇〕豆：原無，據《文獻通考》卷四補。
〔一一〕麻：原作「床」，據《文獻通考》卷四改。
〔一二〕絁：原作「紇」，據《文獻通考》卷四改。
〔一三〕線：原脱，據《長編》卷四二、《文獻通考》卷四、《宋史》卷一七四《食貨志》上二補。
〔一四〕鐵：《長編》卷四二作「錫」，當是。鑞爲鉛錫合金，故錫、鑞同類。
〔一五〕鐵：原無，據《文獻通考》卷四、《宋史》卷一七四《食貨志》上二補。按《長編》卷四二只作「銅、鐵」，而無「錢」字，當是。此處述礦産税，故列銅、鐵，而非謂錢，而《通考》、《宋史》所引皆如此，今仍之。
〔一六〕六：原脱，據下文及《文獻通考》卷四、《宋史》卷一七四《食貨志》上二補。
〔一七〕麻：原作「雜」，據下文及《文獻通考》卷四、《宋史》卷一七四《食貨志》上二改。
〔一八〕茭：原作「萊」，據《文獻通考》卷四改。
〔一九〕「藥」上原有一「曰」字，據《文獻通考》卷四及《宋史》卷一七四《食貨志》上二删。
〔二〇〕物：原作「曰」，據《文獻通考》卷四、《宋史》卷一七四《食貨志》上二改。
〔二一〕牙：原作「曰」，據《文獻通考》卷四改。
〔二二〕箬葉：原作「若菜」，據《文獻通考》卷四改。

桑、橘〔一〕、楮皮。麻之品五：曰青麻、白麻、黄麻、冬麻、苧蔴。草之品五：曰紫蘇、藍、紫草、紅花、雜草。芻之品四：曰草、稻草、草穰、茭草。油之品三：曰木油、桐油、魚油。紙之品五：曰大灰紙〔二〕、三抄紙、杉紙〔三〕、小紙、皮紙〔四〕。薪之品三：曰木柴、蒿柴、草柴〔五〕。雜物之品十：曰白膠香、桐子、麻鞋、版瓦、堵笪、瓷器、苕帚、麻蒴、藍淀、草薦。

太祖建隆四年，詔：「每遇起納稅賦，告諭人户赴[2]指定倉庫送納。初限已前未得校料，中限將終全未納者，即追户頭或次家人，令、佐同共校料，不得闕禁及各行校料〔六〕。仍令逐縣每年造形勢門内户夏税數文帳申本州，寫送合納倉庫，才至起納時，點檢户鈔，封送本州，委本判官銷注催促〔七〕。内頑猾逋欠者，校料須於限内前半月了足。其中本判官不切點檢，致有違欠，依令、佐催科分數停罰。其中等已下見係州縣差役，及雖是舊日文武職官、見今子孫孤貧不濟者，不得一例依形勢門内户供通。如將見任文武職官及州縣勢要人户隱漏不供，其干繫官吏並行朝典。」

七月，詔：「先令諸道州府人户所納牛皮、筋角，每夏秋苗共十頃納皮一張、角一對、黄牛乾筋四兩、水牛乾筋半斤。其牛、馬、驢、騾皮筋角，今後官中更不禁斷，即不得將入他外敵境。所納皮、筋、角，限至年終了絶。如無大絶〔八〕，即牛皮一張并隨皮筋、角，許共納價錢一貫五百文。」又詔：「諸道州府將逐年都催牛皮數目内七分許納價錢，仍令三司以皮、角定爲三等，取中、下兩等，隆興諸州勒人户送納〔九〕，内下等皮三折中等皮二，下等角三折中等角二。今據三司言：『見管筋、角不闕供使，其本色牛角望令住納。』宜自來年以後，所納三分本色皮、筋，只仰本縣收納，至農税稍閑，差借門内脚乘般送赴州。如小有孔竅不妨使用，不得退却。其本色牛角權〈任〉〔住〕，止納價錢。」

乾德三年五月，遣起居舍人劉[3]兼等八人分往天雄軍等八州監納夏税。

四年正月〔一〇〕，詔諸路州府，自今後收税畢，勿得追縣吏計會。

四月，詔：「諸路州府受納税賦，自今不得稱分、毫、合、勺、銖、釐、絲、忽，錢必成文，金、銀成錢，絹、帛成尺，粟

〔一〕橘：原作「橋」，據《文獻通考》卷四改。
〔二〕曰：原脱，據《文獻通考》卷四補。
〔三〕杉紙：《文獻通考》卷四作「芻紙」。
〔四〕皮紙：原作「紙被」，據《文獻通考》卷四改。
〔五〕木柴蒿柴草柴：原作「木紫蒿紫草」，據《文獻通考》卷四改補。
〔六〕闕禁：疑有誤。
〔七〕催：原作「住」，據文意改。下文「端拱元年正月」條云「自今委本判官置簿催促」，用語與此同。
〔八〕絶：似當作「闕」。
〔九〕隆興：疑當作「降與」。
〔一〇〕按，以下二條，《文獻通考》卷四均繫於建隆四年。其中第二條，《長編》卷四、《宋史》卷一七四《食貨志》上二亦在建隆四年（《長編》作乾德元年，實即建隆四年），李燾注云據《國史・食貨志》。與此不同。

成勝，絲、綿成兩，薪、蒿成束。」

七月，詔諸路州府，夏、秋兩税作檢納廳以受其民租。

五年七月，詔：「諸路州府夏、秋兩税，如聞每至督納之時，令、佐兩處點檢入鈔，競有追擾。自今並須同共入鈔，點檢區分，不得各行校料〔一〕。」

六年九月，詔：「諸路州府每至納税，即追屬縣簿籍付孔目官督攝逋欠，頗擾于民。自今罷之，（上）〔止〕委録事參軍案視文簿，本州判官（振）〔提〕舉。」

開寶三年四月，詔：「諸州府兩税折科物非土地所宜者，不得抑配。」

四年正月，（詔）通判閬州路冲言：「當州税租多違日限，蓋本州曹吏倚以形勢，遷延不納，亦有一户庇三户者。已於本廳别置形勢版籍，令本官每日躬親入鈔。第三限即先劾剥欠户校料，可以限前了足。慮四川諸州未曾遍行條約，望下轉運司施行。」從之。

七月，詔：「朕已平遠俗，式示優恩。既混車書，宜均度量。應廣南僞命日使大斗受納租税者〔二〕，自今宜罷之。」

六年六月，詔：「言念遠民〔三〕，尤宜薄賦。如聞折納，未甚均平，特議優寬，俾臻富庶。應四川管内州、府、軍、縣今後所納兩税錢折科匹帛，並依逐州在市每月三旬時估價例折納。」

八年三月，詔：「承前民輸税，其紬絹不成匹者，令三户[4]五户聚合成疋送納，頗爲煩擾。自今紬不滿半匹，絹不滿一匹，許計丈、尺納價錢。」

九年正月，遣太常丞魏咸熙於開封府管内諸縣均定三等人户税額。

太宗太平興國九年十一月，赦書：「江南、兩浙、湖南、嶺南人户有身丁錢，今後並以年二十成丁，六十入老。其未成丁、已入老者，及身有廢疾，並與放免。」

雍熙四年八月，詔：「諸路州府民輸夏税時，所在遣縣尉部弓手於要路巡護之。」淳化元年，以煩擾罷之〔四〕，止令鄉者，壯丁巡檢。

端拱元年正月，詔：「諸州形勢門户所輸税，自今委本判官置簿催促，須於三季前半月内納畢。」

四月，詔：「開封府等七十州夏税，舊以五月十五日起納，至七月三十日畢；河北、河東諸州，五月十五日起納，八月五日畢；（穎）〔潁〕州等十三州及淮南、江南〔五〕、兩浙、福建、廣南、荆湖、川峽，五月一日起納，至七月十五日畢。秋税自九月一日起納，十二月十五日畢。自今並可加一月限。或值閏月及田蠶早晚不同處，令有司臨時奏裁。其掌

〔一〕料：原作「科」，據上文「建隆四年」及下文開寶「四年」條改。
〔二〕命：原作「合」，據《宋大詔令集》卷一九八改。
〔三〕民：原脱，據《宋大詔令集》卷一八五補。
〔四〕擾罷：原作「搔從」，據《宋史》卷一七四《食貨志》上二改。
〔五〕江南：原作「河南」，據《宋史》卷一七四《食貨志》上二改。

納官吏，以限外欠數差定其罰，限前畢者，減一選升資。夏税簿正月一日造，秋税簿四月一日造，並限四月十五日畢。諸縣民逋税踰限者，取保放歸了納，勿得禁繫。」

淳化元年三月，詔諸路州府自今不得(遺)〔遣〕幕職、州縣牙校往屬縣催租税。

二年正月十八日，詔：「太平州管内，先是僞命日，常税外課民輸茆草，稻穰爲泥膠，又秋税科名，每名輸稻糠一[5]斗，除之。」

八月，詔：「江南、兩浙、荆湖、福建、廣南道秋税，先自九月一日起納。(兩)〔南〕方秔稻須霜降成實〔一〕，自今宜自十月一日爲首。」

五年五月，詔：「工官造弓弩，先悉牛筋，自今其縱理用牛筋。」自是，歲省牛筋千萬〔二〕。先是，太宗孜孜政理，慮物有横費〔三〕，吏因督責急，而民有屠耕牛以供官者，故下是詔。宰相呂蒙正等奏曰：「陛下聖智深遠，非臣等愚慮所及。」

至道元年六月，令諸州重造兩税版籍，頒其式於天下。凡一縣所管若干户，夏秋二税、苗畝桑功正税及緣科物〔四〕，用大紙作長卷，排行實寫，送州覆校定，以州印印縫，藏於長吏廳側。自今後每歲二税將起納前，令本縣先如式造帳一本送州。本縣納税版簿，亦以州印印縫，給付令佐。

八月，御史中丞李昌齡、知開封縣裴麗正言〔五〕：「京邑諸縣凡欠夏税正色斛斗并蠶、食鹽、麻鞋，並令折納大麥。緣以限滿，其間皆不濟人户，若令折納，必致不前。」上以三司失於計度，重困疲民，詔御史臺劾三司録、倉司官吏，民所欠租税，許以粟、豆、大小麥取便輸納。

真宗咸平三年十一月，詔：「開封府管内鄉村人户税賦，如聞均定以來，多歷年所，版圖更易，田税轉移，富有者日益兼并，貧乏者漸至凋弊，特行檢括，庶適重輕。今差朝臣往彼，只據逐縣元額租税，更不增收剩數〔六〕。逃户田土，亦依此施行，仍别爲帳籍，令本府招誘歸業〔七〕。所有桑功〔八〕，更不均檢，告示人户，廣行種植。」十二月，復詔罷其事。[6]時詔下均定，而居民不體其意，多相驚動，至有剪伐桑、柘。帝聞之，遂令停罷。

景德二年九月，詔：「陝西路州軍，每歲田租如折變他物及支移就沿邊輸送，(轉委)〔委轉〕運使件析以聞。或節氣稍緩之處，亦仰體量聞奏。」

三年正月，詔：「開封府諸縣，將中等已上及門内形勢户輸税文鈔點磨，不得以孤貧民户納過税物剩數移易，銷

〔一〕秔：原作「税」，據《宋史》卷一七四《食貨志》上二改。
〔二〕自是歲省牛筋：原脱，據《長編》卷三六補。
〔三〕慮：原作「應」，據《長編》卷三六改。
〔四〕苗畝：原脱，據《長編》卷三八補。
〔五〕「縣」上原有一「府」字，據《隆平集》卷三删。
〔六〕增：原作「申」，據《宋大詔令集》卷一八三、《長編》卷四七改。
〔七〕業：原作「來」，據《宋大詔令集》卷一八三、《長編》卷四七改。
〔八〕功：原作「切」，據《長編》卷四七改。

折府縣所欠都大稅數。」

六月，詔：「每歲差官掌納京畿夏稅，當賜羨餘綿者，並官給價錢。其縣據合輸斤兩外，不得多納。」

大中祥符元年五月，詔：「版籍之廣，賦調方興，尚慮有司，有循舊式，資一時之經費，俾鄰郡以均輸。況稼穡之屢登，庶黎民之從便，宜蠲力役，用示朝恩。應諸路今年夏稅賦，止於本州軍輸納。」其年詔以河北罷兵，其諸州稅賦止於本處送納。

二年十一月，詔：「訪聞諸路轉運司，每年所科夏、秋稅賦色額，臨期旋有改更，頗爲非便。自今每歲預先旨揮諸州軍明定合納色額，於指定倉分送納，不得旋有改變。如違，當寘之法。」

六年正月，詔：「諸州府多以少碎要用之物，輒便以正稅折科，及儲蓄稍闕，輒又多方斂糴。至如給遺物色，土産之處即不令支用，又迂迴移易，交互般請，甚費人力，誠非簡便。可令三司常切約束。」

八(年)〔月〕〔一〕，詔：「諸州軍今年夏稅大、小麥納外，殘欠許以物色斛斗折納。」

七年正月二十二日，詔以(毫)〔亳〕州真源縣桑稅太重，特減三分，永爲定額。今[7]後添種桑、柘，更不加稅。

二十六日，詔：「自今遇赦減放稅物，候到日，委所屬州府先具合納放分數色額供本路轉運司，委本官看詳，如允當，即畫時施行。」先是，三司上言：「每遇恩赦，諸路減放稅物，其間分數等第多有差謬，乞條約。」故有是詔。

二月，詔：「應天下納稅纔入限，州縣即追人户(理)〔里〕正、典級校料。(令候)〔今後〕初限未得校料，更宜勸諭省減刑罰，辦集賦輿，以稱朕意。」

九月八日，詔：「諸路支移稅賦勿至兩次，仍許以粟、麥、蕎、菽互相準折。其科買官物，如土地不産者，具數以聞。」又令江淮發運司歲留上供米五十萬碩，以備賑濟。

天禧三年八月，左司諫、直史館李仲容言：「民有廣種桑柘，多爲不逞之輩妄言官增稅絹，望行條禁。」詔自今違者，耆保捕送官司科責。所種桑柘，更不增稅，所在書壁告諭。

四年九月，詔：「諸州有啓倖隱陷稅物者，與限百日，聽(自)〔經〕官首罪，止自改正已後收其稅物。限滿不首，爲糾告者，論如法。」

仁宗天聖二年五月，詔開封府：「自今稅賦，令諸縣據折變到合納逐色斛斗分定倉場，並許第三等以下人户依常平例，就便將易得斛斗抵折送納。如或下户送納賤色斛斗了足外，尚有少數，亦許令近(止)〔上〕力及人户等就便折納。」

寶元二年七月二十二日，知華州魏舜卿言：「伏覩陝

〔一〕月：原作「年」。天頭原批：「『年』疑『月』。」按《長編》繫此條於大中祥符六年八月甲戌，則作「月」是，據改。

西都轉運司將轄下人户夏税，支那於隔蓦州軍倉分送納。蓋路遥脚重，其人户多將見錢就糴斛[8]斗送納，其錢又爲所過收税。乞令逐府，每有人户將見錢了納税物，令本屬官司出給公憑，所歷商税務特與放免。」從之。

慶曆三年十月，詔：「天下二税版簿内有虚作逃亡破税，及因推割用倖走移，或請占官田而不輸税，致久而失陷者，其知縣、令佐能根括出積弊者，當議量其多少之數而賞之。」

四年九月，參知政事賈昌朝言：「用兵已來，天下民力頗困。請下諸路轉運司，毋得承例折變，科率物色。其須科折者，並奏聽裁。即雖有宣敕及三司文移而於民不便者[一]，亦以上聞。」從之。

十一月赦書：「西京、河陽近經併廢縣分，頗聞人户輸納不便，其復縣如故。」以從民所欲也。

五年三月，德音：「自今支移税賦，更不得添納地里脚錢。」

六年三月，詔諸路轉運司：「凡夏、秋税支移折變，自今並於未起納半年前揭牓曉諭之[二]。民有未便者，許經所屬投狀，申本司詳察施行。」

皇祐三年七月二十八日，詔下湖南郴、永、桂陽監等處，人户所納丁身米，每丁特減三斗二升。先〔是〕，馬氏據湖湘日，科民間採木，不以貧富，計丁取數。國初，轉運使司務省民力，奏請量直紐米，隨税以納。行之已久，而高下不等，貧者苦之。至是，守臣以聞，仁宗惻然憫之，亟命三司勘會始末，取其至下者爲準，故有是詔。然每歲所蠲，亦不下十萬石矣。

四年六月，詔廣南東、西路經蠻賊蹂踐處，夏税未得起催。

五年十一月，赦書：「開封府諸縣[9]兩税，於元額上減三分，永爲定式。坐家破逃、冒佃官私田土，限百日陳首，只據首起日納税賦。」

十二月，詔：「南郊赦書，第四等户殘欠税物，並與倚閣。自今須納七分以上者方爲殘欠，仍著爲定制。」

至和元年九月，詔：「比滄州均田税，民或未以爲便，其令復輸如舊。」

二年七月二十五日，臣寮言：「定州并真定府等路最爲衝要，屯集兵多，從來資糧未能廣蓄。近聞真定府路税賦累年支撥與近裹州軍送納，頗爲未便。」詔令三司：「今後沿邊州軍税賦，只許支撥與沿邊州軍送納，不得支撥近裹州軍。如違，官吏分等科違制之罪。」

嘉祐元年九月，赦書：「夏、秋税賦，其能免人户支移勞費者，歲終具所免處條上之[三]。其二税折科，自今並平

[一] 即：原作「節」，據《長編》卷一五二改。
[二] 今：原脱，據《長編》卷一五八補。
[三] 條：原作「亻」，據文意補。

估，不得虧損農人。」

四年六月二十五日，中書門下言：「草澤陳師中上《太平通濟策》，言：『江、淮、兩浙、福建、廣南並爲山水之鄉，或遇秋（源）〔潦〕泛漲，近山民田土多被土石漲塞，難復開耕，悉爲廢地。所存二税，無由去除，貧民歲虚納税。詔天下許有廢田〔一〕，並乞勘會，除落二税。』三司下江（東南）〔南東〕西、荆湖南北、兩浙、福建、廣南東西、益、梓、利、夔州轉運司看詳，並言所請經久可行。省司檢會舊制：緣江河州縣有人户披訴河塌并落江地土者，並行委逐處差通判或幕職與縣令佐同詣逐户地檢量詣實，官吏結罪以聞，差官覆檢。如顯有欺弊，官司蓋庇，妄破省税者，本縣干繫兼檢覆官吏，10 計所妄破一年税物，不及一匹，從違制一匹以上科違制之罪；計贓重者，從『應輸課之物，迴避詐匿不輸』律條坐之。内干繫人吏罪至流者，仍奏裁。然此詔只條約河塌落江地土者檢覆，即無人户田土被土石漲塞，難復開耕，許與披訴檢覆之文。欲乞應今後有民田被山源洪水泛廢流蕩、土石衝破，委實不任開耕，永爲廢田者，並許經縣披訴，縣司勘會詣實，保明申州，乞依前詔差官檢覆詣實，官吏結罪以聞。檢覆得實，乞與除落二税。顯有欺弊，官司知情，亦以舊法坐之。」從之。

八月二十七日，中書門下言：「天下税賦輕重不等，乞行均定。」詔職方員外郎孫琳、都官員外郎林之純、屯田員外郎席汝言〔二〕、虞部員外郎李鳳、秘書丞高本等相度均税，後令分往均田。又詔三司置局詳定，命三司使包拯、諫議大夫呂居簡、户部副使吳中復領其事〔三〕。然高本獨持異議，以謂田税之制，其廢已久，不可以復均。其後雖用古注稍均數郡田，其於天下不能盡行。初，慶曆中，三司請令於淮南亳、壽州，京西蔡、汝州擇尤不均處，如方田法均之，而京西均税郭咨言：「蔡州多逃田，須先招輯。」由是中止。至是，再有是旨。又命天章閣待制呂景初、張掞、樞密直學士呂公弼、諫官司馬光並同詳定。

神宗熙寧元年三月十六日，詔：「開封府界諸縣見催積年倚閣蠶鹽錢及麥種、貸糧殘零數目。今春貧民無力送納，候麥收，或 11 令隨夏税送納。」

十二月二十二日，詔：「《皇祐新編京東一路勅》：『積水災傷田，其人户如不繫災傷，并元種不敷地畝，一例披訴，並當嚴斷。地鄰知情蓋庇，科不應爲重。』所隱户下税數，勒盡元數送納，不在減放之限。仍許諸色人告首，據所欺隱并元種不敷地畝打量，如告首一畝以上至十畝，賞錢五千；十畝以上至一頃，賞錢十千；每一頃增五千，至百千止，以犯人家財充。如不足，於知情鄰人處催理。或告數户，各據逐户頃畝給賞。其本户如欺隱已經妄破税物，

〔一〕詔天下許有廢田：據下文「並乞」字，此句並非詔語，故本句必有脱誤。其中「詔」似當作「請詔」，「許有」似當作「所有」。

〔二〕汝：原作「與」，據《長編》卷一九〇改。

〔三〕據《長編》卷一九一，命包拯等詳定均税在嘉祐五年四月丙戌。

計贓重者，從詐匿不輸律條定斷，條内增賞錢一倍。」

二十七日，詔：「諸縣催税，依條逐户下銷鑿足，將簿鈔上州驅磨。内縣分有管户二萬已上處，即於元降半月限外更展半月申解。若驅磨尚有愆欠，其催科典押、書手、本年催税户長，並令勘罪嚴斷，一面填納，不得追呼民户。」

二年七月六日，監察御史裏行張戩言：「京西、陝西及利州路夏旱，麥收及一二分。昨有逐縣收接訴狀，差官檢覆，訪聞下户居住僻遠，税數畸零，及單丁、女户、老幼之家不曾披訴。欲望今年披訴夏苗已經檢覆係災傷州縣，及應陝西去秋支移赴近邊輸税之家，委逐路轉運、安撫司下本州將納外，見欠租税更不折變，各輸本色，就令本州、縣送納，及今秋租税亦免支移。」詔令逐路轉運司體量實災傷處，即相度施行訖奏。

四年十月六日，前知襄州、光禄卿史炤[12]言：「昨任内勸誘六縣民自備人夫、物料，開修堙廢渠堰共二十一處，澆溉水田一千八百餘頃，農民獲利。又準京西轉運司牒，於諸縣鄉村主、客户均差夫二千四百八十二人，開修古淳河，依功料一月了畢，用梢木填築堤堰缺口，共長一百六里，計工七萬四千五百，給過官米豆一千四百九十石。計所澆民田六千六百餘頃，見耕種次一千五百餘頃。漸以耕放水通流入陂渠〔一〕，及向下先修起官陂等，引通河堰并黄臺港水合流入渠，接連兩水，灌注入舊潭陂，民已獲利。切恐州縣便欲增添税額，乞且令春、冬自辦夫工，不住開修，常令陂河通流，候三年已後田疇增益，方與量添税數。」詔送京西轉運司。本州委官勘會：「今縣水陸田税數，自來於税錢貫百上一例紐納色額，即别無水陸地頃畝上紐納税數色額。今將税簿照會得淳河堰下業户水陸地都共合係税錢四百二十七千六百三十文。今淳河才始開修通流，人民方得灌溉，難遽增税。且乞仍舊，候三五年增添水利徐議。」詔三司，應已有税田土不得興修水利〔二〕，增添税數。

十四日，檢正中書户房公事章惇言：「陝西路每歲支移税賦，蓋欲實軍儲於邊郡。然所支移沿邊斛斗纔十萬三千餘石、草二十四萬餘束，所省不過三數萬貫，而一路爲之搔擾。若令乘賤廣謀糴買，當無事時使兵馬就食近裏州軍〔三〕，即沿邊軍儲自然充積〔四〕。請罷支移，以寬[13]一路民力。」詔判永興軍曾公亮詳所奏，如實，即關轉運司罷支移。

元豐元年閏正月二十七日，環慶路經略司言：「環、慶二州闕乏，蕃部及弓箭手去年合納欠負，乞依漢户等倚閣七分，至將來秋料納。」從之。

三月四日，京西南路轉運司言：秘書監高賦言：「唐州民請地生税，實公私之利。乞并鄧州南陽縣民有田無税

〔一〕「漸以耕」下疑有脱文。
〔二〕「不得」下疑脱「以」字。
〔三〕裏：原脱，據《長編》卷二二七補。
〔四〕然：原脱，據《長編》卷二二七補。

及稅少地多，立限一年自陳，據頃畝立稅給帖，聽爲永業。限滿不言，聽人告請。」從之。

二十二日，詔：「開封府界諸縣及諸路轉運、提舉司權停催理第四等以下户欠負，候夏熟輸納。」

五月二日，司農寺言：「諸路蠶麥豐熟，乞下提舉司以積欠錢數、穀糧增直折納。」從之。

六月二十四日，詔：「京東東路民訴方田定驗肥瘠未實處，並先擇詞訟最多一縣，據名色等酌中立稅。候了日無赴訴，即按以次縣施行。」

七月九日，詔：「永興軍等路提舉司據未經方田均稅縣分，并已經方田因民披訴，曾差官定奪委實不均縣分，如是夏熟秋苗滋茂，可見豐稔次第，即一面依方量均稅條差官體量訖，前期一月申中書省取旨。」

（三）〔二〕年八月十九日〔一〕，詔免永興軍長安等五縣民夏稅支移〔二〕。以災傷，限内失訴也。

九月八日，權發遣三司户部判官李琮言：「奉詔根究逃絶稅役。有蘇州常熟縣天聖年簿管遠年逃絶户倚閣稅紬、絹、綿、苗米、丁鹽錢萬一千一百餘貫石匹兩，本縣據稅合管苗田九百一十九頃有奇。今止根究得百九十五户〔三〕，當輸苗米三百五十三石、紬絹 14 五十一疋、綿三十五兩〔四〕。並無田産、人户，亦無請佃主名。蓋久失推究，姦猾因之，失陷省稅。乞差秘書省著作佐郎劉拯知常熟縣，根究歸着。他縣有類此者，亦乞選官根究。」從之。

十月十二日，詔：「諸路轉運司支移科折二稅，並具行下月日上中書。」以中書言：「熙寧八年詔，支移二稅於起納半年前行下。而轉運司多逼近起納方行，如開封府界五月十五日起納夏稅，五月十二日方下諸縣，妨民及時輸納〔五〕。」故也。

（四）〔三〕年四月二十一日〔六〕，詔：「衡州茶陵縣歲以稅米折納船材，運至潭州造船。自今以所輸即本縣造船。」後又詔：「民稅米聽輸縣，米一石別輸船脚錢七十，官爲運至潭州。」

十二月二日，瓊管體量安撫朱初平等奏：「海南四州軍諸縣稅籍不整，吏得以增損，乞根括。元額存正數外，欺弊詭僞盡改正。」從之。

同日，朱初平又曰：「朱崖軍在瓊州之南十六程，地狹人少，稅米不足，則移瓊州昌化稅米輸之。不惟地遠，黎人抄掠，大抵吏以錢往糴納而多取民錢，不勝其苦。欲令朱

〔一〕二年：原作「三年」，據《長編》卷二九九改。下二條據《長編》亦皆爲二年事。

〔二〕免：原脱，據《長編》卷二九九補。

〔三〕自「本縣」至本句「根究得」二十一字原脱，據《長編》卷三〇〇補。

〔四〕三十五：《長編》卷三〇〇作「五十三」，但李燾原注引《食貨志》亦作「三十五」。

〔五〕妨：原作「坊」，據《長編》卷三〇〇改。

〔六〕三年：原作「四年」，據本書食貨五之四、《長編》卷三〇三改。下二條據《長編》亦在三年。

崖軍官自糴米，止令瓊州昌化輸錢。」從之。

五年二月一日，提點開封府界諸縣鎮公事葉温叟言〔一〕：「諸縣夏税輸納有期，方行倚閣，續有旨，令上三等納本色。緣本色多絲綿紬絹，今已過時，雖法許納錢，而官估物價錢幾倍，殆成空文。」詔諸租絲綿布帛折納，並依實直上價。

二十一日，開封府言：「永興、秦鳳等路當行方 15 田〔二〕，已准朝旨取税賦最不均縣先行，歲不過一縣，若一州及五縣，不得過兩縣。緣府界十九縣，比一州事體不同，以此推行，十年乃定。請自今年，歲方五縣。」送司農寺，以爲便民，從之。

六年四月十一日，尚書户部言：「根究淮南路逃絶税役等李琮奏：『累年虧陷税役，乃是造簿錯誤，官司失於點檢，積成欺弊。欲令人户逐年依料次隨夏、秋二税帶納。』欲依琮所乞，以今簿内失收税錢物特與除放〔三〕。」從之〔四〕。

七月二十八日，御史翟思言：「唐州舊以土地瘠薄，人不耕佃。往年高賦知州，招集流民自便請射，依鄉原例起税，凡百畝之田，以四畝出賦，自是稍稍墾治，殆無曠土。聞轉運司近以土闢民庶，百畝之賦增至二十畝，民情騷然。且流民披榛開荒〔五〕，樂於安土者，特幸税輕，有足自養。今土雖稍闢而利薄，民雖差庶而未富，官既多取，則私養不足，其勢恐至於轉徙。如是，則不惟所增之賦爲虚額，亦失常入之數。伏望申勑使者，如合增税，即量加分數，庶使新集之民得以安業。」詔下轉運司相度以聞。

九月九日，陝西轉運副使范純粹言：「鄜延一路新地，税賦闕乏，乞許臣不限元豐三年舊制，酌鄰並州縣税賦遠近，移闕處送納。」從之。

十二月九日，御史蹇序辰言：「江南東路自李琮根究虧陷税役，官吏率以滅裂，未得均平。乞本路委縣令佐限一年重根究，令轉運、提點刑獄、提舉司考察。其能改正虚冒數 16 多者，追前官所得賞授之，仍按前官之罪。」從之。

七年五月十一日，荆湖路相度公事、尚書右司員外郎孫覽言：「徽、誠蠻多典賣田與外來户〔六〕，乞立法，溪洞典賣田與百姓，即計直立税，田雖贖，税仍舊。不二十年，蠻地有税者過半，則所入漸可減本路之費。乞下辰、沅、邵三州施行。」從之。

八月十四日，陝西轉運司言：「今秋民户税乞許本司酌遠近支移，以實緣邊。」從之，毋過三百里。

十二月十二日，權提點開封府界諸縣鎮范峋言〔七〕：

〔一〕縣：原作「州」，據《長編》卷三二三改。
〔二〕「等」上原有「二縣」二字，據《長編》卷三二三删。
〔三〕「今」原作「金」，「與」原作「以」，據《長編》卷三三四改。
〔四〕按，《長編》卷三三四此條末李燾原注：「此段疑有脱誤。」
〔五〕「民」原作「田」，「榛」原作「臻」，據《長編》卷三三七改。
〔六〕誠：原作「城」，據《長編》卷三四五改。
〔七〕峋：原作「朐」，據《長編》卷三五〇改。

「乞再展限一年，帶納諸縣積欠税課。」從之。

八年二月十六日，詔：「受納税租，斛加一勝、蒿草十束加一爲耗。舊例多者及常平租課並依舊例，蒿草支盡有欠者，耗内聽除二分。」

哲宗元祐元年四月二日，宣德郎劉誼言：「欽、横二州每年支移百姓苗米納於邕州太平諸寨，廉州米納於欽州，白州米納於廉州，化州米納於雷州，高州米納於容州。類皆陸行，近者十程，遠者二十程，於民不便。」詔户部下本路轉運司，具的確利害以聞。

七月十五日，臣寮上言：「税賦自五季以來，有因逃亡倚閣，業盡税存者；有典吏筆誤年深，至以簿頭虚有管額者；有他處送納，誤發文鈔於别縣，未能晝時盡數勾銷者；有鄉司攬納之人恃此作過，不爲送納，却將甲村姓名同鈔銷在乙村者。願詔諸道州縣催税納畢之外，更與限兩月銷簿，直候諸處發到文鈔，勾銷了畢。簿内縱有欠户，即令佐[17]躬親監勒鄉司鈔録，嚴責罪狀二本，一本并簿申送本州對磨，一本在縣根究催納，以絶吏人虚勾人户及借取户鈔之弊。」從之。

二年三月十八日，詔陕西轉運司：「今後支移税賦，以等第高下爲遠近，人差分三等。其願納脚錢者，亦以此定多寡，各從其便。」先是，御史言：「陕西轉運使吕大忠以支移爲名，其實止令移户就本處輸納脚錢，百姓苦之。」詔提刑司體量。提刑司奏：「逐州軍上四等人户既免支移，只令本州縣送納，轉運司所立地里脚錢，比之遠輸别無侵損於民外，第五等自來不曾支移，惟陕、解二州費用差少，蓋是平日支移之時，地里不均，故輕重不等。」故也。

四年八月二十四日，詔：「開封府界、京東、京西、河北、河南人户各納蠶鹽錢，如是不係災傷願折納斛斗者，聽。」

紹聖元年正月九日，詔：「令兩浙轉運司將折納到紬絹價錢，置場收買金銀，或將來蠶絲熟日，兼買紗羅、紬絹，差官部至京師送納逐庫借過紬絹之數。」以户部言：「兩浙所收蠶絲至薄，本路今年和買并夏税紬絹，乞令第四等以下户任便納錢，兑撥左藏、元豐、内藏庫封樁禁軍闕額等紬絹支用。」故也。

七月二十五日，詔：「陕西路每歲夏、秋支移税物，令本司躦那支移赴沿邊、次邊及附近西北送納。」從本路轉運使胡宗回請也。

二十八日，詔：「府界、諸路監司令轄下豐熟州縣將人户今年秋料合納係官諸般欠負，據在市斛斗立定[18]價直及縻費，每斗量添價錢，取情願折納中合用斛斗，願納見錢者亦聽。其監官將折到斛斗及五千緡，與第五等酬；將一萬緡以上，與第四等。其折納到斛斗内有元係起上供錢，即令轉運、提點司兑糴起發；元係朝廷封樁錢，依舊封樁。」

十一月十二日，詔：「京東路人户所欠借貸錢斛并典

當牛錢，及倚閣租税等，並令分作十料，隨夏、秋税輸。」

二年七月十一日，詔：「諸路今年夏税如已用新條，或只用舊例紐計納者，各不追改外，所有秋税折科，並具仍舊。」以户部言「諸處申明時估價值，逐處所較多寡不等，難以一槩立法」故也。

三年三月二十六日，御史中丞黄履言：「臣伏聞熙寧、元豐之交，先帝常選官往諸路折納斛斗，而陝西路續遣李博總之。是(昨)〔時〕總號稱職，遂致邊儲所在，倉廩充積。切見今來雨暘及時，麥必大稔，若前期選官就陝西諸郡平價折納，則官儲、民用兩獲其利。」詔：「諸路豐熟州軍諸色欠負，並比市價添錢折納斛斗，仍差朝散郎、提舉解鹽余景〔一〕，宣義郎、新差知齊州章丘縣李譓，前去河北、陝西路，務在儲積，勿致傷農。」

五月二十一日，詔：「諸路昨因災荒，民户所欠税租及諸逋負，除已降分料(旨揮帶納)〔帶納旨揮〕外，其後續欠合併催納者，並自今夏爲始，分作四料帶納。其府界、諸路豐熟斛斗價賤去處，民户逋負願(已)〔以〕斛斗折納者聽。於價高及所熟分數不多處，即毋得一例行。」

四年二[19]月十八日，奉議郎趙竦奏：「民間水旱並訴，詐匿不輸，徒損財用，以資兼并，而實被災傷之家未嘗全蒙蠲免，乞下詳定所明立條禁。」從之。

九月二日，詔：「諸州起納夏、秋税賦，每月令具元額、已納、見欠税物名數申省部點檢。如限滿有欠，令轉運司依《編敕》施行〔二〕。如轉運司失行遣〔三〕，省部即行舉察。」從裁定六曹寺監文字所請也。

十一日，詔：「以今年畿縣秋田不稔，民户糧草不易輸納，其願納錢本縣者聽。如户部歲計草有闕，以封椿草代之。」

元符二年六月一日，河東轉運副使郭時亮言：「畿内民租，乞令於所屬便近縣鎮輸納，特免支移。」從之。

三年三月十一日，户部言：「兩浙路轉運、提舉常平司奏：本路將受納夏税和買，不理優重，收市例錢，歲計緡錢九萬二千四百有畸，分給役人。既非常賦，而横歛如此之多，於衙規、役法皆有所害。欲乞於衙規依舊收入『受納夏税和買，理優輕分數』，所有分給市利，乞依重禄法寢罷。」從之。

徽宗崇寧五年七月二十九日，户部言：「乞將成都府路人户税錢折納絲綿，依舊免納官耗。」從之。

大觀元年正月五日，詔：「訪聞成都府、利州路轉運司於未合催納税賦期限内，先次預行科物、納租税，已知非理，慮民受害。見今根究問，今得本司於崇寧四年六月内先次科納折變税公牒，絹每疋折錢三百，紬每匹折三百二

〔一〕「郎」字原脱，「解」原作「斛」，據《長編紀事本末》卷九三補改。
〔二〕令：原作「今」，據《長編》卷四九一改。
〔三〕遣：原脱，據《長編》卷四九一補。

十，布每匹折九十二文，柴每擔四文二分足。公然違 20 法科率、折變，不當物價，使川（陝）〔峽〕遠民痛被掊斂。可令鄰路提點刑獄司子細看詳公牒内事理，推原自祖宗立法催税文意，及久來有無似此條例。若是違法創行暴斂，即勘鞫所由官吏，具案聞奏，重（興）〔與〕懲責，以誡不法聚斂、暴虐激怨之臣，庶幾遐邇均受其賜。」

二年六月十四日，詔：「應被差受納二税官，雖不拘常制，並不許差出，（侯）〔候〕納限滿日依舊。其已差出官，並令歸任受納。」

七月二十四日，詔：「昨赦文禁誡非時促納和、預買物帛，加罪一等。比聞慢吏廢法，凡輸官之物，違期促限。蠶者未絲，耕者未獲，追胥已旁午於道，民無所措手足，爲之惻然。自今如前催納輸官之物，加罪一等。致人户逃徙者，又加一等。」

三年六月一日，臣寮言：「有旨，於諸豐熟處許人户入穀，以償逋負，以一州一縣數立定賞罰。臣以爲從人所願，則不必立定賞罰。若立賞，則官吏規賞避罰，必有抑勒之弊。積欠多是貧民，有孫承祖名，子占父籍，肌膚盡於箠楚，而逋欠不能除者，使官吏希賞，其弊不可勝言。」詔賞罰指揮勿行。

四年三月二十一日，詔：「累降處分，約束諸路監司、州縣，止率科率配買及紐折省租税〔一〕，并一切營利誅求害民等事，前後非不丁寧。訪聞有司壅遏德意，遠方小民無所申訴。仰逐路人户許實封投狀越訴。受詞狀官司如輒敢稽違，其當職官吏並以違制條科罪。」

二十七日，河北運判張翬言：「節次準 21 朝旨，將係官折納、抵當、户絶等田産召人添租爭佃，充助學費，免納二税，致虧贍軍財用。乞應贍學田産内有元合輸本司二税額數，依舊人本司。」從之。

政和元年三月十九日，三司進呈臣寮言，乞根究積欠合催事理。上宣諭以「委官取會，必成煩擾，吏因爲姦。況且祖宗法令自具，止可申明約束行下」。

二十一日，詔：「起發上供物色，元豐法係限年終起絶。崇寧年指揮，分一半於六月起絶，因致催督緊急，細民舉借出息，使兼并坐獲厚利。已措置，應副户部支遣不闕外，可令依舊條限，歲終起發盡絶。或有不依條限，不候成熟先期催納者，並重行黜責。和、預買紬絹、絲綿、布〔帛〕，其見錢或鹽合於每年正月十五日以前支俵盡絶。近以漕司闕用，多致支俵過時，遂使務農之際無所給助，不免以厚利舉借。自今許以常平司錢支俵，候納到和、預買物，令常平司樁管，轉運司逐旋以錢撥兑。户部仍不得於年額外泛有抛科，及增數和、預買紬絹、絲綿、布帛。其轉運司雖承省符繳進，不得施行。」

二十九日，户部言：「諸路折納斛斗，合遵熙寧法，用

〔一〕上「率」字疑誤。

納月實價。若漕司違法掊民，令提刑司覺察奏劾。」從之。

同日，詔：「天下租賦科撥支移，當先富後貧，自近及遠。比聞將漕之官失職廢事，遠近貧富皆無籍記，故科撥支折有不均之患，民或受害。可立法申明行下。」

同日，户部奏：「京西路臣寮言：『本路諸州以鹽雜錢 22 折變物料。數年以來，物價滋長，比實直大段相遠。大觀二年，小麥孟州温縣實直爲錢一百二十，而折科止五十二；（穎川）〔潁州〕汝陰縣爲錢一百一十二，折科止三十七。百姓至闕披訴，欲時估比實直。着令限定，不得咸過，幾以杜過甚之弊。』内批：『去年十二月二十六日降出永興臣寮所言相類，可檢照彼處籤貼，看詳約束，關防舞翫。』户部檢會永興臣寮言：『兩税雜錢、鹽錢折納斛斗，用納月實價，（比）〔此〕熙豐之制也。陝西斛斗價高，數倍於昔時，轉運司折科，乃用熙豐斛斗之價，遂致常税之外增五、七倍之賦。望會計本路每歲所收之數，講〔畫〕措置，折納以實價。』内批：『若漕臣違法掊民，當行降黜。』勘當：欲令提刑司覺察奏劾，重行黜責。」從之。

四月六日，臣寮言：「湖北二税自崇寧五年後，漕司多不依熙豐例，創行紐折。」詔檢會熙豐舊法，申明約束。

七日，臣寮言：「夏、秋米賦，歛各有時。夏所産者蠶、麥，秋所收者（本）〔禾〕、黍。比來漕司牽於經費不足，五六月之間，則或歛以米粒，狼戾之際，則使輸以帛。乞自今二税不隨所産之時者，科以重罪，仍委本路提舉司覺察以聞。」

二十三日，臣寮言：「諸路支移二税，除陝西、河東外，並係一州一縣遞趲，而人户極以爲病。乞責諸路提舉、提刑官與漕臣同議，今後除河東、陝西外，並於闕糧州縣收糴，即不得遞趲支移。如人户依條願納地（理）〔里〕脚錢者，聽從其便。」從之。

五月二十二日，23 詔：「（令）〔今〕税許納價鈔，頗以簡便。或將零就合鈔輸納，則細民稍被寬恤。可令立法。」

【宋會要】

徽宗政和二年二月六日，尚書省言：「通判萊州吴長吉奏：『賦歛折科之法，外路官司猶務掊刻。以京東一路言之，漕司不問州郡輸納所估之價，惟就一路中擇其最賤者，納限將畢，裁損不已。』看詳：欲轉運司科買及折納之物，謂本土所有者。若已曉諭，復令別納錢物，及反復紐折，過爲掊刻者，州縣速申本司改正，及申尚書省户部相度。如或固執，即具狀以聞。」從之。

五月九日，臣寮言：「願詔諸路監司告戒所部令丞，預於催科之前舉行法令。毋失期會，使民艱於輸納；毋繁文移督責，以滋吏姦。其有課最號爲不擾者，歲特取一二尤者以聞，特加褒擢，以示旌勸。」從之。

六月十九日，户部侍郎王詔等言：「欲諸路今後有興脩陸田爲水田去處，並從提舉司報轉運司，依崇寧四年二

月二十六日指揮增税〔一〕。其未增者准此。」從之。

八月五日，户部言：「大保長催税，係熙豐、紹聖良法，行之累年，别無未便。昨來臣寮起請乞差保正副、大小保長及甲頭事理，切慮只合遵依見行紹聖條法。」從之。

十八日，給事中俞㮚言：「諸輸納折變物，並以納月上旬時估中價准折。今州郡觀望上司，以意裁減。名曰時估，實非隨時；名曰中價，其實失中；名曰依法，其實侮法。且如六 24 月納麥，即市司於五月中先減麥價，僅留三四分，至折科已定，即頓增價。二税亦然。」詔户部坐條申明行下。

三年七月一日，梓州路計度轉運副使王良弼奏：「欲州縣應税限及期而納數未敷，輒敢虚申其數，以逭一時之責者，令佐及縣吏、書手並科違制之罪；吏非知情，減二等。」從之。

九月二十八日，京西路計度轉運使王璹言：「本路唐、鄧、襄、汝等州，治平以前地多山林，人少耕殖。自熙寧中，四方之民輻湊開墾，環數千里，並爲良田。知唐州高賦曾將所墾地内每頃立税止一二百〔二〕，餘州更不曾立税，多係有田無税之户。元豐間，察知其弊，將所墾新田立定五等税額，元祐住罷不行。大觀施行間，因人户陳狀，又復住罷。四十餘年，官中失收租賦以貫石計之，逾數千萬。今將唐、鄧、襄、汝比鄭、洛、孟、滑，輕重何啻十倍！一路民情，抱幸不幸之弊。」詔：「元豐已立五等之税，今日自當遵守。元祐廢罷，以迄于今，失於修復。可依元豐法令，轉運、提舉常平司措置聞奏。」

四年四月二十二日，荆湖北路轉運司奏：「每歲收支係省錢糧〔三〕、物帛等，並許收頭子錢，物價直錢千緡，收五錢，充裨助直達糧綱水夫工錢及綱運等縻費支用。」詔依，其應行直達綱路分准此。

十月十九日，詔：「諸路州縣輸納二税及糴納粟米麥等，違法重收加耗，歲以爲常，羡積數仰尚書省檢坐條(置)〔制〕，措畫禁止。」

五年十二月二十一日，尚書右司 25 員外郎、充陝西路察訪方邵奏：「體訪得陝西路近裏州軍逐年將人户税租不用條令，便行估價納錢，貼納脚費。其所定價不實，民間輸納，比本色、支移，各有陪費。乞下有司申嚴抑勒之禁，以寬民力。」詔坐條申明行下。

六年八月二十五日，詔：「京西唐、鄧、襄、汝四州新頒税法，本以寬卹民力；續降指揮，(抵)〔秪〕以見錢就本處輸納，又絶輦致脚乘勞費之弊。漕司不詳旨意，尚循例，所税外更收脚錢，歲僅三十萬，甚失惠下卹民本意。可先次速行止絶，仍詳悉申明行下。」

〔一〕二十六日：原脱，據本書食貨九之一二複文補。
〔二〕曾：原作「魯」，據本書食貨九之一三改。
〔三〕糧：原脱，據本書食貨九之一三補。

九月十二日，(沅)〔沅〕州奏：「本州縣第二等已上人户稅米赴靖州送納〔一〕，今年適當春種之時，被賊人黃安俊等燒劫，人户散去，耕種不時。今來蕩滅，人户漸漸歸業。欲降指揮，將稅賦止就本州送納，候人户安業，却依例支移。」從之。

八年二月十七日，臣僚言：「州縣夏、秋二稅文簿不依條置櫃封鎖，當官謄造銷鑿，遇改造簿書及割移推受稅物，胥吏走移減落，暗失額管稅數。納畢稅鈔，往往夾帶見欠一例銷鑿，至有揩改鈔旁數目，納少銷多，其弊百出。乞立驅磨稅簿之法。」詔令諸路轉運司講究措畫，諸司互察，户、刑部立法。

宣和元年二月十四日，臣寮言：「大名縣政和八年秋稅雜草錢，初令民户折納小豆，民苦秋災無豆，乞納白米，揭榜從之，令支往濬州輸納。間關四百餘里，津輸甫畢，却指揮納豆，仍令自往濬州請米。米固萬萬無可請之理，而26豆又非時，監勒催驅，急於星火。方春東作，農事鼎興，而田家坐此，已見失業。」詔提刑司體量以聞。

四月三十日，詔：「自今州縣管納二稅及和、預買紬絹限滿，仰漕司差官取索干照〔二〕，點對拘納足與未足數目，漕司覈實，取最勤墮去處，具知、通、令、丞姓名聞奏，於入内省投進，當議特行黜陟勸沮。」

三年正月四日，知湖州王倚奏：「應緣軍儲，乞并官户一例科糴，民户並止第二等以上，候事平日依舊。」從之。

二十七日，詔：「諸路見催理積欠，多係拖欠歲久及民力不易，一併輸納不前。可並與展限三年，務從優卹，不得少有困弊民力，疾速行下。」

二月七日〔三〕，臣僚言：「江東路輸苗米一石者，率皆納一石八斗。和買絹未嘗支給價錢，而漕臣又令州縣所買絹須以重十三兩爲則，如兩數不足，勒令人户依絲價貼納見錢，每兩不下二百餘文。百姓以此重困。」詔提刑司體究以聞，違法者先改正訖奏。

四月二十七日，户部言：「知袁州辛炳奏：『本州先准降到詹度措置拘收鈔旁錢等畫一事件，續承本路提刑司牒措置約束，内一項：倉庫受納人户布帛不成端疋，雖以條聽與別户合鈔納本色，仍合户出買鈔旁錢，各户給鈔。謂如十户共納絹一疋，即買鈔十副，填十户所納丈尺各給。臣今取會到本州倚郭一縣人户數内一萬四千五百一户，各係納夏稅絹一尺，若人人買鈔，即是四十户共納絹一疋，合買27鈔四十副，通合納絹三百六十二疋二丈一尺，合買鈔一萬四千五百四十一副〔四〕。其餘三縣，亦各多是下户，不惟受納擁併之際〔五〕，印鈔給散，必致差互留滯。元降指揮

〔一〕第二：原作「等二」，據本書食貨九之一四改。
〔二〕干：原作「千」，據本書食貨九之一五改。
〔三〕二月：本書食貨九之一五作「三月」。
〔四〕買：原作「納」，據本書食貨九之一六改。
〔五〕際：原作「除」，據本書食貨九之一六改。

既令依條〔一〕，即無各户買鈔之文，事屬搔擾。』看詳：租税布帛不成端疋，合鈔納本色，已有見行令文該載，即無須令各買鈔條法指揮〔二〕。今來袁州雖已寢罷，竊慮諸路州縣亦有似此去處，今欲申明行下。」從之。

四年十月三日，臣僚言：「官户占田用蔭，具載格律，州縣未嘗奉行。在格，自一品百頃至九品十頃〔三〕，其格外之數，並同編户。在律，九品之官身得用贖，而祖父母、父母、妻、子孫皆不與焉，故生爲官户，没爲齊民。欲望賦役皆如本法，庶幾貧富貴賤無不均之弊。」從之。

五年十二月三日，手詔：「頃因河北、燕山通爲一路，有司庶事取足河北。及緣奚賊犯邊，漕臣不卹百姓，科賦併下，調發頻數，困屈民財，奪其時力。兩路人户不得安業，賊盜竊發其間，所至搔動，北顧爲之惻然。仰宣撫司、河北路帥臣、漕司、提刑、提舉司體兹親筆詔諭，躬親覺察州縣因新邊搔擾等事，嚴切禁止。其送納税糴，有旁近沿流可通水運去處，雖非元指定送納所在，聽民户就近輸納，量出脚錢，官爲水運前去。所有均糴斛斗，相度分立番次，量與展限。」

六年閏〔三〕〔正〕月二十日〔四〕，詔：「輸納税租，遞年違欠及形勢人户，令諸縣置簿，專一拘催科校，仍前期牓示。」從京師轉運副 28 使朱彦美請也。

七年四月七日，詔：「諸路轉運司、常平司行下州縣，取索去年人户應干欠負〔五〕、見合催理税賦、租課、均糴等，兼以二麥折納。仍以在市見買見賣的實中價，取問情願，不得高擡小估，及抑勒搔擾。其約束官吏刑名等，並依已降糴買指揮。」從尚書省請也。

六月十一日，詔：「今歲夏田豐稔，價賤傷農。除常平錢物已降指揮外，人户應干欠負，令諸路豐熟州縣估定大、小麥實直上價，更與加饒三分，聽人户赴官折納，即不得輒有抑勒。應合分料積欠，只合將當料合催之數勸誘折納，其未合驅催料次，不得一例驅催。」從講議司請也。

八月二十五日，尚書省言：「凡輸納租賦，有官鈔，有倉庫鈔，有監生鈔，所〔有〕〔以〕關防去失，互相參照。其户鈔，給散人户。今諸縣刷欠，多追人齎鈔呈驗，乞立法禁止。」從之。

十月二十一日，臣僚言：「和糴，天下良法，奉行之吏縱吏爲姦，不即支價，或彊抑配，輒虧其直。如度牒一道，官價二百千，抑配民間，僅不得三之一。香藥鈔，每歲降撥動以數百萬計，準折價錢支與人户，而所請實無幾。良民鬻田破産，恬不知恤。京畿自祖宗時，和糴之法不行，近年緣漕臣申請，意欲希進，自是一例搔擾，與諸路無異。訪聞

〔一〕令：原作「今」，據本書食貨九之一六改。
〔二〕買：原作「具」，據本書食貨九之一六改。
〔三〕自：原作「曰」，據本書食貨九之一六改。
〔四〕閏正月：原作「閏三月」，據陳垣《二十史朔閏表》改。
〔五〕欠負：原作「勿資」，據本書食貨九之一七改。

夏、秋税賦巧立名目，非法折變。如絹一匹折納錢若干，錢又折麥若干，以絹較錢，錢倍於絹，以錢較麥，麥又倍於錢，殆與白著無異。前日東北諸郡寇盜蜂起，劫29掠居民，蓋監司官吏有以致之。欲降睿旨，諸路和糴別行措置〔一〕，無令抑配準折，免致民間虛折市價；并夏、秋税賦止依常制輸納本色，不得非法折變，暗增數目。并許人户越（訢）〔訴〕，嚴立法禁，監司重行貶責。仍委逐路提刑司覺察，密行聞奏〔二〕。」從之。

十一月十九日，南郊制：「京西人户合納税租，已降指揮更不支移，止據地里出納脚錢。本路却將所納錢指定州軍，令人户自齎前去，以至下户依條免支移，亦令一例出納脚費，顯是奉行違戾。仰提刑點檢，廉訪覺察，改正訖奏。并諸路人户合納税賦，近來催税公人等多不等候人户輸納，一面彊牽耕牛典質，或以代納爲名，拘留折欠，更不給還，致妨廢耕種〔三〕。已上自令如有違犯，許人越訴。」

欽宗靖康元年五月十二日，詔：「和、預買絹，令轉運司以常平司見錢隔季樁辦，於正月給散，不得以他物量支。」

十七日，提舉京東路常平楊逴言：「州縣之間，以和、預買絹數太多，抑勒百姓將復業人户合免之數，令著業者承認，人甚患之。乞令除豁，不許均敷。」從之，餘路依此。

高宗建炎元年五月一日，赦：「諸路税賦應支移折變，官司往往反覆（細）〔紐〕折。如合納見錢，小估價直，令輸紬絹，却以紬絹之直折納絲綿，又將所折絲綿却納見錢之類，重困民力。令轉運司遵守條法〔四〕，不得循襲，過爲掊尅。」紹興十一年三月七日赦同此制。

三年五月二十九日，臣寮言州縣十弊：「税30賦之弊，則推割不盡，故貧民産竭，而税賦猶存。徭役之弊，則差科不公，故下户力屈，而徭役常重。和買之弊，則不酬其直，謂之白著。和雇之弊，則不償其錢，謂之白作。其驗視災傷之弊，則被災人户分數不以實減，而又攤抛斛斗，例行補糴。蠲放欠負之弊，則倚閣錢物，不以實除，而又改易文書，指爲摺轉。抛降之弊，則倍數而敷，以賕免者謂之陪貼。受納之弊，則加量而入，刻削者謂之出剩。胥吏之弊，則有守闕、收補之名，實同正額。皁隸之弊，則有承引追呼之擾，號曰家人。欲望深詔監司督察州縣，州縣有此十弊，必劾以聞。」詔送左、右司看詳。

四年三月一日，户部侍郎葉份言：「乞將折納物帛及度牒錢分作兩限送納，上限三月，終限五月。逐縣令佐若能依限勸諭數足，或違限稽留，令本州具申朝廷賞罰。如人户秖有糧米，願行折納者，與依在市實直紐計。送納到錢糧，令守臣別庫樁管，不得擅行支用。」詔依。

〔一〕別：原作「刷」，據本書食貨九之一八改。
〔二〕密行：原脱，據本書食貨九之一八補。
〔三〕廢：原作「費」，據本書食貨九之一八改。
〔四〕轉：原作「輸」，據本書食貨九之一八改。

六月二十六日，右諫議大夫黎確言：「人户輸納夏税和買絺布等，近歲貪吏至與專、庫分利。故凡民户自赴官輸納者，往往多端沮抑，不堪滯留之苦，則委攬納之家而去。民有倍稱之出，官受濫惡之物。」詔：「物帛非紕疎濫惡，官吏過有沮抑退駁者，許人户赴尚書省越訴。餘依已降德音指揮。」

十月七日，臣僚言：「昔錢氏據有吴越，其田税獨重，而會稽尤甚。越州今秋上户率折糯米，多至數萬石。31 糯米一斗爲錢八百，秔米爲錢四百，使民又有倍稱之費。欲乞於見今秔、糯米折納，許用本州科定之數三分之一，仍視二物之直準納，不得用抵斗爲則。」越州供到狀，建炎三年分實科五萬一千一百一十餘石，詔依建炎三年分數目折科。

紹興元年五月二十三日，後殿進呈詔，大要以民力久困，州縣寅緣爲姦，今後合行催科，須明以印牓開坐實數於前，具户口等合出之數於後。仍申戒監司親行按察。如違，官吏並竄嶺表。上因諭曰：「訪聞科率多是過數，富人賂黠吏獲免，而下户被其害，不可不戒。」張守曰：「州縣百姓應公上之須，實不敢辭，但吏緣爲姦，過數誅求，則不能堪爾。」

七月四日，江南東路安撫大使、兼知江州朱勝非言：「竊見自江以南，稻米二種，有早禾，有晚禾。見行條令税賦不納早米，乞權行許納。」詔令江南東、西、兩浙路轉運司量度急闕數目，許納早禾米應副支用，即不得充上供米斛。

八月二十三日，臣僚言：「折帛錢，昨降指揮每疋折錢三貫文省。訪聞諸路州縣紬絹價例高下不等，欲自紹興二年爲始，令逐路轉運司各以納月實直約估中價。」從之。

二年四月十五日，中書門下省言：「訪聞常州率斂太重，秋苗之外又有苗頭；苗頭未已，又行折八；折八未已，又曰大姓；大姓既竭，又曰隱實；隱實之外，名字又未易數。湖州率斂，百頃之外，又有所謂月納軍糧者，凡民有物力32百千，每月敷米一石，下至八九斗。初不以市價高下爲準，每斗止給錢二百七十文，不足以了陪貼、攬納、脚乘、勺耗之費。平江府率斂之名，抑又甚於他郡，往往以爲饋送過往、結託交通之用。」詔就委郎官胡蒙悉心體究，詣實來上。

五月十日，户部侍郎黄叔敖言：「浙西提刑司稽考到，常州晉陵縣人户夏税紬絹除元額管催外，崇寧中轉運司分拋到人户合納蠶鹽錢，紐成三千一百六十四匹送納，并將人户雜錢紐計綿子七千三百三十七兩輸納。上件所納紬絹，已是三十餘年，今來稽考，係只將建炎三年、四年税簿公案拖照。竊慮崇寧中拋降折納，别有所得指揮，難以便行蠲減，兼未見得其多納綿係合納税賦内紐出雜錢，是因方田泛行科納之數。今欲且依自來所納數目催輸，仍乞下轉運司再行子細根究逐項元拋物數因依以聞。」從之。

同日，户部侍郎黄叔敖言：「欲將江、浙、荆湖今年上

供米取人户情願，於税限前以早占白米抵斗送納者聽。如已入秋税限，江、湖即取情願加一分，兩浙路依舊以大禾米送納。」從之。

十九日，江東安撫大使李光言〔一〕：「契勘自來受納二税，必使赴軍資庫送納，却行起赴朝廷。今若使物帛徑從縣道起發，則自此以後，令佐皆得直達朝廷，若有紕疎、巧僞、濕惡及正數不足，估剥所虧，監司、守臣必不肯任責，朝廷行移又將直下諸縣，如此，不亦多事乎？今[33]來胡蒙等申陳，欲望速賜寢罷。」從之。

六月十八日，江東安撫大使李光言：「據廣德縣秋苗，舊赴水陽鎮倉交納，後因路遠，鄉民遂將本户苗一石乞貼納三斗七升耗充脚乘，免赴水陽，只就本軍及建平縣倉交納。是致官中造諸鄉板簿，便隨正苗理納加耗。至建中靖國以來，人户陳雪免納之時，緣本軍承受轉運司拋降額斛，一時間不與申明前項，加認起米六萬石，因此立爲年額。續後本軍添置官兵，兼泛常拋科糴買百色支費，盡出民間，緣此人户輸納苗米不辦，以致典賣田土，拋失家業。近年又寇（敗）〔賊〕殘擾，逃移之人歸業甚少，而重税仍舊。今欲依條改正，盡行蠲免。緣前項加耗係漕司以理爲額之數，今乞蠲減一半送納施行。」從之。

二十二日，倉部員外郎成大亨言：「衢州常山縣夏税及預買本色紬，緣非土産，逐年人户並於外州收買回縣，送納非便，願以絹代紬輸官。」從之。

同日，紹興府會稽縣言：「本縣管催紹興元年湖田米，納及九分五厘，有畸零欠數，乞從本府立價折納入官。」户部勘當：「委是零欠不多。」詔依紹興元年例折納價錢，仍每石折錢二貫文足〔二〕。

七月十八日，江南西路安撫大使、兼知洪州李回言〔三〕：「前嘗具奏江西路人户惟以納和買及夏税本色爲重賦，今州縣催納一年本色絹〔四〕，遂至五貫文足一疋，綿增至六百文足一兩。綿、絹之價既日增，而早米入市，其價日減，貧弱之户，計所收米不足以輸所納。欲望且[34]令本路將和、預買及上供綿、絹並折價錢。」都省勘會：「江南西路今歲和、預買并上供一半本色紬、絹、綿，除綿已全行支撥，及紬、絹已於數内有應副過福建等路宣撫使司一行官兵冬衣之數外，其餘紬、絹理當權宜措置，以寬民力。」詔：「江南西路人户合納一半本色，和、預買并上供紬、絹，及洪州合起淮衣紬四千一百餘疋〔五〕，絹二萬五百餘疋，將截日未納數並特許折納價錢一次。依已立定折充糴本錢數，絹每疋

〔一〕江東：原作「江西」，查《建炎要録》卷五三至五五，李光時爲江東安撫大使，而非江西，據改。

〔二〕二貫：本書食貨九之二二作「三貫」。

〔三〕李回：原作「李光」，據《建炎要録》卷五五至卷五八改。李光其時仍爲江東安撫大使。

〔四〕「今」前原衍「今州縣催納一年本色爲重賦」十二字，據本書食貨九之二二删。

〔五〕淮衣紬：原作「催衣紬」，誤。詳見本書食貨九之二三校記。

作四貫五百文省，紬每疋作三貫文省。如今人户願納米斛，紐計市價，從便折納。」(光)(回)奏：「洪州舊管上供(淮)〔淮〕衣紬四千一百餘匹，絹二萬五百餘疋，歲下六縣，將夏税紬、絹折納而成端疋價錢收買。今屬縣殘破，逃亡未復，委實無所從出，乞蠲免一年。」尋詔特依。

八月六日，兩浙轉運副使徐康國等言：「兩浙路逐州縣却將鄉村民齎到陳米退嫌，須要早米送納。乞令州縣人户合輸早米，願齎陳米，亦許受納。」從之。

二十三日，左司諫吳表臣言：「諸州折變物帛至有數倍者，州縣、漕司不復加恤。欲望行下諸路，應今後折科，並令市長、牙人以中價紐估。」詔令户部取見違戾漕、憲職位、姓名，各罰銅十斤，人吏從杖一百科斷，餘依奏。

九月十五日，廣南東路轉運司言：「被旨相度德慶府乞於新州、肇慶府分認税米。緣新州即非沿流去處，難以般運，欲乞令肇慶府分認米二千石，德慶府依舊認四[35]千石。」從之。

三年正月三十日，南康軍言：「本軍昨因兵火，人户去年秋税無力耕種。欲望行下，許本軍令上户送納本色，下户依市價折納見錢，庶得貧闕人户易於輸納。」從之。

十月六日，劉大中言：「廣德軍廣德縣歲額苗米，在國初時，係津般赴宣州水陽鎮送納。其後人户爲重湖阻隔不便，乞就本軍倉納，仍於正苗上每斗出耗米三升七合，充宣倉脚乘之費，名曰『三七耗』。近來本軍建平縣據人户詞狀稱：本縣管五鄉，内唐通、桐汭兩鄉元隸廣德縣，後割入建平，至今苗米『三七耗』額尚在，元不曾蠲減。廣德軍雖減一半，比之鄰近鄉分，委是太重。欲望將廣德、建平兩縣『三七耗』額盡行蠲減。」詔令户部限三日勘當，申尚書省。户部言：「廣德縣所加耗米，元係人户乞貼納充脚錢，續承指揮減免一半，内建平縣唐通、桐汭兩鄉如舊隸廣德縣〔一〕，係合赴宣州水陽鎮送納，今只就本軍縣，所有加耗米去處，亦合依所降指揮減免一半施行。今欲下江東轉運司照會，不管違戾，免致搔擾。」從之。

七日，江南東、西路宣諭劉大中言：「徽州山多地瘠，所産微薄。自僞唐陶雅將歙縣〔二〕、績溪〔三〕、休寧、祁門〔四〕、黟縣田園分作三等增起税額，上等每畝至税錢二百文、苗米二斗二升。爲輸納不前，却將紬、絹、綿、布虚增高價，紐折税錢，謂之『元估八折』。惟婺源一縣不曾增添，每畝不過四十文。乞將二税依鄰近州縣及本州婺源縣[36]則例輸納。」詔令江東轉運司考究本末因依，相度具委合如何施行事狀保明以聞。

四年七月十九日，神武右軍都統制張俊言：「臣家近於逐處置到産業，除納夏税正税、役錢外，其應干非泛諸般

〔一〕隸：原作「肄」，據本書食貨九之二四改。
〔二〕僞：原作「爲」，據本書食貨九之二四改。
〔三〕績：原作「積」，據本書食貨九之二四改。
〔四〕祁：原作「祈」，據《宋史》卷八八《地理志》四改。

科配、和預買等，並乞蠲免。」詔特依。既而臣僚言：「望命有司檢會見行官户科敷及和、預買等條法劄與俊，使曉然知即今自見任宰臣以下或有產業，並與百姓一等均科。」又言：「今統兵官尚多，使各援此例以求免，不知何説以拒之？伏望斷以不疑，收還所降指揮，更不施行，仍劄與張俊照會。」

五年四月二十八日，專切措置財用司言：「臣寮白劄子論州縣二稅自有定額，緣人户有析居異財〔一〕，以一户分爲三四户或六七户，絹、綿有零至一寸、一錢者，亦收一尺、一兩，米有零至一勺一抄者，亦收一升之類。合零就整之數，若此者不可勝計。往往鄉司隱没入己，或受過人户價錢，或攬過催頭錢物，抱認數目，悉以合零之物充之。官司催科已及正額，遂不復根究。所謂合零就整者，盡入猾胥之家。勘會稅賦畸零剩數，雖依法於簿末結計，竊慮未至詳盡，欲下諸路轉運司行下州縣，別置簿拘管，逐年委通判檢點，依條折納價錢，別項樁管，專充上供。」從之。

九月十二日〔二〕，諸路軍事都督司有言：「體訪得四川科折太重，已行下遵從祖宗舊制。乞再降指揮約束施行。」詔依，如有違戾去處，令川陝宣撫司覺察以聞。

37 六年四月二十二日，知福州張致遠言：「應災傷陸分以上去處，今年夏稅、和買，乞特許展限一兩月，少寬民力。其餘路分亦各依常限催理，不得先期責辦。」於是户部言：「輸納自有起催、納畢日限，如官司輒促常限，及未入末限或未經科校，輒差人催理者，並有立定專一斷罪條法。災傷放免不盡者，限及，更與展限三十日。仍令諸路轉運司檢坐前後條法，行下所部州縣常切遵守施行。如有違戾，即行按劾。」從之。

二十六日，右諫議大夫趙霈言：「岳州自罹兵火，版籍不存，逐年不以田畝收稅，唯以種石紐稅，以種一石作七畝科敷。而其間所收稅物反覆紐折，有至數十倍者，此尤可駭。湖外之民已廢農桑，實緣於此。竊恐州縣例有兹弊，非特岳州，乞行改正。」詔令本路提刑司限十日體究，申尚書省。

五月八日，右司諫王縉言：「乞下江西路，應人户折納，以麥一石二斗折米一石外，不得別更收耗。如有違戾，監司按劾施行。」從之。

十六日，殿中侍御史周秘言：「淮南田土，除請佃依已立定課子輸納〔三〕，屯田合官私定分外〔四〕，其餘並不得依前收撮課子。如舊例牛租之類〔五〕，亦令一切禁止。或敢違戾，並許百姓越訴〔六〕，官吏重寘于法。」詔依，仍令淮南提

〔一〕析：原作「折」，據本書食貨九之二五改。
〔二〕十二：本書食貨九之二五作「十三」。
〔三〕請：原作「諸」，據《建炎要録》卷一〇一改。
〔四〕官：原作「宮」，據本書食貨九之二六改。
〔五〕牛：原作「米」，據本書食貨九之二六改。
〔六〕越訴：原作「起訓」，據本書食貨九之二六改。

點司體究，如有上件事理，一面改正訖，具狀申尚書省。

十一月二十八日，權發遣淮南兩路公事張成憲言：「契勘淮南還業之人所有税額未定，州縣乞依已降38指揮，據實種頃畝，且令權納課子二年。候參（配）〔酌〕税額見得定數，別行起催。」詔依，每畝不得過五升。

十二月十五日，詔：「四川租税（今）〔令〕遵依祖宗舊法[一]，不得過有折科。如敢違戾，仰提刑司覺察聞奏。」

是歲，兩浙轉運副使李迨會約每年所納夏税、和買折帛錢，除發足上供之數外，逐州尚有寬剩錢數：婺州一萬四千四百五十三貫八百五十八文，秀州一十萬貫文，湖州六萬八千九百六十貫文，平江府四萬五千二百四十七貫四百五十文，共二十二萬八千六百六十一貫三百八文。逐年依折帛錢條限起發，至今爲例。

七年正月一日，無爲軍言：「本軍累遭兵火之後，耕種尚少，委是民力困弊，欲乞展免税役二年。」詔展一年。

八年六月十二日，樞密副使王庶言：「兩淮州縣内有已起納二税去處，將合納綿、紬、税絹、茶絹[二]、雜錢、白米六色，以在市價例準折作錢，却將準折到錢別科米麥，至一畝之地，所納物斛至有四五斗者。欲下淮南兩路轉運司行下所隸州縣，將合起納二税人户依税額未定州縣已降指揮，更與收納課子二年。」從之。

九年五月十四日，宗正少卿、三京淮北宣諭方廷實言：「人户苗税，在法係隨地色高下納租，即無專立菜園户法。欲乞改正，依税法隨田高下納苗税。」詔劄與逐路轉運司，依祖宗舊制措置施行。

二十四日，詔令新復州縣將劉豫重歛之法焚於通衢。

十年九月十39日，明堂赦：「諸路州縣人户納田畝錢，依已降指揮免收頭子、市例、船脚等錢。官司搔擾，當職官除名勒停，公吏人流配海外，情重者依軍法施行。内江、浙沿流去處，比緣有司申陳，許令從便折納米斛，仍已約束不得大量加耗。尚慮州縣並緣侵漁，民被其害，仰帥臣、監司常切覺察，如有違犯，按劾以聞，當依已降指揮行遣。諸路州縣税絹，其畸零尺寸折納見錢，本以便民，訪聞多是高估價直，使民重困輸送，仰轉運、提刑司常切覺察。諸路税苗多是粳米折變糯米，却將糯米折變見錢[三]，并加耗之數亦行折納，是致人户倍有困弊。今後應合折科[四]，不得於外數展轉折變。」

十一年七月七日，臣僚言：「昨降指揮，許江、浙州縣民户送納折帛錢，以十分爲率，紬折二分，絹折三分，綿折五分。今州縣乃盡令折錢，却於出産紬、絹去處低價收買，以取出剩。又應民户積欠税物，許紹興九年與作一年兩

[一]「依」下原衍「照」字，據本書食貨九之二七刪。
[二]茶絹：原脱，據《文獻通考》卷五補。
[三]折變見錢：原脱，據本書食貨九之二八補。
[四]科：原作「料」，據本書食貨九之二八改。

料〔一〕，紹興七年、八年分作二年四料隨税帶納〔二〕。今州縣乃緣闕乏之際，應民間七年、八年、九年積税盡令一併送納，急於星火，至有破家蕩産，流離轉徙。乞行禁約。」詔依。

十二年九月十三日，赦：「諸縣起催官物，依條合鈔録人户應納實數，預給憑由。近年令佐弛慢，但憑鄉司印給，其間脱漏、增加，情弊不一。或已輸納，不將縣鈔銷簿，致納與未納例被追呼。仰監司覺察，今後憑由如有脱漏，止勒元給散公吏陪填〔三〕。其增加之數與【40】不即銷簿，吏人斷停，永不得充役。縣官失覺察，按劾以聞。勘會人户畸零税賦令合鈔送納，本以便民，行之歲久，寖生姦弊。謂如十户合鈔當納米一石，絹一匹之類，一户既已湊納，尚不住勾呼其餘；或將憑由多填姓名，妄有催理。愚民無知，憚於追擾，不免認納，甚非優恤下户之意。自今應畸零米斛、絲綿、匹帛，許人户取便，或願合鈔湊成匹石等，或願攙先折納見錢，並許送納，與免收頭子、縻費。限日下給鈔銷簿，各不得循襲，以取贏餘〔四〕，重困民力。訪聞州縣催理税賦，多因形勢、官户及胥吏之家不輸納，或典（買）〔賣〕之際並不推割，産去税存，無從催理。官司取辦一時，勒令催税保長等出備，類至破家。日後尚敢勒令出備，當職官遠竄，人吏決配。若豪猾之户故不輸納，及典賣之際不依條推割税賦，擇其甚者，具名申尚書省。」

十三年十一月八日，南郊赦：「訪聞諸路税苗多以粳米折變糯米，却將糯米折變見錢，并加耗之數亦行折納，是致倍困人户。今後應合折科數，不得展轉折變。」

十五年五月十一日，上宣諭輔臣曰：「民間所納折帛錢，每疋可減一千，庶寬民力。」

八月一日，知池州魏良臣言：「應折帛錢止隨本户實數，不收合零。既便催科，又優下户。仍乞下江、浙轉運司依此。」從之。

十六年七月二十六日，權發遣筠州周紱言：「本州遞增淮管紬絹，民間頗以爲重。欲乞權免增今年一分，且依去【41】年已增三分之數送納。」從之。

同日，權發遣舒州汪希旦言：「本州認發上供米麥，緣地居山僻，艱於行運，欲乞權依市直折納價錢起發，内願納本色者聽。」從之。

十二月十六日，進士章公奎言：「向緣軍興，財賦闕乏，乃於民間預借其税，以濟軍用。今偃兵息民，固已有年，而豫借之税今尚未免。況豫借之弊，折納太重，近於重斂。」上諭輔臣曰：「此事有否？朕與鄰國通和，正爲百姓。若豫借以擾民，失朕本意。」令户部取索，措置以聞。

十七年二月二十一日，右正言巫伋言：「州縣有民間

〔一〕許：原作「詳」，據本書食貨九之二八改。
〔二〕八年：原作「八月」，據本書食貨九之二八改。
〔三〕陪：原作「部」，據本書食貨九之二八改。
〔四〕贏：原作「嬴」，據本書食貨九之二九改。

輸納一應常賦，而不給以朱鈔者，或已給却不行用〔一〕，勒令再納者。欲望行下郡邑，自今如有循習前弊，並仰人户越訴。仍令所部監司常切覺察，按劾以聞。」從之。

九月二十四日，宰執進呈諸路監司、守臣自今所部縣令治狀顯著者，保明聞奏。上曰：「當今正以惠養百姓爲先務。」秦檜曰：「如民間折帛錢太重，理宜蠲減。」上諭宰執曰：「朕久有此志。祖宗時，每縑價直八百，官司乃以一千和買。民間既免舉債出息，及絲、蠶收成之後，並皆樂輸。比乃創折帛之請，令人户折納見錢，殊爲非理。不知今折納若干？」秦檜曰：「當令户部取見實數進呈。」上曰：「若隨逐路色額減納錢數，非唯可蘇民力，亦使知朕所以休兵之意。」

是月二十六日〔二〕，尚書省言：「江、浙州軍見輸納折帛錢，舊立價錢比之時價稍高，兼逐路土産物帛不一，竊慮民户難於[42]出辦。」乃詔兩浙紬絹每疋減作七貫文，內和買減作六貫五百文，綿每兩減作四百文；江南東、西路紬絹每疋並減作六貫文，綿每兩減作三百文。自紹興十八年爲始。仍詔令逐路轉運司酌度州軍出産多寡，均撥分數，務令均被實惠，仍具數以聞。

十八年二月二十一日，權知蘄州呂延年言：「江西一路，自李氏税苗數外增借三分，以應軍須。欲乞行下本路漕司，如委見田産步畝所載税苗倍於他路，即取旨量與裁定，仍乞先將沿納一項錢、米特免支移、折變。」詔令户部取索諸路色目，一體看詳以聞。

十九年七月二十四日，時上宣諭輔臣曰：「昨日巫伋論鎮江府預借人户苗米極爲騷擾〔三〕，不知何故如此闕乏。可令監司理會，先將守臣放罷。」

二十年〔二〕〔正〕月二十八日〔四〕，廣南西路提點刑獄公事路彬言：「静江府、昭州夏税折布錢，最重於諸州。蓋自紹興五年諸路軍事都督行府一時措置，每疋折納價錢比舊增及一倍以上，自後沿襲，依數折納。欲望將兩州所折布錢減去增價，止令依舊價折納，或於見納價錢上三分之中與減一分〔五〕。」詔令户部看詳取旨。

二十一年二月一日，詳定一司勑令所删定官魏師遜言：「郡縣或因米價賤，於輸納之時，却欲以苗折錢。欲望申勑郡縣守令、監司覺察，許人户越訴。」從之。

十一月二十二日，權知池州黄子游言：「本州六縣每歲所納苗税，惟有青陽一縣[43]比之其他縣分，每畝所納苗税獨爲太重。乞下轉運司體究詣實，將青陽縣比附鄰近縣分所納税額，酌中裁定。」詔令户部看詳取旨。

〔一〕已：原作「以」，據本書食貨九之三〇改。
〔二〕二十六日：本書食貨九之三〇同，食貨三八之一八作「二十五日」。
〔三〕日：原作「曰」，據本書食貨九之三一改。
〔四〕正月：原作「二月」，據《建炎要録》卷一六一「（二月）庚戌」條原注改。參見本書食貨九之三一校記。
〔五〕三分：原作「二分」，據《建炎要録》卷一六一改。

二十二年正月二十一日，大理評事莫濛言：「竊見州縣常賦秋苗〔一〕，官耗、義倉各有定數，而受納官吏往往於額外別立名色，謂之『加三收耗』及『脚耗』之類，民户受弊，至有納一二倍纔及正額者〔二〕。其多收在官之數，止資官吏侵盜欺隱，實無補於用度。欲乞令有司檢坐條法行下州縣，每遇受納，揭示民間，許令越訴。仍令監司、郡守常切覺察，如有違戾者，按劾聞奏，重寘典憲。」從之。

三月二十八日，大理寺主簿丁仲京言：「州縣預借人户税租，有借及一二年者，其間復以本色紐折見價，又倍之，輸納稍緩，加以嚴刑。欲望申嚴法禁，如有違戾，令監司按劾以聞。」上曰：「此多是州郡妄用，若撙節，不至如此。可令户部申嚴條法行下，如有違戾，令監司按劾，御史臺彈奏〔三〕。」

八月十三日，監察御史魏師遜言：「欲望申勑郡縣，今後於受納二税之時，曉諭民户自詣輸送，當官給鈔，銷落欠額，不得准前多方邀阻，容縱兜攬，以爲公私蠹害。如有輒敢違戾去處，令監司按劾以聞，重寘典憲。」詔令户部檢坐見行條法指揮申嚴行下。

十一月十八日，南郊赦：「勘會比來粒米狼戾，而州縣間有將合納苗米高立價直，違法折錢。雖已降指揮，令監司覺察，尚慮州縣利於妄用，依44前折納，有困民力。仰監司常切覺察，如有違戾，按劾以聞。」二十五年十一月十九日、二十八年十一月二十三日、三十一年九月二日赦，並同此制。

二十三年六月二十五日，時上諭輔臣曰：「静江府士人所上書乞減税事，可令有司看詳行下。税額係胡舜陟妄增，尤爲民害，不可不減也。」

十二日〔四〕，新差權知忠州董時敏言：「州縣人户送納苗米起發上供，其水脚、縻費固已帶納，而州縣又從而科敷，令重疊送納。欲望行下逐路轉運司條具，如有似此重疊敷納者，悉行改正。」從之。

〔二十五年〕九月十五日〔五〕，大理評事劉敏求言：「夏、秋二税，分立三限，中限不納，方許追催。近年縣邑往往初限未周，即行追逮，監繫拷掠。欲望申嚴法禁，戒飭諸路縣邑逐年催税必遵成法，無或違戾。」從之。

二十五年十月四日，詔：「紹興二十六年分民户二税不得合零就整，令户部行下諸路監司、州軍遵守，如有違戾，許經尚書省越訴。」

十一月十九日，赦：「夏、秋二税催科，自有省限，州縣官吏多不遵奉條法，受納之初，便行催督。蠶方成絲，即催夏税；禾未登場，即催冬苗。峻罰嚴刑，恣行箠楚，傷害百

〔一〕「賦」下原有「税」字，據《建炎要録》卷一六三刪。
〔二〕一：原作「上」，據本書食貨一〇之二改。
〔三〕彈：原脱，據本書食貨一〇之二補。
〔四〕此條脱去年月，據考，似當爲二十五年事，詳見本書食貨一〇之三校記。
〔五〕二十五年：原無，據《建炎要録》卷一六九補。蓋《會要》上條本有「二十五年」，故此條省去。

姓，莫此爲甚！仰監司常切稽考，如有違戾，按劾申奏，重行責罰。」二十八年十一月二十三日、三十一年九月二日赦，並同此制。

（以上《永樂大典》卷一七五三二）〔一〕

【宋會要】〔二〕

45 紹興二十六年正月二十六日，户部言：「今欲遍下諸路監司、州縣，將人户二十六年分合納畸零税租寔數折納價錢，如願將本户畸零寔數與别户合鈔送納本色者，聽從民便。」從之。

二月三日，右司員外郎、兼權户部侍郎鍾世明言：「欲望朝廷行下四川轉運司，取見預借税賦縣分，若借及一年者，即令分作二年四料理折；借及二年者，即令分作四年八料理折。出給公據，付人户執照。仍將逐年理折之數，分明批鑿簿書及人户公據。自後輒敢預借及不予人户理折，并不爲批鑿簿書、公據，官吏從轉運司按劾，重作施行，仍許人户越訴。或他路有似此預借去處，亦乞依此施行。」從之。

七月六日，右正言凌哲言：「乞下諸路州縣，應積年掛欠苗税官物等〔三〕，並權住催，候秋冬之交收成了畢，再行追理。」于是户部言：「人户積欠已放至紹興二十二年終，〔具〕〔其〕以後年分候收成日隨料催納。如有違戾，仰監司覺察按劾。」從之。

八〔月〕〔日〕〔四〕，詔：「諸路縣道起催産税，鄉司先于民户處私自借過夏税、和買入己，並不到官，却將貧乏下户重疊催科，補填上件失〔限〕〔陷〕數目。下户畏憚，往來再行送納，重困下民，無所申訴。令户部看詳立法，如有諸路縣道公吏輒于人户處私自預借税物，許令越訴，犯人重行決配。監司、守貳常切覺察。」從殿中侍御史周方崇之請也。

十四日，詔：「逐州委知、通將逐縣官户、權勢之家合科納、和買等，並與平民一等。如輒敢減免〔五〕，官司及減免之家並計贓斷罪。令監司覺察，如有違戾，按劾聞奏〔六〕。」

八月四日，權知桂楊軍程昌時言：「州縣爲民害者莫如科配，巧立名字，行之自如。欲望專委監司、郡守鏤板大字，榜示諸村鄉鎮市，凡有科配，許民越訴。有司許受其詞，不許繫其人。差官體問得寔，申明朝廷。係不遵詔旨〔七〕，宜以違制論〔八〕，所科錢物，並以入己斷罪。」上曰：「科敷不均，最爲民害。出榜之説，朝廷累有指揮，惟是官吏爲奸，恐民間盡知數目，不得而欺隱，所以不肯出榜耳。」

〔一〕《大典》卷次原缺，但本卷卷首標有「食貨十七」，據《永樂大典目録》，知爲卷一七五三二。
〔二〕此下原有「食貨十八」、「賦税三」，乃《大典》原標目。
〔三〕物：原作「等」，據本書食貨一〇之四改。
〔四〕八日：原作「八月」，據本書食貨一〇之四改。
〔五〕「敢」原脱，「免」下原衍「一免」字，據本書食貨一〇之四補刪。
〔六〕劾：原作「刻」，據本書食貨一〇之五改。
〔七〕旨：原作「者」，據本書食貨一〇之五改。
〔八〕論：原脱，據本書食貨一〇之五補。

二十四日，上宣諭輔臣曰：「前日景箎上殿，論川中折帛錢太重，絹一匹之直，私下不及五千，而官估則取十千，他物之估，率皆稱是。去歲裕民所蠲減價直不過一千而已，更須量予減損。若只行下令看詳，雖行十數次，未必濟事。莫若便(扎)〔札〕與四川總領司〔一〕，令契勘合蠲減數目申朝廷〔二〕，庶幾民受寔惠。朕自即位以來，如土木之工、玩好之物，外至于邊事，内至于錫予，未嘗一有妄用，凡以爲百姓而已。」

九月二十日，右正言淩哲言：「欲乞申嚴州縣守、令，並須遵依近降指揮，應人户税租畸零，止據寔數折納[46]價錢，及聽合鈔送納本色外，不得准前過有科取，以就整數。仍乞委逐路監司常切覺察，違者按劾以聞，并許御史臺體訪論列及人户越訴。」從之。

二十四日，直秘閣、知臨安府榮薿言：「襄陽府百姓田産多所隱落，本路轉運司盡行根括，增添租米數目，比舊(大)〔太〕重，民力不勝。後因修築漢江隄防，權宜將所增畝苗十分裁減二分。近聞除下户依額定數催敷外，所有上户却令盡依增添之數輸納。欲望行下京西轉運司，檢會本府前後增減因依，照應改正〔三〕。」從之。

十月二十八日，三省言：「秀州按奏崇德知縣林善問因催發折帛錢，却于民間倍科搔擾，先次放罷，取勘聞奏。」上曰：「科借錢物，若一一在官猶可，但恐因而入己。大抵贓吏最爲民害，不得不治。今後須至追盡贓物，緣取贓既多，若不盡追，自謂雖得罪，尤不失爲富人，以此更無畏憚。」沈該等奏：「今後當一一遵依施行。」

閏十月十三日，兩浙路轉運副使李邦獻言〔四〕：「人户合納夏税，乞令州縣將人户名下正絹若干、和買若干，出給憑由，散付人户收執，永遠照應輸納。如人户物業有進退，合分明開具改給，不得暗有增敷〔五〕。」從之。

二十七年六月四日，權尚書户部侍郎林覺言：「兩浙州縣第五等下户今歲合納紬絹，乞將一丈以下從便折納價錢〔六〕，每尺一百文足，零寸一十文，免收頭子、勘合等錢。仍委令、佐同受納，即時給鈔銷薄。如輒增多錢數，容縱合干人阻節乞覓，官吏並計贓斷罪，許人户越訴。」上因諭輔臣曰：「合零就整，此固甚善，然亦須相度。謂如一户爲首，率九户共鈔，官司先給由子與鈔頭。若官吏得人，即時銷入，則十户更無搔擾。不然，却恐鈔頭多掠錢物，送納了當，却收藏由子，不肯齎出。比至官司追催緊急，衆人不免又須再納。此貧民下户所以重困。卿等可措置，令經久便民，然後行下。」宰臣沈該等奏曰：「今年夏税物帛已起催

〔一〕莫：原作「若」，據本書食貨一〇之五改。
〔二〕令契：原作「契令」，據本書食貨一〇之五乙。
〔三〕正：原脱，據本書食貨一〇之五補。
〔四〕副使：原作「使副」，據本書食貨一〇之六乙。
〔五〕敷：原作「數」，據本書食貨一〇之六改。
〔六〕丈：原作「文」，據本書食貨一〇之六改。

了，且令有司熟議，自來年爲始。」

二十三日，臣寮言：「諸路州縣起催産税，積弊甚大。富横之家與本縣公人相與爲黨，使下户細民破家逃移，深可憐憫。蓋未催科之時，典吏、鄉司先于民户處私自借過夏税、和買入己，比至開場，更不納官。以一邑計之，有數百疋至五十疋之家，失陷官物不知幾何，却將下户重疊催科，補填上件失陷數目。乞令户部看詳立法。」今看詳參酌下條〔一〕：「諸州縣公吏人于人户處輒借税租及和〔二〕、預買紬絹者，杖八十。若上限盡而不爲送納〔三〕，計贓重者，准盜論，三十疋配本城。許人告，仍聽被借人户越訴，委監司、守貳覺察。」

二十八日，左司諫凌哲言：「諸路縣道起催産税，公吏、攬子先于民户處私自借過入己，不爲了納。户部看詳立法尚有未審，當令户、刑部重別修立。」〔今修立〕到下條：「諸州縣公吏于人户處輒借税租，47 和、預買紬絹、錢物同。准盜論，五十疋配本城。許人户告，仍聽被借人户越訴。告獲州縣公吏于人户處輒借税租，和、預買紬絹、錢物同。錢五十貫〔四〕。諸攬納税租、和預買紬絹錢物，謂非係公之人〔五〕。本限内不納，杖六十，二十疋加一等，罪止徒一年。」詔依，仍行下州縣知通、監司常切覺察。

二十八年正月二十一日，將作監主簿葉顒言：「伏望特降指揮，州縣折納二税，並依時價，不得輒有增加。而閩中下四郡掊尅最爲甚者，并乞委轉運司以時檢察，按其違戾。」從之。

二十九日，上諭輔臣曰：「聞福建民户輸納苗米，每斗折價錢八百文，士大夫往來曾議論及此。」樞臣陳誠之奏曰：「已前不聞如此，七八年來，諸州或科納價錢有及二分以上。在法，米斛畸零之數許納錢，所以便民。今乃取其高直，一概科敷，歲豐穀賤，農田反蒙其弊〔六〕。」上曰：「閩中米價每斗幾錢？」陳誠之奏曰：「去年豐稔，糙米只是三百以下錢。」上曰：「今納八百，安用糜費許多？使此錢歸户部，助國用，猶恐其傷於民，況州縣一時措置，多取妄費，此不可不究其弊。若第五等户畸零之數許納價錢，亦須有寔數，豈容高價科敷？」陳誠之奏曰：「聖恩如此，民不勝受賜。」

二月二十三日，右正言朱倬言：「福建折納米價，每斗至于八百有奇，是又倍于廣右之數。近饒州樂平縣亦科抑，米每斗四百五十。竊恐別郡成風，有虧仁政。欲望福建及他郡折納，令漕司依祖宗科法，合納初時，詢定寔價，寔價之外，耗費共不得過百錢。如非緊急，不得科折。仍

〔一〕參酌：原作「酌參」，據本書食貨一〇之七乙。
〔二〕「諸」上原有「詔」字，當是因與「諸」字形近而衍，據文意刪。
〔三〕送納：原作「納送」，據本書食貨一〇之七乙。
〔四〕「錢」上疑脱一「賞」字。
〔五〕係：原脱，據本書食貨一〇之七補。
〔六〕農田：似當作「農户」。

令漕司粉壁曉諭，使民通知。州縣故違〔一〕，必論違制。監司隱而不舉，亦寘典憲。」從之。

二十八日，知閬州蘇欽言：「昨令州縣散給民間合納夏、秋二税憑由，寔爲利便。然憑由之給〔二〕，不徒具歲租合納名色而已，須具一歲間本户二税增減之數。如夏、秋税憑由，各具去年至今年税錢、米斛、物帛增減之數，或收買、典到某鄉某人某地名田土，税錢若干，或典賣出本户某地名田土，税錢或秋税物斛若干，入某人户下，見今户下寔計税錢或物斛若干，合納支移折變物帛、斛斗、役錢，下項開具。縣令佐點檢無差錯〔三〕，簽押用縣印，給付民户收執。所給憑由，並于起催前一月給散。如有欺弊不寔，大科錢物，許人户經縣或經州論訴施行。」從之。

七月五日，前知興國軍周沖言：「望戒飭州縣，應管内諸縣二税拖欠去處，委官檢照。如係上三等人户少欠數多，即令推究官吏情弊施行。」從之。

八日，右正言朱倬言：「訪聞諸邑多有違法，凡民户入納，第令櫃頭給會子用領，未肯給鈔。期年之間，忽有追呼，有鈔者則曰簿書未銷，執會者則曰此曷爲信？俾拘維之，必其再賦。欲望敦諭大臣措置行下，倘有相習承前之弊，小則罰月俸，大則展磨勘。罪雖惟輕，要在48必行。俾守、令歲取其甚者罰一勸百〔四〕，以戒欺給〔五〕。」上曰：「人户合鈔之弊，往往有之，蓋緣攬納之家利于快便，不肯分作小鈔，更與吏輩相表裏，或不銷簿，致有重科。則逐户既無執守，而官鈔在縣，不與點檢，此弊誠不可不革。」沈該等奏曰：「前後法令甚詳〔六〕，當依聖訓，令户部措置。」于是（照）〔詔〕户、刑部點照條法，措置以聞。既而户部言：「凡人納税賦未肯給鈔，或給鈔，簿書未銷，而受乞財物，及抑令重納，並有條令斷罪。今欲備坐條法指揮〔七〕，下諸路州軍出榜曉諭，仍令監司覺察違戾去處，按劾施行。」刑部言：「户部已行檢坐（條）法申嚴行下，内乞取其甚者，罰一勸百。欲令諸路轉運司將違戾最甚去處，開具當職官職位、姓名〔八〕，申朝廷重作施行。如監司蓋庇不舉，即依條互察。」從之。

九月十九日，臣寮言：「江州德安縣向于太平興國年中分撥三社人煙，創建星子縣。自兵火後，爲鄰邑德化縣包侵界至十餘里，民間就地里近便，止于德安縣輸納税苗。昨來經界，其德化、星子兩縣已盡將德安縣撥過田産收歸逐縣，所有苗税未曾隨産改割，是致德安一縣兼受納兩縣無産之税。欲望下户部，將德安縣苗米且依經界以前逐畝

〔一〕故：原作「過」，據本書食貨一〇之八改。
〔二〕「之」下原衍一「之」字，據本書食貨一〇之八刪。
〔三〕錯：原作「措」，據本書食貨一〇之八改。
〔四〕罰：原作「罷」，據下文改。
〔五〕給：原作「給」，據本書食貨一〇之九改。
〔六〕詳：原作「該」，據本書食貨一〇之九改。
〔七〕備：原作「被」，據本書食貨一〇之九改。
〔八〕姓名：原作「名姓」，據本書食貨一〇之九乙。

租額輸納，仍委自兩路漕臣選擇清强官躬詣地頭，會集耆老，取索干照，從寔改正，免致一縣偏受重賦。」于是户部言：「欲下江東、西漕臣徐度、李邦獻公共相度，如有交互未割正苗税，即行從寔改正〔一〕，仍具合行改正數目申尚書省。如無未割正苗税，即遵已降指揮施行。」從之。

二十二日，廣南西路經畧安撫司准備差遣李著言：「袁州支移苗米于臨江軍寄倉送納〔二〕，本欲便民。比年江西米賤錢荒，民皆賤糶米而貴買金帛，至臨江軍賤賣之，復貴價糴米輸納，故民輸一石，其費數倍。袁人苦之，嘗乞就本州送納，仍令人户自出袁州至臨江軍水脚錢，候春水泛乃起發。漕司公吏受賄，卒不能得。願詔轉運司以袁州支移臨江軍所納米，從便于袁州送納。」詔令本路轉運司相度施行。

十月二十一日，知歸州鮮于噩言〔三〕：「本州不通牛耕，逃田有請射者，不三年定轉而之他，是致失陷省税，逃移户口。欲將自後請佃之人，與減所納税分數〔四〕，次年便行起催。」于是户部看詳：「本官所陳，即未見立合減税賦分數，及日後有無虧損税額〔五〕。若次年便行起催，又恐人户耕墾未至成熟，却致難于輸納。合從本路轉運司從長相度經久可否利便，申取朝廷指揮施行。」從之。其後，湖北轉運司言：「今相度，欲依鮮于噩所乞，將逃田請佃人三分中須得兼荒田一分〔六〕，並許自耕種日與免兩（科）〔料〕税，仍自次年便行起催。其餘全業請佃逃田，即乞與免三年〔七〕，次年起催，更通五年法與減税額五厘。謂如今年春下狀全業請射〔八〕，至第四年合起催〔九〕，即 49 乞再免夏一料，使之四年耕食，一料收税。」從之。

二十九年七月二十八日，荆湖南路提點刑獄公事彭合言：「州縣爲政，二税之外，毫髮不取。遠方僻邑，吏緣爲奸，創添名色，擅行科斂，有曰土户錢，有曰折絁錢，有曰醋息錢，有曰麴引錢。欲望行下有司，檢坐擅科斂條法，申嚴行下，諸路監司常切按察。如州郡容縱，並與同罪〔一〇〕。」從之。

二十九年八月五日，詔：「紹興府會稽縣昭慈、永祐陵宫〔一一〕，前後買過民田。其人户舊管地税慮州縣尚行催理，可令常平司取見的確買過地段頃畝、合納税賦，照驗簿籍，審寔除豁。」

十六日，知英州陳克勤言：「英州舊額丁田米三萬餘

〔一〕從：原作「重」，據上文改。
〔二〕支移苗米：原作「移支苗税」，據本書食貨一〇之一〇改。
〔三〕鮮于噩：原作「蘇于蘁」，據本書食貨一〇之一〇改。
〔四〕與：原作「予」，據本書食貨一〇之一〇改。下文三「與」字同。
〔五〕「及」原作「乃」，「額」原作「納」，據本書食貨一〇之一一改。
〔六〕逃田請佃：原作「挑請田」，據文意改。下文云「請佃逃田」，是也。
〔七〕三年：原作「五年」，據文意改，詳見本書食貨一〇之一一校記。
〔八〕下狀：原作「夏狀下」，據本書食貨一〇之一一改。
〔九〕起催：原作「催起」，據本書食貨一〇之一一乙。
〔一〇〕與：原作「予」，據本書食貨一〇之一一改。
〔一一〕「縣」下原有「係」字，「陵」原作「靈」，據本書食貨一〇之一一删改。

石，至經界核寔，不滿萬石，而前任轉運判官鄭鬲抑勒州縣抱認舊額虛數，至今轉運司逐年猶以舊額督責，更不以經界爲正，是致百姓流移日甚。又廣東一路惟南雄、連、英有此虛數，三州之民均受其害。乞詔本路漕臣照應經界寔數催科。」詔令轉運司將南雄、連、英三州照應經界新額催科，不得用虛數抑勒州縣。

三十年六月十九日〔一〕，上謂輔臣曰：「歲方六月，禾稼未登，訪聞民間已催積欠。可令諸路轉運司徧行下州縣，候將來秋成了日，方可催理，庶幾民不告乏，逋負乃足。」湯思退等曰：「陛下勤恤民隱〔二〕，一至于此，天下幸甚。」

二十一日，户部言：「今歲豐登，粒米狼戾，似聞州縣往往以催理積欠，預期差人下鄉，非理追呼，事屬騷擾。乞下諸路轉運司嚴行戒約，如實有未納稅賦，候收成了日，方許催理。仍仰本路常切覺察，若有違戾，按劾重作施行。」從之。

七月二十四日，臣寮言：「州縣夏、秋二稅之欠，或水旱逃荒，不行除放，或豪貴典(賣)〔買〕，不爲推收，或簿鈔積壓而不銷，或公吏領攬而不納。逮至省限過期，旋憑鄉司根刷，或勒貧民重疊監理，或追耆長責認陪填。徒有舉催舊料之名，即是侵過本料之物，但添追擾，再欠如初。與其責望於失陷之後，孰若檢察於姦弊之前！乞下有司逐一舉行條例，毋爲文具。」從之。

十一月二十一日，權發遣黎州軍州事馮時行言：「本州秋稅米無正色，唯納估錢。其估錢從來元無定價，(正)〔止〕從太守臨時約度，米一石至令人户納錢引一十三道，重困民力。已令百姓充土丁者一石只納八道，不充土丁者納十道。乞用今來所減錢數，立爲定價。」詔令成都府路轉運司審度，如委是官(司)〔私〕兩便，即依此施行。

三十一年二月十七日，兩浙路轉運副使林安宅言：「近巡歷郡縣，多有形勢之家憑恃强横，全不輸納。苟有追呼，小則擊逐户長，大則脅制官吏。於是縣令儒者低首容忍，彊者反擠排而去〔三〕。又有陰爲民户影占田産，規避稅役，習以成風，畧無忌憚。欲望詳酌，乞行下本路州縣，如有形勢不納租稅，及爲民户影占 50 田畝之人，許令縣官具實迹申監司按劾以聞。」從之。

四月三日，臣寮言：「州縣民户秋稅輸納，多收加耗，弊猶未革。緣逐路漕臣不恤州縣之有無〔四〕，誅求無厭，致秋稅之入少得留州。而一州之間，歲有養兵、吏禄之費，無所從出，故不免於輸納之間收取耗剩，以取贍給。欲望嚴

〔一〕「十九日」下原有「午時」二字。按午時非見臣僚之時，今據本書食貨一〇之二二刪。《建炎要録》卷一八五、《宋史全文》卷二三上記此事亦不言「午時」。
〔二〕「陛」上原有「此」字，據本書食貨一〇之二二刪。
〔三〕彊：原作「疆」，據本書食貨一〇之二三改。
〔四〕逐：原作「遂」，據本書食貨一〇之二三改。

詔有司，俾逐路漕臣取見諸州縣歲合支用實數存留應副[一]，使州縣無得藉口，以生姦弊。如依前尚敢不遵法令，多收合耗，乞重寘典憲。」詔令户部看詳。其後户部言：「在法，受納應納數外，輒收羨餘或輒他用，及非法擅斂，並用斷罪條法。今欲依所乞，行下諸路轉運司，取見所部州縣歲合支用實數存留應副。所有加耗剩，常切遵守前項現行條法指揮施行，毋令違戾。仍令本司逐時覺察，如有違戾去處，按劾施行。」從之。

五月十三日，臣僚言：「廣西運司比年以來，變税折錢，不問州之遠近，税之高下，盡行支移折變。欲望行下户部契勘，免行科折。仍乞本路以逐州之税各隨本州送納。」於是户部言：「在法，租税合支移及科折之物，轉運司量地理遠近，審量豐歉、土産有無，於起納九十日前，以物名數行下。税租擇近便處，令下户輸納；應支移折變者，先富後貧，自近及遠。轉運司籍記，應陞降即時注之。其支移，非急切及軍期，而人户願納支移物價脚錢者聽。人户輸納税租，應折變物，轉運司以納月上旬時估中價准折。有違法者，提點刑獄司覺察奏劾。人户税租應(副)〔赴〕他處輸納，而願就本縣納者，轉運司量地理定則例，令别納實費脚錢。即難於輸送而人户願納錢或改折物者，具利害申運司，無妨闕，聽從民便。折變、支移、和買，不計豐歉、貴賤、多寡，以貴爲賤，以賤爲貴，及多寡、豐歉不實，並有斷罪條制。欲下廣南西路轉運司遵守前項見行條法施行，毋令違戾。」從之。

九月七日，知漢州王葆言：「民間輸送夏、秋二税畸零錢帛物斛，舊法許衆户合零就整，同旁送納。自軍興以後，縣鎮利於出剩，應干畸零，務要納整，更不許合鈔。欲望朝廷申嚴下縣鎮，許令民户將畸零寸、銖、合、勺等類，許依舊法，各於逐鄉逐里並就整成匹、兩、升、束，開單名，共作一鈔輸納入官。仍於税簿内簿頭上子細分開下户畸零都數若干，别置簿曆，專一抄上畸零錢帛物斛單名、納到錢數，照用準備驅磨。」從之。

十三日，知梧州任詔言：「廣西州縣例皆荒瘠之所，民户貧薄，了辦税賦不前，拋棄田業者不少。往往未曾倚閣，督責催理，累及四鄰及承催保長等，逃亡愈多。臣今欲乞朝廷特降指揮，許令諸州徑行根括逃絶田畝，倚閣税租。乞申所屬監司，監司委官覆實，申户部除豁。」於是户部言：「欲下(詔)諸路監司、州、軍，依所乞事理施行。如有逃亡，合開閣減免租税，州縣依舊勒[51]令鄰保陪填代輸，並依見行條法施行。仍從監司覺察，如有違戾，亦仰從本司按劾施行。」

二十四日，資州鄉貢進士劉冕言：「昔李椿年舉行經界，其實均兩税之要也。自今觀之，有名無實。何以知

[一] 見：原作「現」，據本書食貨一〇之一三改。支用：原作「所用」，據下文改。

之？經界之行，伍保與民俱湊于田，執契驗田，不容詭冒，量田頃畝、土色、肥瘠，以定稅多少，而賦輸之輕重以之。今則不然，其取輸不自於稅，或取之價錢，或取之家業，或取之以山石子斗，故有偏輕偏重之失。欲乞嚴行約束州縣〔一〕，俾皆罷去家業、價錢、山石子斗，一用經界所均兩稅，以定賦輸常數。」詔令户部看詳〔二〕。户部言：「欲下本路轉運司〔三〕，取見悠久利便以聞〔四〕。」從之。

紹興三十二年孝宗皇帝已即位〔五〕，未改元。六月十三日，登極赦：「應人户典賣田産，依法合推割稅賦。其得産之家避免物力，計囑公吏不即過割，致出産人户虚有抱納；或雖已過割，而官司不爲減落等，抑令依舊差科。立限兩月，許經官陳首，畫時推割。如違限不首，令元出産人越訴，依法施行。」乾道元年正月一日、三年十一月二日、六年十一月六日、九年十一月九日南郊赦並同此制，立限陳首並止一月云。

七月二十四日，臣僚言：「諸路州縣輸納夏稅，令人户納折帛錢六貫五百，却遣人於出産處收買輕絹，每疋不過兩貫五百，起作上供、支散軍兵，實爲公私之害。及人户有合納畸零絹分寸，並令准納一尺價錢，計其畸零，一疋 52 無慮得錢七十餘貫。其起上供綱日，止依元數紐計價錢，其餘盡爲官吏侵盜。又納秋苗一石以上，受納官吏將所納米數約度已足，密令人户紐價納錢入己，出給虚鈔。乞行禁止。」詔出榜曉諭，如有違犯，許人越訴，將犯官吏重寘典憲。如監司不覺察，亦與同罪。

八月二日，詔：「淮南路去冬殘破去處，展免二稅，止據實墾田土量行撮收課子。其間有先佃逃、絶、職田等人，不問已未耕墾，逃田上等每畝二斗，中等一斗八升，下等一斗五升；絶田每畝七升，或一斗至二斗。今來州縣依舊送納全租。可將淮南殘破州軍民户已佃逃、絶等田，且據目今實開耕田畝，將先立定稅課特與減半送納；未開田畝，權行倚閣，候及二年，並依舊輸納。」從淮南運判莫濛請也。

二十三日，詔：「臨安府係駐驛之地，及四方衝要去處。有民間田地爲官司所占，或作寺觀、花圃、營寨〔六〕、宫宇等，雖已減免二稅，訪聞和買紬絹，州縣不曾隨稅除豁，却均衆户送納。自今應官司所用民間田地，其和買並隨二稅蠲免，不得暗敷衆户〔七〕。違者，聽人户越訴，當議根治。」從中書門下省請也。

十二月三日，詔紹興府會稽縣三都人户二稅不得支移折變。其後，隆興二年五月六日，紹興府言：「本府和買額

〔一〕行：原作「下」，據本書食貨一〇之一五改。
〔二〕「詔」下原衍一「詔」字，據本書食貨一〇之一五删。
〔三〕本：原脱，據本書食貨一〇之一五補。
〔四〕見：原作「現」，據本書食貨一〇之一五改。
〔五〕即：原作「耶」，據本書食貨一〇之一五改。又天頭原批：「『孝宗皇』一作『壽皇聖』。」
〔六〕寨：原作「塞」，據本書食貨一〇之一六改。
〔七〕户：原作「數」，據本書食貨一〇之一六改。

數〔二〕，比他州縣最重。就八縣之中，唯會稽縣尤甚。今來不敢申乞減免，緣本縣正係攢宮，止蒙蠲免三都支移折變。乞照《宮陵制》景德四年永安縣優卹體例，53將會稽一縣盡與蠲免支移折變〔二〕。所有年額折帛乞與除豁〔三〕，盡數起發本色。」詔兩浙運司將會稽縣稅賦與免支移（拆）〔折〕變，所有本縣年額和買、折帛，止令盡數起發本色，更不折錢。

十一月十四日〔四〕，給事中金安節等言：「有旨：『太一宮見管秀州嘉興縣伏禮鄉草田，並臨安縣赤岸柴山，依條合納夏稅、秋苗外，其餘科敷、和買、折帛及諸色科借等，可行下所屬，並與蠲免。日後置到田產，准此。』竊詳太一宮既有秀州、臨安府兩處田產，其稅租、科敷、和買等自合依條供輸。近歲和買、折帛之類，民間雖病其重，然以物力科敷，事體均一，故樂輸而無辭。今若偏有蠲免，則其所免之數當復加于他户矣，斯民得毋甚病，而興不均之歎乎！況所降指揮，有『日後置到准此』之文，彼既得此，又將與豪右交關〔五〕，廣殖產業，與齊民（兢）〔競〕利，非所以崇清淨之教也。」詔前降指揮更不施行。

壽皇聖帝隆興元年正月二十六日，詔：「江、浙諸州軍合發上供紬、絹、綿，年例除進奉外，將夏稅和、預買，（淮）〔准〕衣以分數折納價錢，補助經費。令江、浙轉運司依去年所折分數，酌度均撥，行下折納。」既而臣僚言：「去年所折分數，嘗以十分爲率，內絹折二分〔六〕，紬折八分，綿折五分。兩浙路紬絹每疋折錢七貫，和買折錢六貫五百，綿每兩折錢四百；江南兩路紬絹減作六貫，綿減作三百。依此拘（摧）〔催〕，歲供錢六百餘萬貫。蓋緣養兵之費不欲強歛于民，故從54折變。字民之官往往加數以折，或令全折，及將零寸就整，無慮增倍。蠶未及桑，預行催借，因求（羸）〔贏〕餘，且復強取，勢必重困。乞嚴賜戒飭逐路漕臣督察州縣，于省部立定折納分數外，不得擅有增加〔七〕。如違，許人户越訴，寘之典憲。漕臣（符）〔俯〕同，亦加黜責。」從之。

九月十八日，户部言：「四川安撫制置（司）〔使〕沈介乞將紹興三十年以前四川人户交易白契田宅稅錢，不問登載及業在户下與否〔八〕，並行除放。又前川陝宣撫使王之望申：『本司承朝旨，將業在户下白契依赦免其倍輸，只納正稅。今據利州繳到制置司除放榜示〔九〕，與近降指揮異同，疑誤百姓。』契勘上件契稅，本合輸官，止緣業不在户下，朝

〔一〕「府」下原衍一「府」字，據本書食貨一〇之一七刪。
〔二〕稽：原作「嵇」，據本書食貨一〇之一七改。下同。
〔三〕除豁：原作「豁除」，據本書食貨一〇之一七乙。
〔四〕以上二條時序顛倒，疑有誤。
〔五〕又：原作「人」，據本書食貨一〇之一七改。
〔六〕二分：本書食貨一〇之一八作「三分」。
〔七〕得：原作「賜」，據本書食貨一〇之一八改。
〔八〕登載：原作「戴登」，據本書食貨一〇之一八改。
〔九〕放：原作「於」，據本書食貨一〇之一八改。

廷寬恤，將已納在官錢許行對折稅物。又緣四川即今調發軍馬，用度增廣，今盡將已納在官錢對折見今合納稅賦〔一〕，即于大軍歲計妨缺。欲下四川制置司、總領所遍報所部州縣，將業不在户下已納在官錢數，止許對折本户積欠賦稅。其今降指揮到日以前已予人户親戚及諸色人，仍先降指揮對折訖者，更不追改。所有三十二年六月十三日赦後未曾投稅之人，自合遵依見行條法。所有已納在官錢内對折民間積欠稅賦錢數，令本所别(須)〔項〕樁管。如遇大軍歲計闕少，即申明朝廷指揮支撥貼助。」從之。

二年正月十八日，知池州韓元龍言：「本州昨准指揮，爲青陽縣稅重，將稅減二分半，苗課米減二分。其減【55】免過數，于轉運司所得係省錢内依數撥還〔二〕。緣本司别無寬剩錢米，乞免撥還。」于是户部再申，請依已降指揮撥還，從之。

三月二十七日，德音赦：「廣西州軍合納秋稅，訪聞州縣課折見錢，却以和糴、招糴等名色抑勒人户過數輸納，已降指揮下轉運司，不得非理折科，及令提刑司嚴行覺察。尚慮奉行滅裂，重困民力，可令逐司常切遵守。如提刑司失于覺察，委御史臺彈劾。如有糴過米數未還價錢，日下支給。」

四月二十六日，知常州宜興縣姜詔言：「本縣無稅産人户，每丁納丁身鹽錢二百文足。第四、第五等人户有墓地者，謂之墓户，經界之時，均紐正稅，又令帶納丁鹽絹作折帛錢輸納。契勘本州晉陵、武進、無錫三縣係于田産上均納，獨本縣昨來經界，將鹽絹紐在下户帶丁收納。乞依晉陵等三縣一例隨産均納。」從之。

十二月三日，詔：「四川轉運司行下所部州縣，夏、秋正稅絹帛如人户願合鈔成疋送納本色外，有畸零之數，遵從見行條法，聽依寔直價納錢。仍仰本司常切覺察，無令抑勒價錢違戾。」

乾道元年正月一日，南郊赦：「應夏、秋二稅催科，自有省限。州縣官吏多不遵奉條法，受納之際，多端作弊，倍加斗面，或非理退换，縱容專斗、揀子計會乞取，方行了納。或先期預借，重疊催理，不予除豁。既已納足，阻節銷鈔之類，甚爲民害。仰守、令嚴加覺察，如有違戾，仰監司按劾申奏〔三〕，重行黜【56】責，仍許人户越訴。」乾道六年十一月六日南郊赦，九年十一月九日南郊赦，並同此制。

二月二十一日，詔：「訪聞兩淮州縣多于人户遞年合納常賦之外過數科敷，謂如夏稅有殘零折變錢，又有自陳折麥錢，又有續陳折麥錢〔四〕。其秋稅及坊場河渡課利，有似此巧作名色之類，可令逐路提刑司體究。如有似此去處，開具申尚書省取旨施行。」從中書門下省請也。

〔一〕稅：原作「歲」，據本書食貨一〇之一八改。
〔二〕司：原脱，據本書食貨一〇之一九補。
〔三〕仰：原作「抑」，據本書食貨一〇之二〇改。
〔四〕又有續陳折麥錢：原脱，據本書食貨一〇之二〇補。

五月三日，詔：「江、浙州軍每歲人户合納二税物帛等，内温、台、處、徽州係不通水路去處，依指揮許人户依立定分數，並以銀折納〔一〕。訪聞州縣却于數外妄有科折，顯屬違戾。可令逐路轉運司行下逐州軍，將人户今歲合納折帛銀遵依旨揮，自立定分數，及照應的寔市價，即不得以加耗爲名，大秤斤兩。如有違戾，許民户越訴，將官吏按劾以聞，據多收之數計贓斷罪。」從中書門下省請也。

六月五日，臣僚言：「四川諸縣二税積欠，其弊在吏。如來歲夏料已預借於今歲之秋〔二〕，秋料已預借於去年之夏，豈容有一錢之逋？然有給鈔而不銷簿者，有盜印鈔而匿財者，有私立領據而官不受理者，有公吏攬取而賦入不歸於公上者，欺隱百出，未易殫舉〔三〕。一遇赦恩除放，吏之罪釋然，而民之憂如故也。有司所損，歲不知其幾萬〔四〕；若至數赦，則不知其以幾千萬計矣！乞下諸路監司遵守條令，不許預借。若積欠不舉，歲輸告乏，即選清彊吏如前所陳〔五〕，一一究治之。」詔令總領、制置司常切覺察。

十一月十九日，57 執政進呈建康府言：「蘆場、沙田税賦，令年七月指揮令今秋拘催，而九月指揮於來年秋起催。楊倓等已依九月指揮施行，而梁俊彦又令依七月指揮送納。」上曰：「只依九月指揮，庶寬民力。」

二年五月一日，詔：「右迪功郎、新差充江南東路常平司幹辦公事程諟特降一資，放罷新任。所欠常賦，令日下監納。」知饒州俞翊奏：「諟身爲命官，積年不納常賦，一户共欠七百一十一貫有奇。乞施行，以爲形勢户不納常賦之戒。」故有是命。

十一日，詔：「平江、湖、秀三州已開掘圍田，税賦即行除（訪）〔放〕。將經界後圍田今來不經開掘者，候農隙，州委彊明官分頭詣逐縣打量的確頃畝〔六〕，並依省則紐立合起税色，保明申州，類聚申省部，隨税起理。」從兩浙運使王炎請也。

三年正月二十五日，太府少卿魯訔言：「折料折帛，國家之所不得已也。吏緣爲姦，以税錢折麥，以苗米折糯，爲州縣場務麴釀之資。於法，以四月中旬麥價立定折科，今州縣率爲姦吏估麥，必損其直，以税錢一折金十，民已困矣。准絹爲匹，八貫有奇，折麥有至二石五斗，縻費耗折，幾麥五石。以去歲麥價紐計，十六七千而辦一端之税。場務所趁課利有定額，（利）〔科〕折米麥有定數，縣道往往過數多折。和、預本以利民，今不給直而白著矣，不取絹而折錢矣。税絹和買，輕重不侔；丁鹽綿絹，名色各異〔七〕。元降指揮以上供、和買各折五分，今縣道有將諸色物帛一 58 例

〔一〕以：原作「依」，據本書食貨一〇之二〇改。
〔二〕今：原脱，據本書食貨一〇之二〇補。
〔三〕舉：原作「居」，據本書食貨一〇之二〇改。
〔四〕「萬」前原衍一「千」字，據本書食貨一〇之二一删。
〔五〕彊吏：原作「疆」，據本書食貨一〇之二一改補。
〔六〕彊：原作「疆」，據本書食貨一〇之二一改。
〔七〕各：原脱，據本書食貨一〇之二二補。

科折，互有出入。合折者暗納本色，不合折者反輸價錢。」詔諸路轉運司行下所部州縣遵守見行條法，又依紹興二十八年三月四日指揮施行。如有欺弊不實，許人越訴，仍從轉運司常切覺察按劾。

五月十八日，詔：「右奉議郎、新太平州繁昌知縣魏堯臣特降一官，放罷新任。所欠常賦，令所屬日下監納〔一〕。」以堯臣在鄉豪彊〔二〕，不納二税，從户部之劾也。

六月二十六日，詔臨安府新城縣每年進際税賦與減〔半〕一半。以知臨安府新城縣耿秉言：「新城縣田畝舊緣錢氏以進際爲名，虚增進際，税額太重。每田十畝虚增六畝，計每畝納絹三尺四寸、米一斗五升二合。桑地十畝虚增八畝，計每畝納絹四尺八寸二分，此之謂正税。其它又有和買紬絹，每田一畝計二尺四寸，陸地一畝計三尺六寸。又有折科小麥，夏、秋兩料役錢，總計一畝納税兩千。人户齎出天聖、皇祐間典賣契書，分明開説所典賣田産實量畝步若干，虚增進際畝步若干；及經界打量，乃見虚增之數太多，失於陳乞除放。照得逐鄉印板税則總計本縣合放之數，水田産絹一千六百八十疋有奇，苗米二千八百一十六石有奇，桑田紬絹二千二百九十二疋有奇，乞與除放。」故有是命。

七月十八日，詔右通直郎、知秀州嘉興縣閻晃特降一官。兩浙轉運副使姜詵奏「嘉興縣出違省限，拖欠常賦苗米一萬一千一百餘石〔三〕，知縣更不 59 催納」故也。

八月九日，右諫議大夫陳良祐言：「諸郡納省絹限以十二兩，和買限以十兩，自有定數〔四〕。昨因徽州、湖州絹户部退剥，近左藏庫供送絹帛係袁州、建昌軍物帛，户部乞究治官吏。雖退剥者繼令發納，究治者合干專、庫並已放罪，然諸處受納監官望風懼罪，縱令合（千）〔干〕人百般邀阻。如絹一疋，有求十三兩者；如土産止係黄絲，必求白絲者；年例止用屑絲，今欲更求細絲。如此非一。常平用錢四貫可納一疋，今增爲六貫。至高價折錢，分遣人詣行在并産絹去處買納。又民間典賣田宅，限六十日赴縣投税，再限六十日齎錢赴縣投納，税契不得過一百八十日，自有定法。其諸縣税契錢旋行解發，作月樁錢赴州送納。今聞諸郡盡行拘赴本州投税。且如縣到州五七程〔五〕，民間些小典賣，而使之負擔〔六〕，往返半月，官司艱阻，是以民間典賣不肯報州，白折税錢。乞禁戢州縣，每年納絹自有常數，不得數外邀取；諸縣投税自有定法，不得拘赴本州。」從之。

十二月十八日，詔和州萬弩手永免户下三百畝賦

〔一〕日：原作「實」，據本書食貨一〇之二二改。
〔二〕彊：原作「疆」，據本書食貨一〇之二二改。
〔三〕石：原脱，據本書食貨一〇之二三補。
〔四〕自：原作「目」，據本書食貨一〇之二三改。
〔五〕七：原作「十」，據本書食貨一〇之二三改。
〔六〕擔：原作「檐」，據本書食貨一〇之二三改。

税〔一〕。從知州胡昉請也。

四年四月十六日，臣僚言：「國朝征賦，止是夏税、秋苗；軍興以來，乃有折帛、和買。而州郡不恤，多將夏税、秋苗大半高價估折，却於他州買絹以充上供之數，斛面取米以足軍糧之儲，民安得不重困哉！乞降指揮禁約諸州軍依法催科，並要本色，不得折納價錢。至於畸零，自如 60 常制。」户部契勘：「催科本色，除省部立定折納分數外，欲下諸路轉運司詳今來臣僚奏陳，照應見行條法約束，令監司互察施行。」從之。

八月十六日，尚書度支郎官劉師尹面對，奏：「江、浙四路折帛錢〔二〕，紹興初年立價折納，後增一倍。至十五年，四路折帛並從裁減，自後二浙夏税紬絹各減一貫五百，江東、西並減兩貫。緣州縣不依省部科折分數，暗有增添，如絹止合科三分，今科至七分〔三〕。乞漸次裁減，以寬民力。」上曰：「朕未嘗妄用一毫，只爲百姓，可從其請。」

九月七日，臣僚言：「州縣人户歲輸夏、秋二税，並係本户所有田産花利，以時供輸。或有逃移、事故拋下田業，其税賦依條本縣驗實檢閣。今州縣恐失元額，仍舊催督，勒承催保正、長代爲填納，致破蕩家産者甚衆。乞行下諸州，委知縣根刷。應逃亡、事故人户拋下田産未有人承佃耕種者〔四〕，盡數根刷，開坐鄉村頃畝，召人權行佃種，送納税賦。遇有歸業之人，依條施行。」從之。

十二日，四川宣撫使虞允文言：「被旨：『州縣尚有預借人户税賦，令於總領所椿管添造錢引三百萬貫內取撥一百萬貫，委制置、總領、本路漕臣考覈預借實數，與州縣補填，自今更不許預借。』已施行外，緣未有立定專法〔五〕，縣道畧無忌憚。今欲將預借縣分令佐以違制論，仍不以去官、自首、赦降原減，任滿批書印紙。公吏依上條從准盜論斷配，不在自首、赦原之限。若有入己，自從本法。」 61 從之。

十二月十七日，詔：「兩浙、江東、西路乾道五年夏税、和買折帛錢，並權與減半輸納一年。如州縣輒敢過取民一文以上，許人詣檢鼓院進狀陳(訢)〔訴〕，官吏當重寘典憲。」既而中書門下省言：「所降指揮非不嚴切，近來州縣放免數外，將逐年合納本色高擡價直，勒民户納錢，自行買絹充數。又其間有將合減之數不盡蠲減，謂如每疋合減三貫，止減二貫之類，甚失朝廷寬卹之意。」詔令逐路監司嚴切覺察，如有似此違戾去處，按劾奏聞。監司或失於檢舉，令户部糾劾，御史臺彈奏，並重作施行。

五年五月二日，詔：「隆興府將奉新縣三鄉寫税正額

〔一〕「弩」原作「孥」，「税」原脱，據本書食貨一〇之二三改補。
〔二〕四：原作「兩」，據本書食貨六四之三七改。
〔三〕分：原脱，據本書食貨一〇之二四補。
〔四〕事：原脱，據本書食貨一〇之二四補。
〔五〕有立：原脱，據本書食貨一〇之二五補。

錢三百五十九貫〔一〕、苗正米六百二十八石并沿納折科盡行蠲除，今後不得別作名目復有科擾。」以知府事劉珙言：「本府奉新縣附郭係建康、同安兩鄉，平時上户多居近郭，故將別鄉産税併歸所居鄉分催科。經界之後，隨産均税。既均之後，則向來諸縣互差寫税，積年既久，契據不存，莫考其本，乃盡以寫税均於建康、同安兩鄉。兩鄉既受隨産税苗，不肯復受寫税，自此詞訴不絶。末後乃將上件寫税彊委之於晉城〔二〕、新安、法成三鄉。三鄉亦已受經界，隨産之税復加寫税，重者至十分而增四，豐年所得，不了租税。乞與蠲除。」故有是命。

七月二十五日，知紹興府史浩言：「諸暨爲縣，當台、婺之末流，每歲秋潦〔三〕，水必泛溢。古人於縣之四旁作湖七十二處以受此水，【62】歲久湮廢，人占以爲田。昨因經界法行，官吏無卹民之心，盡將湖田作籍田打量，計二十三萬五百二十二畝有奇，苗米總計八千八百七十石有奇，夏税紬絹綿本色折帛錢共計一萬六百四十六貫有奇。今若將前項夏税紬絹折變改作苗，以中色價紐計米三千二百一十七石二斗七升五合，并添入元管苗米八千八百七十石九斗八升六合五勺，二項共一萬二千八十八石二斗六升一合九勺，於上供物帛即無虧損。乞降付户部〔四〕，許令紐折施行。」詔紹興府將前項紐計錢，省倉中界見行糴米價直作二貫文九十九陌折納米一石，添入每年認發湖田米起發施行。

九月二十九日，權發遣秀州徐藏言：「昨降指揮，乾道五年夏税、和買折帛錢並權與減半輸納一年。謂如人户合納十匹，若三分折錢，每匹減半，其七分自合納本色。緣秀州非産絹地分，有專降指揮，和買夏秋皆是折錢〔五〕，比之其他州郡和買見税十分之中止減放一分半，而本州遂全減五分，竊慮虧損國計。」詔遵依二月四日已降指揮，本州合發絹既係遞年全行折錢，自合照諸州軍體例，將三分錢數權減半催納一年。

六年二月二十八日，措置浙西江東淮東路官田所狀：「參酌擬立税租數目：已業沙田主分所得花利，每米一石，欲於十分内以一分立租。已業蘆場等地田主所得花利，紐錢一貫，欲十分以一分五釐【63】立租。租佃沙田主分所得花利〔六〕，每米一石，欲於十分以二分立租。租佃蘆場等地田主所得花利〔七〕，紐錢一貫，欲以十分之三輸官。以上田地除所立租外，更不敷納和買、夏税、役錢、秋苗之類，如舊

〔一〕奉新縣：原脱，據本書食貨六三之三〇補。
〔二〕彊：原作「疆」，據本書食貨一〇之二五改。
〔三〕歲：原作「水」，據本書食貨一〇之二六改。
〔四〕部：原闕，據本書食貨一〇之二六補。
〔五〕折：原作「拆」，據本書食貨一〇之二六改。
〔六〕租：原脱，據本書食貨一〇之二七補。
〔七〕田：原脱，據上文及本書食貨一〇之二七補。

曾起立苗税額重，則依舊〔一〕。」從之〔二〕。

五月六日，户部尚書曾懷言：「諸州郡常賦各有定額，緣自建炎初遭兵火處，流民産税權行倚閣，今涉三四十年，又經經界審實，決無不復業之民，亦無不耕之産。設若元業主流亡，亦必別有人户請佃租種。往往郡縣徑自起理租税，歸之州縣，州縣〔巡〕〔循〕習舊例，以逃閣爲名申聞省部〔三〕，暗失朝廷財賦，歲以數千萬計。乞令諸路州縣守令限兩月逐項開具逃亡産業坐落村鄉，并畝步四至，係自何年月人户逃亡，及今有無人户租種管業，知、通、令、丞、簿、尉具結罪保明，詣實申省部，不時委官前去審實。如妄作逃亡，並以不實之罪罪之。能自首舉者〔四〕，與從日下起理税賦，已前勿問。」從之。

七月二十八日，宗正少卿、兼權户部侍郎王佐言：「竊覩經界，民間有在户未墾田畝〔五〕，嘗降指揮限十年開耕〔六〕，起足税租。經今二十餘年，已盡爲熟田，無縷粒分文收上省簿。其間抛荒逃移，却歲有開閣，不曾收入復業增耕之數。民間未嘗不輸，盡爲縣道官吏蓋藏侵盜，暗失省計。訪聞知隆興府吳芾檢覆出隱欺税租以數萬計，乞催速具寔數申奏。仍乞將江西一路委芾選官措畫，攢造帳册，結罪保64明，限兩月申奏。其所委官能究心盡公，別與取旨推賞；或容情蓋庇，不盡不寔，即重寘典憲。」詔令吳芾選委清彊官分往屬郡，依此措置。

七年二月十四日，册皇太子赦：「温、湖州乾道六年本州縣折帛錢并和買、夏税，人户尚有未輸納者，已降指揮，自三等已下并舊税零欠及乾道七年夏税時暫倚閣，候秋成日分料送納。竊慮民間於今年一併帶納不前，理宜寬卹。仰將前項倚閣數目候乾道八年夏料帶納〔七〕。」

六月三十日〔八〕，詔：「兩淮許依湖北已得指揮，今後民户墾闢地畝，止令送納舊税，不得創有增添。」從新除淮南運判向子偉請也。

九月十一日，勑令所擬修下條：「諸上三等户及形勢之家，應輸税租而出違省限，輸納不足者，轉運司具姓名及所欠數目，申尚書省取旨。未納之數，雖遇赦降，不在除放之限。」先是，臣僚言：「夏、秋二税輸官之物，皆上供合起之數，謂之常賦。今有形勢、食禄之家積年不納，專候郊恩，覬望除放，遂致上供愆期，支用窘闕。乞今後上三等及形勢、官户應合納税租，雖遇恩赦，不在除放之限。」故命立法。

十月一日，江南東路安撫、轉運司言：「饒州、南康軍

〔一〕舊：原脱，據本書食貨一〇之二七補。
〔二〕從：原脱，據本書食貨一〇之二七補。
〔三〕名：原作「民」，據本書食貨一〇之二七改。
〔四〕首舉：原作「舉首」，據本書食貨一〇之二七乙。
〔五〕在：原脱，據本書食貨一〇之二七補。
〔六〕十年：本書食貨一〇之二七作「七年」。
〔七〕乾：原作「道」，據本書食貨一〇之二八改。
〔八〕三十：本書食貨一〇之二八作「二十」。

今年旱暵最甚，民間合納夏税物帛并折帛錢，起發上限一半。其下限合起一半，乞權行倚閣，候將來豐熟，作兩年帶納。」詔饒州、南康軍第五等人户今來未納夏税，各與倚閣五分。尋詔：「江、饒州今歲旱傷〔一〕，已降指揮將 65 逐州第五等人户未納夏税倚閣五分〔二〕，尚慮艱於輸納，可將逐州第四等人户未納今年夏税日下權行倚閣，候來年帶納。」

八年三月十二日，主管侍衛馬軍司公事李顯忠言：「先蒙太上皇帝賜田六十三頃，特與免納十料租税訖，所有續蒙陛下賜田七十頃，未曾陳乞放免租税，乞下平江府、紹興府免納十料。」從之。

四月二十一日，詔：「兩淮二税只且催納秋苗，所有課子，行下州縣不得更撮。」從臣僚請也。

七月七日，詔：「淮南、江東、浙西沿江沙田、蘆場所立新租與減五釐，租佃與減一分，餘並依舊。」以臣僚言：「向來沙田、蘆場止爲有力之家侵耕冒占〔三〕，故令措置。奉行之際，却將應干人户租産、已業一槩打量，立新租數倍，致人户逃移。」故有是命。

十二月十六日，詔：「州縣人户已納常賦，日下銷鈔。長吏不測抽摘二税官簿點檢〔四〕，如有違慢，具名按劾。若上下相蒙，許令人户越（訢）〔訴〕。」從臣僚言也。

十九日，詔：「兩浙運判胡昉具到紹興府增起苗米四萬九千餘石，及乾道五年曆尾剩錢一十六萬七千餘貫，並免行起發。」

九年三月二十五日，兵部侍郎、兼權臨安府少尹沈度言：「州縣催科二税苗米，增加斛面，多收欠數；將堪好物帛印以油墨，退回掛欠。更有産去税存，不與除豁；已納未銷，復行追逮。乞戒飭州縣不得故犯，如尚敢違戾，許監司按劾。」從之。

四月五日，知會稽縣范嗣蠡言：「本縣諸鄉人户新 66 開田一千五百七十餘畝，苗米一百二十餘石，並係首正田米税。乞將徑行抵填延德鄉坍海田畝，免致減退省額。」從之。

十月九日，户部尚書楊倓等言：「州郡上供常賦，各有定額。昨建炎之後，州縣田土間有抛荒去處，合納二税遞年有開閣數目，蓋是一時權住拘催。自經界以來，今近三十年，其間豈無復業之人？而廣德軍昨來開閣之數，乃增紬絹至一萬一千四百餘疋，綿一千七百餘兩，折帛錢七萬三千五百餘貫。袁州開閣之數亦增紬絹至六千二百餘疋，并折帛錢二萬一千餘貫〔五〕。以江東、西兩路計之，虧失上供折帛錢五十餘萬貫，紬絹一十餘萬疋，絲綿一十餘萬兩。止緣州縣將合發上供錢及經界之後復業税賦暗行侵用，或

〔一〕旱：原作「早」，據本書食貨一〇之二九改。
〔二〕等：原闕，據本書食貨一〇之二九補。
〔三〕場：原脱，據本書食貨一〇之二九補。
〔四〕點：原作「典」，據本書食貨一〇之二九改。
〔五〕折：原脱，據本書食貨一〇之三〇補。

將人户未復業田土撥作職田、贍學之類，至於形勢之家侵耕冒占，不輸官税，妄以逃閣爲名，消豁租額。乞下江東路專委李正己，江西路專委周嗣武，將管下州縣見今逃閣錢物照應經界開閣數目，限一季驅磨覆實。取見逃閣田土坐落鄉村去處、畝角細數，令守、倅、令、佐各結罪保明，從所委官再委鄰州清（疆）〔彊〕官親行覈實，限兩月結罪回申。如有不寔，按劾，依法施行。其日前所減税賦免行送納，日後覈寔税賦數目，上供起發。」從之。

十二月十二日，臣僚言：「江東、西路頻年災傷，民户逃移至多。今歲圩田遭水，山田遭旱，朝廷寬卹，放免秋苗，展閣夏税。至今圩岸 67 猶未修築，流民未盡復業，若以經界後至今僅三十年不曾檢覈之事，一旦於目下荒歉之際驟然舉行，深恐擾民。蓋今户部（須）〔頒〕降帳式，要見物産坐落去處、晦步數目、近鄰四至，拋荒歸業，請佃請射姓名、年月，造帳供具，俾守、倅、令、佐結罪保明，仍立委鄰州官親行覈寔，即與昨來推行經界事體無異，勢須於州縣鄉村徧行根括，切慮民情不安，有轉徙之患〔一〕。欲望明詔且令兩路招集流移之人，俾悉復業，及措置賑濟。候來年豐熟，於農隙日即依所立帳式根括施行。」從之。（以上《永樂大典》卷一七五三二）

【宋會要】〔二〕

68 淳熙元年十一月二十九日〔三〕，中書門下省言：「人户合納租税，在法本户布帛不成端匹，米穀不成升，絲綿不成匹兩，柴蒿不成束者，聽依條時價納錢。其錢不及百，願與別户合鈔納本色者聽。訪聞州縣奉行不虔，吏緣爲姦，將合納零碎之數催納，已納者不即銷簿，重（壘）〔疊〕追理。」詔逐路監司常切約束，如有違戾，許民户越訴。

八月二十五日，臣僚言：「州縣催科兩税，自有省限。今之爲吏，以趣辦爲功，往往先期追擾，乞禁約。如有不依省限催科者，許民户越訴，重寘典憲。」從之。

三年十一月十二日，南郊赦：「山間及並溪田有（被）水衝決、堆注沙磧未堪耕作者，州縣尚依舊催理税賦，委無從出。可令逐路轉運司委官覆實，保明申尚書省，（母）〔毋〕致隱冒。」六年、九年明堂赦、十二年郊赦、十五年明堂赦同。內十二、十五年兩赦增入「坍江田土者」。

同日，南郊赦：「人户折帛錢，已降指揮合以錢、會中半輸納。訪聞浙東州縣循襲舊例，尚令納銀，高其兩數，重困民力。可令遵依指揮，只納錢、會。其合起輕齎處，仰官司自行取買。如有違戾，監司按劾以聞。」九年明堂、十二年、十五年郊赦同。

四年二月十三日，執政進呈大宗正丞劉溥奏：「近年

〔一〕徙：原作「徒」，據本書食貨一〇之三一改。
〔二〕此後原標「税」，又注「賦税」，乃是抄者注明本卷出自《大典》「税」字韻之「賦税」目，然其内容、時間均與前面相接，不需另立標題，故刪。
〔三〕按，此條月日次序與下條顛倒，當有一誤。

諸郡違法預催夏税，民間苦之。」龔茂良、李彦穎同奏：「此爲下户之害非細。但往年諫官[69]曾論此事，方施行間，户部長貳執奏不行。至去年春，言者又及此〔一〕，版曹復申前説，謂遞年四月、五月合到行在折帛錢共六十五萬貫〔二〕，指擬支遣，若不預催，恐至期闕誤。」上曰：「既是違法病民，朝廷須别作措置，安可置而不問？」次日，奏：「户部每年八月於南庫借六十萬緡應副支遣，次年正月至三月撥還。今若移此六十萬緡於四月上旬支借，則户部自無闕用，可以禁止預催之弊。」上喜曰：「如此措置〔三〕，不過移後就前，却得民力少寬，於公私俱便。」遂詔諸路轉運司行下所部州縣，自今並須依條限催理二税，如有違戾處，令監司覺察按劾。

四月七日，中書門下省言：「訪聞逃絶人户税租，縣往往不爲依條蠲閣〔四〕，及非逃絶人户持頑不肯輸納，州縣更不追理，抑勒保正代輸，顯是違法。」詔逐路監司覺察，如有似此違戾去處，按劾奏聞。

十一月六日，臣僚言：「今歲豐稔，州縣爲見米價廉平，抑令人户折錢送納，計所輸之直過於本色遠甚，民間反以爲患。乞戒飭州縣，令歲所納秋米並送納本色，不得折錢。如有違戾，重寘典憲。」從之。

十七日，臣僚言：「臨安府錢塘、仁和兩縣歲敷和買、折帛，下户常受其弊。蓋本色所直，不過四五千，折價所輸，其費七貫五百。方折納之時，上户惟務遷延避免，洎至〔間〕〔開〕場之日，爭欲全輸本色。折納之數常虧，官司無所取辦，勢必歸之下户。不均之弊，莫甚〔如〕〔於〕此。乞嚴降指揮，自今兩縣將[70]人户物帛合納本色、折錢各爲若干，分明散給憑由，官、民户於受納日並齎憑由，照數批鑿交納。若有侵納本色，不得理爲合納之數。」從之。

二十二日，詔前知崇慶府新津縣姜如晦、見任知縣路由古並特降兩官，路由古放罷。以成都帥臣劾其違法預借故也。

淳熙五年二月三日，臣僚言：「郡縣之政，其最爲民害者莫甚於預借。蓋一年税賦支遣不足，而又預借，終無還期。乞戒州縣勿復循例。如有違戾，監司常切覺察。」從之。

三月二十七日，詔：「四川總領所同逐路轉運司取見諸州軍未盡數減放折科夏秋税絹因依〔五〕，更相度與裁減。若於歲計却有妨闕，仰公共措置〔六〕，將諸州應干財賦通融相補〔七〕，開具以聞。」先是，四川安撫制置使胡元質言：

〔一〕及：原作「反」，據《宋史全文》卷二六上改。
〔二〕五月：原作「五日」，據《宋史全文》卷二六上改。
〔三〕措：原作「指」，據《宋史全文》卷二六上改。
〔四〕「縣」前疑脱一「州」字。
〔五〕放：原作「於」，據《宋史全文》卷二六下改。
〔六〕「仰」字原脱，「措」原作「指」，據《宋史全文》卷二六下補改。
〔七〕補：原作「捕」，據《宋史全文》卷二六下改。

「西蜀稅租折科之額，視東南諸路爲最重。如夏秋稅絹，以田畝所定稅錢爲率〔一〕，凡稅錢僅及三百則科絹一匹，不及三百者謂之畸零。其所輸納絹乃理估錢〔二〕，則準時直。當承平時，每縑不過二貫，兵興以來，每縑乃至十貫，是一縑而取三倍也。陛下軫念遠民重困，每縑裁定作七貫五百，然獨成都自淳熙五年爲額減放訖，其他州縣尚有未應昨來指揮去處，乞行下約束。」故有是命。

五月十四日，左司郎官陳舉善言：「一縣之財，自有(租)〔祖〕額。前此作縣者，適會歲豐，商賈流通，征酤溢額，零稅無虧，幸而增羡〔三〕，則獻之州郡，州郡以有所獻之數填於版籍，遂爲正額，歲取足焉。促迫之期，甚於[71]經常之賦，遂至於不可支。乞明詔州郡，將十年以來屬縣及場務所獻增羡爲正額之數者，盡行除豁，不得復有拘催。」從之。

七月三日，宰執進呈葛邲劄子，乞蠲除紹興府攢宮等處和買。上曰：「攢宮山地田園、泰寧寺賜田、延祥莊田產，已放免二稅，其和買，紹興府自合一併除豁，豈可科在人户？可並與除豁，具數申尚書省。」

八月三日，御筆手詔：「朕祗荷高穹眷祐，祖宗垂休，獲承太上之慈訓，修明治道，夙夜不敢荒寧。比年以來，五穀屢登，蠶絲盈箱，嘉與海內共享阜康之樂〔四〕。尚念耕夫蠶婦終歲勤動，賈賤不足以償其勞〔五〕，而郡邑或弗加恤，使倍蓰以輸其直，甚亡謂也。其令諸路監司嚴戒所部，應兩稅除折帛、折變自有常制外，當輸本色者〔六〕，(母)〔毋〕以重賈彊之折錢。若有故違，按劾以聞，當重寘于法。」其御筆令臨安府刻石，遍賜諸路監司、帥臣、郡守。

十月二十六日，詔：「户部長貳同臨安府守臣覈實攢宮、圓壇、養種花園、諸軍營寨、宮觀等處，及浙江昨因風潮衝打一帶江岸，其所管稅租，並與除豁。」

十一月二十八日，詔：「新漲沙田已起立苗稅，其陷江田地苗稅自合蠲免。令兩浙漕臣行下諸縣，供具詣實，申尚書省。」

十二月十一日，太平州言：「每年合理秋稅數內布、豆二(頃)〔項〕，本州不產，係折納價錢。近有詔旨，當輸本色者，(母)〔毋〕以重價彊之折錢。今本州民户乞照年例折納。」上曰：「不許折納價錢，以便民也。今太平州[72]不出布、豆，民間以納本色爲不便，願納價錢，可從民便。」其後平江府亦據人户狀，以本土不育蠶，乞依年例折納，申户部取旨。詔從民便。又言：「鄉户僻遠，所納米不多，不能般

〔一〕「爲率」及下句「凡稅錢」，原脱，據《宋史全文》卷二六下補。
〔二〕理估：原作「僅佑」，據《宋史全文》卷二六下改。
〔三〕羡：原作「美」，據下文改。
〔四〕與：原作「興」，據本書職官七九之二改。
〔五〕賈賤：原作「貫錢」，據本書職官七九之二、《宋史全文》卷二六下改。「賈」同「價」。
〔六〕當：原作「常」，據本書職官七九之二改。

擔赴官，欲聽從民便折錢。」從之。

六年二月十八日，詔：「州縣受納人户税絹，其不成端匹者，每尺並以一百文足折價〔一〕，從便獨鈔送納，不得過數增收及妄有騷擾。如有違戾，按劾以聞。」

七月十三日，中書門下省言：「已降指揮，第四、第五等人户不成端匹畸零税捐，許折納價錢。」詔：「如人户有願輳納本色者，聽從其便。」

七月十九日，諫議大夫謝廓然言〔二〕：「州縣違法科斂，侵漁日甚，其咎雖在於縣令，而督迫實由於郡守。縣令有爲監司所按，而郡守乃偃然自若。望臨遣監司之際，嚴加訓誥，或郡之過需於縣，縣之横取於民，悉行按劾，無詳於小而畧於大。又命臺諫稽其違者，從而糾之，正本澄源，則聚斂之風熄矣。」從之。

十月十四日，起居郎李木言：「乞將人户苗税合納憑由，各具合敷都數及紐計物力合納官物各若干，明以都數及則例載於憑由，令佐抽摘，照（藉）〔籍〕分鄉點檢，然後給散人户。不得妄有增減不實，及憑由之外又行科敷。並許人户越訴，令佐重寘典憲。」詔依，其憑由各差鄉、户長給散，不得追擾。

七年三月十一日，四川安撫制置使胡元質言：「鳳州梁泉、兩當、河池三縣并成州栗亭，以人户見耕牛具數目爲準均（數）〔敷〕二税，以是民間 73 畏避，莫敢畜牛。乞只以乾道七年逐州元籍定牛具爲科敷則例，自此如有新添牛畜，更不收入爲額，輒增科敷。」從之。

五月二十九日，吏部尚書王希吕言：「人户既典賣産業之後，止割税賦，如物力之類必至三年方許推排，則産去之户虚掛物力，横被追糾。又遠方縣邑有一二十年未嘗推排者。竊謂應人户典賣産業，令於推割税賦之際，即與物力一併推割。如係典業，即候他日收贖之日，却令歸併。」從之。

九年六月十四日，詔：「四川制置司及轉運司嚴切禁約所部州縣，不得預借。尚或違戾，按劾以聞。逐司奉行滅裂，亦坐失覺察之罪。」以中書舍人宇文价言：「蜀中四路猶有預借之弊，乞行約束。自今若知縣罷任，批書亦乞保明批『不曾預借』一（頃）〔項〕。」故有是詔。

九月十三日，明堂赦：「民間合納夏、秋税苗，訪聞州縣不遵三尺，往往大折價錢，致令人户艱於輸納；并將畸零物帛高估價，却往他處賤價收買，以圖剩利，顯屬違戾。可令監司覺察，（乃）〔仍〕許人户越訴。」十二年、十五年赦同。

同日，赦：「諸縣起解本州及上司財賦，各有立定窠名。訪聞諸州軍不恤縣道，逐時添立項目錢數，遂爲永額。可令目下改正。或有違戾，仰監司覺察，按劾以聞。」

十年八月二十四日，詔：「諸路州縣人户積欠二税，自

〔一〕尺：原作「匹」，據《晦庵集》卷二〇《乞聽從民便送納錢絹劄子》改。
〔二〕廓：原作「廊」，據《宋史》卷一七四《食貨志》上二改。

淳熙八年終以前特與蠲放，不許別作名色再行催理。自今若遇水旱，須管疾速檢放，其合輸錢帛、物斛，常切照限催74納，不得再有拋欠。如或違戾，户部覺察，具名以聞。」

十一年二月二十一日，户部言：「建康府申，乞將沙田許從官田所畫降指揮，與免十料催科外，其沙地、蘆場乞自初生年分起科催納税租。」從之。

十二年三月二十五日，宰執進呈權發遣信州鄭汝諧奏：「前知袁州宜春縣許及之陳述户長之弊，(今)〔令〕逐路州軍條陳經久利便、鄉俗所宜，申尚書省。臣今措置，將諸縣民户税錢仍舊分作三等，上等專差保正、副，中等充夏税户長，下等充秋苗户長。如及之所謂六不可催者寄産詭名者、産去税存者、遞年拒頑者、遠鄉武斷者、病無次丁者、逃移而户眼存者。皆已革去，逃、絶户税並行倚閣，本州自與承認。上三等并官户之税官中自催，不許入户長甲帳。創立詭名，並令鄉司并户長歸併。拒頑不納税者，許令户長申舉，別行追納。户長所催者，止是下二等户之税，必無代輸之患。貧狹鄉分税錢不多，止差保正、都副，並不差夏秋户長，只從本縣出給由子，開具人户合納税物，令鄉司分俵，許人户自作三限送納。敢違省限者，却行追治。」送户部勘當。本部契勘：「鄭汝諧所見陳，委得允當。其狹鄉不差保長，只(今)〔令〕知縣自催一節，竊慮知縣或非其人，必令公吏下鄉騷擾民户，或抑令保正催科，却爲非便。本部勘當，乞下信州，仰更切照應關防施行。」王淮等奏：「鄭汝諧行之信州，百姓甚利。但行之在得人，苟非其人，如75户部看詳，其他皆得允當，狹鄉不差保長，知縣自催，竊慮有吏人下鄉騷擾之患。」上曰：「可依户部勘當到事理，并下諸路州軍倣此，隨宜施行。」

十一月二十二日，南郊赦：「勘會催科自有省限，州縣往往不遵條法，先期預借，重疊催納，以致多出文引，非理追擾，或勒令保長代納。於受納之際，容令合干等人多端阻節作弊，倍加斗面，非理退换；洎至納足，不即給鈔。仰監司嚴加(寬)〔覺〕察，如有違戾，按劾聞奏，仍許輸納民户赴監司陳訴。」十五年明堂赦同。

同日，赦：「勘會已降指揮，淮南州軍淳熙十二年終合起上供分隸等錢物，並已立定分數展免，可將未納錢物並與除放。其已納在官之數，理充將來名下合納税賦。」

十五年八月十一日，户部言：「知紹興府王希吕奏：『淳熙十年六月十二日詔，紹興府蕭山縣新林等鄉被水衝塞田土三萬四千二百八十餘畝，合納苗税除淳熙十年以前免納外，仍自十一年爲始，更免二年，令止十三年起催。今據人户稱，乞依華亭縣仙山等鄉例寬展年限，乞施行。』」詔特免一年。

淳熙十六年四月十五日，詔：「紹興府將第伍等以下

户和買二萬五十餘匹權住催一年〔一〕，三省選委清彊官同監司、守令相度經久利便聞奏。」先是，守臣王希呂奏對：「兩浙路共管和買五十二萬七千六百五十四匹有奇，而紹興一州獨當一十四萬六千九百三十匹有奇。立法之初固（徧）〔偏〕重，而元科[76]則例，自物力三十八千五百以上爲上四等，合科和買；三十八千五百以下爲下五等，免科。後因臣僚言，自凡係五等有産無丁之户，與上四等户一槩均科，於上四等蠲減二萬八千三百三十匹有奇，均在五等十二萬二千九十四户，而五等下户物力自百文以上皆不免於和買。臣嘗從實挨究，見得上項和買爲詭户者不過八千餘匹，其二萬五十七匹有奇實係有産無丁，即非詭名，若不即與除放，竊恐重（因）〔困〕。」故有是命。

七月二十八日，户部言：「兩浙運副潘景珪奏：『今之和買，所在爲害。蓋緣官户及中産之家憚於物力之多，遂乃詭名挾户，於是第四等以上之民和買益繁，役次益頻。詭名挾户盡作第五等之家，非真第五等之户也。若非鄉司導之，則不能爲；非鄉司芘之，亦不能久。今若誘之以賞，威之以刑，烏有不可併者！在法，詭名挾户許人告首，告中者，給其産之半充賞。欲先告示，官書其户頭之名，許以三月自陳歸併。限滿不自首，鄉司能告者，亦與依條給賞。如或隱芘，致人告論，鄉司從（徙）〔徒〕二年，配千里。如此，則物力既分者可使復合，而第四等以上人户自然皆多，和買可以均及。乞下諸路運司行之所部州縣，照應見行條法遵守施行。』」從之。

八月十一日，臣僚言：「在法，未開場前兩月，縣置簿以申州，州印押下縣。蓋緣人户輸納，隨手便欲勾銷，若不先置簿書，臨期何〔以〕照證？或雖已印押，而[77]收藏以待錢足者，逮至到縣，納數已多，紛然壅併，縣吏得而邀阻。乞嚴戒州郡，今後夏税簿須管四月下旬到縣，秋税簿須九月下旬到縣。每收發税簿，須令州縣各申監司，庶幾有所稽考。或不依限收發，許監司重作施行。」從之。

同日，臣僚言：「在法，輸納税賦，官司必給税（田）〔由〕；既納之後，官司必給赤鈔，一付人户，一關本縣。比年以來，受納官當時印給赤鈔，或數日作一次印給，甚至一兩月不給，遂使納者逐時等待。户鈔既已如此，縣鈔不言可知。乞降指揮，未納税之前，須管出給税由。如由子内所説不應合納之數，許人户經所屬陳狀，限一日改正。其鈔須管當日給與人户，及關送本縣。其主簿須管鈔到即日勾銷。如違，並許人越訴，官吏坐罪。」從之。

九月五日，宰執進呈户部奏：「知紹興府王希呂申：『相度本府管和買一十四萬六千九百三十八匹有奇，於内擬豁，及候首併到詭名挾户，別行減額。』本部已看詳，合除豁減放共四萬四千二百八十四匹有奇，自淳熙十七年爲

〔一〕五十：原作「五千」。按，此處所稱權住催者，即下文王希呂所説有産無丁之「二萬五十七匹」。據此「五千」乃「五十」之訛，因改。

始，每歲以十萬匹爲額。又户部尚書葉翥奏〔一〕：『陛下欲蠲減紹興和買重額，先乞蠲減四萬餘匹，每歲以十萬匹爲額。減額既定，然後行均敷之法〔二〕。自四等至五等，各照見管田産經界紐計物力，一例均科。乞令公共集議，庶有定論，可以施行。』得旨：『紹興府和買，可於元額上先減四萬四千餘匹，令尚書省日下出給黄榜，付本府曉諭。78其均科一節，委(待)〔侍〕從詳議聞奏。』(十)〔本〕部契勘：緣今所減係指準支遣大軍，今欲將已減一半自行承認，其餘一半乞下封樁庫撥還價錢，付部收買。」從之。

紹熙元年五月二十一日，詔：「自今諸縣常賦出違省限，及諸色官錢逋欠數多，即仰州郡選爲本縣能吏一員專一催辦〔三〕，即不得輒差州官。或州吏下縣夤緣騷擾，稍有違戾，監司按劾以聞，坐以違制之罪。」從臣僚請也。

七月二日，兩浙運副潘景珪言：「臨安府仁和、錢塘、餘杭縣税賦、差役、和買，進册五本。户部看詳，除將和買册别作施行外，所是仁和、錢塘人户輸納税賦則例册二本，送臨安府參詳。本府照得係將兩縣人户田産均定夏税苗米、和買、役錢等則立籍。今參詳：夏税等各縣鄉村民户田地、山園等産色不同，雖有昨來經界立定高低等則，往往鄉民多有不知逐等合輸數目多寡，致被鄉司走弄作弊。今來降下進册内籍定民户産色等則，並係各縣照經界等則攢具置籍，以爲定額，别無增減虧損，委是經久利便。」詔本路州軍將錢塘、仁和兩縣進册内事理，各參詳逐州縣等則名色、起立税租因依，如經久可行，即保明供申朝廷施行。

十一月二十七日，臣僚言：「常賦二税支移折變，名色不同，而縣之官吏或受請囑，減此增彼，僥倖者衆。乞將應官民一體均敷，若官吏觀望請(屬)〔囑〕，暗與減免，致民户增加者，許其越訴。其官吏與獲減免之人，79並論以違制，仍依法盡數追納。」户部看詳，欲從所陳。從之。

二年二月二十七日，詔：「州縣凡人户和買紬絹，並令以下户諸都税錢係數科敷，不得分析都保。其折帛分數，並依舊法均紐，不得逼勒增添。其令鈔人户，仍於開場之日便與受納，無得邀阻，以待省限之滿。」從祕書郎孫逢吉之請也。

三月二十五日，工部侍郎、兼〔知〕臨安府潘景珪言：「竊見臨安府每歲合納和買，自宣和年間分下常州，而常州則又均下江陰。蓋是付江陰，在常州則爲屬邑，其後陞爲軍。(令)〔今〕常州者既以罷免，而江陰軍者除節次蠲放外，尚有二千五百四十三匹有奇。(令)〔今〕以臨安府之和買而分責之於江陰之民，則是一時權宜之制，安有物産在臨安府而和買在江陰之理乎？欲候至今年八月，將臣節省到浮費錢與江陰軍認納前項絹，每年於户部八月買絹場内盡

〔一〕翥：原作「葛」，據本書食貨六六之二五改。
〔二〕敷：原作「數」，據本書食貨六六之二五改。
〔三〕選爲：疑當作「選差」。

數收買本色輸納。如從其請〔一〕，乞下江陰軍免行寄買，日後不得妄有科敷。」從之。

四月二十日，詔：「郴州每歲折税錢，每石只（許）〔計〕二貫一百五十文足，永爲定例。」以本州言：「舊每石二貫五百文，自淳熙十六年減錢三百五十文，尚慮後來不相照應，再有增估。」故有是詔。

五月十一日，詔：「臨安府餘杭縣和買，自今以七貫以上至十八貫科絹一匹。」以本路提舉詹體仁言〔二〕：「餘杭比京畿所科倍重，欲展自七貫以上物力均敷，其不及七貫者，且與寬免。」故有是命。

二十四日，户部言：「[80]廣德軍奏：『江東路州軍以物力科敷預買，有百餘千敷及一匹，有七八十千敷及一匹者。獨本軍兩縣多者不下十千，少者六千有餘，亦敷及一匹，委實偏重。嘗稽考舊管預買紬絹二萬六千三百有奇，自靖康元年及紹興三年，兩蒙朝廷指揮，除豁逃閣一萬一千一百有餘匹。至紹興十九年，守臣貪功希進，妄乞增復預買一萬一千一百有餘匹，自是兩縣民力重困，人户逃移。乞將增復數内姑減一半，以三分爲率，漕司通融代納一分，自餘二分乞賜蠲減，少蘇凋弊之民。』本部照得，廣德軍乞將兩縣增復元額和、預買紬絹於内蠲減一半，除漕司已行承認通融代納一分，其餘二分若不與量行抱認，竊恐艱於輸納，却致科擾。欲將一分本部自行管認收買支遣，其餘一分下本州認數起發。」既而本軍奏，以土瘠人稀，所入微（簿）〔薄〕，無所從出，乞將上項一分預買權行倚閣。户部勘當：「將本軍認數一分（納）〔紬〕絹權免認發，於内將一半本部更自行管認，措置收買，一半下江東轉運司管認代納。」從之。

六月十一日，前知福州馬大同言：「催科自有省限，在法惟福建路夏税並自五月十五日起催，八月十五日納足。福州從來所催人户、寺院二税及上供四色等錢，並不照省限送納。乞將寺、户合納官錢並依省限，與展至秋成後納。」得旨，令趙汝（遇）〔愚〕看詳聞奏。既而看詳到：「寺院年額上供銀錢，遞年分兩限催納，[81]上限四月，下限八月。今上限展至七月，下限展至九月終。寺院年額合納助軍、軍器、酒本、醋課四色錢，遞年分四季送納，今作兩限：春、夏季展至八月終，秋、冬季展至年終。人户、寺院合納夏税産鹽錢，遞年三限：第一限五月終，第二六月二十五日，第三七月二十日；并轉運拋發産鹽，增錢應副本州支遣，遞年自三月爲頭，催至年終納足。今作兩限：第一限展至七月終，第二展至九月二十日。人户、寺院合納秋税米價錢，遞年分三限：第一限十一月二十五日，第二十二月二十五日，第三正月二十五日。今作兩限：第一限展至十二月初十日終，第二限展至次年正月終。向後年分以此爲準，至

〔一〕其：疑當作「所」。
〔二〕詹體仁：原作「張體仁」，據《宋史》卷三九三《詹體仁傳》改。

爲定法。如典吏輒有更易，並依條施行。」從之。

十月六日，知臨安府謝深甫言：「於潛、新城、昌化三縣秋苗並折納時價，本爲優恤山鄉人户，歲月綿遠，浸失本意。今每石折價五貫，歲事之豐歉，米價之低昂，一切不問，往往每遇樂歲，民反病焉。今乞將三縣秋苗價錢，每石只作四貫三百催納。」從之。

十一月二十七日，南郊赦：「諸路州縣不依條限推排人户物力，是致家業並無陞降。其間有産去税存之家，官司止據舊數催理官物，雖有逃亡，猶掛欠籍。可令知、通、令、佐究實除放。」

同日，赦：「應典賣田宅，如税契違限及契内減落價錢合倍税者〔一〕，可自赦到，並限百日許令自陳改正〔二〕，投納契税，與免倍輸。」

同日，赦：「兩淮州縣人户輸納 82 應干官錢，訪（問）〔聞〕官司逼勒人户，並要輸納官會，展轉收買，倍有陪費。仰兩淮轉運司行下諸州軍及出牓曉示，應干人户輸納官錢，並以三分爲率，二分見錢，一分官會。如違，許人户越訴。」

同日，赦：「人户典賣田産，自有推割條限，尚慮得産之家避免物力，計囑鄉司不即過割，却使出産人户虛有抱納。可限一月經官陳首推割，如違限不首，許業主越訴，依法施行。仍限半月監鄉司從實過割，或有未盡之數，勒令代納。違戾去處，仰監司按劾以聞。」

同日，赦：「民間合納夏税、秋苗，見行條法指揮並已詳備。訪聞州縣不遵三尺，往往大折價錢，致令人户艱於輸納；并將畸零物帛高估價直，却往他處賤價收買，以圖剩利，顯屬違戾。可令監司覺察，仍許人户越訴。」

同日，赦：「人户折帛錢，已降指揮聽以錢、會中半輸納。訪聞州縣間有抑納銀兩，重困民力，可令監司覺察按劾。」

同日，赦：「坍江田土，昨降指揮委官覈實。其山鄉邊溪亦有被水衝決、堆注沙磧未堪耕作田畝，訪聞州縣依舊催理税賦，委是無所從出。可令逐路轉運司疾速一就委官覈實，保明申尚書省，（母）〔毋〕致隱冒。」

三年四月十三日，臨安府言：「本府去年將第四、第五等下户和買夏税畸零折錢，每匹減七百，實收四貫五百。今來竊慮窮鄉絶谷之間去州縣既遠，人户揍鈔送納有所不便，或恐所折價錢尚高，未盡優恤之意。今欲每匹更量減三百五十，83 收正錢四貫一百五十，聽第四、第五等人户從便送納，庶幾稍優下户。」從之。先是二年七月，本府言：「錢塘等九縣合催和買、夏税物帛，上三等人户並係送納本色，其第四、第五等人户皆係下户，不成端匹，依指揮合納畸零之數，每尺折納價錢一百，每疋計之五貫二百。

〔一〕限及契：原脱，據本書食貨七〇之八七補。
〔二〕日：原作「司」，據本書食貨七〇之八七改。

目今絹價低平，則下户反重於上户。欲將第四、第五等下户未納不成端匹物帛，每〔匹〕權減作四貫五百，許令從便獨鈔送納，不得過數增收。」

六月九日，吏部尚書趙汝愚言：「西路六州布估錢、果州和買絹、邛蜀剩米錢、南平軍經總制錢、西和州豐草監馬草錢、洋州興道縣馬綱草料錢，乞明詔人户折納見錢者，皆許用七十七足爲陌，可以少寬下户。」從之。

八月十日，兩浙運使沈詵言：「臨安府餘杭縣物力敷納和買紬絹偏重，潘景珪乞不限物力若干，以物力三貫皆不能免。且如止戈一鄉，第一等田每畝物力二貫三百有奇，户内有田一畝一角，便合敷納四尺五寸以上，又不能無困於下户。今措置，欲將本縣零數和買六百八十二匹，本司每年抱認，並作折帛錢數徑赴左藏庫送納。其抱認數以二百八十二匹於最重止戈鄉，其餘於次重常熟、長安等鄉貧下民户除豁合納之數，每年爲錢四千四百三十三貫代輸。」從之。

四年四月八日，知臨安府袁説友言：「餘杭縣和買，下户不堪重輸。今欲撙節，每年與本縣抱納和買二千匹〔一〕，
84 一千匹係折帛錢，二千匹係本色。如許行抱納，當委官覈實版籍，別行均科，則物力減落三貫之户，自然必不科及。」從之。

十三日，南康軍言：「本軍星子縣田土瘠（簿）〔薄〕，和買最重，每税錢四百三十起敷和買一匹。已減絹二百九十六匹有奇，乞更行均減每一匹税錢二十，通作四百五十起敷和買絹一匹，計減和買絹六十二匹有奇。今別於軍縣官物内那趲，代星子縣人户輸納，永爲定例。」從之。

五年六月十六日，詔：「紹熙四年八月指揮住賣没官田産，如當月經前人户已買者，自合送納二税。如在八月以後未賣者，自合仍舊起理元租。」從臣僚請也。

紹熙五年七月七日，登極赦文：「人户輸紬絹〔二〕、斛斗之屬，既名納官，法不收税。訪聞州縣場務過有邀求，紬絹則先收納絹税錢，斛斗則先收力勝錢，循習成例，重爲民害。仰轉運司嚴行禁戢，仍許人户越訴。如有違戾去處，按劾聞奏。」自後郊祀、明堂赦亦如之。

九月十四日，明堂赦文：「坍江田土，昨降指揮委官覈實。其山鄉邊溪亦有被水衝決、堆注沙磧未堪耕作田畝，訪聞州縣依舊催理税賦，委是無所從出。可令逐路轉運司疾速選委清强官覈實，如見得不堪耕作分明，即與照數先次倚閣，次第結罪保明申尚書省，（嘗）〔當〕與除豁。如有將來可以興復去處，仰照應見行條法指揮施行。」自後郊祀、（堂明）〔明堂〕赦亦如之。

同日，赦：「已降登極赦文：『人户輸納秋苗，其起綱
85 脚耗舊有定數，訪聞州縣於正數之外加量斛面，增收點

〔一〕二千：據下文所述，當作「三千」。
〔二〕紬：原作「納」，據下文改。

合，名色至多，重爲民害，可令諸路轉運司嚴切禁止。如有違戾，許人户越訴，仍委諸司互察。』尚慮奉行不虔，仰轉運司更切嚴行禁止，毋致違戾。」自後郊祀、明堂赦亦如之。

同日，赦：「人户夏税和買紬絹，内紬合納本色二分，折帛錢八分，絹合納本色七分，折帛錢三分。訪聞州縣却侵本色分數，多敷折帛價錢，又不許人户依已降指揮以錢、會中半輸納，間有折納銀兩，重困民力。委轉運司多出文榜曉示，如有違戾，即行按劾，仍許人户越訴。」

同日，赦：「民間合納夏税、秋苗，見行條法指揮並已詳備。訪聞州縣不遵三尺，往往大折價錢，致令人户艱於輸納；并將畸零物帛高估價直，却往他處賤價收買，以圖剩利，顯屬違戾。可令監司覺察，仍許人户越訴。」自後郊祀、明堂亦如之。

十月十四日，詔：「訪聞兩浙、江東、西路和買紬絹，折帛錢折價太重，恐傷民力，朕甚念之。可行下逐路州縣，每匹權減錢一貫五百文，自來年爲始，權減三年，別聽指揮。其所減錢數，令内藏庫撥還一半，封樁庫撥還一半。」

慶元元年正月二十四日，户部侍郎袁説友言：「臨安屬邑凡九，而臨安和買之數視九邑爲最重，餘杭縣科取之法視九邑爲最弊。乞將餘杭縣經界元科之額配以絹數，不分等則，以二十四貫定敷一匹，衮科下，足額而止，捐其餘數，以惠末産之民。其臨安 86 縣之民，自今既有重科之害，又無餘杭衮科之法，皆謂上户詭挾之多，下户重輸之困，莫若用物力貫頭而均科之爲愈也。今以和買散在貫頭而均科，則向之無者所受必輕，向之有者所減必重。減重者可以有安居樂業之望，輕者不至興嗟怨之情，吏不得而制民，民無資於詭户，風俗趨厚，賦歛均平，此誠救弊之良策也。乞下臣此章，委之臨安帥、守詳度利害，如所陳不至繆妄，乞先行於臨安府九邑。儻行之得宜，然後諸路徐議施行。」詔令兩浙轉運司、臨安府限兩日條具奏聞。既而兩浙轉運司、臨安府奏：「照得起敷和買，其〔田〕産物力以田畝山園多寡紐爲價直，浮財物力以營運買賣見存（細）〔紐〕直科敷。今諸縣見敷和買各有等則，其間多有詭挾隱寄之弊。今來臣僚奏請和買以貫頭一體均敷，實爲公當，委是可行。乞先次備坐條法，出榜行下屬縣曉諭官、民户，將詭名挾户田産限一月首併，正其名户。限滿不首，許人陳告，寄産人一例依法施行，以其産給告人。則姦民詭户得以自新，庶幾諸縣和買一體均敷。」從之。

二月七日，權知郴州商侑奏：「本州四縣人户每年合納二税，内秋納馬草每一束一十三斤，折納正錢并頭子等錢二百五十五文，於正額外又有畸零草。緣以素來財賦闕乏，循仍舊例，不許人户合鈔送納，以致一兩一斤亦例納一束，皆是四等、五等以下貧乏細民坐此重困。乞自 87 慶元元年爲始，將本州諸人户除合納正草外，其畸零一斤一兩不及一十三斤之數，並（令）〔令〕合鈔送納。」從之。

二年十一月二十九日，封樁庫言：「紹熙五年九月十

四日明堂赦文，數内一項：『應典賣田宅，如税契違限及契内減落價錢合倍税者，可自赦到，並限百日許令自陳改正，投納契税，與免倍輸。』自降赦之後，承臨安府等處起到銀、會等約計一十萬五千五十餘貫。又承降慶元二年七月九日指揮放免倍税之後，自後全無起到錢數。訪聞州軍將收到上項首契税錢以謂元無立定省額，占吝侵用，不行起發。」詔：「令諸路轉運司自指揮到日，各行下所部州軍，督責主管官日下盡數起赴封樁庫送納。如有隱占違滯，仰本司開具官吏姓名，申朝廷取旨，重行責罰。」

三年十一月五日，南郊赦：「人户典賣田産，自有推割條限，尚慮得産之家避免物力，計囑鄉司不即(遇)〔過〕割，却使出産人户虚有抱納。可限一月經官陳首推割，如違限不首，許業主越訴，依法施行。仍限半月監鄉司從實過割，或有未盡之數，勒令代納。違戾去處，仰監司按劾以聞。」自後郊祀、明堂赦亦如之。

四年十月二十八日，權知廣德軍趙善譽言：「建康府科納和買絹輕重(例)〔倒〕置，或本色，或折錢，小民重罹其害，官司玩以爲常。紹興間，每和買一匹，紐價錢五貫文省，人户納〔錢〕，官自買絹。絹帛(錢)艱得，官不能辦，則令上户納本色，下户許折 88 錢，謂之優恤下户。錢與絹適年〔一〕，人户共輸，未見其有異辭也。近年以來，居民蕃庶，蠶桑(寢)〔寖〕廣，綿帛頗多，絹每一匹只直錢二貫二百文足，并納官頭子、縻費錢六百文足。而上户納本色如初，下户折錢亦如初，并頭子、縻費共計錢四貫四百五十文足，比之上户，多用錢一貫六百五十文足。謂之優恤下户，可乎？若是，則送納和買非惟失立法本意，而下户重罹其害。昨蒙朝廷指揮，每一匹權減錢一貫五百，三年爲滿，合至慶元四年復行拘納。前政守臣趙彦逾以積到公庫錢，又與民間代輸一半，合至(米)〔來〕年照元數起催。乞行下建康府，將人户和買自慶元五年爲頭，或本色，或折錢，不分上、下户，衮同均納。謂如上户遞年十匹皆是本色，今納本色五匹，餘五匹折錢，下户亦如之。庶幾積年弊害一旦革去，而下户和買每匹減得緡錢，供輸均平，細民被惠。」詔令本路轉運司同建康府守臣公共相度，措置申尚書省。

十一月四日，臣僚言：「竊惟德澤流行，當自近甸始；寬恤近甸，當自越之和買始。臣嘗究本州和買元額之數，凡十四萬四千有畸，蓋以物力高下而均敷之。豪宗大姓迺隱寄田産，詭名挾户，巧爲避免，是致不能均一。如會稽縣曩時物力纔及十七貫以上，即輸絹一匹，其重如此。自淳熙十六年，臣僚乞蠲減四萬餘匹，止以十萬爲額，固足以寬民力矣。雖當時關併詭户，每科一匹，各增物力錢若 89 干貫，然奉行以來，曾未數歲，弊端復啓，吏胥走弄，暗有虧減，豪右詭挾，寧免(田)〔因〕仍。臣恐一二十年之後，逐縣所敷之額，物力貫數，(寢)〔寖〕復仍舊，則是朝廷蠲減之數

〔一〕適年：疑當作「適中」。

徒爲虚賜耳。況其推排物力之際，弊出百端，陞降增減，初無定數。富室輸財，必欲銷減；鄉民執役，互相隱藏。迺若深山窮谷之民，一器用之資，一豚彘之蓄，則必藉其直以爲物力。至於農甿耕具、水車，皆所不免。幸其貲直之有十數千，則纖悉括責，必欲敷及一縑而後已。夫民生（曰）〔田〕里間，家貲不滿十數千，將何以衣食之給？設幸有之，而又責以輸帛，則是驅而歸諸窮困之域，其可乎？臣以謂計畝科納，此策最爲均平。蓋物力則陞降不常，易（放）〔致〕生弊，田里則頃畝一定，無以容姦，此理較然甚明。前此（逮）〔建〕議者亦（婁）〔屢〕及此，而卒以見沮者，其説有二：豪民上户折産詭挾者不樂，桀吏（點）〔黠〕胥欺謾隱庇者不樂。而或者之説，又有所謂：『兩税履畝，乃是常法；和買輸帛，此特科名。』臣不知今之所謂和買者，其與兩税有異否乎？夫督趣如期，以備經費，民輸納習以爲常，亦既與〔夏〕税等矣。今莫若使之計畝頭均科，如田一畝，則輸和買若干。此數既敷，雖典賣推排之際，皆不可得而改易，況有田則有税，將復何議？而不猶愈於括細民生生之具以成物力，而使之均受其病也哉！乞行下紹興府措置，條具聞奏，以爲一州永遠之利。」詔依，務在必行，自來年爲始，先次 90 開具本府屬縣均敷數目，限一月申尚書省。臨安府準此。

十二月四日，臣僚言：「恭覩朝廷欲行均科和買之法，闔郡士民爲之鼓舞，大抵人情趨利避害，不約而同。夫詭户避免科役，一家苟得其利，則千萬家之民俱願爲之矣。今貧民皆抑而歸於上户，貧民豈能自拘尺寸之土？所謂五等下户者，大率多詭户也，其五等者十未有一。而又有鹽亭户，和買亦從蠲免。民之有産業者，不折而爲詭户，則隱寄於鹽亭户之家，此闔郡之人所共知也。若夫一例均科，則實不便於郡縣官吏及詭户之家。若均科之法不行，則是科敷永不及於詭户，而貧民之不爲詭户者每被重科，而不知其由。又有至下之户，平時賂不及於鄉胥，則每每亂行飛攤，令被和買。俟其陳理，則其費已數倍於供輸，往往甘心出納而不辭。今之言者曰：『今之科敷，不過上户所科者多，而五等之户得免。若計畝均科，則下户皆及之矣。』其説雖以爲一時欺罔之論，而實不然，何則？詭名多則畸零多，畸零多則爲縣道之利。上司州郡配抑縣道，縣道出無所從，全仰於畸零。今既不爲詭户，則畸零不足以供億，此縣道之所不願爲也。計畝均科，則具見數目，鄉司何由而爲姦？且以縣科萬匹之外，不敢多科一匹也。今科敷之數悉出於鄉吏，自一家論之，今歲科五匹，來歲加其半可也，後歲倍之亦可也，又後歲悉蠲之亦可也。額科萬匹，雖科 91 萬五千匹，民何由而知？神出鬼没，盡由其手，此其被科者之害如是而已，不被科而爲詭户者，民豈能自爲之耶？不由胥手，則不能爲之矣。且如一家一歲因詭户而得免百緡之賦，則常以其十五以酬鄉胥。不然，則來歲歸併其詭户而重科之矣，雖形勢户不敢不與也。其爲

鄉司者，上則有監司、巡按、通判、決獄職官行縣之擾，州郡醋錢之科，下則有令佐、當直接送筵會果卓之需。至於過客排辦，郡吏憑由〔千〕〔干〕照，日追月索，殆無虚時。使一歲如此之費當千緡，則此輩取於民者萬緡矣，當萬緡則取千萬緡矣。由是一歲和買之數，非倍取之則不足以償其費。兼安撫、提刑、提舉司及本府、縣公吏詭挾尤多，日於官員之前多端獻説，皇惑其聽，沮格上命，斷不肯行使。下情不得上通，上恩不得下達者，蓋由此也。今爲計畝均科，〔由〕〔田〕産和買之法，計貫均科，浮財和買之法，實便於民。其間偶有小小節目，奉行官吏往往便得以藉口，不思經畫之法，遂以爲不可行。假如一邑之内管田畝若干，合科和買若干；管浮財物力若干，合科和買若干。略加稽考，便見每畝若干，每貫若干，當科和買若干矣。若鹽亭户之免科敷，則當制爲限田之法，加入『納官鹽若干，免納科敷若干畝』，若逾此數，則當悉隨田畝科敷，則不可得而隱寄矣。此其大畧也，舉而行之則守、令。豈無講究能悉其詳者，庶爲鄉邦無窮之利。」詔令汪 92 義端取會屬縣照應已降指揮〔二〕，疾速條具聞奏，不管滅裂。既而義端條具云：「今臣僚所請和買絹不論第一等至第五等户，並用畝頭上物力均科。夫用畝頭上物力均科者，非謂每畝敷及若干尺寸也，蓋用畝頭上物力數目〔細〕〔紐〕計均科。以田産有肥瘠，自來分爲數等，且如第一等膏腴田雖與第五、第六等步畝一同，而好怯有異，所以從來不用步畝均敷，而却用畝上物力均敷。謂如會稽縣雷門東管第一鄉第一等田每畝計物力錢二貫七百文，第二等二貫五百，第三等二貫文，第四等一貫五百文，第五等一貫一百文，第六等九百文。田畝有好怯，故物力有高下，不可一槩科也。先來第四、第五等人户田畝物力錢若干，又浮財物力錢若干，衮搭計物力錢若干，即科和買一匹。坊郭雖不同，大率亦用此等則科納，蓋是用畝頭上物力均科，非是用每畝均科也。今欲行臣僚之言，即合照舊例用畝頭上物力均科，謂如田産上物力一貫，即科和買絹若干，非謂一畝即科和買絹若干，蓋上等與下等田産物力錢不同。今用田産等則物力均敷，即亦係計畝均敷之謂也，八縣自來如此用物力錢均敷。議者多謂紹興府無真下户，〔正〕〔止〕皆是詭户，其實亦不然。所謂下户者，非謂全然貧薄無衣食之小民也。謂如諸縣人户物力錢不及若干貫不科和買者，即皆是中、下之家，豈得無些少産業？若詭挾之 93 户固有之，而中、下之家亦不能無也。今會稽縣第五等户元不應科和買者計五萬二千五百五十八户，山陰縣第五等户元不應科和買者計六萬七千七十五户，他縣大畧皆同。此乃其間實有下户，不皆詭挾之人也。自中興以來，和買不及於下户者，爲下户元不曾納錢而請和買也，恐其間實有小民被科者爾。第四等户以上雖科和

〔二〕義端：原作「端義」，據《文獻通考》卷二〇乙。下同。按汪義端時知紹興府，見《嘉泰會稽志》卷二。

買，雖曰賦重，然皆是衣食得足之家，雖被科敷，而必無流徙之患。今若均於下五等户，每丁既有丁絹矣，有丁綿矣，有丁鹽錢矣，今又欲減上户和買絹復均於其家，則是以一小民之身，些少(簿)〔薄〕瘠之産，而納數項之稅賦，此其所以爲難也。況今者用畝頭均敷，則上户頓減，下户頓增，他日或艱輸納。今日臣僚之請，謂不於畝頭均科，恐詭挾之户日甚一日，他日又費關防。但今日更思優恤下户，則用畝頭均科，亦何以爲不可？參之衆論，優恤下户之說有三焉：一者，下五等户見身丁絹、丁綿、丁鹽錢三項，其丁綿、丁鹽錢向日亦曾具申尚書省，欲從除(滅)〔減〕。今若未從除減，則欲乞將下五等有丁有産人户身丁絹與和買絹衮同，盡均敷於第一等至第五等産業畝頭物力之上。蓋第四等以上人户和買絹既均敷在第五等人户之家，則第五等人户亦合衮同以丁絹均科在第一等至第五等畝頭物力之上，庶幾於理爲均。謂如會稽一縣，若以畝頭上物力均敷和買，則第 94 四等以上户計有減退和買六千一百六十六匹二丈二尺二寸，入不應科第五等户均受，其第五等身丁絹，却計有四千四百一十六匹一丈二尺。又有三千三百五十三丁係有丁無産者，爲丁絹計三百五十二匹二尺六寸，既是無産，與今來畝頭均敷和買即無干涉。又自來例科身丁絹不欲改動，欲仍舊每年科在有丁無産之身外，有丁有産者爲丁絹止有四千六十四匹九尺四寸，却欲將此絹并和買絹衮同盡均在第一等至第五等人户畝頭物力之上。以均丁絹論之，則上户止受下户丁絹二千五十五匹一丈八尺六寸，却自均受丁絹二千八匹三丈八寸，而又受過上户和買六千一百六十六匹有零。他縣亦大畧相似。若以此二項絹衮同均敷，則上户尚不勝其優，而有産丁户租得免每丁納身丁絹一項而已，是亦略所以優之也。他縣亦欲照此均(數)〔敷〕。或者謂上户尚爲優輕，若盡以下户丁絹均於第四等以上户畝頭物力之上，而第五等户止受(令)〔今〕來和買絹數，則稍爲均平，但恐上户必生詞說，有不肯受，故不得已，須用一槩均敷焉。二者田産物力與浮財物力皆不同，雖向者衮同均科，然亦分開，各自有數。今者第五等户既受畝頭物力和買矣，不可更以浮財物力科及於第五等户。蓋浮財物力不比田畝物力，田畝物力財可以詭託於交易而走弄，浮財物力一經推排之 95 後，其數遂定，不可走弄。且以第四等户以上言之，浮財物力推排之際，東家減退，即歸於西家，額不可走，衆不可欺，議既已定，人自無辭。三年一次推排，衆共認定之後，不似田産日日可以走弄。今若以畝頭物力、浮財物力一例均科於上四等及下五等人户畝頭之上，則上户重疊有減退之幸，下户重疊有科敷之擾。若欲以浮財物力分出自科，上户與下户並皆不免，則上户浮財物力營運有至數千貫者，坊郭(九)〔尤〕多，豈可畝頭上既已減免，而於浮財上又復減免？下户只些小家活，正如前日議臣所謂生生之具者，畝頭既已受和買矣，豈可於些小生生之具又復科納？則是重疊受科，於理

甚明。今欲將逐縣浮財物力所分出和買絹，仍舊只均敷在上四等已籍定浮財物力之家。蓋上四等户并坊郭等户率是浮財物力多而田産物力少，前來具申，亦已詳盡。今只欲照舊例均敷於第四等以上已籍定浮財物力之家，乃所以見重本抑末之意，與今來議臣所謂均科畝頭和買自與浮財和買項目不同。如此處置，庶幾下户不致重困。然諸縣又有不同，如諸暨、蕭山兩縣之下户浮財物力稍多，見今管物力二十萬貫，又當别行措置。若今來已經科定(於)〔和〕買之後，自第四等人户出産與第五等人户者，却隨産仍舊科納。鹽亭户元不科和買，或者以爲亦有詭户在内規免，後來鹽亭户有續置96産業，却依編户科納和買。今用畝頭均科，若欲稍優鹽亭户，未審合與不合比編户且與折半科納，庶幾規免者亦少，又於田畝科納者亦均。又八縣有坍江溪及逃絶没官田産，所管物力尚多，遞年除豁和買，今既欲用畝頭均敷，則此項不容不覈其實。乞行下令諸縣知、佐同共前去地頭，須管審實，結罪保明，從實均敷，庶幾不致走失官物。如有隱庇分毫不實，乞從朝廷黜責。上件利便或可行或不可行，一聽詳酌指揮施行。」詔鹽亭户除元不科者仍舊，續置産業自合均敷，餘並依條具到事理施行。

慶元五年四月二十九日，臣僚言：「竊謂民間二税，自有經常，夏納絹帛，秋輸苗米，合從本色，難以折科。比來州郡多於本色之中分爲等降，或科小麥，或敷糯米，已(爲)〔非〕法意。然猶有可諉者，曰將以爲酒政之資耳。今乃復於折米、麥之外變納價錢，麥一石或折錢五千，米一斗或納錢七百，計其價直，何止倍輸！其間糜費，抑不止此。編民畏懾，赴愬無從。乞今後州郡折科或抑配令納價錢，許民户越訴。」從之。

七月十二日，臣僚言：「建康府科納和買，輕重(例)〔倒〕置。所納和買絹，或本色，或折錢，小民重罹其害。乞下本府，將人户和買自慶元五年爲頭，或本色，或折錢，不分上、下，衮同均納。謂如上户遞年十匹皆是本色，今納本色五匹，餘五匹折錢，下户亦如之。庶幾積年弊害一旦革去，供輸均平。」詔令本路轉運97司同建康府守臣公共相度，措置申尚書省。既而知建康府錢象祖等措置到：「本府管下五縣，數内上元、江寧、句容、溧陽四縣所理和買，除第五等人户免科，其餘人户各不分上下，並納一半本色、一半折錢。所有溧水一縣和買，本縣舊米絹價高貴，遂令上户送納本色，下户折錢，本爲優恤。近年絹價低平，折錢數重，下户艱於輸納。欲將溧水縣所理和買從今來臣僚所奏，不分上下衮同，令人户各納一半本色、一半折錢，庶得均當。」户部勘當：「從相度到事理行下本府、江東轉運司遵守施行，毋致違戾。」從之。

九月二十九日，工部侍郎、兼知臨安府朱晞顔言：「竊見仁和縣有倉基、糴場、營寨、宫觀、菴寺、城基、酒庫、官廨之屬，凡四十七處，皆民間花利，既無所收，税賦自無可納。并經界以來，遞年造簿，鄉司因緣爲姦，或推多收少，或産

去税存，或於項内隱落户名，或於總結不具實數，與他虚抱税額，亦復不少。本縣據簿執爲定數，取（辨）〔辦〕户長，鞭笞禁繫，至有破産填償。故户長（輸）〔輪〕當差役，則預先鬻賣田産，甘爲遊手，或輕棄屋廬，逃竄他鄉。前後百姓訴之縣官，縣官告之州郡，而州郡以財賦所在，不肯蠲放。本縣嘗乞除豁，遂委官覈實，見得既已産土不存，而隱落在民者又無細民可考。本縣雖抑勒保長典賣倍償，而所納税租皆不及數，其爲民病亦甚矣。今以仁和縣一歲合出豁之數計之，秋苗二百三十 98 九石九斗一升五合，係送納府倉；夏税五百二十五匹三丈二尺一寸，本色畸零（斛）〔解〕納府庫。本色已自行抱認，行下本縣揭榜盡行除放外，有夏税折帛六十二匹三尺八寸，即係合發上供之數，乞行除豁。」詔將合發上供夏税折帛六十餘匹，令臨安府抱認，餘依朱晞顔所奏事理施行。

六年四月八日，知建寧府傅伯壽言：「本府七縣，年額管催秋税苗米八萬一千九百餘石，逐縣各就上三等人户合納糙米内折科糯米三萬三千餘石。蓋緣本府當來置坊造酒出賣，上件糯米並納本色，應副酒務支用。至宣和年間，税户何宰等列訴本府出地出産稀少〔一〕，難於輸納，乞罷官酒，改行萬户，情願折納糯米價錢還官。畫旨許民從便。是後糯米不納本色，每石折納價錢二貫三百文，轉運司於内撥净利錢二百文足并義米一斗，還提舉常平司拘收。後因本府支遣官兵請給不足，紹興十九年、三十一年節次奏申朝廷，就轉運司撥還本府交納支遣，共管價錢六萬二千七百餘貫省。後來本府又因添揀汰使臣、歸正忠順、添差等官請給數多，及遇水旱饑歉年歲苗米數少，不足支遣，遂增收和糴，不論户之等第，一例送納。下四等、五等貧乏之家緣此重困，多致破産。和糴之弊已三十餘年矣，從前官司因循舊例，憚於更改。欲免行和糴，歲計闕米支遣；若欲罷去科納糯米折價，則又以已曾奏申朝廷，不 99 敢改易。若欲掃去積年之蠹，以寬一方之氓，合將本府七縣元就上三等户敷納糯米折價之數盡行免科，而人户管産合納秋苗，盡照條例敷納本色糙米祖額，却將和糴並行住罷，此寔澄源正本之義。又況賦歛有常法，若以苗折糯，却再紐折價錢，未免違戾。本府初因造酒，科納糯米，後又折錢，既而闕糧，遂增和糴。今既酒不造矣，何名而敷納糯米哉！與其反覆紐折，而至於和糴，苟取於民，下户久被其害，不若只還糙米舊額，乃是國家立定財賦，即非官司過爲掊尅。其名甚正，其勢甚順，非惟可以寬恤下户，從此獲免和糴之害，而〔貧〕富之家税賦適均，無有不平之歎，誠爲久遠無窮之利。在本府雖減上件糯米價錢，而糙米盡納本色，所入增多，歲計即無虧損，不至有闕支遣，及於本路諸司財賦並無相妨。只有合發還提舉常平司净利錢共五千九百餘貫，若盡納糙米，所收義米及折納價錢，比之糯米净利

〔一〕出地：似當作「土地」或「田地」。

可以補還大半。所虧之數不多，本府合與照額抱認補足，以此易彼，其利甚博。乞下改正施行。」中書後省看詳：「欲乞下本路轉運、提舉常平司相度，申取朝廷指揮。」從之。

六月二十四日，臣僚言：「國家設爲折科，名目不一。姑以夏税言之，自本色之外，均其分數折爲錢、會，或爲銀兩；自折錢之外，以所餘本色較其産錢折而爲綿，非綿則麥；其本户産錢之不多，則聽輸本色，歲有定額，未嘗增益，[100]非不公也。惟是州縣之間奉行不虔，謂如版曹以元額之數敷之於州，州則增元額之數敷之于縣，縣則增本州之數科之於民，上、下遞增，莫有窮已。且以一尺之折帛比一尺之本色，則折帛之輸，幾倍本色矣。而州縣又有所謂折帛綿，又有所謂折麥錢，又有所謂本色折錢。夫折帛綿者，如折帛已敷足數，而又就其折帛數内分其餘錢折而爲綿，故名之曰折帛綿。反覆紐計，比之輸納本色，三倍其數矣。以一斗之麥與縻費使用，其直不過三環而已；若論折錢，每斗非七八環不可也。是輸納折麥，又不知幾倍於折帛。其他如折綿、折馬料之屬，不一而足。凡絲綿之有零分則納兩，絹之有零寸則納尺，米麥之有勺合則納升，困於重斂，莫甚於此。此折科太重之弊也。國家立法，三歲一推排，蓋欲均貧富也。使占籍於（卿）〔鄉〕者，富而進産，則在所陞；〔貧〕而退産，則在所降。截然不紊，皆合公議，則州縣之間，差役自然公平，輸納自然均一，此國家之良法也。惟是以州縣之間奉行不虔，武斷豪民乘此報怨，家富而當陞却與之降，家貧而當降却與之陞，田畝則走弄等則，房賃則變易間架，姦弊百出，爲害日深。至於浮財營運，尤爲民蠹。如店庫、生放、營運之大也，有店庫則合排以店庫營運錢，有生放則合排以生放營運錢。儻或店庫停閉，生放折閲，則所排之錢自合隨即銷落。蓋緣州縣以所排之錢將貫頭擁[101]定，以充吏禄，而又利其寬餘，別行移用，每遇推排，斷不減損元數。如父、祖有營運之名，經歷數十年之後，子孫陵替殆盡，尚隸等第之籍，兩料役錢，逼令陪納，遂皆逃移異鄉，莫能自存。其間雖有祖、父所遺屋業，急於求售，人以户籍尚存，不敢交易寸椽片瓦，終歸摧敗而後已。此推排不實之弊也。乞令户部逐一檢坐累降指揮，嚴行約束，痛革此弊。所有折科，則只從元數科抑，不得重疊紐計；及合零就整，仍於所納朱鈔内分明開具。至於推排，則除田畝、房賃自有成法外，其餘營運浮財委是停閉銷折，隨即減落，不得虚樁，責令出納。所有州縣吏禄錢，亦不得於家力錢貫頭數均敷，以資妄用。如有違戾，各許赴臺越訴。」從之。

嘉泰元年十一月二□□日，寶文閣學士袁説友言：「竊見紹興府輸納和買之法未能均一，今亦得其説矣。夫以畝頭科敷和買，止欲革上户詭挾之弊，唯其併及於真下户，不能無辭。夫以上户代納身丁，止欲補下户創科之數，唯其畧無限節，故上户亦不能無辭。今若令有丁有産真下

户仍舊自納身丁，却與照嵊縣等五縣例，物力十五貫以下不科和買，别作一籍拘其陞降。所〔請〕〔謂〕無丁有産下户，多是詭挾，仍以畝頭均敷。如此則上户無詭挾之弊，下户無創科之擾，而且無規免身丁之患。夫欲下户自十五貫以上起敷，蓋越民真下户十五貫〔昔〕〔者〕絶少，今若不拘定 102 物力十五貫以上起敷有丁有産，而以舊例三十八貫五百以上令出納，又恐將來有丁之上户復作詭名身丁，〔折〕〔析〕其産爲下户，以避免和買矣。乞下浙東帥、憲、倉三司詳議，如臣言可行，即乞保明具奏，遵守施行，自嘉泰二年爲始。庶五等之户所輸均平，可以久遠施行。」從之。

十二月六日，臣僚言：「臣聞有丁則有役，有田則有賦，有物力則有和買。今有物力雖高而和買不及者，寺觀之長生庫是矣。臣詢其故，始因緇流創爲度〔增〕〔僧〕之名，立庫規利，相繼進納，固亦不同。今則不然，鳩集富豪，合力同則，名曰『鬬紐』者，在在皆是。嘗以其則例言之，結十人以爲局，高下資本，自五十萬以至十萬，大約以十年爲期，每歲之窮，輪流出局，通所得之利，不啻倍蓰，而本則仍在。初〔無〕進納度牒之實，徒遂因緣射利之謀耳。乞行下諸州縣，應寺觀長生庫並令與人户一例推排，均敷和買，則託名僧局、〔門〕〔鬬〕紐財本以罔市利者，亦將無所逃矣。」從之。

三年七月十七日，侍御史、兼侍講張澤言：「民有常産則有常賦，其間逃荒、絶户每既經州府及漕司除豁，則凡鄉司具出，無非見存田産。今乃具逃絶税賦責之税長催納者，蓋由見存之産往往多爲姦豪及公吏等冒占耕作，輒計囑鄉司妄作逃絶隱庇，不復輸官。又有鄉〔司〕兜攬人户錢物用過，故不具出，是致走失正額，却雜催逃絶以致足正數〔一〕。且責税長以催見存之賦，尚且艱難，103 若委是逃絶，何由可足乎？今州縣姦猾類多隱寄田産，避免差役。善良小民有數畝之田，即彼差催税，已不勝其苦，又逼令填納逃賦，至壞其生理，果何以堪？乞下臣此章，申警監司、郡守行下屬邑，照據版籍根括鄉村田産，著實見存，然後見具手簿；並責典吏保明，長官印押，然後責令税長催納。如將逃荒、絶户錯雜在内逼令填納，致被陳論發覺，即仰監司、守臣按奏，長官則重行黜責，典吏則當從決配。」從之。

十一月十一日，南郊赦文：「佃户租種田畝，而豪宗巨室逋負税賦，不肯以時供輸。守、令催科，縱容吏胥追逮耕田之人，使之代納，農民重困。仰監司嚴行禁戢，如有違戾，〔計〕〔許〕被擾人越訴，將守、令按劾施行。」自後郊祀、明堂赦亦如之。

同日，赦：「户長催夏、秋二税官物，今訪聞官司先〔勤〕〔勒〕令户長空納在官，及將逃亡、死絶之户無催官物勒令填納，並是違法。〔令〕〔今〕許充役之家越訴，仍仰監司常切點檢覺察。」自後郊祀、明堂赦亦如之。

〔一〕致：疑誤。

四年二月十七日，臣僚言：「州縣之吏每於二稅起催之時，再易簿籍，弊倖多端，非一而足。如（下）〔夏〕稅則有本色，有和買，而折帛又有綿、麥之類。若每歲科配，以逐户物産各依則例從實紐計，自有成規，毫髮不可增損。今乃不然，縣胥旁緣爲姦，出入走弄，陰奪巧取，額外多科，縣官利於取贏，恬不爲怪。至于秋稅所科苗米，則多以粳而變糯，以糙而變白。此猶可也，又於下户畸零所104納，斂之甚苛，既自合以從升，又因升而起耗。猶以爲未足也，或夏稅所輸（米）〔未〕及分數，則折納多增價錢；或人户折納已無欠逋，則復作少數追擾。若夫役錢，春、夏二料止隨物力起（料）〔科〕，尚多增添，其他弊倖，抑又可見。乞詔户部行下漕臣，令所部州軍每歲於屬縣催科二稅之際，預令開具各縣人户所管常産、本年合納逐色官物并本色折錢之數，及係作何若干科敷，每户出給稅由，總列實數，使憑輸納。仍先期結罪，具申漕司，牓諭逐縣人户通知。或有妄增，許民越訴，重寘典憲，務在必行。」從之。

開禧三年七月二十四日，臣僚言：「臣聞賦稅均平則通行無弊，（後）〔復〕除者衆則（名）〔民〕始告病。夫天下所謂占田最多者，近屬、勳戚之外，寺觀而已。和買、役錢與夫諸色雜科之類，皆因畝頭物力起敷，近屬、勳戚或有所挾，而寺觀亦間出於一時之横恩，乃以特旨而蠲免。今近屬、勳戚之家既免之矣，旁及姻親、詭名隱寄，並緣爲姦，亦從而脱減。寺觀給賜之産既免之矣，在法不許增置，而捨施交易，兼并無已，往往倍蓰於初。其蠲免既多，則上供、送使、留州之數必轉而抑配於其他，遂使賦斂煩重，歲增於一歲，民生益艱，朘削而無餘。況其間詐僞百端，固有本非特旨而假借獲免者，豈不大爲民困？乞令諸州刷具管（丁）〔下〕諸縣有以近屬、勳戚、寺觀而蠲免和買、役錢、諸色雜科者，並索上敕黄真本照驗，截自元降指揮日105以後，其增置田産並行均敷。內有蠲免一（頃）〔項〕名色如和買或役錢之類，不得影帶併免其他科折。如或本非特旨，因假借（爲）〔僞〕冒而獲免者，即與改正。」從之。

嘉定五年二月四日，臣僚言：「竊惟州縣匱乏之由，未有不自預借始。夫預借，非法也，頑民豪户樂與官爲市，於是易預借之名而以寄庫爲説。官司急於趣辦，故未及省限而敷借於民；民幸官司之急，故不言名色而輸於官。當催夏絹，則曰有錢在官；及督秋苗，則曰未曾倒折。所寄者纔一半，而所逋者亦已半矣。加以吏胥之爲姦，紐折之減價，頭合等錢之欠折，滲漏之端，未易槩舉。若是，則縣道匱乏，夫復何怪？是豈可不思所以革之乎？厥今預借之弊，在在有之，而江西特甚。乞賜申嚴行下諸路監司嚴切禁止，凡諸縣催科二稅，須照省限。庶幾在官無財賦失陷之弊，在民無交涉關望之姦，預借之弊除，而輸納之名正。」從之。

五月三日，監察御史金式言：「縣道催科，全（籍）〔藉〕簿書；人户輸納，惟憑（未）〔朱〕鈔。簿書不齊，則無以銷

注，鈔字不明，則難以照用。所在夏、秋二税，必先攢造版簿赴州印押，然後給下。今州縣吏胥印押，皆有常例，鏹不至則板簿終不發下，坐此縣道勾銷常是後時，税租未免重疊追擾。至於印鈔團㩀，尤爲可怪，州軍不以時給付，屬邑亦因循不請。凡交納税租、役錢等，敢借用三數年前別色團印，字畫漫滅，官司、人户遇欲參照，皆莫能辨。106乞下州軍，應縣道税租版簿并合給交官物團㩀，須管未起催以前及時發下。守臣常切覺察，不得容縱吏人乞取，以至稽滯。」從之。

十一月二十日，南郊赦文：「諸縣所差保長催科，率是四等、五等下户。往往鄉村多（右）〔有〕豪右、官户倚勢不輸，每遇科校，鞭笞決撻，至有緣此鬻産陪納破家，深可憐憫。今仰州縣自今官户税物，官司自行就坊郭管攬門户幹人名下催理，不許一例具入保長甲帖内抑令催納，使之陪備。如違，許保長經監司越訴。」自後郊祀、明堂赦亦如之。

十二月六日，詔：「明堂赦文展免兩淮州軍二税三年外，特與濠州更展免二年。」以開禧用兵，本州被（膚）〔虜〕侵軼爲甚，從守臣之請也。

六年十一月四日，監察御史倪千里言：「臣竊惟常賦之外，誅求苛刻，其爲名件，未易悉數，請擇其尤爲民害者爲陛下言之。一曰催科差役，二曰詞訟批欠，三曰畸税漏催，四曰文引乞覓，五曰輸納過取，六曰科敷無藝。且二税催科必差户長，每界纔滿，便當住役。惟是逃亡税額類排欠籍，既無人户承當，必責户長填納，期限嚴急，鞭撻苛酷，鬻産破家，陪〔納〕不足。甚者，以户長陪納不足之數，創委鄉官拘（摧）〔催〕，抑其代納。朝廷屢行寬恤，舊税已悉蠲放，而縣邑沮格德意，違法追擾。間有人户不堪其苦，或自裒錢米創爲義役，縣吏故行沮抑，必欲糾差，以資乞覓。此催科差役之弊也。上之張官置吏，民訟爲先，下之噢冤負107枉，惟官可直。今縣邑民訟必檢逋賦，謂之檢欠。既恣鄉胥乞覓，又以虚欠責輸，不爾，則訟不爲理。其或窮民無所從出，監繫淹時，冤抑莫伸，反致凍餒困斃。善良受害，噤不敢爭。此詞訟批欠之弊也。民間常賦，若丈若尺，載諸版籍，自有定數。今縣邑催科，故意存留畸欠。謂如户管一匹，則止催三丈八九尺；户管一丈，則止催八九尺。民間送納，本從元管，鄉胥異日却追畸零文引，征索絡繹，鄉保或欠零寸，必納全尺。此畸税漏催之弊也。世多從吏，惟急催科，民間輸賦，豈（谷）〔容〕逋欠？帛之分寸，米之勺合，剗刷根括，秋毫盡矣。今乃縣邑又於既足之餘，復有重催之害，一〔之〕不已，以至於再，猶且不已。官族士流，（倒）〔例〕遭箠撻，富家彊幹，尚難分辯，下户貧民，其冤曷訴？縱非實欠之數，展引必責以錢，計一引之錢，已不啻尺絹斗粟之直。文引繁多，乞取浩瀚，貪胥猾吏，交奪不饜。此文引乞覓之弊也。夏税、秋苗所納本色，綱解水脚，量取於民，自不能免。今州縣所納一縑，爲錢四五百足，納米一斗，（爲亦）〔亦爲〕百金以上，且（問）〔聞〕又有倍於此者。

收加斛面之外，多創名色，例外又加，與夫倉之内外，並緣攘取之人，不一而計。計其所納，率幾二斛有半，是輸一斛之米，已計三斛以上之數矣。去歲米直所在低下，而抑納折錢，每石有及六七千者。此輸納過取之弊也。比年以來，上、中户之産與曩殊絶。曩者軍興，何物非取於上、中等户？名108支官錢，實敷鄉保。又有招軍造艦、鬻爵鬻僧、和糴運糧不一之費。今州縣所謂上户者，孰爲積錢鉅萬之家？或遇豐歲，不免賤糶。其所收之穀，若值凶年，不免賤賣。其所有之田，昔之爲上、中户者，今也多折而爲下户矣。當其産急於求售，闢割畝步，了不暇計。今産去而税存，籃縷不庇形，糟糠不充腹，鞭笞縲紲于官者相望也。若此，尚忍復有所科配乎？此科敷無藝之弊也。凡此六弊，相承不已。乞下臣此章，令諸路監司禁戢州縣，鏤牓(盡)〔晝〕一行下城邑鄉村貼掛，不得隱匿，務在恪意遵守，痛掃前弊。仍仰州郡自指揮到日，限一月内具逐項已作如何措置更革，申朝廷、御史臺照會，不許泛爲依應，具文申上。如州縣奉行不虔，許諸色〔人〕徑詣御史臺陳訴。追究得實，定將監司、守宰併行彈奏，重賜鐫責。」從之。

七年四月三日，尚書省勘會：「安邊庫所拘摧到圍田，昨來本所申請每畝歲納官會一貫，及有一貫二百文去處。緣其時米價高貴，會價減損，故立定錢數，未爲過當。近年幸值豐稔，米直廉平，官會錢陌復舊，合議施行。」詔令安邊庫所將見管圍田自嘉定六年秋租爲始，每畝一例各與減租錢四百文。其有已納足人户，將合減錢數理爲嘉定七年合納租錢。仍行下兩浙轉運司，廣出文榜曉示。

二十七日，侍御史石宗萬言：「田租之賦有常額也，朝廷未嘗加一毫之横斂，而富家大室馴致(因)〔困〕乏，貧民下户109幾不聊生，陛下亦知其故乎？蓋租賦雖有定額，而增科折變，暗行征取，故民力陰銷鑠而不自知。臣請摭而言之。夏税之有折帛，蓋以絹而科取也，較之本色，既已重矣，又從而科麥焉。使所科之麥止仍舊數，猶之可也，以紹興、乾道間之數比之，幾四五倍納矣。及(半)〔年〕久，變而爲折錢，如是則由絹而折麥，由麥而折錢，昔之税絹，今大半成折帛矣。秋場之折糯，蓋以苗而科取也，較之納税，亦已重矣。使折糯之數一依舊例，猶未至於甚病也，以十年前之數比之，每石科一斗以上者，今科三四斗。秔糯之價，輕重不侔，糯稍足用，則又截納價直。夫苗米折錢，本爲殘零便於輸納，其價既高，民已受害，況又以糯而折錢，取之不太虐乎？此姑舉折麥、折糯之利害而言之，其他名色，不一而足，大抵皆展轉變易，以求贏餘，斯民安得不重困耶？今麥方登場，而科折過數，反甚於前，他日秋苗，槩可見矣。乞檢會前後臣僚之所奏請，申嚴戒飭，使州縣科〔折〕一依舊例，不許增添，仍不得以所科之數折納價錢。如有違戾，許百姓經御史臺越訴，容臣按劾，乞賜鐫責施行。」從之。

十一月五日，臣僚言：「竊見臨安府之新城縣視諸邑

最爲狹小，計一邑十二鄉苗米之入，不及壯邑十分之一。山田多種小米，絶無秔稻，一歲所收，僅足支民間數月之食。雖遇豐歲，亦須於蘇、秀鄰境糴運交納，或遇雨雪及河流淺澀，必致阻滯。在州郡則有文移督促之嚴，在本邑則有追逮監繫之擾。一遇荒儉之歲，不獨下 110 户無所從出，間有一二富室，亦（若）〔苦〕於般運之重費。新城與於潛、昌化接境，均爲山邑，於潛、昌化二邑皆與折納價錢，民以爲便，而新城上四鄉折價，此外尚有太平八鄉獨輸本色，不均之弊，莫此爲甚。今若使八鄉之民依價折納，官有贏羨而民免運米之費，公私兩便，其爲惠利甚不貲也。廣州之東莞縣，視諸邑鄉分稍闊，介在大海之中。縣有白沙等三寨，黃田、歸德諸場〔一〕，官兵月給之米，皆係本縣支散。有知縣王其姓者作邑幸滿，與後政交承，偶有嫌隙，妄言於州，謂只據兩鄉秋苗足了一邑支遣，合以餘鄉之米盡納於州。州郡一入其説，遂爲定例。自五鄉苗米撥納州倉之後，每至六七月間，官兵已無米可支，不惟縣計窘匱，五鄉之民最罹其害。每遇輸納，不免相率雇舟運米入城，未到岸則有風濤覆溺之憂，已入倉則有伺候日久之患。貧民下户所輸不過數斗，亦不免重有般運。因仍已久，極爲民患。若五鄉之米已屬州倉，今未能盡數撥還，只擇三等以下户苗米依舊就納縣倉，約計千以下斛亦足少紓縣計之匱乏，仍使中産下户無涉海輸納之勞。乞亟賜推行，以惠二邑。」從之。

二十八日，臣僚言：「竊聞自錢氏據有兩浙，橫賦供軍，每田十畝增收六畝，每地十畝增收八畝，謂之進際。暨歸版圖，本朝遣使除豁，其他諸縣皆得蠲減，而不及新城、臨安兩縣。乾道間，因兵部侍郎耿秉舊爲新城令，申請 111 以元額合納夏税絹一萬二千三百匹有畸，特爲蠲減，幾及四千匹；以元額合納苗米九千二百石有畸，特與蠲減，幾及三千石。是新城一縣，於元額增進際之數減過半。獨臨安（府）〔縣〕，其弊猶故。況臨安産絹之地，乃令折納價錢，則一縑幾取二縑之直；而依山爲田，所出上、下色之米，乃致科納糯米，皆取之他處，是又責其所無也。乞將臨安縣見納折帛並納本色，見納糯米並納秔米。如州縣輒敢仍前科擾起催，並許人户經臺省越訴，重作施行，則近甸之間均受實惠。臣前所乞臨安縣人户免納糯米，只納本色秔米，深恐本府科撥年許糯米已定〔二〕，今（雖）〔難〕遽革。竊見於潛縣以山邑所産之米及去水次遠，應苗米並折納價錢。今臨安縣亦係山邑，其産米并水次隔闊，不異於潛。欲望憫臨安縣民税賦最重，特與照於潛縣例，將所科糯米並令折納價錢，使本府以其錢自行□糯，於郡計無毫髮之虧，於民間實爲利便。」從之。

〔一〕德：原脱。按《元豐九域志》卷九，東莞有海南、黃田、歸德三鹽柵。是「歸」下當脱「德」字，因補。

〔二〕許：疑當作「計」。

九年五月四日，臣僚言：「臣〔聞〕兩税有定額，今乃有額外多取之弊；驅催有常期，今乃〔有〕先期趣辦之弊。支移、折變，不遵條約，已納更追，重爲煩擾。自其額外之多取也，人户每鈔既收勘合、朱墨、頭子等錢矣，復收市例錢，爲受納官分取之需。自夫先期而趣辦也，機杼未興，遽迫縑税，場圃未築，已急租入。折變自有成法，絹若干匹，綿若干兩，苗若干石，本色若干，折價若干，具有等則，宜務均平。112今乃不計人户合輸本色之定數，（徙）〔徒〕規折納，所獲之甚豐。開場未幾，即行科折，固有闔户曾不獲輸本色尺寸銖龠者。民以耕織爲業，官以錢楮爲賦，彊其所無，厲民已甚。今乃攟摭數年以前，逮捕慘於劇賊，絣抓甚於重囚。朱鈔可憑，一不照用，付之囹圄，萬無清脱。以至旱蝗蠲減，催理如故。嗣歲賦租預借不少，人户三等以上家給一曆，使之自催自展矣，復登載於户長甲簿，重爲執役者之困；總一户合輸數目，書之曆矣，復給青印、紅印文帖，不恤其繳展之費。義役本以便民，成之既累歲；官吏以爲非便，壞之於一日。數者之弊，民極困矣。乞下臣此章，縣責之州，州責之監司，常切約束，罔或不虔。有一違戾，監司、郡守不即劾聞，許人户經臺省越訴，嚴行根究，併賜鐫斥。其都吏、典押、當行胥吏，並行估籍編配。仍乞專委（遂）〔逐〕路提刑司覺察，每季（其）〔具〕有無違戾申御史臺及諫院，以憑稽考。」從之。

十一年五月二日，臣僚言：「鄱陽之爲邑，延袤近二百里，上、下各一十鄉。經界之初，税錢額管八千六百四十二貫五百有畸。從經界條例，每税錢百文，合敷和買六尺四寸八分有畸。胥吏爲姦，歲歲增益，然猶止以〔分〕計，不使及寸。積歲已久，至嘉定九年，遂及七尺五寸六分，又且見寸收尺，謂之合零就整。逮至去年，復於所敷頓增三寸，總一邑之爲絹一千二百餘匹。且以崇德一鄉最小者言之，嘉定九年分税額元管五113百貫文有畸，敷和買絹九百三十餘匹。去年造簿，本鄉税錢止管四百九十貫有畸，邑吏縱欲以所虧税錢十貫均於民户，亦止合照前年所敷之數催理。今乃增敷九百五十（而）〔五〕匹，計多二十五匹。舉此一鄉，其他可知。且鄱陽之民連遭蝗旱，已不聊生，而貪吏姦胥又陰肆推剥，如此其極。自非上官推本尋源，痛爲革絶，雖朝罷一宰，暮（然點）〔黜〕一吏，而鄱民未有安居樂業之望也。」從之。（以上《永樂大典》卷一五四二三）

方田雜録〔一〕

114神宗熙寧五年，重修定方田法，自京東爲始推行，衝改三司方田均税條。見前《會要》「賦税」嘉祐四年。夏税併作三色：絹、小麥、雜錢。秋税併作兩色：白米、雜錢。其䵃、

〔一〕題下原批：「起熙寧五年，訖宣和三年。」按此門內容與本書食貨四「方田」門同。

鹽之類已請官本者，不追；造酒秔、糯米、馬食草仍舊；逃田、職田、官占等税亦依舊倚閣；屋税比附均定，墓地免均。如税額重處，許減逃閣税數。

已方四路：京東東路。秦鳳路〔一〕，内鳳翔府天興、秦州隴（西）〔城〕、成紀縣已方，餘州縣熙寧七年四月朝旨權住。永興軍等路，延州臨真、門山、膚施、敷政、延長，永興軍藍田、武功、興平、臨潼、咸陽、醴泉、乾祐，丹州宜（州）〔川〕，陝府靈寶、夏縣，坊州中（都）〔部〕、宜（春）〔君〕，（祁）〔邠〕州永壽、宜禄，慶州安化、彭原，解州聞喜，〔虢州〕（號）（號）〔虢〕畧縣併到（王）〔玉〕城縣中曲等七村，（鄆）〔鄜〕州洛（郊落）〔交、洛〕川、鄜城，（真）〔直〕羅縣，爲災傷權罷，候豐熟，别奏取旨；陝府平陸，同州韓城縣已方，115 訴不均，見重方量。河北西路，内衛州黎陽，汲縣已方。熙寧九年朝旨：「應本路合行方田税最不均縣分，每年逐州不得過一縣；一州五縣以上，不得過兩縣。其次災傷縣分，仍權罷。」邢州鉅鹿、真定府（膏）〔稾〕城縣，係税最不均，朝旨候元豐二年施行。

未方四路：京西南路。京西北路，熙寧七年四月朝旨，應合方田均税州縣，候將來農隙日施行。河北東路，内雄州歸信縣爲二税不均，本路提舉司乞方量。河（南）〔北〕西路。

七年三月二十二日，知審官東院鄧潤甫乞以京東十七州選官四員，各分定專管勾方田。今欲先差秘書省著作佐郎知沂州費縣張諤、前建昌軍録事參軍劉源分定州縣，三年爲一任〔二〕。從之。

四月四日，詔：「方田每方差大甲頭二人，以本方上户充。小甲頭三人，同集方户，令各認步畝。方田官躬驗逐等地色，更勒甲頭、方户同定，寫成草帳，於逐段長闊步數下各計定頃畝。官自募人覆筭，更不别造方帳〔三〕。限四十日畢。先點印訖〔四〕，曉示方户，各具書筭人寫造草帳、莊帳，候給户帖，連莊帳付逐户以爲地符。」

六日，上批：「應災傷路分方田、保甲，除已編排方量了畢，止是攢造文字處許依條限了絶外，其見編排方量及造五等簿處〔五〕，可速指揮並權罷。」

十月二日，司農寺言：「今年四月己巳詔：『災傷路分見編排保甲、方田及造五等簿並權罷，候歲豐農隙取旨〔六〕。』今年秋成，乞下諸路及開封府界，除秋田災傷116三分以上縣依前權罷外，餘候農隙編排保甲、方田及造五等簿。内永興軍、秦鳳等路義勇、保甲，依八月甲申詔，候來

〔一〕秦鳳路：原無，今添。説見本書食貨四之七校記。以下二段修改處並同。
〔二〕三年：原作「二年」，據《長編》卷二五一、《宋史》卷一七四《食貨志》上二改。
〔三〕不：原脱，據《長編》卷二五二補。
〔四〕訖：原作「記」，據《長編》卷二五二改。
〔五〕量及：原作「畢方」，據《長編》卷二五二改。
〔六〕農：原脱，據本書食貨四之八補。

年取旨。」從之。

元豐元年正月十八日，詔：「經制熙河路邊防財用司括冒耕地爲官莊，限半年聽民自陳，其方田更不施行。」

七月九日，詔永興軍等路提舉司〔一〕：「據未經方田均税縣分，并已經方田、因民披訴曾差官定奪委是不均縣分，如夏熟秋苗滋茂〔二〕，可見豐稔次第，即一面依方量均税條差官體量訖，前期一月申中書取旨〔三〕。」

二年〔十〕月六日〔四〕，河北西路提舉司言：「熙寧詔書，災傷縣權罷方田。乞通一縣不及三分勿罷。」司農請不及一分勿罷，從之。

五年二月二十一日，開封府言：「永興、秦鳳等路當行方田，已准朝旨，取税賦最不均縣先行，歲不過一縣；若一州及五縣，不得過兩縣。緣府界十九縣，比一州事體不同〔五〕，以此推行，十年方定。請自今年，歲方五縣。」送司農寺。司農寺以爲便民〔六〕，遂從之。

七年四月八日，京東東路提舉常平等事燕若古言：「沂、登、密、青州人田訟最多，乞擇三五縣先方田。」詔候豐歲推行。

八年十月二十五日，詔罷方田。

徽宗崇寧四年二月十六日，尚書省奏：「賦調之不平久矣，自開阡陌，使民得以田私相貿易〔七〕，富者貪於有餘，厚價以規利；貧者迫於不足，移税以速售。故富者跨州軼縣，所占者莫非膏腴，而賦調反輕；貧者所存無幾，又且瘠薄〔八〕，而賦調反重。熙117寧初年，神宗皇帝詔有司講究方田利害，蓋以土色肥磽别田之美惡，定賦調之多寡，已行之五路，至今公私爲利。今取《熙寧方田敕》〔九〕，删取重複衝改，取其應行者爲《方田法》，乞付三省頒降。」從之。

大觀三年六月九日，臣僚言：「方田之制，即《周官》土均之法，制天下之地征，蓋所以均之，非增之也。訪聞京西南路將方田十等併作五等，又欲以河南府比附輕重，一槩增之，殊戾詔旨，以致民間訟訴不絶，或致流徙，甚非經久之策。其張徽言所建增税議，乞不施行。」從之。初，徽言爲京西轉運副使，以汝、襄、鄧州税輕，請依唐州用新定十等地色分五等立税，不及者增之，已重者如故〔一〇〕。至是，言者論其掊克〔一一〕，故寢前議，而罷徽言開封府少尹，送吏部。

〔一〕提舉：原作「提刑」，據《長編》卷二九〇改。
〔二〕熟：原作「熱」，據本書食貨四之八改。
〔三〕申：原脱，據本書食貨四之八補。
〔四〕十：原闕，據本書食貨四之九補。
〔五〕比：原作「此」，據《長編》卷三二三改。
〔六〕「寺」下原有「言」字，據《長編》卷三二三删。
〔七〕「田」下原有「租」字，據《長編紀事本末》卷一三八、《九朝編年備要》卷二七删。
〔八〕薄：原作「簿」，據本書食貨四之九改。
〔九〕田：原脱，據本書食貨四之九補。
〔一〇〕者：原脱，據本書食貨四之一〇補。
〔一一〕論：原作「諭」，據本書食貨四之一〇改。

四年（四）〔二〕月二十（一）〔二〕日〔一〕，詔：「方田之法，均賦平民，近歲以來，有司推行怠惰，監司督察不嚴，賄賂公行，高下失寔，下户受弊，有害法度。可嚴飭所屬，仍仰監司覺察，如違，當行嚴斷。」

政和二年五月二十五日，京西北路提舉常平司奏：「奉詔：『應方田已經方量未畢去處，令先次結絶，其餘州縣並別聽指揮。』本路大觀三年西京偃師、陳州西華、蔡州新蔡〔二〕、汝州郟城、滑州胙城五縣各已造帳均税〔三〕；西京伊陽〔四〕、汝州襄城、河陽王屋、鄭州原武、新鄭等五縣雖已方量，均税未了；及西京等共六州府、河南等一十八縣係未經方量。未審合與不合依大觀元年六月二十三日已得朝旨，將已造方田帳分先次結絶〔五〕。所有未經方量去處，亦未審合與不合依大觀元年閏十月二十八日朝旨〔六〕，候將來118年分別聽指揮。」詔依。

八月十八日，詔令京西南、北路監司：「應已方田，並選差官前去體量有無違法不均不寔，出税有無偏重偏輕。如不曾方量處，即且令依舊出税，別選他州縣官互行差委前去重行方量，即不得差本州縣寄居、待闕等官。所委官仰先習熟法内行遣次第，選差非本州縣吏人前去盡公施行。如違，以違制論。即因而受財乞取，以自盜論，贓輕吏人、公人並配二千里。」

二十七日，詔方田於九月差官。

九月八日，詔：「應已方田路分，見有人户論訴不均者，並依京西路已降指揮施行。其有人户論訴合重方并未方路分，合差一行方量官吏、均税甲頭、合干人等，並差非本州縣人。如違，以違制論。」其後，十月七日，河北東路提舉常平司奏：「切詳朝廷之意，止爲本方内有自己或鄰並或親戚地土，狥情牽制，於定驗土色必先弊倖。今相度，欲令四隅方量官互換，隔隅點定某字方内大、小甲頭五人赴某字方充甲頭，亦與別州縣差撥無異。兼近降敕命不用本州縣官吏、公人、莊宅牙人、都攢書筭一行人，若方田事務有不均人户，時下有可申訴，官司等亦不敢抑遏彈壓。」詔依，諸路准此。

十月二十七日，河北東路提舉常平司奏：「檢承崇寧《方田令》節文：諸州縣寨鎮内屋税，據緊慢十等均定，並作見錢。本司契勘：本路州縣城郭屋税，依條以衝要、閑慢亦分十等均出鹽税錢。且以未119經方量開德府等處，每一畝可（盡）〔蓋〕屋八間，次後更可蓋覆屋，每間賃錢有一百至二百文足，多是上等有力之家。其後街小巷閑慢房屋，

〔一〕二月二十二日：原作「四月二十一日」，據本書食貨四之一〇改。《長編紀事本末》卷一三八載於二月二十四日癸巳。
〔二〕「州新蔡」三字原脱，據《長編紀事本末》卷一三八原注所引補。
〔三〕胙：原作「昨」，據《長編紀事本末》卷一三八改。
〔四〕伊陽：原作「洛陽」，據《長編紀事本末》卷一三八改。
〔五〕造：原作「進」，據《長編紀事本末》卷一三八改。
〔六〕「所有」至「不合」十五字原脱，據《長編紀事本末》卷一三八補。

多是下户些小物業，每間只賃得三文或五文，委是上輕下重不等。今相度，州縣城郭屋税，若於十等内據緊慢每等各分正、次二等，令人户均出鹽税錢，委是上下輕重均平，別不增損官額，亦不礙舊來坊郭十等之法。餘依元條施行。」從之，餘路依此。

三年三月七日，河北西路提舉常平司奏：「方田縣分官吏不務盡公，致人户論訴，紊煩官司再行方量，費用不少，其元承行官吏往往替移。乞候方量了當，見得委是頃畝出縮，土色交錯，致所納税賦不均，及有情倖去處，其指教并方量官吏合該罪犯，特乞不許自首，及不以去官、赦降原免。」詔依，餘路准此。

十九日，河北西路提舉常平司奏：「均税之法，各從地色肥瘠(裁)〔栽〕敷輕重，即無偏曲不均之患，乃副立法方田本意。所在縣分地色至少不下百數，而均税乃不過十等。第十等地最爲低下，但依法均税。第一等雖出十分之税，地土肥醲，尚以爲輕；第十等只均一分，多是瘦瘠之地，出數雖少，猶以爲重。若不入等，即依條止收柴蒿錢，每頃不過百錢至五百。既收入等，但可耕之地〔一〕，便有一分之税。其間下色之地與柴蒿之地不相遠，乃一例每畝均税一分，上輕下重，故人户不無詞訴。欲乞依條據土色分120爲十等外，只將第十等之地再分上、中、下三等折畝均(數)〔敷〕。謂如第十等地每十畝合折第一等地一畝，即第十等内上等依元數，中等以一十五畝、下等以二十畝折地一畝之類也〔二〕。庶幾上下重輕均平。」詔依，餘路准此。

五月二十六日，河北東路提舉常平司奏：「檢會政和二年十一月二十二日赦節文：『臣僚上言：切聞昨來朝廷推行方田之初，外路官吏不遵詔令，輒於舊管税額之外增出税數，號爲蹙剩，其多有一邑之間及數萬者。欲望下逐路提舉司，將應有增税縣分並依近降指揮重行方量，依條均定税數，不得於元額外别有增損。』本司契勘：本路昨已經方田縣内有增税數多縣分，已依朝旨施行外，有十餘縣比舊額雖有增出數目，皆係逐户逐色毫忽圭撮紐計，無不均之數，即非蹙剩爲名。既已經年，無人户論訴不均。若不限所增數目多寡，一槩重方，又慮公私别有繁費。今相度，欲將元無人户論訴縣分，止是增出私數紐計逐色貫百，寔及一分已上，依所降朝旨重行方量；如不及一分，只别均税。如寔是蹙剩數少，均攤不行者，更不均量。如可施行，即乞(陛)〔降〕下。餘並依元條施行。」詔：「因方田增税是定田色不當其税，自當有增減。若所方已得允當，雖增不合減；如所方未當，有人論訴，即令提刑司體量詣寔聞奏。諸路依此。」

四年正月十三日，河北東路提刑司奏：「開德府南北

〔一〕「地」下原衍「便可耕之地」五字，據本書食貨四之一二删。
〔二〕等：原作「第」，據本書食貨四之一二改。

二城屋税〔一〕，[121]曾經元豐年定量，裁定十等税錢，後來别無人户論訴不均。今來方田官依政和二年十月朝旨，立定正、次二十等，遞減五釐均定税錢，委與元豐年所定則例上輕下重不均。」詔提舉官郭久中等特降一官。

六年九月六日，詔河東、陝西路依鄜延路例權住方田。從童貫請也。

八年九月三日，詔：「昨臣僚言事，付之大臣審度，以爲可行，請降親札。繼聞於民弗便，夙夜靡遑，建議者已行罷斥。如拘收白地、方田增税等，皆搔擾刻削，可並不行。仰三省更條害民蠹國者以聞，朕不憚改。」

宣和元年二月十四日〔二〕，臣僚言：「方田以均天下之税，此神考良法也。陛下推而行之，今十餘年，告成者六路，可謂緩而不迫矣。御史臺受訴，乃有二百餘畝方爲二十畝者，有二頃九十六畝方爲一十七畝者，虔州之瑞金是也〔三〕。有租税一十三錢而增至二貫二百者，有租税二十七錢而增至一貫四百五十者，虔州之會昌是也〔四〕。問其所以然之故，云方量官憚於跋履，並不躬親，而行纏拍峯、驗定土色，一付之於胥吏，遂使朝廷良法美意壅格而不下究，可勝惜哉！望詔常平使者，如方田官不肯躬親〔五〕，(常)〔當〕密行檢察。他時訴者有辭，而提舉司失於覺察，則明加貶黜改正。」詔依，仍令逐路提刑司體究詣寔以聞。

十月四日，詔：「方田官既已具名奏差了當，依條自不得差管别事。如任滿，仍依舊管勾方田均税。其指教官，元條不許[122]差推勘、檢法、議刑官之類。若奏差後方受，仍令管勾指教方田，候了日，發赴新任。」從成都府路提舉常平司請也。

十九日，詔：「今後方田差官，不許用右選。」從臣僚請也。

二年六月十六日，詔住諸路方田。先是，中牟縣訴方田不均凡四百户，指教官莫擬冒賞〔六〕，并方量官，提舉司送轉運司體究，故有是詔。

十二月十一日，詔：「方田之法，本以均税，有司奉行違戾，貨賂公行，豪右、形勢之家類蠲賦役，而移於下户。不特困弊民力，致使流徙，常賦所入因此坐虧歲額至多，殊失先帝厚民裕國之意。已降指揮權罷方量，别聽指揮。自降權住指揮以前，應曾有訴訟不均去處，本縣賦役一切且依未方以前舊數。因方量不均流移人户，仰守、令多方措置招誘歸業。見荒閑田土，疾速依條召人請佃。」

二十四日，詔：「自今後諸司不得起請方田〔七〕，見方未方、已方而未起税者，並罷。如敢有違，官吏並送御史

〔一〕開：原作「閒」，據本書食貨四之一三改。
〔二〕十四：本書食貨四之一四作「二十四」，疑此處脱「二」字。
〔三〕虔：原作「處」，據本書食貨四之一四改。
〔四〕虔：原作「處」，據本書食貨四之一四改。
〔五〕田官：原作「官田」，據本書食貨四之一四乙。
〔六〕莫擬：疑當作「莫儗」。《建炎要録》卷五一載紹興初有敕令所删定官莫儗，並云：「儗，儔兄。」
〔七〕諸司不得：原作「不得諸司」，據《宋史》卷一七四《食貨志》上二乙。

臺，以違御筆論；吏人不以有無，並配海島。根括納租者並同。」

三年二月五日，詔：「諸路方田去處，曾與不曾訴訟，應賦役並依未方量以前舊數。」

二十八日，赦文：「已降親札處分及聖旨指揮，諸路未方田去處，權住方量；已方量去處，賦役不以有無訴訟，並依舊數送納。及冒占并天荒、逃移、河堤、退灘等地，並免方量根括，其已方量根括增添創立租課特與減半。拖欠租税課利，貧乏者倚閣一次。因方量不123均流移、後來歸業人户，免一料催科，其地土並聽元佃人歸業。」（以上《永樂大典》卷一七五三二）

經界雜録〔一〕

【宋會要】

124光堯皇帝紹興十二年十一月五日，兩浙轉運副使李椿年言：「臣聞孟子曰：『仁政必自經界始。』井田之法壞，而兼并之弊生，其來遠矣。况兵火之後，文籍散亡，户口租税，雖版曹尚無所稽考，況於州縣乎？豪民猾吏因緣爲姦，機巧多端，情僞萬狀，以有爲無，以强吞弱，有田者未必有税，有税者未必有田。富者日以兼并，貧者日以困弱，皆由經界之不正耳。夫經界之正不正，其利害有十：人户侵耕冒佃，不納租税，立賞召訴則起告訐之風，差官括責則有搔擾之弊，其害一也。經界既正，則不待根括陳告而公私分矣，豈不爲利乎？賣産之家，産去税存，終身窮困，推割不得，其害二也。經界既正，則不待推割，而税隨産去矣，豈不爲利乎？衙前、專、副及買撲坊場之人〔二〕，計會官司，虚供抵當，及乎少欠官錢，拘收在官，有名無實，其害三也。經界既正，則多寡有無不得而欺矣，豈不爲利乎？鄉司走弄二税，姓名、數目所係於籍者，翻覆皆由其手，其害四也。經界既正，則民有定産，産有定税，税有定籍，雖欲走弄，不可得矣，豈不爲利乎？詭名挾佃，逃亡死絶，官司催科，責辦户長，破家竭産不足以償。遂致差役之時，多方避免，有力者舉户産以隱寄，無力者挈妻子而逋逃，有經一二年而差不能定者。其害五也。經界既正，則據産催税，無陪填之患，而樂爲之役矣，豈不爲利乎？兵火以來，税籍不足以取信於民，每遇農務假開之時〔三〕，以税訟者，雖一小縣，日不下千數，追呼搔擾，無有窮盡，其害六也。經界既正，則據田納税而無所爭矣，豈不爲利乎？州縣倚閣二税，往往以爲人户逃、死，人雖逃、死，産豈不存？名爲倚閣，實自理取，或以市恩，或以入己，欺罔上下，其害七

〔一〕題下原批：「起紹興十二年，訖於嘉定十五年。」按，此門紹熙以前部分與本書食貨六之三六及《補編》頁一三一「經界」門同。

〔二〕撲：原作「樸」，據《補編》頁一三一改。

〔三〕天頭原批：「『假開』疑『暇閒』。」按，「假開」不誤，詳見本書食貨六之三七校記。

也。經界既正，則州縣無所容其姦，則常賦得矣，豈不爲利乎？州縣常賦之額，既爲人所欺隱，歲計不足，於是揍額之糴，浙西州軍歲不下數十萬斛，舉浙東之歲入，不足以償其價，而民猶以爲苦。其害八也。經界既正，則正額自足，而公私無所費矣，豈不爲利乎？州縣之籍既因兵火焚失，往往令民自陳實數而籍之。良善畏法者盡實而供，狡猾豪强者百不供一，不均之弊，有不可勝言者。其害九也。經界既正，則均無貧也，豈不爲利乎？州縣有不耕之田，皆爲豪猾嫁税於其上〔一〕，田少税多，計其耕之所得，不足以輸其税，故不敢耕也。比年以來，雖減價出賣，人無肯售者，亦以税重耳。其害十也。經界既正，則税有所歸，而人皆願耕而爭買矣，豈不爲利乎？臣昨因出使浙西，採訪得平江歲入七十萬斛，著在石刻。今按其籍，雖有三十九萬斛，實入才二十萬斛耳，其餘皆以爲逃亡、災傷倚閣。詢之土人，頗得其情，其實欺隱也。125 臣嘗聞於朝廷，有按圖覈實之請。其事之行，始於吴江知縣石公轍〔二〕，已盡復得所倚閣之數外，又得一萬畝，蓋按圖而得之者也。以此知臣前所請不爲妄而可行明矣。臣愚欲望陛下斷而行之，將吴江已行之驗施之一郡，一郡理然後施之一路，一路理然後施之天下。行之以漸，而遲以歲月，則經界正，而陛下之仁政行乎天下矣，天下幸甚！」詔專委李椿年措置。

十二月二日，兩浙轉運副使李椿年言：「被旨措置經界事。臣今有畫一下項：一、今來措置經界，應行移文字並乞以『轉運司措置經界所』爲名。一、今欲先往平江府措置，候管下諸縣就緒，即以次往其餘州軍措置經界。要在均平，爲民除害，更不增添税額。恐民間不知，妄有扇摇，致民情不安，許臣出榜曉諭民間通知。一、自來水鄉秋收了當，即放水入田，稱是廢田。欲出榜召人陳告，其田給與告人耕田納税；（即）〔既〕已給與告人，後有詞訴，不得受理。一、有陂塘塍埂被水衝破去處，勸食利人户併工修作，如有貧乏無力用工者，許保正、長保明，以常平錢米量行借貸；如常平錢米不足，乞以義倉錢米借兑。候秋成，以收到花利分三年還納，仍乞免覆奏及執事不行。一、今來措置經界，全藉縣令、丞用心幹當。如無心力，雖無大過，許於本路踏逐有心力强敏者對移，各許通理月日，不理遺闕。一、今畫圖，合先要逐都耆鄰保（在）〔伍〕關集田主及佃客逐坵計畝角押字，保正、長於圖四止押字，責結罪狀申措置所，以俟差官按圖覈實。稍有欺隱，不實不盡，重行勘斷外，追賞錢三百貫。因而乞取者，量輕重編配，仍將所隱田没入官。有人告者，賞錢并田並給告人。如所差官被人陳訴，許親自按圖覆實，稍有不公，將所差官按劾取旨，重行竄責。如所訴虚妄，從臣重行勘斷。一、乞許於本路州軍委自知、通踏逐保明精勤廉謹官三兩員，不以有無拘礙，發

〔一〕嫁：原作「稼」，據本書食貨六之三七、《補編》頁一三三改。
〔二〕天頭原批：「『轍』一作『輒』。」按，當作「轍」。

遣前來，從臣差委逐都覆實。俟平江措置就緒，即令歸本州依倣施行。一、所委官自能於本州依（傚）〔倣〕施行就緒，無人陳訴，乞從保明申朝廷，乞賜推恩施行。一、有措置未盡事件，許續具申請。」從之。既而椿年又言：「今欲乞令官、民户各據畫圖了當，以本户諸鄉管田產數目從實自行置造砧基簿一面，畫田形坵段，聲説畝步四至、元典賣或係祖產，赴本縣投納點檢，印押類聚。限一月數足，繳赴措置經界所，以憑照對。畫到圖子，審實發下，給付人户，永爲照應。日前所有田產雖有契書，而不上今來砧基簿者，並拘入官。今後遇有將產典賣，兩家各齎砧基簿及契書赴縣對行批鑿。如不將兩家簿對行批鑿，雖有契帖干照，並不理爲交易。縣每鄉置砧基簿一面，每遇人户對行交易之時，並先於本鄉砧基簿批鑿。126每三年將新舊簿赴州，新者印押，下縣照使，舊者留州架閣。將來人户有訴去失砧基簿者，令自陳，照縣簿給之。縣簿有損動，申州，照架閣簿行下照應。每縣逐鄉砧基簿各要三本，一本在縣，一本納州，一本納轉運司。如有損失，並仰於當日付所屬鈔録。應州縣及轉運司官到任，先次點檢砧基簿，於批書到任内作一項批云：『交得砧基簿計若干面，並無損失。』如遇罷任，批書『砧基簿若干面，交與某官』。取交領有無損失，送户部行下本官措置施行。」《建炎以來朝野雜記》：十三年六月，詔頒其法於天下，仲永亦遷户部侍郎。十五年，仲永以憂去，命王承可以户部侍郎代之。承可請員外郎開封李朝正同措置，又請令民十家爲甲自陳，不復圖畫打量，即有隱田，以給告者。正月辛未〔一〕。承可罷，朝正權户部侍郎。十六年二月丙寅。十七年春，仲永免喪復故官，專一措置經界。正月丁卯。仲永復以結甲自陳爲不便〔二〕，請令州縣造圖而遣官覈實，先成有賞，慢令有罰。十九年冬，經界畢，民多詣臺省訴其不均，曹庭堅筠時爲臺官，因奏仲永私結將帥〔三〕，曲庇家鄉，請罷之，更選官覈實。十一月辛丑。初，朝廷既頒其法於諸道，其後有司畫圖供帳，分立土色，均認苗税，民始病其煩。仲永既遣官屬分往諸路，又遣覆視之，議者不以爲便。明年二月壬子，户部請委漕臣限一季結絶，悉罷先所遣官。三月戊戌，遂下詔曰：「昨李椿年乞行經界，初欲去民十害，遂從其請。今聞寖失本意。可令監司將乖繆害民者日下改正。」時敕令所删定官開封鄭克經界川峽四路，頗峻責州縣，故蜀中增税亦多。又官田號省莊者，所租有米、穀、粟、麥、麻、豆、芋、栗、桑葉、鴨卵之屬，凡十八種，皆令輸以錢，故民至今尤以爲患。時馮濟川檝爲瀘南安撫使，論於朝，於是瀘、叙、長寧獨免經界。仲永蓋饒州浮梁人云。然諸路田税由此始均，今州縣砧基簿半不存，黠吏豪民又有走移之患矣。

十三年十月十五日，李椿年言：「見措置諸州府經界，應公吏乞取財物，並依重禄法斷罪，仍許越（新）〔訴〕。」從之。

十五年正月二十五日，權户部侍郎王鈇言〔四〕：「被旨

〔一〕天頭原批：「此處有錯簡，以後文觀之，當云：『十六年正月辛未，承可罷。二月丙寅，朝正權户部侍郎。』」下文「十一月辛丑」上又批云：「『十一月辛丑』下亦有脱文。」按，此二批皆誤，蓋批者未查原書，不知此爲原書中的小注，如此處「正月辛未」乃指上述史事之時間，以下皆同。因原抄稿此數處之字體與上下文無别，以致批者誤解，今改作六號字。

〔二〕結：原作「給」，據《建炎以來朝野雜記》甲集卷五改。

〔三〕結：原作「給」，據《建炎以來朝野雜記》甲集卷五改。

〔四〕鈇：原作「鐵」，據本書食貨六之四〇改。下條同。

差措置兩浙經界。竊見户部員外郎李朝正昨任知建康府溧水縣日，曾措置均税，簡易而不擾，至今並無詞訴，乞同共措置。」從之。

二月十日，王鈇言：「被旨差委措置兩浙經界，除將前後已得指揮參照外，今措置下項：一、措置經界，務要革去詭名挾户、侵耕冒佃，使産有常籍，田有定税，差役無詞訴之煩，催税免代納之弊。然須施行簡易，不擾而速辦，則實利及民。今欲將兩浙諸州縣已措置未就緒去處，更不須圖畫打量、造納砧基簿，止令逐都保先供保伍帳，排定人户住居去處。如寄莊户，用掌管人，每十户結爲一甲。從[127]户部經界所立式，每一甲給式一道，令甲内人遞相糾舉，各自從實供具本户應干田産畝角數目、土風水色、坐落去處、合納苗税則例，如係從來論鈞、論把、論石、論秤、論工，並隨土俗。具帳二本。其從來詭名挾户、侵耕冒佃之類〔一〕，内包占逃田如係十年以上，從實首併，於帳内添入；不及十年者，令作一項供具〔二〕。若産多税少，或有産無税，亦於帳内開説實管田畝數目、土風水色高下，供認税賦。若田少税多，即具合減數目。若産去税存，即行除豁，務要盡實。如所供田畝水色著實，所有積年隱過苗税一切不問。如有欺隱，不實不盡，致人陳告，其隱田畝并水色人並從杖一百斷罪。仍依紹興條格，將田産盡給告人充賞，仍追理積年減免過税賦入官。仍將所隱田畝上每年合納税苗等依在市時直紐計，每及三百文省，追賞錢三十貫文。不及三百文者准此。每加一百文，又加一十貫，至三百貫止。其同甲人，每人出賞錢三十貫，盡給告人，亦依隱田人斷罪。若因官司點檢得見，其賞錢并田並行拘没。如有脱户，並仰於鄰近甲内附入；如不附入，依隱田罪賞施行。許田鄰糾，其田鄰不糾，依同甲人結甲不實罪賞施行。逐都差保正、長均散甲帳體式(附)〔付〕人户，限一月依式供具。令保正、長拘收甲帳，類聚赴當州縣，以移用錢顧書算人攢造，將田畝并苗税數目謄轉，逐鄉作都簿，在官照應。及每保正亦給上件簿書收掌，許人户檢看，庶使各鄉通知，如有不實之人，得以告首，免致鄉司等人作弊。仍將逐甲元供帳狀每户印給一道，付各人家照會。所管田産并其税賦，如有甲帳上不曾聲説，久後因爭競到官，止以帳狀爲定，官司更不得受理。一、欲乞行下諸州知、通，如昨來畫圖打量、送納砧基簿已了去處〔三〕，一面措置結絶，候事畢保明，申尚書省并經界所。如有未當，及人户不住詞訴，更委自知、通審度，依結甲事理一面施行。一、比來有力之家規避差役科率，多將田産分作詭名挾户，至有一家不下析爲三二十户者；亦有官户將階官及職官及名分爲數户者，鄉司受倖，得以隱庇。先措置經界，雖令人户自陳首併，往往尚有頑猾未曾盡併

〔一〕佃：原作「田」，據本書食貨六之四〇、《補編》頁一三三改。
〔二〕令：原缺，據本書食貨六之四一補。
〔三〕去：原作「各」，據本書食貨六之四二改。

之家；仍慮經界之後又有典賣爲名，準前分作詭名挾户，理宜別作措置。除已令於結甲帳歸併，如不歸併，許人告首。依供具税租隱匿不實罪賞施行外，欲候人户供到，從本縣將保伍帳并諸鄉主客保簿參照，若非係保伍籍上姓名，即是詭名挾户。如外鄉人户寄莊田產，亦合關會各鄉保甲簿有無上件姓名。如有，即行將物力於住居處關併作一户。其外州縣寄莊户準此關會。若後來各鄉有創新立户之家，並召上三等兩户作保，仍即時編入保甲簿，庶得永遠杜絶詭名挾户 128 之弊。一、人户自來多是冒占逃户肥濃上等田土，遞相隱蔽，不納苗税。洎至官司根括，却計會村保將遠年荒閑不毛之地樁作逃户產土，或將逃户下瘠瘦不係苗税田產指作苗田，承代税賦，恣爲欺弊。今來既令人户結甲供具，內有人户占據逃產，已令於甲帳內聲説，所有人户不占見行荒廢逃產，自合根括見數，置簿拘籍。（令）〔今〕措置：欲應見逃荒產，並令保正、長逐一著實根究某人全逃產土若干，某人見占若干，已具入甲帳、見荒廢若干。仍令村保田鄰并逃户元住鄰人指定，見今荒廢逃產是與不是元逃產土，有無將遠年荒閑田土虚指作各人逃產，要樁苗税在上，及以元不係苗税荒閑產土樁作各人户下苗田，意在登帶苗税數目。仍將所供田段立號，逐户謄寫上簿，却具地名、段落、畝數逐一出榜揭示。其包占人不供具入帳，及供不盡之人，並許人告，依前項隱產人斷罪理賞施行，別以本户已田計元所包占官田畝數給告人[一]；如本户別無產土，即估價追錢充賞，及依條追理日前隱匿過苗税入官。所有村保田鄰及元住鄰，並依甲內供具不實罪賞施行。一、人户將天荒產段并淹濼之類修治埂道，圍裹成田，自係額外產土，欲令逐州知、通令作一項保明供申朝廷，量行起税。一、契勘人户有將田宅已典賣與人後，因今來措置，却行依舊供作己業，意在圖賴。若不嚴立罪賞，竊恐詞訴不絶，證定之後苗税無歸。今欲令人户並於結甲帳內著實供具，如有違戾，後來到官根究得實，從杖一百科罪，追理賞錢一百貫文入官，其田歸還合得產人。其重疊典買田產人[二]，自合依條令先典買人供具入帳。所有窵佃田，謂如田在甲鄉，却在乙鄉納税，理合於坐落鄉分供具絶納。一、契勘兩浙諸州縣內有近緣被水縣分權住經界，除限滿自合檢舉外，所有衢州諸縣、婺州蘭溪、臨安府富陽縣、嚴州建德、桐廬縣雖未限滿[三]，緣今來措置既不行打量畫圖，造納砧基簿，止令人户（給）〔結〕甲供具，委是易於措置[四]，不擾於民。欲令不候限滿，一面奉行了辦。一、今來若依前項措置經界，全藉守倅督責縣官公共用心了辦。今欲令知、通於各縣知縣、丞、簿、尉內，選委有才幹官一員，專一樁管措置。如當縣無官可選，即於鄰縣本等內權暫對移管幹，不

[一] 地脚原批：「『別』一作『則』。」按，見《補編》頁一三三五。
[二] 買：本書食貨六之四三作「賣」。
[三] 廬：原作「盧」，據本書食貨六之四四、《補編》頁一三三五改。
[四] 是：原作「自」，據本書食貨六之四四改。

理曠闕〔一〕。候事畢日歸任後，於州官内選差一員覆行檢察。既畢，申經界所，從户部經界所差官重行檢點。如所委官措置有方，苗税得實，公私兼濟，不致搔擾，别無詞訴，並許保明申尚書省，取旨推賞。若或弛慢滅裂，按劾申朝廷，乞重行黜責。兼慮州縣所委官有相次任滿之人，不行用心了辦，如有滅裂去處，不以去官，並行按劾科罪。仍欲委漕臣催督了辦，糾察官吏 129 違慢。一、今來既委州縣自行措置，令人户結甲供具，即與日前措置繁簡不同。所有先分委在諸州縣覈實并措置官别無職事〔二〕，欲令逐官將元給印記并文案等〔三〕，限一月具數交割，付本處州縣收管訖，起發歸任。如有已任滿人，即一面赴部參選。仍仰州縣逐一交點，拘收照用。一、今來所行經界，事體浩大，若不嚴行約束，竊慮人吏、鄉司受賄，别生姦弊，及紐算數目并供具元額，致有增減。今欲應人吏、鄉司因經界事乞覓，不以多寡，並決配遠惡州軍，籍没家産。如因紐算，仍供具元額數目擅有增減，别生情弊，並依此施行。一、州縣舊管税額往往自兵火後來簿籍不存，多是旋行括責，於十分内以分數立額。後來歸業人户雖業多，止是隱落，或州縣自用，或鄉司欺盜，走失合納常賦。今欲委知、通、令、佐根究，取見元初舊額數目，務要著實。一、今來措置，所有逐州縣鎮坊郭、官司地段，亦合一體施行。一、契勘州縣鄉村有風俗去處，該載未盡，許州縣條具申經界所相度施行。一、今來措置，欲候事畢，令知、通開具舊額并今來供具出田産數目，今實納税賦，保明聞奏。一、經界所屬官，其間有已成資任滿之人，欲乞從本所别行踏逐辟差。一、應合行事件，並參照前後已得指揮施行。如有未盡，續具申請。」從之。

四月十二日，詔：「勘會經界之法，均税便民，最爲實德。尚慮措置無術，却致苛擾，或懷私營己，譸張沮抑，令户部及所委官委曲措置，止務賦税均平，不得却致苛擾。」

五月二十六日，王鈇等言〔四〕：「兩浙路州縣措置經界，奉行日久，未見了辦。近畫降指揮〔五〕，止令人户限一月結絶。竊慮拖延，不能早得辦集。其依今降指揮結甲縣分，亦是未見了辦次第，顯是諸處官吏意在遷延，不體朝廷務施實德之意。若不先次點檢，乞行下賞罰〔六〕，竊慮無以激勵。除已分委屬官前去點檢催促，今欲乞將率先了辦、措置不擾，税賦均平及拖延違慢最甚，并雖了當而所行滅裂、苗税不均，引惹詞訴縣分，各先取一兩處官吏，乞重賜賞罰施行。其知、通不切用心，及所委官非其人，致有不均及搔擾去處，亦具職位、姓名申取朝廷指揮，庶使官吏竭

〔一〕天頭原批：「『曠』一作『遺』。」按，見《補編》頁一三五。下條同。
〔二〕天頭原批：「『并』一作『及』。」
〔三〕文案：《補編》頁一三五作「公案」。
〔四〕鈇：原作「鐵」，據本書食貨六之四五改。下同。
〔五〕近：原作「今」，據本書食貨六之四五、《補編》頁一三六改。
〔六〕「乞」字疑衍。

力，早得集辦。」從之。

八月一日，户部措置經界所言：「兩浙諸州縣措置經界日久，未見就緒。除已分委屬官前去點檢催促，近令限一季了辦，緣所委官有任滿在近之人，不肯用心措置結絶。今相度，如經界所委官有任滿之人，並乞權暫存留，更與限兩月，須管措置一切了辦。若限滿未了，即令住支請給，與新官同共措置。候均税了畢，方得批書，放令離任。」從之。

十月十六日，王鈇言：「兩浙州縣經界，地里闊遠，唯藉所委官及知、通用心檢察措置，務在除去積弊，税賦均平，以爲公私悠久之[130]利。竊緣鄉司、公吏等人爲見苗税着脚，不得走弄，懷意沮壞，意圖後來别有更改，却將常熟堪好田上苗税均減在從來不毛之地，致走省額，正要知、通用心檢察。欲乞行下諸州知、通，常切用心檢察諸縣官吏，須管究心措置，務要關防人吏姦弊及税賦均平。仍將已均税了當縣分，專委通判躬親點檢有無未實未盡，及堪好田上苗税有無均在荒山淹濼等處，從知、通保明。若有違戾去處，致後來詞訴不一，覈實委是鹵莽不均，其知、通及逐縣及所委官重賜施行，仍不以去官原免。」從之。

十六年二月二十七日，詔李朝正除權户部侍郎，措置經界。

十七年五月三日，權户部侍郎、專一措置經界李椿年言：「今措置兩浙路事件下項：一、本路州縣經界，已打量及用砧基簿計四十縣[一]，欲乞結絶。一、未曾打量及不曾用砧基簿，止令人户結甲去處，竊慮大姓形勢之家不懼罪責，尚有欺隱。欲乞令措置，行下州縣，依舊打量畫圖，令人户自造砧基簿，赴官印押施行訖，申本所差官覆實。稍有欺隱，不實不盡，即依前來已得指揮斷罪追賞。一、結甲縣分内有先曾打量，後來又參照類姓圖帳，已得畝角着實，别無欺隱不盡不實，欲乞别令州縣出牓，限一月許人從實自首。限滿，從知、通保明申本所，以憑差官覆實結絶。一、人户先因結甲，致有欺隱畝步、減落土色、詭名挾户之類，如今來打量依實供具，畫圖入帳，置造砧基簿，並同自首。一、昨來結甲縣分已行起理新税，欲且依新額理納。將來各鄉有打量出田産寬剩畝角，即行均減，更不增添税額。竊慮民間不知，妄有扇摇，出榜曉諭民間通知。一、今來措置經界，全(籍)〔藉〕逐州守倅督責令佐究心協力，務要日近了辦，無致搔擾。如令佐内有無心力、不能了辦之人，聽守倅商議，於管下選差强明官對移。若管下無官可差，申本所，於曾了辦經界、均税無擾官員，不以有無差遣及有無拘礙，差往抵替。其所替官只是不能了辦經界，别無過犯，乞不理遺闕，赴部别行注擬。一、已均税縣分，如得允當，别無詞訴，即令保正取責都内人自行供具詣實文狀，連書押字。如有紛爭不伏，即責兩爭人將産對换，各據兩爭人畝角對换，據所爭産色認税。若已對换後有詞訟，官司

[一]「用」原在「已」字下，據下文移。

不得受理。一、本路率先了辦經界州縣及民無爭訟去處，乞許覆實，次第保明申朝廷推賞。如守倅、令佐違慢不職，許奏劾取旨。」從之。

七月十三日，户部措置經界所言：「本所契勘用砧基簿結絶縣分，間有人户告首隱匿、詭名挾户之類，蓋緣未嘗依元降指揮差官覆實，致得詞訟。若不責限許令自首，便行覆實，竊慮冒犯罪賞。今欲乞下逐縣出牓曉示人户，限一月，應有隱匿畝角土色、不實不盡、詭名【131】挾户之類，並許具狀經縣自陳改正，與免罪賞。仍從本所印簿下縣，將所首狀同逐一抄上人户姓名、所訴事因，候限滿日，同狀申本所照應，以憑差官齎首狀簿前去槩縣覆實〔一〕。限滿，人户自陳，官司不得受理，依已降指揮斷罪追賞。」從之。

九月二十日，户部措置經界所言：「今措置兩浙經界，昨來係打量畫圖〔二〕、造砧基簿，從本所差官按圖覆實，稍有欺隱、不實不盡，斷罪追賞。中間王鈇申請〔三〕，止令人户結甲供具，更不差官覆實。近承指揮依舊打量畫圖，置造砧基簿，並同自首。從本所差官覆實，若不盡不實，方行賞罰。未降指揮已前，先被人陳告欺隱畝角、減落土色、詭名挾户之類，有司爲見所降指揮内即無已在官明文，見行追證。今欲乞行下結甲州縣，將見在官追證未結絶之人，並依已降指揮施行。内已打量、用砧基縣分，許令結絶。緣爲未曾差官覆實，致有隱匿畝角、土色，不實不盡、詭名挾户之類，已申降指揮，許人户限一月赴縣自陳改正，與免罪賞。如限滿人户自陳，官司不得受理。雖已行下州縣遵依施行，竊慮諸縣内有鄉村僻遠人户未能通知，却致冒犯，今欲更乞展限一月。兼契勘有未降指揮已來，先被人陳告事發，見行追證去處，理合一體。（令）〔今〕欲乞下結絶州縣，將見在官追證未結絶之人，並乞依前項指揮施行。如將來差官按圖覆實，稍有欺隱畝角、不實不盡、減落土色、詭名挾户之類，即依已得指揮斷罪追賞施行。」從之。

十九年三月二十七日，宰執言四川州縣奉行經界賞罰事，上曰：「州縣官奉行經界如法，其推恩不須限員數，庶使人人知勸。正經界，均賦税，極爲便民〔四〕。推行之初，臣僚有肆異議、圖沮壞者，暨平江府均税畢，紛紛之議始息。」檜曰：「當時獻議，欲使逐户自陳。若使自陳，豈無失實？」上曰：「李椿年通曉經界次第，中間以憂去，別官提領，便有失當處。」

十一月二十八日，上宣諭輔臣曰：「經界人户多訴不均，當與受理。若下田受重税，將無以輸納。」檜曰：「臣嘗諭户部侍郎宋貺，宜體聖上均税本意，有未均處，亟爲改正。」

二十年二月五日，户部言：「措置經界所有諸處申到

〔一〕槩：疑誤。
〔二〕係：原作「依」，據本書食貨六之四八改。
〔三〕鈇：原作「鐵」，據本書食貨六之四八改。
〔四〕天頭原批：「『便民』一作『民便』。」按，見本書食貨六之四九。

文字及人户詞訴等事，令本路措置結絶。其未經界去處，限一月委轉運司并守臣，依平江府已行事理施行。今乞令轉運司并守臣恪意措置，須管革去逐件情弊，使田産税賦著實依限一切了辦。如州縣尚敢遷延，出違日限，從本路申奏，乞賜放罷。若轉運司容縱，不切督責，亦乞黜責施行。其每路差本路幹辦公事官二員及覆實官，限指揮到日並罷，並經界所幹辦公事四員別無職事，亦乞限十日結絶罷任。」從之。

十三日，詔：「瓊州、萬安、昌化、吉陽軍昨令經界所與免經界，緣海外土産瘠薄，應租税仰逐州軍並依舊額。」

132 二十五日，户部言：「勘會本(路)〔部〕侍郎李椿年已罷，緣措置經界所日有諸處申到文字及人户詞訴等事，欲望朝廷詳酌指揮施行。」詔令户部措置結絶。未經界去處，限一月委轉運司并守臣依倣平江府已行事理施行。

三月二十一日，詔曰：「昨李椿年乞行經界，初欲去民十害，遂從其請。今聞寖失本意，可令户部逐路選委監司一員專一看詳，應便於民者，依已經界施行。其乖謬返爲民害事目，並日下改正，具申省部，日後以當否取旨黜陟。」

二十七日，户部言：「諸路州縣近因經界，將額管苗税均於未開墾荒閑田上一例起催，虚增苗税，更不出給由子，便用長引監催，致人户無從供輸，往往逃移失業，其害不細。今欲委諸路轉運司行下州縣，日下先次住催，仍取見詣實供申，即遵依已降指揮施行。」從之。

七月十五日，權發遣福建路提點刑獄公事孫汝翼言：「本路泉、漳、汀三州所管屬縣近經草寇作過，民多逃移。逐縣被受經界指揮，責辦嚴峻，雖號打量均税了畢，並不盡不實。欲乞將不以已、未打量均税，一切權行住罷，候盜賊寧息、人民歸業日，申取指揮施行。」從之。

二十三日，前權知資州楊師錫言：「乞誡諭逐路元委監司，令責自逐州守臣恪意遵奉，躬親照應逐縣逐都已造到圖帳，已均了税數一一覆實，先次除去爲害事目外，須將貧下户最低土色合減税數均在侵耕冒佃豪强等人户下〔一〕，無令依前僥倖。若下户尚有合訴事理，見得實有未均去處，亦須不憚(繁)〔煩〕冗，便與去著，自可將逐鄉畸零就整之數用與補填。必要依今來詔旨日下改正，具申省部，聽候間遣御史察訪。如是，則前日經界打量不爲虚文，後來所畢帳籍可以憑用。」詔令逐州縣遵依今年三月二十一日手詔施行。

二十一年十月二十八日，前權發遣臨江軍王伯淮言：「臨江軍倚郭清江縣有税錢四十餘貫、苗米四百餘石，人烟、田産並在筠州高安縣新豐鄉第一、第二等户，其税苗却坐落在本縣修德鄉。上項税苗在經界法謂之寓佃，在鄉村謂之包套。未經界之前，尚可追理，經界既定，兩縣各隨産承認元額税苗。本軍不絶人户陳訴，雖累行關移，乞隨産

〔一〕户：原缺，據本書食貨六之五一補。

坐落，而高安不即承受。又兩縣一時結局，清江不免有無田之税，高安却有無税之田。謹按國朝淳化癸巳歲詔建臨江軍，取筠州之瀟灘鎮爲清江縣，割高安之建安、修德兩鄉以隸。蓋當時新豐與修德地界相接，以故税苗有交鄉寫佃之弊。乞行下本路，專委監司差清彊官體究詣實〔一〕，改正施行。」詔專委本路轉運判官盧奎措置。

二十三年十一月十八日，南郊赦書：「勘會昨降詔旨，逐路經界將返爲民害 133 事目，專委監司一員看詳改正。間有民户陳訴未便事節，遷延之久，民被其害，仰逐路所委官遵依詔旨，恪意奉行，務在便民。」

二十六年七月十二日，尚書省言：「昨來經界，據人户陳論打量畝步、土色高下均税不當，雖有指揮許經官陳訴，限半年結絶，今已過限。」詔：「更與展半年，許人户詣州縣陳訴，委守、令驗實，將元打量定驗輕重不當、返爲民害事申漕司審實，依公改正訖，逐旋以聞。務在税賦均平，豪富之家不得幸免，貧民下户不至偏重。如鄉司、人吏因而乞覓搔擾，並依重禄法斷配。令守臣、監司常切舉察。」

二十八年四月二十一日，户部言：「諸路州軍昨因將經界點檢出僧道違法田産，若依已降指揮，用契價錢收買，已撥充養士了當者，更不追改。如今見在官詞訴未曾理斷，或官司未曾支給元契價錢，即合照應見行條法拘没入官。所有紹興十九年三月十二日指揮更不施行。」從之。

紹熙二年十月一日，詔令福建轉運司行下漳州，將經界事件權行住罷。先是，福建路諸司奏：「相度條具漳、泉、汀三州經界，得旨：先將漳州措置，委本路運判陳公亮專一提督。候打量畢，開具已行事件及打畫圖本申尚書省。」既而漳州士民進狀，言其不便於民，故有是命。

嘉定十四年十一月四日，臣僚言：「臣聞『仁政必自經界始』，孟軻有是言也。然近年經界一事，每難於講畫，而輒敗於垂成，惟官吏縱貪而取(嬴)〔贏〕，故民心多疑以求免。有如諸郡賦役不均，豪右得志，窮弱受害，婺之爲郡，乃其尤者。邇來諫臣、臺察相繼論奏，委曲詳盡，詔旨賜可，德惠至渥。臣竊聆此令既放，環婺之境，小民懽呼，豪右失色，可謂盛舉。第如守臣趙師嵒申臺狀，則懲前守趙愬夫之覆轍，不無過慮。愬夫經界蘭溪，頗見端緒，强家合力，厚有所擕，逐去乃已。師嵒欲得本臺主盟，遇有訴者，勿與受理。臣竊嘆夫官民上下之分，何其紊耶！反覆以思，處事在乎審，(悉)〔息〕爭在乎公。臣謂是舉當自一邑始。一邑既完，復及他邑，則上之力專，下之力分，雖歲月少遲，可消喧競。蘭溪文書尚已略備，本州所宜精〔選〕一二公明謹厚之吏，置局是邑，日與知縣重加審訂。凡前之規模區畫者，可則因，否則革，去私存公，心誠求之，何患不中！開其來愬之路，通其難達之情，裁處精詳，施行明正。仍斟酌遞歲的實上供及支用之數而均敷之，此外一毫不過

〔一〕彊：原作「疆」，據本書食貨六之五二、《補編》頁一三九改。

取焉，他日受納當去見寸納尺之弊，則所謂難者，轉而爲易矣。又如嘉定十年檢詳葛洪嘗請以畝起敷〔一〕，前後論者與夫婺之邦人咸謂洪深識事體，其説極便。乞下婺州守臣，所陳今來經界始于蘭溪一邑，次第而行。如以畝起敷之説，委是均一，無害於下户，則自來年爲始，先行之諸邑。如此，則經界得以舒徐集事，民亦安之，134實爲順便。」從之。

十五年十二月四日，臣僚言：「臣聞民有常業，而貿易之不齊；户無定籍，而巧僞之滋起。欺漏隱匿，色色有之。更復因循，不加整治，則虧官害民之弊殆有甚焉。有服籍緣亂，科率不均之弊，有産税不明，官課損失之弊。近者臺諫奏陳，陛下已賜俞允，行之畿甸，而婺郡實先焉。越月踰時，有稽措置。最是詭名挾户，虚立文書，賫以出官，恐致敗露，遞年脱減，重有追姦告訐者流從而邀覓。經畫未見其涯涘，騷擾已及於鄉閭。昔紹興中嘗委從臣行經界於兩浙，止令逐保排定十户爲一甲，遞互糾實供帳，積年所隱一切不問。事既無擾，人亦便之。然今日經界當以紹興爲法，申敕守臣行下屬縣，各令鄉里公舉老成之人，勉率都保打量，不得妄有需索。所至地段，仰管佃人先立牌號，委是何人産業。其有挾户者併歸主户，詭名者改作正名。從前契或未印及脱減焉爲弊者〔二〕，並免究問。所有量到畝步帳數，類申州郡，差官點覆。熟於民事者，分蒞鄉都，使吏之與民同心一力，訖圖永久之利。土業歸主，無産去税存之弊；户版從實，無代輸抑納之憂。物力寬裕則科折易供，貧富有等則差役無競。乞下兩浙轉運司備牒婺州，速與施行。」從之。（以上《永樂大典》卷一五〇七六）

鈔旁定帖雜録〔三〕

【宋會要】

135徽宗崇寧三年六月十日，敕：「諸縣典賣牛畜契書并税租鈔旁等印賣田宅契書，並從官司印賣。除紙、筆、墨、工費用外，量收息錢，助贍學用。其收息不得過一倍。」

十一月十二日，尚書省奏白劄子：「考城縣典牛畜契，每一道今賣五錢省，比舊減下八錢省；税租等鈔旁每一十旁，今賣五十七錢省，比舊減下二十二錢省。檢會今年六月十日度支、户、金部看詳，前項鈔旁並從官司印賣，除紙、墨、工費用外〔四〕，量收息錢，不得過一倍。切緣府界諸縣有未承六月十日朝旨已得前舊賣錢數稍多〔五〕，已成定例，與今來逐部看詳所收息錢比之逐縣舊賣錢數，除本價外，

〔一〕洪：原脱，據下文及《宋史》卷四一五《葛洪傳》補。
〔二〕天頭原批：「□焉」疑誤。」按，「焉」疑因與「爲」形近而衍。
〔三〕題下原批：「起崇寧三年，訖乾道□年。」按，本門之文與本書食貨三五之一「鈔旁印帖」門同。
〔四〕用外：原作「外用」，據上文及本書食貨三五之一乙。
〔五〕十：原作「七」，據上文及本書食貨三五之一改。

各有減落數目。且以考城一縣計之，比舊減下錢數太多，虧損學費。」詔：「府界諸路官賣鈔旁、契書等，收息不得過四倍，隨土俗增損施行。如舊賣錢數多者，聽從多，仍先次施行。」

大觀二年正月一日，赦書：「有司曾以輸納鈔旁出賣收錢，以充學用。吏緣爲奸，增損抑配。今學用既足，事涉苛細，可行寢罷。」

宣和元年八月二十二日，詔：「鈔旁元豐以前並從官賣，久遠可以照驗，以防僞濫之弊。政和修勑令删去〔一〕，不曾修立，及降指揮不許出賣。今後應鈔旁及定帖，並許州縣出賣，即不得過增價直。」《寔録》：元豐六年七月十九日，御史翟思言：「聞京西轉運司下州縣責賣鈔旁人納紙〔二〕，官以小條印爲記，136紙輸一錢〔三〕，應人户税錢，非印鈔不受，苛細傷體。」有詔止之。餘未見。

二年八月二十日，詔：「官賣鈔旁、定帖，以防僞冒，寔遵元豐舊制。收息分數，已降處分並依崇寧三年十一月指揮。如敢數外增錢及邀阻乞取者，官吏並以違制論。疾速申明行下。」從兩浙路轉運〔司〕〔使〕李祉申請也。

十二月十七日，尚書省劄子節文：「官賣鈔旁、定帖，並須每户請納作一鈔，不得依前衆户連名。遇人户請買，當官依法出賣；不當官給賣者，杖一百。公吏人等攬買出外增搭價錢轉〔賣〕者，各徒二年。」

三年四月四日，通判邠州張益謙奏：「本州已依條委司録監轄印造鈔旁，分下諸縣遵依出賣。據諸縣約度，每年（納）〔約〕用鈔旁一百萬副，每副四紙，價錢四文足。今體訪得本州上、中等税並支移往沿邊，有至十程者。人户赴官買紙，齎執前去指定處送納，受納官司或令退換，或行毁棄，艱阻沮抑，其弊百端。所買鈔旁既經書填，却被棄換；若只就近買鈔送納，即令縣照證〔四〕，不肯銷鑿，人户須再來買鈔。又下等税賦、坊場房廊諸般課利用鈔尤多〔五〕，自一文一升亦須買鈔四紙。縣道事叢，令佐未必能即時給賣，其久來鬻書之人冒利犯法，攬買增價。稍失覺察，縻費愈廣，輸納愈遲，退換科較，人户受弊。況當陛下節用裕民，深戒誅求，臣採諸輿議，衆（爲）〔謂〕未便。」詔申明行下，諸路依此。

十三日，詔：「諸路收帖定并貼納錢，委逐路提刑司拘籍起發赴137內藏庫送納。若拘籍隱漏及輒移用，並當重行黜責，其已降赴大官庫送納指揮〔六〕，更不施行。今後收到錢，並依此。」先是，四月，詔依户部尚書沈積中奏，鈔旁、定帖等鈔除陝西、河東路及已有指揮支撥外，並令提刑司同

〔一〕删：原作「册」，據本書食貨三五之二改。
〔二〕鈔：原脱，據本書食貨三五之二補。「賣鈔旁人」，《長編》卷三三七作「商人」。
〔三〕輸一錢：原作「轉輸一」，據《長編》卷三三七改。
〔四〕天頭原批：「『令』一作『本』。」按，見本書食貨三五「鈔旁定帖」門複文。以下眉批所云「一作」並同。
〔五〕廊：原作「節」，據本書食貨三五之二改。
〔六〕大官庫：疑當作「大觀庫」。下同。

本路轉運司措置起發上京，赴大官庫送納。尋有是詔。

五年十一月二十八日，詔：「諸路所收鈔旁、定帖錢，除兩浙路隸應奉司外，餘路自合並逐州委通判管幹拘收，撥與發運司充糴本。」

六年三月二十二日，發運司奏：「奉詔興復轉般，拘收諸色錢本，收糴斛斗。數内官賣鈔旁，諸處關報所收錢數不多，蓋緣奸弊未能杜絶，暗虧官錢，深爲未便。臣今措置條具下項：一、鈔旁係司録廳印造，給付屬縣等官出賣〔一〕。今欲乞諸州鈔旁、定帖除依舊令司録監轄印造外，並用通判勾印訖，給付屬縣置曆出賣。諸州止于《千文》字號上添甲子字號，每一字號印造一千副爲額，仍于每字號下排定第一、第二紙以至一千紙字，所貴有以關防。諸縣專委縣丞管勾，置賣鈔局出賣，即不得輒拘早晚時限。仍于鈔旁上印定所賣錢數。」從之。

七年四月九日，講議司言：「契勘人户輸納，官賣鈔旁，州縣不能鈐束公人計囑盡行收買〔二〕，却于人户處邀求厚價，比之官價多至數倍，兼又阻節留滯，致有人户糶賣所納物斛以充盤費，爲害甚大。今欲更不印賣，止令人户從便自寫鈔旁納官，置單名曆，用合同[138]印記，令人户量納合同印記錢，以杜絶阻節之弊。今措置下項：一、舊來印賣空鈔，收息不過四倍，每鈔四紙。今乞人户自寫鈔旁，納合(用)〔同〕印記錢，以免邀求厚價、乞覓阻節之弊。其所納錢數，每鈔納錢四十文省，不成貫、石、疋、兩、束者減半，内依法許合鈔送納者聽依舊。一、舊來官司去失官鈔，即追户鈔，或又去失户鈔，人户更無照應。今來乞置單名文曆，遇人户送納輸官錢物，將人户縣分、鄉村、姓名、所納數目一户作一項鈔上，仍將所受納處銅印于官鈔，及曆上用印合同，五十户作一結，受納官簽書。遇官司去失官鈔，只用單名曆比照，不得輒追户鈔。一、去失單名曆，依去失重害文書法。一、淮南、江東、西、湖南、北路收到鈔旁錢，依宣和二年七月十三日朝旨，令發運司撥充糴本，歲終具帳申尚書省。一、京畿并舊四輔州及河北東、西、京西南、北路，欲依先降指揮，並隸應奉司拘收。續承今年二月二十二日御筆，六路贍學、鈔旁定帖、無額上供、經制司添酒錢，並充發運司轉般糴本，欲令發運司盡數拘收，歲終具帳申尚書省。一、陝西、河東路依元降指揮，令提刑司收糴斛斗，别作一項樁管。一、京東路先降指揮，聽河北、京東制司移用。契勘朝廷應副燕山、雲中兩路錢物不少，今來京東路合同錢，欲令本路提刑司拘收封樁。一、成都、潼川府、利州、夔州路，欲依先降指揮，計置金銀、絹帛赴内藏庫送[139]納。一、廣東、西、福建路，並令逐路提刑司拘收封樁，聽候朝廷支用。一、自宣和七年諸路州縣應收到合同錢，不以有無支樁，並令提刑上、下半年具帳聞奏。若他司并州縣侵支借

〔一〕天頭原批：「『官』一作『處』。」
〔二〕「鈐」原作「鈴」，「收」原作「出」，據本書食貨三五之四改。

兑，依擅支借封樁錢法。亦仰提刑司覺察按劾。」詔依講議司所定施行。

欽宗靖康元年正月十七日，詔罷鈔旁、定帖錢，令歸常平司。自是民間輸納，任便書鈔，納合同錢，後改爲勘合錢云。以上《續國朝會要》。

光堯皇帝建炎元年五月一日，赦：「應今日以前典賣田宅、馬牛之類違限印契合納倍税者，限百日許自陳，特予蠲免。事發在限内者〔一〕，亦准此。」二年十一月二十二日赦、紹興元年正月一日德音、九月十五日赦、二年九月四日、四年九月十五日、七年九月二十二日赦，同此制。

紹興二年閏四月三日，右朝奉郎姚沇言：「乞下諸路轉運司相度曾被兵火亡失契書業人，許經所屬陳狀。本縣行下本保鄰人依寔供證，即出户帖付之。鄰人邀阻，不爲依寔勘會，及縣吏不即給帖，並許業人越訴，其合干人重寘典憲，庶幾民間物業各有照據。」從之。

二十三日，詔：「應典田宅若故違投契日限，經隔年月，遇赦恩方始自陳即印契者，其所典年限並自交業日爲始。」

四年二月二十日，户部言：「人户典賣田産，一年之外不即受税，係是違法。緣在法已有立定日限投契，當官注籍，對注開收；及詭名挾佃并産去税存之户，依已修立到條法斷罪施140行。仍乞行下州縣，每季檢舉，無致稍有違戾。」從之。

五年三月四日，兩浙西路提刑司言：「近詔人户典賣定帖錢，依自來體例施行，改作勘合錢收納，每季作無額上供錢起赴行在。緣本路州縣有曾被兵火去處，皆有案籍可以照得舊來收納則例，自今多以省記立數，有收三十文或一十文去處，並各多寡不同。」于是户部言：「乞將人户典賣田業計價，每貫收納得産人勘合錢一十文足。」從之。

二十日，兩浙轉運（付）〔副〕使吴革言：「在法，田宅契書，縣以厚紙印造，遇人户有典賣，納紙墨本錢買契書填。緣印板係是縣典自掌，往往多數空印，私自出賣，將納到税錢上下通同盜用，是致每有論訴。今相度，欲委逐州通判用厚紙立《千字文》爲號印造，約度縣分大小、用錢多寡，每月給付諸縣，置櫃封記。遇人户赴縣買契〔二〕，當官給付。仍每季驅磨賣過契白、收到錢數，内紙、墨本錢專一發赴通判廳置曆拘轄，循環作本。既免走失官錢，亦可杜絶情弊。仍乞餘路依此施行。」從之。

六年七月十五日，都省言：「州縣人户典賣田宅，其文契多是出限，不曾經官投税。昨降指揮只納元初價錢〔三〕，限以半年許换官契。既限内不許陳告及免倍税斷罪，即係利便，人户往往樂于輸納。今來日限已滿，訪聞尚有不曾

〔一〕者：原脱，據本書食貨三五之五補。
〔二〕買：原作「賣」，據本書食貨三五之六改。
〔三〕天頭原批：「『價』一作『税』。」

送納去處，蓋緣其間有不知上件指揮，兼元降指揮出限，別無約束，是致依前隱匿。」詔更予立限半年，許投稅，仍[141]免斷罪倍稅，各自今降指揮到日爲始。（從之）

十年九月十日，赦：「勘會州縣受納稅租，監官多是晚入早出，不即受納給鈔，及容縱合干人百端非理退難，遂致憑籍攬納之人重有陪費〔一〕。仰監司嚴加檢察，如尚或蹈習違戾，並仰按劾聞奏。」

十二月六日，臣僚言：「賦稅之輸，止憑鈔旁爲信，穀以升，帛以尺，錢自一文以往，必具四鈔，受納官親用團印。曰戶鈔則付人戶收執，曰縣鈔則關縣司銷籍，曰監鈔則納監官掌之，曰住鈔則倉庫藏之。所以防僞冒，備去失，而互相照〔二〕，此良法也。今所在監、住二鈔不復用印，廢爲故紙，而縣司亦不即據鈔銷簿，方且藏匿，以要貨賂。望申嚴法令，戒監司、郡守檢察受納官司，凡戶、縣、監、住四鈔皆須用印存留，以備照用，而縣委縣丞、簿專一對鈔銷籍，無得輒追人戶，故爲搔擾。」從之。

十三年四月五日，臣寮言：「人戶典賣田宅印契投稅出限，許人告首。乞將今日以前未印契書，再限許人自首〔三〕。」戶部看詳：「欲依臣僚所乞，將人戶今日以前違限不投稅再予展限一季，許將未投契自陳免罪，只令倍納稅錢。如違今來所展日限〔四〕，告賞、斷罪並依已降指揮施行。仍令州縣將今來所降指揮分明大字鏤板，多出文牓，遍于鄉村等處曉諭民戶通知，務要投納契稅。今後更不得申乞再展限。」從之。

十月六日，臣寮言：「應民間典賣田産，齎執白契因事到官，不問出限，並不收使，[142]據數投納入官。其前因循未投納稅錢白契，並限五十日自陳投納。如出限一日，更不展限。」戶部看詳：「欲依所乞，行下諸路州軍出榜曉諭。」從之。

十一月八日，南郊赦：「勘會人戶合輸稅租，在法，布帛不成端疋，穀不成升，絲、綿不成兩，柴蒿不成束，聽依納月寔值價納錢，仍許合鈔送納，蓋欲優恤下戶。訪聞州縣當職官並不檢察，致公吏作弊，高估價直，并將已合鈔送納之數不即銷簿，又作掛欠催理，追呼搔擾。自今應下戶（拆）〔折〕納畸零稅租〔五〕，並取寔直，其願合鈔者，亦仰官給逐名已納憑由。如敢依前高價估直及重疊催理，因而乞覓，以枉法論，當職官重作行遣。」

十五年四月十一日，赦：「勘會人戶典賣田宅，投稅請契，已降指揮寬立信限，通計不得過一百八十日。如違限，許人告首，將業没官。訪聞其間有村遠民戶不曉條限，多有誤犯，便將元業拘没，誠可矜憫。可更展限兩月赴官陳

〔一〕陪：原作「倍」，據本書食貨三五之七改。
〔二〕「照」下疑脱「應」、「驗」之類字。
〔三〕再限：疑當作「再展限」。
〔四〕所展：原作「展予」，據本書食貨三五之八改。
〔五〕畸：原作「綺」，據本書食貨三五之八改。

首〔一〕，免拘没，依條投税。限滿，依已降指揮施行。」二十二年十一月十八日、二十五年十一月十九日、二十八年十一月二十三日、三十一年九月二日赦，並同此制。

二十三日，知臨安府張澄奉詔條具受納税賦不銷簿籍等事，下户部看詳：「勘會依法輸納官物用四鈔：縣鈔付縣，户鈔給人户，監鈔付監官，住鈔留本司。及税租鈔倉庫封送縣，令佐即日監勒分授鄉司、書手，各置曆當官收上，日別爲號計數，以五日通143轉。每受鈔，即時注入，當職官對簿押訖封印，置櫃收掌。并納官物毀失縣鈔者，以監、住鈔銷鑿。若不以監、住鈔銷鑿，輒取户鈔或追人户赴官呈驗者，各杖一百；因而受乞財物，加本罪一等。今欲下臨安府約束縣分及受納官司常切遵守見行條法，及下諸路轉運司遍牒州縣准此，仍令常切點檢覺察施行。」詔並從之。時以太史奏彗星出東方，詔令監司、郡守條具便民事，故澄有是請。

十月三日，户部言：「應人户典賣田宅、船、畜投税違限，能自首之人，並依匿税法，仍三分爲率，以一没官，二給自首。」從之。

十六年十一月十一日，南郊赦：「訪聞近來人户輸納税租，官吏作弊，多有槩量，却盜打白鈔出賣，致令鄉司、攬户兜收人户租税入己，更不到官，惟藏白鈔以備論訴，旋行書填，欺謾上下，蠹耗公私，爲害不細。自今人户送納税租，每遇投鈔，謂如十户合作一鈔，須管各開納人姓名、所輸數目，方得印鈔。即不得將白鈔旋行銷注。委監司常切覺察，仍出牓約束。尚敢違戾，按劾申尚書省，取旨重作施行。」

二十一年五月十五日，前權知舒州李觀民言：「切見民户納苗税之類，惟憑朱鈔爲照，其間專典、鄉司等人作受納之弊，有已納錢物不即時銷簿，多端邀阻，致成掛欠，重疊追擾，其害甚大。臣愚欲乞每遇受納之時，置曆收鈔，具若干鈔數，次日解州；州置曆，即時送縣；縣委主簿〔二〕，當日對鈔銷簿。144候納畢日，解簿、鈔赴州，州委官點磨。庶革追擾乞取之弊。」詔令户部申嚴條法行下，委監司、守倅檢察按劾；若監司違戾，令御史彈奏。

二十六年十二月二十五日，户部言：「人户典賣田宅印契日限，違者斷罪而没其産，皆太重難行，徒長告訴。欲乞並依紹興法，舊限六十日赴縣投税，再限六十日齎錢赴縣請契。仍自今降指揮到日爲始。所有其餘見行應干關防投納印契税錢申明，即與成法不相妨礙，自合依舊遵守，照用施行。仍乞檢坐紹興條法，遍下諸路監司、州軍約束遵守施行，多印文榜，鄉村張掛，分明曉諭民間通知。」從之。

二十七年三月二十九日，詔：「應人户買賣耕牛，並予

〔一〕限：原脱，據本書食貨三五之八補。
〔二〕主：原作「王」，據本書食貨三五之一〇改。

蠲免投納契稅。」

二十八年十一月二十三日，南郊赦：「訪聞人户輸納官物，州縣多不即時銷注簿書，再行劄刷追擾。雖有已給朱鈔，不爲照用，勒令重疊輸納。是致民户困弊，長吏坐視，恬不加卹。仰監司常切檢察，如有違戾去處，按劾以聞，當重置典憲。」三十一年九月二日赦同此制。

三十年五月十一日，臣寮言：「在法，有縣、户、監、住四色鈔目，欲乞將住鈔改作保鈔，應人户輸納已訖，官以户、保二鈔給之。如遇保長催欠，户鈔自欲照使，即以保鈔責付保長。既得保鈔爲據，則鄉司不得因而移用。」詔令户部看詳。其後，户部言：「人户所輸官物，已有見約束受納給鈔銷注條法指揮。人户有官給已納户鈔照應，【145】官有所留縣，住鈔互相照應，即不合再令保長重疊催擾。緣州縣奉行違戾，故鄉司得以移弄。欲下諸路轉運司約束所部州縣遵守見行條法，如有違戾，即仰按劾。」從之。以上《中興會要》。

紹興三十二年，壽皇聖帝即位未改元。七月二十四日，臣僚言：「州縣受納秋苗，合納一石，率取二石以上，受納官吏輒令人户紐價納錢，出給朱鈔，謂之虚鈔，却以米錢侵盗入己。」詔監司覺察，許人户越訴。

十二月五日，刑部立下條件：「諸縣人户已納稅租鈔，和、預買紬絹、錢物之類同〔一〕。不即銷簿者，當職官吏各杖一百，吏人仍勒停。其人户自齎户鈔出官，不爲照使，抑令重疊輸納者，以違制論，不以赦降原減。許人户越訴，專委知、通檢察。知情容庇者，與同罪。仍令提刑司每季檢舉出榜，曉示民户通知。」

隆興二年正月十日，知潭州黄祖舜言：「州縣受納銷鈔，在法主簿即時銷注。主簿若不加省，皂吏因爲奸便，所受弊者，皆中、下之户。户繁稅冗，會計之日，不問已納未納，按籍一例催督，縱人户披訴，而追呼之擾已遍于閭里。欲望遇鈔至縣，主簿立便按籍注銷。一路委自監司，一州委自知、通，常切覺察。如有違慢，或因事罥罣，按劾施行。」詔依，仍檢坐見行條法下諸路轉運司，行下所屬州縣常切遵守。仍令知、通依條檢察，毋令違戾，及委自本司逐時檢點覺察。

二十五日，詔：「民間典賣田宅等違限不曾經官投稅白契，限一季經官【146】自陳，止納正稅，與免入罪。如違限不首，許人告，依匿稅條法斷罪。」因臣僚有請也。

乾道二年九月二十四日，上封事言：「人户二稅，每鈔收勘合朱墨錢三十文足，不成貫、石、疋、兩減半。竊詳不成貫、石、疋、兩，皆是下户畸零之數，而上户所納，自一貫、石、疋、兩以上至數十百貫、石、疋、兩，一鈔亦只納三十文足，多寡不均。及送納人户多是隱瞞官司，只作一大户投鈔，洎至送納了當，臨時旋行填寫抱納人户姓名，遂致走失

〔一〕此注原作正文，據文意改。

勘合錢數。今相度，欲將每貫、石、疋、兩以上隨數減作二十文足紐納。其下户錢不成百，米麥不成斗，紬絹不成疋，絲綿不成兩，並免收納。」從之。

四年十二月二十五日，臣寮言：「人户輸納租賦，非買官印紙，則州縣不肯給鈔。每紙一張，或六七十文，或三二十文，而其重者有至一二百文。在處有之，而江西諸(色)〔邑〕尤甚。貧民下户日削月朘，益見困弊而不聊生矣。縣道習以成風，多以辦月椿爲名，公然印售，恬不爲怪。欲望戒勅州縣官吏禁絶此弊，以除民害。」從之。

五年十二月八日，詔：「人户應違限未納契税，并已前首契不盡白契〔一〕，並自今降指揮到日，限一季許于所在州縣陳首，與免罪賞。自下狀日，更與限一百日送納税錢，專委本州通判拘收入總制帳，令作一項解發。如一州起發及一十萬貫以上，從户部具知、通名銜申朝廷推賞。若違限不首，或雖曾陳首，違百日限不納税錢之人，並許諸色人陳告，依條斷罪給賞，拘没 147 田宅入官，仍逐旋開具拘没到數申户部籍記。務在必行，以後更不展限。」以户部尚書曾懷言：「人户典賣田宅，自有投税印契日限，違限許人告，依匿税法斷罪，追没給賞。昨來四川立限許人首納，拘收到錢數百萬貫，并婺州一州得錢三十餘萬貫。其他諸路州縣視爲常事，恬不加意，是致首納不盡。兼循習舊例，並不依限投税。」故有是命。

七年二月一日，詔户部：「典賣田宅合納牙契税錢，雖有立定所收則例，昨降指揮，通限一百二十日投納契税。可依紹興十年六月二十七日指揮，限一百八十日。其人户典賣舟船、驢馬合納牙契税錢，各有立定所收錢數立契，並限三十日印契。訪聞諸路州軍往往並不曾投納契税。所有人户典賣田宅、船、馬、驢、騾合納牙契税錢，昨降指揮專委諸州通判印造契紙，以《千字文》號置簿送諸縣出賣。可令各路提舉司立料例〔二〕，以《千字文》號印造契紙，分下屬郡〔三〕，令民間請買。將收到錢專委通判拘收，並充上供起發。内有元係分隸經、總制錢，以乾道四年帳據收到數銷豁外，有其餘錢，並入總制帳，令作一項解發。令提舉官逐時檢察，每季開具通印給過道數，諸郡各計若干，〔係〕某字號至某字號；賣過若干，係某字號至某字號，計交易錢若干，合收牙税錢若干；未賣若干，係某字號至某字號。開具牒報本路轉運司，委官一員驅考施行。如印造違慢致積壓，有妨 148 請買，許人越訴，依紹興十四年七月八日指揮，官吏重作施行。如人户納錢違限，許諸色人告，依匿税法斷罪追賞。若提舉官能用心印造，并本州拘收過錢及五萬貫，已起發交納數足，仍從本路轉運司開具本路提舉官并本路知、通名銜申朝廷，特予推恩。」先是，宗正少卿〔四〕、兼

〔一〕首契：據下文，似當作「首納」。
〔二〕料：原作「科」，據本書食貨三五之一三改。
〔三〕「屬」下原有「部」字，據後文删。
〔四〕宗正：原作「正宗」，據本書食貨三五之一四乙。

權户部侍郎王佐言：「典賣田宅、舟船、騾馬，雖有立定條限齎契投稅，例收藏白契，至有加扣〔一〕，方行投印。移割不明，賦役失當，重疊典賣，詞訴不已，皆緣不即投契所致。臣今相度，欲令各路提舉司立料例、字號，印造契紙，分下屬郡，令民間請買。將收到錢並上供起發。內有元係分隸經、總制錢，以乾道四年帳據收到錢數銷豁。仍依紹興十年六月二十七日指揮，立限一百八十日。違限不稅者，許人陳告。委自公私兩利。」故有是命。

十四日，册皇太子赦：「人户違限白契稅錢，已降赦文展限一百日，許行自首，與免倍輸。今來將欲限滿，自今降赦書到日，再與展限一季，許令自陳，免行倍輸。限滿不納，罪復如初。」

七月二十八日，户部尚書曾懷言：「准乾道六年十二月十一日敕：『典賣田宅、舟船、騾馬合用契紙，令提舉司印給，將收到錢並充上供。仍依紹興七年六月二十七日指揮，立限一百八十日。違限不稅者，許人陳告。』本部今照得有未盡未便事件，重別條具下項：一、人户請買契紙，若令本路提舉司印給，緣所屬州軍繁多，149其間又有相去地里窵遠去處，竊慮却致留滯。今欲乞依舊令逐州通判印給〔二〕，立料例，以《千字文》爲號，每季給下屬縣，委縣丞收掌，聽人户請買。其錢專委通判拘收交納，每季具給下契紙數目申提刑司照會。若稍有不盡不寔，官吏並以違制論科罪，不以赦降原減。一、人户合給牙契稅錢，每交易一十貫，納正稅錢一貫，除六百七十五文充經、總制錢外，其三百二十五文充本州之數。今欲乞將本州所得錢三百二十五文數內存留一半充州用，其餘一半錢入總制錢帳。如敢隱漏，依上供錢斷罪。一、人户典賣田宅、舟船、騾馬牙稅錢，若違限不納，或于契內減落價貫，規免稅錢，許牙人并元出產人户陳首，將所典(賣)〔買〕物業一半給賞，一半沒官，犯人依條施行。一、人户投納契稅、契錢，每交易一貫，納正稅錢一百文，并頭子等錢二十一文二分。訪聞州縣往往過數拘收，或攬納公人邀阻作弊，欲專委令佐覺察禁止。如有違戾，即仰根究，重作行遣。」從之。

十一月六日，臣寮言：「比年以來，富家大室典賣田宅，多不以時稅契，有司欲爲過割，無由稽察。其弊有四焉：得産者不輸常賦，無産者虛籍反存，此則催科不便，其弊一也。富者進産而物力不加多，貧者去産而物力不加少，此則差役不均，其弊二也。稅契之直，率爲乾没，則隱匿官錢，其弊三也。已賣之產，或復求售，則重疊交易，其弊四也。乞詔有司，150應民間交易，并先次令過割而後稅契。凡進產之家，限十日內繳連小契自陳，令本縣取索兩家砧基赤契，并以三色官簿，係是夏稅簿、秋苗簿、物力簿〔三〕。却

〔一〕天頭原批：「『扣』一作『交』。」
〔二〕今：原作「令」，據本書食貨三五之一五改。
〔三〕此注原作正文大字，據文意改。

徑自本縣〔一〕，就令本縣主簿對行批鑿。如不先經過割，即不許人户投稅。仍以牙契一司專隸主簿廳，庶幾事權歸一，稽察易見。若主簿過割不時及批鑿不盡，或已爲批鑿而一委于胥吏，不復點對稽察者，則不職之罰，以例受制書而違者之罪罪之。如此，則四者之弊一旦可革，而公私俱便矣。」詔令勑令所參照見行指揮修立成法，申尚書省施行。

八年四月十二日，臣寮言：「人户典賣田宅，投稅請契各有日限，而今之置産者未嘗以稅契爲意，其弊蓋起於赦恩許其免倍納而自首。況比年以來，監司州郡多因一時闕乏，不候朝旨，免倍稅契，至有將所收錢不復分隸合屬窠名，一切拘留，以資妄用。欲今後如遇降赦，删去『人户稅契違限，許其免倍自首』一節〔二〕。監司、州縣專擅放行者，重寘典憲。仍行下諸路，預先曉示人户通知。」從之。

八月十四日，臣寮言：「已降指揮，今後如遇降赦，删去『人户稅契違限，許其免倍自首』一節。欲乞立限三月，應前降指揮到逐州日以前，人户典賣田宅等違限未曾投稅契約，並許于今來所立日限自陳，與免倍輸坐罪。限滿不首，罪罰如初。」從之。

九月十九日，詔：「諸州據人户合鈔送納稅租，遵依見行條法及已降指151揮，與丁絹憑由一體俵散。」先是，兩浙路轉運司副使沈度言：「湖、嚴、處州、紹興府人户合納丁絹，近已均減。據人户合納丁絹憑由，從本縣印給，填寫姓名，各隨都分責付户長交收前去，巡門俵散訖，關申本縣照應。今尚有人户合納夏秋稅租不成端疋布帛、米穀、絲綿等，細民多是合鈔給憑由，即與上件丁絹事體一同，切慮屬縣重疊追催。」故有是命。

九年正月十八日，詔：「人户典賣田宅物業，往往違限不行稅契，失陷官錢。仰自今降指揮到日，出榜立限一月自行陳首，與免罪賞。自投狀日，限一季送納稅錢。如限滿不首，許元典賣及諸色人陳告，其物産以一半給告人充賞，餘一半没官。仍委葉翥、折知常一就措置〔三〕，令項拘收發納。所有州縣解發推賞，並依賣田錢格法施行。」

三月十日，户部尚書楊倓言：「承指揮，委户部郎中薛元鼎同長式催督諸路賣田〔四〕、乳香、契稅等錢。緣違限契稅錢，諸州縣未曾立限委官催促，乞立限一月，許人户陳首，與免罪賞。自投狀日〔五〕，限一季納錢。如限滿不首，即依前項已降指揮施行。如或州縣侵欺移易，將當職官吏依擅支使朝廷封樁錢物法斷罪。」從之。

二十五日，淮南運判馮忠嘉言〔六〕：「契勘人户典賣田

〔一〕徑：原作「經」，據本書食貨三五之一六改。
〔二〕免倍自首：原作「自首免倍」，據本書食貨三五之一六及下條乙。
〔三〕天頭原批：「『折』一作『張』。」按，作「折」是。
〔四〕天頭原批：「『中』一作『官』。」式：疑當作「貳」。
〔五〕狀：原脱，據上條文例補。
〔六〕馮忠嘉：原作「馮志嘉」，據本書食貨三五之一八改。

宅，合納牙税、契紙本錢、勘合、朱墨、頭子錢。訪聞州縣巧作名目，又有朱墨錢、用印錢、得産人錢。欲望重立法禁，契税正錢外斂取民錢，許人户越訴。入私曆者，坐臟論。」152從之。

四年五月〔一〕，詔：「就委周嗣武、張孝賁前去江東路州軍，措置人户典賣田宅、物業違限不行税契，各自今降指揮到日，與展限一月投税，令項拘收，發納左藏南庫樁管。所有州縣解發錢推賞，並依賣田錢格法施行。」以上《乾道會要》。

均糴雜録〔二〕

【宋會要】

徽宗政和元年五月十七日，熙河蘭湟秦鳳路宣撫使、措置陝西河東路邊事童貫奏：「乞下轉運司推行均糴之法。」詔：「依所奏。不得因緣作弊搔擾，及糴買不均等。仍委提刑、提舉常平司、走馬承受常切覺察，按劾以聞，當重行典憲。所有河北、河東，仰逐路監司限半月同共從長相度委寔可與不可施行、有無窒礙未盡事理，保明詣寔，入急遞聞奏。」

二十九日，又言：「均糴之法，鄉村若以田土頃畝均敷，則上等所均斛斗數少，寔爲優幸；下等均定斛斗數多〔三〕，不易供辦。如以家業錢均，則上等所均斛斗數多，下等人各均定斛斗數少，委是兩事利害不同。轉運司具到坊郭户均數目，看詳欲乞依久例，只于家業錢上均糴。詔：『今年五月十七日已降指揮，童貫奏：陝西均糴斛斗若只〔依〕坊郭〔四〕、鄉村等第均定石數收糴，緣元定等第内家業錢往往不等〔五〕，謂如家業錢六千貫文至一萬貫爲第一等之類〔六〕，若作一等均糴，切慮法行之後不得均濟。』下轉運司攤定一州一縣合糴都大石數，會計一州一縣逐等第都計家業錢，紐筭每家業錢幾文合糴多少石斗，所153貴均一。已行下訖，今乞令陝西轉運司並依今來所奏事理施行。』」

十一月一日，都省言：「河北路轉運（司）〔使〕陳亨伯奏：元降陝西均糴畫一，諸州縣官户即無減免之文，本路州縣已一例均定石斗科納。」詔官户無減免之文，多係停蓄斛斗之家〔七〕，可依所奏。

二年七月二十八日，詔：「逐路轉運司各據本路逐路

〔一〕天頭原批：「『四年』疑有誤。」按，「四年」疑當作「是年」，説詳本書食貨三五之一八同條校記。
〔二〕按，本門之文與本書食貨四一之二一「均糴」門同。
〔三〕均定斛斗：原作「均斛斗定」，據本書食貨四一之二二乙。
〔四〕「斛斗」原作「斗斛」，「坊」原作「妨」，據本書食貨四一之二二乙改。
〔五〕往往不等：原脱，據本書食貨四一之二二補。
〔六〕謂如家業錢：原脱，據本書食貨四一之二二補。
〔七〕停：原作「定」，據本書食貨四一之二二改。

合糴斛斗數目〔一〕，以本縣人户見今均敷役錢文簿籍定合納錢數，于役錢數上紐算合均糴之數〔二〕，均與逐户。如有畸零缺剩之數，並只就整收糴，零數即免。内坊郭第六等以下、鄉村第五等以下免均〔三〕。即人户所出役錢數多，致所均之數艱于送納者，仰所屬州縣、轉運司量減。應今來均糴，並依青苗法先期支錢。候至合送納時月，若遇豐兇貴賤不同，以有餘不足通計。謂如元支散時詔貴米一百文〔四〕，後却賤止七十，即添糴三分，又却貴三分，即減三分之類。餘並依奏糴法施行〔五〕。」

八月三日，尚書省言：「七月二十八日已降指揮，三路均糴斛斗，今措置約束：均糴法州縣不得常行，並俟朝廷降指揮，方許均糴。不應均而輒均，若不依役錢，或多寡不均者，徒二年，吏人配千里。不前期支錢，或斗價支錢增減不寔者，加一等，吏人配一千五百里。乞取若減刻所均錢者，以自盜論贓，輕者配一千里。」從之。

三年九月二十八日，尚書省言：「今歲大稔，物賤傷農〔六〕，除災傷檢放去處，奉聖旨令諸路轉運司以諸[154]司封樁錢量行均糴一次。契勘三路已行均糴法，其諸路合遵守三路均糴法施行。」

四年六月二十二日，詔：「諸路均糴差到非見請重禄人，内人吏每日添支重禄錢三百，專斗錢二百，仍於寬剩役錢内支給。」從廣南西路提舉常平司請也。

十月二十三日，詔：「自今均糴斛斗，須管先樁見錢方得均糴。如違，官員徒一年，吏人配千里。」以尚書省言：「河陽縣及孟州温縣百姓訴，納過均糴斛斗，不曾支錢。」詔官吏罰銅有差，兼有是詔。

五年正月二十五日，河北東路提刑司奏〔七〕：「淮朝旨，滄州無棣縣民昨于政和元年内輸均糴白米〔八〕，每斗支價錢六十至四十文〔九〕，政和二年内又斗支一二十，而市價爲百二十。并今體量到逐年均糴白米價例，比街市私糴價錢委有低少錢數〔一〇〕。緣係逐年本州估定，行下本縣依價均糴。」詔均糴當用市例，當職官吏赦宥〔一一〕，特免黜責，今後如或虧損，當重行降黜。諸路依此。

五月十三日，詔：「河東、河北三（州）〔路〕自去歲旱霜，田苗不收，漢、蕃人户類皆缺食，可權罷今年均糴，候豐熟依舊。」

〔一〕逐路：疑當作「逐州」。
〔二〕錢：原作「前」，據本書食貨四一之二三改。
〔三〕以下：原作「下以」，據本書食貨四一之二三乙。
〔四〕時：原作「錢」，據本書食貨四一之二三改。「詔貴」二字疑誤，食貨四一之二三無「貴」字。
〔五〕奏：疑當作「均」。
〔六〕農：原作「粟」，據本書食貨四一之二三改。
〔七〕司：原脱，據本書食貨四一之二四補。
〔八〕棣：原闕，據《宋史》卷八六《地理志》二補。
〔九〕至四十：原作「四」，據本書食貨四一之二四補。
〔一〇〕少：原作「小」，據本書食貨四一之二四改。
〔一一〕「官吏」下原有「詔」字，據本書食貨四一之二四删。

宣和七年五月九日，德音：「京東、河北路州縣，勘會去年八月已降指揮，河北一路均糴斛斗共八十一萬石，其間有因災傷人户全不曾送納，及送納未足去處，切慮官司爲見今歲二麥豐熟，便行催納。其不曾支請價錢人户未納斛斗，並與放免。已請糴本人户，及先借諸司斛斗充數起發，未曾填納[155]之數，並與展至夏料，止據已請錢數依市價折納，餘更不得催理，及別作名目抑配收糴。如違，許人户徑赴尚書省越訴〔一〕。向來均糴，聞有未還價錢，官吏作過，互相容庇。仰宣撫司將分俵州縣糴本數目曉示人户，勘驗所支之數，如有未還，並督責日下支還了當，仍具因依申朝廷黜責。向來河北均糴，有人户結攬衆户合納之數前去送納，如有欠少未足并合補納斛斗，並合於結攬人名下催理，不得將衆户一例搔擾〔二〕。」

蠲放雜録

【宋會要】太祖乾德四年，華州言旱，詔令無出今年租。

五年七月，詔：「夏秋以來，水旱作沴，言念民庶，恐致流離。委諸道州府長吏預告人民，有災傷處，並放今年租賦。」

六年六月，詔曰：「暑雨滂沱，隄防泛決〔三〕，行潦所至，多稼用傷。憂民方軫于焦勞，常賦宜行于蠲免。應諸道州縣民田有經霖雨及河水損敗者，今年夏租及緣納物，並予放免。」

開寶七年十一月，放蒲、晉、陝、絳、同、解六州所欠租税，關西諸州特蠲其半。以災傷故也。

八年五月，詔：「邵州武崗等三縣、潭州長沙等七縣，應遭梅山洞賊虜劫人户，去年所欠税租及今年夏税，並與除放。」時梅山洞聞江表用兵，因乘間剽劫，故有是詔。

十二月，免開封府諸縣今年秋税〔四〕。

太宗太平興國二〔年七〕月〔五〕，詔以河決鄭州滎澤縣〔六〕、孟州温縣，而民被水災，並蠲其税。

七年正月，詔[156]潭州每歲納大紙、中紙各七十九萬二千一百十四張，小紙二十萬二千一百八十二張，並除之。

八年七月，詔：「開封府管内酸棗、陽武、封丘、長垣等四縣民田爲黄河水所害，及開封、浚儀、中牟、尉氏、襄邑、雍丘等六縣民田爲蔡河、廣濟、白溝河溢及水澇所損者，並蠲其税。」

雍熙五年二月，免瀛州部民租調三年，徭役五年。以

〔一〕徑：原作「經」，據本書食貨四一之二四改。
〔二〕衆：原作「人」，據本書食貨四一之二五改。
〔三〕泛：原脱，據《宋大詔令集》卷一八五補。
〔四〕今年：原作「年今」，據《長編》卷一六乙。
〔五〕年七：原無，據《玉海》卷二二補。
〔六〕滎：原作「縈」，據《宋史》卷八五《地理志》一改。

其再遭犬戎蹂躪也。

淳化元年二月，詔：「諸處魚池舊皆有省司管係，與民爭利，非朕素懷。自今應池塘湖河魚、鴨之類，任民採取。如經市貨賣，即準舊例收税。」先是，淮南、江、浙、荆湖、廣南、福建路當僭據之時，應江湖及池潭陂塘聚魚之處皆納官錢，或令人户占買輸課〔一〕，或官遣吏主持。太宗聞其弊，故有是命。

四月一日，除興州公驗錢。先是，乾德三年，刺史趙彦韜越置〔二〕，應客旅將驢騾行（行）貨入川貨賣，川司出給公驗，每人税錢四十八文充公用，至是除之。

八（月）（日），詔：「興化軍兩浙僞命日，以官牛賦于民，歲輸租米，牛或死損，則令買償。自今除之，仍以官牛給租牛户。」

七月，詔：「開封府五縣旱傷夏苗，開封一縣全放，已耕犂改種者免六分。陳留、封丘、酸棗、鄢陵四縣各放夏税六分。」

八月，放鳳翔府天興五縣等税，又減京兆府長安等八縣民萬三千一百十三户田〔三〕，及許、滄、單、汝州民其税十之六。皆以旱故也。

是月，詔：「舒州桐城縣大龍〔四〕、宿松縣小孤及長武湖三處魚池特免[157]税，任民採捕，吏勿禁。」

十月，詔：「乾州、鄭州旱，損夏苗，遣官覆檢，皆稱及時改種。合依常例收租賦者，乾州三千三百九十一頃，鄭州三千六百九十頃。除旱損全放外，其合納今夏正税并緣納，乾州十分中特減五分。見催者，許以秋米豆折納。」

十一月，詔：「大名府管内夏苗六百八十頃旱損，並權放今年夏税。内百三十頃各已耕種，合輸納者，特于十分中放三（分）。」

（三）〔二〕年七月〔五〕，大名、河中府，絳、濮、陝、曹、濟、同、淄、單、德、徐、晉、耀〔六〕、磁、博〔七〕、汝、兖、虢、汾、鄆〔八〕、階、亳、慶、許、齊、濱〔九〕、棣〔一〇〕、沂、貝〔一一〕、衛、青、霸等州皆言歲旱無麥，詔遣使分路體量，凡三十八處，旱損苗五萬二千八百三十七頃六十八畝，其合納今年夏正税并緣科並

〔一〕或：原作「如」，據《文獻通考》卷一九改。

〔二〕刺史趙彦韜：原作「敕史趙彦蹈」，據《宋史》卷四七九《趙彦韜傳》改。按，彦韜本爲孟昶軍校，因濳助宋有功，乾德三年蜀平，遷興州刺史。越：疑當作「起」，「起置」謂始置。

〔三〕「田」下疑脱「税」、「租」等字。

〔四〕舒州：原作「汝州」，據《宋史》卷八八《地理志》四改。

〔五〕二：原作「三」，據前後年次及《宋史》卷五《太宗紀》二改。

〔六〕耀：《宋史》卷五《太宗紀》二作「輝」，誤。

〔七〕博：原作「磚」，據《宋史》卷五《太宗紀》二改。

〔八〕鄆：《宋史》卷五《太宗紀》二作「鄭」。

〔九〕濱：原作「檳」，據《宋史》卷五《太宗紀》二改。

〔一〇〕棣：原無，據《宋史》卷五《太宗紀》二補。此是《大典》避明成祖諱删去。

〔一一〕貝：原作「具」，據《宋史》卷五《太宗紀》二改。

各除放〔一〕。

十月，詔：「許州檢到長社、臨（穎）〔潁〕、郾城三縣共二千十七户，依例于元額内減放七分正苗子及緣納等，（除）〔餘〕三分依限催納。邇者，憫近甸之亢陽，命使車而檢閲。未經聞奏，輒則蠲除。雖懲長吏之專行，當念蒸民之匱乏。宜令放免，表我推恩。可依本州所奏施行。」

三年七月，靈州言：「臨河、懷遠等鎮税户田紹榮等，欠端拱二年秋税送納。」詔並除之。是年，詔：忻州當僞命日，科民輸刺史潤俸息錢二百三十六千，除之。

四年十月，以水潦害民田，分遣京朝官按行開〔封〕府管勾諸縣，籍頃畝之數，以免其税。

閏十月，詔（輪）〔諭〕開封府，民被水災者，前詔除放苗子外，應見隨畝地錢、稗草及和買正草，並蠲之。

十二月，詔158諸道州、府、軍、監，民被水災甚者，所欠税物遣使按行，蠲其半。

五年正月，詔兩京及諸道州府（足）〔民〕欠淳化三年租調及緣納他物共二百五十一萬五千餘貫石斤兩，並除。

二月，詔劍南東西川、峽路諸州民欠淳化五年以前租税〔二〕，州縣吏掌倉庫〔三〕、鹽鐵、榷酤負官錢，上計（利）〔吏〕及挽船卒負官物，並除之。

四月，詔開封府及諸道州府欠淳化三年終已前夏秋税物、（振）〔賑〕貸斛斗，自來容限倚閣者，並予除放。凡斛斗、疋帛、絲枲、扉履之類，蠲放二百五十一萬五千餘貫石斤兩焉。

五月十二日，詔曰：「先是，歲賦蒿數十萬圍，以供窯務及染院所用。自今染作，以材給之。」

二十三日，詔：「利州路興元、洋州西縣民輦運糧草，頗甚勞役，其今年夏、秋正税並沿科物色，並予除放。」先是，王師討蜀寇，調民輸糧草，而利州等民頗爲勞役，故有是命。

至道元年正月，詔：「眷彼淮陽，民多艱食。雖繼行于賑恤，而尚睹于流亡。言念本州，猶科殘賦，冀蘇疲瘵，宜示蠲除。其令鄭州據民見欠零殘秋税及緣科（約）〔物〕，並蠲之。」

二月十七日，放襄、唐、汝、均、隨、郢、歸、峽等州去年所欠秋税及緣納他物。

（十一月）〔二十一日〕〔四〕，詔：「兖州歲課民輸黄蓓、荆子、茭芰十六萬四千八百餘束者〔五〕，除之。仍令諸道轉運司，部内常税外，有無名配率如此類者〔六〕，仍悉件析以聞，

〔一〕科：原作「料」。按，唐以來除征二税外，又增收種種雜賦，謂之沿納，又稱緣科、緣納、沿科等。《長編》卷三八「夏秋二税苗畝桑功正税及緣科物」，是也。此處「料」爲「科」之誤。因改。

〔二〕峽：原作「陝」，據《宋史》卷五《太宗紀》二改。

〔三〕吏：原作「東」，據《宋史》卷五《太宗紀》二改。

〔四〕二十一日：原作「十一月」，據《長編》卷三七改。

〔五〕茭：原脱，據《長編》卷三七補。

〔六〕無名配率如此類者：原作「無百餘束者除之」，據《長編》卷三七改。

當與蠲免。」

七月，京西轉運使姚鉉言：「陳、許等九州並光化軍民，經災傷及死損牛具，今年夏稅望159與免放減。」帝覽奏，憫然曰：「水潦作沴〔一〕，害民農畝，豈可吝茲賦稅，以重困吾民也。」其後，夏稅并緣科錢物並與減放。

二年七月，詔曰：「峽路諸州民先欠至道元年租稅及緣科物，並除之。」

真宗咸平元年六月，免開封府等二十五州軍田租，旱故也。

七月二日，免畿内旱損户夏稅之半。

六〔月〕〔日〕，詔：「自京至鞏縣民，緣太宗山陵，曾雇倩人乘夏借售用者，於今年秋稅内十分蠲二。」

十月，遣朝官一員齎詔蠲放兩浙管内七州訴旱人户苗稅。

二年正月，除江南昇、洪等十五州軍去年秋稅，旱故也。

二月，度支判〔官〕陳堯叟廣南使還，言西路諸州旱。命國子博士彭文寶往權轉運司事，量所損蠲其稅賦。

四月，免夔州殘稅五十八萬。

是月，免河東民溉田水利課錢。

十月六日，福建轉運使趙賀請除漳州湖塘賣蓮荷錢，俾民獲利而便于澆溉。從之。

三年五月，詔：「深、濱、博、洺、祁州、乾寧軍民經蕃戎寇掠，不任耕稼者千三百九十八户，無出來歲租，官吏常存撫之。」

六月，免益州今年夏稅。

九月，詔曰：「昨命王師討劉均賊，眷言民俗，咸有供須。訪聞峽路遂、果、閬三州最近西蜀，科役稍煩，而果、閬加之水潦，不有矜貸，曷蘇疲氓？其（州三）〔三州〕今年秋稅宜免十之三。」

四年六月一日，詔：「近畿數郡春雪損桑，令京朝官分往察視，蠲其正稅及緣科等物，無令折納絲帛。」

十七日，詔：「東川民田先爲江水所汎者，除其160稅。」

五年四月，詔：「峽西運芻糧至邊境者，宜蠲常賦之半。」

七月，詔：「水災州軍伺候檢覆，慮有勞擾，宜令轉運司體量，即予蠲放，仍遣使齎詔驅往。」

十二月，廣南轉運司言：「新州僞廣日，因運茶，歲久損棄，以其價數十萬分配部民郭懷智等百餘户輸之，遂以爲常。貧民力所不逮，請均賦諸處。」詔悉除之〔二〕。

六〔年正〕月五日〔三〕，免静戎軍漢陽等五鄉秋稅〔四〕，以

〔一〕沴：原作「瀰」。按「瀰」訓水滿，於此無義，當作「沴」。沴俗寫作洂、沵，遂又訛作「瀰」。柳宗元《天對》「怪洂（沴）冥更」，有本訛作「瀰」，正與此同。
〔二〕悉：原作「水潦」，據《長編》卷五三改。
〔三〕年正：原脱，據《長編》卷五四補。《長編》繫於六日丙申。
〔四〕静：原作「靖」，據《長編》卷五四、《宋史》卷八六《地理志》二安肅軍條改。

其經戎寇侵掠也。

八月，免環州民田稅，以其經蕃寇所踐也。又蠲棣州秋稅十之三〔一〕。

十月，蠲寧邊軍夏稅，以其經蕃寇也。

景德元年四月，免澧州石門縣田租二年，以蠻人寧靜，民多復業故也。

二年正月，詔：「河南府及徐州等處民轉送軍儲往滑州者，蠲其秋稅十之二。」

二月，太常博士、直〔史〕館何亮言：桂州荔浦縣猶有僞廣配米百六十斛。詔除之。

三年五月，三司支度副使李士衡言：「關右自不禁解鹽，計司以賣鹽年額錢分配永興軍、同、華、耀州民送納，而永興最多，于民不便，請減十分之四。」帝以陝西諸州皆免禁法，詔悉除之。

四年六月，詔鎮、趙等州民田近所增稅悉除之。先是，轉運司遣官按視逐州田畝，第增稅賦，真宗慮擾民，故罷之。

大中祥(苻)〔符〕元年正月，赦書：「兩京諸道州、府、軍、〔監〕、永安縣(監)今年夏稅并緣科物色內，東京及河南府特放三分，西京并諸道州、府、軍、監等並放二分，除常賦。」

二月，免桂、昭兩州秋稅十之二。

十月，東封161赦書：「(充)〔兖〕、鄆州等內放來年夏秋稅賦〔二〕，坊郭人户特放一年屋稅；澶、濮州并開封府車駕經歷縣分及滑州韋城縣，放來年一料夏稅，坊郭人户放五分屋稅；河北并京東州軍供應東封，特放來年夏稅四分，坊郭人户放四分屋稅；兩京并河北諸州放來年夏稅三分；諸道州、府、軍、監等放來年夏稅二分。(充)〔兖〕、鄆州夏稅并修河人夫自來差撥往來處去納功役者，並予免放二年。」

二年十一月，詔：「徐州、淮陽軍不訴水災户，今年田租特放十之三。」帝以是州、軍雖已蠲賦，猶慮民間失于自陳〔三〕，故申命焉。

四年七月，詔：「濱、棣州水潦爲患〔四〕，比降赦命免其租十之三，今納七分，可更蠲其半〔五〕。」

十一月，免雄、霸、莫州、信安、乾寧、保定軍今年夏稅十之七，又免澶州沿河民田秋稅。水潦故也。

十二月，詔楚、泰州民爲潮水害稼者〔六〕，蠲其租稅。

五年正月六日，詔蠲蘇州民張訓等租米二千斛。以吳江漲害田稼也。

〔一〕棣：原闕，據《長編》卷五五補。
〔二〕「内」字疑衍。
〔三〕「猶」原作「尤」，「自陳」原作「民間」，據《長編》卷七二改。
〔四〕棣：原作「根」，據《長編》卷七六改。
〔五〕「半」下原有「年」字，據《長編》卷七六删。
〔六〕楚泰：原作「建秦」，據《長編》卷七六改。

十四日，免蘇州民蘇照等税糧，以水災也。

二十一日，詔以霖潦害稼，開封府民所欠秋税並除之。

（七月四日）〔七年四月〕〔一〕，詔：「淮南諸州去年秋税〔二〕，中等以上户免十分之二，仍許從便折納，餘悉除之。」

八月，詔：「江、淮〔三〕、兩浙今來災傷民户夏税及承前倚閣賑貸逋欠者，並除之。」

九年五月，詔：「開封府祥（苻）〔符〕、開封縣、兖州仙源縣今年夏税各放三分，府界餘縣各放二分。」

九月，博州蝗旱，民有訴而州縣抑輸常賦，轉162運司不爲之理，詔遣官按視蠲之。

十月三日〔四〕，大名府民伐登聞鼓訴旱〔五〕，且言本部官吏不納其辭。詔遣使按視，即蠲其税賦。

七日，詔：「京東、淮南蝗旱，所傷田據遣官按定合放分數外，所納税物三分以下者並與倚閣，四分以上者更放一分〔六〕。」

十一月八日，大名府、澶、相等州民伐登聞鼓訴霜旱〔七〕，宰臣請令轉運司體量。帝曰：「比者轉運司言無災傷，故州縣不爲蠲減。雖慮支計不充，然朝廷矜恤之意不可稽也。」即遣常參官分往按視而蠲其税。

十三日，詔放果州今年秋税十之三。以水災故也。

十二月，詔利州民爲水壞者，免今年秋税十之三。

天禧元年四月，宰臣王旦言：「曹〔八〕、濟、徐、鄆、廣濟、淮陽六州軍船運上供斛斗歲課三十七萬石，緣歲蝗旱，望免夏税一料支移。」從之。

六月，免華、（號）〔虢〕等州民税，夏旱故也。

四年十月，詔：「近降赦文，應經雨及河水所害秋苗，候優予減放。宜令三司據諸處體量檢覆到合放分數外，依赦各予更放一分。内已放九分止納一分者，悉除之。」

五年二月，詔：「京畿經雨水及京東、西河決壞民田者，今年夏税並免十之五。」

仁宗天聖五年十一月，陝西體量安撫王沿言：「京兆府長安等四縣人户訴旱及蟲傷田苗，欲于秋税内減放三分，其餘咸陽等九縣減放二分。減外合納税物，乞于本府送納。」從之。

八年十一月，赦書：「開封府諸縣人户夏秋税賦及沿納錢物，163差選清强官與本縣令佐具逐縣（榷）〔確〕的税數聞奏，當議體量減放。」

十二月，詔：「人户限一月日各仰自陳手狀，具本户地

〔一〕七年四月：原作「七月四日」，據《長編》卷八二改。下條亦七年事，見《長編》卷八三。
〔二〕淮南：原作「南諸」，據《長編》卷八二改。
〔三〕江淮：《長編》卷八三作「江南」。
〔四〕三日：《長編》卷八八繫於初一日壬申。
〔五〕伐：原作「代」，據《長編》卷八八改。
〔六〕更：原作「便」，據《長編》卷八八改。
〔七〕「澶」原作「潭」，「伐」原作「代」，據《長編》卷八八改。
〔八〕曹：原作「漕」，據《長編》卷八九改。

土頃畝都數及逐段四止、夏秋合納税物色數，各別開坐，每五户至七户相保所供地畝，税數別無隱漏。如有欺隱，許人陳告，並據所隱田土給與告人充賞，犯人科斷。」

景祐元年二月五日，益州言：「(淮)〔准〕勑，益州災傷州軍人户闕食之處，中等以下人户夏税特予倚閣訖。餘緣納疋帛殘零并今年夏税等未曾奏乞除放，當州勘會，山鄉人户遭去年不熟，疾疫死損人户，特予除放。」從之。

慶曆元年十一月，赦書：「以陝西用兵，頻有科率，放來年夏税十之三。以開封府及諸路經災傷地，免其貧下户今年夏秋殘零；鄜、府等州經西賊抄掠，放所欠今年夏税、科配物色及來年夏税。緣保安軍因災傷及河水衝滐，放容限倚閣夏秋税賦并緣納租課，丁身米及見欠寶元年終以前賑貸和糴種子。兩川有江水浸占之土地而虚納税賦，兩川有不發之鹽井、已廢之鐵冶、水磑而虚納課利，西川近增之鹽價，梓、遂添納閏月之税錢，諸隱陷租課今日以前已根磨出累年積欠理者，除之。」

三年正月，詔三司下諸路轉運司，具析諸州縣差徭賦斂之數，委中書、樞密院議蠲減之。

四年三月二十三日，詔：「衡、道等州、桂陽監昨經賊人驚劫處，令荆湖南路轉運司勘會，應係經賊地分曾被殺傷164人命、燒蕩産業及劫虜却人口、財物等人户，予放免見欠身丁錢數及去年秋税苗米、將來夏税并一年差役科配。其曾差入山捉賊弓級、土(下)〔丁〕、弩手，並曾經蠻賊踐踏田苗、燒析舍屋及移出鄉村人户，亦予免放見欠秋税及一年差役。其應經賊州縣，並予免將來夏税支移折變。」

九月，詔：「保州近城人户經兵馬採斫林木〔一〕，踐踏田苗，免今年秋税一料，少者半之。」

十一月二十五日，赦書：「乾興以前天下欠負，見無家業及正身已没、配流，勒妻男償納，不以有無侵盜者；今日以前欠負，元非侵盜，攤歸保人，雖是侵盜，本家保人見無抵當，及干繫人吏當均納者，並除之。湖南桂陽監等處經蠻賊蹂踐人户，減來年夏税五分，應期者減三分。京西、荆湖北路經軍賊驚擾人户，與免科配一年。應三年以前天下因災傷倚閣租税及支貸種(量)〔糧〕未盡輸者，并累年隱陷租，並除之。」

五年三月，德音：「應去年冬見欠夏税及倚閣者，特除之，今年夏、秋特放五分。其緣納并雜供之物，一切停之。其當納雀鼠并地里脚錢，及麟、府二州曾經戎寇侵掠處，其四年見欠夏、秋及前所倚閣者，並除之，今年二税特減五分。流民復業者，特免租賦、差科三年。其因災傷逃移，限一年令歸業，予免三料催科并支移折變〔二〕；不因災傷逃移者，限半年，予免一料支移折變。」

六年十一月，獵于南城之東韓村，免乘輿所過民田在

〔一〕保：原作「寶」，據《長編》卷一五二改。
〔二〕催科：原作「科催」，據本書食貨六九之四〇乙。

圍内【165】者租税一年〔一〕。時仁宗御帳殿，召問所過父老，子孫供養之數、土地種植所宜〔二〕，嘆慰久之，後故有是旨。

七年正月二十六日，詔：「連州人户被猺賊蹂踐處，遭殺害人命者，減來年夏税六分；燒蕩産業者，四分；見充土丁者，三分；應付軍期者，二分。」

十一月，赦書：「開封府界今秋經水災，體量殘税，諸人吏當均納欠負官物者，河北、京東經河災及淮南蝗爲害，今年倚閣夏税者，并秋税減放外，及荆湖南路經蠻猺蹂踐，予差役頻併處六年以前倚閣殘税并貸糧〔三〕，支諸處官乾渡錢〔四〕，並除之。」

八年閏正月，曲赦：「河北諸州軍人户，因用兵踐蹂苗稼、傷（代）〔伐〕桑棗者，予放今年夏、秋二税；鄉兵、義勇、壯〔丁〕等在城下應役者，已等第放税，更予放夏税一年。人户有曾科配軍須之物，予免支移折變。其坊郭户放屋税錢十之五。」

皇祐元年八月，詔河北流民之復業者，蠲租賦二年。

二年八月，詔水災州軍令逐路轉運司體量，蠲減租税以聞。

三年七月三日，詔開封府：「齊國大長公主葬而踐蹂田稼者，遣官檢視，減其租。」先是，仁宗謂輔臣曰：「訪聞齊（國）大長公主出殯，頗踐踏人户田苗，宜令開封府差官檢估，優予減放合納税數。」故有是詔。

九月，赦書：「今年水災州軍，除已于税外〔五〕，有漂壞廬舍，予免屋税二年。陝西、河東沿邊蕃部弓箭手支過貸糧，及陝西自變錢法以來合干繫人吏填納揀出小鐵鉛者，並除之。」

十一【166】月三日，詔：「漳、泉州〔六〕、興化軍自僞命以來，計丁出米甚重，貧者或不能輸，朕甚憫之。自今泉州、興化軍舊納七斗五升者，主户予減二斗五升，客户減四斗五升；漳州納八斗八升八合者，減三斗八升八合，客户減五斗八升八合，爲定制。」先是，帝謂輔臣曰：「遠方之民，貧匱者多。訪聞所納丁米，深（測）〔惻〕朕懷。且民爲邦本，本固邦寧，且使民足，國孰（予）〔與〕不足？」宰臣等曰：「臣等日聞聖語，未嘗不以憂國恤民爲念。且福建所蠲之米，若計□約已不下一二萬石數。聖恩深厚，天下幸甚。」

四年八月，詔：「鄜州被水災人户，特蠲今年屋税及諸差役，折變。其軍士所借月糧及百姓口食，並除之。」

九月，詔：「鎮、定諸路水災，其除積年欠負〔七〕，今年秋税仍令轉運司差官減放。」

〔一〕田：原作「及」，據《長編》卷一五九改。
〔二〕種：原作「租」，據《長編》卷一五九改。
〔三〕予：疑當作「與」。
〔四〕支：疑當作「及」。廢河故道官收行者税謂之「乾渡錢」，見《宋史》卷三一〇《李東之傳》。
〔五〕于：疑當作「放」。
〔六〕漳泉州：原作「漳州泉」，據《長編》卷一七一乙。
〔七〕除：原作「餘」，據《長編》卷一七三改。

十月，詔：「廣南東路（北）〔比〕應經劫掠州縣，已放今年夏稅，其秋稅亦未得催理。」

十一月，詔：「江南西路、荆南路、廣南東、西路人户常供軍須者，蠲今年秋稅三分。」

五年二月，赦書：「廣南東、西路經賊州縣，未納去年夏、秋稅賦，並除放。非經賊而應付軍須處，已令放稅三分，今更特放二分。如已納，即于將來稅賦内折除。其先因災傷倚閣稅賦，並除之。江南西路、荆湖南路人户曾運錢、糧、軍須應付廣南者，放將來夏稅五分，仍免差（傜）〔徭〕一年；其經修築城隍，放將來夏稅三分，去年以前倚閣稅賦並除之。」

四月九日，詔：「益、梓、利三路去歲蠶事薄收，宜令三司權免先增上 167 供絹三年〔一〕。」

五月，詔：「荆湖北路災傷州軍，先發常平倉以濟飢民。如聞司農寺復行催理，甚非朝廷振卹之意，並除之。」

十二月十五日，又詔：「今年十一月四日赦書，應諸路昨經蝗蝻、水旱爲災去處，已經體量減放稅數外，其第四等已下人户殘欠稅物，並與倚閣。今後但納及七分已上者，方爲殘欠，永爲定制。」

至和元年二月，詔：「迺者調民治黄河隄，如聞疫死者衆，其蠲田稅一年。若雇傭并客户無稅可蠲者，人給其家錢三千。」

三年三月，以京畿旱，除京畿倚閣秋稅五萬五千石斤束。

嘉祐元年正月，赦書：「天下（其）〔甚〕災傷處，夏、秋稅賦及見欠倚閣，並除之。」

六月，詔開封府界、京東、西、河北轉運司：「水潦害民田，其選官蠲放稅賦。」

二年五月，廣南西路轉運使王罕言：「右江丁壯隨蕭注擊賊而未經賞者〔二〕，先乞特免夏稅一年。」從之。

三年十月，詔：「河北諸州軍坊郭客户乾食鹽錢令坊正陪納者，特蠲除之。」

四年八月，詔：「比者霖雨害稼，其遣官體量減放開封府界及京東路民稅以聞。」

十月，赦書：「湖南郴、道、永州、桂陽監及衡州茶陵縣夏、秋二稅外，每丁别納錢、絹、米、豆、药物、箭簳者，無業者予盡除，有業者予減半，自今進丁更不添納。」

五年九月，詔：「梓州路今春飢，夏秋閔雨，其人户訴者，令轉運司速遣官體量〔三〕，蠲其稅賦，仍勿覆檢。」

六年六月，詔：「辰州省地民先逃入溪峒〔四〕，今復歸者，予蠲丁稅三年。」

168 八年四月二日，赦書：「四京及諸路州府人户所欠

〔一〕先：原無，據《長編》卷一七四補。
〔二〕蕭：原作「簫」，據《長編》卷一八六改。
〔三〕官：原脱，據《長編》卷一九二補。
〔四〕省：原作「有」，據《長編》卷一九四改。

去年夏秋税租、緣納并舊例倚閣，並予除放。」

英宗治平元年九月，詔以陳州水災，特蠲其秋税。

三年四月，端明殿學士錢明逸言：「奉勑詳定欠負。臣切詳治平二年十一月十六日赦：欠負非侵盜者皆除之。今年正月二十八日詳定欠負所奏請，欠負非侵盜，自嘉祐七年明堂赦後，以十分率之，納及三分，方以赦除，非赦意也〔一〕。乞皆除之，如赦令。」

治平四年正月九日，神宗即位未改元。詔：「西京及諸道州府災傷人户所欠去年夏秋税租及緣納錢物，并自來倚閣税物，並予除放。」

九月十三日，德音：「以山陵後西京緱氏、永安縣界因採蓮石段踐踏却田苗，及爲官司借占地土貯納官物，并蓋白露屋致（防）〔妨〕一時耕種者，並特放今年一料秋税。所有來年夏税，更予免支移折變。其緱氏、永安縣自餘人户并西京鞏縣、河陽、汜水、鄭州滎陽、管城、開封府中牟縣，并昨來靈駕臨過縣分，及汝州梁縣爲應付祔葬山陵科率，并開封府祥符縣接近官道有園（停）〔亭〕人户，昨被府縣指揮借占（予）〔與〕官員止宿，致有踐踏，並特減放今年秋税五分。放外分數，仍許送納見錢。其（符）〔祥〕符縣自餘人户、（兩）〔西〕京、河陽、鄭州、汝州諸縣人户今年秋税，特許第四等以下户全納見錢，第三等以上户納五分見錢。應諸路州軍和雇百姓匠人曾到陵所工役者，並免來年夏税支移折變。西京、169 鄭州、汝州在州與外縣鎮坊郭人户，昨緣山陵興役，亦有假借器用、科買物色，並與免放配賣官中物貨二年。如自不該配賣者，若曾係山陵科借，即予免放户下屋税錢兩料。訪聞嘉祐八年永昭陵工畢，有養羊場及磚瓦柴炭場餘剩官物，尋（已物）〔物已〕腐敗，至今尚闕帳籍，差公人主管勘會，據見存之物特予擘畫撥并支遣；如有少數，並除放。」

神（寧）〔宗〕熙寧元年十一月八日，詔：「河北州軍昨因蝗傷之際，誤不依條貫支與貧民錢、米等干繫官吏，法當倍納者，並特除之。」以南郊恩故也。

三年十二月十三日，詔〔二〕：「京東路災傷州軍，差提點刑獄及提舉常平倉官員分頭疾速體量昨來檢放税賦有無未盡分數，致人户難爲送納去處，據見欠税數並令倚閣訖奏。」

四年三月十六日，詔判永興軍郭逵〔三〕：「如本路州軍有飢荒處，並以官廩賑濟，及體量放田税。其逃移人户，亦仰設法招誘還業以聞。」

十八日，德音：「陝西、河東兩路人户昨日軍事被科役者〔四〕，已令安撫、轉運司勘會逐人役過日數，逐户配物色，

〔一〕「方」原作「乃」，「除」原脱，據《歷代名臣奏議》卷二一二呂陶奏所引改補。「非赦」二字原無，亦據呂陶奏意補。
〔二〕詔：原脱，據《長編》卷二一八補。
〔三〕逵：原作「達」，據《長編》卷二二一改。
〔四〕日：疑當作「因」。

仰疾速等第開析聞奏，當議量輕重特予蠲減將來夏、秋稅賦及科配。其今日以前少欠殘零稅賦作因倚閣者〔一〕，並予除放。因軍事般運官物，内有損壞欠少合行理納，非侵欺盜用者，令本州官吏保明申轉運司，看詳除放訖奏。」

九月十日，詔：「應今日已前天下欠負官物元非侵欺盜用者，並令〔本〕屬于赦前一【170】月内保明申轉運司，本司並限一月〔日〕〔内〕保明奏〔閒〕〔聞〕，當議並予除放。如逐處不爲依限申奏，並許提點刑獄司點檢，及受理欠人披訴，依法施行。其雖是侵盜，見今本家并干繫保人内有委無抵當財產者，亦依此施行。其元非侵盜，并嘉祐四〔以〕〔年〕以前侵盜欠負見勒干繫保人攤納者；先于催納或誤行支遣，見攤在干繫人名下理納者；因水火損敗及綱船遭風水拋失若被盜，勘會分明各無欺弊者；〔稍〕〔梢〕工、兵士因綱運少欠所般物色，元無欺弊，見尅折請受者；冒佃請色官田〔二〕、户絶田土屋業，并諸般啓□隱陷稅租〔三〕、見理納積年稅租課利等，委是貧缺無可償者：並委本屬保明申轉運司，特予除放〔奏訖〕〔訖奏〕。」

十一月三日，詔特蠲天下見欠貸糧。

六年七月十五日，德音：「應災傷人户本名下稅物，其有失于披〔折〕〔訴〕、出違省限不該檢放者，轉運、提刑司仔細體量，如委無可送納，即特予依條檢〔放〕訖具數聞奏。」

七年三月六日，詔：「災傷州縣，其四等以下户應納役錢而飢貧無以輸者，委州縣保明，申提舉司體量詣實，于役剩錢内量分數或盡蠲之。」

八年正月九日，詔蠲懷、衛州第四等以下户去年秋稅役錢〔四〕。以民乏食故也。

二月八日，以南雄州民有無田產而有稅錢者例出役錢，詔蠲之。從廣東轉運司請也。

九年三月十六日，詔：「廣西交賊蹂踐之處，及避賊失業者，予免今年二稅。」

十年五月十八日，開【171】封府界提點司言：「諸縣夏旱災傷，乞令檢覈官同令佐體量的寔災傷分數，保明蠲放。」從之。

十二月十二日，詔：「開封府界、諸路累年災傷，積欠二稅、常平、免役錢權倚閣，及減放河北、京東路河決水災人户役錢，以被災分數爲差。」

元豐元年正月十四日，詔御史中丞鄧潤甫、翰林學士許將，與三司并都理欠司同詳定該赦合放欠負以聞。

十八日，詔免京東、西路轉運司年計封樁錢糧。以本路言水災闕乏故也。

二月二日，江南西路提舉司言：「興國軍永興縣有熙寧六年至九年拖欠役錢萬一千餘緡，本縣民户地薄稅重，

〔一〕作：疑當作「昨」。
〔二〕請：疑當作「諸」。
〔三〕所缺字疑當作「倖」。
〔四〕衛：原作「惠」，據《長編》卷二五九改。

累經災傷，又役錢稍重，乞特蠲免。」從之。

三月四日，淮南東路提舉司請額外人户增出役錢〔一〕，從下蠲減，從之。

七月十八日，詔廣西提舉司：「應桂、昭、賓、象、梧、藤、龔、潯〔二〕、貴、横等州昨運糧充夫之家，第二等以下更放一料役錢二分，第三等放一料五分，第四等以下全放兩料。」

八月十五日，詔：「齊州章丘縣被水災，其所修縣城、倉庫、官舍並給省錢，其第四等以下户欠夏殘税權予倚閣，見欠常平、苗、役錢令提舉司展料次聞奏。」

十一月十四日，詔：「詹遇等昨自潭州竄洪、筠、袁、吉，復犯湖南郴、衡兩州，已全火殺獲。宜令所屬監司遣官體量賊經歷地爲賊殺畧焚蕩民户，等第蠲税。其免役錢亦倚閣，或量蠲減；已經倚閣者，更展限。常平錢穀准此〔三〕。」

二十五日，詔：「在京官司見172監催欠罰銅錢〔四〕，並除放。」

十二月十四日，詔：「大名府永濟鎮被水災槽户，依酒場被水蠲買名錢。」

十六日，河北沿邊安撫司言：「樞密院劄子：保州諜知〔五〕，北界燕京留守司指揮容城、歸信兩縣鈐束拒馬河南屬户〔六〕，毋得納雄州貸糧。委本司考實。如實〔七〕，其中書近降指揮除放雄州歸信〔八〕、容城兩縣輸户賑貸米未得施行。本司勘會：南、北兩界凡賑濟兩輸户及諸科率，兩界官司承例互有止約，其寔彼此空文。今北界循緣舊例，即非創始〔九〕。兼兩縣自九月起催，至十一月中旬纔納貸糧三千餘石，自中旬北界止約後，止十二月中旬，已納米萬餘石，以此較之〔一〇〕，情寔可見。中書除放指揮今未到。本司近奏兩輸户未納米數乞倚閣，候秋料催納，以寬下民。」從之。

三年二月二十六日，詔：「在京酒户見帶納舊麴錢及倍罰者，展半年；不曾駁放倍罰者，免三分之一。」

七月一日〔一一〕，詔：「應歸明人官給田而作料次催科者〔一二〕，荒田免二十料，熟地半之。」

八月二十六日，權提點開封府界諸縣鎮公事楊景畧言〔一三〕：「雄武埽所調發五縣急夫，而河陰縣比之他縣尤爲

〔一〕外：原作「人」，據《長編》卷二八八改。
〔二〕潯：原作「尋」，據《長編》卷二九〇改。
〔三〕穀：原作「谷」，據《長編》卷二九四改。
〔四〕錢：原脱，據《長編》卷二九四補。
〔五〕「州」原作「明」，「諜」原作「牒」，據《長編》卷二九五改。
〔六〕鈐：原作「鈴」，據《長編》卷二九五改。
〔七〕實如實：原作「官」，據《長編》卷二九五改補。
〔八〕放：原作「于」，據《長編》卷二九五改。
〔九〕創：原作「刼」，據《長編》卷二九五改。
〔一〇〕此：原作「比」，據《長編》卷二九五改。
〔一一〕一日：《長編》卷三〇六繫於十七日戊寅，疑此處誤。
〔一二〕料：原脱，據《長編》卷三〇六補。
〔一三〕提：原脱，據《長編》卷三〇七補。

困擾〔一〕。」詔河陰縣所差急夫折免春夫外〔二〕，每户免雜役錢三千〔三〕。如不足，即計年折除。

十一月二十四日，檢正中書禮房公事、會定陝西五路年計王震言：「前此轉運司積欠别司錢，縱朝廷督責撥還，有司雖獲罪，未有可還之期，不如加恩，一切蠲賜。」詔所欠三司經畧淤田司并博馬 173 鹽引提舉司催驅秦〔四〕、熙等州市易錢物，並予蠲免外，餘限三年撥還。

四年八月一日，詔免河北東路災傷州軍今年夏料役錢。

十一月二十七日，詔：「聞自軍興以來，關内人情震憚，多全室逃亡。今朝旨已經差夫之户更不差發〔五〕，令李承之速往陝西諸路安撫告諭，民苦于調發而非軍興所急者，悉蠲之。」

五年正月二十三日，詔除故柴宗慶等八十六員負進奉馬價錢萬緡〔六〕。

四月二十七日，詔：「内外市易務在京酒户罰息並除之。」

五月八日，詔：「河東轉運司昨所借功賞絹二萬匹招納蕃部〔七〕，特蠲之。」

十五日，詔除杭、睦、蘇、湖、秀、常、温、潤、明、台十州買撲場務積欠淨利過月錢三萬餘緡。從司農寺丞韓宗良請也。

六月八日，詔：「成都府路應付瀘州邊事，依梓州路曲赦，放免二年役錢。别路准此。」

七月二十九日，詔：「河北路都轉運司借支澶州封樁軍糧五萬石，特除之。」

八月二日，詔：「酒行下户倍罰麴錢，除三分中已放一分外，更免一分。」

六年（二）〔三〕月七日〔八〕，京東轉運副使吳居厚言〔九〕：「商人負正税錢七萬六千餘緡及倍税十五萬二千緡，皆周革提舉鹽税司日失于拘催〔一〇〕。乞依市易務例除放倍罰錢〔一一〕，百千以下限三年〔一二〕，百千以上限五年〔一三〕，止令納正税。」上批：「宜依所奏，作朝廷直降指揮。」

七月十七日，陝西轉運司言：「昨出界民夫棄失官物，多（放）〔於〕雇主名下催納，寔重困苦，乞除放。」詔陝西諸路

〔一〕陰：原作「餘」，據《長編》卷三〇七改。
〔二〕折免：原作「而河」，據《長編》卷三〇七改。
〔三〕户：原脱，據《長編》卷三〇七補。
〔四〕「淤」原闕，「馬」原作「買」，據《長編》卷三一〇補改。
〔五〕發：原作「撥」，據《長編》卷三一〇改。
〔六〕負：原脱，據《長編》卷三二一補。
〔七〕賞：原作「償」，據《長編》卷三二六改。
〔八〕三月：原作「二月」，據《長編》卷三三四改。
〔九〕副使：原作「付司」，據《宋史》卷三四三《吳居厚傳》改。
〔一〇〕周：原脱，據《長編》卷三三四補。
〔一一〕例：原作「利」，據《長編》卷三三四改。
〔一二〕「限」上原有「上」字，據《長編》卷三三四删。
〔一三〕年：原作「千」，據《長編》卷三三四改。

轉運司174審寔除放。

八月二十三日，詔：「梓州路昨因瀘州邊事，隨軍般運工築正夫之家，曲赦放免役錢外，其餘雇人工役之家，放一料役錢五分；沿流州縣被差夫與贏馬外〔一〕，更差雇舟船水手之家，加放一分。」從轉運、提舉司請也。

七年六月二十六日，知蔡州黄好謙言：「所部水災特甚，乞放秋税。」詔尚書户部疾速施行。

八月二十六日，詔：「河南被水諸軍借一月糧見尅納者，並除之。」

九月十二日，詔：「西京被水漂溺之家及秋田災五分户，並免來年夏秋支移折變。」從户部員外郎張詢請也。

八年四月八日，詔：「監察御史劉拯、兵部員外郎杜常、太府少卿宋彭年赴御史臺置局，點磨欠市易息錢，大姓户放七分，下户全放外，以合納數闕所屬催納〔二〕，具無欺弊聞奏。」以中書省言：「今年正月九日赦書，人户市易錢物，仰所屬勘會元請本息等錢并納欠數，條具聞奏，其息錢當議減放。今在京未見有司依赦以聞。」故也。

二十四日，中書省言：「登極赦書并今月八日朝旨，民户欠去夏、秋税及元豐六年已前租税積欠，并緣納錢物、倚閣税租等，乞並特除放。」從之。

同日，詔〔三〕：「諸路民户欠元豐七年已前常平、免役息錢，各特減放五分。買撲場務佃賃田宅空地出限當罰錢，調春夫河防〔四〕、急夫開修京城壕及興水利夫罰錢，役人誤給工食錢，並除放。」

六月八日，詔：「河東州軍人户見欠和糴糧草，自三月六日赦175書到日，元豐七年以前所欠並予除放。」

十一月十二日，詔：「在京物貨場見在物貨應輸錢者，並蠲免。」

十八日，詔蠲大姓户所欠市易三分息錢。從葉祖洽請也〔五〕。

十二月二日，詔蠲放沂、青州諸縣失敷役錢，并罷栽桑法〔六〕，蠲民所欠罰錢。

哲宗元祐元年正月十二日，詔河東路轉運司蠲入界人夫所失陷糧米。

閏二月十八日，詔户部：「應諸路人户欠市易息錢，並特予除放。」

二十八日，詔：「應内外見監理市易官錢，各限一月取索逐户元請官本點勘，特許以納過息罰錢充折。如已納及官本，即便與放免。坊場淨利錢准此。以上通折外，尚欠官本錢并净利，而家業蕩盡，及無抵保，或正身并保人孤貧

〔一〕贏：原作「羸」，據《長編》卷三三八改。
〔二〕闕：原作「開」，據《長編》卷三五四改。
〔三〕詔：原脱，據《長編》卷三五五補。
〔四〕夫：原作「分」，據《長編》卷三五五改。
〔五〕葉祖洽：原作「棄祖治」，據《長編》卷三六一改。
〔六〕罷：原作「罰」，據《宋史全文》卷一二下改（《長編》卷三六二此條脱「罷」字）。

者，權住催理。及今日已前積欠免役錢，予減放一半〔一〕，餘分限三年隨夏税帶納〔二〕。近勘會欠負指揮勿行〔三〕。」並從右司諫蘇轍奏也〔四〕。

四月四日，詔：「府界、諸路監司分詣轄下諸州縣〔五〕，體量被災人户合放分數，更不檢覆，便行除放訖聞奏。」以三省言：「諸路、府界久旱，夏苗災傷，人户披訴〔六〕，州縣多不盡公檢覆，或限内失于披訴，官司不爲收接〔七〕，使被災之民困重。」故也。

八〔月〕〔日〕〔八〕，户部言：「吏部侍郎李常等奏：被水百姓于新河兩堤之内灘地種麥〔九〕，庶幾一收，以資窮乏。體〔放〕〔訪〕得本路及州縣理納税租，督責欠負，欲乞詔有司權免放。」從之。

二十二日，詔：「河東路日前係因合鈔輸納，見理虧欠並除放。」從户部請也。

九月[176]十七日，詔：「諸路坊郭第五等以上及單丁、女户、官户、寺觀第三等以上舊納免役錢，並予減放五分，餘並全放，仍自元祐二年爲始。」

三年二月八日，詔諸路轉運司：「今年春州縣已納免夫錢，並給還。」

六月九日，詔：「罷潭州安化縣博易場，其人户欠息特行除放。」從荆湖南路轉運司請也。

七月二十四日，詔：「災傷放税及六分以下，其帶納欠負即隨放税外分數催納；七分以上，並行倚閣。」

七年十一月二十二日〔一〇〕，三省言：「檢會赦文，應官吏、軍民、諸色人諸般欠負官錢，在元豐八年三月六日大赦以前者，五百貫以下並予除放，五百貫以上奏裁。」詔翰林學士顧臨、御史中丞李之純與户部長貳同點檢催督〔一一〕，限一年畢，仍就本部置司。

二十四日，詔：「環州及諸鎮寨守〔御〕〔禦〕居民及入保漢蕃人户所借口食，曾經賊馬到處〔一二〕，令經畧司並特蠲放，具數以聞〔一三〕。」

八年九月八日，户部言：「看詳赦書内稱：今日已前曾經災傷去處，夏秋税賦有見欠並倚閣者，並予除放。既非亢〔旱〕災傷去處，又省限未滿，即非倚閣，自合依條施

〔一〕半：原作「年」，據《長編》卷三七〇改。
〔二〕餘：原作「除」，據《長編》卷三七〇改。
〔三〕會：原脱，據《長編》卷三七〇補。
〔四〕諫：原脱，據《長編》卷三七〇補。
〔五〕詣：原作「指」，據《長編》卷三七四改。
〔六〕披：原作「被」，據《長編》卷三七四改。
〔七〕接：原作「折」，據《長編》卷三七四改。
〔八〕八日：原作「八月」，據《長編》卷三七四改。下條亦爲四月事，見《長編》卷三七六。
〔九〕内：原作「兩」，據《長編》卷三七四改。
〔一〇〕二十二日：《長編》卷四七八繫於二十四日癸卯。
〔一一〕「之純」原倒，「與」原作「予」，據《長編》卷四七八乙改。
〔一二〕處：原脱，據《長編》卷四七八補。
〔一三〕放具：原作「其」，據《長編》卷四七八改補。

行。」詔災傷人户放税及五分以上，雖省限未滿，亦予除放。

十二月五日，尚書省言：「勘會災傷欠閣税租，依赦不限等第除放。其今年租税省限未滿去處，雖降指揮放税五分以上之人，亦予除放外，有災傷不及五分人户，若不以等第一例催納，顯見人户不易。」詔第四等以下人户見欠夏税雖[177]省限未滿，並依曹州已得指揮權行倚閣，候將來夏熟日催納。

紹聖元年八月一日，詔蠲越、温、台、處州人户所欠折身丁鹽、綿、絹虧官錢。

十二月二十三日，詔：「府界人户積欠，並令作十料隨二税送納，自紹聖元年秋料始。」

二年三月四日，詔：「河北東、西路并京東路淄、齊、鄆、濮、濟州災傷人户，催去年秋料殘零税租，並行倚閣。」

四月五日，涇原路經略安撫司言：「本路被災人户，已令逐州軍倚閣税租逋欠。」從之，仍原擅行之罪。

十二月二十三日，詔：「應元豐八年三月六日已前係官欠負五百貫以上，該元祐七年南郊赦合奏裁，並十分内放一分。」

三年四月十一日，詔權倚閣陝西路今年諸逋欠。以轉運司言本路災荒故也。

元符三年四月十五日，徽宗即位未改元〔一〕。赦：「元符二年以前係官欠負，自來該載未備及拘礙分數，所屬尚行催理者，並除放。五百貫以上及專指定名數者，並奏裁。」

五月二日，又詔禮部侍郎趙挺之、殿中侍御史龔夬與户部長貳就户部置司〔二〕，及令轉運、提點刑獄、提舉常平等諸司限一季内各具本路所放人户錢物數目，申在京放欠所，本所催督，限一年了當。

十一月，提點開封府界諸縣鎮公事梁子美言：「今年正月十三日登極大赦，人户欠去年夏、秋租税，並已除放。諸路奉行不一，却引用令文内『常赦税不過三分』，督責甚峻。乞應登極赦後有催納到數目，並[178]與準折次料租税，庶使王民均被聖澤。」從之。

徽宗崇寧二年十月十四日，詔：「兩浙杭、越、温、婺等州秋苗不登〔三〕，人户失于披訴，運司憚于閣放，又將積年欠負一例折行催納，致人户漸致逃移，盜賊（兹）〔滋〕多，物價增倍，細民不易。其官司並不申奏，顯是提舉、轉運司不職，令本路提刑司體量聞奏。其積年租欠，如是下户被傷，不以分數，並令倚閣。非災傷户，分作三料催科。人户失于披訴，委是秋田不熟，並量予（校）〔檢〕放。」

五年四月十五日，詔免兩浙水災人户租税。

政和五年二月二十五日，詔：「免行錢自政和二年正月一日前拖欠，並予蠲放。」

〔一〕徽宗即位未改元：原置「元符三年」前，今據本書體例移於「四月十五日」下。

〔二〕夬：原作「史」，據《宋史》卷三四六《龔夬傳》改。

〔三〕等：原作「登」，據文意改。登州不屬兩浙路，此乃因下「登」字而誤。

十二月二十五日，赦文：「應緣建築州縣堡寨等差發人夫，或經科率物料，第三等以上人户特與免户下夏料税租，第四等已下與放夏、秋兩料。應人户因進兵役使及應付軍須，并曾和雇人夫、車（檐）〔擔〕、頭口等，應干欠負諸司官物非侵欺盗用，并少欠夏、秋税租見行倚閣，並特予除放。應般運往軍前錢物、諸般轉運并衣甲器械，及因軍興般運官物有損壞少欠，不係侵欺盗用，合理納或剥納虧官錢，並特予除放。」

八年九月七（月）〔日〕，詔：「東南被水州縣曾經滲浸人户納官司房錢，截自還出日，並特予免納，候復業日依舊。」

十月二十二日，江南東西路廉訪使者徐衡奏：「南康軍并管下建昌縣〔一〕，及江州并管下德安、瑞昌縣，興國軍，坊郭居民舍屋被水滲浸，漫没屋[179]脊，人户各已搬移。除係自己屋業外〔二〕，其間賃官私舍屋居住人户，尚依舊管任元賃房廊地基等錢。欲下諸州軍豁除被滲月日，特與放免。」從之，仍詔餘路依此計其寔日，即不得虚僞，通不得過一季。

宣和三年二月初五日，詔：「應兩浙、江東路被賊燒劫州縣人户，自復業日，户下以前見欠諸般租賦、公私債負，一切並予除放。自復業以後户下應干租賦，特予除放三年〔三〕。」是年四月八日，又（訪）〔詔〕：「方賊不曾燒劫州縣，止本户被燒劫者，並依上件指揮施行。」

三月二日，江南東路轉運司奏：「歙州自去年十二月二十日被睦賊相繼燒劫，每年合發上供錢、和預買紬絹、減下淮南衣絹、夏税綿絹，别路及本路春冬衣紬絹，（鐃）〔饒〕、信州買銀茶本錢，欲並行除放。」從之。

三日，詔：「諸路州軍積欠内藏庫估剥虧官錢不（欠）〔少〕，可自政和五年已前並特除放。」

四月七日，詔：「兩浙路提刑司體究，如是應曾被賊燒劫處，本户下以前見欠諸般租賦及公私債負，一切並予除放。」

二十六日，詔：「盗起二浙〔四〕，延及江東，除在公之田已降處分蠲免租賦及除放公私債負積欠外，應兩路被賊及鄰州民户租田産等輸科私家者，可於所納租課内特予量減二分，候三年依舊。被焚劫民户，仍全免一年。仰州縣明行曉諭，如敢違令或宛轉督索者，並許民户越訴。」

八月十二日，詔：「應被賊焚劫民户，自今降德音到日以前係官積欠，並[180]與放免。如省部諸司輒行催理者，本州執奏不行。」

九月二十三日，詔：「兩浙、江東路州縣曾被焚劫，其管下不曾被賊人户，見欠租賦及公私債欠，並與除放。」

四年正月二十七日，詔：「江、浙被賊焚（却）〔劫〕州縣

〔一〕「下」下原有「東」字，據本書食貨五九之一二删。
〔二〕係：原作「移」，據本書食貨五九之一二改。
〔三〕放三年：原作「三年放」，據本書食貨六九之四二乙。
〔四〕浙：原脱，據本書食貨一之三四補。

除免租賦三年，議者咸謂姑息太甚，中都上供糧斛、錢帛及逐路漕計恐無以善其後，常平錢穀又無以賙濟復業之民。委譚稹及陳亨伯并兩浙、江東帥司、轉運、提刑、常平、廉訪所四處審切審度〔二〕，參酌措置中制以聞，要在有以寬恤民力而用無乏事。不得懷私自便，苟簡滅裂。仍限一月疾速行下，參酌措置聞奏。」

二月十日，户部奏：「河東路經畧安撫、轉運、提刑、提舉常平司奏：『准宣和元年十一月十三日赦書節文：「應陝西、河東路沿邊熟户及弓箭手見欠借貸錢物未經除放者〔三〕，經畧、轉運、提刑、提舉司開具聞奏，當議倚閣除放。」本路所管沿邊九州見欠借貸過錢斛未經除放。』」詔大觀元年以前借貸過錢斛特予除放，大觀二年以後至政和元年以前數權行倚閣，仍限十年帶納，餘依舊催理。

五年三月二十三日，提舉道(録)〔籙〕院奏：「兩浙路神霄宫并天寧萬壽觀寺，昨以係官田土撥賜，立定課租，召人佃種。今來杭、嚴、衢、婺、處州各係經賊焚劫去處，看詳前件租課既係撥賜田土，減免之數合比輸科私家量減二分指揮施行。」從之。

八月十三日，詔：「燕山府路今年災傷及不經布種去處，其夏[181]、秋税並放免，餘減半。」

六年九月十七日，詔：「京畿苦雨，除税賦已減外，其宣和五年以前逋欠米穀芻豆，並予蠲放。」

七年正月一日，詔：「河〔北〕、京東路盜賊，唐、鄧、汝、(穎)〔潁〕流移人户，宣和六年未納税賦、租課、沿納、和買、預買，並予免放，其分糴、結糴、敷糴、配糴更不輸納。應合科敷率斂，應流移及盜賊歸業民户當牽挽、負擔、防守、迎送之類，並免一年外，宣和七年合納税租更予免放一料。」

五月九日，德音：「京東、河北兩路州縣有被盜驚劫散失財物，燒毀廬舍者，其税賦見依舊拘催，未加寬恤，寔可憐閔。應被盜去處，仰所屬量輕重分等第以聞，當議隨分數蠲免。人户應賊盜劫擾，布種不敷，官軍經過及盜賊群聚，因致蹂踐損傷苗稼，其合輸税租等特予減放。」

十一月十九日，南郊制：「應第四等以下人户宣和三年以前因災傷倚閣殘零二税并諸般租課，並特予除放。其宣和四年、五年未納之數，並權行(依)〔倚〕閣，後至宣和八年夏料爲頭帶納。應前後赦降合放免及倚閣租賦、諸般錢物，州縣尚敢不依詔旨檢舉催理者，徒二年。因而乞取者，以自盜論。河北、京東路今歲年額上供及合起大禮金銀、紬絹等，已降指揮並皆減免，御前及朝廷給降，代爲民出。内有年額放免不盡之數，如係災傷及被盜去處，特予更放三分。深慮州縣、監司不體德意，違戾詔條，或作名(自)〔目〕依舊科敷，却致搔擾，仰廉訪使者覺察[182]違戾去處以聞。」(以上《永樂大典》卷一七五三四)

〔二〕上「審」字疑當作「更」。
〔三〕欠借：原作「借欠」，據文意乙。